KB089047

고고학사

A HISTORY OF ARCHAEOLOGICAL THOUGHT, Ed 2 by Bruce G. Trigger
Copyrights ⓒ 2006 by Bruce G. Trigger
All Rights reserved.

Korean translation edition ⓒ 2019 by Sahoipyoungnon Academy, Inc.
Published by arrangement with Cambridge University Press, UK
via Bestun Korea Agency, Seoul, Korea
All rights reserved.

이 책의 한국어 판권은 베스툰 코리아 에이전시를 통하여
저작권자와 독점 계약한 (주)사회평론아카데미에 있습니다.
저작권법에 의해 한국 내에서 보호를 받는 저작물이므로
어떠한 형태로든 무단 전재와 무단 복제를 금합니다.

고고학사

브루스 트리거 지음
성춘택 옮김

사회평론아카데미

고고학사 개정2판

2019년 9월 12일 초판 1쇄 인쇄
2019년 9월 19일 초판 1쇄 발행

지은이 브루스 트리거
옮긴이 성춘택
펴낸이 윤철호
펴낸곳 (주)사회평론아카데미
책임편집 고인욱
편집 고하영·장원정·최세정·임현규·정세민·김혜림·김다솜
표지·본문디자인 김진운
본문조판 민들레
마케팅 최민규
등록번호 2013-000247(2013년 8월 23일)
전화 02-2191-1128
팩스 02-326-1626
주소 03978 서울특별시 마포구 월드컵북로12길 17

ISBN 979-11-89946-28-9 93900

사전 동의 없는 무단 전재 및 복제를 금합니다.
잘못 만들어진 책은 바꾸어 드립니다.

개정2판을 내며

『고고학사』는 고고학이 어떻게 이론과 방법론 체계를 갖추고 인간의 과거를 이해하는 데 기여해 왔는지를, 주로 사회사·지성사적 맥락에서 논하고 있다. 그러니 과거에 대한 호기심이나 흥미롭고 경탄을 자아내는 발견으로 가득 찬 모험의 이야기를 담고 있는 책은 아니다. 지은이 브루스 트리거가 설득력 있게 논의하고 있듯이, 고고학의 역사는 새롭고 놀라운 자료의 등장이 아니라, 학문을 하는 관행적 자세와 방법, 곧 자료를 인식하고, 분류하여 해석하는 기존 방식에 도전하고, 새로운 이론과 방법론을 개발하고 적용함으로써 변모해 온 역사다.

그 이유는 고고학이 다루는 자료는 과거 인간행위의 잔적이기에 그 자체로는 아무런 말도 하지 않는다는 데 있다. 고고학은 다른 여러 인문사회과학처럼 인간행위와 문화변화를 연구하면서도 실제 사람의 생각과 행위를 관찰할 수 없는 독특한 분야다. 물적 자료가 저절로 과거에 대해 말해 주지는 않는 것이다. 그러니 고고학에서는 19세기 학문으로 성장할 때부터 말하지 않는 자료를 분류하고 분석해 과거 인간행위와 문화에 대한 지식을 얻는 방법의 역할이 중요했다. 방사성탄소연대측정 같은 수많은 과학적 방법이 개발되고 중요한 역할을 해 왔지만, 여전히 이론과 방법론이야말로 현대 고고학의 근간인 것이다.

2010년 나온 번역본 『브루스 트리거의 고고학사』(*A History of Archaeological Thought*)는 몇 년 전 절판되었다. 새로이 책을 발간해 달라는 요구는 꾸준했다. 안타

까워하던 중 사회평론아카데미와 협의하여 개정판을 내기로 했다. 그리고 새로 책을 내면서 번역문을 좀 더 가다듬고 제목도 수정했다. 원저 자체는 같지만, 쉽지 않은 내용을 담고 있고, 장문도 많았기에 이 기회에 표현을 손질했으며, 잘못도 바로잡았다. 옮긴이는 이 책에 나름의 책임을 느꼈던지라 작업은 생각보다 길어졌다. 책임이란 욕심과 같은 말이었음을 고백한다.

새로운 번역서를 출간하는 데 사회평론아카데미의 윤철호 대표이사와 고인욱 연구위원의 이해와 협조가 있었다. 경희대학교의 정동희 학생도 읽고 수정해야 할 곳을 지적해 주었다. 모쪼록 공부에 뜻을 품은 학생과 고고학 이론의 역사를 알고자 하는 독자에게 도움이 되길 바랄 뿐이다.

2019년 8월
옮긴이

제2판 머리말

1989년『고고학사』의 첫 판이 출간된 이후 고고학사에 대한 관심이 비약적으로 늘었으며 이 주제에 관련된 책과 논문들 역시 크게 증가했다. 1970년대까지만 해도 해마다 고고학사를 다룬 책은 한두 권 출간될 뿐이었으며, 논문 역시 그리 많지 않았다. 과정(주의)고고학이 큰 영향을 미치던 1970년대에는 오히려 학문의 발달을 이해하는 데 학사적 시각이 위축되었다. 고고학은 그저 시간이 흐름에 따라 과학적 방법을 토대로 발전해 왔다고 생각했다. 이런 상황에서 고고학사의 역할은 축소되어 흥미, 또는 선전에 머무르는 경향이 있었다. 그러나 오늘날 많은 고고학자들은 스스로 던지는 질문뿐만 아니라 그 대답의 신뢰성에도 어떠한 영향력이 작용한다고 믿고 있으며, 모든 고고학적 해석이란 역사(학사)적인 맥락과 관련하여 평가되어야 한다고 생각한다. 이렇게 관심이 증가함으로써 이제 고고학사는 국제 회보와 학술회의, 백과사전, 교과서, 연쇄 간행물을 가진 고고학의 한 분과로 자리매김하고 있다. 고고학사 연구는 흔히 꼼꼼한 기록물 조사와 구비전승, 그리고 다양한 분석적 시각에서 여러 시공간에서 이루어진 고고학을 살피는 작업이다. 이런 연구를 핵심 내용으로 하여『고고학사』제2판을 새로이 발간한다.

고고학 이론과 실제는 1980년대 이후 획기적인 변화를 겪었다. 지난 15년 동안 고고학자들은 어떻게 인간의 믿음과 행위가 물질문화와 관련되어 있는지를 이해하고자 노력했다. 이에 따라 과정고고학은 지속적으로 분지했고 그 주요 생각들이 고고학 전반에 확산했다. 동시에 고고학적 발견에 대한 유물론적 설명에서도 다윈고고학과 행위고고학이 발전하여 과정고고학의 오랜 독점적 지위에 도전해 왔다. 심리적이고 생물학적인 요인이 인간의 행위와 믿음에 어떤 영향을 미쳤는지 하는 데에도 관심이 높아졌다. 동유럽과 소련에서 공산주의 체제가 붕괴되고 세계 도처의 지방, 국가 및 초국가적인 행위에 영향을 미치는 다국적기업경제가 성장하면서 문화사고고학 및 그 주된 개념이었던 종족성ethnicity에 대한 관심이 다시 생겨나기도 했다. 이러한 상황 아래 1980년대와 1990년대 초에 유행했듯이 과정고고학과 탈과정고고학으로 양분하는 것은 잘못임이 분명해졌다. 이론적인 다양성은 고고학에 대한 위협이라기보다는 이해를 증진시키는 토대로 여겨지게 되었다. 이로써 더 큰 이론적 골격을 만들어 다양한 접근을 통합하고 상호보완하게 하는 노력이 계속되고 있다.

그리고 고고학자들 역시 과학적인 탐구의 성격에 대해서도 더 깊은 이해를 하게 되었다. 1960년대에는 일군의 학자들이 당시 미국 고고학자들의 순진한 경험주의에 도전하여 실증주의적 접근을 제시했다. 이들은 인간행위에 관한 연역적 제안을 만들어 내어 검증함으로써 지식을 축적할 수 있음을 강조했다. 그 이후 상대주의적 경향이 증가하고 인간행위에 영향을 미치는 믿음의 역할에 다시 관심을 가지면서 실재론적이며 관념론적인 인식론이 주목을 받았다. 결과적으로 1960년대 실증주의와 생태결정론은 시대에 뒤떨어졌으며 잘못된 것이라고 생각하는 고고학자들이 늘어났다. 그렇기에 첫 판이 나온 뒤 15년 동안 이루어진 이론적 발달을 개괄할 필요가 있다. 나아가 이러한 변화가 고고학사상사 전체를 조망하는 데 어떤 통찰을 주는지도 궁구해야 하기에 『고고학사』 제2판을 출간하게 되었다.

재판을 내면서 나는 초판의 약점을 보완하고자 했다. 사실관계에 대한 실수를 바로잡음은 물론 유럽 대륙 및 기타 비영어권 세계의 선사고고학뿐만 아니라 고전고고학 및 다른 형태의 역사고고학에 관심을 더 쏟음으로써 더욱 균형 잡힌 서술을 하고자 했다. 또한 젠더에 관한 이슈들에 더 많은 관심을 기울였으며 콜링우드R. G. Collingwood, 르루아구랑André Leroi-Gourhan을 비롯하여 첫 판에서 별다른 관심을 기울이지 못했던 고고학 이론가들의 연구를 더 자세히 논의했다.

비슷한 분량을 유지하기 위해 첫 판을 집필했던 1980년대 말과는 달리 재판을 쓰는 2000년대에 들어서며 덜 중요하게 보이는 부분들을 압축하거나 생략할 수밖에 없었다. "소련 고고학" 장에 나왔던 내용은 쪼개어 이제 축약된 형태로 문화사고고학, 초기 기능과정고고학, 최근의 고고학을 다루는 장들에 배치했다. 고든 차일드Gordon Childe에 관한 논의 역시 줄였고, 궁리를 거듭하여 과정고고학과 탈과정고고학에 대한 논의 역시 줄이고 더 분명하게 조정했다.

또한 간명한 논의를 추구하면서 나는 첫 판에서보다 더 분명하게 고고학의 지성사에 대해서 쓰고 있음을 다시 확인했다. 물론 위대한 발견이나 분석, 기술의 발달, 과거에 대한 사실적인 지식의 축적 등도 중요하고 논의할 가치가 있음을 인정하기는 하지만, 고고학 사상을 이끌었던 주요 사고의 발달에 논의의 초점을 맞추었다. 다만 세계의 모든 나라나 지역에서 이루어졌던 고고학 조사를 동등하고 균형 있게 서술할 수는 없었다. 고고학적 사고를 형성시키는 데 큰 역할을 했던 고고학 조사연구자 네트워크에 초점을 맞추지도 않았다. 마찬가지로 사회, 정치, 경제 및 제도적 요인이 고고학적 사고의 발달에 중요한 역할을 했음을 잘 알고 있지만, 이 책의 주된 목적은 그와 같은 영향만을 좇는 일이 아니다. 물론 이런 주제 역시 고고학 이론의 발달을 이해하는 데 필요할 경우에는 논의했지만, 나는 이 책이 사회사나 제도사에 머무르지 않도록 주의했다. 마지막으로, 나는 고고학을 세계적 시각에서 보고자 했기에 구체적인 사건들을 자세히 설명하기보다는 사회정치적 맥락에서 비교하고자 했다. 이러한 사건들은 이미 다른 많은 책과 글에서 다루었다.

1989년 이후 나는 12년 동안 연구하여 『초기 문명의 이해Understanding Early Civilizations』(2003a)라는 책을 냈는데, 그 목적은 고고학 및 인류학 이론에 대한 더 나은 이해를 도모하는 것이었다. 이 작업에서 얻은 것을 『고고학사』 재판에도 적용했다. 결과적으로 나는 초판에서보다 다양한 이론적 입장에 대해 더 구체적이고도 세부적으로 비평했다. 또한 어떠한 경향을 미래에 투영시킬 준비가 되어 있기도 한데, 사실 이것이 예측이 아니라 외삽extrapolation임을 잘 알고 있다. 예측이란 사회과학에서는 불가능한 것이라 믿는다.

『고고학사』 첫 판은 서문에 자세히 밝혀 놓았듯이 나의 지난 저술을 바탕으로 하여 더 나아간 것이다. 그럼에도 초판은 단편적인 저술과는 많은 점에서 달랐다. 이 재판은 초판을 바탕으로 하지만, 상당 부분이 새로운 내용으로 채워져 있어 처음부터 끝까지 새로 써서 만들어진 것이다. 그래서 바뀌지 않은 문장이 별로 없으며 원래의 글을 새로운 자료로 바꾸어 놓기도 했다. 이렇듯 주의 깊은 계획과 전반적인 수정을 했기에 이 책이 단순한 개정을 넘어서 더 통일된 저술이 되었기를 희망한다.

첫 판에서 나는 논문 별쇄본을 보내 준 여러 동료뿐 아니라 로즈메리 버나드Rose-marie Bernard, 천춘Chen Chun, 마거릿 디스Margaret Deith, 브라이언 페이건Brian Fagan, 노먼 해먼드Norman Hammond, 후미코 이카와스미스Fumiko Ikawa-Smith, 제인 켈리Jane Kelley, 필립 콜Philip Kohl, 이사벨 맥브라이드Isabel McBryde, 메리 메이슨Mary Mason, 밸러리 핀스키Valerie Pinsky, 닐 실버맨Neil Silberman, 피터 티민스Peter Timmins, 로버트 보걸Robert Vogel, 알렉산더 본거넷Alexander von Gernet, 마이클 월로크Michael Woloch, 앨리슨 와일리Alison Wylie에게 감사를 전했다. 재판을 쓰는 데도 여러 사람들의 도움을 받았다. 와코 아나자와로부터 일본고고학에 대한 생각과 지식을 얻었으며, 마리오 번지와 오스카 모로 아바디아는 초판을 꼼꼼히 읽고 많은 유용한 논평을 해 주었고, 스티븐 크리소말리스는 종족성에 대한 자신의 연구와 1989년에서 2002년 사이에 출간된 고고학사에 대한 많은 글들의 요약 및 평가를 주었다. 마이클 오브라이언 Michael O'Brien과 동료 저자들은 출간 예정이었던 『과정으로서 고고학Archaeology as a Process』의 원고를 보내주었고, 피터 로울리코니Peter Rowley-Conwy는 1835년에서 1843년까지 스칸디나비아에서 선사고고학의 발달에 대한 자신의 중요한 연구 결과물을 이야기해 주었다. 랜들 맥과이어Randal McGuire가 이 책 전체의 원고를 읽고 자세한 논평을 해 준 데 대해 정말 고맙게 생각한다. 또한 브라이언 알터스Brian Alters, 린다 버링호스Linda Beringhaus, 앙드레 코스토풀로스André Costopoulos, 니콜 코우처 Nicole Couture, 마게리타 디아즈안드류Marguerita Díaz-Andreu, 존 갤러티John Galaty, 하인리히 해르케Heinrich Härke, 앨리스 키호Alice Kehoe, 크리스티안 크리스티안센Kris-tian Kristiansen, 해리 러너Harry Lerner, 마이클 레버Michael Lever, 팀 머리Tim Murray, 나데즈다 플라티노바Nadezhada Platinova, 조너선 레이맨Jonathan Reyman, 울리크 소머Ul-rike Sommer, 조지 스토킹George Stocking, 토머스 패터슨Thomas Patterson, 그리고 1970년대 이후 많은 세미나 과목에 참여했던 대학원생뿐만 아니라 "고고학 이론사", "현대고고학" 등 과목을 수강했던 많은 학부생들에게도 고마움을 전한다. 비시냐츠키 등(Vishnyatsky et al. 1992)이 초판에 대해 세부적으로 논평을 해 준 것은 소련 고고학에 대한 논의를 수정하는 데 많은 도움이 되었다. 또한 나타샤 파코모바Natasha Pakhomo-va가 러시아어로 된 것을 번역하여 주기도 했다.

　나아가 편집 과정에서 도와준 페트라 칼쇼븐에게도 감사한다. 칼쇼븐은 내가 어떻게 나의 생각을 표현했는지, 생각 자체에 대해서가 아니라 그 방식에 대해서 꼼꼼하게 지적했을 뿐 아니라 미국식 철자와 문법과 관련해서도 도움을 주었다. 또한 고전고고학과 사회문화인류학에 대한 지식을 바탕으로 아주 도움이 되는 비판도 해 주었으며, 그 결과 더 정확하고 독자들이 수월하게 읽을 수 있는 책을 만들 수 있게 되었다. 또한 다이앤 만 역시 수많은 색인 카드들을 참고문헌에 집어넣고 원고 마지막 교정본의 워드프로세싱을 해 주었다. 이에 감사를 전한다. 로즈 매리 스테이노는 나의 구좌를 관리해 주었고, 신시아 로마닉은 우편물과 서신 교환을 도와주었다. 제나 프리드맨과 로절린 트리거 역시 참고문헌들을 확실히 하는 데 도움을 주었으며, 로절린 트리거는 출판사에 보내는 새로운 그림 자료를 만들어 주기도 했다. 케임브리지대학 출판사의 캐시 펠가와 테크북스TechBooks의 메리 페이든은 이 책의 출판을 감독했으며, 린지 스미스는 그림 자료의 저작권을 확보하는 일을 맡았고, 수전 스티븐슨은 교정을, 그리고 캐서린 폭스는 색인을 만드는 일을 도왔다. 마지막으로, 프랭크 스미스가 이 책을 만들어내는 모든 단계들에서 좋은 충고를 해 준 데 감사한다.

초판에서와 같이 구체적인 사실이나 생각들의 원전은 글의 괄호 안에 제시되어 있다. 한편으로 참고문헌을 위한 글을 책의 말미에 덧붙여 각 장과 관련된 문헌들에 대해 더 일반적인 지침을 주었다.

이 책의 초판 연구는 맥길대학에서 얻은 연구년과 1976~1977년 캐나다카운슬 연구년지원, 그리고 1983년 두 번째 연구년과 인문사회과학연구지원에 힘입은 바 크다. 재판은 2004년 안식년 동안 원고를 썼으며, 이 연구는 2002년 이후 제임스 맥길 석좌교수 기금에 많은 도움을 받았다.

이 책은 존재론적 유물론과 인식론적 실재론의 시각에서 쓰인 것이다. 나는 인간의 진화적 기원을 믿는 사회과학자라면 누구나 이런 입장에 서야 한다고 확신하고 있다. 또한 튼튼한 학문적 실제를 고양시키기 위해서는 지식의 상대주의적 비판의 가치 역시 높이 평가할 줄 알아야 한다. 나의 상대주의에 대한 이해는 전통적(유물론적) 마르크스주의 철학으로부터 온 것이다. 비록 나는 인간행위를 이해하는 데 있어 문화 이론의 중요성을 인정하지만, 생태결정론과 단선진화론을 거부하는 것처럼 문화결정론 역시 거부한다. 그리고 고든 차일드의 연구에 영감을 받아 오랫동안 유물론적인 접근을 인간행위와 고고학적 유존물을 특징짓고 있는 문화 및 역사적 다양성을 설명하기 위한 노력과 접목시키고자 했다.

이 책은 고고학이란 학문이 물질문화라는 수단을 통해 과거 인간행위, 문화, 역사를 연구하는 일을 담당하는 성숙된 사회과학으로서 자리를 굳히는 시점에 쓰였다. 이론적 논박이 약해지고, 이론적 포용과 종합을 강조하는 경향이 강해지면서 균형을 잡아 갔기 때문에 이 같은 진전이 이루어졌다. 고고학은 다른 모든 사회과학이 고고학과 관련하여 역사적 유의성을 얻을 만큼 폭넓은 장기간의 시각을 가진 유일한 사회과학으로서 그 신뢰성을 높여 갈 것이다.

마지막으로, 나의 삶에 가져다준 행복과 의미에 대한 사랑과 감사를 담아 이 책을 아내 바버라에게 다시 바친다. 그리고 바닷가 저택에서 지난 세 번의 여름을 보내면서 이 책을 저술할 수 있게 해 준 데에도 고마움을 전한다. 아내는 원고 전체를 읽고 논지를 분명하게 하는 데 많은 귀중한 조언도 해 주었다.

차례

그림 차례

1장 고고학사 연구하기

사회과학자들이 …… 어떻게 하면 순수 과학자가 될 수 있는지를 말해 주는 …… 학문 방식이 있기는 하지만, …… 적어도 그 정도의 연구 업적을 내면서도 인간과 사회에 대한 연구는 과학적일 수 없을 것이라고 보는 또 다른 방식도 존재한다.

ERNEST GELLNER, *Relativism and the Social Sciences*(1985), p. 120

1950년대 이후 특히 북아메리카와 서유럽에서 고고학은 문화(역)사적인 접근이라는 정통에 순응하는 형태에서 야심찬 이론적인 혁신을 도모하는 양상으로 변모했다. 나아가 이러한 혁신 위에서 고고학이란 학문의 목적 및 그 목적을 어떻게 이룰지에 대해 의견 차이는 커져 갔다. 고고학자 가운데는 역사가와 사회학자들이 그러했듯이 실증주의의 확실성을 버리고 연구의 객관성에 대해 회의를 품게 된 사람들이 늘어났다. 이들은 사회적 요인에 따라 연구자가 던지는 질문의 종류뿐만 아니라 어떠한 대답이 설득력이 있는지에 대한 판단까지도 달라진다고 본다. 이러한 관점이 극단으로 흐르면 고고학자란 자신들이 살고 있는 사회의 일시적 가치를 바탕으로 자료를 해석할 뿐이라고 여기게 된다. 그렇지만 고고학이 과거에 대한 지식을 축적하지 못하고 (적어도 부분적이나마) 구체적인 역사적 맥락에 영향을 받지 않은 논평을 내지 못한다면, 고고학 조사연구의 작업에 어떠한 과학적인—정치적, 심리적이거나 미학적인 것이 아닌—정당성을 찾을 수 있겠는가?

이런 염려 때문에 고고학적 사고의 역사를 연구하는 일은 주관성, 객관성의 문제 및 지식의 점진적인 축적을 평가할 수 있는 방법으로 이루어져야 한다. 철학자이자 고고학자였던 콜링우드(R. G. Collingwood 1939: 132)가 한 "그 어떠한 역사적인 문제도 그것에 대한 사상의 역사를 …… 짚어 보지 않고서는 연구할 수 없다"는 말에 동의 하는 고고학자들이 늘어나고 있다. 콜링우드의 입장은 분명 고고학 해석과 고고학의 역사는 서로 밀접하게 관련되어 있다는 것이다. 최근 수십 년 동안 고고학 해석의 학 사적 연구는 더욱 늘어났으며 그러한 연구를 수행하는 데 필요한 발전된 방법론들을 과학사로부터 채용하고 있다(Corbey and Roebroek 2001). 크리스토퍼 고스든(Christopher Gosden 1999: 34)은 학문의 역사가 효율적이기 위해서는 순수한 지성사, 또는 순수한 사회사가 되어서는 안 되며 둘 모두를 포괄해야 한다고 주장한 바 있다.

그러나 학사적인 접근에 비판이 없는 것은 아니다. 마이클 쉬퍼(Michael Schiffer 1976: 193)는 대학원 과목에서 더 이상 "사상사" 가르치기를 멈추어야 하며 그 대신 체계 적으로 현재의 이론들을 상세하고도 명확하게 설명해 주어야 한다고 주장한 바 있다. 마 치 일반적인 의미에서 다크(K. R. Dark 1995)가 『이론 고고학*Theoretical Archaeology*』이라 는 책에서 했듯이 말이다. 쉬퍼는 이론적 정식화란 사회 및 역사적 영향을 받지 않으 며, 적절한 자료에 과학적으로 유효한 평가절차를 적용하면 참인지, 거짓인지를 판단 할 수 있을 것이라는 입장을 취하고 있다. 이런 관점이 극단으로 가면 고고학의 역사 와 철학은 서로 전혀 연관되어 있지 않다고 생각할 것이다.

이 책의 주된 목적은 고고학의 지성사를 개괄함으로써 현재 고고학에 적용되고 있는 세 가지 상호 대안적인 인식론을 평가하는 것이다. 세 가지 입장은 다음과 같 다. 첫째, 실증주의 인식론을 신봉하는 사람들은 사회와 문화는 고고학의 발달에 큰 영향을 미치지 못했고, 고고학은 분명한 이론을 토대로 한 설명들—적절한 증거의 측면에서 그리고 올바른 과학적인 방법들에 따라서 검증되는—로부터 발달해 왔 다고 본다. 둘째, 극단 상대주의자들은 고고 자료의 해석은 객관성이 불가능할 정도 로 고고학자의 지성적 파벌, 계급 이익, 자기 민족에 대한 충성, 성에 따른 편견, 개 인적 이기심 등에 영향을 받는다고 주장한다. 객관적 지식이란 것은 없기 때문에 서 로 대립적인 진실도 있을 수 있다는 것이다. 셋째, 온건 상대주의자들의 고고학 해 석은 사회, 문화, 이기심 등에 영향을 받음을 인정하면서도 고고학 증거를 통해 사 변적인 행위는 제한된다고 본다. 여기서 상대주의라는 용어는 문화적 차이로 말미암아 현상들을 상이하게 지각하고 가치화하며 이해한다는 엄밀한 정의와 함께 개인적 차이로도 현상을 상이하게 지각하고 가치화하며 이해한다는 주관성까지를 포괄하고 있다. 이 문제를 논의하기 위해서는, 고고학자들이 과거로부터 무엇을 배우는지, 과거를 연구하는 데 사용하는 방법이 어떻게 변화하여 왔는지, 상이한 시간대에 고고학의 발달을 가져온 생각들은 무엇인지, 그것이 어떻게 더 큰 사회, 문화 및 지성적인 경향과 연관되어 있는지, 과연 상이한 사회들이 상이한 종류의 고고학을 만들어 내는지, 만약 그렇다면 그 차이는 무엇인지, 마지막으로 장기간의 안목에서 고고학은 수렴하는지, 아니면 분지하는지를 고려해 보아야 한다. 그리고 고고학의 발달 단계에서 동일한 요인들이 언제나 동일한 정도의 영향을 미쳤다고 가정할 수는 없다.

고고학적 행위가 늘 보편적이거나 자명했던 것은 아니다. 몇몇 나라에서는 외국 고고학자들이 보물 사냥꾼이라거나 스파이 역할을 했다는 논쟁이 벌어지기도 했다. 아무도 과거를 그 자체로 힘들게 연구하고 비용을 지출할 것이라 생각하지 못할 것이다. 서구 문명에서는 인디아나 존스와 같은 전형들이 인기를 끌고 있음에도 고고학은 현재의 필요나 관심과는 별 상관성이 없는 내밀한 학문이라는 생각이 널리 퍼져 있다. 어니스트 후튼(Ernest Hooton 1938: 218)은 일찍이 고고학자들을 "과거의 쓰레기더미에 뿌리내리고 있는 노회한 과학의 바람둥이"라고 언급한 바 있다. 아무도, 가령 19세기 님루드Nimrud의 오스틴 레이어드Austen Layard, 트로이의 하인리히 슐리만Heinrich Schliemann, 그리고 더 최근의 투탕카멘 무덤, 크노소스의 미노스 궁전, 중국 진시황제의 실물 크기 도용, 동아프리카의 여러 수백만 년 전의 유적 같은 경이로운 고고학 발견에서 낭만적인 환상이 있음을 부인하지 못할 것이다. 하지만 이것이 더 일상적인 고고학적 발견을 둘러싼 논쟁들에 대한 대중의 많은 관심, 전 세계적으로 다양한 정치, 사회, 종교적인 운동이 고고학 조사연구에 기울였던 관심, 그리고 고고 자료에 대한 해석을 통제하려 했던 많은 전체주의 체제의 호된 노력 등을 설명해 주지는 못한다. 19세기 후반 동안 고고학은 진화론 또는 창세기 가운데 어느 것이 인류의 기원을 더 설득력 있게 설명해 주는지에 대한 논쟁에서 양쪽 모두로부터 지원을 요청받는 입장이었다. 후일 페트리W. M. F. Petrie, 레너드 울리Leonard Woolley, 존 가스탱John Garstang은 이집트, 이라크, 팔레스타인에서의 발견이 구약성서에 나오는 역사적 설명을 지지한다고 주장하기도 했다. 독일과 폴란드 고고학자들은 루사티안

Lusatian문화[1]의 담당자가 선사시대 독일인이었는지 아니면 슬라브족이었는지 하는 논쟁을 벌이기도 했다. 더 최근 1970년대에 들어서는 피터 갈레이크Peter Garlake라는 남로디지아Southern Rhodesia의 공무원 신분의 고고학자는 중부 아프리카의 돌로 이루어진 유적이 그 지역에 살았던 반투Bantu족의 조상들이 만들었다는 결정적인 고고학 증거에 의문을 제기하지 않았다는 이유로 자신의 지위가 더 이상 유지될 수 없음을 깨닫기도 했던 것이다. 오늘날, 생태고고학의 연구 결과는 환경보호론자들과 환경오염이나 악화에 법적인 억제력을 최소화시키고자 하는 사람들에게 모두 취사선택되어 이용되고 있다.

나는 역사(학사)적인 시각을 채택했다고 해서 이런 접근법이 객관성이란 측면에서 다른 무엇보다도 우월하다고 주장하지는 않는다. 역사적인 해석들은 언제나 추측에 불과하고 그 가능성은 열려 있어 역사가 가운데는 그 해석이란 개인의 의견을 표현하는 것에 지나지 않는다고 말하는 사람도 있다. 역사 자료가 풍부할 경우에는 증거가 자연스럽게 거의 모든 것을 "증명"해 줄 수 있음도 잘 알고 있다. 하지만 역사적 해석조차도 하나의 신화를 만들어 내는 형태이지만 그 신화는 대중의 행동을 이끄는 데 도움을 주며 본능에 대한 인간의 대체물로 간주될 수 있다는 윌리엄 맥닐(William McNeill 1986: 164)의 주장에도 일리가 있다. 만약 그렇다면 자연선택과 동등한 어떤 사회적 선택이 작용할 것이며, 따라서 장시간이 흐른 뒤에는 사실에 더 근접할 수도 있다. 그러나 역사적 해석의 객관성을 바라기에는 그 토대가 너무 얕다.

그러므로 나는 여기에 제시된 학사적인 연구가 연구 대상인 고고학 또는 민족학 자료에 대한 해석보다도 객관적이라고 주장하지는 않는다. 다만, 고고학사를 연구하는 다른 많은 연구자와 마찬가지로 학사적 접근을 채택함으로써 고고학 해석과 그 사회 및 문화적 환경 사이의 변화하는 관계를 아주 좋은 위치에서 고찰할 수 있다고 믿는다. 역사성을 강조함으로써 철학이나 사회학적 접근과는 다른 방식으로 고고학과 사회 사이의 유대관계를 연구할 수 있는 것이다. 특히 역사(학사)적 시각을 통해 연구자는 고고학적 유존물(기록, archaeological record)에 대한 해석들이 어떻게, 그리고 어떠한 조건에서 변화해 왔는지를 관찰함으로써 주관적 요인이 미쳤던 영향을 확인할 수 있다. 비록 그렇다고 해서 관찰자의 편견이나, 그 편견이 고고 자료의 해석에

---

1) 독일 동부, 폴란드, 체코, 슬로바키아 등 넓은 지역에 분포했던 청동기시대 후기에서 철기시대에 이르는 고고학 문화.(옮긴이)

영향을 미칠 가능성을 완전히 배제할 수는 없지만, 그러한 시각으로 과거에 어떠한 일이 일어났는지를 더욱 성숙하게 통찰할 수 있게 되는 것이다.

1. 고고학사를 보는 시각들

이와 같이 고고학사의 성격과 중요성에 대해 상당한 의견 차이가 있다. 그렇기에 고고학 해석의 역사를 더 체계적으로 연구할 필요가 있다. 상당 부분의 논쟁은 지난 200년 동안 고고 자료의 연구에서 '설명'이 어떠한 역할을 했는지에 대한 것이다.

몇몇 고고학사 연구자들은 고고학이 미리 규정된 것처럼 일련의 단계를 거쳐 발달했다고 믿는다(Schwartz 1967; Fitting 1973). 『미국고고학사A History of American Archaeology』에서 윌리와 새블로프(Willey and Sabloff 1974, 1980)는 초기 사색기(Speculative, 1492~1840), 분류기술기(Classificatory-Descriptive, 1840~1914), 분류역사기(Classificatory-Historical, 1914~1960), 설명기(1960 이후)를 설정한 바 있다. 이러한 틀은 더글러스 슈워츠(Douglas Schwartz 1967)가 과거 미국 고고학의 역사를 사변기Speculative, 경험기Empirical, 설명기Explanatory라는 세 단계로 나눈 것에 근거를 둔 것이다. 『미국고고학사』는 제3판에 와서야 1960년에 시작하는 마지막 시기를 '현대기'라 개명한다. 이러한 일련의 단계들은 단지 신대륙의 고고학에 적용될 뿐이지만, 윌리와 새블로프(Willey and Sabloff 1974: 209-210)는 이 틀이 다른 지역에서도 적용될 수 있을 것이라고 지적한 바 있다. 이들은 지난 150여 년 동안 고고학은 자료를 수집하고, 그것을 기술하고 분류한 다음 마지막으로 설명을 시도하는 베이컨 식의 귀납적인 모델을 따라 과학을 추구하는 방식으로 발달해 왔다고 보았다.

그렇지만 이렇게 접근할 경우 왜 이미 19세기에도 고고학 발견이 그토록 논쟁거리였는지를 설명할 수 없게 된다. 당시에도 이미 이용 가능한 증거들을 바탕으로 과거에 대한 다양한 결론이 내려져 있는 상태였으며, 어떤 결론은 다른 사람들을 공격하는 것이었기 때문에 논란이 되었던 것이다. 그런데 고고학자들이 어떠한 결론을 끌어낼 수 없다고 한다면 도대체 무엇이 그들로 하여금 계속해서 과거를 연구하고 자료를 수집하도록 만드는가? 영국의 역사가 카(E. H. Carr 1967: 3-35)가 우리에게 상기시켰듯이 자료에 대한 단순한 특징부여―가장 기술(서술)적인 역사 연구에서도 나타난다―조차도 어떤 종류의 이론적 뼈대가 존재한다. 나아가 관찰 언어가 중립적이라는 생각과는 반대로 가장 단순한 고고학적 사실조차도 이론적 맥락과는 동떨어져서는 확립될 수 없다는 주장도 있다(Wylie 1982: 42). 과거에는 고고학자들이 명백하게 또는 의도적으로 이 같은 틀을 공식화시키지 못했다. 오늘날 특히 미국 및 영국 고고학의 맥락에서 여러 이론적 제안이 체계적으로 입안되고 있다. 설명은 처음부터 고고학의 중요한 부분이었는데, 심지어 이용되었던 이론들 대부분이 명확하게 진술된 것이 아니라 암시적이었다고 하더라도 그러하다.

데이비드 클라크(David Clarke 1973)는 수렴모델을 제안하며 고고학 발달을 논한 바 있다. 클라크는 1960년대까지 고고학은 지역적인 조사연구 전통들이 고립되어 존재하여 각각 나름대로 독특하고 대체로 무비판적인 관습과 나름의 선호하는 기술, 해석 및 설명의 방식이 있었다고 주장했다. 이러한 종류의 고고학은 과학적으로 체계적인 훈련을 받은 것이 아니어서 분석의 양태는 아주 주관적인 경향이 있었으며 지역 고고학자들이 기대하는 결과만을 생산했다고 한다. 클라크에 따르면, 이런 전(前)과학적 접근은 1960년대에 들어서며 새롭고 세련되었으며 자기 비판적이고 보편적이며 객관적인 과학적 고고학으로 대체되었다. 그러나 이것은 고고학사에 대한 관점으로는 잘못된 것이거나, 기껏해야 부분적인 양상에 불과하다. 고고학 발달의 아주 초기 단계에서부터 국제적인 접촉은 많았다. 그러므로 만약 지역적인 조사연구의 형태가 서로 상반되게 다르다면 상호 고립이 아닌 다른 설명이 필요한 것이다.

패러다임과
고고학사

많은 고고학자들은 토머스 쿤(Thomas Kuhn 1962, 1970)의 더 상대주의적인 과학 혁명이란 개념을 사용하여 고고학의 발달을 이해하고자 한다. 쿤은 물리 과학의 발달을 설명하면서 자신의 생각을 공식적으로 피력했는데, 1962년 『과학 혁명의 구조*The Structure of Scientific Revolutions*』의 첫 판에서 과학혁명이란 개념이 적용되지 않는 패러다임 이전의 시기에 대해 논의했는데, 모든 사회과학도 이런 범주에 속한다고 생각했던 것 같다. 하지만 둘째 판에서는 성숙되지 않는 학문들에서는 복수의 연구 패러다임이 있을 수 있음을 받아들였다(Kuhn 1970). 쿤은 연구 패러다임이란 "특정 일관된 과학 연구의 전통"에 모델을 제공하는 법칙, 이론, 응용, 제도 등 과학을 하는 관행으로 받아들여지고 있는 규준이라고 서술한 바 있다. 그 같은 전통은 "과학(학문)공동체"에 의해 인정되는데, 학문공동체는 동일한 학문을 공동으로 연구하는 일군의 연구자를 말한다. 쿤에 따르면, 각 학문공동체는 질문의 가치가 있다고 생각하는 문제들을 판단하는 데 영향을 미치는 패러다임, 자료를 설명하는 데 사용되는 이론들, 그리고 증거를 모으고 분석하는 데 이용되는 절차를 개발한다. 과학자들은 강의와 저널, 연구비 수여, 인허가, 고용, 정년 보장, 승진 등을 통해 그 같은 패러다임들을 활성화시킨다. 정상 과학의 시기에 과학자들은 주도적인 패러다임의 맥락 안에서 연구를 수행하며, 그 패러다임을 더 정화시키고자 한다. 따라서 패러다임이란 단지 과학 이론들을 넘어서 과학 공동체의 문화를 구성하는 신념체계라 할 수 있는 것이다. 쿤은 이런 관점을 채택하여, 과학은 사회적 환경 안에서 집합적으로 창조하는 것이라는 루드빅 플렉(Ludwick Fleck 1935, 영문 번역본은 1979)의 연구업적을 이어받아 자신의 생각을 확립시켰다.

쿤에 따르면, 패러다임 이동은 자료의 축적으로 예전의 패러다임이 더 이상 지탱할 수 없게 되거나 기존 패러다임으로는 대답할 수 없는 문제에 관심이 커질 때 일어난다. 쿤은 패러다임 이동으로 예전의 패러다임이 새로운 패러다임으로 대체된다고 주장한다. 그렇기에 시간적으로 이어지는 패러다임들은 서로 불합치한다고 주장하는 것이다. 이것은 어떤 한 패러다임 안에서 연구하는 과학자는 다른 패러다임으로 연구하는 다른 과학자가 사물을 어떻게 지각하는지를 결코 이해할 수 없음을 의미한다. 쿤은 원래 새로운 패러다임은 반드시 이전의 패러다임보다 더 포괄적이거나 정확할 필요는 없다고 하여 극단 상대주의의 측면에서 주장을 했다. 다만, 적어도 물리과학에서는 나중의 패러다임이 이전의 것들보다 더 포괄적이며 더 많은 것들을 설명하게 됨을 인정했다(Kuhn 1970; Bird 2000). 이것은 극단 상대주의에서 더 온건한 상대주의적 입장으로 변화했음을 말해 준다. 또한 쿤은 상이한 관점을 지닌 과학자들 사이의 논쟁 없이는 잘못된 가정들이 검토되지 않고 넘어갈 수 있기 때문에 과학적 통찰의 발달은 불가능해질 것이라고 주장하기도 했다(Kuhn 1977).

몇몇 고고학자들—특히 자신들이 벌인 운동의 혁신성을 강조하고자 하는 과정 고고학자들—은 쿤의 과학혁명 개념과 고고학의 발달에 대한 단선진화론적 관점을 접목시키기도 한다. 이들은 고고학 이론의 발달에서 나타난 계기적 단계가 패러다임이라 생각할 만한 충분한 내적 통일성을 보여주며 한 패러다임을 다른 패러다임이 대체하는 과학혁명 같은 변화를 보여준다고 주장한다(Sterud 1973). 이런 관점에 따르면 크리스티안 톰센Christian Thomsen, 오스카 몬텔리우스Oscar Montelius, 고든 차일드 Gordon Childe, 루이스 빈포드Lewis Binford와 같이 연이어 등장한 혁신가는 당시의 고고 자료에 대한 관습적인 해석에 예외성과 부적절성을 깨닫고 고고학 조사연구의 방향을 크게 바꾸어 놓은 새로운 패러다임을 창조한 사람들이 된다. 이런 일련의 패러다임 변화로 고고 자료의 중요성을 보는 시각뿐 아니라 고고학적 질문의 성격도 달라졌다는 것이다. 하지만 데이비드 클라크는 1960년 이전의 고고학을 패러다임이 형성되기 이전의 상태에 있었다고 보았다.

그러나 이런 단선적 관점들은 왜 고고학이나 다른 사회과학이 동일한 상위이론을 공유하고 있지 않은지를 설명하지 못하고 있다. 물론 이는 부분적으로는 각자의 학문 분야가 갈수록 복잡해지기 때문이기도 하다. 상위이론에 대한 의견 불일치가 있다는 것은 몇몇 경쟁하는 패러다임들이 동시에 존재하고 있음을 의미한다. 현재 과정고고학은 관념ideas을 부수현상적인 것으로 다루고 있는 데 반하여 탈과정고고학은 관념이 행위를 결정하는 주된 요인이라고 믿고 있다. 동시에 다윈진화고고학은 문화사고고학의 접근법과 자연선택을 강조하는 다윈주의적인 물질문화의 변화에 대한 설명방식을 결합시켜 새로운 패러다임을 만들어 내려 하고 있다. 이렇듯 고고학자들이 흔히 상당한 편견을 가지고 상이한 학파들을 지지하고 있는 것은 사실이다. 다만, 서로 의사소통이 전혀 없다거나 상대방을 이해하는 것이 전혀 불가능하다고 할 수는 없다. 로버트 채프먼(Robert Chapman 2003: 14)은 고고학에서 경쟁하는 입장들이 서로 차단되어 밀봉된 상태에 있지 않을뿐더러 내적으로도 아주 다양하다고 주장한다. 따라서 토머스 쿤의 시각에서와 같이 서로 불합치한다고 할 수는 없다는 것이다. 마이클 쉬퍼(Michael Schiffer 1996: 659)나 토드와 크리스틴 밴풀(Todd and Christine VanPool 2003)은 이론적 지향을 패러다임이라 간주해 버리면 (이론적) 입장들은 더욱 급진적이 되고 말며 이로써 체계적인 비교나 검증, 생각들의 통합보다는 상호 배타나 논란만을 야기할 것이라고 지적한다.

쿤이 제시한 혁명적 변화라는 개념의 적절성에 대한 문제제기도 있었다. 대부분의 고고학 이론과 관행의 변화는 점진적으로 일어나는 듯하며, 급격한 변화로 보이는 것조차도 과연 쿤의 혁명 개념과 일치하는지에 대해 회의가 커지고 있다. 또한 쿤은 다양한 입장의 존속 시간이나 경쟁 관계에 있는 입장들이 상대적인 중요성이란 측면에서 왜 완전히 폐기되기보다는 일진일퇴를 반복하는 양상을 보이는지를 설명하지 못했다. 따라서 새로운 문화인류학과 탈과정고고학은 보아스학파의 문화사 인류학 및 고고학이 예전에 다루었던 이슈들을 말하고 있으며, 그리고 초기 신진화론적 고고학은 19세기 단선진화론적 고고학과 강한 닮은 점이 있는 것이다.

마거릿 매스터맨(Margaret Masterman 1970)은 패러다임 개념을 포괄하기 위해서 다음과 같은 세 가지 형식을 구분한 바 있다. 먼저 형이상학적 패러다임은 과학자 집단의 세계관과 관련된 것이며, 두 번째 사회학적 패러다임은 무엇이 받아들여지는지를 정하는 것이고, 마지막으로 구성적 패러다임은 문제를 푸는 도구와 방법을 제시해 주는 것이다. 이 가운데 어느 하나의 형태만으로는 단독으로 특정 시기의 패러다임이 될 수가 없다. 쿤의 생각을 수정해 적용하려는 이와 같은 노력에도 불구하고, 패러다임 개념은 고고학 또는 그 어떤 사회과학 해석에서의 변화의 경향을 기술하는 데 적합하지 않다는 인식이 커져 가고 있으며, 아마도 과학에서조차 일반적으로 그러하다(Gándara 1980, 1981). 마지막으로 장 몰리노(Jean Molino 1992: 19)는 과학혁명으로 과학이 처음부터 다시 시작되었다고 믿는 것만큼 위험한 것은 없다고 주장한다. 예전의 문제, 방법, 대답은 여전히 유효한 것이 많다. 층서법의 원칙이 편년을 추론하는 신뢰할 만한 기법으로 확립되고 나자 고고학자들은, 상이한 관점을 지니고 있더라도, 층위의 원칙을 여전히 유지하고 있다(Dunnell 2001: 1298). 물질문화는 사회적 실재를 반영할 뿐만 아니라 그것을 왜곡하거나 전도시킬 수도 있다는 이안 호더(Ian Hodder 1982b)의 논증 역시 동일한 선상에 있다. 그와 같은 폭넓은 의견 일치가 이루어졌기 때문에 상이한 이론들의 불일치 역시 줄일 수 있게 되었다. 이런 모든 이유 때문에 나는 "패러다임"이라는 용어를 피하여 단순히 학파나 이론적 입장들이란 말을 쓸 것이다.

숀 하이즈(Shaun Hides 1996)와 이안 모리스(Ian Morris 1994b)는 더 완곡하고도 주의 깊은 방식으로 미셸 푸코(Michel Foucault 1970, 1972)가 제시한 르네상스(Renaissance, 약 1400~1650), 고전(Classical, 약 1650~1800), 근대(Modern, 약 1800~1950), 탈근대(Postmodern, 약 1950 이후)라는 네 가지 계기적이면서도 근본적으로 상이하며, 불연속적인 지식의 에피스테메*epistemes* 개념을 통해 고고학 발달의 역사를 이해하고자 한다. 푸코는 이러한 지식의 양식을 일반적인 사고의 양식으로 이해하며, 각각이 모든 지식의 장에 영향을 미치고 근대 서양문명의 어느 한 시대를 주도했다고 본다. 각 에피스테메는 근본적으로 서로 다르다. 그 시기에 살았던 사람은 어느 누구도 당시의 에피스테메로부터 벗어날 수 없으며, 에피스테메는 모든 사고방식에 특정한 종류의 규범이나 공리를 부여한다. 따라서 주도적인 문화 유형으로서 지식의 양식들은 쿤의 패러다임과는 아주 다르다고 할 수 있는데, 물론 둘 모두 학문적 해석의 발달에서 일반적인 단계들을 특징화시키는 개념으로 사용되기는 했다.

에피스테메에 대한 푸코의 관점은 고고학적 사고의 발달을 이해하는 데 앞으로 기여할 수는 있을 것이다. 하지만, 인과관계나 어떻게 변화하는 사회적 실재들이 에 피스테메에 영향을 미쳤는지를 연구하지 못했다는 비판을 받아 왔다(Morris 1994b: 10; Gutting 1989). 또한 푸코는 에피스테메들이 중복되어 왔으며 사람들의 생각에 서로 영향을 미친 정도를 과소평가했던 것 같다. 에피스테메들은 주어진 어떤 시점에서 고고학을 특성화시키는 이론적인 다양성을 이해하는 데 별다른 도움을 주지 않는다.

이러한 쿤과 푸코의 생각에 대해 대안적이면서도 여전히 단선진화적 관점도 제시되었다. 이는 과학은 혁명을 거친다기보다는 점진적 변화나 진전을 겪는다는 스티븐 툴민(Stephen Toulmin 1970)의 주장과도 일치한다. 이런 시각에서 고고학사는 초기부터 현재까지 과거에 대한 지식을 점진적으로 축적함으로써 성장해 왔다고 생각된다(Casson 1939; Heizer 1962a; Meltzer 1979). 비록 학사의 여러 단계를 임의적으로 구분할 수는 있겠지만, 실제 고고학은 급진적 단절이나 급격한 전환 같은 것 없이 점진적으로 변화하여 왔다는 것이다. 몇몇 고고학자들은 필연적인 과정을 따라서 발달했다고 보기도 한다. 말리나와 바시첵(Malina and Vašíček 1990)은 어떻게 유물이나 기념물뿐만 아니라 취락자료나 자연유물 증거가 다른 사회과학이나 생물학에서 온 새로운 이론과 어울려 고고학의 발달을 도모하여 왔는지를 고찰한 바 있다. 다만 다른 단선에 관점들과 마찬가지로 어떤 한 시점에 고고학 이론이 다양할 수 있다는 점은 고려하지 않고 있다. 또한 고고학자들은 흔히 독자적이고도 체계적으로 고고학 사상을 개발하지도 못했음을 설명하지 않고 있다. 예를 들면 19세기 자연학자로 고고학에 관심을 가졌던 야페투스 스틴스트룹Japetus Steenstrup(Morlot 1861: 300)이나 윌리엄 버클랜드 William Buckland(Dawkins 1874: 281-284)는 어떻게 동물 유체가 유적에 들어오게 되었는지를 파악하기 위해 실험적 연구를 하기도 했는데, 고고학에서 이런 연구는 1970년대까지도 그리 일상적으로 이루어지지 못했던 것이다(Binford 1977, 1981).

순환론적 시각

고고학사 연구자들 가운데는 단선적 해석을 거부하고 순환론적 해석을 취하는 사람들도 있다. 이러한 시각은 스튜어트 피곳(Stuart Pigott 1935, 1950, 1968, 1976, 1985), 글린 대니얼(Glyn Daniel 1950)로부터 시작되었다. 이들은 고고학 해석이 18세기 프랑스에서 확립된 합리론과 낭만주의라는 인간행위에 대한 대립적인 관점에 영향을 받았다고 주장했다. 낭만주의적 시각으로 고고학에서 문화사, 종족성, 관념론 등에 관심이 일었으며, 이에 반해 합리론적 시각으로 진화론적이고 유물론적인 접근을 취하게 되었다. 피곳과 대니얼은 인간행위는 너무도 복잡하고 예측 불가능하여 완전히 이해할 수는 없는 것이라 생각했다. 따라서 고고학 해석들은 당대의 주도적인 지성적 유행을 반영하지만, 그 변화는 예측 불가능하다는 것이다. 그러므로 자료의 축적 말고는 과거를 이해하는 데 어떠한 진전이란 있을 수 없다고 생각했다. 고고학자들은 아주 오랜 시간이 지난 뒤에 다시 과거의 동일한 문제로 돌아오는 경향이 있는데, 이때는 이미 과거의 연구가 잊힌 뒤라는 것이다. 고고학사를 순환론적 관점에서 연구한 또 다른 예는 크리스티안 크리스티안센(Kristian Kristiansen 2002)의 연구가 있는데, 덴마크 고고학을 생태학적 문제와 문화사적인 문제에 교차로 관심을 가졌다고 평한 바 있다. 비록 이러한 관심의 교차가 합리론과 낭만주의적 접근의 대립 구도란 측면에서 이해될 수도 있겠으나, 일반적인 지성적 유행의 변화가 아닌 덴마크의 고고학이나 사회에 내재된 과정을 통해 교차적인 변화가 일어난 듯하다.

고고학자 가운데는 학문의 기본적인 관심과 개념이 과연 시기마다 크게 변화하는지에 회의를 품는 사람도 있다. 브라이오니 옴(Bryony Orme 1973: 490)은 과거에 제시된 고고학 해석은 일반적으로 믿어지는 것보다 훨씬 더 현재의 것과 유사하고, 이처럼 고고학적 문제는 시간이 흘러도 그리 변하지 않았다고 주장했다. 장클로드 가르댕(Jean-Claude Gardin 1980: 165-180)은 고고학 해석이라는 "작은 세계"에 초기와 현재 사이에 커다란 간격이 있으리라 생각하는 것은 잘못이라고 주장한다. 그는 고고학자들이 하는 일은 시간이 흘러도 거의 변화가 없었으며, 유적 보고서 역시 오랜 시기 동안 동일한 체제로 쓰였고, 과정주의와 탈과정주의적 접근 사이에도 큰 간극이 있지는 않다고 본다. 이렇듯 고고학 해석에서 장기간 존속되는 흐름은 인류진화 연구에서도 드러난다(Landau 1991; Stoczkowski 2002).

일반적으로 현대의 것이라고 믿어지는 생각이 실은 아주 오래된 것임이 밝혀지기도 한다. 고고학자들은 경제학자 에스터 보서럽Ester Boserup(Smith and Young 1972)의 연구를 인용하기 훨씬 전부터 인구밀도의 증가가 노동 집약적 식량생산 형태를 가져왔다고 주장했다. 이미 1673년에 영국의 정치가 윌리엄 템플William Temple은 인구밀도가 높아지면 사람들은 더 고되게 일을 하게 된다고 하며 이런 이론의 윤곽을 드러낸 바 있다(Slotkin 1965: 110-111). 1843년 스웨덴의 고고학자 스벤 닐손(Sven

Nilsson 1868: lxvii)은 선사시대 스칸디나비아에서 인구 증가는 유목에서 농경으로의 생활 변화를 가져왔다고 주장하기도 했다. 또한 이러한 개념은 라파엘 펌펠리(Raphael Pumpelly 1908: 65-66)가 상세히 설명하고 해롤드 피크Harold Peake와 플류어H. J. Fleure(Peake and Fleure 1927), 그리고 나중에 고든 차일드(1928)가 채택했던 식량 생산의 기원에 대한 "오아시스"설에서도 함축적으로 드러난다. 이들은 서아시아(중동)에서 후빙기의 건조화로 인해 사람들은 잔존한 수원지에 모여 살게 되었으며, 거기에서 높아진 밀도의 인구를 먹여 살리기 위해 혁신을 일으켜야 했다고 제안한 바 있다.

이렇듯 고고학의 역사 동안 여러 생각이 지속되고 반복되기도 했다. 그렇다고 해서 고고 자료의 해석에 전혀 새로움이 없었다는 뜻은 아니다. 그런 생각은 각 시기의 한 부분으로서 서로 다른 개념적 틀과 관련지어 고찰되어야 한다. 바로 이런 틀로부터 그 같은 개념이 학문에 유의성을 갖게 되는데, 이는 그 틀이 변화하면서 유의성도 변화하기 때문이다. 특정 생각에만 중요성을 부여하고 맥락의 변화에는 충분한 관심을 기울이지 않는다면, 고고학 해석의 역사에서 보이는 변화의 중요성을 간과하는 일이다. 또한 고고학사의 주된 목적은 어떻게 고고학적 개념과 이해가 시간의 흐름에 따라 바뀌어 왔는지를, 당연한 것이나 현재의 상태대로 그냥 주어진 것으로 받아들이지 않도록 비판적으로 연구하는 것이어야 한다(Trigger 1978b). 이러한 맥락에서 최근의 연구는 피에르 부르디외(Pierre Bourdieu 1980)의 사회이론의 개념에 힘입은 바크다(Moro Abadían González Morales 2003).

고고학의
지역 전통과 교류

많은 고고학자들은 고고학 해석의 가장 중요한 특징 가운데 하나로 지역적 다양성의 존속을 든다. 레오 클레인(Leo Klejn 1977, 1990), 트리거와 글로버(Trigger and Glover 1981-1982)는 고고학사를 지역 학파의 학사로 고찰한 바 있다. 준코 하부(Junko Habu 2004: 5)는 조몬문화에 대한 일본 및 북아메리카의 연구를 검토하면서 어떻게 하나의 고고학 전통 안에서 가정, 목적, 방법, 이론적 발달을 따로 떼어놓고 고찰할 수 없는지를 밝히고 있다. 따라서 독특하지만, 흔히 보완적인 발견이 사실은 그 발견이 이루어졌던 구체적인 조건을 이해하지 않고서는 제대로 파악하기 어렵다는 것이다. 나디아 아부 엘하지(Nadia Abu El-Haj 2001)는 고고학적 실제의 구체적인 표현을 이해하기 위해서는 어떻게 그것이 지역의 사회 및 정치적 조건과 유기적으로 관련을 맺고 있는지, 그리고 그 조건에 의해 변모하고 형성되는지를 고찰해야 한다고 주장한다. 아부 엘하지는 그 같은 상황을 비교하여 일반화해서는 거의 아무것도 얻을 수 없다고 말한다. 아부 엘하지는 고고학의 모든 관행들은 독특한 성격을 갖고 있음을 인정하기는 하지만, 자세한 비교로 고고학적 관행과 고고학사를 이해하는 데 아무런 도움도 받을 수 없다고 말하고 있지는 않다.

로버트 더넬(Robert Dunnell 2001: 1290-1291)은 고고학의 역사는 전반적으로 단선적인 발달이 아니라 지역 학파의 다양성을 잘 보여주고 있다고 주장한다. 이는 고고학은 체계적으로 이론을 사용하여 증거를 해석한다는 측면에서 "과학"이라고 할 수는 없기 때문이다. 더넬은 고고학을 패러다임 이전의 상태에 있다고 간주하고 있는 듯하다. 가끔 패러다임과 닮은 어떤 것들만이 나타났다가 결국은 오래가지 못하고 사라졌다는 것이다.

고고학 해석에서 지역적 전통이 과거에도 존재했고, 여전히 존재하고 있으며 각각은 독특한 특성을 가지고 있음이 분명하다(Daniel 1981b; Evans et al. 1981: 11-70). 아직도 적절하게 연구되지 못한 부분은 바로 그 같은 분화가 어떠한 의미를 가지고 있는지 하는 것이다. 다시 말해 그런 다양성이 인간행위를 이해하는 데 얼마나 상충되는 차이와 제기되는 문제의 차이를 유발하는지, 아니면 상이한 용어로 채색되어 연구되고 있으나 실제로는 기본은 동일한 것인지를 파악하는 일이다.

지난 수십 년 동안 고고학자들은 고고학을 하는 다양한 형태의 접근이 있으며, 세계의 여러 지역에서 다양한 사례들이 있음을 확인해 왔다. 비록 처음에는 지리적인 권역으로 나뉘지만, 다양한 접근들의 목록이 확장될수록 다른 형식의 사회적 차이도 넓게 포용된다. 각 형식의 고고학은 어떠한 이익에 봉사하는지를 기준으로 국민(민족) 고고학(Fleury-Ilett 1996: 200-201), 민족주의 고고학, 식민주의 고고학, 제국주의 고고학(Trigger 1984a), 제3세계 고고학(Chakrabarti 2001: 1191-1193), 대륙 고고학(Díaz-Andreu 1996b: 86), 공산주의 고고학(Moser 1995a; Marshall 2002), 토착 고고학(Watkins 2002), 내재적internalist 고고학(Yellowhorn 2002), 노동자계급 고고학(McGuire and Reckner 2003), 관광 고고학, 그리고 저항(Silberman 1995: 261), 선거권박탈, 문화정체성(Scham 2001)의 고고학 등으로 구분될 수 있다. 연구의 초점이 다르면서도 모든 연구에 필수적인 부분이기도 하기에 양상은 약간 다르지만, 이 목록에 젠더 고고학도 포함될 수 있다. 비록 이런 다양한 접근은 그 어느 것도 동일하지는 않지만, 독특한 형식이나 발달, 기능 등에서 충분한 공통점이 있으며, 공통성은 연구할 가치가 있다.

이처럼 고고학에서 여러 형태가 독자적으로 발달하기도 하며, 그것은 확산하기도, 수렴하기도 한다. 19세기와 20세기 동안 세계 모든 지역의 고고학은 서로 지성적으로 많은 교류가 있었다. 그러나 그동안 몇몇 두드러진 예외를 제외하고(I. Bernal 1980; Chakrabarti 1982), 고고학 연구는 이 같은 교류를 제대로 고려하지 못하고 말았다. 이런 사례는 초기 조개더미(패총)의 연구에서 잘 예증된다. 1840년대 덴마크 학자들의 선구적인 연구는 대서양 지역 및 19세기 후반에 들어서는 미국의 태평양 해안지역에서의 조개더미 연구에 자극을 주었다(Trigger 1986a). 미국 동물학자 에드워드 모스Edward Morse는 하버드대학의 고고학자 제프리스 와이맨Jeffries Wyman을 위해 메인 주 해안의 조개더미(패총)에서 나온 동물뼈를 분석한 바 있으며, 이후 강의를 위해 일본에 갔었다. 그리고 1877년 도쿄 근처의 오모리大森에서 중석기시대의 대규모 조개더미를 발견하여 발굴하게 되었다. 그의 학생들 몇몇은 스스로 다른 조개더미들도 발굴했고 곧이어 유럽에서 교육받은 일본 고고학자들은 전문가적인 토대 위에서 중석기시대 조몬문화를 확립하게 되었다(Ikawa-Smith 1982). 또한 브라질(Ihering 1895)과 동남아시아(Earl 1863)에서도 스칸디나비아의 연구에 자극을 받아 조개더미에 대한 초기 연구를 시작했다. 심지어 이념적으로 대립적인 고고학 전통을 가졌던 서유럽과 소련에서도 서로 상당한 영향을 주고받았다. 비록 수십 년 동안 철의 장막의 두 진영의 학자들에게는 어떠한 종류의 학문적 접촉도 아주 어려웠으며 정치적으로 위험했지만 말이다. 이러한 모든 이유에서 지역 고고학들의 역사적인 독립성이나 이론적인 독특함을 지나치게 강조하는 것은 옳은 일이 아닌 것 같다. 고고학사 연구자의 중요한 임무 가운데 하나는 한 지역의 발달 사례가 다른 곳의 발달에 영향을 미쳤는지, 그렇지 않은지, 그렇다면 어느 정도의 영향이 있었는지를 파악하는 일이다. 다만 연구초기의 고고학자들은 흔히 자신들의 생각이 어디에서 기인했는지를 말해 주지 않기 때문에 이런 작업이 힘들다.

전문화와
미시적 접근들

또한 학문의 전문화가 고고 자료가 해석되는 방식에 얼마나 영향을 미쳤는지에는 그리 많은 관심이 없었다(Rouse 1972: 1-25). 그럼에도 사회 및 정치적인 지향의 차이와 마찬가지로 전문화를 통해 지향하는 바가 달라져도 많은 차이들이 발생할 수 있다. 고전 고고학, 이집트학, 아시리아학은 역사학의 틀 안에서 금석학 및 미술사적인 연구에 크게 경도되어 있다(Bietak 1979). 중세 고고학은 기록 자료에 바탕을 둔 연구를 보완해 주는 물질 자료를 연구함으로써 발달했다(M. Thompson 1967; D. M. Wilson 1976; Barley 1977; Andrén 1998). 구석기 고고학은 지질사나 고생물학과 나란히 발달했고 이런 학문과 여전히 깊은 유대관계를 유지하고 있다. 이에 반해 구석기 이후의 선사시대에 대한 연구는 흔히 언어학, 민족학, 생물 인류학, 비교 민족학 등 다른 많은 학문들로부터 온 정보를 고고학적인 발견과 결부시킨다(D. McCall 1964; Trigger 1968a; Jennings 1979).

그럼에도 이런 여러 고고학의 형식이 아주 오랜 기간 동안 서로 지성적으로 상당히 고립된 상태에서 발달했으며 각각의 전문 용어들과 역사적인 관련, 산발적인 상호작용 등으로 인해 더욱 분화했음도 사실이다. 다만 이 모든 종류의 고고학들은 방법론적인 관심사가 충분히 같기 때문에 해석적인 개념들을 많이 공유하고 있다. 팀 머리(Tim Murray 2001a: xix-xx)는 고고학의 다양성에도 불구하고 형식분류와 같이 고고학의 핵심에 자리하고 있는 공통의 문제와 기본적인 행위를 공유하기 때문에 고고학자들이 서로 의사소통을 하고 지식을 교류할 수 있다고 지적한다. 고고학자들은 여러 상이한 방식으로 과거에 대한 지식을 추구하고 있으며, 그 작업에 필요한 지성적 도구를 개발하고 있다. 이와 더불어 고고학을 이용해 여러 정치적이고 문화적인 목적을 이루고자 애쓰기도 한다.

이보다 더 좁은 시각에서 고고학사를 통해 학문 사회와 박물관이나 대학의 고고학과와 같은 제도와 기관이 고고학 발달에 기여했던 바를 고찰할 수도 있을 것이다. 마이클 오브라이언Michael J. O'Brien, 리 라이맨R. Lee Lyman, 마이클 쉬퍼Michael B. Schiffer는 상호 협동 또는 경쟁하는 개별 고고학자나 집단이 신고고학의 발달에 어떻게 기여했는지를 추적하고 있다(O'Brien, Lyman and Schiffer 2005). 마이클 볼터(Michael Balter 2005) 역시 개별 참여 연구자들의 시각에서 이안 호더의 혁신적인 지도 아래 이루어지고 있는 터키의 차탈회위크Çatalhöyük 초기 신석기 유적의 발굴단을 고찰했다. 이러한 세밀한 형태의 접근을 통해 고고학의 역사에서 큰 흐름을 형성했던 사회 역학이나 학문적 전략에 대해서 알 수 있다.

전기나 자서전도 오래전부터 고고학사의 일부였지만, 일반적으로 개별 고고학자의 업적을 축하하거나 정당화하는 수단으로 여겼다. 오늘날 이와 같은 접근법으로 어떻게 고고학자들이 과거를 해석하는지를 고찰하는 데 관심이 늘고 있다. 존 채프먼(John Chapman 1998)은 리투아니아 출신의 고고학자 마리아 김부타스Marija Gimbutas가 자신의 실제 경험을 바탕으로 유럽의 선사시대를 해석함에 있어 유럽의 평화로운 초기 모계사회와 이후 전쟁으로 점철된 부계 인도유럽어족(인도유러피언) 사회 간의 차이를 강조하게 되었던 것을 잘 설명하고 있다. 장폴 사르트르(Jean-Paul Sartre, 1917~1972)는 프랑스 소설가 플로베르Gustave Flaubert에 대한 일대기를 쓰면서 이런 접근이 가진 문제를 자세히 살핀 바 있다. 사르트르는 어떻게 스스로 살았던 문화, 그리고 자신이 속한 사회 계급이 플로베르를 형성했는지를 보여주었다. 그러면서 플로베르의 삶의 양태와 저작들이 어린 시절 및 가족 관계에 대한 자세한 심리적 분석을 통해 이해될 수 있음도 잘 보여주었다. 만약 우리가 고고학자의 모든 일을 이해하고자 한다면 분명 개별 고고학자들을 모두 연구해야 할 것이다. 사르트르의 작업은 심지어 유사한 민족과 계급적 배경, 그리고 역사적 경험을 가진 고고학자라 하더라도 심리적인 요인 때문에 고고 자료를 똑같은 방식으로 해석하지는 않을 것임을 잘 보여주고 있다. 이와 대조로 유사한 사회 및 문화적인 맥락에서 일반적으로 유사한 고고 자료에 대한 해석이 생기는 것도 사실이다. 이것도 연구할 가치가 있다.

비록 고고학사에 대한 전기傳記적인 시각과 사회정치적인 시각은 상호 보완적이기는 하지만, 위에 개괄한 몇몇 구체적인 접근은 서로 모순되는 점이 있기도 하기 때문에 모든 것이 다 타당할 수는 없다. 이 책에서는 폭넓은 시각에서 고고학적 사고의 역사를 추적하고자 하기 때문에 모든 고고학자들의 업적을 고찰할 수도 없으며, 심지어 각 나라의 고고학적 발달이나 모든 고고학적 분파를 체계적으로 고려하는 것도 불가능하다(Schuyler 1971). 그 대신 나는 주된 해석적 흐름을 대체로 가장 성행했던 시간 순서대로 고찰할 것이다. 이 흐름은 시간과 공간적으로 서로 중복되기도 하고 영향을 주고받기도 하며, 개별 고고학자의 연구는 연구 생애의 다른 시간대에, 그리고 한 시점에도 몇 가지 흐름들을 담고 있을 수도 있다. 나는 주제별 접근을 통해 고고학적 해석 방식의 변화를 학사적으로 연구함으로써 시간적인 순서나 지리적으로 명확하게 분류되지 않으면서도 고고학을 변모시켜 온 혁신의 흐름을 살펴보고자 한다.

2. 사회적 맥락

상대주의의 도전 고고학이 많은 종류의 요인들로부터 영향을 받는다는 사실을 부인할 사람은 없을 것이다. 그 가운데 가장 논란이 많은 것은 연구자의 사회적 맥락이다. 과학적 연구라는 실증적 관점을 선호하는 연구자를 포함하여 고고학자들 가운데 고고학자가 던지는 질문이 적어도 어느 정도는 그 환경의 영향을 받는다는 점을 부정할 사람은 거의 없을 것이다. 그럼에도 실증주의자들은 자료를 적당하고 합당한 과학적 방법으로 분석하기만 한다면 도출되는 결론은 연구자의 편견이나 믿음과는 별개의 것으로 신빙성이 있다고 주장한다. 이와 다른 시각을 가진 고고학자들은 과거에 관한 고고학자들의 발견이 의식적이든 무의식적이든 현재의 또는 일반적인 인간의 본성에 대한 함의를 담고 있다고 본다. 그리고 사람들은 스스로 믿고 싶어 하는 것은 쉽게 받아들이면서도, 자신이 받아들이기 싫어하는 생각은 압도적 증거가 나올 때까지 인정하지 않으려 하는 것도 사실이다. 이 때문에 변화하는 사회 조건은 고고학자들이 어떠한 질문을 던지는지뿐만 아니라 어떠한 대답을 받아들일 것인지에도 영향을 미치는 것이 사실이다. 심지어 통계 검증까지도 신뢰 수준 자체는 임의적이라는 점을 고려하면 주관적 해석의 여지가 있다 하겠다. 단 하나의 예외가 있어도 법칙으로 성립하지 않는다고 믿는 강한 실증주의자들은 스스로 보편타당한 일반화를 다루고 있음을 증명하기 위해 이론적으로 가능한 모든 사례를 고찰하고자 할 것이다. 그러한 증명은 일반적으로 불가능하기 때문에 언제나 어떤 신념이 결부되어 있기 마련이다.

데이비드 클라크(David Clarke 1979: 85)는 고고학을 "내적으로는 내용의 변화, 외적으로는 시대정신과 연관되어 있다"고 썼는데, 이때 이 같은 주관 요인들을 마음에 두고 있었던 것 같다. 다른 글에서는 "일반적으로는 삶에, 그리고 교육 과정이나 변화하는 당대의 신념체계에 노출됨으로써 철학 및 고고 철학―부분적으로는 의식적이고 다른 한편으로는 잠재적인 신념, 개념, 가치 및 원칙들로서 현실적이기도 하며 형이상학적이기도 하다―이 형성된다"고 쓰기도 했다(Clarke 1979: 25). 이보다 훨씬 이전에도 콜링우드(Collingwood 1939: 114)는 모든 고고학적 문제는 "궁극적으로 '실'생활로부터 일어나며 …… 우리는 특정 상황―그 상황에서 어떠한 행동이 요구되는지―을 더 분명하게 알기 위해서 역사를 공부한다"고 언급한 바 있다.

최근 들어서 고고학은 합리적이고 객관적인 작업으로서 과학의 개념에 반대하는 상대주의자들의 공격에 큰 영향을 받고 있다. 이러한 공격은 그 뿌리가 범마르크스주의 프랑크푸르트학파의 반실증주의에 있으며, 대표 학자로는 발터 벤야민(Walter Benjamin 1969), 위르겐 하버마스(Jürgen Habermas 1971), 헤르베르트 마르쿠제(Herbert Marcuse 1964) 등이 있다. 이 철학자들은 사회 조건이 어떤 자료가 중요하게 생각되고 또 어떻게 해석되는지에 영향을 미친다고 강조했다. 이들의 관점은 토머스 쿤의 패러다임 개념, 과학적 지식은 문화적 신념과 전혀 다른 종류가 아니라는 사회학자 배리 반스(Barry Barnes 1974, 1977)의 주장, 그리고 이론을 평가하는 객관적인 규준이 없기 때문에 과학은 엄밀한 규칙에 얽매여서는 안 되며 개인적 선호나 미학적 호감 등도 경쟁 이론을 평가할 때 이용될 수 있을 것이라는 미국의 과학철학자 파울 파이어아벤트(Paul Feyerabend 1975)의 아나키스트적 주장을 통해 더욱 강해졌다. 이런 생각들은 특히 영국과 미국의 자칭 비판 고고학자들 사이에서 상당한 매력을 끌었다.

상대주의자 가운데는 사회적 편견을 더 깨달을수록 객관성이 높아질 것이라고 보는 사람도 있다(Leone 1982). 하지만 다른 연구자들은 가장 기초적인 고고 자료조차도 정신적인 구성물이며, 따라서 자료가 만들어지고 이용되는 사회적 환경과 떨어져서 존재하는 것이 아니라고 주장한다(Gallay 1986: 55-61). 더욱 극단적인 상대주의자들은 하버마스와 반스가 "지식은 실재와 만남으로써 생기며 그러한 만남과 지속적인 피드백을 통해 수정된다"(B. Barnes 1977: 10)고 한 말조차도 무시한다. 대신, 극단 상대주의자들은 고고학 해석이란 객관적 증거가 아니라 전적으로 사회적 맥락을 통해 결정된다는 결론을 내린다. 따라서 과거에 대한 진술들은 특정 연구의 내적인 통일성이 아닌 그 어떤 기준으로도 평가할 수 없게 된다. 연구는 "내적인 개념 관계의 측면에서 비판받아야지, 참이나 거짓을 '측정'하거나 '판단'하는 그 어떤 외적으로 주어진 표준이나 기준으로는 평가될 수 없다"는 것이다(Miller and Tilley 1984b: 151). 이렇듯 좋은 고고 자료 및 분석 기법만이 고고학 해석의 값어치를 결정할 수 있다고 믿는 극단 실증주의자들과 고고 자료의 역할을 인정하지 않으려 하고 대신 고고학 해석을 전적으로 연구자의 사회 및 문화적 충실도의 측면에서 설명하려는 극단 상대주의자들은 서로 멀리 떨어져 있다. 상대주의자들의 과학에 대한 비판은 극단적이고 일관성도 없는 것이 사실이지만, 사회과학자들이 주관적인 편견을 깨닫는 데 중요하고도 전체적으로 바람직한 역할을 했다.

고고학 성장의
사회적 맥락
　　비록 사회가 고고학 해석에 미치는 영향은 아주 다양할 수 있다 하더라도, 고고학의 발달은 서양 사회에서 중간계급의 힘이 성장한 것과 시간적으로 일치한다. 많은 고전 고고학 후원자들은 귀족계급이었지만, 15세기의 이탈리아 무역가 피치콜리 Ciriaco de' Pizzicolli 이후 고고학 유존물을 적극적으로 연구했던 사람들은 주로 중간계급이었다. 이들은 공무원, 성직자, 부유한 상인, 시골 지주, 그리고 전문화의 증대와 더불어 대학 교수와 박물관학자였다. 더구나 고고학적 발견에 대한 대중적 관심은 주로 교육받은 부르주아의 일원들로부터 나왔다.

17세기 이후에 발달한 모든 학문적 분지는 중간계급의 후원 아래 이루어졌다. 고고학과 역사학은 비교적 다가가기 쉬운 학문이었으며, 발견물들은 인간의 본성 및 어떻게 근대사회가 형성되었는지에 대한 관점을 형성하는 데 중요한 함의를 담고 있었다(Levine 1986). 이렇듯 당대의 정치, 경제 및 사회적 이슈들에 의의를 지닌다는 사실 때문에 고고학과 사회의 관계는 중요하다. 이 때문에 고고학을 중간계급의 이데올로기를 표현하는 것으로 고찰하고, 중간계급 집단의 부침이 어느 정도 고고학 해석에 영향을 미쳤는지를 파악하는 것은 합리적인 듯하다. 고고학자들은 언제나 자신이 생활하고 있는 환경에 영향을 받으면서도, 고고 자료가 쌓이고 고고학이 학문으로 발달함에 따라 모든 고고학 해석은 당대의 사회적 편견에도 똑같은 정도로 영향을 받는다.

덧붙여 중간계급은 시간상 또는 어떤 한 사회에서도 동질적인 현상은 아니었다. 중간계급의 관심사와 발달 정도는 나라마다 굉장히 달랐으며 각 나라 안에서도 다양한 층으로 나뉘어 있어 경우에 따라서는 각층에서도 급진적이거나 보수적인 정치적 선택을 하기도 했다. 프랑스에서는 구체제의 부르주아들이 주로 성직자, 전문가 및 관료집단이었는데, 이들은 산업혁명기의 기업 부르주아나 공장 소유자 등과 구분되어야 한다(Darnton 1984: 113; E. Wood 2000). 또한 고고학이 전체 중간계급 사람들에게 똑같이 관심을 끌었던 것이 아님도 분명한데, 주로 학문에 관심을 가지는 경향이 있었던 전문가 집단이 관심을 가졌다(Kristiansen 1981; Levine 1986). 카를 마르크스는 지식인들이 많은 측면에서 다른 중간계급과는 시야와 관심이 매우 다르다고 조심스럽게 지적한 바 있다. 마르크스는 "지식인이 하부중간계급을 대표하는 것은 실생활에서 넘지 못하는 하부중간계급의 한계를 마음속에서도 넘지 못하기 때문이며, 그래서 지식인들은 이론적으로 실제 물적 이익과 사회적 위치가 추동하는 것과 동일한 문제와 사회적 위치에 다가선다"고 주장했다(Marx [1852] in Marx and Engels 1962, I: 275).

이익과 사고 사이의 관계는 맥락적으로 수많은 상이한 요인의 영향을 받는다. 그러므로 구체적인 고고학 해석과 특정 계급의 이익 사이에 일대일 대응관계가 있으리라 기대할 수는 없다. 대신 고고학 해석에 영향을 미치는 사고를 특정 상황 아래에서 사회 집단들이 스스로의 목적을 이루기 위해 사용하는 도구로서 분석해야만 한다. 그 목적 가운데는 성공을 자연스럽고 미리 정해진 필연적인 것으로 만들어 집단의 자부심을 증진시키고, 집단행동을 고무하고 정당화시키며, 집단 이익을 이타적인 것으로 꾸미는 것(B. Barnes 1974: 16), 짧게 말해 집단과 전체 사회에 신비로운 면허장을 주는 역할도 포함되어 있다(McNeill 1986). 이런 여러 사항을 고려함으로써 개인의 심리적인 특질과 문화적 전통의 중요성을 부인하지 않으면서도 고고학과 사회의 관계를 고찰하는 데 중요한 관점을 얻을 수 있는 것이다.

또한 고고학을 전문으로 하는 사람들은 대부분 고고학 해석이 다른 여러 요인에 상당한 영향을 받는다고 믿고 있다. 극단 상대주의자를 제외하고 모든 연구자들은 고고학 데이터베이스가 그 요인 가운데 하나임에 동의할 것이다. 고고 자료는 지난 수백 년 동안 지속적으로 축적되어 왔으며 새로운 자료가 축적되는 것을 포함하여 과거의 해석을 검증하는 작업이 이루어지고 있다. 그럼에도 어떠한 자료를 어떠한 방법으로 수집하는지의 문제는 여전히 특정 고고학자가 무엇을 중시하는지 하는 감각에 영향을 받으며, 거꾸로 특정 고고학자가 어떠한 이론적 견지에 서 있는지를 비추어 주기도 한다. 이로써 (모두 사회적 영향을 받는) 자료 수집과 해석에 호혜적인 관계가 생긴다. 더구나 과거에 수집된 자료는 나중에 중요해진 문제를 푸는 데 적절하거나 적당하지 않은 경우가 많다. 이는 단순히 당시 고고학자들이 나중에 중요하게 된 기법을 잘 몰라서, 가령 방사성탄소연대측정을 위해 숯을, 규산체 분석을 위해 토양 시료를 보관하지 않았기 때문만은 아니다.

새로운 시각으로 새로운 조사연구의 길이 열리는 경우도 흔하다. 예를 들어 그레이엄 클라크(Grahame Clark 1954)는 중석기시대의 생계경제에 관심을 가졌기 때문에 중석기 연구가 주로 형식학적 관심에 머물러 있었을 당시의 자료로는 답할 수 없었던 질문을 던질 수 있었다(Clark 1932). 마찬가지로 취락 고고학에 대한 관심의 발달은 고고학 지표조사에 혁명적인 변화를 몰고 왔으며(Willey 1953), 유적 내 유구와 유물의 분포를 기록하고 분석하는 데 커다란 자극이 되었다(Million et al. 1973). 그래서 고고 자료가 지속적으로 수집된다고 해도 많은 고고학자들이 믿고 있듯이 그 결과가 반드시 축적된다고는 할 수 없다. 고고학자들은 흔히 실제 증거가 아니라 예전의 연구자들이 과거에 대해 내려 놓은 결론을 바탕으로 작업을 하는 듯하다.

고고학 조사연구에 가용 자원, 연구가 수행되는 제도 및 공공의 맥락, 사회 또는 정부가 고고학자에게 맡기는 조사의 종류 역시 연구에 영향을 미친다. 고고학자들은 지원을 받기 위해서 후원자를 만족시켜야 하는데, 후원자는 부유한 사람일 수도(Hinsley 1985), 공익 재단의 기금을 불하하는 동료 연구자나 정치가일 수도(Patterson 1986a,

1999), 그저 일반 대중일 수도 있다. 또한 공동묘지나 종교적인 장소와 같이 어떤 종류의 유적을 발굴하는 데 사회적 규제가 있을 수도 있다. 문화재를 보호하기 위하여 정부는 흔히 고고학자들이 언제 그리고 어떻게 발굴해야 하는지, 그리고 어떻게 발견된 것을 기록해야 하는지 엄밀한 통제 규정을 만들기도 한다. 경우에 따라서 정부는 고고학자들이 토양 시료와 같은 현세의 유품조차도 분석 목적으로 외국으로 반출하는 것을 금지하기도 한다. 또한 지역 또는 종족 집단이 자신들의 문화유산의 일부라는 이유에서 고고학 조사를 지역 집단에게 맡기는 경우가 늘어나는 추세이다. 비록 많은 고고학자들은 이 같은 통제를 받아들이고는 있지만, 고고학자가 하는 작업이나 유물에 대한 해석에 장애가 되는 경우도 있다. 특히 이 때문에 고고학자들과 원주민 문화유산관리관 사이에 상당한 긴장이 생기기도 한다(Moser 1995b; Nicholas and Andrews 1997; Swidler et al. 1997; D. Thomas 2000).

다른 학문들과의 맥락

20세기가 되기까지 학문적으로 교육을 받은 고고학자는 별로 없었다. 대신 많은 상이한 분야나 업종에서 얻은 다양한 기술이나 관점이 고고학에 들어왔다. 당시 모든 연구자들은 고전 및 성서 자료가 강조되는 학교 교육 과정에서 공부한 배경을 가지고 있었다. 고전학古錢學에 대한 광범위한 관심에서 기인한 기본 원칙은 크리스티안 톰센, 존 에번스John Evans 및 다른 초기 고고학자들에 의한 형식학과 순서배열법의 발달에 중요한 역할을 했다(McKay 1976). 19세기에는 물리학이나 생물학을 배운 사람들이 고고학을 하게 된 경우가 많았다. 요즘에도 학부에서 인문학 교육을 받은 전문 고고학자와 자연과학을 전공한 고고학자 사이에는 상당한 차이가 있다는 주장도 있다(R. Chapman 1979: 121). 최근에는 많은 선사고고학자들이 지역적 선호에 따라 인류학과나 사학과 출신들로 이루어져 있다. 일반적으로 역사학의 맥락에서 훈련을 받은 고고학자는 특정 나라나 민족의 과거에 관심을 가지는 경향이 있는 반면, 인류학을 전공한 고고학자들은 비교적인 시각에서 과거를 연구하는 데 관심을 가지는 것 같다.

어떤 성공한 고고학자나 카리스마 있는 사람이 한 민족 및 국제적인 규모에서 연구자의 전범으로서 고고학에 미치는 역할 역시 상당하다. 물론 이들은 아마도 자신들의 생각이 잘 들어맞았던 맥락에서 연구를 발전시켰을 것이지만 말이다. 젊은 고고학자들은 스스로 전문적인 명성을 얻기 위해 새로운 연구 방향을 제시하거나 분석이나 해석에 새로운 기법을 개척하기도 한다.

고고학 해석은 물리 및 생물 과학에서 이루어진 기술 발달에도 영향을 받는다. 최근까지도 고고학자와 자연과학자의 합동 연구가 일상화되었지만 거의 고고학자가 도움을 받는 일방적인 정보의 흐름이 있었다. 그렇기에 자연과학에서의 연구는 단지 우연하게 고고학자들의 필요에 부응하게 된다. 물론 가끔씩 고고학에 중대한 발견이 이루어지는 경우도 있다. 제2차 세계대전 이후 방사성탄소 및 다른 지화학적 연대측정법의 발달은 처음으로 고고학 대상의 상대적인 시간 순서뿐만 아니라 실년대에 근접한 자료를 주었다. 연대측정 기법들은 순서배열법, 또는 제한된 문헌 자료에 바탕을 두고 이루어졌던 기존의 편년을 검증하는 방법이 되었다. 화분(꽃가루) 분석은 선사시대 기후 및 환경 변화에 새로운 통찰을 주었으며, 미량원소 분석은 선사시대에 특정 종류의 상품들이 이동한 경로를 연구하는 데 중요한 방법이 되었다. 고고학자들이 얼마나 빨리 그리고 통찰을 가지고 물리 및 생물 과학의 혁신을 적용하는지는 획일적이지 않다. 다만, 한번 그러한 혁신들이 고고학 연구에 적용되면 급속히 전 세계로 별다른 저항 없이 확산되는 경향이 있다. 그런 확산 과정에 가장 주된 장애물은 자금과 훈련된 과학자가 부족하다는 것인데, 이는 아마도 부유한 나라의 고고학과 가난한 나라의 고고학의 간격을 그 어떤 것보다도 많이 벌어지게 하는 요인일 것이다. 구체적으로 고고학 문제들을 풀기 위해 물리 및 생물 과학 연구가 더 많이 이루어지고 있지만, 이러한 분야에서 일어나는 새로운 발견은 고고학 해석에 영향을 미치는 요인 가운데 가장 예측하기 어려운 것이라고 할 수 있다(Nash 2000a).

컴퓨터를 이용한 자료 처리는 방사성탄소연대측정법에 못지않게 고고학 분석에 커다란 변화를 몰고 왔다. 이제 엄청난 양의 자료를 비교하는 것이 일상적으로 가능한데, 이런 일은 과거에는 페트리와 같은 극히 예외적인 고고학자들이나 시도했던 분석이었다(Kendall 1969, 1971). 이로써 고고학자들은 풍부한 자료를 마음껏 사용하여 고고학적 유존물에서 더 세밀한 패턴을 찾고(Hodson et al. 1971; Doran and Hodson 1975; Hodder 1978b; Orton 1980; Sablof 1981), 인간행위에 대해서 더욱 복잡한 가설을 검증하여 고고학적 유존물과 비교할 수 있게 되었다(Wobst 1974; Mithen 1993; Costopoulos 2002). 수학적 성격을 가진 특정한 분야의 발달이 고고학에서 새로운 이론적 지평을 넓혀주기도 한다. 일반체계이론general systems theory(Flannery 1968; Steiger 1971; Lazlo 1972a; Berlinski 1976)과 카타스트로피 이론catastrophe theory(Thom 1975; Renfrew 1978a;

Renfrew and Cook 1979; Saunders 1980)은 둘 모두 수학적인 변화 연구 방법이다. 물론 고고학 문제에 적용되면서 엄밀한 수학적 양상이 조금은 덜 강조되기는 했다.

고고 자료에 대한 해석은 사회과학이 신봉하는 인간행위 및 인지에 대한 이론의 변화에도 상당한 영향을 받아 왔다. 특히 민족학이나 역사학에서 온 개념의 영향이 많았는데, 이 두 상호관련된 학문과 고고학은 밀접한 유대를 유지해 왔다. 지리학, 사회학, 경제학, 정치학 등에서 온 이론적 개념 역시 고고학에 영향을 미쳤는데, 그 영향은 직접적인 경우도, 인류학과 역사학을 통한 간접적인 경우도 있었다. 그럼에도 이 모든 학문들 역시 고고학에 영향을 미친 똑같은 사회적 운동을 통해 형성되었기 때문에 다른 사회과학이 고고학에 영향을 미치는 것과 사회가 고고학에 미치는 영향을 구분하기는 쉽지 않다.

고고 자료의 해석은 고고학적 유존물으로부터 얻은 지식의 성격에 대한 기존의 믿음에도 영향을 받는다. 과거에 대한 특정 해석은 주의 깊게 고찰되거나 평가되는 것이 아니라 흔히 무비판적으로 일반적 관점의 변화에 포용되기도 한다. 심지어 이미 거부된 일반적 관점에 따라 형성된 해석일 때에도 그렇다. 바로 이 때문에 과거에 대한 특정한 관점들이 이미 불신되고 폐기되어 오랜 시간이 지난 뒤에도 계속 고고학 해석에 영향을 미칠 수도 있다. 피터 우코(Peter Ucko et al. 1991) 등은 영국의 신석기시대 에이브버리 유적의 조사에 대한 자세한 연구를 통해 과거의 발견물에 대한 무비판적 수용이 최근 연구에 제약이 되고 있음을 보여주었다. 더불어 고전 및 중세의 유럽에서 기인한 해석적 모티프가 어떻게 초기 인간의 행위를 이해하는 데 영향을 미쳤는지, 그리고 마르셀렝 불Marceline Boule과 아서 키스Arthur Keith의 연구에서는 대조적인 네안데르탈 이미지가 그들에 대한 지식을 구축하는 데 얼마나 지속적으로 중요한 역할을 하고 있는지도 밝혀지고 있다(Moser 1992; Trinkaus and Shipman 1993; Stringer and Gamble 1993). 이와 대조로 데이비드 웬그로(David Wengrow 2003: 134)는 고고학사에 대한 연구를 통해 연구 프로그램의 변화뿐 아니라 로라 네이더(Laura Nader 2001)가 "집단 건망증"이라 부르는 것 때문에 오랫동안 잊혔던 생각을 재정비함으로써 과거와 현재에 대해 더 나은 이해를 도모할 수 있다고 주장한 바 있다. 따라서 고고학자의 과거에 대한 이해는 그들이 살고 있는 사회 환경의 영향을 받지만, 학문으로서 고고학의 지속적인 발달과 관련된 많은 요인의 영향을 받는 것도 사실이다. 고고학 사상의 역사를 이해하기 위해서는 고고학 조사연구가 수행되는 사회 배경뿐만 아니라 현재 고고학적 행위의 지속적인 발달에 대한 지식까지도 알아야 하는 것이다.

　　다른 학문의 학사에 대한 연구와 마찬가지로 고고학사는 크게 내재적 접근과 외적 (또는 맥락적) 접근이라는 두 가지 방법으로 나누어 볼 수 있다(Kuhn 1977: 109-110; Bauer 1992: 110-114). 내재적 연구는 고고학 해석의 흐름을 이루었던 발견이나 논쟁을 추적한다. 내재적 연구의 훌륭한 사례로 도널드 그레이슨(Donald Grayson 1983)이 쓴 『인류 기원 연구사*The Establishment of Human Antiquity*』를 들 수 있다. 내재적 접근은 인식론적 실증주의자들과 정치적 보수주의자들이 여전히 선호하고 있다. 이 접근은 또한 고고학사 연구에 유효한 방법으로 받아들여지고 있다. 이에 반해 맥락적 접근은 고고학적 이해의 변화를 학문적 활동이 이루어지는 사회·경제·정치적 환경의 변화와 관련지어 고찰한다. 비록 서양이나 과거 식민지였던 나라들에서 그 같은 관심이 커지고는 있지만(Klindt-Jensen 1975; I. Bernal 1980; Robertshaw 1990; Patterson 1995; Marchand 1996), 보수적인 고고학자들과 과학사가들은 이런 해석이 흔히 사변적이고 이데올로기에 바탕을 두고 있다고 비판하기도 한다(Daniel and Renfrew 1988: 188). 하지만, 최근에 들어서 이런 식의 접근은 빅토리아시대 영국에서 생물진화론에 대한 사회 및 정치적인 함의들을 연구한 에이드리언 데스먼드(Adrian Desmond 1982, 1989; Desmond and Moore 1992)의 작업 결과로 어느 정도 신뢰를 얻었다. 더구나 해석들이 사회 환경에 영향을 받는다는 증거도 많다. 두 접근법을 결합시키는 것이 가장 이상적이겠지만, 실제로 고고학사를 연구하는 사람 가운데 그렇게 하는 사람은 별로 없다. 그러나 나는 이 책에서 두 접근 모두를 이용할 것이다.

　　또한 학사는 현재주의presentism, 다시 말해 과거의 발달을 현재의 학문적 실제와 믿음의 측면에서 판단하는 일을 피해야 한다. 이런 식의 접근은 현재의 관심이란 측면에서 과거에 일어났던 일을 평가하고 고고학사를 현재의 상태를 향해 발전하는 연대기 정도로 다루게 된다. 현재주의적 방식은 학사를 연구하는 사람들에게는 일반적으로 아마추어 역사가들, 특히 자신의 학문 역사에 대해서 쓰는 연구자들에게서 흔하게 나타나는 잘못이다. 더욱 세련되게 연구하기 위해서는 과거 사건들을 그 자체의 맥락에서, 그리고 학문뿐만 아니라 과거 사회 및 정치적 맥락에서 이해해야 한다. 그럼에도 팀 머리(Tim Murray 1996b)는 "공공연한 현재적" 접근을 기꺼이 받아들였다. 로버트 더넬(Robert Dunnell 2001: 1291)은 고고학사 연구자가 현재주의적 접근을 버리면 지속적인 가치가 있는 학문적 발견들과 학문의 발달에 전혀 중요하지 않았던 것을 구분하지 못하게 된다고 말하기도 한다. 더넬은 고고학사 연구가 의의를 지니기 위해서는 이론적 틀을 가져야 한다고 주장한다. 그래서 더넬의 입장은 현재주의적 방식을 옹호하는 것으로 보인다.

3. 고고학 해석

고고학자들은 고고학이나 다른 사회과학이 과학적일 수 있는지, 아니면 과학적이어야 하는지 논쟁을 벌인다. 부분적으로 이러한 논쟁은 과학과 과학적 행위는 어떠해야 하는지에 대한 의견 불일치에서 기인한다. 대부분의 과학사가나 과학철학자들은 과학의 기원을 철학자 프랜시스 베이컨까지 거슬러 올라가 찾으며, 과학을 지식 자체가 아니라 '알아 가는 방법method of knowing'으로 간주한다. 베이컨은 학자들에게 세계를 이해하기 위해서는 이미 알려지거나 권위 있는 지식에 더 이상 의존하지 말고, 목적을 이루기 위하여 관찰, 분류, 비교, 그리고 가능하면 실험을 할 것을 주문했다. 이런 식으로 과학적 지식은 연구자 공동체가 지속적으로 발달시키는 생산물이 된다(Zimmerman 2001: 117).

과학에서는 아무것도 그 자체로는 유의하지 않으며 검증을 통해서만 유의성을 가진다는 것이 기본 원칙이다. 그렇기 때문에 결국 이론만이 현상을 설명할 수 있다(Dunnell 1982b; Bird 2000: 18). 과학자들은 체계론적 속성systemic properties의 형태로 질서를 찾아야 한다. 그 질서를 통해 선험적 전제들에 종속되지 않으면서 설명을 만들어 낸다. 과학자의 목적은 사물이 어떻게 움직이고 그 자리에 서게 되었는지를 설명하는 메커니즘을 찾는 일이다(Bunge 1997).

그런데 과학적 관점은 절대적이며, 진실이란 변하지 않는다고 믿는 것은 환상에 불과하다. 비록 과학자들은 자료가 허용하는 한 가장 복합적이고 오래 지속될 만한 설명과 이해를 찾지만, 자료는 한계가 있으며 특정한 시점에 스스로에 인식할 수 있는 범위를 뛰어넘을 수 없는 것이다. 그렇기에 머지않아 모든 과학 이론은 변할 것이고, 아마도 과거의 것이 되고 말 것이다. 과학자들은 직업상 새로운 증거를 통해 모든 이론을 검증하고, 어떤 이론도 인정되는 다른 것과 논리적으로 모순되지 않음을 확인하고자 한다(Klejn 2001a: 86). 칼 포퍼(Karl Popper 1959)는 이론은 증명될 수 있는 것이 아니라 반증될 수 있을 뿐이라고 주장한다. 이와 반대로 과학철학자 마리오 번지(Mario Bunge 1996: 180-183)는 하나의 이론에 대한 논박조차도 결정적일 필요는 없기 때문에 과학자들은 반대되는 확실한 증거가 나오기까지 가능한 이론을 지지하는 것이 합당하다고 주장한다. 현재 과학에서도 자료를 수집하고 분석하는 과정에 일반적으로 설명 못지않게 선입견이 개입되어 있음이 광범위하게 인정되고 있다.

이러한 입장은 상대주의적 주장과 근본적으로 다를 것이 없다. 상대주의는 과학이란 세계와 인간행위를 의미 있고 지각할 수 있도록 만드는 사회적 관행의 결합이며, 사회에 뿌리를 내리고 있고, 과학의 주장이란 부분적이면서도 협상 및 논쟁의 여지가 있는 입장일 뿐이라고 주장한다(Shanks 1996). 물론 고고 자료는 고고학자들의 의지와는 독립적으로 형성되며, 때문에 자의적 해석의 가능성을 제한하는 것도 사실이다(Wylie 1982, 1989b, 2002; Trigger 1989b, 1998b). 크리스티안센(Kristiansen 2002)은 이 때문에 주관성이 어쩔 수 없는 것이라고 생각해서는 안 되며, 오히려 객관적이고자 노력해야 하는 도전적인 조건으로 받아들여야 한다고 주장한다. 과학은 수사修辭나 설득, 그리고 정치력이나 학계의 권위 같은 것을 사용하여 하나의 입장을 지지해서는 안 되는 것이다.

장클로드 가르댕(Jean-Claude Gardin 1980: 4)은 고고학의 목적을 과거의 모든 종류의 사물을 연구함으로써 관련 지식을 구축하는 것이라고 본다. 레오 클레인(Leo Klejn 2001a: 88)은 고고학을 물질문화와 고문화 연구에 관한 이론들로 이루어진 학문이라고 정의한다. 린 메스켈(Lynn Meskell 2002: 239)은 고고학이 물질성 때문에 역사학이나 인류학과는 다르다고 한다. 데이비드 웬그로(David Wengrow 2003: 134)는 고고학의 목적이 인간행위와 역사에 대한 진전된 이해를 도모하는 것이라고 하지만, 다른 이들은 문화변화의 과정을 일반화하는 것이라고 말한다(Binford 1962, 1983b). 그러나 이 같은 시각들은 서로 상반되지 않는다. 고고학은 물질문화를 수집하고 연구하는 것을 바탕으로 삼고 있지만 그렇다고 해서 과거 인간행위를 연구할 수 없는 것은 아니다. 이는 고생물학자들이 선사시대의 동물의 행위에 대한 이해를 추구하는 데 아무런 문제도 없는 것과 마찬가지이다. 오늘날 많은 연구자들은 고고학 이론을 인간행위와 신념이 물질문화와 어떠한 관련을 맺고 있는지, 그리고 물질문화가 어떻게 인간행위에 영향을 미치는지를 다루고 있는 인류학 (또는 사회과학) 이론의 일부로 보는 경향이 강하다.

과학 이론이란 어떻게 사물이 작용하고 변화하는지를 말해 주는 일반화의 한 형태이다. 특정 이론은 일반적으로 (다른 것들은 무시하면서) 어떤 한 실체나 실체의 차원에 대한 이해를 도모한다. 이론은 세계를 보이는 그대로가 아니라 적절하다고 판단되는 범주를 사용하여 분석하려 한다(Hegmon 2003: 213). 구체적인 상황을 설명하기 위해서는 이런 종류의 다양한 설명을 결합하여 다시 설명적 주장을 만들어야 한다(Roberts 1996). 상대주의의 강세와 더불어 고고학자가 어떻게 주장을 평가하며 결론에 이르는지, 그리고 지식이 어떻게 구축되는지에 대한 관심이 높아지고 있다. 이로써 고고학 이론가들을 포함하여 많은 연구자가 이론과 실제 사이의 밀접한 관계 때문에 이론고고학이라는 독립된 학문 내 분과가 그리 바람직하지 않다고 믿고 있지만, 고고학 이론에 대한 근심이 커지고 있는 것도 사실이다.

고고학은 과거 특정한 인간 집단에게 무슨 일이 있었는지를 설명하고자 한다는 점에서 하나의 사회과학이다. 그럼에도 민족학자나 지리학자, 사회학자, 정치학자, 경제학자와 달리 고고학자는 그들이 연구하는 사람들의 행위를 관찰할 수 없으며, 대부분은 문헌 자료에 기록된 것처럼 사람들의 생각에 직접적으로 접근할 수도 없다는 점에서 역사가와도 다르다. 대신 고고학자들은 인간행위와 사고를 인간이 만들고 사용한 것들이나 주어진 환경에서 그들의 행위로 인해 남은 물적 흔적으로부터 추론해야 한다. 고고 자료의 해석은 현재 인간이 어떻게 행동하는지, 그리고 특히 그러한 행위가 물질문화에 어떻게 반영되어 있는지에 대한 이해에 바탕을 두고 있다. 고고학자들은 자연 과정이 고고학적 유존물을 형성하는 데 어떠한 작용을 했는지를 추론하기 위하여 현재의 지질학 및 생물학적 과정을 이해해야 하는데, 이를 위해 동일과정(제일성, uniformitarian)의 원칙에 의존한다. 그럼에도 어떻게 이 같은 이해를 합리적으로 그리고 포괄적으로 적용하여 고고 자료에서 과거 인간의 행위를 이해할 수 있는지에 대해서는 의견이 일치되어 있지 않다(Binford 1967a, 1981; Gibbon 1984; Gallay 1986).

오랫동안 대부분의 고고학자들은 순진한 경험주의자여서 수집된 증거에 가장 그럴듯한 설명을 추구했다. 그런 다음 1960년대에 과정고고학은 관찰 가능한 현상들 사이에 일반적인 규칙성을 찾고 이 규칙성에 대한 설명을 강조하는 실증주의적 인식론을 취했다. 이런 접근은 행위 연구를 선호하는데, 다만 생각이나 동기와 같이 어려운 것을 다루기보다는 눈으로 관찰할 수 있는 것을 중요시했다. 또한 과정고고학은

실증주의,
상대주의, 사실주의

방법론적 개체론methodological individualism[2]을 취하는데, 창발성emergent properties[3]의 인식론적 유효성에 의문을 제기한다는 점 때문에 환원주의적이다. 이로써 "통일 과학"이라는 믿음이 생기게 되는데, 통일 과학[4]은 물리과학에서 끌어온 방법론을 모든 사물의 연구에 적용할 수 있다고 생각한다(Hempel and Oppenheim 1948; Hempel 1965).

탈과정주의자들, 그리고 초기 콜링우드와 같은 고고학자들은 이와 대조되는 인식론을 가졌는데, 오로지 지각으로만 의미(관찰자의 마음에 생기는 구별discrimination의 결과로서)를 얻는다고 주장하는 관념론을 옹호한다. 따라서 관념론자는 지각을 결정하는 데 개념이 중요한 역할을 한다고 믿는다. 인간은 진정으로 세계에 적응한다기보다 그들이 상상하는 방식대로 적응한다는 것이다. 그렇기에 관념론은 인간의 행동을 이해하는 데 행위적인 접근보다는 문화적인 접근의 가치를 강조한다(Collingwood 1946; Barnes 1974; Laudan 1990). 탈과정고고학은 실증주의자들이 인간행위가 인지적으로 조정되었다는 점을 무시하며, 때문에 문화의 중요성을 평가절하하고 있다고 본다. 실증주의자들은 너무도 주관적인 성격을 가지고 있기 때문에 해석학적 방법은 신념의 연구에 과학적인 접근을 주지 못하고 있다고 주장한다. 이런 접근들 각각은 인간의 일상사에 중요한 지식을 얻는 방법이다. 결국 실증주의는 자연세계에 적응하는 데 필요한 종류의 지식과 관련되며, 관념론은 다른 인간과 상호작용하는 데 필요한 것과 관련되어 있는 것이다.

사회과학에서는 실증주의와 관념론이 부적합하다는 인식이 있다. 그리하여 세 번째 입장, 사실주의realism가 주목을 받게 되었다(Bhaskar 1978; Harré 1970, 1972; Harré and Madden 1975; Bunge 2003). 마리오 번지(Mario Bunge 1996: 355-358)는 사실주의는 (그 어떠한 인식론을 옹호하고 있든지) 합리적이고 생산적인 과학자라면 모두가 따르고 있는 인식론이라고 주장한다. 사실주의자들은 과학적 연구의 대상을 지각이나 개념화한 것뿐만 아니라 존재하고 일어나는 모든 것이라고 본다. 그렇기에 사실주의자들은, 관찰할 수 있는 것이든, 아니면 그 효과만을 관찰할 수 있는 것이든, 모든 사물에 똑같

---

2) 방법론적 개체주의라고도 하며, 그 부분들의 특성을 연구함으로써 전체를 이해하는 접근법이다. 작은 부분을 통해서 더 큰 존재물을 설명하고자 하기 때문에 환원주의적 성격도 있다.(옮긴이)

3) 간단히 말하면 전체는 부분의 합보다 크다는 인식.(옮긴이)

4) 논리실증주의적인 사고에서 모든 과학을 하나의 통일된 연구방법으로 정리할 수 있다는 입장.(옮긴이)

은 주의를 기울인다. 생각이란 인간의 뇌에서 일어나는 과정이기에 유물론적 시각으로 연구될 수 있는 것이다. 사실주의자들은 지각할 수 없는 존재물도 적절한 연구의 대상이 된다고 본다. 따라서 이들은 실증주의자들처럼 외형에만 신경을 쓰지는 않으며, 관념론자들처럼 외형의 의미를 평가절하하지도 않는다. 이들은 흔히 외형에서 시작하여 관찰할 수 없는 존재물을 가정함으로써 그것을 설명하고자 한다. 마치 그레고어 멘델이 정원에 있는 여러 콩 변이를 교배시켜 연구한 결과를 설명하기 위해서는 지금은 유전자라 불리는 어떤 것이 필요하다고 제안했던 것과 마찬가지이다. 사실주의는 존재물뿐만 아니라 구조를 연구하는 것도 정당하다고 생각하기 때문에 반 反환원론적이다. 실제 세계의 복합성을 인정하기 때문에 실증주의적으로 설명과 예측을 동일시하는 것을 거부하는 것이다.

하위, 중위,
상위이론

　　패턴과 함께 패턴을 설명하는 메커니즘까지를 모두 고려하는 일반화는 자료의 수집, 서술, 분류, 해석과 관련되는 모든 과학적 행위에서 역할을 하고 있다. 여러 고고학자는 화학 철학자(Nagel 1961) 및 다른 사회과학 학문의 사례를 따라서 일반화를 상위, 중위, 하위의 범주로 나눈다(Klejn 1977; Raab and Goodyear 1984)(그림 1.1). 단지 중

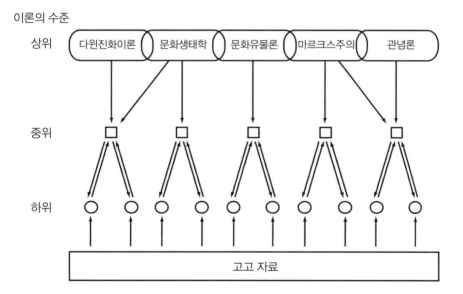

이론의 수준

그림 1.1 일반화 수준 사이의 관계

위 및 상위의 일반화만이 가설이나 이론으로 간주될 수 있는데, 이것들만이 복수의 예증을 통해 사물이 왜 그러한지, 왜 그렇게 변화하는지를 설명해 주는 메커니즘을 제시해 주기 때문이다.

하위일반화low level generalization는 고고 자료에서 패턴(유형)을 찾고자 한다(Klejn 1977: 2). 이 패턴은 어니스트 네이글(Ernest Nagel 1961: 79-105)의 실험법칙과 동등한 것으로 보이는데, 그는 사례로 모든 암코래는 새끼에게 젖을 먹인다는 명제를 들고 있다. 이러한 일반화는 보통 반복적으로 관찰되어 반대되는 사례가 관찰될 경우 반증될 수 있는 규칙성에 근거하고 있다. 이보다 높은 수준의 고고학 해석이 바탕을 두고 있는 대부분의 일반화는 이런 종류의 경험적인 것들이다. 여기에는 대부분의 유물 형식분류와 구체적인 고고학 문화에 대한 서술, 층서, 순서배열이나 방사성탄소연대법을 통해 특정 고고학 현상이 다른 것보다 빠르거나 늦다는 논증, 어느 한 개별 문화에서 모든 사람들은 특정한 장소에 어떤 특정한 형식의 부장품과 함께 묻힌다는 관찰 등이 포함된다. 이런 일반화는 구체적 속성이나 유물형식들은 서로 특정한 상황에서 반복적으로 공반하며 특정한 지리학적 지점, 또는 특정 시기에 대응한다는 관찰에 근거하고 있다. 일반화의 차원에는 시간, 공간, 형태라는 고전적인 것들이 있다(Spaulding 1960; Gardin 1980: 62-97). 또한 고고학자는 특정 형식의 찌르개(첨두기)가 어떤 기능을 수행했으며, 각 고고학 문화의 담당자가 구체적으로 어떤 족속이었다는 가정을 하기도 한다. 다만 이러한 추론은 고고학적으로 인지할 수 있는 자료가, 두 가지 이상 범주의 상응에 대한 경험적 관찰에 토대를 두고 있는 일반화와는 크게 다르기 때문에, 하위일반화의 사례가 되지는 못한다. 많은 사례에서 행위적 가정은 부정확하며 증명되지 않고 잘못된 것으로 밝혀졌다(Hodder and Hutson 2003: 173-175).

고고 자료의 성격 때문에 하위일반화를 결코 인간행위와 직결시킬 수는 없다. 하위일반화는 단지 한 종류의 고고학적 관찰과 다른 것 사이의 상응만을 보여줄 뿐이며, 이를 통해 잘 알지 못했던 고고 자료에서의 패턴이나 질서에 대한 증거를 제공하는 것이다. 이러한 경험적 관찰은 결코 그 자체로 설명이 되지 못하며 다만 설명이 필요한 패턴이 될 뿐이다. 이런 종류의 일반화를 찾는 것이야말로 시간이 많이 걸리는 작업이며 혹자는 고고학적 행위 가운데 가장 생산적이라고 말하기도 한다. 그럼에도 이론적인 측면에서는 가장 제대로 연구되지 못했던 고고학적 행위이기도 하다. 이런 종류의 학사적 연구 대부분은 분류와 순서배열에 관심을 가진 고고학자들이나 논리학자들에 의해 수행되었다(Gardin 1980: 10; Malina and Vašíček 1990: 149-209).

중위이론middle-level theory은 복수의 사례에서 두 개 이상의 변수 사이에 일어나는 규칙성을 설명하기 위한 일반화라고 정의한다(Raab and Goodyear 1984). 이 일반화들은 상위이론을 구체적 자료에 적용할 수 있도록 가다듬거나, 왜 특정한 하위일반화가 복수의 사례에서 나타나는지를 설명함으로써 만들어 낼 수 있다. 사회과학의 모든 일반화는 비교문화(범문화)적 유효성을 가지며, 또한 인간행위에 대해 어떤 진술을 하고 있다. 덧붙여 특정한 자료의 조합에 적용함으로써 검증될 수 있을 만큼 충분히 구체적이어야 한다. 중위의 인류학적 일반화의 사례로는 에스터 보서럽(Ester Boserup 1965)이 제기한 농업경제에서는 인구압의 증가가 단위 농경지로부터 더 많은 식량을 내기 위해서는 더 많은 노동이 필요한 상황을 조성한다는 제안을 들 수 있다. 고고학자들이 인구, 노동집약성과 구체적인 농업 체제의 생산성에서 절대적이거나 상대적인 변화를 신뢰할 만하게 측정할 수 있고 인구와 식량생산에서의 변화 사이의 시간적인 관계를 구체적으로 알 만큼 정확한 편년을 할 수 있다면 이 이론(학설)을 고고학적으로 검증 가능할 것이다. 이러한 작업을 하기 위해서는 루이스 빈포드(Lewis Binford 1981)가 말하는 중범위이론middle-range theory이 필요한데, 이는 민족지 자료를 사용하여 고고학적으로 관찰 가능한 현상과 관찰 불가능한 인간행위 사이에 신뢰할 만한 상응을 세우고자 하는 것이다. "중위middle-level" 이론과 "중범위middle-range"이론은 (중위이론이 전적으로 인간행위와 관련된 것이라는 점에서) 서로 동일하지는 않지만, 한편으로 중범위이론은 정의상 반드시 인간행위와 관찰 가능한 특질들 모두에 관련된 것이다. 빈포드가 말하는 모든 중범위이론은 특정한 형식의 중위이론이라고 할 수도 있다. 중범위이론은 고고 자료와 관련된 모든 중위이론을 검증할 때 중요하다.

상위, 또는 일반 이론을 마빈 해리스(Marvin Harris 1979: 26-27)는 "연구 전략research strategies"이라 부르며, 데이비드 클라크(Clarke 1979: 25-30)는 "통괄 모델controlling models"이라 말한다. 상위이론이란 지식의 주된 장을 이해하기 위한 이론적 제안들 사이의 관계를 설명하는 일련의 추상적 규칙이라 할 수 있다. 다윈의 진화이론과 이후 다윈의 원칙과 유전학을 결합한 생물진화 이론은 생물 과학과 관련된 일반 이론의 사례이다.[5] 인간의 영역에서는 전적으로 인간행위와 관련된 것이기 때문에 고고학에

---

5) 다윈의 자연선택설과 멘델이 개척한 유전학은 각각 독립된 연구 분야로 발전하다가 20세기 전반에 들어와서야 결합되어 이른바 "진화적 종합Modern Synthesis"을 이룬다.(옮긴이)

만 해당하는 이론은 없으며 모두 사회과학 일반에 해당한다. 이는 인간행위와 물질문화를 연결짓는 이론도 마찬가지이다. 현재 고고학 연구에 영향을 미치고 있는 경쟁하는 상위이론으로는 다윈진화이론, 문화생태학, 문화유물론, 역사유물론(마르크스주의)이 있다(그림 1.1). 모두 유물론적 접근이며 서로 다양하게 중복되는 측면을 가지고 있다. 최근 문화적 신념이나 기초적인 문화 구조의 측면에서 인간행위를 설명하려는 상위이론에 대한 관심도 다시 일고 있다. 이런 이론은 모두 관념론적인 접근이라는 공통점이 있다. 신마르크스주의neo-Marxism와 같은 다른 이론들은 유물론적 상위이론과 관념론적 상위이론 사이의 간격을 메워 넓은 범위의 상위 사회과학 이론의 사례이다.

상위이론은 구체적으로 관찰된 현상을 설명하기보다는 인간행위에 대한 개념들을 연관시키는 것이기 때문에 직접적으로는 확증되거나 반증될 수 없다(M. Harris 1979: 76). 그런 점에서는 종교적 교조와도 닮았다. 하지만 그 신뢰성은 논리적으로 상위이론에서 유래하는 일련의 중위이론의 반복적인 성공이나 실패를 통해 검증받는다. 그러나 검증이 결코 간단한 것은 아니다. 비록 많은 중범위이론이 유물론 및 관념론적 설명을 구분하는 데 유의한 것은 사실이지만, 인간행위는 복잡하고 상징적으로 매개되어 있는 성격을 가지고 있기 때문에 문제는 더욱 어려워지는 것이다. 사회과학자들은 가정된 것과 일치하지 않는 결과를 예외로 치부하여 폐기하거나 심지어 그것들을 재해석하여 원래 믿고 있던 것을 확인하기도 한다. 관념ideas이 인간행위에도 영향을 미침을 인식하게 되면서 많은 마르크스주의자들은 순수한 유물론자에서 더 관념론적인 관점을 포용하게 되었다. 때로 이러한 새로운 입장은 신마르크스주의라 불리기도 하지만, 그렇지 않을 때도 있다(McGuire 1993; Trigger 1993). 마찬가지로 최근 많은 문화생태학자들도 결정론적 입장을 누그러뜨리고 있다. 이렇듯 인간행위에 관한 상위이론들이 서로 중첩되는 성격이 있기 때문에 이러한 지성적 곡예, 곧 여러 이론을 오가는 사례는 더 많아지고 있다. 고고학자로서 위에 제시된 다양한 유물론적 입장의 상대적 유용성을 평가하기란 더욱 힘들어졌다. 보서럽의 중위이론은 문화유물론과 문화생태학 모두에 대한 함의가 담겨 있으며, 따라서 어떤 특정 입장에 서서 다른 입장의 상대적 유용성을 평가하는 데 한계가 있다. 또한 중위이론들이 상위이론을 제대로 확증하지 못한다 할지라도, 이 때문에 상위이론의 신뢰성이 떨어지는 것이 아니라, 흔히 자료가 부정확하며 부적절하기 때문이란 식으로 치부되기도 한다.

이렇듯 상위이론의 검증 자체는 간접적 성격을 띠고 있다. 그렇기에 특정한 상위이론의 성쇠는 중위이론과 논리적으로 연관된 학문적 검토보다는 사회적 과정에 더 큰 영향을 받는 것 같다. 1850년에서 1945년까지는 인간행위에서의 변이에 대한 설명으로 생물학적, 더 구체적으로는 인종주의적 접근이 강조되었다. 이런 설명이 구체적인 사례에 들어맞지 않는다는 과학적 논증이 있어도 인종주의의 시각은 수그러들지 않았다(M. Harris 1968a: 80-107). 그리고 인종주의적이고 한동안 생물학적인 근거를 가졌던 학설(이론)은 1945년 나치 독일의 군사적 패배와 이에 따른 인종주의의 극악무도함이 적나라하게 밝혀진 뒤에서야 인간행위에 대한 과학적 설명으로서 폐기되었다. 그리고 유물론적 이론은 중간계급의 지성인들이 안전하다고 느낄 때 사회과학에서 성행하는 데 반해 관념론적 이론은 경제 및 사회적 변동으로 불확실성이 커질 때 유행한다고 한다(Engels [1868] in Marx and Engels 1964: 263-268).

고고학자는 대체로 과학적 설명이 다음 두 가지 검증의 형식을 밟는다는 점을 받아들인다(Lowther 1962; Kosso 2001). 첫 번째 검증은 일치성correspondence truth의 검증이다. 이는 어떤 한 설명이 사실facts에 대응하는지를 판단하는 것을 말한다. 예를 들어 가뭄의 증거를 댈 수 없다면 초기 문명에서 중앙집권화한 정치통제의 붕괴를 가뭄으로 설명하는 것은 전혀 소용이 없게 된다. 두 번째 검증은 일관성coherence truth의 검증으로서 어떤 한 주장이 논리적으로 일관된 것인지를 판단하는 것을 말한다. 약 2500여 년 동안 합리론자들은 설명에서의 잘못을 찾는 강력한 도구로서 '논리'를 발전시켜 왔다. 형식 논리를 공부한 고고학자는 거의 없지만, 마음에 들지 않는 이론이나 학문적 경쟁자의 잘못을 찾는 방법으로 다른 사람의 주장에서 논리적 흠집을 찾는 것을 즐긴다. 인간행위와 관련된 현상을 다루기 위해서는 복잡한 주장이 필요하다. 극심한 기근으로도 정치적 몰락이 올 수 있지만, 이는 그 사회에 저장된 잉여물이 고갈되었거나 다른 대안 식량원이 없을 때에만 해당한다. 그렇기에 사회과학에서 단일한 원인을 추구하는 설명은 적절하지 않다. 더구나 다른 많은 원인으로도 똑같은 효과가 나타날 수 있는데, 가령 관례적인 지도자 승계 방식의 붕괴도 몰락을 가져올 수 있다. 이렇듯 다른 원인으로 동일한 결과가 발생할 수 있는 것이다.

이상적으로는 상위, 중위, 하위이론들 사이에 논리적인 관계와 중위 및 하위일반화와 관찰 가능한 증거 사이에 사실 대응을 세울 수 있어야 한다. 하위일반화는 성격상 경험적이기 때문에 하위일반화와 증거 사이에는 일관성의 검증이 적용되지 않으며, 이에 반해 이미 지적한 바와 같이 상위이론을 직접적으로 검증하는 데도 사실 대응은 거의 쓰이지 않는다. 미국 고고학자들은 과연 중위이론이 상호관련되고 일관된 개념들로서 상위이론으로부터 연역적으로 도출되어야 하는 것인지, 아니면 증거와 하위일반화 사이의 관계가 귀납적으로 구축될 수 있는 것인지에 대해서 맹렬한 논쟁을 벌였다. 연역적 접근을 지지하는 사람들은 인간행위의 경험일반화와는 대조로 인간행위에 대한 설명은 가설로서 진술되고 독립된 자료로 검증되는 포괄법칙(함법, covering law)에 근거해야 한다고 주장한다(Watson et al. 191: 3-19; Binford 1972: 111). 이들은 상위이론과 중위이론 사이에 명확한 논리적 연결을 세우려 한다. 하지만 일반적으로 이 두 수준의 이론 사이에 약하지만 복잡하며 설명하기 힘든 관련성이 있음을 과소평가한다. 이에 반해 상위이론 자체는 증명하기 어렵고 주관적 영향을 받기 쉬우며, 중위이론을 만드는 데 반드시 필요한 것은 아니다. 그래서 많은 귀납론자들은 고고학자들이 중위의 수준에서 신뢰할 만한 많은 수의 일반화를 수립한 다음에나 상위이론을 만드는 것을 궁극적 목표로 삼을 수 있다고 본다(M. Salmon 1982: 33-34; Gibbon 1984: 35-70; Gallay 1986: 117-121). 귀납론자들은 스스로 보아스의 학문 전통에 서 있다고 여긴다. 그리고 연역적 연구는 존재하는 이론을 확증하거나 반증할 수 없지만 귀납적 접근은 인간행위의 양상에 대해서 새로운 발견을 할 가능성을 가지고 있다고 주장한다. 또한 귀납적 접근은 선입견이 개입되지 않고 수집된 증거에 근거하기 때문에 더 우월하다고 믿는 사람도 있다. 그럼에도 이론들은 증거로부터 얻어지는 것이 아니라 자료에 부과되는 것임이 분명하다.

그런데, 설명을 얻기 위해 귀납을 써야 하는지, 아니면 연역이 더 중요한지 하는 논쟁은 둘을 지나치게 이분법적으로 구분하고 있다. 찰스 다윈은 5년 동안 세계일주를 하면서 관찰을 통해 창조론이 다양한 식물이나 동물 종들의 지리적 분포를 설명하고 있다는 데에 의문을 품게 되었다. 그는 20여 년 동안 여러 종 안에서, 그리고 종 사이에서 보이는 변이에 대한 엄청난 양의 정보를 수집했다. 그럼에도 다윈의 말에 따르면, 자연선택이라는 개념은 자신의 조사연구의 직접적 결과가 아니었다고 한다. 경제학자 토머스 맬서스(Thomas Malthus 1798)가 제시한, 인구 증가가 이용 가능한 식량 생산을 앞지르는 경향이 있기 때문에 사람들은 고통을 겪을 것이라는 학설을 읽으면서 자연선택이란 개념을 떠올렸다는 것이다. 이렇게 자연선택 이론을 머릿속에 떠올린 뒤 그동안 수집한 자료를 이용하여 설득력 있는 주장들로 자신의 생각을 뒷받침할 수 있었다. 이렇듯 자연선택 이론의 개발에는 귀납과 연역 모두가 상당한 역할을 했으며, 모든 과학 이론이 만들어지는 과정에서도 마찬가지이다. 모든 과학 이론의 신빙성은 다른 관련 이론과 논리적 일관성을 유지하는지, 그리고 관련 증거와 만족할 만큼 대응하는지에 달려 있다. 인간행위의 성격에 대한 수많은 함축적인 가정이 고고 자료에 대한 설명을 그럴듯하게 윤색하기 때문에, 상위의 개념들이 지니는 함의가 부지불식간에 고고학 해석을 왜곡할 수 있는 위험이 있을 수 있음도 고려해야 한다. 성공적인 이론 확립은 귀납과 연역, 이 두 가지 접근을 모두 필요로 한다.

또한 고고학자들이 추구하는 일반화가 어떤 형식을 띠어야 하는지에 대해서도 의견이 일치되어 있지 않다. 과정고고학은 모든 법칙이 성격상 반드시 보편적이어야 한다고 가정한다. 그리고 법칙은 주로 생태학적이어야 한다고 믿는다. 다만 오늘날 고고학자들은 진화심리학, 신경과학 및 생물학에서 그러한 일반화를 찾는 사례가 늘고 있는 것도 사실이다. 나아가 법칙은 시간대나 지역, 또는 연구하는 구체적인 문화들과는 상관없이 참을 유지하는 변수들로 구성되어 있다고 생각했다. 이러한 일반화들은 역사 과정에 대한 가정에서 비교적 하찮은 양상의 인간행위에 대한 규칙성에 이르기까지 그 척도가 다양하다(M. Salmon 1982: 8-30). 좋은 사례는 형식론 경제학인데, 서구 사회의 경제 행위를 설명하는 데 쓰이는 규칙들로 모든 인간의 행위를 설명할 수 있다고 본다. 그리하여 형식론자들은 인간행위의 많은 변이들이 고정된 변수들의 순열과 조합의 결과로 본다(Burling 1962; Cancian 1966; Cook 1966). 그리고 그런 보편 일반화는 인간 본성의 불변성에서 기인하는 것이라 생각한다.

그러나 인간성과 관련된 보편 법칙은 아주 적은 수에 불과하며, 범문화적 일반화란 대부분 동일하거나 밀접하게 관련된 생산양식을 가진 사회에서만 적용된다고 보는 고고학자도 많다. 이런 입장은 경제 실재론자substantivists의 일반적 성향과 닮았다. 형식론자들과는 대조로 실재론자들은 형식뿐만 아니라 경제행위의 규칙마저도 진화적 과정으로 근본적으로 변화한다고 주장한다(Polanyi 1944, 1966; Polanyi et al. 1957; Dalton 1961). 실재론적 접근은 사회문화적 변화의 결과로 새로운 성격이 나타나기도 함을 인정한다(Chile 1947a). 이렇듯 보편 일반화와 이보다 한계가 있는 일반화들을 구분하는 것은 그리 절대적인 것은 아니다. 특정한 형식의 사회에 적용되는 일반화는 보편 일반화의 형태로 다시 쓰일 수 있는 반면, 보편 일반화는 흔히 더 세부적으로 보완하고 정식화되어 여러 수준의 사회에까지 구체적으로 적용된다. 그럼에도 제한된 일반화의 중요성을 강조하는 사람들은 제한적 일반화를 보편 일반화로 변환시키는 경우 그 내용과 의미가 크게 훼손될 것이라 주장한다(Trigger 1982a).

세 번째 형식의 일반화는 개별 문화, 또는 역사적으로 관계를 맺고 있는 한 집단의 문화에만 해당하는 것이다. 고대 이집트나 고전시대 그리스 미술을 지배했던 규범에 대한 정의를 사례로 들 수 있다(Childe 1947: 43-49; Montané 1980: 130-136). 이런 일반화는 대부분의 문화적 패턴화가 이런 종류의 것이라면 아주 중요한 역할을 할 수 있다. 그렇지만, 그런 패턴에 아무런 문화적 의미도 찾기 힘든 곳에서는 경험일반화의 수준에 머무를 것이다.

4. 도전

마지막 문제는 과연 학사 연구가 고고 자료의 해석에서 진보가 있었는지를 파악할 수 있느냐 하는 것이다. 많은 고고학자들이 생각하듯이 우리는 시간이 흐름에 따라 고고학 발견을 점점 더 객관적이고 포괄적으로 이해하고 있는가? 아니면 자료에 대한 해석이란 대개 유행의 문제이며 성취라는 것은 이전의 것에 비해 반드시 포괄적이거나 객관적이라고 할 수는 없는 것인가? 이 문제에 답하는 것은 고고학의 발달이 자료에 대해 더 나은 객관적인 이해를 가져오는지를 궁구하는 일이다.

나는 학사를 조망함으로써 고고학 연구의 결과 인간의 역사와 행위를 이해하는 데 돌이킬 수 없는 진전이 있었는지, 그리고 고고 자료의 해석에서 어떤 패턴이 있었는지를 살피고자 한다. 나아가 고고학적 기법이 어떠한 변화를 겪었는지도 파악하고자 한다. 예컨대 층서법의 원칙과 빈도순서배열, 그리고 물질문화는 사회적 과정에서 부수현상적인 역할뿐만 아니라 적극적인 역할도 할 수 있다는 이안 호더(Ian Hodder 1982b)의 논증 등이 지속적으로 의의를 가지는 것을 볼 때 고고학 해석이 분명 진보했다는 생각에도 일리가 있다. 그럼에도 그 어떤 시기의 고고학자일지라도 주관적 신념과 사회적 상황의 영향을 받지 않을 수는 없다. 더구나 우발적인 요인, 개성, 학문 정책, 무시, 전문적인 편견 및 연구 기금 등이 모두 새로운 생각과 기법의 채택과 적용에 영향을 미친다(Nash 2000b: 208). 하지만 고고학 해석은 처음에는 아주 주관적이었다가도 기초자료가 풍부해짐에 따라 사회적 편견이나 정치 조작의 영향을 적게 받을 수 있다. 그리하여 고고학 조사연구가 계속될수록 과거에 대한 이해가 더욱 객관적이 되어 갈 수도 있다. 그런 흐름은 고고학 증거가 과거에 대한 공상의 가능성을 억제하는 능력이 있다는 온건 상대주의자들의 주장과도 통할 것이다. 만약 고고학 해석들이 전체적으로, 또는 심지어 대체로라도 주관적이라면, 우리는 많은 유의한 장기 지속의 패턴이 아니라 경제, 사회 및 지성적인 환경에서의 변화로 일어나는 무작위 변이만을 찾을지도 모른다. 만약 증거가 공상의 가능성을 억제하는 역할을 한다면, 고고학의 발달은 고고학과 직결되는 지식에 따라 달라질 것이다. 물론 주관 요인들이 주어진 시점에서 흥미로운 질문이라고 여기는 것에 대한 대답에도 지속적으로 영향을 미치는 것이 사실이지만 말이다. 만약 고고학 증거가 과거에 대한 이해를 도모하는 데 중요한 역할을 한다면, 존재론, 그리고 특히 인간행위를 제한하는 특정 요인들에 대한 연구는 앞으로 우리 학문의 발달에 인식론(곧 이해의 성격)을 연구하는 일만큼이나 중요할 것이다. 그것은 1960년대, 또는 심지어 1930년대 이후 광범위하게 일어났던 흐름을 뒤바꾸는 일이 될 수도 있다. 학사는 시간의 흐름에 따라 고고학적 질문들에 대한 대답이 어떤 식으로 찾아졌는지에 대해 알아보는 일이다. 이를 바탕으로 고고학 해석의 객관성이나 주관성, 그리고 고고학이 (콜링우드가 정의한 과정으로서) 과연 현재에 되살린 과거 이상이 될 수 있는지, 어떤 한 종류의 이해가 한 시대나 문화에서 다른 시대나 문화로 소통될 수 있는지에 대한 부가적 통찰을 얻을 수 있을 것이다.

2장 고전고고학과 문헌고고학

모든 사람은 각자의 방식대로 그리스인이 되어야 한다. 어쨌든 반드시 그리스인이 되어
야 한다!

JOHANN WOLFGANG VON GOETHE, "Antik und Modern"

P. Marchand 영문번역(1996), p. 16

고고학사 연구자들은 고고학이 인류의 지식에 있어 자연스런 분야였고, 그 발달은
필연적인 것이었다고 생각하곤 한다. 그렇지만 상대주의적 성향의 고고학자가 늘어
나면서 고고학은 단지 최근에야 발달했으며, 인류역사상 그 전조가 드러나는 고찰이
나 담론은 몇 차례에 불과하다는 인식이 커지고 있다. 그러므로 어떠한 조건에서 고
고학이 성장했고, 어떤 종류의 고고학이 맨 처음 진화했는지를 질문하는 것은 가치
있는 일이다.

  현재 고고학의 연구 대상인 물적 유존물에 대한 관심이 언제부터 시작되었는지
를 고찰하여 고고학의 기원을 찾는 고고학사 연구자들이 있다(Schnapp 1997). 반면, 물
질문화를 의도적으로 이용하여 과거에 대한 지식을 추구하는 행위만으로 제한하는
연구자들도 있다(Trigger 1989a). 이 두 가지 접근은 분명 역사적으로 상호관련되어 있
었으며, 전자의 관심은 후자의 발달에 필수적이었을 가능성도 있다. 그럼에도 과거
물적 잔적에 대한 관심이 필연적으로 고고학의 발달을 가져왔다고 할 수는 없다. 고

고학의 발달은 상당 정도 물질문화 자체와는 큰 관련이 없는 과거에 대한 관심에서 자라난 것으로 보인다. 그러므로 나는 고고학사를 다루면서 물질문화를 이용한 과거에 대한 연구의 자취를 추적하는 데에 집중할 것이다. 이것은 그 자체가 목적이기도 하며 실용적이기 때문이기도 하다.

1. 고대 세계에서 과거에 대한 관심

모든 인간 집단은 자신들의 과거에 대해 관심을 가지고 있는 듯하다. 많은 사회과학자들은 사회문화적 기원에 대한 지식이 개인 및 사회의 정체성 발달에 근본적인 것이라 믿는다. 그리하여 과거란 실재했던 것이며, 따라서 자연세계의 한 속성으로 생각되든지, 아니면 사람의 머릿속에 배태되어 있는 지각의 한 형태이든지, 시간이란 일정한 선을 따라 흐르는 돌이킬 수 없는 것이라 여겼다. 이렇게 보면 시간의 흐름을 경험하는 사람이라면 누구나 시간이 단일한 선을 따라 흐른다고 생각할지도 모른다. 그렇지만 인류학적인 측면에서 시간의 이미지는 문화적으로 다양하다(Moro Abadía 2002; T. Murray 2004b). 오스트레일리아 원주민이 가지고 있는 몽환시대Dreamtime의 개념은 현재의 세계와 함께 창조의 영적인 시간이 계속되고 있음을 가정하고 있다(J. Isaacs 1980). 또한 많은 문화들에서 의례행위는 창조의 행위를 되풀이함으로써 주기적으로 우주를 일신한다고 생각되고 있다. 수렵채집민과 농경민은 생계 활동의 일정을 상이하게 계획하기 때문에 시간을 보는 시각도 상이하다. 고대 마야인은 시간을 순환적이고 다양한 시간대에 걸쳐 되풀이해서 일어나는 사건들로 바라보았다. 고대 메소포타미아인은 시간을 과거와 마주하고 있지만 미래를 향하여 있는 그 어떤 것으로 개념화하고 있었다(Schnapp 1997: 30-31). 중국인, 한국인, 일본인은 과거로 거슬러 올라간다는 얘기를 하는데, 과거는 하늘의 영역과 결부되어 있어 거기에는 만물을 만들어 낸 신과 조상의 영혼이 존재한다고 생각한다(G. Barnes 1990a). 서로 다른 고고학자 집단들도 과거를 상이하게 지각하고 있다. 영국의 고고학자들은 보통 편년표에서 가장 오래된 시기를 맨 위에 놓는데, 아마도 시간은 강물과 같아서 아래로 흐른다는 생각에서 그런 것 같다. 그런데 미국 고고학자들은 습관적으로 가장 오래된 시기를 도표의 가장 밑에 놓으며, 이는 층위를 모방하거나 진화적 진보에 대한 믿음을 상징화하고 있다. 비록 시간에 대한 지각은 심리학적으로 시간에 대한 공통의 경험으로 돌이킬 수 없는 인과관계의 연쇄라고 생각되지만, 모든 문화에서 동일한 방식으로 시간이나 과거를 개념화해 왔다고 생각할 근거는 없다.

인류역사의 많은 시간 동안 우리가 과거라 부르는 것에 대한 관심은 천지창조와 관련되어 있거나 특정 민족 집단의 기원과 모험을 연대기화하는 신화와 전설들로 채워져 왔다. 따라서 이 경우 과거에 대한 그런 신화와 전설을 떠받치는 기본 종교신앙의 형태로 상위이론은 고고학의 중위 및 하위일반화보다 시간적으로 선행되는 것이었다. 이러한 과거에 대한 관념에 흔히 다른 정치 또는 민족적 경쟁관계에 있는 집단은 정치 및 경제적 주장을 합리화하려는 의도에서 의문을 제기하게 된다(Carassco 1982). 이렇듯 물질문화와 과거에 대한 관심 사이의 관계는 아주 복잡하다.

15세기에서 16세기로 추정되는 이로쿼이족Iroquoian 유적에서는 수천 년 전의 찌르개, 석제 파이프, 순동 도구들이 나오기도 한다. 관련 민족지 증거에 따르면 그 유물들은 숲 속에서 그것들을 잃어버린 사람들의 영혼으로 만들어진 것이라고 한다. 그런 유물을 소유하는 사람들에게 다양한 형태의 행운을 가져다주는 마법의 힘을 가진 것으로 생각되었기 때문에 수집되었던 것이다(Thwaites 1896~1901, vol. 33: 211). 중세 유럽에서도 농경민은 경작 중 발견되는 돌도끼나 찌르개들을 수집했다. 그런 물건이 번개 또는 요정과 같은 영적인 창조물에 의해 만들어졌다고 믿었던 것이다. 돌도끼는 번개로부터 보호해 주는 것이라 하여 수집되었으며 세공인들은 그것을 사서 금속의 윤기를 내는 데 쓰기도 했다(Heizer 1962a: 63). 일본인들은 돌화살촉을 비바람이 친 뒤에 땅에서 나타나는 것으로서 땅 위에 떨어진 초자연 군대의 무기라고 믿었으며, 그것이 발견되면 특별한 의식을 벌이기도 했다(Ikawa-Smith 2001: 735). 마야의 상류층은 가보로 세대를 거쳐 전해 내려오거나 옛날 무덤에서 나온 장식품을 상품으로 주기도 했다(Joyce 2003). 아즈텍인Aztecs은 고대 올멕의 인물상을 주요 신전에 포함시키기도 했다(Matos Moctezuma 1984).

사람들은 모두 자신들이 살고 있는 경관 및 그 일부인 고대기념물에 대해 설명하고 싶어 한다. 초기 사회들에서 그러한 설명은 역사적으로 전수된 지식의 형태를 띠고 있으며, 시간의 흐름에 따라 여러 각도로 변형되거나 완전히 창작되기도 한다. 중세 유럽에서 봉분들은 초자연적 존재, 선사시대의 거인족, 또는 훈족과 같은 역사시대의 민족과 결부된 것이라 생각했다. 선사시대 멕시코 지역의 고대 도시들은 역사적으로 그리고 초자연적으로 중요한 장소로 여겨졌다(Hamann 2002). 16세기 아즈텍인

유적과 유물에
대한 관심

은 정기적으로 테오티우아칸Tehotihuacán 유지 한가운데에서 의식을 거행하기도 했다. 그 유지는 서기 1000년기에 점유된 것으로서 가장 최근의 존재의 사슬이 시작될 때 신이 우주의 질서를 재정립한 곳이라고 믿어졌던 것이다. 잉카인들은 커다란 바위를 신이나 조상의 모습이라고 생각했다. 헬리오폴리스(Heliopolis, 카이로 동북쪽에 있는 고대 이집트의 도시 유적[옮긴이])의 고대 이집트 성직자들은 주변의 화석화한 숲 유지를 우주를 창조할 때 태양의 황금빛이 잘라 놓은 거대한 뱀의 뼈라고 주장했다(Meeks and Favard Meeks 1996: 21). 이러한 설명은 현재 우리가 사람이 만들었거나 자연적으로 형성되었다고 알고 있는 경관을 사람 또는 초자연적인 기원을 가진 것이라 풀고 있다. 이런 식의 설명은 아주 특이하여 그 자료의 원래 의미를 찾기 위해서는 문화적으로 특수한 자료를 언어의 형태로 풀어내야 한다. 리처드 브래들리(Richard Bradley 2003: 225)는 고대 유적의 물질성의 의미는 초기 호고가들이 직면했던 문제와 비슷했을 것이며, 기념물에서 의미를 찾는 과정 역시 초기 호고가들과 비슷했을 것이라고 했다. 그렇지만 대부분의 인류사회에서 물적 유존물을 이용하여 과거에 대해 알고자 하는 욕망이 있었다는 증거는 거의 없다. 대신 과거 공동체가 공유했던 믿음이란 측면에서 유적을 설명했을 것인데, 그 믿음이 구체적으로 어떠했는지는 우리들이 잘 알 수 없는 것이다. 따라서 그러한 해석을 "고유의 고고학"으로, 심지어 고고학의 전조로서 파악하는 것은 추론의 한계를 넘어서는 지나친 것이다.

이집트와
메소포타미아

초기 문자 문명에서 문헌 자료는 과거에 무슨 일이 있었는지에 대한 정보원일 뿐만 아니라 편년적 틀(때로는 옳지 않게 해석되기도 한다)을 주기도 했다. 서기전 700년 이전 서아시아(중동)나 중국에서는 연보가 편찬되기도 했지만, 그렇다고 해서 당시 사건들에 대해 세밀한 역사나 분석적 진술들이 이루어졌던 것은 아니다(Van Seters 1983; Redford 1986). 도널드 브라운(Donald E. Brown 1988)은 오랫동안 문자를 사용했던 문명들에서 역사 연구에 대한 관심의 정도에는 많은 차이가 있음을 논한 바 있다. 또한 문학 장르의 한 분야로 역사학이 발달했다고 해서 초기 시대의 물적 유존물에 대한 학문적 관심이 동반 성장했다고 할 수는 없다.

고대 이집트와 메소포타미아에서 유물이나 고대 건축물은 이전 시기 지배자나 정치적으로 위대한 시기의 유지로서만이 아니라 과거에 대한 정보원으로서 가치를 지녔다. 이집트에서는 제12왕조(서기전 1991~1786) 때부터 왕가의 장인들이 고왕국 후기의 예술이나 건축의 양식을 모방하기 시작했다. 제12왕조 시기에는 훨씬 이전 시기의 버려진 왕가 기념물의 평면 형태를 모방한 것을 왕릉 축조에 적용했다(I. Edwards 1985: 210-217; Dodson 1988). 제18왕조(서기전 1552~1302)에는 필경사들이 고대의 폐기된 기념물유적을 방문하고 벽이나 기둥에 문자나 그림으로 표현해 놓기도 했으며, 고대 왕가의 축제에 대한 기록을 남겨 그것을 재현함으로써 권위와 의식적 권력을 고양시키고자 했다. 티예Tiye 여왕(서기전 1405~1367)의 이름이 새겨진 선왕조시기의 팔레트의 소유자는 티예일 것으로 추론하기도 했다. 제19왕조에서 람세스 2세의 아들 카엠베스Khaemwese의 현명함과 신비한 능력에 대한 명성은 그리스·로마 시대까지도 유지되었는데, 카엠베스는 도읍지 멤피스 근처의 버려진 종교 건축물을 고치고 의례를 재현하기 위하여 유지와 결부된 문헌을 찾아 연구하기도 했다(Gomaa 1973; J. P. Allen 1999). 이라크에서는 나보니두스 왕(King Nabonidus, 재위 서기전 556~539)과 후기 바빌로니아의 지배자들이 고대의 전축塼築 신전 유적을 발굴하고 연구하여 원래의 기단 위에 재건축하고 관련 의례를 부활시키고자 했다. 또한 의례를 순화시키기위하여 조상들이나 고대의 문헌을 수집하여 연구했다. 이런 수집품 가운데 나보니두스 왕의 딸인 난나르Bel-Shalti-Nannar의 것은 세계에서 가장 오래된 고대유물 박물관이라고 생각되기도 한다(Woolley 1950: 152-154). 이런 유물들과 결부된 고대 문헌을 읽기 위해 필요한 기술을 가르치려는 노력도 있었다(Jonker 1995).

이집트인과 메소포타미아인의 과거 물적 유존물에 대한 관심은 모두 종교적인 성격을 강하게 지니고 있었다. 그들은 신이 처음부터 완전한 형태로 문명을 세웠다고 믿었다. 비록 왕은 이전 왕들보다 더 잘하기 위해 애썼지만, 이후 세대는 일반적으로 원래의 완전한 신성을 유지하는 데 실패했다. 과거에 대한 문헌기록뿐만 아니라 기념물도 창조에 근접한 시기와 연결되었으며, 따라서 문명의 신성한 원형으로 모델을 제공했던 것이다. 그런 유물은 창조의 우주적 드라마와 근접한 시간의 것이기 때문에 고귀한 신성의 힘을 받은 것으로 믿어졌다. 고대 이집트와 메소포타미아에서 이루어진 이런 연구의 목적은 대부분 초자연력을 더 효과적으로 조정하는 것이었지만, 물적 유존물을 사용하여 과거에 대한 이해를 도모했다는 점에서 호고주의의 초기 형태를 띠고 있기도 하다. 하지만 이는 현재(당시)와는 달리 과거 세계가 우월한 지식을 가졌기 때문에 이를 통해 초자연력을 고양시킬 수 있다는 생각을 바탕으로 하고 있다. 비록 이집트에서는 고대 미술을 연구하고 복제하기도 했지만, 서기전 700년 이후 현재와 과거에 대한 차이를 인식하게 되면서 호고주의의 발달을 촉진시키기보다는 억누르게 되었던 것 같다(Loprieno 2003).

고대 그리스인들은 역사와 고고학이라는 용어를 역사학의 두 장르를 구분하는
데 사용했다. 물론 둘 모두 처음부터 현재 사용되는 의미로 쓰이지는 않았다. '역사
historia'는 원래 문제를 먼저 설정하고, 그리고 나서 관련 정보를 찾으며, 마지막으로
자료로부터 결론을 도출하는 탐구의 형태를 가리키는 데 쓰였다. 서기전 5세기 헤로
도토스Herdotus를 비롯한 사람들은 특정한 사건에 참여했던 사람들의 기억을 바탕으
로 가까운 과거를 연구하는 것을 의미하는 데 이 용어를 사용하기 시작했다. 이런 종
류의 연대기 서술은 페르시아전쟁 이후에 시작되었다. 후일 학자들은 이런 연대기를
종합하여 현대적 의미에서 기록에 근거한 역사를 생산하게 된다. 그 이후 지금과 마찬
가지로 역사는 문헌기록에 바탕을 둔 과거에 대한 연구를 가리키게 되었다. 최근까지
도 그런 역사의 초점은 정치 및 군사적 사건들의 연구에 맞추어져 있었다.

'고고*archaeologia*'(라틴어로는 *antiquitates*)라는 용어는 서기전 4세기에 처음으로 신
화, 전설, 구비전승이나 물적 유존물을 이용한 더욱 오래전의 과거(문자 그대로 arche, 곧
"원초")에 대한 연구를 지칭했다. 주된 강조는 계보, 도시의 창시, 사람과 제도 및 관습
의 기원에 맞추어졌다. 과거에 대한 전통은 초기 철기시대까지도 이어졌던 영웅 숭
배의식에 의해 강조되었다(Antonaccio 1995). 이러한 전통을 통해 가령 청동기는 쓰였
지만 철기가 아직 사용되지 못한 시대에 대한 정확한 기억을 전수해 주었던 것이다
(Momigliano 1966; Schnapp 1997: 60-65). 이런 종류의 지식은 광범위한 사색적인 편년들
에 포괄되어 대체로 고전시대 그리스의 우주와 인간의 기원에 대한 종교적 설명의
자리를 대체하게 된다. 그런 설명들에는 금, 은, 청동, 철, 그리고 미래에는 납의 시대
가 이어졌다는 식(각각은 그 이전 시대보다 더 고된 노동을 요했으며 인간은 더 비참해졌다)의 퇴
보론적인 설명뿐만 아니라 순환적이고도 정체론적인 관점도 포함되어 있었다. 또한
기술 진보가 맨손을 사용하는 시대에서 돌의 사용, 그리고 청동, 그 다음에는 철기의
제작으로 이어지는 유럽인들의 진화적 설명도 있다. 퇴보론적인 시각과 진화론적인
시각이 모두 청동이 철기에 앞선다는 기억을 포괄하고 있다는 점이 주목된다.

고대 그리스인은 신전에 봉납하는 물품을 과거의 위대한 사람들의 유품으로 인
지했고, 때로는 무덤들을 파서 고대 영웅의 유지라고 믿어졌던 것을 찾아내기도 했
다. 역사가 투키디데스Thucydides는 델로스Delos 섬이 서기전 5세기 종교적으로 정화
되면서 파헤쳐진 많은 무덤에서 무기들이 나오고 당시 카리아인Carian과 유사한 매장

방식이 나타났음에 주목했다. 그는 이것이 카리아인이 그 섬에 살았었음을 확인하는 것이라고 결론을 내렸다(Casson 1939: 71). 당시에는 고대의 청동과 토기그릇이 우연히 출토되거나 도굴되어, 상인들이 부유한 미술품 수집가들에게 파는 사례가 많아졌다(Wace 1949). 대규모 도굴의 사례로는 옛 코린토스(Corinth, 그리스와 펠로폰네소스 반도 사이에 있는 고대의 폴리스[옮긴이])의 공동묘지에서 벌어졌다. 이 폐허가 된 도시는 서기전 44년 율리우스 카이사르Julius Caesar에 의해 재발견되었다. 부유한 로마인들은 훌륭한 솜씨를 가진 그리스 예술가의 작품을 찬미했고, 원본만이 아니라 좋은 복제품을 구입하고자 했다. 이러한 관심으로 로마의 작가 대 플리니우스(Pliny the Elder, 서기 23~79)의 그리스 미술과 예술가들에 대한 역사학적인 설명이 나오게 된다. 그러나 고대 예술작품에 대한 관심이 이렇게 커졌음에도 학자들은 그런 유물을 체계적으로 복원하거나 수집하려는 노력을 하지 않았다. 대 플리니우스의 연구와 같이 아주 예외적인 사례를 제외하고는 유물이 분석의 초점이 되지도 못했다. 의사였던 파우사니아스Pausanias는 서기 2세기에 쓰인 그리스에 대한 안내서에서 그리스 남부의 여러 지역의 일반 건물, 예술품, 의식이나 관습을 체계적으로 서술했다. 그는 트로이 전쟁의 영웅인 아킬레우스Achilles의 것이라 여겨지는 창의 날(파셀리스Phaselis의 아테네 신전에 보관되어 있었다)이 청동으로 만들어졌음을 중요하게 여겼다(Levi 1979, vol. 2: 17). 그리고는 티린스와 미케네의 훌륭한 청동기시대 유적에 대해 간단한 언급을 남기기도 했다. 그렇지만 그를 비롯한 안내서의 저술가들에게 무너진 건물지는 "거의 언급할 가치가 없는" 것이었다(Levi 1979, vol. 1: 3). 투키디데스와 같은 정확한 역사 및 민족지 지식에 바탕을 둔 추론은 당시로서는 아주 드문 일이었다. 교육을 받은 그리스·로마인들은 먼 과거의 문화는 현재의 문화와 다르며 예전 시기의 미술품들은 수집할 가치가 있다고 생각했다. 그렇지만 당시 문헌기록과 구비전승을 이미 사용하고 있었기에 이러한 유물이 과거에 대해서 더 많은 것을 알려 주는 근거로 생각하지는 않았던 것이다.

당시까지 현재적인 의미에서 고고학이 왜 고대 그리스·로마시대에 발전하지 못했으며 먼 과거에 대한 고찰이 왜 철학적 사색의 대상에 머무르고 말았는지에 대한 상세한 연구는 없었다. 쉬냅(Schnapp 1997: 70)은 이것을 그리스 학문(과학)의 이론과 실제의 괴리로부터 오는 것으로 생각했으며, 이에 반해 모제스 핀리(Moses Finley 1975: 22)는 그리스·로마의 지식인들 사이에 물질문화에 대한 더 일반적인 관심이 결여된 것이 부분적인 이유라고 했다. 또한 식자층에서 현세의 유물을 연구하는 것을 강하게 싫어했기 때문일 수도 있다. 도서관, 문서보관소, 문서를 생산하는 시설과 같은 하부구조가 발달했다는 점으로 보아 문헌에 대한 연구를 선호했을 것임이 틀림없다. '역사Historia'는 방법론적인 엄격함에서 타의추종을 불허했는데, 분명 더 느슨했던 '고고archaiologia'와 물질문화의 연구를 제치고 학문적 신뢰성을 높였을 것이다.

　　춘추전국시대(서기전 771~서기전 221) 사상가 한비자韓非子는 지금은 신석기시대의 채문 및 시문 토기라 불리는 유물을 중국 문명 발달의 초기를 나타내는 것이라 보았다. 서기전 3세기 석기, 옥기, 청동기, 철기라는 연이은 시대에 대한 사색도 나타났다. 중국의 위대한 역사가 사마천(司馬遷, 서기전 약 145~185)은 고대 중국사에서 아주 영향력이 있는 『사기史記』를 쓰면서 정보를 수집할 때 고대의 유적을 방문하고 과거의 유존물에 대한 고찰을 남겼다. 유학자들은 과거에 대한 체계적 연구를 도덕적 행위를 인도하는 것으로서 높이 평가했으며, 적어도 하夏 왕조(서기전 2205~1766)까지 올라가는 공통의 유산을 강조함으로써 역사 연구는 중국의 문화 및 정치 생활을 통일시키는 데 큰 역할을 했다(G. Wang 1985). 사마천을 비롯한 초기 중국의 역사가들은 과거에 대한 직접적인 정보원으로 비문 같은 고대 유물에 관심을 가짐으로써 역사 문헌에서 발견될 수 있는 실수를 보완하고 바로잡고자 했다. 청동 그릇, 옥 조각품 및 다른 고대의 예술품은 수집되어 권위 있는 유물로서 보존되어 전해졌는데, 이는 마치 지중해 지역에서 고전시대 문명의 조각품이나 훌륭한 화병이 그러했던 것과 마찬가지이다.

　　비록 이후 시대의 몇몇 학자들은 때로 유물을 과거에 대한 정보를 보완하는 원천으로 이용하기도 했고, 학자들은 전체적으로 과거의 물질문화는 당시의 것과는 아주 다르다는 사실을 인지했지만, 그런 유물을 복원하고 연구하는 구체적인 기법을 발전시키지는 못했고, 그 어떠한 호고주의적인 연구의 전통을 수립하지도 못하고 말았다. 이런 고대문명에서 고고학이란 학문과 유사한 그 어떤 것도 발전하지 못했던 것이다. 비록 그리스와 중국에서는 서기전 1000년기부터 철학자들이 고정된 종교적 신앙을 비판하고 다양하면서도 논쟁적인 인류와 문명의 기원에 대한 설명을 제시했지만, 이들의 제안은 사변(공상)에 머물러 있었다.

2. 중세 유럽에서 역사를 보는 시각

최근 연구에 따르면, 중세 서유럽에서는 로마 문화의 물적 유존물에 대해서 이전에 생각되던 것보다 더 잘 인지하고 있었다고 한다(Greenhalgh 1989). 당시에는 고전시대로부터 살아남은 건축물이나 조각품이 눈에 띄었으며, 문헌기록에 간단하게 언급되기도 했다. 이탈리아와 프랑스의 몇몇 도시에서 아주 인상적인 로마의 기념물들은 공식적으로 도시의 자부심의 하나로 보호를 받았다. 또한 중세시대는 그런 물적 잔재를 대규모로 파괴했던 시기이기도 하다. 로마의 공동묘지와 무너진 건물 더미들이 도굴되어 교회, 집, 도시의 벽을 세우는 데 쓰였다. 고전시대 유적에서 대리석을 쉽게 채취할 수 있기 때문에 대리석 채굴이 중단되기도 했을 정도였다. 이러한 파괴행위로 고대의 명문과 예술품이 발견되기도 했으나, 이 가운데 남아 있는 것은 별로 없다. 로마의 석관石棺은 16세기 말까지도 지속적으로 도굴되고 무덤에 재사용되었다. 로마 유지의 도굴 과정에서 찾아진 고대의 보석, 동전, 상아는 재사용되거나 새로운 예술품에 쓰이기도 했다. 이런 유물들에 대해서는 제한적이고 조직적이지 않은 관심만이 있었으며 그런 물건에는 초자연력이 있을 것이라는 생각도 있었다. 이 때문에 고전시대의 조각상은 때로 파괴되거나 팔다리가 절단되기도 했다(Sklenář 1983: 15).

이와 같은 발견의 결과, 로마제국의 영토 안에 살고 있던 중세의 예술가들은 때로 고전 미술을 연구할 기회를 얻기도 했다. 그렇다고 로마의 미술이 지속적으로 알려지고, 찬미되거나 복제되었다는 것은 아니지만 이런 식으로 로마 미술품을 접한 것은 로마의 도상이나 양식에 대해 단기간의 관심을 일으키는 계기가 되었으며, 이는 르네상스 이전에 일어난 일련의 짧은 르네상스라고도 할 수 있다(Panofsky 1960). 북부 이탈리아의 랑고바르드(롬바르드[Lombard]) 왕국(서기 568~774)의 왕들은 로마 금속학과 고전古錢을 모방하기도 했으며, 한편으로 프랑스의 메로빙거 왕조(서기 476~750)의 지배자들은 로마의 무덤을 도굴하여 부장품으로 쓰기도 했다. 샤를마뉴 대제(재위 768~814)는 스스로 로마 황제의 후계자라는 주장을 실현시키기 위하여 로마 양식으로 청동 조상을 만들고 모자이크를 고안하기도, 로마 미술의 많은 양상을 부활시키기도 했다. 유럽에서 12세기부터 13세기에는 인구가 크게 증가했으며, 이와 더불어 과거 건물들이 파괴되었다. 특히 이탈리아에서 다시 한 번 이러한 과정이 집중적으로 일어났다. 몇몇 조각가들은 다양한 고전시대의 모티프를 채택하여 로마군단의 옷을 입은 병사를 묘사했다. 신성로마제국의 황제 프리드리히 2세(재위 1220~1250)는 고대 유물을 파기도 하고 구입하기도 했다. 또한 로마의 동전을 모방했으며, 카푸아Capua에 로마 양식으로 개선문을 세우기도 했다. 이와 동시에 고전시대 문화에 대한 인식은 프랑스에서는 거의 사라지다시피 했는데, 프랑스에서는 선사시대와 로마의 유지들이 시간적으로 늦은 사라센(아랍) 침략자의 것이라고 생각했다 (Weiss 1969: 3-15; Geary 1986; Greenhalgh 1989; Schnapp 1997: 80-103).

그럼에도 중세시대 그 어느 때에도 고고학 발굴이 역사의 원천으로 여겨지던 때는 없었다. 발굴은 신성한 유적을 복원하는 목적에 한하여 이루어졌으며, 그런 유적은 성인들과 관련된 것으로서 교회에 봉사하는 것이어야 했다. 고전시대의 유물이 발견되어 때로 주목받기도 했고, 그런 유물에 대한 평이 이루어지기도 했지만, 방법론적으로 연구하려는 노력은 이루어지지 못했다. 고전시대 미술들이 재사용되고 복제되었다고 할지라도 유럽 전역에서 지배적이었던 미술 및 건축 양식, 곧 로마네스크(Romanesque, 1075~1125)와 고딕(Gothic, 1125~1500)은 새로이 창조되었다고 해야 하며, 시간이 흐르면서 갈수록 로마의 특성들이 약해졌다. 이를 비롯한 많은 변화에도 불구하고, 중세의 학자들은 고전고대를 종교와 관련된 사항을 제외하고는 중세와 상이한 문명이라고 생각하지는 않았다. 고전시대와 중세 사이의 문화적 단절에 대한 인식은 별로 없었던 것이다(Weiss 1969: 3).

중세 동안 로마 가톨릭교회는 학습을 독점하고 조정했는데, 이는 고전 문명의 철학 학파들 사이의 논쟁과는 아주 다른 상황이었다. 고대에 대한 확실한 지식이라고는 성서에 기록되어 있는 것이나 남아 있는 그리스와 로마 시대의 역사서뿐이라고 여겼다. 더구나 성서는 인간에 대한 것뿐만 아니라 천지창조 이후의 우주의 역사에 대해서도 완전한 역사서라고 믿었다. 이러한 토대 위에서 과거에 대한 기독교적 관점은 다양한 방식으로 현재에 이르기까지 지속적으로 고고 자료의 해석에 영향을 미치고 있다. 이러한 관점은 다음과 같은 여섯 개의 진술로 요약할 수 있다.

1. 세상은 그렇게 오래되지 않은 초자연력에서 비롯되었으며, 앞으로도 수천 년 이상 유지될 것 같지는 않았다. 랍비어의 권위자들은 세상이 서기전 3700년경에 창조되었다고 추정했으며, 한편으로 교황 클레멘스 8세는 서기전 5199년으로, 그리고 17세기까지도 제임스 어셔James Ussher 대주교는 서기전 4004년

으로 창조의 연대를 설정했다. 이러한 연대들은 성서에 나오는 세대들을 역산한 것으로서 수천 년 정도밖에 되지 않았다는 데 의견을 같이하고 있다. 또한 세상은 그리스도의 재림으로 끝나게 될 것이라는 믿음도 있었다. 비록 그런 일이 일어날 정확한 시간은 알려지지 않았지만, 지구는 점점 종말에 가까워지고 있다고 생각되었던 것이다(Slotkin 1965: 36-37; D. Wilcox 1987).

2. 물리적 세계는 이미 퇴보하는 상태에 있다고 믿었으며, 대부분의 자연적인 변화는 신이 본래 창조한 상태로부터 부식되는 과정이라 생각했다. 지구는 원래 수천 년밖에 가지 못하도록 만들어져 있었기 때문에 자연 과정과 인류의 이용에 따른 자원 고갈에 대응하여 신이 다시 [자원을] 공급해야 할 필요는 없었다. 성서에 기록되어 있듯이 고대에 인류가 긴 수명을 누렸다는 것은 환경뿐만 아니라 인간도 창조 이후에 육체적 및 지성적으로 퇴락한다는 믿음의 근거가 되었다. 물리적 세계의 부식과 몰락은 모든 사물의 덧없음의 증거가 되며, 이는 기독교 교회가 영적인 것을 강조하는 것이 타당함을 말해 주었다(Slotkin 1965: 37; Toulmin and Goodfield 1966: 75-76).

3. 인간은 에덴동산에서 신에 의해 창조되었음을 확인했다. 에덴동산은 서아시아(중동)에 있었으며, 사람은 그로부터 세계의 다른 곳으로 확산했다. 에덴동산으로부터 인류가 쫓겨난 것이 확산의 시작이며, 나중에는 노아의 홍수가 이어지는데, 이 사건은 서기전 2500년경에 일어났다고 믿어졌다. 두 번째 확산은 언어의 분화로 가속되었는데, 언어가 달라진 것은 바벨탑을 쌓으려 한 인간에게 신이 내린 벌이었다. 세계의 중심은 오랫동안 서아시아에 머물렀는데, 이곳에서 유대교가 발달했다는 사실이 성서에 연대기로 기록되어 있으며, 이로부터 기독교가 유럽에 들어오기도 했다. 학자들은 북부 유럽과 서부 유럽을, 성서에서 확인되는 사람이나 다른 역사기록들에서 알려진 개인들을 유럽 국가의 창시자 또는 초기의 왕이라고 함으로써, 서아시아와 고전세계의 기록된 역사에 연결시키고자 했다.

4. 인간 행동의 기준이 시간이 흐름에 따라 퇴보하는 것은 자연스런 것이라 여겨졌으며, 이 생각은 퇴보론에 대한 고전시대의 학설을 알게 되면서 더욱 강해졌다. 성서에 따르면, 최초의 인간인 아담과 그 자손은 농사꾼이거나 유목민이었으며, 이후 몇 세대가 지나 중동에서 철기 제작이 이루어졌다. 최초의 인간

들은 신이 아담에게 준 계시를 공유하고 있었다고 했다. 신과 그 소망에 대한 지식은 이후 히브리의 부족장과 예언자들에게 전달된 연속적인 신의 계시를 통하여 유지되고 확립되었다. 이와 더불어 신약성서에 포함되어 있는 계시는 기독교 교회의 자산이 되었으며, 인간 행동의 기준으로서 책임을 맡게 되었다. 이와 대조로 서아시아에서 벗어나 믿음을 신의 계시나 기독교의 가르침을 통해 새로이 하지 못한 집단들은 다신교나 우상숭배, 도덕성에서 퇴보하는 경향이 있다고 생각했다. 세계의 오지에 살고 있는 '괴물들'은 이런 과정의 궁극적 산물이라고 여겨졌다. 퇴보론은 유럽인들이 마주쳤던 수렵채집민과 부족 농경민의 원시적인 기술을 설명하는 데도 이용되었다. 그렇지만 퇴보론의 개념이 기술이나 물질문화에 적용될 때는 다른 시각(그럼에도 기독교도들에게는 아주 매력적인 시각)과도 충돌하게 된다. 그 시각이란 코르넬리우스 타키투스(Cornelius Tacitus, 서기 약 56~120) 같은 고대 로마의 역사가들이 높이 평가했던 물적 풍요가 도덕적 타락을 부채질했다는 것이었다. 고전 철학에 뿌리를 내린 또 다른 생각으로는 기독교와 아주 조금만 비슷했던 비유대, 비기독교적 신앙은 자연세계에 대한 연구로부터 자라났다는 관념이 있다. 기독교 신학자들은 자연세계를 신 자신의 자연을 그대로 비추어 주는 것이라 주장했다(MacCormack 1991: 214). 중세의 학자들은 주로 기술 진보와 퇴보보다는 도덕이나 영적인 영역을 설명하는 데 매달렸다.

5. 세계의 역사는 독특한 사건들의 연속으로 해석되었다. 기독교는 세계사가 우주적 중요성을 갖는 일련의 사건들의 연속으로 생각했다. 이러한 사건들은 신이 미리 개입한 결과로서 해석되었으며, 마지막 사건은 선과 악 사이의 계속되는 싸움을 종식시킬 것으로 여겨졌다. 그러므로 신의 도움 없이는 인류역사에서 그 어떤 역사적 중요성을 얻을 수 있는 변화 또는 진보가 이루어질 수 없게 된다(Kendrick 1950: 3; Toulmin and Goodfield 1996: 56). 신이 개입하지 않는 동안 인간사는 정체 또는 순환의 과정을 그리게 된다는 것이다.

6. 마지막으로 중세의 학자와 예술가들은 고대 그리스·로마인보다도 물질문화에서 변화를 인지하지 못했다. 성서의 시대에 인간이 중세와는 아주 다르게 옷을 입었다거나 다른 집에 살았다는 점을 널리 인식하지 못했다.

중세 동안 과거의 물질문화에 대한 관심은 신성한 유품을 수집하고 보존하는 일을 제외하고는 고전시대보다도 제한적이었고 일시적이었다. 이로써 과거의 물적 유존물에 대한 체계적 연구의 발달은 이루어지지 못했다. 그렇지만 이 시기 몇몇 문헌기록으로부터 이루어진 과거에 대한 이해는 유럽에서 사회적 조건이 변화하면서 고고학 연구가 발전할 수 있는 개념적 토대가 되기도 했다. 그동안 많은 세대의 선사고고학자들이 애써 논박했음에도 불구하고 중세적 시각에서 본질적인 것은 대부분 그대로 남아 있다. 2001년 미국에서 실시된 갤럽 여론조사에 따르면 응답자 가운데 45%가 10,000년 전 이후 어떤 한 시점에 인간이 현재의 모습으로 창조되었다고 믿고 있다고 한다(Alters and Nelson 2002: 1892).

3. 르네상스시대의 호고주의

르네상스와 고전고대에 대한 관심

14세기 동안 교역이 증가하고 다른 경제적 변화가 나타난 결과 북부 이탈리아의 봉건제는 쇠퇴하고 상업 도시가 발달했다. 사람들도 난생 처음으로 돌이킬 수 없는 변화가 일어났음을 인식하게 되었다. 학자들은 베로나Verona, 파두아Padua, 플로렌스Florence 같은 도시를 고대 도시국가의 부활로 여겼다. 그리고 잔존하는 고전시대의 저술을 뒤져 도시의 역사계보를 찾고자 했다. 그렇게 하여 도시의 평판을 높이고자 했다. 이 같은 학자들의 관점은 신흥 도시 귀족과 중상 계급의 관심을 비추어 주었다. 기원에 대한 관심은 신성로마제국의 자유 도시들 사이에서 관심을 끌었다. 15세기 초 지기스문트 마이스털린Sigismund Meisterlin의 도시 공동체의 기원에 대한 연구는 독일에서의 이탈리아 인문학 연구에 대한 오랜 관심의 시작이었다(Schnapp 1997: 110-111).

역사적 선례를 들어 혁신을 정당화하는 일은 중세적 사고에 뿌리를 두고 있는데, 이는 적어도 세속적인 것과 관련해서는 먼 과거를 현재(당시)보다 우월하게 보고, 따라서 생활을 증진시키는 정보의 원천으로 삼는 것이었다. 그렇지만 르네상스를 계기로 정치 혁신을 정당화하는 역사 문헌을 찾게 되면서 점차 당시의 사회 및 문화 생활이 고전고대와 그렇게 비슷하지는 않다는 인식을 하게 된다. 이탈리아의 시인 페트라르카(Petrarch, 1304~1374)는 분명히 고대 로마는 오래전에 세상에서 사라졌으며 이후 하찮은 문화 결핍의 시대가 이어졌다고 했다. 이후의 시대는 중세라 불렀고, 이로써 결국 새로운 시대가 도래하고 있음을 말했던 것이다. 이렇게 더 최근의 과거를 부정함으로써 고대 로마의 역사만이 연구할 가치가 있음을 말했다(Rowe 1965; D. Wilcox 1987). 르네상스 학자들의 목적은 고대의 영광스런 성취를 모방하는 것이었다. 처음에는 당시 이미 퇴보한 조건에서 인간이 고대 로마의 위대한 성취를 능가할 가능성은 거의 없었다. 신의 계시에 기반을 둔 종교를 가지는 것만이 근대가 비기독교적인 고대를 넘어서는 방법이었다.

14세기의 초기 르네상스 학문은 수도원의 도서관에서 발견된 자료에 집중되었다. 남아 있는 라틴 문헌, 특히 역사, 법, 문학적 주제를 다룬 자료들을 새로이 연구했다. 15세기에는 그리스 문헌에 더 많은 관심을 가졌는데, 당시에는 이런 문헌이 다른 나라에서 이탈리아로 대량으로 들어왔었다. 하지만 이 문헌 가운데 많은 것이 철학, 신학, 마법, 과학에 대한 내용이었다. 따라서 이탈리아 학자들이나 이들을 후원하는 사람들에게는 관심이 덜했다. 도시에 대한 고대의 서술과 남아 있는 기념물들의 위치를 비교함으로써 고대 로마의 지세를 알려는 시도도 있었다. 심지어 주요 건물의 원래 외형조차도 그 건물 자체를 연구하기보다는 로마의 동전에 어떻게 그려져 있었는지를 확인하는 식으로 파악했다.

이보다 더 학문적인 고전고대에 대한 관심은 문헌에서 건축이나 미술로 확산되어 갔다. 지리학자 레온 바티스타 알베르티(Leon Battista Alberti, 1404~1472)는 문헌을 읽는 것과 함께 고대 건축을 연구할 필요가 있음을 주장했다(Andrén 1998: 108). 도시 귀족과 부유한 상인들은 고대 미술과 건축에 각별한 관심을 가졌다. 이들은 미술을 후원함으로써 새로이 획득한 사회적 지위를 과시하고자 했다. 이러한 관심은 전례 없는 고대 건축물 파괴로 더욱 자극을 받았다. 당시에는 로마 시가지가 팽창하면서 유적에서 돌을 빼내어 교회나 부유한 사람들의 궁전 같은 건물을 짓는 데 자재로 쓰고 있었다. 교황은 로마 유적을 보호하는 포고를 내리기도 했지만 별다른 도움이 되지 못했다. 물론 이를 통해 교황청 영역 안에서 미술품이 불법으로 반출되는 것을 막을 수는 있었다(Weiss 1969: 99-100). 새로 건설되는 성베드로성당의 건축에 그런 돌들이 쓰이는 것을 목격한 미술가 라파엘로(Raphael, 1483~1520)는 파괴되고 있는 고대 건물을 기록으로 남기기도 했지만, 단지 명문이나 조각품만을 보존하고자 했다(Parslow 1995: 160).

쇠락하고 있던 봉건 상류층과 결부되어 있던 고딕 양식을 대체하여 새로운 미술 및 건축 양식을 만들어 내는 데에도 관심이 커졌다. 여기에 모델이 된 것은 고전시대로부터 잔존하고 있던 미술품과 건축물이었으며, 특히 건축의 경우 파괴되고 있는 상태에서 연구되었다. 당시 이탈리아에서 새로운 사회적 질서를 이끌었던 사람들은 고전 미술과 건축에 대한 지식을 복원하고 고전시대의 사례들을 모델로 한 새로운 작품을 생산하는 것을 후원함으로써 스스로를 양식적으로 고대의 영광과 함께하는 것으로 생각했다. 이런 식으로 몰아낼 대상이었던 봉건사회와는 구분되는 상징을 찾았던 것이다.

과거로부터 남아 있던 문헌기록과 유물에 대한 초기의 관심은 치리아코 드피치콜리(Cyriacus of Ancona, Ciriaco de'Pizzicolli, 서기 1391~1454)의 연구에 드러나 있다. 그는 이탈리아의 상인으로서 25년 동안이나 그리스와 지중해 동부를 넓게 여행했는데, 특히 고대기념물에 대한 정보 수집을 목적으로 떠나기도 했다. 여행 중에 명문 수백 개의 사본을 뜨고, 기념물들을 그렸으며, 책, 동전, 미술품들을 모았다. 그의 가장 큰 관심은 명문에 있었다. 이런 문헌에 대해서 그가 쓴 여섯 권의 책은 1514년 불에 타고 말았지만, 다른 저술은 남아 있다(Casson 1939: 93-99; Weiss 1969: 137-142).

15세기 말에 들어오면 바오로 2세, 알렉산드르 6세와 같은 교황과 추기경 그리고 이탈리아 귀족은 고대 미술품을 수집하고 전시하게 된다. 이들은 그런 물품을 찾기 위해 땅을 파는 일을 후원하기 시작한다. 오랫동안 체계적인 발굴은 없었으며, 단지 역사적이고 미학적이며 상업적인 가치가 있는 유물이 있을 만한 곳을 파는 수준이었다. 그런 물건이 로마만큼 다량으로 출토된 곳은 없었다. 미술품은 미켈란젤로나 바치오 반디넬리Baccio Bandinelli 같은 당시의 조각가와 미술가에게도 영감을 주었으며, 이들은 결국 고대 로마인보다 더 나은 조각상을 만들 수 있다고 주장하게 되었다(L. Barkan 1999: 10).

고전고대에 대한 관심은 점차 유럽 전역에 확산되어 갔다. 고전시대의 명문, 기념물, 미술품들이 잉글랜드, 프랑스, 독일 일부 지역, 그리고 로마제국의 일부였던 다른 지역들에서 발견되었으며, 이미 16세기에 윌리엄 캠든William Camden과 같은 지역의 호고가가 연구했다. 이 과정에서 귀족층은 로마·그리스 미술품을 탐욕스럽게 수집했으며, 귀족의 대리인들이 미술품을 이탈리아와 그리스로부터 사들였다. 17세기 초 찰스 1세(버킹엄 공작)와 아룬델 백작은 그런 작품을 잉글랜드로 들여오는 데 우호적 경쟁관계에 있었다(Parry 1995: 125; Scott 2003).

호고주의의 확산

14세기 '고고antiquitates'라는 말은 문헌기록 편찬에만 쓰이던 용어였다. 1600년이 되면 과거를 연구하는 철학적 접근들은 쇠락하고, 고전고대를 연구했던 사람들은 과거와 관련된 물적 증거를 수집하는 것을 주된 작업으로 재정립하게 된다(Jacks 1993: 9). 호고가(고유물 애호가, antiquary 또는 antiquarian)라는 용어는 이미 15세기부터 쓰였으며, 16세기가 되면 때로 고대의 유물을 연구하는 아마추어뿐만 아니라 공식적인 직함을 지칭하기도 했다(Pigott 1989: 13-17).

리옹의 호고가이면서 고대 명문 연구 전문가였던 자코브 스폰(Jacob Spon, 1647~1685)은 근대적 의미에서 이전 인간사회의 물적 유존물에 대한 고찰을 가리키는 뜻에서 고고학이란 용어를 사용한 첫 연구자이다. 스폰과 고전古錢학자였던 에제키엘 스판하임(Ezechiel Spanheim, 1629~1710)은 남아 있는 문헌(여러 번 필사되었다)보다 고대의 명문을 더 직접적이고도 신뢰할 만한 정보원으로 삼았다. 17세기 말이 되면서 고전 조각상에 대한 연구를 개척했던 프란체스코 비안치니(Francesco Bianchini, 1662~1729)는 이미지를 연구함으로써 문헌과는 다르고, 또 그것을 보완해 주는 정보를 얻을 수 있다고 하며 좀더 구체적으로 진술하기 시작했다. 비안치니는 유물을 호고가의 연구의 중요한 대상으로 삼는 것과 더불어 당시 호고가들이 고대기념물을 고전시대의 건축의 원칙(로마의 건축가 마르쿠스 비트루비우스 폴리오[Marcus Vitruvius Pollio, 서기전 1세기]의 저작에 상술되어 있다)과 비교했던 것, 그리고 고전학자들이 이미지와 문헌에 대한 연구를 결합시키고자 했던 것을 이론화하기도 했다.

유물의 중요성은 프랑스의 베네딕트회의 수도사였던 베르나르 드 몽포콘(Bernard de Montfaucon, 1655~1741)과 프랑스 귀족 안느 클로드 필리프 드 튀르비에르(Anne Claude Philippe de Turbières, 카일루스 백작[comte de Caylus], 1692~1765) 같은 이가 더욱 크게 인식하게 된다. 이들의 연구는 광범위한 편집에 대한 초기 프랑스 학자들의 호감을 알려 주는 사례이다. 몽포콘의 열다섯 권짜리 『고대 유물 도록과 설명L'antiquité expliquée et représentée en figures』(1719~1924)은 주제별로 유물의 그림을 배열하여 설명을 붙인 것이다. 그림을 많이 싣고 있는 카일루스의 일곱 권짜리 책『이집트, 에트루리아, 그리스와 갈리아의 고대 유물 도록Recueil d'antiquités égyptiennes, étrusques, grecques, romaines, et gauloises』(1752~1767)은 유물을 문헌뿐만 아니라 상호 비교할 필요가 있음을 강조했다는 점에서 새로운 전기를 마련한 것이다. 카일루스는 물질문화에 어떻게 문화적 차이가 드러나 있는지를 주목했을 뿐만 아니라 유물을 주의 깊게 서술하고 분류함으로써, 그리고 유물이 어떻게 만들어졌는지를 연구함으로써 어떠한 사실을 알아낼 수 있는지에 주목했다. 그러나 몽포콘과 카일루스는 모두 양식이란 한 집단과 다른 집단이 서로 달라지듯이 시간이 흐르면서 변화한다는 점을 깨달았지만, 고고학 유물을 양식적인 기준을 이용하여 연대추정하는 방법을 찾지는 못했다(Laming-Emperaire 1964: 80-85).

빙켈만과 미술사

18세기 동안 호고가들은 고전시대의 미술품을 연구하는 데 많은 시간을 보냈다. 나폴리의 영국 대사였던 윌리엄 해밀턴(Sir William Hamilton, 1730~1803)은 그곳에서 거의 40년 동안 살면서 그리스 채문 도기를 중요한 미술품으로 수집하여 근대 미술가들의 모델로 유행시켰다. 석조상이나 금속조상과 채문토기가 미적으로 높이 평가되었으며, 장식의 의미를 알아내려는 노력도 있었다. 그러나 불행히도 그런 작품들은 역사 문헌을 통해서만 연대를 추정할 수 있었다. 명문을 가진 것은 별로 없었으며 연대추정을 할 수 있을 만한 맥락에서 발견되었거나 고대 역사기록에 기술된 구체적인 사례를 찾을 수 있는 것도 거의 없었다.

이 문제는 독일의 호고가 요한 빙켈만(Johann Winckelmann, 1717~1768)이 해결한다. 빙켈만은 고대 그리스인은 자유를 사랑했기 때문에 세상에서 가장 위대한 미술을 만들어 냈다고 믿었으며, 이는 의인화된 이미지들에 분명하게 나타난다고 했다. 그는 자신의 생애를 이탈리아에 전시된 그리스와 로마의 조각품을 연구하는 데 바쳤다. 당시 그리스 미술의 정수가 되는 많은 작품들은 로마시대의 복제품 형태로만 알려져 있을 뿐이었다. 빙켈만은 언어(문헌)학자 율리우스 카이사르 스칼리게르(Julius Caesar Scalliger, 1484~1558)가 그리스 문헌을 네 시기로 나눈 것에 영감을 받아 새겨진 명문, 또는 고전시대 문헌에 그 연대가 나와 있는 작품을 찾아냄으로써 될 수 있는 대로 많은 조각품의 연대를 추정하고자 했다. 그리고는 그렇게 연대추정된 작품의 양식적 특질들을 주의 깊게 관찰함으로써 상이한 시기를 특징짓는 양식을 파악했다. 이런 식으로 빙켈만은 고전시대 조각품을 네 개의 계기적인 형식들로 나누었는데, 그것은 '시원 양식', 조각가 피디아스Phidias의 작품과 결부되어 있는 '고도의 양식', 조각가 프락시텔레스Praxiteles의 영감을 받은 '세련된 양식', 그리고 로마시대의 "모방"과 "쇠락"의 시기였다. 이런 양식들을 사용하면 문헌 정보가 없는 조상들을 고전고대의 네 시기 가운데 어느 하나에 대입할 수 있었던 것이다.

비록 이러한 연쇄는 문헌기록에 의존했다고는 하지만, 이렇게 미술사가들이 양식적 경향성을 인지한 다음에는 고대의 조각품들을 문헌 자료에 의지하지 않고도 연대추정할 수 있었다. 빙켈만이 쓴 『고대미술의 역사*Geschichte der Kunst des Altertums*』는 1764년에 출간되어 개별 작품에 대한 세밀한 서술뿐만 아니라 최초로 그리스와 로마의 조각품들을 종합하여 분기를 제시했으며 사회 조건, 기후, 장인 등을 포함한 고전시대 조각의 발달에 영향을 미쳤던 요인들을 논의했다. 빙켈만은 자신이 제시한 계기적인 양식들은 이탈리아 철학자 잠바티스타 비코(Giambattista Vico, 1668~1744)와 같은 사람들이 유대교나 기독교와 결부되지 않은 모든 인간사를 특징짓는다고 주장한 하나의 문화 발달과 쇠락의 사이클이 된다고 믿었다.

그렇지만 빙켈만은 그리스 미술에 근거하여, 스스로 영원히 유효하다고 생각했던, 예술적 아름다움에 대한 이상적 기준을 찾고자 했으며, 자신을 후원하는 귀족들에게 큰 관심을 끌 만한 물건을 지속적으로 연구했다. 이렇듯 고대 그리스를 사랑했음에도, 일상생활을 고찰하는 데는 전혀 관심을 보여주지 못했다. 다만 고전 문명에 대한 자신의 역사적인 지식을 고대 문헌에서 부적절하게 다루어진 영역에까지 확장시키기는 했다. 고전시대 미술에 대해서 가장 세밀한 고대의 설명조차도 잔존한 작품들에 대한 빙켈만의 비교 연구보다 미술 발달에 대해서 더 많은 정보를 주지 못했던 것이다. 빙켈만의 연구는 비안치니로부터 시작된 과거 물적 유존물에 대한 관심이 정점에 이르렀음을 보여준다.

빙켈만은 흔히 고전고고학의 창시자로 여겨진다. 양식 편년을 수립하여 연대를 모르는 유물에 적용시킬 수 있음을 논증한 것은 고고학을 역사학과는 다른 독자적인 학문 분야로 세우는 데 중요한 한 걸음을 나아간 것이다. 그렇지만 빙켈만은 다른 대부분의 18세기 호고가들과 마찬가지로 일반적으로 고고학적 맥락과 유리된 물품을 연구하는 데에만 관심을 가졌다. 그 자신의 주된 관심은 양식genre이었지 출토맥락provenience이 아니었던 것이다. 따라서 빙켈만이 미술사학의 창시자라는 주장이 고전고고학의 아버지라는 주장보다 많은 점에서 더 합당하다. 빙켈만은 분명 고전학연구와 미술사학이라는 독립된 학문이 서로 밀접하고도 오래 지속된 관계를 맺는 데 큰 역할을 했다.

18세기에는 체계적인 고고학 발굴이 이루어지기도 했는데, 특히 서기 79년 베수비오 화산 폭발로 파괴된 헤르쿨라네움Herculaneum과 폼페이Pompeii에서의 로마 유적 발굴이 그러하다(그림 2.1). 여기에서 초기의 발굴은 주로 나폴리의 왕을 위한 조

18세기의
발굴과 유적조사

그림 2.1 헤르쿨라네움 발굴, 1782(J.-C. Saint-Non, *Voyage pittoresque description du royaume de Naples et de Sicile*, Paris 1781~1786)

각상이나 다른 미술품을 찾는 것으로 때로 땅굴을 파기도 했다. 왕실과 연결되어 있는 이탈리아의 호고가들은 물품을 될 수 있는 대로 빠르게 발굴하여 연구할 수 있기를 바랐지만, 스위스 군대의 엔지니어였으며 후일 발굴을 감독하기도 한 칼 베버(Karl Weber, 1712~1764)와 후임자였던 프란체스코 라 베가Francesco La Vega, 그리고 나폴리의 왕을 위해 일했던 프랑스의 호고가들은 이탈리아 호고가들의 반대에도 유적에서 일반 건물과 대규모 사저들을 발굴하기를 선호했다. 프랑스에서는 17세기 이후 로마 건물을 고찰하고, 기록하며 보존하는 데 관심이 커졌다(Schnapp 1997: 247-253). 이러한 관심은 루이 14세 치하에 도로를 건설하고 요새를 확충하는 프로그램으로 더욱 자극을 받았다. 건설 과정에서 땅속에 묻힌 수많은 로마의 구조물이 발견되었던 것이다. 아주 어려운 상황에서도 헤르쿨라네움과 폼페이에서 발견된 주요 건물에 대해 정확한 평면도와 해발고도를 기록했으며, 이런 구조물을 추측 투영하기도 했다. 평면도에는 훌륭한 유물이 발견된 지점들이 표현되어 있었다.

　이 시기 이전에도 건축가들이 고대 건물을 연구했지만, 체계적인 방식으로 분명하게 한 경우는 별로 없었다. 건축가들은 평면도에서 사라진 부분을 복원하고 흔히 환상적인 방식으로 세부사항을 추가하기도 했으나, 일반적으로 유지를 해석하기 위하여 고대의 문헌을 이용했다. 나폴리 발굴은 그런 문헌을 더 잘 이해하기 위하여 주의 깊게 발굴된 유지를 이용한 최초의 사례 가운데 하나이다. 비록 층위 관찰은 거의 이루어지지 않았지만, 이러한 발굴은 빙켈만이 호고주의적 연구를 고전고고학으로 전환시키는 데 했던 기여 못지않게 중요한 역할을 했다. 고대 신전과 다른 일반 건물지를 체계적으로 발굴하고 보존하는 일은 1809년에서 1814년까지 나폴레옹이 로마를 점령했던 시기 동안 프랑스인들에 의해 이루어졌다. 발굴의 주된 목적은 미술품을 찾는 일이었지만, 이는 18세기가 되면 헤르쿨라네움과 폼페이에서 새로운 발굴의 기준이 수립되었음을 시사하는 것이다(Ridley 1992). 호고가들은 르네상스 초기부터 로마의 도시 지리학에도 관심을 가졌지만, 18세기가 되어서야 미술품의 수집뿐만 아니라 특정 유적의 건축물까지 체계적으로 연구하기 시작했다.

피치콜리Cyriacus of Ancona는 르네상스 초기에 지중해 동부에서 고전고대에 대한 기록을 남겼고, 그 지방의 고전시대 미술은 17세기가 되면 잉글랜드에까지 이르기도 했다(Parry 1995: 125). 하지만 고전학 연구는 오랫동안 이탈리아를 중심으로 이루어졌다. 1734년 이탈리아를 여행했던 잉글랜드의 신사들은 호고가협회Society of Dilettanti를 조직하여 1751년부터 그리스에서 고대기념물에 대한 상세한 지표조사를 후원하게 되었다. 프랑스 연구자 데이비드 르 로이David Le Roy도 1758년부터 비슷한 연구를 시작했다. 이런 조사에 대한 출간물들은 그리스 양식의 건축을 재현하는 데 모델이 되었으며, 더 일반적으로는 이탈리아뿐만 아니라 고대 그리스 전반의 미술 및 건축에 대한 관심을 고양시켰다. 하지만 그리스에서 진지한 고고학적 작업은 19세기 초 터키로부터 그리스가 독립할 때까지 제대로 이루어지지 않았다.

4. 고전고고학의 발달

고전고고학의 성립

18세기 말 고전고고학은 학문적 맥락에서 발달하기 시작했다. 프로이센 제국의 북부 게르만왕국은 1806년 나폴레옹에 패하여 교육 체계의 혁신을 기획하게 되었다. 이 혁신의 목적은 공무원을 교육시켜 프랑스 계몽주의의 혁명 사상에 노출시키지 않으면서도 국가의 사무를 더 효율적으로 조정하는 것이었다. 당시 계몽사상은 보수적이고 대지를 소유하고 있는 프로이센 상류층에게는 아주 위험한 생각이라고 여겨졌다. 독일 인문학자들은 빙켈만의 저술에 영향을 받아 고대 그리스인의 천재성, 창의성,

자유에 대한 사랑, 미의식이 인간 영혼을 가장 고도로 표현한 것이라 여겼다. 또한 그리스의 문화적 성취의 정수는 근대 세계에 적당한 형태로 다시 창조될 수 있다고 믿었다(Marchand 1996: 16).

이 시기 독일 인문주의의 또 다른 주요 개념으로는 모든 문화는 독특하며 그 자체로 이해될 만하다는 믿음을 들 수 있다(Zammito 2002). 이로써 문화에 대한 비교연구(범문화적 접근)에 대한 반감이 확산되었으며, 이 경향은 현재까지도 고전학 연구의 성격이기도 하다. 이러한 반감으로 많은 그리스를 옹호하는 인문학자들은 이집트와 서아시아의 문화적 관련에 대해 고대 그리스인 스스로가 기록한 설명을 배제하고 고전시대 그리스문화를 창조주의 고귀한 영혼을 표현한 자족적인 문화로 보게 되었다. 이들이 유럽인이나 인도유럽인의 전형이 된다는 것이다(M. Bernal 1987). 19세기 동안 고대 그리스와 근대 독일의 관련은 더욱 인종주의적으로 변모한다. 이미 나폴레옹 시기 동안 많은 교육을 받은 독일인들은 근대 프랑스를 로마제국에 대응하는 것으로 보았으며, 문화적으로 고도로 발달했지만 정치적으로는 분산되어 있으며 프랑스의 위협에 노출되어 있던 근대 독일은 고대 그리스와 같은 것으로 여겼다.

프로이센의 교육 혁신을 맡았던 빌헬름 폰 훔볼트(Wilhelm von Humboldt, 1767~1835)는 고전 언어, 문학, 역사, 철학, 미술 연구에 바탕을 둔 고등학교 과목이 미래의 관료들이 혁명 사상에 노출되지 않도록 교육시킬 수 있는 가장 좋은 길이라고 판단했다. 그는 그리스 철학은 독일 학생들에게 근대 세계에서 살아가는 데 필요한 모든 사상을 준다고 생각했다. 빙켈만은 고대 그리스의 위대한 문화적 성취를 자유에 대한 사랑 때문이라 여겼지만, 폰 훔볼트는 그리스 문화의 연구는 비정치적이어야 한다고 믿었다. 1820년대 많은 교육 받은 독일인들이 터키에 대한 그리스의 항쟁을 활발히 지원했다. 그러나 프로이센, 오스트리아 및 기타 보수적인 게르만 국가들에서는 이런 목적의 회합을 금지했으며, 어떤 경우에는 그리스에 대한 대중의 지지 표명을 억누르고자 했다(Marchand 1996: 32-35).

폰 훔볼트의 교과목 혁신의 영향으로 프로이센과 같은 게르만 대학들에서 고전학 연구*Altertumskunde*가 활발해졌다. 고전학은 괴팅겐대학에서 헤인(C. G. Heyne, 1729~1812)이 설립했으며, 그의 학생이었던 프리드리히 볼프(Friedrich Wolf, 1759~1824)가 할레Halle대학에서 더 명확하게 정식화했듯이 철학을 고대 그리스·로마문화를 이해하는 열쇠로 생각했다. 물론 고전 미술과 건축 연구도 포괄했지만, 이는 주로 르네상스 이후 호고가들의 연구대상이었다. 심지어 바르톨트 니부어(Barthold Niebuhr, 1776~1831)가 기록된 많은 "역사" 문헌의 신뢰성에 의문을 제기한 뒤에도, 고전학자들은 고대 문헌의 진실성을 검증하기 위하여 고고학이 아니라 문헌 비판에만 의존했다. 고고학은 주로 금석학자나 미술사가들의 연구 자료를 확보하는 방법이라 여겨졌다. 고전 미술과 건축을 고전학과나 미술사학과 그 어느 분야에서 연구하든지, 고전고고학은 더 큰 학문의 일부로서 다른 학문 분야를 좇았다. 그렇지만 고전학은 공무원을 포함하여 대부분의 교육받은 게르만인의 지지를 받았기 때문에 고전고고학에 전례 없는 자금지원이 점차 가능해졌다. 이런 식으로 고고학자들은 고전학 및 미술사학과 연결되어 혜택을 받았던 것이다.

19세기 후반 고전고고학은 문헌기록으로부터 알려진 지식을 확증하고 확장시킬 수 있는 정보를 얻을 방법을 찾기 시작했다. 도시 중심지에서 비교적 짧은 시기에 일어난 건축에서의 변화를 추적하는 일은 세밀한 층위학적 연구를 요했다. 이런 종류의 분석을 개척한 사람 가운데 하나인 주세페 피오렐리(Giuseppe Fiorelli, 1823~1896)는 새로이 통일된 이탈리아 정부의 지원을 받아 1860년 폼페이의 발굴 책임을 맡게 된다. 그는 당시까지 유적에서 이루어진 일을 주도하고 있던 미술품과 기념건축물 발굴은 모든 종류의 건물을 세밀히 발굴조사하여 건축의 여러 부분이 어떠한 목적에서 어떻게 사용되었는지를 파악하기 위한 작업의 일부라고 선언했다. 그러기 위해서는 건물의 무너진 상부층에 대한 정보를 찾아내기 위한 주의 깊은 발굴을 해야 했다. 또한 기능에 따라 유물을 분류하는 것을 강조했다. 피오렐리는 그런 기법을 가르칠 수 있는 학교를 폼페이에 세웠다.

비엔나대학의 알렉산더 콘즈(Alexander Conze, 1831~1914)가 1873년과 1875년 사모트라케Samothrace 섬에서, 그리고 독일 고고학자 에른스트 쿠르티우스(Ernst Curtius, 1814~1896)가 그리스 의례 중심지 올림피아에서 1875년에서 1881년까지 발굴법에서의 큰 진전을 이루어 냈다. 콘즈와 쿠르티우스는 유적에서 주요 구조물의 역사를 알아내고자 노력하면서 주요 일반 건물의 발굴 평면도와 층위도를 작성하기도 했다. 그 가운데는 몇 차례에 걸쳐 재건축된 것도 있었으며, 이들의 보고서는 발굴로 파괴된 증거를 대체할 수 있을 정도로 상세했다. 사모트라케 보고서는 작업 과정을 사진으로 기록한 것뿐만 아니라 처음으로 전문 건축가가 작성한 평면도를 포함하고 있었다. 이러한 발굴은 이후 다른 고전시대 유적들에서의 주요 발굴에 모범이 되었다.

19세기 후반고전고고학 발굴

19세기 동안 독일의 모델에 강한 영향을 받은 고전학古典學 연구는 인문학의 정수가 되면서 유럽과 미국 전역에 인문학 교육의 토대가 되었다(Morris 1994b: 31). 신교가 강했던 나라에서 글을 읽을 줄 알았던 사람들은 모두 성서에 담겨 있는 이야기에 익숙했으리라 여겨졌다. 더 나은 교육을 받은 사람들은 고대 그리스와 로마의 역사, 전설, 신화에 대해 잘 알고 있으리라 생각했던 것이다. 성서의 이야기가 암시하는 바는 문학과 미술뿐만 아니라 일상의 대화 속으로 들어온다. 따라서 고전시대에 대한 지식은 우월한 기호, 교육, 사회적 지위에 대한 지표가 되었으며, 그런 지식을 가꾸는 일은 사회적 연대감의 증거가 되었다(Lowenthal 1985). 그리하여 중간계급은 그런 지식을 생산하고 유포하기 위한 재정지원에 힘썼다. 대중의 자금과 사적인 자선 헌금을 통해 유럽과 북아메리카의 주요 도시에서는 박물관, 이탈리아와 그리스 및 주변지역에서는 고전학 연구를 증진시키기 위한 국립 학교를 수립하는 데 지원이 이루어졌다.

비록 이탈리아 정부는 외국학자가 이탈리아에서 발굴하는 것을 금지했지만, 그리스에 터를 잡은 외국학자들은 지중해 북부지역에서 고전시대 유적에 대한 중요한 발굴을 해냈다. 독일 연구자는 1878년에서 1915년까지 지금의 터키인 페르가몬Pergamon에서 발굴했으며, 미국 연구자들은 1896년에서 1916년까지 코린토스에서, 그리고 1931부터는 아테네의 아고라에서 발굴을 시작했다. 한편 프랑스 연구자들은 델로스Delos와 델포이Delphi에서, 그리고 영국 연구자들은 크레타의 스파르타에서 발굴했다. 러시아의 고전고고학은 러시아제국 영토 안에서 이루어졌다. 스키타이 무덤에서 훌륭한 그리스 보석이 나왔고 흑해의 북안을 따라 그리스의 식민지가 설치되었음이 알려졌다. 고전시대의 발굴은 크림반도에서 19세기 초에 시작되었고, 1826년이 되면 크레흐Krech시에 많은 발견물이 모이고 고고학 박물관이 수립되기에 이른다. 고전고대에 대해서는 1839년 설립된 제국오데사역사·고대학회Imperial Odessa Society of History and Antiquity가 활발하게 연구했다(M. Miller 1956: 22, 27; Sklenář 1983: 94). 러시아의 고전고고학은 러시아의 중세고고학이 그랬듯이 지속적으로 고대 미술 분석을 선호하는 전통 방식을 따라 이루어졌던 것이다.

일반적으로 고전시대 유적 조사자들은 금석학, 미술품, 건축, 도시 디자인에 관련된 정보를 찾고자 했다. 주요 유적들에서의 연구 조직에는 갈수록 전문분야가 생겼으며 더 위계적인 구조를 띠게 되었다. 연구 기금을 관리하는 단장은 그런 연구의 목적을 정하여 학생과 연구자들의 수행능력을 평가했다. 많은 전문적인 고전고고학 훈련은 이러한 발굴과 흔히 발굴기관이었던 국립 학교에서 이루어졌다. 초기의 낭만주의적인 경향은 점점 전문 기준을 가지고 정확한 작업을 하려는 욕심에서 다른 나라 동료들의 평가를 받는 경향으로 변해 갔다. 단지 주요 국가에서만 대규모의 발굴을 지원하는 데 필요한 재원을 가지고 있었을 뿐이며 그런 국가들은 고고학을 통해 국제적인 위신을 획득할 수 있는 길이 있음을 알고 있었다. 전문고고학자의 목적은 과거에 어떠한 일이 실제로 있었는지, 적어도 고전학 연구에서 주목받는 것이 무엇인지를 아는 것이었다.

고전고고학의 성격　　고전학과나 미술사학과가 대학이나 박물관에 자리 잡으면서 대부분의 고전고고학자들은 선사고고학자와 인류학자와는 유리되었다. 보기 드문 예외로는 영국과 같은 나라에서의 로마 고고학을 들 수 있겠다. 비록 그리스에서 일했던 많은 외국 고고학자들은 에게해 지역의 청동기시대 문화를 연구하는 선사고고학자들의 작업을 잘 알고 있었지만, 오랫동안 이런 문화가 고전시대를 이해하는 데 중요하다는 점을 부인했고, 따라서 선사고고학자들의 작업에 그리 큰 주의를 기울이지 않았다. 그 결과의 하나로 들 수 있는 것이 고전고고학을 하는 방식에 놀랄 만큼 연속성이 있다는 점이다. 마이클 섄스(Michael Shanks 1996: 97-99)는 1960년대에 들어서까지도 거의 200년 동안 고전고고학자들은 본질적으로 동일한 질문을 던지고 동일한 종류의 자료를 수집해 왔음을 지적했다. 고전고고학자들은 성당, 일반 건물, 잘 만들어진 건물의 맥락에서 고대 문헌과 미술품을 찾아 왔으며 도시 중심지에 초점을 맞추면서 도시의 평면도를 알아내고자 했다. 그러면서도 관행적으로 생계, 전반적인 취락유형, 도시 생활, 기술과정이나 교역 등은 무시했다. 이렇듯 고전고고학은 놀랄 만큼 보수주의적 경향을 보여주면서 원래의 르네상스적인 경향에 그대로 머물러 있었다.

　　이런 경향 안에서도 변화는 일어났다. 19세기 동안 고전고고학의 전문화가 진전되면서 미美에 대한 초기의 관심은 양식에 대한 분석으로 대치되었다. 1850년대 에두아르트 게르하르트(Eduard Gerhard, 1795~1867)는 고고학은 유물에 대한 체계적인 서술과 비교에 바탕을 두어야 한다고 주장했다. 고문서학자, 고전古錢학자, 미술사가와 마찬가지로 고전고고학자들은 많은 종류의 유물을 편년적으로 배열하고, 어디에서 만들어졌는지를 파악하며, 심지어는 누가 만들었는지를 확인하기 위하여 양식 분석을 이용했다. 아돌프 푸르트뱅글러(Adolf Furtwängler, 1854~1907)는 광범위한 모방의 대상이었던 유물들을 양식적으로 범주화하는 기법을 제시했다. 그의 그리스 화병 목록은 존 비즐리(John Beasley, 1885~1970)의 연구에서 정점에 이르렀다. 비즐리는 개별 화가나 학교의 서명이 있다고 믿어지는 아테네의 채문도기뿐만 아니라 서명이 되어 있지 않은 것까지도 대입을 했다(Marchand 1996: 104-115; Shanks 1996: 60-63). 그렇지만 메리 베어드(Mary Beard 2001)는 비즐리가 제시한 미술가들에 대해서 그가 대입한 그릇 이상으로는 아무것도 알 수 없었다고 지적했다.

고전고고학자들은 고대 유물의 사용에 대해서는 별다른 관심을 보이지 않았다. 여기서 눈에 띄는 예외로 들 수 있는 사람이 미국의 고고학자 해리엇 앤 보이드 호이스(Harriet Ann Boyd Hawes, 1871~1945)인데, 많은 크레타의 유물을 기능적 측면을 고려하면서 분류했다. 19세기와 20세기 초 영국의 고전학자 찰스 뉴턴Charles Newton, 제인 해리슨Jane Harrison, 윌리엄 리지웨이William Ridgeway는 고대 그리스의 종교 신앙, 일상생활, 그 밖의 인류학적 주제를 연구하는 데 관심을 가졌지만, 이들이 가진 생각은 고전고고학에 오랫동안 영향을 미치지는 못했다(Morris 1994b: 28-29). 고전학자들에게 주된 연구 과제는 유물이 만들어진 문명에서 어떠한 기능을 수행했는지가 아니라 그런 유물이 제작자의 일반적 정신 상태에 대하여 어떠한 대화를 하게 해 주는지 하는 다분히 주관적인 이슈였다. 변화에 대한 설명은 고고학자가 아니라 고전금석학자나 역사가들의 책무로 여겨졌다. 고고학 출간물은 갈수록 유적 보고서나 목록의 형태를 띠게 되었다. 따라서 고전고고학의 주된 목적은 원래 사회 또는 문화적 맥락에 대한 것에서 고립된 양태로 물질문화에 대한 제한적인 범위의 형식적 연구로 후퇴했다. 고전학 연구 또는 미술사학, 그 어느 분야에 속해 있든지 고전고고학자들은 과거에 대한 그 어떤 넓은 시각도 생산하지 못하고 있는 듯했다.

스티븐 다이슨(Stephen Dyson 1989, 1998)과 이안 모리스(Ian Morris 1994b: 14)는 고전고고학의 보수적 경향의 주된 이유로 대학원학생이 외국으로 나가 흔히 대규모의 장기 발굴을 위한 위계조직 안에서 연구를 수행해야 할 필요가 있었음을 들었다. 학생들은 현장에서 어떤 주제를 연구할 것인지, 그리고 그 연구를 어떻게 진행할 것인지를 지시해 주는 학문 선배들에게 의지하게 되었다. 혁신적인 연구자가 스스로의 일을 개척할 지위에 오르게 될 때면 이미 수립된 방식에 완전히 젖고 마는 것이다. 팀워크를 중요시하는 분위기 역시 순응적인 기질을 부추기기도 한다. 그럼에도 현상 유지를 하고 있는 중요한 요인은 고고학자들에게 부여된 역할이 금석학자, 역사가 및 미술사가들의 연구 자료를 제공하는 데 머물러 있다는 점이다. 이런 상황에서 지적인 욕심을 가진 고고학자가 할 수 있는 최선의 도피는 스스로 더 높은 권위를 지니는 역할을 찾는 일일 것이다.

1960년대 이후 고전학 연구는 쇠락의 길을 걷는다(Morris 1994b: 12). 고대 그리스와 로마는 더 이상 현대의 다민족사회에서 이전과 같은 지위를 누리지 못하고 고전인문학은 민족지 인문학으로 대체되며(Marchand 1996: 372-373), 인류는 이제 400만 년 이상의 인류역사를 가지게 되었다. 새로운 전기기술이 발달하면서 고전시대 사회는 이전보다 현대생활을 이해하는 데 별다른 관련성을 갖지 못하게 되었으며, 많은 사람들은 서구 사회의 성공 그 자체에서 정당성을 찾는다. 심지어 그런 성공이 오래 지속될 것이라 확신하지 못하면서도 말이다. 고전학 연구에 대한 재정지원이 감소하고 학문의 의의에 대한 의문이 늘어가면서 많은 고전고고학자들은 새로운 적응을 모색하게 된다. 이러한 발달은 제9장에서 살펴볼 것이다.

5. 이집트학과 아시리아학

고전학 연구는 이집트학과 아시리아학의 발달에 모델이 되었다. 18세기 말 이집트와 서아시아(중동)의 고대문명에 대해서는 고대 히브리, 그리스, 로마인들의 기록 말고는 거의 알려진 것이 없었다. 그들이 남긴 문헌은 읽을 수 없었으며 저술과 미술품은 연구되지 않았고 땅속에 묻힌 채 그대로 있었다.

고대 이집트 연구

고대 이집트는 오랫동안 사색과 환상의 대상이었으며, 이집트학이 발달했음에도 불구하고 아마추어의 영역에서는 그렇게 머물러 있었다. 고대의 그리스인·로마인에게 이집트는 이미 고대문명이자 시원적 지혜와 불가지의 의식, 이색적 관습의 저장소였다. 당시 지중해 북안에서 온 방문자에게는 18세기에 인도를 방문했던 유럽인에게 주었던 것과 똑같은 인상을 주었을 것이 분명하다. 성서에 이집트는 이국적인 경이의 땅이자 도피처의 이미지와 함께 억압, 우상숭배, 위험한 여자들의 땅으로 그려졌다. 15세기 르네상스 학자들은 고전시대 저술에서 이집트를 재발견하면서 모세보다 오래전에 이집트인들은 히브리 필경사들이 기록한 것보다 더 완전하면서도 덜 부식된 형태의 신성한 지혜의 원초적 계시를 지니고 있을 것이라는 식의 사색적인 생각을 하게 된다. 1600년 조르다노 브루노Giordano Bruno는 고대 이집트의 종교 신앙은 기독교보다 더 오래되고 정통이었다고 주장했다는 죄로 화형에 처해지기도 했다 (Yates 1964). 이와 대조로 17세기에는 예수회 성직자 아타나시우스 키르허(Athanasius Kircher, 1602~1680)가 고대 이집트의 학문을 전투적인 기계론적 철학이자 근대 과학의 수단으로 간주했으며, 이 둘 모두 기독교에 큰 위협이 된다고 보았다. 이런 종류의 생각은 결국 장미십자회Rosicrucianism와 프리메이슨리Freemasonry를 통해 유럽 지성에서 지금도 잔존해 있다.

중세부터 이집트를 방문하는 유럽인들은 고대기념물에 대한 간략한 서술을 포함한 여행기를 남겼다. 고대 이집트에 대한 체계적 연구는 1798~1799년 나폴레옹 보나파르트의 이집트 원정에 동행한 프랑스 학자들의 관찰로 시작되어 1809년부터 『이집트 서술Description de l'Egypte』이라는 몇 권짜리 책이 출간되었다. 이 군사 행동의 또 다른 결과로는 로제타스톤Rosetta Stone을 우연하게 발견한 것을 들 수 있다. 이는 장프랑수아 샹폴리옹(Jean-François Champollion, 1790~1832)의 고대 이집트 스크립트에 대한 해독에 중요한 역할을 했던 비문이었는데, 1822년부터 중요한 연구결과가 나오기 시작했다. 대부분의 이집트 문헌은 심원한 지식의 저장소가 아니라 종교 의식의 일상적인 양상과 더불어 역사, 행정, 그리고 세속적인 사항을 다루는 것이었음이 드러났다. 샹폴리옹과 이폴리토 로셀리니(Ippolito Rosellini, 1800~1843)는 1828~1829년에, 그리고 독일의 이집트 학자 카를 렙시우스(Karl Lepsius, 1810~1843)는 1849년에서 1859년까지 조사단을 이끌고 이집트에 가서 신전, 고분, 그리고 그런 유적에서 나온 기념비적 명문을 기록했다. 미국의 이집트학자 제임스 브레스테드(James Breasted, 1865~1935)는 1905년에서 1907년까지 이런 작업을 누비아Nubia 전역으로 확장했다. 문헌들을 사용하면 고대 이집트에 대한 편년과 역사의 골격을 얻을 수 있었으며, 이와 관련하여 이집트학자들은 이집트 미술과 건축의 발달을 연구할 수 있었다. 하지만 샹폴리옹은 성서와 상충되는 편년을 제한할 수밖에 없었는데, 이는 나폴레옹의 패배 이후 프랑스를 통치하던 보수적 관료들의 종교적 감정을 자극하지 않기 위함이었다(M. Bernal 1987: 252-253). 동시에 이탈리아의 서커스 단원이자 강한 체력의 소유자인 조반니 벨조니(Giovanni Belzoni, 1778~1823)와 프랑스 총영사 베르나르디노 드로베티Bernardino Drovetti의 대리인을 포함한 탐험가들은 영국과 프랑스에서 전시를 위한 이집트 미술품을 수집하려는 목적에서 추악한 경쟁을 벌였다(Fagan 1975). 이들의 고대 이집트 고분과 신전 도굴은 1858년 프랑스의 이집트 학자 오귀스트 마리에트(Auguste Mariette, 1821~1881)가 이집트 기념물 보존관으로 임명된 뒤 허가받지 않은 모든 작업을 중단시키고 나서야 멈추었다. 그런데 고대 신전들과 고분들을 정리한 것조차도 유물이 어떠한 맥락에서 발견되는지를 기록하는 것이 아니라 도굴꾼들에 앞서 국가의 수집품을 확보하기 위함이었던 것이다.

1880년대부터 이집트에서 작업을 하기 시작한 페트리(W. M. F. Petrie, 1853~1942)는 자신의 발굴 도면을 그리고, 어디에서 유물이 발견되었는지를 기록했다는 점에서 새로운 기준을 세웠다. 그러나 페트리도 층위단면도를 거의 그리지 않았다. 그는 자신이 발굴한 유적들 대부분은 비교적 짧은 시기만 점유한 것이기에 층위단면이 별로 중요하지 않다고 생각했다(Drower 1985). 그렇지만 1899년부터 이집트와 수단에서 발굴을 시작한 미국의 고고학자 조지 라이스너(George Reisner, 1867~1942)는 이미 1900년 엘발라스 수도원Deir el-Ballas에서 층위단면을 일상적으로 그리기 시작했다(Laco-vara 1981: 120). 그는 자연층위에 따라 발굴했으며 기자Giza의 헤테페레스 여왕Queen Hetepheres 무덤에 함께 묻힌 귀중하지만 흔히 부식되어 버리는 많은 유물을 세심하게 기록했다. 그의 작업은 이집트 고고학을 현대의 기술적 수준에 근접하는 수준에까지 올려놓았다(J. Wilson 1964: 144-150).

이집트학자들은 주로 문헌, 귀중한 예술품, 건축 자료를 찾아서 신전이나 고분을 발굴했다. 생활유적은 별로 발굴하지 않았고, 조사는 주로 파피루스나 다른 필적들을 찾기 위한 의도였다. 고전학 연구와 달리 고고학은 기록 자료를 발굴해 냈다. 존 가드너 윌킨슨(John Gardner Wilkinson 1837)과 아돌프 에르만(Adolf Erman [1886], 영어 번역문 1894)은 고분벽화를 이용하여 고대 이집트의 일상생활에 대한 연구를 출간했다(J. Thompson 1992). 후일 페트리는 일상생활에 사용된 물질문화의 측면에서 한 시기에서 다른 시기로의 변화를 찾고자 하는 시도를 했다(Drower 1985). 그럼에도 일상생활은 이집트학에서 주요한 부분이 되지 못했다. 고전학 연구를 모델로 한 이집트학자들은 문헌(언어)학, 문학연구, 정치사, 상류층의 예술 및 건축 연구에 집중했다. 이집트 고고학의 독특하면서도 아주 오랫동안 유지되고 있는 특징 가운데 하나로 고대 이집트 기술에 대한 상당한 관심을 들 수 있다(Lucas 1926). 이집트학은 고전학 연구보다는 인기가 적은 분야였기 때문에 전문화의 정도도 덜했으며, 주된 분과는 고고학자와 금석학자들 사이에 나타났다. 이집트 고고학자가 출간한 해석적 작업 중 가장 눈에 띄는 두 가지로는 브레스테드(Breasted 1912)의 『고대 이집트의 종교와 사상*Development* *of Religion and Thought in Ancient Egypt*』과 헨리 프랑크포트Henry Frankfort의 『왕과 신 *Kingship and the Gods*』(1948)을 들 수 있다. 후자는 고대 이집트와 메소포타미아에서 지배력이 어떻게 개념화되었는지를 대조로 연구한 것이다.

12세기 북부 스페인 투델라의 벤야민Rabbi Benjamin of Tudela이 니네베Nineveh의 아시리아학의 성립 고대유적과 마주했다. 이처럼 서아시아를 여행하는 유럽인들은 이라크와 페르시아의 고대 도시 유지들을 주목했으며, 때로 해독할 수 없는 명문이나 다른 유물을 유럽으로 들여왔다. 1616년 피에트로 델라 발레Pietro della Valle는 바빌론의 유지를 찾아 고찰을 했으며, 우르Ur 유적을 방문하기도 했다. 1786년 조제프 드 보샹(abbé Joseph de Beauchamp, 1752~1801)은 바빌론에서 알려진 첫 발굴을 했다. 이런 세 도시 유적은 모두 구약성서에 언급되어 있었다. 1754년 장자크 바르텔르미(Jean-Jaques Barthélemy, 1716~1795)는 고대 히브리어 지식을 이용하여 페니키아 알파벳을 해독했으며, 이로부터 "잃어버린" 서아시아 문명에 대한 금석학 연구가 시작되었다. 페르세폴리스Persepolis에서 나온 구페르시아의 설형문자 복제본을 성공적으로 번역한 것은 1802년 게오르그 그로테펜트(Georg Grotefend, 1775~1833)가 처음이었다. 19세기 초 바그다드 동인도회사의 대리인이었던 클로디우스 리치Claudius Rich는 니네베와 바빌론을 포함하여 고대 메소포타미아 유적을 조사하고 유물을 수집했으며, 1825년 이 유물들을 대영박물관British Museum이 구입하게 되었다. 1840년대까지 산발적인 발굴이 이루어지다가 폴에밀 보타(Paul-Emil Botta, 1802~1870)는 니네베와 코르사바드Khorsabad에서, 그리고 오스틴 레이어드(Austen Layard, 1817~1891)는 북부 이라크의 님루드Nimrud와 쿠윤직Kuyunjik에서 더 대규모로 발굴을 했다. 유적에서 나온 잘 건축된 아시리아의 궁전에서는 수많은 고대 조각품과 기록 자료가 나왔다(그림 2.2). 1857년 헨리 롤린슨(Henry Rawlinson, 1810~1895)을 비롯한 사람들은 페르시아 왕 다리우스 1세(Darius I, 재위 서기전 522~486)가 이란의 비시툰Bisitun의 절벽에 새기라고 명령한 세 개의 문자로 된 역사기록을 시작으로 고대 바빌론 언어로 된 설형문자를 성공적으로 해독할 수 있게 되었다. 이는 고대 아시리아와 바빌론 역사를 재구성하는 데 획기적인 일이었다. 이런 해독 작업으로 기록 자료 가운데 구약성서에 언급되어 있는 역사적 사건이 확증되기도 했기에 커다란 대중의 관심도 불러일으켰다.

이라크 남부에서는 영국과 프랑스의 크림전쟁(1853~1856)이 끝나고서야 대규모 발굴이 시작되었다. 1877년에서 1901년까지 텔로Tello(고대의 기르수[Girsu])에서 에르

그림 2.2 아시리아 궁전을 레이어드가 복원한 것(*Monuments of Nineveh*, 1853)

네스트 드 사르젝(Ernest de Sarzec, 1832~1901)의 발굴에서는 서기전 3000년기 이라크 남부에서 번영했던 수메르문화에 대한 방대한 증거가 처음으로 나왔다. 미국 고고학자들은 1887년부터 니푸르Nippur에서 발굴했으며(B. Kuklick 1996), 독일의 발굴팀은 1912년부터 우루크Uruk에서 작업을 시작했다. 1899년에서 1913년까지 독일 고고학자 로베르트 콜데바이(Robert Koldewey, 1855~1925)는 광범위한 범위의 고대 바빌론 유적을 발굴하여 바빌론시대 도시 구획에 대한 많은 정보를 얻었다. 하지만 평면 발굴로 도시의 초기 역사에 대한 중요한 정보를 얻을 수는 없었다. 이와 대조로 1897년에서 1908년까지 프랑스 고고학자 자크 드 모르강Jaques de Morgan은 이란 서부의 수사Susa에 있는 요새 마운드에 깊게 트렌치를 파기도 했다. 이 발굴에서는 역사시대 말에서 선사시대에 이르는 층위 연쇄가 드러났다. 그럼에도 모르강은 층위를 제대로 이해하지 못하여 자신의 작업의 가치를 떨어뜨리고 말았다. 1922년에서 1934년까지 레너드 울리(Leonard Woolley, 1880~1960)(1950)는 우르의 다양한 역사 시기에 대해 많은 정보를 확보하게 된다.

아시리아학자들은 문헌 자료를 사용하여 메소포타미아 역사를 재구성함으로써 미술과 건축에 있어 장기간의 변화를 연구했다. 하지만 최고 수준의 미술품이 단지 산발적으로만 출토되었음을 생각하면 미술사 연구는 아시리아학보다는 이집트학이나 고전학을 중심으로 발달했음을 알 수 있다. 반대로 문자 자료가 아주 잘 보존되어 있었기 때문에 금석학자들은 기록 자료에 더 크게 의지하여 고대 메소포타미아의 정치사, 문학 장르, 종교 신앙, 사회 및 정치 조직을 연구했다. 결과적으로 금석학자와 고고학자들은 모두 이집트학자나 고전학자들보다 메소포타미아의 일상생활에서 나타나는 변화를 이해하는 데 더 관심을 가졌다. 그렇지만 다양한 고문헌 자료로 말미암아 메소포타미아의 금석학자들은 시대 및 주제에 따라 전문화가 이루어진다. 이러한 다양성과 함께 더 일반적으로 문헌에 기반을 둔 아시리아학과 고고학적인 지향을 가진 아시리아학이 유리되어 있었다는 점은 메소포타미아의 자료에 대한 해석을 종합하는 데 큰 장애였다고 할 수 있다.

이집트학과 아시리아학의 발달로 고대 히브리, 그리스, 로마인의 서술을 통해서만 이차적으로 알 수 있었던 이 두 지역에 3000년이라는 문헌사가 더해졌다. 이 두 학문은 고전학을 모델로 했다. 모두 이 두 문명의 편년, 역사기록, 종교 신앙과 가치 등에 대한 정보를 주었지만, 고고학 발견에서 나오는 미술과 기념건축물의 발달에도 관심을 가졌다. 두 학문은 문자 자료가 모두 땅에서 출토되고 있었기에 고전학이 그랬던 것보다 더 고고학에 의존했다. 비록 두 학문의 발달은 처음에는 성서 연구와 관련되어 있다는 점에서 지원을 받았지만, 더욱 전문화하면서 아시리아학자들과 이집트학자들은 성서 관련 연구의 한계를 극복하고자 했다. 이집트와 서아시아 역사에 대한 지식이 증가하면서 유대 문화가 서아시아 문화보다 늦으며 지방적인 표현에 불과하다는 데 더욱 끌리게 되었다(Marchand 1996: 220-227). 비록 이러한 입장은 때로 반유대 감정과도 결부되어 있었지만, 그보다는 세속주의의 증가와 더 관련되어 있었다.

이집트학과 아시리아학에 배태된 또 다른 편견 하나는 이집트와 이라크의 이슬람 시대에 대한 연구를 하지 않고 있는 것이다. 이집트와 메소포타미아 문명은 이슬람문화보다 우월한 것이라는 생각이 광범위했다. 그리스 문화를 가장 확신하는 사람조차도 고대 이집트와 메소포타미아에 고전시대 문명의 뿌리가 어느 정도 있음을 인정했지만, 이슬람 문명은 이전 문화와는 다르며 열등하다고 믿어졌던 것이다. 현재 이집트인이나 이라크인들이 이집트학자나 아시리아학자가 될 체제는 별로 갖추어져 있지 않다(D. Reid 2002). 따라서 고고학은 북아프리카와 서아시아에서 식민화에 대한 유럽인들의 생각(19세기 내내 더욱 분명해지고 간접적이 되었다)을 반영해 주며 간접적인 지원을 했던 것이다. 그러므로 이 새로운 학문들은 성서적 권위가 주는 한계로부터 탈

이집트와
아시리아학의
의의

출하고자 하면서 식민주의, 오리엔탈리즘 그리고 인종주의를 어느 정도 내포하고 있었던 것이다(Said 1978). 다만 이러한 범주를 일원적인 방식으로 개념화하는 것은 잘못이다. 고고학자들은 스스로 구체적인 목적을 위하여 상이한 방식으로 그러한 범주들을 이용했다.

6. 기타 초기 고고학적 행위

중국 송나라(960~1279) 때에는 식자층 사이에서 유학이 부활하면서 고대의 진귀한 유물들을 연구하는 오랜 전통이 강해졌다(G. Barnes 1993: 28). 이러한 관심은 황하가 범람하며 상商나라의 청동 그릇이 우연하게 출토되어 커지기도 했다. 그릇들은 지금도 베이징에 보존되어 있는 고대유물 소장품의 핵심을 차지하고 있다(Elisseeff 1986: 37-39). 송나라 학자들은 고대 청동 및 옥 제품, 특히 명문이 있는 유물에 대한 상세한 서술과 연구를 간행하기 시작했다. 남아 있는 이런 종류의 연구 가운데 최초의 것은 여대림呂大臨의 고고도考古圖인데, 상에서 한대에 이르는 210개의 청동 유물과 13개의 옥 유물(유물은 제국소장품과 30개 개인소장품으로 보관되어 있다)을 글과 그림으로 묘사한 것이다. 유물에 새겨진 명문은 고대 금석학과 역사적 사실에 대한 정보원이 되었으며, 유물 자체는 남아 있는 고대 문헌에서는 알 수 없는 초기 의례의 형태 및 다른 문화적 양상에 대한 정보를 얻기 위하여 면밀한 고찰이 이루어졌다(그림 2.3). 유물의 연대를 추정하고 진품임을 확인하는 데 쓰인 기준으로는 명문, 문양, 유물의 형태 등이 있었다. 그 와중에 학자들은 형태적 기준만으로 그릇의 연대를 추정할 수 있게 되었다. 그릇에 새겨진 명문은 남아 있는 문헌의 신뢰성을 평가하는 데 쓰이기도 했다. 송나라 학자 조명성趙明誠은 고대유물에 대한 책의 서문에서, 남아 있는 고전 저술에서 연대, 지리, 공식 명칭, 계보와 같은 사항을 고대의 그릇에서 나타나는 기록으로 검증할 때, 두 자료는 30~40% 정도 상충됨을 주목했다. 그리고 이러한 근거에서 남아 있는 고전 저술들이 잘못된 것이라는 결론을 내렸다.

비록 송나라 이후 이 같은 호고주의적 연구는 크게 쇠락했지만, 청나라(1644~1911) 초에 다시 부활했다. 고염무(顧炎武, 1613~1682), 염약거(閻若璩, 1636~1704) 같은 학자는 문헌 비판에 많은 주의를 기울였다. 주된 관심 가운데 하나는 고대 저술의 진실성을 확인하는 것이었다. 청동이나 돌에 새겨진 고대의 명문들은 초기의 사전들

그림 2.3 상나라의 주조 청동 의례용기. 표면의 명문 및 명문의 고서체와 함께 그려져 소개되어 있다. 12세기에 편찬된 『博古圖』에서(Percival David Foundation of Chinese Art, London)

에 나와 있는 글자의 의미를 입증하고 바로잡는 데 쓰였다. 또한 고증학파의 학자들은 1898년부터 안양安陽에서 출토되기 시작한 상나라 복골에 쓰인 문자를 해독하기 위한 노력도 했다(Li Chi 1977: 3-13; Chang 1981). 이러한 학자들이 현대 중국에서 고고학의 발달에 토착적 토대를 제공했다고 해석되기도 하지만, 자료를 찾으려는 노력은 전혀 하지 않았다. 또한 학자들의 연구는 역사학 한 가지에 머물렀으며, 서양에서 고전학, 이집트학, 아시리아학이 그러했듯이 물질문화에 대한 관심은 부차적이어서 새로운 학문 분과로 발전하지는 못했다. 리지李濟(Li Chi 1977: 32-33)는 중국학자들이 스스로 책상머리에 앉아 있는 것을 주 연구 방식으로 삼았으며 육체노동을 지적으로 경시했다고 주장한다. 비록 중국학자들이 고대유물을 열정적으로 연구했다고는 하지만, 발굴을 수행하는 데는 강한 반감을 가지고 있었다. 20세기까지도 무덤을 범하는 것이 알려지면 처벌받았으며, 모든 형태의 발굴은 땅에 흐르는 초자연적인 정기를 해치는 일이라 믿어졌다(Creel 1937: 27-29).

일본에서는 융성했던 도쿠가와시대(1603~1868) 동안 사무라이 학자와 상인들이 고대 유물을 수집하고 기술했다. 신유학자들도 고대에 대해서 합리론적인 접근을 취했다. 가령 아라이 하쿠세키(新井白石, 1656~1725)는 돌화살촉이 초자연력으로 만들어진 것이 아니라 옛날 사람들이 만든 것이라고 주장하기도 했다. 국학國學 운동을 따랐던 사람들은 일본에 끼친 외국의 영향을 배제하고자 신도의 중요성과 왕권 회복을 꾀했다. 이들은 8세기에 편찬된『고사기古事記』와『일본서기日本書紀』와 같은 문헌자료 연구를 독려했다. 이들은 아주 모호한 자료나 단지 상상에 의존하여 여러 대형고분이 특정 초기 왕들의 무덤이었음을 주장했으며, 그것들을 보존하고 복원하려 했다. 이런 식으로 경관을 통하여 불교 사원보다 신도 사원들이 우월함과 도쿠가와 봉건제에 비해 중앙집권화한 정부의 우수성을 강조했던 것이다. 마이클 호프먼(Michael Hoffman 1974)은 이 같은 호고적 행위가 유럽의 영향을 받은 결과라고 했다. 그런데 아리아 하쿠세키가 이탈리아 선교사들과 대화했다고 알려져 있긴 하지만, 그것은 결코 확실하지 않다. 호고주의는 일본 역사 및 민속에 대한 연구와 동일한 전통에 속했던 것 같다. 그러므로 중국이나 이탈리아에서와 마찬가지로 일본에서도 과거 물적 유존물에 대한 관심이 문헌 자료를 이용한 역사 연구의 확장으로 이루어졌다고 볼 수 있을 것이다(Hoffman 1974; Ikawa-Smith 1982, 2001; Bleed 1986; G. Barnes 1990b).

이와 대조로 인도에서 체계적 호고주의는 식민시대 이전에는 발달하지 못했다. 인도의 학문은 다른 분야들에서는 인상적인 지적 성취를 이루었으면서도 정치사에는 큰 관심을 기울이지 않았다(Chakrabarti 1982). 이는 아마도 힌두교와 카스트제도에서 상위의 성직자와 전사 집단들 사이에 사회규율적인 권력의 분할로 생활과 역사적 사건들의 의미에 대한 이해가 더 우주론적인 영역의 일부가 되었기 때문일 것이다(Pande 1985; J. Hall 1986: 58-83). 서아시아에서 호고주의는 훌륭한 고대기념물 유적들이 있었음에도 발달하지 못했다. 더구나 이슬람 문화는 역사에 대한 강한 관심을 고취시켰으며 과거에 어떠한 일들이 있었는지를 박물학적인 측면에서 설명하려는 노력도 있었다. 특히 역사가이자 정치가였던 이븐 할둔(Abu Zayd Abd ar-Rahman ibn Khaldun, 1332~1406) 등의 연구자에 의해 세계 그 어느 지역보다 역사학적 연구가 발전되었다고 한다(Masry 1981). 아랍 세계에서 호고주의가 발전하지 못한 것은 비이슬람 문명을 이교도라 여기고 고대의 유적유물을 무지한 시대의 소산이라 보는 이슬람의 시각, 많은 이슬람 역사의 성격을 순환적이라 보는 경향, 그리고 종교적인 근거에서 인간의 형태를 띠고 있는 예술품에 대한 비하 때문일 것이다. 이슬람 이전 시대에 대해 관심을 가지는 일은 쉽게 사탄의 예술에 빠지는 것이라 여겨졌다. 중세시대 몇몇 아랍의 저술가들은 고대 이집트의 기념물들을 경이로운 것이라 여기기도 했지만, 주로 존경받는 무슬림과 결부되었기 때문이었다. 이와 대조로 학자들은 초자연력으로 고대 이집트의 구조물들이 만들어졌다는 대중의 생각을 지양해야 할 관점으로 생각했다(Wood 1998). 이렇듯 인도와 아랍 세계에서는 고고학 연구의 기원, 또는 고고학이 발전하지 못한 이유를 설명하기 위해서는 특정 문화의 아주 특수한 요인들까지도 고려해야 함을 알려 준다.

7. 결론

체계적인 방식으로 발달했던 초기의 고고학은 역사학적인 것이었다. 비록 과거로부터 잔존하고 있는 물질문화에 대한 관심은 보편적인 것이기는 하지만, 그런 물질을 수단으로 과거를 연구하는 학문은 몇몇 사회에서만 발전했을 뿐이다. 이집트와 메소포타미아에서는 근대 고고학과 유사한 관습이 종교적인 이유에서 발달했으나, 일관된 형태를 이루지 못하고 지속적으로 이어지지도 못했다. 고대 그리스와 로마 그리고 중세 유럽에서 과거 물적 유존물에 대한 연구는 기껏해야 흔적만이 보일 뿐이며 산발적이었다. 르네상스 유럽, 중국 송나라, 그리고 이보다 덜하지만 일본을 비교해 보면 역사학의 전통이 잘 수립되어 있는 몇몇 경우에 문헌기록에 대한 연구는 고지리나 고대 엘리트 문화에 대한 체계적 연구로 보완되기에 이르렀다. 중국과 유럽에서 그런 연구들은 처음에는 문헌을 사용하여 고대의 유물의 연대를 추정했지만, 나중에는 미술 및 건축에서 시간상의 변화를 추적하기 위하여 양식적 특질을 이용하게 된다.

그런 연구가 유럽에서 더 광범위하고 체계적으로 발달한 이유는 중세 말부터 일어난 커다란 사회 및 정치적 전환 때문이라 할 수 있다. 고전고대에 대한 연구는 북부 이탈리아에서부터 봉건제에 대한 거부라는 맥락에서 시작되었으며 당시 등장한 신흥 엘리트는 이전의 과거(중세)와 단절하고 자신들을 오래전의 우월한 문화 전통과 연관시키려 했다. 호고주의는 부유한 후원자들이 가치를 두는 정보를 제공하는 행위로서 발전했다(Parry 1995: 95). 고전고고학은 후일 유럽 문화를 상류층의 시각에서 정의하는 데 큰 역할을 하게 된다. 이러한 상황은 20세기 이전 중국과 일본 사회에서 보이는 강한 연속성과는 대조를 이루며, 고대의 문자 문명에 대한 주된 정보원으로서 고고학이 발달하는 계기가 되었다. 고전고대의 재발견으로 성서에서는 제대로 알 수 없었던 이탈리아와 그리스의 영광스런 과거에 대한 상세한 정보를 알게 되었으며, 이에 반해 이집트와 메소포타미아의 연구는 당초 구약성서에 잘 나와 있는 문명에 대한 호기심에서 출발한 것이다. 유럽 문명의 불연속성과 다양성에 대한 인식이 커지면서 유물뿐만 아니라 문헌 자료의 원천으로서 고고학에 더욱 의존하게 되었다.

고전학, 이집트학, 아시리아학은 한 번 형성된 뒤 1960년대까지도 근본 변화를 겪지 않고 그 형태가 그대로 유지되었다. 각 학문은 하나 이상의 고대문명의 상류층 문화에 여전히 초점을 맞추었으며, 미술품과 기념물 건축에 대한 고찰로 고대 문헌 연구를 보완했다. 이들 학문에서 고고학의 주된 역할은 다른 분야의 전문가들이 해석하게 될 자료를 제공하는 일이었다. 이는 금석학, 고대 문학, 역사 및 미술사 연구에 비해 고고학은 열등한 역할만을 수행함을 의미한다. 그렇지만 아테네의 영국학교 British School at Athens의 장長인 호가스(D. G. Horarth 1899: vi)와 같은 고전고고학자들은 문헌기록으로 조명을 받은 고고학이 그렇지 않은 고고학에 비해 월등하다는 데 의심을 품지 않는다. 따라서 대부분 고고학자들은 더 큰 학문 안에서 고고학이 종속적인 지위를 가지고 있다는 것을 그저 자연스런 현상으로만 여기고 있는 것이다.

3장 호고주의와 고고학

과거를 아는 것은 별자리를 아는 것만큼 놀라운 일이다.

GEORGE KUBLER, *The Shape of Time*(1962), p. 19

최초의 고고학자들은 역사시대에만 관심을 가졌다. 과거의 주요 예술품이나 건축물을 이용하여 이미 문헌기록을 통해 얻은 고대문명에 대한 지식을 넓히려 했다. 이런 식으로 물적 유존물로부터 인간행위에 대한 정보를 도출해 내는 능력은 점차 커져 갔지만, 애초 문헌기록이 남아 있지 않은 민족에 대해서는 연구하려 하지 않았다. 독일의 학문 전통에서 고고학*Archäologie*이라는 용어는 일반적으로 이런 종류의 고고학에 제한적으로 쓰이는 경향이 있었고, 이에 반해 선사고고학은 *Urgeschichte*(태초의 역사) 또는 *Frühgeschichte*(초기 역사)라 불렸다. 다른 지역에서 고고학이라는 용어는 연구가 전문화되면서 선사시대 연구까지 확장되기도 했다(Gran-Aymerich 1998: 128-130). 고전고고학과 선사고고학은 모두 본래 전문화한 분야가 아니었으며 처음에는 대체로 호고주의적 전통과 구분되지 않았다.

선사고고학의 연구가 축적된 결과 오늘날 문헌에 근거한 역사고고학은 적어도 인류역사의 95%를 간과했음을 잘 알고 있다. 인류역사는 약 400만 년 전까지 올라가는 최초의 호미니드로부터 시작하여 최근 시기까지도 세계의 많은 지역에 살고 있었던, 문자를 사용하지 않는 많은 종족들까지를 포괄하고 있는 것이다. 이 장에서 우리는 북부 및 중부 유럽에서 고고학이 어떻게 발달하기 시작했는지를 살펴볼 것이다. 이곳에서 역사기록은 보통 로마시대 이전으로 소급되지 않으며, 어떤 지역에서는 서기 100년 이후에야 시작되기도 한다. 또한 우리는 유럽인이 도래하기 이전 문자를 사용하지 않았던 세계의 여타 지역으로 고고학이 어떻게 확산되었는지를 알아볼 것이다.

1. 북유럽의 호고주의

중세의 호고주의: 영국

중세 유럽에서도 오늘날 우리가 선사시대 무덤이나 거석기념물로 인지하고 있는 것들은 지역적인 관심의 대상이었다. 성직자들은 연대기를 쓰면서 때로 그런 유적과 결부되어 내려오는 민간설화를 기록하기도 했다. 그러나 이런 기념물 가운데 약탈되지 않은 것은 별로 없었다. 영주나 소작민은 그 안에 보물이 있다고 믿었다(Klindt-Jensen 1975: 9). 이후 시기의 폐허가 된 건축들도 마찬가지로 건축자재를 획득하거나 신성한 유지나 보물을 찾기 위해 약탈했다(Kendrick 1950: 18; Sklenář 1983: 16-18). 성서에 따라 서기전 4000년에서 5000년 사이에 세상이 창조되었으며, 성서가 전체 인류 역사를 포괄하고 있고, 서아시아(중동)의 사건들에 대해 신뢰할 만한 설명을 제공한다고 믿고 있는 이상, 문헌기록의 영역을 넘어서기는 쉬운 일이 아니었다. 인간이 노아의 홍수 이전에 유럽에 도달했는지에 대해서는 의견이 일치되어 있지 않았다. 노아의 홍수는 서기전 약 2500년 정도에 일어난 것으로 계산되었지만, 만약 그 이전에 어떤 일이 있었다 해도 그런 대격변(카타스트로피)으로 인해 파괴되었을 것임이 확실하다고 생각했다. 성경에 기록되어 있듯이 서아시아에서 살아남은 사람들의 인구가 불어나 다시 북쪽과 서쪽으로 확산되기 위해서는 오랜 시간이 필요했을 것으로 보았다. 그렇기에 유럽의 경우에는 단지 수백 년에서 기껏 수천 년 정도의 역사만이 알려지지 않은 채 남아 있다고 보았다. 이는 중부와 북부 유럽의 대부분 지역, 그리고 세계의 많은 지역에서 선사시대에 해당하는 기간이 짧았음을 의미했던 것이다.

중세시대 동안 연대기를 기록했던 사람들은 주로 성직자였다. 이들은 왕족이나 귀족 가문의 기원을 찾아 성경이나 고전 문헌에 나와 있는 유명 인물까지 거슬러 올라갔다. 이러한 서술은 역사기록, 구비전승, 전설, 신화, 어원학을 통해서, 혹은 완전한 창작으로 정당화되었다. 고트족은 노아의 손자 가운데 하나인 고그Gog로부터 내려왔다고 했으며(Klindt-Jensen 1975: 10), 트로이의 왕자인 브루투스는 이전부터 살고 있던 거인족을 물리치고 최초의 영국 왕이 되었다고 했다. 이교도의 신들은 흔히 성서에 나오는 세속 인물이 신성화된 것이라고 재해석했다(Kendrick 1950: 82). 무비판적인 역사학 연구의 시대에 문헌기록을 짜 맞추어 이런 이야기를 지어내곤 했던 것이다(Sklenář 1983: 14). 영국의 학자들은 아서왕과 그 이전 브루투스왕은 세계의 많은 지역을 정복했다고 자랑스럽게 주장했다(Kendrick 1950: 36-37). 연대기 저술가들은 특정 지배 집단을 지지하기도 했다. 12세기의 저술가인 몬머스의 제프리Geoffrey of Monmouth는 더 최근의 앵글로색슨족보다는 초기 영국인들이 정복한 지배집단의 성취를 칭송했는데, 그의 노르만족 고용주는 이를 불쾌하게 여기기도 했다(Kendrick 1950: 4). 이렇듯 충성심이 상충됨으로써 여러 연대기에는 모순되는 주장들이 들어 갔다.

서아시아와 종교적 유대를 세우려는 역사 연구도 있었다. 20세기 말 잉글랜드 서남부의 글래스튼버리 수도원Glastonbury Abbey의 수도사는 성서에 나오는 소수의 인물 가운데 하나인 아리마태의 요셉Joseph of Arimathea이 서기 63년 예수가 최후의 만찬에서 사용했다는 성배를 잉글랜드에 가져왔다고 주장했다(Kendrick 1950: 15). 선사시대 기념물은 때로 이러한 기록에 나와 있기도 하다. 몬머스의 제프리는 스톤헨지를 마술사 멀린Merlin이 한 일로, 따라서 아서왕 전설과 연결시켰다(그림 3.1). 이에 반해 독일 저술가들은 흔히 거석묘와 분묘를 서기 5세기 유럽을 침략했던 훈족의 유지로 생각했다(Sklenář 1983: 16). 고대 그리스는 이 같은 역사를 고고학archaiologia이라 했을 것이다.

북유럽에서는 애국심이 확산되면서 개신교 개혁을 불러왔으며, 나라의 역사에 대한 새롭고도 세속적인 관심이 일어났다. 이런 애국심은 특히 중간계급에서 강했는데, 이들은 중세의 쇠락 및 국민국가의 발달과 함께 번영을 누렸다. 각 국민국가들은 공무원, 법률가, 농촌의 신사층, 성직자들의 보위를 받는 강력한 군주들이 통치했다. 개신교 국가에서 성직자들은 보통 정부에 의존했으며 정부를 강하게 지지했다. 그럼에도 전체 중간계급은 갈수록 강력해지는 왕권을 지지하면서도 그로부터 혜택을 입었던 것이다.

잉글랜드에서 새로 출범했지만 여전히 불안했던 튜더왕조(서기 1480~1603)는 아서왕 전설을 다시 역사적으로 고증함으로써 영광을 찾으려 했다. 이 전설은 왕가가 잉글리시가 아니라 웨일스에서 기원했음을 비추어 주고 있었던 것이다. 나중에는 노

그림 3.1 스톤헨지를 세우고 있는 멀린. 14세기 영국의 필사본에서(영국도서관 MS Egerton 3028, f.30r.)

르만 정복 이전 시기 잉글랜드의 역사에 대해서 관심이 크게 증가했다. 학자들은 개신교가 이교도적인 혁신에 매달리는 것이 아니라 로마 가톨릭에 의해 파괴되고 왜곡된 진정한 기독교적 요소를 회복시키려 함을 입증하고자 했다(Kendrick 1950: 115).

켄드릭(T. D. Kendrick 1950)은 16세기 잉글랜드에서 역사학의 성장을 중세 사상에 대한 르네상스의 점진적 승리라고 해석한 바 있다. 북유럽을 가로질러 새로이 등장한 강력한 지배자들은 봉건주의를 극복하는 상징으로 르네상스 예술, 건축, 학습을 채택했다. 이탈리아 역사가 폴리도르 베르길(Polydore Vergil, 약 1470~1555)은 헨리 7세를 초빙하여 잉글랜드의 역사를 쓰게 했다. 그는 중세 연대기 저술가들의 무비판적인 접근을 거부하고 스스로 신뢰할 만한 기록에서 근거를 찾고자 했다. 이로써 아서 왕의 유럽 대륙 정복과 관련된 것을 포함한 많은 기이한 전설의 역사성을 거부하게 되었다. 이는 다른 나라의 역사기록에서는 확증을 찾을 수 없었기 때문이었다(Kendrick 1950: 38). 이런 비판적인 연구로 중세의 연대기가 무너지고 북유럽의 초기 역사에 상당한 공백이 생겼다.

일반으로 1600년대 말까지도 영국의 호고가들은 중세 및 그 이전 앵글로색슨 시기로 올라가는 문헌기록에서 정보를 찾아 그 공백을 메우려 했다. 이들은 계보와 문장뿐만 아니라 법, 종교 행위, 왕족 특권의 기원에 대해 조사하기 시작했다. 1572년 호고가들은 런던호고가협회London Society of Antiquaries를 세워 그런 기록을 보존하고 제도의 역사를 연구하고자 했다. 이 협회는 17세기 초 제임스 1세가 협회원의 연구가 자신의 권력을 훼손할지 모른다고 생각하여 금지시켰다(Piggott 1989: 22; Parry 1995: 43-44).

하지만 처음부터 과거의 물적 유존물에 관심을 보인 호고가들도 있었다. 잉글랜드에서는 이미 15세기에 존 라우스(John Rous, 1411~1491)와 우스터의 윌리엄(William of Worcester, 1415~1482)이 과거는 현재와 물질적으로 다르다는 점을 인지했다. 윌리엄은 영국에서 예전 건물들을 계측하고 기술하기도 했다(Kendrick 1950: 18-33). 과거 물적 유존물에 대한 관심은 헨리 8세(1509~1547) 치하의 수도원 파괴와 더불어 더욱 강해졌다. 이런 낯익은 경관이 파괴되고 그 도서관이 여기저기 흩어지면서 학자들은 아주 오래전의 기념물뿐만 아니라 어떤 것이 파괴되고 있는지에 대해서도 기록하게 되었다. 이런 식으로 물적 유존물에 대한 연구는 문헌기록과 구비전승을 보완하면서 시작되었다. 비록 흔히 부유하지는 않았지만 여유로운 생활을 했던 호고가들은 전문직 중간계급이나 행정직의 중간계급으로 구성되어 있었다. 중간계급은 튜더의 중앙 집권적 통치 아래 확장되고 번영을 누리고 있었다(Casson 1939: 143). 애국심 깊은 잉글랜드 사람들에게 지역의 고대유물과 유적은 이탈리아와 그리스로부터 들어오는 고전시대 예술품(왕이나 귀족층이 수입했다)을 대체할 만한 것으로 받아들여졌다. 이들은 중세, 로마, 선사시대로 올라가는 기념물을 찾아 나라의 지리와 역사의 맥락에서 서술하게 되었다. 또한 그런 유적과 결부된 지역의 전설이나 전통까지도 기록했다. 덧붙여 지역의(다른 나라의 것뿐만 아니라) 호사품을 수집하는 호고가들도 있었다. 1581년 사망한 존 트와인John Twyne은 토루earthwork나 거석묘를 연구했을 뿐만 아니라 로마시대 영국의 동전, 토기, 유리 유물을 모으기도 했다(Kendrick 1950: 105). 왕가 정원사였던 존 트레이드스캔트John Tradescant가 수집한 (덜 고고학적이지만) 더 다양하고도 광범위한 유물은 1675년 옥스퍼드에 설립된 애슈몰린박물관Ashmolean Museum의 핵심이 되었다. 그때까지 고대유물 수집품들은 주로 교회 유품이나 귀족가문의 상속 가보들로 이루어져 있었다.

처음에는 자연스런 호기심과 인류의 기원에 대한 호기심이 뚜렷이 구분되지 않았다. 교육받지 못한 사람들뿐만 아니라 학자들까지도 선사시대 석기는 뇌부雷斧(로마의 박물학자 플리니우스[Pliny]가 가졌던 관점[Slotkin 1965: x]), 또는 엘프볼트라 여겼다. 폴란드와 중부 유럽에서는 토기가 땅에서 저절로 자라난 것이라고 생각했다(Abramowicz 1981; Sklenář 1983: 16; Coye 1997; Schnapp 1997: 145-148). 생물진화를 모르고 있던 시절 선사시대 도끼가 사람이 만든 것인지, 암모나이트 화석이 자연적으로 만들어진 것인지가 아직 분명하지 않았던 것이다. 이런 대부분의 호사품은 농민이나 육체노동자에 의해 우연하게 발견되었으며, 아직 선사시대 유물을 발굴하는 전통은 없었다.

존 릴랜드(John Leland, 1503~1552)는 1533년 왕의 호고가로 임명된다. 이는 과거에 대한 세속적 연구에 왕가의 관심이 높아졌다는 증거이다. 릴랜드는 수도원 도서관이 분산되면서 책을 안전하게 보존하는 데 중요한 역할을 했다. 또한 잉글랜드와 웨일스를 여행하면서 호고가들의 관심을 끌 만한 물건뿐만 아니라 지명과 계보까지도 기록했는데, 여기에는 선사시대 유적들 가운데 눈에 띄는 것도 포함되어 있다. 중세에는 건축 양식의 주요 변화마저도 제대로 인식되지 못한 상황이었다. 영국적 맥락에서 릴랜드의 가장 큰 혁신은 관련 문헌을 단순히 읽기보다는 실제로 여행하여 유물을 보고자 했다는 데 있을 정도였다(Kendrick 1950: 45-64).

1586년 처음 출간된 윌리엄 캠든(William Camden, 1551~1623)의 『브리타니아Britan-nia』는 원래 로마시대의 영국에 대해서 문헌자료와 지리적 조사를 토대로 개괄하는 것을 취지로 한 것이었다. 캠든은 이런 접근으로 1577년 지도제작자인 아브라함 오르텔리우스Abraham Ortelius가 소개하여 알게 된 이탈리아의 지리에 관심이 많은 호고가들의 사례를 따랐다(Pigott 1989: 18). 캠든의 연구는 로마시대 이전의 잉글랜드와 후일의 색슨시대까지 확장되었다. 윌트셔Wiltshire 카운티에 대한 지표조사에서는 스톤헨지나 실버리힐Silbury Hill까지 포함하여 로마 이전 시기에 대해서는 어떠한 것도 알려져 있지 않았다. 이는 당시 선사시대에 대해 제대로 이해하고 있지 않았음을 보여주는 사례이다. 『브리타니아』는 캠든의 살아생전 그리고 사후에도 수정되어 판을 거듭했다.

캠든의 조사 방식은 이후 역사가나 지형학자들이 이어받았는데, 대부분은 카운티의 수준에서 작업을 했다. 발굴도 하지 않았으며, 문헌기록을 떠나서는 거의 편년이라는 것을 지각하지 못하고 있었다. 고전호고가들과 마찬가지로 이들 역시 고대기념물을 역사기록에 언급된 족속과 결부시켜 설명하고자 했다. 이런 작업을 하는 데제대로 된 방법론은 없었다. 선사시대의 유물들은 고대 브리튼족(로마가 처음 잉글랜드를 침략할 때 대면했던 족속)의 것이라거나 (로마제국의 멸망 이후 잉글랜드를 침략한) 색슨족이나데인족의 것이라고 그저 마음대로 생각했을 뿐이다.

체계적 호고주의 연구는 잉글랜드보다 스칸디나비아에서 늦게 발달했다. 이는 1523년 스웨덴과 덴마크가 정치적으로 분리되면서 정치 및 군사적인 경쟁관계가 조성된 탓도 있었다. 르네상스 역사가들은 곧 잉글랜드의 연구자들과 같이 국가적 유산에 매료되기 시작했다. 이들은 덴마크의 크리스티안 4세(Christian IV, 재위 1588~1648)와 스웨덴의 구스타부스 아돌푸스(Gustavus II Adolphus, 재위 1611~1632)의 지원에 힘입어 역사기록과 민간전승으로부터 나라의 태고시대의 찬란함과 용맹을 끌어내고자 했다. 관심은 곧 고대기념물 연구로 넓혀졌다. 주도적인 호고가들은 왕가의 후원을 받아 철저하고도 체계적인 방식으로 기념물들을 기록했다. 스웨덴의 공무원이었던 요한 부레(Johan Bure, 1568~1652), 덴마크의 의사였던 올레 봄(Ole Worm, 1588~1654)은 많은 수의 룬(유럽의 고대문자[옮긴이])문자가 새겨진 돌을 기록했다. 그런 돌에 새겨진 문자는 철기시대까지 연대추정되는데, 역사고고학적 접근으로도 선사시대 말에

스칸디나비아, 프랑스, 독일의 호고적 전통

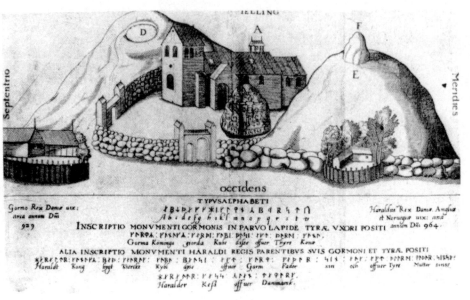

그림 3.2 덴마크 옐링의 고분과 룬문자가 새겨진 돌 판화, 1591(Henrik Ratzau의 그림으로 1591년에 출간)

서 초기 역사시대까지 연구할 수 있게 해 주었다(그림 3.2). 호고가들은 훨씬 이전 시기의 거석묘나 바위그림에 대한 정보도 수집했다. 그렇지만, 봄은 덴마크의 지하무덤과 환상석들은 서기전으로 연대추정될 가능성이 별로 없다고 판단했다(Parry 1995: 284). 덴마크 고대의 유물유적에 대해 그가 간행한 책들은 덴마크의 거석 유적을 데인족이 세운 것으로 잘못 판단하기도 했다. 이들은 역사기록을 통해 데인족이 8세기에 잉글랜드에 침략하여 정착하기 시작했다고 알고 있었다(Pigott 1989: 104).

부레와 봄은 두 나라 사이의 팽팽한 정치적 경쟁 관계와 애국심에 따른 적대관계에도 불구하고 서로 배우기도 했다(Klindt-Jensen 1975: 14-21). 이들이 수행한 작업 가운데는 전국적으로 배포된 질문지를 통해서 이루어진 것도 있었다. 또한 박물관을 설립하여 인간이 만든 호사품과 자연적으로 만들어진 물건을 한데 모으기도 했다. 이 가운데 덴마크에서 이른 시기의 박물관으로는 봄 자신의 박물관을 들 수 있는데, 쿤스트카메르(Kunstkammer, 곧 왕가수집품)의 기초가 되었으며, 1680년대에 일반에게도 공개되었다. 스웨덴에서는 1666년 호고가적인 조사를 위하여 웁살라Uppsala에 고대문물대학Antiquaries College이 설립되었으며 고대기념물들을 보호하는 국가의 법이 통과되기도 했다. 법에 따르면 귀중한 유물은 왕에게 바쳐야 하며 그에 따른 보상을 받게 되어 있었다. 올로프 루드벡(Olof Rudbeck, 1630~1702)은 웁살라대학에서 가르치고 있었는데, 구웁살라Old Uppsala에서 바이킹시대의 고분을 파고 수직 단면을 그리기도 했다. 이런 식으로 개별 마운드 안에서 무덤의 상대 연대를 파악했다. 그는 무덤 위 떼의 두께가 무덤이 만들어진 뒤 얼마나 시간이 흘렀는지를 알려 주는 것이라는 잘못된 생각도 가지고 있었다(Klindt-Jensen 1975: 29-31). 불행히도 호고가들의 조사는 17세기 말에 접어들어 스웨덴과 덴마크의 정치적 야망과 경제가 움츠러들면서 쇠약해지는 경향이 있었다.

중세 말 프랑스 역사가들의 관심은 프랑크족에 집중되었다. 프랑크족은 로마제국의 멸망 이후 프랑스에 정착한 독일어를 사용한 민족이었다. 선사시대, 로마시대, 로마시대 이후의 구조물은 샤를마뉴Charlemagne나 롤랑Roland과 같은 게르만 영웅이나 지역의 성인이 한 일로 생각했다. 르네상스 학풍의 확산과 함께 로마의 유물은 고대 유물로 인식되었다. 프랑시스 1세(Francis I, 재위 1515~1547)와 앙리 4세(Henri IV, 재위 1589~1610)는 지역 유물 및 수입된 고전시대의 대리석 조상과 청동유물 등 수집품을 모으기도 했다. 많은 지역의 학자들은 로마시대의 명문을 집중 연구했는데, 이에 반해 오랫동안 로마 이전시대의 문물은 별로 가치를 지니지 못했다. 프랑스의 고서와 희귀 유물 수집가였던 니콜라스 파브리 드 페이레스크(Nicolas Fabri de Peiresc, 1580~1637)는 이탈리아의 호고가들이 하고 있는 작업을 북부 및 중부 유럽 각지에 소개하는 데 중요한 역할을 했다.

1485년 리옹에서 파올로 에밀리오(Paolo Emilio, 1529년 사망)의 『골족의 고대유물 De Antiquitate Galliarum』 출간과 함께 골족Gauls에 대한 많은 사실이 학계에 알려졌다. 골족은 로마와 프랑크족의 등장 이전에 프랑스에 살았다고 생각했다. 그렇지만 백여 년 동안 프랑스 인문학자들은 그 어떤 종류의 야외조사도 하지 않았기 때문에 18세기에 들어서야 켈트어를 사용했던 프랑스의 초기 주민의 생활양식과 기원에 대해서 상당한 정도의 호고적 관심이 일어나게 되었다. 이는 몇몇 선사시대 기념물들에 대한 발굴로 이어졌다. 1750년대 호고가들은 여전히 브르타뉴 지방의 거석묘들이 로마시대의 것인지 아니면 그 이후 게르만족의 이동 시기로 추정되는지에 대해 논쟁을 벌이고 있었다. 18세기 후반 이제는 프랑스인의 조상으로 인정되고 있는 켈트족의 문화적 성취에 대한 관심이 높아지면서 고전고고학과는 상이한 로마 이전 시기에 대한 독자적인 관심이 성장하게 된다. 이러한 움직임은 19세기까지 지속되었는데, 민족주의의 성장과도 결부되어 있다. 로마 이전 시기의 유물에 대한 초기 영국의 연구와도 같이 진지한 조사보다는 환상적인 사색을 강조하여 궁극적으로 고고학의 발달에는 별다른 기여를 하지 못하고 말았다(Laming-Emperaire 1964). 그렇지만 고고학 발견물에 대한 보고서의 질은 시간의 흐름에 따라 발전했다. 1653년 메로빙거 왕조의 실데릭 1세(Childeric I, 서기 481년 사망)의 무덤은 우연히도 투르네Tournai에서 발견된다. 이 무덤에서 나온 훌륭한 유물들에 대한 장자콥 시플레Jean-Jacob Chifflet의 기술은 당시로는 처음 출간된 정연한 발굴보고서라고 알려져 있다(Parry 1995: 256). 물론 발견물이 체계적으로 발굴조사된 것은 아니었다(Schnapp 1997: 204). 1770년대 피에르클레망 그리뇽Pierre-Clément Grignon은 샹파뉴 지방 샤틀레Châtelet의 골-로마시대의 취락에 대한 세심한 발굴조사 내용을 출간하기도 했는데, 이는 웨버Weber의 폼페이의 조사 보고와도 유사하다(Schnapp 1997: 253-257).

독일에서는 로마의 역사가 코르넬리우스 타키투스(Cornelius Tacitus, 서기 약 56~120)가 상세하고도 찬미적으로 고대 게르만족의 관습을 기술한 『게르마니아 Germania』가 1451년 재발견되면서 학자들은 중세의 전설이 아닌 고전시대의 문헌을 통해 초기 역사를 연구하기 시작했다. 이는 고대 독일에 대한 최초의 일반 역사 연구이며, 1616년 출간된 필립 클루버Philip Klüver의 『고대 독일Germaniae Antiquae』의 토대를 놓은 것이었다(Sklenář 1983: 24-25). 다른 지역에서와 마찬가지로 이 같은 역사적인 지향은 과거 물적 유존물에 대한 관심이 증가하는 데 자극이 되었다. 독일 호고가들은 역사적 문제들을 연구하면서 조심스럽게 발굴을 언급하기도 했다. 투링기안의 인문학자였던 니콜라우스 마르샤크(Nicolaus Marschalk, 약 1460~1527)는 거석묘의 배열과 무덤 사이의 차이를 역사에 기록된 종족집단과 관련지어 고찰했다. 16세기 말 수많은 발굴자들은 루사티안Lusatian 토기의 장식을 복원하면서 그릇이 인간이 만든 것인지, 아니면 자연적으로 땅에서 자라난 것인지를 판단하려 했다(Schnapp 1997: 148).

1691년 철학자 고트프리트 라이프니츠(Gottfried Leibniz, 1646~1716)는 호고가들이 독일의 고대 역사를 재구성할 것을 요구했다. 요한 마요르(Johan Major, 1634~1693), 뉘닝흐(J. H. Nünningh, 1675~1724), 크리스티안 로드(Christian Rhode, 1653~1717)와 그의 아들 안드레아스 로드(Andreas Rhode, 1682~1724)는 발굴을 통해 조상의 관습에 대해서 더 많은 지식을 얻고자 했다. 이런 일을 위해 거석묘와 부장된 토기를 형태와 (가정된) 사용처에 따라 분류했다. 1750년 출간된 독일인의 기원에 대한 에세이에서 요한 폰

에카르트Johan von Eckart는 금속 유물이 없는 무덤과 철기는 없으면서 청동과 석기를 가진 무덤, 그리고 이 세 가지 모든 재질로 만들어진 유물을 포함하고 있는 무덤들이 인류의 발달에서 연이어진 세 단계를 대표한다고 했다. 이 생각은 이미 스위스의 호고가 자크 크리스토프 이셀린Jaques Christophe Iselin이 몽포콘Montfaucon에게 말한 바 있다. 그리고 어떻게 유적을 발굴할 것인지에 대한 교육은 이미 1688년에 독일의 호고가들이 출간한 바 있다(Sklenář 1983: 24-25; Malina and Vašíček 1990: 28; Schnapp 1997: 142-148, 205-212).

영국, 스칸디나비아, 프랑스, 독일에서는 호고주의적 연구가 분명 어느 정도 상이한 양상으로 발달했다. 헝가리와 서부의 슬라브 국가들에서의 전통은 독일의 양상과 가장 유사하다. 그렇지만 북부와 중부 유럽의 초기 호고주의는 중요한 특징도 공유하고 있다. 정치 지도자와 학자들은 고고학 발견물로 호사 수집품을 꾸몄다. 몇몇 왕자의 수집품 가운데 예술적 가치가 있는 지역적 발견물은 이탈리아와 그리스로부터 들여온 조각상이나 그릇들과 나란히 전시했다. 유물을 찾기 위한 발굴이 이루어지기도 했으며, 때로 고대 유물유적을 보호하려는 법이 통과되어 왕가 또는 국가적 수집품에 새로운 자료가 더해지기도 했다(Sklenář 1983: 32-33). 고고학 발견들은 흔히 역사적으로 알려진 민족들과 환상적으로 결부되었으며, 아직 유럽의 그 어떤 지역에서도 선사시대 유물의 연대를 추정하는 아무런 효과적인 체계도 개발되지 못했다. 명문이 없는 상황에서 특정 지역에서 문헌기록 이전으로 연대추정되는 것과 그 이후로 추정되는 것을 구분할 분명한 방법이 없었던 것이다.

레오 클레인(Leo Klejn 2001b: 1128)에 따르면, 표트르 대제(재위 1682~1725)가 러시아를 유럽화시키기 전까지 러시아에는 다른 유럽 지역과 같은 호고주의적 전통이 없었다고 한다. 선사시대의 유물에 대한 최초의 관심이라면 쿠르간, 곧 고분에 대한 것인데, 이 가운데 수천 기는 우크라이나에서 동쪽으로 시베리아까지 5000년에 걸쳐 축조된 것들이다. 수천 년은 아닐지라도 수백 년 동안, 고분들은 보물 약탈을 위해 도굴되었다. 17세기 러시아의 식민지 정책이 동쪽으로 시베리아까지 확장되면서 이 지역의 쿠르간 도굴은 대규모로 이루어졌으며, 심지어는 정부의 허가를 받았던 때도 있었다. 1760년대가 되면 이미 시베리아의 고분들 가운데는 상업적인 목적에 부응할 만큼 제대로 남아 있는 것이 그리 많지 않게 된다(M. Miller 1956: 15).

1718년 표트르 대제는 관리들에게 오래되고 희귀한 물건이 발견되면 수집하여 새로운 수도 상트페테르부르크에 가져오도록 명령한다. 이 명령에는 고고학 발견물 뿐만 아니라 지질 및 고생물학적 발견물까지 포괄되어 있었으며, 아주 흥미로운 물건이 발견되는 환경을 스케치할 것을 요구했다는 점에서 표트르의 학문적 관심을 볼수 있다. 1721년 메서슈미트Messerschmidt라는 독일 박물학자는 시베리아로 파견되어 고고학 유물을 포함한 다양한 종류의 물건을 수집한다. 5년 뒤 정부는 금과 은으로 만들어진 250점 이상, 33kg 이상의 유물을 제국예술품Imperial Art Collection에 귀속시킨다. 1739년 러시아과학아카데미에 소속된 독일 교수였으며 민족들과 자원에 대한 연구를 위해 시베리아에 파견된 바 있던 게르하르트 뮐러(Gerhard Müller, 1705~1983)는 크로스노야르스크Krasnoiarsk 근처에서 쿠르간의 발굴을 감독하게 된다. 그는 수많은 청동 무기와 장식품을 발굴하여 출간을 준비했다(Black 1986: 71). 18세기 후반 흑해 북안의 스텝지방을 러시아가 병합하고 정착하기 시작하면서 고대의 보물들에 대한 관심이 그 지방으로 향하게 되었다. 땅 주인들과 소작농들은 마운드를 파서 값나가는 금속이나 유물을 들어냈다. 이미 1763년 그 지방의 지사였던 알렉시 멜구노프 Aleksy Mel'gunov는 스키타이의 왕릉을 발굴했고, 현재 에르미타주(예르미타시)박물관 Hermitage Museum에 소장되어 있는 귀중한 유물들을 찾아내게 되었다.

2. 석기 인식

16세기와 17세기는 서유럽 사람들이 전 세계를 항해하고 식민지 개척에 나서기 시작했던 시기이다. 뱃사람들은 아메리카 대륙, 아프리카, 태평양 여러 지역에서 수많은 수렵채집민, 부족농경민과 마주쳤다. 이런 부족, 그리고 그 관습을 다룬 서술이 유럽에 퍼졌으며, 이들의 도구와 의복도 호사품으로 유럽에 들어왔다. 금속 기술이 없으며 기독교의 가르침에 반하는 행위와 믿음으로 가득 찬 문화를 가진 집단을 대하게 되자 서아시아로부터 가장 먼 지역에서 방황하는 집단으로서 신의 계시를 받지 못하여 도덕적으로 그리고 기술적으로 퇴보했다는 중세적 관점이 확인되는 듯했다. 하지만 점차 이런 사람들과 그 도구에 대해서 더 많은 사실이 알려지면서 이와는 전혀 다른 관점, 곧 현대의 "원시"부족과 선사시대 유럽인들의 유사점을 찾기 시작했다. 그렇지만 이런 식의 비교가 일반적으로 받아들여지게 되는 데는 오랜 시간이 걸렸고, 그런 시각이 갖는 함의가 자리 잡는 데는 더 많은 시간이 필요했다. 곧바로 인류역사에 대한 진화적인 해석이 채택된 것은 아니었던 것이다.

이런 과정에서 첫 걸음, 그리고 선사고고학의 발달에 가장 중요한 진전 가운데 하나는 학자들이 유럽에서 발견되는 석기는 인간이 제작한 것이지 자연적이거나 영적으로 만들어진 것이 아님을 깨달았다는 것이다. 17세기 말까지도 수정, 규화목이나 동물유체, 석기, 그리고 다른 독특하게 생긴 돌은 모두 화석으로 분류되었다. 1669년 니콜라우스 스테노(Nicolaus Steno, 1638~1686)는 화석 및 현대의 연체동물 조개를 비교하여 서로 닮았다는 결론을 내렸다. 이에 근거하여 화석조개는 돌이 생명체에 작용하면서 살아 있는 유기체가 만들어지는 것과 똑같은 창조의 힘에 의해 자연적으로 만들어진 것이 아니라 언젠가는 한 번 살았던 동물의 유체라고 주장했다. 민족지 유추는 석기가 사람의 손으로 만들어졌음을 확실히 하는 데 중요한 역할을 했다(Grayson 1983: 5). 16세기 피에트로 마르티레 당기에라Pietro Martire d'Anghiera는 서인도제도의 원주민과 태고적 황금시대에 대한 고전시대의 기록들을 비교하면서 유럽에서 금속기를 사용할 줄 몰랐던 사람들이 살았을 가능성을 제기했다(Hodgen 1964: 371). 16세기 말 존 트와인은 고대 그리스의 민족기록지를 이용하여 서기전 1000년기에 북부 유럽인들은 석기를 사용하는 북아메리카 인디언들과 유사한 원시적 생활양식을 가졌음을 말했다. 그 다음 세기에 존 오브리John Aubrey는 잉글랜드의 선사시대 생활은 버지니아 원주민의 생활과 유사했을 것이라고 했다.

이미 16세기에 이탈리아의 지질학자 게오르기우스 아그리콜라(Georgius Agricola, 1490~1555)는 사람들이 석기를 만들었을 것이라는 의견을 표명했다(Heizer 1962a: 62). 바티칸 식물원의 관리책임자이자 교황 클레멘트 7세의 주치의였던 미켈 메르카티 (Michel Mercati, 1541~1593)는 『메탈로테카Metallotheca』라는 책에서 철기 사용 이전에 뗀석기가 "아주 단단한 플린트에서 떼어져 나와 잔인한 전쟁에 쓰였을 것"임을 시사하기도 했다([1717] Heizer 1962a: 65). 그는 석기의 사용에 대해서 성경과 고전시대의 언급을 인용했으며, 바티칸에 선물로 보내진 신대륙에서 온 민족지 표본에 대해서도 잘 알고 있었다. 또한 울리세 알드로반디(Ulisse Aldrovandi, 1522~1605)는 1648년 출간된 『메탈리쿰박물관Museum Metallicum』에서 석기가 인간이 만든 것임을 주장했다. 1655년 인류가 창조되었다는 성경의 기록에 도전한 첫 저술가 중 하나로 이교도 프랑스인 이삭 드 라 페이레르Isaac de Peyrère는 뇌부雷斧를 자신이 설정한 "선아담"족의 것이라 했으며, 이 족속은 창세기에 기술되어 있는 히브리족이 처음 창조되기 이전부터 존재하고 있었다고 주장했다.

　17세기가 되면 영국에서는 신대륙 원주민들에 대해서 더 많은 지식이 점점 쌓이면서 석기는 사람이 만든 것임을 인정하게 되었다. 1656년 호고가 윌리엄 덕데일(William Dugdale, 1605~1686)은 그런 도구를 고대 브리튼인이 남긴 것이라고 하면서 놋쇠와 철을 제작하기 이전에 사용한 것이라고 주장했다. 덕데일의 사위이자 애쉬몰리언박물관의 관장이었던 로버트 플롯(Robert Plot, 1640~1696)은 1686년 고대 브리튼인이 대부분 철기가 아닌 석기를 사용했다고 하면서 덕데일의 의견에 동조했다. 또한 북아메리카 인디언의 나무로 만든 살과 비교하면 어떻게 석기에 자루를 장착하여 사용했는지를 알 수 있을 것이라고 했다. 1699년 그의 보조원이었던 에드워드 루이드Edward Lhwyd는 작은 화살촉과 뉴잉글랜드 인디언들이 만든 플린트제 화살촉을 구체적으로 비교하기도 했다. 이미 1684년 스코틀랜드의 호고가 로버트 시볼드Robert Sibbald는 이와 유사한 관점을 제안한 바 있다. 1766년경 찰스 리텔튼Charles Lyttelton 주교는 석기가 영국에서 금속기가 이용되기 이전에 만들어졌음이 틀림없으며, 따라서 로마 정복 이전의 시기로 올라간다고 생각했다(Slotkin 1965: 223). 십여 년 뒤 저술가 새뮤얼 존슨(Samuel Johnson [1775] 1970: 56)은 영국의 돌화살촉과 현대 태평양제도 주민들이 만든 도구를 비교하여, 전자는 철기를 제작할 줄 몰랐던 민족이 만든 것이라고 결론을 내렸다.

　18세기가 되면서 영국에서 고대유물은 지리서에 기록될 만한 호사품일 뿐만 아니라 과거에 대한 정보의 원천이 될 수 있다는 인식이 커진다. 그렇지만 1655년까지도 올레 봄과 같은 뛰어난 유럽의 호고가조차도 신대륙에서 온 민족지 자료 가운데 석기들을 수집품으로 가지고 있으면서도 마연된 돌도끼는 하늘에서 떨어진 것이라고 믿었다(Klindt-Jensen 1975: 23). 이렇듯 석기는 인간이 만든 것이라는 사실은 한 번이 아니라 되풀이하여 인식되었으며, 이런 생각이 일반적으로 받아들여지는 데에는 아주 오랜 시간이 걸렸다. 16세기부터 18세기까지 그런 문제에 대해 관심을 가진 유럽의 호고가 네트워크가 그만큼 약했다고 할 수 있다. 또한 이토록 인식이 더뎠음을 생각하면 유물의 성격에 대한 이해가 분명히 확립되지 않았다고 할 것이다.

　18세기 초 베르나르 드 몽포콘은 1685년 노르망디지방의 코쉬럴Cocherel에서 발굴된 갈아 만든 돌도끼가 나온 거석묘가 철기에 대한 지식을 갖지 못한 족속이 만든 것이라고 했다. 이런 결론에 다다르는 데는 잉글랜드와 스칸디나비아에서 이루어진 고고학 조사의 영향을 받았다(Laming-Emperaire 1964: 94). 곧 이어 프랑스 학자 앙투안 드 쥐시외(Antoine de Jussieu, 1686~1758)는 유럽의 석기와 신대륙과 캐리비안 지방에서 가져온 민족지 표본을 자세히 비교하기도 했다. 그는 "만약 철기를 발견하지 못했다면 현대의 야만인들과 상당히 비슷했을 프랑스, 독일 및 북부의 여러 나라에 살았던 사람들은 (철기 이전에) 나무를 자르거나 껍질을 벗기고 가지를 꺾고 야생 짐승을 죽이고 먹을 것을 사냥하거나, 적으로부터 자신들을 보호하는 것 말고는 아무런 필요도 느끼지 못했다"고 말했다([1723] Heizer 1962a: 69). 1738년 룬트대학의 자연사 교수였던 킬리안 스토베우스Kilian Stobeus는 스칸디나비아의 플린트 도구들이 금속기 이전으로 올라간다고 주장하면서 루이지애나에서 가져온 민족지 표본과 비교했다. 이 의견에는 1763년 덴마크의 학자 에릭 폰토피단Erik Pontoppidan이 동조했다(Klindt-Jensen 1975: 35-39). 18세기가 되면 유럽에서는 사람에 의한 석기의 제작뿐만 아니라 아주 오래된 유물일 가능성이 그럴듯하다는 점이 널리 인정된다.

그렇지만 유럽을 비롯한 여러 지역에서 석기가 금속기 이전에 사용되었을 것이라는 인식이 커졌다고 해서 바로 진화적 시각으로 이어지지는 않았다. 당시 세계에서 석기는 금속기를 대신할 수도 있으며 금속기와 함께 쓰이기도 했다. 메르카티Mercati는 성경에 근거하여 철을 가공하는 일은 늦어도 인간이 창조되고 나서 불과 몇 세대 뒤에 이루어진 것이라고 하면서, 이런 족속은 철광석이 나지 않는 지역으로 이주하면서 야금술에 대한 지식을 잊어버리고 말았음이 분명하다고 주장했다([1717] Heizer 1962a: 66). 이와 비슷한 퇴보론적 관점은 오랫동안 지속되었다. 야금술은 노아의 홍수 뒤에 많은 인간 집단들이 확산하면서 잊혔고, 반면 서아시아에서는 야금술이 이어졌다고 생각했던 것이다. 그렇기에 석기는 금속기에 대한 대체물로서 발명된 것이 된다. 어떤 이들은 청동기 및 철기 가공에 관한 지식은 나중에 서아시아로부터 유럽과 같은 지역으로 전파되었다고 생각했다. 또한 청동 및 철기 가공은 유럽에서 독자적으로 재발명되었다고 생각하는 이도 있었다. 후자의 설만이 진화적 연쇄를 제시하고 있지만, 전체적으로는 다른 설과 마찬가지로 중세적 퇴보론적 맥락에 포괄되어 있다(그림 3.3).

1695년 존 우드워드(John Woodward, 1665~1728)는 인간이 전체적으로 노아의 홍수 이후 미개해졌을 것이라는 가설을 제시했다(Rossi 1985: 217-222). 이는 퇴보론적 맥락에 뿌리박은 더욱 야심찬 진화적 틀이라 할 것이다. 물론 근본주의적인 잉글랜드

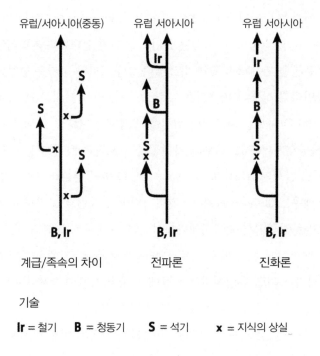

그림 3.3 유럽과 서아시아에서 나온 석기, 청동기, 철기에 대한 초기의 사변적 설명들

의 철학자 토머스 홉스(Thomas Hobbes, 1588~1679)는 『리바이어던*Leviathan*』(1651)에서 인류의 기원에 대해서 순수한 진화적 관점을 채택했다. 그러나 최초의 인류가 농경과 야금술을 알고 있었다는 성경의 주장에 문제를 제기하는 것은 여전히 위험한 일이었음이 분명하다. 호고가들 가운데는 인류역사 내내 너무나도 가난하여 금속기를 가질 수 없는 사회 집단이나 공동체가 석기를 사용했으며, 또는 이웃 집단과는 달리 금속을 가공할 줄 몰랐던 몇몇 고립된 족속도 금속기와 함께 석기를 썼을 것이라고 주장하는 사람도 있었다. 당시에는 최초의 문헌기록 이전의 고고학적 유존물에 대해 그 어떤 편년 방법도 없었기 때문에 시간의 흐름에 따라 상이한 재질의 도구들이 상이한 지역에서 어떻게 쓰였는지를 판단하는 것은 불가능했다.

　　1857년까지도 많은 석기들은 금속기의 원형을 모방한 것이며, 따라서 금속기에 선행한다는 설에 반대하는 주장이 있었다(O'Laverty 1857; "Trevelyan" 1857). 당시에는 적절한 편년 방법이 없었고, 세계의 대부분 지역의 고고 자료를 잘 알지 못한 상황에서 철기 가공 지식의 존재, 아니면 그 지식의 결여가 인류역사의 대부분 시기 동안 동시에 유지되었을 가능성을 배제할 수는 없었다. 19세기 이전에는 인류역사에 대해 진화적 관점이 퇴보론적 관점보다 더 그럴듯하게 보일 만한 사실 증거가 없었던 것이다.

3. 계몽주의

계몽사상의 배경

과거에 대한 진화적 관점이 발달한 것은 고고학 증거가 축적되어서라기보다는 서북부 유럽에서 17세기에 시작된 사상의 점진적 전환에 힘입은 바 크다. 유럽은 당시 급속하게 새로운 세계 경제의 중심으로 부상하고 있었다(Wallerstein 1974; Delâge 1985). 진화적 시각은 인간이 경제적으로 그리고 문화적으로 탁월해지거나 발달할 수 있다는 확신이 커지고 있었던 경향에 토대를 두고 있었다. 17세기 초 영국의 철학자이자 정치가인 프랜시스 베이컨(Francis Bacon, 1561~1626)은 고전고대의 문화가 현대의 문화보다 우월했다는 생각에 반대했다. 베이컨은 고대의 저술가들의 가르침보다는 관찰, 분류, 실험을 통해 지식을 찾아야 함을 강조했다. 그리고 연구 방법으로 가설의 사용을 배제하지는 않았지만, 가설의 수립과 검증은 관찰에 근거해야 한다고 주장했다. 베이컨에게는 과학적 귀납법이야말로 인간이 관습적인 믿음의 횡포를 극복할 유일한 길이었던 것이다.

베이컨의 입장은 프랑스에서 17세기 말 근대와 고대 사이의 논쟁으로 나타났다. 근대를 옹호하는 사람들은 인류의 재능은 퇴보하지 않았기 때문에 당시 유럽인이 그리스나 로마의 작품에 버금가거나 능가하는 작품을 만들어 낼 수 있다고 주장했다(Laming-Emperaire 1964: 64-66). 월터 롤리Walter Raleigh나 다른 많은 엘리자베스시대의 저술가들은 여전히 중세적 세계관에 따라 세계는 파국으로 향하고 있다고 믿었다. 하지만 17세기 후반이 되면 서유럽에서는 미래에 대해 확신을 가지는 사람들이 늘어나게 되었다(Toulmin and Goodfield 1966: 108-110).

이러한 낙관론은 기술 혁신에 따른 경제 성장의 가속, 특히 네덜란드와 잉글랜드에서 농업과 조선업의 성장, 갈릴레오 갈릴레이(Galileo Galilei, 1564~1642)와 아이작 뉴턴(Isaac Newton, 1643~1727)이 가져온 과학혁명으로 고전고대로부터 전해 내려온 우주관이 엄청나게 변화한 것, 그리고 엘리자베스시대의 잉글랜드와 17세기 프랑스에서 저술가들의 문학적 창의성에서 광범위하게 나타나는 환희 등에 힘입은 바 크다. 그리하여 특히 중간계급 사람들 사이에 진보에 대한 확신을 증가시키고 인간은 대체로 스스로 운명을 결정할 수 있다는 새로운 믿음이 생겼다. 또한 서유럽인들은 점차 세계 도처에 존재하고 있는 기술적으로 덜 진전된 원주민의 생활양식을 퇴보의 산물이라기보다는 인간의 원시적인 조건의 유존물로 생각하게 되었다.

17세기 동안 진보에 대한 믿음이 성장한 것은 합리성을 점점 더 강조하는 경향과 어울렸다. 프랑스 철학자 르네 데카르트(René Descartes, 1596~1650)는 인간의 마음을 떠난 모든 자연 현상을 기계적 원칙이라는 단일한 체계에 근거하여 설명하고자 했다. 그는 자연을 지배하는 법칙은 보편적이며 영속적으로 적용된다고 상술했다. 신은 물적 영역과 떨어져서 존재한다고 생각했으며, 물적 영역이란 더 이상의 신의 개입 없이도 기능할 수 있는 기계와 같은 것으로 창조되었다고 보았다. 이 같은 관점은 일상생활에서 신의 개입을 부정하는 것이었으며, 이로써 이신론(理神論, Deism, 성서에 대한 비판적 시각을 가진 합리주의 신학의 종교관[옮긴이])이 강해지고 기적에 대한 믿음은 약해졌다. 그리하여 인간의 창조력은 퇴보하지 않고 유지되었다는 믿음이 생기고, 더 이성적인 접근으로 자연을 이해하려는 노력이 늘었다(Toulmin and Goodfield 1966: 80-84).

과거가 현재와는 달랐다는 르네상스의 발견이 있었다고 해도, 그리고 서유럽에서 기술발달이 일어났다는 인식이 있었다고 해도, 바로 진보가 인류역사의 보편적인 성격이라는 결론으로 나아간 것은 아니었다. 17세기에는 역사적 시기의 연속이 연구할 가치가 있는 일련의 발달 연쇄라기보다는 고정된 인간성에 근거한 일련의 만화경적 변이라고 보았다(Toulmin and Goodfield 1966: 113-114). 이탈리아의 철학자 잠바티스타 비코(Giambattista Vico, 1668~1744)는 역사가 순환적 성격을 가지고 있다고 보았으며, 인간 사회는 단일한 신의 섭리를 반영해 주는 유사한 발달 및 쇠락(신정神政, 군주정, 민주정, 그리고 궁극적으로 미개 또는 혼란)의 단계를 거치며 진화했다고 주장했다. 하지만 조심스럽게 이러한 인류역사의 엄밀한 법칙이 히브리족에게는 적용되지 않는다고 강조했는데, 이들의 진보는 신이 인도한다고 생각했다. 비록 진화론자는 아니었지만, 비코의 관점은 인류역사가 자연과학과 유사한 규칙성의 측면에서 이해할 수 있다는 믿음을 갖는 데 도움을 주었다(Toulmin and Goodfield 1966: 125-129).

프랑스에서 문화진화에 대한 생각은 이미 16세기 말 로이스 르루아Loys Leroy와 장 보댕Jean Bodin이 상세히 진술한 바 있다(Pattern 1997: 32-33). 하지만 진화적 시각이 전반적인 기조에서 중세적 시각에 도전한 것은 18세기 이후의 일이다. 가장 야심차고 영향력 있는 지성적 운동으로서 계몽철학은 프랑스에서 시작되었다. 프랑스에서는 몽테스키외Charles-Louis, baron de Montesquieu, 볼테르François-Marie Arouet Valtaire, 콩도르세Marie-Jean de Caritat, marquis de Condorcet 그리고 경제학자 뛰르고Marie-Robert-Jacques Turgot, baron de l'Aulne 등의 학자가 주도한다. 계몽철학은 스코틀랜드에서도 성행하는데, 이들은 제도의 기원에 대한 관심 때문에 "시원primitivist"사상 학파라 불린다. 여기에는 프랜시스 허치슨Francis Hutcheson, 헨리 홈Henry Home, Lord Kames, 윌리엄 로버트슨William Robertson, 데이비드 흄David Hume, 애덤 스미스Adam Smith, 존 밀러John Millar, 애덤 퍼거슨Adam Ferguson, 듀갈드 스튜어트Dugald Stewart, 토머스 리드Thomas Reid, 제임스 버넷James Burnett, Lord Monboddo 등을 들 수 있는데, 후자는 인간과 오랑우탄은 동일한 종에 속한다고 주장한 것으로 잘 알려져 있다(Bryson 1945; Schneider 1967; Herman 2001).

계몽철학자들은 사회과정을 자연의 과정으로 이해하고, 진보에 대한 확신과 결합하여 사회변화를 설명하는 취지를 가진 일련의 통합된 개념을 제시했다. 또한 인류 발달의 보편적 과정을 연구하는 방법론을 만들어 내기도 했다. 잉글랜드와 네덜란드에서 당시 정치권력은 이미 상업 중간계급의 손에 있었는데, 지성적 행위는 그런 변화에 대한 실제적 정치 및 경제적 중요성을 분석하는 데로 모아졌다. 부르봉 왕조의 귀족정치에 직면하여 프랑스 중간계급은 여전히 정치적으로 약했다. 그렇기에 절대왕권에 도전하는 근거로서 프랑스 지성인들은 진보에 대한 생각을 이용하여 변화를 도모하고자 했다. 절대왕정은 신성한 의지를 통해 지배한다고 주장했으며, 정치적인 빈사상태의 귀족층이 향유하고 있는 중세적인 경제 특권을 보호하려고 했다. 그런데 계몽철학자들은 변화가 바람직하고 필연적인 것이라고 주장함으로써 기존 정치 및 종교적 질서의 합법성에 의문을 제기했다.

프랑스 계몽주의는 이 같은 불만족을 지성적으로 표현하는 것을 시작으로 점차 혁명적인 잠재력을 가진 운동으로 발전한다. 중간계급의 계몽주의 주창자들은 사회 진보는 인류의 보편적인 관심에서 필연적인 것이라 주장함으로써 프랑스의 중간계급뿐만 아니라 하위 계급들의 지지까지도 끌어내고자 했다. 대부분 혁명적인 운동의 옹호자들이 권력을 추구하는 것과 마찬가지로 이들도 자기 계급의 이익이 모든 이의 일반적 선이 된다고 했다. 계몽주의 프로그램은 자본주의와 서유럽이 지배하는 세계 경제의 성장을 설명하고 프랑스에 영국과 네덜란드에서 이미 수립된 정치체제(이 같은 운동과 일치되는 체제)와 유사한 것을 세우고자 했다.

스코틀랜드에서 계몽철학에 관심이 높았다는 사실은 스코틀랜드와 프랑스 사이에 밀접한 문화적 유대가 있었음을 비추어 준다. 또한 1707년 스코틀랜드와 잉글랜드가 합병된 결과 스코틀랜드의 도시 중간계급이 권력과 번영을 누리게 된 것도 요인이었다. 그러나 스코틀랜드 남부는 급속한 발전을 겪고 있었지만, 북부의 고지대는 정치, 경제, 문화적으로 발전되지 못한 상태에 머물러 있었다. 이러한 대조적인 차이로 스코틀랜드의 지성인들은 제도의 기원, 발전, 근대화에 관련된 문제들에 관심을 가지게 되었다. 이에 반해 이 시기 잉글랜드에서는 기원에 대한 문제는 일반적으로 사색적인 것에 머물러 회피되는 경향이 있었다. 스코틀랜드의 지성인들이 근대세계에서 계몽사상의 발달에 중요한 기여를 한 것은 사실이다. 하지만 유럽과 북아메리카에서 더 큰 정치권력을 추구하는 중간계급 사이에 유행하게 된 것은 18세기 후반 프랑스에서 발달한 더 혁명적인 계몽철학이었다.

계몽사상의 내용

다음은 고고학이나 다른 사회과학의 발달에 큰 영향을 미친 계몽주의의 주요 사상이다.

1. 심적동일성psychic unity. 모든 인간 집단은 본질적으로 동일한 종류와 수준의 지성과 동일한 기본 감성을 가지고 있다. 물론 집단 안에서 개인들은 재능이나 타고난 기질 등에서 서로 다른 것이 사실이다. 이 때문에 어떤 종족이나 민족도 새로운 지식의 혜택을 받거나 그 성취에 기여하는 데 그 어떤 생물학적 장벽도 없다. 모든 집단은 동등하게 완전해질 수 있으며, 따라서 모든 인간이 유럽 문명으로부터 혜택을 받을 수 있다. 또한 심적동일성은 발전된 기술문명이 유럽인들의 배타적 소유로 남아 있게 운명지어진 것은 아니라는 것을 암시하기도 한다. 심적동일성이란 학설에는 프랑스 사회를 귀족, 성직자, 평민이라는 세 개의 불평등한 신분으로 나누는 봉건적인 구분은 아무런 자연적인 정당성도 지니고 있지 못한다는 의미가 내포되어 있었다. 이와 대조로 계몽사상의 옹호자 가운데는 남성과 여성의 정치 및 사회적 평등을 지지하는 사람은 별로 없었다. 대부분은 1789년 혁명 의회에서 통과되어 계몽주의의 정치적 이상에 대한 합법적인 기초로서 "인권선언"을 읽었을 것임에도 배타적으로 남성만을 언급하고 있는 것이다.
2. 문화진보는 인류역사의 주도적 성격이다. 변화는 분기별로 일어나는 것이 아

니라 지속적으로 일어나며, 영적인 원인이 아니라 자연적인 원인에 따른 것이라 생각된다. 진보의 가장 큰 동기는 삶의 조건을 증진시키려는 인간의 욕망이며, 이는 주로 자연에 대한 통제를 더 증가시키는 것이다(Slotkin 1965: 441). 많은 계몽철학자들은 진보를 필연적인 것, 곧 자연의 법칙이라고 하기도 했으며, 이에 반해 희망 사항이라고 보았던 사람도 있었다(Slotkin 1965: 357-391; Harris 1968a: 37-39).

3. 진보는 기술발달뿐만 아니라 사회 조직, 정치, 도덕, 종교 신앙을 포함하는 인간 생활의 모든 양상을 특징짓고 있다. 이런 모든 영역에서 일어나는 변화는 서로 동반하여 일어나며 일반적으로 동일한 발달의 연쇄를 따라 일어난다. 동일한 발달 수준에 있는 인간들은 그들의 문제에 동일한 해결책을 찾으며, 따라서 생활양식은 유사한 선상을 그리며 진화한다고 생각된다(Slotkin 1965: 445). 문화변화는 흔히 보편적인 일련의 단계로 나타나며, 보통 경제적 측면에서 정의할 수 있다. 튀르고와 헨리 홈은 거의 동시에 야만 수렵민, 미개 유목민, 문명 농경민이라는 계기적인 시기에 대해서 언급했다. 그 뒤를 잇는 네 번째의 상업시대는 유럽에서 이루어진 더 최근의 발전을 포괄하게 된다(Herman 2001; Pluciennik 2002). 유럽은 이런 모든 단계들을 거치며 진화했다고 생각되며, 이에 반해 덜 발전된 사회들은 이 가운데 단순한 단계들만을 거쳤다고 했다. 질적인 문화 차이들은 일반적으로 기후 및 다른 환경적 영향의 탓으로 생각되었다(Slotkin 1965: 423).

4. 진보는 인간성을 완전하게 한다. 이는 인간성을 변화시켜서가 아니라 점진적으로 무지와 미신을 몰아내고 파괴적인 격정을 억제하는 것을 통해서 이루어진다(Toulmin and Goodfied 1966: 115-123). 이 문화변화에 대한 새로운 진화적 시각으로 인간 본성이 고정 불변하다고 생각하는 전통적 기독교나 데카르트적 관념이 부정된 것은 아니다. 다만 이제는 인간 본성은 본질적으로 선하며, 따라서 인간은 개인적이고 집합적인 이익을 위해 자신들의 일을 꾸려나갈 수 있는 능력을 타고났다고 생각되었다. 이런 생각은 중국의 전통적인 유교 사상과도 공통점이 많은데, 기독교 선교사의 기록을 통해 적어도 몇몇 계몽철학자들도 알고 있었을 것이다. 인간 본성은 이제 중세적으로 원죄성에 경도되거나 구원을 얻기 위해서 신의 은총에 의탁해야 한다는 생각과는 상당히 멀어졌던

것이다.

5. 진보는 인간의 조건을 증진시키기 위하여 이성적 사고를 발휘한 결과이다. 이런 식으로 인간은 점차 환경을 통제할 더 큰 힘을 얻게 되고, 이는 다시 더 복합적인 사회를 만들어 내며 인간성과 우주의 성격을 더 심오하고도 객관적으로 이해하는 데 필요한 부와 여유를 가져다주었다. 유럽인들은 오랫동안 이성의 발휘야말로 인간과 동물의 중요한 차이라고 여겨 왔다. 대부분 계몽철학자들 역시 문화진보를, 멀리 있지만 은혜로운 신의 계획을 인간이 실현한다는 식으로 목적론적 시각으로 보았다. 인간의 발전을 인도하는 법칙은 인간사회를 연구했던 사람들 사이에서 신에 대한 믿음보다도 더 오래 지속되었던 것이다.

인류문화의
진보에 대한 시각

스코틀랜드 철학자 스튜어트는 계몽철학자들이 인간의 제도의 발달을 추적하기 위하여 고안한 방법론을 "이론"사 또는 "추측"사라고 불렀다(Slotkin 1965: 460). 이 방법론은 서로 다른 발달 단계에 있다고 판단되는 종족을 비교 연구하고, 문화들을 단순에서 복잡으로 논리적으로 단선적 연쇄로 배열하는 일을 필요로 했다. 이러한 연구는 대체로 세계의 여러 지역에서 탐험가나 선교사들이 기록한 설명에서 비롯된 민족지 자료에 바탕을 두고 있다. 처음으로 진화한 것이 농경이었는지 아니면 유목이었는지 하는 상세한 사항에 대해서는 의견이 다르기도 했다. 신대륙에서 독자적인 유목 경제에 대한 증거는 전혀 없었다. 두 지역에서 중간 단계의 사회들 사이에는 차이가 있었음에도 증거에 따르면 비슷한 발달의 경향을 보인다고 여겼던 것이다. 이로부터 나오는 유형은 실제 역사에서 나타나는 연쇄를 보여주는 것으로 생각될 수 있으며, 나아가 모든 종류의 사회 제도의 발달을 고찰하는 데 쓰일 수 있다고 보았다. 역사가 윌리엄 로버트슨 등의 저술에서 드러나듯이, 동반구東半球와 아메리카 대륙의 문화들에서 일반적으로 유사한 범주가 보이는 것은 심적동일성의 원칙이 유효하며, 동일한 발달 단계에 있는 인간은 비슷한 문제에 비슷한 방식으로 반응한다는 믿음을 입증해 주는 것으로 생각했던 것이다(Harris 1968a: 34-35).

튀르고는 근대 세계는 인류 발달에서 과거의 모든 단계의 사례를 가지고 있음을 시사했다. 그러므로 현존하는 사회들을 체계적으로 비교하고 배열하는 일은 인류 진보의 역사를 전체적으로 예증해 주는 것이 된다. 이러한 믿음으로 민족학자들이 18세기부터 인간행위의 전체 변이들을 연구하고 있으며, 고고 자료에 의지하지 않고서도 인류 사회의 일반적 발달을 기록하는 데 필요한 수단을 가지고 있다고 여겼던 것이다. 이런 검증되지 않은 가정으로 많은 사회인류학자들은 고고학이 이론적으로 그리 중요하지 않다고 하는 시각을 갖게 되었다. 이보다는 더 생산적이지만 계몽철학자들의 이론사는 전적으로 문헌기록과 고대 예술이나 건축에 근거하여 과거를 연구할 수 있다는 르네상스의 믿음에 문제를 제기하게 되었다. 계몽철학자들은 철학이나 예술뿐만 아니라 일상생활(생계유형, 사회 및 정치조직, 민간 신앙)에서 일어나는 변화를 언급했다.

계몽철학자들은 자신들의 생각은 인류의 창의성의 최첨단을 대표하며 전 세계로 확산되어 모든 지역에서 인간의 생활을 바꾸게 될 것임을 확신했다. 계몽철학은 자민족 중심적이면서도 유럽 중심적이었다(Vyverberg 1989). 그렇지만 계몽철학자들이 반드시 유럽의 독창성에만 경도되어 있었던 것은 아니다. 후일 나폴레옹은 이집트를 근대화시키기 위한 자신의 노력이 미래의 어느 시기엔가 이집트인이 프랑스를 정복하지나 않을까 해서 침공한 것이 아닌지 하는 비난을 맞아, 알렉산드리아가 세계를 지배했듯, 파리가 세계를 지배하는 것도 당연하다고 대답했다(Herold 1962: 15-16). 인류의 진보와 계몽이 전체적으로 중요성을 가졌던 것이다.

일반적으로 다윈의 『종의 기원』 출간 훨씬 이전부터 문화진화적 시각은 인류역사의 설명으로 널리 받아들여지고 있었다고 한다. 그럼에도 글린 대니얼(Glyn Daniel 1976: 41)은 계몽철학이 고고학 발달에 중요했다는 데 의문을 제기했다. 그 이유는 몇몇 예외를 제외하고는(Harris 1968a: 34를 보라) 계몽주의 학자들은 저술에서 고고 자료를 등한시했기 때문이라는 것이다. 계몽철학자들이 고고 자료를 무시했다는 것은 놀랄 일이 아니다. 이는 선사시대 물건들을 연대추정하는 그 어떤 방법도 없는 상태에서 고고학은 장기간의 문화변화를 논하는 데 별다른 기여를 하지 못했기 때문이다. 하지만 그렇다고 해서 계몽주의 저술이 호고가의 사고에 영향을 미치지 않은 것은 아니다. 오히려 적어도 인류가 원시적 상태로부터 현재에 이르렀다는 진화적 발전의 시각은 최초의 문헌기록 이전에도 고고학자들이 연구할 만한 많은 변화가 있었다는 함의가 있었던 것이다.

더 구체적으로 계몽주의는 로마의 에피쿠로스학파의 철학자 티투스 루크레티우스 카루스(Titus Lucretius Carus, 서기전 98~55)가 자신의 시 『사물의 성질에 대하여De Rerum Natura』에서 상세히 설명했던, 문화발달에 대한 유물론적이고 진화적인 시각에 다시 관심을 가지게 되었다. 루크레티우스는 가장 이른 시기의 도구가 돌이나 나무뿐만 아니라 손, 손발톱, 이빨이었다고 주장했다. 그 뒤 청동, 그리고 훨씬 나중에서야 철로 만들어졌다는 것이다. 그의 학설은 청동 도구와 무기가 아직 철제 도구로 대체되기 전의 시기에 대해 언급하고 있는 초기 고전 문헌에서 지지를 받았다. 대체로 진화적 사색에 바탕을 둔 것으로, 우주와 살아 있는 모든 종들은 원자라 불리는, 더 이상 나눌 수 없는 영속적인 물질이 더 복합적인 방식으로 결합되어 만들어졌다고 했다. 그러나 루크레티우스나 다른 어떤 로마의 학자들도 이 학설을 증명하려 하지 않았다. 다만 로마인들에게 알려진 많은 사색적 틀 가운데 하나에 머물렀을 뿐이다. 이보다 더 유행했던 생각은 다름 아니라 금, 은, 청동 그리고 철의 시대를 거쳐 계기적으로 도덕적 퇴보가 있었다는 생각이었다.

18세기 초 프랑스의 학자들은 루크레티우스의 생각과 함께 석기가 유럽 전역에서 과거에 사용된 도구라는 증거가 증가하고 있다는 점을 모두 잘 알고 있었다. 또한 청동기가 철기 이전에 사용되었음을 시사하는 고전시대 및 성서의 문헌도 알고 있었다. 1734년 니콜라스 마위델Nicholas Mahudel은 파리에서 명문학회Académie des Inscriptions에 논문을 발표하는 자리에서 메르카티의 생각을 인용하여 인류의 발달에 대한 그럴듯한 설명으로서 석기, 청동기, 철기라는 세 개의 계기적 시대가 있었음을 제시했다. 메르카티와는 달리 마위델은 석기가 사용되었을 뿐만 아니라 제작되기도 했다고 생각했다는 점에서 루크레티우스와는 달랐는데, 이는 고고학적 발견에 영감을 얻었음이 틀림없다(Leroi-Gourhan 1993: 409). 1758년 앙투안이브스 고게(Antoine-Yves Goguet, 1716~1758)는 프랑스어로 출간된 지 3년 뒤에 『초기 고대 국가의 법, 예술, 과학의 기원과 진화The Origin of Laws, Arts, and Sciences, and their Progress among the Most Ancient Nations』라고 영어로 번역되어 나온 책에서 "삼시대설"을 지지했다. 그는 현대의 "야만인들은 미지의 고대 세계에 대해 놀랄 만한 그림과 원시시대의 실제들을 우리에게 제시해 준다"고 믿었다([1761] Heizer 1962a: 14). 그렇지만 이러한 진화적 시각을 철기 가공이 대홍수 이전에 이미 발명되어 있었다는 성서의 주장과 합치시키기 위해서 메르카티와 당시 몇몇 "진화론자"들처럼 "대홍수와 같은 무시무시한 재난으로 다른 예술뿐만 아니라 인류 기술의 가장 큰 부분이었던 철기의 제작기술마저도 상실한 뒤" 재발명해야 했다고 주장했다.

글린 대니얼(Daniel 1976: 40)은 이 같은 삼시대설이 18세기 호고가들의 생각에 미친 영향을 과대평가해서는 안 된다고 지적했는데, 이는 옳은 말이다. 그럼에도 문화

진보에 대한 관심이 성장하고 널리 퍼지면서 삼시대설은 대중적인 존중을 얻게 된다. 덴마크에서 이 학설은 베델 시몬센L. S. Vedel Simonsen이 1813년 출간된 자신의 덴마크 역사에 대한 교과서에서뿐만 아니라, 역사가 슘P. F. Suhm이 『노르웨이, 덴마크, 홀스타인의 역사History of Norway, Denmark, and Holstein』(1776)란 책에서, 그리고 호고가 스쿨리 토를라키우스(Skuli Thorlacius 1802)도 언급했다. 삼시대설을 지지하는 사람들은 늘어 갔지만, 이 학설은 루크레티우스의 시절과 마찬가지로 여전히 사변적이며 증명되지 않은 채 남아 있었다. 더구나 18세기 동안 기술진화에 대한 삼시대의 틀은 수렵채집에서 상업에 이르는 경제발달의 계몽주의적 진화궤적과 결부되지 못하고 말았다. 이에 비교하여 아주 먼 과거 어느 시기엔가 적어도 몇몇 유럽인들은 석기를 만들고 사용했을 것이라는 생각은 광범위하게 받아들여지고 있었다.

4. 학문적 호고주의

17세기와 18세기 선사시대의 유물·유적 연구는 계몽주의의 발달에 역할을 했던 과학적 방법론의 확립에 영향을 받았다. 베이컨과 데카르트의 생각은 1660년 찰스 2세가 설립한 런던왕립학회가 관찰, 분류, 실험을 강조한 것에서도 잘 드러난다. 이 학회의 회원들은 중세 학자들과는 달리 고대의 저술이 궁극적인 과학적 지식의 원천이라는 생각을 부정했으며, 사물에 대한 저술을 연구하기보다는 사물 자체를 연구하는 데 전력했다. 물론 이 가운데 몇몇 과학적 발견들은 이미 고대의 위대한 과학 저술에서도 예기된 바 있음을 강조하며 안도하는 사람들도 있었다. 호고가들은 왕립학회의 회원(fellow)으로 선출되었고, 이들의 연구는 협회의 후원을 받아 출간되었다. 여기에서 아이작 뉴턴이 회장으로 있던 1703년에서 1727년 사이의 기간은 제외된다. 비록 뉴턴은 위대한 물리학자였지만, 그의 인류역사에 대한 관심은 신비적이고 중세적인 성격을 지니고 있었던 것이다.

17세기 왕립학회의 회원이었던 호고가 가운데 가장 혁신적이고 저명한 사람으로는 존 오브리(John Aubrey, 1626~1697)를 들 수 있는데, 주로 잉글랜드 중남부의 월트셔 지방에서 연구했다. 오브리는 1650년대 옥스퍼드대학에서 베이컨의 방법론에 익숙해졌으며 1649년 에이브버리의 선사시대 거석기념물 유적을 연구하기 시작했다(그림 3.4). 1663년 찰스 2세는 개인적으로 오브리에게 스톤헨지와 에이브버리에 대해

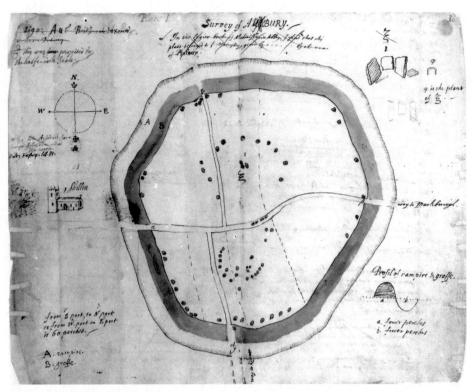

그림 3.4 오브리의 에이브버리 평면도. *Monnumenta Britannica*에서, 약 1675(Bodleian MS Top. Gen. C. 24, F.39v-40.)

상세히 기술하여 후일 오브리가 『영국의 기념물*Mannumenta Britannica*』이라고 이름 붙인 책을 준비하도록 했다. 그는 이 책에서 훌륭한 기념물들은 아마도 드루이드교 신전일 것이라고 주장했다. 또한 다른 환상열석들과 비교하여 독특한 기념물의 범주에 속함을 밝히고, 잉글랜드와 스코틀랜드 남부의 유적은 분명 로마 이전으로 올라간다고 주장했다. 오브리는 자신의 연구 방법의 독창성을 잘 알고 있었으며 "비교문물학comparative antiquities"이라 불렀다. 그 목적은 "그 돌들이 스스로 증거를 제공하도록 하는 것"이라고 했다(Parry 1999: 19). 비록 『영국의 기념물』의 초고는 20세기가 될 때까지 출간되지 못했지만, 참고 자료로 이용 가능했으며, 잉글랜드에서 선사시대 유존물에 대한 공식적 연구의 시작을 알렸다고 할 것이다. 또한 오브리는 역사적으로 연대추정된 물질을 사용하여 중세 건축, 의복, 서체書體 양식의 진화를 도표화하기도 했다(Parry 1995: 297).

　　오랫동안 왕립학회의 다른 회원들은 고고학적 발견물을 정확하고도 자세하게 기

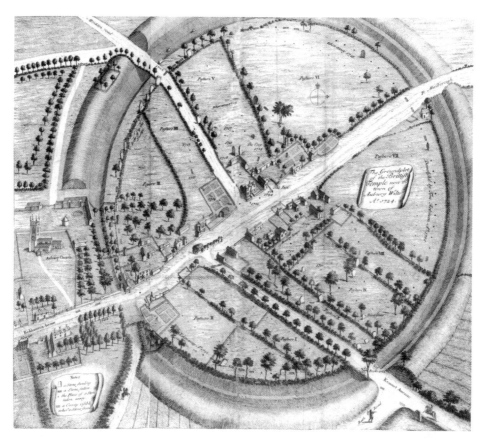

그림 3.5 에이브버리를 보는 스터클리의 시각. Abury, 1743에서

록했다. 고고 유적에서 동물 뼈를 확인하고 실험으로 도구들이 어떻게 만들어지고 쓰였는지를 파악하고자 했다. 또한 고대에 거대한 돌들을 어떻게 운반해 기념물을 축조했는지를 알고자 했다. 왕립학회가 고무시킨 조사로는 윌리엄 스터클리(William Stukeley, 1687~1765)의 야외조사를 사례로 들 수 있다(그림 3.5). 캠든과 마찬가지로 스터클리도 중세 이후 잉글랜드의 여러 지역 농민들이 주목했던 기하학적 농작물의 흔적(이들은 초자연적으로 만들어진 것이라 믿었다)은 이미 파괴된 구조물의 기초가 묻혀 농작물의 성장에 영향을 미쳐 생긴 것이라고 결론을 내렸다(Piggott 1985: 52). 오브리와 마찬가지로 스터클리도 직선적인 토루나 둥그런 마운드 같은 유적을 형식별로 모아서 얼마 안 되는 역사적 증거의 측면에서 해석하고자 했다. 또한 스터클리는 아주 긴 기간의 로마 이전 시기 인류 점유의 가능성을 인지한 영국 최초의 호고가 가운데 한 사람이었다. 로마 이전 시기에 상이한 형식의 선사시대 기념물이 상이한 시점에 축조

되었으며 잉글랜드 남부에 상이한 민족들이 점유했을 가능성도 있었던 것이다(Piggott 1985: 67). 이 같은 복수의 점유는 역사적으로 로마의 정복 바로 전 잉글랜드 동남부지방에 대한 고대 벨가이Belgae족의 침략에 대해 카이사르Julius Caesar가 언급한 것을 입증해 주기도 했다.

이와 동시에 스터클리와 다른 호고가들은 역사기록이 결여되어 있는 고고학 발견물의 상대 연대를 확인하는 데 한걸음 더 나아갔다. 스터클리는 무덤의 축조 층들을 관찰했으며 유럽에서 가장 큰 인공마운드인 실버리힐Silbury Hill이 로마의 도로 건설 이전에 축조되었다고 주장했다. 로마 도로는 실버리힐을 피하여 급하게 굴곡을 이루고 있었던 것이다(Daniel 1967: 122-123). 또한 몇몇 지역에서 로마의 도로는 청동기시대 원형(드루이드) 무덤을 파괴하여 가로지르고 있음을 주목했으며, 스톤헨지 근처의 봉분에 청석靑石 조각들이 있음을 들어 그 무덤들이 건축물과 동시기라고 파악하기도 했다(Marsden 1974: 5). 1758년 그의 딸 아나Anna는 색슨족의 기념물로만 생각되어 왔던 어핑턴Uffington에 있는 백마 모양의 조각을 양식적으로 로마 이전의 영국 동전에 나타난 말과 유사하다는 근거로 선로마 시기로 비정하기도 했다(Piggott 1985: 142). 1720년 천문학자 에드먼드 홀리Edmund Halley는 돌이 풍화된 깊이에 근거하여 스톤헨지는 2000년 혹은 3000년이나 된 것일 수 있다고 추정했다. 이에 반해 나중에 상대적 풍화의 정도를 비교한 것을 통해 스터클리는 에이브버리가 스톤헨지보다 훨씬 오래된 것이라고 확신했다(Lynch and Lynch 1968: 52). 이런 것들은 믿을 만한 결론이었다.

다른 나라의 호고가들도 이와 유사한 관찰을 했다. 덴마크에서는 1744년 에릭 폰토피단Erik Pontoppidan이 덴마크의 셸란섬 서북부의 왕궁 자리에서 거석묘를 발굴했다. 그는 무덤의 구조와 출토유물을 『덴마크 왕립학보*Proceedings of the Danish Royal Society*』의 첫 호에 보고하면서 봉분의 정상 근처에서 나온 화장묘는 그 아래의 석실이나 봉분 그 자체보다 시기적으로 늦다는 결론을 내렸다(Klindt-Jensen 1975: 35-36). 1776년 발굴된 세 개의 거석묘에서 철기 유물은 없고 석기와 청동기만 출토되었을 때 발굴자인 호에그굴드베르그O. Hoegh-Guldberg는 이것들이 아주 오래된 것이라고 생각했다(Klindt-Jensen 1975: 35-36). 마찬가지로 1799년, 프랑스의 피에르 르그랑 도시(Pierre Legrand d'Aussy, 1737~1800)는 가장 오랜 시기로부터 중세에 이르기까지 무덤을 여섯 시기로 분류하는 안을 제시하기도 했다(Laming-Emperaire 1964: 100-101).

이런 종류의 연구는 고대 유물과 기념물유적을 더 정확하게 관찰하고 기술하며, 더 학술적으로 사고하고, 몇몇에 대해서는 상대연대든 기년이든 연대를 추정함으로써 선사시대 연구의 발전에 기여했다. 물론 이런 조사가 너무 단편적이고 그 결과가 선사고고학이라는 학문이 되기에는 너무 산발적이었다고는 할지라도, 결국은 학문의 발전에 도움을 주는 토대가 되기는 했다. 이성주의의 영향 아래 호고가들은 선사시대를 연구하는 일이 직면하고 있는 문제를 개념화하는 데 상당한 진전을 이루었으며, 그 문제들을 푸는 데에도 한 걸음 앞으로 나아갔던 것이다.

5. 호고주의와 낭만주의

18세기 동안에는 문화진화적 사고의 영향력이 강해지면서 오히려 보수적인 반향도 낳았다. 보수주의는 당시 호고가들의 연구에 진화론보다 더 큰 영향을 미쳤다. 1724년 프랑스의 예수회 선교사 라피토(Joseph-François Lafitau, 1685~1740)는 캐나다 인디언 연구를 했으며 『원시시대의 관습과 아메리카의 야만 관습Moeurs des sauvages amériquains comparées aux moeurs des premiers temps』이라는 책을 출간했다. 이 책은 초기 진화인류학에 기여한 저술로 언급되기도 하지만, 라피토는 아메리카인디언과 고대 그리스와 로마의 종교와 관습은 모두 진정한 종교와 도덕(신이 서아시아에서 아담과 그 후손들에게 계시해 준 바)의 타락하고 왜곡된 형태라는 점에서 서로 닮았다고 주장했다. 라피토는 근대성에 반대하며, 17세기 예수회의 동료인 아타나시우스 키르허Athanasius Kircher와 본질적으로 동일한 관점으로 인류역사를 보았다. 라피토의 주장은 퇴보론의 부활로 스터클리의 주장과도 비슷했다. 스터클리는 고대 드루이드 종교는 신이 인류역사의 초기에 히브리 족장들에게 계시한 시원적 형태의 일신교를 비교적 순수하게 간직하고 있으며, 그렇기에 기독교 신앙과 아주 유사했을 것이라는 믿음에 사로잡혀 있었다. 그는 드루이드교도들은 페니키아 식민자 일행과 함께 서아시아의 티레(Tyre, 두로)로부터 영국에 성직자로서 들어왔다고 주장했다(Balfour 1979; Parry 1995: 329). 스터클리는 영국의 선사시대의 주요 기념물유적을 드루이드교도와 결부시켰으며, 이것을 전제로 터무니없는 해석을 했던 것이다. 이 문제에 대한 그의 저술들은 주로 이교도에 대한 반대에 치중했다. 이교도들은 계시의 도움 없이도 합리적인 사람들이라면 신을 이해할 수 있다고 믿었으며, 이런 관점은 계몽철학과도 부합했다.

스터클리의 사고는 낭만주의로 향하는 경향을 비추어 주기도 한다. 18세기 말에 시작된 낭만주의라는 문학 및 철학의 움직임은 장자크 루소(Jean-Jaques Rousseau, 1712~1778)의 자연으로 돌아가자는 주장에서 예견되었다. 계몽철학자로서 루소는 이성의 중요성을 믿었지만, 인간행위의 중요한 구성요소로서 감정과 지각을 강조했다. 덧붙여 욕심, 질투나 다른 반사회적인 형태의 행위들을 문명이 끼친 퇴폐적인 영향이라고 했다. 독일과 잉글랜드에서 낭만주의는 부분적으로 프랑스의 문화적 우세 및 프랑스 신고전주의의 문학적, 예술적 한계에 대한 대중의 반항을 포용하고 있다.

낭만주의는 강한 감성적 반응의 중요성을 강조함과 아울러 보편적인 것에 우선하여 지역적이고 문화적으로 특수한 것을 선호한다. 낭만주의자들은 과거에 관심을 가지고 있었으나, 이는 개인이나 개별 국가의 과거이지 인류 전체의 과거는 아니었다. 고대 켈트족 음유시인 오시안Ossian이 지었다고 하며 스코틀랜드의 시인 제임스 맥퍼슨James Macpherson이 발견하여(하지만 실제로는 만들었다) 1760년대에 출간한 시들은 유럽 전역에서 원시 민족도 위대한 예술을 생산할 수 있었다는 증거로, 따라서 계몽주의 문화진화론에 대한 반박으로서 환영을 받았다. 이 시는 월터 스콧(Walter Scott, 1771~1832)의 역사 소설에도 영감을 주었는데, 그의 소설들은 유럽 전역에 하나의 문학적 흐름을 세운 것이기도 했다. 낭만주의는 "원시적" 또는 "자연적" 사회들을 옹호했으며 기념물이나 (특히 중세의) 민속에 반영되어 있는 유럽 국가들의 "영혼"을 근대 예술과 문학의 이상적인 영감의 원천이라고 보았다(K. Clark 1962: 66). 낭만주의에 대해서는 독일 학자 요한 헤르더(Johann Herder, 1744~1803)의 상대주의에서 가장 고도의 철학적인 표현이 이루어지는데, 헤르더는 모든 민족은 문화적으로 독특하다고 보았으며, 그 다양성을 인류 영혼의 창의성에 대한 증거로서 찬미했다(Barnard 1965, 2003; Zammito 2002).

이런 식으로 낭만주의는 민족주의와도 밀접한 유대를 갖게 되었다. 프랑스혁명의 발발에 뒤이어 잉글랜드의 중간계급은 영국의 노동자계급의 봉기를 두려워했으며, 독일, 이탈리아 등지에서는 왕과 귀족이, 아무런 이유도 없이, 억압받는 중간계급이 프랑스의 군대와 해방운동가들을 환영할지도 모른다고 생각하였다. 보수적인 유럽 사람들은 공화주의와 민중 해방(아주 위험하고도 계몽철학의 필연적 산물로 여겨졌다)에 대항하고자 낭만주의를 기꺼이 받아들이게 되었다. 1815년 나폴레옹 보나파르트의 최후의 패배 이후 보수적 분위기로 회귀함으로써 유럽 전역에 계몽주의를 억누르려는 노력이 공통으로 이루어지게 되었던 것이다.

낭만주의는 특정 민족의 역사에 대한 관심을 고취함으로써 호고주의를 자극하기도 했다. 고딕 문학 운동은 폐허가 된 성이나 수도원, 무덤이나 "소름 끼치는 웃음"을 짓고 있는 사람 해골과 같은 죽음이나 폐허를 싱징하는 것들에 경도되어 있었다(Marsden 1974: 18). 18세기 말은 과거 영국에서 호고주의적 연구가 지성적으로 쇠락한 시기로 그려지기도 했다(Piggott 1985: Ucko et al. 1991 참조). 왕립학회가 고취시킨 이성주의는 1750년 이전 고고 자료의 해석에 대한 관심을 자극한 측면도 있기는 하다. 18세기 후반 낭만주의는 전례 없는 고고학 발굴, 특히 고분 발굴의 증가를 가져오기도 했는데, 이는 호고주의의 발달에도 기여했다. 해석의 기준이란 측면에서도 쇠락의 증거는 찾아볼 수 없다. 1757년에서 1773년까지 브라이언 포셋(Bryan Fausset, 1720~1776) 목사는 잉글랜드 동남부에서 750기 이상의 앵글로색슨 봉분을 발굴했다. 제임스 더글러스(James Douglas, 1753~1819)는 1786년에서 1793년까지 부분적으로 출간된 『영국 분묘의 역사*Nenia Britannica, or Sepulchral History of Great Britain*』에서 영국 전역에서 발굴된 무덤에 대한 광범위한 정보를 바탕으로 석기만 출토되는 무덤은 금속기가 나오는 것보다 시간적으로 이르다고 보았다(Lynch and Lynch 1968: 48).

이 시기에 이루어진 훌륭한 연구로는 윌리엄 커닝턴(William Cunnington, 1754~1810)과 그의 부유한 후원자 리처드 콜트 호어Richard Colt Hoare의 연구를 들 수 있다. 이들은 윌트셔의 광범위한 지역을 지표조사하여 고대의 마을과 토루 유적을 찾고 379개 무덤을 발굴했다. 커닝턴과 콜트 호어는 관찰 내용을 주의 깊게 기록했으며, 무덤을 다섯 개 형식으로 나누고 층위를 이용하여 일차 및 이차 매장을 구분했다. 또한 출토된 동전을 이용하여 역사시대부터 몇몇 무덤을 연대추정했으며, 더글러스나 이전 시기의 호고가들과 마찬가지로 석기 유물만이 출토된 무덤은 금속기 유물이 출토되는 무덤보다 더 이를 것이라고 생각했다. 그렇지만 이 같은 일시적인 진전에도 불구하고, 영국에서 수많은 종류의 기념물들이 계기적으로 어떤 주민들이 남긴 것인지, 또는 특정 형식을 어떤 특정한 민족만이 남긴 것인지를 논증하지 못했다. 더구나 커닝턴은 돌, 청동, 철제 무기들은 계기적인 세 시대를 구분하는 데 쓰일 수 있다는 호고가 토머스 리맨Thomas Leman의 제안을 알면서도 특정 무덤 양식과 공반되는 부장품의 종류에서 충분한 규칙성을 찾지 못하고 말았다(Chippindale 1983: 123). 따라서 글린 대니얼(Glyn Daniel 1950: 1)은 "로마 이전 시기의 유물을 상이한 시대로 구분할 방법을 찾지 못했다"고 평가했던 것이다. 당시에도 초보적인 수준에서 석기만 출토되는 무덤이 다른 것보다 오래되었다기보다는 단지 더 거친 부족이나 가난한 사회 집단이 남긴 것일 수 있다는 생각을 가진 호고가들이 있었다. 더구나 잉글랜드에서는 계몽사상이 프랑스혁명과 결부되었다는 이유에서 비판을 받으면서 호고가들의 문화진화에 대한 관심 역시 쇠락했다.

18세기 호고가들은 선사시대 고고 자료에 대해 적절한 편년법을 갖고 있지 않았기 때문에 흔히 다른 종류의 과거에 대한 정보를 이용했다. 비교 민족지, 비교 언어학, 형질인류학, 민족학, 구비전승 등은 모두 선사시대의 구체적인 족속에 대한 정보원으로서 가치를 인정받았다. 단원발생론자들monogenesists은 모든 근대의 사회는 단일한 기원(주로 성경에 나오는 아담과 이브로 생각하였다)을 가지고 있다고 생각했으며, 이 같은 다양한 범주의 자료들을 사용하여 인류의 전체 역사를 추적할 수 있기를 기대했다. 만약 아담과 이브로부터 내려온 단일한 조상 집단이 세계로 확산되었으며 그러한 과정에서 많은 후손 민족들로 나누어졌다면, 언어, 인종, 문화의 차별화가 한꺼번에 일어나서 특정 인간집단의 역사를 오래전 과거까지 추적하는 일은 비교적 쉬울 것이라고 여겼다. 만약 그러하다면 상이한 종류의 자료에 바탕을 둔 결론은 서로 조화를 이룰 것이다(J. Lalemant 1641 in Thwaites 1896~1901, vol. 21: 193-195).

이런 종류의 연구 가운데 가장 중요한 성과로는 1786년 영국의 동양학자 윌리엄 존스(William Jones, 1746~1794)로부터 시작된 인도유럽어족의 확인을 들 수 있다(G. Cannon 1990). 이러한 발견은 비교 언어(어원)학의 시작을 알렸다. 하지만 언어학적 발견물을 고고 자료와 결합시키는 일은 매우 어려운 일임이 드러나기도 했다. 인류의 두개골 형태에서 나타나는 시간상 차이를 종족 변화의 증거로 해석했지만, 생물학적 변화와 문화변화를 연결시키는 일이 언제나 가능했던 것은 아니었다. 언어, 인류의 형질, 물질문화에서 나타나는 변화와 연결되는 일련의 보완 자료가 없는 상황에서 어떤 특정한 지역에서 가장 양적으로 풍부한 범주의 자료는 다른 범주들을 대체하여 이용되는 경향이 있었던 것이다. 과거를 연구하는 데 사용되는 방법들은 각각 그 자체로 학문적인 정립이 필요했으며, 오늘날까지도 어떻게 종합되어야 할 것인지는 논쟁거리로 남아 있다.

6. 신대륙: 17~18세기 인디언의 과거에 대한 인식

식민지 배경 아래 과거에 대한 연구는 언제나 원주민의 땅을 빼앗고 착취를 정당화하는 데 이바지하는 고도의 이데올로기적 활동이었다. 연구는 1492년 콜럼버스의 소위 신대륙 "발견"과 더불어 시작되었다고 할 수 있다. 유럽인들이 스스로 북아메리카와 남아메리카의 원주민들에 대해서 질문했던 첫 역사적 문제는 이들은 누구인지, 어디에서 온 사람들인지 하는 것이었다. 16세기에서 18세기까지 학자들은 인디언들이 이베리아인, 카르타고인, 이스라엘인, 가나안인, 또는 타타르족 등으로부터 내려왔을 것이라는 사변적 생각을 제시했다. 이보다 훨씬 상상력이 풍부했던 저술가들은 지금은 사라진 아틀란티스 대륙에서 온 사람들이라고 하기도 했다. 이런 대부분의 생각들은 유럽에서 들어온 정착자들이 특정한 집단들에 대해 가졌던 자만이나 문화적 편견을 비추어 주고 있다.

　몇몇 초기의 스페인 식민자들은 인디언이 영혼을 가진 존재임을 부인했다. 이는 인디언들이 인간이 아니라는 것을 의미했다. 그 주장을 받아들인다면, 식민자들은 마치 동물과 같이 인디언을 마음대로 착취할 수 있게 된다. 이런 관점을 지지하는 사람들은 원주민이 지성과 도덕을 결여했음을 입증하고자 했으며, 이에 반해 바르톨로메 데 라스 카사스(Bartolomé Las Casas, 1474~1566)와 같이 이 시각에 반대하는 사람들은 반대 자료를 찾고자 했다. 스페인 황제는 로마 가톨릭교회가 인디언은 영혼을 가졌음을 인정하길 원했는데, 그렇게 되면 스페인 정부는 인디언을 지배할 권리를 주장하고 식민자들의 독립을 억제할 수 있을 것이기 때문이었다. 교회가 원주민이 인간임을 선언하자 기독교인들은 인디언들도 아담과 이브의 후손이며 다른 민족들과 마찬가지로 서아시아에서 기원했음을 인정해야 했다(Hanke 1959; Pagden 1982).

　17세기 매사추세츠만의 청교도 지도자들은 스스로를 신이 잉글랜드로부터 영적으로 해방시켜 아메리카의 약속된 새로운 땅에서 자유로 인도했던 신이스라엘인이라고 생각했다. 이들은 지역의 인디언들을 가나안인과 비교하여 성경에서 팔레스타인을 고대 히브리인들에게 주었다는 기록이 나오듯이 신이 그들의 영토를 청교도 정착자들의 손에 준 것으로 여겼다. 이것을 청교도 정착자들에게 땅을 소유하고 인디언들을 노예화시킬 권리를 준 것으로 해석했다. 1783년까지도 예일대학의 총장이었던 에즈라 스타일스Ezra Stiles는 뉴잉글랜드에 거주하는 인디언들이 여호수아와 그를 따르는 히브리인들이 서기전 2000년기 말 고토를 정복할 때 팔레스타인을 떠나 아메리카로 들어온, 문자 그대로 가나안인의 후손이라고 여겼다(Haven 1856: 27-28).

하지만 시간이 흐르면서 1589년 예수회 성직자 호세 데 아코스타(José de Acosta, 1539~1600)가 『인디언의 역사*Historia natural y moral de las Indias*』라는 책에서 처음으로 상술한 바 있는, 인디언이 시베리아를 거쳐 북아메리카에 들어왔다는 학설이 점점 더 많은 지지를 얻는다(Pagden 1982: 193-197). 이 생각은 부분적으로 동아시아의 사람들과 신대륙의 사람들 사이에 형질적인 유사성을 유럽인들이 인지하게 되었기 때문이기도 하다. 하지만 19세기 중반까지만 하더라도 인디언들이 신대륙에 대서양이나 태평양을 건너 들어왔다고 주장하는 학자들도 있었다. 아코스타는 인디언들이 서아시아로부터 이주하는 도중에 정착 생활에 대한 모든 지식과 진정한 종교에 대한 지식을 잃어버렸다고 믿었다. 신대륙에 도착한 다음 몇몇 집단이 농경, 야금술, 문명 생활 등을 재발명했으며, 그럼에도 진정한 종교에 대한 지식은 영원히 상실되고 말았다는 것이다.

후일의 진화론자들과 원진화론자proto-evolutionist들은 북아메리카에서 인류의 유년시절이 어떠했는지에 대한 증거를 보게 된다. 이것이야말로 존 로크(John Locke, 1632~1704)([1690] 1952: 29)가 "태초에 세상은 아메리카였다"고 한 말과 통한다. 이와 대조로 구식의 퇴보론자들은 원주민 문화를 창세기에 서술되어 있듯이 신의 계시를 받은 부족장사회의 생활방식이 부패되어 살아남아 있는 것 정도로 해석했다. 또는 지금은 잊어버린 아주 오래전에 신대륙에 다다른 기독교 선교사들의 가르침을 절반 정도만 기억하고 있다는 증거로 받아들였다. 17세기 유럽과 비교하여 북아메리카 원주민의 기술적 열등성과 도덕적 퇴보는 이런 집단들에 대해 신이 가졌던 불만족을 보여주는 증거라는 식으로 신학적으로 해석되었던 것이다(Vaughan 1982). 18세기가 되면서 몇몇 지도적인 유럽의 학자들은 박물학의 맥락에서 신대륙이 유럽이나 아시아에 비해 기후적으로 열등하다는 것은 식물과 동물의 생활뿐만 아니라 원주민의 열등성까지도 설명해 준다고 말하기도 했다. 인간 집단의 관습과 성취들에서 보이는 차이들을 기후적으로 설명하는 일은 고전시대부터 일반적인 것이었다(Haven 1856: 94).

16세기와 17세기 동안 멕시코와 페루에서 스페인의 정치 및 종교 권위자들은 원주민이 기독교 이전의 과거와 종교를 가지고 있음을 덮고자 했다. 그렇기에 고고학 기념물들이 일상적으로 파괴되었다. 가능하면 그런 기념물을 감추어 버리고 싶어 했던 것이다(I. Bernal 1980: 37-39; Diehl 1983: 169). 특히 아즈텍 통치권력과 국가적 정체성에 대한 상징은 철저히 파괴되었다(Keen 1971). 1821년 멕시코의 독립에 앞서 일어난 싸움들에서 스페인 행정관리들은 여전히 선히스패닉시기에 대한 연구를 못하게 했지만, 스페인령 아메리카에서 태어난 백인(크리올)들은 영감과 국가 정체성의 원천으로서 선히스패닉시대 연구에 관심을 가졌다. 19세기 이전에는 단지 적은 수의 유럽인 방문자들만이 멕시코, 페루 및 다른 라틴아메리카 국가들의 위대한 선히스패닉 기념물들에 대해 논의했다. 19세기가 되면 이런 기념물들은 때로 새로이 독립한 국민국가들의 정체성에 대한 상징으로서 연구되고 선전되기도 했다(Chinchilla Mazariegos 1998). 19세기 동안 멕시코의 지배 엘리트들 가운데 보수주의자들은 선사시대 연구를 미개한 것에 경도된 쓸모없는 짓이라며 멸시했다. 이에 반해 자유주의자들은 멕시코 국가 역사의 의미 있는 시기에 대한 고찰로서 선사시대 연구를 지지했다(Lorenzo 1981).

18세기 말 이전에는 북아메리카의 선사시대 유존물 가운데 눈에 덜 띄는 것들에 대해서 거의 아무도 주의를 기울이지 않았다. 바위그림들은 때로 언급되었지만, 대체로 당시의 원주민들이 그린 것으로 생각하는 것이 보통이었다. 북아메리카에서는 땅에서 출토된 유물 수집품은 거의 없었으며, 유적 발굴은 별로 이루어지지 않았다. 예외로 들 수 있는 것으로는 1700년 퀘벡의 트루아리비에르Trois-Rivières 근처에서 건설 공사 도중에 발견되어 그곳 수녀회에 보존되어 온 아케익Archaic시대 말의 마제석기를 수집한 것이 있다(Ribes 1966). 마찬가지 예외로는 1784년 토머스 제퍼슨Thomas Jefferson이 버지니아주에서 인디언 무덤에 대한 체계적이고 주의 깊은 발굴을 한 것(Heizer 1959: 218-221), 그리고 10년 전 캔사스 주에서 봉분에 대한 조사를 들 수 있는데, 후자에 대해서는 의문의 여지가 있다(Blackeslee 1987; Yelton 1989).

제퍼슨은 인디언들이 최초의 아메리카인이었다고 함으로써 식민주의의 희생양들을 새로운 공화국의 국가 상징으로서 낭만적으로 그려 냈다(McGruire 1992b). 그렇지만 이 시기 내내 팽배했던 자민족중심주의로 대부분의 유로아메리칸(구미인)들은 고고학 유존물로부터 야만적이며 사라져 없어질 민족들, 또는 예외적인 경우 유럽 문명의 확산으로 동화될 운명에 있는 사람들의 역사에 대해서 의미 있는 지식을 얻는다는 데 회의적이었다. 눈에 띄는 예외적인 사례로는 박물학자이자 탐험가였던 윌리엄 바트램William Bartram을 들 수 있다. 그는 1789년 미국 동남부의 크릭인디언들이 축조한 당시의 의례 구조물을 바탕으로 선사시대 마운드유적을 해석하기도 했다. 이것은 북아메리카에서 고고학 유존물을 해석하는 데 직접역사적 접근direct historical approach을 사용한 알려진 가장 이른 시기의 사례 가운데 하나이다.

7. 호고주의의 막다른 길

프랑스뿐만 아니라 북아메리카에서도 선사시대 유존물에 관심을 가진 호고가들은 여전히 발견물의 역사적 맥락을 알아내기 위하여 고전고고학자들 못지않게 문헌기록이나 구비전승에 의존했다. 그럼에도 선사시대 유존물의 경우에는 적절한 문헌기록이 있을 수 없었다. 헨리 롤랜즈(Henry Rowlands, 1655~1723) 목사는 1723년 출간된 앵글시Anglesey 섬의 고대 문물에 대한 책에서 "우리는 수수께끼 같은 고대유물 앞에서 다른 수단을 동원하지 않을 수 없으며, 그것이 여의치 않다면 그냥 아무것도 없는 것에 만족할 수밖에 없다"고 했다(Daniel 1967: 43). 롤랜즈는 나아가 "고대의 명칭이나 단어의 유추, 사물의 이성적인 결합이나 일치, 평이하고 자연스런 추론과 이론에 근거한 연역은, 더 확실한 관계나 자료가 모두 결여되어 있을 때 우리가 의지할 수 있는 최선의 권위이다"라고 선언했다. 일반적으로 기념물에 대한 설명은 고대의 기록에 언급된 민족이나 개인이 어떠한 목적에서 그것을 축조했는지를 확인하는 식으로 이루어졌다. 이런 접근으로 캠든은 실버리힐이 색슨족이 세운 것인지, 아니면 로마인들이 만든 것인지, 그리고 전투에서 죽음을 당한 병사들을 추모하기 위한 것인지, 아니면 경계를 나타내기 위해 세운 것인지에 대해 고민했던 것이다. 비록 스터클리는 이 마운드가 이웃하는 로마의 도로보다 오래된 것임을 층위적으로 밝혔다고는 하지만, 에이브버리의 창건자인 영국왕 친도낙스Chyndonax의 무덤이라는 그의 결론은 환상의 나래를 편 것에 불과했다(Joan Evans 1956: 121). 스톤헨지는 이와 다르게 데인족, 색슨족, 로마인, 고대 브리튼인의 유적으로 생각되었다. 또한 특정 석기, 청동기, 철기 유물들이 로마 이전 시기의 것인지, 로마 시대인지, 아니면 색슨 시기의 것인지에 대해서도 큰 논란이 있었다.

18세기와 19세기 초 호고가들은 문헌기록에 지속적으로 의지했던 결과 기록 등장 이전의 시기에 대해서 어떤 지식을 얻을 수 있을지에 대해 절망적이었다. 1742년 리처드 와이즈Richard Wise는 "역사가 아무런 대답을 하지 않고 기념물 유적이 스스로 말하지 않는 한 어떠한 고증도 할 수 없다. 가장 최선의 길은 확률에 바탕을 둔 추측이다"라고 말했다(Lynch and Lynch 1968: 57). 콜트 호어는 "윌트셔 지역에 있는 무덤들이 아주 오래된 것이라는 증거가 있지만, 어느 것도 확실하게 어떤 부족이 만들었는지를 알려주지는 않는다"고 결론을 내렸다. 후일 『아일랜드 기행Tour in Ireland』에서는 "에이브버리와 스톤헨지의 거대한 기념물들의 역사는 여전히 …… 모호함과 망각 속에 남아 있을 것이다"고 덧붙였다(Daniel 1963a: 33-36). 1802년 덴마크의 호고가 라스무스 니에룹Rasmus Nyerup은 "이교도로부터 우리에서 전해 내려온 모든 것들은 두터운 안개에 쌓여 있다. 이것은 우리가 측정할 수 없는 시간에 속하는 것이다. 우리는 그런 유적이 기독교 이전 시기의 것이라는 사실은 알지만 몇 년 또는 몇 세기, 아니면 몇 천 년을 앞서 만들어진 것인지는 상상에 불과할 뿐이다"라고 하며 이와 유사한 절망감을 표했다(Daniel 1963a: 36). 잉글랜드의 수필가이자 사전 편찬가였던 새뮤얼 존슨(Samuel Johnson, 1709~1784)은 호고가들을 달가워하지 않았는데, "영국에 대해 진실로 알려진 것은 고작 종이 몇 장에 쓸 수 있는 정도에 불과하다. 우리는 고대의 저술가들이 우리에게 가르쳐 준 것 이상으로 과거를 알아낼 수는 없다"(Daniel 1963a: 35)라고 하면서 호고가들의 조사연구에 대해 더욱 어두운 전망을 던지고 있다. 심지어 "체코 선사학의 아버지"라 일컬어지는 도브로프스키J. Dobrovsky조차 1786년 고고학 발견물은 그 자체로 알려지지 않은 국가 역사의 시기에 대해 예증해 주는 "말하는 기록물"이라고 주장했다고 한다(Sklenář 1983: 52). 그럼에도 어떻게 이것들을 말하도록 할 것인지 방법을 제시하지는 못했다.

호고가들은 여전히 세계는 서기전 5000년경에 창조되었다고 믿었다. 또한 인류역사의 가장 중요한 지역에서는 창조의 시기까지 올라가는 믿을 만한 문헌기록이 있다고 생각했다. 만약 인류가 서아시아로부터 세계의 다른 지역으로 확산했다고 한다면 대부분의 지역에서 최초의 인간 점유와 문헌 역사의 시작 사이에는 아주 짧은 시기만이 있을 것이다. 그럼에도 학자들은 인류역사의 일반적 과정이 발전의 과정인지, 퇴보인지, 아니면 순환적 변화인지에 대해 확신하지 못했다.

그럼에도 이 시기 선사시대에 대한 연구는 흔히 언급되듯이 그렇게 정체되어 있지는 않았다. 15세기에서 18세기까지 유럽의 호고가들은 석기가 유물임을 알았으며, 그리고 어떻게 땅을 파고 발견물을 기록할 것인지, 기념물과 유물을 어떻게 기술하고 분류할 것인지, 층서법을 포함한 다양한 연대추정 방법을 사용하여 어떻게 몇몇 선사시대의 발견물의 상대적이고, 심지어 기년의 근사값을 추정하는지 요령을 터득했던 것이다. 특정 지역에서 다양한 발견물의 성질에 따라 호고가들 가운데는 하나 이상의 민족이 공존했거나 계기적으로 존재했다고 생각하는 사람도 있었다. 어떤 호고가들은 고고학 증거에 바탕을 두고 과거에 이 가운데 어떤 공동체나 민족들은 금속기가 아닌 석기만을 사용했다는 결론을 내리기도 했다. 나아가 석기와 골기만이 사용되었던 시대는 청동이나 철기의 시대보다 시간적으로 이를 것이라는 생각을 가진 호고가들도 있었지만, 그런 주장을 뒷받침할 만한 고고학 증거는 거의 없었다. 비록 돌이켜보면 이러한 성과들은 아주 제한적이었다고 하더라도, 선사시대의 연구를 이미 크게 진전시킨 것이라 할 수 있다.

종교적 차이에서 오는 한계는 여전히 고고학적 유존물에 대한 진화적 해석을 명백하게 옹호하고 발달시키는 데 방해가 되었다. 계몽철학자들이 문화진화가 인류의 역사를 특징짓는 것이라고 주장한 뒤에도 진화적 해석은 인류역사에 대한 성서적 설명에 도전하는 것으로 여겨졌다. 계몽철학자들은 과거의 유존물이 아니라 "이론사"에 집중했기 때문에 호고주의와 유리되어 있었으며, 문화 발달의 주된 지표로서 도구의 기술보다는 생계유형에 치중했다. 그럼에도 선사시대에 대한 상대 편년을 수립하는 데, 초기 인류의 발달에 대한 더 체계적인 지식을 획득하는 데 가장 큰 방애물은 유물과 기념물들은 과거에 살았던 사람들의 성취를 그저 예증해 줄 뿐이라는 깊이 밴 생각이었다. 이 관점은 문헌기록이나 신뢰할 만한 구비전승에 근거할 때만 역사적 지식을 얻을 수 있다는 (고전고고학자들도 공유하고 있는) 확신에 바탕을 둔 것이다. 그것 없이는 과거에 대한 그 어떤 체계적인 이해도 불가능하다는 것이다. 18세기 말부터 증거들이 쌓이면서 가까운 미래에 귀납적으로 그런 이해를 얻을 것 같지는 않았다. 이러한 진전에도 불구하고 학문 분야로서 선사고고학을 만들어 내기 위해서는 호고가들 스스로의 시각을 제한했던 가정들로부터 벗어나야 했다.

4장 선사고고학의 시작

아주 오래지 않아서 고대유물 연구는 경멸을 벗어나 대중적으로 존중을 받으며 상당한 영예를 얻었다.

E. OLDFIELD, Introductory Address, *Archaeological Journal* 30(1852), p. 1

선사시대에 대한 체계적 연구는 이전 시기 호고주의와는 다른 두 가지 독특한 움직임을 통해 발달했다. 그 가운데 첫째는 19세기 초와 1850년대 후반에 시작되었다. 먼저, 스칸디나비아에서는 고고학 발견물의 연대를 추정하는 기법을 고안했으며, 이를 바탕으로 선사시대에 대한 포괄적 연구가 가능해졌다. 이것은 선사고고학의 시발점이 되었고, 선사고고학은 곧 고전 및 다른 문헌(을 바탕으로 하는) 고고학과 어깨를 나란히 하여, 물질문화를 이용하여 인류의 발달을 연구하는 중요한 분야로 성장했다. 두 번째 흐름은 프랑스와 영국에서 이루어졌는데, 구석기시대 연구를 개척하면서 당시까지는 상상할 수 없었던 시간까지 인류의 기원을 소급하여 연구하게 된 것이다. 구석기고고학은 1859년 다윈의 『종의 기원』의 출간 이후 진화론자와 창조론자 사이 논쟁의 결과 학계 전반과 일반 대중 사이에 주 관심사로 떠오른 인류의 기원에 관한 문제를 다루었다.

1. 상대편년과 톰센의 삼시대체계

문헌기록에 의존하지 않고 편년을 수립한 것은 덴마크 연구자 크리스티안 위르겐센 톰센(Christian Jürgensen Thomsen, 1788~1865)의 연구에서 비롯되었다. 톰센의 가장 큰 연구 동기는 이전 시기 호고가들과 마찬가지로 애국심과 낭만주의였다. 18세기 호고주의 연구와 계몽주의의 진화적 개념들은 톰센이 학문적으로 성공하게 된 필수불가결한 선행조건이었다. 그렇지만 이 모든 요인들도 톰센이 문헌기록에 의지하지 않고 고고학적 발견물의 연대를 추정하는 새롭고 강력한 방법을 개발하지 않았다면, 아무런 역할도 하지 못했을 것이다. 불행히도 톰센은 자신의 연구에 대해 자세한 글을 남기지 않았다. 그렇기 때문에 처음에는 잘 알지 못하는 비평가들이, 그리고 나중에는 영국, 프랑스, 미국의 고고학사 연구가들이 그 중요성을 과소평가했었다. 그러므로 톰센이 실제 성취한 것이 무엇인지를 분명히 하는 것이 필요하다.

톰센은 1788년 코펜하겐에서 부유한 상인의 아들로 태어났다. 젊었을 때는 파리에서 공부했는데, 여기에서 문화진화를 말하는 계몽주의 사상을 접했을 것으로 보인다. 고향에 돌아와서는 상당한 수의 로마와 스칸디나비아 동전을 수집했다. 동전과 메달을 수집하는 것은 18세기 동안 신사의 취미로서 널리 퍼져 있었다(McKay 1976). 톰센은 명문과 연대를 바탕으로 제조된 나라와 치세에 따라 동전을 연속적으로 배열할 수 있었다. 또한 연대와 명문을 알 수 없는 동전일지라도 양식적 범주만으로 그런 연속적 배열에 자리 매김을 할 수 있는 경우가 많았다. 이렇듯 톰센은 동전 수집을 통해 유물의 상대연대 추정에 양식 변화가 갖는 가치를 적어도 직관적으로는 느끼고 있었을 것이다.

19세기 초는 덴마크에서 애국주의가 고도로 확장되던 때였다. 나폴레옹과 전쟁을 하고 있던 영국이 1801년 코펜하겐 항구에서 덴마크를 포함한 대륙 동맹국 해군을 궤멸시키고 1807년 도시에 포격을 가한 뒤 애국주의는 더욱 강해졌다. 덴마크 고고학자 옌스 보르소에(Jens J. A. Worsaae, 1822~1885)는 후일 이 같은 재난을 맞아 위안과 미래에 대한 희망의 원천으로서 과거를 연구하게 되었다고 했다. 또한 프랑스혁명은 유럽의 모든 지역에서 중간계급의 정치권력을 증진시킴으로써 덴마크에서도 진화적인 관심을 일깨워 주었다. 절대왕정의 덴마크는 정치 및 경제적으로 서유럽의 다른 나라들에 비해 덜 진화한 것으로 여겨졌다. 따라서 대중의 생각에 프랑스혁명과 밀접히 결부되어 있다고 여겨졌던 계몽주의의 이상은 덴마크의 많은 중간계급 사람들에게 호소력을 지녔다(Hampson 1982: 251-283). 덴마크는 강한 호고주의적 전통을 갖고 있었는데, 다만 그런 연구들은 영국에서만큼 번성을 누리지는 못했다. 영국의 호고가들은 대부분 계몽주의의 이상을 거부한 보수주의자들이었으며 낭만적 민족주의를 취했다. 이와 대조로 스칸디나비아 호고가들은 애국주의적인 이유에서 과거를 연구했으며, 진화적 접근을 거부하지 않았다. 이들에게 역사와 진화는 대조적인 개념이 아니라 보완적인 개념이었던 것이다.

1806년 코펜하겐대학 도서관의 사서였던 라스무스 니에룹Rasmus Nyerup은 고대 기념물을 무작정 파괴하는 것에 반대하고 혁명 이후 파리에 세워진 프랑스기념물박물관을 모델로 한 국립고대유물박물관을 세울 것을 제창한다. 1807년 고대유물 수집과 보존을 위한 왕립위원회가 발족하여 총무에 니에룹을 인선했다. 위원회는 덴마크 전역에 걸쳐 고대유물들을 모으기 시작하여 곧 유럽에서 가장 크고 대표적인 기관이 되었다. 1816년 위원회는 톰센을 초빙하여 수집품 목록을 만들고 전시를 준비하도록 했다. 급료를 받는 자리는 아니었지만, 이 직책을 톰센이 맡게 된 가장 큰 이유는 그의 고전학古錢學에 대한 지식과 독자적인 재력 때문이었다. 톰센은 남은 생애 동안 가업과 고고학 연구를 병행했다.

톰센이 마주친 가장 큰 문제는 다양한 종류의 선사시대의 수집품을 효과적으로 전시하는 것이었다. 그는 선사시대를 편년적으로 석기, 청동기, 철기라는 연이은 시대로 나누기로 했다. 아마도 그는, 몽포콘이나 마위델과 같은 프랑스의 호고가들의 저술은 아닐지라도, 베델 시몬센Vedel Simonsen의 저술을 통해 루크레티우스의 삼시대의 틀을 알고 있었을 것이다. 그리고 금속도구가 아니라 석기가 사용되었던 시기를 시사해 주는 고고학 증거와 철기 이전에 청동기가 사용되었음을 시사한 고전 및 성경의 문헌도 알고 있었던 것으로 보인다. 석기, 청동기, 철기의 계기적인 시대라는 생각은 단순한 공상이었다기보다는 이미 어느 정도 증거가 있는 가설이었던 것이다.

톰센은 선사시대 유물을 세 개의 계기적 기술 단계, 곧 시대로 나누면서 큰 문제에 부딪힌다. 톰센은 심지어 석기와 금속기조차도 기계적인 분류에는 들어맞지 않음을 인지했다. 청동기와 석기 유물들은 철기시대에도 지속적으로 만들어졌으며, 석기는 청동기시대에도 쓰였던 것이다. 그러므로 문제는 청동기시대에 만들어진 청동 유물과 철기시대에 만들어진 청동 유물을 구분하고, 각 시대에 어떠한 석기들이 만들어졌는지를 분간하는 일이었다. 또한 각 시기의 금, 은, 유리 및 다른 물질로 만들어진 유물을 어디에 배치할 것인지도 문제였다. 개별 유물은 이런 일을 시작하는 데 전혀 도움이 되지 못했다. 그렇지만 덴마크의 수집품에는 분묘, 저장고 및 다른 맥락에서 동시기에 묻혔다고 보이는 유물조합들이 들어 있었다. 톰센은 이것을 "유구공반유물(closed finds)"이라 부르고, 그런 각각의 유구에서 나온 다양한 유물을 비교하고 어떤 유물형식이 함께 나오는지를 주목함으로써 시대를 나눌 수 있을 것이라고 믿었다(Gräslund 1974: 97-118, 1981, 1987).

톰센은 유물을 칼, 자귀, 취사용기, 안전핀, 목걸이와 같이 다양한 사용 범주에 따라 나누어 분류했다. 나아가 각 범주를 재질과 형태에 따라 다시 세분했다. 이런 식으로 비공식적으로 유물형식을 세운 다음, 어떤 형식들이 공반하는지 여부를 판단하기 위하여 유구를 검토했다. 톰센은 형태와 장식에 바탕을 두고 청동기시대에 만들어진 청동 유물과는 결코 공반하지 않으면서도 철기시대에 만들어진 유물과 공반하는 유물형식을 가려낼 수 있게 되었다. 또한 청동제 유물과 비슷하게 생긴 대형 플린트제 칼과 찌르개는 청동유물과 동시기에 제작된 것임도 알게 되었다. 결국 톰센은 선사시대 유물을 다섯 개의 독특한 집합으로 나누는 데 성공한다. 이러한 집합을 세운 다음 형태적 유사성에 근거하여 개별 유물을 각 집합에 배열할 수 있었다. 또한 유물이 발견된 맥락을 연구함으로써 한 집합에서 다른 것으로 체계적으로 변화했음도 알게 되었다.

톰센은 그 다음 이 집단들을 역사적 연쇄로 배열했다. 그리고는 뗀석기(타제석기)만을 가지고 있는 가장 단순한 유물조합을 전기 석기시대early Stone Age의 산물이라 했다. 이런 유물은 모두 작고 단순한 유적에서만 출토되었다. 그 다음은 후기 석기시대later Stone Age로서 뗀석기만이 아니라 간석기(마제석기)도 만들어지며, 금속기가 처음으로 사용된 시대라고 서술한다. 이 시기 사자死者는 화장되지 않고 거석묘에 묻혔으며, 새김무늬의 조질 토기를 부장한다. 완전한 청동기시대Bronze Age에는 무기와 자르는 도구들을 청동으로 만들며, 죽은 사람을 화장하여 작은 무덤에 옹관묘로 묻었고, 유물은 동그라미 장식을 가지고 있다. 철기시대Iron Age에는 쇠를 단련하여 도구와 무기를 만들었으며, 한편으로 청동은 장식과 사치스런 물품에 계속 쓰였다. 톰센은 철기시대를 두 단계로 나누었는데, 전기는 곡선의 구불구불한 장식으로 특징지어지고, 후기는 용무늬나 다른 환상의 동물무늬로 장식된다(그림 4.1). 후자의 장식 형

Bølgeziraker:

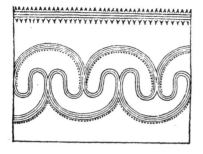

Ringziraker:

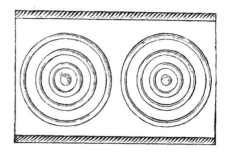

Spiralziraker:

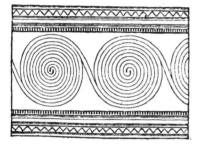

Dobbeltspiralziraker:

Slangeziraker:

Drageziraker:

그림 4.1 톰센의 『안내서』에 나와 있는 장식의 계기적 양식들(C. J. Thomsen, *Ledetraad til Nordisk Oldkyndig-hed*, part 2, Copenhagen 1836)

태는 룬문자가 새겨지기도 하며 역사시대까지 존속된다([1837] Heizer 1962a: 21-26).

　　과거에도 몇몇 호고가들은 선사시대 유물을 여러 시간 단위로 나누고자 한 적이 있었다. 그런데 이런 시도는 대체로 직관에 의존한 것이라서 많은 사람에게 설득력이 없었다. 그런 분류는 상호 공존했던 상이한 문화나 사회 집단을 표현하고 있다는 주장이 지속적으로 제기되었다. 그렇지만 덴마크와 같이 작은 나라에서 두 개 이상의 집단이 공존했다고 한다면, 한 집단을 특징짓는 유물들이 다른 유적에서 나타난다면, 이는 교환, 절도 또는 전쟁의 결과일 것이다. 문화 차용 때문에 청동제 금속 유물만을 포함하는 유물조합과 장식 유형을 가진 철기가 가끔 나올 수도 있다. 이런 종류의 불일치는 자신의 분류가 시간의 단위를 나타낸다는 톰센의 주장과는 배치될 수도 있다. 그러나 개별 유물과 유구 안에서 공반되는 유물의 모든 특성이 재질, 양식, 장식, 출토 맥락과 관련하여 일관된 유형을 보여주고 있었다. 이 같은 일관성을 바탕으로 각각을 톰센의 다섯 집합 가운데 하나에 대응시킬 수 있었다. 이렇듯 특정 유물 발생에 관한 거칠지만 효과적인 기법을 통해 동시기 공존한 것으로 보이지 않는, 따라서 편년 연쇄를 나타낼 가능성이 큰 분류 단위들을 만들어 낼 수 있었던 것이다.

톰센이 철기시대 전기와 후기로 배열했던 유물들 및 철기시대 후기와 역사시대 유물 간에 보이는 형태적 유사성은 자신도 의식하지 못한, 아마도 가장 최초의 거친 형태의 순서배열법의 용례일 것이다. 이보다 이른 시기의 유물에서는 비슷한 편년적 배열을 할 만한 분명한 양식적 유사성이 결여되어 있었다. 그렇지만 톰센의 분류가 시간적 차이를 반영할 가능성이 가장 크다는 점을 받아들이기만 한다면 구리와 청동 사용이 증가한 증거가 초기의 분류군의 편년적 배열을 보여줄 것이라고 생각하는 것이 합당하다. 톰센은 기술적 흐름 역시 자신의 생각이 옳았음을 보여준다고 보았다. 금과 상이한 토기 형식들이 전기 석기시대 이후로 연대추정한 분류군들에서 나타남에 반해, 은은 철기시대 이전에는 보이지 않는다는 것이다. 마찬가지로 청동기시대의 장식품과 함께 도구도 청동으로 만들어졌으며, 철기시대 청동은 획득하기가 더 어려워 장식품만을 제작하는 데 쓰이고, 더 싸고 구하기 쉬운 철이 도구를 만드는 데 사용되었다는 사실은 청동기시대가 철기시대에 앞선다는 자신의 결론과 일치한다고 보았다. 또한 이 같은 시간적 연쇄의 역사성을 층위적으로 밝히려고도 했다. 이미 1837년 톰센은 석기시대의 분묘 위에 축조된 청동기시대 화장묘가 나온 봉분이 있음을 보고서로 간행한 바 있다. 층위는 순서배열보다 시간의 흐름에 따른 문화변화를 설득력 있게 논증해 주었다. 다만 톰센이 제시한 분명하게 구분되는 다섯 집합을 바탕으로 층위 관찰을 철저히 했던 것은 아니다.

톰센의 연구는 편년이라는 돌파구를 마련함으로써 학문적 토대 위에 선사시대의 연구를 개척했다고 할 수 있다. 그의 연구는 19세기 동안 역사지리학과 생물학에서의 중요한 이론적 발견과 마찬가지로 선사고고학의 발달에 근본적인 것이었다. 비록 호고가들 가운데는 톰센이 유리, 나무, 금 시대를 설정하지 않았다고 비웃는 사람도, 석기, 청동기, 철기 유물들이란 서로 공존하면서 상이한 경제행위를 나타내는 것이라고 지속적으로 믿었던 사람들도 있었다. 톰센의 시대는 유물들을 기계적으로 분류하여 만들어진 것이 아니다. 양식, 장식, 맥락 등을 동시에 분석하여 기초적이지만 효과적인 편년을 생산해 낸 것이다. 톰센을 비판했던 사람들은 이 사실을 제대로 인식하지 못했다.

톰센의 북부고대유물박물관은 1819년 선사시대 수집품을 석기, 청동기, 철기시대로 나누어 대중에게 공개했다(그림 4.2). 하지만 톰센의 연구에 대한 최초의 문헌기

그림 4.2 북부고대유물박물관 방문객들을 안내하고 있는 톰센

록은 1836년『스칸디나비아 고대유물 안내서*Ledetraad til Nordisk Oldkyndighed*』에서 드러났다. 보 그라스룬트(Bo Gräslund 1987: 18)는 톰센은 자신의 편년 연쇄를 더 많은 유구들이 알려지면서 수정했으며, 1824~1825년까지도 완성된 형태를 띠지 않았을지 모른다고도 말했다. 톰센의 출간물은 1837년 독일어로 번역되었으나, 영어로는 1848년에서야 번역 출간된다. 하지만 1836년보다 훨씬 이전부터 톰센의 체계에 대한 자세한 정보는 그의 박물관을 방문했던 호고가들이 이용할 수 있었다. 당시 톰센의 연구에서 적어도 한 가지 끌렸던 점은 인류 발달에 대한 진화적인 관점을 주었다는 점일 것인데, 진화적 관점은 특히 영국에서 유행했다. 프랑스혁명과 나폴레옹에 대한 두려움이 가시면서 새로이 등장한 산업 중간계급은 진보는 보편적인 것이며, 스스로 근대세계의 최우선에 서 있다고 보고자 했다.

톰센과 그를 계승한 어느 누구도 삼시대를 스칸디나비아 지역 내의 진화적 연쇄로 생각하지는 않았다. 오히려 청동기와 철기 제작에 대한 지식은 남쪽으로부터의 연이은 이주의 물결, 또는 "다른 나라들과 왕래"의 결과로 들어왔을 것이라고 주장했다(Daniel 1967: 103). 이주와 전파는 변화에 대한 전통적 설명이다. 하지만 스칸디나비아의 선사고고학자들은 유럽이나 서아시아 어느 곳에서 진화적 발달이 이루어졌을 것이라고 생각했다. 19세기 진화고고학자들은 전파와 이주를 진화와는 대조되는 과정으로 보지 않고 오히려 진화적 변화를 촉진시키는 것으로 보았다(Harris 1968a: 174). 또한 석기시대를 원초적 조건을 가진 시대로 여겼지 문화적 퇴보의 산물로 여기지는 않은 듯하다.

2. 스칸디나비아 고고학의 발달과 확산

톰센은 초기 연구에서도 유물 자체나 시간의 흐름에 따른 발달뿐만 아니라 발견된 맥락, 그리고 그 맥락이 매장 관습의 변화 및 선사시대 생활의 다양한 양상에 대해 무엇을 말해 주고 있는지에 관심을 가졌다. 어떻게 유물을 만들고 썼는지를 알기 위해서 반제품이나 파손된 유물을 연구하기도 했다. 그런데 톰센이 초기의 문화들이 어떤 종류의 생계를 영위했는지에 대해 어떤 확실한 시각을 가지고 있었는지는 불분명하다. 19세기 전반 스칸디나비아에서 고고학은 선사시대 동안 생활양식의 진화와 관련된 학문으로 발달했던 것이다.

이 같은 발전은 스벤 닐손(Sven Nilsson 1787~1883)이라는 사람의 영향을 강하게
받았다. 닐손은 오랫동안 룬트대학University of Lund의 동물학 교수였고, 당시 유력한
프랑스 고생물학자였던 조르주 퀴비에Georges Cuvier의 저술에 큰 영향을 받았다. 닐
손은 문화진화를 신봉했으며, 톰센과는 달리 기술의 진화보다는 생계경제의 발달에
더 관심을 가졌다. 18세기 계몽철학자들의 사상을 채용하여 스칸디나비아의 수렵채
집민이 유목민이 되었다가 다시 농경민이 된 것은 인구의 증가가 주된 요인이었다
고 생각했다. 1822년에는 고고학 발굴에서 출토된 동물 뼈에 대한 최초의 보고서 가
운데 하나를 출간하기도 했다. 선사학 연구에서 닐손이 가장 크게 기여한 바는 전 세
계에서 수집되는 민족지 표본과의 세밀한 비교를 통하여 석기와 골기의 사용을 판
단하는 방법론이었다. 스칸디나비아에서 나오는 많은 석기는 사실 지금은 썩어 없어
진 복합도구의 일부였기 때문에 원래 어떤 방식으로 사용되었는지를 추론하는 것은
아주 어려웠다. 닐손은 단선진화를 신봉하는 사람으로서 북아메리카, 극지방, 태평
양 섬들로부터 온 민족지 표본이 동일한 발달 수준에 있었던 스칸디나비아 선사시대
의 문화에 유용한 정보를 줄 것이라 믿었다. 하지만 민족지 유사는 선사유물에 대한
재현 실험이나 마모 유형에 대한 연구를 통해 입증되어야 한다고 보았다. 닐손은 선
사시대 유물을 설명하는 데 처음으로 플린트를 떼어내는 실험을 한 고고학자로 인정
되고 있다(L. Johnson 1978). 닐손은 이런 식으로 고고 자료에서 선사시대 생계유형을
추론하고자 하였다. 가장 중요한 석기시대 연구는 1838년에서 1843년까지 4부작으
로 출간되었으며, 나중에 나온 판은 1868년 영어로『스칸디나비아의 원시 사람들The
Primitive Inhabitants of Scandinavia』이라 하여 번역(오역이 많지만) 출간된다.

닐손은 톰센의 석기시대 사람들은 사냥이나 고기잡이(어로)를 했으며, 농경은 스
칸디나비아에 청동기시대 동안에 들어왔다고 결론을 내렸다. 이런 식으로 처음으로
루크레티우스로부터 시작된 기술 진화에 대한 관심과 계몽주의로부터 기인한 생계
유형의 진화에 대한 관심을 결합시켰다. 이로써 기술 변화와 관련지어 생계의 발달
을 연구했으며, 기술과 생계는 인간행위에서 공진화하는 양상이 되었다. 이전에는 이
두 진화의 틀은 각각이 별개로 취급되었다. 닐손은 석기시대 스웨덴에 살았던 사람
들은 라플란드인Lapps이었으며, 청동기시대 사람들은 켈트인Celts, 그리고 현대 스웨
덴의 고트족 조상은 철기시대에 들어왔다고 믿었다. 또한 "선사시대"라 번역될 수 있
는 단어(스웨덴어로는 *förhistorie*)를 처음으로 고안한 사람이기도 하다(Clermont and Smith

1990; Welinder 1991).

스틴스트룹(Johannes Japetus Steenstrup, 1813~1907)은 환경변화 연구에 관심을 가진 젊은 덴마크 지질학자로서, 덴마크의 습지대에서 행한 발굴을 통해 선사시대 스칸디나비아에 살았던 사람들에 대한 층위 증거를 찾았다. 발굴에서는 후빙기의 포플러 숲이 소나무, 참나무, 그리고 마지막으로는 너도밤나무와 느릅나무 숲으로 변화되는 양상도 알려졌다. 1840년이 되면 스틴스트룹은 석기와 청동기는 자신의 참나무 시기와 대응됨을 확신하게 된다. 환경의 역사와 문화진화를 연결시킨 것이다. 결국 그는 소나무 숲을 석기시대 사람들과, 참나무 숲을 청동기시대와, 그리고 너도밤나무와 느릅나무 숲을 철기시대와 대응시킨다. 이로써 톰센의 유물 연쇄와 환경변화를 상응시키게 된 것이다(Morlot 1861: 309-310). 스틴스트룹은 이 같은 숲의 변화는 2000년 이상에 걸쳐 일어난 것이 확실하다고 평가했기 때문에 스칸디나비아의 석기시대에 대해 그 정도의 연대를 제시한 첫 연구자였다고 할 수 있다.

엔스 보르소에는 최초의 선사고고학 전문가가 되었다. 톰센과 함께 일하는 자원봉사자로 시작해 처음으로 고고학 훈련을 받은 연구자이기도 하다. 보르소에는 1847년 덴마크의 고대기념물보존 감독관으로, 그리고 1855년 코펜하겐대학의 첫 고고학 교수로 임명된다. 주로 박물관의 연구원에 머물렀던 톰센과는 달리 보르소에는 왕성한 야외조사를 했다(그림 4.3). 그의 발굴은 더 많은 유구들을 제공함으로써 톰센의 편년을 확실하게 하는 데 도움을 주었다. 선사고고학에 가장 큰 기여는 구체적인 고고학 발견물을 설명하는 데 더 이상 지역의 구비전승을 이용하지 않았다는 점이다.

그림 4.3 옐링Jelling에 있는 대형 고분을 파고 있는 보르소에. 덴마크의 프레드릭 7세에게 절차를 설명하고 있다(J. Korncrup의 그림, 1861)

보르소에는 1843년 출간된『덴마크의 원시시대*The Primeval Antiquities of Denmark*』(영어 번역본은 1849년)에서 톰센의 발견을 널리 알렸으며, 이것을 닐손과 스틴스트룹의 연구와 결합시켜 덴마크 선사시대에 대한 일반 설명을 제시했다. 1859년 보르소에는 스칸디나비아 석기시대에 대한 톰센의 전기와 후기의 구분을 공식화시켰다. 곧이어 이 시기는 모두 프랑스에서 확인되는 구석기시대보다는 늦은 시기에 해당한다고 보았다. 또한 청동기시대를 상이한 매장 관습에 따라 두 시기로 구분하고 철기시대를 세 시기로 나누었다. 보르소에는『덴마크의 원시시대』같은 여러 저술에서 고고학을 이용하여 덴마크의 국가적 존재를 입증하고자 했다. 특히 1848년부터 1850년까지, 그리고 1864년의 전쟁에서 러시아의 팽창으로 많은 영토를 잃는 과정에서 그러한 역할을 했다.

보르소에는 1846~1847년 덴마크 왕의 재정 지원을 받아 영국과 아일랜드를 방문하여 바이킹 유물을 연구한다. 그리고 여러 나라에서 선사시대 유물을 관찰한 경험을 토대로 톰센의 삼시대의 틀이 유럽의 많은 지역, 아마도 유럽 전역에서 적용할 수 있음을 확신했다. 하지만 영국제도와 스칸디나비아의 동일한 발달 단계에 해당하는 유물들에는 상당한 양식적(문화적) 차이들이 있음을 알게 되었다.

1843년 스칸디나비아에 들어온 최초의 사람들은 석기를 사용했으며, 수렵과 채집에 의존했고 현재와는 다른 환경에 살았음이 처음으로 알려졌다. 이러한 이해를 바탕으로 1840년대 시작된 다학문적 연구는 깊어지고 심화되었던 것이다. 이미 1837년 셀란드Sjaeland의 수많은 선사시대 유물들을 포함하고 있는 굴과 조개더미(패총)는 현재의 해안선에서 멀지 않은 내륙에서 관찰된 바 있다. 1848년 덴마크왕립과학원은 지질 변화에 대해서 더 많은 것을 알아내고자 이 조개더미 연구를 위한 다학문적 위원회를 구성했다. 이 위원회는 보르소에, 스틴스트룹, 선임 학자이자 덴마크 지질학의 아버지인 요한 게오르크 포르크하메르John Georg Forchhammer가 주도했다. 학자들은 1850년대에 이 폐기물더미에 대한 연구를 여섯 권짜리 보고서로 출간했다. 이들은 조개더미는 인간이 남긴 것임을 밝히고 그 퇴적 유형을 추적했다. 그리하여 패총이 형성될 때 고환경적 배경은 전나무와 소나무, 그리고 조금의 참나무 숲으로 이루어졌으며, 순화되었을 법한 단 하나의 동물은 개이고, 동물 뼈를 근거로 조개더미가 여름을 제외하고 가을, 겨울 그리고 봄에 점유되었다고 판단했다. 또한 인류의 활동에 대해 더 많은 정보를 찾기 위하여 패총 안에서 화덕과 유물들의 분포에 대해서도 연구했다. 새의 긴 뼈 가운데 중간 부분의 수가 다른 부분보다 압도적으로 많음을 설명하기 위하여 죽은 닭을 개에게 먹이는 실험까지 수행했다(Morlot 1861: 300-301). 보르소에와 스틴스트룹이 서로 동의하지 않았던 단 하나의 이슈는 조개더미의 연대에 대한 것이었다. 스틴스트룹은 신석기시대라 주장하여 거석묘와 동시기라 보았고, 보르소에는 그 이전 시기라고 했는데, 결국 보르소에의 생각이 옳았다(Klindt-Jensen 1975: 71-73).

스칸디나비아
고고학의 영향 스칸디나비아에서 발달한 고고학은 다른 지역의 연구에 모델이 되었다. 스코틀랜드의 호고가 대니얼 윌슨(Daniel Wilson, 1816~1892)은 보르소에와의 접촉을 통해서 톰센의 삼시대체계를 적용하여 에든버러의 스코틀랜드호고가협회가 소장하고 있는 많은 유물을 재정리했다. 이 연구는 1851년『스코틀랜드 고고선사학 연보*The Archae-ology and Prehistoric Annals of Scotland*』의 토대가 되었다. 이 책은 영어로 선사시대를 학문적으로 종합한 최초의 연구이다. 그는 이 책에서 고고 자료를 석기(원시), 청동기(아케익), 철기, 기독 시대로 나누었다. 윌슨은 스칸디나비아 고고학자들에게 영감을 주었던 것과 동일한 진화적 사고와 낭만적 민족주의에 자극을 받았다. 하지만 단순히 덴마크 고고학자의 편년적인 지식을 스코틀랜드 자료에 적용한 것을 넘어서 톰센의 유구출토품의 개념을 완전히 이해하고 있었는지는 분명하지 않다. 윌슨은 스칸디나비아 고고학자와는 달리, 석기시대를, 많은 계몽철학자들이 그러했듯이, 인간이 이어져 내려온 기본적 발전으로 생각하는 경향이 있었다.

윌슨은 선사학prehistory이라는 말을 만들어 내기도 했다. 이 용어는 한 지역에서 가장 첫 문헌기록이 나오기까지의 역사를 연구하는 것을 가리키는 말이다. 또한 선사고고학의 목적과 잠재성을 인지하는 데에도 상당한 기여를 했다. 윌슨은 유물만으로 알아낼 수 있는 과거에 대한 이해는 문헌기록에 근거한 이해와는 아주 다른 종류의 것임을 강조했다. 19세기 역사가들은 "위대한 사람"의 행위와 사상에 경도되어 있었는데, 이런 것은 고고학적으로는 여전히 알아낼 수 없는 것이었다. 그렇지만 윌슨은 얼마 지나지 않아 고고학자들은 선사시대의 경제, 사회생활, 종교 신앙에 대해 많은 정보를 알게 될 것이라고 말했다. 그는 남성과 여성의 부장품의 상대적인 양을 통해 각각의 사회 지위에 대한 정보를 알 수 있음을 시사함으로써 잠시이지만 젠더 연구를 고고학에 도입하기도 했다. 잉글랜드의 호고가들은 스칸디나비아의 접근을 받아들이려 하지 않았으며, 대영박물관 수집품을 삼시대체계에 따라 다시 정리해야 한다는 윌슨의 주장에 귀기울이지 않았다. 윌슨은 세인트앤드루스대학University of St. Andrews에서 명예 박사학위를 받기도 했지만, 영국의 고고학에는 불행히도, 스코틀랜드에서 만족할 만한 직책을 찾지 못하고 만다. 그리고 1853년 영국을 떠나 캐나다 토론토의 유니버시티칼리지University College에서 영어, 역사, 인류학을 가르치게 된다(Trigger 192; Hulse 1999).

스칸디나비아 고고학은 스위스의 고고학 조사에도 모델이 되었다. 이곳에서는 1847년 자유주의의 정치적 승리를 발판으로 계몽주의와 낭만주의 사상이 대중으로 퍼졌다. 1853~1854년의 겨울 가뭄으로 스위스 서부의 호수 층이 전례 없이 낮아지면서 과거의 집터가 습지 환경에서 드러나게 되었다. 이 가운데 첫 유적으로 오베르메일렌Obermeilen 청동기시대 유적은 다음해 여름 영문학 교수이자 취리히호고가협회의 회장이었던 페르디낭 켈러(Ferdinand Keller, 1800~1881)가 연구하였다. 이로써 그런 유적 수백 개를 확인했는데, 여기에는 1858년 야콥 메시코메르Jakob Messikommer 가 발굴하기 시작한 로벤하우센Robenhausen의 신석기시대 마을도 포함되어 있다. 이 호숫가 주거지는 뒤르비유C. Dumont d'Urville라는 여행가가 뉴기니에 있는 이런 식의 마을을 묘사한 것을 바탕으로 호수 바닥에 쌓인 퇴적층 위에 집을 마련한 것이라 해석되었다(Gallay 1986: 167). 현재도 스위스의 집자리들은 호숫가 주변 습지대에 건축된 것이라 여겨지고 있다.

이런 발굴에서는 나뭇더미들, 건축물의 기초, 나무로 만든 자루에 끼워져 있는 돌이나 골기, 멍석, 바구니, 많은 음식물이 나왔다. 스위스 고고학자들은 신석기시대에서 청동기시대로 연대추정되는 마을 유적을 통해 자연환경, 경제 및 생활방식의 변화를 연구했다. 스위스에서 발견된 것들은 스칸디나비아와 스코틀랜드에서 잘 출토되지 않는 많은 유기물 자료였을 뿐만 아니라 닐손을 비롯한 사람들이 복원한 석기와 골기를 입증해 주기도 했다. 스위스는 이미 관광의 중심지였으며, 이런 선사 유존물 연구는 지속적으로 광범위한 관심을 모았다. 이 같은 증거가 확인됨으로써 서유럽 사람들은 문화진화의 실체를 확인할 수 있었으며, 고고학 증거만으로도 먼 과거를 연구할 수 있다는 확신을 가졌다(Morlot 1861; 321-336; Bibby 1956: 201-219; Kaeser 2001, 2004a, 2004b).

이렇듯 선사고고학은 이미 1859년 이전에 스칸디나비아, 스코틀랜드, 스위스에서 잘 정의된 학문으로 발달했다. 유물은 더 이상 물건으로서의 가치만을 지닌다고 생각하지 않고, 과거 인간행위에 대한 정보의 원천으로 여겼다. 이 새로운 선사고고학이라는 학문의 본질적 토대는 고고 자료만으로 상대편년을 구축할 수 있느냐 하는 것이었다. 상대편년을 세운다면 한 지역, 또는 나라의 알려진 모든 고고 자료에 적용할 수 있으리라 보았다. 고고학적 맥락이 잘 기록되어 있는 유물이 인류역사와 문화발달을 이해하는 토대로 사용될 수 있는 것이다.

선사고고학의 발달은 오랫동안 지질학 및 생물진화 연구로부터 영향을 받았다. 지질학자들과 고생물학자들이 구성한 층서 편년은 선사시대의 고고학 편년의 발달에도 모델이 되었다. 그렇지만 위에서 살펴보았듯이, 톰센은 유구의 편년적 의미에 대한 이해와 고전학古錢學 연구에서 기인한 양식적 변화에 대한 지식을 바탕으로 인류의 선사시대 편년을 시도했다. 선사고고학의 뿌리는 분명 유럽의 호고주의적인 전통에 있다. 선사고고학은 단순히 다른 학문으로부터 하나 또는 그 이상의 연대추정 방법을 빌린 결과로 시작된 것은 아니다. 오히려 고고 자료에 적절한 상대연대 추정법이라는 새로운 기법의 발달로 시작되었다.

스칸디나비아 고고학자들이 제시한 역사는 단지 계몽주의의 문화진화론적 시각이란 측면에서만 의미를 지니는 것이었다. 역사가들은 전통적으로 유명한 개인의 사상과 행위를 열거하는 일을 해 왔다. 그런데 보르소에는 많은 경우 선사고고학자는 어떤 사람이 도구를 제작했는지 파악할 수 없음을 지적했다. 또한 보르소에와 윌슨은 한 지역의 문헌사에 언급되어 있는 가장 초기의 민족은 반드시 그 지역 최초의 주민일 것이라는 생각에도 반대했다. 19세기 초 문화진화에 대한 계몽주의적 관점이 매력적으로 받아들여졌던 것은 정치 개혁으로 자신들의 이익이 증대될 것이라는 스칸디나비아 중간계급의 희망 때문이었다. 비록 덴마크 고고학은 여전히 강한 민족주의적 성향을 띠었고 왕가의 지속적 지원을 받기는 했지만, 혁신적인 고고학자들과 그 독자층은 점점 상업 중간계급 구성원들로 구성되어 갔다(Kristiansen 1981). 이들에게 민족주의, 정치 개혁, 진화론은 모두 매력 있는 개념이었던 것이다. 이와 대조로 나폴레옹 이후 독일의 정치적으로 보수적인 환경 아래 고고학자들은 민족주의에 자극을 받았다 하더라도 적어도 부분적으로는 진화론이 자신들이 반대하는 계몽철학과 너무 밀접하다는 이유에서 스칸디나비아의 접근법을 거부하는 경향이 있었다(Böhner 1981; Sklenář 1983: 87-91).

진화론적 접근으로, 문헌자료를 통하거나 주로 문헌과 예술품의 복원과 연구에 치중한 편년에 바탕을 두지 않고서도 고고학이 가능해졌다. 스칸디나비아의 선사고고학자들과 이에 자극을 받은 사람들은 문화진화의 확인에 머물고 만 한계도 지니고 있었다. 이들은 선사시대 스칸디나비아에 살았던 여러 민족의 환경, 사회생활, 종교신앙과 더불어 관련된 구체적인 기술이나 생계경제에 대해 고찰하고자 했다. 사회생활 연구는 주로 주거 유적을 고찰하는 것으로 이루어졌으며, 종교 연구는 무덤자료에 대한 고찰에 바탕을 두었다. 고고학자의 목적은 어떤 특정 시기의 삶과 죽음의 유형뿐만 아니라 그런 유형이 시간이 흐름에 따라 어떻게 변화했는지에 대한 고고학 증거를 가능하면 많이 얻어내는 것이었다. 고고학자들은 고고학 발견에 대한 행위적 의미를 이해하기 위하여 고고 자료와 민족지 자료를 체계적으로 비교하고자 했다. 반제품과 부러진 도구를 연구하고, 유물이 어떻게 만들어지고 사용되었는지를 판단하기 위하여 복제실험을 했다. 고고 유적에서 발견되는 뼈의 마모흔을 설명하기 위하여 실험을 하기도 했다. 또한 선사시대 식생활을 고찰하기 위하여 어떻게 지질학자, 생물학자들과 협동하여 고환경을 복원해야 하는지를 알게 되었다. 이러한 접근은 선사시대에 어떤 족속이 어떠한 나라에, 어떻게 살았는지를 알고 싶어 하는 낭만적 민족주의를 비추어 주기도 한다.

따라서 우리는 초기 스칸디나비아 선사고고학에서 진화, 문화사, 기능과정적 접근의 기원을 찾아볼 수 있다. 19세기 초 스칸디나비아 고고학자들은 현대의 선사고고학이 지니고 있는 다양한 특성의 맹아적인 형태를 진화시켰던 것이다. 비록 시간이 흘러 선사고고학의 기초 자료와 분석 기법이 크게 확장되었다고 하더라도 선사고고학의 창시자들은 현대 고고학자들과 학문의 목적이나 취지를 논의함에 있어 어려움을 거의 느끼지 못할 것이다. 낭만적이고 진화적인 관심이 결합되어 선사시대에 대한 복합적이고 다면적인 관심을 불러일으켰던 것이다.

다만 스칸디나비아의 초기 선사고고학자들은 성경에 기록된 편년에 대해서는 문제제기를 하지 않았다. 성경에 따르면 인류사는 전체적으로 기껏 수천 년의 시간밖에는 갖지 못한다. 르네상스시기부터 여러 학자들은 성서 편년의 협소함에 문제를 제기했다. 이들은 고전시대에는 인간이 지구에 얼마 동안이나 살았는지에 관한 고정된 관점도 없음을 알게 되었다. 이집트인과 메소포타미아인들은 인간이 10만 년 이상 존재했던 것으로 믿는 듯했다. 기독교 선교사들도 중국을 비롯한 다른 아시아 사람들은 먼 과거로 올라가는 기록을 가지고 있음을 보고하고 있었다. 반체제 학자들은 이런 정보를 바탕으로 히브리인보다 더 오래되고 위대한 문화를 가진 문화가 존재했다고 주장함으로써 기독교적 권위를 무너뜨리려 하기도 했다. 이는 전통 성서 편년에 대한 완강한 고수로 나타나 법적이고 사회적인 제재를 통해 비정통적 시각을 억누르려는 움직임을 불러왔다(Rossi 1985). 톰센, 보르소에, 그리고 심지어 스틴스트룹조차도 고고학적 유존물에서 밝혀지는 과거를 포괄하기에는 수천 년이면 족하다고 생각했다. 보르소에는 덴마크에 최초로 사람이 들어온 것은 서기전 3000년경의 일이며, 청동기시대의 시작은 서기전 1400년에서 서기전 1000년 사이, 그리고 철기시대의 시작은 서력기원 초기까지 내려간다고 추정했다. 역설적인 우연이지만, 스칸디나비아, 스코틀랜드, 스위스는 모두 뷔름 빙하기 동안 빙하에 덮여 있어 지금까지도 홀로세Holocene 이전으로 올라가는 인류의 점유의 증거는 거의 없다. 그렇기에 스칸디나비아, 스코틀랜드, 스위스 고고학자들이 그렸던 연대관은 현대 우리가 이해하고 있는 실체와 크게 다르지 않다. 18세기 계몽철학자들과 마찬가지로 스칸디나비아 고고학자들은 전통 성서의 편년에 도전하지도 않았으며, 인류의 생물학적 기원에 대한 진화적 관점을 포용하지도 않았던 것이다.

3. 인류의 기원과 서유럽의 선사고고학

스칸디나비아에서 개척한 선사고고학은 프랑스와 영국에서는 대체로 무시되었다. 프랑스와 영국의 호고가들은 더 뒤떨어진 주변부 나라의 동료들이 제시한 사례를 따르기를 꺼렸던 것으로 보인다. 19세기 전반 동안 영국과 프랑스의 고고학은 호고주의적 성향에 머물러 있었다. 비록 1840년대와 1850년대 선사시대 연구에 형질인류학, 민속학 그리고 언어학 자료에 대한 사용이 갈수록 강조되기는 했지만, 고고학 유존물에 대한 고찰은 켈트족, 로마인, 앵글로색슨족, 메로빙거인Merovingians 같은 역사시대의 민족과 중세시대에 집중되어 있었다(Van Riper 1993; M. Morse 1999; T. Murrary 2001b: 204-210). 호고가들은 톰센의 삼시대체계는 별로 다루지 않았다. 이러한 보수적인 태도로 미루어 볼 때 선사고고학에 대한 학문적 연구가 영국과 프랑스에서 1850년대 말 이전에는 시작되지 않았음을 알 수 있다.

절멸동물 뼈와
유물의 공반

스칸디나비아와는 달리 영국과 프랑스에서 초기 학문으로서 고고학은 주로 구석기시대, 그리고 인류의 기원에 대한 확인과 관련되어 있다. 이런 고고학은 대체로 호고가들이 아니라 지질학과 고생물학에 관심을 가진 사람들이 만들어 냈으며, 결국은 선사시대의 모든 시기의 물적 자료 연구의 방법으로서 호고주의를 대체(호고주의가 변모한 것이 아니라)하는 것이다. 프랑스와 영국 남부에서는 전기 구석기시대까지 올라가는 인류 활동의 흔적을 담고 있는 동굴과 빙하 퇴적층이 있어 이 지역의 고고학자들에게 스칸디나비아, 스코틀랜드, 스위스에는 없는 아주 이른 단계의 인류 존재를 연구할 자료가 되었다.

구석기고고학은 지질학에서 진화적 시각이 등장하고 고생물학 지식이 축적됨으로써 발달했다. 이런 학문 분야에서 이루어진 진보는 성경 기록을 넘어서는 인류의 기원에 대한 과학적 연구에 필요했다. 비록 인류의 기원에 대한 연구에서 커다란 고고학적 전환은 다윈의 진화론보다 조금 빠르지만, 구석기고고학은 곧 다윈의 연구를 둘러싼 논쟁에 빨려들었고, 생물진화에서 온 개념들에 큰 영향을 받았다.

1690년 런던의 도로 밑 퇴적층 내 매머드 이빨 근처에서 플린트제 주먹도끼가 발견되었을 때, 호고가였던 존 백포드John Bagford는 이것에 대해 서기 43년 로마 전쟁으로 클라우디우스황제가 영국에 코끼리를 들여왔으며, 돌창으로 무장한 고대 브리튼인Britons(고대영국인)이 도살한 것이라 해석했다. 고대 브리튼인이 이미 철제 칼을 사용했다는 역사기록이 있었음에도, 이러한 설명은 합당한 것으로 여겨졌다(Burkitt 1921: 10; Grayson 1983: 7-8). 이 같은 해석은 확실히 문헌에 근거한 고고학의 전통을 따른 것으로, 역사기록을 경우에 따라 취사선택하여 이용한 것이었다.

이와 대조로 1797년 존 프레어John Frere는 잉글랜드 동부 혹슨Hoxne에서 4m 깊이에서 알려지지 않은 동물의 뼈와 함께 출토된 아슐리안 주먹도끼에 대한 서술을 남겼다(그림 4.4). 프레어는 바다가 들어왔던 흔적을 가지고 있으며 50cm 정도 두께의 유기물 토양을 가진 위층은 아주 오랜 시간 동안에만 쌓일 수 있다고 주장하면서 "이런 무기가 발견된 정황은 우리에게 아주 먼 과거, 심지어 현세를 넘어서는 과거까지 올려 보도록 유혹한다"고 결론을 내렸다([1800] Heizer 1962a: 71). 이로써 그는 출토물이 6000년 이전으로 올라감을 의미했던 것이다. 호고가협회는 그의 논문을 출판할 만하다고 판단했지만, 그 당시 어떠한 논쟁도 불러일으키지 못했다. 당시 지성적 분위기는 인류의 기원을 그토록 멀리까지 올려 보는 시각을 받아들이지 않았던 것이다. 도널드 그레이슨(Donald Grayson 1983: 58)은 프레어가 층위상에서 동물 뼈나 조개류 등을 확인하지 못했기 때문에 그의 주장이 동의를 얻지 못했음을 지적했다.

그림 4.4 *Archaeologia*(1800)에 발표된 혹슨에서 프레어가 발견한 아슐리안 주먹도끼

18세기에는 조르주 뷔퐁(Georges Buffon, 1707~1788)과 같은 과학자들이 세계의 박물학적 기원에 대해 의견을 개진하고 어쩌면 수만 년 또는 수백만 년이나 되었을지도 모른다고 생각하기 시작했다. 성경의 기록을 따라 일주일 동안 창조되었다고 글자 그대로 해석하기보다는 상징적인 해석이 필요하다는 것이다. 이미 1669년 니콜라우스 스테노(Nicolaus Steno, 1636~1686)는 그 어떤 지질 포메이션에서도 하부의 층은 그것을 덮고 있는 층보다 먼저 형성된 것이라 생각할 수 있음을 인지했다. 18세기와 19세기 동안에는 산업혁명이 진행됨으로써 광산, 채석, 운하 건설 행위가 늘어나 지질 층위에 대해 새로운 지식이 알려졌다.

조르주 퀴비에(Georges Cuvier, 1769~1832)는 프랑스의 지질학자로서 고생물학을 과학적 학문으로 세우고 닐손의 선사시대 유물 연구에 영감을 주기도 했다. 퀴비에는 동물 뼈 부위가 한 개체의 일부였을 것이라고 판단하고, 비교해부학적 지식을 이용하여 당시까지 알려지지 않았던 화석 동물을 현존 동물 종과 유사한 방식으로 복원했다. 이런 식으로 수많은 동물 종이 절멸한다는 증거를 모았던 것이다. 퀴비에는 지질층이 오래된 것일수록 더 먼 과거의 동물유체가 들어 있다고 생각했다. 다만 세계가 창조된 뒤 비교적 짧은 시간만이 흘렀다고 가정했기 때문에 지역마다 일련의 자연적 카타스트로피로 지역의 동물 종 전체가 소멸되고 그 지역의 지질학적 형상이 변모했다는 식으로 인식했다. 그렇게 유린된 지역에는 다시 그렇지 않았던 지역으로부터 동물들이 이동하여 들어와 살게 되고, 이로써 시간이 흐름에 따라 전 세계적으로 종의 수가 감소하는 결과가 초래되었다는 것이다. 이 설을 우리는 지역 카타스트로피즘regional catastrophism이라 부를 수 있을 것이다.

고생물 자료가 더 많이 알려지면서 시간의 흐름에 따라 많은 복잡한 생물 형태들이 등장하였고, 생물군은 성장하여 전체적으로 현재와 같은 양상을 가졌다고 생각된다. 결과적으로 성공회 신부이자 옥스퍼드대학의 광물학 교수였던 윌리엄 버클랜드(William Buckland, 1784~1856) 같은 지질학자들은 많은 카타스트로피가 대부분의 종을 절멸시킨 보편적인 것이었다고 보게 된다. 다시 말하면 신이 새로운 종을 재창조하여 과거의 것들을 대체했다는 것이다. 그러므로 계기적인 지질 층서에서 관찰되는 식물과 동물의 복합성의 증가는 발전적인 연쇄가 아니라 더욱 복합적인 일련의 창조의 과정이 된다. 버클랜드는 진화를 자연세계에서 벌어지는 것이 아니라 신의 마음속에서 일어나는 것으로 보았던 것이다. 이러한 데카르트적이지 않은 관점을 우리는 보편적 카타스트로피즘general catastrophism이라 부를 수 있을 것이다.

1774년 요한 에스페르(Johann Esper, 1732~1781)가 보고한 발견을 시작으로 박물학자들과 호고가들은 서유럽의 많은 지역의 동굴 유적에서 층위를 이루며 퇴적되어 있는 층에서 절멸된 동물의 뼈와 공반되는 인골과 석기를 마주하게 된다. 이 가운데 19세기 초에 이루어진 가장 중요한 발견으로 프랑스에서는 나르본느Narbonne 근처에서 폴 투르날(Paul Tournal, 1805~1872)과 몽펠리에Montpellier 동북부에서 쥘 드 쉬리스톨(Jules de Christol, 1802~1861)의 발견, 벨기에의 리에쥬 근처에서 필리프샤를 슈메를링(Philippe-Charles Schmerling, 1791~1836)의 발견, 영국의 켄트동굴Kent's Cavern에서 존 매커너리(John MacEnery, 1796~1841) 목사의 발견 등을 들 수 있다. 이 사람들은 모두 자신의 발견이 사람과 절멸된 동물 종이 동시기에 존재한 증거가 될 수도 있으리라고 생각했다. 그렇지만 인류가 남긴 유물이 더 오랜 퇴적층에 끼어들어 갔을 가능성을 배제시킬 만큼 발굴기술이 충분히 발달했던 것은 아니었다. 매커너리가 발견한 것은 분명히 오랜 시기 동안 형성되었을 단단한 석회암층 아래에 덮여 있었다. 버클랜드는 고대 브리튼인이 석회암을 관통하여 화덕을 팠고, 석기는 이런 구덩이들을 통해 화석 동물 뼈가 있는 더 오래된 퇴적층 속에 들어갔다고 주장했다. 비록 매커너리는 그런 구덩이의 존재를 부인했지만, 석기가 오래된 것은 사실일지라도 절멸된 동물과 동시기일 필요는 없음을 인정하기도 했다. 다른 시기의 동물 뼈와 유물이 상당히 최근에 일어난 홍수로 동굴에 쓸려 들어오면서 뒤섞여 퇴적층에 같이 들어 있게 되었다고 주장했다(Grayson 1983: 107). 이렇듯 당시로서는 동굴 유적에서 확실한 증거를 찾을 수는 없음이 명백해졌다. 제임스 사켓(James Sackett 2000: 47)은 에두아르 라르테Edouard Lartet가 이미 1859년 이전에 절멸 동물 뼈에서 관찰된 도구로 자른 자국cut marks을 근거로 인류의 기원이 아주 오래전까지 올라감을 인지했다고 지적했다. 만약 이것이 사실이라면, 라르테가 더 설득력 있는 주장이 나오기 전까지 자신의 생각을 출간하지 못했다는 사실은 자신의 관찰이 광범위한 지지를 받지 못할 것이라 여겼음을 시사하는 것이다.

논쟁이 많았던 문제는 인류의 흔적과 유물이 절멸 포유동물과 동시기적 맥락에서 발견될 수 있는지 하는 것이었다. 매머드와 털코뿔소의 뼈는 흔히 프랑스와 영국 남부의 빙하 퇴적층에서 발견되었다. 19세기가 시작되면서 이 퇴적층은 일반적으로 노아의 홍수 때문에 생긴 것이라 생각되었으며, 노아의 홍수는 지구 표면을 뒤흔든 가장 마지막의 커다란 카타스트로피라 여겨졌다. 성경에서는 인류가 그보다 더 일찍부터 존재했다는 기록이 나오기 때문에, 인류의 유체가 그런 홍수퇴적층에서 발견될 가능성도 있는 것처럼 보였다. 그럼에도 기독교 근본주의자들은 성서에서는 신의 개입으로 당시 존재하는 모든 동물 종들이 홍수에서 살아남았음을 시사한다고 믿었다. 이 때문에 그런 퇴적층에서 절멸된 동물 종의 뼈가 나온다는 것은 단순히 마지막 대홍수가 아니라 인류의 기원이 창조 이전으로 올라갈 가능성이 있는 것이다. 성경을 문자 그대로 받아들이지는 않으려 했던 고생물학자들조차도 이는 자비로운 신이 인류의 창조 이전에 지구를 현대적인 상태로 만들어 놓으려 했던 것이라고 믿는 경향이 있었다. 1830년대가 되면 모든 홍수퇴적층들이 동시기에 쌓인 것은 아니라는 점도 인정받았다. 퇴적층은 마지막 창조보다 소급되고, 따라서 그런 퇴적층에 인류 유체가 있어서는 안 된다는 생각이 광범위했다(Grayson 1983: 69).

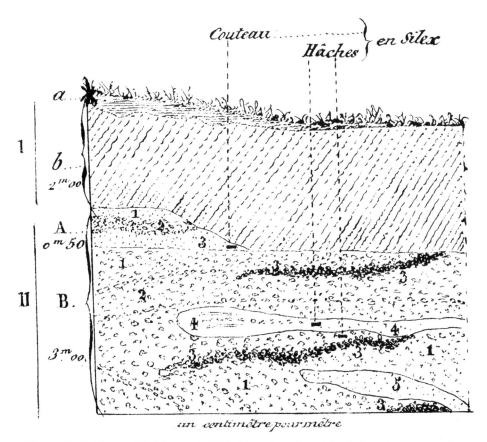

그림 4.5 구석기시대 자료의 위치를 보여주는 층위 단면, 부셰 드 페르트의 『고대 켈트족과 대홍수』(1847)에서

　　이 시기의 지성계가 가지고 있던 문제는 자크 부셰 드 페르트(Janque Boucher de Crèvecoeur de Perthes, 1788~1868)의 연구에서 분명한 사례를 볼 수 있다. 페르트는 프랑스 서북부의 솜강 옆의 아베빌Abbevilee이라는 곳에 있는 세관의 장이었다. 1830년대 지역의 의사였던 카시미르 피카르Casimir Picard는 이곳에서 석기와 뿔로 만들어진 도구가 나왔다는 보고를 한다. 부셰 드 페르트는 1837년부터 이 발견물을 연구하기 시작했다. 그리고 얼마지 않아 당시 운하와 철도 건설로 이탄층보다 선행하는 하안단구 자갈퇴적층 깊은 곳에서 절멸 매머드 및 코뿔소와 전기 구석기시대의 주먹도끼가 공반하여 나오고 있음을 알게 되었다(그림 4.5).

　　부셰 드 페르트는 확실한 층위 관찰을 통하여 석기와 절멸 동물이 똑같이 오래되었음을 확신했다. 그렇지만, 카타스트로피를 믿는 사람으로서 석기가 "성서의 대홍수 이전"에 일어난 대규모 홍수로 완전히 사라져 버린 (대홍수 이전의) 종족이 만든 것이라는 판단을 내린다. 아주 오랜 시간이 흐른 뒤 신은 새로운 인종, 곧 아담과 이브와 그의 후손들을 창조했다는 것이다(Grayson 1983: 126-130). 1847년에 나온 부셰 드 페르트의 『고대 켈트족과 대홍수*Antiquités celtiques et antédiluviennes*』 첫 권이 출간되었을 때 프랑스와 영국의 학자들이 이 설을 모두 받아들이지 않았음은 전혀 놀랄 일이 아니다. 페르트와 같은 층위 관찰은 생타쇨St. Acheul에서 외과의사인 마르셀제롬 리골로(Marchel-Jérôme Rigollot, 1786~1854)에 의해서, 그리고 아베빌에서 상류 쪽으로 40km 떨어진 아미앵Amiens 근처의 유적에서도 되풀이되었다. 소르본대학의 에드몽 에베르Edmond Hébert를 포함한 지질학자들이 이 퇴적층을 "대홍수 시대"의 것이라고 확인했을 때조차도, 지질학자와 호고가들은 여전히 유물이 끼어들어 갈 수 있으며, 따라서 늦은 시기의 것일 수 있다는 염려를 갖고 있었다. 그레이슨(Grayson 1983: 207)은 리골로의 확실한 증거를 거부한 것은 "그럴 수 없을 것이라는 선험적 믿음에 근거한 것"이며, 리골로가 당시 학문 엘리트들에 비하면 문외한이었다는 사실 때문일 것이라고 결론을 내렸다.

지질학의 발달과
진화론의 성립

　　인류의 기원이 얼마나 올라갈 것인지에 대한 논쟁이 해결되기 위해서는 지질학의 발달이 필요했다. 1785년 에든버러의 외과의사 제임스 허턴(James Hutton, 1726~1797)은 암석과 토양이 느린 속도로 침식되고 지각의 융기로 균형을 이룬다는 동일과정반복설이라는, 지질사를 바라보는 시각을 제안했다. 허턴은 모든 지질층을 아주 오랜 시기 동안 작용해 오면서 지금도 진행 중인 지질력의 측면에서 설명할 수 있다고 보았다. 몇 년 뒤 영국의 윌리엄 스미스(William [Strata] Smith, 1769~1839)와 프랑스의 조르주 퀴비에와 알렉상드르 브론냐르(Alexandre Brongniart, 1770~1847)는 상이한 시대의 층들이 각각 특징적인 유기물 화석조합을 지니고 있음을 알게 되었으며 그런 화석군들은 넓은 지역에 걸친 동시기 층을 확인하는 데 쓰일 수 있다고 생각하였다. 퀴비에와는 달리 스미스는 아주 오랜 시기 동안 암석층이 질서 있게 퇴적되었다는 원칙을 받아들이게 된다.

　　1830년에서 1833년까지 영국의 지질학자 찰스 라이엘(Charles Lyell, 1797~1875)은 『지질학 원론*Principles of Geology*』을 출간했다. 여기에서 라이엘은 대부분 시칠리아에 있는 에트나산 근처에서 관찰한 자료에 근거, 많은 자료를 제시하여 과거에 일어난 지질 변화가 아주 오랜 시기 동안 작용하고 있는 동일한 자연력의 결과이며, 그 속도는 현재 일어나고 있는 과정과 유사하다는 동일과정(반복)설을 제창했다. 지질학에서

라이엘의 동일과정설uniformitarianism의 원칙은 곧바로 지지를 받게 된다. 카타스트로피즘과는 반대로 동일과정설은 과거는 지질학적으로 끊어지지 않고 이어진 장시간의 시기였으며, 그동안 많은 사건들이 일어났을 것임을 시사했다. 이로써 연구자들은 생물진화의 가능성(라이엘 자신은 거부했던 개념이다)까지 고려하게 되었다. 당시 장바티스트 라마르크(Jean-Baptiste Lamarck, 1744~1829)는 이미 생물진화를 주장했으며(익명으로) 로버트 체임버스(Robert Chambers 1844) 같은 사람도 마찬가지였다.

지질사에 대한 이 같은 새로운 시각으로 인류의 기원에 대한 문제는 경험적 대답을 필요로 하는 사항이 되었다. 라이엘의 지질학에 대한 호의적인 반응은 영국의 지성과 일반 대중이 진화 사상에 대해 점점 개방적이 되어 갔음을 비추어 준다. 19세기 초 생물진화와 문화진화의 개념은 여전히 영국에서는 정치 근본주의와 결부되어 있었으며, 따라서 남부끄럽지 않은 중간계급에게는 전혀 호감이 가지 않는 것이었다(Desmond 1989). 19세기 중반이 되면 영국은 "세계의 일터"로 발돋움하면서 산업의 성장은 중간계급의 정치력과 자부심을 크게 신장시켰다. 중간계급은 특히 1826년에서 1848년까지의 경제 위축기와 사회혼란기 이후(Wolf 1982: 291) 스스로를 모든 인류에게 혜택이 돌아갈 세계 역사를 만드는 힘이라고 믿게 되었다.

이 같은 새로운 확신은 철학자 허버트 스펜서(Herbert Spencer, 1820~1903)의 저술에서 잘 드러난다. 스펜서는 1850년대부터 학문 및 정치적 문제에 대해 일반진화적 접근을 제창하기 시작한다. 그는 세상의 모든 것은 단순하고 단일한 것에서 점점 복잡하고 상이한 존재물로 발전하여 왔다고 주장했다. 원자가 결합하여 분자가 만들어지고 이것들이 다시 세포, 생물체, 원시사회, 그리고 궁극적으로는 유럽 문명을 창조했다는 것이다. 스펜서는 개인의 동기와 자유 기업정신이 문화진화를 추동하는 힘이며 산업혁명기 동안 중간계급 기업인의 자기 이익을 위한 행위가 인류역사 내내 진보를 불러온 과정의 지속 및 집중화라고 주장했다. 이로써 이전의 정치적으로 급진적인 사회문화진화의 개념을 대신하여 진화를 영국 중간계급 이데올로기의 중요한 부분으로 만드는 데 큰 역할을 했다. 영국 중간계급의 확신은 이미 1851년 런던에서 열린 산업적 창의성을 기념하는 박람회에서 표출된 바 있다(Harris 1968a: 108-141). 이런 식으로 스펜서는 중간계급이 생물진화와 인류의 기원이 크게 소급된다는 주장에 동조하는 데 이바지했던 것이다. 이런 감정의 변화로 인류의 기원에 대해 무엇인가를 알려 줄 고고학적 유존물에 대한 관심은 커져 갔다.

1858년 교사의 직업을 가지고 있던 윌리엄 펜젤리(William Pengelly, 1812~1894)는 영국 서남부 토케이Torquay 근처 브릭스햄동굴Brixham Cave에서 발굴을 한다. 이 동굴은 화석 뼈들이 출토되는 새로이 발견된 유적이었다. 펜젤리의 작업은 왕립 및 런던 지질학회의 후원을 받고 찰스 라이엘을 포함한 유력 학자들로 구성된 위원회의 주의 깊은 감독을 받아 이루어졌다. 발굴과정에서 석기와 화석 동물 뼈가 석순이 묻혀 있는 7.5cm 두께의 퇴적층 아래에서 발견되었으며, 이것 자체가 그 연대가 상당히 오래되었음을 시사하는 것이었다(Gruber 1965; Warren and Rose 1994). 인류의 기원에 대한 관심의 증가로 인해 1859년 봄과 여름, 처음에는 지질학자 조셉 프레스트위치(Joseph Prestwich, 1812~1896)와 뛰어난 아마추어 고고학자 존 에번스(John Evans, 1823~1908), 그리고 나중에는 찰스 라이엘을 포함한 영국의 과학자들이 솜강 유역의 유적을 방문했다. 그리고 과학자들은 모두 부셰 드 페르트와 리골로의 발견이 유효함에 확신을 가지게 되었다. 지질학자들은 유물이 출토된 층은 서기전 4000년보다 훨씬 전에 퇴적된 것이 분명함을 알게 된 것이다. 이들은 영국과학협회, 런던왕립학회, 런던지질학회를 포함한 영국의 과학 협회들에 제출한 보고서에서 인간은 절멸된 포유동물들과 현재보다 훨씬 전에 공존했다는 굳은 증거가 있다는 데 동의했다(Chorley et al. 1964; 447-449; Grayson 1983; 179-190). 이 같은 인류의 기원에 대한 새로운 시각은 라이엘의 『인류 기원에 대한 지질 증거The Geological Evidences of the Antiquity of Man』(1863)에서 공식적으로 인정받게 된다.

찰스 다윈의 『종의 기원』은 1859년 11월에 출간된다. 이 책은 동일과정설의 지질학에 영감을 받아 거의 30년에 이르는 연구 결과를 요약한 것으로서 라이엘의 『지질학 원론』이 지질학에 그랬던 것처럼 진화생물학에 뛰어난 업적을 남겼다. 다윈이 제시한 자연선택natural selection 개념은 많은 과학자와 일반 대중에게 생물진화의 과정이 현대 종들의 기원과 분포를 설명해 주면서도 고생물 자료에서 관찰되는 변화까지도 설명해 주는 메커니즘으로 인정을 받는다. 자연선택은 생물학적으로 자본주의적 경쟁과 동등한 것으로 인식되었는데, 경쟁은 경제 및 문화적 발전을 일으키는 추동력이라고 생각했다. 스펜서는 자연선택을 "적자생존survival of the fittest"이라 재명명함으로써 이러한 분위기를 고양시켰다. 그렇지만 선사고고학자와 인류학자들은 다윈의 진화이론보다는 단선적인 문화진화에 경도되어 있었다. 이는 스펜서의 관점 및 18세기 계몽철학자들의 생각과 일치하는 것이었다. 다윈은 생물진화가 단선적인 형태가 아니라 나뭇가지를 치는 방식으로 일어난다고 생각했다. 그리고 자연선택은 우연적인 상황으로 이루어지는 것이지 예측적이거나 의식적인 결정에 따라 이루어지는 것은 아니라고 주장했다.

인간은 유인원 같은 영장류에서 진화했다는 다윈의 학설이 담고 있던 함의를 통해, 인류의 기원은 경험적으로 연구되어야 할 뜨거운 이슈일 뿐만 아니라 다윈의 생물진화 학설에 대한 격한 논쟁의 핵심 부분이 되었다. 이에 따라 구석기고고학은 빠르게 대중의 관심을 끌었던 문제와 관련된 논쟁에서 지질학과 고생물학과 함께 중요한 역할을 하게 되었다.

4. 구석기고고학의 성립

구석기고고학이라는 주제는 1865년 영국의 은행원이자 박물학자였던 존 러복(John Lubbock, 1834~1913)이 석기시대를 구석기시대Pal[a]eolithic 또는 고석기시대Archaeolithic와 신석기시대Neolithic로 나눈 데서 유래한다. 구석기시대는 뗀석기(타제석기)만이 쓰였고, 지금은 멸종한 수많은 동물 종이 살았던 인류 발달의 초기 시대로 정의되었다. 신석기시대는 도끼나 정과 같이 특정한 목적을 가진 돌로 만든 여러 도구를 갈아 만들었고, 현생 동물 종만이 살고 있던 늦은 시기로 정의되었다. 뗀석기는 간석기(마제석기) 이전에 만들어진 것이라는 러복의 생각은 보르소에(Worsaae [1859]; Fischer and Kristiansen 2002: 45-56)로부터 이어받은 것이다. 하지만 러복은 톰센과 보르소에가 이미 구석기시대와 신석기시대 사이의 시기를 정의했다는 사실을 주목하지 못하고 말았다. 지금은 중석기시대라 불리는 이 시기에는 뗀석기만이 만들어졌지만, 동물 종은 현재와 비슷했다. 초기 구석기고고학자들이 중석기시대를 인지하지 못했다는 점은 프랑스와 영국의 고고학자들이 스칸디나비아의 고고학자들의 연구에 대한 상세한 이해를 갖지 못했음을 말해 준다. 1872년 호더 웨스트롭Hodder Westropp이 처음 사용했듯이 중석기시대라는 용어는 후빙기의 수렵민의 문화만을 지칭하기보다는 중기 및 후기 구석기시대로 보이는 것까지 포괄하고 있었다. 이 용어는 20세기 이전에는 지금과 같은 의미에서 사용되지는 않았던 것이다(Gräslund 1987: 38; Rowley-Conwy 1996).

1860년 이후 구석기고고학의 주된 발전은 프랑스에서 이루어졌다. 프랑스에서 라르테와 모르티에는 북쪽의 하안단구들과 남쪽의 바위그늘유적들에서 영국보다 좋은 자료들이 나왔던 것이다. 연구의 주 목적은 인간이 이 지역에서 얼마나 오랫동안 존재했는지, 그리고 과연 구석기시대 내에서 진화적 경향을 찾을 수 있는지를 판단하는 것이었다. 진화이론은 시간의 흐름에 따라 인간은 형태적으로 그리고 문화적으로 더 복합적이 되었을 것이라고 예측했다. 따라서 구석기고고학자들의 첫 목적은 유적을 편년적으로 배열하고 그런 경향이 일어났는지를 찾는 것이었다.

초기 구석기 연구를 주도했던 인물은 에두아르 라르테(1801~1871)였다. 라르테는 행정 관료로서 고생물학 연구로 전향하여 1860년부터 부셰 드 페르트의 발견이 가지는 중요성을 공개적으로 인정했다. 1863년 영국의 은행가이자 아마추어 인류학자였던 헨리 크리스티Henry Christy의 재정지원을 받아 도르도뉴Dordogne의 동굴유적을 탐사하기 시작했다. 라르테는 곧 구석기시대는 인류발달의 단일한 단계가 아니라 유물이나 공반되는 선사시대 동물 뼈에 따라 일련의 단계로 구분할 수 있음을 알게 되었다. 그리고 고생물학적인 범주에 바탕을 둔 분류를 선호하여 네 시대 또는 시기로 구분한다. 이것은 오랜 순서로 (1) 들소(오록스 또는 바이슨)시대, (2) 순록시대(로제리 바스[Laugerie Basse]와 라마들렌[La Madeleine]의 동굴유적이 전형이다), (3) 매머드 및 털코뿔소 시대, (4) 동굴곰 시대이다. 이후 라르테는 나중의 두 시기는 시간적으로 구분되지 않음을 점차 인식하게 되었다. 르무스티에Le Moustier 유적은 이 새로운 동굴곰 및 매머드 시기의 전형적 유적으로 지칭되었다. 이 라르테의 시기들에 펠릭스 가리구Félix Garrigou는 훨씬 이른 시기의 하마 시대를 첨가했는데, 이때 인간은 주로 야외 유적에 살고 있어서 프랑스 남부의 동굴에는 없다고 했다.

라르테의 연구는 가브리엘 드 모르티에(Gabriel de Mortillet, 1821~1898)가 이어받았다. 모르티에는 고고학 연구로 전향한 지질학자이자 고생물학자였다. 그는 1876년 파리에서 인류학학교의 선사인류학 교수가 되기 이전 8년 동안 생제르맹앙레Saint-Germain-en-Laye의 국립고대유물박물관에서 학예연구사로 일했다. 모르티에는 근본주의적 사회주의자이자 유물론자로서, 프랑스 전제주의자와 보수주의자들의 창조론적인 관점에 반대하여 인간의 기원과 문화에 대한 진화적 이해를 증진시키는 일이야말로 프랑스에서 사회주의의 발달을 고양시키는 길이라고 믿었다(Dennell 1990). 비록 라르테의 연구를 찬양하기는 했지만, 구석기시대의 고고학적인 세부 분기는 고생물학적인 범주만이 아니라 문화적 범주에 바탕을 두어야 생태적 차이를 시간적 차이로 여기는 실수를 최소화할 수 있다고 주장했다. 이 점에서 모르티에는 러복과 보르소에의 사례를 따랐던 것이다(Mortillet 1883, 1897).

그럼에도 모르티에의 고고학에 대한 접근은 지질학과 고생물학적 지식에 크게 힘입은 것이다. 그는 한 시기만을 특징짓는 제한된 수의 유물형식을 가려냄으로써 각 시기를 구분하고자 했다. 그런 특징적 유물들은 지질학자들과 고생물학자들이 특정 지질시대에 속하는 층들을 구분할 때 사용하는 지표화석과 고고학적으로 동등한 것이다. 또한 모르티에는 지질학적인 사례에 따라 구석기시대의 각 분기를 지표 유적을 따서 명명했다. 고생물학자들과 마찬가지로 층서학에 의존하여 편년 연쇄를 수립하기도 했다. 19세기 구석기 연구에서 순서배열법은 편년을 수립하는 수단으로서 보조 역할만을 했을 뿐이다. 이는 부분적으로 구석기시대 석기들에서는 이후 시대의 유물에 비해서 기술적이고 양식적인 연쇄를 인지하기가 어려웠기 때문이다. 또한 논의되던 이슈들이 너무 논쟁적이고 사회적인 성격을 띠고 있어 단지 아주 분명한 층서적 증거만이 시간적 연쇄를 세우는 데 보편적으로 인정되었기 때문일 것이다.

하마 시대는 나중에 파리 북쪽에 있는 유적의 이름을 따서 셸리안기(Chellean Epoch, 후일 셸리안과 아슐리안으로 세분된다)로 명명되었으며, 라르테의 동굴곰 및 매머드 시대는 대부분 무스테리안이 되었다. 다만 모르티에는 라르테가 동굴곰 및 매머드 시대 말미에 위치를 지웠던 오리냑Aurignac에서 나온 유물을 별개의 오리냐시안Aurignacian기로 구분했다. 라르테의 순록시대는 선행의 솔뤼트레안Solutrean기와 후행의 막달레니안Magdalenian기로 나눴다. 모르티에는 오리냐시안의 연대에 대해서는 확신하지 못했다. 나중에 이 시기를 솔뤼트레안 뒤에 위치시켰다가 1872년 마지막으로 자신의 분류에서 빼버리고 말았다(그림 4.6). 비록 플린트 석기 제작에 대해서 별로 알려진 것이 없었기 때문에 그 범주가 분명하지는 않았지만, 모르티에의 연쇄는 시간이 흐를수록 기술적인 정교함이 증가하고 석재 사용에서도 경제성이 높아짐을 보여주었다. 셸리안과 아슐리안 주먹도끼는 르발루아Levallois 몸돌(석핵)로 준비한 무스테리안 도구로 대체되었으며, 이것은 다시 후기 구석기시대의 돌날 도구로 이어졌다. 모르티에는 신석기시대, 청동기시대, 철기시대를 자신의 체계에 포괄하여 더 많은 시기를 제시했다. 그러나 이런 아주 서유럽적인 시기들이 단순히 기술적인 세부 분기를 떠나 보편성을 갖는지에 대해서 진지하게 생각했는지는 의문이다(Childe 1956a: 27).

또한 모르티에는 트네시안Thenaisian기와 후행하는 피쿠르니안기Puycournian Epoch를 추가하여 셸리안기 이전의 유물까지 포괄했다. 1863년에서 1940년까지 고

TEMPS		AGES	PÉRIODES	ÉPOQUES
Quaternaires actuels.	Historiques.	du Fer.	Mérovingienne.	Wabenienne. (*Waben, Pas-de-Calais.*)
			Romaine.	Champdolienne. (*Champdolent, Seine-et-Oise.*)
				Lugdunienne. (*Lyon, Rhône.*)
	Protohistoriques.		Galatienne.	Beuvraysienne. (*Mont-Beuvray, Nièvre.*)
				Marnienne. (*Département de la Marne.*)
				Hallstattienne. (*Hallstatt, haute Autriche.*)
		du Bronze.	Tsiganienne.	Larnaudienne. (*Larnaud, Jura.*)
				Morgienne. (*Morges, canton de Vaud, Suisse.*)
	Préhistoriques.	de la Pierre.	Néolithique.	Robenhausienne. (*Robenhausen, Zurich.*)
				Campignyenne. (*Campigny, Seine-Inférieure.*)
				Tardenoisienne (*Fère-en-Tardenois, Aisne.*)
Quaternaires anciens.			Paléolithique.	Tourassienne. (*La Tourasse, Haute-Garonne.*) Ancien Hiatus.
				Magdalénienne. (*La Madeleine, Dordogne.*)
				Solutréenne. (*Solutré, Saône-et-Loire.*)
				Moustérienne. (*Le Moustier, Dordogne.*)
				Acheuléenne. (*Saint-Acheul, Somme.*)
				Chelléenne. (*Chelles, Seine-et-Marne.*)
Tertiaires.			Éolithique.	Puycournienne. (*Puy-Courny, Cantal.*)
				Thenaysienne. (*Thenay, Loir-et-Cher.*)

그림 4.6 모르티에의 선사시대 시기들. 『프랑스의 형성*Formation de la National Française*』(1897)에서

고학자들은 프랑스, 영국, 포르투갈, 벨기에 등지에서 플라이오세와 마이오세의 퇴적층뿐만 아니라 초기 플라이스토세 퇴적층에서도 서석기, 곧 아주 거칠게 만들어져 유물인 듯 보이는 것을 발견했다. 진화이론에는 최초의 도구들은 아주 거칠어서 자연적으로 깨진 돌들과 구분하기 어려울 것이라는 암시가 있었다. 따라서 인간의 뼈나 다른 확실한 인류 존재의 증거가 없는 상황에서 이들 발견물의 진실성은 비판을 받게 되었다. 1870년대 말 서석기들이 유물임을 지지했던 모르티에를 비롯한 사람들은 자연적으로 깨진 것과 의도적인 석기 제작을 구분하는 데 쓰일 수 있는 범주를 개발하기 시작했다. 그런 범주들에 비판이 가해지고 새롭고 더 확실한 검증을 하려는 노력이 뒤따르게 되었다. 서석기와 수억 년 된 퇴적층에서 채취한 돌을 비교하는 연구도 이루어졌으며, 워런(S. H. Warren 1905)은 기계압으로 깨진 플린트에서 줄무늬현상을 관찰하기도 했고, 마르셀렝 불(Marcelin Boule 1905)은 시멘트 혼합기를 이용하여 플린트를 연구하기도 했으며, 반스(A. S. Barnes 1939)는 인류의 손으로 만들어진 것과 자연과정으로 깨진 날의 각도를 계량 분석하는 등의 실험연구를 행하였다. 이런 연구의 과정에서 석기 제작에 대한 많은 정보가 알려졌고, 많은 유적들이 인간의 기원을 연구하는 증거로서의 자격을 갖추지 못했음을 알게 되었다. 직접적인 영향을 받았든지, 아니면 우연의 일치이든지 이런 연구들은 스칸디나비아 연구자들이 1840년대에 수립했던 고고학 실험의 전통과 이어지는 것이었다.

모르티에가 원래 자연과학을 공부한 사람이었다는 사실은 그의 분류 방식 이외의 다른 영역에서도 잘 드러난다. 그를 비롯한 다른 대부분의 구석기고고학자들은 주로 인간의 기원이 얼마나 오래되었는지를 파악하는 데 매달렸다. 진화적인 연구틀 안에서 고고 자료에서 인류가 살았던 증거를 가능하면 멀리까지 거슬러 올라가 추적했으며, 오래된 문화들은 후행 문화보다 더 원시적이었다고 생각했다. 라르테와 모르티에가 세운 연쇄는 이런 작업을 훌륭하게 해냈다. 늦은 단계의 구석기시대를 이른 단계와 비교하면 석기들은 크게 다양해졌으며, 더 복잡한 제작과정을 보여주었고, 준비 과정에도 정확성이 높아졌으며, 골기의 수 역시 늘어났다는 증거가 있었다. 이는 톰센과 보르소에가 제시한 석기시대에서 철기시대에 이르는 과정에서 보이는 기술진보가 이미 구석기시대 안에서도 있었음을 보여주는 것이었다.

구석기고고학자들은 구석기시대의 인구집단이 상이한 단계에서 무엇을 먹고 살았는지를 논의하고 막달레니안기 예술에 표현된 말이 과연 사육된 것인지에 대해서 논쟁을 벌이기도 했다(Bahn 1978). 그러나 선사시대에 사람들이 어떻게 살았는지를 연구하는 데는 스칸디나비아 고고학자들보다 관심이 훨씬 덜했다. 이런 점에서 구석기고고학자들은 고생물학자들과도 비슷하다. 고생물학자들은 그 당시 개별 시기의 암석층에 보존된 식물 및 동물 종들 사이의 생태적 관계를 연구하는 것보다는 진화적 연쇄를 세우는 것에 더 관심을 가지고 있었다. 고고학 발굴의 주된 단위는 유사한 형식의 유물을 포함하고 있는 층이었다. 별다른 감독도 받지 않고 이루어졌는데, 자세한 문화 층위나 퇴적층 안의 유구들은, 스칸디나비아에서는 파악되었겠지만, 흔히 제대로 기록되지 않고 넘어가고 말았다. 특히 생활면이 보존되어 있는 바위그늘 유적에서는 그런 발굴로 인해 사람들이 어떻게 살았는지에 대한 정보가 크게 상실되고 말았다. 화덕이나 야영지의 윤곽 같은 증거는 잘 인지되지 못했으며, 유물과 동물 유체가 그런 유구와 어떠한 관련을 맺고 있는지도 알지 못했다. 박물관에 소장되어 있는 유물이란 단지 시대나 유적의 문화적인 친연성을 확정하는 데 결정적인 가치를 지니고 있다고 생각되었던 것들뿐이었다. 장기간에 걸쳐 큰 변화를 보이지 않기 때문에 결정적인 중요성을 지니고 있지 않다고 생각되어 석기제작에서 부산물로 나오는 부스러기 같은 유물은 그냥 버리고 말았다. 이로써 유물이란 연대추정을 위한 수단이자 진보의 증거물이라는 좁은 시각이 자리 잡게 되었다. 이는 고고 자료를 연구하는 데 있어 스칸디나비아식의 접근과는 아주 다른 양상이었다.

마지막으로, 생태 또는 종족적 차이의 결과로 나타날 수 있는 공시적인 다양성의 가능성에는 거의 관심을 기울이지 않았으며, 구석기시대의 분기들은 단지 단선적인 일련의 단계로만 생각했다. 단선진화론에 토대를 두고 고고학자들은 현대의 민족지 문화를 사용하여 특정 분기와 결부된 생활양식을 예증할 수 있다는 믿음을 가지게 되었다. 셸리안기의 사람들은 흔히 태즈메이니아Tasmania 원주민과 비교되었다. 태즈메이니아인은 19세기에 살았던 사람들 가운데 가장 원시적이라 여겨졌다. 무스테리안 사람들은 이보다 어느 정도는 진보된 오스트레일리아 원주민과 결부짓고, 솔뤼트레안 사람들은 이누이트Inuit족과 비슷하다고 생각했다. 이런 식으로 총체적 민족지 유추에 의존하여 고고 자료의 행위적 추론을 추구하게 되면서 특정한 형식의 고고 자료로부터 인간행위의 구체적인 양상을 추론하는 기법이 발달하지 못했다. 그리하여 선사고고학을 기능과정적 해석의 영역에서 민족학에 종속시키는 결과를 낳았다. 모르티에가 진화적인 발달에 지나치게 기울어 있었으며 구석기시대 유물조합 사이의 차이가 종족적 변이나 상이한 석재 사용 등에서 기인한 것일 수도 있음을 고려하지 못했다고 비판하기도 했던 보이드 도킨스(Boyd Dawkins 1874)조차도 만족할 만한 역사적인 분석을 내놓지 않았다.

모르티에는 19세기 중반의 지질학자와 고생물학자들과 마찬가지로 당시 학문 연구의 특징이었던 진화적 열정에 사로잡혀 있었다. 그는 자신의 구석기시대 연쇄를 플라이스토세 이전의 생물진화에 대한 지질학 및 고생물학적 증거와 구석기시대 이후 유럽의 문화 진보를 연결시켜 주는 다리로 바라보았다. 글린 대니얼(Glyn Daniel 1950: 244)이 주목했듯이, 진화고고학의 가장 중요한 속성 가운데 하나는 상이한 인간 집단들이 단일한 연쇄를 그리며, 암석 층위들에서 지질 연쇄를 읽을 수 있듯이 하나의 동굴 유적의 단면에 드러날 수 있다고 생각했다는 점이다.

모르티에는 19세기 후반 동안 문화진화에 대한 강한 민족학적 관심에도 영향을 받았다. 1851년, 독일 민족학자 아돌프 바스티안(Adolf Bastian, 1826~1905)은 전 세계에 대한 일련의 과학적인 항해를 시작하여 그 과정에서 베를린에 있는 왕립민족학박물관의 수집품을 확보했다. 그는 멀리 유리되어 있는 지역들에서도 문화적 유사성이 존재함에 깊은 인상을 받았다. 이는 보편적으로 공유하고 있는 "기초 사고Elementar-gedanken" 때문으로, 동일한 발달 단계에 있는 족속들은 비슷한 문제를 맞아 환경이 부여하는 제한들 내에서 비슷한 해결책을 발달시키는 경향이 있다는 식으로 생각했다(Koepping 1983; Zimmerman 2001).

1860년 이후 민족학자들은 다양한 발달 수준에 있는 현대사회들을 비교함으로써 유럽 사회들이 선사시대로부터 진화하여 온 계기적인 단계들을 설정하는 이른바 이론상의 역사가 크게 부활했다. 요한 바흐오펜(Johann Bachofen 1861)은 모든 사회가 모계사회로부터 출발했다고 했으며, 존 맥레난(John McLennan 1865)은 최초의 인류사회가 일처다부제였다고 주장했다. 이런 구체적인 이슈들에 대한 연구와 함께 에드워드 타일러E. B. Tylor나 루이스 모건Lewis H. Morgan과 같이 야만에서 문명으로 보편적인 단계를 거쳐 진화했다는 연구 등 다양한 시각이 제시되었다. 18세기의 "이론상의" 역사와는 달리 이러한 민족학적 주장은 일반적으로 철학적 공상보다는 학설로서 제시되었다. 이런 연구들은 19세기 중반 진화적 연구의 유행을 비추어 주고 있으며 보통 고고 자료가 잘 대답하기 어려운 문제들을 이야기하고 있기는 하다. 하지만 이 연구들은 기술 진보가 인류역사의 중요한 특징이라는 고고학 증거의 증가가 늘어나고 있다는 자신감으로부터 비롯되었다. 이 같은 민족지적 정식화에 따라 고고학자들도 고고 자료를 단선적인 시각에서 해석했다. 물론 모르티에는 구석기시대 동안 프랑스에서 물질문화 발달의 모든 세부사항이 다른 지역에서도 되풀이되었다는 주장을 하지는 않았다. 그러나 그런 연쇄가 기술적 세련화의 논리적 과정을 나타내 주기 때문에 구체적인 특성을 제외하고는 모든 것이 세계의 다른 모든 지역에서 초기 인류의 발달에 뒤이었다고 믿었다.

1867년 모르티에는 파리박람회의 고고학 전시에 대한 안내문에서 선사시대 연구로 인류의 진보가 자연 법칙이고 모든 집단은 비슷한 발달 단계를 거쳤으며(물론 상이한 속도였음이 분명하지만), 인류는 아주 오래전부터 살았음이 밝혀졌다고 주장했다(Daniel 1967: 144). 앞의 두 개념들은 계몽철학에 뿌리를 둔 것이며, 뒤엣것은『종의 기원』출간 이전에 수행된 고고학 조사의 결과였다. 구석기고고학은 인류의 진화적 기원을 입증해 주었음에도, 모르티에의 처음 두 법칙이 밝혀진 것은 전혀 아니었다. 서유럽을 제외하고는 인류가 모든 지역에서 동일한 구석기 연쇄를 거치며 발달했는지—어떻게든 발달했다고 한다면—를 파악할 수 있을 만큼 연구가 충분히 이루어지지는 못했다. 많은 학자들은 창이나 호리병박 그릇과 같은 단순한 유물이 복수의 지역에서 발명되었음을 받아들였다. 그런데 이 가운데는 부메랑이나 활과 화살과 같이 좀더 복잡한 발명은 단일한 기원을 가지고 기원지에서 다른 지역으로 전파되었을 것이라고 보는 사람들도 있었다(Huxley [1865] 1896: 213). 마찬가지로, 무엇이 진보인지에 대해서 과도하게 엄격한 잣대를 지녔기 때문에 많은 고고학자들은 동굴벽화가 인류 발달의 초기 단계에 만들어졌다고 보기 힘들 만큼 양식적으로 진전되었다고 하여 그 진실성을 받아들이지 않았다. 1889년 모르티에는 한 편지에서 알타미라의 동굴벽화는 선사학의 신뢰를 떨어뜨리기 위하여 스페인의 성직자가 꾸민 것이라고 주장하기도 했다. 이러한 시각은 확실하게 후기 구석기시대로 연대추정되는 맥락에서 다른 동굴벽화들이 새로이 발견되고 나서야 사라졌다.[1] 하지만 유럽의 동굴벽화가 입증되었다고 하더라도 대체로 오스트레일리아 원주민과 결부된 토테미즘과 유사한 것으로 여겨지곤 했다(Reinach 1903; Ucko and Rosenfeld 1967: 123-128; Moro Abadia and

---

1) 알타미라 동굴벽화는 1879년 스페인의 사우투올라와 딸 마리아가 발견했다. 사우투올라는 구석기시대 동굴벽화임을 주장했지만, 모르티에를 비롯한 당대 고고학자들은 받아들이지 않았다. 사우투올라와 모르티에가 세상을 떠난 뒤 1902년이 되어서야 프랑스에서 몇 개 동굴벽화가 발견되고 알타미라 유적도 학계에서 인정을 받는다.(옮긴이)

González Morales 2003, 2004).

구석기고고학은 당시까지 기대하지 못했던 인류의 오랜 역사와 아주 원시적인 형태에서 시작한 유럽 문명의 진화를 보여주었기 때문에 학문적으로 중요하다고 생각되었고, 대중의 관심도 높았다(Moro Abadia 2002). 또한 구석기고고학은 지질학, 고생물학과 밀접한 관련 때문에 높은 학문적 존중도 함께 누렸다. 지질학과 고생물학은 모두 세계의 역사에 대한 새로운 비전을 만드는 데 주도적인 역할을 한 과학이었던 것이다. 세 학문 분야는 모두 역사의 여명 이전에 있었던 진보의 실체를 입증하여 준다고 생각되었기 때문에 가치를 지녔다. 프랑스와 영국에서 발전한 구석기고고학은 스칸디나비아의 선사고고학보다 더 많은 관심을 모았다. 프랑스와 영국은 당시 세계의 정치, 경제, 문화 발달의 중심지였던 것이다. 그렇지만 구석기고고학이 유물을 주로 연대추정의 장치와 문화진화의 증거로 보는 것은 스칸디나비아 선사고고학과 비교하면 아주 편협한 시각이었다. 스칸디나비아에서는 문화진화를 연구하면서도 과거에 살았던 특정 인간집단과 개별 선사시대의 환경에 인간이 어떻게 적응했는지에 대해서 가능하면 많은 정보를 얻고자 했다. 스칸디나비아 고고학자들은 지질학자와 생물학자와 상호 보답적인 협력관계를 통하여 그 목적을 추구했다. 이는 구석기고고학자들의 흔히 부적절한 자연과학적 방법에 의존한 고고학 조사와는 대조를 이룬다. 결과적으로 프랑스와 영국에서 발달한 선사고고학은 스칸디나비아 고고학에 비교하여 시간적인 깊이를 더한 만큼 그 관심의 폭은 제한적이었다고 할 수 있다.

5. 진화에 대한 반응

19세기 말에서 20세기 초 고고학자들은 계시 종교 및 진화론 지지자들 사이의 논쟁에서 양쪽 모두의 편에 섰다. 인간의 기원에 대한 진화적 설명(곧, 성서적 설명에 대한 거부)에 반대한 사람들은 다양한 방식으로 진화론자들과 맞섰다. 1860년대 당시의 고고학적 유존물에 대한 해석을 받아들였던 창조론자들도 이전의 생각보다 인간이 훨씬 전에 창조되었음을 인정했다. 다만 초기 인류의 유골이 발견되는 경우 다윈주의자들이 예측한 바대로 "유인원 같은 형태"가 아니라 현대 인간과 가까운 형태일 것이라는 희망을 여전히 유지했다(Casson 1939: 207-208; Grayson 1983: 211). 물론 고고학적 유존물의 진화적 해석을 거부했던 창조론자들도 있었다. 이미 1832년 더블린의 성공회 대주교였던 리처드 웨이틀리(Richard Whately, 1787~1863)는 퇴보론의 교의를 부활시키고자 했다. 그는 야만인들이 남의 도움 없이 덜 미개한 생활양식을 발달시켰다는 증거는 어디에도 없다고 주장했다. 이로써 인간은 원래 현대 야만인의 상태보다 "훨씬 더 우월한" 상태에 존재했을 것이라는 생각이 뒤따르게 되는데, 이 시각을 창세기와 일치한다고 보았다(Grayson 1983: 217-220). 이 입장은 1860년대 보수주의자들 사이에 갈수록 유행했다. 물론 모든 퇴보론자들이 인류의 역사가 오래되었음을 부인하거나 초기의 문화적 성취를 신의 계시 탓으로 돌리지 않았던 것은 사실이다.

가장 유력한 퇴보론자 가운데 한 사람으로는 캐나다의 지질학자이자 아마추어 고고학자였던 존 윌리엄 도슨John William Dawson을 들 수 있는데, 몬트리올의 맥길대학에서 1855년부터 1893년까지 학장을 지낸 사람이다. 도슨은 인류 화석과 절멸 동물이 공반한다는 사실을 받아들이기는 했지만, 그것들이 함께 출토된다는 것은 플라이스토세 자갈층이 최근의 것임을 확증해 주는 것이라는 주장을 했다. 1865년 솜강 유역의 지질 퇴적층들을 고찰하면서 이전에 자신의 스승이었던 찰스 라이엘을 아주 "마음씨 좋은 순진한" 생각을 가졌다고 평했다. 그리고 "몇몇 저술가들이 말하듯이 그 퇴적층이 오래된 것"이라는 증거가 없다는 의견을 냈다(Dawson 1901: 145). 이처럼 도슨은 동일과정반복의 원칙을 말하는 지질학자들의 발견을 그냥 무시해 버리고 말았다. 도슨은 다른 글에서 북아메리카의 민족지 증거에 따르면 가장 잘 만들어진 석기 도구를 만들었던 족속들도 가장 초보적인 도구들(아마도 몸돌이나 버리는 석재를 가리켰을 것이다)을 만들기도 했음을 주목했다. 더 일반적으로 말하면, 유럽에서 발견되는 발달의 연쇄과정은 지역적으로 특이한 경향이거나, 아니면 이웃하는 동시기 집단들이 다른 문화와 우연하게 서로 혼합된 결과일 수도 있다고 했다. 이로부터 인류역사를 통틀어 상이한 복합도를 가진 문화들이 공존하지 않았다는 증거는 없다는 결론을 내렸다(Dawson 1888: 166-167; 214; Trigger 1966). 19세기에 도슨을 반대하는 사람들은 이런 의견에 논박하기보다는 그저 무시해 버리고 말았다. 특히 유럽 이외의 지역에서 진화가 인류역사의 일반적 경향이라고 생각하기에는 아직 충분한 사실이 알려지지 않았다.

서아시아의 고고학자들과 성서의 진실성을 증명하려는 사람들 사이에는 이보다 훨씬 깊은 친밀성이 있다. 메소포타미아 고고학에 대한 강한 대중적 관심은 1870

년대 조지 스미스George Smith가 니네베Nineveh에서 노아의 홍수에 대한 성서의 기록과 유사한 바빌로니아의 이야기를 담고 있는 진흙 판을 발굴함으로써 부활했다.『데일리 텔리그라프The Daily Telegraph』는 이 판 가운데 잃어버린 부분을 찾는 데 영화英貨 1000파운드를 지원하여 이라크에 조사단을 파견했고, 마침 때맞추어 찾아냈다(Daniel 1950: 132-133). 이집트탐사회Egypt Exploration Society는 이집트에 히브리족이 머물렀다는 성서의 기록과 결부될 만한 텔 엘무사후타Tell el-Musahuta와 같은 델타의 유적을 조사했다. 1896년 페트리W. M. F. Petrie는 곧이어 *I. si. ri. ar*(고대 이집트 문자에는 r과 l을 구분하지 않는다)라는 족속을 확인했다. 이는 새로 발견된 메르네프타Merneptah 파라오(재위 서기전 1236~1223)의 석비에 있는 것으로, 이집트 원전에서 처음으로 이스라엘을 언급한 것이 된다(Drower 1985: 221). 1929년에서야 레너드 울리Leonard Woolley는 우르의 선사시대 층을 발굴하던 중 그가 찾은 두터운 실트 퇴적층이 메소포타미아에 (성서에 언급되어 있는) 대홍수가 일어났음을 확인시켜 준다고 주장하며 큰 관심을 고조시켰다(Woolley 1950: 20-23; Moorey 1991: 79-80). 1890년대까지도 성서의 연대기에 문제를 제기하기를 두려워했던 역사고고학자들은 서아시아에는 선사시대 유적이 없다고 주장했다. 이들은 석기가 나오는 모든 유적은 역사시대 이후의 것이라고 했던 것이다(Gran-Aymerich 1998: 285-286, 292, 443). 비록 이집트와 메소포타미아는 매력적인 고고학 발굴로 대중의 관심을 고조시키기는 했지만, 성경과 관련되어 있고 성경의 언급을 확인시켜 준다는 것만을 조사했다. 그렇게 해서 이 지역과 팔레스타인에서 고고학 조사를 수행하는 데 광범위한 재정지원을 받을 수 있었던 것이다.

6. 북아메리카의 고고학: 마운드빌더 논쟁

라틴아메리카의 선사시대는 유럽에서 온 방문자들과 제한된 수의 지역 학자들이 산발적으로 연구했다(I. Bernal 1980: 35-102). 하지만 유럽을 제외하고 미국은 19세기 말 이전 선사고고학 연구의 전통을 발전시킨 유일한 나라이다. 이때가 되면 유럽에서 온 이주민들이 애팔래치아 산맥 서쪽으로 진출하기 시작하고, 1780년대부터 더 많은 고학력의 유로아메리칸들은 인디언의 열성劣性을 비종교적인 방식으로 설명할 필요를 느끼고 있었다. 결과적으로 인종적인 신화들이 종교적인 것을 대체하여 인디언의 땅을 빼앗고 인디언 조약을 위반하는 행위를 정당화시키는 데 활용된 것이다. 인디언들은 천성적으로 포악하고 싸우기를 좋아하며 생물학적으로 상당 정도의 문화 발달을 할 능력을 갖추지 못했다는 주장이 널리 퍼져 있었다. 또한 그 반대의 증거가 많았음에도 불구하고 인디언들은 유럽식 생활양식에 적응할 수 없으며 때문에 "문명"이 서쪽으로 확산됨에 따라 결국은 사라질 운명이라고 주장했다(Vaughan 1982). 유럽인이 들어오기 이전 인디언들이 고귀하고 활기찬 족속이라고 보았던 토머스 제퍼슨Thomas Jefferson조차도 인디언들이 문명의 영향력에 저항할 힘을 갖고 있지 않았다고 믿었다(R. McGuire 1992b; Wallace 1999). 이러한 생각은 특정 개인이 만들어 낸 것이 아니라 당시 광범위했던 편견이 동시에 발현된 것일 뿐이다. 많은 미국인들은 인디언의 자연적인 열성이란 신의 계시가 현시된 것이라고 생각했는데, 이는 원주민들의 열성에 대한 새로운 생물학적 설명은 반드시 이전의 종교적 설명을 배제하고 있지는 않음을 가리켜 준다.

유럽인들은 애팔래치아 산맥 서쪽에 정착하기 시작하면서 오하이오강과 미시시피강 합류 지역에서 잘 만들어진 토루와 커다란 마운드들을 마주했다. 이들은 지금은 아데나Adena 및 호프웰Hopewell 문화 유적으로 알려져 있다. 서기전 800년에서 서기 500년 사이 오하이오강 유역을 중심으로 한 것이다. 또한 상당수는 서기 500년에서 1550년까지 미국 동남부에 번영했던 미시시피 문화의 것이다. 이러한 구조물에는 흔히 토기, 조개, 운모, 순동 등으로 잘 만들어진 유물들이 들어 있었으며, 이는 원주민의 문화는 지극히 원시적이라는 믿음에 부합되지 않았다. 이로써 유적은 곧 다양한 공상의 대상이 된다. 박물학자 윌리엄 바트램William Bartram, 제임스 매디슨James Madison 목사, 그리고 중요한 인물로 볼티모어의 외과의사인 제임스 매컬러James Mc-Culloh와 같은 미국인들은 인디언들이 축조한 것이라는 결론을 내렸지만 대부분 사람들은 이런 생각을 거부했다. 여행가인 벤자민 바튼Benjamin Barton은 이 구조물이 데인족Danes의 것이며, 그들은 결국 멕시코로 들어가 톨텍인Toltecs이 되었다고 보았다. 이에 반해 뉴욕 시장이었던 드 윗 클린턴De Witt Clinton은 바이킹족이 만든 것이라고 했고, 에이모스 스토다드Amos Stoddard는 웨일스에서 기원한 것이라고 보았다. 현명한 민족학자였던 앨버트 갤러틴Albert Gallatin은 이 유적을 멕시코와 결부시키기도 했다. 다만 그는 멕시코인들이 북쪽으로 이동해 왔는지, 아니면 마운드를 만든 사람들이 남쪽으로 옮겨갔는지에 대해 확신하지는 못했다(Silverberg 1968; Willey and Sabloff 1980: 19-25; Blakeslee 1987).

비록 미국의 대중은 흔히 원주민들의 성취를 낮게 평가했지만, 북아메리카가 유럽과 경쟁할 만한 그 자체의 역사를 가지고 있지나 않을까 염려했다. 그렇기에 이들은 그런 발견들에 혼란을 느꼈는데, 이는 1840년대 존 스티븐스John L. Stephens가 중앙아메리카의 밀림에서 잃어버린 마야의 도시를 발견한 것에 혼란을 느꼈던 것과 마찬가지였다. 그렇지만 선사시대 마운드와 토루를 퇴보론의 증거로 해석했던 사람들을 차치하고라도(Bieder 1986: 33-34), 대부분 학자들과 일반 대중은 이 유적들을 마운드빌더라는 (상상 속의) 족속이 만든 것으로 보았다. 그 뒤 마운드빌더족은 야만적인 인디언 약탈자들에 의해 파멸되고 북아메리카에서 쫓겨났다고 생각했던 것이다. 따라서 마운드빌더와 관련된 많은 공상을 통해 과거의 주된 성취들을 쫓겨난 현재의 북아메리카 인디언이 아닌 족속이 만든 것이라고 함으로써 여전히 인디언의 정체되고 비문명적인 성격을 강조했다. 고고학적 유존물은 광범위하게 인디언들이 위협적인 존재라는 증거로 해석되었다. 인디언들은 기회만 주어지면 문명을 파괴할 사람들임이 드러났다는 것이다. 땅과 자원을 빼앗기고 보호구역으로 밀려나거나 훨씬 서쪽으로 강제 이주한 인디언들은 유럽에서 온 압제자들로부터 피에 굶주린 괴물로 그려졌으며, 미국 시민들이 이들과 전쟁을 벌이고 땅을 빼앗는 것을 정당화시켜 주는 역할을 했던 것이다. 조사이어 프리스트Josiah Priest의 『아메리카 서부의 고대 유적과 유물American Antiquities and Discoveries in the West』(1833)과 같은 책들은 마운드빌더족이 잃어버린 문명화한 족속이라는 생각을 상술하고 있는데 곧 베스트셀러가 되었다. 이런 이야기들의 매력은 굉장한 것이어서 미국 외과 의사이자 해부학자였던 새뮤얼 모튼(Samuel Morton, 1799~1851)이 마운드빌더족과 최근 인디언의 머리뼈에 아무런 차이도 없다고 언급한 뒤에도 아메리카의 인종을 순전히 문화적인 근거에서 톨텍족과 미개족들로 구분했다(Silverberg 1968).

이보다는 긍정적으로, 애팔래치아 산맥 서부에서 마운드와 토루들이 발견된 것은 처음으로 미국에서 선사시대의 기념물을 묘사하고 유물을 수집하는 데 폭넓은 관심을 불러온 측면도 있다. 이러한 유물들을 당시 인디언들이 만든 그 어떤 것보다도 기술적으로 그리고 예술적으로 더 세련된 것으로 생각했다. 1780년에서 1860년까지 미국 동부와 중부에서 고고학은 호고주의적인 단계를 지나고 있었는데, 이는 1500년에서 1800년까지 영국과 스칸디나비아에서 고고학의 발달을 축약해 보여주기도 한다. 18세기 말 오하이오강 유역에 주둔한 군장교들은 토루의 평면도를 그리기 시작

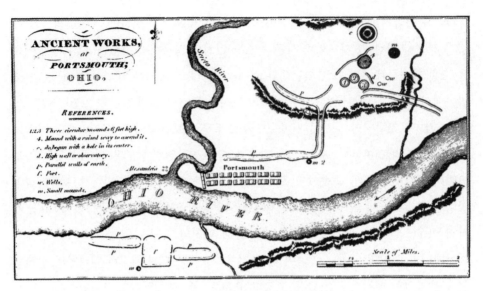

그림 4.7 오하이오 주 포츠머스에 있는 선사시대 토루의 평면도. 앳워터의 「오하이오 주와 다른 서부의 주에서 발견된 고대 유물에 대하여」(『미국호고가협회보』, 1820에서)

했으며 마나세 커틀러Manasseh Cutler 목사는 마리에타Marietta의 토루 위에 자란 나무가 마을 건축을 위해 잘려 나갈 때 나이테를 세기도 했다. 1813년 브랙큰리지H. H. Brackenridge는 분묘마운드와 신전마운드를 구분하여 분묘마운드가 시간적으로 이름을 밝혔는데, 이는 옳은 판단이었다(Willey and Sabloff 1980: 23).

조사와 조사를 간행하는 일은 점차 더 체계적으로 되어 갔다. 미국 철학회는 마운드빌더를 둘러싼 논쟁에 높은 관심을 보였다. 1799년 당시 회장이었던 토머스 제퍼슨Thomas Jefferson은 이 학회의 많은 학술 프로젝트 중 하나로 선사시대의 요새, 분묘, 인디언 유물들에 대해 아주 재미있는 정보를 소개했다. 1812년 출판가 아이제이어 토머스Isaiah Thomas는 미국호고가협회American Antiquarian Society를 창립했는데, 이로써 당시까지 산발적이었던 고고학적 문제에 대한 관심을 배가시키는 데 중심적 역할을 했다. 이 학회의 첫 『회보Transactions』는 1820년에 나왔는데, 칼렙 앳워터Caleb Atwater가 쓴 「오하이오 주와 다른 서부의 주에서 발견된 고대 유물에 대하여 Description of the antiquities discovered in the State of Ohio」라는 글이 포함되어 있었다. 이 연구에는 토루들에 대한 귀중한 평면도와 묘사가 들어 있는데, 많은 유적은 그 이후 삭평되고 말았다(그림 4.7). 앳워터는 토루를 현대 유럽, 현대 인디언 그리고 마운드빌더라는 세 집합으로 나누었다. 그는 머리 부분이 세 개 달린 토기를 근거로 고대 마

그림 4.8 웨스트 버지니아주 그레이브크릭Grave Creek 마운드(스콰이어와 데이비스의 『미시시피강 유역의
고대기념물』, 1848에서)

운드가 힌두교도가 축조한 것으로 아시아를 거쳐 북아메리카로 들어왔으며, 나중에 남쪽으로 이동하여 멕시코로 들어갔다고 생각했다.

이후 미국 고고학에 중요한 기여를 한 것으로는 에프레임 스콰이어(Ephraim G. Squier, 1821~1888)와 에드윈 데이비스(Edwin H. Davis, 1811~1888)에 의한 『미시시피강 유역의 고대기념물Ancient Monuments of the Mississippi Valley』(1848)을 들 수 있다. 신문 편집자였던 스콰이어와 의사였던 데이비스는 모두 오하이오에 살았다. 이들은 수많은 마운드와 토루를 주의 깊게 조사하면서 그 가운데 몇 개를 발굴하기도 했으며, 다른 연구자들이 발견한 것들을 체계적으로 종합했다. 그리하여 미국 동부에 있는 선사시대 토루에 대하여 방대한 자료를 모았는데, 이 가운데 많은 유적은 그 이후 파괴되고 말았다. 이들은 형태적 기준에 따라 형식분류를 실시하여 미시시피강 상류의 조상effigy 마운드와 오하이오의 대칭 토벽symmetrical enclosure, 그리고 남부의 절두 truncated 마운드로 나누었다. 이런 구조물의 기능에 대해서는 그냥 문제를 제기하는 수준의 공상에 머물렀다(그림 4.8).

스콰이어와 데이비스는 모두 마운드빌더족 가설을 강하게 지지했다. 이들이 낸

책의 전반적인 기조는 유명한 물리학자이자 (1846년 워싱턴에 설립된) 스미스소니언연구소Smithsonian Institution의 첫 사무관이었던 조셉 헨리Joseph Henry가 마련한 것이다. 이 책은 스미스소니언연구소의 첫 간행물이자『새로운 지식Contribution to Knowledge』시리즈의 시작이기도 하다. 헨리는 미국 고고학의 사색적인 경향을 일소하고 베이컨으로부터 내려오는 귀납적인 전통을 따라 과학적 조사를 진흥시키고자 했다. 이를 위하여 스스로 스콰이어와 데이비스의 마운드빌더족에 대한 비현실적 사변을 삭제할 것을 고집하여 "그들이 인류의 지식의 총합에 행한 기여가 눈에 띄도록" 하고자 했다(Washburn 1967: 153; Tax 1975; Willey and Sabloff 1980: 36). 헨리는 미국호고가협회의 사서였던 새뮤얼 헤이븐Samuel Haven을 위촉하여『미국의 고고학Archaeology of the United States』의 역사적 개관을 준비하도록 했는데, 이 책은 1856년 출간된다. 여기에서는 미국 선사시대에 대한 수많은 사변을 이용 가능한 정보를 토대로 체계적으로 고찰함으로써 그저 공상에 불과한 생각임을 알렸다. 마운드빌더설은 헤이븐의 주된 공격 대상 가운데 하나였던 것이다.

헨리는 이보다 더 전문적인 조망을 도모하기 위하여 유럽 고고학의 발전에 대한 보고서를『스미스소니언연구소 연보Annual Report of the Smithsonian Institution』로 내서, 북아메리카 전역에 배포했다. 이 보고서 가운데 가장 성공적인 것으로는 「고고학에 대한 개관」을 들 수 있는데, 이는 스위스의 지질학자이자 아마추어 고고학자인 아돌프 모를롯(Adolf Morlot 1861)이 프랑스어로 출간한 것을 번역한 글이다. 그는 유럽 고고학의 최신 성과, 특히 덴마크와 스위스의 연구들을 주의 깊게 요약했다. 덴마크의 "쓰레기더미" 발굴에 대한 설명은 1860년대 초 노바 스코시아Nova Scotia에서 플로리다에 이르는 북아메리카 동해안을 따라서 패총의 발굴을 자극했던 것이다(Trigger 1986a). 물론 공상적인 해석에 반대하는 헨리의 노력이 아마추어 고고학자들이나 일반 대중들이 과거에 대해 환상적인 해석을 하는 경향을 크게 수그러들게 하지는 못했다. 하지만 공개적으로 고고학 연구를 고무시키고 더 체계적인 조사를 도모한 것은 고고학에 관심을 가진 사람들이 1860년 이후 고고학의 전문화 시대를 준비하는 데 도움을 주었다.

7. 결론

유럽에서 선사고고학은 19세기 초반과 중반 문화진화에 대한 이성적인 연구, 그리고 유럽인들이 역사기록이 나오기 이전에 어떻게 살았는지에 대한 낭만적 고찰의 일환으로서 발달했다. 선사고고학은 현대의 가장 복합적인 기술이 석기시대로부터 출발하여 발달한 것임을 밝혔을 뿐 아니라 석기시대 자체도 인간이 기술을 창조하는 능력에 따라 점진적으로 발전했음을 보여주었다. 1816년 덴마크에서 시작된 첫 번째 움직임은 주로 신석기, 청동기, 철기 시대의 문화발달을 연구하는 것이었으며, 두 번째는 이보다 50년 정도 늦게 시작되어 영국과 프랑스에서 구석기시대 연구를 발전시킨 것이었다. 비록 구석기고고학은 스칸디나비아에서 이루어지고 있던 선사고고학과 완전히 별개로 시작된 것은 아니라고 할지라도 이 두 접근은 목적과 방법에서 서로 달랐다. 구석기고고학은 자연과학을 모델로 삼는 경향이 있었으며, 이에 반해 스칸디나비아 고고학은 고고 자료로부터 구체적인 사람들이 과거에 어떻게 살았는지를 알아내는 일에 더 관심이 있었다. 비록 구석기고고학은 그 지향에 있어서 진화적인 데 머물렀지만, 스칸디나비아 선사고고학자들은 진화적 접근만이 아니라 이후 시기의 문화사culture-historical 및 기능과정적functional-processual 접근의 시작까지도 개척했다고 할 수 있다. 스칸디나비아 고고학자들은 이런 접근이 상호 대안적이 아니라 과거에 대한 보완적인 시각이라고 생각했다.

이렇게 선사고고학이 시작된 방식은 고고학이 계몽주의의 지적 산물임을 보여주고 있다. 모든 물질문화의 진화는 사회 및 도덕적 증진을 말해 주기도 한다는 생각을 공유하고 있다. 산업혁명의 결과로 경제 및 정치력이 향상되고 있었던 많은 중간계급의 사람들은 스스로 인간성에 고유한, 어쩌면 우주의 법칙인 진보의 물결에 동참하는 것에 만족스러워 했다. 유로아메리칸들은 이 같은 낙관적인 관점을 함께하기를 즐겼지만, 그것을 자신들이 차지한 땅의 원래 주인인 원주민까지 포괄하여 같이하고자 하지는 않았다. 백인들에게 원주민이란 예외에 불과했으며, 생물학적인 열성 때문에 진보의 대열에 동참할 수 없다고 생각했다. 유럽인들이 세계 어디에 정착하든지 특권을 누릴 운명이라는 것이다. 이렇듯 유럽인과 비유럽인들을 구분지어 생각하는 관점은 곧 강력한 제국주의적 틀 속에 통합되었다.

5장 제국주의와 단선진화론

우리 가운데 조야粗野한 집자리들, 그리고 간혹 발견되는 조악한 도구들로부터 이 섬(영국)에 처음 살았던 사람들의 습관이나 형질 조건을 관찰할 수 있는 사람은 거의 없다. 우리는 진전된 지식, 발전된 문명, 세련된 습관의 시대에 살고 있음에 감사하는 마음을 가지지 않을 수 없다.

EARL OF DEVON(데본 백작), "취임사Inaugural Address" at Exeter Congress, 1873,

Archaeological Journal 30(1873), p. 206

1860년대부터 서유럽과 미국에서는 진화론적 접근에 경도되어 선사고고학과 민족학 사이에 밀접한 연관관계가 형성되었다. 유럽에서 이러한 관계가 형성된 것은 계몽철학자들의 단선적 문화진화에 대한 믿음 때문이었다. 이들은 현존하는 문화를 가장 단순한 것에서 복잡한 것의 순서로 배열하면, 단순한 단계의 문화를 선사시대의 문화와 같은 단계로 판단할 수 있다고 여겼다. 프랑스와 영국의 구석기고고학자들은 단선진화론에 기울어 있었고, 민족학이 선사시대에 대해서 그들이 알고 싶어 하는 거의 모든 것을 알려 주고 있다고 믿었다. 그렇기에 애써 고고 자료를 이용하여 과거를 밝히려 노력하지 않았다.

미국에서는 아메리카 원주민의 선사시대에 문화진화가 별로 진전되지 않았다고 생각했다. 1840년대부터 고고학, 민족학, 형질인류학, 언어학을 인류학의 분과로 간주하기 시작했으며, 인류학이란 아메리카 원주민에 대한 연구로 여겼다. 민족학자 헨리 스쿨크래프트(Henry Schoolcraft, 1793~1864)는 미국 인류학의 주된 목적을 미래를 위해 사라지고 있는 인종에 대한 기록을 보존하는 것이라고 낭만적으로 정의하기도 했다(Hinsley 1981: 20).

처음부터 진화론이 부딪쳤던 주요한 문제들 가운데 하나는 왜 특정 사회들은 급속히 발달했던 반면 수천 년 동안 정체된 사회들도 있었는지를 설명하는 일이었다. 18세기 그런 차이는 보통 환경적 요인의 차이로 말미암은 것이라 생각했다. 한 세기 뒤에도 큰 노력이 요구되지 않는 열대지방이나 극도로 혹독한 극지방에 비해 온대지방에서 훨씬 더 자극이 컸으며, 구대륙의 물리적 조건이 아메리카대륙보다 문화진보를 가져오는 데 더 유리했다는 주장이 있었다―이런 입장을 지금도 재레드 다이아몬드(Jared Diamond 1997)가 지지하고 있다. 그렇지만 이런 환경에 근거한 설명은 별로 설득력이 없었다. 문화진화에 대한 새로운 관심은 이런 문제에 집중될 수밖에 없었다.

1. 인종주의의 등장

유럽 우월 의식

서유럽과 미국에서 선사고고학과 민족학 사이에 이 같은 긴밀한 관계가 발전하고 있을 때 계몽주의의 토대가 되었던 주요 사상 가운데는 큰 변화를 겪고 심지어 폐기된 것도 나타났다. 특히 19세기에는 서유럽에서 심적동일성에 대한 믿음이 점차 수그러들고 있었다. 나폴레옹이 프랑스혁명으로 이루어진 개혁을 중간계급에게 유리한 방식으로 안정화시킨 뒤, 반봉건적 정치구조가 지속되고 있던 이탈리아, 독일과 같은 나라의 중간계급은 나폴레옹의 정복을 반기는 경향도 있었다. 나폴레옹의 정복은 동시에 민족주의적 반응도 불러왔는데, 그의 패배 이후 프랑스, 독일, 이탈리아의 보수권력은 민족주의를 더욱 고양하기도 했다. 계몽주의의 이성주의를 대체한 이 새로운 보수주의는 민족 및 종족적 차이를 낭만적으로 이상화함으로써 중간계급의 정치 및 사회 개혁에 대한 요구를 분산시키려 했다. 이런 사상을 고양시키는 데 아주 중요한 역할을 했던 독일 철학자 요한 헤르더(Johann Herder 1744~1803)는 원래 인종주의자가 아니었으며 개혁에 반대했던 사람이었다. 그러나 이러한 종류의 생각은 많은 지식인을 자극하여 민족적 특성이 인간 집단 사이의 불변하는 생물학적 불평등에 뿌리를 두고 있다고 생각하게 되었다. 이런 믿음을 통해 상이한 종족 집단 사이 감정적 유사성이 있다는 18세기 계몽주의 지성인들의 가정에 도전하기 시작한 것이다(Grayson 1983: 142-149).

인종주의 사상은 고비노(Joseph-Arthur Gobineau, 1816~1882)의 저작, 특히 그의 『인종 불평등론Essai sur l'inégalité des races humaines』(1853~1855)이라는 책 네 권에 표현되어 있다. 고비노는 프랑스 귀족가문 출신으로서 문명의 운명은 인종적 구성에 따라 결정되며, 성공적인 문명의 인종적 특성이 "희미해질수록" 정체와 부패에 빠질 위험이 더 커졌다고 주장했다. 또한 프랑스 귀족이 독일어를 사용하던 프랑크족에서 나왔으며, 이에 반해 프랑스 평민들은 골족과 로마로부터 이어져 내려왔다고 생각하는, 프랑스혁명 이전의 믿음을 가지고 있었다. 그리고 아리안족이나 독일인을 포함하여 북부 유럽인들의 우월성을 가정하고 프랑스혁명 동안 귀족들의 처형과 축출로 프랑스는 가장 유능한 지도자들을 잃었다고 해석하기도 했다. 결국 프랑스는 국가적 탁월함을 잃어버리게 되었다는 것이다. 고비노는 독일인들은 유대인, 켈트족, 슬라브족 등 다른 "열등한" 민족과 혼혈을 피할 때만 다른 민족을 지배할 수 있을 것이라고 경고하기도 했다. 고비노의 저술은 유럽의 인종주의자들에게 영향을 미쳤는데, 여기에는 리하르트 바그너Richard Wagner와 나치 지도자 아돌프 히틀러Adolf Hitler도 포함된다. 그의 사상은 메디슨 그랜트Madison Grant의 『위대한 인종의 경과The Passing of the Great Race』(1916)와 같은 저술을 통해 미국에서도 유행했다. 이 책은 유럽 남부와 동부로부터 많은 이주민이 미국에 들어오는 것에 반대했다. 고비노만이 인종주의 사상의 원천이었던 것은 아니다. 1840년대에 이미 독일의 민족학자 구스타프 클렘(Gustav Klemm 1802~1867)은 문화적으로 창의적인 민족과 그렇지 않은 민족을 나누고 있었다(Klemm 1843~1852, 1854~1855). 곧이어 학자뿐만 아니라 소설가들도 환경적 요인이 아닌 인종적 요인을 들어 여러 인간 집단의 문화 진화의 다양한 정도를 설명한다.

이런 학설 가운데는 다원발생설polygenesis, 곧 복수의 인간 기원설에 근거한 것도 있었다. 이런 생각의 연원은 12세기까지도 거슬러 올라간다(Slotkin 1965: 5-6). 그러나 근대에 들어서는 프랑스의 캘빈주의 도서관 사서였던 라 페이레르(Isaac de La Peyrère, 1594~1676)가 1655년 주된 이슈로 삼은 것이 처음이라 할 수 있다. 그는 성경 속의 아담은 유대인의 조상일 뿐이며, 신은 다른 대륙에서는 상이한 인간집단의 조

다원발생설

상을 창조했다고 주장했다. 이로써 이런 집단들은 단순히 독자적인 인종을 넘어서 별개의 생물 종임을 암시했던 것이다.

비록 교회 지도자들이 라페이레르에게 자신의 논설을 철회하도록 압력을 가했지만, 그의 사상은 지속적으로 논쟁의 대상이 되었다. 17세기부터 시작하여 프랑수아 베르니에(François Bernier, 1620~1688), 카롤루스 린네(Carolus Linnaeus, 1707~1778), 요한 블루멘바흐(Johann Blumenbach, 1752~1840)와 같은 학자는 세계의 민족들을 주요 인종으로 구분하여 형질적 표현뿐만 아니라 행위에도 상당한 차이가 있다고 말했다. 이런 분류에는 현재와 같은, 타고난 행위와 학습된 행위 사이의 구분이 없었다. 다원발생론자들은 이런 인류 집단이 별도로 창조된 종이라고 보았다. 1774년 서인도제도에서 연구했던 에드워드 롱(Edward Long 1734~1813)은 유럽인과 아프리카인이 별개의 종이라고 주장했으며, 1799년 찰스 화이트(Charles White 1728~1813)는 유럽인, 아시아인, 아메리카 인디언, 아프리카 흑인, 호텐톳족Hottentots의 순서로 갈수록 원시적인 집단이 된다고 주장하기도 했다.

미국에서 필라델피아의 외과의사 새뮤얼 모튼Samuel Morton은 자신의 『아메리카인의 형질Crania Americana』(1839)이라는 책에서 아메리카 인디언은 신의 섭리로 신대륙에서 창조된 같은 형질을 가진 집단이라고 했다. 모튼은 5년 뒤 출간한 『이집트인의 형질Crania Aegyptiaca』에서 이집트인의 두개골과 이집트의 고대기념물에서 보이는 민족 집단에 대한 묘사를 보면 이집트에서 지난 4500여 년 동안 인간의 형질이 변하지 않았음을 보여준다고 주장했다. 이 연대는 거의 성경에 기록되어 있는 지구의 창조만큼 거슬러 올라간 것이었다(Morton 1844). 비록 모튼은 처음에는 신이 창조한 공통의 조상으로부터 인종이 나뉘었다고 믿었지만, 1849년 이후에는 신성한 다원발생설을 옹호한다. 이런 입장을 당시 영향력 있는 스위스계 미국인 자연학자인 루이 아가시(Louis Agassiz, 1807~1873)가 지지했다. 그리고 앨라배마주 외과의사 조사이어 노트(Josiah C. Nott, 1804~1873)와 아마추어 이집트학자였던 조지 글리던(George R. Gliddon, 1809~1857)이 공동 저술한 『인류의 형식들Types of Mankind』(1854)이라는 책에서 널리 퍼졌다. 그렇지만 미국에서 다원발생설은, 정통적 성경 해석을 거부하는 것에 감정이 상한 독실한 기독교인들에게 일반적으로 거부되었다. 백인에 비해 흑인이 열등하다는 증거 아닌 증거를 제시했는데도 심지어 미국 동남부의 열렬한 노예 소유자들 사이에서도 노트와 글리던은 그리 인기가 없었다(Stanton 1960: 161-173).

그럼에도 인종주의 사상은 확산되고 말았다. 심지어 영국의 지도적인 단일발생론자로서 인간은 단일한 조상으로부터 스스로 교화의 과정을 통해 서로 달라졌다고 주장했던 제임스 프리처드(James Prichard, 1786~1848)조차 『인간의 형질사에 대한 연구Researches into the Physical History of Man』(1813)의 첫 판에서 개화된 민족일수록 유럽인을 더 많이 닮아 간다고 주장했다. 가장 원시적인 집단은 검은 피부를 가지고 있지만, 더욱 문명화한 집단은 점점 더 색깔이 옅어진다는 것이다(pp. 174-242; Bowler 1992).

인종 간 불평등에 대한 믿음은 다윈주의 진화론의 영향으로 학문의 지위에까지 올랐다. 다윈과 그를 지지하는 많은 사람들은 인류의 진화적 기원을 설득력 있게 만들기 위한 바람에서 인류 집단은 아주 진화한 것에서부터 가장 진화한 유인원보다 조금 우월한 정도의 집단에 이르기까지 다양하다는 주장을 한다. 다윈은 덜 문명화한 민족은 유럽인에 비해 지성적으로 그리고 감정적으로 덜 발달했다고 생각했다. 따라서 인간의 생물학적 발달에 대한 그의 평가는 관습적인 문화진화와 일치한다고 할 수 있다. 1863년 토머스 헉슬리Thomas Huxley는 두 개의 네안데르탈 머리뼈와 현대 오스트레일리아 원주민의 머리뼈가 비슷함에 주목하여 그들의 문화적 유사성을 주장하기도 했다(Huxley [1863] 1896). 문화적으로 발전된 사회는 자연선택의 작용으로 우월한 지성과 더 높은 자기 통제력을 가진 개인들이 출현했기 때문이라고 생각했다.

다윈과 함께 자연선택을 발견한 사람 중의 하나인 앨프리드 월리스(Alfred Wallace, 1823~1913)는 남아메리카와 동남아시아의 부족민과 오랫동안 같이 생활했던 박물학자였다. 월리스는 이런 집단들에 대한 자신의 지식을 바탕으로 이 민족들이 지성이나 다른 타고난 능력에 있어 유럽인들과 상당한 정도로 다르다는 생각을 거부했다. 그리고 다른 동물을 크게 능가하는 인간의 높은 정신능력은 자연선택으로 생산될 수는 없다고 주장했다. 다윈은 진화이론과 결합된 증거가 없다고 하면서 이런 견해를 마뜩잖아 했다(Eisley 1958). 인종적 불평등에 경도되어 있는 사람들에게 다윈의 자연선택 개념은 다윈발생설 이상으로 생물학적 불평등의 발달과정을 설득력 있게 설명해 주었다. 비록 다윈은 비서구 민족들에 대한 학대와 착취에 맹렬하게 반대했지만, 인류 진화에 대한 자신의 이론화는 이전의 그 어떤 것보다도 인간행위의 인종적 해석에 과학적 신뢰의 근거가 되었음은 부인할 수 없다. 인종적 해석은 심적동일성에 도전하고 결국은 이것을 넘어서 낭만적 민족주의와 경쟁하는 생물학적 토대가 되었다.

2. 존 러복의 종합

인간 본성에 대한 다윈주의적 관점은 존 러복(John Lubbock, Lord Avebury, 1834~1913)과 그의 책『선사시대*Pre-bistoric Times, as Illustrated by Ancient Remains, and the Manners and Customs of Modern Savages*』를 통해 선사고고학의 영역에 들어온다. 1865년부터 1913년까지 이 책은 영국과 미국에서 일곱 번째 판까지 출간되었으며 오랫동안 고고학 교과서 역할을 했다. 19세기에 출판된 고고학을 다룬 책 가운데 가장 영향력 있는 연구이다. 러복의 두 번째 책인『문명의 기원과 인류의 원시적 상태*The Origin of Civilisation and the Primitive Condition of Man*』(1870) 역시 판을 거듭했다. 이 책에서는 고고자료에 근거를 두지 않으면서 자신의 생각을 극단적으로 상술했다. 러복은 찰스 다윈과는 이웃으로 성장했는데, 다윈의 집이 켄트에 있는 러복 가문의 대지와 이웃하고 있었다. 러복은 스물두 살 때 아버지의 은행에서 동업자로서 일하게 되었으며, 나중에는 하원의원으로서「은행휴일법」(1871)과「고대기념물보호법」(1882)을 통과시키기기도 했다(T. Murray 1989). 박물학자로서 러복의 연구는 동물행위에 관한 분야에서 매우 권위가 있었다. 그가 선사고고학을 연구하기 시작한 것은 다윈의 진화이론에 대한 초기의 후원자였기 때문이었다(그림 5.1).

『선사시대*Prehistoric Times*』(나중 판의 철자)라는 책은 언뜻 별개의 것들을 호기심에서 수집해 놓은 것처럼 보인다. 절반 이상의 분량을 차지하는 첫 부분은 고고학 주제를 대체로 편년의 순서로 다룬 일련의 장들―고대 청동

그림 5.1 존 러복(에이브버리 경, 1834~1913)(Radio Times Huton Picture Library)

의 사용, 청동기시대, 돌의 사용, 거석물과 고분, 호수변 주거, 생활폐기물, 북아메리카 고고학, 제4기 포유동물, "원시인", 플라이스토세 퇴적층, 인간의 기원 ─ 로 구성되어 있다. 그 다음 러복은 지금의 코끼리가 절멸한 매머드의 성격에 대해 정보를 주고 있는 것과 마찬가지로 원시사회야말로 선사시대 인류의 행위를 아는 데 열쇠가 된다고 주장했다. 여기에 호텐톳족, 베다족Veddhas, 안다만Andaman섬 사람들, 오스트레일리아 원주민, 태즈메이니아인Tasmanians, 피지인Fijians, 마오리족Maoris, 타이티인Tahitians, 통가인Tongans, 에스키모인Eskimos, 북아메리카 인디언, 파라과이인, 파타고니아인Patagonians, 푸에가인Fuegans 같은 현대의 부족사회의 생활방식에 대한 일련의 스케치가 뒤따른다. 이런 식으로 장을 배열하는 것은 진화적이라기보다는 확실히 지리적이며, 현대의 어떤 특정 집단의 증거를 바탕으로 선사시대의 구체적인 발달을 유추하려는 의도가 드러나 있지는 않다. 고고학자와 민족학자들이 모두 연구하는 공통의 특성, 따라서 그런 종류의 폭넓은 비교를 정당화하는 단 하나의 토대가 있다고 한다면, 그것은 물질문화에서의 유사성이 될 것이다. 러복이 주목한 이런 종류의 구체적인 유사 가운데는 이누이트족Inuit의 석기는 유럽의 후기 구석기시대의 석기와 아주 유사하다는 스칸디나비아 사람들의 오래된 주장도 포함되어 있다. 또한 러복은 푸에가인과 덴마크의 폐기물유적을 남긴 이름 없는 민족이 비슷하다고도 했다. 다만, 선사시대 덴마크인들은 토기를 만들었기 때문에 푸에가인들을 앞선다고 보았다.

19세기 민족학자들은 흔히 물질문화에 대해 잘 서술하지 못했다. 그러면서도 유럽의 박물관에 있는 전 세계로부터 수집된 물건들을 연구에 이용했다. 러복이 푸에가의 석기와 덴마크 폐기물유적에서 나온 석기를 자세히 비교하지 못했으며, 셸리안이나 무스테리안의 생활양식을 재구성하기 위하여 민족지적 비교를 하기 이전에 셸리안 주먹도끼나 르발루아 몸돌을 제작하는 근대의 문화들을 제대로 제시하지 못한 것은, 사실 그런 종류의 물질문화의 유사성을 찾는 것은 아주 드문 일이라는 점을 어느 정도 인식하고 있었음을 말해 준다. 인간이 모든 곳에서 특정 도구 형식을 똑같은 순서로 만들었다는 분명한 증거가 없다고 생각하고 환경적 요인이 명백하게 인간 집단의 "정도"만이 아니라 "종류"까지도 차이를 유발시켰다는 확신을 통해서 민족지적 증거와 서유럽의 고고학 연쇄 사이의 구체적인 상응이 결여되어 있는 것을 설명했던 것이다. 그렇지만, 러복은 여전히 단선적인 문화진화 사상에 심취했다. 퀴비에가 한편으로 현재의 종과의 상사analogue를 통해 절멸한 동물 종을 복원한 것과 다른 한편으로 자신이 "원시" 민족들과 "선사" 민족들 사이에 상사를 제시한 것이 비슷하다고 한 것은 자신의 문화적 비교의 학문적 신뢰도를 높이려는 시도였다. 이런 식의 비교와 그 자신의 단선진화적 접근의 한계에 대한 경고는 사실 당시에는 별로 새로울 것이 없었다.

새로운 것은 자연선택의 결과 인간 집단은 문화적일 뿐 아니라 문화를 응용하는 생물학적 능력에서도 차별이 생기게 되었다는 입장을 다원주의적으로 고집스럽게 주장한 것이었다. 러복은 근대 유럽인을 집중적인 문화 및 생물 진화의 산물이라고 보았다. 그는 기술적으로 덜 발전된 민족은 개화된 민족에 비해 문화적으로는 물론 지성 및 감성적으로 더 원시적이라고 믿었다. 또한 자연선택이 유럽인들 안에서도 차별적으로 작용하여 우범적이고 낮은 계급이 성공적인 중간계급이나 상류층보다 생물학적으로 열등하다고 주장했다. 나아가 여성은 역사적으로 늘 남성의 보호와 배려를 받아 왔기 때문에 지성적 능력과 감성적 자기 통제라는 측면에서 남성보다 생물학적으로 열등하다는 주장도 했다. 따라서 중간계급의 남성 독자들은 덜 진화된 형식의 인간을 찾으러 먼 곳까지 여행할 필요가 없었다. 그런 사람들의 사례는 자신들의 공동체에 존재하고 있었으며, 심지어 가족 안에도 있었던 것이다. 이렇듯 생물학적 전승의 유전적 메커니즘이 아직 알려지지 않았던 시절에 다윈의 자연선택 개념은 19세기 유럽의 계급 체계, 젠더(성적) 차별, 식민주의를 설명하고 정당화할 단일한 설명을 만들어 내는 계기가 될 수 있었다.

그런 사상이 중간계급 사이에서 널리 지지를 받았다는 사실은 정치권력을 성취한 유럽 중간계급 남성들은 스스로 높아진 지위를 인류사에서 지나가는 하나의 단계로 간주하지 않고 자신들의 생물학적인 우월성을 반영해 주는 것으로 보았음을 의미한다. 산업혁명으로 봉건시대가 그러했듯이 강하고 전투적인 사람이 사회를 주도하는 것이 끝나고 지성 있고 사려 깊은 남성들이 사회의 높은 지위에 올라설 수 있는 기회가 마련되었다. 이 새로운 엘리트들은 자신들의 지배적 지위에 아무도 생물학적으로 도전할 수 없다고 믿고 싶어 했던 것이다.

19세기 말의 다른 진화론자들처럼 러복도 문화적 퇴보가 인류역사에서 중요한 역할을 했다는 생각에는 반대했다. 그는 일관되게 퇴보론을 낡고 믿을 수 없는 과거의 학설에 불과하다고 했다. 또한 문명의 발달로 인류의 행복이 오히려 감소했다고 주장한 장자크 루소Jean-Jaques Rousseau를 추종하는 낭만주의자들에 반대하기도 했다. 러복은 진화적 시각을 강화시키기 위하여 "원시"민족들은 문명화한 민족에 비해 소수이며, 남루하고 도덕성이 결여된 사람들이라고 애써 말했다. 그는 현대의 부족민들은 자연세계를 통제할 수 없으며 유럽의 어린이와 유사한 정도의 지성을 가진 사람들이라고 했다. 이들의 언어에는 추상적인 단어가 결여되어 있어 추상적 개념을 이해할 수 없다고 주장했다. 또한 감정의 노예이기에 노여움을 억제하지 못하며 미리 결정된 과정에 따라 행동한다고 했다. 일반적으로 믿어지는 것보다 더 도덕성이 결여되어 있다고 주장하며 어떻게 구체적인 원주민 집단들이 어린이들을 일상적으로 학대하고 있는지, 나이든 부모를 죽이고, 인간희생의식을 행하며, 사람의 살을 먹기도 하는지를 애써 기록했다. 그리고 부족민들의 더러움을 일관되게 강조하여 가장 기본적인 중간계급의 도덕적 가치를 가지지 못하고 있다고 말했다. 나아가 문화 발달은 필연적으로 인구의 증가를 가져오는데, 이에 반해 스스로 내버려진 원시 민족은 인구가 정체되어 있거나 감소한다고 주장하기도 했다. 문화진화는 인간의 의식을 확장시키고 물적 풍요와 정신적 진보를 가져온다는 것이다.

러복은 문화진화가 무한하게 지속되어 미래는 더욱 기술적 및 도덕적으로 발전할 것이며, 인간의 행복과 안락은 더 커질 것이라고 주장했다. 『선사시대』는 이러한 진화적 신념을 다음과 같이 표현하며 끝을 맺고 있다.

> 우리가 살고 있는 이 순간에도 발전이 있으리라 기대할 수 있다. 그러나 이타적인 마음을 가진다면, 우리의 경우야 어찌 되었든지, 우리의 후손은 지금 우리에게는 보이지 않는 많은 것을 이해할 것이며, 우리가 살고 있는 아름다운 세상을 더 잘 누릴 것이고, 우리가 겪는 많은 고통을 피할 수 있을 것이며, 우리가 아직 가지지 못하는 많은 축복을 향유할 것이고, 우리가 개탄해 하면서도 완전히 저항할 수 없는 수많은 유혹에서 벗어날 수 있을 것이라는 사실에 아주 감사해야 할 것이다(Lubbock 1869: 591).

자본주의 산업경제의 성장은, 인간에게 작용한 자연선택과 어울려, 분명 이 세상을 천국으로 인도할 것이라고 생각했다. 선사고고학은 진보가 인류역사 동안 가속되어 온 과정의 연속임을 강조함으로써 중간계급의 자부심을 고양시키고 이들이 세계사에서 아주 중요한 역할을 하고 있음을 확인시켰던 것이다.

그렇지만 모든 인류 집단이 이런 행복을 함께할 수 있는 것은 아니다. 가장 원시적인 민족은 문명이 확산되면서 소멸될 운명에 처했는데, 이는 어떠한 교육으로도 자연선택이라는 과정을 통해 생물학적으로 더 복합적이고 질서 있는 생활양식에 적응하는 데 실패했던 수천 년이라는 세월을 보상할 수 없었기 때문이다. 그런 집단을 더 진화한 민족이 대체한 것도 전혀 부끄러운 일이 아니었다. 이러한 과정으로 인간은 전체적으로 더 발전했다고 믿었기 때문이다. 러복은 다윈주의의 원칙을 적용함으로써 유럽인과 원주민 사이에는 이을 수 없는 생물학적 차이가 있다는 (18세기 말에서 19세기 초 미국의 아마추어 인류학자들과 역사가들의 생각과 똑같은) 결론에 다다른 것이다. 원주민에 대한 그의 관점은 영국의 식민화와 외국에 대한 정치적이고 경제적 통제를 확립하고 전반적인 인류의 진보를 가져올 것이라는 식으로 정당화하기도 했다. 또한 북아메리카, 오스트레일리아, 태평양 원주민이 급속도로 쇠락한 것에 대해 영국과 미국의 정착민들이 가져야 할 도덕적 책임감을 덜어 주었다. 이 지역의 원주민들이 사라지는 것은 수천 년 동안의 자연선택 과정을 통해 문명의 확산에 생존하지 못하도록 되어 있었기 때문이지, 제국주의자의 탓이 아니라고 했던 것이다. 러복은 원주민이 유럽인이 들여온 많은 전염병에 저항력이 결여되어 있었다는 사실(당시에는 이에 대한 과학적인 인식이 거의 없었다)을 생각하지 못했다. 다만 생각하고 있었던 것은 원주민들이 더 복합적이고 많은 요구사항이 있는 생활양식에 적응하는 데 생물학적으로 무능력했다는 점뿐이었다. 따라서 원주민 집단이 열등한 역할만을 한 것은 정치 행위의 결과가 아니라 타고난 능력의 한계에 따른 자연적인 결과라는 것이다. 영국의 노동자 계급을 다루거나 외국의 원주민을 다룰 때 사회다윈주의social Darwinism[1]는 인간의 불평등을 거의 불변하는 생물학적 차이의 결과로 설명함으로써 정치적 영역을 자연적인 영역으로 치환해 버렸던 것이다.

이러한 관점은 계몽주의의 이상과는 아주 큰 단절이다. 18세기 프랑스의 부르주아는 더 큰 정치권력을 지향하고 가능하면 더 많은 지지를 끌어모으려 했는데, 진보에 대한 믿음의 측면에서 미래에 대한 희망을 이야기했으며, 모든 인간이 진보에 참여할 수 있다고 생각했다. 이와 대조로, 19세기 중반 영국을 주도했던 중간계급은 자신들의 정치 및 경제적 획득물을 지키기 위해 수세적이 되었으며, 진보의 혜택을 받

---

1) 존 러복과 허버트 스펜서의 입장과 같이 우월한 사회가 열등한 사회를 대체하는 것은 자연스런 진화의 산물이라고 인식하는 학설로, 사회진화론이라고도 한다.(옮긴이)

으리라 여기는 사람들에게 자연적인 한계를 지우려 애썼다. 1860년대부터 다윈진화론은 이러한 기능을 훌륭하게 수행했다. 이렇듯 러복의 문화진화에 대한 입장을 통해서 선사학은 문화적 우수성뿐만 아니라 유럽의 생물학적 우수성에 대한 학설과도 연결되었던 것이다.

비록 러복의 학설은 확실히 빅토리아시대 영국의 산물이지만, 거기에 협소한 국수주의적 요소가 있다고 할 수는 없다. 러복은 유럽 문명과 기술적으로 덜 발달된 사회들과 대조시킴으로써 우월성에 대한 주장을 하고 있다. 이러한 주장을 통해서 서유럽에 의해 지배되어 확산되는 세계체제를 설명하고자 했다. 동시에 영국의 정치및 경제적 헤게모니는 다른 유럽 국가들의 권력에 비해서 대단했기 때문에 굳이 이데올로기적으로 강화시킬 필요도 없었다. 따라서 러복은 자신의 나라 영국의 지도력을 당연한 것으로 받아들였다. 이 때문에 그가 제시한 사상은 영국을 넘어서 멀리까지 호소력을 지녔으며 세계의 많은 지역의 고고 자료의 해석에 영향을 미쳤다.

3. 미국의 식민주의 고고학

러복의 저술은 19세기 말 미국 단선진화고고학의 형성과 발달에 중요한 역할을 했다. 물론 모든 미국 고고학자들이 인간사를 이해하는 데 다위니즘적인 개념을 적절하다고 판단했던 것은 아니지만 말이다(Meltzer 1983: 13). 하지만 유로아메리칸(유럽에서 미국에 정착한 이주민[옮긴이]) 인류학자들은 진화적 시각을 적용하는 데 아무런 문제도 느끼지 않았다. 미국 혁명에 중요한 역할을 했던 계몽주의적 이성과 진보의 개념과 19세기 동안 미국의 경제 및 영토의 확장을 통하여 진보는 인간의 조건에 고유한 것이라는 믿음이 커져 갔다. 루이스 헨리 모건(Lewis Henry Morgan, 1818~1881)의 『고대사회Ancient Society』(1877), 오티스 메이슨(Otis Mason, 1838~1908)의 『발명의 기원The Origins of Invention』(1895)과 같은 책에서 인류학자들은 유로아메리칸 사회를 인류 발전의 가장 높은 위치에 놓고 문화의 전반적 발달을 개괄했다. 러복은 미국인들에게 아메리카 인디언의 생물학적 열등성(18세기 말부터 미국인들은 인디언들에게 그런 시각을 가지고 있었다)에 대한 다윈주의적 설명을 제공했다. 많은 사람들은 그의 설명을 이전의 다른 어떤 것보다 설득력 있다고 받아들였다. 그 이유는 부분적으로 당시 지도적 위치에 있던 많은 생물학자들이 다윈의 연구에 동의했기에 큰 학문적 권위를 가지게 되

원주민 문화를
보는 시각

었기 때문임은 두말할 나위가 없다. 원주민의 수가 줄어들고 있었으며, 유로아메리칸의 팽창을 이겨 내지 못했다는 사실 또한 이들이 절멸의 운명에 처했다는 믿음(러복의 관점과 일치한다)이 강해지는 계기가 되었다. 대부분의 북아메리카 고고학자들은 원주민 사회가 변화 능력이 없다는 믿음을 가졌기 때문에 고고학적 유존물에서 정체 양상을 강조했다. 변화를 인정하더라도 원주민 문화의 창의성이 아닌 다른 과정 때문으로 돌렸다.

멕시코, 중앙아메리카, 페루의 고고학은 이러한 관점에 비판적이다. 멕시코 원주민이 마운드빌더moundbuilder라고 했던 사람을 포함하여 몇몇 저술가들은 이들이 아메리카 인디언보다 인종적으로 우월하다고 생각했다. 스티븐스J. L. Stephens가 멕시코와 중앙아메리카에서 마야 유적을 발견한 일은 신대륙의 자체 문명을 발달시켰다는 증거로 환영을 받았다. 이들 연구자는 르클레르Georges-Louis Leclerc, comte de Buffon, 레이날Guillaume-Thomas Raynal, 로버트슨William Robertson을 포함하는 18세기 유럽의 박물학자와 역사가들이 발전시켰듯이 신대륙의 기후는 식물, 동물 및 인간의 생활을 퇴보시키는 경향이 있었다는 주장을 논박하고자 애쓰고 있었던 것이다(Haven 1856: 94). 윌리엄 프레스콧William H. Prescott의 유명한 『멕시코 정복사History of the Conquest of Mexico』(1843)와 나중에 나온 『페루 정복사History of Conquest of Peru』(1847)는 아즈텍인과 잉카인을 문명화한 민족으로 그렸다. 다만, 미신과 공격성 때문에 16세기가 되면 아즈텍인은 이전의 더 문명화한 선주민의 문화적 성취를 파괴하고 말았다는 주장을 했다. 민족학자 앨버트 갤러틴(Albert Gallatin, 1761~1849)은 문화진화와 관련한 계몽주의적 관점을 방어하고 다원발생설에 강하게 반대했다. 그러나 1840년대가 되면 그의 주장은 이미 낡은 것이 되어 설득력을 잃게 된다(Bieder 1975). 그럼에도 스콰이어E. G. Squier는 단선진화론과 심적동일성을 옹호했다(Bieder 1986: 104-145).

1862년 토론토의 유니버시티칼리지University College에서 가르치던 대니얼 윌슨 Daniel Wilson은 『선사시대 사람들Prehistoric Man: Researches into the Origin of Civilisation in the Old and the New World』의 첫 판을 출간한다. 이 책은 아메리카 대륙의 인류학에 대해 알려진 모든 것을 훌륭히 종합한 책이다. 윌슨은 에든버러 출신의 계몽주의자로서 갤러틴과 마찬가지로 인간행위를 인종주의적으로 해석하는 데에 지속적으로 저항했다. 그는 두개골의 다양성을 근거로 하여 원주민은 여러 방향에서 아메리카대륙에 들어왔다는 결론을 내렸다. 그러나 정착 과정에서 원래 가졌던 많은 발전된 지식을 잃고 석기시대 수준으로 되돌아갔다고 주장하기도 했다. 따라서 신대륙의 농경사회와 선사시대 문명은 그곳에서 진화한 것이 된다. 윌슨은 충분한 시간이 있었다면 이로쿼이족Iroquois이나 미크맥족Micmacs 같이 온대지방에 살고 있던 북아메리카 인디언 부족은 서유럽의 문화와 같이 발전된 문화를 창조할 수도 있었을 것이라고 믿었다. 1862년 윌슨은 여전히 창조론자였으며 전통적인 성서의 편년을 받아들였다. 단지 나중 판의 『선사시대 사람들』(1876)에서만 생물진화를 언급했고, 여전히 인종적 불평등에 관한 생각을 거부했다.

미국에서는 원주민의 창의성을 이야기하는 그 어느 입장도 강한 저항에 부딪혔다. 1848년에 끝난 미국과 멕시코 사이의 전쟁은 반反멕시코 감정을 자극했다. 멕시코인은 일반적으로 유로아메리칸에 비해 열등하다고 여겼는데, 이는 스페인 정착자들이 원주민과 광범위하게 혼혈했기 때문이라는 것이다(Horsman 1975). 루이스 헨리 모건은 고고학 증거를 완고하게 무시하면서, 16세기 스페인 저술가들이 아즈텍과 잉카 정복을 영광되게 하기 위하여 이들의 문화적 성취를 과장했다고 주장했다. 모건은 아즈텍과 잉카의 이른바 문명화한 민족들의 생활양식은 17세기의 뉴욕 주의 이로쿼이족의 문화와 별반 다른 것이 없었고, 신대륙 어디에서도 원주민 집단은 부족사회 수준 이상으로 진화하지 못했다고 논했다. 비록 모건은 신대륙의 원주민 건축물에 대한 비교연구를 출간하기도 했지만(Morgan 1881), 지속적으로 중앙아메리카의 석조건축물들을 이로쿼이족의 일자형공동주택longhouse과 유사하다고 말했다. 그는 아메리카 원주민이 종국에는 복합 문화를 진화시켰을 가능성을 배제하지는 않았지만, 문화적 성취는 아주 느리게만 일어나는 두뇌용량의 증가에 달려 있다고 믿었다(Bieder 1986: 194-246). 이 입장을 많은 유로아메리칸들은 오랫동안 유지하고 있었다. 미국의 원주민에 대해 높이 평가할 만한 것이 별로 없다고 보았던 것이다. 1860년대가 되면 지구의 반구 전체에 살아남아 있는 원주민들은 생물학적으로 원시적이고, 그 문화는 선사시대 동안 정체되어 있었다는 생각이 광범위하게 받아들여졌다.

20세기 이전 북아메리카 고고학에서 편년에 대한 관심이 결여된 이유는 어떠한 원주민 집단도 석기시대를 넘어서는 발전을 보인 사례를 찾지 못했고, 층위를 이룬 유적도 거의 없으며, 기술상에 큰 변화가 없는 상황에서 편년을 만들어 내는 기법이 발전하지 못했기 때문이라는 지적도 있다(Willey and Sabloff 1993: 39-64). 하지만 이러한 요인들은 고고학 증거와 부합하지 않는다. 19세기 동안 북부 및 서부 유럽에서는 구석기시대 이후 시기의 유적들에서 층위를 갖춘 것이 많지 않았음에도 단순한 순서배열법으로 세밀한 편년을 만들었던 것이다(Childe 1932: 207). 유럽에서 이용된 모든 편년법은 미국에서도 알려져 있었고, 고고학자들은 유럽의 조사와 연구를 본받으려는 상황이었으며, 이를 성공적으로 적용하고 있었다. 적어도 1860년대부터 조개더미(패총)를 순서배열과 층위적 맥락에서 연구하기 시작했다. 이미 이런 식으로 지역의 문화편년을 수립하고 토기 양식의 변화나 적응의 관점에서 설명하고 있었던 것이다. 예를 들면 제프리스 와이맨(Jeffries Wyman 1875), 워커(S. T. Walker 1883), 무어(Clarence B. Moore 1892)는 미국 동남부에서, 알래스카에서는 윌리엄 돌(William Dall 1877), 캘리포니아에서는 독일에서 방문한 고고학자 막스 울Max Uhle 등이 이 같은 작업을 수행했다. 1840년대 스콰이어와 데이비스가 마운드 연구에서 층서법을 적용했으며, 1880년대 사이러스 토머스Cyrus Thomas, 그리고 1880년대 홈스W. H. Holmes, 퍼트남F. W. Putnam의 "구석기시대" 연구에서도 확인된다(Meltzer 1983: 39). 라이먼, 오브라이언, 더넬(Lyman, O'Brien and Dunnell 1997a: 23-28)은 층서법이 19세기 말 미국 전역의 고고학 유적에서 적용되고 있었음을 밝혔다. 물론 모든 유적을 층위에 따라 발굴했다고 말할 수는 없지만 말이다(Browman and Givens 1996).

　　이러한 고고학자들이 예증한 지역 문화변화의 증거는 대부분 동시기 고고학자들에게 하찮은 것으로 취급되고 말았다. 경우에 따라서는 층위 발굴법을 적용한 당사자도 그러했다(T. Thomas 1898: 29-34). 앨프리드 크로버(A. L. Kroeber 1909: 16)는 캘리포니아의 에머리빌Emeryville 패총 유적에서 "기술 과정이 점진적으로 세련되고 정교화하고 있다"고 한 막스 울의 논증을 평하면서 그 지역에서 발견되는 역사시대 원주민 문화는 너무 원시적이어서 과거에 중요한 변화가 있을 수 있는 어떠한 가능성도 배제할 수 있다고 평가하기도 했던 것이다. 이와 비슷하게 다른 민족학자들도 고고학적 유존물에서 아무런 중요한 변화의 증거를 찾을 수 없다는 식의 생각을 여전히 가지고 있었다(Dixon 1913; Wissler 1914). 당시 조사 인력이 부족하고 유동적이었기 때문에 지역의 고고학 연구가 지속적으로 발달하고 있었다고 할 수는 없다. 뒤집어 말하면 어떤 특정 지역에서 늦은 시기의 조사가 이전 시기의 연구보다 더 통찰력 있고 생산적이었다고는 할 수 없었다(Trigger 1986a).

　　선사시대에 변화는 아주 제한적이었다는 믿음과 맞물려 고고학적 유존물에 나타나는 문화변이에 대한 체계적인 연구는 주로 편년보다는 지리적 유형을 확인하는 방향에서 이루어졌다. 이는 19세기 말 미국의 민족학자들이 문화영역을 확인하여 문화적 상사성과 상이성을 연구했던 경향과도 일치한다. 1887년 독일에서 태어나고 교육받은 민족학자 프란츠 보아스(Franz Boas, 1858~1942)는 여러 박물관에 소장되어 있는 미국 전역에서 나온 민족학 유물을, 전체 대륙에 적용할 수 있는 가설적 진화의 연쇄나 형식학적 범주의 측면에서가 아니라, 지리적 지역 및 부족에 의거하여 전시해야 한다고 주장했다. 이 같은 전시법을 옹호한 보아스는 당시 독일 박물관의 표준적인 실제에 잘 따르고 있었던 것이다(Zimmerman 2001). 오티스 메이슨Otis Mason은 1896년 북아메리카의 문화영역을 처음으로 민족지적으로 자세하게 다룬 글을 출간했으며, 이런 접근을 클라크 위슬러(Clark Wissler 1914)도 따른다.

고고학자들은 오랫동안 상이한 형식의 마운드(마운드빌더족이 축조한 것으로 생각했다)와 같은 특정한 양상의 고고 자료에 지리적인 변이가 있음을 알고 있었다. 곤충학자로서 미국민족학국Bureau of American Ethnology에서 일했던 사이러스 토머스(Cyrus Thomas, 1825~1910)는 마운드를 여덟 개의 지리적 단위로 나누면서 하나 이상의 민족 또는 부족 집단이 있었을 것이며, 그 가운데는 역사시대까지도 살아남은 족속이 있었을 것이라고 보았다(1894). 그리고『북아메리카 고고학 개설Introduction to the Study of North American Archaeology』(1898)에서는 북아메리카 전역을 북극, 대서양, 태평양(다시 몇 개의 지역으로 세분되었다)이라는 주요 문화지대로 구분했다. 맥과이어(J. D. McGuire, 1842~1916)는 상이한 형식의 인디언 파이프의 분포를 지리적으로 열다섯 개로 구분하여 고찰했다(1899). 원래 예술을 공부한 홈스(W. H. Holmes, 1946~1933)는 기술 범주만이 아니라 양식분석을 이용하여 미국 동부에서 일련의 토기권역을 정의하기도 했다(1903). 1914년 홈스는 고고 자료에 바탕을 두고 민족학자들이 하는 방식과 유사한 절차를 따라 북아메리카를 스물여섯 개 "문화특질권역cultural characterization area"으로 나누었다(그림 5.2). 그러나 어디에도 각 단위를 상대편년으로 배열하거나 단위 내의 편년적 변화를 추적하려는 노력은 거의 찾을 수 없었다.

문화영역은 흔히 주요 자연 생태권과 일치하는 경향이 있었다. 오늘날 동일한 생태권에 위치한 문화들이 공유하고 있는 많은 특성은 원주민이 환경에 능숙하게 적응한 것으로 해석되고 있다. 그런데 19세기에는 원주민이 자연의 힘에 지배를 받은 결과로 여겼다. 일반적으로 인디언들이 신대륙에 처음 도착한 뒤부터 이들의 문화는 환경적 요구로 말미암아 재형성되고, 그런 자연의 힘에 적응한 뒤에는 그대로 머물

그림 5.2 홈스가 고고학적 범주에 바탕을 두고 나눈 문화권 또는 "문화특질권역들"(*American Anthropologist*, 1914)

러 있는 경향이 있었다고 보았다. 이와 같이 아메리카 원주민이 환경 배경에 수동적으로 적응했다는 점은 선사시대 유럽인이 새로운 도구 기술을 창조하여 환경에 자신들의 의지를 심고 변화시켰던 양상과 대조를 이룬다는 것이다.

따라서 고고학적 유존물에서 변화의 증거는 일반적으로 개별 문화 내의 변화가 아니라 민족의 이동 결과로 해석되었다. 예를 들어 뉴욕 주 북부에서 아케익시대Archaic에서 중기 우드랜드시대Middle Woodland의 변화는 이누이트족과 같은 사람들이 북쪽으로 이동한 때문이며, 이들은 앨곤퀸어족Algonquian-speakers으로 대체되었다고 생각했다. 앨곤퀸어족은 다시 미시시피 유역으로부터 독특한 문화유형을 가지고 북으로 이동해 온 이로쿼이어족에 의해 더 북쪽으로 밀려났다는 것이다. 이들의 문화유형에는 새김무늬토기와 농경에 기반한 생계경제도 포함되어 있는데, 이는 일반적으로 그 지역의 과거 문화보다는 미국 동남부에서 발견되는 생활양식에 더 근접하다고 여겼다(Beauchamp 1900; Parker 1916, 1920). 미국 서남부지역에서 발견되는 잘 만들어진 선사시대 푸에블로 유적들은 중앙아메리카인들이 북으로 이동하여 만든 것으로 여겼다. 이 때문에 이들 가운데는 아즈텍 유지Aztec Ruins나 몬테주마 캐슬Montezuma Castle처럼 환상적으로 이름이 지어진 것들도 있다. 민족학자 딕슨R. B. Dixon은 특히 북아메리카 동부지역에서 잘 드러나고 있었던 고고 자료의 복합성을 선사시대 인구집단의 되풀이되는 이동에서 비롯된 "지우고 다시 쓴 양피지"라고 해석했던 것이다. 이러한 변동은 대체로 무작위적인 이동이었으며, 이는 인구밀도가 작은 대륙에서의 원주민 생활의 특징이었을 것으로 여겨졌다.

하지만 인구상에 큰 변동이 보이지 않았던 지역에서는 역사시대에 그 지역에 살았던 부족과 관계된 민족지 자료가 선사시대 고고 자료를 설명하는 데 직접적으로 사용되었다. 사이러스 토머스(Thomas 1898: 23)는 원주민이 아메리카에 들어와 정착한 뒤 대체로 한곳에 머무는 경향이 있으며, 때문에 고고학적 유존물은 주로 역사시대에 특정 지역에 살았던 사람과 동일한 사람들이 남긴 것이라고 주장했다. 그는 나아가 반대의 증거가 분명하지 않다면 그 같은 안정성을 상정할 수 있다고 제안했다. 프랭크 쿠싱(Frank Cushing, 1857~1900)과 퓨스(J. W. Fewkes 1850~1930) 같은 고고학자들은 푸에블로 인디언에 대한 연구에서 민족지 유추를 주의 깊게 사용하여 선사시대 유물이 어떤 목적에 쓰였는지 그리고 어떻게 만들어졌는지를 파악하고자 했다(Cushing 1886; Fewkes 1896).

일반적으로 선사시대와 현대의 푸에블로족의 생활에는 큰 차이가 없는 것으로 여겨졌다. 고고학자들은 과거를 알아내려는 노력의 일환으로서 민족학자들, 그리고 원주민과 밀접한 접촉을 하게 되었다. 원주민들이 더 이상 전통적인 방식으로 살아가지 않는 지역에서 고고학자들은 선사시대 유물을 어떻게 만들고 썼는지를 고찰하면서 재현 실험과 반제품을 연구했을 뿐만 아니라 인디언 문화에 대한 초기 유럽인들의 기록을 참조하기도 했다. 지역 민족지 또는 역사 자료에 기초한 이 같은 연구들은 고고 자료의 해석에 직접역사적 접근direct historical approach의 이용이 증가하고 있었음을 잘 보여준다(I. Brown 1993; Lyman and O'Brien 2001). 대체로 홈스를 비롯한 몇몇 고고학자들은 직접역사적 접근을 체계적으로 적용한 최초의 연구자로 평가받는다(Meltzer 1999: 183). 그러나 그 이전에 윌리엄 바트램William Bartram과 다른 여러 유럽 고고학자가 적용하기도 했음을 보면 직접역사적 접근이 두 대륙에서 독립적으로 개발된 것임을 알 수 있다. 단지 에드거 휴잇(Edgar Hewett, 1865~1946)만이 그 방법이 적절한지에 대해서 상당히 유보적인 태도를 표명했을 뿐이다(1906: 12).

미국민족학국과
마운드빌더

　　미국민족학국에서 일했던 인류학자들은 원주민 역사에 대해서 이 같이 "무미건조한" 관점을 선호했다. 이는 민족학과 선사고고학을 인류학의 밀접한 관련 분야로 통합하고 있었기 때문이다. 1879년 스미스소니언연구소Smithsonian Institute의 분과로 출발한 민족학국은 국장이었던 유명한 지질학자이자 탐험가 존 웨슬리 파월(John Wesley Powell, 1834~1902)의 지도 아래 북아메리카의 인류학 조사를 주도하는 중심기관으로 성장했다. 민족학국은 본래 인디언과 관련된 행정을 더 효율적으로 하기 위한 민족지 및 언어학적 문제들의 연구를 목적으로 설립했지만, "광범위한 지리적 규모에서 …… 미국에서 고고학의 실제적 기초"를 놓는 역할을 하게 되었다(Hallowell 1960: 84). 고고 자료를 이해하는 데 "무미건조한" 과거의 관점은 당연하게 받아들여졌다. 그리고 이러한 접근을 적용하기 위해서는 선사시대의 생활은 유럽과의 접촉 이후 기록으로 남겨진 생활방식과 질적으로 다르지 않다는 가정이 필요했다. 미국민족학국의 설립 훨씬 이전에 새뮤얼 헤이븐(Samuel Haven 1864: 37)은 "석기시대의 플린트제 도구들이 땅 위에 놓여 있었으며 …… 그 도구를 만들고 사용했던 사람들은 아직 완전히 사라지지 않았다"고 말했다. 이런 식으로 문화변화를 부인하는 것은 유럽 고고학자들의 극단 단선진화론 못지않게, 고고학 연구가 민족지 연구에 종속되는 결과를 초래했다. 민족학으로 확인할 수 없는 사실이라면 고고 자료로는 아무것도 얻을 수 없을 것임을 시사했던 것이다. 비록 인류학을 통합하기는 했지만, 이런 "무미건조한" 관점은 고고학을 민족학에 종속시키고 원주민에 대해 부정적인 전형적 인식을 강화시키는 배경이 되었다. 멜처(Meltzer 1983: 40)가 언급했듯이, 이 관점은 "아메리카 원주민의 명예를 잠재적으로 훼손하는 고정관점에 뿌리를 둔 정부 지원의 고고학 조사에서 예견되었던 결과"였다.

미국민족학국의 인류학자들은 자신들의 연구계획을 입증하기 위하여 직접역사적 접근의 수단으로 연구할 수 없는 선사시대의 양상은 신뢰하지 않으려 했다(Meltzer 1983). 이러한 변칙적인 양상 가운데 가장 영향력 있었던 것은 잃어버린 마운드빌더족에 대한 것이었다. 미국 의회는 지대한 대중적 관심에 따라 민족학국이 해마다 마운드 연구에 5000달러라는 당시로서는 막대한 자금을 지출하자고 주장했다. 그리고 1882년 파웰은 사이러스 토머스를 이 조사의 단장으로 선임한다. 토머스는 광범위한 지표조사와 발굴 계획을 시작하고, 대체로 직접역사적 접근에 근거하여, 많은 마운드가 유럽과의 접촉 이후의 시기에 축조되었으며(O'Brien and Lyman 1999b), 모두 현대의 아메리카 원주민의 조상이 만들었다는 결론을 내렸다(Thomas 1894). 또한 마운드를 축조한 인디언의 문화는 17세기와 18세기 미국 동부에 살았던 인디언 집단의 문화를 결코 능가하지 못했음을 밝히고자 했다.

따라서 마운드빌더족이라는 신화를 부인했던 것은 (철기를 제작했다는 것과 같은) 이들의 생활양식에 대한 과장된 주장들을 거부한 것일 뿐 아니라 마운드를 만들었던 많은 인디언 집단의 순수한 문화적 성취마저도 평가절하하는 것이었다. 이 시기 많은 고고학자들은 발전된 문화를 가진 마운드빌더족의 존재를 받아들여 이들이 인디언임을 부정하거나, 아니면 인디언임을 인정하지만 역사시대 멕시코 북부에 살았던 인디언 집단보다 문화적으로 발전되지는 않았다고 생각하고 있었던 것으로 보인다. 19세기 말 고고학자 가운데 그 누구도 선사시대 북아메리카 원주민이 17세기에 관찰된 문화보다 더 복합적인 문화를 발전시켰을 것이라고 여겼던 고고학자는 없었다. 17세기에는 이미 대부분 인디언 집단들이 이미 유럽인이 들여온 전염병에 의해 심각하게 감소되어 있었으며, 유럽인의 침략과 정착에서 비롯한 전쟁 등으로 많은 집단이 본거지로부터 떠나게 된 상태였다. 이러한 상황에서 마운드빌더족의 신화를 깨는 일이 "대중 속에 팽배했던 아메리카 인디언에 대한 반감을 변화시키는 데 아무런 역할도 하지 못했음"은 그리 놀랄 일이 아니다(Willey and Sabloff 1993: 48).

미국민족학국의 고고학자들은 유럽의 구석기시대에 비견할 만큼 시간이 올라가는 인류 점유의 증거가 북아메리카에서도 존재하리라는 주장에 대해서는 아주 회의적인 태도를 취했다. 주장 가운데 가장 중요한 것은 본래 의학을 공부였던 찰스 애벗(Charles C. Abbott, 1843~1919)이 뉴저지 주 트렌튼Trenton 근처에서 상속받은 농장에 있는 자갈퇴적층의 발굴을 들 수 있다. 1877년이 되면 애벗은 이 유물들이 현재 북아메리카 원주민의 가까운 조상이 아니라 아마도 아메리카 인디언과는 무관한, 빙하시대 동안 이곳에 살았던 사람들이 남긴 것이라고 확신하게 되었다. 애벗은 구석기시대 점유인과 최초의 인디언의 도래 사이에는 긴 공백기가 있을 가능성이 있다고 보았다. 그런데 나중에는 이 초기의 "인종"이 이누이트족의 조상일지도 모른다고도 했다 (Abbott 1881). 한동안 그의 조사는 프레드릭 퍼트남(Frederic W. Putnam, 1839~1915)의 제한적인 지지와 후원을 받았다. 퍼트남은 본래 어류학을 공부했으나 1874년 이후 하버드대학의 피바디 미국고고민족학박물관Peabody Museum of American Archaeology and Ethnology의 학예관으로 활동했다. 그동안 미국의 다른 지역의 학자들도 비슷한 "구석기시대" 도구들을 발견하는데, 때로 아주 오래된 지질학적 맥락에서 발견되기도 했다. 홈스와 토머스는 스미스소니언연구소를 대표하여 이러한 주장에 대한 공격을 주도한다. 이들은 주의 깊은 조사를 통해 이른바 구석기시대 도구라는 것은 더 늦은 시기 아메리카 인디언들이 도구 제작의 초기 단계에서 버린 석재들과 흡사하다고 논했다. 이른바 구석기시대 유물이 발견되었다고 하는 곳의 지질학적 맥락에 대한 의문도 제기되었다.

1903년 미국국립박물관에 들어온 체코 출신 형질인류학자 알레스 허들리츠카 (Ales Hrdlicka, 1869~1943)는 "초기 인류"의 증거로 주장된 모든 인골자료를 검토하여 그 어느 것에도 후빙기 이전의 시기로 소급될 만한 분명한 증거가 결여되어 있다고 논했다. 이 같은 비판으로 고고학자들과 지질학자들은 북아메리카에서 엄밀하게 구석기시대의 존재를 부인하게 되었다. 하지만 인간이 신대륙에서 수천 년 동안 살았을 가능성이 배제된 것은 아니다. 다만, 정말로 그러했는지를 증명하기 위해서는 더 엄격한 증거가 필요함을 인지하게 되었다. 이 사례에서 연방정부에 고용된 학자들은 자신들의 권력과 권위를 사용하여 고고학을 "진정한 과학적 기반" 위에 올려놓고 인류학의 한 분과로서 고고학과 민족학이 어떻게 통합되어야 하는지에 대한 자신들의 관점과 어울리는 과거 이해의 방식을 고쳐시켰던 것이다(Meltzer 1983).

고고학자들은 이제 선사시대에 제한적인 혁신이 어느 정도는 일어났음을 인정할 준비가 되어 있었다. 워런 무어헤드(Warren K. Moorehead, 1866~1939)는 "인디언의 두뇌가 오스트레일리아나 아프리카 사람들의 두뇌보다 낫기" 때문에 어느 정도의 진보가 가능하다고 믿기도 했다(1910, vol I: 331). 하지만 편년이 분명하지 않았던 곳에서는 석제 파이프나 정성스레 만들어진 석제 및 금속제 장식물 같이 수준 높은 유물이 유럽의 영향을 받았다고 했다. 맥과이어(J. D. McGuire 1899)는 가장 단순한 이로쿼이족의 파이프를 제외하고 모든 유물은 유럽의 모델에 바탕을 둔 것이라고 주장했다. 다만 오대호 하부 지역에서 연구하는 고고학자들은 이미 세련된 파이프들이 대체로 유럽과의 접촉 이전 시기로 올라감을 인지할 수 있었다(Boyle 1904: 27-29). 맥과이어의 해석에서 원주민 문화들은 과거에 대한 고고학적 유존물보다도 더 단순했으며, 그래서 더 원시적이라는 함의가 있었던 것이다.

1860년에서 1910년까지는 미국에서 고고학의 전문화가 증가했던 시기였다. 대도시의 주요 박물관에는 선사고고학 전임 자리가 생겨났다. 나중에는 대학 교수직도 만들어졌으며, 그 시발은 1887년 하버드에 미국고고민족학 피바디교수Peabody Professor of American Archaeology and Ethnology로 퍼트남이 임명되었다. 미국에서 첫 선사고고학 박사학위는 하버드에서 1894년에 수여되었다(Hinsley 1985: 72, 1999; Conn 1998). 유로아메리칸들은 유럽과 서아시아의 고대유물을 미술관에 전시했지만, 이와 대조로 아메리카 원주민에 관한 고고학 및 민족학 자료를 자연사박물관에 소속시키고, 사학과가 아니라 인류학과에서 선사시대를 가르침으로써 자신들의 민족적 우월성에 대한 감정을 표현했다. 존 파월과 루이스 모건과 같은 인류학자들은 "변변치 않더라도 인디언의 고대유물"이 사라지도록 내버려둬서는 안 된다는 청원을 했다. 그럼에도 불구하고, 북아메리카 인디언의 선사시대를 연구하는 것보다는 유럽으로부터 고전시대 유물을 수집하는 것이 부유한 후원자들의 지원을 받는 데 더 수월했다. 유럽 고전고대 유물을 수집하는 일은 "우리의 문명과 문화의 기준을 증대시켜 줄 것"이라고 생각되었던 것이다(Hinsley 1985: 55).

이와 같은 문제들에도 많은 정보가 수집되고 새로운 조사의 기준이 수립되었다. 오하이오 주의 그레이트서펀트 마운드Great Serpent Mound(그림 5.3) 및 애리조나 주의 카사 그란데Casa Grande 같은 중요한 선사시대 유적을 보존하려는 첫걸음도 내디뎌졌다. 스미스소니언연구소와 미국민족학국은 고고학에 주도적 역할을 했다. 이 두 기관의 연방정부에 고용된 전문 학자들은 권위와 재원을 바탕으로 아마추어들(경우에 따라서는 자신들의 활동을 방해한다고 심하게 분개하기도 했지만)을 지도하기도 했다(McKusick 1970, 1991). 대학에 자리 잡은 퍼트남은 오하이오강 유역에서 고고학 조사를 실시하고 체계적인 발굴 기법을 사용하도록 주문하였다. 그러나 그의 연구는 북아메리카의 선사시대를 더 명확하게 이해하는 데 별다른 도움을 주지 못했다(Browman 2002). 아

그림 5.3 오하이오 주의 그레이트서펀트 마운드를 그린 것. 퍼트남의 대중 잡지에 실린 글에서(*Century Illustrated Magazine*, 1890)

마도 퍼트남은 아메리카 대륙의 구석기시대의 존재를 믿고 있으면서도, 그 증거가 광범위하게 부정되었기 때문에 편년에 대한 관심을 제대로 심화시키지 못했을 가능성이 있다.

　진전된 사항도 있었으나, 18세기 말 이후 고고학에, 그리고 일반적으로 미국 사회에 팽배했던 인디언에 대한 관점에는 전혀 아무런 변화도 없었다. 이와 대조로 인디언 사회들을 화석화한 존재물로 간주하고, 진보에 무능하며 결국은 절멸에 처하게 되었을 것이라는 생각은 다윈주의 진화의 측면에서 합리화하기도 했다. 그리고 존 러복이 대중화시킨 인류진화에 대한 보편 시각과 어울리게 되었다. 아메리카 인디언을 원래부터 원시적이며 정체된 것으로 생각하는 관점은 이제 수많은 유로아메리칸뿐만 아니라 국제 과학공동체도 공유하면서 인간행위에 대해서 인종주의적인 설명이 더 널리 퍼졌다. 유로아메리칸 고고학자들이 아메리카 대륙의 선사시대에 대해 가졌던 전통적인 관점은 크게 바뀐 것 없이 러복의 단선진화고고학과 결부되어 식민적 상황에 적용되었다.

4. 오스트레일리아 선사고고학의 전개

미국 고고학의 전개 양상은 식민적 배경에 있는 다른 지역의 고고학에도 드러난다.

오스트레일리아에서 원주민의 관습에 대한 연구는 최초 유럽 탐험가와 정착자들로부터 시작되었다. 1850년이 되면 오스트레일리아 남부의 대부분 지역은 유럽인이 점유하면서 원주민은 원지에서 쫓겨나거나 질병, 방치, 살해 등의 원인으로 죽어 갔다(그림 5.4). 북아메리카에서와 같이 유럽에서 온 정착자들은 인종적 편견을 가지고 원주민을 다루면서도 아무런 죄의식을 느끼지 않았다.

19세기 후반부터 시작하여 유럽과 미국의 민족학자들은 오스트레일리아 원주민을 인류학에서 알려진 "가장 원시적인 부족"의 사례로 다루기 시작한다. 1900년 정도가 되면 볼드윈 스펜서Baldwin Spencer와 길런F. J. Guillen의 『중부 오스트레일리아의 원주민The Native Tribes of Central Australia』(1899) 같은 주요 저술을 통해 오스트레일리아 원주민은 국제적으로 알려진다. 스펜서는 자신의 영국 스승들과 마찬가지로 원주민을 "아주 낮은 단계의 야만에 …… 고립되어 버려진 인류 초기의 유년기를 보여준다"고 서술했다(Spencer 1901: 12).

오스트레일리아 원주민에 대한 초기 연구에서는 유럽에서와 같이 인간과 선사시대 동물이 공반되는 분명한 증거가 발견되지 않았다. 또한 고고 유적에서 발견된 유물이 최근 시기의 유물과 크게 다른 것 같지도 않았다. 1910년이 되면 박물학자들은 오스트레일리아에서 초기 원주민의 존재를 보여주는 증거를 더 이상 찾지 않게 된다. 원주민은 늦은 시기에야 들어왔을 것이고 그 이후 별다른 문화변화의 흔적이 없다는 생각은 원주민 문화가 극히 원시적이며 본질적으로 정체되어 있었다는 민족학자들의 주장과 일치했다. 1910년으로부터 1950년대까지 대부분의 아마추어 고고학자들은 "오스트레일리아 원주민은 변화가 없는 민족이고 기술 발전도 없었다는 당시의 생각에 들어맞는" 유물을 수집했다(Murray and White 1981: 256). 스펜서는 원주민 문화에서는 정형적 도구 형식에 대한 관심을 찾을 수 없으며, 그때그때 편의에 맞는 기술만을 볼 수 있다고 주장했다. 또한 유물의 형태와 기능상의 변이를 원재료의 차이에 기인한 것이라 하여 시간의 흐름에 따른 변화, 문화적 선호, 기능적 적응이라는 대안적 설명의 가능성을 무시했다(Mulvaney 1981: 63). 존 멀배니(John Mulvaney 1981: 63-64)는 오스트레일리아 원주민문화에 대한 대중적인 모욕과도 일치하는 "변화 없는 야만"이라는 생각은 결국 이 시기 동안 오스트레일리아에서 선사고고학의 발달을 가로막았다고 주장했다. 1948년 시드니대학에서 오스트레일리아 최초의 고고학과가 만들어졌지만, 애초에는 유럽과 서아시아의 고고학만을 연구했던 것도 의미심장한

그림 5.4 "흑인들을 해산시키고 있는 원주 경찰", 1882년경 웨스턴 퀸즐랜드Western Queensland
(C. Lumholtz, *Among Cannibals*, 1890)

일이다.

1929년부터 시작된 남부 오스트레일리아의 데본 다운스Devon Downs 바위그늘 유적에서 이뤄진 노먼 틴데일(Norman Tindale, 1900~1993)의 발굴에서는 상이한 도구 형식들이 일련의 층에서 나왔다. 기존의 생각보다 더 오랜 인류 점유가 있었을 가능성이 나타났다. 이제 정체된 선사시대의 이미지에 문제가 제기된 것이다. 프레드 매카시(Fred D. McCarthy, 1905~1997)는 1935년 뉴사우스웨일스New South Wales 블루마운틴스Blue Mountains의 랩스톤크릭Lapstone Creek 바위그늘유적에서도 비슷한 발견을 했다. 하지만 문화변화는 처음에는 집단들이 교체되어 일어났다고 생각되었으며, 새로운 집단에는 최근 시기의 침략자들도 상정되었다. 1938년 노먼 틴데일은 자신의 연쇄를 미국 형질인류학자 버드셀J. B. Birdsell의 오스트레일리아 원주민 기원에 관한 삼종혼혈설triracial hybrid theory과 결부시키기도 한다. 또한 틴데일은 환경 변화가 원주민 점유 시기 동안 일어났을 가능성도 있음을 말했다. 문화변화와 지역 변이에 대한 체계적 관심은, 존 멀배니가 1953년 멜버른대학의 사학과에 임명된 이후 많은 젊은 고고학 전문가들이 오스트레일리아 선사시대를 연구하기 시작할 때까지 제대로 일어나지 않았다. 젊은 고고학자 대부분은 케임브리지대학에서 공부했는데, 그레이엄 클라크Grahame Clark는 생태학적 시각에서 선사시대를 연구할 것을 가르쳤다. 젊은 고고학자들의 연구로 곧 인간은 오스트레일리아에서 적어도 40,000년 전부터 살았음이 분명해졌다. 1950년대 이후 전문 고고학자들은 원주민 문화의 환경, 적응, 비기술적 양상에서 수많은 변화들이 있었음을 밝힌다.

고고 자료 해석에서의 변화는 오스트레일리아 백인들 사이에 독특한 국가적 정체성에 대한 관심의 증가를 비추어 주기도 한다. 백인 예술가들은 원주민 예술 형태에서 영감을 얻으며, 오스트레일리아 원주민 예술은 북아메리카의 원주민 예술의 경우보다 훨씬 더 오스트레일리아의 국가적 유산의 일부로 생각되고 있다. 이 같은 국가주의의 맥락에서 고고학자들은 더 이상 오스트레일리아의 선사시대를 구석기시대와 유사한 단계로 여기지는 않았다. 그 대신 원주민이 상당 정도로 환경을 조정하고 많은 변화를 일으키기도 했음을 인정하며, 오스트레일리아 선사시대의 특이성을 강조하기 시작했다. 현재 "부지깽이 농사꾼"이라는 오스트레일리아 원주민의 이미지는 전통적인 후기 구석기시대 수렵채집민 이미지와 비교하면 크게 달라진 것이다(Murray and White 1981; Mulvaney 1981; McBryde 1986; Byrne 1993: 144-145; Griffiths 1996).

고고학자들이 오스트레일리아의 선사시대를 단순히 19세기 민족학의 무변화의 시각을 5만 년으로 연장한 것이 아닌 그 이상의 것일 가능성을 인정하고 직접역사적 접근의 유혹을 극복하는 데는 상당한 시일이 걸렸다(Murray and White 1981: 258; Mulvaney and White 1987). 그러나 1980년이 되면 오스트레일리아의 전체 선사시대를 현대 원주민의 조상이 남긴 것인지 아닌지에 대한 논의가 이루어진다(White and O'Connell 1982; Flood 1983; T. Murrary 1992).

또한 고고학자들은 오스트레일리아 원주민의 정치 활동 증가로 연구 목적을 다시 조정해야 할 필요를 느끼게 되었다. 1972년 정권을 잡은 연방노동당은 원주민이 고고 유적의 보호를 포함한 자신들의 이해관계에 대한 결정을 하는 데 상당한 권한을 행사할 수 있는 법안을 통과시켰다. 결과적으로 고고학자들은 원주민에 대한 조사가 적절한지를 고려해야 하는 압력을 느꼈다(Ucko 1983; McBryde 1986; Moser 1995b). 영국식 교육의 결과 현대 오스트레일리아 고고학자들의 일반적 성향은 진화적인 관점보다는 역사학적인 관점에 기울어 있는데, 인류학에서 훈련을 받은 북아메리카 고고학자들보다는 몇몇 양상에서 더 수월한 해결책을 찾고 있다고 하겠다.

5. 뉴질랜드의 고고학

뉴질랜드에서는 유럽 선교사들과 고래잡이 어선들의 활동에 뒤이어 1840년대부터 영국에서 온 이민자들이 정착하여 작고 흩어진 취락을 형성하기 시작했다. 이들은 오랫동안 토착 마오리족을 복종시키지 못했다. 마오리족은 폴리네시아어를 사용하는 민족으로 특히 북섬North Island에서는 수도 많고 호전적이었다. 원주민과 이민정착자들 사이에 군사적 충돌이 1847년까지 지속되었고, 1860년대에 다시 발발했다. 비록 마오리족은 유럽인의 질병으로 약해지기는 했지만, 지속적 저항으로 유럽 정착자들도 어쩔 수 없이 이들을 존중할 수밖에 없었다. 마오리족은 여전히 뉴질랜드 문화 모자이크의 역동적이면서도 통합된 부분으로 남아 있다.

1954년 이전에는 뉴질랜드의 대학에 전임 고고학자가 한 명도 없었다. 그렇지만, 이미 1843년 유럽 정착자들은 거대한 모아(타조와 비슷한 뉴질랜드의 멸종 새[옮긴이])를 비롯한 절멸한 새의 뼈와 석기가 공반됨을 주목했다. 1870년대 줄리우스 폰 하스트(Julius von Haast, 1822~1887)는 유럽에서 인간의 기원에 관한 라이엘과 러복의 저술에 영향을 받아 모아 수렵민은 사라진 구석기시대의 족속으로서, 주로 물고기와 조개류에 생계를 의존했으며 후일의 신석기시대 마오리족과는 달랐다고 주장했다. 하지만 곧 이어 물질문화의 측면에서 모아 수렵민들은 마오리족과 그렇게 크게 다르지는 않음을 인정하게 된다(von Haast 1871, 1874).

이때부터 주된 역사 연구는 마오리족의 기원에 관한 것이었다. 19세기 동안에는 마오리족의 관습, 신화, 민속, 형질인류학에 높은 관심이 생겼다. 이런 연구의 상당 부분은 마오리족의 인구 감소와 급격한 문화변화에 자극을 받은 것이었다. 그러한 변화로 마오리족의 전범문화가 곧 사라지게 될 것이라고 생각했다. 1898년부터 1915년까지 퍼시 스미스(Percy Smith 1913, 1915)는 1850년대에 수집된 마오리 이주민들에 대한 다양한 부족의 서술을 종합하여 뉴질랜드 정착의 역사를 쓰기 위해 노력했다. 그리고는 마오리족이 원래 인도에서 기원한 폴리네시아의 뱃사람들이었다는 결론을 내린다. 뉴질랜드에는 처음에 마루이위족Maruiwi이 정착했는데, 이들은 후일 마오리족에 의해 정복되는 열등한 멜라네시아 민족이라고 했다. 1916년 엘스던 베스트(Elsdon Best, 1856~1931)는 마루이위족이 남섬South Island의 모아 수렵민이었다고 했다. 몇몇 마오리 부족은 구비전승의 근거에서 뉴질랜드에 서기 950년에서 1150년을 전후하여 들어왔으며, 이후 1350년 주요 부족들의 조상이 되는 집단을 태운 대함대가 뒤따랐다고 여겼다. 일반적으로 마오리 문화의 기본 유형은 그로부터 커다란 변화가 없었다고 여겼다(Sorrenson 1977).

이러한 인식은 영국에서 온 정착자들과 마오리족 출신의 인류학자인 피터 벅(Peter Buck [Te Rangihiroa], 1877~1951)을 포함한 마오리족 뉴질랜드인들에게 광범위하게 받아들여졌다. 피터 개더콜(Peter Gathercole 1981: 163)은 마오리족의 학문 전통에 바탕을 둔 이러한 설명이 뉴질랜드에 마오리족의 도래와 유럽인들의 도착을 비슷하게 취급하고 있다고 하며 주의를 환기시키기도 했다. 마오리족은 비교적 최근에 뉴질랜드를 점유하여 이전의 문화적으로 덜 발달된 민족으로부터 섬을 넘겨받은 것으로 그려졌다. 이는 마오리족이 뉴질랜드에 대해서 역사적인 주장을 그리 크게 가질 수 없음을 함의하고 있었다. 또한 민족학과 구비전승으로도 마오리족의 선사시대에 대해서 필요한 모든 것을 알 수 있다고 생각했다.

1920년대 케임브리지대학에서 인류학을 연구했던 헨리 스키너Henry D. Skinner는 남섬의 모아 수렵민 유적을 고찰하기 시작한다. 스키너는 고고학, 민족지, 형질인류학, 언어학 자료들을 결합하여 모아 수렵민은 마오리족이었으며, 따라서 폴리네시아 기원임을 밝혔다. 그리고 마루이위족에 대한 신화를 부정함으로써 마오리족이 "섬에 살았던 최초의 사람들"로서의 역할을 했다고 하면서 이를 연구하는 데 고고학의 역할을 가장 중시했다(Sutton 1985). 스키너는 마오리 문화의 지역적 변이에도 민감했는데, 이것을 부분적으로 자연에 적응한 결과로 해석했다. 덧붙여 마오리족이 뉴질랜드에 들어온 이후 상당한 정도의 문화변화가 있었음도 인정했다.

그럼에도 스키너의 고고학 연구에는, 모아 멸종의 경제적 영향에 대한 것을 제외하고, (물질문화 변화의) 시간적 연쇄나 문화변화에 대한 체계적인 고찰이 빠져 있었다 (Skinner 1921). 다른 지역의 식민주의 고고학자들과 마찬가지로 그 역시 고고학을 독자적인 역사 정보원이라기보다는 주로 민족학적 수집물의 보완으로 생각했다. 하지만 고고학 조사를 지원했는데, 여기에는 데이비드 테비엇데일(David Teviotdale 1932)이 오타고박물관Otago Museum에 임명된 것도 포함된다. 이로써 테비엇데일은 뉴질랜드에서 최초의 전문 고고학자가 되었다. 1950년대까지 고고학 조사는 여전히 모아 수렵민에 대한 연구에 집중하고 있었으며(Duff 1950), 한편으로 그 이후의 시기는 별로 연구하지 못했다(Gathercole 1981). 비록 뉴질랜드 고고학자들은 구비전승을 통해 많은 역사적 사건들을 이야기하고 있지만, 아직 물질문화와 고고학적 유존물에서의 변화에 대한 포괄적 연구를 도모하지 못했던 것이다.

최근 들어서 뉴질랜드 고고학은 더욱 전문화되고 있으며 마오리 민족학과의 결부에 대해 더욱 비판적인 자기 인식을 발전시키고 있다. 이로써 늦은 시기 선사시대에 대한 연구가 이루어지는 데 자극이 되고 있다. 최근의 많은 연구는 북섬에서 수행되었는데, 북섬은 고고학자들이 지금까지 간과하고 있었지만 마오리족 인구의 대부분이 살고 있었으며 세련된 문화가 발전한 곳이기도 하다. 연구에는 마오리족도 참여했는데, 선사시대 물질문화와 마오리족의 경제 및 사회조직에 극적인 변화들이 있었다는 증거를 찾았다. 그 변화는 부분적으로 기후변동과 폴리네시아 정착자들이 뉴질랜드 섬에 적응하면서 지역적인 다양화를 보여주는 것이었다. 모아 수렵민은 이제 하나의 시기, 아마도 아주 짧은 시기 동안 남섬에 존재했던 문화로 해석되고 있다. 뉴질랜드와 인접 태평양 지역 간의 접촉에 대한 고고학적인 연구에도 관심이 증가하고 있으며, 여기에는 뉴질랜드에 언제, 그리고 어떠한 조건에서 사람들이 처음으로 들어오게 되었는지도 포함된다(H. Allen 2001). 뉴질랜드 고고학은 원주민을 (어쩔 수 없지만)

존중하고 있는 식민적 상황의 한 사례가 된다. 그렇지만 아마추어 고고학자들은 다른 지역에서와 마찬가지로 원주민 문화가 정체되어 있다고 말하며, 고고학적 유존물에서의 변화를 내적인 발달보다는 종족 변화의 결과로 돌리고 있다. 20세기 동안 더욱 전문화한 고고학은 그러한 생각들을 일소하는 데 중요한 역할을 했다.

6. 아프리카 인종주의 고고학의 전개

18세기부터 유럽에서 온 사람들은 사하라 이남의 아프리카에서 간헐적으로 고고학 조사를 실시하기도 했다. 브라이언 페이건Brian Fagan에 따르면, 기록된 최초의 발굴은 스웨덴의 박물학자 앤드루 스파르만Andrew Sparrman이 1776년에 한 것이라고 한다. 그는 남아프리카의 그레이트피시Great Fish강 근처에서 수많은 돌로 축조된 마운드들을 팠다. 비록 아무것도 찾지는 못했지만, 이런 마운드가 그 지역에 "현재의 카프레족Cafres, 호텐톳족, 보시스족Boshiesmen이나 야만인들로 퇴보하기" 이전에 더 강하고 많은 인구가 살았었다는 확실한 증거라는 결론을 내렸다(Fagan 1981: 42).

남아프리카에서는 1858년 그레이트피시강 하구 근처에서 토머스 보우커Thomas Bowker가 처음으로 석기를 채집했다. 그 이후 이곳에서 많은 유물이 수집되었으며, 1905년이 되면 스토우G. W. Stow가 남부 아프리카에 대해 사색적이지만 고고학적인 정보에 의거한 이주론적인 관점에서 선사시대 연구를 출간하게 된다. 1890년대 이전 사하라 남부의 다른 아프리카 지역에서는 체계적 고고학 조사가 이루어지지 못했다. 당시 유럽 식민 강대국들은 아프리카 대륙 대부분을 정치적으로 분할 통치했다. 고고학자들과 식민주의자들은 모두 사하라 이남 아프리카의 원주민문화를 인류의 과거를 보여주는 살아 있는 박물관으로 간주했다. 하지만 북아메리카 원주민문화보다는 아프리카 원주민문화들 사이에 많은 다양성이 있었다. 북아메리카의 것은 모두 석기시대의 문화로 생각했다. 아프리카에서는 석기뿐만 아니라 철기 기술도 있었으며, 사회는 작은 수렵민 무리에서 대규모 왕국에 이르기까지 복잡했다. 그럼에도 대부분 유럽의 학자들은 아프리카 사람들의 기술, 문화, 정치적 성취를 실제 보이는 것보다 과소평가했다. 많은 연구자들은 "아프리카 사람들은 결코 옷감이나 토기조차도 만들지 못했었다"는 영국의 여행가 메리 킹슬리(Mary Kingsley 1897: 670)의 의견에 동의했다. 그렇지만 그토록 원시적이고 나태한 아프리카 사람들이 만들었으리라고 생각하기엔 너무 세련된 듯 보이는 고고학적 발견물이 계속 나타났다(Nederveen Pieterse 1992).

그레이트 짐바브웨
논란

아프리카 고고학에서 가장 극적이고 잘 연구된 식민주의적 심리 상태에 대한 사례는 현 짐바브웨에서 발견된 유지를 둘러싼 논란일 것이다. 페이건(Fagan 1981: 43-44)은 이런 논란들은 북아메리카에서 이루어진 마운드빌더족을 둘러싼 논란의 아프리카 사례라고 본다. 이 기념물 유적을 고찰한 초기 유럽인들은 선사시대 아프리카 남부에 있었던 백인 식민지의 증거라고 보았다.

16세기 모잠비크의 포르투갈 식민자들은 내륙에 돌로 만들어진 건축물이 있다는 보고를 접했다. 유럽인들은 솔로몬 왕King Solomon이나 시바 여왕Queen Sheba이 히브리 성경에 기록되어 있는 금채광 활동 과정에서 그런 건축물을 축조한 것이라는 상상을 하게 된다. 짐바브웨의 석제건조물을 소문에 떠돌던, 성경에 언급되어 있는 오빌(Ophir, 솔로몬 왕이 보석을 얻었다는 곳[옮긴이])이라고 판단했던 것이다. 이 같은 생각은 이후 수백 년 동안 아프리카의 지리를 연구했던 사람들의 상상력을 지속적으로 자극했다. 19세기 말 이러한 공상들은 트란스발Transvaal에 새로이 정착한 남부 아프리카의 백인들Afrikaaners에게 호소력을 지녔다. 칼뱅주의적인 신앙을 가졌던 이들은 새로이 들어온 땅이 성경에 언급된 곳과 접경하고 있다는 생각을 반겼던 것이다. 트란스발에서 수집된 유지들에 대한 정보는 1869년 출간된 왐슬리H. M. Walmsley의 『줄루란드의 도시 유지The Ruined Cities of Zululand』라는 소설에 영감을 주기도 했다. 1868년 독일의 선교사 메렌스키A. Merensky는 젊은 독일 지질학자 칼 모흐Carl Mauch가 이 유적을 찾아보도록 설득했다. 1871년 모흐는 그레이트 짐바브웨Great Zimbabwe 유지를 방문한, 알려진 최초의 유럽인이 되었다. 그는 메렌스키가 말한 것에 근거하여 시바 여왕의 잃어버린 궁전이라는 결론을 내린다.

이런 종류의 공상은 사업가 세실 로즈Cecil Rhodes가 자신의 영국남아프리카회사British South Africa Company가 조직한 사병들이 1890년 금채광을 위해 북부 짐바브웨의 마쇼나란드Mashonaland를, 그리고 3년 뒤에는 이웃하는 마타벨란드Matabeleland를 점거한 뒤 더욱 널리 퍼졌다. 그레이트 짐바브웨는 곧 유럽 식민화의 정당성을 상징해 주는 것이 되어, 백인이 이전에 통치했던 땅에 돌아온 것으로 묘사되었던 것이다. 그레이트 짐바브웨에 대한 최초의 진지한 연구는 영국남아프리카회사의 지원을 받아 왕립지리학회Royal Geographical Society와 영국학술원British Association for the Advancement of Science의 도움으로 이루어졌다. 이 일의 책임자로 선임된 사람인 시어도어 벤트(J. Theodore Bent, 1852~1897)는 고대유물에 관심을 가진 서아시아의 탐험가였다. 발굴에서는 불과 수세기 전 외국과 교류한 물품을 포함한 반투족 점유의 증거가 나오기도 했다. 그러나 벤트는 몇 가지 건축 및 양식적 특성에 근거하여 그 유지가 성경시대 아라비아로부터 아프리카 남부에 들어온 "북부의 종족"에 의해 축조된 것이라고 결론을 내린다. 이 돌로 만들어진 유지는 별다른 근거도 없이 점성술적인 성향에 따라 기원전 1000년에서 기원전 2000년 사이로 추정된다고 했다(Bent 1892)(그림 5.5).

1895년 로디지아고대유지회사Rhodesia Ancient Ruins Limited라 불리는 회사가 그레이트 짐바브웨를 제외한 메타벨란드에 있는 모든 석조 건물지에서 금 유물을 '사냥'할 권리를 확보했다. 이 일로 무덤 도굴이 생기게 되었는데, 1901년에야 중단되었다. 그 이후에는 닐W. G. Neal이라는 탐광자가 자신의 약탈행위에 대한 체면치레로 리처드 홀(Richard Hall, 1853~1914)과 협동으로 『로디지아의 고대 유지들The Ancient Ruins of Rhodesia』이라는 책을 낸다(Hall and Neal 1902). 이 책은 그 지방의 유적에 대한 최초의 일반 조사가 된다. 이 책 때문에 영국남아프리카 회사는 리처드 홀을 그레이트 짐바브웨 학예관으로 임명했다. 홀은 여기에서 "카피르족Kaffir이 점유한 썩은 쓰레기"를 치워 버린다는 취지에서 층위를 이룬 고고학 퇴적층을 제거했다. 후일 그는 세 가지 건축 양식을 정의하기도 했는데, 타원형에 둘러싸인 잘 장식된 벽에서 시작하여 갈수록 질이 떨어짐을 주장했다. 그리고 초기의 그레이트 짐바브웨를 고대 페니키아 식민지의 주요 도시로 해석했다(R. Hall 1909). 최근 들어서는 주의 깊은 건축 연구로 규칙적으로 바른층쌓기로 장식된 벽은 짧고 굽이치는 양식의 벽보다 후대이면서도, 나중 시기에도 바른층쌓기가 아닌 벽들이 존재함이 밝혀지기도 했다(Garlake 1973: 21-23).

그러나 홀의 연구는 전문 고고학자들의 비판을 받게 되어 1904년 결국 해고되고 만다. 그 이후 영국학술원은 로즈신탁으로 제공된 지원금을 사용하여 유명한 이집트 고고학자 페트리와 함께 작업한 바 있는 전문고고학자 데이비드 랜달–매카이버(David Randall-MacIver, 1873~1945)를 초빙하여 그레이트 짐바브웨와 로디지아의 다른 유적을 연구하게 한다(1906). 1929년 유명한 영국 고고학자 케이튼 톰슨(Gertrude Caton Thompson, 1893~1985)은 동일한 후원 아래 이보다 더 광범위하고 층위학적으로 세련

그림 5.5 "아크로폴리스로 가는 길"(벤트의 *The Ruined Cities of Mashonaland*, 1892에서)

된 연구를 수행하게 된다(Caton Thompson 1931). 두 고고학자는 유적들이 전적으로 반투족의 것으로서 서력기원까지 올라간다고 확정적으로 논했다. 그럼에도 랜달-매카이버와 케이튼 톰슨은 아프리카 문화를 일반적으로 평가절하하는 의견에 따라 모두 그레이트 짐바브웨가 비교적 최근에 축조되었다는 증거로 엉성하게 축조되었음을 말했다. 케이튼 톰슨의 의견에 따르면, 수천 년을 버틸 수 없을 정도였다는 것이다(H. Kuklick 1991b: 152-153).

비록 랜달-매카이버와 케이튼 톰슨의 결론은 고고학계에서 인정되었지만, 이들은 로디지아와 남아프리카에 정착한 유럽인들에게는 환영받지 못했다. 아마추어 고고학자들은 계속 짐바브웨의 유적을 침략자, 상인, 또는 금속기술자들이 서아시아, 인도, 인도네시아와 같은 여러 지역에서 들어와 만든 것이라는 주장을 했다(Posnansky 1982: 347). 1909년 홀은 남아프리카의 지도적인 백인들의 재정적인 후원을 받아 『선사시대의 로디지아Prehistoric Rhodesia』라는 책을 발간했다. 홀은 이 방대하면서도 논쟁적인 연구에서 랜달-매카이버의 발견을 논박했다. 홀은 아프리카인들의 "쇠락"을 스스로 "성숙기에 있는 모든 반투족에게 일어난 갑작스런 지성의 정지"(p. 13)의 탓이라고 했다. 이런 쇠락은 "모든 권위 있는 연구자들이 인정하듯이 수백 년 동안 작용된 과정"이라고 주장했다. 따라서 피터 갈레이크(Peter Garlake 1973: 79)가 주목했듯이, 홀은 짐바브웨의 과거에 대한 설명에서 당시까지는 암시적이었던 인종주의적인 편향을 처음으로 분명하게 드러낸 것이다. 그 이후에도 이안 스미스Ian Smith를 정점으로 한 불법적인 백인 통치하에서, 브루워(A. J. Bruwer 1965), 게이어(R. Gayre 1972), 윌프리드 맬로우스(Willfrid Mallows 1985), 토머스 허프맨Thomas Huffman이 그레이트 짐바브웨가 외부에서 온 사람들이 만든 것이라는 생각을 공식 안내책자에서 계속 주장하였다. 남부 로디지아 인구의 10% 미만을 차지하는 유럽인 정착자들에게 그러한 주장은 아프리카인의 능력과 과거의 성취를 평가절하하고 자신들의 지배를 정당화하는 데 이바지했던 것이다. 이런 주장은 1965년 유럽 정착자들이 로디지아 독립을 선언하면서 특히 집요해졌다. 1964년 이후 기념물검역관 일을 하고 있던 피터 갈레이크는 어떠한 공식적 간행물에서도 그레이트 짐바브웨가 흑인들에 의해 축조되었다는 점을 언급해서는 안 된다는 비밀 명령에 대한 항의의 표시로 1971년 사직했다. 이때가 되면 그 유지가 다수인 지역 아프리카인들의 문화유산의 강력한 상징이 되지 않을까 하는 정부의 우려는 커진다. 1980년 짐바브웨의 독립 이후 몇몇 국가주의자들은 아프리카 흑인들만이 짐바브웨의 고대유지들을 해석하는 데 필요한 도덕적 권리를 가지고 있으며, 문화적으로 이해할 수 있다고 했다. 이런 식으로 아프리카 흑인에 대해 새로운 시각을 가진 사변이 등장한다(Mufuka 1983; Garlake 1973, 1983, 1984).

북아메리카에서 19세기에 일어났던 마운드빌더족을 둘러싼 논란과 1890년대에 시작된 짐바브웨 논란을 비교해 보면 많은 차이와 함께 놀랄 만큼 비슷한 점이 있음을 알 수 있다. 두 사례 모두에서 아마추어 고고학자들과 대중의 의견은 원주민의 성취를 인정하려 하지 않았으며, 때문에 그 같은 유지들이 원주민 문화와 결부된 것임을 부정했다. 이와 비슷하게 당시 학계에 있는 연구자들은 그런 환상적인 해석들에 대해 유보적인 태도를 취했다. 또한 케이튼 톰슨 역시 그레이트 짐바브웨가 아프리카인이 축조한 유적임을 밝힌 뒤에 그 건축물이 질적으로 떨어진다고 평가했다. 사이러스 토머스는 마운드를 축조한 문화가 북아메리카 인디언 문화의 산물임을 확인한 뒤 그 문화를 평가절하하기도 했다. 그렇게 보면 케이튼 톰슨과 토머스 사이에는 놀라운 유사성이 있는 것이다. 하지만 1905년 이후 곧 국제 고고학 공동체는 짐바브웨가 반투족이 축조한 것이 아니라는 주장을 부정하게 되었다. 이로써 짐바브웨에 관한 신화는 지역 아마추어 고고학자들과 일반 대중만이 유지했다는 점에서는 북아메리카와 차이가 있다. 마운드빌더족 신화는 한 세기 이상 지속되었던 것이다. 이는 비록 두 경우 모두 과거를 왜곡시키려는 동일한 사회적 압력이 있었지만, 1905년이 되면 고고학 기법이 발전하여 역사적인 문제들이 해결되기 시작하여 그런 압력이 더 이상 전문 고고학자들에게 해석의 자유를 주지 않게 되었음을 의미한다. 1950년대 이후 짐바브웨에서 로빈슨Keith Robinson, 서머스R. Summers, 갈레이크Peter Garlake와 같은 지역 기반을 갖춘 전문 고고학자들에 의해 이루어진 조사는 철기시대 말 짐바브웨 역사를 이해하는 데 커다란 기여를 했다.

사하라 이남 전역에서 주요 문화적 성취에 대한 고고학적이고 민족지적인 증거가 있었다. 그럼에도 불구하고, 아프리카 사람들의 생물학적 열등성에 대한 믿음은 유지되었다. 그런 성취들을 북쪽으로부터 영향을 받았기 때문이라는 식으로 설명했던 것이다. 사하라 이남 아프리카의 많은 복합사회들을 마주 대했던 탐험가나 선교사들은 농경, 금속제조술, 도시생활, 다양한 예술의 형태들이 환지중해 또는 서아시아 문명으로부터 들어왔다는 결론을 내렸다(Fagan 1981: 43; Schrire et al. 1986). 독일 민족학자 레오 프로베니우스Leo Frobenius는 1910년 자신이 나이지리아 이페Ife에서 발견한 청동 및 테라코타 유물을 아프리카의 대서양을 따라서 그리스 식민지들이 있었다는 증거로 해석했다(Willett 1967: 13-14). 케임브리지대학의 교수였던 마일스 버킷(Miles Burkitt, 1890~1971)은 북쪽의 영향, 구체적으로는 유럽의 전기 구석기, 무스테리안, 후기 구석기시대의 영향이 남아프리카의 석기 유물조합과 바위그림에서 드러난다고 보았다(Burkitt 1928). 아프리카 남부를 과거 오래전의 문화 형태가 살아남은 '막다른 길' 정도로 보았던 버킷의 관점은 20세기 초반 많은 구석기 고고학자들도 함께했다(Gamble 1992).

1880년 독일 이집트학자 칼 렙시우스Karl Lepsius는 아프리카의 원주민들은 북부의 옅은 피부색의 햄족Hamites과 남부의 흑인Negro이라는 두 집단으로 이루어졌다고 했다. 찰스 셀리그만(Charles Seligman 1930)을 포함한 많은 민족학자들은 햄족을 사하라 이남 아프리카의 "위대한 문명의 힘"의 원천으로 여겼다. 이들은 사하라 이남의 발전된 문화의 특성(궁극적으로 서아시아에서 기원한 것)을 문화적으로 더 창의적이었던 햄족 유목민들이 남쪽을 정복하여 문화적으로 "자립할 수 없는" 아프리카 흑인들에게 발전된 기술과 문화의 기초를 전해 주었기 때문이라고 설명했다. 그런 뒤에 "이종 간 혼혈"로 인해 창의성이 훼손되었다는 것이다. 이런 식의 니그로인와 코카서스인 사이의 이분법은 아프리카인의 창의성을 평가절하한 것으로, 1960년대 선사학과 민족학 연구에도 남아 있었다. 선사시대 햄 정복자들의 역할은 유럽 식민자들이 19세기 말부터 스스로에게 부여한 문명화의 사명과 아주 놀랄 만큼 유사한 것이다(MacGaffey 1966). 이러한 생각은 르완다, 부룬디와 같이 원주민 내의 종족적 차이를 인종화하는 데도 중요한 역할을 했다(A. Reid 2003: 73). 이러한 역사적 해석들은 고고 자료가 아니라 거의 전적으로 민족지와 언어 자료에 의존한 것이다. 제2차 세계대전이 끝나기까지 아프리카 선사시대에 대한 그 같은 해석의 유효성을 검증할 만한 그 어떠한 문화편년도 남아프리카 이외의 지역에는 없었다. 오히려 그런 공상적인 주장은 간헐적으로 고립되어 나타나는 고고학적 발견물을 해석하는 맥락이 되기도 했다.

이집트학에는 이러한 편견이 영향을 미쳐 1960년대까지도 인종주의적 믿음들이 강하게 남아 있었다. 일반적으로 고대 이집트 문명은 서기전 3000년을 전후하여 서아시아로부터 온, 이른바 왕족Dynastic Race이라 불렸던 정복자들이 원시 아프리카인에게 우월한 문화를 부여함으로써 이루어졌다고 주장되었다(W. Emery 1961). 마찬가지로 문명은 이집트인들이나 리비아인들에 의해 몇 차례에 걸쳐 수단에 전해지

고, 그리고 나서는 북부와의 접촉이 희미해지면서 쇠락했다고 보았다(Arkell 1961). 이
집트 남부 나일강 유역에 대해서도 특정 시기에 "흑인"의 숫자에 대비하여 "백인"
의 수가 어느 정도를 차지했는지 하는 것과 그 문화적 수준이 직결되었다고 믿어졌
다(Reisner 1910, I: 348; Randall-MacIver and Woolley 1909: 2). 이러한 해석에는 아프리카는
미개하고 문명은 북쪽으로부터 들어왔다는 생각이 깔려 있다. 조지 라이스너(George
Reisner 1923a, 1923b)는 케르마Kerma의 왕가 묘지에 대한 순서배열에서 복합에서 단순
으로 변화함을 제시했으나, 이는 잘못이었다. 그가 이렇게 한 이유는 케르마가 이집
트 관리들에 의해 만들어진 다음 지배자들이 자신들의 고토와 접촉이 끊어짐으로써
쇠락하게 되었다고 생각했기 때문이다(O'Connor 1993). 비록 수단에서는 다른 사하라
이남의 아프리카에서보다 복합사회의 발달에 대해 더 많은 고고학 조사가 이루어지
기는 했지만, 유럽인들에게 증거들은 여전히 고대 이집트인들이 선구적인 권위를 가
졌던 존재라는 믿음에 입각하여 해석되었다(Trigger 1994b; O'Connor and Reid 2003; S. T.
Smith 2003).

　　세네갈의 물리학자 체이크 안타 디오프(Cheikh Anta Diop 1974)의 저술은 그와 같
은 아프리카인의 창의성을 부인하는 행태에 대한 정당한 항의이다(M. Bernal 1987). 그
러나 불행히도 그 역시 자신이 반대하는 사람들과 마찬가지로 고고 자료에 근거하여
아프리카의 선사시대를 이해했던 것은 아니다. 고대 이집트인들을 아프리카 흑인들
이라 판단하고, 세계 문명만이 아니라 아프리카 문명의 원천으로 삼은 것 역시 아프
리카의 모든 지역에 살고 있는 민족들의 문화적 창의성을 크게 평가절하했음이 나중
에 드러났던 것이다.

아프리카
구석기고고학의
발달

　　아프리카의 식민고고학의 또 다른 성격으로 들 수 있는 것은 구석기시대 연구
에 많은 관심이 기울여졌다는 점이다. 1890년대 지질학자 존슨J. P. Johnson은 오렌지
프리 주Orange Free State와 트란스발에서 구석기시대 도구에 대한 지질학적 맥락을
연구한 바 있다. 케이프타운 남아프리카박물관의 관장이었던 루이스 페링게이Louis
Péringuey는 남아프리카의 선사시대를 자갈돌 도구로 특징지어지는 구석기 단계와
그 이후 조개더미(패총)와 바위그늘 주거로 대표할 수 있는 부시맨 단계로 나누었다
(Fagan 1981: 42-43). 1920년대 굿윈A. J. H. Goodwin과 반리엣로위Clarence Van Riet Lowe
는 남아프리카 석기시대를 전기, 중기, 후기 단계로 나누어 각각 아슐리안Acheulean,
르발루아지안Levalloisian, 잔석기(세석기, microlithic) 도구로 특징지을 수 있다고 했다

(Goodwin and Lowe 1929). 동시기 남아프리카에 정착한 백인 고생물학자 반 호펜(Egbert Van Hoepen, 1884~1966)은 남아프리카의 석기시대를 일련의 문화로 나누었는데, 궁극적으로는 굿윈-반리엣로위의 체계로 통합된다(Schlanger 2003). 1913년에서 1924년 사이 인류 화석들이 남아프리카에서 발견되어 인류의 발달을 후기 구석기시대 호모 사피엔스에서 최초로 발견된 오스트랄로피테쿠스의 두개골까지 거슬러 올라가 연구하게 되었다.

석기는 이미 1893년 케냐에서 확인되었다. 그러나 체계적 연구는 케냐에서 태어난 루이스 리키(Lous Leakey, 1903~1972)가 1926년 케임브리지대학에서 동아프리카 고고학조사단을 조직한 뒤에서야 시작되었다. 리키는 『케냐 식민지의 석기시대 문화 *The Stone Age Cultures of Kenyan Colony*』(1931)에서 동아프리카에서 1950년대까지 지속적으로 사용된 문화사 틀을 마련한다. 석기 유물조합은 이전처럼 셸리안, 아슐리안, 무스테리안, 오리냐시안과 같이 유럽 구석기시대 연구에서 쓰이는 용어로 이름이 붙여졌다. 또한 유럽의 빙하기와 간빙기에 대응한다고 믿어졌던 우기와 건기라는 계기적 연속도 고안했다. 그러면서 많은 유물은 유럽의 범주와는 어울리지 않음도 알게 되었다. 1920년대 이후 굿윈-반리엣로위의 용어를 채택하여 아프리카에서만 인정되는 문화 유물조합에 사용했다. 이 두 체계는 1960년대까지 동시에 지속적으로 쓰였는데, 그 이후 도구 제작기법을 지칭하는 것을 제외하고는 유럽의 틀은 폐기된다(Posnansky 1982: 348).

1936년에서 1962년까지 남아프리카의 스터크폰테인Sterkfontein, 크롬드라이Kromdraai, 마카판스가트Makapansgat, 스와트크란스Swartkrans에서 수많은 오스트랄로피테쿠스 화석이 발견된다. 이러한 발견은 세계 그 어느 지역에서 연구된 것보다 이른 시기의 문화 발달에 대한 관심을 촉발시킨다. 1950년대 말 플라이스토세(Pleistocene, 갱신세)와 플라이오세Pliocene에 대한 새로운 지질 편년이 수립되고 포타슘-아르곤연대측정법에 따라 당시까지 60만 년 전 정도로 생각되던 연대폭이 200만 년 전까지 확장되었다. 강자갈층에서 발견된 구석기시대 유물은 해석적인 가치에 한계가 있음이 드러났으며, (화분과 다른 고환경 자료가 잘 보존되어 있는) "생활면"이라 보이는 곳에 대한 발굴로 관심이 옮겨지게 된다.

루이스 리키(Louis Leakey)와 메리 리키(Mary Leakey)는 이미 1940년대 올로게세일리에Olorgesaillie 유적에서 구석기시대 생활면 연구를 개척한 바 있다. 올두바이 고지

Olduvai Gorge의 원시적인 올도완Oldowan 석기들이 나오는 레벨에서 초기 인류 화석을 찾는 것을 시작으로 놀라운 발견을 해낸다(M. Leakey 1984). 이 발견으로 아프리카의 전기 구석기 고고학에 대한 전 세계적 관심을 불러일으킨다. 그런 조사를 지원하는 국제 기금도 크게 증가했고, 미국과 유럽의 많은 수의 고고학자들이 동아프리카에서 조사를 하게 되었다. 리키 부부의 발견은 아프리카가 인류의 요람일 것이라는 다윈의 예측을 확인시켜 주는 것으로 받아들여진다. 또한 발견은 과학적인 중요성을 지니는 것이었다. 하지만 이들이 가진 관심의 상당 부분은 전체 인류의 기원만이 아니라 더 구체적으로는 유럽인과 유로아메리칸의 기원을 말하는 대중매체에 의해 자극을 받은 것이다. 유럽과 유로아메리칸의 선사시대의 가장 초기의 부분은 유럽에서는 발견되지 않음이 분명해졌으며, 아프리카가 그 발견지가 될 수 있다고 믿어졌다. 과거 고대 이집트와 메소포타미아가 유럽 문명의 기원이 될 수 있다는 생각에서 주로 관심을 가졌던 것과 마찬가지로 아프리카 구석기시대에도 주로 유럽인의 기원을 찾으려는 것 때문에 관심을 가지는 것처럼 보였다(Dennell 1990).

구석기 이후 시기 연구

　　1950년대 말 이전 유럽인들은 일반적으로 아프리카 선사시대의 늦은 단계를 문화 정체의 시기로 간주했다. 세계의 다른 지역의 고고학자들에게 초기 구석기시대와 비교하면 이전 시기에 대한 관심은 별로 없었으며, 아프리카에서 살고 아프리카에서 조사하는 많은 외국 고고학자들은 구석기시대 고고학을 하는 사람들이었다. 페이건(Fagan 1981: 49)은 식민시기 이전의 아프리카에 관심을 가진 역사가는 거의 없다는 점을 주목했다. 1966년이 되어서까지도 유명한 영국의 역사가 트레버로퍼H. R. Trevor-Roper는 아프리카에 유럽인이 등장하기 이전에는 아무런 중요한 일도 없었다고 말했다(p. 9). 그런 의견은 고고학자들이 최근 수천 년 동안의 시기에 대해서 별달리 얻을 것이 없을 것임을 말하는 것이었다. 그레이엄 클라크의 『세계의 선사시대 World Prehistory』(1961)에는 사하라 이남 아프리카에 대한 언급은 세계의 다른 지역에 비하여 훨씬 적은 분량만이 할애되어 있다. 하지만 상당한 예외도 있다. 오랫동안 나이지리아의 토착 전통은 보존하고 연구할 가치가 있음을 학자들에게 심어 주려 애썼던 미술 교사 출신 케네스 머리Kenneth Murray는 1943년 나이지리아 고대유물관리국 Nigerian Antiquities Service의 최초의 기관장으로 임명된다. 그는 케임브리지에서 공부한 고고학자인 버나드 팩Bernard Fagg을 설득하여 연구원으로 참여하게 했으며, 식민지 전역에 수많은 지역 박물관을 설립했다. 이리하여 전통 예술과 문화가 당시 부흥하고 있던 아프리카 민족주의의 흐름과 밀접하게 되었다. 존 스코필드John Schofield의 『원시 토기Primitive Pottery』(1948)는 로디지아와 트란스발의 유적들에서 나온 철기시대 토기에 대해 처음으로 형식학을 제시했다. 물론 철기시대 편년에 대해 불확실했던 점들은 1950년대가 되어서야 풀리게 되었다(Fagan 1981: 48-49).

1945년 이후에는 박물관과 고대유물관리소, 고고학자를 고용한 대학 내의 학과 수는 영국과 프랑스 식민지를 필두로 두드러지게 늘어났다. 찰스 서튼 쇼Charles Thurton Shaw와 데스먼드 클라크J. Desmond Clark 같이 원래의 국적을 잃은 고고학자들은 유럽 고고학의 최신 기술과 발전된 개념들을 사용하여 지역의 아마추어 고고학자들(대부분이 유럽 식민자들이거나 그 후손이다)의 개척적 연구에 적용했다. 독립에 대한 전망이 커지면서 몇몇 식민지들에서는 "아주 오래된 석기시대 조상보다는 이후 시기 아프리카를 다스렸던 실제 민족들에 대해" 더 많은 연구를 하기 위해 노력했다(Posnansky 1982: 349). 덧붙여 아프리카 학교들에서는 예전에 해 왔던 것처럼 유럽과 식민의 역사만을 가르칠 것이 아니라 아프리카의 역사를 가르치자는 요구가 커지게 되었다. 따라서 아프리카 역사가들은 철기시대의 선사에 대해 더 많은 관심을 기울여야 한다고 주장했다. 고고학자들은 베닌Benin, 게디Gedi, 킬와Kilwa와 같은 중요한 식민 이전 시기 유적을 고찰하여 아프리카 초기 국가의 발달에 대해 연구하기 시작했다. 1960년대에는 우간다와 가나의 대학에 처음으로 고고학 정규 과목이 개설되었다(Posnansky 1976).

철기시대를 연구하는 고고학자들은 역사 및 민족지 자료를 사용하여 유물과 유적을 해석하고자 했다. 동시에 더 이상 선사시대의 변화를 전적으로 외부 자극으로 말미암은 것이라 생각하지 않고 아프리카 선사시대의 내적인 역동성을 이해하기 시작했다. 이런 고고학자들 가운데 많은 사람들은 케임브리지대학에서 그레이엄 클라크의 생태 접근에 영향을 받았다. 변화를 경제 또는 정치적으로 설명하려는 학자들도 있었다. 이와 같은 시각의 재정립은 식민 이전 시기 아프리카인들은 농경과 금속 제조의 발달에 큰 역할을 했고, 외적인 자극 없이도 수많은 문명을 이루어 냈다는 증거들이 급속히 축적되면서 가능했다. 또한 새로운 시각은 다시 그에 합당하는 새로운 자료의 발견을 자극하게 되었다.

식민지 아프리카 고고학의 역사를 돌아보면 사회 조건의 변화가 선사시대의 연구에 영향을 미쳐, 주로 어떤 시기를 연구하는지, 어떤 종류의 문제들이 제기되는지, 그리고 변화를 설명하는 데 어떠한 내적 또는 외적 요인들이 언급되는지가 달라져

왔음을 알게 된다. 또한 전문 고고학자의 증가에 따라 고고 자료 역시 증가하고 과거를 연구하는 데 국제적으로 새로 인정되는 기술도 발달함으로써, 고고학자들은 그만큼 식민 이데올로기에 순응적인 관점을 마음대로 지지할 수 없게 되었다. 이와 동시에 아프리카에서 연구했던 고고학자들 대부분을 배출했던 유럽에서 고고학 해석의 양상이 변화한 것도 아프리카 선사학 해석에 영향을 미쳤다. 그런 양상의 변화는 식민지 환경의 변화와 직결되어 있는 것은 아니다. 그럼에도 고고학과 아프리카에서 고고학이 이루어지는 식민적 배경 사이에는 상당한, 그러나 복잡한 관계가 있었던 것이다.

7. 제국주의와 단선진화고고학의 유산

1860년대와 1870년대 동안 고고학자들은 여전히 유럽사회의 진화적 기원을 연구하는 일에 치우쳐 있었다. 특히 영국에서는 문화진화가 중간계급에게 유행했는데, 이는 문화진화가 자신들의 경제 및 정치적 상승을 정당화하여 주었기 때문이다. 그렇지만 그때가 되면 사회문화진화는 더 이상 모든 사람에게 동등한 혜택을 주는 연구주제는 아님을 인식한다. 중간계급의 특권적 지위는 중간계급 남성들이 가진 우월한 지성과 경영 능력 때문이지만, 노동계급은 사회를 운영하는 일을 맡기에는 생물학적으로 부적합하다고 여겼다. 따라서 기존의 사회 질서는 생물학적인 근거에서 움직일 수 없는 것으로 생각했던 것이다.

인종주의적 설명은 다른 지역의 사회들이 유럽사회가 이룩한 정도로 진화하지 못했음도 강조했다. 러복이 대중화시킨 이러한 차이들에 대한 다원주의적인 설명은 인종주의를 심화시켰다. 인종주의는 미국에서 선사고고학 증거의 해석에 오랫동안 영향을 미쳤으며, 유럽인들의 정착과 착취를 경험한 다른 지역들에서도 고고학 해석에 주된 역할을 해 왔었다. 이러한 고고학은 많은 방식에서 서로 다르면서도 중요한 특성을 공유하고 있었다. 원주민 사회는 정체된 것으로 여겨졌으며, 고고학적 유존물에서 변화의 증거가 보일 경우에는 일반적으로 내적인 역동성 때문이 아니라 선사시대의 이주 때문으로 돌려졌다. 문화진화론자들은 사회문화변화를 일으키는 데 이주와 전파의 중요성을 결코 부인하지 않았다. 다만 이런 식으로 변화가 일어난다는 것은 유럽 같은 혁신의 자발적 중심지보다 내적인 창의성이 낮음을 시사한다고 했던 것이다.

식민주의 고고학은 원주민 사회의 명예를 훼손하는 데 이바지했으며, 선사시대에 원주민이 스스로 발전할 동기를 지니지 못했다는 증거를 찾고자 했다. 그러한 고고학은 민족학과 밀접한 관련을 맺고 있었다. 민족학은 전통 원주민문화들의 원시적인 조건들과 함께 일반적으로 변화하지 않는 무능력함을 부각시켰다. 이와 같은 원시성 때문에 원주민의 영토를 유럽인이 차지하는 행위가 정당하다고 생각했다. 이런 고고학 해석은 고고학 증거가 체계적으로 수집되면서 사그라들었다. 이로써 원주민 문화에도 내적인 변화가 일어났음이 분명하게 드러났다. 그렇지만 편향된 고고학 해석은 관련 증거를 찾는 데 방해가 되었으며, 오스트레일리아와 같은 나라들에서 선사고고학의 발달을 상당히 지체시키는 역할을 하기도 했다. 오스트레일리아에서는 고고학이 과거에 대해 별다른 지식을 주지 못한다고 여겼다. 마지막으로, 이주와 전파는 변화의 속도를 가속시킬 수는 있지만, 그런 과정이 문화발전의 기본 유형을 바꿀 수 있다고 생각되지는 않았다. 문화발전이 일어난다고 한다면 그것은 언제나 동일한 일반적 변화의 연쇄를 보일 것이라 여겨졌다.

　　단선진화론은, 러복의 인종주의적인 형태이든지 아니면 그보다 더 오래전 모르티에로 대표되는 보편적인 종류의 것이든지, 고고 자료의 수집과 해석의 모델로서 큰 결함을 지니고 있다. 단선진화론자들은 근대의 문화를 가장 단순한 것에서 복합적인 순서로 배열한다면, 이는 유럽사회가 점진적으로 진화했던 단계를 요약해 줄 것이라고 주장했다. 결국 고고학적 유존물에서 그 어떤 새로운 지식을 얻어낼 수 없을 것이라고 생각했던 것이다. 따라서 고고학의 주된 가치란 진화가 실제로 다양한 정도와 속도로 세계의 각지에서 일어났다는 증거를 제시하는 것이 된다. 러복을 비롯한 고고학자들은 민족지 증거로 선사시대에 사람들이 어떻게 살았는지에 대해서 완전한 이해를 할 수 있다고 주장했다. 단선진화론자들은 고고 자료에서 몇 개 특징적인 유물로 특정한 문화가 도달한 발달 수준을 알 수 있다고 했다. 그렇다면 동일한 발달 수준에 있는 현 사회의 민족지 자료는 그 수준의 문화와 결부된 인간행위에 대한 정보를 줄 것이라고 믿었다. 단지 아주 초기의 고고학 발견물만이 일치되는 현재의 민족지 증거를 찾을 수 없을 것이라고 여겨졌다. 1911년까지도 전기 구석기시대와 중기 구석기시대의 생활은 일반적으로 태즈메이니아인이나 오스트레일리아 원주민의 생활과 유사함이 분명하다고 믿어졌다(Sollas 1911).

　　구체적인 고고 자료로부터 행위를 추론하려는 노력은 거의 없었다. 이미 스칸디나비아 선사고고학에서 이루어진 바 있는 문화사 접근과 기능과정적 접근은 찾아볼 수 없었던 것이다. 문화사 및 기능과정적 접근에서 행위적 유추(상사)는 전체 문화를 비교하기보다는 고고학 맥락과 민족지 맥락에서 비슷한 형태의 물질문화가 있다는 데 근거한다. 총체적 유추는 다시 한 번 호고주의를 불러왔다. 선사시대 인간행위를 고찰하는 토대로서 유물을 보기보다는 단지 과거를 예증해 주는 상황으로 고고학을 되돌아가게 했던 것이다. 단선진화고고학자들은 고고 자료에서 그러한 행위를 추론하는 일을 하지 못했다.

단선진화론에 입각한 고고학은 총체적 비교를 도구화시키는 방법론을 고안하지도 못하고 말았다. 구체적인 도구형식과 특정한 문화발전 단계들을 상응시키고, 도구형식을 사용하여 민족지 및 고고학 유물조합들 사이에 세밀하고도 엄밀한 비교를 이끌어 내는 노력도 이루어지지 못했다. 태즈메이니아인은 셸리안 주먹도끼를 만들지 않으며, 오스트레일리아 원주민은 르발루아 몸돌을 만들지 않았음도 주목하지 않았다. 그런 차이를 설명하려는 노력을 했다면 단선문화진화론의 한계들이 드러났을지도 모른다. 고고학자들은 지리적이고 환경적인 변이가 주는 어려운 조건에 대해서도 인지하고 있었지만, 이 주제에 대해서 체계적으로 다루지는 못했다. 결과적으로 고고학 유물조합과 민족지 문화 사이의 비교는 인상적인 수준에 머무르고 말았다.

이렇듯 문제들을 적절하게 다루지 못했기 때문에, 유럽의 구석기시대 연쇄가 윤곽을 드러내자 단선진화고고학은 막다른 길에 처했다. 이제 생산적이지 못하다는 인식이 커졌다. 단선진화론에 입각한 고고학이 가지고 있던 문제는 인류학의 통합된 일부였으며 민족학에 의존적이었다는 데 있다. 스칸디나비아에서 이루어진 구석기시대 이후의 고고학에는 이보다 훨씬 더 창의적인 연구가 있었다. 비록 그 역시 이전 단계의 인류 발달에 관한 중요한 발견들 때문에 일시적으로 중단되기도 했지만 말이다. 새로운 세대의 전문 고고학자들은 단선진화적 접근이 부적절하다는 점을 인식했다. 그렇기에 그것의 몰락을 상실이 아니라 해방으로 생각했다.

6장 문화사고고학

우리 덴마크사람들에게는 …… 벌판과 황야에 고대기념물이 흩어져 있는 조국이 있다.
…… 이러한 역사와 조국을 가지고 있다고 느끼는 것은 우리가 한 민족임을 의미한다.

JOHN SKJOLDBORG, K. Kristiansen(1993), p. 21의 인용문

일반으로 말해서, 민족주의 이데올로기는 팽배한 허위의식의 병폐를 안고 있다. 그 신화
는 실체를 뒤집고 만다. 익명의 대중사회의 건설을 도우면서도 전통 민간사회의 보존을
외치고 있는 것이다.

E. GELNER, *Nations and Nationalism*(1983), p. 124

19세기 말 서부와 중부 유럽에서 기술 진보의 혜택이 신뢰를 잃어 가면서 문화진화
론은 비판을 받게 되었다. 이러한 상황에서 등장한 문화(역)사고고학은 고고학적 유
존물에서의 지리적 다양성에 대한 인식의 증대에 부응하는 것이었다. 이 흐름은 당
시 민족주의(국민주의)와 인종주의가 성장했던 것과도 맞물려 있다. 이 종족성은 인
류역사를 형성하는 데 가장 중요한 요인으로 생각되었다. 민족주의는 산업화의 확
산으로 시장과 자원에 대한 경쟁이 치열해지면서 더 증가했다. 19세기 말로 향하
면서 지식인들은 사회적 불안의 증가를 이웃 나라들의 경제 및 사회적 문제 탓으로
화살을 돌림으로써 내부의 연대감을 고취시키고자 했다. 그리하여 민족주의는 더욱

강해졌다.

1. 종족성에 대한 초기의 관심

민족의식은 아주 오랜 역사를 가지고 있다. 이미 민족의식은 16세기와 17세기에 북부와 서부 유럽에서 호고주의의 발달에 상당한 역할을 했다. 정치학자들은 자주 이러한 초기의 애국주의—국왕과 세습 왕자에 대한 충성으로 표현되는 경향이 있다—와 민족주의—유럽의 산업화와 함께 발달하였으며 이후 전 세계로 확산된다—를 구분한다. 민족주의는 모든 종류의 집단 정체성의 감정 및 고국에 대한 충성심으로 정의된다. 이런 의식을 대중 매체, 광범위한 식자층識字層, 종합 교육체계가 고무시킨다. 이 새로운 개념은 프랑스혁명의 산물이지만, 프랑스에서 민족정체성은 애초 종족성과 분명하게 결합되어 있지 않았다. 켈트어를 쓰는 브르타뉴인Bretons, 독일어를 쓰는 알사스인Alsatians, 이탈리아어를 쓰는 코르시카인Corsicans 같은 소수 민족은 새로 등장한 프랑스공화국에 충성하여 다른 어떤 민족만큼이나 프랑스 시민의 일원이 되었던 것이다. 그러함에도 프랑스의 권위 있는 사람들은 교육체계를 이용하여 종족적 다양성을 누르고 단일한 프랑스 언어와 문화를 증진시켜 국민(민족)적 단결을 꾀하고자 했다. 따라서 프랑스에서도 국민 정체성은 점차 문화적 단일성과 동등한 것으로 간주되었다(Gellner 1983; Anderson 1991; Dumont 1994).

대부분 유럽의 국민(민족)국가들은 이제 공통의 역사와 함께 언어, 문화, 종족적 단일성에 토대를 둔 종족적 정체성을 정치적으로 현시한 것으로 생각되었다. 이로써 시민 스스로 불변하며 더 세분할 수 없는 생물학적 존재물로 여기게 되었다. 이로써 기존 국가들은 단일한 종족 집단임을 내세워 체제를 강화시키고, 종족 집단은 국민국가로서의 지위를 이루기 위해 애쓰며, 몇몇 나라들은 정치적으로 민족을 통일한다는 명분으로 영토를 확장하려는 노력이 뒤따른다. 민족주의는 또한 인종적 구분을 하는 경향이 있었는데, 19세기 이전에는 나라 안의 계급적 구분, 그리고 민족 또는 종족적 경계와도 일치한다고 생각되었다. 고비노Gobineau는 이러한 과정에 과도기적 인물이다. 이런 상황에서 선사고고학자들은 특정 종족 집단의 기원이나 초기 역사를 연구하게 되었다.

영국과 프랑스에서 19세기 동안 민족주의는 역사책에 강하게 표현되어 민족 집단의 내적 연대를 강조했다. 그럼에도 고고학에 끼친 영향은 거의 없었는데, 이는 부분적으로 러복과 모르티에의 단선진화적 틀이 지속적으로 중요한 역할을 했기 때문이다. 프랑스혁명 동안 귀족정치의 억압은 외국 정복자들의 축출과 프랑스의 원주 켈트족 후손들의 주권 회복운동으로 표출된다. 그렇기에 프랑스 민족의 기원은 켈트어를 사용한 골Gaul족까지 올라가게 되는 것이다. 1803년 나폴레옹 보나파르트는 켈트아카데미*Académic Celtique*를 세워 소속 연구자들이 고고, 역사, 민속, 언어 자료를 사용하여 골족과 현대 프랑스 사이의 직접적인 연속성을 찾도록 했다. 비록 로마 정복자들의 언어가 켈트어를 대체하여 버렸지만 말이다.

1860년대 나폴레옹 3세(재위 1852~1870)는 프랑스공화국의 대통령으로 선출된 뒤 스스로 프랑스 황제를 자처했다. 그는 세 개의 켈트시대 요새 발굴을 지원하기도 했다. 유적들은 기원전 1세기 율리우스 카이사르가 골족을 정복할 때의 주요 사건을 보여주는 것으로 생각했다. 이 같은 발굴에서는 1856년 스위스의 라테느La Téne유적에서 발견된 철기시대 후기의 문화와 밀접하게 유사한 양상이 드러났다. 나폴레옹 3세는 공통의 민족적 유산에 대한 믿음으로 근대 프랑스를 통합할 단일 민족문화를 만들어 내려는 생각에서 그 발굴을 지원했다고 한다(Dietler 1994, 1998; Weber 1976). 그럼에도 스스로는 율리우스 카이사르의 전기를 쓰기 위한 역사 및 고고학 조사의 일환으로서 발굴을 후원했다고 말했다(Gran-Aymerich 1998: 142). 카이사르에 대한 찬양은 아마도 르네상스로부터 시작된 프랑스 군주들이 스스로를 로마제국의 전통의 진정한 후계자라고 생각하는 경향에 영감을 받은 것으로 보인다(M. Heffernan 1994: 30-31). 나폴레옹 3세의 삼촌 나폴레옹 보나파르트도 고대 로마로부터 그러한 매력을 함께 나누고자 했다.

영국에서는 신석기 및 청동기시대 유적이 고대 드루이드족과 연결되어 있을 것이라는 환상이 있었다. 18세기 동안에는 호고주의가 애국심의 한 형태였는데, 이제 대중 역사나 민간전승의 영역으로 밀려나게 되었다(Owen 1962: 239). 영국인은 독일인만큼이나 노르딕(북유럽 게르만계) 또는 아리아인의 인종적 친연성에 자부심을 느끼고 있었다. 그렇지만 선사시대부터 원래 그대로 유지된 독일인과는 달리 영국인들은 로마, 색슨, 덴마크, 노르만 족이 영국을 차례로 정복하고 점유했다는 역사기록을 잘 알고 있었다. 19세기 말부터 영국 고고학자들은 유사한 침략이 선사시대에도 있었다고 가정했다(T. Holmes 1907). 물론 몇몇 영국인은 선사시대의 켈트족은 영국에 살았던 선주민일 뿐이지 조상은 아니라는 생각을 말하기도 했다. 그러나 대부분의 역사가들은 계기적으로 이어진 원주민 집단에서 생물학적이고 문화적으로 가장 바람직했던 것이 침략으로 들어온 집단에서 가장 발전된 것과 결합하여 다양한 유럽적 토대를 비축한 활력 넘치는 혼혈민족을 창조한 결과 세계에서 가장 훌륭한 민족이 되었다고 주장했다(Rouse 1972: 71-72). 이처럼 생물 및 문화적 우수성이 증대되는 사슬은 근대 영국 안에서 지역적이고 종족적인 위계와도 일치한다. 사회 주도층이었던 상층 및 중상층은 스스로를, 생물학적으로는 아닐지라도, 노르만족의 영적 후계자로 바라보았으며, 이에 반해 영국인은 전체적으로 초기 색슨족과 동일시되었고, 더 먼 과거 켈트족의 흔적은 아주 원시적인 영국을 보여주는 것으로 생각되었다. 자연선택의 결과 영국의 각 종족 집단은 현재 살고 있는 지역과 조건에 가장 잘 적응하였다는 주장도 있었다. 이런 각각의 해석은 유럽에서 시간이 흐름에 따라 문화적으로 더 발전된 민족은 덜 발달된 민족을 가장자리로 밀어냈다는 보이드 도킨스(Boyd Dawkins 1874)의 제안과도 연결된다. 19세기 중반이 되면 이미 영국 고고학자들은 독특한 토기 형식들의 분포를 이주의 증거로 해석한다(Latham and Franks 1856). 그리고 1913년 리즈E. T. Leeds는 유럽 대륙과 영국의 무덤에서 나온 유사한 유물을 이용해 로마제국의 멸망 이후 영국에 들어온 이주민을 추적하기도 했다.

북부와 중부 유럽에서는 19세기 동안 선사시대 연구가 민족주의와 긴밀히 관련되어 있었다. 스칸디나비아 고고학자들도 과거 민족들이 어떻게 살았는지에 대해서 연구하고 문화진화에도 지속적으로 관심을 가지긴 했다(Fischer and Kristiansen 2002). 그러나 주로 각 나라의 선사시대를 밝히고 자부심과 뿌리 깊은 문화적 정체성을 함양해 줄 문화편년을 만들어 내는 일에 매달렸다. 18세기 동안 독일에서 이루어진 문헌 고증은 중세 및 고대 독일의 영광을 특징적으로 보여주었다. 18세기가 끝날 무렵 철학자 요한 헤르더Johan Herder는 역사를 언어, 전통, 제도 등으로 예증되는 한 민족의 발달을 알려 주는 것이라 정의했다(Hampson 1982: 241, 248-249; Zammito 2002). 호고가들과 고고학자들은 범독일적인 민족정체성을 강조함으로써 독일의 통일을 촉진시키는 데 큰 역할을 했으며, 결국 1871년 통일이 이루어진다. 그렇지만 독일의 역사 연구는 대체로 아마추어적인 행태에 머물러 있었다. 당시 보수적인 프러시아의 지도층들은 그런 행태에 그다지 끌리지 않았다. 이들은 독일의 민족 감정을 이용했으면서도, 특히 1849년 대중반란 이후에는 그것을 자극하기를 두려워했다. 동부 유럽에서 고고학자들은 폴란드, 체코, 헝가리, 리투아니아 등 각각 오스트리아, 러시아, 프러시아의 지배 아래 살고 있던 민족 집단들 사이에 민족정체성을 고취시킴으로써, 다민족으로 구성된 제국의 쇠락을 가져왔으며, 궁극적으로 일련의 국민국가들의 등장에 일조했다. 이 때문에 고고학은 체코의 중간계급과 폴란드의 토지를 가진 귀족층 등 민족주의적 요소를 지닌 계층의 지원을 받았다.

19세기 동안 집약 농경 및 토지개간 사업의 결과 유럽 전역에서 고고학 유물 자료 수집이 증가했다. 또한 도로, 철도, 운하, 공장의 건설, 많은 수의 박물관 및 연구기관의 설립, 대학에 고고학 교수직의 설치 등이 이루어졌다. 아마추어의 활동은 19세기 초에 극에 이르렀는데, 전문 고고학자들의 발굴은 그 이후 꾸준히 늘어났다(Schnapp and Kristiansen 1999: 29). 더 많은 증거가 수집되면서, 고고학자의 관심은 점차 유물 연구로 향했으며, 그와 함께 유물의 지리적 분포가 다양함에도 눈을 뜨게 되었다. 1870년대와 1880년대 동안 중부와 동부 유럽에서 고고학 조사는 프랑스와 영국의 문화진화론의 영향을 받았다. 또한 스칸디나비아 고고학자들이 수행한 연구에도 영향을 받았는데, 이로써 고고학 발견물에 대한 더 자세한 분류와 비교가 이루어졌다. 하지만 지역 편년은 오랫동안 스칸디나비아의 삼시대체계를 채택하기를 꺼렸던 탓에 지체되기도 했다. 개인적인 경쟁관계와 민족주의적인 이유에서 많은 독일의 유력한 고고학자들은 삼시대체계에 반대했던 것이다(Böhner 1981; Skenář 1983: 87-91). 그럼에도 고고학자들은 역사 및 종족적인 이슈에 대해 연구하면서 독특한 형식의 유물의 지리적 분포와 유물조합에 관심을 가졌고, 발견물을 역사기록에 나오는 종족과 연관시키고자 했다. 더구나 이 같은 민족주의적 지향은 고고학자들이 구석기시대보다 늦은 신석기시대 및 그 이후에 대한 연구에 집중하게 되는 계기가 되었다.

또한 문화사 접근은 선사고고학자와 고전고고학자를 학문의 목적, 방법, 공통 관심사라는 측면에서 과거보다 긴밀하게 묶는 역할도 했다. 고대 그리스와 로마는 북쪽에 살던 민족과도 접촉했는데, 이는 고전고고학자들과 유럽 문화사고고학자들의 공통 관심사였다. 이탈리아 및 그리스에서 고전고고학 연구는 각국의 선사시대 및 고전시대 이후의 시기에 대한 관심과 함께 상이한 양태의 고고학들 사이에 의사소통의 진전을 가져왔던 것이다. 물론 고전고고학은 여전히 독특한 미술사적 접근을 지속했지만 말이다. 독일, 프랑스, 영국, 미국 등지에서 고전고고학은 독립된 학문분과로 남아 있지만, 고전고고학자들이 그리스와 로마라는 단지 두 민족 집단과 두 민족

문화만을 연구했다는 점에서 언제나 일반적 의미에서 문화사적이었다. 프랑스와 영국에서는 지역 고전시대 유적에 대해 흔히 선사고고학자와 고전고고학자들이 합동으로 연구했다. 독일 남부와 서부에서 로마 국경에 대한 연구는 선사고고학의 발달에 중대한 역할을 했는데, 이는 1852년 마인츠에 로마-게르만중앙박물관의 건립이 잘 말해 준다. 1892년 중부 유럽의 로마 국경에 대한 조사를 위한 위원회의 창립은 당시까지는 고전고고학 연구만을 담당했던 독일고고학연구소에 연구 자원을 만들어 줌으로써 중부 유럽의 선사시대 후기의 연구를 할 수 있도록 했다(Veit 2001: 580-581). 고전학과 마찬가지로 이집트학과 아시리아학은 일반적으로 처음부터 문화사적 성향을 띠었다.

마지막으로 선사고고학자들은 흔히 특정 민족이나 나라의 선사 및 원사시대에 관심을 가지고 있지만, 유럽 전체, 그리고 서아시아의 고고학에 대한 관심이 배제된 것은 아니다. 이안 모리스(Ian Morris 1994b: 11)는 이를 "민족"이라는 용어와 구분하여 "대륙"고고학이라 부른다. 이러한 종류의 고고학은 유럽 문명의 독특한 특징을 확인하려 하고, 우월하다고 믿어지는 것들이 어떻게 발달했는지를 설명하고자 한다. 많은 유럽의 고고학자들은 민족적 접근과 대륙적 접근을 전적으로 상호 보완적인 것으로 본다.

2. 전파론

19세기의 단선진화고고학자들도 문화변화를 독자적인 발명뿐만 아니라 전파와 이주의 영향이란 측면에서 고려했다. 하지만 전파와 이주는 전매특허와도 같은 설명의 지위를 지니게 되었고, 독자적 발전을 고려하는 일은 거의 없어졌다. 1880년대 서유럽에서 사회 및 경제적 문제가 커지면서 진화인류학의 본고장에서 보수주의와 인간성의 엄밀함을 강조하는 분위기가 형성되었다. 특히 산업혁명이 가장 오래 지속되었던 영국에서는 빈민굴, 경제 위기, 외국과의 경쟁 증가 등과 더불어 산업혁명의 문제들이 더욱 분명하게 드러났다. 중간계급이 가지고 있던 정치적 우위 역시 노동 운동이 등장하며 위협을 받게 되었다. 노동 운동의 취지는 선거를 통한 권력의 공유, 아니면 혁명을 통한 권력 획득으로 이어졌다. 이러한 변화의 결과 젊은 세대의 지식인들은 진보의 관념에 반대하게 되었다. 산업주의는 이전에는 자부심의 원천이었지만, 이제는 사회 혼란과 추함의 원인으로 여겨졌다(Trevelyan 1952: 119). 영향력 있는 저술가이자 미술 평론가였던 존 러스킨(John Ruskin, 1819~1900)은 오래전부터 산업혁명 이전의 과거가 현재보다 좋았다고 주장하며 장인 기술을 부활시키고자 했다. 그의 관점은 낭만주의를 고무시켰으며, 이성주의와 계몽주의적 가치를 손상시켰다.

이 시기에는 국민국가들에 내재된 경제 및 사회적 모순을 회피하는 수단으로 인종주의적 경향이 강조되는 현상이 커져 갔다. 프랑스인, 독일인, 영국인은 생물학적으로 서로 다르며 행위들은 경제 및 정치적 요인들이 아니라 본질적이고 불변하는 인종적 차이에 의해 결정되어 있다고 주장되었다. 중간계급 지식인들은 상이한 국적의 노동자들이 기질상 너무도 달라서 공통 목적을 추구하여 단결할 수 없다는 생각을 독자들에게 주입시키고자 했다. 이와는 대조로 지식인들은 각 나라가 사회 계급과는 무관하게 (인간의 유대 가운데 가장 강한) 공통의 생물학적 유산으로 통일되어 있음을 주장함으로써 국민(민족)적 통일성을 고취시키고자 했다. 그러므로 노동계급은 스스로의 정치력을 찾지 말고 중간계급의 정치가들이 최선을 다하여 평민들을 도울 것임을 신뢰하라는 것이었다.

진보의 환상이 깨지고 인간행위는 생물학적으로 결정되어 있다는 믿음이 확산하면서 인간의 창의성에 대한 회의는 갈수록 커져 갔다. 저술가들과 사회분석가들은 인간이 원래부터 창조적이지 않으며 때문에 변화는 인간본성에 반하는 것이고, 잠재적으로 해로울 수 있다는 주장을 했다. 변화하지 않는 사회야말로 인간에게 가장 좋은 것이며, 인간은 원래 삶의 양식에 변화를 일으키는 일에 저항하게 되어 있다고 생각했다. 이로써 독자적인 발달에 대한 믿음도 쇠락하고, 특정한 발명은 인류역사상 한 번 이상 이루어지지 않았을 것이라 생각하고, 문화변화를 설명하기 위하여 전파와 이주에 의존하게 되었던 것이다. 또한 문화발달의 계기적 단계들의 일반적 성격보다는 특정 민족 집단에만 보이는 특이한 성격에 대한 관심이 커지는 계기가 되었다. 1860년대에는 서유럽 중간계급의 불안정성이 러복을 비롯한 다윈주의자들에게 심적동일성에 대한 신념을 버리고 원주민을 유럽인에 비하여 생물학적으로 열등한 것으로 보게 했다. 1880년대에는 이런 불안함이 더 커져 지식인들은 진보에 대한 믿음을 버리고, 인간을 변화를 싫어하는 존재로 여기게 되었다.

문화를 구체적인 민족 집단과 관련된 생활양식으로 개념 지음과 함께 전파와 이주에 대한 의존이 증가했다는 사실은 프리드리히 라첼(Friedrich Ratzel, 1844~1904)과 프란츠 보아스(Franz Boas, 1858~1942) 같은 독일 민족학자들의 저술에서 분명해진다. 지리학자이자 민족학자였던 라첼은 독일 민족학자 아돌프 바스티안Adolf Bastian의 심적동일성을 거부했다. 라첼은 『인류지리학Anthropogeographie』(1882~1891), 『인류의 역사The History of Mankind』([1885~1888] 1896~1898)에서 세계는 작기 때문에 민족학자들은 심지어 가장 단순한 발명일지라도 되풀이되어 한 번 이상 이루어졌을 것이라는 생각을 피해야 한다고 주장했다. 발명과 전파는 변덕스런 과정이기 때문에, 어떤 특정 집단이 이웃하는 집단으로부터 유용한 것을 차용할 것인지를 예측하는 것은 불가능한 일이다. 라첼은 대롱악기나 활과 화살 같은 물건이 세계 어디에서 발생했든지 공통의 원천을 추적할 수 있을 것임을 주장하기도 했다. 이런 주장은 바스티안의 주장을 비판한 것이다. 바스티안은 반증의 증거가 없다면 모든 유사성들은 심적동일성이 작용한 결과라고 주장했던 것이다(Zimmerman 2001: 204). 이 두 입장은 대부분 고고학자들이 직관적으로 알 수 있듯이 똑같이 비과학적인 것이지만, 당시에는 각 주장을 평가할 만한 자세한 고고학적 유존물 역시 없었다. 라첼은 장기간의 특질 전파로 문화영역, 곧 서로 이웃하면서 비슷한 문화를 가진 지대가 형성된다고 했다(H. Kuklick 1991a: 121-130; Zimmerman 2001: 203-206).

　　라첼의 생각은 후학인 보아스에게 영향을 미쳤는데, 보아스는 다시 그것을 북아메리카에 소개했다. 보아스는 문화진화 학설에 반대하고 각 문화는 그 자체로 이해되어야 하는 독특한 존재물이라고 주장했다. 그러기 위해서는 다음과 같은 두 가지 개념을 받아들여야 한다. 첫째는 문화상대주의cultural relativism로서, 발전이나 상이한 문화들의 가치를 비교하는 데 쓰일 수 있는 그 어떤 보편적 기준도 존재하지 않는다고 본다. 둘째는 역사특수주의historical particularism로서, 각 문화는 독특한 발달 과정의 산물이며, 거기에는 대체로 우연하게 일어나는 전파가 변화를 일으키는 데 가장 주된 역할을 했다고 본다. 보아스는 문화의 발달에 어떤 전반적인 규칙성이 있다 하더라도 그런 것은 너무도 복잡하여 결국은 이해할 수 없을 것이라고 했다. 이로써 과거를 설명하는 단 하나의 길이란 각 문화의 발달을 이루어 온 독특한 전파의 시기들을 파악하는 일이 된다(M. Harris 1968a: 250-289). 비슷한 시기에 발전한 비엔나학파의 인류학은 로마 가톨릭 성직자인 프리츠 그레브너(Fritz Graebner, 1877~1934)와 빌헬름 슈미트(Wilhelm Schmidt, 1868~1954)가 대표적이다. 이들은 중앙아시아에서 일련의 문화가 발달했고, 거기로부터 세계의 다양한 지역으로 옮아갔다는 주장을 폈다. 각 대류에서 관찰되는 복잡한 문화 변이는 상이한 발달 수준에 있는 문화들이 서로 혼합된 결과라고 여겼다(M. Harris 1968a: 382-392; Andriolo 1979). 이런 식의 접근은 유럽 고고학에 적용되었고, 제2차 세계대전 이후에는 오스트리아 고고학자 오스발트 멩긴(Oswald Menghin, 1888~1973)에 의해 아르헨티나에도 도입되었다(Kohl and Pérez Gollán 2002). 멩긴은 종교적으로 보수적이었으며 사회주의를 적대시하여 문화진화와 심적 동일성을 거부했을 뿐만 아니라 원시 일신교와 퇴보론을 포괄하는 변형된 문화사 인류학의 입장을 취했다.

전파는 케임브리지대학의 학자 리버스(W. H. R. Rivers, 1864~1922)(1914)의 저술을 통해 영국 민족학에서 진화적 접근의 자리를 대신했다. 리버스는 오세아니아 사회들에서 문화 특질의 분포에 대해 자세히 연구했으나, 진화적 유형을 찾지 못하면서 진화론을 거부하고 전파론적 접근을 취하게 되었다(Slobodin 1978). 전파론은 영국 인류학에서 그래프턴 엘리엇 스미스(Grafton Elliot Smith, 1871~1937)에 의해 더 널리 확산된다. 스미스는 오스트레일리아에서 태어나 의학을 공부한 바 있으며, 런던대학으로 옮기기 전 카이로대학에서 해부학을 가르치는 동안 미라에 대해 깊은 관심을 가졌다. 이 같은 시신 처리가 다른 지역에서도 많은 형태로 이루어지고 있음에 주목하면서 이런 기술이 가장 고도로 발달한 이집트에서 발명되어 세계 각지로 확산되면서 기술이 퇴보했다고 보았다. 그리고 더 나아가 모든 초기의 문화 발달이 이집트에서 이루어졌다는 학설을 이론화한다. 기원전 4000년 이전에는 농경, 건축, 종교, 정부 등이 전 세계 어디에도 존재하지 않았다. 그러던 것이 나일강 유역에서 우연하게도 야생의 보리와 밀을 수확하고, 이후 토기, 의복, 기념건축물, 신성한 왕권 등을 발명했다는 것이다. 극단전파론자들은 이것을 "고대문명Archaic Civilization"이라 부른다. 스미스는 이러한 사건들은 독특한 환경 조건에서 발생했기에 다른 지역에서 일어났다고는 생각하기 힘들다고 주장했다. 이 같은 이집트에서 일어난 혁신들은 인간의 생명을 늘려 주는 신비한 원료를 찾아다니던 상인들에 의해 세계의 각지에 옮아가게 되었다는 것이다. 이렇듯 이집트의 영향은 세계 많은 지역에서 농업과 문명의 발달을 고무시키는 "외부 효모"의 역할을 했다. 특히 마야문명 같은 많은 이차 문명은 이집트와의 직접적인 접촉이 끊어진 다음 무너졌다고 보았다(Smith 1911, 1915, 1928, 1933).

스미스의 극단전파론은 런던대학에서 문화인류학을 강의하던 윌리엄 페리W. J. Perry가 민족지 자료를 바탕으로 더 가다듬는다. 페리의 『태양의 아이들The Children of *the Sun*』(1923), 비록 정치 조직과 종교 신앙이 전 세계적으로 유사하다는 설명은 그저 환상에 불과하지만, 『문명의 성장*The Growth of Civilization*』(1924)은 아직도 많은 독자를 끌고 있다. 래글런(Lord Raglan 1939)은 극단전파론hyperdiffusionism을 옹호하면서도 이집트가 아니라 메소포타미아가 문화의 원천이라고 보기도 했다. 여기에서 스미스, 페리, 래글런은 대부분 인류는 자연 상태에서는 원시적이며, 지배 계급이 개입하지 않으면 다시 야만의 상태로 돌아가기 마련이라는 생각을 같이했다. 나아가 야만인들은 발명을 하지 못했으며, 문명의 발달과 그 연장선에 있는 산업혁명은 인간 본성에 반하는 결과를 생산한 우연적 사건들이고, 종교는 문명의 발달과 확산에 주된 요소라고 보았다. 이처럼 극단전파론자들은 진보가 자연적인 것이 아니며, 인류역사에는 그 어떠한 계획도 존재하지 않는다고 했다. 이런 극단적 생각을 1880년대 이후 많은 인류학자들이 공유하고 있었다.

유럽 고고학자들 가운데는 스미스의 영향을 받아 거석묘가 피라미드의 퇴보한 형태라는 주장을 하는 사람도 있었다. 생명을 주는 자연물질을 찾아 온 이집트 상인들에 의해 피라미드가 서유럽에 전달되었다는 것이다(Childe 1939: 301-302, 1954: 69). 그럼에도 1920년대가 되면 고고학자들이 세계 선사시대를 설명함에 있어 극단전파론에 매력을 느끼지 못하게 될 만큼 고고학적 유존물은 풍부히 알려졌다. 고고학자들이 그런 문제를 생각할수록 구대륙과 신대륙의 문화들은 양식적으로 독특함을 알게 되었으며, 따라서 수렵채집에서 문명에 이르기까지 서로 독자적으로 발달했다고 생각하게 되었던 것이다. 그렇지만 1880년대에 일어나기 시작한 전파론의 지적인 풍토 안에서 인간의 혁신 능력은 아주 제한적이며 비실행적이어서 토기 제작이나 청동 주조와 같은 기본적인 발견들이 두 번 이상 이루어졌다고 보기 어려워, 모두 한 지역에서 다른 곳으로 확산되었다고 믿게 되었다. 방사성탄소연대법 이전에 세워진 편년들, 특히 대륙 간 규모로 이루어진 편년은 그러한 해석을 배제시킬 만큼 충분히 교차편년되지 못했다. 고고학적 유존물에 나타나는 거의 모든 문화변화는 한 집단에서 다른 집단으로의 아이디어의 전파, 또는 이주를 통해 한 족속과 그 문화가 다른 족속과 문화를 대체한 때문이라 생각했다.

그러나 전파를 강조했던 고고학자들은 한 집단이 다른 집단으로부터 무언가 본받을 수 있는 능력을 인정했기 때문에 거의 모든 변화를 이주의 탓으로 돌렸던 연구자들보다는 인간사회의 변화 능력에 대해서 조금 더 낙관적인 경향이 있었다. 이주를 강조한 사례로는 페트리(W. M. F. Petrie 1939)의 연구를 들 수 있다. 페트리는 이집트의 선사시대의 발달을 논의하면서 대규모 이주 또는 소규모 집단의 등장으로 선주 집단과 문화 및 생물학적 혼합으로 문화변화가 일어났다는 식으로 말했다. 페트리에 따르면 신석기시대 초 파이윰Fayum문화는 "코카서스 지방으로부터 솔뤼트레앙의 이주"의 결과인데, 코카서스는 바다리안Badarian족의 고향이기도 하다. 흰색 선을 가진 토기Amratian는 "리비아의 침략"으로 들어온 것이며, 이에 반해 게르제문화Gerzean culture는 사막 동부의 주민들이 이집트를 침략하고 지배하게 되어 들어왔다고 했다. 마지막으로 "확실히 엘람(이란)에서 기원한" "공작 부족Falcon Tribe"이나 "왕족Dynas-tic Race"이 이집트를 통일했는데, 에티오피아와 홍해를 거쳐 이집트에 들어왔다고 보았다. 각 사례에서 페트리의 주장은 이집트 문화와 외부의 문화에서 보이는 몇 가지 특질에서 아주 조그만 유사성에 근거한 것으로, 전체적 패턴을 보지 못한 것이다. 페트리는 생물학적 변화와 동반하지 않는 커다란 문화변화의 가능성을 고려하지 않았다. 이보다 훨씬 전 페트리는 역사학자 비코와 유사하게 천년의 성장과 쇠락이라는 순환주기를 제시하기도 했는데, 여기에서는 민족 간 싸움이 가장 중요했다고 보았다 (Petrie 1911).

다른 유럽 지역의 고고학 해석은 인간의 창의성에 대해서 갈수록 염세적이 되어가는 경향에 영향을 받았다. 고고학적 유존물에서 나타나는 변화는 주로 이주와 전파로 말미암은 것이라 보았다. 동일한 항목이 몇 차례 발명되었으리라는 것은 아주 불가능하다는 것이다. 또한 인류역사에는 아무런 패턴도 보이지 않았다. 고고학적 유존물이 쌓이면서 문화발달이 일어났었다는 사실을 부인하기 어렵게 되었지만, 그러한 발달을 보편적이며, 필연적이고, 심지어는 바람직한 것이라고 여기는 사람은 별로 없었다.

이렇듯 진화를 강조하는 것에서 이주와 전파론적인 형태 사고로 변화한 것은 점진적이었으며, 흔히 많은 진화적 설명에서도 "전파론적" 설명들이 들어 있기도 하다. 솔라스W. J. Sollas의 『고대와 현대의 수렵인들Ancient Hunters and their Modern Represent-atives』(1911)은 1906년에 했던 일련의 강의에 바탕을 둔 것인데, 구석기시대의 일련의 계기적 발달 단계를 현대의 수렵채집 집단과 비교하는 진화적 모델에 따른 것으로 보인다. 따라서 무스테리안은 태즈메이니아인으로, 오리냐시안은 부분적으로 부시맨으로, 막달레니안은 이누이트와 아메리카 인디언으로 "대표된다". 그럼에도 솔라스는 현대의 수렵채집민 대부분은 구석기시대 집단의 글자 그대로 후손이기 때문에 그 같은 상사analogues가 적절한 것이며, 이 집단들은 더 "지적인" 족속이 나타나 "지구상에서 가장 유리되어 있는 곳으로 내몰려" 정체된 상태로 머물러 있었다고 보았다 (1924: 599). 과거 역사적으로 무관하면서도 동일한 발달 수준에 있는 집단들이 문화적으로 비슷할 것이라는 총체적 상사가 단선진화론으로 유행했으나 이제 전파론의 영향 아래 점차 문화는 원래 정체 상태에 있는 것이어서 고고 자료의 해석을 위해서는 역사적으로 관련된 문화들을 비교해야 한다는 생각이 자리를 잡았다(Wylie 1985a: 66-67; Bowler 1992).

3. 몬텔리우스와 유럽 선사시대의 종합

사회과학에서 문화 변이와 전파에 대한 관심이 커지면서 고고학자들은 고고 자료의 시간적 변이만이 아니라 공간적 변이의 증거를 설명하는 이론적 틀을 얻게 되었다. 당시 유럽 전역에서 고고 자료가 축적되면서 그러한 시공간 변이는 점점 분명하게 드러나고 있었다. 1847년 이미 보르소에Worsaae는 스칸디나비아와 아일랜드의 청동기시대와 철기시대 유물 사이에 커다란 양식적 차이가 있음을 주목한 바 있다. 19세기 동안 영국, 프랑스, 스위스, 독일 및 중유럽의 고고학자들은 동전(J. Evans 1864), 거석묘, 그리고 다른 석기시대(J. Evans 1872), 청동기시대(J. Evans 1864), 철기시대 유존물의 지리적 분포를 추적했다. 라테느에서 발견된 유물들은 후기 선사시대의 켈트 집단이 남긴 것이라 확실하게 생각되었기 때문에, 그것이 발달단계나 시기보다는 하나의 문화로서 가지는 위치는 분명해졌다. 이러한 과정은 1870년 모르티에가 이탈리아 북부에서 발견된 라테느 유물을 사서에 기록되어 있는 켈트족의 이탈리아 침략의 증거로 해석하면서 더 강해졌다(Daniel 1950: 111). 1890년 아서 에번스Athur Evans는 영국 동남부에서 켈트 후기의 옹관묘지를, 로마인들이 기원전 1세기 영국을 침입한 것으로 기록했던 벨가이Belgae족의 것으로 판단하기도 했다. 존 애버크롬비(John Abercromby, 1841~1924)(1902, 1912)는 청동기시대 초기의 비커 토기를 서유럽의 많은 지역을 이동했던 가공의 비커족의 유물로 판정했는데, 이는 잘못된 것으로 보인다. 1898년 덴마크 고고학자 소푸스 밀러(Sophus Müller, 1846~1934)는 비록 덴마크 신석기시대의 단일묘와 거석묘들이 적어도 부분적으로는 동시기의 것이지만, 무덤에 공반된 무기, 토기, 장식물들이 서로 다른 것으로 보아 반드시 두 개의 별개의 족속을 표현하고 있을 것이라고 주장하기도 했다(Childe 1953: 9). 이미 1874년 보이드 도킨스(Boyd Dawkins: 353)는 구석기시대에도 지역적 변이가 있었을 가능성을 시사한 바 있다.

이렇듯 고고학 발견물에 대한 편년과 함께 지리적 분포를 더욱 강조함으로써 구석기시대보다는 유럽의 신석기, 청동기, 철기 시대에 관심을 가진 고고학자들이 창의적인 작업을 할 수 있는 계기가 만들어졌다. 이로써 서유럽 선사고고학에서 계기적 문화 단계를 강조하는 단선진화론의 경향은 문화들에 초점을 맞춘 역사 지향적인 경향으로 바뀌었다. 변화는 점진적으로 일어났다. 이러한 전이를 이루는 데 가장 중요한 인물은 스웨덴 고고학자 구스타프 오스카 몬텔리우스(Gustaf Oscar Montelius, 1843~1921)였다(그림 6.1). 몬텔리우스는 애초 자연과학을 공부했지만, 고고학에 관심을 가져 1868년부터 스톡홀름의 국립고대유물박물관Museum of National Antiquities에서 전임으로 일한다. 그는 톰센, 보르소에와 함께 선사시대의 편년 수립에 관심을 가졌다. 1876년부터 1879년까지 수집품을 연구하기 위하여 유럽 전역을 여행했으며, 이로써 대륙적인 규모로 선사시대를 고찰하는 첫 고고학자가 되었다. 그의 연구가 광범위한 범위로 이루어질 수 있었던 배경에는 당시 유럽 전역에서 고고학 활동이 더욱 활발해지고, 철도망이 발달하여 여행이 용이해진 상황이 있었다.

19세기 중반, 스칸디나비아 고고학자들은 청동기시대와 철기시대를 더욱 작은 분기로 세분했다. 이는 흔히 전체 유물조합을 고려하지 않고 특정한 무덤의 형식이나 연대가 알려진 교역품 같은 제한된 자료를 통한 분기였다. 몬텔리우스가 개발한 형식 편년법typological method은 톰센의 편년적 접근을 세련시킨 것이었다. 선사 유물들에 대한 체계적인 형식학 또는 형식분류는 스웨덴 고고학자 한스 힐데브란트(Hans Hildebrand, 1842~1913)가 시작한 것이었다. 부친(Bror

그림 6.1 오스카 몬텔리우스(1843~1921)

Emil Hildebrand, 1806~1884)은 1846년 여러 형식의 앵글로색슨 동전을 분류했다고 한다(Gräslund 1987: 96-101). 힐데브란트는 아버지의 고전학古錢學 연구로부터 분명하게 정의된 형식들을 사용할 필요를 느끼게 되었다. 하지만 한스 힐데브란트는 편년에는 별로 관심이 없었다. 몬텔리우스는 유럽 전역의 수많은 유물군에서 보이는 형태와 장식의 변이를 바탕으로 유물형식을 주의 깊게 정의했다. 그리고 이를 토대로 지역 편년을 만들어 내어 서로 상응시키고자 했다. 그리고 톰센이 그러했듯이 무덤, 저장고나 단실單室 등과 같이 동일 유구 안에서 나온 것들을 고찰함으로써 어떤 형식의 유물들이 같이 나오고 그렇지 않은지를 판단하는 방법을 사용했다. 이런 종류의 유물 200~300개 정도를 비교한 뒤에 경험적으로 얻어지는 군집은 청동기'시대'와 같이 큰 시간 단위가 아니라 그런 시대를 더 작게 나눈 '시기', 곧 몇 백 년 정도의 지속 시간을 표현하고 있음을 알게 되었다. 몬텔리우스는 아주 많은 유물을 세밀하게 형식분류한 덕택에 짧은 시기들을 확인했을 뿐만 아니라, 하나 이상의 시기에서 공통으로 보이는 유물형식을 확인함으로써 각 시기를 편년적으로 배열할 수 있었다. 그런 연쇄가 설득력을 가지기 위해서는 자료, 제작기법, 형태, 장식이 일관된 패턴으로 공통의 변이를 보여야 한다. 이렇듯 몬텔리우스는 순서배열과도 같은 방법을 수립하여 고고학 연쇄들을 구축하는 데 자족적이면서도 설득력 있는 방법으로 삼았다.

몬텔리우스는 형태적 기준에 근거하여 편년 연쇄를 세운 뒤 그러한 연쇄에 진화적 경향이 있음에 주목했다. 가령 청동부는 납작한 형태로 시작하여 나중에는 더 강한 힘을 받기 위하여 테를 돌린다. 그 다음 청동부에는 가로대와 원통손잡이가 달리고 마지막으로 자루에 장착을 수월하게 위해 주물구멍(소켓)이 만들어진다(그림 6.2). 몬텔리우스는 이런 발달 연쇄를 자연스러우면서도 논리적인 것이라 보았으며, 물질문화와 생물체의 진화에 유사함이 있음에 주목했다. 그렇지만 그라스룬트(Gräslund 1974)가 지적했듯이, 몬텔리우스는 애초 자연과학을 공부했음에도 불구하고 그가 가졌던 인간행위에 대한 생각은 다윈주의와는 별 관계가 없었다. 오히려 스칸디나비아 고고학의 전통을 이었다고 해야 할 것이다. 몬텔리우스는 계몽주의 철학자들이 그랬던 것처럼, 기술은 인간이 자연을 맞아 더 효과적인 방식을 고안해 내기 위하여 이성이라는 힘을 사용했기 때문에 발달했으며, 이로써 삶은 더욱 수월해지고 안전해졌다고 믿었다. 몬텔리우스가 생물진화를 언급한 것은 주로 다윈주의적 진화가 지배했던 시대 고고학의 위상을 끌어올리기 위한 하나의 유비(상사) 정도로 생각된다. 또한 몬

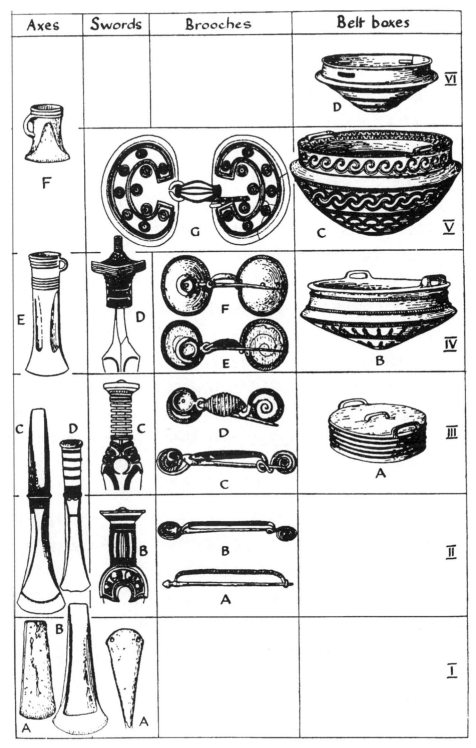

Axes	Swords	Brooches	Belt boxes

그림 6.2 몬텔리우스의 체계에 따라 배열된 청동기시대 유물들, 1881

텔리우스의 모든 진화적 유형들이 모두 단선적이지 않았음도 의미심장하다. 예를 들어 청동기시대 안전핀은 옷을 동여매는 데 쓰였는데, 이탈리아에서는 코일 감긴 용수철로 한 몸으로 만들어졌으며, 스칸디나비아에서는 두 조각으로 만들어 경첩 같은 것으로 이었음을 보여주기도 했다(Bibby 1956: 180-181). 얼마 지나지 않아 이 두 형식에서 가장 좋은 특질들이 하나로 합쳐져 새로운 범유럽적인 공통의 변이가 태어났다. 이렇게 몬텔리우스는 논리적 요인들뿐 아니라 독특한 역사적 요인들이 어떻게 물질문화의 진화에 영향을 미쳤는지를 고려했다.

전파론적 해석

1880년대가 되면서 몬텔리우스(Montelius 1885)는 스칸디나비아 청동기시대에 대해 세밀한 편년을 고안해 낸다. 1903년에는 유럽의 신석기시대를 네 시기로, 청동기시대를 여섯 시기로, 철기시대를 열 개 시기로 나누었다. 몬텔리우스는 그런 시기들을 일반적인 측면에서 유럽 전역에 적용 가능하다고 생각했지만, 각 시기마다 상당한 정도의 지역 변이가 있음에 주목하고 유럽의 모든 지역이 동시에 동일한 발달 단계에 이르렀다는 생각에는 회의를 품게 되었다. 그 대신 한 지방에서 다른 지방으로 교역되거나 또는 더 발전된 지역으로부터 복제되었다고 판단되는 유물을 이용하여 유럽의 여러 지역들에 시간적으로 다양한 시기들을 대응시키고자 했다. 당시 문헌으로 연대가 알려진 이집트 유적에서 그리스 미케네 토기가 나오고 그리스에서 이집트의 상품이 발견된 결과 고고학자들은 그리스에서 미케네 시기를 기원전 15세기까지 연대추정할 수 있게 되었다. 이집트로부터 미케네문명을 거쳐 들어온 것으로 보이는 원통형 채색파양스 구슬이 유럽을 가로질러 보인다는 사실은 많은 청동기 문화들의 연대를 추정하는 표본이 되었다. 일반으로 이러한 구슬들은 동남부 유럽보다는 중부, 서부, 북부 유럽에서 형식학적으로 덜 진화한 청동기시대 맥락에서 나오는데, 이는 서아시아(중동)에서 먼 지방일수록 대부분 기술적 혁신이 채택되는 더 오랜 시간이 걸렸음을 말해 준다고 여겨졌다. 그리고 이런 식의 상응은 후일 유럽 선사시대의 "단기 편년short chronology"으로 발전한다(Bibby 1956: 181-182). 그밖의 시기들은 양식적인 기준에서 유럽의 한 지역에서 다른 지역으로 교역된 것으로 보이는 상품들을 이용하여 설정했으며, 모든 상품들은 제작되고 나서 바로 교환되었을 것임을 전제로 한 것이다.

몬텔리우스는 자신의 유럽 선사시대 문화 편년은 고고학 증거에 근거한 것이므로 객관적이라 믿었다. 오늘날 그가 유럽의 상이한 지역들의 편년을 서로 연결시키는 데 선험적인 전제가 전혀 개입되지 않았다고 말하기는 어렵다. 몬텔리우스의 편년은 선사시대에 문화 발달은 서아시아에서 일어났으며, 그 성취가 전파와 이주의 물결을 타고 발칸반도와 이탈리아를 거쳐 유럽으로 들어왔다는 생각을 토대로 하고 있다. 그렇기 때문에 유럽 동남부에서 선사시대 문화 발달은 언제나 북유럽이나 서유럽보다 빨랐으며, 유럽은 전체적으로 "동방 문명의 멀고도 희미한 반영"이라고 했다. 몬텔리우스는 유럽의 문화 발달을 전파론적으로 설명한 이른바 "동방에서 온 빛" 학파의 주창자였던 것이다(Renfrew 1973a: 36-37).

유럽 문명의 발달에 대한 몬텔리우스의 해석은 전파와 함께 장기간의 혁신은 특정 지역에서 일어나서 주변으로 확산된다는 믿음을 필요로 했다(Montelius 1899, 1903). 이와 유사한 문화핵심과 주변의 개념은 시대-지역 가정과 함께 보아스학파 인류학에서도 중요한 역할을 했다. 광범위하게 분포되어 있는 특질들은 좁은 영역에만 머물러 있는 특질보다 시간적으로 더 오래된 경향이 있다는 것이다. 일반적으로 미국 인류학자들은 북아메리카의 대평원이나 아한대와 같은 광범위한 자연환경지대가 가장 활발한 전파의 영역이 된다고 보는 경향이 있었다. 문화핵심과 시대-지역 개념은 후일 인류학자 딕슨(R. B. Dixon 1928)이 호되게 비판했다. 하지만 유럽에서 이러한 이론적 가정은 그렇게 분명하게 개진되지도 비판을 받지도 않았다.

많은 고고학자들은 몬텔리우스의 유럽 선사시대 해석을 지지했다. 가장 큰 반대는 혁신의 중심지로부터 전파가 이루어졌다는 생각에 대한 것이 아니라 그 중심지가 서아시아일 것이라는 주장에 대한 것이었을 뿐이다. 물론 몇몇 고고학자들은 유럽의 창조적인 우월성에 대한 확신에 반하는, 외부로부터 문명이 들어왔다는 해석에 반대하기도 했다. 칼 슈하르트(Carl Schuchhardt, 1859~1943), 아돌프 푸르트뱅글러(Adolf Furtwängler, 1853~1907)를 비롯한 독일 고고학자들은 그리스의 미케네문명은 인도유럽어를 쓰는 "아리아족"이 북쪽에서 침입하여 창조한 것이라고 주장했다. 몬텔리우스의 설은 오스트리아 고고학자 무흐(Matthäus Much, 1832~1909)(1907)와 프랑스 선사학자 살로몬 라이나시(Salomon Reinach, 1858~1932)(1893)가 『오리엔트의 신기루*Le Mirage Oriental*』에서 더 일반적인 측면에서 반대하기도 했다. 하지만 몬텔리우스의 틀을 거부하기 위해서는 그의 편년을 무시하거나 반박해야 했는데, 당시 편협한 선사학자일지라도 그의 편년이 확실한 증거에 기반하고 있음을 인정했던 것이다.

그러나 과학적 이유만이 아니라 주관적인 이유로 몬텔리우스를 지지한 경우도 있었다. 몬텔리우스의 전파론적 관점은 분명 19세기 말 유행했던 인간의 창의성에 대한 보수적인 의견과 일치했다. 유럽 문명의 기원을 서아시아에서 찾는 것은 성경에 기록된 세계사를 지지하는 듯했기 때문에 많은 기독교인에게 매력이 있었다. 19세기 말 사회 및 경제 문제가 커가면서 서유럽의 많은 중간계급 사람들은 더 종교에 의지하였다. 몬텔리우스의 틀은 바빌로니아, 페르시아, 헬레니즘 그리스, 로마로 이어지는, 서아시아에서 점차 서쪽으로 강대국과 창의성의 중심지를 옮겨 유럽으로 이어지는 제국들을 상정했던 중세 이후의 성경에 토대를 둔 해석과 일치하고 있었다. 마지막으로 19세기 동안 유럽의 강대국, 특히 영국과 프랑스는 북아프리카와 서아시아의 정치 및 경제 행위에 많은 간섭을 하고 있었다(Silberman 1982; Gran-Aymerich 1998). 현대 아랍 민족이 아니라 서유럽 국가들을 서아시아 고대문명의 진정한 계승자로 생각하는 선사시대의 틀은 유럽이 그 지역에 식민적인 간섭을 하는 것에 정당성을 제공하기도 했다. 이는 마치 그레이트 짐바브웨Great Zimbabwe의 기원을 현 원주민 역사가 아닌 다른 신화에서 찾는 것이 사하라 이남 아프리카에서 유럽의 식민정책을 지지하는 데 이용되었던 것과 마찬가지다. 이 점은 서아시아에서 일어난 초기 기술적인 혁신들이 유럽 문명의 기원이 되었다는 몬텔리우스의 주장이 왜 독일보다는 프랑스와 영국에서 큰 관심을 끌었는지를 설명해 주는 것 같다. 독일이 서아시아에 정치적인 간섭을 하기 시작한 것은 더 늦어서 19세기가 끝나갈 무렵이었던 것이다.

몬텔리우스는 인류역사를 인종주의적으로 해석하지는 않았다. 전파의 과정이 선사시대 유럽에 문명의 확산을 설명해 준다고 믿었지만, 서아시아에서 문명의 기원을 설명함에 있어서는 진화적 과정을 상정했다. 몬텔리우스는 19세기에 주로 독일의 영향으로 문화 및 학문 생활에 전환을 맞고 있던 주변 유럽 국가의 시민으로서 전파가 혜택을 주고 강한 변화의 자극이 된다는 점을 선호했음이 틀림없다. 유럽 기술의 기원에 대한 관점은 전반적으로 톰센과 보르소에의 관점과 비슷했다. 게다가 범유럽 선사시대에 대한 개척적인 업적에도 연구의 주된 초점은 스칸디나비아에 맞추어져 있었다. 비록 몬텔리우스는 문화변화에 대한 전파론의 관점에 강한 영향을 받은 최초의 위대한 고고학 혁신가였지만, 인간의 창의성에 대한 논쟁에서 그의 입장은 보수적이면서도 사고의 대부분은 진화론의 틀을 유지했다.

몬텔리우스의 영향은 중부와 서부 유럽에만 국한되지 않았다. 19세기 말 러시아 고고학은 애국주의와 낭만주의에 고취되어 호고주의적인 경향을 벗어나 학문성

19세기 말
러시아 고고학의
발전

을 추구하는 방향으로 급속히 변했다. 러시아 고고학자들이 따랐던 모델은 문화사 고고학의 틀을 만들어 내는 과정에 있었던 스칸디나비아와 독일 고고학자들의 연구 였던 것이다. 러시아 정부는 이미 1826년 인류진화를 다루는 어떠한 연구도 출판을 허락하지 않았으며 이는 19세기 중반 동안 진화고고학을 효과적으로 억눌렀다(Klejn 2001b: 1130-1131).

19세기 후반 동안 러시아는 산업, 운송, 교역 및 교육 기회의 측면에서 비약적 발 전을 이룩했다. 중간계급이 늘어나면서 교육받은 사람들은 자연과학, 철학, 역사, 정 치경제에 관심을 가졌고, 고고학 조사, 출판, 박물관, 협회, 회의가 빈번했다. 이 시기 모든 고고학자들은 지주, 교육자, 공무원 또는 직업군인으로서 스스로 고고학을 공부 했던 사람들이었지만, 이들은 유럽 어느 지역에서 이루어졌던 고고학 조사와도 견줄 만한 조사를 수행했다(M. Miller 1956: 28). 러시아에서 고고학의 급속한 성장과 함께 훌 륭한 발견물들이 증가하면서 정부는 1959년 상트페테르부르크에 러시아제국고고학 위원회Imperial Russian Archaeological Commission를 세운다. 이 위원회는 고고학 유존물 을 보존하는 역할을 했다. 이미 1851년에 상트페테르부르크에 러시아고고학회가 만 들어지고, 1864년에는 7000개 이상의 무덤분구를 발굴한 바 있는 우바로프(Aleksey Uvarov 백작)가 모스크바고고학회를 조직하여, 그와 나중에는 미망인Praskovia Uvarova 이 1917년까지 이끌었다. 이러한 학회에서 여러 간행물이 나왔으며, 이는 1917년 볼 셰비키혁명까지 지속되었다. 1870년대 말과 1880년대, 지역고고학회들도 트빌리시 Tbilisi, 카잔Kazan, 프스코프Poskov 등 주요 도시들에서 결성되었다. 미국인과 다른 유 럽의 제국주의 강대국들과 마찬가지로 러시아인은 부족민이 살고 있던 지역들을 점 령했지만, 고고학 증거를 사용하여 인종주의적으로 자신들의 활동을 정당화하지는 않았다. 러시아인들은 몽골을 정복하고 수 세기 동안 지배했지만, 아메리카인들과는 달리 다른 민족을 그리 인종주의적으로 멸시하지는 않았다.

1870년대부터 시작하여 20세기까지 지속적으로 고고학적 관심은 다양해졌다. 쿠르간[1] 및 고전시대 유적들을 지속적으로 발굴하면서 러시아 역사 전 시대의 취락 과 묘지 발굴도 강조했다. 우크라이나의 코스텐키Kostenki 구석기 유적은 1879년부 터 연구되기 시작했고, 트리폴제Tripolje문화를 비롯하여 신석기시대 유적과 서부 러

---

1) 러시아 대초원지대에서 동부 유럽까지 퍼져 있던 선사시대의 반半유목 문화.(옮긴이)

시아의 청동기 및 철기시대 유적도 발굴했다. 특히 러시아고고학회 회원들 가운데는 슬라브 및 중세 러시아 고고학에 대한 관심이 많았으며, 조사에 특별 분과가 수립되기도 했다. 이러한 관심은 19세기 러시아 외교 정책에 중요한 역할을 했던 범슬라브주의를 반영하며, 이는 동부 유럽 전역에 러시아의 영향력을 강화하고자 하는 정부의 노력에 부합했다. 아직 독립된 학과가 창설되지는 않았지만, 이때가 되면 상트페테르부르크와 모스크바의 대학들은 고고학 강좌를 연다.

모스크바와 상트페테르부르크에서 일하는 많은 고고학자들은 북부 및 중부 유럽의 선사고고학의 발달에 영향을 받았다. 이 가운데 가장 중요한 사람은 바실리 고로드초프(Vasily Gorodtsov, 1860~1945)인데, 1906년까지 직업 군인이었음에도 1880년대부터 발굴을 시작했다. 1900년대 초에는 모스크바역사박물관에서 선임학예관이 되며 모스크바고고학연구에서는 강사로 일하면서 많은 수의 전문 고고학자를 훈련시킨다. 고로드초프는 몬텔리우스와 다른 스칸디나비아의 형식학자들의 연구에 영향을 받아, 후일 러시아 고고학의 형식주의학파라 불리게 되는 경향을 주창했다. 고로드초프는 신석기시대 토기를 재질에 따라서, 그런 다음에는 형태, 마지막으로 장식에 따라서 체계적으로 분류했으며, 이로써 비슷한 유적들을 경계지어 묶고 분포를 추적하여 그것들 사이의 접촉에 관한 물적 증거를 주목했다. 또한 전파와 이주가 문화변화를 일으키는 데 중요한 과정임을 받아들였다. 그리고 덴마크의 소푸스 뮐러의 방법과 비슷한 식으로 스키타이 이전 무덤분구들을 처음으로 시기구분하기도 했다. 상트페테르부르크학파를 주도하는 연구자였던 알렉산더 스피친(Aleksander Spitsyn, 1858~1931)은 1899년 중세 슬라브 의복 장식의 형식에 관한 고고 자료와 역사적 정보를 결합하여 초기 러시아 부족의 분포를 추적했는데, 이는 독일 고고학자 구스타프 코시나가 개발한 방식과 유사했다.

4. 고고학 문화의 개념

19세기 말 종족성에 대한 관심이 늘어나면서 고고학자들은 고고(학) 문화의 개념도 더 흔하게 사용했다. 스칸디나비아와 중부 및 동부 유럽의 고고학자들은 독특한 특성을 가지고 지리적으로 한정되어 발견되는 유존물과 민족지적 문화들 사이에 유사함이 있음을 찾기 시작했다. "문화"라는 용어는 이탈리아어와 스페인어에서 처음으로 사용된 듯한데, 원래는 인간의 마음에 대한 수양을 의미하는 것이었다. 17세기가 되면 이 용어는 한 민족의 독특한 생활양식을 지칭하는 데 쓰이며, 18세기 말 헤르더는 각 민족Volk은 나름의 문화Kultur를 가지고 있다고 주장하기에 이른다. 프랑스어에서는 문화라는 말이 문명civilisation이란 말과 동일하다(Díaz-Andrau 1996a: 51-57). 독일에서는 문화Kultur라는 용어가 더 좁게 쓰여 부족 또는 농민 집단, 또는 근대 농촌민들의 아주 느리게 변화하는 생활양식을 지칭하며, 이는 급박하게 변화하는 도시 중심지의 국제적인 "Zivilisation"과 대조된다.

1780년 이후 Kulturgeschichte(문화사)에 대한 연구가 많아지고 1843년부터 독일 민족학자 구스타프 클렘Gustav Klemn이 『인류의 일반 문화사*Allgemeine Cultur-Geschichte der Menschheit*』(1843~1852)와 『일반 민족학*Allgemeine Klturwissenschaft*』(1854~1855)이라 이름 붙인 책을 출간했다. 프리드리히 라첼Friedrich Ratzel은 반진화적인 설에 바탕을 두고 전파의 개념만이 아니라 특정한 민족이 한 세대에서 다른 세대로 전수하는 독특한 생활양식을 지칭하는 데 문화의 개념을 사용했다. 영국 민족학자 에드워드 타일러(Edward B. Tylor, 1832~1917)는 이미 1865년 클렘의 문화의 개념을 인지하고 있었으나, 『원시 문화*Primitive Culture*』에서야 이 용어를 채택했다. 여기에서 현재는 고전적인 정의가 된 "지식, 신앙, 예술, 도덕, 법, 관습 및 사회의 구성원으로서 얻게 되는 모든 능력이나 습관을 포괄하는 복합적인 전체"라는 정의를 내린다(p. 1). 일반적으로 19세기 단선진화고고학자들은 문화라는 용어를 단수로 사용하는 경향이 있었다. 문화란 교육과 모방을 통해 전수되며 시간이 흐르면서 더욱 복합적이 되고 세련된다는 인류의 모든 지식과 신앙을 가리켰다. 이 같은 총체적인 용법은 독일에서 흔히 복수로 다양한 민족들의 독특한 생활양식을 지칭하는 데 사용되는 용법과 대조를 이루었다(Stocking 1987: 18-19).

지리적이고 시간적으로 제한되어 분포하는 형태적으로 유사한 선사시대 고고학 문물을 문화 또는 문명이라 이르고 그것들을 특정 민족 집단의 유존물로 판단하는 것은 몇몇 고고학자들이 독자적으로 발전시켰던 것으로 보인다. 고든 차일드의 관점(Childe 1935b: 3)에서 고고학 문화란 스칸디나비아와 중부 유럽의 신석기시대 및 그 이후 시대에 대한 많은 발굴로 자료가 풍부하여 지역 고고학자들에게 "주어진" 것이었다. 초기 스칸디나비아 고고학자들은 독일의 민족지에서 쓰이던 문화의 개념을 알고 있었다. 고고학 단위를 지칭하는 데 문화라는 용어를 사용한 것으로 알려진 가장 오랜 사례는 톰센의 『*Ledetraad*』(1836)에서 볼 수 있다. 톰센은 청동기시대에 대한 논의에서 한 문화에서 다른 문화로 기술 지식의 전파를 언급했다. 보르소에는 『*Danmarks Oldtid*』(1843)에서 문화라는 용어를 더 많이 사용하여 "고도高度 문화", "후행 문화", "로마 문화" 등과 같은 고고학적 실체를 언급했다. 다만 이런 용법을 설명할 필요를 느끼지 않았는데, 그 내용은 자명하다고 생각했다. 덴마크에서는 어느 시기에도 선사시대 문화들이 일반적으로 동질적이었기 때문에 특정한 지리적 경계를 고고학 문화로 지각할 필요도 느끼지 못했다. 그렇지만 톰센과 보르소에는 선사시대에 상이한 문화들은 유럽의 상이한 지역에, 그리고 심지어 스칸디나비아의 지역들에도 공존했음을 알고 있었다.

1866년 노르웨이 고고학자 올도프 리그Oldof Righ는 노르웨이에서 출토된 독특한 창끝찌르개와 화살촉을 석기시대의 특정 "문화와 족속"의 산물로 인지했으며, 1871년 두 가지 "석기시대 문화"와 "석기시대 족속들"이 노르웨이에 있었음을 주목하기도 했다(Meinander 1981: 106). 역사가 에두아르드 마이어(Eduard Meyer, 1855~1930)는 『고대의 역사*Geschichte des Alterthums*』를 1884년부터 출간하면서 이집트, 그리스, 트로이, 미케네 문화들에 대해서 서술했다. 한편 하인리히 슐리만 등의 저술에서는 에게, 미케네, 헬라드, 시클라드라는 용어들이 사용되어 지중해 동부의 청동기시대 "문명들"을 구분해 냈다(Daniel 1950: 243; Meindander 1981).

1891년 괴체A. Götze는 반트케라믹Bandkeramik을 비롯한 신석기시대 문화를 거명했다. 흐보코V. V. Hvojko는 1901년 트리폴리제 문화에 대해서 쓰고, 스피친은 1905년 파트야노보Fatyanovo 문화에 대해서 기술했다(Meinander 1981). 1908년 미국의 지질학자로서 고고학으로 전향한 라파엘 펌펠리(Raphael Pumpelly, 1837~1923)는 중앙아시아에서 층위를 가진 아나우Anau 유적을 발굴하면서, 문화라는 용어를 사용하여 그 유적의 계기적인 점유 레벨들을 구분했으며, "문화"는 "문명"과 동의어로 사용했음을 설명하기도 했다(p. xxxv). 몇몇 사례에서 특정 문화들이 인지되는 과정을 추적해 볼 수도 있다. 체코슬로바키아의 우네티케Únĕtice의 청동기시대 묘지 발굴에 뒤이어 고고학자들은 우네티케와 비슷한 유물을 인접한 지역에서도 확인했으며, 마침내 이것들을 구성하여 우네티케 문화를 확립하게 되는 것이다. 이와 유사한 방식으로 1870년 중부유럽에서 정의된 부르크발Burgwall 형식 토기들은 부르크발 문화라는 개념으로 확대된다(Sklenář 1983: 110). 이러한 발전은 일반적으로 북부와 중부유럽에서 먼저 일어났는데, 이곳에서는 고고학적 유존물에서 종족적 정체성을 찾기 위한 관심이 오래전부터 있어 왔다. 이렇듯 고고학 문화의 개념이 고고학의 발달에 커다란 영향을 미쳤음에도 불구하고, 이 시기 문화사적 접근의 발달을 고고학 자체의 고유한성격 때문이라고 간주하는 것은 잘못이다. 북부와 중부유럽의 고고학자들이 민족주의, 인종, 종족성보다는 생태 적응 연구에 더 많은 관심을 가졌다면, 고고학적 유존물에서 나타나는 지리적 변이에 대한 관심은 초기 생태학적 접근의 발달로 이어졌을가능성도 있다.

5. 문화사고고학의 탄생: 구스타프 코시나

이렇듯 고고학 문화라는 개념에 대해 관심이 커졌다고 해서 곧바로 문화사고고학으로 발달했던 것은 아니다. 그 발달은 독일에서 이루어졌다. 독일에서 인류학은 독일대학의 문헌을 토대로 한 인문학의 대안으로서, 실증주의적인 인문과학으로 진화했다. 인류학을 개척한 대부분 연구자들은 박물관에서 일했다. 처음에는 아돌프 바스티안Adolf Bastian의 주도로 단순히 "훌륭한" 예술이나 문학을 생산한 문화만이 아니라모든 문화들에 대한 연구를 옹호했다. 독일에서 선사고고학의 전문화는 1869년 독일인류학·민족학·선사고고학회의 창립과 더불어 시작되었다. 이는 스위스의 뉴샤텔Neuchâtel에서 국제인류학·선사고고학회의 첫 회의가 열리고 3년이 지나서였다. 이새로운 독일 학회를 주도했던 인물은 저명한 병리학자이자 좌익 정치가이기도 했던루돌프 피르호(Rudolf Virchow, 1821~1902)였다. 그는 독일 고고학 조사에 활발하게 관여했다. 또한 형질인류학, 민족학과 더불어 선사고고학을 포괄하여 선사인류학을 할것을 옹호했다. 자신을 따르는 연구자들과 함께 선사 문화를 확인하여 그 기원과 이동을 파악하고자 했으며, 흔히 토기 형식들을 바탕으로 (물론 무덤 형식이나 취락, 역사기록도 고려했지만) 알려진 종족들과 결부시킬 수 있는지를 판단하고자 했다. 칼 슈하르트와 같은 고고학자들이 수행했던 선사 유적의 발굴은 고전 고고학자들이 했던 훌륭한연구들을 모델로 한 것이었다(Ottaway 1973; Fetten 2000). 이들의 연구는 유럽 선사시대에 통찰을 주었지만, 모르티에의 진화적 접근에 도전할 만한 포괄적인 과거에 대한이해를 주지는 못했다. 그에 대한 도전은 도서관의 전문 사서였으며 야외조사에는별다른 관심을 가지지 않았고 선사고고학을 인류학의 한 가지로서 독일 선사시대 연구에 대한 독자적 학문 분야로 생각했던 사람에 의해 이루어졌다.

구스타프 코시나(Gustaf Kossinna, 1858~1931)는 1895년 한 강연에서 처음으로 게르만 부족이 역사문헌에 기록되어 있듯이 라인강과 비스툴라강 사이에서 기원전 100년 신석기시대로 소급하여 찾을 수 있다는 자신의 관점을 개진한다. 그의 접근은 『게르만족의 기원*Die Herkunft dr Grmanen*』(1911)과 두 권으로 이루어진 『게르만족의 기원과 팽창*Ursprung und Vrbreitung der Germanen*』(1926~1927)에 자세히 상술되어 있다. 열광적인 독일 애국주의자였던 코시나는 고고학을 학문 가운데 가장 민족적인 것이며, 고고학 조사에 가장 고귀한 주제는 고대 게르만족이라고 선언했다. 그는 독일 고고학자들이 고전고고학과 이집트 고고학에 관심을 가지고 있음을 비판했으며, 이것을 애국심이 결여된 것으로 보았다. 하지만 1918년 이전의 독일 황제 빌헬름 2세는 열정적인 민족주의자이자 고전고고학과 중동 고고학의 열렬한 지지자였다는 데 주의할 필요가 있다. 코시나는 애초 역사언어학을 공부했지만, 언어학에서 고고학으로 전향하여 인도유럽어족과 게르만족의 원 고토를 찾기 위해 애썼다. 그는 베를린대학 고고학 교수로 임명되며 1909년 선사학독일학회Vorgeschichte를 창립했는데, 곧 독일선사학회라 개명하고 더 분명하게 민족주의적인 경향을 띠게 되었다.

『게르만족의 기원』은 처음으로 코시나의 고고학에 대한 접근을 체계적으로 개관한 것으로서 이론적인 혁신들과 함께 독일 선사시대에 대한 환상적인 찬양이 어우러져 있다. 그의 작업이 독일 민족주의를 강화하는 데 도움을 주면서 군 고위직에 있던 폴 본 힌덴부르크Paul von Hindenburg 같은 보수주의자들의 지지를 얻었는데, 힌덴부르크는 1925년 독일 대통령으로 선출되었다. 코시나는 고고 자료를 정치적 목적으로 잘못 사용했기 때문에 유해한 업적과 긍정적인 기여를 세심히 분리하여 살펴볼 필요가 있다. 또한 슬라브족이나 다른 이웃 유럽 민족들이 열등하다는 인식을 독일인들에게 심어 주고 독일의 침략이 정당하다는 식으로 고고학 증거를 해석했다. 이는 동시기 북아메리카, 아프리카, 아시아, 오스트레일리아의 원주민들을 유럽인들에 비해 열등하게 취급했던 아마추어 및 반半전문 고고학자들과 다를 바가 없었음도 기억해야 한다. 이런 모든 나라에서 고고학은 여러 방식으로 19세기 말 동안 독일뿐만 아니라 서구 문명 전역에 광범위했던 인종주의가 잘 드러나 있었던 것이다(Césaire 1955). 폴란드 고고학자 조제프 코스트르제프스키(Józef Kostrzewski, 1885~1969)는 코시나와 같이 연구하면서 그의 방법을 사용하여 폴란드의 선사 시대 슬라브족의 위대한 성취를 강조하기도 했다.

코시나는 중석기시대 이후 중유럽의 고고학적 유존물은 문화들의 모자이크로 구성될 수 있는데, 그 위치와 내용은 시간의 흐름에 따라 변화했다고 보았다. 문화는 종족성을 반영할 수밖에 없다는 믿음에 근거하여 물질문화에서 보이는 유사성과 차이는 종족성의 유사성과 차이에 상응한다고 주장했다. 따라서 명확하게 정의된 문화적 위치는 언제나 독일족, 켈트족, 슬라브족과 같은 주 종족 집단이나 민족과 상응하며, 한편으로 개별 문화들은 독일어를 사용하는 색슨족, 반달족, 롬바르드족, 부르고뉴족 같은 부족과 일치한다는 것이다. 다른 많은 고고학자들과 마찬가지로 코시나도 문화적 연속성은 종족적 연속성을 가리킨다고 생각했다. 따라서 특정 부족 집단(이들의 고토는 문헌기록을 사용하여 초기 역사시대로부터 정확하게 알 수 있다)의 특징을 보여주는 유물형식의 지리적 분포를 앎으로써 각 집단과 결부된 물질문화를 판단하고 그 정보를 이용하여, 고고학적으로 더 오래된 선사시대에는 어디에서 살았는지를 판단할 수 있다는 것이다. 그는 이 절차를 주거(취락)고고학Siedlungsarchäologie이라 불렀는데, 이는 집자리 유적에 대한 연구를 의미하는 것이 아니라 특정 종족 집단이 과거 어디에 살았는지를 판단하는 일을 말한다. 시간을 거슬러 올라가다보면 과거 어느 시점에서는 개별 게르만 부족들을 구분해 내는 일이 불가능하게 되는데, 이는 각각이 아직 서로 분화되지 않았기 때문이다. 그럼에도 고고학자들은 여전히 독일족, 슬라브족, 켈트족 및 다른 인도유럽어를 쓰는 주요 집단을 확인해 낼 수 있다고 여겼다. 그보다 더 시기가 올라가면 단지 인도유럽어족과 비인도유럽어족만을 구분해 낼 수 있을 뿐이다.

코시나는 후일의 저술에서 문화 및 종족적 변이를 인종적 차이로 판단했다. 특히 원래의 인도유럽어를 쓰는 민족들, 그리고 독일인의 직접 조상은 금발의 장두형의 노르딕(아리아) 인종 집단이었다고 보았다. 또한 인종적 특징은 인간행위를 결정하는 요인이라고 생각했다. 그는 문화적으로 창조적인 민족Kulturvölker과 문화적으로 수동적인 민족Naturvölker에 대한 클렘의 구분을 받아들이기도 했다. 그에게 이 구분은 인도유럽어족, 그리고 무엇보다도 모든 독일인과 기타 민족들 사이의 구분이었다. 그는 인도유럽어족은 독일 북부에서 발견되는 중석기시대 마글레모시안Maglemosian문화로부터 흔적을 추적할 수 있다고 생각했다. 특히 기원을 슐레스비히Schleswig와 홀스타인Holstein 근처로 추정했는데, 그 지역은 독일이 당시 덴마크로부터 합병했던 곳이었다. 코시나는 독일 문화편년을 최대한 소급시킴으로써 그 지역이 유럽과 중동의 문화발달의 중심지였음을 밝히고자 했다. 신석기시대 후기 플린트제 칼은 무기에서 독일의 고귀한 자부심이 드러나는 증거로 해석하면서 청동기시대 유물의 원형으로 평가했다. 청동기시대 트럼펫은 선사시대 독일인의 우월한 음악적 능력에 대한 증거로 간주되기도 했다. 또 한 가지 환상의 나래를 탄 것으로는, 심지어 알파벳조차도 페니키아에서 기원한 것이 아니라 석기시대 유럽에서 기원했다고 한 것이다.

발전된 문화는 생물학적 우월성이 표현된 것이기 때문에 전파가 아니라 한 지역에서 다른 지역으로 사람의 이동으로만 퍼질 수 있다고 생각했다. 다만 코시나는 전파가 일어나기는 했지만, 문화변화를 일으키는 데 보조적인 역할밖에는 하지 못했다고 보았다. 비록 그의 연구들 대부분은 북부 및 중부 유럽에 국한된 것이었지만, 인종은 세계 역사를 이해하는 데 중요한 열쇠가 된다고 언급했다. 코시나는 원래의 인도유럽어족의 지적 능력이 그리스인, 바빌로니아인, 수메르인들에게도 공통이었다고 주장했다(Schwerin von Krosigk 1982: 53, 69). 이러한 생각으로 인도유럽어족들이 남쪽과 동쪽으로 이주하는 물결을 상정하고 원주민 집단들을 정복하여 중동, 그리스, 이탈리아에서 문명을 세웠다고 보았다. 하지만 이 각각의 물결은 지역 집단들과 뒤섞이고 결과적으로 그 창의성을 저해하게 되었으며, 따라서 고대 그리스와 이탈리아의 인도유럽어족조차도 궁극적으로 문화적 창의성을 유지하지 못했다는 것이다. 코시나는 독일인은 원래의 고토에 머물렀기 때문에 인종적으로 순수성을 유지했으며, 따라서 인도유럽어족 가운데 가장 재능 있고 창의적인 민족이 되었다고 주장했다. 게르만족만이 여전히 문명을 창조하여 열등한 민족들에게 부여할 역사적 책임을 수행할 수 있다는 것이다. 이리하여 게르만족은 인도유럽어족의 적장자Erstgeborenen가 되었다고 평가했다. 이것은 햄족 가설 및 다른 고대문명을 북으로부터 내려온 정복자들의 것이라 보는 생각처럼 환상 같은 이야기에 불과하다. 또한 코시나는 고고학을 영토에 대한 역사적 권리를 세우는 수단으로 보기도 했다. 독일 유물이라 주장되는 것이 어디에서든 발견되면 고대 독일 영토로 간주했으며, 근대 독일이 이를 되찾을 권리를 가지고 있다고 생각했다. 물론 동일한 주장은 슬라브족과 같은 비게르만 집단들이 할 수는 없는 것인데, 슬라브족은 중세 과거 동독과 서독의 경계까지 서쪽 멀리 정착하고 있었다(Klejn 1974).

마지막으로 코시나는 어떻게 선사시대 인간 집단, 아니면 적어도 게르만족이 살았었는지 가능하면 많이 알아야 할 필요가 있음을 주장했다. 문화는 단순히 유물조합으로 정의되는 것이 아니며 고고학자들은 선사시대 생활양식의 성격을 판단하기 위해 노력해야 한다고 했다. 그럼에도 코시나 자신의 연구에서는 집자리 유형, 매장 관습, 의례에 관한 고고학 증거에 별다른 관심을 보이지 않았으며, 주로 박물관 수집품에 대한 해석에 바탕을 두고 논지를 전개시켰다. 코시나의 독일 선사시대 생활에 대한 상상은 윌리엄 스터클리를 비롯한 사람들의 전통에서 보듯이 흔히 환상적인 성격을 띠었다. 그럼에도 불구하고 코시나가 개별 고고학 문화를 선사시대 사람들의 생활 방식에 대한 증거로 이해하고자 했다는 것은 프랑스와 영국 구석기시대 연구의 모델인 "과학적" 고고학보다는 스칸디나비아식의 접근과 더 많은 공통점이 있다.

코시나의 연구는 새로운 것이 별로 없고, 오히려 논란이 될 만한 부분이 많다. 인도유럽어족이 북유럽에서 기원했다는 생각은 당시 많은 언어학자와 형질인류학자들의 지지를 받았는데, 이들은 현재로서는 납득할 수 없는 증거에 근거하여 이런 주장을 했다. 북유럽 선사시대 및 고고학 방법론에 대해 코시나가 이해했던 것 대부분은, 공개적으로 인정하지는 않았지만, 몬텔리우스로부터 빌려온 것이다. 여기에는 고고학적 유존물에서 나타나는 물질문화의 연속성은 종족적 연속성을 가리킨다는 원칙도 포함된다. 비르초프와 폴란드 고고학자 에르잠 마제프스키(Erzam Majewski, 1858~1922), 레온 코즐로프스키(Leon Kozlowski, 1892~1944)는 코시나의 문화 정의와 이주설에 대해 동의하지 않았다. 더 구체적으로는 야콥프리센(K. H. Jacob-Friesen, 1886~1960)(1928), 탈그렌(A. M. Tallgren, 1885~1945)(1937: 156-157), 언스트 발레(Ernst Wahle, 1889~1981)는 코시나가 무비판적으로 고고학 문화를 민족지적 문화와 동일한 것으로 해석하는 것에 대해 문제를 제기했으며, 상이한 성격의 자료들이 언제나 일치하는 것은 아니라고 주장했다. 또한 특히 코시나의 후기 저작에서 문화 단위는 자신이 종족적 정체성과 상응한다고 생각했던 한 가지 또는 몇 가지 물질문화의 항목에만 근거하여 설정되었다고 지적하기도 했다. 코시나는 브로치의 변이를 토대로 철기시대 문화를 특정한 역사시대 독일 부족들과 연결시켰는데, 이는 사실상 종족적 차이보다는 생산의 중심지를 반영할 가능성이 크다.

코시나의 연구는 국수주의적인 억지 주장이 많고 흔히 아마추어적인 성격도 띠었지만, 선사시대에 대한 진화적 접근의 자리를 결국 문화사적 접근이 차지했음을 나타낸다고 할 수 있다. 코시나는 고고 자료를 통해 선사시대 각 시기를 구성하고 고

학사적 의의

고학 문화의 모자이크에 대입함으로써 단순히 상이한 발달 단계의 유럽 집단들이 어디에 살았는지를 밝히고자 했을 뿐만 아니라 (근대 유럽 집단들의 조상이라고 본) 특정한 종족들이 과거에 어떻게 살았는지 그리고 시간이 흐르면서 어떠한 일들이 벌어졌는지를 알아내고자 했다. 그의 접근은 당대의 연구자들에게 낯익은 종족성이라는 개념에 근거한 것으로서 고고학적 유존물에서의 편년적 변이만이 아니라 지리적 변이에 대한 증거까지도 그럴듯하게 설명해 주는 것으로 여겼다. 그러므로 코시나는 반드시 문화사고고학의 발달에 커다란 의미를 지니는 혁신가로서 인정받아야 한다.

1931년 사망한 코시나는 생애 마지막 몇 년 동안 나치에 매력을 느끼기도 했다 (Grünert 2002). 나치당원들은 스스로를 국가사회주의자라 부르면서 독일어를 쓰는 모든 사람들을 단일하다고 하는 민족 정책을 폈다. 1933년 나치가 권력을 잡고 코시나의 독일 선사시대에 대한 해석 대부분은 독일 학교의 역사 교과과정에 포괄된다(Frick 1934). 독일 선사시대에 대한 코시나의 해석을 따르는 사람들에게는 독일 대학에서 많은 교수직과 연구직이 주어졌으며, 한편으로 체제에 정치적으로 또는 인종적으로 반대했던 고고학자들은 자리에서 해고되기도 했다. 1933년 이전 이미 대부분 독일의 선사고고학자들은 민족주의자들이었으며, 이들이 하는 고고학은 나치의 후원을 충분히 받고 있었고 그에 대한 반대는 제한적이었을 뿐이다. 나치가 고고학을 이용한 가장 주된 목적 가운데 하나는 고대 게르만족의 행위에 대한 신화를 만들어 강화함으로써 독일인은 언제나 지도자를 존경하고 복종했다는 주장을 통해 자신들의 정책을 고취시키는 것이었다(Hassmann 2000). 나치 조직은 이데올로기적이고 선전적인 목적의 고고학 조사를 수행하도록 고고학자들을 부추겼다. 이상하게도 나치의 지도자였던 아돌프 히틀러는 고대 그리스와 로마의 예술품과 건축물에 매료되었다. 히틀러는 선사고고학이 고대 독일인이 얼마나 문화적으로 원시적이었는지를 밝히는 데 매달리는 것을 개탄했다고 한다(Speer 1970: 141). 아마도 그는 근대 독일인의 생물학적인 우월성에 대한 주장은 중세 시기 동안의 선택적 압력으로부터 결과된 것이라고 믿었던 것 같다. 그러나 그의 개인적 관점이 공개적으로 개진된 적은 없었다.

6. 차일드와 『유럽 문명의 여명』

코시나의 선사시대에 대한 해석은 폴란드를 제외하고는 독일어를 사용하지 않는 나라에서는 고고학에 직접적인 영향을 거의 미치지 못했다. 그의 국수주의적 입장이 다른 민족들에게는 불쾌했기 때문임은 두말할 나위가 없다. 영국의 고고학자들은 외국의 영향에 대해 긍정적인 자세를 가졌기 때문에 선사시대 유럽은 중동으로부터 많은 문화발달의 영향을 받았다는 몬텔리우스의 주장을 기꺼이 받아들였다. 그럼에도 몬텔리우스의 관점과 더 유럽 중심적인 고고학자들의 관점이 상호 배타적이라 보지는 않았다. 존 마이어스(John Myres, 1869~1954)의 『역사의 여명The Dawn of History』의 두 가지 주제 가운데 하나는 이집트와 메소포타미아에서 유럽으로 기술의 확산에 대한 것이었다. 두 번째 주제는 모든 위계사회는 셈족이나 인도유럽어족과 같이 정치적으로 역동적인 유목민족이 가뭄 때문에 고토를 떠나 정치적으로 덜 혁신적인 농경사회를 정복함으로써 발달했다는 생각이었다. 햄족 가설과 마찬가지로, 이 같은 시나리오는 유목민들은 중세 유럽의 귀족과도 같이 자연적인 지배자였으며, 농민들은 중세의 소작농처럼 원래 순종적이었고 다른 민족의 지배를 받게 되어 있었다는 광범위한 믿음에 토대를 둔 것이었다. 마이어스에 따르면 인도유럽어족은 중앙아시아의 스텝지방에서 온 유목민으로서 특히 피정복자에게 언어, 신앙, 사회관습을 확산시키는 데 능했고, 상대방의 물질문화를 채용하기도 했다고 한다. 중동으로부터 유럽으로 전수된 문화적 영향과 인도유럽어족의 정치적 재주가 만나 활기 넘치고도 독특한 유럽의 생활양식이 만들어졌다는 것이다. 이와 유사한 관점을 가졌던 사람으로는 옥스퍼드대학에서 마이어스의 동료였던 아서 에번스(Arthur Evans, 1851~1941)(1896)를 들 수 있다. 그러나 마이어스는 『역사의 여명』에서 "민족들"에 대해서 서술하면서도 고고학 문화에 대해서는 언급하지 않았다.

1920년대 초 버킷(M. C. Burkitt 1921), 스탠리 카슨(Stanley Casson 1921), 마이어스(J. L. Myres 1923a, 1923b), 해롤드 피크(Harold Peake 1922), 시릴 폭스(Cyril Fox 1923)와 같은 영국 고고학자들은 개별 문화에 대해 논의했다. 버킷은 공작industry, 문화culture, 문명civiliztion을 각각 점점 일반성이 증가되는 문화의 단위로 정의했으나, 무스테리안Mousterian과 솔뤼트레안Solutrean 같은 고고학적 실체를 문화와 문명이라는 용어로 무차별적으로 언급했다. 크로포드S. G. S. Crawford는 『인간의 과거Man and His Past』(1921: 18-19)에서 문화의 기원, 범위, 경계를 파악하는 지리학적 방법을 논의하기도 했다. 그렇지만 영국에서 고든 차일드(V. Gordon Childe, 1893~1957)의 『유럽 문명의 여명 The Dawn of European Civilization』(1925a)이 출간되기 이전에 고고학 문화라는 개념을

그림 6.3 1928~1930년 오크니의 스카라 브레이Skara Brae 유적에서 발굴단과 함께 한 차일드(넥타이를 맨 사람)(스코틀랜드 왕립고대기념물위원회)

체계적으로 적용한 사례는 찾을 수 없다. 글린 대니얼(Glyn Daniel 1950: 247)은 이 책을 "선사고고학의 새로운 출발점"이라고 불렀다. 이렇게 차일드의 책을 통해서 고고학 문화는 유럽 고고학자들에게 비로소 연구 도구가 되었다.

『유럽 문명의 여명』　　　차일드는 1893년 오스트레일리아 시드니에서 보수적인 영국 교회 목사의 아들로 태어났다. 그는 시드니대학에서 고전학을 공부하며, 사회주의 정치를 접했다. 초기에는 코시나와 마찬가지로 인도유럽어를 사용하는 민족들의 고토를 찾는 데 관심을 키워 갔다. 그리고 옥스퍼드대학에 들어가 마이어스, 에번스와 더불어 공부할 기회를 가진다. 1916년 다시 오스트레일리아로 돌아와 1921년까지 정치활동에 치중했다. 그 다음 정치에 대한 환상을 깨고 나서 다시 고고학 연구를 시작하였다. 차일드는 이미 여러 유럽 언어들을 구사할 수 있었고, 날카로운 시각적 기억력을 가진 덕분에 유럽 전역의 박물관과 발굴 현장을 방문하고 자료를 모을 수 있었다(그림 6.3). 이러한 조사를 다음 두 책으로 펴냈는데, 『유럽 문명의 여명』(1925a)은 청동기시대 말까지의 유럽 선사시대에 대한 종합이며, 『선사시대의 다뉴브 지역The Danube in Prehistory』(1929)은 당시까지는 별로 알려져 있지 않았던 지방에 대한 좀더 자세한 고찰을 담고 있다. 차일드는 1927년 책 출간을 위한 조사의 일환으로 헝가리의 토스젝Tószeg 유적에 대한 케임브리지대학과 헝가리의 공동발굴에 참여하기도 했다(Makkay 1991). 이 두 책의 이론적인 토대에 대해서는 『선사시대의 다뉴브 지역』의 시작 부분에 개괄되어 있다. 이 시기 그런 이론적인 논의는 고고학 문헌에서 일반적인 것은 아니었다.

　『유럽 문명의 여명』에서 차일드는 기본적으로 코시나의 고고학 문화 개념을 받아들여 선사시대 종족들의 유존물로서 문화를 판단하는 방법을 채택했는데, 코시나의 인종주의적인 함축을 인지하고 있지는 않았다. 차일드는 코시나의 고고학 문화에 대한 개념을 주로 폴란드 고고학자 레온 코즐로프스키(Leon Kozlowski, 1892~1944)와의 친분을 통해 알게 되었을 가능성이 있다(차일드는 1923년 폴란드를 방문한 바 있다). 따라서 코시나의 생각에 담겨 있던 민족적이고 인종적인 편견에 대해서 완전하게 알고 있지는 않았을 것이다(Lech 1999: 49-51). 차일드는 이러한 개념을 몬텔리우스의 편년 및 선사시대 기술이 서아시아에서 기원하여 유럽으로 전파되었다는 생각과 결합시킨다. 차일드가 이렇게 한 것은 당시 고고학 이론의 역할이 커져 가고 있음을 반영하여 준다. 또한 차일드의 유럽 선사시대에 대한 해석은 마이어스와 에번스의 영향을 받기도 했다. 그리하여 선사시대 유럽인의 창의성을 몬텔리우스가 했던 것보다 더 큰 정도로 강조했다.

　차일드는, 불행히도 잘못 이해될 수도 있을 만큼 짧게, 고고(학) 문화를 "지속적으로 되풀이 출토되는 어떤 형식들의 유존물―토기, 도구, 장식물, 매장 의례, 집자리 형태―"이라 정의했다(Childe 1929: v-vi). 그는 각 문화는 구성 유물의 측면에서 서술되어야 하지, 단순히 시공간적으로, 그리고 진화고고학자들이 하듯이 시대 또는 시기로 나누어서는 안 된다고 강조했다. 각 문화의 지속 시간이나 지리적 범위는 경험적으로 확립해야 하며, 개별 문화는 층서법, 순서배열, 공시성 등을 통해 편년적으로 배열해야 한다는 것이다. 이런 식으로 차일드는 유럽 전역의 선사시대를 문화의 복잡한 모자이크로 파악했다. 이 모자이크는 『유럽 문명의 여명』에서는 작은 지도와 표로 정리되어 있을 뿐이며, 다뉴브 지방의 모든 고고학 문화들의 편년 및 공간적 분포를 보여주는 자세한 도표는 『선사시대의 다뉴브 지역』(그림 6.4)에 나와 있다. 또한 차

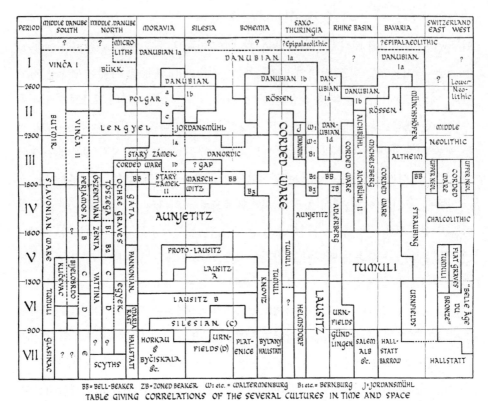

BB=BELL-BEAKER   ZB=ZONED BEAKER   W₁ etc. = WALTERMENBURG   B₁ etc.= BERNBURG   J=JORDANSMÜHL
TABLE GIVING CORRELATIONS OF THE SEVERAL CULTURES IN TIME AND SPACE

그림 6.4 차일드가 중부유럽의 고고학 문화를 대응시킨 첫 도표. 『선사시대의 다뉴브 지역』(1929)에서

일드와 버킷은 1932년에 나온 『앤티퀴티*Antiquity*』라는 잡지에 유럽 전역을 포괄하는 도표를 제시하였다(Childe and Burkitt 1932). 그리고 도표를 준비하면서 이미 지역 고고학자들에 의해 확인되었던 문화들을 서유럽이 아니라 중부 및 동부 유럽까지 확장시켰다. 이 도표는 다른 고고학자들도 세계의 여러 지역 문화의 편년을 제시할 때 사용하는 전형이 되었다.

차일드가 정의한 문화는 대부분 적은 양의 특징적 유물에만 바탕을 둔 것이었다. 그렇지만 그는 기능적 관점에서 물질문화를 보면서 유물을 선택했다. 차일드는 상이한 형식의 유물의 역사적 의미는 선사 문화에서 어떠한 역할을 했는지를 고려함으로써만 판단할 수 있다고 주장했다. 그는 분명 상식적인 수준에서 가내 생산의 토기, 장식물, 매장 의례는 지역의 기호를 반영하는 경향이 있으며, 비교적 잘 변화하지 않고, 따라서 특정한 종족 집단을 확인하는 데 유용하다고 보았다. 이와 대조로 도구, 무기 및 다른 기능적인 가치가 뚜렷한 기술적 항목들은 교역이나 복제를 통해 한 집단에서 다른 집단으로 급속히 확산한다고 했다. 따라서 이런 유물형식은 이웃 문화들을 동일한 시기에 비정했는데, 이런 방법은 방사성탄소연대측정법이 개발되기 전에 문화 편년을 수립하는 데 중요했다(Childe 1929: viii, 248; Binford 1983a: 399-400 참조). 차일드는 이렇게 나타나는 공시성은 몬텔리우스의 연구에서와 같이 유럽을 가로질러 서쪽으로 물질문화가 전파되는 동일한 그림을 얻는다고 결론을 내렸다.

차일드는 특징적 유물들이 어떤 한 고고학 문화를 정의하는 데 쓰일 수 있다고 믿었지만, 그것만으로 고고학 문화를 서술할 수는 없었다. 바로 그 때문에 모든 형식의 유물이 필요한 것이다. 차일드는 고고학 문화를 단순히 특질의 집합이 아니라 특정 집단이 선사시대에 어떻게 살았는지를 민족지적으로 해석하는 수단으로 여겼다. 이런 측면에서 차일드는 코시나보다 더 체계적이었다. 『유럽 문명의 여명』 첫 판에서는 주요 문화와 결부된 생활 방식에 대해서 어떠한 추론이 가능한지를 요약하기도 했다. 이후의 판에서는 각 문화를 더 체계적으로 가능하면 경제, 사회 및 정치조직, 종교 신앙까지 포괄하여 개괄했다(Childe 1939, 1956a: 129-131). 또한 몬텔리우스가 그러했듯이 문화변화를 해석하는 데 전파와 이주에 주목했다. 차일드는 전파를 기능적으로 이롭거나 양식적으로 더 매력적인 특질들이 한 문화로부터 다른 문화로 확산되는 것이라 해석했으며, 이주는 한 문화가 문화적 혼합으로 다른 문화에 의해 대체되는 결과를 가져온다고 보았다. 그러한 과정들이 없는 상태에서 문화적 연속성은 종족적 연속성의 결과로 생각했다. 따라서 차일드의 접근은 1920년대 유럽과 북아메리카에서의 전파론적 민족학과 흡사하다고 할 수 있다.

차일드는 코시나가 그랬듯이 고고학 문화를 민족과 동일시하기는 했지만, 고고학적 유존물에서 특정한 민족을 추적할 수 있다는 데 회의하기도 했다. 코시나와는 달리 전파의 중요성을 강조했으며, 시간이 흐르면서 전파의 과정으로 가장 오래 존속되는 문화적 연속성마저도 흐려질 수 있다고 생각하게 되었다. 이 때문에 차일드는 고고 자료를 사용하여 인도유럽어족의 고토를 알아내려는 노력을 포기했다. 『유럽 선사시대의 이주Prehistoric Migrations in Europe』(1950a)에서는 임시로나마 인도유럽어족을 언필드Urnfield 문화와 결부되었다고 판단했으나 이러한 판단은 10년이 지나지 않아 뒤집어졌다(Childe 1958b: 73). 『유럽 문명의 여명』에서 역사시대와 연결고리를 가지는 철기시대에 대한 논의를 회피한 것은 아마도 특정 종족 정체성에 대한 논의를 피한 것이라고 생각할 수도 있다. 어쨌든 전파론자로서 차일드는 문화는 선사시대의 민족이 남긴 것이라는 데 의문을 가지지 않으면서도, 고고학적 유존물에서 구체적인 종족성을 추적할 수 있다는 데 코시나, 또는 심지어 몬텔리우스보다도 훨씬 회의적이었다.

1950년대에 들어서면서 『유럽 문명의 여명』은 유럽 전역의 고고학 연구에 하나의 모델을 제시한다. 이것은, 비록 관심사는 변했지만, 차일드가 『스코틀랜드의 선사시대The Prehistory of Scotland』(1935a), 『영국 제도의 선사시대 공동체Prehistoric Communities of the British Isles』(1940a)와 같은 후일의 지역적 종합 연구서에서 따랐던 접근법이었다. 이 접근을 채택하는 고고학자의 주 목적은 더 이상 고고학적 유존물을 문화발달 단계의 증거로 해석하는 것이 아니게 된다. 그 대신 고고학 문화라는 수단으로 이름 없는 선사시대 민족을 확인하고, 그 기원, 이동, 상호작용을 추적하는 것이 목적이 되는 것이다. 신석기시대는 더 이상 문화발달의 주 무대가 아니라 오히려 빈틈없이 서술된 문화 집단들로 구성된 모자이크와 같은 것으로 여겨지게 되었다. 여기에서 논의된 문제들은 특수주의적이고 역사적인 변이들에 대한 것이었다. 또한 선사시대에 구체적인 민족들이 어떻게 살았는지에 대해서도 일반적인 관심을 가졌다.

차일드는 자신이 고고학에 몰고 온 혁명에 대해서 잘 알고 있었다. 1925년에는 동료 고고학자들의 덕택으로 고고학적 유존물에서 이름 없는 선사시대 민족들의 이주가 문화의 모자이크로서 명료하게 드러났다고 만족감을 표하기도 했다(Childe 1925b). 늙은 세대의 단선진화고고학과 젊은 문화사고고학적 접근을 구분했던 것이다. 또한 영국 및 프랑스의 학문을 언급하면서 19세기 단선진화고고학자들은 유물 제작자보다는 유물 자체에 더 관심을 가졌다고 했다. 19세기 학자들은 유물을 살아 있는 사회의 표현이 아닌 죽은 화석으로 다루면서 진화적 연쇄를 만들었다고 주장했던 것이다(Childe 1940a: 3). 그는 학문의 진보를 통해 고고학자들은 역사학적 방법이라는 튼튼한 수단을 채택하지 않을 수 없게 되었다고 생각했다. 코시나로부터 빌려온 고고학 문화라는 개념과 몬텔리우스의 전파론적 시각은 모두 문화진화론에 대한 반대급부로 성장했다. 19세기 말부터 서유럽에서 광범위하게 확산된 인간행위의 해석과도 밀접했다. 이러한 새로운 문화사적 선사시대에 대한 관점은 문화변화와 인간의 창의성에 대한 염세적 사고에 깊이 뿌리내리고 있다. 과거 진화적 시각은 낙관론적인 사고에 근거하고 있었던 것이다.

차일드는 정치적으로 좌익 근본주의자였지만, 이러한 선사시대에 대한 새로운 조망의 한 부분으로서 인종주의로부터 완전히 자유롭지는 못했다.『아리아인*The Aryans*』(1926)에서는, 물론『유럽 문명의 여명』을 쓰기 이전의 자료를 근거로 한 것일 수도 있지만, 인도유럽어족의 성공은 다른 민족보다 더 우월한 물질문화나 타고난 지성을 가졌기 때문이 아니라 우월한 언어를 사용했으며, 그랬기에 더 유능한 정신력을 가졌다는 이점이 있었기 때문이라고 했다. 차일드는 그리스와 로마는, 노르만 형질은 희미했지만, 각각 그 언어에 타고난 높은 문화적 잠재력이 있었음을 지적했다. 이러한 해석은 그리스와 로마의 종족 및 인종적인 혼합이 문화적 쇠락을 가져왔다는 코시나의 생각과는 대조를 이룬다. 그렇지만『아리아인』의 말미에는 노르만족들이 "형질상의 우월성"을 바탕으로 우월한 언어를 갖게 되었다고 함으로써 당시 널리 퍼져 있던 인종주의적 감정에 굴복하기도 했다(Childe 1926: 211). 그러나 나중에는 문화 변이에 대해 이와는 다른 설명을 취함으로써 이런 초기의 사색과는 절연했으며, 스스로 이에 부끄러움을 느끼기도 했다.

7. 유럽 고고학과 민족주의

스칸디나비아, 독일, 영국에서 문화사고고학의 점진적인 발달은 선사고고학이 유럽에서 전문화하는 과정 중에 이루어졌으며, 어떠한 종류의 고고학이 성장하게 되었는지에 큰 영향을 미친다. 선사고고학은 분명 여러 나라에서 다르게 발달했다(Ucko 1995b: 8). 그렇지만 그렇다고 해서 공통된 특징이 없다는 것은 아니다. 호더(Hodder 1991b)는 유럽 고고학은 늘 역사학적이었으며 여전히 역사학적이라고 한 바 있다. 대부분 고고학자들은 유럽 특정 지역의 선사시대 또는 전체 대륙의 역사에 대해 연구하고자 한다. 이들이 원래 가진 목적은 문헌 자료에 알려져 있는 역사를 먼 과거로까지 확장시켜 올라가는 것이다. 이들은 고고학 문화를 정의하고 전파와 이주라는 수단으로 그 기원과 변화를 설명하고자 한다. 민족주의는 유럽 도처에 존재하고 있었기 때문에 고고학의 실제에 큰 역할을 했을 것이다. 그렇지만 민족주의가 고고학 자체의 개념에 배태되어 있다거나 고고학이 발달한 단 하나의 원인이라고 주장하거나(Díaz-Andreu and Champion 1996b: 3), 고고학 없이 민족주의를 할 수 없다고 말하는 것은 지나치다(Slapšak and Novakovic 1996: 290). 유럽 어디에서나 기록물에 기반한 역사는 처음부터 종족적 정체성을 고양하고 애국심과 민족주의 감정을 고취시키는 데 꾸준한 역할을 했다. 이 같은 연구는 보통 근대 초 및 중세, 또는 문헌 자료가 있는 고대에 초점을 맞춘다. 고고학이 했던 역할은 일반적으로 역사의 역할에 종속되었다. 다만 동시에 모든 고고학이 민족주의적인 지향을 가졌던 것은 아니다(Kaeser 2002).

고고학의 가장 큰 장점은 물적 자료가 과거에 대해 아주 즉각적 연결고리를 준다는 점이다. 아일랜드의 타라Tara나 폴란드의 비스쿠핀Biskupin 같은 유적은 여러 시기에 걸쳐 각 나라에서 민족주의 감정을 고취시키는 데 중요한 역할을 했다. 또한 고고학 발견은 민족적 정체성이 유지되고 있다는 상징을 제공했다. 그 사례로는 덴마크의 신석기시대 무덤들, 청동기시대 트럼펫, 금잔, 의례 유물 등과 아일랜드의 타라 브로치와 아다 성배Ardagh chalice 같은 것을 들 수 있다(Sørensen 1996; Cooney 1996). 최근 마케도니아의 베르기나Vergina 별을 사용할 권리는 그리스어를 사용한 고대 마케도니아 왕들과 얽혀 있어 마케도니아 정부와 그리스 정부 사이에 날카로운 대립을 유발하기도 했다(K. Brown 1994). 그렇지만 때로 그런 고고학 발견물과 결부된 감정은 가변적이어서 국가적인 규모뿐 아니라 흔히 지역, 또는 지방적인 범위에서도 일어난다. 지역적 관심사인 유적이나 역사적 문제를 고찰하는 고고학자들도 중요한 고고학 조사를 수행하기도 한다.

민족적인 문제에 고고학이 가지는 중요성은 그 지속시간과 정도 면에서 많은 차이가 있다. 정치 불안, 국가(민족)적 위기, 급속한 경제 및 사회 변화는 흔히 한 국가(민족)의 과거에 대한 관심을 자극한다. 특히 과거가 현재보다 더 안정된 상태라는 식으로 낭만주의적으로 묘사됨으로써 현재에 귀중한 교훈을 준다고 말해졌다. 그리스는 오래전부터 선사, 고전 및 비잔틴 고고학 유산과 결부된 민족적 연속성과 정체성의 감정을 추구했는데, 이는 반복되는 정치 불안과 외부로부터의 국가 생존 위협을 헤쳐가는 데 도움을 주기도 했다. 그리스 고고학자들이 그 같은 관심을 가지고 있다는 사실은 외국 고고학자들이 스스로 고대 그리스 문명에 대해 연구하는 것을 지속적으로 반대하면서 자신들의 과거를 통제한 데서 잘 드러난다(Kotsakis 1991: 66-67). 19세기 대부분의 시간 동안 강대국의 군사적 위협을 맞아 덴마크 선사시대에 대한 대중들의 높은 관심이 고무되기도 했다(Sørensen 1996). 이와 대조로 노르웨이 고고학은 1905년 노르웨이의 정치적 독립에 뒤이은 시기에 주로 고대의 성취에 대한 상징물을 제공해주는 역할을 했다(Dommasnes 1992: 2). 한편 프랑스에서 켈트 고고학은 1860년대 그리고 다시 1985년에 정치 지도자들에 의해 고양되기도 했다(Dietler 1998).

또한 정치적 사건들 역시 고고 자료가 어떻게 해석되는지에 영향을 미쳤다. 1861년 이탈리아의 통일과 더불어 피고리니(Luigi Pigorini, 1884~1925)를 위해 일했던 고고학자들은 선사시대 이탈리아의 문화발달을 남쪽의 신석기시대 종족들에게 발전된 문화를 이입한 북부 이탈리아 종족들이 남으로 확산된 결과라고 본다. 비록 피고리니에 의해 그 의미가 분명하게 강조되지는 않았지만, 이러한 해석은 현재 북부에 의한 남부 이탈리아의 정치적 지배가 장기간 확립된 역사적 과정의 또 다른 사례에 불과한 듯이 보이게 만드는 것이다(Guidi 1996: 111-112).

몇몇 유럽 나라들에서는 정치적 이유에서 고고학 조사를 정부가 억누르고 통제하기도 했다. 폴란드 고고학 연구는 1931년 러시아의 동부 폴란드 점유에 대항한 11월 봉기로 중단되었으며, 러시아는 리투아니아의 민족주의 봉기를 제압한 뒤 1863년에서 1904년까지 리투아니아에서 지역 고고학자들의 활동을 금했다(Puodziunas and Girininkas 1996). 스페인에서는 고고학 조사가 이전에 강한 지역적인 경향을 띠었는데, 프란시스코 프랑코(Francisco Franco, 1939~1975)의 독재는 다양한 시각에 의한 선사학 연구를 억눌렀다. 고고학자들은 스페인 민족의 기원에 대해서 어느 정도 켈트족의 도래와 결부시키는 연구를 할 수 있었는데, 이는 이전 아프리카의 요소를 가진 집단에 대한 유럽인들의 승리라고 여겨졌다. 그럼에도 프랑코 정부가 1492년 콜럼버스의 아메리카대륙 발견을 뒤이은 시기가 스페인의 황금기였음을 인식하게 되면서 선사고고학은 침체에 빠진다((Díaz-Andreu 1993, 1997; Ruiz Zapatero 1996; Ruiz et al. 2002). 이탈리아에서도 문화사고고학은 정치적 목적에서 통제되었다. 무솔리니 파시즘 정권(1922~1943)은 고대 로마국가에 대한 현시의 수단으로 고전고고학을 장려했다. 풍부한 지원에도 불구하고 파시즘 정권 아래 이루어진 많은 고고학 조사는 고대 로마를 더 잘 이해하려 하기보다는 그 위대함을 알리는 데 목적이 있었다(Guidi 1996).

1935년 나치의 팽창에 소련이 위협을 받고 있을 때 공산당은 고고학자들에게 독일의 인종적이고 문화적인 우월성에 대한 주장을 비판하고 선사시대 슬라브족의 이미지를 고양시켜 러시아인의 애국심을 고취하라는 명령을 내린다. 여기에는 슬라브 문화는 독일의 영향을 받지 않고 독자적으로 진화했고, 독일 문화보다 더 오래되고 발달했으며, 그 어떤 게르만족도 선사시대 당시의 슬라브 영토에 살았던 적이 없었음을 밝히는 일도 포함되어 있었다. 이러한 노력은 그 자체로 민족 형성ethnogenesis에 관심이 커졌음을 보여주는데, 여기에는 특정한 민족 집단의 기원을 고고학적 유존물에서 추적하는 방법도 포함되어 있다. 이전 소련 고고학자들은 폴란드와 독일 고고학자들 사이에 신석기시대 말과 청동기시대 초 루사티안Lusatian문화가 슬라브족의 것인지, 아니면 게르만족의 것인지를 두고 벌어진 논쟁을 비웃었었는데, 이 두 언어 집단은 아마도 당시에는 아직 분화하지 않은 상태였을 것이라고 보았다(M. Miller 1956: 83-84). 1930년대 말 러시아 고고학자들은 고대부터 자신들의 조상, 곧 동슬라브족은 문화적으로 후행적인 민족들이라는 독일의 주장을 반박했을 뿐만 아니라 소련이 유럽 영토를 점유하고 있었음을 밝히고자 했다. 제2차 세계대전 이전과 이후 러시아 민족의 기원과 고대 문화와 수공업의 발달을 밝히기 위한 조사가 이루어졌다(M. Miller 1956: 135-144).

　　제2차 세계대전 후 중세 러시아의 마을에 대한 연구, 특히 노브고로드Novgorod 유적 발굴은 도시 고고학에 대한 새로운 기준을 제시했다(그림 6.5). 유적에서 자작나무에 쓰인 수많은 목간이 발견되어 과거 학자들은 성직자 같은 사람들만이 글을 알았을 것이라고 생각했지만, 의외로 많은 사람들이 글을 썼음이 드러나기도 했다. 이러한 연구로 고대 러시아 마을의 발달은 중유럽과 서유럽과 동시기에 시작되어 대체로 같은 시기에 진전되었음이 밝혀졌다. 또한 러시아인들은 유럽의 다른 집단들과 어깨를 나란히 하여 수공업, 교역, 문화를 발달시켰음을 보여주기도 했다(M. Thompson 1967). 러시아의 마을들이 스칸디나비아의 식민지였던 시절에 시작되었다는 오래 지속된 시각을 강하게 거부했다. 다만 이러한 민족 형성 연구의 과정에서 토착적인 발달의 개념은 흔히 무시되었으며, 조심스럽게 전파와 이주를 통해 고고학적 유존물에서의 변화를 설명하고자 했다. 레오 클레인(Leo Klejn 1974)은 러시아 고고학자들이, 폴란드 고고학자들이 그랬듯이 독일인 스스로의 인종적이고 문화적 우월성을 조장하는 신화에 맞서는 방법으로, 독일의 문화사적 접근을 채택했음을 알았다. 당시 대부분의 소련 고고학 조사와 마찬가지로 그러한 조사가 수행되기 이전에 결과물의 성격은 이미 정부에 의해 하달되었다. 1945년 동유럽이 소련의 영향권 아래 들어가면서 슬라브고고학국제회의가 창설되어 과거에도 슬라브 국가들 간에 유대가 긴밀했음을 고양시키는 역할을 하게 되었다. 소련에서는 이렇듯 슬라브 민족 형성에 대한 연구에 많은 재원을 지원하는 바람에 다른 문제들에 대한 예산이 크게 삭감되기도 했다.

　　유럽 고고학자들은 언제나 잠재적으로 민족적인 의미가 있는 조사를 통해 정부의 재정 지원을 받아 왔다. 포르투갈에서는 1930년대가 되면 외국 및 지역 고고학자

그림 6.5 제2차 세계대전 이후 노브고로드 유적의 발굴(상트페테르부르크 고고학연구소)

들이 순동시대로부터 근대 국가시기까지 연속성의 증거로 보이는 자료를 찾게 되고, 포르투갈이 거석문화 발달의 주요 중심지 가운데 하나였음도 밝힌다. 그렇지만 1932년부터 1974년까지 포르투갈을 통치했던 안토니오 살라자르António Salazar의 우익체제는 프랑코 치하 스페인에서와 같이 포르투갈 민족주의를 토대로 중세와 대항해시대의 역사를 설명했다. 그러나 포르투갈 고고학은 고고학 조사에 대한 예산 부족으로 다른 유럽의 나라들보다 뒤처지게 되었다(Oliveira and Jorge 1995; Lillios 1995; Fabião 1996).

아일랜드에서는 19세기 중반 과거 문화를 켈트족 부활의 일부로 여기는 경향이 강했다(Sheehy 1980). 아마도 아일랜드인들은 영국으로부터의 독립투쟁과 함께 민족적인 것뿐만 아니라 종교적인 충돌 등의 이유로 과거에 대한 관심이 선사고고학 연구로 바로 연결되지 못했던 것으로 보인다. 아일랜드에는 뉴그레인지Newgrange와 다른 아주 귀중한 선사시대 기념물유적이 있었지만 말이다. 그 대신 아일랜드의 황금기는 역사 문헌에 기록되어 있듯이 종족적으로 순수한 켈트족 사회에 기독교가 들어온 초기 기독교 시기라고 여겼다. 1927년부터 1939년까지 아일랜드국립박물관의 아일랜드고대유물관장은 오스트리아 고고학자이자 나치에 동정적이었던 아돌프 마르Adolf Mahr였다. 아일랜드에서의 첫 대규모 학문적 발굴은 하버드고고학조사단이 1932년에 수행한 것이었다.

19세기 영국과 프랑스에서는 단선진화고고학이 가졌던 학문적 권위 때문에 문화사고고학의 발달이 제대로 이루어지지 못했다. 이런 경향에서 선사시대 민족들은 전반적인 야만인으로 생각되었지 민족의 영웅적 조상으로 생각되지는 않았다. 비록 낭만주의자들에게 두 이미지는 서로 배타적으로 구분되어 있지 않았지만 말이다. 또한 영국과 프랑스의 지식인들 사이에서 인류역사의 많은 부분 동안 서아시아에서의 문화발달이 서유럽보다 앞섰다는 데 의문을 제기하는 사람은 거의 없었다. 비록 이러한 요인들로 인해 민족고고학의 정치적 범위에 한계가 있기는 했지만, 그런 요인들이 고고학이 다양한 방식으로 민족주의에 봉사할 길을 막았던 것은 아니다. 유럽 국가들은 특히 위대한 고대문명을 이루었던 외국의 고고학 유산을 전유함으로써 근대 세계를 주도하는 국가임을 확인하고자 했다. 1794년 전쟁에서 승리한 나폴레옹 보나파르트는 귀중한 고전시대 예술품들을 이탈리아박물관에서 파리로 이송했는데, 그 근거는 문화적으로 우월한 프랑스가 이탈리아보다 더 예술품을 귀중하게 감상할 수 있다는 것이었다. 1816년 영국박물관은 토머스 엘긴Lord Thomas Elgin으로부터 1801~1802년 아테네의 아크로폴리스Acropolis에서 떼어 낸 대리석 조각품을 사들인다. 프랑스와 영국의 상인들 사이에는 이집트와 메소포타미아로부터 고대 예술품들을 확보하려는 경쟁이 19세기 전반부 내내 지속되었다(R. Chamberlin 1983; M. Larsen 1996; Ridley 1998; Mayes 2003). 단지 강력하고 부유한 나라만이 그러한 활동을 대규모로 전개할 수 있었으며, 주요 나라로는 영국, 프랑스, 독일, 미국, 그리고 이보다는 덜 하지만 이탈리아를 들 수 있다. 국가적 우월성을 보여주는 또 다른 표현 방식은 국내만이 아니라 전 세계에서 고고학 조사를 수행할 수 있는 능력이었다. 그러한 점에서 위 다섯 나라는 훌륭했다. 비록 이런 활동은 민족의 선사시대를 이해하는 데에는 기여하지 못했지만, 민족의 뛰어남과 자부심의 원천이 되었다(Jenkins 1992). 그런 의미에서 영국박물관은 전 세계로부터 유물들을 수집했음—물론 영국박물관은 이러한 주장에 반대하지만(Champion 1996: 130-132)—에도, 진정한 의미의 국가 박물관인 것이다(Díaz-Andreu 2004).

영국과 프랑스에서 문화사 접근이 진화적 접근을 대체한 것은 제1차 세계대전 이후의 일이다. 이에 차일드는 주도적인 고고학자였으나, 영국에서 그런 고고학자가 혼자만은 아니었다. 프랑스에서 조셉 드셀레트(Joseph Dechélette, 1862~1914)는 이미 골족에서 로마에 이르는 시대의 상세한 토기 편년을 수립했으며, 선사, 원사 및 초기 역사고고학에 관한 교본을 출간하기도 했다. 그렇지만 그의 주요 목적은 유물의 형식이었지 문화는 아니었으며, 제1차 세계대전 초에 전사함으로써 그 생애가 오래 가지 못했다(Binétruy 1994). 1920년대부터 로마 가톨릭 성직자이자 콜레주 드 프랑스 Collège de France의 첫 선사학 교수였던 앙리 브뢰이(Henri Breuil, 1877~1961)는 문화사적 접근을 적용하여 프랑스 구석기고고학의 진화적 틀을 만들어 냈다. 브뢰이의 유럽 구석기시대에 대한 해석은 현대 형질을 가진 유럽인들이 네안데르탈 및 그 조상들과 함께 살았다는 형질인류학자 마르셀렝 불(Marcellin Boule, 1861~1942)의 생각을 받아들이고, 전기 구석기시대를 격지 및 몸돌 전통으로 구분한 위고 오베르마이에르(Hugo Obermaier, 1877~1946)의 연구에 바탕을 둔 것이다. 이 세 연구자 모두 가브리엘 드 모르티에Gabriel de Mortillet의 단선진화론과 반교권주의에 반대했다. 브뢰이는 고고학 증거는 프랑스에서 아주 이른 시기부터 두 호미니드 집단이 공존했음을 보여준다고 주장했다. 한 집단은 양면석기를 제작하여 아베빌리안Abbevillian, 아슐리안 Acheulian, 미코키안Micoquian 문화를 낳았으며, 다른 집단은 격지석기를 만들어 클락토니안Clactonian, 랑그도시안Languedocian, 르발루아시안Levalloisian, 타야시안Tayacian, 무스테리안Mousterian으로 이어지는 연쇄를 이루었다는 것이다. 브뢰이는 오리냐시안Aurignacian문화는 호모 사피엔스가 동쪽에서 들어옴으로써 프랑스에 퍼지게 되었고 프랑스에서 오리냐시안문화를 가진 사람들(현생인류)과 무스테리안의 네안데르탈인 사이에 어느 정도 혼혈이 있었다고 주장하기도 했다. 또한 솔뤼트레안Solutrean문화는 중유럽에서 기원했고, 막달레니안Magdalenian문화는 동북부에서 들어왔다고 했다(C. Cohen 1999). 제2차 세계대전 이후 프랑수아 보르드(François Bordes, 1919~1981)는 중기구석기 유물조합에서 반복적으로 나타나는 63개 도구 형식을 정의하여 몇 가지

고고학 문화를 정의하기도 했다. 그는 이것을 몇몇 독특한 네안데르탈 부족들이 프랑스 남부에 살면서 남긴 것으로 보았다.[2] 구석기고고학에서 문화사적 접근이 진화적 접근을 대체한 것은 프랑스 고고학에서 문화사적 접근이 그만큼 성공적이었음을 말해 준다(Binford 1983b: 79-94; Bisson 2000).

19세기 말에서 20세기 초까지 유럽 고고학자들은 이집트와 중동의 선사시대에 관심을 가졌다. 1870년대와 1880년대 하인리히 슐리만(Heinrich Schliemann, 1822~1890)은 호머가 전하는 전설을 확인하고자 그리스와 터키에서 선사시대 후기 유적을 발굴한다. 동시에 역사고고학자들은 조사 영역을 확장함으로써 예기치 않게 선사시대 자료까지도 접한다. 서아시아의 선사시대에 대한 체계적인 연구는 거대한 오스만제국의 땅이 프랑스와 영국의 정치적 통치에 들어간 제1차 세계대전 이후에 증가했다. 1920년대와 1930년대 도로시 개로드(Dorothy Garrod, 1892~1968)와 같이 유럽 선사시대를 연구했던 고고학자와 케이튼 톰슨Gertrude Caton Thompson 같이 서아시아 선사시대를 전문적으로 연구한 사람들이 서아시아에서 발굴을 하게 된다. 이들 고고학자는 선사시대 문화를 정의하고 그 기원과 영향을 찾고자 했다. 그러기 위해서는 문화사고고학이 했던 것보다 층서법과 교차편년을 통한 문화 연쇄에 더욱 의존해야 했다. 시간적으로는 점점 구석기시대로부터 역사시대까지, 지리적으로는 유럽과 북아프리카로부터 동으로는 서아시아를 거쳐 인도까지 포괄하는 일련의 지역 문화 연쇄를 만들어 내었다. 이러한 조사로 서아시아가 유럽 문명의 요람이라는 생각이 강해졌다. 이로써 방사성탄소연대측정법 이전에 대부분 유럽 고고학자들의 관심 범위가 효과적으로 확정되는 계기가 되었다. 비록 유럽 고고학자들은 동아시아와 아메리카 대륙에서도 조사를 수행했지만, 이 지역의 문화발달을 유럽이나 서아시아의 것과 연결시킬 수 없는 상황에서 세계 선사학은 발달하기 어려웠다. 앙리 베르Henry Berr가 『인류의 진화L'évolution de l'Humanité』라는 세계사 프로젝트를 출범시킬 때 선사시대를 다룬 책은 유럽과 서아시아에 국한하여 서술되어 있다(Gran-Aymerich 1998: 268-298, 349-357, 408-416). 일반적으로 서아시아의 선사고고학은 이 지역의 문화발달의 선진성과 유럽에 끼친 영향을 강조한 몬텔리우스의 관점을 확인시켜 주었다.

대부분 유럽 나라들에서 민족 및 국가적 이슈를 고양하기 위하여 고고학을 거칠

---

2) 보르드의 해석에 대해서는 1960년대 루이스 빈포드를 비롯한 연구자들이 이의를 제기했다. 이른바 무스테리안 논쟁은 전통 문화사고고학과 신고고학(과정고고학)의 시각 차이를 잘 보여준다.(옮긴이)

고도 노골적으로 이용하는 일은 1945년 이후에는 사라졌다. 이는 정치 및 경제적 협동이 증가하고 생활의 기준이 증진된 결과 정치적으로 민족주의적 감정을 조작하는 것이 누그러졌다고 할 수 있다. 폴란드의 경우 여전히 고고학을 강하게 민족적 프로젝트에 결부시켰는데, 폴란드의 국경은 제2차 세계대전 이후 크게 변했으며 1970년대 초까지도 일반적으로 인정되지 않았다. 1960년대에는 1925년 차일드가 『유럽 문명의 여명』에서 사용한 문화사적 접근이 비판을 받았으며, 전파와 이주를 보완하거나 대체하기 위하여 문화변화에 대한 다른 설명들을 찾았다. 이제 유럽 고고학자들은 지역, 국가, 대륙적인 수준에서 유럽의 역사를 연구하는 데 관심이 덜하게 되었다. 이렇듯 부분적으로 문화사 접근이 지속적으로 영향을 미쳤다는 사실은 많은 대학에서 선사고고학이 독자적인 역사학 학문 또는 역사학의 한 가지로 자리 잡은 것으로도 알 수 있다. 이는 고고학은 자신들의 과거를 연구하는 것이 가장 우선이라고 하는 많은 유럽인들의 강한 확신을 반영해 주기도 한다. 이러한 상황에서 고고학 해석은 다양한 방식으로 여전히 성격상 진지하기도 하지만 때로는 환상적이기도 한 국가의 정치, 민족 및 문화적 관심에 의해 영향을 받고 있었다(Gjessing 1968; Rowlands 1984b).

평화와 사회복지를 추구하는 경향이 강한 스칸디나비아에서는 고고학이 바이킹시대에 대한 타협적이면서도 변덕스러운 환상과 결부되었다. 바이킹시대는 단조롭고 평화롭기만 한 현재와는 대조되는 폭력적이고 방자했지만 낭만의 시대라고 개념화된 것이다. 1970년대 모든 고고학 출간물의 20~25%는 그런 300년에 대한 것이었다(Moberg 1981: 215). 영국에서는 세계 강대국으로서 영국의 역할이 쇠락하면서 풍부한 거석기념물들과 석조 유구에 대한 대중의 관심이 부활했다. 이것들은 선사시대에 살았던 고도로 숙련된 공학자나 "외계인" 존재의 증거로 해석되기도 했다. 이러한 근거에서 몇몇 고고학자들은 영국이 신석기시대 이후 과학적 성취의 중심지였다고 주장하기도 했다(Ellegård 1981; Fowler 1987). 가브리엘 쿠니(Gabriel Cooney 1995: 273)에 따르면 아일랜드 고고학은 전체적으로 낭만주의적인 상태에 머물러 있다고 한다. 이주는 여전히 중요한 설명적 장치인데, 이는 종족성에 대한 관심이 지속되고 있음을 보여준다. 한편으로 영국과의 관련에 대한 의견들은 일반적으로 과소평가된다(Conney 1995, 1996; Woodman 1995; Crooke 2000). 더블린의 우드퀘이Wood Quay 유적의 발굴에서는 암흑의 시대 동안 바이킹의 중심지였던 증거가 나왔다고 한다. 그런데 지역 대중에게는 흥미로운 일이었지만, 켈트족 중심의 민족주의적인 아일랜드 역사관과는 잘 어울리지 않았다(Sheehy 1980; T Heffernan 1988).

　　고고학 프로젝트들도 온건한 내러티브와 그 편향을 반대하는 역할을 하기도 했
다. 잉글랜드에서는 암흑시대 동안 요크지방의 바이킹 취락 유적이 상품 제조와 교
역의 중심지였음이 드러남으로써 북쪽 사람들은 북부가 문화적으로 잉글랜드 남부
보다 더 발전되었다고 생각하게 되었다. 이는 일반적인 역사와는 다르다. 일반적으로
는 색슨족의 웨섹스 지방을 문명의 전초기지로서 북쪽 지방에 정착하는 미개한 스칸
디나비아인의 침략에 용감하게 맞서 싸웠다는 식으로 묘사했던 것이다(Graham Camp-
bell and Kidd 1980). 스페인에서는 프랑코 체제가 무너진 뒤 남쪽을 포함하여 여러 지
방에서 지역 고고학이 부활했다. 이로써 고고학자들은 남부 지역에서 이슬람 시대에
대해서 진지하게 연구하기 시작했다(Díaz-Andreu 1996b). 그렇지만 고고학 발견은 과
거와는 달리 정치적인 목적에서는 그리 크게 이용되지 않게 되었다. 이제 유럽 전역
에서 국가들은 과거의 호전성과 비정의를 불러내기보다는 근대성을 고취하는 데 더
관심을 가졌다.

전후 독일 고고학　　문화사고고학은 독일어를 사용하는 이웃 국가인 오스트리아나 스위스보다는 서
독에서 더 완전한 모습으로 존속되었다. 제2차 세계대전의 폐허와 그 이후 나치 일소
의 분위기에서도 전쟁 이전 및 전쟁 동안에 고고학을 시작한 많은 고고학 전문가들
은 1945년 이후에도 자신들의 작업을 계속했다. 이 고고학자들이 나치 통치 동안, 그
리고 그 이후 정치적 변동기에 겪은 경험은 모든 종류의 이론과 일반화를 불신하는
계기가 되었다. 이로써 과거보다 훨씬 더 경험적이고 귀납적인 접근을 강조하게 되
었다. 1987년 뛰어난 선사학자인 울리히 피셔Ulrich Fischer는 소수의 예를 제외하면
선사고고학자들에게 필요한 모든 기본적인 이론 지식은 19세기가 끝나기 이전에 이
미 갖추어졌다고 선언하기도 했다. 이제 남은 것이라고는 그런 지식을 적용하는 더
나은 방법을 찾는 일뿐이다. 인종적 해석은 전쟁 이후 바로 폐기되었고, 발굴 기술,
형식학적 분석, 유물 목록의 작성, 순서배열법을 사용한 세련된 편년의 생산 등을 강
조하게 되었다. 이러한 모든 양상은 사실 독일 고고학자들이 제2차 세계대전 이전부
터 가졌던 자부심이었다.

　　비록 고고학 문화라는 개념은 여전히 귀중한 분류 장치였지만, 그 실체가 반드시
특정한 민족이나 언어 집단과 일치한다고 했던 코시나의 생각은 이제 광범위하게 폐
기되었다(Eggers 1950; Veit 1989). 고고학 문화에 대한 민족적인 해석보다는 경제적 영

역, 교역권, 정치 또는 사회구조, 의례활동과 관련된 논의가 더 중심이 되었다. 헤르베르트 얀쿤(Herbert Jahnkuhn, 1905~1990)(1970), 실만(B. Sielmann 1971), 게오르그 코삭Georg Kossack 같은 연구자는 생태 및 경제적 배경에 결부지어 선사시대 취락을 강조했다. 특히 동물 및 식물 유체, 토양, 원재료의 기원지 등에 대한 고찰은 그런 연구가 "가치중립적"인 과학적 연구의 영역이라는 인식과 더불어 이루어졌다. 또한 고고 자료를 해석하는 가장 좋은 방법은 직접역사적 접근direct historical approach을 이용한 것이라는 점이 대체로 받아들여졌다. 다만 그런 접근을 위한 비교는 흔히 직관적이거나 제멋대로 이루어지기도 했다(Härke 1991, 1995; Kossack 1992; Arnold and Hassmann 1995; Wiwjorra 1996; Wolfram 2000).

이렇듯 경험론을 강조했음에도 불구하고 아주 혁신적인 이론적 작업도 이루어졌다. 1950년 한스위르겐 에거스(Hans-Jürgen Eggers, 1906~1975)는 고고 자료의 퇴적, 잔존, 복원에 관한 지식이 어떻게 과거에 대한 이해에 영향을 미치는지에 대해 출간했는데, 이는 영국과 미국에서 근대적인 화석형성학 연구가 있기 수십 년 전의 일이었다. 에거스는 독일 고고학의 역사학적인 지향과 일치하여 이런 절차를 역사학의 사료 비판과 동등한 것으로 생각했다. 1964년 귄터 스몰라Günter Smolla는 유추(상사)를 평가하는 데 동일과정반복의 가정이 하는 역할을 분석했는데, 이는 몇몇 중범위이론적인 양상과 유사하다. 그는 인류학을 이해하고 있던 몇 안 되는 선임 고고학자 중 한 명인 칼 나르Karl Narr의 지지를 받기도 했다. 비록 에거스의 주장은 독일 고고학의 실제에 포괄되었지만, 그의 출간물이나 스몰라의 업적이 의미 있게 논의되지는 않았다(Wolfram 2000: 189-192). 1980년대 말부터 주로 젊은 고고학자들에 의해 이론적 논쟁을 고무하는 노력이 있었지만, 독일 고고학은 대체로 종족성의 개념이 배제된 채 문화사적 접근을 지속했던 것으로 보인다. 문화변화의 이유에 대해서 진지한 고찰은 별로 없었다. 고고학 해석들이 급속히 변화하는 세계에서 독일 고고학은 여전히 수공업적이며, 연속적이고, 의견 일치를 중시하고 자료 축적의 유효성에 대한 믿음에 충실한 전통을 유지했다(Härke 1995: 47-51). 이러한 경험적 접근은 오토 본 메르하르트(Otoo von Merhart, 1866~1959)의 학생들과 추종자들에 의해 강화되었는데, 그는 1928년 마르부르크대학에 독일 처음으로 개설된 선사고고학 교수직에 임명되었다.

민족주의는 여러 나라에서 상이한 양상으로 고고학에 지속적인 영향을 미쳤지만, 몬텔리우스나 차일드의 연구에서와 같이 유럽을 전체로 보고 서구 문명의 위치를 논하는 흐름은 과거와 마찬가지로 여전히 강했던 듯하며 오히려 더 강해진 측면도 있다. 콜린 렌프루(Colin Renfrew 1973a)는 보정된 방사성탄소연대값을 근거로 야금술이 서아시아에서만큼 일찍 유럽에서 독자적으로 발달했다고 주장했으며, 아마도 예리코Jericho를 제외하고는, 서아시아에서 그 어떠한 기념물도 축조되기 이전에 이미 몰타Malta와 서유럽에서 거석기념물이 축조되었음을 밝힘으로써 몬텔리우스-차일드의 전파론적인 모델에 도전하고 선사시대 유럽의 기술적인 우월성을 강조한다. 렌프류는 그 뒤 인도유럽어족의 도래를 농경의 도입과 결부지음으로써 현대 유럽 민족들 대부분은 이전의 생각보다는 그 위치에서 긴 역사를 가졌음을 밝혔다(Renfrew 1988). 1980년대에는 신보수주의적인 흐름에서 경제역동설dynamism, 법 앞의 평등, 사회 내부에서 권력의 공유를 서구 문명의 특별한 성격으로 강조하기도 했다(Wells 1984; Lamberg-Karlovsky 1985; Willey 1985). 이안 호더Ian Hodder는『유럽 농경의 기원The Domestication of Europe』(1990)에서 고고학 증거를 사용하여 유럽의 독특한 사유 형태를 추적해서 신석기시대 혹은 심지어 후기 구석기시대까지 거슬러 올라가고 있다. 유럽국가연합이 갈수록 중요해지는 시점에 철기시대의 광범위했던 켈트문화를 유럽의 단일성의 상징으로 채택하려는 노력도 있었다. 이러한 시도를 여러 고고학자들이 비판한 바 있으며(Collis 1996; Díaz-Andreu 1996a: 56-57; Fitzpatrick, A. P 1996), 광범위한 대중의 호응을 얻어내지는 못한 것 같다.

유럽에서 문화유산 관리에 대한 관심은 19세기 말부터 시작되었으나, 그런 일은 오랫동안 주로 특별한 중요성을 지닐 만한 몇몇 건물이나 고고학 유적들을 보존하는 데에만 이루어졌다. 따라서 문화재관리는 흔히 극단적으로는 특정 시공간의 역사적 가치를 반영하여 준다. 20세기 말 정부들은 문화유산을 보존하고 합리적으로 관리하는 일을 경쟁적으로 후원했다. 이러한 관리로 고고학 지표조사와 발굴이 국가의 모든 영역과 시기를 포괄하게 된 곳에서는 고고학에 스며든 정치적 편향을 일소하는 데 도움이 되기도 했다. 프랑스에서는 이 같은 접근이 "민족주의nationalist" 고고학이 아니라 "국가national"고고학의 발달을 가져오게 되었다고 한다(Fleury-Ilett 1996). 또한 이 같은 접근은 고고학 조사에 지역적인 관심이 커지는 계기가 되기도 했으며, 몇몇 사례에서는 "공동체고고학community archaeology"을 낳기도 했다. 공동체고고학이란 조사 프로젝트를 계획하고 수행하는 데 지역 단체를 참여시키는 것을 말한다(S. Moser 1995b; Marshall 2002). 흩어져 살고 있는 소수 민족이나 직업군, 사회 계급, 대안적인 생활 방식 등도 고고학 조사에 다의성을 높여 주고 있다. 스톤헨지의 이용과 관리, 해석에 대해 날카로운 논쟁이 계속된다는 것은 상충하는 여러 요구를 담아내기가 얼마나 어려운지를 잘 보여준다(Bender 1998). 이 같은 연구들을 통하여 엘리트의 좁고 편향된 의식이 드러나고 귀중한 연구 문제들이 제기되었다. 하지만 크리스티안 크리스티안센(Kristian Kristiansen 1996: 143)은 고고학자들이 고고학적 발견물을 정치 및 이데올로기적인 목적에서 조작할 가능성에 대해 언제나 비판적일 필요가 있음을 적절하게 강조한 바 있다. 그러기 위해서는 고고학자들이 무엇이 고고학적으로 가능한 것인지에 대해 전문가적인 판단을 해야 하며 조사 프로젝트를 계획하고 실행하는 데 가능하면 객관적이고자 애써야 할 것이다.

8. 아시아의 민족주의 고고학

특정 민족의 선사시대 연구를 강조하는 유럽의 문화사적 접근은 전 세계 민족주의 고고학의 모델이 되었다. 이는 여전히 많은 나라에서 주도적인 고고학 접근법이다. 문화사적 접근은 민족주의 역사학과 마찬가지로 국가나 민족 집단의 자부심과 사기를 고양시키는 데 이용될 수 있다. 강대국의 위협을 받고 집합적 권리를 빼앗긴 민족들, 또는 심각한 내적 분열에 대항하여 국가적 통일성을 고취시키고자 하는 나라에서 고고학은 흔히 그 같은 목적에 쓰이기도 한다. 또한 불안정한 정치 체제를 강화하는 데, 이웃 민족들에 대한 침략과 소수민족 억압을 정당화하는 데 쓰인다. 유럽에서와 같이 문화사 접근은 흔히 특정한 시기의 역사를 강조하고 고고학 발견물에 특정 민족의 정체성을 부여함으로써 그 같은 일을 수행하는 것이다. 이로써 독자적인 초기 문명의 성취를 드높이며, 보통 구석기시대 이후의 시기에 더 주목한다. 후기 선사시대로부터 역사시대에 이르는 시기는 연속된 것처럼 다루어지는 경향이 있다. 여기에서는 아시아, 아프리카, 라틴 아메리카의 문화사 접근의 사례를 살펴보도록 한다.

    일본에 서양식 야외 고고학이 들어온 것은 1868년 메이지 유신 이후 교육을 위해 미국과 유럽의 자연과학자들과 의사들이 고용되면서부터이다. 당시는 메이지 유신으로 새 정부가 서양의 과학, 기술, 의학을 수용하기로 결정했던 때였다. 이 가운데 가장 중요한 사람으로는 미국의 동물학자 에드워드 모스(Edward Morse, 1838~1925)를 들 수 있는데, 그는 미국 동부에서 조개더미(패총) 조사에 참여한 적이 있었다. 모스는 1877년 오모리大森패총을 찾아 발굴했으며, 그가 만난 일본인들이 고고학에 많은 관심이 있었음을 기록했다(Morse 1879). 19세기 말에서 20세기 초 일본에서 주도적인 고고학자가 되었던 사람들은 흔히 고고학이 아닌 다른 학문을 공부한 경력을 가지고 있었으며, 많은 사람들은 유럽에서 유학했다. 따라서 이들의 배경은 19세기 서양에서 스스로 공부했거나 비정규적 훈련을 받은 고고학 전문가들과 비슷했다.

모스는 진화론자였지만, 그를 따랐던 일본 고고학자들은 19세기 유럽의 문화사 고고학자들과 많은 공통점을 가졌다. 일본 전문 고고학자 첫 세대는 쓰보이 쇼고로 (坪井正伍郎, 1863~1913)가 주도했다. 1884년 쓰보이와 몇몇 다른 분야의 학생들은 동경 인류학회를 세우며 9년 뒤 쓰보이는 도쿄대학 인류학 교수로 임명된다. 유럽 방식대로 인류학을 인류의 형질 유존물에 관심을 가진 동물학의 한 분과라고 생각했으며, 고고학 증거는 인종 집단을 확인하는 데 열쇠가 된다고 보았다. 또한 중석기시대 조몬繩文문화를 전문으로 연구하면서, 이것이 아이누족 이전의 집단의 것이라 생각했다. 이미 1919년 마쓰모토 히코시치로松本彦七郎는 조몬 토기에서 보이는 변이는 부족의 차이가 아니라 시간 차이임을 층위적으로 밝힌다.

1895년 제국박물관(오늘날의 도쿄국립박물관[東京國立博物館])에서 일하던 역사가들은 고고학회를 설립한다. 이 학회는 도쿄인류학회보다 메이지시대 이전의 호고주의적인 전통과 더 밀접했다. 학회는 "일본 역사 여러 시기의 관습, 제도, 문화, 기술에 관한 새로운 지식을 얻기 위하여 일본의 고고학"을 연구할 것을 목적으로 했다 (Ikawa-Smith 1982: 301). 연구자들은 늦은 선사시대의 야요이彌生시대와 원사시대의 고훈古墳시대에 집중했으며, 청동으로 만든 거울과 무구로 대표되는 예술품에 특히 관심을 가졌다. 일본 고고학의 전통은 하마다 코사쿠(濱田耕作, 1881~1938)가 세웠다고 할 수 있다. 그는 미술사가로서의 배경을 가졌지만, 유럽에서는 페트리W. M. F. Petrie와 고고학을 연구하기도 했고, 1916년 돌아와 교토대학에 고고학 교수로 임명되었다. 하마다는 일본에서 체계적인 발굴 기법의 발달을 주문했으며, 문화사고고학이라는 일반적 틀 안에 엄격한 형식학적 접근을 결합시켰다. 그가 일본, 한국, 중국에서 조사한 보고서들은 많은 일본 연구자들의 모델이 되었다. 하마다의 학생이며 교토대학 교수직을 이은 우메하라 스에치(梅原末治, 1893~1983)는 200여 유적을 발굴했다. 우메하라의 주 관심은 중국과 일본의 초기 금속기를 포함한 유물에 대한 세밀한 연구에 있었다.

제2차 세계대전 이전 많은 대학의 일본 고고학자들은 여전히 문화사를 지향하는 고고학을 추구했는데, 그렇다고 해서 "인류 발달을 개관하고 사회적 전환의 규칙성"을 이해하려 하지 않았던 것은 아니다(Ikawa-Smith 1982: 302). 정치적 압력은 특히 국왕이 신의 직접 후손이며 신성한 일본국 가문의 지도자임을 강조함으로써 국가적 통일성을 고취시키려는 노력과 결부되어 어떤 때는 고고학의 발달을 가로막기도 했다. 1874년과 1880년에는 정부령으로 큰 무덤, 특히 왕족의 무덤일 가능성이 있다고 보이는 무덤들에 대한 발굴이 어렵게 되었다. 이런 종류의 무덤에 대한 몇몇 발굴은 1920년대 정치적으로 완화된 시기에 이루어지기도 했다. 이 시기 역사가들은 고고 자료를 사용하여 마르크스주의적인 일본사 해석을 출간하기도 했다.

하지만 19세기 이후 대부분 고고학자들은 『고사기古事記』나 『일본서기日本書紀』 및 그 밖의 8세기 문헌기록에 바탕을 둔 일본 고대사의 설명과 공개적으로 부딪치지 않으려 했다. 해부학자였던 고가네이 요시키요(小金井良精, 1859~1944)는 이 같은 문헌적 설명보다 시기가 올라가는 조몬문화를 아이누족의 문화라고 했다. 모스와 쓰보이는 아이누족 이전의 족속이 남긴 것이라 했을 뿐, 근대 일본의 조상이라 생각되는 민족과 결부된 것이라 여기지는 않았다. 당시의 고고학 해석은 아이누족이 살던 홋카이도를 19세기 말 식민지로 삼은 일을, 일본열도를 따라 일본인이 팽창을 계속하는 것이라 표현하면서 정당화시켰다(Fawcett 1986). 1930년대 극단적인 민족주의적 분위기로 인해 신성한 왕족의 기원과 관련된 신도神道 신화에 부주의하게 조금이라도 누를 끼칠 만한 그 어떠한 조사도 아주 위험한 상황이었다. 그런 일에 연루된 사람들은 해임되어 감옥에까지 갈 위험을 감수해야 했다. 이러한 압력의 결과 형질인류학자들과 언어학자들은 종족성에 대한 논의를 회피했으며, 고고학자들은 유물형식학에 집중하고 공식적인 역사 서술과 조금이라도 어긋나는 논의에 끼어들려 하지 않았다.

1945년 이후 고고학자들은 패전 뒤 일본인의 이데올로기적 공백을 메우는 데 도움을 준다. 와지마 세이이치(和島誠一, 1909~1971)는 마르크스주의 이론과 선사 및 원사 취락체계에 대한 정보를 사용하여 초기 일본국가와 계급체계의 사회적 전환을 추론한 바 있다. 고바야시 유키오(小林行雄, 1911~1989)는 기술 및 양식적 시각에서 유사한 발달을 연구하기도 했다. 이후 일본이 정치적으로 좌익 근본주의로부터 멀어져 더 온건한 입장으로 돌아서면서 전쟁 이전부터 배태되어 온 문화사적 접근이 널리 퍼졌다. 일본 고고학은 손에 잡힐 만한 과거에 대한 정보를 주었으며, 전후 경제 및 문화변화와 불확실성의 시기를 맞아 안정감을 강화시키는 데 도움을 주었다. 고고학은 일본의 독자적인 것이 무엇이고 그렇지 않은 것이 어떤 것인지에 대한 중요한 정보의 원천으로 생각했다.

민족의 우월성에 대한 새로운 사고와 맞물려 고고학적 발견물에 대한 대중적인 설명은 일본 민족과 문화의 기원에 대해 환상을 심어 주었다. 일본을 조몬 또는 심지어 구석기시대까지 거슬러 올라가는 민족 집단으로 생각하는 경향이 강해지기도 했다(Fawcett 1986). 뒤이은 야요이시대는 외국으로부터 문화를 선택적으로 채용하여 일본인의 생활 속에 통합시키는 (현재의 일본을 특징짓는) 유형을 선사시대까지 거슬러 올라가 찾을 수 있는 사례로 관심을 모았다. 이 과정에서 상류계급이 주도적인 역할을 한다는 것은 19세기 말과 20세기 초 잉글랜드에서 민족주의 역사가들과 선사학자들이 제시했던 영국사에 대한 해석과 유사하다(Mizoguchi 2002). 현재 일본인 생활의 특징을 먼 과거까지 거슬러 가서 찾았기 때문에 변화와 외래 기원의 사고들이 국가의 핵심적 가치를 위협하는 것으로 생각되지는 않았다.

1940년대 이후 일본에서 고고학 활동은 크게 신장되었다. 일본 고고학자들은 자신들의 기술적 성취에 대해 자부심을 가지고 있으며 대부분은 일본 국사의 시각에서 발견물을 이해하고자 한다. 고고학에 대한 대중의 관심도 높고, 지표조사와 구제고고학 작업도 의무 사항이며, 고고학 발견물은 많은 곳에 전시되어 있다(Tanaka 1984). 높은 질의 발굴과 유물 분석으로 세밀한 유적 내 편년이 갖추어졌으며, 사회조직의 변화에 대한 문제들을 다른 어떤 나라보다도 잘 논의할 수 있는 바탕이 마련되어 있다(Mizoguchi 2002).

중국의
문화사고고학

중국에서는 19세기 이후 정치적 문제 및 혁명적 변화에 동반하여 역사에 대한 관심이 다시 일어났으며, 과거에 대한 정보의 원천으로서 고대 문헌에 대해 더 비판적인 경향이 형성되었다. 특히 최초의 두 왕조(夏, 商)에 대한 서술은 대체로 나중에 신화적으로 만들어진 것이라고 생각했다(G. Wang 1985: 184-188). 예술품과 서예에 대한 연구는 오랫동안 중국 역사연구 전통의 일부분이었다. 하지만 야외 고고학은 1919년 시작된 중국의 5·4운동의 맥락 안에서 처음으로 발달했으며, 서양에서 들어온 과학적 지식으로 기존의 문학적 학문전통을 대체하고자 했다. 지질학이나 고생물학을 비롯한 지구의 경험 자료를 수집할 수 있는 과학에 관심을 가지는 사람들도 있었다.

최초의 중요한 고고학 야외조사는 1916년 베이징에 세워진 중국지질조사국에

배속된 서양 과학자들이 했다. 스웨덴의 지질학자 안데르손(J. G. Andersson, 1874~1960) (1934: 163-187)은 1921년 신석기시대 양사오仰韶문화를 확인했으며, 1926년 저우커우뎬周口店 구석기시대 유적의 하부 층 발굴작업은 캐나다 해부학자 데이비슨 블랙(Davidson Black, 1884~1934)의 지휘 아래 시작되었다(Hood 1964). 고고학 유적 발굴을 지휘한 첫 중국인 학자는 리지(李濟, 1896~1979)였는데, 1923년 하버드대학에서 인류학 박사학위를 받았다. 1928년에서 1937년까지 리지는 중국과학원 역사언어연구소 고고분과의 장으로서 안양安楊 근처 은허殷墟에서 상나라 후기 유적을 발굴했다. 여기서 나온 많은 비문과 예술품들은 중국 고고학자들을 훈련시키는 데 큰 역할을 했으며, 새로운 학문으로서 고고학이 중국사 연구에 일익을 담당하게 되었다. 역설적으로 안양에서 발굴된 문헌자료는 후기 상왕조에 관련된 전통 사료를 입증하여 주었는데, 이는 과학에 기반한 회의론자들(이들은 혁신적인 5·4운동으로 성장하여 서양식의 고고학을 추구했다)의 예상과는 다른 것이었다. 안양에서 이루어진 발굴은 중국 고대에 대한 자부심을 부활시키는 계기가 되었다.

안데르손 같은 외국학자들은 중국 문화, 또는 신석기시대 채문토기와 같이 중요한 양상의 기원을 서아시아까지 거슬러 올라가 중국문명이 서역으로부터 온 것임을 암시했다. 중국 고고학자들은 신석기시대 룽산龍山문화의 기원을 찾으려 했는데, 여기에는 서역의 영향이 덜 분명했다. 나중에 중국학자들은 양사오와 룽산이 상(商)문명으로 계승되어 토착적 발달이 극에 다다른다고 주장했다(W. Watson 1981: 65-66). 고고학 조사는 1937년 일본의 침략으로 축소된다. 이후 1949년 공산당의 승리로 리지를 비롯한 고고학자들이 귀중한 수집품들을 가지고 대만으로 후퇴했다.

마르크스주의는 이미 1930년대부터 궈모뤄(郭沫若, 1892~1978)의 고대 중국 연구에 영향을 미친다. 궈모뤄는 저술가이자 혁명가로서 1927년 당시 중국의 군사독재자였던 장제스蔣介石의 특공대를 피해 비교적 자유로웠던 일본으로 망명하지 않을 수 없었다. 그는 일본에서 10년을 보내는 동안 고대 비문과 청동유물의 양식적 진화에 대한 일련의 연구를 발표한다. 리지 및 그와 결부된 동료들과는 달리 궈모뤄는 사회의 토대로서 생산을 강조했으며, 상과 주 왕조를 노예사회의 사례로 해석했다. 다른 어떤 중국학자들보다도 세계사의 비교사적인 틀 안에 중국을 위치시키려 노력했던 것이다(G. Wang 1985: 188). 그리고 공산혁명 뒤에는 중국 지식인 생활을 주도하는 주요 인물이 되었다. 1950년에서 1978년 죽을 때까지 중국과학원장을 맡았다.

1949년 공산당의 승리에 뒤이어 고고학은 국가의 지도 아래 움직였다. 문화혁명기(1966~1977) 극좌파가 과거에 대한 모든 연구의 가치를 위협했던 시기를 제외하고 고고학은 소련에서 그러했듯이 정치교육의 중요한 수단으로서 지원을 받았다. 이는 마오쩌둥毛澤東의 "과거는 현재에 이바지해야 한다"는 언명에 부합하는 것이다. 국가문물국은 직접적으로 또는 지방의 문물관리위원회를 통해 수천 개의 지방과 소지역 박물관을 운영했다. 전례 없이 산업과 농업이 발달하는 동안 엄청난 양의 고고 자료가 중국 전역에서 발굴되었다(Chang 1981: 168). 중국과학원의 조사과 내에서 구석기 고고학은 신석기 및 역사 시대 연구와는 분리되어 고척추동물·고인류연구소古脊椎動物與古人類研究所에 속하게 되었다. 이렇듯 고인류학 연구 기관이 별도로 존재한다는 사실은 아주 이른 시기 인류의 발달이 중국사와 동일시되지는 않았음을 반영하는 듯하다. 물론 중국의 구석기시대 자료가 오래되었다는 자부심은 강했지만 말이다. 실제적인 차원에서 이렇듯 분리된 기관의 존재는 구석기고고학자, 지질학자, 고생물학자들 사이의 밀접한 연구관계가 있음을 비추어 주기도 한다.

　　국가적으로 인정되는 마르크스주의 교의와 어울려 중국의 과거는 원시사회, 노예사회, 봉건사회라는 단선 발전단계의 연쇄로 개념화했다. 이 모델에 대해서는 그 어떠한 의문도 있을 수 없었다. 그렇지만 마르크스주의 사회진화를 검증하려는 고고학 조사는 거의 없었는데, 그러기 위해서는 사회 및 정치조직, 생계유형, 취락유형과 교역에 대한 세밀한 고찰이 필요했을 것이다. 어쩌면 부분적으로는 잘 훈련된 연구자가 부족했다는 사실이 이유가 될지도 모르지만, 중국 정부 정책이 예측불가능하게 변화했다는 점도 고고학자들이 정치적으로 위험할 수 있는 문제들을 다루지 않게 되는 계기가 되었을 것이다. 오히려 고고학 발견물은 많은 구체적인 정치적 목적을 고취하기 위하여 정부의 요구하는 바대로 해석되었다. 인민들에게 과거 왕조들 아래 중국 대중들이 얼마나 잔인하게 착취당했는지를 되새겨 주기도 했다. 과거의 훌륭한 무덤, 사원이나 다른 기념건축물들은 그것을 만든 노동자와 예술가의 솜씨와 힘을 보여주는 증거로 해석되기도 했다. 고고학 발견물은 국가적 위엄과 자부심을 고취시키고 중국의 성취를 대외에 과시하는 데 쓰였다. 마르크스주의적인 겉치레에도 불구하고 목적은 민족주의적이면서 실제로는 문화사적 접근을 지속했던 것이다(Falkenhausen 1993).

　　1949년 이전 일반적으로 역사가 그랬듯이 중국 고고학은 국가적 통일을 고양시키는 데에도 중요한 역할을 했다. 고고학적 유존물의 해석은 북부 중심이라는 장기간 지속된 중국적 전통과 부합했다. 중국의 물질문화와 제도는 처음으로 황하 유역에서 진화했으며 여기에서 확산되어 철기시대의 범중국적인 문화를 이루었다고 해석되었다. 따라서 공산 치하에서 공식적으로는 다민족 국가임을 인정하고 과거 주류 한족의 국수주의가 배격되었지만, 다른 지역들의 문화적 창의성은 과소평가되었다.

1980년대 동안 덩샤오핑鄧小平 정부에 의한 탈중앙 정책의 결과 정책결정을 하는 권력자들이 지방의 고고학 기관의 책임자 자리를 차지하는 사례가 늘었다. 고고학자들은 개별 지방의 문화사적 연쇄를 개발하기 시작했으며, 이러한 연쇄들을 과거 중국에 포괄되어 있는 고대의 국가나 민족 집단이라 여기게 되었다. 고고학자들은 중국에서 개별 지방이 했던 역할에 주목함으로써 재정 지원을 받는 새로운 길을 열었다. 국가적 수준에서는 1980년대 초부터 수빙치(蘇秉琦, 1909~1997)는 마르크스주의의 "사회진화의 법칙"과 부합하는 모델(구계유형론)을 개발하여 독특한 문화들이 중국의 상이한 지방에서 함께 발달했다고 했다. 이 모델은 북부 중심과 주변을 상정하는 모델보다 훨씬 더 지역 문화 다양성의 증거와 선사시대와 역사시대 초 중국 전역의 사회 및 문화적 복합성의 증가를 잘 설명하여 주었다. 수빙치의 다지역 문화기원 모델은 넓은 국가적 맥락 안에서 중국 고고학의 지방적인 경향을 보여주고 있다(Falkenhausen 1995, 1999). 이 같은 초기의 지역 구분은 이전에 서양의 고고학자들(Meacham 1977)이나 외국에서 활동한 중국 고고학자들(Chang 1986: 234-294)도 주목했던 것이지만, 중국의 고고학자들은 이들의 해석을 공식적으로 거부했다(W. Watson 1981: 68-69). 중국에서는 국가 통일이 여전히 중대한 이슈였다. 수빙치가 밝힌 학설은 마르크스주의와 문화사적 해석 사이의 균형 및 당대 중국의 중앙과 지방의 이익 사이의 균형을 무너뜨린 것이었다.[3]

식민 통치하의 인도에서 고고학 조사와 연구는 오랫동안 전통적인 인도의 학문과는 유리되어 있었다. 유럽에서 온 여행자들은 이미 16세기부터 고대기념물을 주목했고 그런 기념물들에 대한 학문적으로 체계적인 관심은 약 1750년을 전후하여 시작되었다. 이러한 관심은 산스크리트 및 그로부터 내려온 인도 북부의 근대 언어가 유럽의 인도유럽어와 관계가 있음을 알고 나서 더욱 높아졌다(G. Cannon 1990). 19세

인도의
문화사고고학

3) 수빙치의 구계유형론은 지역 문화를 강조했다는 점에서 당시로서는 도전이었지만, 이후 중국 학계에서 폭넓게 수용되면서 결국 통일다민족국가라는 정치적 지향의 학문적 토대 역할을 하고 있다.(옮긴이)

기 영국의 아마추어 고고학자들은 거석기념물, 불탑 및 다른 고고학 유적을 어느 정도 정규적으로 조사하기 시작했다. 이들은 흔히 그런 기념물들을 인도의 먼 과거의 황금기의 증거로 다루었으며, 영국 식민 지배자들은 그 이후 쇠락의 길로 향했던 인도를 구원해 줄 의무가 있음을 알려 준다는 식으로 생각했다(Harding 2003). 1861년 처음으로 수립된 인도고고학조사국Archaeological Survey of India은 알렉산더 커닝햄(Alexander Cunningham, 임기 1861~1965)(W. Singh 2004), 인더스문명을 발견했던 존 마셜(John Marshall, 임기 1902~ 1929), 모티머 휠러(Mortimer Wheeler, 임기 1944~1948)와 같은 기관장 아래 엄청난 양의 조사를 하고 보고서를 간행했다. 휠러는 근대적 야외조사법으로 많은 인도 학생들을 훈련시켰으며 몇몇 인도 대학들에서 고고학을 강의하도록 건의했다. 랄란지 고팔(Lallanji Gopal 1985: i)은 "고고학자들이 발굴한 영광스러운 문화유산은 …… 인도인의 자부심을 고양시켜 인도의 르네상스에 크게 기여하고 마침내 독립을 예고한다"고 보았다.

일반적으로 영국 식민 지배의 정당성은 고고학이 아니라 역사 및 언어 자료에 토대를 두었다. 식민사학자들은 인종적으로 우월한 북부 족속들의 연이은 이주의 파급에 의해 중요한 혁신이 도입되어 문화과정이 일어났으나 일반 대중과 혼합되고 말았다고 주장했다. 이런 생각의 주 메시지는 인도는 외부의 영향을 받지 않고서는 변화를 도모할 능력이 없다는 것이었다. 이러한 틀에서 영국인은 스스로 인도에서 가장 최신의 그리고 가장 발전된 진보적 표준을 가진 사람들로 묘사했다. 먼 옛날 인도 북부의 인구에서 인종적으로 더 순결한 인도유럽어족의 요소와 민족적인 친연성이 있었다는 것도 강조했다. 이런 식으로 인도의 카스트제도는 근본주의적으로 해석되어 상위카스트계급은 독자적인 종족 집단인 듯이 묘사되었다. 딜립 차크라바르티(Dilip Chakrabarti 2001: 1192)는 영국에서 교육받은 식민 통치에 협력적인 사람들과 자유를 위해 투쟁했던 사람들은 모두 카스트 위계에서 낮은 계급의 비非아리아인 토착 민족과는 스스로 인종적으로 유리된 것인 양 믿었다고 말한다. 이와 같은 "아리안족주의"를 이용하여 인도의 엘리트들을 인종 및 계급적 위계에서 상층부에 자리 잡게 하는 일은 왜 인도의 역사가들 대부분이 인도의 과거를 이주론적으로 해석하는 것을 문제삼지 않았는지를 설명해 주는 듯하다(Chakrabarti 1997). 인도사 초기에 대한 직접적인 역사기록이 희소하기 때문에 고대 종교 및 문헌기록과 고고학 증거에 의존하여 대체로 이주론적 모델과 일치하는 식으로 해석했던 것이다. 1947년 인도가 독립하기까지 인도의 고고학 유산은 그런 모델의 틀 안에서 이해되었다.

독립 이후 고고학 활동에 정부는 적절한 재정 지원을 유지했으며, 고고학자들이 하는 일에 정부의 간섭이나 대중의 의견이 그리 크지 않았다. 인도 고고학은 대학에서 자리를 잡았으며 많은 조사가 이루어졌다(Thapar 1984). 많은 고고학자들은 세계적인 고고학의 경향과 함께했으며, 최신의 과학적 방법으로 발견물을 분석했다. 연구자들은 중국이나 일본보다 과정고고학과 같은 새로운 이론적 흐름을 더 잘 인지했으며, 몇몇은 그러한 흐름과 관련된 국제적 논의에 참여하기도 했다(Jacobson 1979; Paddayaa 1980, 1982, 1983, 1986; Lal 1984). 그렇지만 고고학은 여전히 고대사 연구에 밀접하게 관련되어 있었고, 대부분 고고학자들은 문화과정을 설명하는 일보다는 문화연쇄를 만들어 내어 특정 문화를 종족 및 언어적으로 확인하는 일에 만족했다. 문외한에게는 1980년대에 들어서도 인도 고고학자들의 활동이 식민시기 후기의 연구 경향과 밀접하게 연결되어 있는 것처럼 보이는 것이다.

인도의 정치에 힌두민족주의가 점점 강해지면서 고고학에도 큰 변화가 일어났다. 힌두민족주의를 지지하는 고고학자들은 인도 외부에서 변화의 기원을 찾으려는 전통적 설명 방식에 문제를 제기했다. 이로써 인도 내부에서 혁신적 요소들을 찾으려는 경향이 있게 되었는데, 여기에는 식물과 동물의 순화, 철기 제작, 인도 문자의 발달과 관련된 내용들이 포함된다. 몇몇 인도 고고학자들은 "아리안족"이 지금은 건조지대가 된 인도 서북부의 사라스바티Sarasvati강 유역에서 기원했다고 추정하기도 한다. 인도 남부에서는 드라비드어를 사용하는 고고학자들이 인도의 첫 민족으로서 드라비드족의 시원적 지위를 강조하기도 한다. 그러한 경향에 반대하여 차크라바르티(Chakrabarti 2003)는 종족성이 타당한 고고학적 문제가 아니라고 했으며, 종족적으로 다양한 민족들을 통일하는 방식으로서 인도의 경관과 관련하여 인도문화의 점진적 발달을 추구하는 접근법이 중요하다고 강조한다. 비록 힌두 및 드라비다의 민족주의적인 접근은 문화사적 접근의 양상을 띠고 있지만 차크라바르티의 접근은 과정역사적인 것이라 할 만하다. 그의 접근과 민족주의 접근이 공유하고 있는 내적 관점은 고고학자들에게 인도의 선사시대와 초기 역사시대를 외부의 기원이 아니라 그 자체로 파악하는 데 중요한 시사점을 주고 있다.

대부분 아랍 및 다른 서남아시아의 이슬람 국가들은 문화유산을 보호하고 관리하는 광범위한 행정 조직을 가지고 있다. 이러한 조직의 의무는 고고학 유적을 보호

아랍의 고고학

하고 개발하며 박물관을 운영하고 외국 고고학자들의 조사를 조정하며 구제발굴을 수행하는 것이다. 그렇지만 이들 나라에서는 이슬람 이전 시기의 고고학 유존물에 대한 대중의 관심이 비교적 낮다. 공식적인 것은 아니지만 고고학은 사실상 식민 체제 아래에서 유럽인들이 오랫동안 조사를 독점하면서 도입되었다고 할 수 있다. 20세기 초 이집트의 중간계급은 세속적이고도 근대 민족주의적인 맥락 안에서 고대 이집트문명에 대해 큰 관심을 가졌다. 고대 이집트는 국가의 이슬람교도와 기독교도 모두에게 영국의 식민 지배의 존속에 저항하는 공통 상징의 역할을 했다. 이 시기 동안 파라오 모티프를 가진 기념물은 민족 독립을 위해 투쟁하는 영웅을 기억하는 것으로 이용되었다. 그렇지만 1920년대 말 이미 이슬람의 지식인들은 이집트가 광범위한 범아랍 또는 범이슬람 세계와 분리되어서는 존재할 수 없음을 주장하기 시작했다. 그런 목적을 위해서 파라오로 대표되는 이집트의 과거는 이교도 신앙으로서 일소되어야 했다. 이들은 코란에는 파라오들이 전형적인 악인으로 묘사되어 있음을 상기시켰다. 1940년대 이후 범아랍주의의 영향이 커지고 이슬람 운동이 확산되면서 고대 이집트의 영광에 더욱 적의적인 정치적 담론이 생산되었다. 파라오 유산은 대체로 관광 수입의 원천으로서의 역할만을 가지는 것으로 축소되었던 것이다(J. Wilson 1964:159-177; D. Reid 1997; Hassan 1998; Wood 1998).

이라크에서는 1970년대와 1980년대 비종교적인 바트당이, 특히 이웃 아랍 및 이슬람 나라들과 문제가 커지면서, 근대 이라크의 강력한 종교 및 민족적 분열에 반대되는 국가적 충성의 상징으로서 독특한 메소포타미아의 유산을 강조했다. 이라크의 독재자 사담 후세인은 고대 바빌로니아의 왕으로 그려지는 것을 좋아했다. 하지만 후세인 체제의 문제가 커지면서 체제의 이슬람교적 신조를 강조하기 위하여 이러한 이슬람 이전 시기에 대한 관심은 축소되고 만다(Bahrani 1998; Bernhardsson 2005).

이란에서는 페르시아 민족성이 오랫동안 중요한 정치적 역할을 담당했다. 1979년 이슬람혁명 이전에는 이란의 고고학 조사의 많은 부분을 외국 조사단이 수행했다. 이란 고고학자들이 했던 작업은 더 늦은 시기의 파르티아, 사사니아 및 이슬람 시기에 치중되는 경향이 있었다. 이란의 마지막 샤(국왕)인 모하마드 레자 팔래비Mo-hammad Reza Pahlavi는 이슬람 이전 페르시아 문명의 영광을 강조하고 자신의 비종교적 근대체제를 이슬람의 과거보다는 고대 페르시아의 아케메니아Achaemenia왕조(서기전 539~330)와 동일시했다. 여기에는 1971년 페르세폴리스의 위대한 궁전 유지에서 열린 성대한 왕조 창립 2500년 기념식도 포함된다. 1979년 이란의 이슬람혁명 이후에는 고고학 야외조사가 거의 휴지休止 상태에 들어가게 되며, 지금은 이슬람시기에 치중되어 있다(Abdi 2001; S. Brown 2001). 비록 이란은 민족 정체성 때문에 아랍 국가들의 공통 시기보다는 이슬람 시기 이전에 대한 연구에 전통적으로 관심을 가지고는 있지만, 최근에는 대부분 아랍 및 이슬람 국가들에서 이슬람 고고학이 더욱 강조되는 경향이 있다(Masry 1981).

전 세계 어디에도 팔레스타인과 이스라엘만큼 문화사고고학의 발달이 복잡하게 전개된 곳은 없을 것이다. 19세기에 유럽과 미국 고고학자들은 구약과 신약성서에 언급된 지역을 찾기 위해 지표조사를 수행하기도 했다. 19세기 말부터 성경의 구절과 결부된다고 보이는 중요한 유적에서 발굴이 이루어졌다. 미국의 윌리엄 올브라이트(William F. Albright, 1891~1971)와 같이 기독교를 믿는 성서 고고학자들은 성경 구절의 역사적 진실성을 확인하고자 애썼다. 결과적으로 선사시대에 대해서는 별다른 조사가 이루어지 못했으며, 1950년대 예리코 유적 하층에서 이루어진 캐슬린 케년(Kathleen Kenyon, 1906~1978)의 발굴이 가장 중요한 작업으로 평가된다. 팔레스타인에서 고고학을 하는 가장 중요한 동기는 종교였다(Denver 2001a).

1950년대와 1960년대에 발달한 이스라엘 고고학은 위와는 매우 다른 목적, 곧 이주민과 신이 이들의 조상에게 주었다고 믿었던 고토를 결부짓는 목적에 봉사했다(Benvinisti 2000). 이스라엘 고고학은 종교적인 지향을 가졌지만, 민족의식을 고양하기 위한 시온주의 운동의 영향을 받아 현재 정착하고 있는 땅에 대한 이스라엘의 연관성도 강조한다. 고고학자들은 이스라엘인들이 성서가 국가사의 원천이라고 생각하도록 유도함으로써 근대 이스라엘에 대한 비종교적인 관점도 고양시키고 있다. 고고학자들이 연구하는 문제들이나 초기 이스라엘 고고학의 발달 단계에서 성서 고고학자와 이스라엘 고고학자들 사이의 협력관계에서 볼 수 있듯이 비록 이스라엘 고고학은 성서 고고학과 밀접한 관련을 맺고 있지만, 이스라엘에서 고고학은 처음부터 종교적인 성향보다는 국가적인 지향이 강했다.

다른 민족주의 고고학과 마찬가지로 시온주의자들은 고고학을 강한 상징의 원천으로 생각한다. 1963년에서 1965년까지 이가일 야딘(Yigail Yadin, 1917~1984)에 의해 많은 대중의 관심을 모으며 발굴된 마사다Masada는 서기 72~73년 유대인들이 로마에 마지막으로 저항한 유적으로서 새로운 이스라엘 국가의 존속을 상징하는 감정적이고 의식적인 가치를 지니는 기념물이 되었다(Paine 1994). 이 유적과 이와 결부된 영웅적인 이야기는 디아스포라[4]를 대체하여 더 진취적인 유대인의 정체성을 고양시키는 데 이용되었다. 이스라엘 전역의 고대 히브리 유적들을 찾음으로써 현재와 과거 사이에 통일성을 고취하여 국가 정체성을 형성하는 데 도움이 되었던 것이다. 고고학 프로젝트들은 이런 식으로 경관을 바꾸었고, 몇몇 사례에서 아랍 취락의 자료와 증거를 배제하기도 했다. 또한 고대와 현대 유대인 취락의 연속성을 높이기도 했는데(Abu El-Haj 2001: 167), 이 과정은 히브리 지역명을 부여하는 것으로 더 강화되었다(Benvenisti 2000). 고고학에 관심을 가진 시온주의자들은 유대인 취락과 경제가 급격히 팽창한 시기에 성서 유적들을 보존하기 위하여 과거에 대한 관심을 고취시키기도 했다(Abu El-Haj 2000: 49).

대부분 민족주의 고고학과 마찬가지로 이스라엘 고고학은 선택적이었다. 주로 유대인 취락과 문화의 역사를 연구하는 데 관심을 가졌으며, 기독교 및 이슬람 시기의 고고학에는 별다른 관심을 기울이지 않았다(Bar-Yosef and Mazar 1982; Dever 2001b). 대부분 이스라엘 고고학자들은 역사학과 성서학을 공부했던 사람들이었으며 많은 시간을 역사학, 문헌학, 미술사 연구에 쏟았다. 구석기고고학은 비교적 관심을 받지 못했으며, 인류학적 고고학의 영향은 일반적으로 새로운 기법으로 자료를 분석하는 일에 한정되었다(Hanbury-Tenison 1986: 108).

1970년대 고고학이 맡은 이스라엘 국가 만들기의 역할이 줄어들었다. 그럼에도 1967년 요르단강 서안지역을 합병한 뒤 정치 및 종교 집단들은 이 지역에서 많은 철기시대 취락들을 발견하여 "고대 이스라엘의 핵심지역"에 유대인들이 살았음을 널리 알렸다(Hallote and Joffee 2002). 이런 식의 편향된 고고 자료의 이용에 반대하여 몇몇 이스라엘 고고학자들은 역사 자료에 대하여 비판적인 자세를 옹호함으로써 이스라엘 고고학의 전문성을 높이려 했다. 이러한 흐름은 성서학자들 사이에서 서기전 8세기 이전의 시기를 다룬 성서 기록의 역사성에 의문을 제기하는 현상과도 관련되어 있다(Finkelstein and Silberman 2001; Dever 2003: 137-142). 또한 이스라엘 고고학이 다루는 시간 범위를 넓혀 단순히 민족적이거나 민족주의적인 것이 아니라 범위상의 국가 고고학을 만들고자 하는 노력도 이루어졌다. 이런 흐름을 몇몇 논평자들은 이스라엘

---

4) 고토를 떠나서도 유대의 종교와 관습을 지키는 유대인과 그 거주지를 일컫는 말.(옮긴이)

이 주장하는 국가 영토와 결부된 모든 역사에 대한 새로운 "포스트시온주의"적인 전유專有와 결부시키기도 한다. 과정고고학은 과거의 경제 및 생태적 해석에 더욱 관심을 높이고 있다. 오늘날 이스라엘 고고학은 1960년대와 1970년대에 비해 해석적으로 단일성이 떨어진다. 이스라엘 고고학은 비판적인 학자들과 다양한 정치적 문제들과 연구의 우선순위에 집착하는 고고학자들의 도전을 받고 있다. 발굴이 고대 히브리 무덤들을 헤치고 있다는 근거에서 고고학에 반대하는 초超정통파 유대교도 집단의 도전도 받고 있다(Paine 1983).

미국 고고학자 윌리엄 디버William Dever는 성서고고학을 스스로 "시리아-팔레스타인" 고고학(2001a)이라 부르는 과정고고학의 지역적 변형으로 대체하고자 한다. 디버의 접근은 문헌을 무시하고 생태학을 강조한다. 그렇지만 그조차도 종족성이란 문제를 회피하기가 어려움을 인정한다(Dever 2003). 최근에는 팔레스타인 고고학의 등장도 있었다. 특히 팔레스타인 고고학은 대부분 이스라엘 및 기독교도 고고학자들이 팔레스타인 역사 시기의 물적 유존물을 연구하지 못하여 발생한 간격을 메우려 하고 있다(Ziadeh 1995). 그러나 더 일반적으로 팔레스타인 고고학은 팔레스타인에 살았던 모든 사람들의 물적 유존물에 대한 연구의 권리를 주장하고 있다. 이들이 팔레스타인에 살았기에 팔레스타인인이라 부르며 이로써 가장 이른 시기부터 현재에 이르기까지의 연속성을 가정한다(E. Fox 2001). 이 때문에 이스라엘의 "국가" 고고학과 완전히 겹치게 된다.

9. 아프리카와 멕시코의 고고학

1960년대 사하라 이남의 아프리카 지역이 식민에서 해방된 것은 식민시기 후반부터 시작된 고고학에도 변화를 가속화시켰다. 이때는 적어도 아프리카의 가장 풍요로운 국민국가들에서 고고학이 지속적으로 발전하는 희망의 시기였다. 아프리카인 후손으로서 고고학자가 된 사람들은 외국학자들과 똑같은 문제에 관심을 가질 수밖에 없다. 다른 지역의 민족주의 고고학과 마찬가지로 늦은 선사시대와 구석기시대보다는 국가의 역사와 관련된 이슈들에 더 많은 관심을 가진다. 관심 주제로는 특정 국가의 기원, 교역의 발달, 역사적으로 검증된 사회 및 경제 제도의 진화, 현대 아프리카 국가의 영토 안에 살고 있는 종족 집단들 간 관계의 역사 등이 포함된다(Tardits

1981; Posnansky 1982: 355; Andah 1985). 후일 나이지리아의 유력한 고고학자인 바시 안다(Bassy Andah 1995)는 지역의 문화적으로 특수한 의미들이 일상생활에 중요하기 때문에 그러한 측면의 과거를 연구해야 한다고 주장했다. 그러기 위해서 고고학자들은 지역 민족지를 잘 알아야 하며 서양의 인류학적 일반화가 아니라 그런 민족지적 정보를 이용하여 고고 자료를 설명해야 한다. 따라서 안다는 인지적 지향을 가진 직접역사접근의 형식을 옹호하고 있는 것이다.

식민시기 이전의 아프리카 역사와 관련된 주요 유적에 대한 연구와 보존에 대해서도 많은 관심이 있었다. 비록 고고학은 아프리카의 과거를 더 잘 아는 수단이자 자부심을 갖게 되는 수단이라고 생각되었지만, 고고학적 발견물을 어떻게 표현하여 국가적 통일성을 고취시킬 것인지에 대한 정치적 관심도 있었다(Nzewunwa 1984). 아프리카 고고학은 흔히 행정직과 연관되는 사례가 많은데, 일반적으로 외국의 인류학적 시각을 가진 동료들의 조사와 연구를 환영하면서도, 인류학은 학문 분야로서 그리 잘 인식되지 못하고 있다. 고고학은 1960년대에 아프리카 전역에서 역사학과 함께했으며, 마찬가지로 민족학은 사회학으로서 재정립되었다(Ki-Zerbo 1981). 이 같은 재정립과 함께 구비전승이나 역사언어학에 대한 연구에 더 많은 관심을 기울인 결과 아프리카인들은 문헌자료를 이용할 수 없는 시기의 역사를 연구할 수 있게 되었으며, 고고학은 그 지향에 있어 식민주의적이라기보다는 아프리카적이라고 믿게 되었다(McCall 1964; Ehret and Posnansky 1982). 그럼에도 이런 꿈은 아직 실현되지 않았다. 경제적 어려움과 전쟁, 정치 불안, 정부의 무관심, 불행 등으로 아프리카 고고학은 일반적으로 1960년대의 희망을 성취하지는 못했다. 아직 희망이 완전히 사라지지 않은 곳에서도 고고학자들은 재원의 희소함에 목말라 있으며 외국 기관이나 공동연구를 하지 않을 수 없다(McIntosh 2001: 28-34). 아프리카 지역에서 식민주의 고고학을 뒤이은 것은 대부분 민족주의 고고학이라기보다는 신식민주의 고고학인 것이다.

멕시코의 고고학　　라틴 아메리카 전역에서 페루의 훌리오 텔로(Julio C. Tello, 1880~1947)와 라파엘 라르코 호일(Raphel Larco Hoyle, 1901~1966) 같은 고고학자는 콜럼버스 이전의 문화사를 이해하는 데 많은 기여를 했다. 그렇지만 재정지원의 결여, 정치 불안, 정부의 무관심, 많은 외국 고고학자와 고고학 프로젝트의 간섭 등으로 말미암아 많은 라틴 아메리카 국가들에서 고고학을 하는 데 있어 일관된 국가적 전통이 발전하지 못했다(Politis and Alberti 1999; Funari 2001; Politis 2003; Politis and Peréz Gollán 2004). 가장 성공적인 민족주의 고고학의 사례는 멕시코에서 찾을 수 있다. 멕시코 고고학은 1910년 스페인으로부터 독립 100주년을 기념하며 수행된 레오폴도 바트레스Leopoldo Batres의 테오티우아칸Teotihuacán 보존 프로젝트로부터 시작되었다.

포르피리오 디아즈Porfirio Díaz의 오랜 독재정치는 1910~1917년 멕시코혁명으로 끝을 맺는다. 혁명은 대체로 농민의 무장 투쟁에 힘입어 성공하는데, 농민은 주로 인디언들이었으며 인구의 다수를 차지했다. 혁명은 이런 인민에 대한 정부의 정책에 큰 변화를 초래한다. 정부는 식민지 시기의 불평등을 인정하고 광범위한 경제 및 사회 개혁을 약속한다. 정부는 인디언을 국가 생활 속에 통합시키는 역할을 했으며, 멕시코의 풍부한 선先히스패닉 문화유산에 대한 연구를 장려하고 멕시코 역사의 통합된 일부로 인정함으로써 그들의 자부심을 고양시키기도 했다. 이런 식으로 정부는 멕시코의 문화적 독특성을 시민들과 전 세계에 주지시키고자 했다(Gamio 1916). 이로써 많은 양의 돈이 고고학 교육 및 조사에 할당되었다. 1937년 국립과학기술대학National Polytechnical School에 인류학과가 설치되어 고고학자들을 훈련하는 일을 맡게 된다. 후일 인류학과는 국립인류·역사연구소National Institute of Anthropology and History의 일부가 되어 멕시코 전역에서 고고학 발굴 허가를 절대적으로 독점한다.

혁명 이후 멕시코 고고학은 역사학적 지향이 뚜렷했다. 이미 1913년 마누엘 가미오(Manuel Gamio, 1883~1960)는 멕시코밸리에서 처음으로 산 미구엘 아만틀라San Miguel Amantla 유적에서 일련의 층위 발굴을 수행했다. 그 이후 멕시코 고고학자들과 외국 고고학자들은 여러 지역에서 문화편년을 만들어 냈다. 멕시코 고고학자들은 멕시코의 모든 집단들이 공유할 수 있는 역사적 이해를 정식화함으로써 국가적 통일성을 고양할 수 있는 멕시코만의 과거를 제공하는 일이 자신들의 의무라고 생각했다. 그러기 위해서는 선사학의 인문학화와 대중화가 필요했다. 이런 정책은 멕시코인 및 외국 방문자 모두가 향유하고 배울 수 있는 대중 박물관을 만들고, 주요 고고학 유적과 지구를 개발하는 일을 중요한 특징으로 했다(Lorenzo 1981, 1984). 테오티우아칸의 치우다델라Ciudadela 복합체에 대한 가미오의 발굴, 그리고 몬테알반Monte Albán에 대한 알폰소 카소Alfonso Caso의 작업을 초기 프로젝트의 사례로 들 수 있다. 오늘날 100여 개 이상의 주요 고고학 지구가 적어도 부분적으로 보존되어 일반에 개방되고 있다. 고고학은 멕시코 역사가 선히스패닉시대로부터 현재에 이르기까지 연속성이 있음을 보여주고 있다. 또한 멕시코의 모든 인민들을 상징적으로 통합하고자 하고 스페인 침략 이전의 커다란 문화적 성취를 밝힘으로써 멕시코의 독특한 문화유산을 확인하고자 한다. 심지어 멕시코 고고학자들은 다른 접근법을 잘 알고 있음에도 이러한 접근으로 멕시코 고고학의 문화사적 지향을 강화한다(I. Bernal 1983). 그렇지만 고고학을 지속적으로 정치적으로 이용하면서 최근 들어 학문적 지향을 가진 조사에 만성적인 재정 부족을 야기하게 되었다. 멕시코에서 중요한 장기 조사사업은 여전히 외국 조사단이 수행하고 있다. 멕시코인들이 담당하는 고고학은 갈수록 관광 고고학과도 유사한 모습을 띠게 되었으며, 원주민들의 일상생활의 필요를 무시하면서 영예만을 강조하고 있다(Vázques León 2003).

민족주의 고고학

　　지금까지 살펴본 민족주의 고고학은 유럽에서 발전한 문화사고고학과 많은 공통점을 가지고 있다. 모두 고고학적 유존물에서 특정 국가나 민족 집단의 역사를 추적하는 것을 지향하고 있다. 또한 연구 대상 민족이 가장 관심을 가지고 있는 시기와 문화에 집중하는 경향이 있기도 하다. 문화재 보존 및 관리에 크게 헌신할 때만이 모든 시기와 문화에 관심을 기울일 수 있게 되는 것이다. 과정고고학과 탈과정고고학으로부터 영향을 받아 이주와 전파를 주된 문화변화의 설명으로 생각하지 않게 된 곳에서도 민족주의적인 지향은 역사학적인 시각을 지속하는 경향이 있다.

　　문화사고고학자들은 자신들의 발견물이 대중적이기를 바란다. 비록 국제적으로 알려진 고고학 방법을 사용하여 자신들의 과학적 신념을 입증하기도 하지만, 이들이 제공하는 역사 이야기는 매우 직관적이며 정치 조건의 변화에 따라 바뀔 수 있는 것들이다. 정치적 논쟁으로 과거에 대한 다른 시각이 힘을 얻는 상황에서는 해석도 바뀌는 것이다. 고고학자의 발견물에 대한 대중의 관심은 변화하는 사회, 정치, 경제적 상황에 따라 바뀐다. 또한 국가 및 외국 고고학자들이 공동 조사를 하는 정도에도 상당한 변이가 있다. 중국과 일본에서는 대부분의 조사를 지역 고고학자들이 수행하며, 인도와 멕시코의 고고학자들은 외국 고고학자들과 공동 또는 경쟁하여 조사를 한다. 이에 반해 더 작고 가난한 나라에서는 외국 고고학자들이 고고학적 실제를 주도하는 경향이 있다.

10. 미국의 문화사고고학

미국에서도 1910년 이후 고고학적 유존물에 대한 이해가 증진되면서 문화사 접근이 받아들여졌다. 또한 고고학은 보아스학파의 문화인류학에 갈수록 큰 영향을 받았다. 20세기 전반 동안 다양한 종족 집단을 동화시켜야 하는 일이 국가의 커다란 사회 문제가 되었고, 보아스학파 인류학은 학계에서 주도적인 역할을 하게 되었다. 보아스와 그를 따르는 연구자들의 활동으로 중유럽의 문화이론이 북아메리카로 확산됨으로써 유럽과 북아메리카에서는 고고학 해석이 비슷한 양상으로 발달하게 되었다.

지속적인 고고학 조사를 통해 시간의 흐름에 따른 문화변화를 한 집단이 다른 집단에게 단순히 대체되었다는 식으로 설명하는 것은 부족함이 드러났다. 처음으로 확실한 고인디언Paleo-Indian시대 유물이 1927년 뉴멕시코주의 폴섬Folsom 유적의 플라이스토세 말 퇴적층에서 확인되었다. 이 발견으로 북아메리카 원주민들이 이전까지 믿어졌던 것보다 훨씬 전부터 살았으며, 그 문화는 시간의 흐름에 따라 상당한 변화를 겪었음이 분명해졌다(Willey and Sabloff 1993: 141-143). 보아스학파 인류학은 이미 민족지 문화를 연구의 기본 단위로 삼고 있었으며, 전파는 문화변화의 주 원인으로 여겼다. 더구나 보아스가 문화상대주의를 설득력 있게 옹호하고 인종주의를 강하게 반대함으로써 인디언들이 변화의 능력이 있다는 인식이 받아들여졌다. 다만 보아스는 고고학에 어느 정도 관심을 가져 특히 멕시코에서 활발하게 조사했지만, 그가 유럽적인 고고학 문화의 개념을 미국에 도입했다는 증거는 없다. 고고학 문화의 개념이 유럽의 그 어떤 공식적인 정의보다 앞서 북아메리카에서 사용되어 발달했음을 생각할 때 독자적으로 유래했다고도 말할 수 있다. 그러나 미국의 민족지적 문화의 개념은 프리드리히 라첼의 가르침에 뿌리를 두고 있는데, 이것이 미국에서 프란츠 보아스에 의해 약간의 수정을 동반하여 상세하게 전달되었다고 할 수 있다.

우리는 이미 19세기 동안 미국 고고학자들은 고고학적 유존물에 있어 지리적으로 제한된 문화적 현시를 더욱 인식하고 있었음을 주목했다. 이러한 경향은 특히 마운드빌더Moundbuilders라는 상상의 종족에 대한 관심으로 고고학 활동이 이루어지던 미국 중부에서 그러했다. 1890년 스러스턴G. P. Thruston은 테네시 주에서 선사시대의 스톤그레이브Stone Grave "종족"을 설정하여 하나의 부족, 또는 관련된 몇 개의 부족들의 유존물이라고 생각했다(p. 5, 28). '문화'라는 용어는 오하이오밸리에서 독특한 유물조합을 가지고 있는 유적들에 처음 적용되었다. 1902년 윌리엄 밀스William Mills는 포트에인션트Fort Ancient문화와 호프웰Hopewell문화를 구별한다. 1909년 무어헤드W. K. Moorehead는 글레셜케임Glacial Kame문화를 설정하고, 곧이어 쉐트론H. C.

Shetrone은 그 지역에서 이런 단위들이 더 많이 있음을 주목하기도 했다. 이런 고고학 "문화들"은 주로 문화지리적 실체이기 때문에, 문화사적 실체를 말하는 유럽이나 후일 미국의 고고학 문화의 개념과는 다르다. 그 문화들 사이의 시간적 관계(편년)는 아직 수립되지 않았다. 1936년이 되어서야 호프웰 문화는 포트에인션트 문화보다 시간적으로 이르다는 것이 확실하게 알려졌다.

1913년 미국 민족학자 버트홀드 로퍼(Berthold Laufer 1913: 577)는 미국 고고학의 가장 심각한 문제로 편년을 제대로 확립하지 못하고 있음을 들었다. 이는 미국 고고학자들도 이미 잘 알고 있어 해결하기 위해 노력하던 문제였다. 1860년대 이후 층위 발굴은 더욱 많이 이루어져 오랫동안 그런 발굴로부터 중요한 결과가 나왔다. 그 사례로는 리처드 웨터릴Richard Wetherill이 미국 서남부에서 베스킷메이커Basketmaker문화가 더 정주적인 푸에블로Pueblo문화보다 선행함을 밝혔던 것을 들 수 있다(Kidder 1924: 161). 웨터릴은 스웨덴의 탐험가이자 과학자였던 구스타프 노르덴스키올드Gustaf Nordenskiold가 1891년 미국 서남부에서 고고 자료를 수집할 당시 그로부터 층위 관찰이 중요함을 배웠을 것으로 보인다(McNitt 1990: 38-43). 1880년대 아돌프 반들리어Adolf Bandelier와 1904년 리 휴잇Lee Hewett은 선사시대 푸에블로 유적들에 대해 편년을 시도했다(Schwartz 1981). 미국의 많은 지역에서 고고학 증거로 지역 문화들이 시간의 흐름에 따라 눈의 띄게 다양해짐이 드러나고 있었다.

미국 서남부 지역에서 북아메리카 문화사에 대한 체계적인 연구는 넬스 넬슨(Nels C. Nelson, 1875~1964)과 앨프리드 키더(Alfred Kidder, 1885~1963)의 연구로 시작되었다. 1914년 넬슨은 뉴멕시코 주 산크리스토발San Cristóbal 푸에블로 유적에서 중요한 층위 발굴을 수행했다(Nelson 1916). 그 이전에 넬슨은 샌프란시스코 근처 엘리스랜딩Ellis Landing 조개더미를 발굴했는데, 이 발굴은 근처 에머리빌Emeryville 유적에서 막스 울Max Uhle이 했던 층위 발굴에 영향을 받은 것으로 보인다. 넬슨은 위고 오베르마이에르Hugo Obermaier와 앙리 브뢰이가 했던 스페인에서의 구석기 유적 및 카스티요동굴Castillo Cave에서의 층위 발굴을 답사하기도 했다. 뉴멕시코주에서 넬슨의 발굴은 임의적인 레벨을 사용한 것이었다. 키더는 하버드대학에서 유명한 이집트학자 조지 라이스너George Reisner와 함께 고고학 야외조사법을 공부했는데, 라이스너는 20세기 초 가장 세심한 발굴가 가운데 한 사람이었다(Givens 1992a: 25; Wauchope 1965: 151). 1915년부터 시작하여 키더는 뉴멕시코주의 페코스푸에블로Pecos Pueblo에서 두

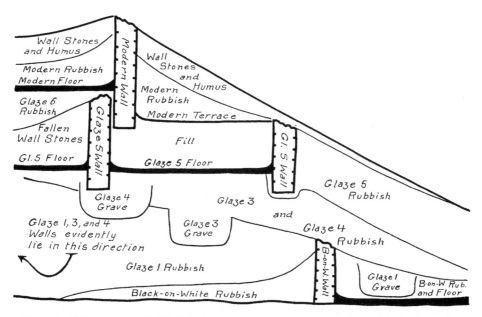

그림 6.6 뉴멕시코 주 페코스 유적에 대한 키더의 폐기 층위 및 축조 레벨 단면도(*An Introduction to the Study of Southwestern Archaeology*, 1924로부터)

터운 폐기층을 발굴하면서 퇴적 단위에 따라 유물을 수집했다(그림 6.6). 넬슨과 키더는 모두 그런 폐기 유적에서 다양한 토기 형식의 빈도는 상층에서 하층으로 가면서 규칙적으로 변화함을 발견했다. 이들은 이 같은 변화를 토기 양식의 점진적인 변화의 증거로 해석했다. 이처럼 토기 형식의 변화를 바탕으로 문화적 연속성과 변화의 증거를 동시에 알 수 있었다(Browman and Givens 1996; Lyman et al. 1997a: 34-55). 넬슨과 키더의 발굴과 혁신적인 관찰은 미국에서 문화사고고학 발달의 토대가 되었다. 1917년이 되면 클라크 위슬러Clark Wissler는 문화편년에 열중하게 된 혁명적 변화가 "신고고학"을 몰고왔다고 서술했다.

키더는 유물형식 조합의 지리적 분포는 편년적 변화를 연구하는 데 중요하다고 믿었다. 키더는 『미국 서남부 고고학 개설*An Introduction to the Study of Southwestern Archaeology*』(1924)에서 전 미국에서 처음으로 고고학적인 문화사 종합을 시도했다. 이 연구는 차일드의 『유럽 문명의 여명』보다도 한 해 일찍 출간된 것이다. 키더는 아홉 개 수계水系에서 나온 고고 자료를 배스킷메이커Basket Maker, 후배스킷메이커Post-Basket Maker, 선푸에블로Pre-Pueblo, 푸에블로Pueblo라는 네 가지 연이은 문화발달의 시기, 곧 단계stage를 설정하여 논했다. 때로는 각 시기를 문화라고 부르기도 했으나, 개별 수계와 결부되어 있는 각 시기의 지리적 변이를 치우아우아베이신 Chiuahua Basin문화, 밈브리스Mimbres문화, 힐라 하류Lower Gila문화 등이라 서술하기도 했다. 키더가 이렇듯 "문화"의 개념을 부정확하게 사용한 것은 1925년 이전 영국에서 문화라는 개념이 사용되었던 방식과도 유사하다. 비록 '문화'라는 용어는 그 당시까지는 미국 서남부에서 표준적인 의미를 지니지는 못했지만, 지리적 변이에 대한 지식을 보완해 주었던 편년 연구의 결과로 고고학 문화와 근접하는 개념이 진화하기 시작했던 것이다.

글래드윈 체계와 중서부분류체계

그렇지만 키더의 연구에서 고고학자들의 가장 큰 관심을 모았던 것은 편년이었다. 1927년 개최된 페코스학회Pecos Conference에서 이 지역을 연구하는 고고학자들은 세 개의 베스킷메이커 시기와 그 뒤의 다섯 개의 푸에블로 시기로 이루어진 일반 분류의 틀을 채택했던 것이다. 그러나 글래드윈(H. S. Gladwin, 1883~1983)은 페코스 분류가 미국 서남부의 남쪽 지역보다는 북쪽 지역에서 더 잘 들어맞는다고 지적했다. 남쪽에서는 상당히 다른 문화들이 발견되었던 것이다. 해롤드 글래드윈과 아내 위니프레드 글래드윈(Winifred Gladwin, 결혼하기 전 이름은 McCurdy)은 '문화와 그 변이를 서술하는 방법'이라는 글에서 이 지역에 대한 위계적 문화단위 분류의 틀을 제안했다(Gladwin and Glawin 1934). 이 가운데 가장 일반적인 세 가지 "뿌리root"는 베스킷메이커(후일의 Anasazi), 호호캄Hohokam, 카도안Caddoan(후일의 Mogollon)이었다. 미국 서남부의 북쪽, 남쪽, 그리고 그 사이 산악지대에서 알려진 이 세 뿌리는 각각 다시 "줄기 stem"로 구분되며, 이것들은 다시 "가지branch"와 "단계phase"로 나누어져 더 구체적인 지리적 명칭으로 불렸다. 동일한 지점에서 단계들이 이어지며, 각각은 유물형식에서 높은 유사성의 정도를 근거로 유적 조합으로 정의된다. 비록 글래드윈의 분류적 위계는 특질의 상대적인 유사의 정도에 근거한 것이지만, 나무의 모양을 본뜬 유형은 지리적인 고려가 있었던 것이며, 편년을 함축하기도 했다. 다시 말해 뿌리는 줄기에 우선하며, 줄기는 가지에 우선하여 형성되었던 것이다. 글래드윈은 이전의 다른 고고학자들을 따라 인디언들은 북아메리카를 점유한 뒤 특정 지역들에 적응하게 되었다는 믿음을 가졌지만, 특정 지역에 특정한 집단이 자리 잡은 뒤에 그 물질문화는 지속적으로 변한다고 가정했다는 점에서 글래드윈은 이전 고고학자들과는 다른 생각을 가졌던 것이다. 윌리와 새블로프(Willey and Sabloff 1993: 123)는 미국 서남부의 선사시대 문화들이 지속적으로 분화했다는 글래드윈의 생각은 "가능성은 있었지만, 결코 논증되지는 않았던 것"이라고 보았다.

이와 다르면서도 더 영향력이 컸던 분류체계는 1932년 손 듀얼Thorne Deuel, 칼 거디Carl Guthe, 제임스 그리핀James B. Griffin을 포함한 일군의 고고학자들이 제시했다. 이들은 모두 미국 중서부에서 연구하던 사람들이었다. 이 집단의 지도자이자 대변인 역할을 했던 사람은 윌리엄 맥컨(William C. McKern, 1892~1988)(1939)이었다. 중서부분류체계Midwestern Taxonomic Method라 불리는 이 분류 틀은 미국의 중부와 동부 전역에서 장기간의 점유를 보여주면서도 층위를 가진 유적이 드문 이곳에서, 출토된 유물을 분류하게 되었다. 중서부분류체계의 목적은 단지 형태적 기준에 따라 유물을 형식분류하는 것이었다. 한 유적에서 단일한 점유기를 나타내는 유물조합을 "성분(구성)component"이라 불렀으며, 이것을 다시 다섯 개의 분류군에 따라 묶음을 지었다. 거의 동일한 유물 특질 조합을 공유하는 성분들은 동일한 "초점focus"으로, 압도적 대다수의 특질들을 가지는 초점들은 "양상aspect"으로, 더 일반적인 특성만을 공유하는 양상들은 동일한 "단계phase"로, 그리고 몇 가지 광범위한 특질들을 공유하는 단계들은 동일한 "유형pattern"으로 설정했다. 유형을 정의하는 데 쓰인 특질들은 "전통적인 정의와 마찬가지로 사람들의 환경에 대한 일차적인 조정의 문화적인 반영"이라고 말했다. 여기에서 정의된 유형들은 정주 유적, 새김무늬토기, 소형 삼각형 찌르개로 특징이 지어지는 미시시피안Mississippian, 반半정주 유적, 새끼줄무늬토기, 유경식 또는 기부홈 찌르개를 가지는 우드랜드Woodland, 토기는 없으나 점판암제 마제석기로 특징지어지는 아케익Archaic이다.[5]

초점과 양상은 각 성분의 다양한 종류의 문화 특질(형식, 속성, 무덤 패턴) 목록과, 상이한 성분들이 그런 특질들을 얼마나 공유하고 있는지를 판단함으로써 설정한다. 이러한 접근법은 보아스가 자신의 생애 전반부에 설파했던 역사특수주의적인 개념과 일치한다. 이 관점은 문화를 통합된 체계로 보지 않고 무작위적 전파의 결과로 모인 특질들의 집합으로 보았다. 특질을 정의하는 데 인간행위에 대한 추론은 전혀 고려하지 않았으며, 차일드와는 달리 상이한 유물형식의 기능적인 유의성이나 유물의 생태학적 유의성 등에도 주목하지 않았다. 또한 특정 유물형식의 존재 여부에

---

5) 주지하듯이 미국 중부와 동부의 선사시대는 구대륙의 구석기시대 말기에 해당하는 고인디언Paleoindian시대, 중석기시대 정도와 대비할 수 있는 아케익시대, 토기의 등장으로 특징지을 수 있는 우드랜드시대, 그리고 농경문화를 가진 미시시피안시대의 흐름으로 변모한다.(옮긴이)

만 관심을 가짐으로써 상이한 특질들의 상대적 빈도에 대해서도 고려하지 못했다. 당시 미국 서남부에서의 연구현황과는 대조로 특질들의 빈도 변화가 편년적이거나 기능적인 유의성을 띤다고 생각하지는 않았다. 토기와 같이 양식적으로 아주 다양한 유물이 석기와 골기보다는 더 많은 특질을 갖고 있으리라는 점을 인식하기는 했지만, 문제가 해결되지는 않았던 것이다. 또한 동일한 문화에 속하는 매장 및 주거 유적 간에도 유물형식이 상이할 수 있다는 점도 알게 되었다. 이 때문에 몇몇 고고학자들은 단순히 성분에 의존하기보다는 상이한 형식의 유적들을 근거로 하거나 한 민족에 대한 완전한 문화적 현시를 보여주는 다양한 기능적 범주의 유물에서 특질들을 균형 있게 선택하여 '초점'을 설정해야 한다고 제안하기도 했다(McKern 1939: 310-311). 그런데 맥컨은 "문화적 결정체가 될 만큼 충분히 문화적으로 유의한 특질을 선택해야" 한다며 어느 정도 모호한 제안만을 했을 뿐이다(McKern 1939: 306). 또한 맥컨은 고고 자료의 불완전성뿐만 아니라, 이 같은 선택을 해야 하기 때문에 성분들 사이의 관련 정도를 파악하는 데 통계적 기법을 쓰기는 힘들다고 주장했다. 비록 계량적 유사성이 고고학적 표현의 분류적 위치를 판단하는 데 중요하다는 점을 인정하기는 했지만 말이다. 존 맥그리거(John C. McGregor 1941)는 성분들은 85% 이상의 특질들을 공유해야 하며, 초점은 65~84%를, 양상은 40~64%를, 단계는 20~39%, 그리고 유형은 20% 미만의 특질을 공유해야 한다고 제안했다. 그러나 이 같은 제안은 무시되고 만다.

글래드윈 체계와 중서부분류체계는 모두 '문화'라는 용어를 피해 갔다. 맥컨 (1939: 303)은 고고학자들이 문화라는 용어를 너무 넓은 범위의 현상을 지칭하는 데 사용하고 있다고 생각했다. 그럼에도 미국에서 고고 자료를 분류함에 문화적 단위를 체계적으로 사용하는 계기는 글래드윈의 단계 개념과 맥컨의 초점 및 양상 개념을 통해서 만들어졌던 것이다. 이러한 단위는 널리 부족이나 밀접히 연관된 부족들의 집합을 고고학적으로 표현하는 것으로 간주되었다. 글래드윈의 틀은 문화들이 생물 종과 마찬가지로 돌이킬 수 없는 선상으로 분지함을 가정했는데, 때문에 전파로 수렴이 생길 수 있음을 간과했다. 맥컨과 중서부분류체계를 공식화시킨 대부분의 연구자들은 초점과 단계가 문화적으로 그리고 역사적으로 유의한 분류군이라고 생각했던 것으로 보인다. 이들은 한 지점 내에서 나타나는 형태적 차이는 보통 시간적인 차이를 가리키는 데 반해 동시기의 비슷한 문화들은 넓은 지역에 분포한다고 생각했다. 그럼에도 초기에 이 체계를 사용했던 많은 고고학자들은 모든 수준에서 공유된 특질들은 공통의 기원, 역사, 종족성을 의미한다고 보았다. 또한 더 일반적으로 공유되는 특질들은 문화적으로 구체적인 특질들에 비해 더 오래되었다고 생각했다. 이것은 심지어 1930년대에도 코카콜라병이 아슐리안 주먹도끼보다 더 오래되었다고 여길 수 있는 잘못이었다. 이 관점은 고고 자료의 해석에 있어 어느 정도 후퇴를 가져오는 효과를 내었다. 가령 뉴욕 주에서 맥컨의 우드랜드 유형은 고고학자들이 전통적으로 알곤키어족이라 생각했던 선사 문화들을 포괄했지만, 이에 반해 미시시피안 유형은 언어학적으로 관련 없는 이로쿼이족의 역사시대 문화들을 포괄했던 것이다. 문화는 한 유형에서 다른 유형으로 진화할 수 없다는 가정은 알곤키어가 이로쿼이어로 변화할 수 없다는 것 이상이었다. 그리하여 역사시대 이로쿼이 문화가 지역의 중기 우드랜드시대의 선행 문화로부터 발달했을 것이라는 인식을 방해했다(Ritchie 1944; MacNeish 1952). 이 같은 잘못된 이해의 결과 중서부분류체계는 분류적 객관성과 계량적 정확성을 기하기 위해 애썼음에도, 19세기 동안 미국 고고학의 특징이었던 인디언의 변화 능력에 대한 부정적인 시각이 지속되는 데 (의도하지는 않았지만) 역할을 했던 것이다.

그러나 이런 잘못된 이해는 실제로 그리 오래가지 못했다. 당시 유럽에서 문화들이 그러했듯이 미국 서남부에서 "단계"와 동부에서 "초점"은 곧 층서법이나 순서배열법을 통해 지역 편년 속에 정렬되었다. 이렇게 되면서 글래드윈체계와 중서부분류체계에서 상위의 수준들은 폐기되고 고고학 문화는 모자이크를 이루는 것처럼 여겨졌다. 모자이크 안에서 각 문화는 그 시공간적인 경계가 경험적으로 결정되었다. 유물형식뿐만 아니라 문화는 (아주 느린 수정을 통해) 전통tradition을 형성하면서 특정 지역에서 존속되거나 문화평면cultural horizon을 이루면서 지리적으로 확산한다고 보았다 (여기에서 문화평면은 전통을 편년적으로 배열하는 데 사용되기도 했다). 이처럼 지역 문화 편년이 구축되고 고고학 문화 내외에서 물질문화의 복합적인 유형화를 인지하면서, 고고학자들은 갈수록 전파가 문화변화를 일으키는 데 중요한 역할을 했다고 생각하게 되었다. 그렇지만 전파의 개념은 기계적으로 사용되었다. 대부분 고고학자들은 문화변화의 내적 역학을 이해하는 데, 또는 왜 특정한 혁신이 한 집단에서 다른 집단으로 전파되거나 그렇지 않은지에 대해서는 별다른 관심을 기울이지 못했다. 1941년이 되면 제임스 포드James A. Ford와 고든 윌리G. R. Willey가 북아메리카 동부의 문화사에 대한 종합을 제시할 만큼 충분한 자료가 수집된다. 여기에서 알려진 문화들은 아케익 Archaic, 무덤마운드 I(Burial Mound I, 전기 우드랜드), 무덤마운드 II(중기 우드랜드), 신전마운드 I(Temple Mound I, 전기 미시시피안), 신전마운드 II(후기 미시시피안)이라는 다섯 발달 단계(시대)로 모듬이 지어지게 되었다(그림 6.7). 이 같은 정렬에서 중서부분류체계의 세 유형은 세 단계의 문화발달로 전환되었다. 각 새로운 단계는 남쪽으로부터, 궁극적으로는 메소아메리카로부터 기원하여 미시시피 유역을 지나 북쪽으로 확산된 것으로 생각했다. 따라서 여기에서 제시된 북아메리카 동부의 선사시대에 대한 해석은 16년 전 선사시대 유럽에 대해『유럽 문명의 여명』에서 제시된 것과 유사했다.

비록 전파는 원주민의 변화 능력에 대한 인식을 함축하고는 있었지만, 전파론적 설명은 아주 보수적인 맥락에서 쓰였다. 토기, 봉분, 금속기 제작, 농경과 같은 혁신은 거의 전적으로 동아시아 또는 메조아메리카에서 기원했다고 생각했다(Spinden 1928; McKen 1937; Spaulding 1946). 이렇게 북아메리카 원주민은 창조적이었다기보다는 모방적이었음을 암시했다. 더구나 고고학자들은 여전히 고고학적 유존물에서 보이는 주된 변화를 이주의 탓으로 돌리고 있었다. 예를 들어 1950년대로 들어서면서 미국 동북부에서 아케익에서 우드랜드 유형으로, 그리고 우드랜드에서 미시시피안으로의 전이는 보통 새로운 인구가 그 지역에 유입된 결과로서 설명했다. 현재 방사성탄소연대로 서기전 2500년 정도로 추정되는 아케익시대 말기의 문화는 당시에는 서기 300년을 넘어서지 못하는 것으로 여겨졌을 정도로 편년폭이 짧았다(Ritchie 1944). 이런 단기편년은 이주로 인해 주요 변화가 급격하게 일어났다는 믿음을 비추어 주고 있다. 그런 편년이 받아들여지는 한, 고고학자들이 그 지역의 문화변화에 대한 대안적 설명으로서 내적인 발달을 고려하기는 어렵다.

포드와 윌리(Ford and Willey 1941) 같은 눈에 띄는 예외를 빼고는, 문화사 접근이 중심이었던 시기 동안 고고 자료에 대한 해석은 북아메리카 선사시대의 전반적인 패턴을 찾으려는 의지가 부족한 것이 특징이었다. 마틴, 큄비, 콜리어의『콜럼부스 이전의 인디언들Indians Before Columbus』(Martin, Quimby and Collier 1947)에서는 고고학적 유존물을 서술하는 것이 아닌 해석하는 데에는 아주 적은 분량만이 할애되어 있을 뿐이다. 저자들은 처음 아시아 이주민들이 들어온 이후 "지역 환경에 대한 적응, 전문화, 독자적 발명의 지속적인 과정이 있었"으며, "이는 일련의 지역 인디언 문화의 발달을 가져왔다"고 결론을 내렸다(p. 520). 그렇지만 토기 제작과 같이 자신들이

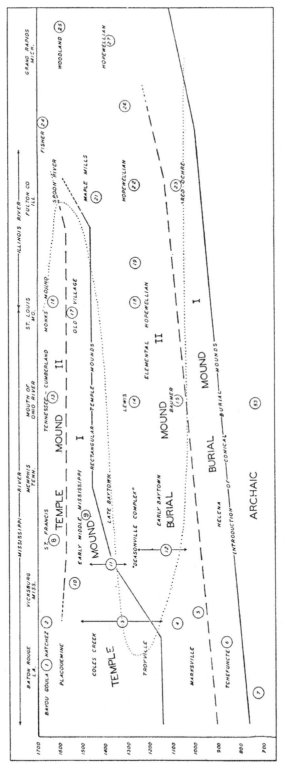

그림 6.7 포드와 윌리가 제시한 북아메리카 동부의 선사시대에 대한 편년 도표(*American Anthropologist*, 1941)

기본적인 문화 발달의 경향을 말해 준다고 했던 혁신은 외부에서 기원한 것으로 생각했다. 비록 책은 변화를 북아메리카 선사시대의 기본 특성으로 기록했지만, 그 변화를 설명하는 데는 별다른 노력을 하지 않았다. 키더는 이와 같이 전파론적인 시각이 팽배한 가운데 드물게 예외적인 인물인데, 1924년 미국 서남부의 선사시대는 외부로부터 문화의 "싹" 정도만을 빌렸을 뿐 그 발달은 지역적이고도 거의 전적으로 독자적인 것으로서 "백인들이 들어오면서 유린되고 꺾여" 잘려 나갔다고 말한 바 있다(Kidder 1962: 344). 이 점에서, 그리고 그 밖의 다른 점에서도 키더는 지적으로 선견지명을 가지고 있었다.

아메리카의 문화사고고학은 인디언들이 변화의 능력을 가지지 않았다는, 19세기 내내 고고학을 압도했던, 전형적인 인식에 그대로 머물러 있지만은 않았다. 비록 1914년 이후 수십 년 동안 처음으로 북아메리카에서 문화변화와 발달은 고고학적 유존물의 눈에 띄는 특성으로 인식되지만, 이 시기를 특징짓는 주된 것은 일련의 지역 편년이다. 원주민들에 대해 공개적인 인종주의적 관점은 폐기되었지만, 1914년 이전에 형성된 아메리카 인디언에 대한 전형적인 관념은 대체로 비판을 받지 않은 채 그대로 지속되었다. 고고학적 유존물에서 나타나는 주요 변화는 가능한 경우 늘 이주와 전파의 결과로 돌려졌으며, 북아메리카 인디언의 창조성을 인정하는 데에는 인색했다. 선사시대 삶의 유형을 복원하는 데에는 이전부터 큰 관심이 기울여지지 않았기 때문에, 고고학자와 원주민의 연결은 물론 고고학과 민족학 사이의 연결고리까지도 약해지게 되었다. 미국 고고학자들은 유물과 문화의 형식들을 만들어 내는 문화 편년 작업에 몰두했던 것이다.

문화사고고학에 대한 가장 영향력 있는 선구적 진술은 고든 윌리와 필립 필립스의 『미국 고고학의 이론과 방법Method and Theory in American Archaeology』(Willey and Phillips 1958)인데, 많은 논의가 있었던 이전의 두 논문을 바탕으로 한 것이다(Phillips and Willey 1953; Willey and Phillips 1955; Phillips 1955도 참조). 이들의 주된 관심은 "문화사 종합"이라는 방법론이었다. 그 목적으로 이들이 사용했던 주된 형태 단위는 "성분"과 "단계"였다. 글래드윈의 문화 용어들을 사용한 이유는 맥컨의 초점보다 강한 시간적인 함의를 담고 있었기 때문이었다. 단계는 시공간적 문화연속체에 대한 임의적인 구분이라 특징지을 수 있다. 또한 윌리와 필립스는 지점locality, 권역region, 지역area이라는 세 가지 상이한 규모의 공간 단위도 정의했는데, 지점과 권역은 각각 공동체나 지역 집단 및 부족 또는 사회와 일치될 수 있었다. 시간적 연쇄는 지점(유적 내) 및 권역(복수의 유적 또는 단계)의 연쇄로 구성되어 있었다. 문화들을 연결시키는 데 쓰인 종합 단위들은 '전통'과 '평면'이었는데, 계통발생뿐만 아니라 어떤 종류든지 역사적 관련이 있다는 증거로 해석되었다. 더구나 윌리와 필립스는 모든 고고학 문화들을 경제 및 정치적 범주를 근간으로 하여 석기Lithic, 아케익Archaic, 형성Formative, 고전Classic, 후고전Postclassic 시대라는 다섯 개 발달(진화적인 것은 아니라고 했다) 단계로 배열했다. 그 결과 의도하지는 않았지만 독자들이 미국의 문화사고고학의 한계에 주목하게 되는 표제적인 진술이 나오게 되었다. 윌리(Willey 1966, 1971)는 더 나아가 신대륙의 선사시대에 대해서 알려진 사실들을 문화사적으로 종합하여 두 책으로 발간한다. 1972년 어빙 라우즈Irving B. Rouse는 세계 선사시대의 주요 문화사적 종합에 대한 이론적 개설서를 출간하기도 했다. 하지만 이때가 되면 이와 같은 책은 더 이상 전적으로 문화사와 관련된 틀을 유지하지는 않는다. 이 연구들은 미국 문화사고고학의 마지막 종합화의 산물이었던 것이다.

미국 고고학은 유럽에서 이미 진행되고 있던 문화사적 접근을 단순히 채택한 것이 아니라 많은 부분을 새로 만들어 내었다. 이는 고고학적 유존물에 나타나는 편년적 변이에 대한 지식이 축적되면서 이전의 지리적 변이에 대한 지식을 대체한 결과이다. 유럽에서는 문화사적 접근이 상이한 양상으로 발달했다. 유럽에서는 고고학적 유존물에서 지리적 변이에 대한 지식이 증가하면서 이전부터 장기간 지속된 편년적 변이에 대한 진화론적인 경도를 보완하는 방향으로 이루어졌던 것이다(Trigger 1978a: 75-95). 더구나 북아메리카 선사고고학에서는 유럽과는 달리 민족주의적 경쟁이 진화적 개념에 전혀 아무런 역할도 하지 못했다. 미국 고고학은 이 같이 선사시대에 대해 더 진전된 인식을 했지만 "식민시기" 학문의 특징이었던 원주민에 대한 부정적인 관점을 완전히 극복했다고 할 수는 없다. 주로 새로운 고고학적 사실이 등장하면서 이에 맞추기 위해 그동안 유지되어 온 믿음을 일부 조정하는 식으로 선사시대에 있어 변화를 최소한으로 인정하는 양상을 띠었던 것이다. 미국 고고학은 문화사 방법론을 채택함과 동시에 정신적으로는 식민적인 상태에 머물러 있었다. 똑같은 문제가 후일 오스트레일리아, 캐나다, 뉴질랜드, 남아프리카와 같은 백인 정착지의 고고학에서도 일어났다.

11. 기술 발전: 발굴법과 방법론의 성장

선사고고학자들이 문화사 접근을 채택함에 따라 고고학 방법에도 많은 진전이 있었다. 이것은 특히 충서법, 순서배열법, 형식분류에서 분명했다. 선사고고학자들은 진화적 문제보다는 역사적 문제에 더 많은 관심을 가지게 되면서 문화적일 뿐만 아니라 편년적 변이를 세부적으로 고찰할 필요를 느끼게 되었다. 유적 간에도 더 단기간의 시간 변화가 역사학적 성격의 많은 문제에 대답하는 데 더 중요해졌었다.

발굴법의 발달

　　강한 역사학적 지향을 가지고 있던 고전고고학자들은 처음으로 유적들에 대해 더 세밀한 발굴을 할 필요를 느끼게 되었다. 19세기 후반 피오렐리Fiolleli, 콘즈Conze, 쿠르티우스Curtius 등은 새롭고 더 세밀한 발굴법을 개발했으며, 주요 고전시대 유적들의 평면과 단면을 기록했다. 남부 유럽과 서아시아에서는 문헌고고학과 선사고고학이 밀접한 친연성을 가졌으며 충위 유적들은 흔히 역사 및 선사시대를 포괄하고 있었으며, 이 같은 발굴법이 급속히 확산되었다. 올림피아에서 쿠르티우스의 지도 아래 발굴한 경험이 있던 빌헬름 되르펠트(Wilhelm Dörpfeld, 1853~1940)는 1882년에서 1890년까지 하인리히 슐리만Heinridh Schliemann을 위해 일하게 된다. 1871년부터 터키의 히사를리크Hisarlik에서 발굴하기 시작했던 슐리만은 호머의 트로이 유지를 찾으려는 노력에서 이 다층위 "텔(tell, 특히 서아시아의 고대 건축유존물 등이 퇴적되어 언덕을 이루고 있는 것[옮긴이])" 유적에 대한 층위 발굴을 개척했다. 슐리만은 이 유적에서 일곱 개의 누중된 주거유적을 확인했는데, 대부분은 문헌에는 전혀 나와 있지 않은 것들이었다. 되르펠트는 더욱 세련된 발굴법을 사용하고 토기편년을 결합시켜 아홉 개의 주요 레벨을 확인하고 슐리만의 편년을 수정했다. 1890년 페트리는 텔엘헤시Tell el-Hesy 유적의 층위단면도를 작성했다. 그리고 이 팔레스타인 암부의 층위 유적을 임의 레벨로 발굴하고 이집트 유물을 이용하여 연대를 추정했다(그림 6.8). 1897년 자크 드 모르강Jaque de Morgan은 이란 서부의 수사Susa 유적에서 층위 발굴을 시작하여, 이 유적의 최하층에서 선사시대 레벨을 찾기도 했다. 그는 되르펠트와 마찬가지로 상이한 토기형식을 사용하여 편년을 수립했다. 이 같은 층위 발굴과 페트리와 콜데바이Koldewey 같은 고고학자들이 유적의 많은 지역을 발굴함으로써 점차 서아시아 전역에 발굴 및 고고 자료의 기록 방법이 확산되어 역사고고학과 선사고고학 모두에 영향을 미치게 되었다. 그랜아이메리치(Eve Gran-Aymerich 1998: 473)는 이 같은

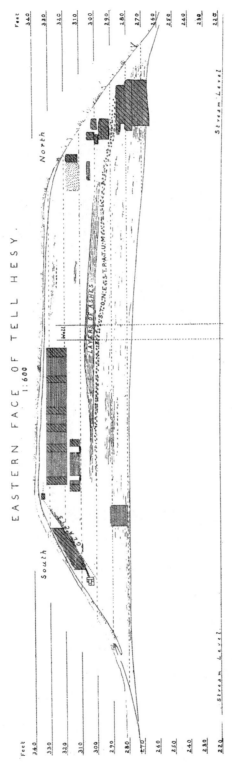

그림 6.8 페트리의 텔 헬헤시(Tell el-Hesy 유적 총위단면도(*Tell el-Hesy*, 1891)

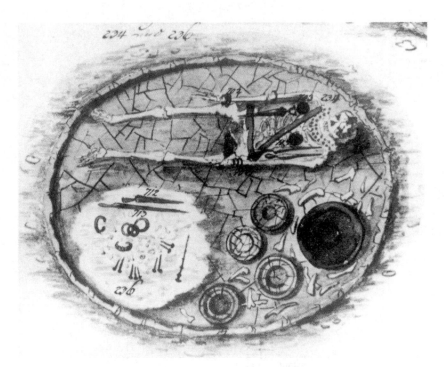

그림 6.9 오스트리아의 할슈타트 유적의 무덤으로 19세기 중반 화가 이시도어 엥겔Isidor Engel이 그린 것이다

발전이 고고학을 물건의 과학에서 건축물과 유적의 과학으로 변모시켰다고 서술한
바 있다.

　　비록 유럽의 선사시대 기념물들은 17세기부터 간간히 세밀한 부분까지 신경을
써서 발굴되기도 했지만(Klindt-Jensen 1975: 30), 선사고고학 분야에서는 세밀한 기록
방법이 고전고고학보다는 뒤늦게 발달했다. 1870년대까지 진화론적으로 경도되어
있었기 때문에 유럽의 대부분 지역에서는 흔히 개략적인 발굴 단면도만을 그리는 것
이 일반적이었다. 예외로 들 수 있는 것이 1850년대 오스트리아의 할슈타트Hallstatt
의 철기시대 초기 공동묘지에서 발견된 것과 같이 부장품이 풍부한 무덤들인데, 아
주 자세하게 기록되었다(Skleář 1983: 71-72, 77)(그림 6.9). 1880년 피트리버스Pitt Rivers라
개명한 오거스투스 레인 폭스 장군(General Augustus Lane Fox, 1827~1900)은 자신이 물
려받은 영국 남부의 넓은 대지에서 유적들을 세밀하게 발굴한다. 그는 1850년대 영
국 군대의 새로운 총기 선택에 도움을 주기 위하여 총기의 역사에 대한 세밀한 연구
를 한 뒤 인류학에 관심을 가지게 되었다. 1860년대 동안에는 광범위한 민족지 수집
품을 모으고 원시 전쟁, 항해, 형식분류의 원칙 등에 대한 글을 쓰기도 했다(Ptt-Rivers

1906). 피트리버스는 시간 변화의 차원을 더 세밀히 알기 위하여 자신의 연구를 선사시대 고고 자료에까지 확장시키고 싶어 했다. 하지만 곧 영국의 많은 유적은 선사시대의 어떤 한 시기 이상의 유물을 포함하고 있으며, 이런 유적을 발굴할 때는 조심스럽게 상이한 시기를 확인하면서 발굴해야 진화적 과정을 고찰하는 데 유물의 가치를 활용할 수 있음을 깨닫게 되었다. 따라서 진화론자 피트리버스가 고고학자로서 가진 주된 목적은 개별 고고 유적들의 역사를 이해하는 것이다. 그는 이 목적을 위하여 직각으로 도랑을 파고 발굴둑을 남겨 층위를 기록했으며, 주의 깊게 개별 유물을 층위 맥락과 연관시켰다. 1880년 호러스 피트Harace Pitt라는 사촌으로부터 크랜본 체이스 Cranborne Chase의 대지를 물려받은 뒤에는 그 지역 내외에 소재하고 있던 수많은 유적을 모범적으로 발굴한다. 그의 풍부한 발굴보고서에서는 고고학자들이 수행한 작업에 대한 관심사뿐만 아니라 전체에 대한 완전한 보고서를 출간할 필요가 있음을 강조했다(M. Thompson 1977). 대부분의 야외조사와 분석은 그가 특별히 훈련시킨 몇 명의 보조원들이 수행했다.

피트리버스의 사망 이후 보조원 가운데 몇 명은 고고학 일을 계속했다. 조지 그레이Harold St. George Gray는 생애를 다할 때까지 왕성한 야외조사를 벌였다. 그레이가 같이 일하기 전부터 피트리버스의 지도를 받았던 아서 불라이드Arthur H. Bulleid는 그레이와 함께 1892년에서 1911년까지 글래스톤버리Glastonbury의 철기시대 말 취락에 대한 발굴 기록을 자세하게 남겼는데, 1970년대에 들어와 주거지와 건축 레벨에 관한 정보를 다시 분석할 수 있을 정도였다(Bulleid and Gray 1911, 1917; Clarke 1972b; Coles et al. 1992). 20세기 전반 영국에서는 고고학 야외조사의 질이 일반적으로 퇴보했는데, 이는 실력을 갖춘 발굴가가 없어서라기보다는 그런 작업에 필요한 비용을 마련하지 못한 것과 더 큰 관련이 있다(M. Thompson 1977; Bowden 1991).

이후 영국에서 공적인 재원을 들인 발굴이 발달한다. 제1차 세계대전을 겪고 생존한 몇 안 되는 젊은 영국 고고학자 가운데 한 명인 모티머 휠러(Mortmer Wheeler, 1890~1976)는 피트리버스의 발굴과 기록법을 따르면서 더 나아가고자 했다. 휠러는 1921년에서 1937년까지 이어진 일련의 발굴에서 자신의 체계를 완성시켰다. 발굴은 사각형 그리드를 설치하여 발굴둑을 남김으로써 많은 연구 단위를 나누는 식으로 이루어졌다. 각 발굴 단위에 대한 해석을 한 뒤에서야 그림을 그렸으며, 각 발견물의 출토 맥락을 주의 깊게 기록했다. 휠러의 체계는 한 유적의 평면적 특성보다는 수직적 연쇄를 강조했으며, 따라서 유적의 역사 연구에 아주 적절한 것이었다. 휠러는 자신의 발굴법을 영국 및 전 세계의 학생들, 그리고 인도의 고고조사부Archaeological Survey의 단장 직을 잠시 수행하던 동안에는 인도 고고학자들에게 전수했다. 그의 책 『고고학 발굴Archaeology from the Earth』(1954)은 이런 식의 발굴 철학을 상술한 것이다. 1930년대가 되면 비슷한 발굴기법들은 북아메리카에서도 이어진다(Willey and Sabloff 1993).

순서배열법의
개발

　　순서배열법 역시 역사에 대한 관심이 높아지면서 더 세련되었다. 1890년대에 보통 이집트 유적에 대한 명문을 사용하여 연대를 추정하고 있던 페트리는 이집트 남부에서 낯설고 명문이 전혀 없는 수많은 공동묘지를 발굴했다. 마침내 이 공동묘지들은 선사시대 말에서 역사시대 아주 초기까지 연대추정됨을 알게 되었다. 상이한 무덤에서 나온 유물들에는 상당한 양식적 변이가 있었는데, 이는 공동묘지가 장기간 사용되었음을 말해 주었다. 다만 층서도 없고 무덤들을 거칠게나마 편년 연쇄로 배열하게 해 줄 묘지의 일반적 확장 유형도 찾을 수 없었다. 페트리는 편년을 고안하기 위하여 디오스폴리스 파르바Diospolis Parva의 공동묘지에서 나온 토기를 아홉 개 주요 모듬 또는 집합으로 나눈 다음 수백 개 형식으로 다시 구분했다. 그 다음에는 다섯 개 이상의 토기 형식을 포함하고 있는 약 900개 무덤 각각에서 어떤 형식들이 있는지를 기록하고 각 형식이 최대한 집중되어 있는 상태를 만들어 내기 위하여 순서배열을 시도했다(Heizer 1959: 376-383). 현대의 컴퓨터를 사용해도 힘든(Kendall 1969, 1971) 이 작업은 페트리가 초기 역사시대의 이집트 토기에 대한 자신의 지식을 토대로 주요 토기 양식에서 어떤 경향성을 추론했기 때문에 가능한 일이었다. 특히 물결모양 손잡이가 달린 토기는 역사시기로 갈수록 작고 원통형으로 변화하며, 손잡이는 퇴화하는 흐름이 있었다. 페트리는 결국 무덤들을 일련의 "계기연대sequence dates"를 이루도록 50개로 구분하여 배열할 수 있었다(그림 6.10). 여기에서 나온 편년 연쇄는 토기를 제외한 무덤 출토품에서의 경향으로 검증했으며, 무덤의 중복관계를 통한 증거와 대비했다. 페트리의 이집트 선왕조시대 편년은, 몬텔리우스의 순서배열과는 달리 수백 년의 시간이 아니라 훨씬 세분되어 수십 년 정도만을 포괄했음에도, 시간이 지나서도 일반적인 틀이 유용성을 잃지 않았다(Kaiser 1957). 페트리는 많은 토기형식들이 시간의 흐름에 따라 그 유행이 증가한 뒤 다시 감소한다고 했다. 다만 그 출현을 새로운 족속이 들어온 결과라고 보았다. 페트리의 순서배열은 직관적 수학 천재의

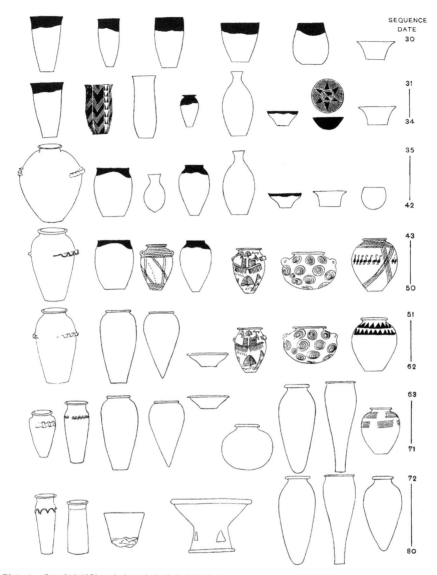

그림 6.10 페트리의 선왕조시기 토기의 계기적 연쇄. *Diopolis Parva*, 1901로부터

놀라운 성과이기는 하지만, 그런 성가신 작업을 따라 할 고고학자는 별로 없었다.

　1915년 뉴멕시코 주 서부 주니Zuñi 인디언족에서 현지조사를 하고 있던 앨프리드 크로버A. L. Kroeber는 가까운 곳에 고고 유적이 많이 있으며 유적마다 토기가 다르다는 사실에 주목한다. 크로버는 넬슨이 당시 산 크리스토발 푸에블로 유적에서 레벨에 따라 토기 형식의 빈도가 달라짐을 밝힌 사실을 알고 있었음이 확실하다. 그는 열여덟 유적에서 토기조각들을 수집하여 세 개의 일반 형식으로 나눈 다음 각 형식의 빈도 변화를 비교함으로써 유적의 편년 연쇄를 수립한다. 이 접근을 레슬리 스파이어(Leslie Spier 1917)가 채택하여 더 많은 주니 유적들에 적용한 다음 층위 발굴을 통해 결과를 검증했다(Lyman et al. 1997a: 55-62). 1930년대부터 제임스 포드(James Ford 1936)는 이런 식의 토기형식의 빈도순서배열을 사용하여 층위적 연쇄를 보완함으로써 미시시피강 유역의 선사시대 문화편년을 수립하는 토대로 삼는다(Ford 1938; O'Brien and Lyman 1998). 페트리의 "발생순서배열occurrence seriation"은 특정 유구에서 나온 여러 형식이 각각 발생(존재)하는지, 그렇지 않은지에 치중했다. 반면 크로버의 "빈도순서배열frequency seriation"은 훨씬 적은 수의 형식들의 빈도 변화에 근거한 것이다(Dunnell 1970). 빈도순서배열은 더 수월하게 사용될 수 있었기 때문에 급속히 확산되고 발전되어 현대 순서배열법의 토대가 되었다. 발생 및 빈도순서배열 모두, 톰센에서 몬텔리우스까지 진화고고학자들이 그러했던 것처럼, 마을이나 무덤의 자세한 역사적 연쇄를 수립하는 데 사용되었다. 스칸디나비아 고고학자들과는 달리 페트리와 크로버는 모두 토기의 양식적 속성이 석기나 금속기보다 더 변화에 민감하기 때문에 토기 연구를 선택했다.

형식분류의 발달과
고고학 문화

　　　문화를 확인하고 더 세밀한 순서배열을 만들어 내는 데 관심이 커지면서 유럽과 북아메리카에서는 더 체계적이고 세련된 유물 형식분류들이 나온다. 유럽에서 이러한 형식분류는 원래 진화고고학자들이 수립한 형식분류에 토대를 두는 경향이 있었는데, 보통 기존의 형식을 나누거나 정교하게 다듬는 식이었다. 형식들은 편년적 목적을 성취하거나 선사시대의 삶을 이해하기 위한 실용적 수단으로 보는 경향이 있었다. 아마도 이러한 이유로 유럽에서는 일반적으로 형식의 성격과 의미에 대한 논의가 별로 없었던 듯하다. 하지만 고로드초프Gorodtsov는 자신의 형식학적 접근을 지속적으로 발전시켜 범주들을 그룹으로 나누고, 그룹을 각각 기능, 재질, 형태를 바탕으로 형식으로 나누었다. 이런 체계에 대한 자신의 서술은 영어로 번역되어『American Anthropologist』에 출간되었다(Gorodzov 1933). 제2차 세계대전이 끝난 뒤 프랑수아 보르드(François Bordes, 1919~1981)와 모리스 부르곤Maurice Bourgon은 새롭고 체계적인 접근법으로 중기 및 전기 구석기시대 유물군을 분류하여 특정 형식에만 의존하는 경향을 바꾸었다. 보르드는 유물군에 대한 서술을 유물에 대한 서술과 구분하고, 유물 형태에 대한 서술을 그 형태를 만들어 내는 데 사용된 기법에 대한 서술과 구분했다(Bordes 1953). 훨씬 뒤 라플라스(G. Laplace 1964)는 이와는 다른 구석기시대 석기들에 대한 분류를 제시했다. 마지막으로 데이비드 클라크(David Clarke 1968)는 모든 수준에서 고고학 형식분류에 대한 체계적인 방법을 제시하여 영국에서 이루어지고 있는 문화사고고학에 내재되어 있는 절차들을 발전시키고자 했다(Shennan 2002: 72).

미국에서 유물 형식분류는 1920년대 이후 이론적인 관점에서 논의되어 왔다. 1930년 글래드윈 부부Winifred and Harry Gladwin는 교역과 같은 과정 때문에 유물 분류는 문화 분류와는 별개로 이루어져야 한다고 주장했다. 이들은 토기 형식을 문화의 시공간적 변이에 대한 민감한 지시자로 생각하면서도 주관성을 피할 수만 있다면 시간적 함의를 고려하지 않은 상태에서 토기 형식을 정의할 필요가 있다고 믿었다. 따라서 이들은 이항지정binomial designation이라는 방법을 제안했다. 여기에서 첫 번째는 형식이 발견된 지리적 위치를 지칭하는 것이고, 두 번째는 가령 툴라로사Tularosa의 흰 바탕에 검은 무늬와 같은 색깔을 말하는 것이다. 형식에 대한 서술은 이름, 토기의 형태, 무늬, 지표 유적, 지리적 분포 그리고 추론된 편년 범위를 포괄하는 하나의 체제로 간행된다. 1932년 해롤드 콜튼Harold S. Colton은 태토와 비짐[目], 표면색깔(科 또는 토기), 표면 처리(屬 또는 種), 그리도 더 구체적인 특성들(형식)에 근거하여 (린네식 분류와 유사하게 토기를 분류하는) 체계를 제안한다. 콜튼과 린든 하그레이브(Colton and Hargrave 1937)는 수백만 개의 토기편에 대한 고찰을 바탕으로 미국 서남부의 토기에 대해 체계적인 형식분류를 제시하는데, 여기에서는 토기ware, 시리즈, 형식이란 용어만이 지속적으로 사용되었다. 윌리엄 애덤스(William Adams 2001: 347)는 비록 위계적 접근이 일반적으로 받아들여지지는 않았지만, 콜튼과 하그레이브가 정의한 개별 '토기'들은 시간이 흘러서도 그대로 남아 있음에 주목했다.

이와 대조로 제임스 포드(Ford 1938)는 형식이란 단지 문화사를 해석하는 데 유용한 도구임이 드러날 때만 인정될 수 있으며, 명백히 시공적 차이와 대응하지 않는다면 형식들을 나누어서는 안 된다고 주장했다. 특히 포드는 형식을 역사적 분석을 위한 도구로 간주했으며, 때문에 편년적 유의성을 지니는 특질을 경험적으로 가려내고자 했다. 후일 유물을 만들고 사용한 사람들에게 형식이 가지는 실체가 무엇인지에 대해, 그리고 형식과 그것을 정의하는 데 쓰이는 속성이나 모드mode 사이의 관계에 대해, 속성의 성격과 유물 순서배열에 있어 그 유용성에 대해 중점적으로 논쟁이 벌어졌다. 라우즈(Rouse 1939)는 통계 곡선에서 가장 높은 점을 중심으로 속성들이 통계적으로 군집한 것을 토대로 내재적emic 형식을 인지할 수 있는데, 이는 제작자 집단이 공유하는 규범이나 이상적 규범형mental template을 나타낸다고 했다. 1950년대에도 형식은 속성들이 규칙적으로 군집하는 것을 근거로 발견될 수 있으며, 이 같은 "자연적" 형식은 포드의 임의적으로 만들어 낸 형식보다 인간행위와 문화변화에 대해서 더 많은 것을 알려 줄 수 있다는 주장이 계속된다(Spaulding 1953). 이 유물 형식 분류에 대한 오랜 논쟁(포드-스폴딩 논쟁)은 미국 고고학자들이 학문의 분석적 기초를 분명히 하고자 했음을 처음으로 확실하게 보여준 것이라 하겠다.

이렇듯 고고학 문화의 개념이 유럽과 북아메리카에서는 독자적으로 그리고 상이한 토대 위에서 발달했다. 다만, 이 두 지역에서 문화는 유사한 물질문화로서 보통 작은 지리적 영역을 점유하며 비교적 짧은 지속 시간을 가지는 것으로 생각했다. 각 문화의 시공간 경계는 경험적으로 판단해야 했다. 비교 대상 문화들이 단일한 문화전통에서 계기적인 단계를 나타내고 있을 경우 그 경계는 임의적인 것으로 생각되었다. 그럼에도 고고학 문화의 인식 방식에는 유럽과 북아메리카 사이에 차이가 있었다. 미국에서는 특히 중서부분류체계의 영향 아래 문화(초점)는 개별 특질의 빈도가 아니라 공유하고 있는 "성분"의 수에 근거하여 설정했다. 심지어 빈도가 순서배열에 중요한 것인데도 그것을 무시하고 교역 등을 통해 특정 유적에 들어온 희귀한 유물들을 아주 중요하게 다루었다. 또한 고고학자들은 과거와는 달리 유물이나 특질의 기능적인 역할에 대한 관심을 거의 갖지 않았다. 이 같은 새로운 형식론적 접근은 이전의 유물 기능에 대한 "인상적"인 관심보다는 더 객관적이며 과학적이라 생각했다.

유럽에서 고고학자들은 이보다 더 기능적인 관점에서 물질문화를 보았다. 매장 유적은 주거유적에서 발견되는 것보다 더 좁은 범위의, 그리고 심지어는 상이한, 유물조합을 보여줄 것이라는 인식이 광범위했다. 그 차이는 선사시대에 대한 더 깊은 통찰을 하는 데 중요했다. 차일드는 실용적인 유물이 넓은 지역에 빠르게 확산되어 변화에 더 둔감하기 때문에 종족의 차이에 민감한 특질에 근거하여 문화를 정의해야 한다고 주장했다. 또한 문화의 경계가 유물형식의 경계와 동일한 것은 아님을 강조하는데, 이것을 데이비드 클라크(Clarke 1968)는 계통적인 개념의 고고학 문화라고 부른다. 차일드는 모든 형식의 유물들이 과거 사람들이 어떻게 살았는지를 이해하는 데 중요함을 인정했다. 하지만 그 중요성은 유물의 수와는 상관없을 수도 있어, 청동부 한 점이 토기편 500점보다 더 많은 정보를 줄 수 있음을 강조했다. 이는 아마도 20세기 전반 미국 선사고고학자들보다는 유럽의 고고학자들 사이에서 "유물 뒤의 사람들"에 대한 관심이 컸다는 사실을 비추어 주는 것 같다. 하지만 차일드는 상이한 유물 형식의 상대적 빈도가 문화를 이해하는 데 중요할 것이라는 점을 언급하지는 않았다.

문화복원에 대한 관심

특정한 선사 집단이 어떻게 살았는지에 대한 관심은 민족주의의 성장에 힘입은 바 크지만, 19세기 전반 스칸디나비아 고고학에 그 뿌리가 있기도 하다. 과거 생활양식에 관심을 가진 고고학자들은 이전에는 무시되었던 고고 자료에도 관심을 가진다. 과거 매장유적에 대해서는 오랫동안 관심이 지속되었지만, 이제는 취락 유지에 대한 연구가 늘어났다. 이로써 새로운 형식의 자료에 대한 기록뿐만 아니라 층위 발굴이 아닌 대규모 평면 발굴이 실시되었다. 땅속의 기둥구멍의 흔적은 1872년 이전 피트 리버스에 의해 처음으로 알려졌다(Bowden 1991: 77). 1890년대 로마-게르만협회는 중유럽에서 로마제국의 북방 경계를 따라 있는 유적들을 연구했는데, 많은 종류의 토양에서 기둥구멍을 찾는 기법을 개발했다(Childe 1953: 13). 칼 슈카르트Carl Schuchhardt 와 게르하르트 베르수(Gerhard Bersu, 1889~1964)는 기둥구멍의 유형을 이용하여 사라진 나무 구조를 복원하기도 했다. 또한 고고학자들은 유적 안 어디에서 유물이 출토되었는지에 대해서 더 체계적으로 기록하기 시작했으며, 그럼으로써 유물을 화덕이나 주거지 벽체 등과 같은 유구와 관련하여 대응시킬 수 있게 되었다. 점차 당시까지 일반적으로 도외시되었던 뗀석기 제작과정에서 나오는 부산물debitage과 식물 및 동물 유체도 수습되어 연구되었다. 이러한 발굴 방식은 네덜란드에서 반 기펜(Albert Egges van Giffen, 1884~1973)에 의해 적용되었으며, 1930년대 말 베르수가 나치의 억압을 피해 망명함으로써 독일에서 영국으로 전수된다(C. Evans 1989).

이러한 발전을 계기로 발굴법에서 더욱 정확성을 기하게 되었다. 조사의 주 목적은 사회조직의 세부 사항을 재구성하거나 과거 사람들이 무슨 생각을 했는지를 알아내는 것이 아니라 오히려 과거 생활에 대한 시각적인 인상을 복원하는 것이었다. 집이 어떻게 생겼으며, 어떠한 옷을 입었고, 어떠한 도구를 사용했으며, 어떤 일에 종사했는지를 파악하는 것이다. 그림으로(그림 6.11), 또는 야외 박물관에서 삼차원적으로 복원되기도 했다. 그런 복원이 필요하지 않았던 한 유적의 사례로는 고든 차일드 (Childe 1931)가 발굴한 오크니의 스카라 브레이Skara Brae라는 신석기시대 취락 유적이다. 이 유적에서는 집뿐만 아니라 침대, 찬장 같은 가구들까지도 돌로 만들어져서 보존되어 있었던 것이다. 이런 종류 고고학은 유럽 대륙에서 1920년에서 1940년 사이에 가장 인상적으로 발달했다. 집과 그 주변이 완전하게 발굴되었으며, 기둥구멍,

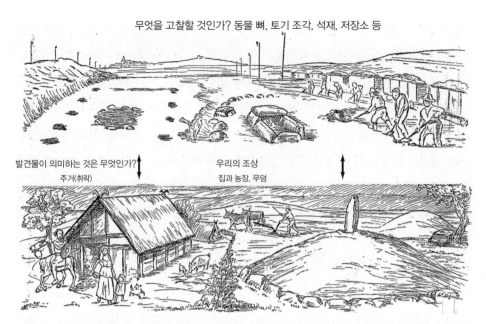

무엇을 고찰할 것인가? 동물 뼈, 토기 조각, 석재, 저장소 등

발견물이 의미하는 것은 무엇인가? 우리의 조상
주거(취락) 집과 농장, 무덤

그림 6.11 독일 선사유적에 대한 평면 발굴 및 그것을 복원한 그림. 할레Halle박물관에서 나온 팸플릿에서 온 것으로 『*Antiquity*』 1938년 6월호에 문구가 번역되어 재수록됨.

화덕, 구덩이, 유물 분포 등이 과거 일상생활 유형의 증거로 해석되었다(De Laet 1957: 101-103; Sieveking 1976: xvi).

미국에서는 문화사 접근이 발달하면서 고고학자들이 유적 발굴을 통해 특질 목록을 만들어 문화를 확인하고 편년을 수립할 수 있게 해 주는 유물의 표본을 확보하고자 했다. 어떤 유적의 어느 한 부분에서 출토된 유물들은 전체의 단면을 보여준다고 생각되었기 때문에 발굴은 흔히 유물들이 가장 많으며 가장 저렴하게 수집할 수 있는 폐기장에 치중되는 경향이 있었다. 고고학자들은 유물과 더불어 때로 생계유형의 증거로서 식물 및 동물 자료, 그리고 유적을 점유했던 사람들의 형질을 확인할 유골 자료를 수집하고자 했다. 1930년대 경제공황기 동안에는 국립공원, 박물관, 대학에 일하고 있던 미국 연방정부의 구호담당자들이 고고학 조사에 많은 재정원조를 해 주기도 했다. 발굴은 직업이 없는 육체노동자들이 쉽게 할 수 있는 일이었고 사기업과도 아무런 경쟁을 유발하지 않았기에 그러한 고고학 발굴에 재정지원이 뒤따랐다. 대부분의 작업은 구제고고학이었다. 댐 건설로 물에 잠기게 되는 지역에서 대규모 유적들을 완전히 발굴하기도 했다(Fagette 1996; Lyon 1996). 이렇듯 공황기 동안 대규모 평면 발굴이 이루어지면서 미국 동부의 문화사와 관련된 많은 양의 자료가 수집되었음은 물론 유물들이 화덕, 집자리 유형, 마을 평면계획과 같은 유구들과 어떠한 관련을 맺고 있는지 하는 문제에도 많은 관심이 모아지게 되었다. 이 같은 발굴은 주택 및 의례 구조물과 전체 취락 계획에 대한 정보를 크게 넓혀 주었다(Willey and Sabloff 1993: 143-144). 그렇지만 이러한 지식은 애초 특질목록을 확장시켜 주는 수단으로 생각되었을 뿐, 선사시대에 사람들이 어떻게 살았는지에 대한 관심은 그리 크지 않았다. 정부의 지원을 받은 고고학 구제 프로젝트들은 1950년대 미국 정부가 미주리강과 콜로라도강을 따라 추가적인 댐들을 건설하면서 재개되기도 했다.

유럽과 미국 문화사고고학의 연구경향이 유사하다고 해서 과거를 대하는 태도에도 유사함이 있었던 것은 아니다. 비록 유럽인들은 선사시대에 대해 나름의 깊은 감정을 가지고 있었지만, 유럽과 미국 사람들은 선사시대의 고고학적 유존물을 여전히 생소한 사람들이 남긴 산물로 바라보았다. 그러나 대서양 양단의 고고학에서 문화사 접근이 발달하면서 형식분류, 편년, 문화복원에 이전보다는 훨씬 더 커다란 진전이 있게 되었다. "과학적"인 것에서 "역사학"적인 것으로 학문의 목적이 변화한 것은 고고학의 방법론의 발달을 저해했다기보다는 자극했다고 해야 옳을 것이다.

12. 고고학 이론과 문화사고고학

콜링우드와 관념론적 접근

최근 수십 년 동안 고고학 이론가들은 인식론, 곧 지식의 이론과 관련된 것에 어떤 지침을 얻기 위하여 철학에 의지했다. 하지만 문화사고고학자들은 철학적 개념을 제대로 활용하지 못했다는 것이 정설이다(Spaulding 1968; M. Salmon 1982; Gibbon 1989; W. Salmon 1992). 고든 차일드조차도 1940년대와 1950년대에 들어서 철학을 이용하여 고고학자의 작업을 이해하고자 했지만, 대체로 이전의 문화사 접근을 폐기한 상황이었다. 사실상 문화사고고학과 철학 사이의 깊은 만남은 전통적으로 고전고고학과 선사고고학이 접하는 시기인 로마시대에 대한 영국 고고학에서 이루어졌다. 이러한 만남은 당대 지도적인 고전고고학자이자 뛰어난 철학자였던 옥스퍼드대학의 로빈 콜링우드(Robin Collingwood, 1889~1943)로부터 볼 수 있다. 콜링우드는 아마도 과거를 일반적으로 사고의 성격을 고찰하는 검증 수단으로, 따라서 철학적 성찰의 토대로 이해한 첫 철학자일 것이다. 1911년부터는 고고학 연구에 집중하여 로마시대 영국 연구에서 지도적인 위치에 선다. 이러한 연구는 『로마시대 영국 고고학*The Archaeology* *of Roman Britain*』(1930)이라는 결정적인 연구에서 절정에 다다른다. 이후 『역사에 대한 생각*The Idea of History*』이라는 중요한 철학적 업적을 내었는데, 이 책은 콜링우드 사망 이후 1946년에 출간되었다. 그의 철학에 대해서 더 짧으면서도 이해하기 쉬운 저술로는 1939년에 나온 『자서전*An Autobiography*』을 들 수 있는데, 당시 병에 시달리고 있어 자신의 주요 연구를 완성하지 못하고 죽을지도 모른다는 공포를 느끼고 있었다.

콜링우드는 칸트 이후 관념론 철학의 전통을 옹호했다. 그는 가장 단순한 지각조차도 인간의 마음속에 이미 존재하는 개념, 또는 범주의 결과로서 이해된다고 믿었다. 개인들은 사물의 성질에 대해 기존에 존재하고 있는 이해와는 다른 방식으로 세계를 지각하거나 이해할 수는 없다는 것이다. 이런 많은 개념들은 학습되지만, 시간, 공간, 인과성과 같은 기본적인 관념은 타고난 것으로 보았다. 그러나 어디에서 기원했든지 그런 개념들이 없이는 실증주의 인식론의 근간인 관찰은 의미가 없어진다. 관념론자로서 콜링우드는 이탈리아 철학자 베네데토 크로체(Benedetto Croce, 1866~1952)와 많은 공통점이 있다. 크로체가 역사를 사상에 대한 역사로, 따라서 철학의 한 가지로 생각했던 것은 이탈리아 고고학의 발달에 큰 영향을 미쳤다(d'Agostino 1991: 53-54).

콜링우드에게 고고학자의 연구대상인 과거는 죽어 있는 것이 아니라 완전히 현재에 존재하는 것이다. 그는 과거에 대한 지식은, 과거를 이해하면서 적절하다고 판단되는 지식과 더불어, 현재에 존재하는 문헌기록과 유물로부터 온다고 주장했다(Collingwood 1939: 97-99). 콜링우드의 관념론은 사실과 이론이 서로 분리되어 있음을 부인한다. 또한 고고학자는 단지 자신의 조건 아래에서 사물을 지각하며 분명하게 공식화한 질문과 관련된 것을 제외하고는 아무것도 의미를 지니지 못한다고 주장했다(pp. 24-25). 그는 관념론자로서 사람에게 실재적인 것이란 마음속에만 존재하는 것이기 때문에 고고학자들은 연구 대상인 사람들의 행위의 의도, 목적, 지식을 파악함으로써 과거를 이해해야 한다고 주장했다. 과거 사람들이 사물을 만들고 사용했던 의도, 취지, 생각을 모사하려 애써야 한다는 것이다. 고고학 해석이란 과거 사람들이 가졌던 생각에 대해 현재의 고고학자들이 가지는 생각들로 이루어져 있으며, 한 연구자가 자신의 마음속에 과거를 되살리는 행동이 된다. 특정 사건들을 만들어 낸 정신적 활동을 재구성해야 하며, 고고학자들은 과거를 그 자체 경험의 측면에서 생각해야지만, 고대 문화의 유의한 유형과 역할을 구분해 낼 수 있게 된다. 또한 콜링우드는 설득력 있는 이해를 추구하기 위해서는 복수의 독립적인 증거가 일치되는 것이 중요함을 강조했다(Collingwood 1946: 276).

하지만 과거를 적절하게 연구하기 위해서 고고학자들은 반드시 인간행위의 변이들, 그리고 문헌기록으로부터 특정 고대 문화에 대해 가능하면 많은 지식을 얻음으로써 스스로의 의식을 확장하기 위해 애써야 한다. 콜링우드가 사회인류학을 인간행위의 변이에 대한 유용한 정보원으로 생각했다는 증거는 없다. 다양성에 대한 그의 인식을 확장시키는 데 좋은 방법이었을 테지만 말이다. 오히려 고전학 연구자로서 고대 그리스와 로마의 문헌 자료를 사용했기 때문에 현대와는 다른 고대문명의 사고와 실제에 대해 많은 지식을 가질 수 있었으며, 고고학자의 관습적인 믿음을 비판하고 과거를 현재와는 다른 영역에 위치지을 수 있었을 것이다(Collingwood 1939: 120-146, 1946: 302-315). 그는 이런 이해를 통해 과거에 대한 확실한 지식의 토대가 만들어진다기보다는 과거에 살았던 사람들이 가졌던 이해에 근접한 (고고학자들이 그럴 것이라고 믿고 싶어 하는 과거에 대한) 이미지만을 얻을 수 있으리라 보았다. 다만 고전학의 전통 안에서 그런 과정에 내재된 자민족중심주의의 위험성에 대해서는 잘 인식하지 못했던 것 같다.

1940년대와 1950년대의 많은 영국 고고학자들은 콜링우드의 저작을 읽었거나 적어도 그의 생각을 일반적으로나마 알고 있었다. 그렇지만 대부분은 철학에 대해서 잘 알지 못했으며, 문화적으로 순진한 실증주의나 경험론의 형태에 기울어 있었다. 이 때문에 글린 대니얼(Glyn Daniel 1975), 스튜어트 피곳(Stuart Pigott 1950, 1959), 크리스토퍼 혹스(Christopher Hawkes 1954) 같은 고고학자들은 콜링우드의 생각을 본래 의도한 것과는 아주 다른 선상에서 해석하고 만다. 콜링우드와 마찬가지로 이들도 '아이디어'가 인간행위를 형성하는 데 중요하다는 데 동의하지만, 콜링우드와는 달리 사실과 해석을 분명하게 구분짓는다. 이들은 고고 자료는 학문의 실재적이면서도 축적되는 핵심으로 구성되며, 이와 대조로 해석이란 오래 지속되지 못하는 의견들로 이루어졌다고 믿었다. 이들은 모든 고고학 해석은 지성적인 양식으로 생산되며 새로운 자료와 새로운 이해가 등장하면서 결국은 비판받게 된다고 주장했다. 이런 입장은 19세기 독일 경험주의 역사가 레오폴드 폰 랑케(Leopold von Ranke, 1795~1886)를 따르는 현재의 역사가들의 관점과 많은 부분이 통하는데, 해석의 주관성이나 지속 가치에 관한 극도로 회의적인 시각과 고고학적 사실의 객관성에 대한 신념을 결합시키고 있다(Carr 1967: 5-6; Iggers and Powell 1990). 이들은 과거란 더 이상 존재하지 않기 때문에 과거에 대한 추론을 실제 사건과 비교하여 그 추론이 옳은지를 판단할 가능성은 없다고 주장했다. 인문 현상의 복잡성 때문에 다양한 해석이 가능하며 이는 개별 고고학자들이 가진 많은 시각이나 믿음에 상당한 영향을 받는 것이다.

이들 고고학자의 관념론적 인식론은 고고학의 잠재력을 어떻게 평가했으며, 고고학이 어떠해야 한다고 생각하는지에도 드러난다. 1954년 크리스토퍼 혹스(Hawkes, 1905~1992)는 문헌기록이나 구비전승이 전혀 없는 경우 선사고고학자는 고대의 경제보다는 기술에 대해서 더 수월하게 알아낼 수 있고, 사회정치 제도를 복원하는 일은 아주 어렵고, 종교 및 영적인 믿음을 이야기하는 것은 가장 힘든 일이라고 주장했다. 이렇듯 점점 더 어려워지는 수준은 나중에 "혹스의 사다리"라 불리게 되었는데, 그 논리의 근거는 기술을 형성하는 데는 보편적인 물리학 법칙이 주된 역할을 하는 데 반해, 인간의 믿음과 행위에는 특이하고 고도로 다양한 문화적 사실이 영향을 미친다는 것이다. 이와 유사한 생각은 이미 그레이엄 클라크Grahame Clark가 『고고학과 사회』(1939) 첫 판에서 언급한 바 있지만, 유물론자로서 클라크는 이 같은 한계를 인정하면서도 선사시대의 인간행위에 대해 중요한 것들을 알아낼 수 있다고 믿었다. 관념론자로서 혹스는 고고학은 "인간만의 특별한" 것(인간의 인지적 행위를 의미한다)이 아니라 "일반적으로 동물"로서의 인간행위만을 연구할 수 있을 뿐이라는 생각을 개탄해 마지않았다(C. Evans 1999). 혹스의 주장은 이에 동의하는 사람들의 심정을 울렸으며 스미스M. A. Smith, 차일드(Childe 1956a: 129-131), 피곳(Pigott 1959: 9-12), 앙드레 르루아구랑André Leroi-Gourhan, 그리고 더 최근에는 프리드맨과 롤랜즈(Friedman and Rowlands 1978b: 203-204)도 이에 동의했다.

고고학 문화와
종족성

1950년대 동안 영국의 문화사고고학자들은 선사시대 고고 자료의 수집과 해석을 나누는 경향이 있었다. 자료 수집과 일차적 분석은 대체로 "흙 속 고고학자"들의 몫이라고 생각했으며, 발견물을 종합하는 일은 선사학자들의 영역이라 보았다. 자료는 고고학의 안정된 기반이라고 믿었고, 해석은 의견에 불과하지만, 역설적이게도 선사학자들은 고고학자보다 더 높은 지위를 부여받았다. 이런 식의 구분은 자료의 종합과 수집 사이에는 큰 피드백이 없다는 생각에 토대를 둔 것이다. 영국의 경험론에 따르면 이론이 없는 상황에서 야외조사를 가장 잘 수행할 수 있을 것이다. 이는 특정 문제에 대한 대답을 찾기 위해 야외조사를 해야 한다는 콜링우드의 믿음과는 배치된다. 비록 이러한 구분을 몇몇 미국 고고학자들도 주목했지만(Rouse 1972: 6-11), 미국에서는 널리 받아들여지지 않는 경향이었다. 그렇지만 필립 필립스(Philip Phillips 1955: 249-250)는 고고 자료의 "통합"과 "해석"은 독립된 "작업"이라는 데 동의한 바 있다.

대부분 선사고고학자들은 고생물학자와 마찬가지로 상사(analogy)의 논리가 자료 해석의 수단을 제공한다고 생각한다. 일반적 범주 안에서 고생물학자들은 엄격하게 상사와 상동homology을 구분한다. 상사란 자연선택의 결과 상이한 종이 독자적으로 유사한 환경에 적응하면서 생긴 유사한 특성을 가리킨다. 그 사례로는 물고기와 고래의 유선형 몸체는 모두 물속에 적응하면서 수렴진화의 결과로 생긴 것을 들 수 있다. 상동이란 코끼리와 매머드 사이의 유사성과 같이 종이 유전적인 관련의 결과로 공유하는 특성을 말한다. 진화고고학자들은 심적동일성의 결과 동일한 발달수준에 있는 상이한 집단들이 변화에 비슷한 반응을 보였다고 생각했으며, 그 같은 유사함을 합리적이면서도 적응적인 관점으로 설명할 수 있다고 보았다. 그렇지만 둘 또는 그 이상의 문화들이 공통의 조상 문화에서 기원했거나 전파의 결과(생식적으로 격리된 종 사이에서는 벌어지지 않을 일)로 특성들을 공유하고 있을 가능성을 배제하지는 않았다. 따라서 멀리 떨어진 문화들에서 보이는 유사성은 상사의 맥락에서, 그리고 이웃하는 문화들 사이의 유사성은 상동의 맥락에서 설명하는 경향이 있었다. 문화사고고학자들은 일반적으로 진화적 설명을 신뢰하지 않았다. 그리하여 거의 전적으로 상동에 근거하여 고고학적 발견을 설명했는데, 흔히 직접역사적 접근의 수단을 사용했다. 문화특수주의cultural particularism, 그리고 인간의 창의성에 대해서는 염세적인 생각에 기울어 있었던 것이다. 문화변화를 설명하기 위해서는 거의 전적으로 전파와 이주라는 메커니즘을 불러들였다.

문화사고고학자들은 오랫동안 고고학 문화는 공통의 언어와 생활양식을 가진 종족 집단이 남긴 것이라 보았다. 따라서 고고 자료로부터 종족성을 추론할 수 있다고 생각했다(Kossinna 1911; Childe 1925a). 1950년이 되면 맥화이트(Eóin MacWhite 1956), 월리와 필립스(Willey and Phillips 1958: 48-49)를 비롯한 고고학자들은 그 어떠한 단일한 사회적 단위도 고고학 문화와 일치하지는 않는다고 결론을 내리게 되었다. 셸리안과 아슐리안 "문화"가 아프리카, 서아시아, 유럽 등 넓은 지역에 분포하고 아주 오랜 시기 동안 존속했다는 사실로 보아 단일한 종족이 남긴 것이라 하기에는 이치에 맞지 않았던 것이다. 이 때문에 흔히 문화라기보다는 "공작industry"이라 불리게 되었다. 캐나다 북극 지방 대부분 지역에 확산되었던 툴레Thule 문화는 단일한 종족 집단이 남긴 것일 수도 있지만, 단일한 사회와는 일치하지 않음이 분명하다. 마야 농경민과 엘리트의 생활양식의 고고학 유존물은 두 개의 연결된 "하부문화subculture" 또는 종족 집단(두 집단은 거의 확실히 스스로를 단일한 사회 및 경제 체계의 구성원이라 생각했을 테지만)으로 분류될 수도 있을 것임을 지적하는 사람도 있었다(Rouse 1965: 9-10). 또한 유럽 신석기시대 고고학 문화의 지리적 범위는 유사한 민족지에서 나타나는 집단의 문화보다 훨씬 컸을 것임도 인식했는데, 이는 최근 워츠카(H. P. Wotzka 1997)가 확인한 바와 같다. 현대 주거(취락)유형 연구의 발달과 더불어 선사시대 사회 및 정치 단위를 추론하는 새로운 방법들도 개발되었다. 고고 자료로부터 추론하는 사회 조직은 사례에 따라 각기 다르며, 물질문화 유형은 단지 하나의 정보원이라는 사실이 인정되고 있다. 결과적으로 독일어를 사용하는 나라뿐만 아니라 영어권의 고고학자들도 고고학 문화의 사회적 해석은 문제가 많았다는 점을 알게 되었던 것이다.

고고학 문화가 과거 종족 추정에 유의성이 있는지에 대해서는 다른 근거에서도 문제가 제기되었다. 비록 차일드(Childe 1935a, 1940a)는 세밀한 문화사 종합을 지속적으로 출간했지만, 1920년대 말 이미 고고 자료만으로 종족성을 알아낼 수 있는지, 또는 종족성이 선사시대 연구의 중심 부분이 되어야 하는지에 대해서 의문을 품기 시작했다(Childe 1930: 240-247). 도널드 톰슨(Donald Thomson 1939)은 수렵채집민 문화의 상이한 계절적 양상이 근본적으로 상이한 양상의 물적 유존물로 귀결될 수 있음을 밝혔다. 또한 모든 고고학 "문화들"이 분명하게 정의된 경계를 가지고 있지는 않음도 명백해졌다. 물질문화의 변이가 클라인cline이나 구배勾配[6]를 따라 일어날 경우, 고고학 문화를 지칭하는 것은 아주 임의적이고 주관적일 수 있으며, 따라서 해석적인 의제에 따라 달라질 수도 있는 것이다(Renfrew 1978b). 이는 나아가 고고학 문화와 종족 집단 사이의 연관관계에도 문제를 제기한다. 문화사고고학의 역할이 축소되면서, 고고학 문화의 종족적 해석에 대한 비판은 더욱 날카로워지게 되었다. 과정고고학자들은 물질문화에서의 변이를 종족성이 아니라 생태 적응의 표현으로서 이해하고자 했던 것이다.

---

6) 클라인이란 특정 지역의 종 안에서 일어나는 형질의 점진적인 변화를 말하며, 구배란 생물학적인 발생이 진행될 때 일어나는 규칙적 변화를 가리킨다.(옮긴이)

고고학자들은 이제 물질문화의 변이에는 다양한 원인이 있음을 인정하고 있다. 그 가운데는 종족적 차이만이 아니라 시간적 차이를 반영하고 있는 것도 있으며, 환경 배경, 자원 이용, 수공업 생산과 장식품의 지역적 전통, 교역 유형, 지위 경쟁, 젠더 정체성, 집단 간 혼인유형, 종교 신앙 등에서 오는 차이를 반영하고 있기도 하다. 또한 어떤 족속은 부족이나 공동체 구성원보다는 특정 씨족이나 종교에 더 강하고 오래 지속되는 귀속감을 가지고 있다. 이러한 경우 선사시대에 민족 집단의 이동을 추적하는 데 적절할 수도 있다(T. Ferguson 2003: 141-142). 종족성이란 개인과 집단들이 많은 상이한 맥락에서 상호 조정하는 주관적인 정체성(이며, 흔히 고고학자들이 연구하는 물질문화와는 별로 관계가 없는 것)이라는 프레더릭 바스(Frederick Barth 1969)의 논증은 종족성이 고고학적 유존물에서의 문화적 변이, 곧 문화변화의 유일하거나 주요한 설명이 되지는 않음을 가리켜 준다(S. Jones 1997; Gosden 1999: 190-197; Shennan 2002: 84-85; Snow 2002; Chrisomalis and Trigger 2004).

문화사고고학의
한계

오늘날 많은 고고학자들은 고고학 문화의 개념을 무시하거나 거부하고 있다(Shennan 1989b). 그렇지만 이웃하는 고고학 유적들 사이의 물질문화에서 급격한 단절이나 경계가 분명하다면 고고학 문화는 고고 자료를 분석하는 데 여전히 유용한 개념이 될 것이다. 그렇기 때문에 고고학 문화를 많은 상이한 요인에 의해 생산된 물질문화의 시공간적 변이의 유형을 요약하여 서술한 것으로 보는 사람들이 많아졌다. 고고학 문화란 구체적인 사례에서 고고학자들이 설명해야 할 현상이지 그 자체로 설명은 아닌 것이다. 종족성을 찾는 일은, 지난 세기 동안 문화사고고학의 발달을 가져온 것이긴 하지만, 고고학적 유존물을 생산하는 데 다양한 요인이 어느 정도의 역할을 했는지를 잘 이해하지 못한 것으로 평가받고 있다. 이는 고고학자들이 오랫동안 대체로 무비판적으로 특정 종족이나 민족의 선사시대를 만들어 내는 데 경도되어 있었기 때문이다. 비록 코시나를 비롯한 독일의 고고학자들은 이런 종류의 고고학을 개척하기는 했지만, 그 한계를 지적했던 독일 고고학자들도 있었다.

1950년대가 되면 문화사고고학은 새로운 생각이 고갈된다. 영국에서 이 시기는 유적을 어떻게 발굴할 것인지, 그리고 물리 및 생물과학의 기법들을 사용하여 발견물을 어떻게 분석할 것인지에 대한 많은 책이 출간되었던 때였다. 이런 접근은 돈 브로트웰Don Brothwell과 에릭 힉스Eric S. Higgs의 『고고학에서의 과학Science in Archaeology』(1963)이라는 책에서 절정에 이른다. 고고 자료에 대한 해석이 어떻게 고고학 이론과 사회과학 이론에 근거해야 하는지에 대한 논의는 전혀 없었다. 그런 식의 이론에 가장 가까운 것은 고고학 해석의 수준에 관한 맥화이트(MacWhite 1956)의 틀이라 할 수 있지만, 이 접근도 더 이상 발전되지 못하고 말았다.

문화사고고학자들 가운데는 선사시대 기술(Piggott 1983) 및 예술 양식(Megaw and Megaw 1989)의 발달을 추적했던 사람들도 있었다. 하지만 대부분은 여전히 고고학적 유존물에서 종족 집단을 확인하려 했으며, 물질문화의 변화를 전파와 이주의 탓으로 돌렸다. 고고학적 발견물은 단지 문헌기록이 없거나 직접역사적 접근이 불가능한 경우에만 행위적으로 또는 상징적으로 해석될 뿐이었다. 이로부터 나오는 이야기들은 고고 자료에 체계적으로 근거한 것이 아니었으며 단지 의견을 표현한 것에 불과하다는 비판을 받게 되었다(Clarke 1968: 30-31). 문화사고고학자들의 가장 큰 한계는 변화를 여전히 외부적 과정의 탓으로 돌려 전파와 이주에 의지하면서도 왜 문화들이 새로운 특질을 받아들이기도 하고 거부하기도 하는지, 그리고 혁신들이 어떻게 사회를 변모시키는지에 대해서 궁구하려는 노력을 거의 기울이지 않았다는 사실이다. 고고 유적이 어떠한 양상이었는지, 그리고 어떤 활동이 있었는지에 대해 관심이 증가했음에도 불구하고, 개별 문화들이 체계로서 어떻게 기능하고 변화했는지를 고찰하려는 의지는 찾아볼 수 없었다. 그러한 이해 없이, 전파와 이주는 설명이 아닐 수밖에 없는 것이다. 이런 문제는 오래전부터 인식되었지만, 궁극적으로 해결책은 문화사적 접근 내부에서가 아니라 외부에서 찾아지게 되었다.

13. 결론

유럽의 고고학자들은 점점 고고학적 유존물의 복합성을 인식하면서 문화진화를 더 이상 자연적인 바람직한 과정으로 보지 않게 되었다. 이로써 고고학 문화를 확인하고 그 기원을 전파와 이주의 측면에서 설명하는 접근이 발달했다. 유럽 고고학은 역사학과 밀접한 관련을 맺고 있었으며, 선사시대의 특정 민족에게 어떠한 일들이 벌어졌는지에 대한 지식을 추구하는 것으로 여겨졌다. 연구 결과물들은 민족적 자의식을 위한 투쟁, 민족 정체성에 대한 확증과 방어, 계급 갈등이 아닌 민족적 통일성을 고취시키는 데 이용되었다. 이런 식의 고고학은 세계 여러 지역에서도 큰 호소력을 지녔다. 종족 및 민족 집단들은 지속적으로 초기 역사를 찾아내어 집단의 자부심과 연대감을 높이고 경제 및 사회발달을 고무하고자 했다. 문화사고고학의 결과물은 고고학의 다른 분야에서 개발된 선사 문화의 복원 및 문화변화의 설명 기법이 발달하면서 보완되고 있다. 하지만 특정 민족의 역사를 찾으려 하는 접근은 탈식민 시대에도 여전히 그 필요에 봉사하고 있다. 이 때문에 문화사고고학은 아직도 많은 나라에서 활발하게 이루어지고 있다. 미국에서는 고고학적 유존물에서 복합적인 유형화의 증거가 늘면서 아메리카 원주민의 변화 능력에 대해, 이전에는 부정했지만, 이제는 어쩔 수 없이 제한적으로 인정하게 되었다.

지난 세월 문화사고고학을 지지하는 사람과 반대하는 사람들의 연구는 모두 고고학 문화를 종족성에 대한 정보원으로 보는 한계가 있었다. 종족성은 물질문화의 유형화를 낳은 여러 요인 가운데 하나일 뿐이다. 고고학 문화는 종족성에 대한 정보만을 담고 있는 것이 아니라 다른 많은 방식으로 설명되어야만 하는 현상이다. 고고학 문화가 어느 정도나 실체의 경계를 보여주는지, 또는 다양성 속에서 주관적으로 추론될 수 있는지에 대해서는 아직도 상당한 의견 불일치가 있다.

그럼에도 이보다 제한적이면서 형식론적인 문화사 접근은 여전히 중요하다. 고고학 조사가 별로 이루어지지 않았던 지역에서는 문화사적 틀을 세우는 것이 다른 여러 주제를 논하는 데 필수불가결하다. 20세기 초 캐나다에서는 문화인류학자들이 원주민의 예전 생활양식이 사라지기 전에 민족지 및 언어 자료를 남겨야 한다고 주장했다. 반면 고고 자료는 땅속에 그대로 안전하게 묻혀 있을 것이라고 생각되었다 (Jennes 1932: 71). 결과적으로 1960년대 이전에는 정부 지원의 고고학 조사는 별로 없었다. 그 이후 캐나다 고고학자들은 대륙의 절반 정도의 지역에 대한 문화편년을 수립하여 왔다. 이런 조사로 고고학 문화의 개념만이 아니라 마을이나 유적 군집과 같은 사회 단위들도 쓰이게 되었으며, 물질문화의 시공간적 변이에 대해서도 서술하게 되었다. 동시에 과정고고학은 캐나다의 원주민 수렵채집민들이 어떻게 수천 년 동안 다양한 환경에 적응했는지를 이해하는 데 큰 자극을 주었다. 이로써 문화사고고학과 과정고고학이 혼합된 양상이 캐나다 고고학을 아직도 주도하고 있다. 세밀한 편년이 이미 존재하고 있는 나라에서도 과거를 기능적이고 인지적으로 이해하기 위해서는 고고학적 유존물에 있어 물질문화의 시공간 변이에 대한 더 자세한 이해가 필요하다. 비록 과정고고학자 루이스 빈포드는 구석기시대의 인간행위 이해에 중요한 기여를 했지만, 올가 소퍼Olga Soffer와 클라이브 갬블Clive Gamble 같은 구석기고고학자들은 아직도 이 시대에 대해서 자세한 문화사적 이해를 추구하고 있는 것이다(Gamble 1999: 828-829).

이처럼 여전히 지속되고 있는 문화사적 접근의 가치는 종족성이나 문화변화에 대한 전파론적이고 이주론적인 설명이 아니라 고고학적 물질문화 발달의 진정한 계보를 추적하는 능력에 있다. 문화사고고학(19세기 진화고고학이 아니라)은 생물학에서의 고생물학 연구와 동등하다. 고생물학과 마찬가지로 문화사고고학의 가장 주된 강점은 시공간을 가로질러 역사적 관련성을 추적하는 능력이다. 그런 역사적 발견은 변화 과정에 대한 진화적 일반화를 세우는 데 필수불가결하다. 오래전 크로버(Kroeber 1952: 63-103)는 이런 식의 관련은 자연 현상이나 생물 현상뿐 아니라 인문 현상까지 포함한 모든 역사과학이 공통으로 갖고 있는 것이라고 언급한 바 있다.

7장 초기 기능과정고고학

형태와 형식, 곧 생산물은 이것들을 만들어 낸 사회보다 더 실질적으로 생존하는 것으로 간주되어 왔다. 사회의 필요에 따라 그 모습이 결정됨에도 그러했다.

A. M. TALLGREN, "The method of prehistoric archaeology" (1937), p. 155

시간이 흐르면서 많은 고고학자가 선사시대 문화가 어떻게 작용했고 변화했는지를 이해하는 데 문화사적 접근이 부적절하다고 생각하게 되었다. 그리하여 선사시대 연구에 인간행위에 대한 체계적인 인류학 및 사회학적 고찰에 토대를 둔 새로운 접근을 채택한 사람들이 늘어났다. 새로운 접근은 일반적으로 기능적이고 과정적인 성격을 띤다. 문화사적 접근은 전통적으로 변화를 전파와 이주 때문이라고 하여 외부에서 원인을 찾았다. 이에 반해 기능 및 과정적 연구는 체계의 상이한 부분들이 어떻게 상호 관련되어 작용을 하는지에 초점을 맞추어 사회·문화체계를 판단함으로써 내부에서 원인을 찾고자 했다. 기능주의는 변화를 고려하기 이전에 체계의 일상적인 작용을 먼저 이해하고자 한다. 과정적 접근은 공시적인 연구로서 그 체계가 어떻게, 그리고 왜 돌이킬 수 없는 변화를 겪는지를 이해하려 한다. 그럼에도 기능주의 인류학자임을 자임하는 사람들은 체계가 어떻게 변하는지에도 관심을 가지고 있다(Malinowski 1945; Evans-Prichard 1949, 1962). 비록 기능주의적 접근은 흔히 인류학에서 과정적 접근에 시기적으로 앞선다고는 하지만, 두 접근은 19세기 중반 이후 초창기에는 선사고고학에 모두 이용되어 같이 사용되었다. 이 두 종류의 설명은 서로 밀접하게 연관되어 있으며, 보완적이기도 하다. 각각을 이해하지 않고서는 변화와 지속을 완전하게 이해할 수 없기 때문이다.

1. 환경적 기능과정주의

1830년대에 이미 스틴스트룹은 덴마크 습지 유적 연구를 통해 제시한 삼림유형과 연결시키려 고고학 발견물을 설명하고자 했다. 1848년부터 보르소에, 스틴스트룹, 호크하머는 제1회 패총학회라고 불리는 모임의 회원으로서, 고고학 발견물을 고환경적 배경과 관련하여 연구하고, 이를 고고학, 생물학, 지질학적 기술과 결합하여 선사시대 덴마크 사람들이 어떻게 살았는지를 고찰하는 분야를 개척했다. 비슷한 시기 스웨덴에서 닐손은 인구밀도가 증가함에 따라 유목에서 농경으로 바뀌었다고 주장했다. 이는 아마도 선사시대 변화를 설명하는 데 과정적 접근이 이용된 최초의 사례인 듯하다. 이 같은 프로젝트들은 스칸디나비아 고고학에서 현재까지도 지속되고 있는 생태학적 연구의 초기 사례라 할 수 있다. 물론 19세기 말 스칸디나비아 고고학자들은 문화사적 질문에 경도되어 있었으며, 제2회 패총학회(1885~1900)는 대개 그런 문화사적 이슈들을 다루었다. 하지만 게오르그 사로프(Georg Sarauw, 1862~1928)는 발굴에서 수습한 식물과 씨앗자료를 연구했다. 일반적으로 스칸디나비아 지질학자들은 빙하의 후퇴와 이와 결합된 해수면변동 및 지각융기의 결과 어떻게 스칸디나비아의 지표, 호수, 바다의 지형이 달라졌는지에 대해 많은 연구를 했다. 다른 과학자들은 기후, 식물상, 동물상의 변화를 고찰했다. 이러한 지식으로 인해 고고학자들은 선사시대에 인간의 토지 이용에 대해 더 많은 정보를 가지고 이해할 수 있게 되었다.

1905년부터 지질학자 게라르드 드 기어(Gerard de Geer, 1858~1943)는 빙하의 앞 호수에 해마다 쌓이는 빙퇴석층을 이용하여 스칸디나비아에서 지난 12,000년 동안의 빙하 후퇴를 연대추정했다. 이 빙퇴석 연쇄는 1796년 옛 라간다호Lake Raganda 바닥에 퇴적되어 있는 30m에 이르는 실트층과 연결되었다. 결과적으로 이 연구는 기년 형식의 자연 편년으로 선사 유물을 연대추정한 세계 최초의 사례가 되었다. 이로써 문화 연쇄뿐만 아니라 실제 어느 정도 시간이 흘렀는지를 고려하면서 문화변화를 고찰할 수 있었다.

또 다른 스웨덴 학자 레나르트 본 포스트(E. J. Lennart von Post, 1884~1951)는 화분(꽃가루)이 땅속에서 수천 년 동안 보존될 수 있다는 구스타브 라게르하임Gustav Lagerheim의 관찰을 바탕으로 스틴스트룹이 개척한 후빙기 식물상 연구를 더욱 정교하게 다듬었다. 그리고 1916년 스칸디나비아 선사시대의 계기적 시기에 걸쳐 다양한 나무 종의 구성 비율을 보여주는 그래프를 만들어 냈다. 자작나무, 소나무, 참나무, 너도밤나무 숲의 연쇄는 이미 밝혀져 있었으나, 습지 이외의 화분분석을 통해 더 넓은 지역에서 선사시대 식물 공동체의 변이를 고찰하고 벌목의 증거 및 재배 식물의 도입 등을 궁구할 수 있게 되었다. 그리고 이전보다 훨씬 작은 시간대로 나누어 상이한 식물 종의 변화를 추적했다. 상이한 시기에 다양한 나무의 북한계선을 보여주는 삼림지도를 만들었다. 삼림지도는 드 기어의 빙퇴석 지질편년과 맞물려 높은 수준의 기년적 정확성을 지녔다(Bibby 1956: 183-194). 1940년부터 1960년까지 스칸디나비아 석기시대 연구에는 생태학적 접근이 압도적이었다(Kristiansen 2002). 화분분석은 1930년대 초 영국에 도입되었으며, 생물학자 해리 고드윈(Harry Godwin, 1901~1985)(1930)이 고고학적 문제에 적용했다.

1898년 지질학자 로버트 그래드만(Robert Gradmann, 1865~1950)은 중부 유럽에서 풍성 기원의 뢰스토양과 초기 신석기시대 취락 사이에 밀접한 대응이 있음을 주목했다. 그리고 초기 농경민은 나무를 베어 숲을 개간할 능력이 없었기 때문에 최초의 농경 취락은 자연히 나무가 없거나 드문 곳에 자리를 잡았다고 했다. 이는 결국 잘못임이 밝혀졌다(Gradmann 1906). 현재는 뢰스토양의 비중이 낮아 나무 도구로도 수월하게 작업할 수 있기 때문에 초기 농경민이 뢰스를 선호했다고 생각되고 있다. 뢰스토양과 신석기시대 취락의 관계는 앨프리드 쉴리즈(Alfred Schliz 1906), 에른스트 발레(Ernst Wahle 1915), 막스 헬미히(Max Hellmich 1923) 등이 지속적으로 연구했다.

이렇듯 중부 유럽의 고환경과 초기의 문화 경관을 복원하려는 시도를 통해 선사시대에 왜 어떤 지형에는 사람이 살거나 살지 않았는지와 관련된 고고학 연구가 집중적으로 이루어진다. 발레(Wahle, 1889~1981)(1921)는 이런 조사와 연구에 중요한 역할을 했다. 제2차 세계대전을 전후하여 독일 고고학자들은 주거유형(취락체계)과 그 생태적 맥락 사이의 상호 보답적 관계에 많은 주의를 기울였다(Koossack 1992: 91-92, 101-102). 러시아에서도 19세기 말 동안 고고학에 관심을 가진 지리학자이자 민족학자로서 주로 문화사적 접근을 했던 드미트리 아누친Dmitri Anuchin은 러시아 고고학 지도를 만들고 지리적인 요인과 관련하여 고고학 발견을 해석할 필요가 있음을 주문했다(Klejn 2001b: 1139).

1904년 현재의 투르크메니스탄에 있는 층위를 이룬 아나우Anau의 발굴 보고에서 미국 지질학자이자 고고학자인 라파엘 펌펠리(Raphael Pumpelly, 1837~1923)는 식량 생산의 기원에 관해 건조, 곧 오아시스 학설을 제시했다(1908, I: 65-66). 그는 서아시아가 빙하시대 이후 건조해지면서 수렵채집민이 몇 개 수원지 주위에 모여들어 야생의 동물과 식물을 순화시킴으로써 "새로운 생계유지 수단을 정복"하게 되었다고 주장했다. 이 학설은 이후 수십 년 동안 구대륙 고고학자들에게 크게 유행했는데, 초기 과정적 설명의 사례라 할 것이다(G. Wright 1971: 451-456).

옥스퍼드대학의 역사가 에드윈 게스트(Edwin Guest, 1800~1880)는『켈트의 기원 Origines Celitcae』(1983)에서 영국의 역사를 지리적 배경에 대비시켜서 이해해야 함을 강조했다. 곧이어 옥스퍼드대학의 지리학자 맥킨더(H. J. Mackinder, 1861~1947)는 한 나라의 지리적 위치는 그 나라의 정치사와 경제사를 형성하는 데 큰 역할을 한다고 주장했다. 1912년 해버필드(F. J. Haverfield, 1860~1919)는 영국에서 로마시대 취락 유형의 범위와 특정한 지리적 형세 사이의 대응을 논증하기도 했다. 존 마이어스John Myers는 게스트와 맥킨더의 영향을 받아 고고학에서 지리적 접근의 가치를 상술했다. 1912년부터 옥스퍼드대학에서 공부하고 영국 육지측량부에서도 오랫동안 일한 바 있는 크로포드(O. G. S. Crawford, 1886~1957) 역사-지리-환경과 관련하여 선사학을 연구하는 데 집중했다. 여기에는 특정 시기의 유물이나 유적의 분포를 세밀히 지도화하는 작업도 포함되어 있다. 하지만 그레이엄 클라크Grahame Clark 등의 고고학자들이 화분 같은 고환경 자료를 이용하여 식생 유형을 복원한 것은 한참 뒤의 일이다. 크로포드의 또 다른 업적으로는 땅 위에서는 보이지 않는 고대 도랑, 둑, 곡식 흔적 유적을 추적하는 데 항공사진 이용을 강조한 것을 들 수 있다. 고고학 연구에서 항공정찰 지표조사의 중요성은 제1차 세계대전 중 군사작전으로 처음 알려지게 되었다(Crawford 1923; Crawford and Keiller 1928).

클라크W. G. Clark, 윌리엄스프리맨J. O. Williams-Freeman, 허버트 플류어Herbert Fleure, 화이트하우스W. E. Whitehouse, 시릴 폭스Cyril Fox 등은 영국의 여러 지역에서 선사시대 취락(주거)유형과 생태 사이의 관계를 연구했다. 이미 1916년이 되면 플류어와 화이트하우스는 웨일즈지방의 조사와 연구를 바탕으로 청동기의 도입, 그리고 특히 철기의 도입은 비중이 낮고 작업하기 쉽지만 기름지지 않는 고지대 토양에서, 비중이 높고 작업하기 어렵지만 생산성이 높은 저지대 토양으로 커다란 변화가 있었음을 주목했다. 이 같은 중요한 관찰은 주로 현재의 "종족적" 분포를 다루는 내용을 담고 있는 논문으로 출간되었다. 폭스(Cyril Fox, 1882~1967)의 『케임브리지 지역의 고고학The Archaeology of the Cambridge Region』(1923)에서 로마 이전의 철기시대에, 그리고 앵글로색슨 시대에도 농경 취락은 여전히 더 비중이 높고 작업하기 힘들지만 가뭄에 강하고 생산적인 토양으로 옮겨가고 있었음을 확인한 바 있다. 이보다 한참 뒤 폭스는 『영국의 인성The Personality of Britain』(1932)에서 그래드만과 크로포드의 생태 분포적인 접근과 매킨더의 입지지리학을 결합시켜 영국의 경관과 문화사 사이의 관계에 대한 광범위한 일반화를 제시했다. 그는 토양의 차이와 더 효과적인 농업기술의 발전으로 가벼운 토양을 가진 영국의 남부가 청동기시대 인구의 중심지가 되었으며, 반면 철기시대에 와서 비중이 높은 점토가 많은 영국 중부로 집중지가 옮겨가게 되었다고 했다. 폭스의 업적 가운데 가장 중요하게 인용되는 것은 유럽 대륙으로부터 이주와 문화 전파에 열려 있는 영국 동남부 저지대와, 그런 혼란으로부터 멀리 떨어져 있어 거주자의 새로운 문화항목 채택이 더욱 선택적인 영국 서부와 북부를 구분한 것이다. 이 책에서 폭스가 사용한 접근은 세계의 다른 지역에도 적용되었다(Daniel 1963b; Trigger 1969).

1915년 그래프턴 엘리엇 스미스Grafton Elliot Smith는 이집트에서 우연한 조건에서 일어난 농업의 발명은 신석기시대 설정의 주 기준이며 인류역사의 중대한 분기점이라고 주장한다. 이 생각과 펌펠리의 오아시스 가설은 모두 해롤드 피크(Harold Peake, 1867~1949)와 플류어(H. J. Fleure, 1877~1969)가 공동 저술한 『시간의 통로The Corridors of Time』(1927) 셋째 권에서 대중에 소개된다. 이 책은 선사시대를 다룬 몇 권의 시리즈로서 널리 읽혔다. 비슷한 시기에 페리(W. J. Perry 1924: 29-32)는, 농업경제학자 체리T. Cherry가 주장한, 농경은 이집트에서 사람들이 마른 땅과 근처 야생 환경에 물을 대고 해마다 홍수가 끝난 뒤 젖은 보리씨를 진흙땅에 흩뿌림으로써 범람원에서 자란 밀과 보리의 양을 증대시킨 결과로 발명되었다는 설을 대중화시켰다. 이들의 연구를 통하여 농경의 기원에 대한 논의는 새로이 이론적으로 중요한 역할을 하게 되었다.

비록 전체 문화에 대한 분석은 아니었지만, 인간 사회와 그 환경 배경 사이의 관계에 대한 관심의 증가는 기능과정적인 시각이 자라나는 계기가 되었다. 그리고 고환경과 그에 대한 선사시대 문화의 생태 적응에 대한 연구를 자극했다. 이 같은 관계를 분석하는 접근은 당시의 인문지리학과의 경향과도 일치했다. 인문지리학은 프랑스 지리학자 폴 비달 드라 블라쉬(Paul Vidal de La Blache, 1845~1918)가 주장한 가능주의적 접근이 주도하고 있었다. 지리적 가능주의는 자연환경이 구체적인 반응을 결정하기보다는 적응의 종류를 제한한다고 보았다. 구체적인 반응의 성격은 문화 전통이나 개인적 선호에 큰 영향을 받는다는 것이다(Vidal de La blache 1952). 이런 가능주의는 전파론과 마찬가지로 문화변화의 주된 성격으로서 비결정성과 예측불가능성을 강조한다.

2. 사회인류학

1920년대 영국 인류학에는 조수의 변화와 같은 큰 전환이 있었다. 민족학자들은 엘리엇 스미스와 그를 추종하는 사람들의 전파론을 거부하고 브로니슬로 말리노프스키(Bonislaw Malinowski, 1884~1942)와 래드클리프브라운(E. R. Radcliffe-Brown, 1881~1955)의 구조기능주의 접근을 채택했다. 말리노프스키의 『서태평양의 항해자들*Argonauts of the Western Pacific*』과 래드클리프브라운의 『안다만섬 사람들*The Andaman Islanders*』은 모두 1922년에 출간되었다. 이 두 인류학자는 모두 인간행위는 기능적으로 상호의존하는 요소로 이루어진 사회체계와 관련지을 때 가장 잘 이해할 수 있다고 주장했다. 말리노프스키는 사회체계를 구성하는 제도는 생물학적 필요에 토대를 두고 있다고 강조했다. 이 관점은 단지 제도들이 담당한 사회적 역할을 정의하려 한 래드클리프브라운의 시각과는 조금 다르다. 다만, 공통되는 특성들을 주목하여 기존의 민족학과는 달리 사회인류학이라 불리게 되었다. 당시 민족학은 단선진화론과 전파론과 연관되어 있었던 것이다.

말리노프스키와 래드클리프브라운은 모두 역사적 설명과 선교사들의 기록을 일화적이고 신뢰하기 어렵다고 하면서 거부했다. 이들은 장기간의 현지조사의 중요성과 전문 인류학자의 개인적 관찰을 세밀하게 분석할 필요가 있음을 강조했다. 현지조사는, 이상적으로는, 개별 인류학자가 일 년 이상 한 공동체에서 같이 생활할 것을 요했다. 말리노프스키와 래드클리프브라운이 관찰에 집중한 것은 사람들의 생각보다는 행위 연구를 우선시한 것이다. 이런 접근은 원주민 정보제공자로부터 사회적으로 허용되는 행위 규범을 찾는 방식으로 문화를 고찰한다. 현재 이렇게 규범을 찾는 방식은 쇠퇴하고 말았다. 이렇듯 행위 관찰을 강조하는 것은 심리학에서 행태주의(behaviorism)가 유행했던 것과 궤를 같이 한다(J. Watson 1925). 또한 사회인류학은 공시적 분석을 우선시했다.

영국 사회인류학은 프랑스 사회학자 에밀 뒤르켕(Emile Durkheim, 1858~1917)의 연구에 토대를 두고 있다. 카를 마르크스와 같이 뒤르켕은 사회를 상호의존하는 부분들로 이루어진 체계로 보았다. 뒤르켕은 19세기 말 프랑스에서 일어났던 급격한 사회 및 경제적 변화로 위기에 처해 있던 평범한 집안 출신이었는데, 이러한 변화를 사회의 평등과 하위 증간층의 안녕을 위협하는 것으로 해석했다. 마르크스는 사회변화를 해석하기 위하여 내적 갈등 이론을 발전시켰지만, 뒤르켕은 사회적 안정을 증진시키는 요인에 관심을 가졌다. 앙리 드 생시몽(Henry de Saint-Simon, 1760~1825), 오귀스트 콩트(Auguste Comte, 1798~1857)와 마찬가지로 자본주의 사회에 있어 사회적 분열에 맞서는 실제적 수단으로서 사회학을 옹호하기도 했다. 동시에 뒤르켕은 사회관계 그 자체를 인과적인 것으로 보아 경제에 큰 관련 없이도 조절될 수 있다고 보았다. 이렇게 사회의 경제적 토대에 대한 비판적 입장을 갖고 있었다(Wolf 1982: 9). 그의 해석은 『사회 분업론De la division du travail social』(1893), 『사회학 방법론Les Règles de lat méthode sociologique』(1895), 『자살론Le Suicide』(1897), 『종교생활의 원초 형태Les Formes élémentaires de la vie religieuse』(1912) 등 일련의 주 저작에 잘 정리되어 있다.

뒤르켕은 사회과학 연구의 목적은 사회관계를 이해하는 것이며, 모든 사회과정의 기원을 인간 집단의 내적 구성에서 찾아야 한다고 주장했다. 그는 단순사회는 더 복합적인 사회의 많은 기본 특성들을 배태하고 있으며, 따라서 더 진화된 사회에서 보이는 복합성이 개입되지 않는 조건에서 행위의 기본적 측면들을 연구할 수 있는 기회가 된다고 보았다(Gosden 1999: 75). 문화의 개별적 양상은 내적으로 나타난 것이든, 외적으로 고안된 것이든 상관없이, 특정 사회체계와의 기능적인 관계의 측면에서 그 유의성을 얻는다고 했다. 뒤르켕은 사회관계와 문화 규범이 대체로 우연히 전파를 통하여 특질들이 기계적으로 모인 것이라는 문화사적 관점을 거부했다. 그 대신 사회는 통합된 체계로 구성되는데, 제도들이 살아 있는 유기체의 일부와도 같이 서로 연관되어 있다고 보았다. 따라서 사회의 과학은 그 목적에서 비교해부학과 비슷하여 사회 형태에 대한 비교 연구라고 볼 수 있다는 것이다.

뒤르켐은 사회체계의 어떤 한 부분의 변화는 반드시 다른 부분들에서 다양한 정도의 변화를 동반한다고 주장했다. 그렇지만 정상적인 상태의 사회는 사회 연대의 상태이며, 급격한 변화는 아노미나 소외를 느끼게 만든다고 믿었다. 따라서 변화가 인간 본성과 반대되는 것이라고 한 점에서 전파론자들과 생각을 같이했으며, 스스로 19세기 말 보수적인 반진화론자들과 같은 반열에 자리를 잡았다. 그럼에도 불구하고 어느 정도는 사회진화의 문제에도 관심을 가졌으며, 이를 민족지 자료를 사용하여 연구했다. 뒤르켐은 사회는 더욱 복합적이 되어 갈수록 기계적 연대, 곧 공유되는 믿음만으로는 하나로 유지되지 못하며, 경제적 상호의존의 증가에서 연유하는 유기적 연대에 의해 통합되어 간다고 보았다. 이러한 새로운 형태의 융합이 개인을 관습과 전통의 횡포로부터 자유롭게 했다는 것이다(Durkheim 1893).

말리노프스키, 그리고 어느 정도는 래드클리프브라운 역시 진화 및 역사적 해석을 사변적이라는 이유에서 거부했다. 그리고 사회의 구조와 기능에 대한 비교 연구로 궁극적으로 모든 사회에서 일어나는 형식적 변이를 설명할 일반화를 만들어 내는 데 충분하다고 주장했다. 특히 래드클리프브라운에게 변화 연구는 이런 형태 변이의 연구와 따로 떼어놓고서는 아무런 의미도 갖지 못한다.

이렇게 역사적 과정에 관심을 갖지 않는 것을 생각하면 사회인류학과 고고학 사이에는 생산적인 관계를 세우기 어렵다고 생각할 수도 있다. 하지만, 사회인류학과 뒤르켐의 사회학은 고고학자들에게 선사시대 문화가 체계로서 어떻게 기능했는지에 관심을 가지게 했다. 그 관심은 고고학자들이 전파론이나 문화사적 접근의 한계를 깨닫게 되면서 더욱 커졌다. 사회인류학은 인간행위에 대해서 보수적 관점을 가졌다. 그리하여 변화가 어떻게 일어났는지보다는 사회가 어떻게 기능했는지에 더 큰 관심이 있는 고고학자들은 마르크스주의에 대한 훌륭한 대안이라 생각했다. 그렇지만 고고 자료를 기능적으로 보는 관점은 고고학에서 사회인류학의 발달보다 훨씬 이전부터 선사시대 문화와 환경 사이의 관계에 대한 관심의 형태로 시작된 것도 사실이다.

3. 차일드의 경제적 접근

1920년대 말부터 고든 차일드는 문화사 접근에 등을 돌린다. 나중에는 문화사 접근이 문화가 정치가를, 그리고 이주민이 전쟁을 대체하는 낡은 정치사의 고고학적인 형태일 뿐이라고 했다(Childe 1958b: 70). 하지만 문화변화를 일으키는 과정으로서 전파의 중요성을 부인하지는 않았다. 다만 고고학자가 선사시대 문화 내의 어떠한 요인들이 새로운 기술과 실천의 채택을 선호하고, 이런 혁신의 역할에 영향을 미치는지를 판단할 수 없다면, 변화를 설명하는 데 전파라는 개념이 단선진화적 개념보다 나을 것이 없다는 말을 했다. 차일드는 선사시대의 광범위한 경제적 변화 흐름을 찾아 경제사가들의 연구를 모방함으로써 전파의 구체적인 사례를 설명할 수 있을 것으로 기대했다. 이러한 연구의 결과는 『고대의 동방*The Most Ancient East*』(1928),『청동기시대*The Bronze Age*』(1930),『고대의 동방에 대한 새로운 지식*New Light on the Most Ancient East*』(1934)이라는 책으로 나왔다. 선사 자료에 대한 경제적 해석은 『선사시대의 다뉴브 지역*The Danube in Prehistory*』(1929)에서도 중요한 역할을 하는데, 이 책은 『고대의 동방』보다도 먼저 저술되었다.

경제 요인들에 대한 차일드의 관심은 생애 초기부터 마르크스주의에 경도되어 있음을 비추어 주는 것으로 해석되기도 한다. 하지만 차일드는 이 시기 공개적으로 마르크스주의자임을 주장하지도 않았으며, 고고학 연구에서도 구체적으로 마르크스주의적이라는 분명한 증거도 없다. 피크나 플류어 같은 영국의 고고학자들도 이미 고고 자료를 경제적 관점에서 해석하고 있었다. 차일드는 이들의 생각을 끌어들여 더 포괄적인 경제 발전의 모델을 세웠다. 또한 차일드의 사고는 생계유형에 대한 일차적인 관심으로부터 생계와 직결되지 않는 경제적 양상을 강조하는 관점으로 발전했음도 명백하다. 차일드가 선사시대 문화를 사회관계의 유형으로 보는 것이 중요하다고 한 것은 모레와 데이비(Moret and Davy 1926)가 영어로 옮긴 『부족에서 제국까지*From Tribe to Empire*』를 읽고 뒤르켕 사회학을 접했음을 비추어 준다. 이집트학자 모레와 공동 연구를 한 데이비는 뒤르켕의 학생으로 고대 이집트문명의 발달을 뒤르켕식으로 해석했다.

『고대의 동방』은『유럽 문명의 여명』의 자매편이자 교재로 쓰였다. 이 책은 유럽으로 확산된 기술 혁신의 기원을 추적한 것이다. 차일드는 스미스와 플류어를 좇아 농경의 발달을 인류역사의 중대한 전환점이라고 강조했다. 또한 펌펠리의 의견에 동의하여, 서아시아에서 빙하시대가 끝나면서 건조화로 말미암아 사람들이 몇몇 수원지에 모여들었고, 불어난 인구를 부양하기 위하여 동물을 사육하고 식물을 재배하게 되었다고 했다. 당시 유행하던 환경 가능주의와 궤를 같이하여 개별 수렵채집 무리들은 사라지기도 하고 농경을 개발하지 않고 남아 있는 대형동물을 찾아 북쪽이나 남쪽으로 이동하기도 했다고 보았다.

차일드에 따르면 서아시아에서는 나일, 티그리스-유프라테스, 인더스강 유역 등 단지 세 지역만이 주된 초기 문명의 발달을 가져올 만한 비옥한 땅을 가졌다고 한다. 이 지역들에서는 잉여 부가 인구보다 빨리 증가했고, 결국 정치권력의 집중, 도시생활의 등장, 산업 예술의 진보로 이어졌다는 것이다. 이 지역의 문명은 공통의 신석기시대의 토대로부터 진화했고, 서로 접촉을 유지했다. 다만, 메소포타미아가 일련의 도시국가를 발전시킨 데 반해, 이집트는 곧 신권 정치 아래 통일되었다. 기술 지식은 잉여 식량과 구리와 주석 같은 원자재와 상품을 교역한 결과 유럽 같은 주변의 지역으로 확산되었다. 비록 차일드는 이런 모델의 근거를 근대 산업국가와 제3세계 사이의 관계에 두었지만, 주어진 시공간에서 그런 행위들을 형성시킨 사회학적이고 경제적이며, 환경적인 조건들을 구체화함으로써 "교역"이라는 말을 쓸 때마다 그것을 정확하게 정의할 필요가 있음을 주장하기도 했다(Childe 1928: 221; G. Wright 1971).

『청동기시대』에서 차일드는 고고학적 유존물을 토대로 야금술의 기원과 확산을 연구했다. 그리하여 야금술이 이집트, 서아시아, 헝가리, 스페인에서 독자적으로 발명되었을 수도 있겠지만, 대부분의 전파론자들과 마찬가지로 야금술 같은 매우 복잡한 기술은 인류역사에서 아마도 단 한 번만 발명되었을 것이라고 결론을 내렸다. 또한 청동기 제작과정에서의 구체적 유사성과 유럽과 서아시아에서 가장 이른 시기 금속유물의 형태상의 유사성을 단일한 기원의 증거로 해석했다. 차일드는 호메로스가 쓴 글에 근거하여(이는 거의 확실히 잘못된 것이지만) 금속주물법은 전문 장인을 필요로 했는데, 이들이 처음에는 이리저리 순회했지만 나중에는 탐광자와 광산업자와 함께 가장 먼저 독자적으로 부족 연합에서 전문적인 기능을 수행했다고 보았다. 그러므로 금속 기술의 채택은 신석기시대의 자급자족적 생활을 해체시키는 요인이 되었으리라 생각된다. 왜냐하면 공동체가 구리와 주석의 정상적인 공급을 보장받기 위해서는 주기적인 부족 전쟁에도 끊어지지 않을 광범위한 교역로가 필요했을 뿐만 아니라 혼히 공동체와는 관련이 없는 장인들에 의존해야 했기 때문이다. 차일드는 청동기 기술을 서아시아에서의 문명 발달에 필수조건으로 생각했다. 그리고 유럽에서는 주로 부족사회들에 무기를 공급하기 위해 이용되었을 것이라고 주장했다. 그 이유는 인구의 증가 및 기후변화로 야기된 숲의 확대 때문에 농경지에 대한 경쟁이 더욱 치열해졌기 때문이라고 보았다.

차일드는 이라크와 인더스강 유역의 주요 고고학 발굴장을 견학한 뒤 쓴 『고대의 동방에 대한 새로운 지식』에서 이전 두 저술에서 밝혔던 주장을 종합하고 더 세련시킨다. 나아가 서아시아의 선사시대에는 산업혁명만큼 중요한 두 개의 혁명이 일어났다고 주장했다. 다름 아니라 식량 수집에서 식량 생산으로의 전이, 그리고 자급자족의 식량생산 마을에서 도시사회로의 전이를 말한다. 차일드는 이 혁명들이 각각 더 생산적인 기술과 인구의 엄청난 증가를 가져왔다고 믿었다. 하지만 인구 증가는 고고학 증거를 토대로 논증되었다기보다는 가정되었을 뿐이다. 또한 고대 서아시아에 살았던 사람들이 농업보다는 산업, 교역, 상업에 종사했던 정도를 과대평가하기도 했다. 차일드는 잉여 인구의 이주, 원자재와 제조 상품의 교환, 장인의 수가 증가하여 외부에서 일자리를 찾아나서는 현상 등으로 이런 혁명이 낳은 기술이 유럽까지 확산되었다고 생각했다. 그 결과 유럽에서 작지만 서로 첨예하게 경쟁하는 신석기시대와 청동기시대 사회들이 발전했는데, 서아시아의 사회들과는 구조적으로 매우 상이한 형태를 띠게 되었다. 이러한 과정에서 서아시아의 상류계급의 사치성 소비와 군사적 충돌은 생산량 이상으로 상품을 낭비하는 결과를 초래했고, 반면 이차 문명의 성장은 서아시아로 흘러가는 원자재의 양을 줄이는 결과를 낳았다. 차일드는 이런 두 과정의 결과 서아시아에서 궁극적으로 경제적 진보가 멈추었다고 생각했다. 동시에 유럽 사회들은 지속적으로 진보하여 서아시아의 사회를 따라잡고 압도하기에 이른다는 것이다. 차일드는 이런 경제적 설명으로 『아리아인*The Aryans*』이라는 책에서 유럽 문화의 종국적 지배를 설명하며 자신이 과거 의지했던 족속적 고정관념과 반¾인종주의적 이론을 일소할 수 있게 되었다.

선사시대의 경제 발전에 대한 차일드의 관심은 이 시기 유럽, 구체적으로는 영국의 고고학에 활발했던 경향으로부터 자극을 받은 것이다. 그렇지만 차일드는 경제적 접근을 자신의 선사시대 연구에 일관되게 적용하고 정식화시켰다는 점에서 스미스, 피크, 플류어의 해석을 넘어설 수 있었다. 또한 문화변화를 기술혁신의 결과로 해석하지 않고 혁신으로 만들어진 쓰임새에 영향을 미치는 경제 및 정치적 맥락에 주의했다. 이런 식으로 동일한 기술혁신이 유럽과 서아시아에서 매우 상이한 형식의 사회를 낳게 되었음을 설명했던 것이다.

다선진화적 시각은 그런 경제적 접근에 고유한 것이었다. 그럼에도 차일드는 당시 문화진화에 크게 관심을 가지지 않았다. 그는 "고고학자의 책임은 …… 추상적인 진화가 아니라 다양한 유형의 집단들의 상호작용과 멀리 떨어진 지역들이 어떻게 서로 기여하고 혼합되어 나타나는지를 밝히는 것"이라고 분명하게 진술했다(Childe 1928: 11). 유럽의 다른 고고학자들과 마찬가지로 서아시아와 후일 유럽에서도 갈수록 복합적인 기술이 발전했음을 받아들였다. 그렇지만 차일드는 인간은 원래 비창의적이라고 생각했으며, 문화변화를 설명하기 위하여 전파와 이주에 크게 의존했다. 독자들은 『고대의 동양에 대한 새로운 지식』 말미에서 이 책의 주 목적이 "문화전파의 일반학설"을 정당화하는 것이라는 말을 접하게 되는 것이다(Childe 1934: 301).

이 시기 차일드의 유물론적 시각이 완전한 것도 아니었다. 비록 몇몇 경제 변화를 환경적인 도전에 대한 반응으로 해석했지만, 실제로 일어났던 많은 혁신은 자연에 대한 더 큰 통제를 획득하고, 인간의 생활을 더 편하고 안전하게 만들기 위해 인간의 지성이 발휘된 결과라고 하여 몬텔리우스적인 방식으로 설명했다. 또한 차일드는 고고 자료를 사용하여 자신의 설을 검증하는 데도 너무 느슨했다. 설명의 대부분은 고고학적 유존물에서 구체적인 관찰이 아닌 일반적인 관찰을 설명하는 취지의 것이었다. 결과적으로 향후의 고고학 조사연구에 대해서 분명한 방향을 제시해 주지 못했다. 물론 이 시기 다른 대부분의 고고학적 설명도 같은 실정이었다. 그럼에도 차일드는 경제적 행위가 어떻게 문화 내의 변화를 일으키는지를 고려했다. 이로써 선사시대 문화들을 정적으로 재구성하는 것과 (초기 문화사적 연구의 특징이었던) 외부 요인(전파와 이주)에 의존하여 변화를 설명하는 것 사이의 간격을 좁히는 역할을 했다.

4. 소비에트 고고학

소비에트 고고학의 시작

1917년 가을에 권력을 잡은 소비에트정권만큼 "그렇게 공개적이고 열정적으로 과학에 호의를 보인 정부는 지금까지 없었다"고 한다(L. Graham 1967: 32-33). 이 새로운 나라의 혁명지도자들은 과학 지식으로 러시아의 경제를 근대화하고, 사회 및 경제적 진보의 방해가 되는 낡은 러시아의 종교적 신비주의를 몰아낼 수 있다고 보았다. 고고학을 포함한 사회과학은 연이은 이데올로기적 투쟁에서 중대한 역할을 했다. 1919년 4월 18일 레닌이 서명한 인민위원회의 칙령으로 페트로그라드(상트페테르부르크)에 러시아물질문화사아카데미(Russian Academy for the History of Material Clture, RAIMK)가 설립되어, 모든 고고학의 분과들을 포괄했다. 소련의 성립 이후 RAIMK는 국가물질문화사아카데미(Academy for the History of Material Culture, GAIMK)가 되어 러시아만이 아니라 연방 전체의 고고학 활동과 제도에 결정적인 관할권을 가진다(M. Millder 1956: 47). 1922년 독립된 고고학 단위가 페트로그라드대학과 모스크바대학에 설치되고, 이 대학과 다른 대학들에서 학부과정을 마친 유능한 학생들이 GAIMK의 대학원 연구과정에 입학하게 되었다. 이런 훌륭한 학생들 가운데 뛰어난 사람은 아카데미 연구원이 될 수 있었으며, 소련 전역의 큰 박물관에서 직장을 찾을 수 있었다. 이로써 고고학 조사연구와 학부과정을 분리시키는 형태가 성립되었다(R. Davis 1983: 409). 공산당은 과학 지식과 연구의 대중화를 고무시킴으로써 소련 전역에 박물관과 고고 유적의 조사와 보존에 책임을 가진 지역 연구조직들이 설치된다. 1928년이 되면 제1차 세계대전 이전보다 다섯 배나 많은 박물관이 들어선다. 고고학은 지역 연구사회에서 인기가 많은 학문이었으며, 여기에서 전문고고학자, 학생, 그리고 관심 있는 아마추어들이 함께 조사를 수행하고 연구서를 발간했다.

1921년 레닌은 경제 회복을 꾀하고 혁명의 지지 기반을 넓히려는 뜻에서 신경제정책을 출범시킨다. 이 정책으로 소련에는 1928년까지 제한적인 시장경제를 유지한다. 이 정책의 일환으로 정부는 인텔리겐치아(지식계급, 대부분은 볼셰비키혁명을 지지하지 않았었다)를 향한 유화 정책을 채택했다. 강경 혁명론자들은 혐오했지만, 기성 지식계급은 권력과 영향력을 그대로 유지했으며, 높은 임금을 받는 직업들을 가졌고, 상당한 학자적 자유를 누렸다. 물론 새로이 들어선 체제에 적극적으로 반대만 하지 않는다면 말이다.

신경제정책 기간 동안 많은 양의 고고학 조사가 수행되었으며 1917년 이전부터 발달하여 온 문화사 접근은 더욱 심화되었다. 모스크바와 페트로그라드에서는 아누친D. N. Anuchin과 볼코프F. K. Volkov 추종자들이 스스로 '고민족학적 접근'을 추구했다. 이들은 고고학을 민족학의 분과로 다루면서 한 문화전통과 다른 문화전통 사이에는 예측할 수 없는 특이성이 존재하기 때문에 고고 자료를 해석하기 위해서는 '직접역사적 접근'이 필수적이라고 주장했다. 고민족학적 고고학자들은 개별 지역에 대한 고고학 및 민족학적인 연구의 결합을 옹호했다. 또한 문화에 대한 일반화는 선험을 배제하고 경험적으로 만들어 내어야 한다고 했다. 모스크바 그룹의 지도자는 주코프D. S. Zhukov였으며, 에피멘코P. P. Effimenko, 밀러A. A. Miller, 루덴코S. I. Rudenko는 페트로그라드(나중에 레닌그라드로 개칭되고 현재는 상트페테르부르크라는 옛 이름으로 돌아감) 그룹의 주요 연구자들이었다. 모스크바에서 고로드초프Vasily Gorodtsov와 그를 따르는 사람들은 고고학을 그 자체의 목적과 방법을 가진 독자적인 학문으로 보았다. 고로드초프는 여전히 몬텔리우스의 관점과 유사한 전파론적 접근을 지속했다. 다만 그의 분석기법은 몬텔리우스가 아니라 소푸스 뮐러Sophus Müller의 연구를 모델로 한 것이다. 고로드초프는 도구의 중요성을 크게 강조했다. 또한 고고학적 유존물에서의 변화를 설명해 줄 규칙성을 정식화하는 데 관심을 가졌는데, 이는 마르크스주의는 아닐지라도 "진보적"인 것으로 이해되었다. 마르크스주의 사회학자 프리체V. M. Friche의 영향 아래 아르치코프스키(A. V. Artsikhovsky, 1902~1978)를 비롯한 고로드초프의 학생 몇몇은 고고 자료의 해석에 마르크스주의적 접근법을 발전시킨다. 이 접근법은 기술이 직접적으로 사회 및 신앙체계의 성격을 결정했다는 믿음에 바탕을 둔 것이다. 마르크스주의가 사회경제적 요인이야말로 변화를 추진하는 힘이라고 본다고 할 때, 이 시기 사용된 접근법 가운데 어느 것도 마르크스주의적이라 할 수는 없다. 인류학과의 유대와 귀납주의를 선호하는 고민족학적 고고학은 반마르크스주의적이라는 비난에 취약할 수밖에 없었다(Klejn 2001b; Platonova, 개인 대화)

1924년 레닌의 죽음 이후 공산당 안에서 후계를 둘러싼 정치 투쟁은 이 중대한 시기의 문화 정책을 결정하는 역할을 하게 된다. 스탈린의 집약적 산업화와 집단농장정책은 1928~1929년에 첫 5개년 계획과 함께 시작되었는데, 신경제정책의 기본 경제원칙을 뒤집는 것이었다. 스탈린은 권력을 공고화하려는 의도에서 지식인들이 엄격한 당의 훈련을 받아야 한다는 문화 근본주의자들과 제휴한다(S. Fitzpatrick 1974; T. O'Connor 1983: 53, 89). 문화혁명은 공학자들과 기술자들을 사보타지와 반역 혐의로 체포하는 것을 시작으로, 1928년에서 1932년까지 진행되었다. 이는 소련의 지성생활을 소련 공산당이 이해하는 방식의 마르크스 철학에 충실한 상태로 돌리는 거대한 운동이었다. 많은 비마르크스주의 지식인들과 제도는 일소되었으며 스탈린식의 관료주의는 모든 반대자들을 억압하려 했다. 이 캠페인의 초창기 희생자들 가운데 지역 연구회들이 있었다. 1930년대 이후 소련과 외국 학자들 사이의 접촉은 금지되었고 한동안 외국 고고학 출판물은 GAIMK 도서관 안에서만 찾아볼 수 있었다(M. Miller 1956: 73, 93-94).

1920년대 말에는 GAIMK에 공산당 세포조직이 만들어진다. 여기에는 많은 대학원생들과 연구원들이 참여했다. 문화혁명이 시작될 때 이 사람들은 기성 학파의 고고학자들을 비판하고 마르크스주의에 대한 태도를 밝히라고 요구했다. 1929년 블라디슬라프 라프도니카스

그림 7.1 라프도니카스(V. I. Ravdonikas, 1894~1976)(상트페테르부르크 고고학연구소)

(Vladislav I. Ravdonikas, 1894~1976)라는 젊은 고고학자는 GAIMK 당조직의 명령을 받아 아카데미 안에서 "소비에트 물질문화사를 위하여"라는 보고서를 읽는다(그림 7.1). 이 글은 다음 해 출간되어 소련 전역의 고고학자들에게 광범위하게 읽혔는데, 당시 유력한 고고학자들의 이론적 입장을 비판하고, "마르크스주의적 물질문화사"를 표방하며 과거의 고고학을 대체할 것을 요구했다. 바로 그런 고고학 개념은 마르크스주의와 대치되는 부르주아 학문의 산물이라 하여 거부되었다. 이후 5월 GAIMK에서 열렸던 고고학 및 민족지 범러시아 회의에서 아카데미의 당조직은 소련 고고학 문헌을 전시함으로써 1917년 이후 쓰인 책과 논문들을 형식론과 부르주아 국민주의, 기타 반공산주의적 경향과 밀착했다고 하여 부정하게 된다. 몬텔리우스식의 형식학은 관념론적이고 유물에 대한 맹목적인 물신(유물학, artifactology), 그리고 인류역사를 생물학적 용어로 잘못 해석했다고 하여 비판을 받았다(M. Miller 1956: 71-78). 이러한 비판 뒤에는 자신들의 관점을 바꿀 수 없거나 바꿀 용의가 없는 고고학자들, 또는 공산당의 생각에 정치적으로 위험한 고고학자들을 부인하고, 경우에 따라서는 먼 곳으로 내치거나 감옥에 보내고, 심지어는 처형하는 일도 있었다. 고민족학 학파를 추종하는 사람들은 특히 엄격하게 다루어졌다. 핀란드 고고학자 탈그렌(A. M. Tallgren, 1885~1945)(1936)은 1935년 레닌그라드를 방문한 뒤 쓴 글에서 이러한 압제를 기록하고 꾸짖었다. 이에 대한 보복으로 탈그렌은 GAIMK의 명예회원 자격을 박탈당했으며 소

련에 다시는 들어오지 못하게 되었다.

라프도니카스의 지도 아래 주도적인 위치를 차지한 젊은 세대 고고학자들은 마르크스주의적인 접근을 강화하려 했다. 이런 연구자에는 신석기시대 문화를 연구한 예프게니 크리체프스키(Yevgeni Krichevsky, 1910~1942), 남부 러시아의 청동기시대를 연구한 크루글로프(A. P. Kruglov, 1904~1942)와 포드가예츠키(G. P. Podgayetsky, 1908~1941), 구러시아 및 슬라브 문화를 연구했던 트레차코프(P. N. Tret'yakov, 1909~1976)가 포함되어 있다. 대부분은 정열적이었으나 마르크스주의나 고고학의 경험은 별로 없었다(Bulkin et al. 1982: 274). 이러한 형성기 동안의 주도적인 이론가는 라프도니카스였는데, 그의 정적들까지도 출중함을 인정하고 신뢰했다고 한다. 공산당은 마르크스주의 고고학을 후원하면서도 이론과 실제에 대한 판단을 유보하며 고고학자들에게 명확한 지도지침을 주지는 않은 것으로 보인다. 공산당 관리들은 일반적으로 고고학에 대해서는 별로 알지 못했으며, 때문에 마르크스주의 고고학을 창안하라고 명하면서도 그것이 어떠한 양상을 띨지에 대해서는 아무런 생각도 없었다. 그렇지만 이들은 자체의 교조주의적인 마르크스주의에 대한 이해를 바탕으로 고고학자들이 제시하는 이론과 방법을 평가하고, 자신들이 제시하는 대로 이데올로기적인 순수성을 유지하게 감독할 권한을 가지고 있었다. 지도지침은 마르크스와 엥겔스의 저작 어디에도 찾을 수 없었다. 마르크스가 고고학에 대해 했던 가장 관련 있는 언급은 다음과 같다.

> 이미 지나간 노동도구 유물은 마치 화석 뼈가 절멸된 동물 종을 파악하는 데 중요한 것과 마찬가지로 사라진 경제 형태를 연구하는 데 중요하다. 우리가 상이한 경제시기들을 구분할 수 있는 것은 단지 만들어진 물건만이 아니라, 어떻게 만들어지고 어떠한 도구로 만들어지는지를 토대로 한 것이다. 노동도구는 인류 노동의 발달 정도에 대한 기준을 제시해 줄 뿐만 아니라 노동이 이루어진 사회 조건까지도 가리켜 준다(Marx 1906: 200).

마르크스는 생애 대부분을 자본주의 사회를 연구하고 어떻게 봉건사회에서 자본주의가 발달했는지를 연구하는 데 바쳤다. 그는 나중에 들어서야 선계급사회와 초기 계급사회를 고찰하기 시작했는데, 주로 19세기에 이용 가능했던 불완전하고 문제성 있는 인류학 문헌에 의존했다(Bloch 1985: 21-94). 따라서 그와 엥겔스는 고고학자들이 연구하는 사회의 종류에 대한 많은 질문을 대답하지 않은 채 남겨 놓았으며, 이에는 사회들의 진화 과정도 포함되어 있다. 그렇기에 고고학이 아닌 다른 사회과학자들은 마르크스주의 개념을 잘 이용할 수 있었지만, 고고학자들은 마르크스주의의 기본 원칙에만 의존할 수밖에 없었다. 이 원칙은 마르크스와 엥겔스의 저술과 나중의 주석들에서만 찾을 수 있었던 것이다.

마르크스는 『정치경제학 비판Contribution to the Critique of Political Economy』의 서문에서 자신의 사회분석의 토대가 되는 기본 원칙들을 다음과 같이 요약했다.

> 인간은 사회적 생산에 있어 일정한 물적 생산력의 발달단계에 대응하는 생산관계라는 필연적이면서도 자신들의 의지와는 상관없이 이루어지는 관계 속에 들어간다. …… 물적 생활에서 생산양식은 사회, 정치, 지성적 삶의 과정의 일반적 성격을 결정한다. 인간의 존재를 결정하는 것은 인간의 의식이 아니다. 오히려 의식을 결정하는 것은 자신들의 사회적 존재이다(Marx and Engels 1962, I: 362-363).

19세기 마르크스주의는 인간의 조건에 대해서 어긋남 없는 유물론적 분석들로 특징지어진다. 마르크스가 사회체계를 형성하는 중대한 요인으로 제시한 경제적 토대는 생산력과 생산관계로 구성된다. 비록 마르크스주의자들은 이 용어의 정확한 정의에 대해서는 의견을 달리하지만, 생산력은 모든 형태의 기술뿐만 아니라 이용된 모든 인간 및 비인간적인 자원과 모든 과학 지식까지도 포괄하는 개념이라고 해석되고 있다(L. Graham 1967: 34-35). 생산관계란 생산력을 사용하여 상품을 생산하고 분배하면서 개별 인간들이 서로 맺는 관계의 방식을 뜻한다. 따라서 생산관계는 경제 행위뿐만 아니라 다양한 양상의 사회행위까지도 포괄한다. 경제적 토대는 재산, 가족생활, 정치 조직, 법, 종교 신앙, 미학, 과학적 행위의 철학 및 조직적 양상의 개념과 같은 사회의 양상들을 형성하는 데 강력한 역할을 한다고 하는데, 이들은 모두 사회의 상부구조라고 일컬어진다. 마르크스는 빅토리아시대의 진화론자나 계몽철학자처럼 기술 변화는 인간이 지성을 이용하여 환경을 통제하는 더 효과적인 방식을 개발했기 때문이라고 생각하지는 않았다. 마르크스는 오히려 기술 변화는 사회적 맥락 속에서 이해되어야 한다고 주장했다. 새로운 기술들은 사회 및 정치적 변화를 일으키기는 하지만, 그 자체로 사회적 맥락의 산물(어떠한 혁신들이 일어날 것인지에 영향을 미친다)일 뿐이다. 이것이 바로 엥겔스가 "최종 분석에서 역사 과정의 결정적인 요소는 생산이며, 인간 생활의 재생산이다. …… 만약 어떤 사람이 이런 원칙을 왜곡시켜 경제적 요소만이 결정적인 요소라고 한다면, [그 사람은 유물론적인 역사 이해를] 공허하고 추상적인 단계로 가져가고 말 것이다"라고 했을 때 뜻한 바였던 것이다(Marx and Engels 1962, 2: 488).

마르크스와 엥겔스는 서로 다른 계급 사이의 이익과 충돌이 가지는 내적 모순을 복합적인 인간 사회의 가장 두드러진 특징이며 가장 중요한 변화의 원천이라고 강조했다. 이들은 이런 종류의 모든 사회를 분석하여 그 내부에 변화를 촉진시키기도 하고 억누르기도 하는 경향이 존재한다고 했다. 이들은 각 사회는 현재의 상태를 훼손할 씨앗을 가지고 있으며 동시에 미래의 조건을 배태하고 있다고 생각했다. 이러한 두 경향들 사이의 반작용이 변화를 일으키는 에너지를 생성시킨다는 것이다. 마르크스는 정치적 위계나 강력한 종교 신앙과 같은 상부구조적 요인들이 역사적 중요성을 가짐을 부인하지는 않았지만, 그것은 변화를 억제하는 역할만을 한다고 주장했다. 그는 모든 "인간은 스스로 역사를 만들어 간다. ……그들 스스로 선택한 상황이 아니라 과거로부터 직접적으로 대면하게 된, 주어진, 그리고 전수된 상황 아래에서 ……"라고 하면서 이를 강조했다(Marx 1852 in Marx and Engels 1962, I: 247). 비록 마르크스는 과거로부터 물려받은 신앙, 가치, 행위 유형 등의 중요성을 인정했지만, 개인들이 합리적으로 자신들의 물질적 이익을 평가하고 자신의 이익과 계급의 이익이란 측면에서 집합적인 행동으로 주어진 조건을 바꿀 수 있는 상당한 능력을 가지고 있다는 점을 믿었다. 그는 문화전통과 지배 집단이 믿음(신앙)을 조정해서 자신들의 이익에 이바지하도록 하여 대립을 억누르고 사회경제적 변화를 막기도 한다는 점도 배제하지 않았다. 그럼에도 진보적 경제 변화가 그런 반동적인 힘에 의해 압도되지 않을 때 그 변화는 많은 사람들에게 이득이 될 것이라고 주장했다. 마르크스에게 자유란 올가미로부터의 자유나 정치적 억제로부터의 자유가 아니라 개인들이 스스로를 위해 새로운 사회적 선택을 만들어 내는 데 참여할 능력을 의미한다(Miller et al. 1989b: 4).

마르크스는 역사적 사건들을 설명하고 인류역사의 진화적 흐름들에 일반화를 만들어 내고자 노력했다. 『루이 보나파르트의 브뤼메르 18일The XVIIIth Brumaire of Louis Bonaparte』, 『프랑스의 계급투쟁The Class Struggle in France, 1848~1850』에서 역사적 사건을 경제적 조건에 대한 집합적 반응이 아닌, 여러 사회 및 경제적 집단이 자신들의 권력을 보존하거나 증진시키려 하면서 발생하는 이익의 충돌이란 측면에서 설명하고자 했다. 이들 연구는 인간을 사회적 힘에 따른 수동적 존재로 다루기보다는 의도성과 실체의 사회적 재생산을 강조했다. 또한 모든 사회는 그 자체가 독자적인 역사적 산물로서 각각 독특한 방식으로 경제 변화에 반응한 것이라고 생각했다. 이 때문에 문화변화를 예측가능한 방식으로 설명하는 일반 법칙을 만드는 것은 불가능하다고 보았다. 마르크스의 몇몇 저술에는 적어도 어느 정도는 다선진화를 믿었다는 흔적이 보인다(Hobsbawm 1964). 그럼에도 원시평등사회로부터 계급사회를 거쳐 기술적으로 진전된 미래의 평등사회로 향하는 인류 발전의 이상적 과정 또한 믿었다. 수년 동안 마르크스주의자들은 인류역사의 역사적 복합성이나 진화적 규칙성을 강조하는 정도에 대해 서로 다양한 의견을 제시했다. 소비에트의 학문은 플레하노프(G. V. Plekhanov, 1856~1918)의 저술에 근저를 두며 스탈린의 교조주의적 관점으로 강화되었는데, 사회변화를 진화적이고 결정론적으로 보는 관점을 강조하는 경향이 있었다(Bloch 1985: 95-123).

또한 마르크스는 신앙과 계급 충실성 때문에 계급사회에서 사회적으로 그리고 정치적으로 중립적인 사회과학을 만들기는 불가능하다고 주장했다. 그런 연구는 필연적으로 연구 수행자의 계급 편견을 반영할 수밖에 없다는 것이다. 그렇지만 고대 수메르와 근대 자본주의 세계를 상대주의적으로 바라보지는 않았다. 오히려 인간 행동의 잠재력이란 측면에서 질적으로 다른 입장들로 해석했을 뿐이다. 또한 인간행위를 이해하는 데 있어 다른 어떤 철학 또는 과학적인 접근과 비교해서도 마르크스주의가 우월하다고 주장했다. 그러나 스스로 비판적이 되지 않는 한, 미래의 계급 없는 사회에서는 지식이 모든 계급적 편향으로부터 해방되어 객관적일 것이라는 생각과 함께 마르크스주의가 그러한 미래의 지식으로서의 역할을 할 것이라는 믿음은 사실 마르크스주의적 사고에서 아주 위험한 결함이었다.

라프도니카스와 동료들은 마르크스주의 역사학 연구에 고고 자료가 유용함을 보여줌으로써 고고학으로 중요한 사회적 가치를 찾고자 했다. 이들은 고고 자료를 사용하여 역사 과정의 법칙과 규칙성을 밝힘으로써 마르크스주의 개념들의 정확성과 유용성을 논증하고자 했다. 스스로에게 부여한 고고학자의 작업은 선사시대의 변화를 마르크스주의적인 용어로 설명하는 일이었다. 그러한 변화들이 일어나는 주 맥락은 더 이상 기술이 아니라 사회조직이었다. 석기, 청동기, 철기 시대라고 하는 계기적인 시대 순서는 사회를 이해하지 않은 채 너무 편협하게 기술발달에 의존하여 원재

초창기
소련 고고학의 양상

료의 성격에만 근거했다고 하여 폐기되었다. 고고학자들은 고고학 발견물을 서술해야 할 뿐만 아니라 그것을 생산한 사회를 재구성해야 했다. 그러기 위해서는 그 사회의 생산양식을 정의하고 기술, 사회조직, 이데올로기적 개념에 대해 최대한 많은 것들을 파악해야만 했다(M. Miller 1956: 79).

이러한 접근법으로 많은 귀중한 결과를 얻었다. 고고학자들은 일반 사람들이 어떻게 살았는지에 주목하면서 취락, 캠프유적, 작업장 등에 대한 대규모 평면 발굴을 하게 되었다(R. Davis 1983: 410). 또한 주거의 증거 및 그 구조와 관련된 많은 형식의 유물들에 주목했다. 이로써 세계에서 처음으로 구석기시대 주거를 확인하고(Childe 1950)(그림 7.2), 몇몇 신석기시대 마을을 전면 발굴했다. 공동묘지를 발굴할 때는 주로 종교 신앙을 고찰하고 무덤을 만든 사회의 사회구조를 확인하고자 했다.

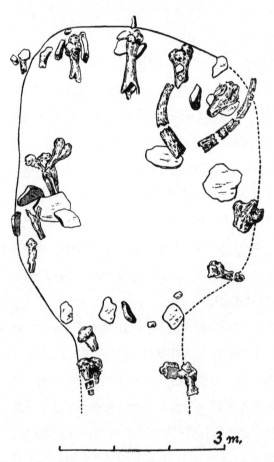

그림 7.2 부리엣Buryet유적에서 발견된 구석기시대 집자리의 평면도(차일드의 *Antiquity*, 1950에서)

작은 여성조각상은 후기 구석기시대의 모계혈연사회를 시사한다는 보리스코프스키P. I. Boriskovsky의 주장 같은 이 시기 몇몇 해석은 근거가 없는 것이었다(R. Davis 1983: 413-414). 이와 대조로 1934년 트레차코프P. N. Tret'yakov는 법의학 전문가의 고찰과 그릇 내부의 지문을 근거로 북부와 중부 러시아 선사 수렵어로문화의 토기는 여성들이 만들었다고 판단했다. 더 나아가 개별 유적 안에서 토기 양식의 단일성, 그리고 유적 간의 상당한 변이는 모거matrilocal 혼인유형으로서, 작은 공동체의 토기제작자들이 외부 영향을 받지 않은 채 한 세대에서 다음 세대로 토기 전통을 전해 주었음을 시사한다고 주장했다(Childe

1943: 6). 비슷한 해석은 1960년대 이후 미국 고고학에서도 시도했다. 미국의 연구는 토기제작자의 성을 판단하기 위해 전적으로 직접역사적 접근에 의존했다는 점에서 소련 고고학보다 덜 고고학적이었다고 할 수 있다(Binford 1972: 61, 8장 참조).

이렇듯 과거 생활양식을 강조하면서 소련 고고학은 세계 고고학에 큰 기여를 했다. 세메노프(S. A. Semenov, 1898~1978)는 석기와 골기에 사용흔이 생기는 과정을 실험적으로 확인함으로써 선사시대 도구의 사용을 판단하는 데 상당한 성공을 거두었다. 비록 이 접근법은 생산에 대한 마르크스주의적 관심과 밀접하게 결부되어 있으며 19세기 전반 스벤 닐손이 개척한 것이기는 하지만, 서양의 고고학자들은 세메노프의 『선사시대 기술*Prehistoric Technology*』(1964)이 영문으로 번역되어 나올 때까지 간과하고 말았던 것이다.

고고학자들은 고고학적 유존물에서의 변화를 내적인 사회발달의 결과로서 설명하고자 했다. 예를 들어 크루글로프와 포드가예츠키(Kruglov and Podgayetsky 1935)는 『동유럽 스텝지방의 혈연사회*Clan Societies of the Steppes of Eastern Europe*』에서 남부 러시아의 순동시대 매장 관습을 재산 개념의 발달과 결부시켰다. 곧 집합묘는 생산수단의 공동 소유와, 개별 고분은 부계 유목사회와 대응한다고 했다. 또한 사회의 진화와 더불어 재산이 중요해질수록 탐욕스러운 상속자들은 점차 사자死者에게 많은 귀중한 물건들을 부장하지 않게 되었음을 시사했다(Childe 1942d: 133, 1945a). 이렇듯 소련 고고학은 사회변화에 관심을 가졌기 때문에 문화진화 및 이와 결부된 발달과 진보의 개념들을 부활시켰다. 당시는 북아메리카와 유럽에서 전파론이 힘을 얻고 있던 시절이었다.

그렇지만 고고 자료에 대한 마르크스주의적 연구는 당시의 혹독한 지성적인 제약에 시달려야 했다. 사회진화는 엥겔스의 『가족, 사유재산, 국가의 기원*The Origin of the Family, Private Property, and the State*』으로부터 느슨하게 끌어온 단선적인 사회경제 형태를 바탕으로 개념화한 것이다. 엥겔스의 연구는 모건의 『고대사회*Ancient Society*』에 대한 마르크스의 연구에 토대를 둔 것이었다. 노예, 봉건, 자본주의라는 세 가지 계급사회에 앞서는 선계급사회는 선혈연, 모계혈연, 부계혈연, 최종혈연이라는 계기적인 단계로 나누어졌다. 여기에 사회주의와 공산주의라는 두 무계급사회의 형태가 더해진다. 후자는 인류 발달의 마지막 단계이고 그 이후 변화는 없다고 생각했다(M. Miller 1956: 78-79; Yu. Semenov 1980). 이러한 정식화는 스탈린 통치시기 동안 정전正典

과도 같은 지위를 가졌으며, 이에 대한 비판은 용납되지 않았다. 고고학자들은 이런 틀에 맞게, 그리고 마르크스-레닌주의 고전과 어울리도록 자료를 해석해야 했다. 허용된 것이라면 많은 고고학 문화는 발달 단계와 관련하여 전형적인 상태가 아닌 전이적인 상태에 있다는 인식 정도였다. 또한 특정 고고학 문화가 어떠한 발달 단계에 속하는지를 밝혀 줄 고고학적인 기준에 대한 논쟁도 있었다. 소련 사회과학자들이 가진 교조주의적 태도는 사실 마르크스와 엥겔스가 표명했던 관점과 날카롭게 대치된다. 마르크스와 엥겔스는 다선적인 모델의 사회진화를 고려할 용의가 있었으며, 인류발달의 초기 및 이해가 불충분한 시기에 관해서는 특히 그러했다.

이보다 훨씬 좋지 않았던 상황은 GAIMK 안에서 소련의 고고학 조사는 니콜라이 마르(Nikolay Marr, 1865~1934)의 행정적 감독만이 아니라 지성적인 영향까지도 크게 받게 되었다는 점이다. 마르는 언어학자로서 고고학에도 관심을 가지고 있었다. 그는 새로운 언어가 점진적인 음운론적, 문법적, 어휘적 차별화의 과정을 거쳐 고대의 형태로부터 진화한다는 보편적인 생각을 거부했다. 대신 언어가 속한 사회의 사회경제적 조직의 변화에 반응하여 변화한다고 믿었다. 결과적으로 언어들 사이의 유사성은 역사적인 친연이 아니라 여러 사회가 도달한 진화적 단계를 의미하게 되었던 것이다. 인류역사에 대한 마르의 관점 안에는 원초 언어, 언어의 본향, 어족과 같은 개념이 설 자리가 없었다. 마르의 언어변화설은 마르크스주의적인 단선적 사회정치 진화의 틀과 표피적으로 유사하다는 점에서 정치적으로 선호되었다. 이로써 고고학자들은 고고학적 유존물에서 보이는 가장 분명한 종족 이동의 증거까지도 무시하게 되었으며, 각 지역의 고고학적 연쇄(시퀀스)를 최초 시기부터 근대까지 한 민족의 역사인 양 해석하기도 했다.

라프도니카스는 크림지역에서 토착 인구집단이 페르시아어를 쓰는 스키타이족, 독일어를 하는 고트족(이들의 언어는 서쪽의 독일어와는 역사적으로 무관하다고 주장되었다), 그리고 마지막으로는 슬라브족으로 차례로 교체되었다고 주장했다. 미하일 아르타모노프Mikhail Artamonov는 하자르족이 돈강 유역과 코카서스 북부까지 동쪽으로부터 이동한 것이 아니라 그 지역에서 진화했으며, 따라서 투르크족이 아니라 지역 부족들이 융합되어 발달한 것이라고 주장하기도 했다(M. Miller 1956: 81-82). 고고학적 유존물에 나타나는 종족 집단들을 구별해 내는 방식의 연구들은 형질인류학에 대한 관심을 막는 경향이 있었다(Trigger 1980a: 104). 골격상의 차이가 나타날 때는 흔히 사회문화 진화와 동반한 형질적 변화로서 이해되었던 것이다.

비록 소련 고고학자들은 다양한 종족 집단의 선사시대에 관심을 가졌음을 공언했다고는 하지만, 단선진화적인 접근을 채택했기 때문에 종족적인 유의성이 있는 문화적 변이를 고찰하지 못했다. 전파는 인류의 창의성을 훼손한다는 근거에서 거부되었다. 인정되었던 한 가지 역사적 과정은 다양한 작은 집단이 시간이 흐르면서 점차 합쳐져 더 크고 더 복합적인 집단을 만들어 각각이 독특한 종족성과 문화를 진화시켰다는 것 정도였다. 집단 안에서는 과거 소수 집단의 이질적인 양상들이 혼합되어 있을 수 있기 때문에 최근 언어를 가지고 초기 선사시대의 고고학 문화를 가려내는 것은 불가능하며 그 어떤 근대 민족집단도 깊은 역사를 가지고 있다고 생각할 수 없었던 것이다. 몇몇 고고학자들은 고고학 문화의 개념이 분석적 유용성을 가진다는 생각을 버리게 되었다. 단일한 일련의 단계를 밟으며 독자적으로 진화하는 집단을 강조하는 경향이 강했으며, 이는 나아가 모든 인간은 인류의 진보에 참여할 능력을 가졌다는 증거로 받아들여지기도 했다.

쉬니렐만(V. A. Shnirelman 1995, 1996)은 이러한 정식화를 스탈린의 단일한 통치구조를 강조하고 "지역 민족주의"를 탄압하는 것과도 상응시켰는데, 이런 탄압은 이전에 레닌이 폈던 종족 집단들의 자치권 정책과는 달랐다. 그럼에도 1930년대 마르가 제시한 민족 자체 발전의 개념은 소련 당국이 반진화적이라고 판단한 것, 그리고 서유럽에 팽배했던 인종주의적인 문화발달설에 대한 거부를 나타낸 것이었다. 1934년 마르의 사망 이후에도 그의 학설은 계속 공식적인 존중과 후원을 누렸으며, 1950년까지 고고학 해석을 압도했다. 이때가 되면 스탈린은 「언어학에서 마르크스주의에 대하여」라는 에세이에서 마르의 예상과는 반대로 소련에서는 차르시대 러시아에서와 똑같은 러시아어가 계속 쓰이고 있음을 지적하며 마르의 가르침을 어리석은 것이라 부정하게 된다.

이렇듯 고고 자료의 사회학적인 해석과 몬텔리우스적인 접근법을 거부할 것을 강조함으로써 유물의 체계적인 형식분류에 대한 관심을 막는 결과가 되었다. 그런 작업에는 벌거벗은 유물학*goloye veshchevedeniye*이라는 꼬리표가 붙게 되었다. 과거 형식분류에 기울인 관심은 고고 자료의 사회 및 정치적 유의성을 무시하는 부르주아적인 경향의 일부라고 하여 비난을 받았다. 따라서 형식분류도 전파나 이주와 같이 정치적으로 부정적인 함의를 지니게 되었던 것이다. 그러나 형식분류를 무시한 것은 결국 소련 고고학에 나쁜 효과를 미쳤다. 형식학, 문화편년, 문화 단위의 정의라는 측면에서 중부 및 서부 유럽에서 이루어지고 있던 연구에 뒤처지는 결과를 초래했던 것이다(Bulkin et al. 1982: 288-290).

문화혁명에 뒤이어 공식적으로 합병의 시기가 온다. 비록 정부는 소련 고고학이 정치적인 면에서 적절하게 발달했다고 평가했지만, 학문을 증진시키기 위해서는 더 전문적인 기술이 필요했다. 1934년 소련 역사과학의 모든 분과에는 더 전문화할 것과 더 나은 기법을 사용할 것, 그리고 더 높은 수준의 조사를 해야 한다는 요구가 있었다. 이전 시기를 주도했던 논쟁적이고 표제標題적인 문헌들을 버리고 더 관습적인 경험 연구를 선호하게 되었다. 고고학이란 용어도 1931년 초 학문의 이름으로서 부활했다. 물론 "부르주아 고고학"과 구분하기 위하여 이제는 "소비에트 고고학"이라는 말로 불리게 되었다(M. Miller 1956: 108-109). 고고학의 모든 분과들은 여전히 역사학과에서 연구되었으며, 고고학의 학위들은 모두 역사학이었다. 이러한 역사학과 고고학이 공통적으로 마르크스주의 역사학적 접근을 지향함으로써 고고학자들이 사회와 문화의 진화에 대한 일반적 관심과 함께 문화사적 과정에도 관심을 가지는 총체적 시각이 발전하게 되었다. 또한 기술만으로는 더 이상 설명적 유의성을 갖지 못하게 되었지만, 다시 한 번 전통적 기술발달 단계에 대한 언급도 가능해졌다.

1930년대 동안 수많은 대학에서 고고학 직책과 단위들이 설치되고, 연구서와 연구시리즈들이 출간되었으며, 『소비에트 고고학Sovetskaya Arkheologiya』이라는 유력한 소련 고고학 저널이 발간되기 시작했다. 구제고고학 작업도 1928년에 시작된 대규모 산업계획과 결부되어 급속히 확장되었다. 각각의 주요 건설계획에는 고고학적 발굴이 뒤따랐다. 이로써 건설 이전 및 도중에 건설로 영향을 받는 지형에 대한 발굴을 수행하고 발견물을 연구했다. 1930년대에는 연중 거의 300개 발굴단이 조사를 벌이기도 했다(Bulkin et al. 1982: 276). 발굴장 견학과 전시, 대중서의 발간은 대중 교육에 이바지했다. 또한 고고학자들은 스스로 실제적인 일에 종사하기도 했다. 여기에는 예컨대 고대 관개체계를 연구하여 근대 개발의 지침으로 활용하거나 고대 광산유적을 찾아 상업적인 가치를 밝히는 것도 포함된다. 이러한 작업들은 특히 1935년부터 1941년 사이에 일반적이었다(M. Miller 1956: 112).

1930년대 말부터 시작된 슬라브 고고학의 발달과 이를 슬라브 애국심을 고양시키는 데 이용한 것은 이미 6장에서 논의했다. 이는 다른 민족 집단들의 소련에 대한 충성심을 고취시키려는 노력의 일환이었다. 고고학자들은 그런 집단들의 족속적 특성들을 고대까지 추적하고 그 영역을 파악하며, 고대 문화를 영광되게 표현하기 시작했다. 코카서스, 중앙아시아, 시베리아의 선사 고고학에 관한 지식이 극적으로 증가했다. 이런 지역에서는 우라르투Urartu와 파르티아Parthia 고대국가 유지나 트리알레티Trialeti와 파지리크Pazyryk 고분 같은 풍부한 자료가 확인되었다(Frumkin 1962). 연구자들은 이제 고고학적 유존물에서 이전에는 간과했던 문화마다의 특수한 성격이나 선사시대 인간행위의 형식에 대해서 고려하기 시작했다. 이제 종족 집단들의 문화적 차이가 인정되고 상당한 관심을 받으면서 고고학적 유존물은 더욱 다양해지고 다채롭게 인식되었다.

문화적 다양성을 인식하게 되면서 관련 고고 자료를 분석하는 방법이 발달하고 단선진화적 틀에 대한 의문도 제기되었다. 레오 클레인(Leo Klejn 2001b: 1140)은 아르타모노프M. Artamonov, 트레차코프, 톨스토프S. P. Tolstov 같이 1930년대 말 "종족 형성"에 대해 연구하고 이론화를 시작한 많은 고고학자들은 알렉산더 밀러Alexander Miller, 페트르 에피멘코Petr Efimenko, 주코프 같은 1920년대 고민족학자들의 학생이었다. 고고학자들은 "종족적 지침"을 찾고자 했고, 그 지침을 사용하여 선사시대의 여러 종족 집단들을 확인하고자 했다. 그럼에도 민족지 연구로 물질문화, 언어, 집단의 정체성 사이의 관계가 복잡하다는 사실이 알려짐으로써 이런 접근은 약해지기도 했다(Dragadze 1980). 또한 코카서스 지방의 무스테리안 유물조합에서 보이는 체계적 변이가 종족 집단을 반영하는지, 아니면 유적 사용 과정에서의 기능적인 변이를 반영하는지에 대해서도 논의했다. 이는 서유럽 무스테리안에 대해서 보르드와 빈포드 사이에 일어났던 논쟁과 많은 면에서 유사하다(R. Davis 1983). 1940년대가 되면 전파와 이주에 대한 논의는 더 이상 금지되지 않는데, 다만 증거는 더욱 신빙성이 있었으며 보통 소련 영역 내에 국한되었다(Trigger 1980a: 104). 이러한 흐름들은 1950년 마르의 설과 이와 결부된 토착적 발전의 개념이 공식적으로 거부된 뒤 더욱 강화되었다. 1950년이 되면서 몇몇 종족 집단은 먼 거리까지 이주했다고 생각했다.

그럼에도 불구하고 진화적 접근도 지속되었는데, 가장 주목할 만한 것으로는 마손V. M. Masson의 "사회학적 고고학"을 들 수 있다. 이 접근은 코카서스와 중앙아시아의 조사연구와 결부된 것으로, 이 지역의 초기 농업 경제와 최초의 도시문명이 소련의 영토 안에서 진화한 것으로 알려져 있다. 사회학적 고고학은 변화를 일으키는 특정한 현상 및 과정과 함께 법칙을 확립하기 위하여 고대사회의 경제, 사회, 이데올로 기적인 구조를 재구성하고자 했다(Bulkin et al. 1982: 281). 체계적 연구는 1937년 톨스 토프가 투르크메니아에서 고대 관개체계를 고증함으로써 시작되었다. 이후 남부 투 르크메니아에서 이루어진 조사로 식량생산 경제와 청동기시대 계급사회의 연쇄적인 발달이 알려진다(Kohl 1981a). 도구 사용, 관개체계의 작용, 도시 중심지의 경제 및 사 회적 구성 등에 대해서 주된 연구가 이루어졌다. 그런데 적어도 한 미국의 고고학자 는 변화를 일으키는 요인으로서 인구압, 관개농업, 취락(주거)유형, 전쟁, 경제 교환, 종교적 통합 등에 대한 자세한 논의가 없었음에 주목하기도 했다(Lamberg-Karlovsky 1981: 388). 사회학적 고고학은 고고학적 유존물의 독특한 특성을 고려하여 그로부터 방법론을 세련시키고 정교화시켰다기보다는 마르크스주의 이론은 문화변화에 대한 자세한 설명을 제공하고 있다는 믿음을 지속했던 것으로 보인다.

이보다 더 전통적인 소비에트 고고학자들은 상식과 관습적인 역사학적 분석만 으로도 고고 자료로부터 역사적 정보를 추론할 수 있다고 믿었다. 그 다음 이러한 추 론들은 문헌사 자료, 역사지, 역사언어학, 미술사, 민속학 및 과거를 연구하는 데 유 의하다고 여겨지는 정보들과 결합된다. 비록 이들이 고고 자료를 복원하고 분석하는 독특한 방법을 부정하지는 않았다 하더라도 일반 역사학적 분석의 흐름과 고고학적 해석을 구분시켜 줄 고고학만의 개념을 발전시킬 필요가 있다고 생각하지도 않았다.

1953년 스탈린 사망 이후 소련에서는 학문 및 일반적 생활에서 정치적 간섭은 줄어든다. 비록 이 시기는 "문제"가 많았으며(Gening 1982) 심지어 "위기"의 시기(Soffer 1985: 11-13)로 묘사되기도 하지만, 소비에트 고고학자들이 문화혁명기 동안의 학문적 손상을 치료하고자 했던 시기이기도 하다. 역사과학으로서 고고학의 지위, 그리고 인 간행위를 마르크스주의적인 용어로 해석하는 데 공개적으로 의문을 제기하는 고고 학자는 없었다. 하지만 몇몇 고고학자들은 고고 자료의 특수한 성격을 적절하게 주 목하지 않았던 사실이 고고학의 진보를 가로막았다고 했다. 서구의 책과 정기간행물 들을 접하게 되고 소련과 서구의 고고학자들 사이에 개인적인 접촉이 이루어지면서 이러한 흐름은 더 힘을 받게 되었다. 이러한 새로운 생각들은 진화적이고 논쟁적인 것에서 역사학적이고 과학적인 마르크스주의적 설명을 지향하는 것이라고 하면서 정치적인 합법성을 확보하고자 했다(Bulkin et al. 1982).

많은 소련 고고학자들은 고고 자료의 분석에 엄밀한 지침과 표준화한 절차를 주문했다. 비록 중부 유럽의 고고학자들은 형태적 특성과 시간적 추이가 잘 알려진 암그렌Almgren 67이나 236과 같은 특정 형식의 브로치를 언급할 수 있지만, 소련 고고학자들은 '높은 걸이대를 가진 브로치' 같이 일반적인 서술 용어를 사용한다(Bulkin et al. 1982: 288; Klejn 1982). 속성 분석과 복잡한 수리통계 절차를 이용한 작업들도 이루어졌다. 이러한 절차를 통해 유물들은 단순히 문화적 규범의 생산물이 아니라 다변적인 현상으로 인지할 수 있었다. 그러나 이 같은 흐름에 반대했던 사람들은 역사적 정보를 밝히는 데 형식학적 접근이 가진 잠재력을 과대평가하는 것이라고 비판했다(Bulkin et al. 1982: 282).

일반으로 소련에서 고고학 문화는 중부 및 서부 유럽에서보다 더 큰 규모의 분류 단위로 생각했다. 이는 아마도 부분적으로는 연구 대상 지역이 아주 넓었기 때문일 것이다. 1970년대 초부터 소련 전역에서는 고고학 문화에 대해 통일된 정의를 공식화하기 위한 노력이 있어왔다. 1972년 마손은 지역 변이, 고고학 문화, 문화 집단이라는 위계적인 단위를 제안했는데, 이는 분명 데이비드 클라크가 『분석고고학』(1968)에서 제안한 틀을 모델로 하고 있었다. 또한 위계적 단계들은 유물형식의 동시 발생 정도를 통하여 정의될 수 있다고 보았다. 이보다 훨씬 세련된 틀은 클레인(Klejn 1982)에 의해 제안되었다. 그렇지만 고고학 문화를 어떻게 정의해야 하는지, 그 정확한 사회학적 의미는 무엇인지, 그리고 어떻게 마르크스주의적 사회변화의 분석과 일치시킬 수 있을지에 대해서는 의견이 통일되어 있지 않았다.

1928년부터 소련 고고학자들은 "유물학"이라는 원죄에서 벗어나기 위하여 유물형식학으로 문화를 정의하는 일을 피하고 고고 자료를 사용한 상대편년까지도 회피하게 되었다. 1957년 차일드는 소련의 선사시대 편년은 아무런 희망도 없는 일련의 모호한 추측들로 이루어져 있으며 전혀 설득력 없다는 의견을 글린 대니얼에게 피력했다(Daniel 1958: 66-67). 1950년대 이후 이러한 현상은 방사성탄소연대측정법에 대한 의존이 높아지면서 더 강해졌다. 소련 고고학자들은 세밀한 선사시대 문화편년을 구축해 내지 못했기 때문에 이웃 지역들에서의 물질문화의 변화에도 적절히 대응할 수 없었다. 소련 고고학은 초창기부터 진화에 경도되어 있었고 문화의 자체 발전을 옹호했기 때문에 그런 식의 비교 방법론은 낯선 것이 되고 말았다. 가끔 세밀한 문화편년의 필요가 지적되었지만, 정치적인 이유로 수십 년 동안이나 이러한 주제를 방치했다.

그럼에도 1956년에서 1991년까지 소련에서 고고학의 영역은 지속적으로 확장되었다. 1985년 약 700여 개 조사단이 활동했으며, 1980년대 말에 이르러서는 해마다 4000여 권의 고고학 서적과 논문들이 출간되었다. 그렇지만 클레인(Klejn 2001b: 1135)은 기술적으로 학문적 독립성이 지속됨과 아울러 학문 전반에 대한 정치적인 감시가 계속됨으로써 지성적인 침체에 빠졌다고 본다. 소련 고고학은 숨 막히는 정치 환경에서도 지속적으로 학문적 기능을 수행하여 왔는데, 고고학적 유존물에서의 변화를 단지 환경, 생태, 또는 편협하게 정의된 경제뿐만 아니라 특히 생산관계와 같은 사회적 요인의 측면에서 설명하는 최초의 기능과정고고학의 형태를 띠고 있었다는 점은 주목할 만하다. 소련 고고학의 가장 큰 약점은 이론을 자료와 체계적으로 연결시킴으로써 실용 가능하도록 만들지 못했다는 것이다. 당시 정치적 상황을 고려할 때 그것은 시도조차도 불가능한 일이었다.

5. 마르크스주의 고고학자로서의 차일드

차일드와
소련 고고학

1935년 고든 차일드는 처음으로 소련을 방문했다. 소련에 머무르는 동안 러시아 고고학자들을 만나고 박물관을 둘러보고, 동유럽의 선사시대와 관련된 최근 고고학 발견 정보를 수집했다(S. Green 1981: 76-77). 그는 정부가 고고학에 아낌없는 지원을 하고 고고학 조사가 큰 규모로 이루어지고 있으며, 고고학적 발견물이 대중 교육에 쓰이는 것을 보고 깊은 인상을 받았다. 무엇보다도 사회의 내적 과정이란 측면에서, 그리고 명백한 유물론적 원칙 위에 역사를 설명하는 소련 고고학자들의 노력에 매료되었다. 그리하여 자신의 경제적 해석이 편협한 틀 안에 머물러 있음을 느꼈다. 이제 자신의 관점을 생산력과 생산관계가 사회의 일반적 성격을 판단하는 데 중요한 역할을 한다는 마르크스주의적 관점과 대비시키며 새로운 접근을 모색하게 되었다.

그러나 차일드는 소비에트 고고학의 프로그램 전체를 받아들이지는 않았다. 소련의 사회경제적 구조에 대한 세부적 틀(역사의 발달단계)을 비롯한 단선적 사회진화를 거부했던 것이다. 나중에는 고고학을 통해 그 틀을 검증하고 세련시키기보다는 소련 정부가 특정한 방식을 미리 정하여 억제하고 있다고 비판했다(Childe 1951: 28-29). 더구나 고고학자가 사회조직의 구체적이고도 세밀한 양상을 추론하여 주어진 발달단계에 대응시킬 수 있다고 생각하지 않았다.

또한 차일드는 전파를 더 이상 문화발달을 가져오는 주된 요인으로 간주하지 않았다(Childe 1933a, 1933b, 1946a: 24). 그리고 과거 지역 편년을 구축하고 권역별 문화적 영향을 추적하는 데 필수불가결하다고 했었던 형식학을 더 이상 강조하지 않았다. 차일드는 선사고고학자로서의 경험을 바탕으로 소련 고고학의 중요한 혁신이라 믿었던 것들을 자신의 작업에 포괄하면서도, 약점이라 여겼던 것은 거부했던 것이다. 스탈린 사후 소련 고고학자들은 차일드가 반대했던 소련 고고학의 여러 양상을 정확하게 수정함으로써 그의 생각이 옳았음을 확인시켜 주었다.

소련 방문 이후 차일드는 사회변화의 주요 원인으로서 자신이 초기에 강조했던 경제적 요인을 마르크스주의 원칙에 더욱 부합하는 분석으로 대체한다. 또한 처음으로 문화진화도 주목하는데, 이는 마르크스주의 학문에서 중요한 이론적 관심 주제였음에도 자신의 저술과 1880년대 이후 서유럽의 주도적인 고고학에서는 별로 중요하게 다루어지지 않았던 주제였다. 향후 10년 동안 차일드는『사람은 스스로 성취한다*Man Makes Himself*』(1936),『인류사의 사건들*What Happened in History*』(1942a),『진보와 고고학*Progress and Archaeology*』(1944a) 같은 문화진화를 다룬 세 책과 함께 사례연구로『스코트족 이전의 스코틀랜드*Scotland Before the Scots*』(1946a)를 출간했다. 이 가운데 처음 두 책은 전문 고고학자만이 아니라 일반 대중을 위하여 쓰였으며 널리 읽혔다.

『사람은 스스로 성취한다』에서 차일드는, 과학기술의 축적으로 진보한 사회는 가장 강한 자연 통제력을 갖게 되고 새롭고 더 복합적인 사회정치 체계를 형성한다는 것이 일반적인 과정이라고 보았다. 그리고 그 증거로서 고고학적 유존물을 해석했다. 후일에는 이러한 관점을 몬텔리우스식의 문화변화에 대한 관념론적 개념과 크게 다르지 않은 것이라고 보았다(Childe 1958:b: 72).『인류사의 사건들』에서는 더 분명한 마르크스주의적인 설명 방식을 채택하여 변화의 주된 동인으로서 기술 지식만이 아니라 사회, 정치, 경제 제도와 그 역할에 초점을 맞추어 문화변화의 설명을 꾀했다.

차일드는 이러한 연구들에서 단선진화론을 지나치게 옹호하지는 않는데도, 줄리언 스튜어드(Julian Steward 1953, 1955: 12)는 단선진화론에 치우쳤다는 잘못된 비판을 했다. 이런 비판은 많은 미국 고고학자들이 차일드를 전형적인 19세기 진화론자로 간주하는 데 영향을 미쳤다. 차일드는 다른 연구(Childe 1930, 1951)에서 유럽과 서아시아의 문화발달을 동시에 고려하기도 했다. 다만, 서아시아의 문화발달에 집중한 『사람은 스스로 성취한다』와 『인류사의 사건들』에서는 더 단선적인 관점을 제시한 것이 사실이다. 그럼에도 이 두 책에서도 메소포타미아에서 발달한 도시국가와 고왕국시기 이집트를 통일했던 신권군주제의 차이에 주목하고, 이것을 부족사회에서 계급사회로 변화하는 과정에서 발생한 잉여농산물을 통제하는 사회·정치적 기법이 상이했기 때문이라고 보았다. 또한 나치 정권의 팽창과 제2차 세계대전의 격동 속에서 글을 쓰면서도 19세기 단선진화론만이 아니라 많은 저속한 마르크스주의적 진보에 대한 순진한 믿음도 거부했다. 차일드는 어느 정도 비판적인 생각을 바탕으로 진보를 가로막고 있는 사회조건을 세밀하게 분석함으로써 변화에 대한 마르크스주의적 연구에 중요한 기여를 했다.

차일드는 모든 수준의 사회 발전단계—특히 초기 문명들—에서 기존의 정치적 위계와 완고한 종교 신앙체계는 사회·경제 변화를 느리게 할 수도, 심지어 멈추게 할 수도 있다고 보았다. 그는 진보적인 사회와 보수적인 사회를 구분하여, 전자에서는 생산관계가 생산성을 증진시키고 생산수단과 사회제도, 지배적 신앙체계 사이에 조화로운 관계가 있는데 반해 후자에서는 사회정치적 요인들이 변화를 가로막고 있다고 했다. 차일드에 따르면, 초기 문명에서 지배계급은 지배체제를 위협하는 기술변화를 막는다. 이들은 잉여부를 독점하고, 장인 집단을 관료주의적으로 통제하여 기술 지식을 추구하는 것을 막고, 사치스럽게 큰 규모로 마법과 미신을 후원함으로써 변화를 통제한다는 것이다. 하지만 그렇게 할수록 이웃하는 진보적인 사회들과의 경쟁에서 밀리게 됨을 감수해야 한다. 이런 식으로 유럽 문명에 비해 결국 서아시아 문명이 뒤처진 이유를 설명하여, 『고대의 동양에 대한 새로운 지식』에서 제시했던 더 편협한 경제적 설명을 보완했다. 이제는 역사를 형성하는 데 사회의 경제적 토대와 상부구조 모두가 중요한 역할을 한다고 보았던 것이다. 그렇지만 교조주의적 이데올로기가 지배적인 곳에서는 그 영향이 부정적이었음을 조심스럽게 상술했다.

그러나 이런 입장은 조지 톰슨(George Thomson 1949)과 같은 영국의 마르크스주의자들이 초기 문명에서 계급 갈등을 등한히 했다는 비판을 하게 된 결정적인 빌미가 되고 만다. 그러나 차일드는 초기 문명에서 정치 및 종교적 사회통제가 고도로 효과적이어서 그런 계급투쟁이 무뎌지고 말았기 때문에 사회진화는 느리게 일어났다고 주장했다. 이렇듯 초기 문명에서 계급투쟁 개념을 무시하지도 않았으며, 고고학에 적용할 수 없다고 생각하여 거부한 것도 아니다. 다만 고대 서아시아 문명을 설명하는 데 계급투쟁 개념의 유용성을 찾지 못했을 뿐이다. 그는 서아시아 문명은 장기간의 정체기를 겪었다고 믿었다. 특히 로마제국을 비롯한 이후의 고전 문명들에 대한 분석에서는 부와 권력을 차지하기 위한 사회 내 집단 간 충돌과 정치적 통제의 변화 양상을 크게 강조했다.

차일드는 진화과정에 대한 관심을 더욱 심화시키면서도 민족지 유추의 가치에 대해서는 대부분의 문화사고고학자들과 마찬가지로 여전히 회의적이었다. 다만 여기에서 역사적 연속성이 분명한 곳은 제외된다. 차일드는 오스트레일리아 원주민사회와 같은 현대 수렵채집사회를 기술적으로 발전하지 못한 사회라고 여겼으며, 이들 사회가 복잡한 형태의 사회조직과 함께 결국 기술발달을 가로막는 "고통스럽고" "사리에 맞지 않는" 의례를 발달시켰으리라 생각했다. 따라서 차일드는 중요한 측면에서 현대 수렵채집사회가 구석기시대 사회와는 다르다고 믿었던 것이다. 그렇기에 차일드는 두 가지 문화진화의 발달선을 제시하는데, 하나는 진보적인 것으로서 융통성있는 사회조직 및 이데올로기와 함께 지속적인 기술발달이 결합된 형태이며, 다른하나는 보수적인 것으로서 정체된 기술 및 사회구조를 가지고 이데올로기에 묶여 있는 사회를 말한다(Childe 1936: 46). 비록 마르크스주의적 사고에 근거를 두고 있지만, 이런 모델은 일반적으로 믿어지는 마르크스주의의 진화적 개념들과는 별다른 관련이 없다. 유럽 문화의 종국적인 우월성을 설명하고자 하는 노력과 함께, 차일드의 문화발달에 대한 해석은 이상하게도 러복이 제시했던 인류진화에 대한 관점을 결국 비인종주의적인 용어로 다시 정식화시켰다고도 할 수 있다.

차일드는 『스코트족 이전의 스코틀랜드』에서 소비에트식의 접근으로 서유럽의 구체적인 고고 자료를 해석하고자 했다. 그는 생계경제 유형이나 취락, 수공업, 교역, 매장 관습과 관련된 고고학적 정보를 사용하여 생산양식의 변화와 이에 동반하는 더 크고 위계적인 집단의 발달 및 새로운 이데올로기의 진화를 추론하고자 했다. 특히 크루글로프와 포드가예츠키의 러시아 남부 청동기시대 사회의 진화에 대한 설명에 영감을 받아 스코틀랜드지방이 공동재산에 바탕을 둔 평등 부족사회의 네트워크로부터 점차 국가사회로 발달했다고 보았다. 변화를 일으키는 주된 요인은 사유재산의 출현인데, 차일드는 이것이 고고학적으로 공동묘지로부터 사회적 지위의 차이를 표현하는 다양한 형식의 분묘로 변화한 것에 드러나 있다고 생각했다. 또한 이런 접근으로 자신이 이전의 스코틀랜드 선사시대에 대한 연구에서 제시한 이주론적인 가설에 비하여 "스코틀랜드의 발달에 훨씬 현실적이고 역사적인 그림"을 얻을 수 있다고 했다(Childe 1958b: 73). 그럼에도 그는 소련 고고학자들이 사용했던 교조주의적인 사회진화의 틀을 결코 받아들이지 않았으며, 사회 및 문화변화를 일으키는 데 전파와 이주가 중요한 요인이라는 점도 버리지 않았다.

마르크스주의에
대한 천착

　　제2차 세계대전 동안 차일드는 지속적으로 마르크스주의적인 사회변화의 이해에 몰두한다. 그렇지만 소련에서 이루어지고 있던 고고학 조사의 질이 낮음을 인식하고 나서 더 이상 소련 고고학에서 창의적 영감을 찾지 않았다. 그리고 이제 마르크스주의의 철학적 토대를 고찰하기 시작한다. 차일드는 마르크스주의를 더 심오하면서도 덜 교조주의적으로 이해하여 고고 자료 해석과 분석의 도구로 삼는 데 열심히 노력했다. 또한 관련 철학 서적을 광범위하게 읽었으며 영국의 사회인류학과 미국 문화인류학을 연구했다(Childe 1946b).

　　차일드는 이렇듯 마르크스 저술을 섭렵함으로써 인간행위에 대한 인지적 양상에 더 주목한다. 마르크스의 관찰에 따르면, 비록 인간은 스스로의 역사를 만들지만 그 출발점은 필연적으로 자신들이 태어난 사회의 사회조직과 전통일 수밖에 없다. 다만, 차일드는 모든 인간행위가 인지적으로 중재된다는 결론을 내린다(Childe 1949: 6-8). 나중에는 탈과정고고학자들과 마찬가지로 인간은 실제 세계에 적응하는 것이 아니라 자신들이 세계를 인지하는 방식대로 세계에 적응한다고 주장했다. 수렵채집 원주민들이 지각하는 중앙 오스트레일리아의 경관은 유럽 광산업자의 시각과는 똑같을 수 없다. 유물론자로서 차일드는 후일의 과정고고학자들과 같이, 비록 인간은 마음과 머릿속에서만 세상을 알 수 있을 뿐이지만, 마음과 머리는 자연 세계에서 생존해야만 하는 생물체로서 존재하는 것이라고 주장한다. 따라서 세계에 대한 사회적으로 공유된 관점이 지속되기 위해서는 반드시 실제 세계와 상당한 정도로 일치해야 하는 것이다(Childe 1956b: 58-60). 또한 수렵채집민의 믿음과 현대 산업국가의 믿음은 모두 특정 배경에서 생존이라는 목적을 얼마나 잘 달성했는지에 따라 판단해야 한다고 주장했다. 따라서 차일드는 마르크스주의자로서 후일 과정고고학과 탈과정고고학을 나누게 되는 주요 신념을 동시에 가지고 있었고 융화시키려 했던 것이다. 비록 호의적인 상황에서 경제적 이익을 추구함으로써 전통을 어렵지 않게 초월할 수 있을 것이라고 했지만 마르크스와 마찬가지로 문화전통을 진지하게 다루었다.

차일드의 관점에서 마르크스주의 분석은 생산관계가 가장 중요한 역할을 한다는 사실을 인정하면서도, 어떤 편협한 형태의 결정론도 배격한다. 생산양식에서는 공통되면서도 역사적으로는 관련되지 않은 문화가 보여주는 유사한 사회조직 및 이데올로기적인 특성은 기능적인 구속으로서 설명한다. 그럼에도 문화의 구체적인 내용과 그 변화를 소상히 파악하기 어려운데, 이는 이전부터 존재하고 있는 문화 유형, 다른 문화와의 우연한 접촉, 이웃 사회와의 상호작용에 따라 큰 영향을 받기 때문이라고 했다. 차일드는 이미 19세기 영국 헌법의 정확한 형태를 자본주의 생산양식 하나만으로는 결코 연역해 낼 수는 없는 일이라고 했다. 비록 정치 생활이 중간계급의 기업가들에 의해 주도되고 있음이 경제력의 변화에 반영되어 있지만, 군주, 상원, 하원은 봉건시대부터 잔존하는 제도들이 당시의 정치적 필요에 부응하기 위해 최소한으로 적응한 것이었다고 했다(Childe 1936: 98). 이러한 분석은 한 사회의 어떤 양상의 성격을 다른 양상의 지식에 근거하여 정확히 예측할 수는 없음을 시사한다. 따라서 선사 문화의 특성을 재구성해야 한다면 고고 자료를 사용하여 귀납적으로 할 수밖에 없다.

『사회 진화Social Evolution』(1951)에서 차일드는 자신의 다선진화적인 믿음을 다시 확인했다. 그러나 시간이 흐르면 동일한 생산양식을 공유하는 문화들은 유사한 사회, 정치 및 문화 제도들을 진화시킴으로써 경제적 토대와 조화되는 경향이 있다며 마르크스주의적인 원칙에 동의하는 주장을 했다. 그럼에도 이러한 제도는 환경적 차이나 역사적 우연, 사회의 태생적 차이 등으로 이웃하는 문화들에서도 상이한 연쇄를 그리며 발달할 수 있음을 인정했다. 따라서 한 수준의 사회조직에서 다른 것으로 변화하는 데에는 토대와 상부구조의 밀접한 연결 이상의 많은 방식들이 있다는 것이다. 이와 더불어 한 문화에서 다른 문화로 특질들이 빠르게 확산하기 때문에 사회적 실체는 이상(관념)적 형태와 일치하지 않게 된다. 이렇듯 문화를 완전하지는 않지만 통합된 체계로서 보는 관점은 많은 비非마르크스주의 미국 인류학자들도 생각을 같이하는데, 가장 두드러진 사람으로는 머독(G. P. Murdock 1949)을 들 수 있다.

차일드는 마르크스주의적 용어로서 지식이란 현실 세계에 대한 공유된 정신적 근사값으로 인간에게 그에 따른 행동지침을 주는 것이라 정의했다. 그리고 고고학자는 반드시 유물을 인간 사고와 생각이 표현된 것으로 다루어야 한다고 주장했다. 또한 혁신과 그 사회적 필요에 대한 적응은 전체 사회에 파급되어 새로운 형태의 사고를 필요로 하게 만들어 낸다고 보았다. 따라서 기술의 진보는 단순하게 과학적 정보의 증가를 반영하기보다는 한 사회가 처리할 수 있는 전체 지식의 진화를 비추어 주며, 여기에는 인간이 어떻게 스스로를, 그리고 자연과의 관계를 지각하는지를 이해하는 것도 포함된다. 비동물적인 힘을 사용한 기계가 출현함에 따라 아이작 뉴턴의 기계적 인과율의 개념이 생길 때까지 인과율개념은 신인동형설의 형태에 머물러 있었다고 한다. 차일드는 근대문명이 훨씬 더 많은 활동에 신뢰할 만한 지침을 줄 수 있다면, 이전의 모든 문명보다도 우월하다는 데 조금도 머뭇거림이 없었다(Childe 1949). 그렇지만 고고학이 그러한 마르크스주의적 사고를 이용할 수 있는 정도에 대해서는 비관적이었다.

차일드의
후기 저술들

　　차일드는 『사회와 지식Society and Knowledge』(1956b)에서 마르크스주의적 본의식과 허위의식의 이분법을 바탕으로 자신의 지식에 대한 개념을 발전시켰다. 본의식이란 실체에 대한 관점과 외적인 실체가 서로 일치하는 것을 특징으로 한다. 이는 기초적 기술 지식의 형태로 모든 사회에 다양한 정도로 존재한다. 허위의식은 믿는 것과 외적인 실체가 서로 일치하지 않는 경우에 발생한다. 모든 사회는 기술적 비효율성을 가리고 보완하기 위하여 신화를 사용하며, 계급사회는 착취를 이타적인 것으로 가장하기 위하여 신화를 조작하기도 한다. 차일드는 허위의식이 종교 신앙, 신비, 미신 등의 형태로 기술 지식 못지않게 고고 자료에 두드러진 흔적을 남긴다고 보았다. 그럼에도 종교 신앙의 세부 사항의 변이는 무한하기 때문에 고고학자는 문헌기록이나 구비전승이 없는 상황에서 그런 믿음의 구체적인 내용을 추론하기는 불가능하다고 했다. 이와 대조로 기술적 문제를 해결하는 방책은 물적인 구속을 받기에 물리학이나 화학의 법칙을 사용하여 상당히 정확하게 추론할 수 있다. 그러므로 차일드는 지식에 대한 고고학적 연구는 반드시 대체로 기술적 문제에 국한되어야 하며, 그 지식을 가지고 있던 사람들의 주관적 목적보다는 실제 결과의 측면에서 고려해야 한다고 결론을 내렸던 것이다.

　　또한 기술의 진화와 기능은 기술이 기능했던 사회 맥락을 재구성할 수 있는 경우에만 제대로 이해할 수 있다고 믿었다. 이 작업은 그가 마지막 저서인 『선사시대의 유럽 사회The Prehistory of European Society』(1958a)에서 귀착한 문제였다. 차일드는 사회관계가 마르크스주의적 시각에서 생산관계를 포함한다고 보면서, 비교문화적으로 정연한 설명이 가능하다고 생각했다. 차일드는 경제, 사회 및 정치 조직의 본질적 특징에서 나타나는 변이는 대부분의 문화 특질에서의 변이보다 훨씬 제한적이며, 사회인류학자들과 마찬가지로, 문화 특질은 사회체계와의 관련 속에서 기능적인 의미를 얻는다고 주장했다. 그가 부딪친 가장 큰 실제적인 문제는 고고학 증거를 이용하여 어떻게 선사시대 사회정치체계를 효과적으로 추론할 수 있을지 하는 것이었다(Childe 1958a: 12-14).

그렇지만 차일드는 자신의 마지막 저술에서 초기 문화사적 연구의 토대였던 형식학적 방법에 그 어느 때보다도 속박을 받는다. 이로써 취락유형이나 매장 자료를 효과적으로 이용할 수 없었다. 차일드는 스코틀랜드에서 많은 고고학 야외조사를 했지만, 이런 경험의 대부분은 실제 자신의 이론화에 별반 기여를 하지 못했다. 가장 혁신적인 결과는 오히려 18세기 스코틀랜드 고지대의 조야한 주거에 대한 민족지적 서술을 사용하여 신석기시대 스카라 브레이Skara Brae 마을의 주거 공간 사용을 해석한 것(Childe 1931)과 후일 거석묘에 대한 지표조사를 이용하여 신석기시대 로우세이Rousay 섬의 인구규모와 분포를 추정한 것을 들 수 있다(Childe 1942f). 이는 아마도 초기 취락유형에 대한 연구가 선사시대 사회 및 정치 조직 연구에 효과적이지 않았다는 자책으로 이어지고, 스스로 생애 마지막 몇 년 동안 창의성을 잃어버렸음을 가리키는 것이라 하겠다.

비록 차일드는 생애의 많은 시간을 비판적인 마르크스주의적인 시각에서 사회문화변화의 성격을 이해하는 데 바쳤지만, 어떻게 야외조사를 발전시켜 자신의 설을 검증하고 정련시킬 수 있을지에 대해서는 별반 주의를 기울이지 않았다. 또한 학생을 가르쳐 자신의 연구를 전수하지도 않았으며, 그 시대 연구자들은 차일드의 후기 이론서가 난해하다고 생각했기 때문에 많은 부분이 잊히고 말았다. 아마도 차일드가 사망하고 몇 년이 흐른 뒤 그의 가장 혁신적인 생각을 다시 발전시킨 것은 로버트 맥애덤스(Robert McC. Adams, 1926~2018)일 것이다. 그는 차일드의 영향을 많이 받은 린다(Linda Braidwood, 1909~2003)와 로버트 브레이드우드(Robert Braidwood, 1907~2003)의 학생으로서, 고고 자료를 이용하여 초기 문명의 기술, 인구, 사회조직 및 사회진화를 연구했다(Adams 1966). 애덤스는 고대 국가를 결코 완전하게 통합되거나 정지된 정치체로서 보지 않았다. 엘리트들은 횡포를 부리며 자기 이익만을 좇고 교묘하게 착취하는 경향이 있었으며, 가능하다면 언제나 농민이나 도시빈민 같은 사회적 약자의 이익을 억눌렀다고 한다. 그렇지만, 특히 문명 발달의 초기 단계에서는 피지배자들의 저항을 억누르고 중앙집권화를 확립하는 데는 제한적인 성공만을 거두었을 뿐이었다(Yoffee 1999). 고고학 발견물에 대한 애덤스의 해석은 단지 생태적 관계만이 아니라 경제 및 정치적 맥락에 근거를 두고 있으며, 기술혁신 역시 사회적 배경에 근거하여 분석했다는 점에서 차일드의 이론화와 많은 공통점을 가지고 있다. 최근 차일드의 후기 저술은 재발견되고 있으며, 많은 고고학자들에게 영감을 주는 작업으로 평가되고 있다.

6. 그레이엄 클라크

그레이엄 클라크(Grahame [J. G. D.] Clark, 1907~1995)는 차일드의 접근과는 대비되면서도 많은 방식에서 보완적이기도 한 기능주의적 접근을 개척했다. 케임브리지대학에서 수많은 대학원 학생을 훈련시킴으로써 이러한 접근은 세계의 많은 지역의 고고학 발달에 큰 영향을 미쳤다(Murray and White 1981; Clark 1989a). 클라크 자신은 유물론적 시각에 기울어 있었는데도 마르크스주의적 개념을 고고학에 적용시키려 했던 차일드의 시도를 지속적으로 비판했다(Clark 1936, 1976). 클라크의 관점은 고든 차일드의 경제 및 사회정치적 관점보다는 시릴 폭스를 비롯한 영국의 생태고고학자들의 관점에 가까웠다. 차일드와 달리 클라크는 야외조사법을 새로이 발전시켜 자신의 이론적 혁신을 보완하고자 했다.

　클라크는 케임브리지대학에서 공부하여, 1935년 이 대학의 조교수lecturer가 되었다. 박사학위 논문은 영국에서 나온 중석기시대 유물을 흔히 하듯이 형식학적으로 연구하고 대륙의 중석기 유물과 비교하는 것이었다(Clark 1932). 그럼에도 케임브리지 재직 초기 다음과 같은 세 가지 서로 다른 영향을 받아 선사시대 문화를 기능주의적 관점에서 연구하게 되었다고 한다. 첫째, 스칸디나비아 고고학자들이 선사 문화를 환경적 배경의 측면에서 연구했음을 알게 되었다. 이로써 영국의 중석기 유물과 덴마크 마글레모시안Maglemosian문화 사이의 밀접한 유사성에 주목하고, 후자는 현재의 북해 지역이 해수면 상승 이전 저습지를 개척하여 형성된 것임을 깨닫게 되었다. 클라크는 해리 고드윈(Harry Godwin, 1901~1985)과 긴밀했는데, 고드윈은 스칸디나비아에서 영국으로 화분분석을 도입한 생물학자였다. 둘째, 클라크는 말리노프스키와 래드클리프브라운 같은 사회인류학자들의 기능주의적 관점을 접했다. 셋째, 클라크는 고고학자가 유물 자체보다 그것을 만든 사회와 사람들의 필요에 주목해야 한다는 핀란드 고고학자 탈그렌A. M. Tallgren의 주장에 "열정적으로 부응"했다(Tallgren 1937; Clark 1974). 역설적으로 탈그렌의 관점은 많은 부분 소련 고고학자들과의 친분을 통하여 형성된 것이었다.

1939년 클라크는 『고고학과 사회Archaeology and Society』 첫 판을 출간했다. 이 책은 고고학의 역사에서 여전히 기념비적인 이론서다. 그는 고고학이란 "과거 사람들이 어떻게 살았는지를 연구"해야 하며, 그 목적을 이루기 위하여, 고고학 발견물을 사회와의 관련을 통해서만 의미를 찾아 기능주의적 관점에서 고찰해야 한다고 주장했다. 나아가 한 문화, 곧 생활양식의 주 기능은 그 사회의 생존을 확보하는 일이라고 했다. 이는 문화의 모든 측면들은 생태적 구속에 적어도 어느 정도는 영향을 받음을 의미한다. 또한 고고학자는 선사 사람들의 경제, 사회 및 정치 조직, 신앙 체계와 가치를 가능한 한 재구성하고, 이러한 문화의 다양한 측면이 기능 체계의 부분으로서 어떻게 서로 연관되어 있는지를 이해함으로써 인간이 어떻게 살았는지를 파악하는 것을 목적으로 해야 한다고 논했다. 클라크는 문화적으로 전수된 유형은 개별 인간의 행위에 영향을 미침으로써 사회 상호작용(개인과 집단의 생존이 달려 있다)을 할 수 있게 한다고 생각했다.

클라크는 『고고학과 사회』에서 문화의 다양한 측면이 식량공급과 연결되어 있는 흐름도를 제시했다(그림 7.3). 몇 년 뒤에는 이 도표를 더욱 보완하여 서식지habitat와 생물군계biome라는 양 토대를 생계 밑에 추가하기도 했다(그림 7.4). 이 도표는 이후 자신의 연구에 중심적인 것이라 여겼다. 로울리콘위(Rowley-Conwy 1999: 511)는 이것이 아마도 처음으로 문화 요인과 환경 요인이 단일한 체계의 일부로서 연결되어 있는 것으로 다룬 연구의 사례일 것이라고 했다. 또한 클라크는 발굴 경험을 가지지 못한 사람은 고고 자료를 해석할 자격을 갖추지 못했다고 말하기도 했다. 이로써 몇몇 영국의 문화사고고학자들이 고고학자와 선사학자 사이에 짓고 있는 구분을 부정했다.

클라크는 선사시대 사회생활을 연구하는 데서 고고 자료의 강점과 한계를 체계적으로 논했다. 그는 물질문화의 몇몇 양상들은 다른 것보다 고고 자료로서 더 잘 보존될 수 있음을 주목했다. 예를 들어 청동은 철이나 은보다 더 잘 살아남고, 뼈는 부드러운 식물체보다 더 잘 보존된다. 이에 반해 금은 높은 가치를 지녔기 때문에 가치

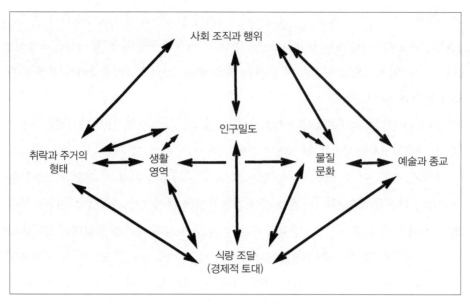

그림 7.3 『고고학과 사회』(1939)에 제시된 원래의 그레이엄 클라크의 체계도

가 덜한 금속보다 고고 자료가 되기 힘들고 묻혔다 하더라도 약탈을 피하기 힘들다. 또한 물질문화는 일반적으로 열대우림지역보다는 사막이나 극지 환경에서 더 잘 살아남는다. 열대우림지역에 사는 사람들은 쉬이 썩는 물질을 사용하는 경향이 있어 보존과 복원에 어려움이 크기 때문에 고고학자는 언제나 사막이나 극지보다 열대우림지역의 선사 문화 발달에 대해 많은 지식을 갖지 못하게 된다. 온대지방의 늪지와 같은 유적들에서는 그렇지 않은 곳보다 많은 종류의 증거가 보존된다. 클라크는 과거 사람들이 어떻게 살았는지를 이해하기 위해서는 반드시 무덤뿐만 아니라 주거유적까지도 연구해야 한다고 강조했다. 또한 고고 자료의 해석에 대한 아주 긴 글에서 고고 자료만을 연구할 때 과거 사회조직과 종교 신앙보다는 선사시대 사회의 경제에 대해서 더 많은 지식을 얻을 것임을 분명히 했다.

클라크는 『고고학과 사회』에서 고고학자의 궁극 목적은 사회사의 측면에서 고고 자료를 해석하는 일이라고 단언했다. 하지만 고고학자는 고고학적 유존물에서 문화의 계기적인 흐름을 확정하고 선사시대의 공동체가 어떻게 이런 문화들과 결부되어 기능했는지에 대해서 분명한 생각을 가진 다음에야 연구 목적을 이룰 수 있을 것이다. 클라크는 선사시대 주거 유적을 연구하는 고고학자를 현재의 공동체를 연구하는 민족학자와 동등하다고 보았다. 다만 이 같은 유비(상사)가 적절한지, 그리고 특정 공

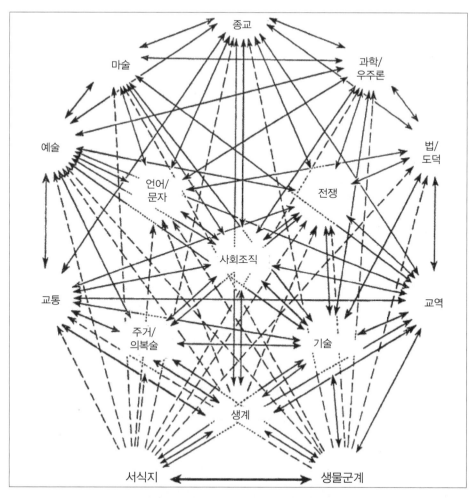

그림 7.4 차일드가 자신의 생태계 도표에 서식지과 생물군계를 추가시켜 세련시킨 것으로 1953년 레킷 강연 Reckitt Lecture에서 처음 사용되었다.

동체는 주거 유적보다 더 큰 문화적 단위라는 사회인류학자들의 가정 —지금은 일반 적으로 거부되고 있는 생각이다— 이 적절한 것인지에 대해서는 비판적으로 고찰하 지 않았다. 또한 고고 자료를 해석하기 위하여 민족지 유추를 사용해야 한다는 점도 받아들였다. 그럼에도 생태학적 시각을 채택하여 문화체계의 상이한 부분들이 비교 적 느슨하게 연결되어 있다고 믿었기 때문에 어떤 한 발달단계에 있는 문화들이 세 부 사항까지도 비슷할 것이라는 단선진화론적 관점은 거부했다.

널손이 그러했듯이 클라크도 민족지 유추는 단선진화론적인 방식보다 개별 유 물형식들 사이에서 이루어져야 한다고 했다. 그리고 그러한 유추는 확정적이 아닌 시사적인 것으로 다루어야 한다고 보았다. 일반적으로 그는 유럽 선사시대 해석을 위하여 비교민족지(상사)보다는 민속자료로부터 역사적으로 연관된 상태에서 상동 homology에 따른 추론을 선호했다. 역사적 연속성이 민속자료의 효용성을 잘 보증하여 준다고 생각했기 때문이다. 그는 고고학자가 선사시대 자료를 해석할 때에도 "근대 경제가 성장하기 이전에 특정 영역을 점유하고 있던 사람들이 생계를 어떻게 꾸려 나갔는지를 아는 것이 도움이 된다"고 주장하기도 했다(Clark 1974: 41). 이러한 점에서 클라크의 입장은 차일드의 입장, 그리고 초기 전파론자들의 학설과도 같은 선상에 있다.

이후 십 년 동안 클라크는 고고학 증거를 사용하여 사회생활, 특히 자연자원의 이용 방식을 고증하는 기법을 다듬어 자신의 생태학적 접근을 발전시켰다. 『선사시대의 영국*Prehistoric England*』(1940)에서는 책의 각 장을 시간편년 순서가 아니라 기능적으로 구성하여 구석기시대에서 철기시대까지 생계유형, 거주, 수공업, 광업, 교역, 의사소통, 방어, 무덤, 신성한 유적 등에 대한 지식을 개괄했다. 그리고 이어서 유럽 선사시대의 자원의 이용 및 사냥, 고래잡이, 들새사냥, 고기잡이(어로), 숲 개간, 농경, 가축사육 등과 같은 기본 생계행위에 대한 일련의 논문을 집필했다. 「고대의 벌」이라는 논문에서는 유럽에서 야생벌의 증가를 농경의 도입과 연결시키고 벌과 함께 늘어난 밀랍 공급이 어떻게 청동주조를 용이하게 했는지에 대해 생태학적으로 논하기도 했다(Clark 1942). 이러한 논문은 모두 생물학적 이슈를 다루면서도 유물의 기능과 구체적인 생계활동이 일어난 계절을 확인하고 고고 자료를 이용하여 경제 및 사회생활을 고증하고자 했던 것이다. 계절성 연구의 필요에 대해서는 도널드 톰슨(Donald Thomson 1939)이 강조한 바 있었는데, 톰슨은 오스트레일리아 원주민 집단이 연중 다른 시기에 상이한 자원을 이용하면서 전혀 다른 물질문화 조합을 이용함을 민족지적으로 고증했다. 이러한 물질문화의 유존물은 전통 문화사고고학의 틀 안에서는 상이한 문화인 것처럼 쉽게 착각할 수 있는 것이었다.

1949년에서 1951년까지 클라크는 동요크셔의 스타카Star Carr라는 중석기시대 습지유적을 발굴했다. 이 발굴의 주 목적은 석기는 물론 유기물을 복원하고, 후빙기 식생과 관련하여 유적의 연대를 추정하며, 생계유형을 밝혀 줄 음식 유존물을 찾아 어떠한 종류의 사회집단이 유적을 이용했는지를 판단하는 일이었다. 클라크는 고식물학자와 동물학자의 도움을 받아 작은 규모의 사냥집단이 사슴을 사냥하기 위해

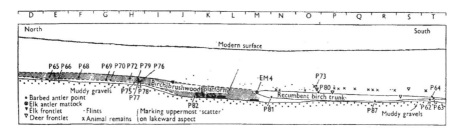

그림 7.5 스타카 유적의 제2면의 평면 및 단면도(*Excavations at Star Carr*, 1954)

겨울 동안 몇 차례 유적을 찾았다는 결론을 내릴 수 있었다(그림 7.5). 다만 발견 자료에 대한 클라크의 기록은 1947년부터 1950년까지 덴마크 호수변의 중석기시대 울케스트룹Ulkestrup I, II 유적에서 이뤄진 안데르센Knud Andersen의 발굴에 미치지 못했다고 할 수 있다. 클라크가 발굴한 지역은 지금은 넓은 여름 야영지의 습지 폐기장 정도에 해당하는 것으로 해석되고 있다. 그러나 생태 및 경제적 이슈들을 혁신적으로 강조했다는 점은 덴마크의 발굴이 유물 지향적이었던 것에 비하면 진전된 것이었다. 스타카 유적 발굴은 수렵채집민 유적의 고고학 조사에 새로운 기준을 세워 주었으며, 영국에서 선사시대에 대한 경제학적인 연구에 있어 이전에 발굴된 중석기시대 유적의 가치에 대해서 문제를 제기했다(Clark 1954, 1972; Andersen et al. 1981; Rowley-Conwy 1999: 515-516).

클라크는 스타카 유적을 발굴하는 동안 『선사시대의 유럽*Prehistoric Europe: The Eco-nomic Basis*』(1952)을 집필했다. 이 책은 1949년에 했던 일련의 강의에 근간한 것으로, 기존의 고고학 문헌들과 박물관 수집품을 "파고 캐내어" 빙하시대 말부터 역사시대까지 유럽의 경제적 발달을 고증하고자 했다. 이 책에 다루었던 주제는 생계유형, 주거, 기술, 교역, 여행, 운반 등이었다. 클라크는 특정한 사회나 고고학 문화와 관련된 자료가 아니라 환극지방, 온대지방, 지중해지방이라는 유럽의 세 기후 및 식생지대와 관련하여 경제적 변화의 흔적을 추적하고자 했다. 문화와 환경 사이의 관계는 상호 보답적인 것으로 생각되었고, 경제란 "어떤 필요, 수용력, 염원과 가치의 물리 및 생물학적 조건으로부터 조정된 것"이라고 정의했다(Clark 1952: 7). 사회인류학자 에번스프리처드(E. E. Evans-Prichard 1940)는 수단 남부 누어족의 생태에 대한 민족지 연구에서 이와 유사한 생태학적 접근을 적용한 바 있다.

하지만『선사시대의 유럽』은 식물학자 탠슬리(A. G. Tansley, 1871~1955)의 생태계라는 개념과 전체 체계의 균형을 유지하는 자기 조정의 메커니즘, 곧 평형상태homeostat라는 개념을 처음으로 고고학에 체계적으로 적용한 점이 두드러진다(Tansely 1935; Odum 1953). 클라크는 문화변화를 환경변화, 인구의 증감, 노동 절약의 혁신과 문화접촉으로 야기된 "일시적인 비평형상태"에 대한 반응으로 보았다. 이로써 19세기 동안 진화론적이거나 전파론적인 고고학자들이 언급했던 주요 변화의 요인을 모두 포괄하게 된다. 다만 그런 접근들의 개념적인 위치에 대해서는 논의하지 않았으며, 뿐만 아니라 자연환경이 기술 발달의 특정 단계에서 경제적 이용에 어떠한 제한을 주었다는 식의 상식적인 수준을 넘지 못하고 말았다. 클라크가 고고 자료로부터 생계 행위를 세부적으로 복원하는 데 차일드를 넘어섰다고 한다면, 문화변화를 설명하는 데는 차일드의 노력에는 미치지 못했다. 클라크는 결코 분명한 문화변화 모델을 개발하여 자신의 고고 자료에 대한 행위적 해석을 보완하지 못했다. 그럼에도『선사시대의 유럽』은 1880년대 고고학자들이 고고학적 유존물에서 보이는 공간적 변이를 종족성이 아닌 생태 요인의 측면에서 해석했으며, 유럽 고고학의 진전 사례가 되었다. 그러나 클라크는 여전히 분류학적 도구로서 고고학 문화의 유용성을 인정했다.

후일 클라크는 유물의 사회 및 상징적 유의성에 관심을 돌린다. 어떻게 사회 집단의 진실성과 응집성이, 마치 개인들이 사회규범을 따르거나 위반함으로써 자신의 정체성을 드러내는 것과 마찬가지로, 독특한 상징과 행위 유형에 의해 강화되는지에 더욱 주의를 기울이게 되었다. 클라크는 이러한 관심을 수렵채집민의 경관 이용에 대한 관심과 결부시켰다.『스칸디나비아 초기 석기시대의 주거The Earlier Stone Age Settlement of Scandinavia』(1975)라는 책에서는 사회 영역, 본거지, 사회 위계, 재분배망과 관련된 고고학 증거를 고찰하여 수렵채집민의 계절성, 사회조직, 이동성을 논했다. 그는 형태와 양식 연구가 그 자체를 목적으로 하기보다 사회 집단의 영역을 파악하기 위해 이루어진다면, 과학적 고고학에 중요한 역할을 할 것이라고 했다(Clark 1974: 53-54, 1975).

클라크는 지속적으로 영국 고고학자들이 형식학에 경도되어 있음을 비판하고,

선사시대 경제를 이해하고 사회조직에 관심을 가지도록 유도했다. 클라크의 지도 아래 고고 유적에서 수집된 동물 뼈 및 식물유체에 대한 실험실 분석이 이루어졌으며, 생태 및 경제적인 측면에서 해석함으로써 동물고고학, 고식물학, 생물고고학이라 불리는 다학문적 전문 분야가 성장했다. 클라크의 학생이었던 에릭 힉스(Eric Higgs, 1908~1976)의 지도 아래 영국학술원이 기획한 초기 농업사 연구 프로젝트를 통하여 고경제학파가 발전했다. 이로써 특정한 고고 유적 주변에서 이용할 수 있는 모든 자원들을 판단하는 유적가용자원site catchment analysis의 분석이 이루어졌다(Vita-Finzi and Higgs 1970; Higgs 1972, 1975; Sieveking 1976: xxii; Jarman et al. 1982). 힉스와 자맨은 모두 "생태물ecofact"을 "인공물(유물)"보다 과거 인간행위에 대해 더 생산적인 정보원으로 간주했다. 또한 이들은 경제적 요인이 설명적 중요성을 가지며, 고고학적 유존물을 토대로 연구할 수 있는 유일한 요인이라고 보았다. 힉스는 사회, 문화, 또는 인지적 변수를 경제라는 강력한 선택력을 고려하지 않고서 연구할 수 있다는 데 반대했다. 경제가 자유의지를 구속한다고 생각했던 것이다. 또한 고고학 조사는 반드시 인간행위를 지배하는 자연법칙을 찾는 것부터 시작해야 한다고 역설했다(Bailey 1999: 552-557). 후일 데이비드 클라크(David Clarke 1968)가 주로 유물 연구에 집중한 것은 사실 스스로 판단하기에 힉스식 접근이 갖는 편협함이나 결정론, 생태물 중심의 연구에 대한 반발 때문이었다(Sherrat 1979: 1999-1200). 그럼에도 그레이엄 클라크는 힉스와 데이비드 클라크가 모두 자신의 연구를 이어받아 지속적으로 수행하고 있다고 생각했던 것 같다.

7. 미국의 초기 기능주의

미국에서 기능주의적 접근에 입각한 고고학 분석은 19세기부터 시작되었다. 유물이 어떻게 제작되고 어떠한 용도로 만들어졌는지에 관심을 가졌던 것이다. 이러한 접근법은 할런 스미스(Harlan Smith, 1872~1940)의 『켄터키 유적의 선사 민족학*The Prehistoric Eth-nology of a Kentucky Site*』(1910)에서 개발되고 체계화했다. 이 책은 스미스가 1895년 팍스팜Fox Farm이라는 유적에서 수집한 유물에 대한 분석을 기초로 한 것이다. 스미스는 이곳에 살았던 사람들의 생활방식을 복원하고자 했다. 유적은 후일 중서부분류체계에 따라 포트에인션트 양상Fort Ancient aspect으로 분류되었다. 유물들은 동식물 자원, 식량 확보, 식량의 준비, 주거, 남성용 도구, 여성용 도구, 제작 과정, 제작품의 역사(반제품 등을 통해서 확인되는 도구 제작 단계들), 게임, 종교 물품, 파이프와 오락물, 전쟁, 옷과 장식품, 예술, 상처와 병, 매장 방법 등 일련의 기능적인 범주에서 서술하고 분석하였다. 개별 유물은 복수의 표제 아래 상이한 관점에서 논의했다. 비록 구체 유물의 기능을 파악하는 데 민족지 유추도 이용했지만, 상상에 따른 유물 분류가 가장 큰 역할을 했다.

20세기 초에는 이런 식의 기능적 해석에 대해 광범위한 관심이 있었다. 캐나다 고고학자 윌리엄 윈템버그(William Wintemberg, 1876~1941)는 스미스의 지도 아래 전문가로서 경력을 쌓고 온타리오 남부에서 자신이 발굴한 이로쿼이 유적에서 나온 자료를 분석하면서 스미스의 접근을 따른다(Trigger 1978c). 과거 장인의 경력도 있던 윈템버그는 유물이 어떻게 만들어지고 쓰였는지를 파악하기 위하여 여러 실험도 수행했다. 또한 인디언의 전통적인 물질문화와 생활양식에 대해 광범위한 지식을 수집했다(Swayze 1960: 178). 파커(A. C. Parker, 1881~1955)의 뉴욕 주 서북부의 이로쿼이 리플리Iroquoian Ripley 유적 보고서(1907)에는 이것이 "민족지를 근거로 고고 유물을 해석함으로써 한 집단의 문화 전체를 파악하려는 초기의 시도"라고 서술되어 있다(Brose 1973: 92). 할런 스미스가 미국자연사박물관에서 재직할 때 같이 일했던 해링턴M. R. Harrington은 1902년 롱아일랜드 주 시네콕Shinnecock 유적에서 발굴한 유물에 대해서 인디언의 자문을 구하기도 했다(Harrington 1924). 윌리엄 웹(William S. Webb, 1882~1964)은 『켄터키 주의 고대 생활Ancient Life in Kentucky』(Webb and Funkhouser 1928)로부터 시작하여 선사시대 인디언이 유물을 어떻게 만들고 썼는지, 그리고 유물이 고대의 관습을 얼마나 잘 비추어 주고 있는지를 연구했다. 그는 본래 물리학을 공부했는데 "지역의 고대 유물과 인디언의 고대 생활에 대한 아마추어적 관심"에서 고고학에 접근하게 되었다(W. Taylor 1948: 75). 웹은 켄터키 주에서 작업했기에 스미스의 팍스팜 유적보고서에 영향을 받게 되는 각별한 이유가 있었다. 이와 비슷하게 윌리엄 리치William Ritchie의 뉴욕 주 "선先이로쿼이" 유적에 대한 초기의 간행물은 비록 체계적이진 않더라도 유물을 사용하여 선사시대 인간행위를 복원하는 데 광범위한 관심이 있었음을 보여주고 있다. 웹과 리치는 중서부분류체계에 영향을 받은 뒤 특질목록을 만드는 데 더욱 집중하게 되었고 선사시대 사람들의 행위를 더 이상 (리치의 경우는 단지 1950년대까지만) 연구하지 않게 되었다(W. Taylor 1948: 70-80).

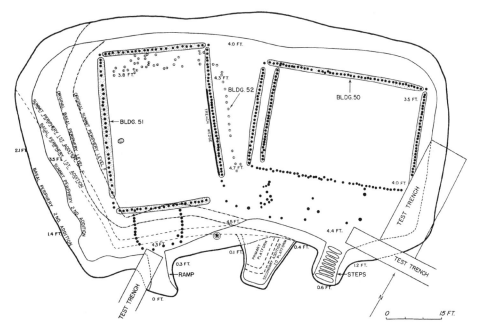

그림 7.6 마운드 기단의 구조(T. Lewis and M. Knebert, 1946, *Hiwasee Island*로부터)

1930년대 경제공황기 동안 대규모 노동력이 투여된 평면 발굴에 힘입어 미국 고고학자들은 다시 기능주의적인 시각으로 고고 자료를 바라보게 되었다(그림 7.6). 페이쿠퍼 콜(Fay-Cooper Cole, 1881~1961)과 손 듀얼Thorn Duel은 일리노이 주 풀턴카운티 Fulton County를 중심으로 이루어진 고고학 발굴을 보고한 『일리노이의 재발견*Rediscovering Illinois*』(1937)에서 한 유적 내 한 점유 레벨에서 출토된 모든 유물형식을 광범위한 기능적 표제 아래 목록으로 만들었으며, 이를 복합체complex라고 불렀다. 이 복합체에는 건축과 주거생활, 복식과 의복, 의례, 군사 및 사냥, 경제와 예술, 농업과 식량 획득, 토기 등이 포괄되어 있다. 이와 비슷한 접근은 찰스 페어뱅크스(Charles Fairbanks 1942)가 조지아주 스톨링스 섬Stallings Island의 조개더미에서 나온 유물형식들을 생계, 공동체 계획, 매장, 또는 기술 및 예술 행위 등과 관련지어 목록화하면서 채택했다. 마틴, 큄비, 콜리어(Martin, Quimby and Collier 1947)의 『콜럼부스 이전의 인디언들*Indians Before Columbus*』에서는 북아메리카에서 당시까지 정의된 모든 주요 고고학 문화를 입지, 족속(형질), 마을, 생활, 토기, 도구, 세간, 무기, 파이프악기, 복장, 장식물, 매장과 같은 표제 아래 지역과 계기적인 시기로 요약했다.

이와 같은 사례에서는, 자료의 변이가 큼에도 불구하고, 물질문화를 인간행위의 증거로서 해석하기보다는 대체로 민족지 또는 가민족지적인 형태로 특질목록을 작성하는 것을 강조하고 있다. 그럼에도 1930년대 이전의 기능적인 해석은 "유물이 어떻게 사용되었을지를 상상하는 정도의 수월한 추론으로서" "비교적 피상적인 수준"에 머물러 있었다는 비판을 받기도 한다(Rouse 1972: 147). 이들은 1930~1940년대 고고학 유존물로부터 인간행위를 추론하는 데 대체로 진지한 노력을 했다고 할 수 있다. 이는 북아메리카에서는 대체로 중서부분류체계라는 형식분류적 접근, 그리고 일반적인 편년 연구들이 테일러(Taylor 1948: 91)나 윌리 및 새블로프(Willey and Sabloff 1980: 134)의 생각보다 더 오랫동안 고고 자료에서 행위를 해석하려는 고고학자들의 관심을 억눌러 왔음을 보여주는 것이다.

그럼에도 더욱 많은 미국 고고학자들은 당시까지 이루어졌던 것보다 더 총체적인 시각에서 고고 자료를 기능주의적으로 해석해야 한다고 생각하게 되었다. 당시 미국 인류학에서는 시카고대학에서 1931년에서 1942년까지 가르친 래드클리프브라운과 예일대학에서 1938년에서 1942년까지 강의를 했던 말리노프스키의 영향으로 인간행위에 대한 기능주의적 관점이 유행했다. 이렇듯 사회인류학을 접했다는 것은 보아스학파 문화인류학과 상이한 기능주의적 경향이 발달하는 계기가 되었던 듯하다. 원래 보아스학파의 인류학자들은 각 문화를 전파와 이주의 결과 결합된 무작위적 특질의 집합으로 보았다. 이들은 개인과 집단을 유지시켜주는 데 필요한 기능적인 필수요소가 최소한 적절하게 확보만 된다면 다른 문화 특질은 그 어떤 형태로든 상이하게 전개될 수 있다고 믿었던 것이다(Aberle et al. 1950).

1930년대 보아스학파의 인류학자들은 문화가 패턴이나 형상configuration을 가지고 있어 심리학적으로 사람들에게 의미를 주고 안심을 준다는 주장을 하기 시작한다. 어떤 문화는 사회적 조화를 강조할 수 있는 반면, 다른 것은 개인 간의 폭력적 경쟁을 강조할 수도 있는 것이다. 문화 형상은 인간의 행실에 대한 지침을 줌으로써 그것이 존재하지 않았을 때 개인들이 어떻게 행동해야 할지를 몰라서 받는 심리적 스트레스를 경감시켜 준다고 한다. 이런 관점 가운데 가장 폭넓게 읽히는 것은 루스 베네딕트Ruth Benedict의 『문화의 유형Patterns of Culture』(1934)인데, 호피Hopi족의 자기겸손의 협동 생활양식과 콰키우틀Kwakiutl족의 무자비한 경쟁을 대조시켰다. 이런 생각을 통해 보아스학파 인류학 내에서 "문화와 인성" 학파, 그리고 후일 "심리인류학"이라 불리는 경향이 발전하여 1960년대까지 지속했다. 심리인류학의 발달로 기능주의는 행위주의적 사회인류학에서와 같이 관념론적인 보아스학파 문화인류학에서 중요한 양상이 되었던 것이다.

미국 고고학자들은 차일드, 클라크를 비롯한 유럽의 고고학자들이 제시하는 고고 자료의 해석에 대해 더욱 많은 정보를 접했다. 이로써 고고학자들은 로버트 로위 Robert Lowie와 프랭크 스펙Frank Speck과 같이 미국 민족학을 이끌었던 사람들이 틀렸다는 실제적이고도 이론적인 증거를 얻게 되었다. 하지만 미국 고고학자들은 행위적 해석을 내리기 위해서 유물을 단순히 형식학적 의미만을 갖는 물적 사물이 아니라 사회, 정치, 경제적 틀 안에 통합된 전체 문화체계의 일부로서 보아야 했다.

몇몇 미국 고고학자들은 기능적 관점에서 고고학 유존물을 이해하고자 하면서 민족학자들과의 유대를 다시 새롭게 했다. 이러한 유대는 사실 고고학자들의 주 목적이 문화편년을 구성하는 것이었던 문화사고고학의 시기에는 미약했다. 1936년 윌리엄 스트롱(Wiliam D. Strong, 1899~1962)은 고고학, 역사학, 민족지의 독자성을 강조하면서 고고학자들은 민족학자들에게 사실 정보뿐만 아니라 이론적인 지도까지도 기대해야 한다고 주장했다. 그는 이러한 원칙을 적용하여 이미 네브라스카 주의 선사시대에 대하여 직접역사적 접근direct historical approach[1]으로 연구한 바 있었는데, 당시까지 알려진 것보다 훨씬 더 복잡하고 다양한 과거 문화의 양상이 드러났다(Strong 1935). 1951년 스트롱은 신대륙의 선사시대를 아홉 개 권역으로 나누고 각각 동등한 일곱 개의 시기 또는 단계를 설정하기도 했다. 그는 독특한 토기 양식들에 의존하기보다는 각 시기를 가능한 한 경제적 특징, 예술적 수준, 정치 조직의 측면에서 정의했다. 웨델(Waldo R. Wedel, 1908~1996)은 대평원지역에 사는 원주민의 생계경제에 대한 연구에서 문화와 환경의 관계의 중요성을 강조하여 역사적 우연성이 아닌 다른 요인들이 고고학 문화를 형성했음을 주장했다(Wedel 1941). 폴 마틴(Paul Martin, 1899~1974)은 민족학자 로버트 레드필드Robert Redfield의 "민속 문화folk culture"라는 개념을 사용하여 푸에블로 유적의 크기와 내용상의 변이를 설명하기도 했다(Martin et al. 1938; Martin and Rinaldo 1939). 와링A. J. Waring, Jr과 홀더(Preston Holder 1945)는 미시시피강 유역에 널리 퍼져 있는 유적들에서 출토된 구리와 조개 유물을 광범위한 종교 의식의 증거로 해석하기도 했다(Waring and Holder 1945).

---

1) 이미 알려진 지역의 민족지 자료를 토대로 과거의 문화를 거슬러 올라가는 식으로 연구하는 방법으로서, 20세기 전반 미국 고고학에서 유행했다.(옮긴이)

이와 유사한 기능적 설명들은 멕시코와 페루에서 양식적 분포를 설명하는 데 쓰이기도 했다. 그 사례로는 차빈Chavin 및 티아우아나코Tiahuanaco 평면horizons[2]을 들 수 있다. 당시까지는 순전히 전파론적인 측면에서 생각되어 오던 것이었지만, 이제는 형식학적 연구에서는 무시되었던 유물이 출토된 유적 내 정황을 고려함으로써 유물의 사회정치적 및 종교적인 특징을 파악하려는 노력이 이루어졌다(W. Bennett 1945; Willey 1948). 존 베넷(John W. Bennett, 1916~2005)은 미국 동남부의 문화에 중앙아메리카가 미친 영향에 관한 이슈를 연구하면서 특질의 기능적인 암시와 사회적 맥락, 그리고 무엇보다도 특질들이 어떠한 맥락에 기인하는지를 고려할 필요가 있음을 강조했다(Bennett 1944). 그리고 몇몇 중앙아메리카의 특질들은 덜 복합적인 미국의 문화들에 쉽게 수용되었으리라는 가설을 세웠지만, 한편으로 아무리 수차례에 걸쳐 전수되었더라도 거부된 특질들도 있었으리라고 보았다. 그러나 여전히 문화접변의 개념을 사용하여 이웃하는 문화들 사이의 상호작용을 해석하는 고고학자들도 있었다(Keur 1941; Lewis and Kneberg 1941). 비록 이 같은 연구들은 아주 개별적이고도 일시적인 것이었다손 치더라도, 1943년이 되면 미국 고고학에서 하나의 흐름을 구성할 정도의 양상을 띠게 되었다. 이를 베넷(Bennett 1943)은 고고학 해석에 "기능적" 또는 "사회학적" 접근이라고 불렀던 것이다.

8. 연결적 접근: 월터 테일러

이러한 연구들과 민족학자 클라이드 클러콘(Clyde Kluckhohn 1940)의 "과학적" 접근에 대한 옹호—그는 인간행위와 문화변화에 대한 일반화를 찾는 일이야말로 고고학과 민족학의 궁극적 목적이라고 규정했다—는 월터 테일러(Walter Taylor, 1913~1997)의 『고고학 연구A Study of Archeology』(1948)가 등장하는 길을 열어 주었다. 이 책은 테일러의 박사학위 논문으로서 1940년대 초에 쓰였던 논란 많은 연구인데, 제2차 세계대전으로 인해 그 출판이 늦어졌던 것이다. 몇몇 미국의 선배 고고학자들의 연구에 대한 테일러의 비판은 학문 세계에 자리 잡은 많은 연구자를 언짢게 했다. 사실 테일러는 자기 세대 고고학자들의 지지를 끌어내는 데도 실패했다. 테일러는 후일 자신의

---

2) 주로 아메리카 대륙의 선사시대를 연구할 때 쓰이는 개념으로서, 비교적 짧은 시간 동안 넓은 지역에 확산되는 문화 양상을 가리킨다.(옮긴이)

연구가 과정고고학을 예고하는 것이었다고 보았으며, 이러한 운동에 기여한 만큼 스스로 마땅히 받아야 할 인정을 받지 못한 것에 대해 억울해 했다.

테일러는 『고고학 연구』에서 미국 고고학자 대다수의 연구 목적은 선사시대를 복원하는 것이었다고 평가했다. 물론 이 가운데 키더 같은 몇몇은 더 나아가 궁극적으로 고고 자료는 인간행위와 문화변화에 대한 일반화를 마련하는 토대가 될 것이라고 언급했던 것도 사실이다. 그렇지만 테일러는 선사 생활양식을 복원하거나 선사시대에 어떠한 일이 있었는지를 설명하는 데 체계적인 관심을 보여준 문화사고고학자는 거의 없었다고 주장했다. 문화사고고학자들은 "더 연대기적"인 일에만 매달려, 고고학 증거의 지리적이고 시간적인 분포를 확인하고 전파와 이주의 측면에서 설명하는 일만을 했다고 비판했다.

테일러는 이렇듯 미국 문화사고고학자들이 제한된 목적을 가졌기 때문에 고고학 야외조사와 분석에서 침체를 불러왔다는 논리를 전개시켰다. 그에 따르면, 많은 유물 집합에서 특히 문화를 정의하거나 문화편년을 만들어 내는 데 중요하다고 생각되지 못했던 것들은 자세히 고찰되지도 서술되지도 않았다. 토기와 석기는 바구니 유체보다 더 주의 깊게 연구되었다. 식물 및 동물 유체는 적절하게 복원되거나 동정되지 않았다. 그렇기 때문에 고고학자들은 어떠한 음식을 먹었는지, 왜 특정한 유적이 점유되었는지 또는 어떤 계절의 유적인지 등에 대해 알지 못했다. 또한 고고학자들은 유적 내에서 유물이 어느 곳에서 출토되었는지 자세하게 보고하지 못했다. 그래서 유적 안에서 활동 영역을 파악할 수 없었으며, 유물들의 유적 내 공간 분포에 대해서도 알 수 없었다. 마지막으로 비록 고고학자들은 특정 유적에서 공반하는 유물의 모든 특질이나 형식의 목록을 확립하여 비교함으로써 문화적인 친밀도와 관련성을 파악하고자 했지만, 일상적으로는 특정 특질의 존부만을 고려하고 말았다. 결과적으로 특정한 유물의 기능적 역할을 이해하는 데 아주 중요할 수도 있는 계량 자료는 없었던 것이다. 테일러는 문화편년이라는 목적이 얼마나 자신들의 고고학적 유존물에 대한 고찰을 제한하고 있는지를 밝히기 위하여 자신의 연구의 많은 부분을 당시 저명한 미국 고고학자들의 연구가 가진 약점을 자세하게 비판하는 데 할애했다.

테일러는 이러한 결함을 해결하고자 연결적 접근conjunctive approach을 제안했다. 그는 편년 문제와 유적 간 관계에 대한 전통적인 고찰에 유적 내부의 연구를 덧붙여 모든 유물과 유구에 주의 깊은 관심을 가짐으로써 이것들이 어떻게 상호연관되어 있는지를 연구하자고 주장했다. 그리하면 형태 속성과 함께 제작 및 사용의 증거, 그리고 발견물의 계량적 양상과 공간분포 자료도 확보하게 될 터이다. 이런 식으로 고고학자들은 선사시대 삶의 성격과 어떤 한 문화 내부에서의 기능적인 관련에 대해서 많은 것을 얻을 수 있을 것이다. 연결적 접근이 갖는 독특한 점은 클라크와 마찬가지로 테일러 역시 분석의 주된 단위로서 유적의 중요성을 강조했다는 사실이다. 테일러는 다만 보아스학파 인류학에 천착했을 뿐인데, 때문에 클라크와 달리 테일러의 접근은 사회적이라기보다는 주로 문화적이고 형상적이었다.

테일러는 크로버를 비롯한 보아스학파의 인류학을 좇아 문화를 정신구조물이라 정의했다. 또한 물질문화가 문화 그 자체라기보다는 문화의 산물이라고 봄으로써 고고학에 내재되어 있는 문제를 피하고자 했다(Osgood 1951). 그는 정신구조물이란 과거의 유산으로서 특유할 수도 있으며, 다양한 사람들이 공유하는 것일 수도 있기에, 물질문화 생산에 필요한 기술지식만이 아니라 사회적 행동을 인도하는 믿음과 가치에 대한 정보까지도 담겨있다고 보았다. 비록 문화는 관념적이고 따라서 고고학적 유존물에는 살아남아 있지 않지만, 유물 제작과 관련된 지식 말고도 문화의 여러 양상이 고고 자료에 반영되어 있다고 결론을 내렸다.

테일러는 비록 하찮아 보이는 증거라 할지라도 고고학 유적에서 가능하면 많은 정보를 복원해야 한다고 주장했다. 또한 고고학자들에게 관련 역사 및 민족지 자료뿐만 아니라 유적의 고환경적 맥락과 관련된 정보까지도 수집하자고 했다. 유적 분석 작업의 첫 단추는 내적인 편년을 세워 공시적 증거와 계기적 증거를 분간하는 일이라고 했다. 그 다음 고고학자는 유적에서 나온, 또는 각 점유기에 해당하는 물적 자료를 종합해야 한다. 여기에서 두 가지 종류의 종합이 이루어져야 한다. 첫째, 민족지적 종합은 사람들이 해당 유적에서 어떻게 살았는지 가능한 한 모든 것을 파악하는 일이다. 고고학자는 민족지학자와 같이 『문화물질의 개요*Outline of Cultural Materials*』(Murdock et al. 1938)를 채워 넣어야 하는데, 문화물질의 개요란 문화 행위 가운데 인지 가능한 모든 유형을 기록하는 대조표 역할을 하는 것이다. 둘째, 민족지 종합 다음은 역사적 종합으로서, 특정 유적에서 생활양식이 점유 시기 동안 어떻게 변하여 왔는지를 추적하고 이러한 변화들이 어떻게 발생했는지를 설명하는 것을 말한다. 그러나 테일러는 고고 자료를 해석할 방법에 대한 자세한 지침을 제시하지 않았다. 다만, 대부분의 문화사고고학자와 마찬가지로 역사적 관련이 있는 문화들 사이에 상사(또는 상동)를 끌어내는, 그러니까 직접역사적 접근을 추천했을 뿐이다. 테일러는 해석을 상식의 작용으로 보았던 듯한데, 이는 오랫동안 미국 고고학자들이 생각했던 방식과 마찬가지였다. 그가 강조한 것은 상식에 입각한 작업이 다만 더 체계적으로 이루어져야 한다는 점이었다.

테일러는 개별 유적들의 문화적 유의성을 종합한 뒤 고고학자는 비교 연구를 수행할 준비를 해야 한다고 보았다. 비교 연구란 문화의 개별 항목들이 아니라 유적에 현시되어 있는 전체 문화의 맥락을 비교하는 일이어야 한다고 했다. 또한 연구의 즉자적 목적은 특정 유적이 주변 영역에서 광범위한 생활 유형과 연관되어 있는 양상을 이해하는 일이라고 생각했다. 이런 식으로 계절적으로 점유된 수렵채집 유적은 연간 생활유형과 연결 지을 수 있으며, 엘리트 중심지와 연관된 소작농 거주지도 고대문명의 위계 구조에 대한 정보를 줄 수 있을 것이다. 따라서 민족학자들이 현존하는 문화로부터 알아낼 수 있는 정보와 동등한 기능적인 이해를 추구할 수 있는 것이다. 고고학자는 이로써 민족학자와 어깨를 나란히 하여 문화의 성격과 작용에 대한 일반적 이해라는 인류학의 목적을 성취하기 위하여 나아갈 수 있게 된다.

테일러는 클러콘과 같은 당대의 보아스학파 인류학자들의 영향을 받아, 고고 자료를 기능적으로 통합된 문화 유형이라는 측면에서 이해했던 듯하다. 보아스학파의 인류학자들처럼 테일러의 목적은 인간행위를 설명해 준다고 믿었던 과거 사람들의 생각(아이디어)을 복원하는 일이었다. 그것은 사회인류학자들의 구조 및 기능적 통합 개념이 아니라 루스 베네딕트 같은 보아스학파 인류학자들이 발전시킨 형상 및 심리 일관성에 기인하는 것을 말한다. 테일러는 멕시코 코아일라의 코요테Coyote동굴과 CM79 유적에서 나온 대칭성이 결여된 바구니 무늬를 미국 서남부의 산 후안San Juan 바구니에서 나타나는 고도로 대칭적인 유형과 대조시켰다. 그는 원재료 또는 바구니를 짜는 기법상의 차이로 돌릴 수도 있을 이러한 변이를 두 종족 집단이 사물에 질서를 매기는 방식에서 근본적인 차이가 있었음을 반영하는 것으로서 해석했다. 그는 이러한 차이가 다른 많은 행위에도 표현되어 있을 가능성이 있으며, 고고학적 유존물에 반드시 반영되어 있지 않을 수도 있다고 보았다. 1950년 심리인류학자 앤서니 월리스Anthony Wallace는 '문화와 인성' 연구에 바탕을 두고 선히스패닉시대 마야 상류층 남성들의 인성구조에 대한 분석을 출간하면서 이를 마야 행위에 대한 초기 스페인사람들의 서술과 현대 마야의 인성에 대한 심리학적 연구와 비교했다. 당시 이런 기법으로 선사시대 문화의 성격에 대해 깊은 통찰을 얻을 수 있으리라는 기대가 있었지만, 고고학자들은 그런 형상적 연구를 일반적으로 간과했다. 1960년대가 되면 대체로 심리인류학, 그리고 이와 함께 보아스학파의 인류학은 쇠락하기에 이르렀다. 이는 그런 접근은 실제 주장하는 바를 논증할 만한 방법을 갖지 못했음이 분명해졌기 때문이다.

테일러의 접근이 얼마나 과거와의 단절을 나타낸 것인지, 과연 1960년대 신고고학의 시작을 알리는 것이었는지에 대해서는 많은 논의가 있었다(W. Taylor 1972; Binford 1972: 8-9, 1983b: 229-233). 그럼에도 테일러의 연구와 1930년대 말에 이루어진 고고학 사이의 연결 관계는 거의 주목을 받지 못했다. 『고고학 연구』에서 테일러는 1930년대의 많은 혁신적인 야외조사와 이에 동반한 고고 자료의 기능적인 해석을 향한 움직임을 간과했다. 스스로를 젊고 더 혁신적인 고고학자들의 대변인이 되고자 애쓰지도 않았다. 혁신적 연구들을 간과함으로써 스스로 고립되고 말았던 것이다. 이러한 잘못 그리고 선임 미국 고고학자들의 연구에 대한 지나치게 혹독한 비판은 결국 스스로 학문적 몰락을 가져오는 독이 되었다. 또한 차일드와 클라크 같은 영국의 혁신적 고고학자의 최근 연구도 인용하지 않았다. 테일러가 고고학자의 첫 번째 임무는 고고학 증거를 사용하여 개별 선사시대 유적에서 사람들이 어떻게 살았는지를 복원하는 일임을 강조한 것은 1939년 클라크가 옹호했던 접근과 유사한 것이었다. 또한 고민족지paleoethnography를 고고학의 필수 목적으로 강조했던 것, 그리고 문화를 기능적 존재물로서 경제뿐만 아니라 사회, 정치, 이데올로기적 구성요소를 포괄하며, 고고학자는 반드시 내부로부터 총체적으로 연구해야 함을 강조했던 것 역시 클라크의 주장과 비슷했다.

그렇지만 테일러는 클라크를 좇지도 않았으며, 문화를 생태적으로 적응적인 체계로 보는 신고고학의 전조를 예견하지도 못했다. 대신, 문화를 심리학적으로 통합된 개념의 한 유형이라고 보는 관념론적 시각을 취했다. 이 입장은 당대의 보아스학파 인류학의 형상적인 관점과 아주 유사한 것이었다. 그는 보아스학파 연구자와 마찬가지로 문화변화를 일으키는 데 문화의 어떤 한 부분이 다른 부분보다 더 중요한 역할을 한다고 전제하지는 않았다. 오히려 부분들 사이의 관계를 설정하고 변화를 설명하는 것을 귀납적으로 접근해야 할 문제라고 간주했다. 결국 테일러는 문화변화가 어떻게 또는 왜 일어나는지를 설명하는 데 거의 아무런 기여도 하지 못했던 것이다.

보아스학파 학자와 마찬가지로 인간 집단들 사이의 우연한 접촉의 결과로 문화의 상이한 양상들이 상이한 사회에서 변화를 일으키는 데 상이한 역할을 했다는 식으로 생각했을 뿐이다. 이러한 관념론적이고 귀납적인 접근 때문에 기능주의적인 시각으로 선사시대 문화변화를 이해하는 새로운 진전을 이룰 수가 없었다. 다만 당시 고고학 조사에 대한 중요한 비판을 제공했으며, 과거에 했던 것보다 고고 자료를 더 집중적으로 복원하고 분석해야 한다고 주장했다는 점에서 테일러의 기여를 찾을 수 있다. 테일러는 보아스학파의 역사특수주의의 기본 토대에 도전하지도 않았으며 고고학 해석에 커다란 혁신을 몰고 오지도 못했다. 이런 모든 점에서 그의 생각은 신고고학과는 상당히 다르다고 할 수 있으며, 테일러를 보아스학파 인류학자의 하나로 간주한 빈포드의 생각이 옳다고 할 수 있다. 그럼에도 북아메리카에서 문화사고고학에 대한 중요한 비판은 신고고학이 등장하기 이전에 이루어졌다는 것은 사실이다.

9. 생태 및 취락 고고학

줄리언 스튜어드(Julian Steward, 1902~1972)는 처음으로 분명한 유물론적 관점을 채택한 미국 민족학자 가운데 한 사람이었다. 스튜어드는 선사시대 사회문화 체계를 형성하는 데 생태 요인의 역할을 강조했다. 1938년 스튜어드와 고고학자 세츨러F. M. Setzler는 민족학자뿐만 아니라 고고학자도 문화변화의 성격을 이해하려 애써야 하며, 두 학문 모두 인간행위를 생태학적으로 분석하는 데 기여할 수 있을 것이라는 주장을 논문으로 출간했다. 이 주장에 따르면, 고고학자는 더 이상 유물의 양식 분석에 매달리지 말고 자료를 이용하여 생계경제, 인구 규모, 취락(주거)유형에서의 변화를 연구해야 한다는 것이다. 스튜어드는 고고학이 시간의 흐름에 따른 변화를 연구할 수 있기 때문에 인간행위와 문화변화를 이해하는 데 중요한 공헌을 할 것임을 확신했다. 스튜어드 자신은『솔트레이크 지역의 고대 동굴들Ancient Caves of the Great Salt Lake Region』(1937a)과 같이 고고학 조사를 수행한 바 있었고, 미국 서남부에서 고고학 및 민족지적 취락유형 자료에 주목하며 문화와 환경 사이의 상호작용에 대해 연구한 논문을 쓰기도 했다(1937b). 이 시기 미국의 민족학자들 가운데 가장 고고 자료를 존중하고 장기간에 걸친 인간행위와 관련된 문제를 연구하는 데 그 잠재적 가치를 가장 높이 인정했던 사람이었다.

생태학적 접근

미국에서는 제2차 세계대전 이후 스튜어드와 클라크의 저술을 접하고 생태학적 접근의 중요성에 대한 인식이 커지면서 학제 간 팀을 구성하는 연구 프로그램들이 등장했다. 이 가운데 가장 중요한 것으로는 로버트 브레이드우드(Robert Braidwood, 1907-2003)가 이끄는 이라크 자르모 프로젝트이다. 1948년에서 1955년까지 이라크 키르쿡Kirkuk 지방에 있는 일련의 구석기시대 말에서 신석기시대 초 유적을 조사한 것이다(Braidwood 1974). 또 다른 것으로는 리처드 맥니시(Richard S. MacNeish, 1918~2001)가 이끄는 테우아칸 고고-식물학 프로젝트이다. 이 조사는 1960년에서 1968년까지 이루어졌으며, 고인디언PaleoIndian시대부터 스페인 침략기에 이르는 12,000년 동안 단절 없이 이어진 문화연쇄가 확인되었다(MacNeish 1974, 1978, 1992)(그림 7.7). 이 같은 프로젝트는 미국 국립과학재단의 지원을 받은 것으로서, 고고학자, 식물학자, 동물학자, 지질학자 등의 전문가들이 공동으로 서아시아(중동)와 중앙아메리카에서 식량생산의 기원과 관련된 조사를 수행한 것이다. 모두 각 지역에서 생계경제에서 나타나는 변화를 파악하는 데 성공을 거두었다. 맥니시 팀은 456개 유적을 찾아내고 집단 구성과 토지 이용에서 보이는 시간의 흐름에 따른 변화를 추론하기도 했다. 이들은 방사성탄소연대를 이용하여 구대륙과 신대륙에서 식량생산은 차일드를 비롯한 고고학자들이 이전에 생각했던 것보다 더 일찍, 그리고 더 점진적으로 생계경제에서 중요한 부분으로 자리 잡았음을 보여주었다. 당시는 미국에서 정치적으로 냉전시대의 민감한 상황이었다. 그리하여 이 같은 조사에 나온 결과는 점진적인 진화적 변화가 정상적인 형태이며, 차일드가 제시한 논란 있고 명백히 마르크스주의적인 신석기 "혁명" 학설은 문제가 있다는 증거로 받아들여졌다(Redfield 1953: 24; Patterson 2003: 53-54). 브레이드우드의 발견은 건조화가 서아시아에서 식량생산의 발달을 처음 일어나게 하는 데 중요한 역할을 했을 것이라는 가정을 배제하는 계기가 되기도 했다. 이 두 연구는 모두 고고 자료를 이용하여 인류사에 중요한 경제 및 사회적 전환을 자세하게 연구하는 이정표가 되었다. 클라크의 스타카 유적 발굴과 함께 이러한 프로젝트들은 고고학자와 자연과학 전문가들이 고고 자료를 함께 분석하는 다학문적 접근이 중요함을 잘 보여주었던 것이다.

조셉 콜드웰(Joseph Caldwell, 1916~1973)은 『미국 동부 선사시대의 흐름과 전통 *Trend and Tradition in the Prehistory of the Eastern United States*』에서 더 완전한 형태의 생태학적 접근을 채택하여 문화변화를 이해하고자 했다(1958). 콜드웰은 최후빙하기가

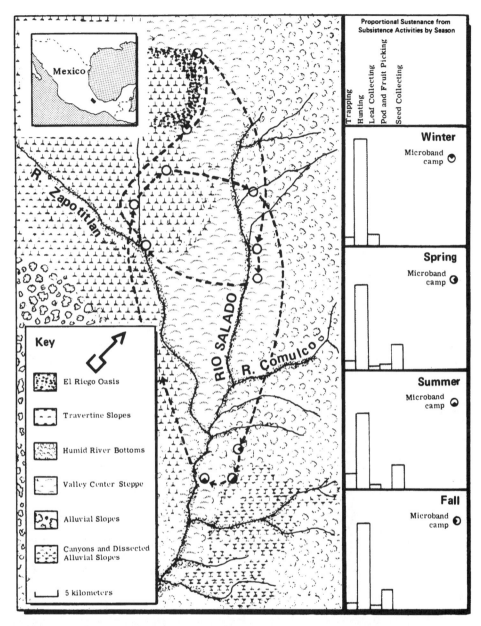

그림 7.7 멕시코 테우아칸 계곡의 아후에레아도 단계(Ajuereado Phase, 11000~7000 BC)에 대한 맥니시의 생계-취락유형 해석

끝나면서 사냥감이 사라진 생태적 변화로 대부분 지역에 더 복합적이고 집약적인 식량 수집이 등장하면서 인구 수용력이 증대되었고, 이것이 북아메리카 동부 전역에 인구밀도를 높이고 정착을 가져오는 계기가 되었다고 주장했다. 이렇게 이동성이 감

소함으로써 새로이 활석이나, 그리고 나중에는 취사용기를 포함해 더 무겁고 다양한 형식의 장비가 등장하게 되었다고 보았다. 콜드웰은 동부 우드랜드시대 원주민 문화의 내적인 변화를 강조했을 뿐만 아니라 고고학자들은 토기와 같은 유물이 적응 체계 안에서 했던 역할을 이해해야 한다고 주장했다. 이러한 해석은 랠프 린턴(Ralph Linton 1944)의 북아메리카 동부 토기 형태의 발전적 경향에 대한 연구에 이미 예견되어 있었다.

고든 윌리의 취락고고학

　　제2차 세계대전 이전에는 지역 규모로 이루어진 지표조사가 주로 발굴 유적의 선택을 위한 것이었다(W. Sumner 1990: 87-88). 다만 몇몇 고고학자들은 고고학 지표조사 자료를 이용하여 선사시대 인구의 분포를 추론하기도 했다. 1904년 소푸스 뮐러 Sophus Müller는 무덤 6만 기와 거석묘 수천 기 자료를 이용하여 덴마크 신석기시대 및 청동기시대 취락의 일반 분포를 파악했던 것이다(Schnapp and Kristiansen 1999: 40). 이후 크로포드(Crawford 1921)는 유물의 밀도를 이용하여 영국의 인구 분포를 그리기도 했다. 윌리엄 올브라이트(William Albright, 1891~1971)와 넬슨 글루엑(Nelson Glueck, 1901~1971)이 1920년대 초에서 1949년 사이에 수행한 팔레스타인과 요르단의 유적 지표조사는 취락유형 고고학의 선구적 작업으로 평가되고 있다(Moorey 1991: 68-77). 1940년 고전고고학자 칼 블리전(Carl Blegen, 1887~1971)은 그리스에서 여러 역사시기에 걸친 인구의 분포와 이동을 추적하기 위해서는 관련된 모든 유적을 찾는 지표조사가 필요함을 강조했다. 이러한 요구는 1960년대 메세니아프로젝트Messenia Project의 계기가 되었다고 생각된다(W. McDonald 1966: 414-415). 1942년, 차일드(Childe 1942f)는 스코틀랜드 로우세이 섬의 고분 분포를 바탕으로 신석기시대 섬 인구의 규모와 분포를 추정하기도 했다. 그러나 이러한 연구 가운데 그 어떤 것도, 그리고 독일 고고학자들의 취락 연구 역시 고고학 조사로서 취락고고학settlement archaeology의 표준을 제공하지는 못했다.

　　스튜어드는 취락고고학의 발달에도 영향을 주었다. 취락고고학은 고든 윌리(Gordon Willey, 1918~2002)의 『페루 비루밸리에서의 선사시대 취락유형Prehistoric Settlement Patterns in the VirúValley, Peru』(1953)에서 비롯된 것으로서, 이 연구는 1946년 페루 해안의 작은 지역에 대한 미국과 페루 인류학자들의 고고학 및 인류학적 합동 조사에 대한 보고서였다. 윌리에게 비루밸리 프로젝트의 일환으로서 취락유형을 조사하라고 권했던 사람은 다름 아닌 스튜어드였다(Willey 1974b: 153). 항공사진과 지표조사를 통하여 선사시대 관개체계의 흔적뿐만 아니라 선사시대 주거유적 수백 기를 찾을 수 있었다. 각 유적에서는 토기조각을 지표수습하여 어떤 시기에 점유된 유적인지 파악했다. 상이한 유적들이 어떠한 역할을 했는지를 파악하기 위하여 유적 지표에서 관찰되는 건물 흔적도 기록했다. 그런 뒤 비루밸리의 역사에서 유적들이 어떠한 계기적 단계에 점유되었는지를 보여주는 상세한 지도를 만들어 냈다.

그럼에도 수집한 자료에 대한 윌리의 해석은 스튜어드의 생태학적 접근과는 사뭇 다른 결과가 되었다. 스튜어드는 고고학 취락유형을 인간 집단과 자연환경 사이의 관계에 대한 증거로 간주했다. 그러나 문화사고고학을 훈련받았지만 당시의 기능-과정적 경향에도 밝았던 윌리는 취락유형이 "고고학 문화의 기능적 해석의 전략적인 출발점"이라는 입장을 취했다. 나아가 취락유형이 "자연환경, 집을 지었던 사람들의 기술 수준, 문화의 다양한 사회 상호작용과 조절의 제도를 반영한다"고 주장했다(p. 1). 또한 취락유형을 형성하는 데 생태 요인이 중요한 역할을 했음을 부인하지는 않았지만, 다른 많은 사회문화적 성격과 관련된 요인도 고고 자료에 반영되어 있으며, 단순히 생태적 적응이라는 일반적 유형만이 결정적이라고 생각하지 않았다. 그 대신 취락유형을 인간행위의 많은 양상에 대한 정보의 원천으로 다루었던 것이다. 유물에 비하여 취락유형이 갖는 이점은, 유물은 흔히 사용된 맥락이 아니라 폐기된 맥락에서 발견되는 데 반해 구조물은 그 자리에 그대로 살아 있어서 인간의 활동이 이루어졌던 무대에 대한 직접 증거가 된다는 점이다. 윌리는 취락유형 자료가 고대사회의 경제, 사회 및 정치조직에 대한 체계적 연구에 갖는 잠재력을 깨닫고 있었던 것이다.

윌리는 주로 비루밸리의 역사에서 계기적인 단계를 구분해 내고, 대체로 동시기에 존재한 유적을 확인하는 데 고고학 문화라는 개념을 사용했다. 동시기로 보이는 공동묘지, 주거지, 궁전, 신전, 성, 관계망을 사용하여 비루밸리에서 수천 년 동안 생활유형의 변화를 복원하려 한 것이다(그림 7.8). 이러한 연구를 통해 인구 증가는 집약적 형태의 식량생산의 발달, 인구 분포의 변화, 그리고 더 복합적인 형태의 사회정치조직의 발달과 결부되어 있음을 알게 되었다. 윌리는 사회정치 조직을 고고학 연구의 대상으로 판단했음은 물론 선사시대의 맥락에서 사회정치 조직을 연구하는 분석장치까지 고안해 내었다. 윌리는 비루밸리의 점유에 있어 장기간의 연속성을 인지함으로써 고고학적 유존물에서의 변화를 과거에 일상적으로 그랬듯이 전파나 이주의

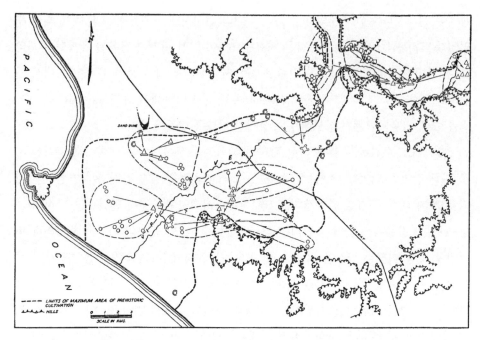

그림 7.8 페루 비루밸리 우안카코 시기(Huancaco Period, AD 800~1000)에 대한 윌리의 공동체 유형 해석(*Prehistoric Settlement Patterns in the Virú Valley, Peru*, 1953)

결과로 돌리지 않고 내적 변화란 측면에서 설명하려 애썼다. 따라서 윌리의 연구는 고고 자료를 사용하여 장기간의 사회정치적 변화를 해석하는 데 있어 중요한 선구적 작업이라 할 수 있다.

취락고고학은 개별 유적들 그 자체를 목적으로 연구하는 것이 아니며, 그것이 특정 문화 혹은 지방을 대표한다고 간주하지도 않는다. 오히려 개별 유적들이 모여 하나의 네트워크를 형성하고, 그 안에서 개별 유적이 상이하면서도 보완적인 역할을 한다고 생각한다. 유적의 지표조사는 더 이상 발굴을 위하여 가장 크거나 대표적인 유적을 찾는 일이 아니며 그 자체로 고고학 분석에 중요한 정보를 획득하는 수단이 된다.

비록 생태학적 연구가 지속되었고, 늘 그런 것은 아니더라도, 취락유형을 사회정치적 해석에 필요한 예비적인 것으로 인식하기도 했지만, 많은 미국 고고학자들은 취락유형을 인구 변동과 선사시대의 사회, 정치, 종교 제도에 대한 정보원으로 생각하기 시작했다. 또한 이들은 구조 내, 구조, 구조 주변, 공동체 그리고 경관이라는 위계적인 수준의 활동영역을 고려하여 취락유형을 궁구하게 되었다. 이런 각 수준은 다른 수준에 영향을 미치며 종류와 정도에서 상이한 요인에 의해 형성된다고 생각

취락고고학의 발달

되었다. 개별 집자리(주거지)는 가족 구성, 취락 공동체의 구조를 반영하고, 공간 분포는 교역의 영향, 행정 및 지역 방어를 비추어 준다. 그렇기에 두 개 이상의 수준을 결합한 연구로 한 수준의 연구보다 선사시대 사회에 대해서 더 많은 것을 얻을 수 있게 된다(Trigger 1968b; Flannery 1976; Clarke 1977b; Kent 1984). 기능주의적 접근 가운데에서도 취락고고학은 사회 행위의 유형을 추론하는 데 초점을 맞추고 생태결정론을 거부하기 때문에 뒤르켕식의 사회인류학과 가장 가깝다고 할 수 있다.

사회정치 조직 연구에 관심을 가진 고고학자에게 비루밸리에서 윌리의 조사와 연구는 고고학사에 있어 매우 중요한 방법론적 배경을 제공했다. 광범위한 고고학적 시각에서 보더라도 윌리의 연구는 아마도 톰센이 선사시대를 세 시대로 나눈 이후 가장 중요한 혁신이라고도 할 수 있을 것이다. 윌리의 성공적 연구는 세계 각지에서 복합사회의 기원과 발달에 대한 집중적인 지역 지표조사가 이루어지는 계기가 되었다. 이러한 지표조사는 다양한 기능적이고 과정적인 이슈를 다루고 있다. 그 가운데 몇몇은 고고학자만이 아니라 인류학자에게도 아주 중요한 것이다. 로버트 맥 애덤스는 이라크 남부에서 정밀한 조사를 통해 관개체계가 정치적인 변화의 (원인이 아니라) 결과로서 크게 확대되기도 하고 축소되기도 했음을 설득력 있게 논증했다(Adams 1965, 1981; Adams and Nissen 1972). 장광지(張光直, 1931~2001)는 취락 자료를 이용하여 중국 북부에서 신석기 초기에서 하, 상, 주 왕조에 이르기까지 사회정치 체계의 발달에 보이는 연속성을 논증했다(Chang 1963). 마칸 랄(Makkhan Lal 1984)은 인도 북부에서 갠지스문명이 발달하던 시기의 기술과 환경 사이의 관계를 고찰하기도 했다. 칼 부처(Karl Butzer 1976)는 인구압이 전체적으로 고대 이집트문명의 발생에 큰 역할을 하지 못했음을 보여주기도 했다. 이집트문명은 남부에서 가장 급속히 발달했는데, 이곳의 작고 자연적인 농경평야들은 북부의 더 크고 비옥한 유역보다 적은 노동으로도 이용할 수 있었다고 한다. 트리거(Trigger 1965)는 주로 공동묘지 자료를 사용하여 기술, 자연환경, 교역, 전쟁의 변화가 어떻게 농경의 도입 이후 약 4000년 동안 하부 누비아지역에서의 인구 규모와 분포의 변모를 가져왔는지를 고찰했다. 리처드 블랜튼(Richard E. Blanton 1978)은 멕시코의 와하카 지역에서의 주거유형의 변화를 정치조직의 변모와 관련지어 설명했다. 이에 반해 윌리엄 샌더스(William T. Sanders, 1926~2008)의 멕시코밸리에 대한 자세한 연구는 취락의 규모와 분포를 형성하는 데 특수 요인들이 큰 역할을 했음을 보여주었다(Sanders et al. 1979)(그림 7.9)

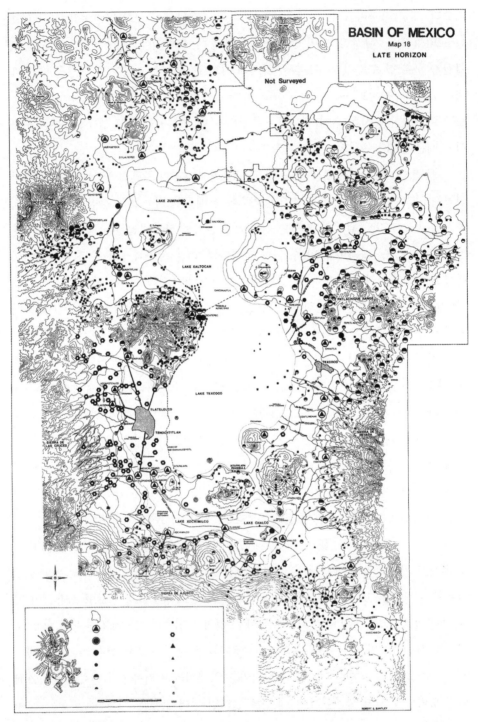

그림 7.9 멕시코밸리에서 후기 평면Late Horizon 시기 취락의 유형(Sanders *et al.* The Basin of Mexico, 1979)

고고학자들은 작은 규모의 사회들 내부에서 일어나는 사회변화를 연구하는 데 취락유형의 가치를 깨닫게 되었다. 이런 초기의 작업들로는 1955년 리처드 비어드슬리(Richard Beardsley et al. 1956)가 주도한 세미나에서 공동체 유형의 기능적이고 진화적인 의미에 대한 논의를 들 수 있다. 이 세미나의 결과 이동과 정착에 대해서 "완전 이동, 제한 이동, 중심지 이동, 반영구 정착"과 같은 용어가 아메리카 원주민의 취락과 생계 체계를 기술하는 데 쓰이게 되었다. 얼마 지나지 않아 윌리의 접근을 이용한 취락유형 연구는 작은 규모 사회의 적응에 대한 것뿐만 아니라 사회정치 조직에 대해서도 많은 정보를 제공함이 분명해졌다(Willey 1956; Ritchie and Funk 1973; B. Smith 1978).

특정 지역의 주거유형에 대한 체계적 연구는 지역적으로 다양하고 복합적인 양상을 보여주었다. 또한 적응이 때로는 빠른 속도로 일어남도 알게 되었는데, 이로써 문화변화는 느리고 점진적으로 일어나기 마련이라는 주장이 잘못임이 밝혀지기도 했다. 마지막으로 인구 증가 또는 관개농경의 발달이 복합사회의 진화에 주도적인 역할을 했다는 단순한 믿음도 비판을 받았다. 취락고고학은 생태학적 접근과 마찬가지로 고고학자들에게 문화 및 종족성(주로 문화사고고학과 밀접했다)이 아니라 인간행위를 연구하게 했다. 미국 고고학에서 이러한 변화는 당시 사회과학의 모든 영역에서 행위주의적 접근에 대한 관심이 커져갔던 경향 및 차일드와 클라크의 연구에 대한 인식의 증가와 부합하는데, 이는 이전 문화사고고학과는 커다란 단절이라 할 수 있다.

10. 방사성탄소연대측정법과 세계 고고학

1950년대 초 고고학은 방사성탄소연대측정법이라는 과학적 혁신으로 큰 변화를 맞이했다(Marlowe 1999). 이 연대측정법은 윌러드 리비(Willard F. Libby, 1908~1980)가 1940년대 말 개발한 것으로서, 거의 즉각적으로 이미 연대가 알려진 고고 자료의 연대를 측정하는 것으로 검증을 받게 된다(Libby 1955). 또한 이미 이집트 학자들에 의해 연대가 알려져 있는 고대 이집트 유물들에 적용함으로써, C-14의 형성 비율은 일정하다는 원래의 가정에 문제가 있음도 드러나 초창기 방사성탄소연대의 보정이 이루어지는 계기가 되었다. 방사성탄소연대측정법은 고고학자들이 순서배열법이나 교차편년에 의지하여 문화편년을 구성해야 할 필요를 (완전히 배제시키지는 않았더라도) 경감시켜 주었던 것이다.

또한 처음으로 세계의 선사시대 유적을 시간 순서가 아니라 서로의 관련 속에서 상대적으로 연대측정하여 기년을 줄 수 있게 되었다. 따라서 고고학자들은 변화의 연쇄만이 아니라 그 속도에 대해서도 연구할 수 있게 되었다. 수십 년 동안 빙퇴석과 나이테를 이용하여 지질 또는 고고학 현상의 기년을 측정할 수는 있었지만, 그런 방법은 단지 몇몇 지역에서만 적용 가능한 것이었다(Nash 1999, 2000a; Truncer 2003). 그 때까지는 넓은 지역을 포괄하는 선사시대 문화 연쇄들을 복잡하게 시간순서로 배열했을 뿐이었으며, 구대륙과 신대륙의 연쇄를, 또는 심지어 동아시아와 서아시아 같은 광역의 연쇄를 상응시킬 수는 없었다. 이렇듯 대부분 선사시대 유적을 기년적으로 연대측정할 수 없었기 때문에 문화변화가 빠르게 일어났는지, 아니면 느리게 일어났는지를 파악할 수도 없었다.

고고학에서 세계적인 시각에서 방사성탄소연대측정법의 잠재력을 체계적으로 이용한 첫 고고학자는 그레이엄 클라크로, 『세계의 선사시대World Prehistory』(1961)라는 책에서 그 사례를 찾을 수 있다. 클라크는 전 세계에서 방사성탄소연대와 고고학 발견이 증가하면서 1969년과 1977년 내용을 상당히 수정하여 새로운 판을 내기도 했다. 재판에는 각 장의 끝 부분에 관련 방사성탄소연대들이 제시되어 있다. 1943년에 이미 고고학의 미래에 대한 학술회의에서 클라크는 민족주의에 대처하는 방법으로서 인류 공통의 역사와 선사시대를 만들어 낼 필요가 있음을 제창한 바 있다(Clark 1945; C. Evans 1995: 313-315). 제2차 세계대전 이후 도로시 개로드Dorothy Garrod는 케임브리지대학에 세계의 선사시대라는 강좌를 열어 전 세계를 포괄하는 하나의 주제로서 고고학을 제시하고자 했다(Clark 1999: 407). 1950년대 말 클라크는 방사성탄소연대를 이용하여 50,000년 전까지 소급되는 세계 편년을 구축한 다음, 각 지방에서 계기적인 생태 적응의 유형을 파악하기도 했다. 클라크의 목적은 자신의 기능주의적인 관심에 부합하여 변화를 설명하는 일이 아니라 세계적인 문화 발달 과정에서 유사성을 확인하는 일이었다. 1960년대에는 여러 제자들이 세계의 여러 지역에서 연구를 계속하고, 클라크는 이들을 방문하여 자료를 수집하여 저술의 개정판을 써 나갔다. 비록 이 책 첫 판의 57%는 유럽과 서아시아의 자료를 다룬 것이었지만, 3판이 되면 유럽과 서아시아 부분은 33%로 줄어들고, 동아시아, 아프리카, 아메리카, 오스트레일리아에 더 많은 관심을 쏟게 된다(Rowley-Conwy 1999: 517-518). 그러나 당시 많은 영국의 학자들과 마찬가지로 클라크도 사하라 이남 아프리카의 문화적 성취를 평가 절하하기도 했다(Trevor-Roper 1966: 9). 그는 다만 선사시대를 세계적인 시각에서 바라 보았던 고고학자였을 뿐만 아니라 방사성탄소연대측정의 이점을 활용하여 처음으로 근대적인 세계 선사시대 교과서를 썼다. 전 세계의 적응 유형을 비교한 것은 비교생 태학의 발달을 가져오는 계기가 되었으며, 진화적 과정에 대한 관심을 새롭게 하는 데 도움을 주기도 했다.

　　방사성탄소연대측정은 문화변화의 속도를 이해하는 데 중요한 영향을 미쳤다. 문화사고고학자들은 전파론적이고 이주론적인 설명을 선호하여 문화는 아주 빠르게 변화할 수 있다고 믿었다. 이로써 단기 편년들이 나온 것이다. 19세기 진화론자들은 장기 편년을 선호했는데, 더 긴 안목으로 내적인 변화를 보고자 했다. 그러나 이조차 도 구석기시대의 변화의 속도를 과대평가하는 것이었다. 클라크는 이미 1966년 선사 시대 영국의 고고학적 유존물에 대한 이주론적 설명에 문제를 제기했다. 콜린 렌프 루(Colin Renfrew 1973a, 1979)의 유럽 선사시대에 대한 재해석은 거의 전적으로, 보정된 방사성탄소연대값들에 근거한 것이었다. 또한 에게해 북부와 서부의 신석기 및 청동 기시대 유적은 몬텔리우스와 차일드가 이집트와 서아시아의 청동기 유적과의 교차 편년을 통해 추정한 에게해 유적의 연대보다 훨씬 이르다는 사실이 드러났다. 이러 한 편년 수정으로 중부 및 서부 유럽에서 초기 기술과 건축은 이전에 믿었던 것보다 더 혁신적이었음이 알려졌던 것이다.

　　방사성탄소연대측정은 북아메리카 선사시대 연구에도 이와 비슷한 영향을 미쳤 다. 서남부에서는 1920년대 이후 나이테연대측정법을 바탕으로 유적의 편년을 기원 전후까지 추정할 수 있었다. 그러나 다른 지역에서는 방사성탄소 편년으로 문화 연 쇄가 이전의 생각보다 훨씬 긴 시간 동안 더 점진적으로 발달했음이 밝혀졌다(Ritchie 1944, 1965 참고). 이렇듯 방사성탄소연대측정법으로 미국 동부와 서부 유럽에서 장기 간의 점진적 변화가 있었음을 알게 되었다. 이와 동시에 고고학자들은 변화가 전파 와 이주 때문이 아니라 내적 과정의 결과로 일어났을 가능성을 더 쉽게 받아들였다. 이로써 고고학적 유존물에서 변화에 대한 진화적 설명은 더욱 그럴듯해졌다. 구석기 시대의 편년, 특히 전기 구석기시대의 편년은 동아프리카에서 포타슘-아르곤연대측 정법이 적용됨으로써 크게 소급되었다. 이러한 연대측정은 새로이 설명이 필요한 사실들도 제공하여 주었던 것이다.

11. 결론

기능적이고 과정적인 해석은 오래전부터 문화와 환경 사이의 관계에 대한 연구, 그리고 유물의 제작과 사용에 대한 연구들로부터 발달했다. 1920년대 말부터 소련의 고고학자들은 사회, 경제, 정치 행위를 고고학적 유존물으로부터 추론하는 방법을 개척했다. 사회 및 문화체계들이 그 자체의 내적 역학이란 측면에서 어떻게 변화했는지를 이해하기 시작한 것이다. 이전의 고고학자들이 문화변화를 외부 영향의 측면에서 설명하고, 사회 및 경제 조건과 연결시키지 않았던 것과는 크게 달라진 것이다. 이 같은 새로운 접근은, 1920년대 중부와 서부 유럽 고고학의 전형적인 양상이었던, 인간의 창의성에 대한 인종주의적이고 염세적인 시각을 분명하게 거부했다. 그럼에도 소련 고고학의 발달은 극단적인 이데올로기 체제에 막혀 그 기세가 꺾이고 말았다. 소련의 체제는 문화편년을 구축하고 고고학적 유존물에서 변화를 설명하는 데쓰이는 다양한 분석법의 발달을 억눌렀던 것이다.

영국과 미국 인류학에서는 1920년대부터 중요한 학문적 흐름으로서 기능주의적 시각이 확산되었다. 이는 고고학자들이 선사시대 문화를 내적으로 차별적이면서도 어느 정도 통합된 생활양식으로 바라보는 계기가 되었다. 나아가 변화의 외적인 원인만이 아니라 내적인 원인도 고려하게 되었다. 처음에 내적 원인에 대한 고찰은 주로 생태 및 경제적 요인에 중점을 두었다. 비록 테일러와 클라크는 고고 자료를 사용하여 선사시대 생활 유형을 복원할 것을 요구했지만, 고고학적 유존물에 나타나는 변화를 설명하는 데는 별다른 기여를 하지 못했다. 반면 차일드는 사회변화에 대한 아주 흥미로운 모델을 개발하기는 했지만, 이런 모델이 고고학 증거의 연구에 어떻게 적용될 수 있을 것인지에 대해서 자세한 설명을 주지 않았다.

이와 대조로 생태·취락고고학은 특정 시점의 선사시대 문화가 어떠했는지, 그리고 문화가 어떻게 변화했는지에 대한 연구를 자극했다. 이렇듯 고고 자료에 대해 기능주의적이고 과정적인 접근들이 발달함으로써, 당시 문화사고고학이 지나치게 종족성에 치우쳐 별다른 성과를 내지 못하고 있던 상황을 타개했다. 점차 선사시대 문화가 어떻게 작용하고 변화했는지에 대한 관심은 고조되어 갔다. 문화 연구에 대한

관심이 줄어들고 행위에 대한 관심이 증가했던 것은 다른 사회과학에서의 흐름과도
일치할 뿐만 아니라 선사고고학에서 지속적 변화의 전조가 되기도 했다.

8장 과정주의와 탈과정주의

나는 지난 15년 동안 "인류학으로서 고고학"을 찬미하며 출간된 많은 문헌이 …… 고고학의 지성사에 일대 전환점을 몰고 왔다는 생각을 받아들이기 힘들다.

JEAN-CLAUDE GARDIN, *Archaeological Constructs*(1980), p. 29

인간행위에 대한 가장 적절한 상사(유비)는 물리학적인 종류의 자연법칙이 아니라 일종의 체스 게임일 것이다.

EDMUND LEACH, "Concluding Address"(1973), p. 764

유럽과 북아메리카에서, 문화사고고학과 기능과정고고학은 1950년대에 그랬던 것처럼 계속 어깨를 나란히 하며 상호보완적으로 발전할 수도 있었을 것이다. 그러나 1960년대 초 미국의 몇몇 과정고고학자들은 문화사고고학 전반에 공세를 가하며, 진화론적이고, 행위주의적이며, 생태학적 및 실증주의적인 지향을 분명히 하는 접근을 주장했다. 1980년대 말, 주로 영국의 고고학자들 역시 그만큼 교조주의적이면서도 문화적인 지향을 가진 탈과정고고학을 제안하며 과정고고학의 약점을 비판했다. 두 접근은 모두 고고학의 모든 문제를 해결한다고 약속했지만, 그렇지 못했다. 물론 고고학자들이 다루어야 하는 (모두는 아니더라도) 많은 문제에 생산적인 방법을 제공했던 것은 사실이다. 뒤돌아보면 이 두 서로 대조되는 입장은 인류학에서 차례로 유행한 이론들과도 통한다.

1. 신진화론

제2차 세계대전 이후 20여 년 동안 미국은 비할 데 없는 번영과 정치권력을 누렸다. 핵전쟁의 위협 속에서도 이 시기 미국의 중간계급은 매우 낙관적이었으며, 자부심에 넘쳐 있었다. 19세기 중반 영국과 서유럽에서와 마찬가지로 이 같은 자부심은 상대적으로 유물론적인 조망이 자라는 배경이 되었다. 그리하여 인류역사에는 발전의 유형이 있으며, 기술진보야말로 인류의 발전에 열쇠가 된다고 믿게 되었다. 미국 인류학에서는 이 같은 경향이 문화진화에 대한 관심의 부활로 나타났다. 비록 진화론은 결코 미국 인류학에서 압도적인 경향이 되지는 못했지만, 1950년대와 1960년대에 유행했으며, 학문 전반에 중요한 영향을 미쳤다.

미국 인류학에서 문화진화론의 부활은 보아스학파 인류학은 문화변화를 적절하게 설명하지 못한다는 공감대를 토대로 한 것이다. 보아스학파 인류학은 문화상대주의를 강조하여 문화역사와 반대되는 문화진화의 연구에는 대체로 적대적이었다. 그렇기에 보아스학파 인류학에 대한 반대가 문화진화에 대한 새로운 관심이라는 형태로 표출된 것은 그리 놀랄 일이 아니다. 더구나 보아스학파의 관념론적 인식론은 1940년대와 1950년대 사회과학 전반에 확산되어 있던 실증주의와 행태(행위)주의에 대한 높은 관심과는 어울리지 않았다. 역설적으로 행태주의는 심리학에서 이미 1910년대에 처음 적용되기 시작했고, 20세기 중반이면 심리학에서 행태주의가 점차 쇠락의 길에 접어들 무렵이었다(J. Watson 1925).

1950년대 신진화론을 주창한 가장 중요한 인물은 민족학자 레슬리 화이트(Leslie White, 1900~1975)와 줄리언 스튜어드(Julian Steward, 1902~1972)였다(White 1949, 1959; Steward 1955). 화이트는 스스로 모건L. H. Morgan을 비롯한 19세기 미국 인류학의 진화연구의 전통을 잇는 지적인 계승자라고 생각했다. 화이트는 보아스학파의 고유한 흐름이었던 역사특수주의historical particularism, 심리학적 환원주의와 자유의지에 대한 믿음을 배격했다. 그리고는 "일반진화General Evolution"라는 개념을 제시하여 진보를 (모든 개별 문화에서 필수적인 것은 아니더라도) 문화의 일반성으로 다루었다. 화이트는 의도적으로 환경이 문화에 끼친 영향, 한 문화가 다른 문화에 미친 영향을 무시하면서 문화의 주 발달선을 설명하는 일에 집중했다. 그 발달선은 역사적 관련과 상관없이 각 계기적인 시기에서 가장 앞선 문화로 대표된다고 보았다. 또한 앞서지 못하는 문화는 뒤처지고 결국 더 진보적인 문화에 흡수되기 때문에 이런 접근은 정당하다고 주장했다. 결국 진화적 관점에서 뒤처진 문화는 별 의미가 없게 되는 것이다.

화이트는 문화를 확립된 열역학체계로 보았다. 초기의 저작들에서는 문화가 인간의 삶을 더 안정되고 오래 지속시키는 역할을 한다고 주장하기도 했다. 그런데 이후 그 같은 관점이 지나치게 인간중심적이라 하여 거부하고 문화는 그 자체의 필요에 따라 진화한다고 주장한다(White 1975:8-13). 문화변화를 보는 화이트의 시각은 유물론적이고 편협한 결정론에 빠져 있다. 화이트는 문화체계가 기술-경제, 사회 그리고 이념이라는 하부체계로 구성되어 있으며, "사회체계는 …… 기술 하부체계에 따라 결정되고, 철학과 예술은 기술에 따라 정의되며 사회체계에 따라 굴절되는 경험을 표현한다"고 주장했다(White 1949: 390-391). 나아가 이 같은 기술결정론technological determinism을 "진화의 기본법칙"이란 측면에서 정식화시키기도 했다. 이는 동등한 조건에서 문화는 1인당 에너지 이용량이 늘어남에 따라, 곧 일에 동원된 에너지의 효율이 증가함에 따라 진화한다는 법칙이다. 이 법칙은 다음과 같은 공식으로 요약된다.

$$문화 = 에너지 \times 기술$$

화이트는 자신의 이론을 내세우며 때로 파죽지세 같은 주장을 펴기도 했다. 비록 문화발달의 일반적 윤곽을 설명해 주고 있지만, 개별 문화의 구체적인 특징을 추론하는 데 쓰일 수는 없음을 지적하기도 했다(White 1945: 346).

화이트는 급진사회주의자였다. 그래서 그의 기술결정론은 흔히 마르크스주의에서 기원한 것이라고 생각되기도 한다. 그렇지만 개념이 일반적인 유물론적 지향이라는 것 말고는 마르크스주의와 공통점을 찾을 수 없다. 오히려 20세기 중반 미국 사회과학의 주된 주제를 밀접하게 반영해 주고 있다고 보는 편이 옳을 것이다. 당시 미국 사회과학은 기술과 사회의 관계를 강조하면서 자아와 사회의 관계 같은 것을 무시했다(Noble 1977; Kroker 1984: 12). 1950년대와 1960년대 대부분 미국인들은 기술진보가 경제, 정치 및 지성적 진보의 주된 원인이라고 생각했으며, 사회 문제의 주된 해결책으로 여기기도 했다. 화이트는 자신의 생각이 마르크스주의적 토대를 가지고 있음을 드러내지 않음으로써 미시건대학 교수직을 유지했을 수도 있다(Peache 1993). 그렇지 않다면 이 점에서 마르크스주의자들과 생각을 달리했는지도 모른다. 어쨌든 마르크스주의자들은 기술결정론자가 아니다.

줄리언 스튜어드는 이와 달리 다선진화적이며, 생태학적이고, 더 경험적인 접근의 문화진화 연구의 대표자이다. 그는 문화 발달에는 상당한 규칙성이 있으며 생태적응이야말로 문화체계에서 나타나는 변이의 한계를 결정짓는 핵심 요인이라고 생각했다. 스튜어드는 비교 연구라는 수단을 통하여 다양한 자연환경에서 문화가 발달하는 상이한 방식을 판단하고자 했는데, 비슷한 자연환경 배경에서는 동일한 형태를 취하여 비슷한 발달선을 따르는 경향이 있다고 믿었다. 이 같은 비교(범)문화적 유사성은 "문화핵심cultural core"이 된다. 문화핵심은 기능적으로 생계 행위와 가장 밀접하게 관련되는 문화의 특성들로 이루어져 있다. 핵심은 중요한 적응적 의미가 있다고 경험적으로 판단되는 경제, 정치 및 종교 유형까지 포괄한다. 스튜어드는 진화인류학의 목적은 주로 역사적인 우연 때문이라 여겨지는 "독특하고, 색다르며, 되풀이되지 않는 것"이 아니라 동일한 발단 단계에 있는 문화들이 공유하고 있는 성격을 설명하는 일이어야 한다고 주장했다(Steward 1955: 209).

살린스M. D. Sahlins와 서비스E. R. Service는 일반진화general evolution와 특수진화specific evolution를 구분함으로써 화이트와 스튜어드의 접근을 융화시키고자 했다(Sahlins and Service 1960). 일반진화는 진보와, 특수진화는 적응과 관련된 것이라 정의했다. 비록 진화라는 개념이 직접적으로 진보를 지칭하지는 않았지만, 후일 살린스(Sahlins 1968)와 서비스(Service 1962, 1975)는 민족지 자료를 이용하여 사색적이고, 아주 일반화된 단선진화적 발전의 연쇄를 구축하면서 무리band, 부족tribe, 군장chiefdom, 국가state라는 진화적 개념을 사용하게 된다. 이 같은 접근 및 모턴 프리드(Morton Fried 1967)가 개발한 정치 진화의 틀에서는 기술적으로 진전된 사회들이 선택적 적응도가 높음을 강조하고, 이것이 인류의 문화변화는 진보의 과정임을 확인시켜 준다는 생각이 암시적으로 깔려 있었다.

이런 종류 가운데 가장 이론적으로 정치한 접근은 마빈 해리스(Marvin Harris 1979)의 문화유물론cultural materialism일 것이다. 해리스는 기술, 인구, 경제관계를 포함한 일련의 물적 조건이 문화체계를 형성하는 데 우선적인 역할을 했다고 하면서, 모든 사회문화 현상을 대안 전략들 사이의 상대적인 비용과 효과를 통하여 설명하고자 했다. 해리스의 많은 연구는 음식 금기, 종교적 믿음 및 여타 문화적 "수수께끼"를 해명하는 일이었는데, 그런 관습이 기초 경제적인 고려와 어떠한 기능적인 관련을 맺고있는지를 밝히고자 했다(Harris 1974, 1977, 1981). 비록 해리스는 살린스, 서비스, 프리드보다 진화적 연쇄를 밝히는 데에는 덜 치중하고 있다고 하더라도 진화라는 측면에서는 결코 그들에 못지않다.

1960년대 미국 인류학에서 발전한 이런 여러 유물론적 접근을 19세기 진화 연구틀과 구분하여 주는 점은 바로 인과관계에 대한 시각이다. 화이트는 기술이 사회진보의 원천이라는 믿음에 반영되어 있듯이 편협한 기술결정론을 취했으며, 반면 스튜어드는 그보다 덜 제한적인 환경결정론을, 그리고 해리스는 더 폭넓은 경제결정론을 발전시켰다. 그렇지만 신진화론자들은 여전히 전파론자나 사회인류학자들과 마찬가지로 인간은 스스로 통제할 수 없는 힘에 의해 변화가 강제되지 않는 한 일상적인 삶의 양식을 지속하려 한다고 보았다. 이 입장은 개인이 자연을 더 잘 통제하는 방법을 스스로 찾아 인간의 삶의 질을 증진시킨다는 19세기 스펜서를 비롯한 진화론자들이 문화변화를 설명했던 방식과는 매우 다르다.

이미 19세기 중반이 되면 몇몇 북아메리카의 고고학자들은 신대륙 원주민의 문화 발달의 연쇄를 만들어 내고 있었다. 아코스타Acosta와 같이 대니얼 윌슨(Daniel Wilson 1862)은 원주민들은 원래 구대륙에서 왔지만, 신대륙으로 들어오면서 겪었던 고충 때문에 모두 수렵채집문화의 단계로 전락했으며, 아메리카대륙에서는 더 이상 동반구로부터의 문화적 자극 없이 스스로 복합적인 사회 형태를 개발해야 했다고 말한 바 있다. 신대륙의 발달의 중심지를 중앙아메리카와 페루에 두는 진화적 접근은 문화사적 접근을 받아들인 뒤에도 사라지지 않는다. 스핀든(H. J. Spinden, 1879~1967)은 『고대 멕시코와 중앙아메리카의 문명들Ancient Civilizations of Mexico and Central America』(1920)에서 이동(수렵과 채집), 아케익(농경), 문명이라는 세 발달 단계를 제시했는데, 윌리와 필립스(Willey and Phillips 1958)는 『미국 고고학의 이론과 방법Method and Theory in American Archaeology』에서 모든 문화를 복합성의 정도에 따라 석기Lithic, 아케익Archaic, 형성Formative, 고전Classic, 후고전Postclassic시대라는 다섯 단계로 구분했다. 그러나 이런 틀은 진화적인 듯하지만, 문화변화를 설명하기보다는 발달이라는 측면에서 서술하는 것이었다. 이들은 다른 문화(역)사적 연구와 마찬가지로 전파론적인 설명에 크게 의존했다. 하지만 1940년대 말에서 1950년대가 되면 페드로 아르밀라스Pedro Armillas와 같은 멕시코의 고고학자들과 르네 밀론(미용)René Millon, 에릭 울프 Eric Wolf 같은 미국 인류학자들은 마르크스주의와 차일드의 진화적인 저술을 섭렵하면서 중앙아메리카 선사시대의 문화변화를 생산력의 발달, 계급과 국가형성의 변증법의 측면에서 설명하게 된다(Peace 1988; Patterson 1994, 2003: 61-62).

당시 미국의 고고학자들 대부분은 고고학적 유존물의 기능주의적이고 과정적인 설명에 관심이 많았기 때문에 마르크스주의의 주장에 무관심하거나 적대적이었다. 하지만 많은 연구자들은 문화의 규칙성을 강조하는 신진화론의 개념을 받아들일 준비가 되어 있었다. 많은 고고학자들은 신진화론자들이 문화변화의 원인으로 제시한, 생계 및 취락 유형, 인구의 변화를 포함한 여러 주요 변수들이 보아스학파 인류학의 관념론적인 설명과는 달리 비교적 고고학 연구에 적용하기 수월함에 주목했다. 고고학자들은 인간행위와 믿음에 대해 직접적인 정보를 가지고 있지 않기 때문에 민족학자들보다 신진화 이론에 더 경도되는 경향이 있었다. 다만 신진화론이 민족지 자료에 분명하게 드러나 있는 지역 변이를 소홀히 했다는 점에 대해서는 대체로 의견이 일치했다(Lamberg-Karlowsky 1975: 342-343).

신진화 이론을 처음으로 고고학에 적용시킨 연구 가운데 하나로는 메거스(B. J. Meggers 1960)의 「실천 연구 도구로서 문화진화의 법칙」이라는 글을 들 수 있다. 메거스는 작은 규모의 사회들에서는 사람 자체가 에너지원이기 때문에 화이트의 법칙을 다음과 같이 바꾸어 적용할 수 있다고 했다.

$$문화 = 환경 \times 기술$$

이 공식은 선사 문화의 기술과 환경을 복원할 수 있는 고고학자라면 누구라도 그 정보에 입각하여 문화의 다른 부분의 성격까지도 파악할 수 있음을 시사한다. 더구나 그런 추론을 하면서 불충분한 점이 생긴다면 그것은 고고학자의 책임이 아니라 민족학자들이 기술과 환경을 문화의 다른 부분과 연결시키는 적절한 이론을 만들어내지 못한 때문이 된다. 메거스는 기술환경적 결정론을 강조한 나머지 고고학자들이 과거 인간 자체가 아닌 "인간과 유리되어 있는 문화를 다루게 된 것"(Meggers 1955: 129)이며, 고고 자료를 사용하여 문화체계의 비물질적인 양상을 연구할 필요가 없는 것은 이점이 된다고 믿었다. 그 점에서 민족지 유추의 사용에 대한 메거스의 태도는 19세기의 많은 진화 인류학자들의 태도와도 닮았다. 하지만 직접 적용이 없었기에 메거스의 입장은 고고학자들 사이에서 지지를 끌어내지 못했다. 마지막으로 메거스는 자신의 구체적인 문화 복원이 옳은 것인지를 검증할 독자적 방법과 증거도 제시하지 못했다. 이런 절차는 19세기 구석기고고학자들이 했던 작업보다도 고고학 해석을 너무 민족학에 의존함으로써 실제 고고학 조사 연구의 필요성에 대해서까지도 의문을 갖게 한다.

2. 초기의 신고고학

1959년 조셉 콜드웰Joseph Caldwell은 『사이언스Science』에 「새로운 미국 고고학」이라는 제목의 글을 발표하면서 당시 고고학을 변화시키고 있는 주 경향을 개괄했다. 콜드웰은 생태학과 취락유형에 대한 관심의 증가를 문화 진보에 대한 새로운 관심의 증거로 인용했다. 고고학 문화는 더 이상 단지 보존된 유물형식이나 특질들의 총합으로 생각되지 않으며, 각 형식이나 특질은 모두 양식적 유행에 있어 독립적이고 똑같이 유의한 것으로 다루고 있다는 것이다. 대신 문화는 테일러Walter Taylor가 제안한 것처럼 형상으로서, 또는 기능적으로 통합된 체계로서 분석되어야 한다. 또한 콜드웰은 무한정한 문화적 사실들의 변이와 구체적인 역사적 상황 속에는 한정된 수의 일반 역사적 과정이 있다는 신진화론의 믿음을 지지했다. 마지막으로 변화를 일으키는 데 모든 문화적 사실들이 한결같이 중요한 역할을 한 것은 아니라는 신진화론의 입장을 취했다. 고고학자의 주 목적은 고고학 문화에서 나타나는 변화를 문화과정의 측면에서 설명하는 것이 되어야 한다는 것이다. 이런 시각에서 문화적 특이성에 대한 연구가 낡고 비과학적이라고 비판한다.

    콜드웰의 논문은 테일러의 『고고학 연구A Study of Archaeology』가 출간되고 10년이 흐르는 동안 미국 고고학에서 문화체계 내의 과정적 변화에 대한 개념이 새롭게 중시되고 있음을 보여주는 것이었다. 비록 이러한 변화는 고고학 내부의 발달, 특히 생태학과 취락유형에 대한 관심의 증가에 힘입은 것이지만, 문화적 규칙성을 강조하는 신진화인류학이 유행한 것에도 자극을 받았다. 따라서 신고고학의 본질적인 요소는 1950년대 상당한 수의 미국 고고학자들이 집합적으로 만들어 낸 것이라 할 수 있다.

콜드웰이 주목한 생각은 루이스 빈포드(Lewis Binford, 1930~2011)를 비롯한 젊은 세대 미국 고고학자들 사이에 크게 유행했다. 빈포드는 새로운 요소들을 추가하여 1960년대부터 전 세계에 미국 신고고학 또는 과정(주의)고고학의 시작으로 알려진 움직임을 만들어 냈던 것이다. 빈포드는 일련의 정력적인 논쟁을 벌여 전통적 접근에 비해 신고고학이 갖는 이점을 논증하려 애썼다. 전통적 접근이란 주로 빈포드가 대학원생이던 1950년대에 미시건대학에서 행해지고 있던 중서부분류체계Midwestern Taxonomic Method에 바탕을 둔 연구를 말한다. 빈포드는 제임스 브라운J. A. Brown, 제프리 클라크Geoff Clark, 제임스 디츠James Deetz, 켄트 플래너리Kent Flannery, 제임스 힐James Hill, 프랭크 홀Frank Hole, 스티븐 르블랑Stephen LeBlanc, 마크 레온Mark Leone, 윌리엄 롱에이커William Longacre, 프레드 플록Fred Plog, 윌리엄 랫지William Rathje, 찰스 레드맨Charles Redman, 샐리 섄필드Sally Schanfield(후일의 샐리 빈포드), 마이클 쉬퍼Michael Schiffer, 스튜어트 스트루에버Stuart Struever, 패티 조 왓슨Patty Jo Watson, 프레드 웬더프Fred Wendorf, 로버트 웰런Robert Whallon, 하워드 윈터스Howard Winters 같은 젊은 미국 고고학자들 사이에서 많은 지지를 이끌어 냈다. 이 가운데 많은 고고학자들이 시카고대학 출신이기도 하다. 빈포드는 시카고대학에서 1961년부터 1965년까지 재직했으며, 몇몇 연구자들은 신고고학 운동에 합류하기 전 이미 여러 연구프로젝트를 진행하고 있었다. 폴 마틴(Paul Martin, 1899~1974)(1971)이라는 선임 고고학자는 빈포드를 공개적으로 지지하기도 했다. 또한 빈포드는 콜린 렌프루(Colin Renfrew, 1937~)(1979, 1984)라는 젊은 영국 고고학자에게도 큰 영향을 미쳤다. 신고고학은 루이스 빈포드와 샐리 빈포드가 1965년 덴버에서 열린 미국 인류학회에서 조직한 심포지엄에서 공식적으로 등장한다(S. and L. Binford 1968).

빈포드와 지지자들은 신고고학을, 과거의 관행과 근본적으로 단절된, 고고학을 하는 새롭고도 분명히 더 나은 방법이라고 주장했다. 신고고학은 이후 학문적으로 유행하면서 문화사고고학과는 반대되는 것으로 보이게 된다. 그렇지만 신고고학이 미국과 유럽 고고학에서 오랫동안 발달하여 왔던 기능주의적이고 과정적인 경향에 뿌리를 두고 있다는 점은 간과되고 말았다. 당시에는 문화사고고학에 대한 소극적인 지지도 상당히 있었던 것이 사실이다. 하지만, "전통"고고학자라는 오명을 뒤집어쓴 연구자들 가운데는 기능과정적 경향을 지지하면서도 빈포드가 제시한 프로그램의 세부 사항에서만 의견을 달리하는 사람도 많았다. 신고고학이 그토록 빨리 채택된 것은 부분적으로 1950년대의 연구 경향이 이미 그런 흐름에 있었기 때문이었다. 물론 빈포드의 논쟁적 주장으로 미국 고고학의 방향이 변화한 것은 사실이다. 문화사 고고학은 미국 선사시대의 문화 편년을 만들어 낸다는 목적을 상당한 정도로 달성했다는 데 많은 공감대가 있었다. 이제는 고고학적 유존물에 대한 설명을 시작해야 할 때가 되었던 것이다.

빈포드는 「인류학으로서 고고학」(1962), 「고고학 분류체계와 문화과정의 연구」(1965)라는 두 글에서 신고고학의 주장을 개괄했다. 그는 고고학의 목적을 문화 행위의 상사성과 상이성 전체를 설명하는 일이라고 함으로써 전통적인 인류학의 목적과 동일함을 확인했다. 또한 기능적으로 통합된 문화체계와 연관시켜 인간행위를 파악해야 이 목적을 이룰 수 있다고 했다. 이는 당시 미국 인류학에서 문화와 행위를 동일시하는 환원주의적 입장이 유행한 것과 일치한다. 빈포드는 고고 자료는 장기간에 걸쳐 일어나는 변화를 연구하는 데 특히 유용하다고 주장했다. 설명은 문화체계 변화 및 문화진화를 일반화시키는 형태를 띠는 것으로 보았다. 빈포드는 레슬리 화이트의 학생으로서 인간행위에는 강한 규칙성이 있으며, 이 때문에 사회변화의 한 사례를 설명하는 것과 유사한 변화들 전체를 설명하는 것 사이에는 별 차이가 없다고 생각했다. 따라서 빈포드의 주된 관심은 상이성보다는 비교문화적 상사성을 설명하는 것이었다. 빈포드는 수렵채집민의 적응, 농경의 발달, 그리고 정도는 덜하지만 문명의 진화의 패턴을 말해 주는 일반 과정을 설명하는 데 자신의 생애를 바쳤다(Binford 1968a, 1983b).

빈포드는 문화를 인간의 비신체적 적응 수단이라 보았다. 그러므로 문화체계의 모든 양상들에서 일어나는 변화는 자연환경의 변화, 인구압의 변동, 이웃 문화체계와의 경쟁 등에 대한 적응적 반응으로 해석된다. 빈포드는 진화를 "체계와 그 장field 사이의 작용 과정"이라 기술했다(Binford 1972: 106). 그는 문화변화는 인간 집단이 자연생태적 변화의 스트레스에 이성적으로 반응한 결과로서 일어난다고 믿었다. 모든 양상의 문화는 적응적 유의성이란 측면에서 이해할 수 있기 때문에, 변화를 이해하기 위하여 구체적으로 사람들의 지식이나 믿음을 확인하는 것은 불필요한 것이다. 빈포드는 선사시대 집단은 환경에 대해 거의 완벽한 지식을 가졌기 때문에 어떤 문제에 대해서라도 합리적인 생태적 반응을 계산했을 것이라고 생각했다. 인간 역시 생태계의 한 부분을 연구하는 것과 똑같은 방식으로 분석할 수 있다는 것이다. 모든 변화는 궁극적으로 전파나 이주가 아닌 생태적 요인에 의해 발생한다는 생각은 문화사고고학자들이 믿었던 것과는 대조된다. 이는 문화 규범과 전통에 대해서는 별다른 관심을 가질 필요가 없음을 말하는 것이었다. 규범과 전통이란 단지 적응적인 힘에 의해 형성된 부수현상적인 장치와도 같은 것으로 그 자체로는 변화에 영향을 미치는 유의한 역할을 하지 못한다고 생각했다. 신진화론의 맥락에서 인간의 이성은 진화하는 사회체계가 필요로 하는 새로운 형태의 기술, 사회 행위, 믿음, 가치를 만들어 낼 수 있다고 생각하는 경향이 있었다. 스튜어드(Steward 1955: 182)는 모든 문화적 차용이란 "원인과 결과가 별개로 일어나는 것"이라 볼 수 있다고 했으며, 마빈 해리스(Harris 1968a: 377-378)도 전파를 "비원칙"이라 하여 폐기한 바 있다.

빈포드를 비롯한 신고고학자들이 이성의 힘으로 주어진 문제를 풀 수 있다고 믿었다는 것은 지식의 문화 전수cultural transmission와 같은 주제에는 별다른 주의를 기울이지 않았음을 뜻한다. 비록 적응적 혁신이란 개념을 통해 지식이 세대를 넘어 전수됨을 인정했다고는 하지만, 설혹 그러한 전수가 실패했을 경우에도 행위 패턴은 다시 쉽게 고안될 수 있다고 믿었던 것이다. 사회 간 상호작용에 대한 연구 역시 원칙적으로는 배제되지 않았다. 예컨대 빈포드(Binford 1972: 204)는 콜드웰(Caldwell 1964)의 "상호작용 영역"의 개념을 지지했다. 이 개념은 많은 미국 중서부 선사시대 사회에서 호프웰 장송의례(상위의 개인 묘에 이국적인 재질의 부장품이 포함되어 있다)가 공유되고 있음을 설명하기 위하여 개발된 것이다. 그렇지만 구체적인 양상의 사회문화체계의 발달에 관심이 늘어나고 신진화론이 독자적인 발명을 강조하면서 취락고고학과 신고고학을 따르는 많은 연구자들은 사회 간 접촉과 경쟁의 중요성을 축소시켰다. 또한 다윈진화이론가들의 최근 논의와도 같이 장기간의 선택적 문화 전수의 결과로서 적응전략이 더 잘 자리 잡았을 수도 있음을 깨닫지 못했다(Boyd and Richerson 1985). 마찬가지로 전통적 고고학 문화와 문화 전통에도 거의 관심을 보이지 않았다. 이는 문화와 전통이란 문화사고고학자들이 임의적으로 고안한 것으로 적응적 행위를 이해하는 데 아무런 쓸모도 없다고 생각했기 때문이다. 적응적인 것으로 설명할 수 없는 현상들은 양식적인 것이라는 꼬리표가 붙여졌으며, 별로 중요하지 않은 것으로 치부되어 잊히고 말았다(Shennan 2002: 72). 빈포드에게 문화란 인간 집단이 환경 배경에 적응하는 상이한 방식일 때 의미를 지니는 개념이었던 것이다.

따라서 신진화 고고학은 19세기 단선적인 문화진화론자들의 시각과 생태 조건의 변동에 반응하여 문화변화가 일어난다는 줄리언 스튜어드의 가설을 결합시킨 것이다. 사실 스튜어드의 가설은 19세기 단선진화 인류학자들의 생각과는 크게 달랐다. 단선진화론자들은 18세기 계몽철학자들이 그랬듯이 자연을 더 효과적으로 통제하기 위해 인간이 노력한 결과로 문화변화가 일어났다고 가정했다. 마르크스주의에 입각한 진화론자들은 이 관점을 비판하며 사회문화의 변화는 정치권력과 자원의 통제를 둘러싼 사회계급 간 투쟁 때문에 일어난다고 보았다. 19세기 말 진화론에 대한 신뢰가 사라지기 시작하면서 지성인들 사이에서 인간의 창의성에 대한 믿음도 쇠락했다. 신진화 인류학자들은 생태 조건이 강제할 때만 문화변화가 일어난다고 믿었기 때문에 인간은 원래 보수적이라는 생각을 여전히 유지하고 있었다. 이 입장 덕분에 미국 상원의원이었던 조셉 매카시Joseph McCarthy가 주도한 반공주의 마녀사냥의 시기 동안 신진화 인류학은 마르크스주의의 한 형태라는 비난으로부터 스스로를 지킬 수 있었는지도 모른다(Price 1993). 신진화 고고학은 문화체계의 모든 부분에서 변화는 사회가 아닌 생태적 요인에 의해 일어난다는 생각을 널리 퍼뜨렸다. 이들은 여전히 수렵채집에서 근대 산업사회로의 진화는 진보적이고 자유를 불러온 과정이었다고 믿었다. 초기 기업가적인 단계(개인의 창의력에 높은 가치를 부여했다)에서 법인의 단계(관료조직을 가진 대형 회사에서 개인은 더 이상 경제 성장을 가져오는 요인으로 생각되지 않는다)로 자본주의가 발달함으로써 생태결정론의 개념은 더 수월하게 받아들여졌던 것 같다.

콜드웰과 같이 빈포드는 문화의 내적 차별화와 통합된 체계를 강조했다. 그러면서 문화를 특정 사회 집단의 구성원들이 공유하는 아이디어의 집합이라고 보는 규범적 시각에 반대했다. 콜드웰과 마찬가지로 빈포드도 각 문화 항목이 다른 모든 것과 동등한 의미를 가지고 있다는 생각에 반대했다. 유물 특질의 상사성과 상이성을 집단의 효과적인 의사소통을 측정하는 수단으로 생각하는 것에도 반대했다. 빈포드는 전통적으로 고고학자들은 문화들 사이의 상이성을 지리 장벽이나, 한 문화에서 다른 문화로의 전파나 이주를 통해 확산되는 것을 막는 가치체계의 탓으로 해석했다고 보았다. 물론 이 같은 서술은 미국 중서부에서 연구하고 있던 문화사고고학자들, 그리고 심지어 월터 테일러가 공통으로 지니고 있던 문화에 대한 관점을 정확하게 표현했을 수는 있다. 하지만 미국과 영국의 그레이엄 클라크와 고든 차일드와 같이 기능주의적 지향을 가진 고고학자의 수가 꾸준히 늘어나고 있었다는 사실을 고려하지 않고 말았다. 이미 1925년 차일드는 쉽게 전파되지 않는 종족적 특질과 수월하게 퍼지는 기술적인 특질을 구분하면서 문화를 기능적인 견지에서 보는 문화사적 분석을 도모했던 것이다.

빈포드는 문화가 내적으로 동질적이지 않다고 주장했다. 모든 문화는 적어도 나이와 성에 따른 역할로 차별화하며, 내적으로 개인들이 공유하고 있는 정도는 전체적인 복합성과 반비례한다고 보았다. 개인들은 언제나 문화에 서로 다르게 참여하며, 이로써 전체 문화체계는 기능적으로 상호연관된 역할들의 조합이 된다. 이 때문에 고고학자들이 유물형식을 동등하면서도 유사한 특질들로 여기는 것은 잘못이다. 대신 고고학자는 반드시 유물들이 문화체계에서 했던 역할을 판단해야 한다. 따라서 이들 체계에 대해서 총체적인 관점을 가질 필요가 있다.

이 점에서 빈포드는 윌리(Willey 1953)와 차일드(Childe 1958a), 그리고 많은 취락고고학자들이 그랬던 것처럼 문화의 개념에 관한 문제를 무시하고 사회체계를 복원하는 데 역점을 두는 선택을 할 수도 있었을 것이다. 그러한 접근은 인간의 상호작용을 파악하고 문화 특질이 사회체계에 어떠한 기능적인 관련을 맺고 있는지를 판단하는 데 중점을 둘 것이다. 그러나 빈포드는 화이트를 따라 문화를 기술, 사회조직, 이념이라는 세 가지 하부체계들이 상호연관되어 있는 적응체계로 바라보았다. 따라서 빈포드는 인간이 대체로 알아차리지 못하는, 흔히 자연의 영역에 자리하고 있는 힘들에 의해 인간행위가 결정된다는 관점을 받아들였다. 빈포드는 변화가 주로 문화와 자연환경 사이의 상호작용의 결과로 일어난다고 믿었기 때문에 거의 배타적으로 단일 공동체나 사회문화체계에서 일어난 변화에 초점을 맞추었다. 그 점에서 빈포드의 시각은 신고고학자로 생각되지 않았던 미국의 취락유형 고고학자들의 관점과도 유사하다.

빈포드는 물질 항목은 문화의 어떤 한 하부체계 안에서만 상호작용하는 것이 아니라 세 가지 모든 하부체계(기술, 사회, 이념)를 반영하고 있다고 주장했다. 유물의 "기술" 양상은 환경을 대처하는 방식을 비추어 주고, "사회" 양상은 사회체계에서 주된 맥락을 가지며, "이념" 양상은 이념적 영역에 관련되어 있다. 1962년 빈포드는 각 형식의 유물들이 이 하부체계 가운데 어떤 하나와 관련되어 있다고 해석했지만, 1965년에는 흔히 개별 유물들이 세 가지 하부체계 모두에 관한 정보를 암호처럼 가지고 있음에 주목했다. 칼은 무엇을 베는 데 쓰일 수도 있지만, 금 손잡이가 달리면 칼을 소지한 사람의 상류계급으로서의 지위를 가리킬 수 있으며, 날에 새겨진 상징은 신성으로부터 보호를 받고 있음을 표현하고 있을 수도 있는 것이다.

빈포드는 클라크나 테일러보다 한걸음 더 나아가 유물은 문화의 모든 하부체계들에서 맥락을 가지기 때문에 유물복합체와 그 맥락을 근거로 과거 사라진 문화에 대해 체계적이고 이해할 수 있는 그림을 그릴 수 있다고 주장한다. 여기에서 고고학자의 첫 번째 임무는 유물이 문화체계에서 했던 역할은 무엇이었는지를 판단하는 것이다. 두 번째 일은 문화를 기능적으로 작용하는 체계로서 복원하는 것이다. 빈포드는 경제 행태를 추론하는 것보다 사회조직이나 종교 행위를 복원하는 것이 어렵다는 생각에 반대했다. 민족학자가 연구하는 어떤 문제라도 고고학자는 연구할 수 있다는 것이다. 이러한 생각은 1960년대 초까지도 여전히 미국 고고학에 팽배했던 유물 중심의 문화사고고학의 접근 방식에 좌절감을 느끼고 있던 많은 젊은 고고학자들의 지지를 이끌어 내었다. 이들은 민족학자들이 독선적으로 고고학은 "언제나 인류학의 아류일 수밖에 없다"고 말하는 것은 잘못임을 강변했다(Hoebel 1949: 436).

빈포드는 고고학자들이 이미 물리 및 생물과학에서 온 지식을 이용하여 고고학적 유존물에서 기술 행위와 관련된 양상들, 특히 생계유형이나 과거 기술적 실제를 해석하는 데 중요한 진전을 이루었다고 평가했다. 이와 대조로 인류학자들은 사회 행위나 믿음(신념)과 물질문화 사이의 상응관계에 대해 충분히 알고 있지 못하여 고고학적 발견으로부터 사회조직이나 이념에 관한 정보를 제대로 추론하지 못하고 있다고 했다. 그런 상응관계를 수립하고 고고학자가 문화체계의 구조적이고 기능적인 성격에 대한 총체적인 지식을 획득한 뒤에야 사회체계와 이념에서의 진화적 변화의 문제를 고찰할 수 있다는 것이다.

빈포드는 그러한 상응관계를 수립하기 위해서는, 고고학자가 민족학자로서 훈련을 받아야 한다고 주장했다. 행위와 아이디어를 물질문화와 관련지어 관찰할 수 있는 상황에서만 고고학적 유존물로부터 사회 행위와 이념을 추론하는 데 쓰이는 상응관계를 세울 수 있다는 것이다. 신진화론자로서 빈포드는 인간행위의 높은 규칙성을 비교민족지 연구로 밝혀낼 수 있다는 믿음을 가졌기 때문에 민족지고고학, 곧 고고학자가 현존 문화에서 규칙성을 연구하는 것이야말로 과거를 이해하는 아주 유망한 접근이라고 보았다. 이 규칙성을 바탕으로 선사시대 문화의 많은 행위적인 양상을 추론할 수 있다는 것이다. 그런데 만약 인간행위가 그가 가정한 것보다 덜 규칙적이라면, 그런 상응관계는 적을 것이고 선사시대 문화를 복원하고 변화를 이해하는 데 유용성도 떨어질 것이다.

빈포드의 중요한 업적 중 하나로는 고고 자료로부터 인간행위를 추론하는 데 쓰이는 체계 내의 구체적 변수들을 일관되고 분명하게 표현하여 상응관계를 찾아야 한다는 논증을 들 수 있다. 또한 모든 추론은, 전 세계적인 증거에 바탕을 둔 것이든, 아니면 해석 대상 고고 자료와 동일한 문화 전통의 상동(계보 추론)을 통해 끌어온 것이든, 일단은 잠정적인 것이라고 주장했다. 물적인 고고 자료에 대한 행위적 설명을 위해서는 실제 세계에서 특정 인간행위와 어떤 구체적인 물질문화 사이에 일정한 상응관계가 존재한다는 것을 법칙적으로 논증해야 한다는 것이다. 따라서 특정한 행위가 언제나 구체적인 물질문화의 항목과 상응한다는 것을 먼저 확인해야 한다. 그런 뒤에야 고고학적 유존물에 그 물질문화 항목이 존재한다는 사실에서 그 같은 행위가 있었음을 추론할 수 있는 것이다. 이 같은 실증주의적 인식론은 연역적 접근을 필요로 한다. 여기서는 고고학적으로 관찰할 수 있는 변수와 그렇지 않은 변수의 관계가 통계적으로 유의한 민족지적 상황(고고학적 상황과는 달리 그 변수들이 모두 관찰 가능하다)에서 정식화(중범위이론)되고 검증된다. 그 같은 변이들을 측정하는 방법을 써야지만 선사시대 문화체계를 이해하는 데 유용한 규칙성을 찾을 수 있다는 것이다. 빈포드는 (민족지) 상사(유추)란 그 자체로 설명이 아니며 검증해야 하는 가설일 뿐이라고 주장했다(Binford 1972: 33-51).

문화의 성격에 대한 가정을 이런 식으로 신고고학의 틀 안에서 암시적으로나마 검증할 수 있었다. 만약 빈포드의 생각대로 인간행위에 고도의 규칙성이 있으며 이 규칙성이 물질문화에 투영되어 있다고 한다면, 민족지고고학을 통해서 고고학 증거로부터 인간행위를 추론하는 데 필요한 일반화를 얻을 수 있을 것이다. 이 조건이 충족된 뒤 고고학자는 인간행위를 설명하는 더 도전적이면서도 보람 있는 일에 나설 수 있다는 것이다. 다만 인간행위가 빈포드나 다른 신진화론자들이 가정한 것보다 비교문화적 균일성이 떨어진다면 민족지고고학은 빈포드가 기대했던 광범위한 일반화를 생산해 내지 못할 것이다.

빈포드는 설명과 예측은 동등한 것이며, 이는 변수들의 일관된 명시를 통해 논증할 수 있다는 실증주의적 관점을 옹호했다. 당시 다른 학문에서 실증주의는 이미 많은 비판을 받고 있었다. 그럼에도 실증주의적 접근을 엄밀하게 적용시킴으로써 주관적 요소를 배제하고 객관적 근거를 바탕으로 고고 자료에 대한 과학적 해석을 할 수 있다고 믿었던 것이다. 그러나 이 수준의 엄밀함을 이루기 위해서 고고학자는 철학자 칼 헴펠(Carl Hempel 1942, 1962, 1966; Hempel and Oppenheim 1948)이 포괄법칙(함법, covering-law) 설명 모델에서 개괄한 바와 같이, 잘 수립된 상응을 이용한 연역적 규준에 천착해야 한다. 빈포드는 과학을 하는 유일한 방법이란 물리학자들의 가장 엄밀한 형태의 연구에 예증되어 있듯이 모든 고고학적 탐구에 적용될 수 있는 모델을 갖추는 것이라고 주장하기도 했다. 이 시각에서 유용한 상응이란 그 어떤 조건에서도 유효함을 잃지 않는 것이 된다. 그러나 이런 식으로 포괄법칙을 적용하여 문화변화를 설명함으로써 눈에 띄는 규칙성을 제외한 다른 많은 상황을 고려하지 않는 경향이 생기게 되었다.

이 같은 인식론에 근거하여 빈포드를 비롯한 연구자들은 문화사적 접근이 편년, 서술, 우연적 발생만을 강조하고, 비과학이라 비판했다(Binford 1967b: 235, 1968b). 이런 관점은 사실 민족학자 클라이드 클러콘(Clyde Kluckhohn, 1905~1960)이 미국 고고학자들을 비판하면서 했던 논의의 연장선상에 있기도 하다. 클러콘(Kluckhohn 1940)은 중앙아메리카 고고학자들은 더 이상 독특한 사건들의 세부 특징까지 모두 재구성하는 역사학적 연구에만 매달리지 말아야 하며, 그 대신 문화변화에서 나타나는 범(비교)문화적인 제일성을 설명하는 과학적 조사와 연구를 해야 한다고 주장했다. 이렇듯 역사학과 과학을 이분하는 것은 역사와 진화 사이에 미국 인류학자들이 그었던 구분과 유사하다. 이런 구분은 월터 테일러(Taylor 1948: 156-157), 그리고 윌리와 필립스(Willey and Phillips 1958: 5-6)가 문화사적 통합은 문화행위의 일반 규칙을 정식화하는 일보다 하위에 있다고 주장하면서 더욱 강해졌다. 빈포드는 특정 역사적 사건을 설명하는 일은 특수주의적이고 귀납적이며, 고고학을 비과학적인 영역에 머물게 할 관행이라고 비판했다. 그 대신 고고학자들은 문화 역학의 법칙을 세우려 애써야 한다고 주장했다. 학사적으로 되돌아보면 이 입장은 인류역사가 강한 규칙성의 지배를 받고 있다고 믿고 있다고 할 수 있다. 하지만 그런 규칙성을 보여주지 않는 문화변화의 여러 양상에는 고고학자들이 관심을 갖지 않도록 만든 것도 사실이다. 오늘날 많은 과학철학자들은 역사와 과학 사이의 이분법을 더 이상 지지하지 않는다(Bunge 2003).

그리고 빈포드는 선사를 이해하는 데 심리적 요인의 유의성을 부인했다. 그는 보아스학파의 관념론과 문화사적 접근이 심리적 요인을 이용하고 있음을 지적하며 문화와 문화변화에 대한 생태적 해석이 전혀 설명적 가치를 찾지 못했다고 비판했다.

빈포드는 인간행위는 생태적 적응으로 형성되는 것이며, 심리적 요인은 부수현상적인 양상에 불과하다고 주장했다. 그리고 고고학자는 고심리학자paleopsychologist로 역할을 하기에는 제대로 훈련을 받지 못했다고 말하기도 했다(Binford 1972: 198). 이 관점은 당시 미국 인류학에서 보아스학파의 심리인류학과 절연하고 점점 행위주의에 관심이 높아 가고 있던 경향과도 일반적으로 부합한다. 행위주의(행태주의)는 믿음과 감정이 과학적 질문의 대상이라는 점을 거부했다.

신고고학자들은 표본추출 전략을 사용하여 지표조사와 발굴조사의 시간과 노동력을 경제적으로 줄이자고 했다. 표본추출을 옹호하는 데에는 문화체계에는 강한 규칙성이 내재되어 있기 때문에 한 체계의 작은 부분일지라도 전체를 대표할 수 있다는 믿음이 깔려 있다. 따라서 표본은 단지 한 유적의 문제가 아니라 유적 네트워크의 일부로서 전체 체계의 단면을 보여주는 것이 된다. 이로써 다양한 성격의 유적을 가진 대규모 지역에서 전체를 대표하는 표본을 찾는 표본추출 방법이 적용되었다. 그렇지만 처음에는 무작위적으로 표본추출을 해야 하며, 그런 다음에 더 많은 정보를 동원하여 어떤 지역을 발굴해야 하는지를 결정해야 한다(Redman 1986).

대규모 지역 전체에 대한 지표조사 연구가 이루어져 다양한 표본추출 방법이 적용되었다. 샌더스, 파슨스, 샌틀리(Sanders, Parsons and Santley 1979: 491-532)의 멕시코밸리에 대한 지표조사에서는 지역 발달의 다양성이 큼이 잘 드러났다. 그렇기에 많은 지역에서 어떤 일이 있었는지를 이해하기 위해서는 전체 지역에 대한 연구가 필요함을 알 수 있었다. 예를 들어 서력기원 후 얼마 지나지 않아 테오티우아칸계곡에서 일어난 커다란 인구 증가와 도시화의 성장은 비슷한 인구 성장이 여타의 멕시코밸리 지역에서는 일어나지 않았음을 확인해야만 적절하게 이해할 수 있는 것이다. 로버트 애덤스(Robert Adams 1981)의 메소포타미아 취락유형 연구에서도 이와 비슷한 지역적 다양성이 밝혀졌다. 그런데 이러한 조사와 연구를 통해, 한 지역의 유형이 필연적으로 전체 지역을 대표한다는 믿음은 큰 비판에 직면했다(Fish and Kowalewski 1990). 더불어 유사한 다양성은 공동체 내부에서도 확인되었다(Bellhouse and Finlayson 1979). 결과적으로 부분이 전체를 대표한다고 여기기 이전에 생각보다 훨씬 큰 표본이 필요하다는 점과 장기간에 일어난 변화에 대한 연구는 전체에 근접하는 표본을 대상으로 해야 한다는 점을 점점 깨닫게 되었다.

초기의 신고고학 연구는 빈포드가 제시한 문화의 적응적 성격을 적용함으로써 연역적 포괄법칙 접근의 가치를 논증하고자 했다. 1966년 루이스와 샐리 빈포드는 「르발루아 무스테리안의 기능적 다양성에 대한 예비적 분석」이라는 논문을 발표했다(Binford and Binford 1966). 샐리 빈포드는 프랑수아 보르드(François Bordes, 1919~1981)가 프랑스의 무스테리안 유물군 자료를 나누었던 네 가지 유형은 유럽과 서아시아의 거대한 지역에 뒤섞여 분포하고 있기 때문에 보르드가 말한 '문화'가 되기에는 부적당함을 밝혔다. 루이스와 샐리 빈포드는 서로 다른 형식의 도구가 상이한 작업에 사용되었을 것이라 가정하고 유물군을 나누었다. 그리고는 여러 유적과 층에서 이런 도구집합이 다양한 비율로 존재하는 것으로 보아 보르드가 인지했던 다섯 개의 유물군 유형은 상이한 네안데르탈 부족이 남긴 것이 아니라 상이한 작업과 행위를 수행한 결과라는 결론을 내렸다. 이후 보르드(Bordes 1972)와 빈포드의 논쟁은 문화사고고학과 신고고학 사이의 대결을 축약시켜 주는 것으로 여겨져 많은 관심을 끌었다. 그러나 빈포드가 제안한 도구집합의 기능은 사용흔분석이나 식물 및 동물유체에 대한 고찰로 검증되지 않은 것이었음을 지적하는 비판가도 있었다.

초기 신고고학을 적용한 중요한 사례로는 토기를 이용하여 선사시대 공동체의 거주 유형을 추론한 것을 들 수 있다. "토기사회학ceramic society"이라 불리기도 하는 이런 접근은 만약 여성이 토기를 만들었고, 그 가족이 사용했다고 한다면 구체적인 디자인 요소는 토기 제작에 관한 지식이 어머니에서 딸로 전수되는 모거matrilocal사회에서는 집약될 것이지만, 상이한 계보를 가진 여성 토기제작자들이 이웃하여 살면서 작업하는 부거patrilocal사회에서는 무작위적으로 나타날 것이라고 가정한다. 모계의 증거는 유적의 여러 부분에서 상이한 디자인이 결합하여 나타나는 것으로 알 수 있으며(Hill 1968, 1970)(그림 8.1), 유적 안 여러 지점에서 토기가 폐기되는 과정 중에서 혼재되었다면, 전체 유적에서 토기의 디자인 요소들이 무작위적으로 공반하는 양상을 보일 것이라고 생각했다(Longacre 1968, 1970). 힐, 롱에이커, 그리고 디츠(Deetz 1965)는 원래 빈포드와는 별개로 연구를 시작했다. 힐과 롱에이커의 연구는 그 이전의 콘스탄스 크로닌(Constance Cronin 1962)의 연구에 토대를 둔 것이며, 웰런(Whallon 1968)의 연구는 디츠의 연구에서 영감을 얻은 것이다(O'Brien et al. 2005: 67-75). 토기제작자의 성性은 1930년대 트레차코프Tret'yakov의 연구와 같이 법의학적 증거를 바탕으로 한 것이 아니라 직접역사적 접근을 적용하여 판단한 것이었다. 남성이 토기를 만들고 부거의 주거유형을 가졌을 경우에도 똑같은 유형이 생길 수 있는 것이다. 이러한

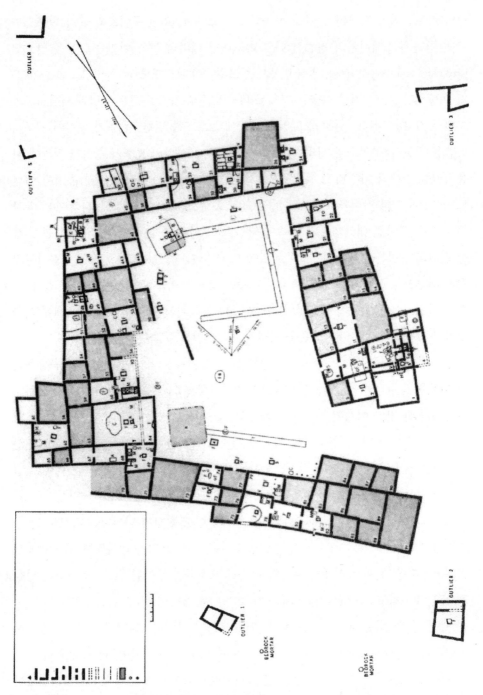

그림 8.1 힐(J. N. Hill 1968)의 브로큰케이 푸에블로 유적에서의 표본추출. 음영이 표시된 부분은 발굴되지 않았다.(Hill in S. R. and L. R. Binford, *New Perspectives in Archaeology*, 1968)

토기사회학 연구에서 소수 전문 도공이 있었을 가능성이나 토기가 먼 거리로부터 교역으로 들어왔을 가능성도 전혀 생각하지 않았다. 또한 토기 조각들을 어떠한 조건에서 폐기했는지에 대해서도 고려하지 않았다(S. Plog 1980). 따라서 고고학 증거로부터 사회조직을 추론하려는 미국 고고학자들의 이 같은 선구적 노력은 빈포드가 그런 연구에 설정했던 높은 기준에는 이르지 못했다.

이후 다양한 문화에서 무덤의 변이로부터 사회 위계화를 추론하는 노력도 이루어졌다. 시신을 다루는 유형이나 무덤의 크기, 부장품의 양과 정련도, 죽은 어린이를 다루는 방식에서 보이는 변이는 선사시대 사회에서 차별적 지위의 성격과 정도에 대한 정보가 담겨 있다고 생각했다. 이 같은 연구의 기본 전제는 무덤의 변이와 사회조직의 양태가 직접 상응한다는 생각이었다(Saxe 1970; Binford 1971; J. Brown 1971; O'Shea 1984). 마치 친족 연구가 사회문화인류학자들에게 그런 것처럼 무덤(묘제) 분석은 점차 고고학자들 사이에서 이론적 담론의 중요한 주제가 되었다(Parker Pearson 1999).

신고고학은 민족지고고학 연구의 양산을 가져왔다. 민족지고고학은 현존 문화를 연구함으로써 인간행위와 물질문화 사이의 상응을 세우려 했다. 중요한 것으로는 필리핀 칼링가Kalinga족의 토기 제작에 대한 롱에이커의 연구(Longacre and Skibo 1994), 이란 서부 공동체 조직에 대한 패티 조 왓슨(Watson 1979)의 고찰을 들 수 있다. 이 가운데 가장 주목을 받은 것은 루이스 빈포드가 1969년에서 1973년까지 알래스카 누나미우트Nunamiut 에스키모의 주거유형과 생계를 연구한 일일 것이다. 빈포드는 이 연구를 서유럽 무스테리안기 유물군의 행위적 유의성을 검증하기 위하여 시작했다고 한다(Binford 1983b: 100-104). 누나미우트족은 이제 총을 사용해 사냥을 하고 국제적인 모피 교역에도 참여하고 있음에도 전통 수렵채집 문화의 사례로서 고찰되었다. 빈포드는 사냥의 실제와 캠프 생활이 어떻게 물적 유존물을 유형화하여 고고학적 유존물로 남게 되는지를 기록했다(그림 8.2). 그는 사냥터유적과 본거지에 남아 있는 것들이 무엇인지, 가구household집단이 고고학 증거로 남기는 것은 무엇인지, 잠자는 구역은 어떻게 생겼는지를 알아내고자 했다. 누나미우트족과 다른 현대 수렵채집사회의 경제 및 공간 행위에 대한 정보를 적용하여 구대륙 구석기시대 유적과 관련한 일련의 문제들을 궁구했던 것이다(Binford 1983b).

빈포드는 민족지고고학적으로 자료를 수집하고 현존 사회들로부터 수집한 민족지 자료를 사용하여 많은 비교(범)문화적 연구를 생산하고자 했다. 그리하여 수렵채

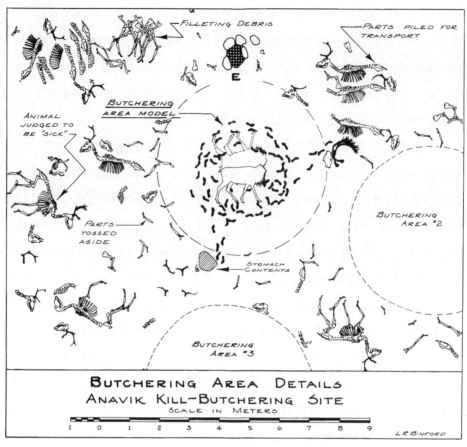

그림 8.2 알래스카의 아나빅스프링스Anavik Springs에 있는 현대 누나미우트족의 도살지역을 빈포드가 그린 것으로 순록이 어디에서 도살되었으며, 폐기물들이 어디에 버려졌는지를 보여준다(*In Pursuit of the Past*, 1983).

집 유적의 분포(1980, 2001)와 장례행위(1971)와 관련한 보편 일반화를 수립하고자 했다. 이런 연구들은 비록 민족지고고학자가 인간행위에 대한 일반화를 만들어 내는 데 유용한 자료를 수집했다고 하더라도, 물질문화와 인간행위 사이의 관계를 일반화시키기 위해서는 체계적인 비교문화 연구가 필요함을 알려 준다. 그런데 기대와는 달리 그 같은 상응관계를 수립할 수 있는 경우에도 절대적인 일치가 아니라 경향이나 흐름만을 얘기할 수 있을 뿐이었다.

3. 과정고고학의 발전

몇몇 비판가들은 신고고학이 고고학 이론이 아니라 기술적이고 방법론적인 영역에 반역사주의적 경향
서 혁명적인 변화였다고 주장하기도 한다(Meltzer 1979). 그렇지만 빈포드가 당시 영향
력이 막강했던 문화사고고학의 접근에 반대했다는 것은 방법론적인 차이 못지않게
상위이론의 측면에서도 과거와의 단절이었다고 할 것이다. 여기에서 대답해야 할 학
사적인 질문은 왜 빈포드의 접근이 그렇게 젊은 세대 미국 고고학자들의 호응을 끌
었는지, 그리고 왜 빈포드는 당시까지도 미국 고고학에 아주 점진적인 흐름으로만
존재했던 관점을 그토록 빨리 유행시켰는지 하는 것이다.

법칙을 추구하고 일반화를 지향하는 신고고학의 경향은 본래 그런 접근을 유용
하다고 평가하는 미국인의 성향에 부응했다. 실제적이지 않는 것을 경시하는 미국
인의 경향은 일반적으로 역사 연구를 중요하지 않게 여기는 것에서도 잘 드러난다
(Bronowski 1971: 195). 이는 "역사는 …… 잠꼬대 같은 소리다"라는 산업가 헨리 포드
Henry Ford의 언급에 축약되어 있다(Lowenthal 1985: 244). 역사를 경시하는 경향은 미
국 사회의 "현재를 중시하는 성향"에도 잘 드러난다. 마치 계급, 전통, 출계로 대표되
는 과거의 족쇄를 벗어 버렸으며, 기업가의 이익에 부합하는 합리적이고 새로운 사
회를 건설함으로써 미국 사회가 번영할 수 있었다는 식으로 낭만적으로 보았던 것이
다(Kroker 1984: 8). 그리하여 전통 문화사고고학이 학문으로서 선사고고학의 권위를
떨어뜨렸으며, 미국 대중과 문화인류학자들이 고고학을 하나의 호사가의 취미 정도
로 생각하게 만들었다며 비판했다.

신고고학은 경제학, 정치학, 사회학, 민족학과 같은 일반화를 추구하는 사회과학
을 좇아 (현대 사회를 운용하는 데 유용한) 객관적이고 종족적으로 중립적인 일반화를 만
들어 낼 수 있다고 보았다. 1950년대 이후 미주리강이나 콜로라도강을 비롯한 지역
에 큰 댐을 건설하면서 융성했던 정부 지원 구제고고학이 끝나고 미국 국립과학재단
National Science Foundation이 고고학 조사 연구비의 주 지원처로 등장하면서 이 같이
현대사회에서 더 높이 평가받는 학문의 모델을 따르려는 경향은 더 강해졌다(Braid-
wood 1981: 24-25; Kehoe 1998: 126). 그 같은 연구비 지원으로 고고학자들은 박물관에
의존하여 전시품을 확보해야 할 책무로부터 벗어나 과거 사람들의 행위에 대해 더
많은 지식을 쌓기 위한 발굴조사를 할 수 있게 되었다. 신고고학자들은 고고학 연구

로 인간 집단과 환경 사이의 장기간에 걸친 상호작용의 성격에 대한 정보를 얻을 수 있으며, 이는 현대 경제 및 사회 계획에도 쓰일 수 있는 가치를 지니는 것이라고 주장했다(Fritz 1973). 신고고학의 일반 철학과 방법론을 거부했던 고고학자들도 이 관점에 대해서는 공감했다(Dymond 1974). 애리조나의 선사시대 관개체계에 대한 자세한 연구는 그 지역의 현대 관개체계에서 발생할 수도 있는 장기간의 문제를 밝혀 줄 수도 있으며, 캘리포니아의 층위를 이룬 고고 유적을 조사함으로써 과거 큰 지진에 대한 정보를 얻어 근처에 핵발전소를 세우는 것이 안전한 일인지를 판단하는 데 도움이 된다는 것이다(F. Plog 1982). 이 같은 제안은 1930년대 소련의 고고학, 그리고 후일 차일드(Childe 1944b)가 고고학 조사의 대중적 지원을 받아야 할 실제적 이유로서 제시했던 응용 사례를 연상시킨다. 폴 마틴과 프레드 플록은 더욱 야심찬 규모로 『애리조나의 고고학The Archaeology of Arizona』에서 선사시대 애리조나의 생태 연구로부터 끌어온 스트레스에 인간이 대처하는 반응을 일반화시킴으로써 현대 미국 도시 빈민가에 살고 있는 흑인 및 히스패닉 집단의 행위를 설명하는 데 도움을 얻을 것이라 주장하기도 했다.

이렇듯 고고학의 실제적인 적용을 강조했다. 그리하여 경우에 따라 인간행위에 대한 총체적인 이해보다는 제한된 기술적 측면의 해결책만을 추구했다는 비판도 받았다(Wolf 1982: ix). 고고학 조사와 연구의 종족적 중립성을 주장하는 실증주의자들의 입장은 과학적 신뢰를 얻기도 했다. 많은 미국 고고학자들은 "기술관료적 효율성이 지고의 가치로 생각되는" 사회에서 고고학의 위치를 정당화시켜 줄 "유의한" 지식을 찾고자 했다(Kolakowski 1976: 229). 그리하여 스스로 더 이상 과거에 대한 역사적인 이해를 추구하지 않고 성공적인 사회과학으로서 인간행위에 대한 일반화를 만들어 내고자 했다. 바로 이 맥락에서 문화사적인 이해는 "대중에 대한 일반 교육" 이상의 역할을 하기 어렵다는 빈포드(Binford 1967b: 235)의 비판을 이해해야 한다. 그런데 사실 인간행위의 일반화를 고고학의 지고한 목적으로 여겨야 한다는 생각을 표명한 고고학자는 빈포드가 처음이 아니었다. 키더(Kidder 1935: 14)는 고고학 조사와 연구의 궁극 목적은 인간행위에 대한 일반화를 수립하는 것이어야 한다고 주장한 바 있다. 테일러(Taylor 1948: 151), 그리고 윌리와 필립스(Willey and Phillips 1958: 5-6) 또한 그런 일반화를 고고학 및 민족학 조사연구의 공통 주제로 보았던 것이다.

신고고학의 반역사주의적 편향은 제2차 세계대전이 끝난 뒤 세계적 규모로 커지고 있던 미국의 경제 및 정치적 간섭주의 이데올로기의 한 반영이라고 볼 수도 있다. 신고고학이 법칙정립적 일반화를 강조한 것은 그 어떤 민족적 전통에 대한 연구도 그 자체를 목적으로 하는 이상 하찮은 일임을 암시한다. 리처드 포드(Richard Ford 1973)는 "정치고고학" 및 고고학과 민족주의 사이의 그 어떤 연결관계도 정당하지 못하다고 하면서 "보편적 인문주의"를 포괄할 것을 주문했다. 이는 그레이엄 클라크 Grahame Clark가 민족주의적 관점에서 과거를 연구하는 것에 균형을 맞추기 위한 세계 선사학 연구를 옹호한 것과는 다른 관점이다. 신고고학은 지역 또는 지방의 연구가 그 자체로 가치 있는 일임을 부인했다. 이로써 의도적이든 그렇지 않든 민족적 전통, 그리고 미국의 경제 행위와 정치적 영향을 가로막고 있는 외국의 역사적 상황의 중요성을 인정하지 않았던 것이다. 이와 유사한 주장이 이웃하는 서구 국가의 민족 문화에 끼친 부정적 효과는 이 시기 다른 학문 분야에도 잘 서술되어 있다(G. Grant 1965; Lord 1974: 198-215; Fuller 1980: 114-115). 비록 대부분의 신고고학자들이 미국의 경제 및 문화적 헤게모니의 증진을 위하여 의식적으로 애쓰지는 않았다고 하지만, 반역사주의적인 프로그램은 그 정책과 일맥상통했던 것이다.

이 같은 반역사주의적 관점이 가진 가장 놀랄 만한 영향은 북아메리카 원주민의 역사와 관련해서 잘 드러난다. 반역사주의 관점은 의도적이지는 않지만 두 가지 대립되는 방향으로 이루어졌다. 신고고학은 고고 자료의 해석에서 내적 변화에 중심적인 역할을 부여함으로써 이전 전파론적 설명들보다 북아메리카 원주민의 창의성을 훨씬 크게 강조했다. 그리하여 처음으로 원주민을 유럽인 및 다른 종족 집단과 동등한 위치에 올려놓았다. 배리 펠(Barry Fell 1976, 1982), 제라즈보이(R. A. Jairazbhoy 1974, 1976), 어번 반서티마(Irvan Van Sertima 1977) 같은 문화사적 전통에 여전히 충실했던 아마추어 또는 이념적인 성향을 지녔던 고고학자들만이 선사시대 구대륙에서 건너온 사람들이 이룩한 일이라고 하며 계속 원주민을 과소평가했을 뿐이다. 이처럼 신고고학은 지난 100여 년 동안 원주민의 선사시대에 대한 백인 고고학자들의 인종주의적 해석을 종식시켰다. 그렇지만 처음부터 과정고고학자들은 역사가 아닌 일반화가 고고학의 주 목적이라고 주장했다. 원주민의 미술 전통과 종교적 믿음 같은 역사적으로 구체적인 양상이 아니라 생태적 적응 연구에 집중했기 때문에 결과적으로 원주민들이 이룩한 성취의 중요성을 간과하고 말았다. 켄트 플래너리(Kent Flannery 1967: 120)의 관찰과도 같이 과정주의 이론가들은 "궁극적으로 '유물 뒤에 있는 인디언'에 관심이 있는 것이 아니라 인디언과 유물 뒤에 있는 체계에 관심이 있"었던 것이다.

　　신진화론에 입각한 고고학이 처음 받아들였던 변화의 이론은 초보적이고도 모순적이었다. 스튜어드와 빈포드는 문화변화를 생태적 변화에 대한 적응이라고 해석했다. 이 접근은 인간 집단이 생태 변화에 거의 최적의 적응을 할 능력이 있으며, 기술과 사회조직이 복합적으로 성장하면서 자연에 대한 통제력은 커졌다고 가정했다. 따라서 외부 요인에 반응하여 변화한다고 하더라도 오랜 시간이 흐른 뒤의 결과는 여전히 인간에게 이로운 것이라고 믿었다. 그런데 1970년대 신진화론에 입각한 변화 이론은 이 같은 낙관적인 관점에서 벗어나 크게 바뀐다.

　　1950년대 말 이후 미국에서는, 특히 베트남을 비롯하여 거듭되는 외교 정책의 실패로 악화된 경제 위기가 고질적으로 깊어만 가면서 중간계급의 낙관론과 안전은 크게 훼손되었다. 이로써 기술발달의 혜택을 누리고 있다는 신뢰 역시 떨어졌다. 이 같은 불확실성은 중간계급의 항의운동을 낳는 계기가 되었다. 비록 이런 운동은 미국 사회가 안고 있는 근본적인 정치 및 경제 문제에 대해서 직접적인 언급을 하지 않았지만, 사회의 가치를 변화시켜 놓았으며 사회과학에도 많은 영향을 미치게 되었다.

　　이런 움직임 가운데 첫 번째의 것은 생태 운동이었는데, 무한정한 기술 발달은 해를 끼치며 결국 지구 생태계를 점차 파괴할 것이라고 보았다. 이런 움직임은 레이철 카슨의 『침묵의 봄Silent Spring』(1962) 출간으로 시작되었다. 이 운동은 광범위한 기술과정으로 인해 대중의 건강이 위험에 처할 수 있음을 주지시켰다. 또한 환경을 계속 오염시킬 경우 결국 더 큰 재앙에 직면할 것임을 경고했다. 두 번째 운동은 산업화 과정에 필수적인 자원은 자연상태로는 유한하기 때문에 결국 세계는 지속적인 산업 팽창이 불가능한 지경에 급격히 도달하고 있음을 강조했다. 그러니 환경을 보존하자는 것이다. 주요 자원이 고갈되면 삶의 질이 떨어지고, 심지어 문명의 몰락까지 초래할 수 있다고 본다. 지금까지는 과거의 것이 고갈되기 전에 새로운 자원이나 에너지원이 개발되어 왔다. 폴 에얼리히Paul Ehrlich의 『인구 폭탄The Population Bomb』(1968)은 또 다른 근심거리에 주의를 환기시켰다. 만약 미증유의 인구 성장을 억제하지 못한다면 얼마지 않아 큰 재앙이 닥칠 것이라고 주장했던 것이다.

　　이와 같은 움직임의 결과 사회과학자들과 일반 대중 가운데 기술진보가 가져다준 혜택에 대해 회의하는 사람이 늘었다. 19세기 말 유럽의 중간계급과 같이 정치 및 경제적 불안정성이 커지면서 문화진화를 위험의 근원으로, 궁극적으로는 재앙의 원인으로까지 생각하기도 했다. 심지어 급격한 문화변화는 역기능적인 "미래 충격"(Toffler 1970)을 낳을 것이라는 비난을 하기도 했다. 이러한 태도의 변화는 고고학이 계몽주의 시절 정식화된 변화에 대한 낙관적인 시각으로부터 더 후퇴하여 개념적인 재정립을 모색하는 계기가 되었다. 이는 기술혁신이 이성적인 자기 증진 과정의 결과이며 문화변화를 일으키는 힘이라는 믿음이 약해지는 결과로 이어졌다. 한편으로 경제학, 다른 한편으로 사회인류학의 발달은 이 같은 변화에 촉매 역할을 했다.

경제학자 에스터 보서럽(Ester Boserup 1965)은 집약적 농업 방식은 단위 토지당 생산량을 증가시키긴 했지만, 생산되는 각 식량 단위에 더 많은 노동력을 필요로 한다고 보았다. 그러므로 느리지만 어쩔 수 없이 증가하는 인구밀도를 부양하기 위해 집약농업 체제를 채택하지 않을 수 없다는 것이다. 보서럽의 주장은 이전 세대 고고학자들이 인간이 직면한 문제를 풀어내고 삶을 더 쉽고 풍요롭게 만드는 능력으로 해석했던 '발달'이란 사실 인간의 통제를 벗어나는 힘에 반응한 것에 불과하다는 증거로 받아들여졌다. 인류역사상 이 같은 힘은 대부분 사람들을 더 열심히 일하게 하고 더 많은 착취를 겪게 했으며, 환경도 더 나빠지게 만들었다는 것이다(M. Cohen 1977).

리처드 리Richard Lee와 어븐 드보어Irven DeVore는 수렵채집 경제는 식량생산의 형태가 요하는 최소한의 노동력보다도 작은 노력으로 낮은 인구밀도의 사람들을 부양할 수 있음을 논증했다(Lee and DeVore 1968). 이로써 고고학자들은 보서럽의 주장을 지지했을 뿐만 아니라 선사시대의 대형동물 사냥꾼에 대해 근본적으로 새로운 해석을 추구했다. 예전에는 수렵채집민이 굶주림 상태에서 살았다고 생각했지만, 이제는 종교나 지성의 영역에서 많은 여유 시간을 가진 한가로운 집단으로 묘사하였다. 심지어 비교적 보수적인 고고학자들도 더 평등한 선사시대 문화를 환경보존의 모델로 삼기도 했다(Cunliffe 1974: 27). 몇몇 고고학자들은 이 같은 생각이 근거하고 있는 증거와 적용 가능성에 의문을 표했다(Bronson 1972; Cowgill 1975; M. Harris 1968a: 87-89; Kelly 1995). 그렇지만 흔히 선사시대 인구의 크기나 인구 변화를 믿을 만하게 측정하기 어려운 사정에도, 이런 연구가 급속히 그리고 비교적 큰 논란 없이 고고 자료의 해석에 영향을 미쳤다는 사실은 당대의 지성적인 흐름에 잘 부응했음을 시사한다.

문화변화의 성격에 대한 이 같은 새로운 생각은 문화진화에 대해서 염세적이고 심지어 비관적인 생각이 발달하는 계기가 되었다. 인구, 생태 및 경제적 요인이 변화를 강제하는 요인이 되어, 대부분의 인간은 바람직하다고 생각하지 않았지만 그렇다고 그 흐름을 막을 수도 없는 방식으로, 문화진화가 이루어졌다는 것이다. 이런 종말론적 유물론은 미래의 상황은 현재보다 더 나쁠 것이며, 인간은 행복한 수렵채집민으로 가득했던 원초적 에덴으로부터 생태적 몰락이나 핵 전멸의 나락으로 떨어지고 있음을 암시하고 있다. 격변진화론cataclysmic evolutionism자들은 19세기 말 전파론자들이 그랬던 것처럼 인류역사에 그 어떤 필수불가결한 순서가 있음을 거부하는 대신 고정된 변화의 궤적을 강조한다. 그리하여 인간은 기껏해야 패망으로 가는 길을 늦추거나 멈추게 할 희망을 품을 수 있을 뿐이라고 생각했다(Trigger 1981a). 초기 신고고학에서와 같이 과거로부터 어떻게 "적응하고 대처하는지"를 배울 수 있다고 주장하는 진화고고학자는 별로 없었다(J. Bradeley 1987: 7).

고고학자들은 이 같은 새로운 생각에 반응하여, 서아시아와 중앙아메리카에서 농경의 기원을 연구했던 브레이드우드와 맥니시가 묘사했듯이, 마치 느리고 점진적인 궤도를 따라 변화가 일어난 것처럼 분석하는 관습적인 신진화이론에 대해 유보적인 태도를 취하기 시작했다. 로버트 애덤스(Robert Adams 1974: 248-249)는 초기 문명의 발달에는 돌연한 변화가 있었고, 장기간 비교적 변화가 없는 상태가 지속되기도 했음을 지적했다. 몇몇 진화생물학자들이 제창한 '단속평형설punctuated equilibrium'(S. Gould 1980; Eldredge 1982)을 언급함으로써 과학적인 신망을 꾀하면서 불연속적 문화변화의 개념을 받아들이는 고고학자들도 있었다. 곧이어 콜린 렌프루(Colin Renfrew 1978a; Renfrew and Cooke 1979)는 프랑스 수학자 르네 통René Thom이 고안한 카타스트로피이론을 이용해 고고학적 유존물에서 보이는 변화를 설명하고자 했다. 카타스트로피이론은 어떻게 특정한 내적 상태가 연결되어 여러 변수들의 조합이 불연속적 효과를 내는지를 밝히고자 하는 것이다(Saunders 1980). 통과 렌프루 모두 단순사회만이 아니라 복합사회의 발달을 이해하고자 카타스트로피이론에 관심을 가졌다. 하지만 더 일반적으로 카타스트로피이론을 보는 시각은 서구사회가 카타스트로피로 떨어질 수도 있다는 두려움이 반영된 사회적 분열을 분석하는 것이었다. 고고학자들은 몇몇 복합사회의 몰락 사례를 연구하기 시작했다(Culbert 1973; Yoffee and Cowgill 1988). 한편 조셉 테인터(Joseph Tainter 1988)는 복합사회의 몰락을 갈수록 고비용이 들어가는 관료주의 구조의 지속적인 성장 탓으로 돌리기도 했다.

이러한 관점으로 문화변화를 보게 되자 고고학적 유존물에서 사회정치적 몰락으로 생기는 공백과 함께 다양한 변화의 속도를 확인할 필요가 있음도 깨닫게 되었다.

고고학적 유존물에서 많은 "사라진 사회들"이 확인됨에도 불구하고 고고학자들은 그 몰락을 일반적 문제로 설명할 필요를 느끼지 못하고 있었던 것이다. 19세기 진화론자나 20세기 초 문화사고고학자들은 개별 사회의 몰락에 대해서도 자세히 고찰한 사례가 드물었다. 현존 문화를 과거에 투영시키거나 아직은 발견되지 않은 중간 형태를 설정함으로써 공백을 채웠음도 인식하게 되었다. 이런 인식으로 말미암아 고고학자들은 더 철저하게 문화 편년을 해야 하는 상황을 맞이하게 되었다. 과거 사회의 몰락에 대한 관심이 커지면서 문화체계는 고고학자들이 믿고 있는 것보다 더 약하며 위험 요인들로 가득 차 있음이 드러났던 것이다.

격변진화론이 변화에 대한 이론으로서 어떤 장점을 가지고 있는지 하는 문제는 차치하고라도, 이로써 고고학자들은 고고학적 유존물에서 인구압, 환경파괴, 사회체계의 몰락과 같은 증거를 찾게 되었다. 이는 정치 및 경제적인 잘못으로 야기되는 사회의 몰락뿐만 아니라 생태적 균형 파괴와 카타스트로피에 대해서도 연구를 하게 되는 계기가 되었다. 그런 과정을 고찰하면서 고고학적 유존물에 대한 더 완성된 이해를 도모할 수 있게 되었다.

중범위이론과
민족지 유추

이렇듯 민족지고고학적 연구를 통한 인간행위와 물질문화 사이의 상응관계를 추구했던 노력은 (특히 사회적이고 이념적인 측면에서) 기대에 미치지 못함이 드러났다. 그렇기에 빈포드는 고고 자료의 행위적 해석에 대한 참고자료로서 개념을 재규정함으로써 고고학과 민족학의 관계를 분명히 하고자 했다(Binford 1977, 1978). 이로부터 중범위이론middle-range theory이 발달했다. 이는 구체적인 유물형식과 인간행위 사이의 상응을 추구하는 데 협소하게 매달렸던 초기의 연구와는 달리 민족지 자료에서 특정한 형태의 인간행위와 그 물적 표상의 시간, 공간 및 형태적 상응을 세움으로써 고고학적 맥락에서 비슷한 유존물을 확인하여 대입시키는 것이다(Binford and Sabloff 1982; Binford 1987b; O'Brien et al. 2005: 209-210). 빈포드는 이러한 목적으로 민족지 자료를 사용함으로써 행위 과정과 그 결과 사이에 일정하면서도 독특한 인과관계를 세워야 한다고 믿었다.

이를 위해서는 많은 사례연구가 필요하지만, 중범위이론은 광범위한 비교문화적 연구의 필요를 절감시켜 주기도 했다. 중범위이론을 만들어 내기 위해서는 민족지고고학적 조사연구와 비교문화적 연구 결과뿐만 아니라 사용흔 분석, 실험고고학, 화석형성학taphonomy 연구까지도 이용해야 했다(Tringham 1978). 중범위이론은 유물의 경제, 사회 및 이념적인 기능을 판정함과 아울러 상이한 형태의 주거지 또는 본거지를 구별하는 확인(동정) 행위를 필요로 한다. 또한 인간행위의 유형이 어떻게 생계행위, 가족 조직, 공동체 구조, 정치적 관계와 관련을 맺고 있는지도 확인해야 한다. 나아가 유적의 문화 및 자연형성과정에 대한 고찰을 통하여 문화행위뿐만 아니라 물리적 과정의 규칙성까지도 연구할 것을 요구한다.

이후 빈포드는 화석형성학적 증거와 유적의 자연형성과정 연구를 결합시킴으로써 전기 구석기시대의 고고학적 유존물에서 관찰되는 유형과 호미니드의 행위에 대한 기존 연구를 비판하는 중요한 고고학 연구를 발표했다. 그는 당시의 대형 동물 사냥 또는 심지어 먹다 남은 고기를 취하는 약취scavenging의 증거로 해석되어 온 자료는 실제로는 동물 뼈들이 단순한 자연 과정으로 퇴적되었을 가능성도 있음을 보여주었다. 또한 중국 저우커우뎬(周口店)의 전기 구석기시대 층에서 나왔다는 식인 풍습과 불의 사용 증거에 대해서도 의문을 제기했다. 이렇게 초기 호미니드 행위에 대해 오랫동안 유지되어 온 해석에 의문을 던졌다(Binford 1981, 1984; Binford and Stone 1986). 빈포드는 고고학자들이 인간행위에 대한 특정 학설을 무비판적으로 수용했기 때문에, 가능한 대안을 고려하지 못하고, 자료도 철저하게 분석하지 못했음을 논증한 것이다.

이렇게 중범위이론 연구가 강조되고 유물의 출토 맥락에 대해 더 철저하게 이해할 필요성이 커지면서, 인간행위와 물질문화를 직접 관찰할 수 있는 민족학과, 물질문화만을 연구대상으로 하는 선사고고학 사이의 차이도 인식하게 되었다. 또한 고고학자들은 인간행위를 설명하는 일반이론과 그런 행위를 고고 자료로부터 추론하는 일을 맡고 있는 중범위이론을 더 분명하게 구분하였다. 중범위이론은 고고학자만의 관심사였음에 반해 일반이론은 모든 사회과학자의 관심사였다. 이렇듯 고고학과 다른 사회과학의 차이를 인식하면서 많은 고고학자들은 고고학의 궁극 목적이 인류학이 되어야 하는지, 만약 그것이 바람직한 것이라면 어느 정도나 그 목적을 달성할 수 있는지에 대해서 의문을 제기하게 되었다. 중범위이론과 상위이론을 구분하는 것은 어빙 라우즈(Irving Rouse 1972)가 고고 자료에 대한 분석적 해석과 종합적 해석을 구분한 것, 모버그(Carl-Axel Moberg 1976)가 고고지archaeography와 고고학을 구분한 것, 고고 자료는 문화사적 문제를 언급하는 데 쓰이기 이전에 그 자체로 먼저 이해해야 한다는 레오 클레인(Leo Klejn 1977)의 주장 등에 뿌리를 내리고 있다.

빈포드는 현재의 규칙성을 사용하여 과거를 설명하는 데는 동일과정반복의 가정이 필요함을 주목했다. 예를 들어 선사시대 인간이 이용했으며 지금도 존재하는 동물들의 행위적이고 해부학적인 특징은 "동일과정(반복)의 가정이 보증되는 굉장히 영구적인 사항"이라고 말하기도 했다(Binford 1981: 28). 다른 고고학자들은 이 같은 동일과정의 가정에는 많은 비약이 있다고 비판하기도 한다(P. J. Watson 1986: 447-448).

동일과정의 가정에는 확실히 문제가 있다. 이 가운데 가장 어렵고 다루기 힘든 부분은 바로 현세에 일어나고 있는 과정을 무시한다는 점이다. 마치 판구조론과 대륙이동을 인지하기 전 지질학의 사례와 같이 과학자들은 점진적이고 장기간에 걸쳐 일어나는 과정을 고려하지 않았기 때문에 과거를 잘못 이해할 수 있다(Marvin 1973). 사회과학자들은 특정 문화발달 단계에만 해당하는 인간행위의 특징을 보편적인 것이라 잘못 생각할 수도 있다. 마르크스주의자는 인간성이 사회진화적 변화로 크게 바뀌었다고 믿기 때문에, 계몽철학자와 같이 인간성은 사회변화에도 바뀌지 않는다고 여기고 있는 대부분의 고고학자보다 인간행위의 보편적 성격을 거론하기를 꺼려한다. 빈포드는 현대 세계체제가 민족지 유추에 미쳤을 효과를 고려하지 않고 있다. 그리하여 현대 수렵채집 사회와 구석기시대 사회 사이의 유사 정도는 우리가 미리부터 당연시할 것이 아니라 의문을 품고 풀어야 할 과제라고 생각하는 고고학자들도 있다.

또한 고고학자들은 일반적으로 인간성의 특징(또는 특정 생산양식을 공유하고 있는 사회의 특징)과 역사적으로 연관되어 있는 문화들에만 나타나는 양상을 구분하는 데 많은 어려움을 가지고 있다. 그렇기에 상사[1]를 적용하는 데 문제가 생긴다. 인류학자들은 여전히 상사와 상동을 이론적 근거에서 구분하는 방법을 찾지 못하고 있다. 대신 이 둘은 역사적이고 고고학적인 증거를 통해 경험적으로 구분해야만 하는 문제이다. 사회변화를 일으키는 힘이 너무도 다양하다는 사실은 현대 사회가 선사시대 사회에 어떠한 상사를 줄 수 있는지 하는 문제를 더욱 복잡하게 만든다. 물론 빈포드는 고위도 지방의 수렵채집민의 취락(주거)유형은 더운 기후의 수렵채집민 유형과는 구분

---

1) 원어 analogy라는 말은 유사, 유비, 유추로도 번역된다. 여기에서는 민족지 자료를 토대로 고고학적인 논리를 전개시킨다는 맥락에서 쓰이고 있다. 원래 생물학에서 발달한 용어로, 공통의 선조에서 발달하지 않았으면서도 비슷한 기능을 가지게 된 구조를 가리킨다. 이와 대조로 흔히 역사적인 연관 관계 때문에 나타나는 비슷한 양상은 상동 homology이라 불린다.(옮긴이)

되는 많은 특징을 공유하고 있음을 보여주었다(Binford 1980, 2001). 그런데 이 고위도 지방의 사회들은 모두 인류학자가 연구하기 훨씬 전부터 유럽에 모피를 팔아 온 것도 사실이다. 우리는 여전히 빈포드가 묘사한 공통 특성이란 것이 수천 년 전까지 거슬러 올라가는 생태 적응의 사례인지, 아니면 최근 몇 세기 동안 (유럽과 모피교역이라는) 경제 관계의 결과로 발달한 새로운 양상인지를 알지 못한다. 선사시대 주거유형에 대한 고고 자료는 현대 수렵채집민의 행위 유형의 발달에 대한 귀중한 통찰을 얻고 믿을 만한 주장을 펴는 데 아주 중요하다. 그러나 모피교역과 같이 주의를 요하는 사례가 있는 것이 사실임에도 불구하고, 동일과정반복의 원칙을 완전히 거부해 버리는 것은 좋지 않는 결과를 초래할 것이다. 오히려 문제에 주의 깊게 비판적으로 대응하면서 민족지 자료를 사용하는 것이 나을 것이다.

이보다 더 중요하게 생각해야 할 문제는 인간행위는 신진화론자로서 빈포드가 지속적으로 믿고 있는 것보다 균일함이 훨씬 덜하다는 것이다. 비록 빈포드는 초기 호미니드(전기 구석기시대)의 행위 유형이 현대 수렵채집민의 유형과 유사할 것이라는 생각에는 아주 비판적이지만, 시간적으로 더 늦은 시기(가령 후기 구석기시대) 연구에서는 인간행위를 지배하는 규칙성에 대한 스스로의 신진화론적 신뢰를 바탕으로 고고 자료를 해석하고 있다. 이런 경향은 수렵채집민의 캠프 공간과 사냥 영역에 관한 연구에서 잘 드러난다. 연구에서는 모든 수렵채집민이 캠프 공간을 똑같은 방식으로 사용한다고 가정함으로써, 잠자는 곳, 뼈를 떨어뜨리는 곳, 뼈를 던지는 곳, 폐기물을 한꺼번에 버리는 곳 같은 공간을 쉽게 인지할 수 있다고 보았다. 이런 식으로 산 San족, 곧 부시멘과 누나미우트족에 대한 민족지 연구로부터 끌어온 모델을 바탕으로 여러 후기 구석기시대 고고 유적을 해석했다(Binford 1983b: 144-192)(그림 8.3). 그러나 그런 결론을 내기에는 더 많은 경험적 민족지 자료의 고증이 필요할 것이다. 일반적으로 두어 가지 민족지 사례연구를 근거로 공간 행위에 대한 일반화를 만들어 내기에는 인간행위가 그렇게 규칙적이지 않다. 민족지 사례연구가 아무리 자세하고, 관찰되는 유형들에 대해 그럴듯한 인과적 관계를 제시하더라도 인간행위가 그처럼 균일하다고는 할 수 없다. 비록 캠프 공간 사용 방식에서 궁극적으로 비교적 균일함이 있다고 하더라도, 인간행위의 일반적인 양상이든, 아니면 어떤 특정한 발달 단계에 있는 사회와 관련된 양상이든 보편 일반화라는 측면에서 설명할 수 없는 인간행위의 양상은 많이 있는 것이다.

4. 과정고고학의 분화

이처럼 빈포드는 신고고학을 체계화시키는 데 주된 역할을 했다. 하지만 처음부터 모든 연구자들이 문화변화의 원인과 인간행위가 규칙적인 요인들로 이루어져 있다는 데 의견을 같이했던 것은 아니다. 신고고학이 점차 과정고고학이란 이름으로 불리게 되면서(Kushner 1970), 과정고고학의 주요 주장에 대해서도 의견을 달리하는 연구자들이 나타났다.

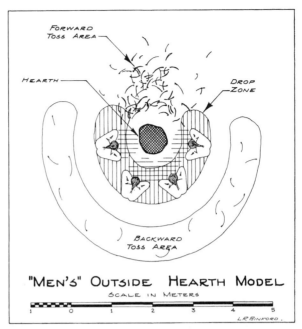

그림 8.3 빈포드가 알래스카 누나미우트족에 대한 민족지고고학 연구를 통해 발전시킨 뼈를 떨어뜨리고 던지는 공간의 모델 (*In Pursuit of the Past*, 1983b)

의견 차이는 과정고고학이 나아가야 할 길에 대한 논란으로 시작되었다. 의견 대립은 증식되고 더 첨예해졌으며, 경쟁 접근들도 나타났다. 공통의 면모를 유지하기 위한 초기의 노력에도 불구하고 과정고고학은 결코 단일한 강령이 아니었으며, 다양하고 역동적인 움직임이었던 것이다.

플래너리와 체계이론

생태학적 시각으로 변화를 연구하는 것은 아주 중요했다. 물론 문명의 기원을 복합적인 관개체계가 발달한 때문(Wittfogel 1957)으로 설명하는 것과 같이 단일한 인과관계만을 중시한 학설은 곧 비판을 받았다. 또한 한 인구집단이 환경에서 꾸려 가는 생계경제는 취락유형의 성격을 예측하고 기술과 자연환경의 측면에서 설명할 수 있을 만큼 전체 문화체계 형성에 큰 역할을 한다는 스튜어트 스트루에버(Struever 1968)의 주장 역시 마찬가지였다. 스트루에버는 취락(주거)유형이란 "생계의 본질적인 결과물"이라고 하면서 "문화들 사이에서 나타나는 변이는 특정 환경에 대한 상이한 적응적 필요에 반응한 것"(Struever 1968: 133-135)이라 주장했다. 현재도 여전히 과정고고학에서 중요한 역할을 하고 있는 최적수렵모델optimal foraging theory은 이 같은 초기 생태학적 연구로부터 발달한 것이다(Mithen 1990; Janetski 1997a; Shennan 2002: 142-153).

최근 빈포드(Binford 2001)의 수렵과 채집, 사회조직, 자원의 이용 가능성 사이의 관계에 대한 고찰 같은 연구는 초기 과정고고학의 생태학적 연구에 대한 관심을 지속한 것이다.

빈포드는 신고고학을 주장하면서 문화변화를 체계 분석의 측면에서 연구해야 할 필요가 있음을 제기한 바 있다. 선사고고학에서 체계이론을 선구적으로 적용한 학자는 켄트 플래너리(Kent Flannery 1965, 1966, 1967, 1968, 1973)이다. 플래너리는 문화변화를 역사적인 관점이 아니라 과정적인 관점에서 연구하기 위해 일반체계이론General Systems Theory의 중요성을 강조했다. 일반체계이론은 과정고고학을 해설한 첫 번째 교재의 역할을 했던 왓슨 등(Watson et al. 1971)의 『고고학에서의 설명Explanation in Archaeology』을 통해 널리 알려진다. 일반체계이론은 1940년대 생물학자 버탈란피Ludwig von Bertalanffy가 개발하기 시작한 개념으로서 항온장치, 디지털컴퓨터, 빙하, 살아 있는 생물체, 사회문화체계 등 다양한 존재물의 행위를 지배하는 근본 규칙을 찾고자 한 것이다. 버탈란피는 이 모든 것은 상호작용하고 있는 부분들로 이루어져 있는 체계로 개념화할 수 있다고 했다. 그러면서 규칙을 정식화하여 체계가 어떻게 기능하며 의미 있는 양상을 이루어 내는지를 파악하고자 했다(Bertalanffy 1969; Laszlo 1972b, 1972c). 체계이론은 구조를 유지해 주는 과정뿐만 아니라 구조를 형성하는 과정까지도 연구함으로써 전통적인 사회인류학 분석이 정태적 구조에 머물러 있는 한계를 극복할 수 있는 길을 주었다. 이 같은 연구 가운데 중요한 것들은 사이버네틱스cybernetics에 바탕을 두고 있는데, 이는 체계가 어떻게 기능했는지를 다양한 피드백(되먹임) 도표로 설명하는 것이었다. 네거티브 피드백negative feedback이란 유동하는 외적 입력을 맞아 본질적으로 다시 고정된 상태로 체계를 유지하는 것이다. 반면 포지티브 피드백positive feedback은 체계의 구조에 돌이킬 수 없는 변화를 유발하는 것이다. 피드백 개념은 고고학자들에게 사회인류학에서 강조하는 정체된 기능적 통합 개념보다 변화하는 문화체계의 다양한 구성성분들이 상호관련되어 있으면서 더 정확하고도 계량화시킬 수 있는 메커니즘을 주었다(Watson et al. 1971: 61-87).

피드백은 다양한 방식으로 측정할 수 있다. 이 가운데 가장 눈에 띄는 것은 상품, 정보나 에너지, 또는 이 세 가지 모두가 어떻게 이동하는지를 추적하는 것이다. 상품과 정보의 이동은 에너지 지출을 요한다. 에너지 흐름의 개념은 특히 생태학적인 접근에 집중했던 연구자들에게 적절한 분석도구였다. 만약 문화가 적응체계라고 한다면 선사시대 문화를 이해하는 가장 엄밀한 방법은 자연세계의 에너지가 문화체계의 상호관련된 부분으로 흐르고, 그 다음 다시 자연의 영역으로 돌아가는 것을 경험적으로 추적하는 것이었다. 가장 눈에 띄는 체계흐름도로는 데이비드 토머스(David Thomas 1972)가 역사시대 쇼쇼니족Shoshonean 생계와 취락유형을 귀납적 시뮬레이션 모델로 구성한 것을 들 수 있다. 이 모델에는 아메리카 원주민 수렵채집사회의 경제 행위와 결부되어 있는 복합적인 상호관계들이 잘 드러난다(그림 8.4).

플래너리의 초기 연구는 빈포드의 연구와 밀접하게 배치된다. 플래너리(Flannery 1968)는 농경의 기원에 대한 아주 영향력이 있는 선구적인 연구에서 옥수수maize와 콩에서 발생한 유리한 유전적 변이는 중앙아메리카 수렵채집민에게 식량 획득을 재계획할 수 있는 기회가 되었다고 보았다. 이로써 수렵채집민은 두 식물자원에 더욱 의존했으며, 옥수수와 콩이 집약농경에서 주된 자원이 될 때까지 이런 식의 체계 변화가 멈추지 않고 일어났다고 주장했다. 또한 플래너리는 체계 분석 개념을 생태학을 넘어 더 넓은 사회 및 문화변화에 관한 이슈에까지 확장시켜 다루는 데 중요한 역할을 했다. 그의 연구에서 정보처리에 관한 개념은 사회위계와 복합사회의 발달 연구에서 중심적인 것이었다. 연구에서 가장 크게 강조했던 것은 적응이 아니라 관리administration, 그리고 생태적 접근보다는 기능적 접근이었다. 이런 식으로 비균등 성장에 관한 일반체계이론으로부터 끌어온 제안을 고고학에서 더욱 세련되게 이론화시켰다. 체계이론의 제안이란 정보를 수집하고 결정을 내리는 제도의 발달에 있어 사회규모의 증가가 미친 영향을 설명하는 것이다(Flannery 1972; Rathje 1975; G. Johnson 1978, 1981)(그림 8.5). 물론 고고학자들은 엄밀한 계량적 방식으로는 체계이론을 적용할 수 없었지만, 이러한 연구는 문화변화를 체계적으로 연구해야 한다는 빈포드의 요구에 내용으로 답하는 것이었다.

체계이론은 몇몇 주요 변수들 사이의 상호관련에 집중함으로써 변화를 비교문화적으로cross-culturally 설명하고자 했다(Watson et al. 1971). 나아가 고고학자들은 전체 문화체계를 고찰하기도 했다. 이로써 특정 상황에서 문화변화를 일으키는 수많은 상호관련된 변수를 확인하는 작업이 이루어진다. 고고학자들은 주요 변수조차도 일반적인 생각보다 문화체계를 형성하는 데 그리 큰 역할을 하지 못했음을 인지하기도 했다. 그렇기에 인과관계를 설명하는 데 더 귀납적인 접근을 채택하는 고고학자들도 많았다. 이렇듯 문화체계는 복잡하게 얽혀 있고, 따라서 경우에 따라서는 동일한 요

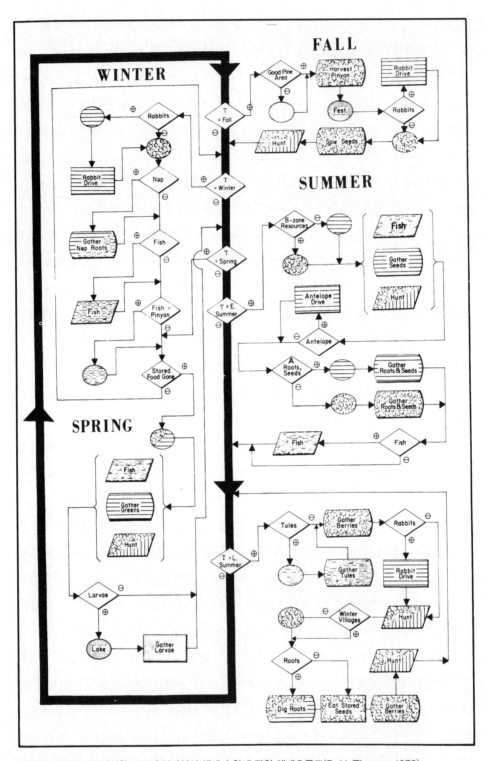

그림 8.4 토머스가 제시한 쇼쇼니 인디언의 생계 순환에 관한 체계흐름도(D. H. Thomas 1972)

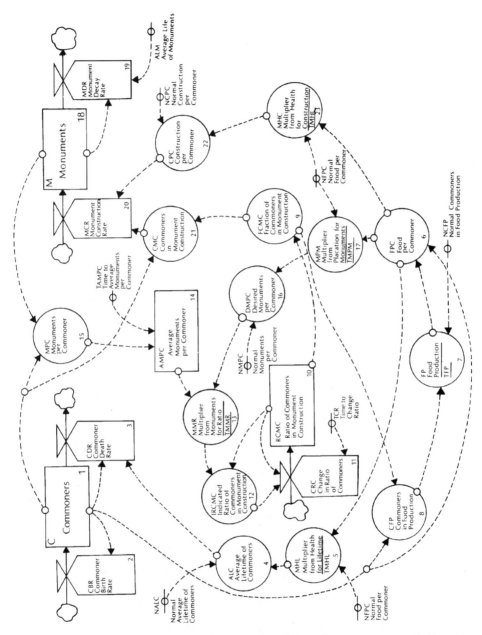

그림 8.5 고전시대 마야문명에서 식량과 기념물의 흐름을 가정한 도표(J. A. Hosler, J. Sabloff, and D. Runge in N. Hammond, ed., *Social Process in Maya Prehistory*, 1977)

인으로 상이한 효과가 나타날 수도, 또 상이한 요인들이 동일한 효과를 낼 수도 있음을 깨닫게 되었던 것이다.

플래너리는 체계론적 접근을 지속적으로 추구하면서도 변화에는 많은 원인이 있음을 인정했다. 「문명의 문화진화」(Flannery 1972)라는 글에서는 고고학적 유존물에 보이는 변화를 특정한 적응과정의 결과라는 식으로 설명하는 것을 넘어, 문화발달을 설명하기 위해서는 고고학적 유존물에서 관찰되는 체계적 변화의 형식을 확인하는 것이 필요하다고 했다. 그는 진화적 메커니즘의 사례로 "증진"과 "선형화"를 제안했다. 증진promotion이란 통제의 위계가 발달하면서 확립된 제도의 역할이 전환되거나 더 큰 역할을 하게 되는 것을 말한다. 선형화linearization는 복합적 상황에서 전통적인 하위의 질서 통제가 제대로 기능하지 못하는 경우 상위의 질서 통제가 개입하면서 발생한다. 이 같은 체계 접근은 변화를 사회구조적 관점에서 이해하는 데 극히 중요하다. 또한 기존에 주목되어 온 생태적인 구속과는 다르면서도 무관한 듯 보이는 인간행위를 구속하는 원인에 대해 주의를 환기시켰다. 만약 사회정치체제가 단지 제한된 수의 일반적 형태만을 띨 것이라고 가정한다면(차일드가 이미 『사회진화Social Evolution』(1951)에서 지적한 바 있다), 그 형태는 인간행위에서 가능한 변이 및 문화변화의 궤도 역시 제한할 것이다.

플래너리는 생태학자 로이 라파포트(Roy Rappaport 1968)의 연구에 영향을 받아 문화 전통과 신념체계가 생태 적응에도 적극적인 역할을 한다고 보았다. 결국 문화발달을 이루는 요인으로서 신념과 인지에 관심을 가지게 되었던 것이다(Flannery and Marcus 1993). 플래너리는 멕시코의 이웃하는 믹스텍Mixtec과 사포텍Zapotec의 문화발달을 비교하면서 단선진화는 그 자체로 사회문화적 상사성만이 아니라 상이성까지 설명한다는 일반 인류학적 목적을 성취하는 데 부적당하다고 보았다(Flannery 1983). 이 작업에서 플래너리와 조이스 마커스(Joyce Marcus 1983a: 360)는 "농업 집약화, 인구성장, 전쟁, 지역 간 교역은 그 자체만으로는 중앙아메리카 문화의 다양성을 설명하는 데 부족하다"고 평한 바 있다. 물론 플래너리와 빈포드는 고고학자의 궁극적 목적이 문화의 상이성만이 아니라 상사성을 설명하는 것이라는 점에 공감하고 있다. 하지만 플래너리와 다른 많은 체계론적 분석을 하는 연구자들은 상사성보다는 상이성이 더 보편적인 것으로서, 상이성을 이해하는 것은 빈포드가 생각한 것보다 더 중요하고도 어려운 일이라고 믿게 되었다.

초창기 또 다른 의견 불일치가 발생한 영역으로는 고고학 조사연구의 주된 목적이 문화체계를 연구하는 것이어야 하는지, 아니면 사회적 행위를 연구하는 것이어야 하는지 하는 문제였다. 빈포드는 화이트를 추종하여 문화체계를 연구하는 것이라고 주장하면서 화이트와 마찬가지로 아이디어의 역할은 부차적인 것이라고 보았다. 인간 행동을 수월하게 할 뿐 그것을 결정하는 역할을 하지 못한다는 것이다. 이는 현실체계는 사회관계로 이루어져 있음을 시사한다. 행위(행태)주의가 갈수록 유행하면서 몇몇 과정고고학자들은, 그레이엄 클라크, 고든 차일드, 그리고 많은 취락 고고학자들(Willey 1953; Trigger 1967a, 1968c)이 했듯이, 선사시대 사회(문화가 아닌) 연구를 채택하게 되었다. 줄리언 스튜어드(Steward 1968: 337) 역시 마지막에는 문화보다는 사회에 대해 이야기하는 경향이 있었다. 사회 또는 사회의 고고학적 접근을 옹호했던 초창기 과정고고학자로는 콜린 렌프루(Colin Renfrew 1973c)와 찰스 레드맨(Charles Redman et al. 1978)을 들 수 있다. 물론 크로포드O. G. S. Crawford가 이미 1921년 "사회고고학"이라는 용어를 만들어 냈고, 나 역시 1960년대 말 고고학 증거에 대한 사회 및 문화적 해석은 각기 독자적으로 이루어져야 한다고 말한 바 있다(Trigger 1968c). 사회고고학의 발달을 가져온 요인으로는 아이디어란 인간행위를 촉진시키지만 그것을 변화시키는 역할을 하지 않는다는, 많은 사회인류학자들이 퍼뜨리고 대부분의 과정고고학자들이 받아들인, 믿음을 들 수 있다. 당시에는 문화가 얼마나 통합되어 있는지에 대해 불확실성이 커지고 있었다. 이제 여러 고고학자들은 관념이 그 자체가 아니라 사회적 상호작용의 맥락에서 어떻게 배치되느냐에 따라서 중요성이 달라진다고 생각하게 되었다.

문화 하부체계의 성격에 대해서도 의견 불일치가 있었다. 빈포드는 레슬리 화이트를 따라 기술경제, 사회, 이념의 하부체계를 구분했지만, 데이비드 클라크(David Clarke 1968: 102-103)는 여기에 심리 하부체계와 물질문화 하부체계를 덧붙였으며, 렌프루(Rrenfrew 1972: 22-23)는 문화체계를 생계, 기술, 사회, 사영射影 또는 상징, 교류 또는 의사소통 하부체계로 나누었다. 빈포드는 물질문화를 그 자체로서보다는 다른 모든 하부체계과 관련되어 있는 것으로서 서술하면서 심리 상태가 변화를 일으키는 데 중요한 요인임을 부인했다. 그럼에도 다른 몇몇 고고학자들에게 사회체계는 문화체계보다 더 현실적인 영역으로 다가왔다. 사회적 상호작용은 각 사회의 생존을 위한 최소한의 조건으로서 그 구성원을 유지시키고 생물학적으로 재생산하는 수단을 제공한다. "문화체계"는 이와 대조로 기능적으로 서로 연관되어 있을 수도 있으며, 그렇지 않을 수도 있는 개념들로 이루어져 있다는 것이다.

행위고고학

또 한 가지 들 수 있는 영역의 분화로는 행위고고학이 있다. 이는 빈포드도 공감했듯이 고고학적 유존물을 남기는 체계의 맥락systemic context, 곧 사회의 맥락은 고고학적 유존물과는 근본적으로 다르다는 인식에서 출발한 것이다(Schiffer 1972, 1976; Reid et al. 1974). 처음부터 행위고고학자들은 데이비드 클라크(Clarke 1968)가 그러했듯이 물질문화의 과학을 만들어 낼 필요가 있다는 데 초점을 맞추었다. 행위고고학은 윌리엄 랫지(William Rathje 1974)의 쓰레기 연구, 곧 현대 애리조나 투산Tucson 시민의 물품사용과 폐기에서 나타나는 유형을 고고학적으로 분석한 연구 등이 포함되었다. 행위고고학자들은 고고학적 유존물의 문화적 다양성은 사람과 유물 사이의 상호작용을 판단함으로써 설명할 수 있다고 주장했다. 행위고고학자들은 그런 작업을 수행하면서 물질문화와 인간행위 사이에 보편적으로 유효한 상응관계를 찾고자 했던 빈포드의 연구를 이어 갔다. 마이클 쉬퍼(Michael Schiffer 1995: 24)는 규칙성에 근거하여 물질문화의 과학을 만들어 냄으로써 고고학적 발견을 설명하는 작업을 할 수 있다고 주장했다. 규칙성에는 유물이 고고 맥락 속에 들어간 뒤 어떠한 일이 있었는지와 함께 구체적인 현존 체계 맥락 안에서 사람들이 왜 그리고 어떻게 행동했는지를 설명하는 일반화가 포함된다. 행위의 이론은 유물 디자인, 제작, 사용, 시간의 흐름에 따른 변화를 연결시킨다. 행위고고학에서는 문화보다 행위가 강조되며, 체계이론적인 접근에서 강조되는 생태 적응은 여러 설명 가운데 하나일 뿐이다. 그렇기에 빈포드(Binford 1983a: 237)는 쉬퍼의 접근은 주로 귀납적이라고 말한 바 있다.

쉬퍼는 『행위고고학Behavioral Archaeology』이라는 책에서 그레이엄 클라크(Clark 1939)의 전통을 이어 고고학적 유존물에는 "과거 행위 체계가 왜곡되어 반영되어 있다"고 서술했다(Schiffer 1976: 12). 쉬퍼는 고고학자에게는 과거 인간행위를 더욱 정확하게 이해하기 위하여 그 같은 왜곡을 가려내야 할 책무가 있다고 믿었다. 그는 낙관적으로, 세 가지 요인을 통제하기만 하면 그것이 가능한 일이라 했다. 첫 번째는 "상응"으로서, 고고 맥락의 물적 자료와 그 공간 관계를 구체적인 형식의 인간행위와 연결시키는 것이다. 고고학자는 상응을 통해서 유물이 사회 속에서 어떻게 만들어지고, 배치되고, 사용되고, 재사용되었는지를 추론하는 데 신뢰할 만한 지침을 얻을 수 있다. 만약 물질문화체계가 서기 79년 베수비오 화산폭발로 화산재 아래 로마의 도시

폼페이가 순식간에 묻혀 완전하게 보존된 것과 같이 시간상 한순간에 얼어붙은 것이라고 한다면, 그때 무슨 일이 있었는지를 연구하기 위하여 고고학적 유존물의 '왜곡'을 고려해야 할 필요는 없을 것이다. 하지만 고고학 유적을 해석하는 데 고고학자들은 다양한 종류의 유적형성과정을 고려해야 하는데, 그 가운데 가장 중요한 것은 어떻게 자료가 체계 맥락에서 고고 맥락으로 변환되어 들어가는지, 물적 자료가 고고학적 유존물에서 퇴적된 다음 무슨 일이 일어났는지를 판단하는 일이다. 첫 번째 것은 "문화형성과정" 곧 문화변환C-transform으로서 정상적인 문화체계의 작용 상태에서 물적 자료의 항목들이 어떻게 폐기되는지를 설명하는 것이며, 두 번째 것은 "비문화형성과정" 또는 자연변환N-transform을 말한다. 문화변환의 개념으로 폐기율, 폐기 지점, 상실률, 매장관습 등에 대한 자세한 연구를 통해서, 고고학적 유존물에서 사회체계에 의해 퇴적되거나 또는 퇴적되지 않을 수 있는 물적 자료를 예측할 수 있다. 이로써 자료를 바탕으로 문화체계를 더 정확하게 추론할 수 있는 연결 관계를 수립한다는 것이다. 이런 종류의 문제에 대한 민족지 조사와 연구는 유물과 유물 조각들이 수렵채집 유적들에서 사용되었을 경우 더 잘 폐기되는 경향이 있으며, 대규모 정주 유적에서는 물적 자료의 폐기가 아주 조직화되어 일어나는 경우가 많았음을 보여준다(P. Murray 1980).

다수의 유물이 보통 제작이나 사용보다는 폐기의 맥락에서 발견된다는 점을 인식하면서 많은 고고학 조사연구는 폐기 유형의 규칙성을 찾는 일을 목표로 삼았다. 이로써 고고학은 결국 쓰레기의 과학이 될 운명이라는 생각을 하게 되었다. 무어와 킨은 유적형성과정의 연구를 "1980년대 고고학의 과제"라고도 말했다(Moore and Keene 1983: 17). 유물이 사용 과정에서 겪었던 변환을 판단하는 연구도 있었다. 석기는 원석재를 용이하게 이용할 수 있는 지역보다는 그렇지 않은 유적에서 더 집중적으로 재가공 및 재사용될 것이다(Binford 1983a: 269-286). 문화변환은 농경이나 도굴과 같이 고고학적 유존물을 왜곡시키는 인간의 후퇴적 행위까지 포함하는 개념이다. 이런 "왜곡" 가운데는 예측할 수 있는 방식으로 일어나는 것도 있는데, 예컨대 도굴범은 무덤에서 값어치가 덜 나가는 것보다 황금으로 된 유물을 훔칠 것이다. 마지막으로 비非문화형성과정, 곧 자연변환이란 문화 유물과 그것이 발견되는 비문화적인 환경 사이의 상호작용을 판단하는 개념이다. 쉬퍼는 고고 자료가 체계 맥락에서 기능하고 고고학적 유존물이 되는 과정과 방식을 고려함으로써 그러한 형성과정에서 발생한 "왜곡"[2]들을 알아내어 결국 유물이 원래 기능했던 체계 맥락을 추론할 수 있다고 주장했다.

쉬퍼의 접근은 고고 자료의 행위적 유의성을 더욱 철저하게 이해하려는 고고학 조사와 연구를 독려했다. 이전에는 폐기율 같은 요인을 동물고고학과 같은 경우를 제외하고는 고고학자들이 거의 고려하지 않았다. 하지만 많은 문화과정은 너무도 복잡하고도 다양하며 다른 요인으로도 같은 결과가 초래될 가능성도 커서, 자료를 왜곡시키는 요인을 중화시키더라도 행위적 관점에서 고고학적 유존물을 완전하게 이해하는 것은 불가능하다는 인식 역시 커지게 되었다(von Gernet 1985; P. J. Watson 1986: 450). 신진화론에 대한 믿음이 쇠락하고 인간행위의 다양성이 더욱 인정되면서 이 같은 한계는 방법론적인 허약함이라기보다는 고고 자료에 원래부터 내재되어 있는 한계라고 생각하는 경향이 있었다. 따라서 비록 행위고고학자들은 쉬퍼의 접근을 여전히 유익하게 적용시켜 왔지만, 쉬퍼 자신을 포함하여 원래의 계획을 완전하게 실현시킨 연구자는 거의 없었다.

다원진화고고학   미국의 과정고고학에서는 선택selection 개념을 중심으로 하는 다원진화고고학이 발달했다. 다원의 자연선택 개념은 사실 고고학에서 완전히 새로운 개념은 아니었다. 차일드(Childe 1942a: 10)는 만약 보수적 이데올로기가 변화를 막는다면 그 사회는 결국 더 공격적인 이웃 사회에 굴복하게 될 것이라고 보았다. 힉스(Higgs 1968: 617)는 인간의 의도적 선별choice을 "생존을 결정하는 선택적 요인"으로 간주해야 한다고 주장했다. 1972년 미국 고고학자 마크 레온Mark Leone는 문화체계가 스스로 규율하면서 변이들을 포괄하고 있으며, 변이 가운데 이용 가능한 가장 적절한 전략이 선택됨으로써 환경적 배경에 적응한다고 서술한 바 있다(p. 18). 레온의 관점에서 혁신은, 비록 이성적인 것이지만, 기존 지식을 바탕으로 하여 발생한 것에 불과한 것이다. 이 입장에서 문화는 적응체계라기보다는 마치 정보의 저수지와도 같아서 상이한 아이디어들이 배치되는 곳이라고 생각된다(Shennan 2002: 80). 폴 마틴과 프레드 플록은 『애리조나의 고고학The Archaeology of Arizona』에서 문화를 적응체계로 보면서 많은 수의 무작위 변이를 가지고 있는 문화야말로 환경이나 인구구조에서 오는 어려움 및 이웃 집단과의 경쟁을 맞아 가장 잘 생존할 조건을 구비하고 있다고 주장했다(Martin and

---

2) 빈포드는 이러한 모든 행위가 왜곡일 수 없으며 문화체계 과정의 일부라고 주장하면서 쉬퍼와 행위고고학을 비판했다.(옮긴이)

Plog 1973), 린다 코델과 프레드 플록(Cordell and Plog 1979), 그리고 로버트 더넬(Robert Dunnell 1980a)은 모든 사회에는 자연선택과 동등하게 작용하는 문화선택이 존재하며, 다양한 대안적 행위유형에 작용한다고 가정했다. 이 입장은 사회인류학자, 생태학자, 또는 보아스학파의 형상주의자들의 입장으로부터 동떨어진 관점이다. 후자에서 문화는 합리적으로 잘 통합된 체계라고 생각했다. 비록 이런 접근을 옹호하는 사람들도 문화체계 안에 문제에 대한 대안적인 방식이 포괄되어 있다는 점을 부인하지는 않았지만 말이다(Salzman 2000). 다윈주의자들이 문화를 보는 관점은 초기 보아스학파 문화인류학자들의 관점과 더 밀접하게 닮았다.

로버트 더넬(Dunnell 1980a), 데이비드 브론(David Braun 1983), 데이비드 린도스 (David Rindos 1984, 1989)는 ("과학적") 생물 진화이론을 사용한 체계론적 접근으로 생물학적인 변이성뿐만 아니라 문화적 변이성까지 설명하고자 했다. 다윈진화고고학은 더넬과 그의 학생들에 의해 더욱 진전되었다(Wenke 1981). 이들은 전통 문화진화론은 무작위 변이와 자연선택과 같은 과학적 진화론의 주요 개념을 내화시키지 못했다고 주장했다. 물론 생물학적 영역에서보다 문화적 영역에서 특질 전수의 메커니즘은 더욱 다양하고 선택이 작용하는 단위는 덜 고정되어 있음이 일반적으로 인정된다(크로버[Kroeber 1952]와 다른 인류학자들이 아주 오래전에 자세히 논의했던 이슈이다). 그럼에도 과학적 진화론이라는 일반 원칙에 근거한 접근은 문화진화 이론보다 인간행위에 대해서 더 우월한 설명을 줄 수 있다고 주장한다. 이런 작업을 위해서는 흔히 전통적 문제를 근본적으로 재정립시켜야 한다. 예컨대 데이비드 린도스(Rindos 1984: 143)는 순화 domestication를 상이한 종들 사이의 다양한 정도의 상호부조적 관계라고 재정의한다. 그는 식물과 동물들이 인간의 필요에 적응하는 것을 인간이 동물과 식물의 필요에 적응하는 것과 근본적으로 다르지 않다고 본다. 따라서 린도스는 인간의 의식과 의도성이 인간행위를 형성하는 데 중요한 역할을 한다는 점을 거부하는 (극단적인) 관점을 지니고 있는 것이다(Peregrin 2000).

영국에서는 전통 문화사고고학에 대한 비판이 미국에서보다 더 점진적으로 진행되었으며, 미국에서처럼 과정고고학이 극단적인 반역사주의적인 태도를 취하지는 않았다. 당시 케임브리지대학에 재직하고 있던 데이비드 클라크(David Clarke, 1938~1976)는 미국 과정고고학자들과는 독자적으로 주요한 사상을 발전시켰으며, 스스로를 단지 문화사고고학의 구조에 반대했다는 점에서만 신고고학자라고 생각했

데이비드 클라크

다. 많은 미국 과정고고학자들은 클라크의 연구를 제대로 알지 못했으며, 클라크를 바다 건너에서 자신들이 행하고 있는 운동에 참여하고 있는 사람으로 여겼다. 다만 빈포드는 이에 동의하지 않았다(Binford 1972: 248-249, 330-331).

클라크(Clarke 1968: 12-14)는 당시 영국 문화사고고학자들이 고고 자료를 엄밀한 방법으로 분석하지 않고 직관적으로 역사적 이야기들을 구성하고 있다고 하며 논박했다. 그런 섣부른 이야기들이 "무책임한 예술의 형태"에 머물러 있다고 비난했던 것이다(Clarke 1973: 16). 클라크는 쉬퍼의 책보다 거의 10년이나 앞서『분석고고학Analytical Archaeology』(1968)이라는 저술을 통해 고고학이 새로운 물질문화 과학의 핵심으로서 사회인류학 및 인지인류학을 보완해 줄 것이라고 했다. 클라크는 1960년대 케임브리지대학에서 자연지리학자 리처드 촐리Richard Choley와 인문지리학자 피터 해겟Peter Haggett이 주도하고 있던 신지리학New Geography의 체계이론 접근을 바탕으로 자신의 분석을 모델화했다(Chorley and Haggett 1967).

클라크는 주로 유물 연구에 매달렸는데, 이를 형태, 생태, 지리 및 인류학적 시각에서 흔히 통계적 분석을 동원하여 해석하고자 했다. 또한 이런 분석이 모든 종류의 역사적 해석이나 이야기를 만들어 내는 데 선행되어야 한다고 보았는데, 이는 에릭 힉스Eric Higgs도 공감하는 바였다. 물론 이 둘은 유물이나 생태물ecofact 연구의 방식에 대해서 큰 의견 차이가 있었다(Bailey 1999: 547, 553). 클라크는 형태론적으로 속성, 형식, 문화, 기술복합체technocomplex와 같은 일련의 개념을 정의하고 상호관련시키려 했다. 형식과 문화의 내적 변이성을 강조하면서도, 변이성을 설명하는 것보다는 유물을 특정 클래스에 배열하는 데 더 관심을 가졌다(Clarke 1968). 빈포드는 클라크가 귀납적인 접근으로 분류체계taxonomy를 구성함으로써 특정 형식분류의 목적을 분명히 하지 못했다고 비판했다(Binford 1972: 248-249). 클라크가 분류체계를 다루었던 방식은 유럽의 전통 문화사적 방법론과의 단절이라기보다는 그 연장선상에 있었다. 바로 이 때문에 1980년대 소련의 고고학자들은 그의 방법론을 높게 평가하기도 했다.

『분석고고학』에서 클라크의 미국인류학에 대한 주된 관심은 과정고고학이 아니라 보아스학파 민족학자들이 기록했던 북아메리카 원주민 사회들의 문화 및 언어적인 변이에 관한 자세한 정보였다. 클라크는 이 자료를 유럽 민족학자들이 수집한 것보다 우월하다며 가치를 인정하여 인류학적 (또는 행태[행위]주의적) 시각에서 물질문화에 대한 일반적 이해를 추구하는 토대로 삼았다(Herzfeld 1992: 78).

클라크는 고고학 발견물을 엄밀하고도 체계적인 방식으로 인간행위와 연결시키는 데 진력함으로써 새로운 이론적 영역을 개척했다. 이미 고고학자들은 로버트 애셔(Robert Ascher 1961: 324)의 연구로 유물은 상이한 맥락에서 제작, 사용, 폐기되고, 이 모든 과정이 고고학적 유존물에 동등하게 표현되어 있지 않다는 점을 인식하고 있었다. 결국 고고학자들은 연구하고자 하는 것 가운데 아주 일부만을 자료로 삼을 수 있을 뿐이라는 것이다. 이 같은 인식은 고고학이란 "좋지 않은 표본과 간접적인 흔적을 통해서 직접 관찰할 수 없는 인간행위의 유형을 복원하는 이론과 실제를 가진 학문"이라는 클라크(Clarke 1973: 17)의 유명한 논평에 잘 드러나 있다. 클라크는 고고 자료의 과학적인 해석은, 과거에 일어났던 모든 범위의 행위 유형과 사회 및 환경적 과정 가운데 고고학자는 단지 물적 유존물로서 살아남아 보존된 것, 그리고 그중 발굴된 것만을 표본으로 가지고 있을 뿐이라는 인식 위에서 이루어져야 한다고 주장했다.

클라크(Clarke 1973)는 대니얼스(S. G. H. Daniels 1972)의 연구, 그리고 아마도 스워츠B. K. Swartz의 고고학적 논리의 연쇄에 대한 논의에 영감을 받은 것 같다. 그리하여 클라크는 발굴 자료에서 시작하여 마지막 보고서에 이르기까지의 해석적 비약에서 고고학자가 직관적으로 사용하는 다섯 가지 이론을 제시한다. 첫째와 둘째는 선퇴적 및 퇴적이론으로서 인간 행동, 사회 유형, 환경적 요인을 서로, 그리고 고고학적 유존물으로 남아 있는 표본이나 흔적과 연결시켜 준다. 선퇴적이론은 고고학적 유존물에 영향을 미친 침식, 부식, 지표 운동, 약탈, 농경, 땅의 재사용 등과 같은 자연 및 인문과정에 대한 것이다. 셋째 복원retrieval(자료수집)이론은 고고학적 유존물에 살아남는 것과 발굴되는 것 사이의 관계를 다룬다. 이는 주로 표본추출, 발굴 절차, 융통성 있는 대응 전략에 관한 이론이다. 다음으로 분석이론은 클라크가 가장 자세히 논한 것으로서 형식분류, 모델링, 검증, 실험 연구를 포함하여 수집된 자료를 어떻게 다룰 것인지에 관한 것이다. 마지막으로 해석이론은 분석적 수준에서 확립된 고고학 유형과 직접적으로는 관찰 불가능한 고대 행위 및 환경적 유형들 사이의 관계를 세우는 것을 말한다. 따라서 해석이론은 선퇴적이론이 설명하는 과정들을 역으로 추론한다. 클라크는 고고학자들에게 맡겨진 커다란 도전은 각 분석 단계에서 적절한 이론을 개발하는 일이라고 믿었다. 그 같은 이론 가운데 선퇴적 및 해석적 수준과 관계된 작은 부분만을 사회과학들에서 끌어올 수 있을 뿐이며, 나머지는 생물과학과 물리과학들에서 들여와야 한다고 했다. 클라크는 이 이론은 전체적으로 고고학과 관련된 형이상

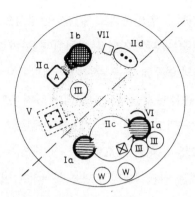

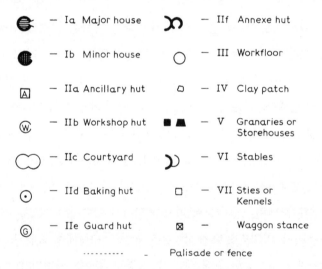

FIG. 21.1. The modular unit – the social and architectural building block of which the settlement is a multiple. The analyses of vertical and horizontal spatial relationships, structural attributes and artefact distributions convergently define a distinct range of structures (I–VII) repeatedly reproduced on the site. Each replication of the unit appears to be a particular transformation of an otherwise standardized set of relationships between each structural category and every other category. The basic division between the pair of major houses (Ia) and their satellites, and the minor house (Ib) and its ancillaries may be tentatively identified with a division between a major familial, multi-role and activity area on one hand and a minor, largely female and domestic area (see Fig. 21.6).

Below: the iconic symbols used to identify the structures in the schematic site models, Figs. 21.2–21.5.

그림 8.6 클라크가 제시한 철기시대 글래스톤버리유적의 주거 단위(D. L. Clarke, 1972a, *Models in Archaeology*)

학, 인식론 및 논리 이론들과 함께 고고학을 과학적 학문으로 만드는 데 필요하다고 믿었다.

　이렇듯 분석적 절차를 강조했지만, 고고 자료에 대한 문화사적 분석이나 구체적인 문화들에 대한 클라크의 관심이 줄어든 것은 아니었다. 궁극적 목적은 인간행위에 대한 일반화를 만들어 내어 사회과학 이론에 기여하는 것이었다. 비커Beaker토기에 대한 초기의 분석에서는 유럽 선사시대를 이해하는 일에 집중했다(Clarke 1970). 나중 논문들에서는 유럽의 문화발달의 생태적 기반과 경제 교역행위가 이루어진 사회적 환경에 대한 이해, 지역 발달과 지방의 상호작용 네트워크에 대해서 다루었다. 『케임브리지 경제사*The Cambridge Economic History*』에 쓴 「유럽의 야만시기에서 로마시대까지 교역과 산업의 경제적 맥락」(Clarke 1979: 263-331)이라는 글에서는 원시 경제의 사회적인 성격에 관한 칼 폴라니Karl Polanyi의 이론을 통해 관련 고고 자료를 요약하고자 했다. 이 논문은 "유물형식의 사회적 기능과 그것을 남긴 사회의 체계에 대한 논의에 있어서 큰 진전을 이루었다"는 평가를 받았다(Sherratt 1979: 197). 유럽 선사시대의 주요 이슈들을 다룬 연구들로는 글래스턴버리Glastonbury의 철기시대 말 취락의 사회조직과 경제에 대한 재해석(그림 8.6)과 고고 자료뿐만 아니라 생태, 민족지, 인구, 경제 자료를 사용하여 유럽의 중석기시대 경제를 개괄한 글을 들 수 있다(Clarke 1979: 206-62).

클라크와 달리 콜린 렌프루Colin Renfrew는 미국에서 잠시 강의하던 시절 신고고학을 직접 경험했다. 또한 아마도 학부 시절 물리과학을 공부했기 때문에 실증주의적인 지향을 과정고고학의 중요한 특성이라 생각한 것으로 보인다. 다만 신진화론과 체계이론을 받아들이면서도 인간행위의 일반 법칙 그 자체를 목적으로 추구하는 데는 조심스러웠다(Renfrew 1982a; Champion 1991: 132-134). 렌프루의 초기 연구는 사회고고학에 초점을 맞추었다(Renfrew 1973d). 특히 에게해 지방에서의 복합사회 발달에 대한 기념비적 연구에서 자연환경, 인구 규모, 생계, 수공업생산, 교환, 의사소통, 사회정치조직, 취락유형 및 종교 등을 포함하는 포지티브 피드백을 강조했다. 이러한 변수들이 서로 "증식효과"를 내면서 상승 작용하여 사회문화적 복합성의 증가를 가져왔다고 주장한 것이다(Renfrew 1972). 이 책은 켄트 플래너리의 이론적 영향을 비추어 주고 있기도 하다. 또한 렌프루는 사회 및 정치조직의 진화를 신진화론적 관점에서 연구하는 데에도 기여했다. 여기에는 단순한 집단 지향적인 군장(족장)사회 chiefdom와 더 복합적인 개별화를 지향하는 군장사회를 나눈 것도 포함된다(Renfrew 1973c). 렌프루 역시 클라크와 마찬가지로 고고 자료에 대한 계량적이고 지리학적인 분석을 강조했다. 이런 분석과 미량원소 분석을 결합하여 선사시대 교역에 대한 연

콜린 렌프루

구의 일환으로 원재료의 기원, 곧 원사지를 추적하기도 했다(Renfrew et al. 1968; Renfrew 1975).

1980년대 이후 렌프루는 인간행위의 인지적 양상을 연구하는 데 크게 관심을 가지고 있다. 또한 이러한 연구에 과학적 방법을 사용했으며, 그 결과 그의 접근은 인지과정고고학이라 불리게 되었다. 고고학이 효과적인 기술 지식의 역사를 제공한다고 보았던 차일드(Childe 1958c)와 일맥상통하여, 추상적인 상징적 의미의 측면이 아니라 사용법이라는 실제적인 측면에서 유물에 내재되어 있는 마음을 다루는 인지적 접근이 필요함을 역설했다. 이러한 인지적 접근은 어떻게 선사시대 도량형 체계가 작동했는지를 추론하는 데 기여했는데(Renfrew 1982b: 16-18; J. Bell 1994: 17-19), 그 목적은 원래의 체계를 지배하는 논리를 파악하는 것이었다. 그렇지만 문헌기록이 없을 경우 고고 자료로부터 문화마다 상이한 신념을 재구성하는 것은 어려운 일이다(Renfrew and Zubrow 1994). 최근 렌프루의 인지적 관심은 인간이 과거에 어떠한 생각을 했는지를 파악하기보다는 인간의 상징 및 인지적 능력의 진화를 연구하는 데 초점을 맞추고 있다(Renfrew 1998). 다만 인지 능력이 어떻게 인간행위의 다른 측면과 관련되어 있는지에 대해 분명한 이론적 입장을 전개시키지는 않고 있는 듯하다. 그렇기에 그가 어느 정도나 유물론자인지, 아니면 관념론자인지는 불확실하다. 인지과정고고학은 정신 작용을 연구함에 있어 방법론적 엄밀함을 강조했다는 점에서 중요성을 지닌다. 하지만, 사람들이 실제로 어떻게 사고했는지를 고고 자료만으로 판단하는 데는 별다른 진전을 보여주지 못하고 있다.

미국의 과정고고학자들과 달리, 그러나 클라크와는 마찬가지로, 렌프루는 문화사적 해석과 진화적 일반화가 상반되는 것이라는 생각을 받아들이지 않았다. 대신 선사시대 유럽과 당시의 족속들에 대한 연구에 깊은 관심을 유지했다(Renfrew 1973a, 1979). 1970년대에는 방사성탄소연대를 이용하여 초기 유럽의 식량생산 문화의 창의성과 독창성을 강조한 바 있다(Renfrew 1973a). 그 이후에는 유럽에 농업경제의 도입과 인도유럽어족의 등장을 동일시하기도 했다(Renfrew 1988). 렌프루는 이후에도 농경의 발명으로 초래된 인구 증가와 언어 족속의 지리적 팽창을 연결지어 설명했다(Bellwood and Renfrew 2003). 언어, 형질인류학 및 고고 자료를 서로 관련시켜 태고의 인간 집단들의 행적을 추적했던 것이다(Renfrew 1992). 따라서 렌프루는 현대의 과학적 방법을 이용하여 선사시대에 대한 다학문적 접근(보아스학파 인류학자들이 발전시켰지만(Sapir

1916), 거기에 따른 많은 가정들에 대해서 보아스(Boas 1940)는 비판하고 절연했다)의 주요 요소들을 포괄하는 방법론을 되풀이했다(Sapir 1916). 렌프루는 과정고고학에서 출발하여 아마도 업그레이드된 양상의 문화사고고학이라 부를 수 있는 접근으로 변화한, 흥미로운 사례를 보여주고 있는 것이다.

이렇듯 과정고고학 안에서 상이한 접근이 자라났다. 고고학자들은 전체적으로 과정고고학이 간과하고 있던 이슈들에 더욱 관심을 가진 것이다. 1970년대 미국의 많은 고고학자들은 선사시대 문화들에는 살린스나 서비스가 제시한 것과 같은 일반진화나 스튜어드의 다선진화론으로 설명할 수 없는 다양성이 있음을 확신하게 되었다. 또한 신진화론은 고고학자가 던지는 과거에 대한 질문을 과도하게 제한하고 있다는 사실도 느리지만 꾸준하게 인식되었다.

진화론적 연구를 근본적으로는 적대시하지 않았던 인류학자들까지 비판에 가세하면서 단선진화와 일반진화에 대한 신뢰는 크게 떨어졌다. 살린스와 서비스는 주로 뉴기니 빅맨사회를 근거로 부족사회 단계의 특징을 제시했다고 알려져 있다. 그런데, 뉴기니사회는 북아메리카, 아프리카, 동남아시아의 동일한 발달 수준에 있는 다른 원주민사회와는 상이한 사회 및 정치 구조를 가지고 있다는 지적이 있었다(Whallon 1982: 156). 군장사회 단계는 주로 살린스와 서비스가 잘 알고 있는 폴리네시아 사회를 바탕으로 한 것이기도 하다. 다만 살린스와 서비스는 이런 사회 집단들이 진화적 연쇄를 표현하기보다는 다양한 정도의 복합성을 가진 사회들이라고 말했다. 더구나 민족지 증거에 따르면 폴리네시아의 세습 군장의 지위는 시간적으로 복합성의 발달보다 이를 수도 있다. 몇몇 고고학자들은 이런 문제를 인식하고 불연속적인 진화적 범주들을 사회 변이성에 대한 계량화된 차원으로 대치시키고자 했다(R. McGuire 1983). 모턴 프리드(Morton Fried 1975)는 부족사회와 결부되어 있는 많은 복합적인 특징은 자연스런 내재적 발달이 아니라 서양인들과의 접촉을 통한 문화접변acculturation의 산물이라 주장했다. 이 때문에 몇몇 고고학자들은 그런 사회들의 진화적 지위에 대해서 더욱 의심어린 눈으로 보게 되었다. 마찬가지로 몇몇 군장사회의 주요 특징은 더 복합사회들과 접촉함으로써 발달한 것임이 밝혀지기도 했다(Wolf 1982: 96-100).

이러한 관찰 덕분에 고고학자들은 역사특수주의자들이 매달렸던 문화적 다양성을 설명하는 데 더 관심을 가지게 되었다(Renfrew 1982b). 또한 인간행위는 다양한 요인에 의해 형성된다는 점도 기꺼이 받아들였다. 비록 대부분 고고학자들은 여전히 자료를 유물론적, 그리고 흔히 더 구체적으로는 생태학적인 시각에서 해석했지만(P. J. Watson 1986: 441), 이런 생태 및 경제 요인들이 인간행위를 결정하는 데 했던 역할의 정도에 대해 의문을 제기하는 사람이 늘어났다. 그리하여 고고학 분석에 많은 변화가 일어나게 되었다. 앨리슨 와일리(Alison Wylie 1985a: 90)는 한 걸음 더 나아가 "[한 사회 또는 개인의 수준에서 특징적으로 일어나는 변이성]이야말로 고고학적 주제가 갖는 독특한 인간적, 문화적 특징이며, 때문에 인류학적 고고학의 특별한 관심이 되어야 한다"고 보았다. 이로써 과정고고학의 발달로 오래전부터 무시되었던 주제들에 대해 다시 관심을 갖는 경향도 생겼다. 진화생물학에서 과거의 점진적이고 진보적이며 예측 가능하고 편협한 결정론적인 변화를 강조했던 관점은 단속평형설, 불확실성indeterminacy, 역사적 우연성historical contingency과 같은 학설이 제기되면서 변모했던 것이다(Gould and Eldredge 1977, 1993).

또 한 가지 변화로는 사회 또는 문화는 서로 분리하여 연구할 수 있는 닫힌, 또는 분명히 경계가 지어진 단위라는 관점을 버렸으며, 문화변화를 일으키는 데 외부 자극의 역할에 더 많은 주의를 기울이게 되었음을 들 수 있다. 울프(Wolf 1982: ix)는 인류학자들, 특히 신진화론의 영향 아래 있는 연구자들이 "인류 집단은 고립되어 있지 않고 서로 상호작용을 통해 문화를 만들어 갔음을 잊었던 듯하다"고 주장했다. 나아가 이전 세대 인류학자들이 전파의 결과라고 보았던 문화적 연결은 더 넓은 정치 및 경제적 맥락에서 접근하여 체계론적 측면에서 이해할 수 있을 것이라고 했다. 이는 고고학자들이 사회 상호 간의 관계에 더 많은 주의를 기울여야 함을 뜻한다.

서아시아를 연구했던 사람들은 메소포타미아문명을 이른 시기부터 많은 문화들이 여러 정치 및 경제적 상호작용을 통해 서로 영향을 주고받은 큰 권역의 일부로 파악할 필요가 있다고 했다(Lamberg-Karlowsky 1975; Kohl 1978; Alden 1982). 또한 선사시대 유럽(Renfrew and Shennan 1982)과 다른 지역(Renfrew and Cherry 1986)에서는 "동등정치체" 상호작용, 그리고 중앙아메리카(B. Price 1977)에서는 "군집 상호작용"에 대한 논의도 있었다. 블랜튼 등(Blanton et al. 1981)은 히스패닉 이전 시기 중앙아메리카 전역에 걸쳐 지배계급 사이에 경제 및 정치, 의례적 상호작용이 있었기 때문에, 멕시코 밸리와 같은 어떤 한 지역의 발달을 이웃 지역과 분리하여 이해할 수는 없다고 주장했다. 이런 접근으로 어떻게 대권역의 경계를 지을 것인지에 대한 문제가 제기되기도 한다. 블랜튼 등은 중앙(메조)아메리카가 정치 및 의례의 성격에서 호혜 집약적인 상호작용에 의해 통일된 국가들과 군장사회들의 네트워크였다는 점은 고고학적 유존물에서도 인지할 수 있을 것이라고 주장했다. 중앙아메리카로부터 기원한 경제 및 의례적 영향이 현재의 미국 서남부와 북아메리카 동부의 문화적 발달을 이끌었다는 생각은 오래전부터 있었다. 다만 그러한 접촉이 일어난 사회적 맥락을 확인하는 것은 당시까지는 거의 가능하지 않았던 일이었다(Griffin 1980).

이매뉴얼 월러스틴(Immanuel Wallerstein 1974)의 세계체제론에 끌린 고고학자들도 있었다(Kohl 1978, 1979, 1987; Ekholm and Fiedman 1979; Blanton et al. 1979; Renfrew and Shennan 1982: 58). 세계체제론은 대규모의 공간체계를 연구하는 것으로 지역 간 노동의 분할을 가정하여 주변지역이 핵심지역에 원재료를 공급하고 핵심지역은 정치 및 경제적으로 주도적인 위치에 있으며, 각 지역의 경제 및 사회적 발달은 그 체계 내 역할의 변화에 따라 제한된다고 판단한다. 필립 콜은 고대의 세계체제는 아마도 현대의 체제와 표피적으로는 닮았을 것이라고 보았다. 다만 핵심과 주변의 서열은 지금보다 덜 안정적이었을 것이며, 정치권력은 그런 서열을 규율하는 데 더 공개적인 역할을 했을 것이라고 주장한다. 개인과 종족집단의 이주 역시 다시 한 번 논의되기 시작한다(Anthony 1990). 여기에서 중요하게 생각되어야 할 것은, 사회는 자연환경과의 관련에서 닫힌 체계가 아니듯이 이웃 사회와 관련해서도 닫힌 체계가 아니며 한 사회 또는 문화의 발달은 그것이 참여하고 있는 넓은 사회 네트워크의 영향을 받는다는 인식이 커졌다는 사실이다. 또한 이런 과정을 지배하는 규칙은 그 자체로 과학적 고찰의 가치가 있다는 점을 인정받게 되었다.

이로써 사회문화체계의 성격과 관련하여 아직까지도 논쟁이 되고 있는 문제들이 제기되었다. 그럼에도 고고학자들은 개인이 모여 가족을 구성하고, 가족은 공동체의 일부이며, 공동체는 더 큰 사회나 정치체의 구성성분이고, 이웃하는 사회나 정치체는 더 큰 상호작용 권역을 이룬다고 할 때, 과연 이런 여러 수준의 위계를 구분할 수 있는지 회의하기 시작했다. 또는 개인들은 많은 수준에서, 상이한 종류의 사회의 구성원으로서 상이한 방식으로 상호작용에 참여하는지 하는 것도 문제이다(R. McGuire 1983). 브로커나 군장이나 정부관료, 왕과 같은 결정권자의 중요성을 임의적으로 과소평가해서는 안 될 것이다. 이들은 상이한 수준의 사회들에 끼어들어 다양한 정도의 사회 행위에 영향을 미친다. 그럼에도 사회, 정치 및 경제적 상호작용에 대한 자세한 분석을 통해 사회 또는 문화라 불리는 것이 반드시 크고 작은 다른 범주들보다 더 중요한 분석단위라는 생각에 의문을 가지게 만든다(Clarke 1968). 최근에는 사회의 개념은 사회네트워크라는 개념으로 대체되어야 한다는 제안도 있다(Shanks 1996: 168). 그리고 연구되는 사회적 실체는 고찰되는 구체적인 문제 및 고고학적 유존물에서 이용 가능한 증거와 관련하여 결정되어야만 하는 것으로 보인다.

빈포드는 문화가 단단히 통합되어 있어 기술 및 환경과의 관계에서 일어난 변화는 사회조직과 신앙체계에서의 변화도 일으킨다고 주장했다. 이 때문에 빈포드와 스트루에버 같은 과정고고학자들은 동일한 발달 수준에 있는 문화들 사이에는 별다른 변이가 존재하지 않는다고 믿었다. 그런데 체계이론 분석을 통하여 개별 사례들을 자세히 연구함으로써 많은 문화적 다양성을 인지했다. 또한 문화와 사회는 신진화 고고학자들이 상상했듯이 그렇게 단단하게 통합되어 있지도 협소하게 결정되어 있지도 않음이 명백해졌다. 체계분석가들은 다양한 범위의 생태, 사회, 문화적 요인들이 느슨하게 통합된 실체 안에서 많은 방식으로 그리고 상이한 정도로 변화가 발생함을 인지했던 것이다. 동일한 발달 수준에 있는 사회들이 유사한 생태 및 여타 기능적인 구속을 받는 경우에도 상당한 정도의 문화적 변이가 나타난다(Trigger 1982a). 이로써 생태결정론과 보편일반화만으로 과거를 설명할 수 있다는 생각은 점차 사라졌다.

나아가 많은 고고학자들은 인간행위의 복합성과 다양성 때문에 특수한 역사적 상황을 설명하는 데 진화적 일반화를 사용할 수 없을 것임도 깨달았다. 조지 오델(George Odell 2001: 681)은 문화법칙을 찾는 일은 미국에서 새먼과 새먼(M. Salmon and W. Salmon 1979), 플래너리(Flannery 1986)의 글 이후 이미 끝났다고 주장했다. 새먼과 새먼은 많은 인간행위의 인과적 복합성 때문에 그것을 설명하기 위해서는 통계적 유의성모델이 필요한데, 한 사건은 그 발생에 통계적으로 유의한 모든 요인들을 총합해야만 설명할 수 있다. 그리고 그런 여러 요인들의 측면에서 사건의 발생에 대한 적절한 확률적 가치를 판단할 수 있을 것이라고 주장했다(W. Salmon et al. 1971; M. Salmon 1982: 109; W. Salmon 1967, 1984). 이 접근은 전통적인 역사학적 설명 방법과도 유사하다(Dray 1957). 그 이후 많은 고고학자들은 인간행위와 관련된 상응이란 것은 일반적으로 절대적이라기보다는 통계적이며 대부분 통계적 상응의 크기도 작음을 깨닫게 되었다. 이것은 비교문화 연구에 종사해 온 인류학자들이 오래전부터 싸워 왔던 문제였다(Textor 1967). 이런 상황에서 다른 요인으로도 같은 결과가 초래될 수 있는 문제는 갈수록 풀기 어려워졌다. 초기 시뮬레이션 연구를 개척했던 고고학자들도 곧 이 문제를 깨닫기 시작했다(Hodder 1978b; Sabloff 1981). 빈포드는 여전히 인류역사에 대해 생태적 결정론과 유사한 관점을 옹호했지만, 그는 갈수록 예외가 되어 가고 있었다.

이렇듯 문화들 사이의 상호작용에 대한 새로운 관심이 커지면서 고고학 해석에 민족지 유추의 유의성에 대한 문제가 다시 제기되었다. 진화인류학자들은 원주민 문화에 대한 민족지는 유럽과 접촉하기 이전의 상황을 서술하고 있어 행위적 변이에 대한 비교(범)문화적 연구에 아무 문제 없이 쓰일 수 있다고 생각했다. 오스트레일리아 원주민이나 남아프리카 산족(부시맨)은 전형적인 수렵채집사회로 여겼다. 그러나 고고학을 통해 많은 문화가 유럽인이 초기 원주민들을 묘사하기 이전 유럽인과의 접촉으로 큰 변화를 겪었음이 드러났다(Ramsden 1977; Cordell and Plog 1979; Wilcox and Masse 1981; J. Bradley 1987). 모든 수렵채집민과 부족사회는 민족지 연구 이전에 기술적으로 더 진전된 사회들의 영향을 받았을 가능성이 있다(Brasser 1971; Fried 1975; Wobst 1978; Monks 1981: 228; Trigger 1981b; Alexander and Mohammed 1981).

산족의 생활양식은 최근 수 세기 동안 유럽 정착자들과의 접촉으로, 그리고 유목민인 이웃 반투족, 호텐톳족과의 오랜 접촉으로 크게 바뀌었다는 고고학 및 역사적 증거가 늘어났다(Schrire 1980, 1984). 이 족속들이 남아프리카 환경에 영향을 미치고 산족의 삶을 많은 방식에서 바꾸어 놓았을 수 있다. 나아가 산족 집단들이 수렵채집에서 이탈하다가도 다시 돌아가기를 반복했다는 주장도 있다(Denbow 1984; Wilmsen and Denbow 1990; Gordon 1992). 이런 상황에서 인류학자들이 산족이나 다른 어떤 현대의 수렵채집사회를 구석기시대 사회와 동등할 것이라고 생각하는 것은 위험하다.

이 같은 연구들은 신진화론이 지배했던 시기에 비하면 혁명적 변화라 할 수 있다. 스트롱(Strong 1935)과 웨델(Wedel 1938)이 이미 오래전에 비슷한 논지의 주장을 한 적은 있다. 이들에 따르면 역사시대 북아메리카 대평원에 살면서 강한 이동성을 지닌 기마 수렵민은 비교적 최근에 형성된 양상이며, 경우에 따라서는 이들에 앞서 정주 농경민이 있었음이 고고학적으로 논증되기도 했다. 『석기시대의 경제학Stone Age Economics』이란 책에서 살린스(Sahlins 1972: 38-39)는 사회인류학이 식민주의에 의해 파괴된 문화들에 대한 기록에 불과하다고 한 바 있다. 이처럼 현대 수렵채집민은 다양한 경제적 유대를 통하여 이웃하는 비非수렵채집민과 연결되어 있었던 것이다. 이 사실을 생각할 때 현재 및 과거의 수렵채집사회(또는 부족사회)가 동일한 생산양식을 공유하는 동일한 발달단계에 있던 사회라는 생각에는 문제가 있는 것이다. 빈포드(Binford 1980)는 수 세대에 걸쳐 덫으로 사냥하고 유럽인과 모피를 교환했던 북극 근처의 원주민 집단을 연구하여 수렵채집민의 환경 적응에 대한 일반화를 만들어 내는 근거로 삼았다. 그러나 아한대亞寒帶지방에 대한 융통성 있는 적응 때문에 적어도 이 가운데 몇몇 집단의 경제는 모피 교역으로 근본적으로 변화했다고 보는 인류학자도 있지만(Francis and Morantz 1983: 14-15), 이에 반대하는 사람도 있다. 오로지 세밀한 고고학 연구만이 수렵채집사회나 부족 농경사회에 대한 민족지 묘사가 어느 정도나 선사 사회에 대한 그림을 객관적으로 제시하고 있는지를 판단할 수 있을 것이다(D. Thomas 1974). 그런 균형 잡힌 연구가 이루어질 때까지는 민족지 자료에 근거한 주요한 비교문화적 연구들에 의문의 여지가 있는 것이다. 유럽의 식민화에 영향을 받은 사회들을 비교하는 것은 친족 용어와 같은 문화 현상에서 일어나는 변이의 정도에 대해 과장된 인상을 줄 수 있음이 논증되기도 했다(Eggan 1966: 15-44).

그러므로 고고학은 단지 과거의 복잡한 역사를 밝히는 일뿐만 아니라 역사적 시각으로 민족지 자료의 유의성을 이해하는 데도 중요한 역할을 한다. 인류학자들 가운데 민족지 자료는, 원래의 상태를 잃고 있으며, 강하게 현대 세계체제에 통합되고 있는 작은 규모의 사회들에 대한 자료라고 생각하는 사람들이 늘어나고 있다. 구조를 연구하든 변화를 연구하든 많은 민족학자와 사회인류학자는 문화접변의 결과를 관찰하고 있음을 인정하는 사람이 많다. 결국 역사학과 고고학만이 과거 문화의 진화를 연구할 수 있다. 또한 다른 사회들과의 관계를 고려하지 않는 구조적인 관점으로는 그 어떤 사회도 적절하게 이해할 수 없으며, 분류할 수도 없음이 분명해지고 있다(Wolf 1982; Flannery 1983). 민족학자들 사이에는 스스로 문화발달의 모든 면을 연구할 수 있다는 계몽주의적 믿음이 이제 종말을 맞았음을 인지하는 사람들이 많다.

과정고고학 평가

1960년대 빈포드는 사회문화체계의 모든 양상이 고고학적 유존물에 반영되어 있다고 주장함으로써 젊은 고고학자들을 자극했다. 그렇지만 그 이후 25년 동안 과정고고학자들은 여전히 혹스가 제시한 추론의 사다리 가운데 주로 낮은 수준의 주제만을 연구했다. 플래너리, 마커스, 렌프루 같은 눈에 띄는 예외도 있었지만, 주류 과정고고학자들은 취락유형과 교역 연구에 집중했다. 물론 이보다는 덜하지만 사회조직도 연구 대상이었다. 쉬퍼가 편찬한 『고고학 이론과 방법의 진전*Advances in Archae-*

ological Method and Theory』(1978~1985)의 첫 여덟 권에서 고고학 증거에 대한 해석을 다룬 글들 가운데, 19%는 자료 복원과 편년, 47%는 생태, 인구, 경제행위, 8%는 사회 행위, 그리고 단지 6%만이 이념, 종교, 과학적 지식을 다루고 있다. 빈포드 자신의 연구는 생태 적응과 관련되는 기술 및 취락(주거)생계유형에 초점을 맞추고 있다. 과정 고고학자들은 선사시대 문화의 구체적인 종교 신앙, 우주론, 도상圖像, 미학, 과학 지식이나 가치 등에 대해서는 거의 관심을 기울이지 않았다. 고고천문학(Aveni 1981)과 선사 도상학(Donnan 1976; Nicholson 1976; Gimbutas 1982) 연구는 일반적으로 과정고고학과 관련이 없는 고고학자들이 수행했다. 또한 생태 및 진화적 접근은 동기나 상징적 의미를 설명하기 위해 고안된 것이 아니라는 지적도 있다(Leach 1973; Dunnell 1982a: 521). 하지만 점차 많은 수의 고고학자들은 이런 상황을 정상이 아닌 것으로 보기 시작했다. 적어도 후기 구석기시대 이후로는 고고학적 유존물에 예술, 신전, 무덤, 그리고 다른 의례행위에 관한 유존물의 형태로 많은 종교 및 상징 행위의 증거가 있음을 인식했다(Mithen 1996). 1970년대가 되면 쿤이 말하는 패러다임 변동이 이루어지는 것 같다. 차일드(Childe 1956b)가 인지적 양상을 포괄해야 인간행위에 대한 설득력 있고도 합당하게 완전한 설명을 추구할 수 있다고 주장했다는 사실을 기억하는 사람은 별로 없었다.

과정고고학자들은 일반적으로 유물론자들이었으며, 실증주의적 규준의 과학적 방법에 천착했다. 하지만 곧 서로 상당히 다른 이론적인 방향으로 갈라서기 시작했다. 그런 과정에서 수많은 모순되는 경향을 보여주기도 했다. 이론의 과학적인 적절성을 파악하지 못하거나 이론이 특정 연구에 적절한지를 제대로 판단하지 않았던 것이다. 과정고고학자들은 이전 고고학자들보다 사회과학, 특히 인류학 이론에 더 많은 지식을 갖게 되었지만, 주로 이론을 만들어 내기보다는 소비하는 상태에 머물러 있었다. 이 과정에서 논의되지 못했던 많은 질문들은 학문이 발전하지 않아서가 아니라 적용된 이론이 부적절했기 때문이라는 평가가 나오기 시작했다.

이렇듯 과정고고학의 적절성에 대한 의문은 꾸준히 제기되었다. 그럼에도 미국에서는 정부 지원의 많은 고고학 프로젝트를 평가하는 데 과정고고학의 주요 사상이 포함되는 등 과정고고학은 여전히 고고학적 실제에 큰 영향력을 발휘하고 있었다. 구제고고학과 문화재 발굴에 많은 전문 고고학자들이 채용되었기 때문에 이것은 수십 년 동안 미국에서 고고학이 이루어지는 방향을 결정하는 데 큰 영향력을 미쳤던 것이다.

5. 탈과정고고학의 등장과 전개

지성적 배경

1970년대부터 과정고고학에 대한 의식적인 대안이 나오기 시작한다. 1985년 이안 호더Ian Hodder는 이런 새로운 흐름을 탈과정(주의)고고학postprocessual archaeology이라 부르기에 이른다. 그 움직임의 시작은 사회인류학자 에드먼드 리치(Edmund Leach 1973: 763)가 이미 1971년에 예견한 바 있다. 리치는 셰필드대학에서 열린 "문화변화의 설명"이라는 회의에서 주로 과정고고학자들이 참여한 가운데, 비록 당시 사회인류학자들 사이에서 유행하고 있던 문화구조주의의 개념이 고고학자들 사이에서는 제대로 받아들여지지 않고 있지만, 결국은 그렇게 될 것이라고 했다. 탈과정고고학은 비교문화적으로 인간의 신념과 행위에서의 변이의 원천으로서 문화의 개념을 재발견하면서 나타난 피할 수 없는 결과물이다(Robb 1998). 이러한 발견은 다음과 같은 몇 가지 서로 관련된 지성적 움직임을 고고학자들이 접하게 되면서 이루어졌는데, 적어도 그 가운데 두 가지는 지성적인 영역뿐만 아니라 정치적 영역에서도 권위에 도전하는 신랄한 것이었다.

(1) 마르크스주의 인류학

첫 번째로 1960년대 프랑스에서 시작되었으며 이미 영국 사회인류학에 영향을 미치고 있던 마르크스주의에 입각한 사회인류학을 들 수 있다. 이 움직임은 정통 마르크스주의가 아니라 철학자 루이 알튀세Louis Althusser 및 모리스 고들리에Maurice Gode-lier, 에마누엘 테레Emmanuel Terray, 피에르필리페 레이Pierre-Philippe Rey 등에 의한 마르크스주의와 구조주의를 결합한 연구에 뿌리를 두고 있다. 비록 구조주의자들은 전통적으로 반역사적인 형태의 분석을 해 왔고, 마르크스주의는 역사학적인 지향을 가지고 있지만, 프랑스 인류학의 주도자들은 이 두 접근이 상호보완될 수 있다고 믿었다. 프랑스 마르크스주의 인류학자들은 특히 위르겐 하버마스(Jürgen Habermas, 1971, 1975)와 헤르베르트 마르쿠제(Herbert Marcuse 1964)의 프랑크푸르트학파의 관념론에 영향을 받았다. 1920년대부터 아도르노Theodore Adorno, 호르크하이머Max Horkheim-er, 마르쿠제 등이 인간행위를 통제하는 데 신념이 중요한 역할을 했다는 점을 강조했다. 프랑크푸르트학파는 마르크스주의에 대한 재인식이라 할 것이다. 이들은 제1차 세계대전 동안 중부 및 서부 유럽에서 노동계급이 권력을 잡지 못한 것을 민족(국민)주의적인 선전으로 노동계급이 경제 및 정치적 이익에 반反하여 행동하게 된 때문으로 보았다. 클로드 메이야수(Claude Meillassoux 1981)의 경제학적 연구는 프랑스 마르크스주의 인류학에 또 다른 영향을 미친다.

이 같은 신마르크스주의 인류학자들은 생산양식에는 상당한 변이가 있으며, 변화를 일으키는 데 인간의 지각이 중요한 역할을 하고, 남자와 여자, 또는 상이한 나이의 사람들 사이의 이익 충돌이 투쟁을 야기하고 계급사회의 변화를 일으키는 데 중요한 역할을 하며, 이데올로기가 과학적 연구를 포함한 모든 인간의 행동에 필연적으로 배태되어 있음을 강조한다. 또한 마르크스와 엥겔스가 선계급사회에 대한 자세한 분석을 제시하는 데 실패했다고 생각한다. 그렇기 때문에 마르크스와 엥겔스의 잘못된 원 연구로 돌아가는 것이 아니라 선자본주의 사회에 대한 새로운 마르크스주의 이론을 만들어 내는 것이 자신들의 의무라고 생각했다(Bloch 1985: 150; R. McGuire 1992a, 1993). 이들은 신진화론, 전통 구조주의, 문화유물론, 문화생태학이 문화의 안정성을 지나치게 부각시키고 문화변화의 원인을 사회관계 외적인 것으로 다루었으며, 인간을 외부적 요인에 의해 형성되는 수동적 존재로 간주했다고 비판했다. 생태조건은 변화의 방향을 제시한다기보다는 변화를 구속하는 것이라고 생각했으며, 새로운 기술은 사회 및 경제 변화에 대한 반응이기도 하면서 그런 변화를 일으키는 역할도 한다고 해석했다. 이익의 모순에서 발생하는 사회 갈등은 모든 인간 사회에 스며들어 있는 중요한 성격이며 변화의 주 원천이라 보았다. 선계급사회에서의 갈등은 식량과 노동, 성에 따른 역할, 개인 및 가족의 지위, 이국적인 상품, 지식의 소유, 의례적 특권을 중심으로 발생한다. 이 관점은 기능주의, 전통적 구조주의 및 현상학이 가진 통합적 관심과는 대조된다.

마르크스주의 인류학자들은 인간 중심적인 관점에서 역사를 보았다. 이들은 비사회적 요인의 측면에서 의미, 상징, 사회 현상을 설명하기를 거부했다. 마르크스주의 인류학자들은 빈포드를 비롯한 많은 과정고고학자들처럼 사회 행위가 외부 환경의 힘에 의해 수동적으로 형성된다는 식으로 보지 않고, 의도성과 실재의 사회적 생산을 강조했다. 또한 총체적 접근을 주장했다. 마르크스주의 및 헤겔적인 방식에서 사회의 부분들은 언제나 사회 상호 간 관계라는 네트워크의 측면에서 전체 및 개별 사회체계들과 관련하여 연구되어야 한다는 것이다. 마르크스주의 인류학자들은 비교(범)문화적 규칙성만이 아니라 특정 사회 변화 사례의 특수성, 개별적 차이나 구체적인 맥락까지도 설명하고자 한다. 이는 분명 마르크스의 접근의, 전부는 아니지만, 역사학적 지향과도 일치한다. 또한 지식의 사회적 토대를 강조하여 정보와 자의식을 구체적인 사회의 산물이자 지성적 자본으로 본다. 마지막으로 사회과학 연구의 사회적 맥락은 인간행위의 해석에 영향을 미치는 것으로 본다. 이는 실증주의적 지향을 가진 연구자들이 생각했던 확실성은 결코 이룰 수 없음을 시사한다(Trigger 1993).

(2) 포스트모더니즘

이 시기 인문학과 사회과학에서는 광범위하게 실증주의와 행위주의를 반대하는 포스트모더니즘(탈근대)의 흐름이 있었다. 고고학자들은 이 경향을 비교문학, 문학비평, 문화연구 등으로부터 접했다. 이 같은 문화연구는 보아스학파 인류학의 쇠락과 더불어 문화를 연구하는 주요 학문이라는 인류학의 주장에 도전하게 된다. 포스트모더니즘 연구자들은 지식의 주관성을 강조하면서 극단 상대주의와 관념론을 받아들인다. 많은 이들은 객관적 지식이 존재한다는 것을 부정한다. 기존의 모든 확립된 접근들은, 아마도 포스트모더니즘 자체를 제외하고는, 사회적 이익에 봉사하게 되어 있다고 본다(Lyotard 1984; Jencks 1986; Harvey 1989; Hunt 1989; Laudan 1990; Rose 1991; Rosenau 1992). 포스트모더니스트들은 문화진화이론과 진보에 대한 관념이 지닌 헤게모니적인 암시를 강하게 거부한다. 이는 식민주의, 소수에 대한 억압, 자연의 남용을 합리화하는 데 이바지한 도덕적으로 파산선고를 받은 개념에 불과하다고 비난했다. 이들은 무작위적이면서도 독특한 문화변이를 낭만적으로 찬양한다. 계몽주의의 합리론 역시 세계에 대한 헤게모니적 가치와 정치적 통제를 확보하려는 노력의 일환으로 이해하며, 지역 문화들의 본래성을 강조함으로써 자유를 보존하고 약한 주민들이 압제자에 반대하는 것을 돕는다. 건축에서는 지역성과 역사적 관련성을 강조함으로써 기능주의적 모더니즘의 엄밀성과 보편성에 반대한다. 그리고 관념론자로서 인간행위는 상당 정도로 물리적 구속에 따라 형성되어 있다는 제안을 거부한다(Goffman 1963; Latour and Woolgar 1979; Knorr-Cetina 1981; L. Shepherd 1993).

포스트모더니스트들은 인간의 일에 단일하고 객관적인 학설이란 있을 수 없다는 데 동의한다. 그 대신 상이한 시각, 가령 가난한 사람과 부자, 승자와 패자, 여성과 남성, 서로 다른 직업의 사람들, 다양한 족속 집단들의 입장에서 복수의 설이나 진실이 존재한다고 본다. 상이한 집단의 사람들이 세상을 이해하는 다양한 방식을 강조하는 상대주의와 함께 모든 사람은 각기 다른 시각에서 세계를 본다는 주관주의적인 관점을 옹호한다. 예를 들어 셰익스피어의 극 햄릿을 관람하는 그 어떤 사람도 결코 동일한 경험이나 이해를 가지고 있지 않기 때문에 동일한 방식으로 관람할 수는 없을 것임을 강조한다. 또한 한 사람에서 다른 사람으로 정보가 전수될 때 받는 사람의 입장에서 메시지를 해독하는 것은 또 다른 형태의 암호화작업이라고 본다. 이 과정은 본질적으로 무작위적인 문화변화의 주 원천이 된다는 것이다.

포스트모던 근본주의자들은 헤게모니적 지식을 분산하고 해체하고자 한다. 여기에서 헤게모니적 지식이란 사회에서 가장 권력적이고 보수적이며 보통 남성의 이익에 이바지하기 위하여 만들어졌다고 생각된다. 사회 약자들이 스스로의 관점을 표현하고 자기 이익을 대변하며, 부유한 권력자들의 생각에 스며 있는 기만을 드러내고자 한다. 부자와 권력자들은 자신들의 이익에 이바지하는 사회적 장치들이 모든 이들에게 좋은 것이라고 주장함으로써 약자들 스스로가 착취당하는 체제에 동의하게 하고 부당한 처사에 저항하지 못하도록 한다는 것이다.

많은 포스트모더니즘 아이디어는 마르크스주의에 연원을 가지고 있다. 하지만 포스트모더니즘은 1968년 유럽과 북아메리카에서 근본주의 학생운동의 실패 이후에 번영하게 된다(Hegmon 2003: 232). 포스트모더니스트들은 극단적 주관주의와 대서사에 반대하기 때문에 세계적인 정치 및 경제적 변화가 모든 이의, 흔히 더 못한 자의 삶에 영향을 미치는 이 시기 사회체계의 기원, 구조, 변환에 대한 분명하고도 유용한 통찰을 주지 못하고 있다(Sherratt 1993: 125). 어떠한 일들이 실제로 왜 벌어지고 있는지를 제대로 이해하여 비판하지 못하고 있는 것이다. 이 점은 왜 포스트모더니즘이 신보수주의 이데올로기를 바탕으로 고도로 착취적인 다국적 경제가 등장하면서 문화적인 부수물과도 같이 공생적으로 번성하게 되었는지를 알려 주고 있다(Marchak 1991). 이렇듯 공생하고 있다는 점은 왜 포스트모더니스트들이 자신들의 많은 생각이 마르크스주의에서 기원했다는 점에 거의 주목하지 않는지를 말해 주는 것 같다.

폴란드 철학자 콜라코프스키(Lezek Kolakowski 1978c: 524-525)는, 비록 몇몇 마르크스주의 개념은 서양의 역사과학들과 인문학에 스며들어 있다고는 하지만, 1970년대가 되면 서양에서 하나의 체계로서 마르크스주의는 대체로 지성적인 힘으로서의 역할을 더 이상 지속하지 못하게 된다고 보았다. 남아 있는 것도 비마르크스주의 사회 과학의 유물론적이고 관념론적인 관점을 되풀이하고 있다고 했다. 이는 1990년대 초 전 세계에서 마르크스주의와 마르크스주의 제도가 몰락하고 프랑스 마르크스주의 이론이 더 이상 이론 생산의 첨단이라 생각되지 않을 때, 마르크스주의적 정체성의 역사적 의무를 지고 있지 않은 포스트모더니즘이 왜 고고학에 번영하게 되었는지를 설명해 주는지도 모른다.

마지막으로 모더니즘과 포스트모더니즘 사이의 구분은 전혀 확실하지 않다(Hegmon 2003: 232). 비판이론과 전통적 마르크스주의는 일반적으로 포스트모던 사상의 형성에 중요한 역할을 했음에도, 모더니즘적이지 포스트모더니즘적이지 않다. 더구나 탈과정고고학은 구조주의와 같은 다른 모더니즘적인 접근에 대한 관심도 가지고 있다. 그럼에도 탈과정고고학자들은 마르크스주의와 구조주의에 포스트모던이라는 그 럴듯한 구실을 붙였던 것이다.

(3) 미국 문화인류학의 신경향

탈과정고고학에 영향을 미친 세 번째, 그리고 정치적으로 가장 보수적이라 할 지성 적 흐름은 미국에서 보아스학파 인류학이 쇠락하면서 등장한 신문화인류학이다. 신 진화론에 입각한 인류학은 결코 1960년대에도 사회문화인류학의 주도적인 접근이 아니었다. 물론 당시 과정주의가 인류학적 고고학의 중심이었던 것은 사실이다. 클리 퍼드 기어츠(Clifford Geertz 1965: 101)는 비교(범)문화적 규칙성은 의미 없는 지성적 구 성물에 지나지 않는다고 주장하며 모든 문화를 그 자체로 이해하려 애써야 한다고 강조했다. 이로써 행위의 기능적인 양상들을 생태학적으로 강조하는 경향에 반대했 다. 또한 인류학자들이 자기 자신의 문화가 아닌 다른 문화에 대해서, 한계가 있을지 라도, 이해하기 위하여 많은 노력을 기울일 것을 강조했다.

신문화인류학자들은 문화진화 연구가 자민족중심적이었으며, 다문화적이고 탈 식민적인 환경에서 지성적으로, 그리고 도덕적으로 온당하지 않다고 비판한다(S. Diamond 1974). 모든 문화는 독특하며 변화의 연쇄는 (과학적 법칙이 아니라) 역사적인 조건 에 따른다. 이로써 비교문화적 규칙성보다는 문화적 다양성, 특이성, 독특성을 기록 하는 데 다시 관심을 가지게 되었다(V. Turner 1967, 1975; Geertz 1973; Clifford 1988). 인류 학에서 가장 극적인 사건은 마셜 살린스(Marshall Sahlins 1976a)가 스스로 신진화론을 버리고 문화인류학의 새로운 흐름을 받아들였다는 것이다. 문화인류학의 부활은 대체로 정치적으로 중립적인 용어들로 언급되었지만, 많은 신문화인류학자들은 포스트모더니즘이나 이로부터 생겨난 생각을 받아들였다. 그렇기에 신문화인류학은 미국에서 탈과정고고학을 고무시키는 힘이 되었던 것이다.

신마르크스주의와
이데올로기의 역할

1970년대 중반이 되면 사회과학자들 사이에서 마르크스주의 사상에 대한 논의는 미국에서 더 이상 금기시되지 않으며, 마르크스주의는 선사고고학에도 스며든다. 1975년 필립 콜Philip Kohl과 안토니오 길맨Antonio Gilman은 그해 미국인류학회에서 마르크스주의와 고고학의 관계에 대한 심포지엄을 조직한다. 이들과 캐롤 크럼리 Carole Crumley의 연구는 전통 마르크스주의에 바탕을 두는 경향이 있었다(Kohl 1975, 1978; Gilman 1976, 1981; Crumley 1976). 반면 토머스 패터슨(Thomas Patterson 1983)의 연구는 남아메리카의 마르크스주의에 대한 경험에 자극을 받아 전통 마르크스주의와 신마르크스주의 요소를 결합시키고 있다. 이 고고학자들은 과정고고학의 주요한 생각과는 의견을 달리한다. 1977년 매튜 스프릭스(Mathew Spriggs 1984a)는 케임브리지대학에서 또 다른 학술회의를 조직했다. 스프릭스는 당시 프랑스 마르크스주의 인류학은 젊은 고고학자들에게 "잠재적으로 통일된 시각"을 제공함을 주목했다(Spriggs 1984b: 5).

탈과정고고학은 영국에서 이안 호더와 그의 학생들의 연구로 분명한 흐름을 이루었다. 이들은 프랑스 마르크스주의 인류학에서 얻은 통찰을 물질문화 연구에 적용하고자 했다. 이런 흐름이 처음으로 선보인 것은 1980년 케임브리지대학에서 열린 "고고학에서 상징주의와 구조주의"라는 학술회의였다. 이 학회의 결과물은 호더가 편집하여 『상징 및 구조고고학Symbolic and Structural Archaeology』(Hodder 1982)이라는 책으로 나왔다. 이 책은 (신고고학의 등장을 알렸던) 이전 빈포드의 『고고학의 새로운 시각들New Perspectives in Archaeology』(S. and L. Binford 1968)에 대항하여 탈과정고고학의 시작을 알리는 역할을 했다. 호더는 데이비드 클라크의 학생이었으며, 과거 과정고고학자로서 공간유형에 대한 경제적 분석과 초기 시뮬레이션 연구에도 기여한 바 있다(Hodder and Hassall 1971; Hodder 1978a, 1978b; Hodder and Orton 1976). 그렇지만 과정고고학에 갈수록 불만족스러워 했으며, 문화적 요인이 인간행위를 결정하는 데 했던 역할에 관심을 가지게 되었다. 영국에서 과정고고학의 발달은 인류학에 대한 관심을 자극했으며, 호더와 스프릭스 같은 이는 프랑스 마르크스주의 인류학에서 유의한 개념을 찾게 된다. 초기 과정고고학의 사례와 마찬가지로 초기 탈과정고고학 역시 논문의 형태를 띠었다. 이 글들은 고고 자료의 연구에 있어 상징, 구조, 비판주의적 접근에 대한 관심을 반영하고 있다. 다만 무엇이 마르크스주의 이론인지, 그리고 그것을 어떻게 고고학에 적용시킬 것인지에 대해서 상당한 정도의 불확실성과 의견 불일치를 보여주고 있다.

초기 탈과정고고학자들은 종교와 신념에 전례 없는 주의를 기울였다. 비경제적인 현상에 치중했던 것이다(Miller and Tilley 1984a). 크리스티안 크리스티안센(Kristian Kristiansen 1984)은 이데올로기가 사회관계를 형성하는 데 적극적 요인이라고 했으며, 마이클 파커피어슨(Michael Parker Pearson 1984: 61)은 도구는 왕관이나 법전만큼이나 이데올로기의 산물이라고 주장했다. 냅(B. Knapp 1988)은 엘리트들이 어떻게 이데올로기를 조작하여 자신들의 권력을 유지하고 증진시키는지를 분석했다. 몇몇 고고학자들은 분명하게 유물론의 맥락에서 이데올로기를 논의하기도 한다. 크리스티안센은 서유럽의 거석 종교를 생산의 연장선상에 있는 것으로 서술했다. 밀러와 틸리는 이데올로기가 집단 간 이익의 충돌과 관련된 사회변화를 일으키고 유지하며 저항하는 노력과 관련된 것이라고 말한다(Millder and Tilley 1984b: 148). 이와 대조로 파커피어슨(Parker Pearson 1984: 63)은 이데올로기가 경제 행위에 방향을 제시해 줄 수 있다고 했다. 그리고 메리 브레이스웨이트(Mary Braithwaite 1984: 107)는 의례와 위신적 관행들에서 물질문화의 역할을 이해하는 것은 고고학적 유존물에서 나타나는 변화와 유형을 재구성하는 데 필수적인 첫걸음이라고 주장했다. 크리스토퍼 틸리(Christopher Tilley 1984: 143)는 이데올로기의 영역이 "중요한 설명적 역할"을 지닌다고 했던 하버마스의 주장을 인정했다. 이는 모두 인간행위에 대한 관념적인 해석을 지지하는 것으로 해석될 수 있다. 수전 쿠스(Susan Kus 1984)와 피터 개더콜(Peter Gathercole 1984)은 경제적 토대와 상부구조를 나누는 전통 마르크스주의의 사고에 의문을 제기했다. 개더콜은 이 구분이 서구사회가 문화적으로 경제에 경도되어 있음을 반영한다고 했다. 존 글레드힐(John Gledhill 1984)에 따르면 일반적으로 서구의 마르크스주의자들은 선자본주의 사회에서 비경제적 요인이 주도적 역할을 했다고 본다. 의례는 기존의 사회관계들을 자연 질서의 일부인 것처럼 보이도록 만들어서 특권 집단이나 개인들의 권력을 높이는 데 이바지하는 하나의 "담론"으로 서술되기도 했다. 하지만 틸리(Tilley 1984: 143)는 마르크스와 엥겔스, 그리고 이탈리아 마르크스주의 철학자 안토니오 그람시Antonio Gramsci에 뒤이어, 그런 관점들이 압제 당하는 개인들이 스스로 처한 상황을 분석하는 능력을 과소평가하고 있으며, 때문에 이데올로기가 결코 모든 것을 통제한다고 여겨서는 안 된다고 강조한다.

탈과정고고학자들은 이데올로기가 했던 역할을 알기 위해서 선사시대의 이데올로기에 대해서 어느 정도를 밝혀내야 하는지에 대해서도 의견이 나뉘어 있다. 몇몇은 구체적인 상징적 의미와 사회 과정은 "반복적으로 관련"되어 있기 때문에 문화변화를 설명하기 위해서는 반드시 그 의미에 관한 지식을 자세하게 확보해야 한다고 주장한다(Hodder 1984a). 브레이스웨이트(Braithwaite 1984: 94)는 신념체계의 정확한 내용은 고고학적으로 밝혀낼 수 없을 것이라고 했는데, 다만 그 체계가 어떻게 작용했는지는 알아낼 수 있을 것임을 인정했다. 여기에서 "작용"에 대한 브레이스웨이트의 개념은 의례와 이데올로기에 대한 기능주의적 접근과 별로 다르지 않은 듯하다.

파커피어슨(Parker Pearson 1984)은 선계급사회에서 젊은이와 나이든 사람, 남자와 여자, 상이한 혈족과 계보의 사람들로 구성된 "이익 집단들"이 더 진전된 사회에서의 계급과 비슷한 방식으로 투쟁한다고 주장했다. 또한 인간은 자기 이익에 따라 동기 부여를 받으며, 그 이익을 추구하기 위하여 권력을 찾는다는 마르크스주의의 본질적인 전제를 강조하고 있다. 틸리(Tilley 1984)는 메이야수와 테레를 따라 착취적 사회관계는 모든 사회형태에 존재한다고 주장한다. 이러한 여러 사회형태를 막론한 동일과 정설(제일성)의 관점은 인간성이 사회변화로 크게 변화한다는 전통적인 마르크스주의의 주장과는 배치되는 것이다(Fuller 1980: 230-264; Geras 1983).

탈과정고고학자들은 고고 자료에 대한 실증주의적 접근을 거부한다. 대니얼 밀러(Daniel Miller 1984: 38)는 실증주의가 알 수 있다고 느끼는 것과 검증 및 예측할 수 있는 것만을 받아들인다고 지적했다. 그리하여 결국 압제 엘리트들의 일반인 착취를 조장하는 기술지식을 생산한다고 비판하는 것이다. 한편 밀러와 틸리(Miller and Tilley 1982: 2)는 인간사회가 어쩔 수 없는 외부 압력으로 형성되었다고 호도함으로써 사회적 불공평을 자연스럽게 받아들이도록 유도한다고 주장했다. 호더(Hodder 1984b)는 고고학자들이 다른 민족의 선사시대를 해석할 도덕적 권리를 가지고 있지 않다고 했다. 나아가 고고학자의 주된 임무는 개인들이 스스로 자신의 과거에 대한 관점을 구성하는 수단을 제공하는 것이라고 했는데, 여기에서 어떻게 아무런 편견도 없이 그런 정보와 수단을 줄 수 있는지는 설명되지 않았다. 개더콜(Gathercole 1984)을 비롯한 사람들은 고고학을 이데올로기적 학문이라고 평함으로써 그 주관성을 강조하기도 했다. 밀러와 틸리는 프랑크푸르트학파의 학자들을 따라 마르크스주의를 단지 인간 조건에 대한 또 다른 주관적 시각에 불과하다고 해석했다. 마르크스가 스스로 자신의 접근이 우월하다고 주장한 것은 실증주의적 과학의 "겉치레"를 씌우는 헛수고라 하여 거부했다. 이에 반해 롤랜즈(M. J. Rowlands 1984a)는 극단 상대주의를 고고학을 위협하는 위험으로 여긴다. 1986년 세계고고학회의World Archaeological Congress의 창설(Ucko 1987)로 이어졌던 논란을 통해 이 같은 상대주의적 생각과 함께 정치, 경제 및 문화적으로 주도적인 나라나 기관에 종사하는 고고학자들의 헤게모니적 지위뿐만 아니라 전문가의 엘리트주의에 반대하는 등 더욱 근본주의적이 되어 갔다. 이렇듯 비슷한 생각을 가진 고고학자들은 인종주의, 식민주의 및 전문가의 엘리트주의에 반대하며 전 세계적 조직을 만들었던 것이다.

이안 호더와
맥락고고학

탈과정고고학의 중요한 성격은 이안 호더와 그의 학생들이 사하라 이남 아프리카의 여러 지역에서 수행했던 일련의 단기간의 민족지고고학 조사를 통해 확립되었다(Hodder 1982b). 이들 연구는 고고학적 발견은 반드시 사회조직을 반영해야 한다는 과정고고학자들의 주요 가정을 명백하게 거부했다. 호더는 물질문화는 단순히 사회 정치조직을 반영하는 것이 아니라, 사회의 적극적인 요소로서 사회관계를 감추고, 전도시키며 왜곡시키는 데 쓰일 수 있음을 자료로 제시했다. 공개적으로 경쟁하는 집단들은 물질문화를 사용하여 상이성을 강조할 수도 있고, 반면 다른 집단의 자원에 쉽게 접근하고 싶어 하는 어떤 족속 집단은 그런 차이의 물질적 현시를 최소화시키고자 할 수도 있다는 것이다. 높은 지위에 있는 집단은 스스로의 권위를 합리화하기 위하여 적극적으로 물질문화를 사용한다(Hodder 1982b: 119-122). 한편 몇몇 아프리카 나라에서 호리병박과 사용자의 나이에 따라 다른 투창의 양식은 족속의 경계(다른 물질문화의 양상들로는 분명하게 드러난다)를 넘어서까지 잘 보이는데, 이는 여성과 젊은이들의 사회를 주도하고 있는 나이 많은 남성의 권위에 대한 저항을 묵시적으로 표현하고 있다는 것이다(Hodder 1982: 58-74)(그림 8.7). 호더에 따르면, 확대가족 안에서의 긴장도 토기 장식의 변이를 통해 표현되고 강화되어 있다고 한다(Hodder 1982b: 122-124).

이렇듯 호더는 물질문화가 사회 상호작용에서 적극적 역할을 하는 요소임을 논증했다. 이는 한 사회에서 개별 무덤의 규모나 부장품의 성격은 사회적 차별화를 정확하게 비추어 준다는 과정고고학자들의 주장과는 정면으로 배치된다. 호더를 비롯

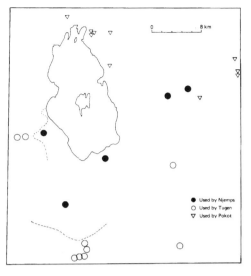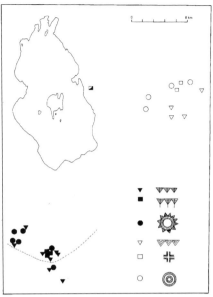

그림 8.7 호더가 케냐의 바링고 지역의 여러 족속 집단들 사이의 방패 형식과 문양 요소의 분포를 민족지적으로 기록한 것(Hodder, 1982, *Symbols in Action*)

한 연구자들은 추가적인 조사연구를 통하여 종교, 위생, 지위 경쟁과 관련된 복잡한 관념이 무덤 관습을 형성하는 데 중요한 역할을 함을 밝혔다(Parker Pearson 1982). 몇몇 사회에서는 단순한 형태의 무덤이 실제 일상생활에서 구현되지 못했던 평등주의의 사회적 이상을 반영할 수도 있는 것이다. 예를 들어 사우디아라비아에서는 초월신 앞에 모든 신앙인이 평등함과 모든 무슬림의 이상적인 사회적 평등을 믿는 이슬람 신앙의 물적 표현으로서 왕과 일반민이 모두 똑같이 단순한 방식으로 묻힌다(Huntington and Metcalf 1979: 122). 오브리 캐넌(Aubrey Cannon 1989)은 19세기와 20세기 초 영국에서는 지위 경쟁 전략의 변화에 따라 매장 관습의 사회적 유의성 역시 변화했음을 밝히기도 했다. 산업화와 더불어 발생한 지리적이고 사회적인 변화를 통해 부유한 가문이 등장하게 되어 화려한 무덤과 장례 기념물을 세워 스스로의 사회적 지위를 확인하고자 했다. 시간이 흐르면서 부유하지 않는 가문도 이런 관습을 추종하고, 부유한 가문은 더 이상 이런 식의 표현을 강조하지 않게 되었다는 것이다. 따라서 구체적인 역사적 맥락을 고려하지 않고서는 특정한 무덤의 사회적 및 상징적 유의성을 제대로 파악할 수 없다.

역설적이게도 호더는 민족지고고학을 이용하여 물질문화가 사회조직을 직접적으로 반영한다는 과정고고학의 중요한 가정을 반박했다. 이전 빈포드 역시 민족지고고학을 통해서 한편으로 물질문화와 다른 한편으로 모든 형태의 사회조직의 관계에 있어 자세한 규칙성이 있음을 밝히고자 했으니, 호더가 이 같은 방법론을 취한 것은 역설이라 할 것이다. 호더의 연구는 선사시대 사회 및 정치조직을 고찰하는 데 취락유형의 중요성을 논증했던 윌리의 연구나 선사시대 편년을 효과적으로 수립하는 방법으로 분류나 발생 순서배열을 사용했던 톰센의 발견 못지않게 고고학 해석의 발전에 중요한 업적이다.

호더는 여기서 나아가 스스로 맥락고고학contextual archaeology이라 부르는 고고자료의 해석 방법을 발전시켰다. 이 접근은 사회 조사연구자는 어떤 한 부분의 중요성을 이해하기 위해서는 관련된 모든 양상의 문제를 고찰할 필요가 있다는 일반적인 헤겔-마르크스주의 확신(프랑스 인류학을 통해 접하게 되었다)과 일치한다. 그렇기 때문에 고고학자들은 매장 관습의 사회적 유의성을 판단하기 위해서 공동묘지뿐만 아니라 취락유형과 같은 다른 양상의 고고학적 유존물까지도 조사해야 한다는 것이다. 이미 언급한 사우디아라비아의 사례와 유사한 상황을 예로 들면, 단순한 무덤들에서 보이는 단일성(모든 사회 계급의 무덤들이 발굴되었다고 가정한다면)과 주거유적의 크기와 세련도에서 나타나는 커다란 차이는 매장이 갖는 이데올로기적 특성을 보여줄 것이다. 그렇다손 치더라도 관련 기록이나 구비전승이 없는 상황에서 고고학자들이 이런 행위를 낳은 구체적인 신념의 내용을 추론하는 것은 거의 불가능할 것이다. 호더는 당시까지 흔히 무시되었던 물질문화의 특성에 주의를 환기시키면서 광범위한 문화적 맥락과는 유리되어 이루어지는 모든 형태의 고고학적 해석이 갖는 위험을 잘 보여주고 있다. 심지어 동물 뼈도 그 동물이 제사로 바쳐진 것이거나 가죽 사용만을 위해 잡은 것이 아니라 실제로 식량으로 먹기 위해 도살되었음을 논증한 뒤에야 식생활을 복원하는 데 사용될 수 있는 것이다. 호더는 어느 한 고고학 문화를 파편의 상태로는 결코 적절하게 해석할 수 없음을 논증함으로써 원칙적으로는 월터 테일러의 연결적 접근과 유사한 (그러나 개념화에서는 테일러의 것을 훨씬 넘어서는) 형태의 포괄적인 내적 연구를 수행해야 한다는 새로운 요구를 했다. 이렇듯 맥락적 접근은 어떤 한 유적에서 몇 가지 선택된 변수들만을 연구하더라도 사회의 전체적인 모습과 구체적인 고고학적 문제에 접근할 수 있다는 과정고고학자들의 믿음(Brown and Struever 1973)과는 근본적으로 다른 것이다.

또한 맥락고고학은 문화마다 특수한 것과 비교문화적으로 일반적인 것(이것이 바로 스튜어드가 과학과 역사 사이에 그었던 이분법의 토대이다) 사이의 신진화론적인 구분을 거부한다(Hodder 1987a). 이로써 문화마다 다른 우주론, 천문 지식, 예술 양식, 종교 신앙 등 1960년대 및 1970년대 과정고고학이 경시했던 연구주제에 대한 새로운 관심이 생기게 되었다. 호더는 다시 한 번 고고학자들에게 인문 현상의 복잡함을 고려해야 하며, 보편 일반화를 추구하여 인간행위의 법칙이나 규칙성을 찾을 수는 없음을 인식하도록 촉구했다. 예컨대 예술품을 지배하는 기준과 같은 모든 구체적인 문화 범주들의 측면에서 그리고 상이한 문화 범주들이 서로 관련되어 있는 방식에서 개별 문화들이나 역사적으로 관련된 문화들을 바라볼 것을 주문하고 있는 것이다(Bradley 1984). 이렇듯 맥락고고학은 선사시대 고고학적 유존물의 유형화에 대한 자세한 연구가 어떻게 물질문화가 사회관계를 제대로 반영하지 않고 오히려 왜곡하거나 전도시키는 데 상징적으로 이용되고 있음을 판단할 수 있는지를 알려 준다. 하지만 더 구체적인 의미를 어떻게 찾아낼 수 있을지에 대해서는 앞으로 더욱 많은 작업이 이루어져야 할 것이다.

6. 탈과정고고학의 다양한 접근

대체로 영국에서와 달리 미국에서는 탈과정고고학이 독자적으로 그리고 다른 선상을 따라서 발달했다. 특히 대부분의 이론적 합리화는 비판이론에 기인했다. 이런 움직임의 시작에는 다양한 고고학자들이 참여했으며, 영국의 경우보다 덜 조직적인 양상을 띠었다. 1980년대가 되면 실증주의의 적절성에 대한 의혹이 커지고 상대주의를 점차 인식하면서 많은 미국 고고학자들은 처음으로 고고학 해석에 순수하게 객관적인 "과학적" 연구가 아닌 또 다른 형태가 있음을 인식한다(Gibbon 1984; Leone 1984; Wilk 1985; Patterson 1986a). 이는 나아가 고고학의 학사에 관심을 가지도록 유도하기도 했다(Trigger 1985a, 1989a, 1994a). 많은 고고학자들은 이제 조사와 연구의 기본 전제가 자신들이 던지는 질문뿐만 아니라 선험적으로 이미 기울어 있는 특정한 대답에도 영향을 미침을 인정하게 되었다(Saitta 1983).

고고 자료 해석에 이용되는 제안을 검증하는 것은 더 이상 객관적이고 분명한 일이 아니라 상당한 정도의 주관적 요소들이 개입되어 있는 절차로 생각했다(M. Salmon

1982; Wylie 1982, 1985b). 많은 사람들은 이제 스스로 합당하다고 주장했거나 자명하다고 생각했던 제안만을 받아들이고 그렇지 못한 가설은 폐기한 것이 아닌지 의문을 품게 되었다. 과정고고학이 강하게 지지했던 가설연역법은 사례 연구로 입증된 설명이 미래의 비슷한 사례에도 모두 적용될 것임을 전제로 한 것이었다. 그러나 이제 많은 고고학자들은 개인적으로 그리고 집합적으로, 대체로 부지불식간에 사회 환경의 영향을 받음을 인정한다(Patterson 1986a). 그렇다고 모든 고고학자들이 특정 사회 조건에 동일한 반응을 보일 것이라는 단순한 생각을 말하는 것은 아니다(Shanks and Tilley 1987a: 31). 다만 동일한 계급에 속하고 정치적 성향이 같을 경우, 모든 사람들은 아니지만, 많은 고고학자들은, 비슷한 시각에서 고고 자료를 해석하게 되는 것은 사실이다.

미국 고고학자들이 가졌던 첫 번째 주요 편견은 종족적 편향이다. 이는 인종주의적 편향이 역사적으로 미국 사회에 커다란 역할을 했을 뿐만 아니라 미국 선사고고학에 오랫동안 영향을 미쳐왔기 때문에 그렇게 놀랄 일은 아니다. 로버트 실버버그 Robert Silverberg는『고대 미국의 마운드빌더들Mound Builders of Ancient America』이란 책에서 과거 마운드빌더족을 상정했던 것이 어떻게 19세기 구미 사람들이 가진 북아메리카 인디언에 대한 편견을 반영하고 있는지, 그리고 그런 생각과 일치되는 고고학적 발견들에 대한 해석이 어떻게 순환적으로 그런 편견을 강화시켜 왔는지를 기록하고 있다. 1980년에 나는 북아메리카 원주민은 원시적이고 변화에 무능하다는 생각이 고고학적 유존물에 대한 잘못된 이해를 유도했으며, 특히 19세기, 고고학적 연구가 별로 없었던 시절에 그런 경향이 강했다고 주장한 바 있다(Trigger 1980b). 시간의 흐름에 따른 문화변화의 증거는 무시되거나, 내적 요인보다는 다른 족속의 이주와 같은 외부적 요인의 탓으로 돌려졌다. 고고학적 유존물이 점점 더 알려질수록 고고학자들은 천천히, 그리고 흔히 마지못해서 변화가 문화 내부에서 일어났음을 인정하지 않을 수 없게 되었다. 하지만 오랫동안 변화라는 것도 중앙아메리카와 시베리아로부터의 전파 덕분으로 생각했다. 20세기 후반에 들어와 고고학적 유존물의 복합성에 대해 더 많은 인식을 하고 나서야 대부분의 고고학자들은 상당한 정도의 내적 발달이 선사시대 원주민 집단에서 일어났었을 가능성을 고려하기 시작했던 것이다.

고고학자들은 이와 비슷한 족속적인 편향이 세계의 다른 지역, 특히 식민적 상황에 있었던 지역에서, 그리고 고고학이 민족적 정치 문제에 봉사하고 있는 지역에서도 고고학 증거의 해석에 영향을 미쳤음을 지각하게 되었다(Trigger 1984a). 미국에서는 원주민의 창의성을 인정하게 되면서 선사고고학자와 연구 대상인 해당 족속 사이에 더욱 긴밀한 관계가 형성되었다. 과정고고학자들은 자신들이 내세웠던 연구목적에 충실하게 고고학적 유존물을 인간행위 일반화의 토대로 삼았으며, 이 때문에 그 연구 관심은 원주민들의 관심과는 거의 일치하지 않았다. 심지어 가장 탈과정고고학적인 고고학자들조차도 고고학적 발견을 해석하는 데 필요한 문화적 정보의 원천으로서 현존하는 인디언들보다는 더 이른 시기에 기록된 풍부한 민족지 자료에 의존했다. 인디언 권익운동가들이 정치적 필요에 따라 자신들의 문화유산 연구에 대한 법적인 허가권을 확보한 뒤에야 대화가 시작되었으며, 이 대화는 여전히 정치적인 문제에 압도되며 흔히 배치되기도 한다(Bray and Killion 1994; Lynott and Wylie 1995; Nicholas and Andrews 1997; Swidler et al. 1997; Dongoske et al. 2000; D. Thomas 2000; Watkins 2000; R. McGuire 2004).

젠더고고학과
비판이론

이미 1970년대 노르웨이 고고학에서는 페미니즘과 젠더 연구가 중요한 부분으로 자리 잡았다(Dommasnes 1992). 북아메리카에서는 1980년대에 들어와서야 조안 게로(Joan Gero 1983), 마거릿 컨키와 재닛 스펙터(Conkey and Spector 1984)가 선구적 연구를 출간함으로써 고고 자료의 해석과 미국 고고학의 관행에서 젠더적 편향이 다뤄지기 시작했다. 학사적이고 사회학적인 연구들은 재빨리 여성이 전문 고고학자의 우선순위에서 평가절하되고 있으며, 과거 여성들은 대부분은 지위 높은 발굴조사 책임자가 아니라 주로 기술자나 실험분석가의 역할만을 했음을 밝혔다. 이렇듯 여성의 비주류화로 고고학 증거에 대한 편향되고 남성중심적인 해석이 나왔다는 것이다. 문화진화에서는 "사냥꾼으로서 사람(남자)man the hunter"라는 도식이 가졌던 한계를 인식함으로써 남성이 주도하는 고고학의 지성적인 결과에 비판의 포문을 열게 되었다(N. Tanner 1981; Fedigan 1986). 이런 비판과 함께 사회 정의를 증진시킬 뿐만 아니라 고고학의 지성적 신뢰도를 높이기 위해서는 더 많은 여성이 고고학을 하도록 유도할 필요가 있음을 느끼게 되었다(Gero and Conkey 1991; Walde and Willows 1991; Hanen and Kelley 1992; Claassen 1994; Nelson et al. 1994; Conkey and Tringham 1995; R. Wright 1996; S. Nelson 1997).

이런 움직임에 대한 공개적인 저항은 거의 없었다. 이는 이러한 비판이 사회문화 인류학이나 다른 사회과학 학문보다 고고학에서 너무도 늦게 시작되어 남성 고고학자들은 그 싸움에서 이길 희망을 별로 갖지 않았기 때문이다. 연구자들은 곧 적절한 페미니즘 연구가 없는 상황에서는 많은 유의한 문제가 대답되지 않은 채 남아 있고, 과거에 대해 부당하게 부분적이거나 잘못된 해석들이 조장된다는 점을 지적했다. 페미니즘과 젠더 연구에 바탕을 둔 비판은 고고학의 실제뿐만 아니라 연구 구조까지도 언급했기 때문에 많은 고고학자들에게 편견의 일반적인 성격을 보여주는 데 큰 역할을 했다. 이는 나아가 실증주의적 인식론의 권위를 비판하는 역할을 했고, 결국 많은 고고학자들은 상대주의자들과 탈과정주의자들이 제기한 주장들에 진지한 관심을 보이게 되었던 것이다.

앨리슨 와일리(Alison Wylie 1996, 1997)는 젠더고고학이 어떻게 남성중심주의에 대한 비판에서 진화하여, 고고학적 유존물에서 여성을 찾아 젠더의 차이와 연결성에 대한 이슈들을 고찰하는지 논의했다. 최근 제3의 페미니즘 연구 경향은 젠더 이슈를 고립된 연구 주제가 아닌 나이, 계급, 종족성, 개인적 외관, 부, 직업과 같은 다른 양상과 필연적으로 교차되는 삶의 한 양상으로 다루고자 한다(Meskell 1999, 2002). 이로써 고고학에 대한 페미니스트적인 비판은 성공했고, 젠더를 단순히 또 다른 관점이 아니라 모든 형태의 고고학 해석과 실제에서 중요하게 고려해야 할 문제로 생각하게 되었다. 다만 영국에서는 훌륭한 젠더고고학 연구가 이루어졌으나(Gilchrist 1994, 1999), 미국에서는 젠더 이슈가 그만큼 광범위하게 논의되지 않았다. 페미니스트 고고학자들은 영국의 남성 탈과정고고학자들이 이런 실패에 주목하게 한 바 있다(Engelstad 1991; Preucel and Chesson 1994: 70-71).

젠더고고학자들은 다른 학문의 젠더 전문 연구자들과 마찬가지로 젠더가 과연 문화적으로 구성된 범주인지, 아니면 생물체로서 인간의 차이에 근거를 두고 있는 것인지를 논쟁하고 있다. 대부분의 젠더고고학자들은 고고학자는 결코 남성과 여성 사이의 관계에 대해 비교문화적으로 일반화를 추구해서는 안 된다고 주장한다. 몇몇 더 근본주의적 상대주의자들은 젠더와 대비하여 성性조차도 생물학적인 구성물이 아니라 특정 집단의 사람들이 생물학적 차이에 대해 가졌던 변화하는 아이디어일 뿐이라고 하기도 한다(Gosden 1999: 132-151).

미국 고고학자들은 족속이나 젠더적 편향보다 계급적 편향에는 관심이 덜하다. 계급에 대한 형식적인 연구에 관심이 제한적인 것이다. 연구의 대부분은 역사고고학자들의 작업이다. 초기 연구자로는 러셀 핸즈맨(Russell Handsman 1981), 마크 레온

(Mark Leone 1981)을 들 수 있다. 이들의 연구는 헨리 글래시(Henry Glassie 1975)와 제임스 디츠(James Deetz 1977)의 연구에 영향을 받았으며, 스탠리 사우스(Stanley South 1977a, 1977b)의 과정주의적 접근을 비판했다. 레온 연구의 많은 부분은 식민시대 유적의 유형을 현대의 권력관계에 투영함으로써 그 관계와 가치가 자연스럽고, 변치 않는 것이며, 아무런 문제도 없는 듯 보이도록 이용하는 사람들의 행위를 밝히는 것이었다(그림 8.8). 역사고고학자들은 노예와 개별 노동자들의 일상생활을 연구하는 데도 주의를 기울였다. 노예와 노동자들은 보통 문헌에는 잘 기록되어 있지 않기 때문에 고고학으로 이러한 계급 사람들에 대한 지식에 크게 이바지할 수 있을 것이라고 보았다. 또한 연구 대상 민족의 후손들을 참여시켜 조사와 연구의 방향을 잡는 데 도움을 얻고자 했다(Leone and Potter 1988; McGuire and Paynter 1991; M. Johnson 1996; Shackel 1996). 이런 식으로 미국의 역사고고학 연구의 영역과 수준은 크게 발전하게 되었다.

비판이론은 설명을 해체하여 의도적이든 그렇지 않든 상이한 관점의 연구자들이 제시하는 설명 속에 내재된 편향을 밝히려 한다(Held 1980). 이렇듯 고고학자들은 비판이론을 이용하여 고고학에서 편향에 대한 논의를 구조화시키고 합리화시키고자 했다. 초기의 연구들은 과거 고고학 연구에 스며들어 있던 편향의 정도에 대한 경험 증거를 제공함으로써 이후 연구에 중요한 영향을 미쳤다. 이러한 통찰을 바탕으로 많은 고고학자들은 비슷한 편향이 자신들의 연구에도 영향을 미치고 있을지 모른다고 생각하게 되었던 것이다. 그럴 가능성이 있다는 사실 때문에 미국 고고학자들은 상대주의적 인식론의 중요성을 더 느끼고 탈과정고고학자들의 주장을 적어도 몇 가지는 받아들이게 되었다.

대부분 미국 선사고고학자들은 여전히 생태학적 관점의 연구가 유용하다고 믿고 있다. 하지만, 생태학적 설명을 적용하기 힘든 부분에 대해서는 문화적 설명까지도 고려하는 연구자가 많다. 엄밀히 말해 이 입장은 빈포드의 생각과도 반대되는 것은 아니다. 물론 빈포드는 여전히 인간행위의 중요한 부분은 모두 생태적으로 설명할 수 있다는 믿음을 가지고 있다. 리처드 굴드(Richard Gould 1978b)는 고고학자는 할 수 있는 한 생태학적 측면에서 설명을 시도해야 하며, 그 다음 남은 관찰을 상징적으로 해석해야 한다고 주장한 바 있다. 이런 절차에 따라 예컨대 선사시대 석기의 재료로 상이한 형식의 처트가 선택되었다고 한다면, 먼저 특정한 종류의 도구를 만드는 데 그 석재가 지닌 상대적 유용성을 고찰해야 한다는 것이다. 다시 말해 선호되었던

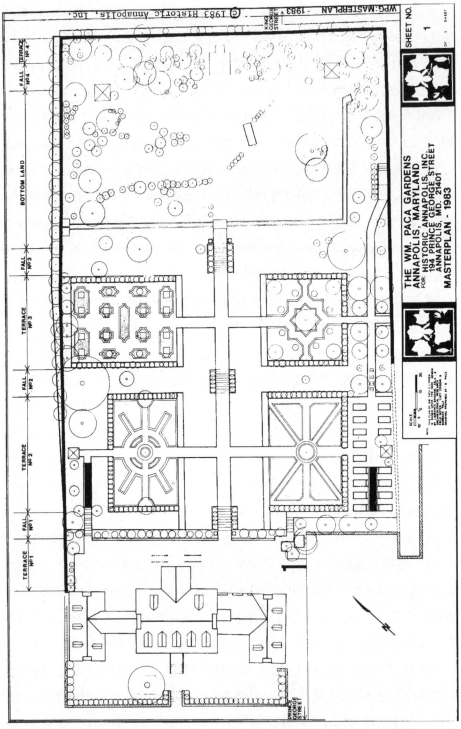

그림 8.8 18세기 메릴랜드주 아나폴리스의 윌리엄 파카 정원. 정원의 윤곽이 고고학적으로 파악되었다(D. Miller and C. Tilley, eds., *Ideology, Power and Prehistory*, 1984a)

형식이 그렇지 않은 것보다 실제로는 제대로 기능하지 못했다는 사실이 판명된 뒤에야 석재 사용에 대해 문화적인 설명을 고려할 수 있게 되는 것이다. 그러나 불행히도 이런 접근은 생태학적 설명과 상징적 설명을 나누는 결정적인 요인이 어떤 한 고고학자가 가지고 있는 지식의 한계 또는 분석적 기술의 한계가 될 수도 있는 결과를 초래한다. 시간이 흐르면서 많은 미국 고고학자들은 그저 상식이나 당대의 의견 일치에 근거하여 어떤 종류의 설명이 적절한지를 판단하는 입장을 취하게 되었다. 비록 미국 고고학자들은 이론적 다양성을 인정하게 되었지만, 대부분은 구체적으로 어떠한 상황에 특정한 종류의 이론이 적용 가능한지 아니면 그렇지 않은지를 판단하려는 의지를 가지고 있지 않다.

영국에서 탈과정고고학은 과정고고학에 대한 자기만족적 대안으로서 제시되었다. 분파주의자들은 특정한 어떤 한 입장이 옳으며 탈과정고고학의 주 목적은 과정고고학을 비판하고 대체하는 것이라고 생각한다. 1980년대 초부터 탈과정고고학자들은 유물 변이와 변화를 사회적 의미의 창조와 조작이란 측면에서, 특히 사회 권력의 주장, 유지, 저항의 맥락에서 설명하고자 했다.

초창기 가장 선호되었던 설명적 장치는 '문화'('사회'가 아니라) 구조주의cultural structuralism였다. 이 접근의 창안자는 프랑스 인류학자 클로드 레비스트로스(Claude Lévi-Strauss, 1908~2009)로서 그의 생각은 뛰어난 스위스 언어학자 페르디낭 드 소쉬르 Ferdinand de Saussure(1857~1913)의 관찰에 바탕을 두고 있다. 소쉬르는 말이란 모두 말하는 사람이 흔히 인지하지 못하고 있는 문법 및 형식 언어학적 분석으로만 찾아낼 수 있는 지식을 통해 가능하다고 했다. 이러한 관찰을 토대로 레비스트로스는 문화유형이 외부적인 어떤 것에 기인한다고 생각할 필요는 없다고 결론을 내린다. 그는 모든 문화를 떠받치는 것은 깊은 구조, 곧 본질로서 자체의 법칙에 지배를 받으며, 이로써 사람들은 인지하지 못하지만 그로부터 기인하는 문화적 산물들에는 규칙성이 나타난다고 가정했다. 더 구체적으로 레비스트로스는 모든 인간의 사고는 개념적인 이분법, 곧 문화-자연, 남성-여성, 낮-밤, 삶-죽음과 같은 이항대립의 지배를 받는다고 보았다. 그리고 대립의 원칙은 인간의 머리에 내재되어 있는 보편적인 성격이라 생각했다. 다만, 각 문화는 그런 대립에 대한 독특한 선택에 기반을 두고 있으며, 그 구성 체계가 그대로 머물러 있을 때에도 대립은 상호관련이란 측면에서 상당한 정도로 치환置換될 수도 있다고 보았다. 문헌 또는 구전기록을 주의 깊게 분석하면 각 문화에서 그런 대립이 어떻게 서로 연결되어 있는지를 알 수 있다고 한다(Leach 1970). 레비스트로스의 구조주의는 보아스학파의 형상주의와 많은 공통점이 있는 것이 사실이지만, 구조주의의 근저에 있는 유형은 심리적인 것이 아니라 인지적인 것이다. 이항대립은 인간 사고방식의 광범위한 특징이다. 하지만 레비스트로스가 1950년대에 처음 이 학설을 제시한 이후 신경과학에서는 전적으로, 또는 대체로 이항대립의 측면에서 생물학적으로 인간의 뇌가 사고하도록 프로그램이 짜여 있다는 증거는 아직 제시되지 않고 있다.

선사고고학에 구조주의를 적용한 가장 중요한 첫 사례는 프랑스 고고학자 앙드레 르루아구랑André Leroi-Gourhan(1911~1986)의 연구라 할 수 있다. 그는 유럽의 고고학자 가운데 가장 인류학적으로 숙련된 학자였다. 르루아구랑은 물질문화에 대한 주의 깊은 구조 분석을 통해 그 근저에 있는 개념적인 대립을 밝히고, 어떻게 서로 관련을 맺고 있는지를 알아낼 수 있다고 생각했다. 사실 구조주의자가 되기 이전인 1940년대부터 유물에 대한 복잡한 민족지를 개발하여 왔는데, 여기에는 후일 과정 및 문화사고고학에 응용된 생각들까지도 포괄되어 있다. 르루아구랑은 수렴적인 기능적 구속tendances과 분지적 문화 변이faits를 동시에 고려하여 유물을 분류하는 길을 찾고자 했다. 그리고 작업연쇄chaîne opératoire라는 개념을 고안했는데, 유물의 제작과 사용의 역사에서 발생했던 형태 변화의 연쇄를 가리킨다. 르루아구랑은 문화진화를 마음과 몸의 합제품으로서 도구에서 시작하여 종족 집단의 분화를 거쳐 마지막으로 인간의 기억을 확장시킨 기술적 세련화로 생각한다([1964, 1965] 1993). 초기의 저작에서는 고고학자의 필요에 적절한 인류학을 제시하기도 했으며(Coudart 1999; Audouze and Schlanger 2004), 이후 구조주의적인 접근을 채택하여 상징의 의미를 연구하였다.

1950년대 르루아구랑은 서유럽 후기 구석기 동굴벽화에서 동물과 인간 이미지의 배치 및 이와 같이 나타나는 추상적 기호의 규칙성에 대한 통계적인 분석을 시작했다(Leroi-Gourhan 1964). 르루아구랑과 아네트 라멩앙프레르(Leroi-Gourhan and Laming-Emperaire 1962)는 구조주의적 측면에서 개별 이미지보다는 전체 동굴벽화의 구성을 해석하고자 했다. 결국 이들은 동굴벽화의 구성이 남성과 여성의 원칙과 관련한 신화를 언급하고 있다고 제안했다. 그 원칙이 수적으로 압도적으로 많은 말과 들소로 상징화되었다고 보았던 것이다. 르루아구랑은 남성의 원칙을 말과 연결시키고 여성의 원칙을 들소와 결부킨 반면, 라멩앙프레르는 이와 반대되는 생각을 제시했다.

그런데 이런 해석 가운데 어느 것이 옳은지를 다른 고고학자들이 판단하기란 불가능하다. 그래서인지 1970년대 말이 되면 르루아구랑은 이 같은 접근을 스스로 폐기하고 만다(R. White 1993: xiv; Ucko and Rosenfeld 1967).

이후 이안 호더는 탈과정고고학에서 구조주의적 접근을 제창하는 연구자가 되었다. 1982년 호더는 유럽 신석기시대 무덤과 집자리 배치에서 보이는 유사성을 고찰하여 그 상징 의미를 추론하고자 시도했다(Hodder 1984a). 비슷한 시기에 틸리는 스웨덴 신석기시대 무덤의 방향과 사람 뼈 및 부장된 토기의 분포를 이용하여 선사시대 의례와 그 의미를 추론하기도 했다(Tilley 1984). 그는 죽음, 파괴와 다산성, 삶, 사회 질서의 증진이 상호 연결되어 있음을 일반화시켜 이야기했다. 이는 빅토리아시기의 인류학자 제임스 프레이저(James Frazer, 1854~1941)의 사색적인 일반화와 크게 다르지 않다.

구조주의적 접근을 가장 야심적으로 선사고고학 자료의 해석에 적용시킨 사례로는 호더의 『순화와 유럽 농경사회의 기원The Domestication of Europe』(1990)을 들 수 있다. 이 책은 여전히 선사고고학에서 가장 구조주의적인 연구이며, 따라서 이 접근의 강점과 약점을 평가하는 데 좋은 사례 연구라 할 만하다. 호더는 유럽의 신석기시대에서 철기시대까지 도상圖像 요소와 결부되어 있는 변화뿐만 아니라 집자리, 취락, 인클로저enclosure, 무덤의 평면 배치와 지점에서의 변화를 고찰하면서, 시간적으로 이른 서아시아의 증거도 유럽의 자료를 이해하는 데 유의하다고 판단했다. 또한 이런 유형에서의 변화를 자연과 문화, 남성과 여성, 야생종과 순화종, 외부와 내부, 앞과 뒤, 밝음과 어두움, 삶과 죽음 등을 포함하는 일련의 이항대립의 관계에서 구조적인 조정으로 이해하고자 했다. 여기에서 중요한 대립은 야외agrios와 집안(가내, domus)의 것인데, 둘 사이는 흔히 경계foris의 개념으로 중재된다. 호더는 신석기시대에서 철기시대에 이르는 동안 선사시대 유럽사회가 남성 중심이 되어 가면서 가장 주된 상징이 도무스에서 아그리오스로 변화했다고 보았다.

그러나 호더가 관찰 가능한 고고학적 유존물의 유형에 어떻게 의미를 부여하는지는 늘 분명하지 않다. 때로는 보편적 의미를 가정하는 경우도 있는데, 이 절차는 사실 문화 간의 상호 이해가 불가능함을 강조하는 자신의 연구 경향과 배치되기도 한다. 가령 쓰레기 폐기는 작은 규모의 사회들에서 사회적 경계를 만드는 전략으로 전개되었다고 주장하면서 그 같은 (보편성을 강조하는) 절차를 사용하기도 했던 것이다

(Hodder 1982a: 60-65, 1982b: 125-184, 1990: 127, 1991d: 4, 6). 하지만 호더의 분석과 레비스트로스의 연구에 기본이 되고 있는 자연과 문화의 구분은 서기전 500년 이전 유럽에 살았던 주민들이나 그 밖의 사람들에게 어떠한 의미를 지녔을 것 같지 않다. 역사 및 민족지 증거에 따르면 그 이전의 사람들은 우리가 자연세계로 인지하고 있는 것을 인간과 마찬가지로 마음과 의지를 가진 영적인 힘을 지닌 존재로 개념화하고 있음을 알 수 있다. 그렇다면 이후 유럽인들과 다른 사람들이 자연, 사회, 초자연적 존재 등을 나눈 것은 사실 (선사시대 연구에) 별다른 소용이 없게 된다. 서기전 1000년기 중반에 들어서야 그리스, 서아시아의 일부, 인도, 중국 등지에서는 자연을 세속화시키게 되며, 이로써 자연과 문화의 구분은 세계의 다른 지역에도 널리 자리 잡게 되었을 것으로 보인다(Childe 1949, 1956b; Frankford 1948; Jaspers 1953; Hallpike 1979; MacCormack and Strathern 1980; Eisenstadt 1986). 이와 비슷하게 민족지 증거에 따르면 많은 족속들, 특히 수렵채집민은 단순하게 야생을 위험한 것으로, 집안home을 안전한 것으로 나누어 보지는 않는다. 물론 서구인과 아마도 다른 대부분의 정주민에게는 이 두 가지 것들이 전혀 별개의 것으로 보일지도 모른다. 그러나 다수의 수렵채집민의 경우 오히려 야생은 양육의 영역으로서 인간이 반드시 의지해야 할 우정과 자비의 힘에 의해 통제를 받는다고 생각하고 있는 것이다(Bird-David 1990; Ingold 1996).

　　호더는 일반적으로 유럽 문화의 근저에 있는 구조는 연속적이기 때문에 현대 유럽사회에서 성장한 고고학자는 선사시대 유럽의 고고학적 유존물을 형성한 사고 유형을 다른 지역의 사람들보다 더 잘 통찰할 수 있다고 생각하고 있는 듯하다(Hodder 1990: 2-3, 282-300). 그렇다면 중국에서 자랐으나 유럽 선사시대를 전공하는 고고학자는 동일한 정도의 통찰을 얻을 수 없을 것이며, 중국에 대한 비슷한 통찰 역시 중국학을 전공하는 유럽 고고학자들이 얻기 힘들게 된다. 구조주의자들이 개별 문화 전통들의 근저에 자리 잡고 있는 장기 지속되는 사고 유형이라 믿어지는 것을 토대로 연구를 하고 있지만, 아직 고고학적 유존물에서의 물질문화의 유형화에 대한 직관을 넘어서는 수준의 상징적 해석을 제시하지 못하고 있다.

　　구조주의적 접근은 그동안 문화사고고학 및 과정고고학자들이 흔히 간과했던 특정 문화의 복잡하게 얽힌 물질문화 유형에 대한 자세한 연구를 자극했다. 그렇지만 르루아구랑이나 호더는 모두 비고고학적 정보가 없는 상황이라면 그런 규칙성들의 의미를 해석하는 데 사변적 수준을 넘어서는 방법을 찾지 못하고 있다. 1990년대가 되면 구조주의는 곤란에 빠지고 만다. 많은 종류의 자료를 능숙하게 분석하기도 했지만, 레비스트로스 이후에는 중요한 이론적 발전을 이루어 내지 못했고, 그 존재론적인 유효성이 입증되지도 않았다. 최근 들어서는 구조주의 원칙보다 더 일반적인 비유 개념이 인간 사고의 성격에 대해 더 생산적인 통찰을 준다는 지적이 있으며(Lakoff and Johnson 1980; Lakoff 1987), 틸리도 이 생각을 받아들인다(Tilley 1999). 이렇듯 고고학자들은 구조주의적 접근으로 선사시대 자료의 구체적인 의미에 대한 통찰을 얻지 못했다. 레비스트로스의 주장의 존재론적인 유효성에 대하여 의혹이 커짐에 따라 고고학자들은 점차 구조주의에 관심을 잃어 갔던 것이다.

극단상대주의와
후기구조주의

영국에서 일어난 탈과정고고학의 두 번째 흐름은 주로 후기구조주의적 정치 행동과 관련된 것으로, 권위에 대한 반대를 고양시키고 변화의 힘으로 인간 에이전시를 강조한다. 이 물결은 1980년대와 1990년대 마이클 섕스Michael Shanks와 크리스토퍼 틸리Chistopher Tilley, 피터 우코Peter Ucko의 연구가 대표적이다. 우코는 문화사 고고학자였지만, 1970년대 오스트레일리아 캔버라에 있는 원주민연구소의 장을 역임하면서 급진주의자가 되었다(Moser 1995b). 섕스와 틸리는 모두 구조주의를 연구했지만, 구조주의의 반역사적인 성격은 변화를 이해하는 데 유용하지 못하다고 생각한 듯하다. 이후 루이 알튀세Louis Althusser와 앤서니 기든스Anthony Giddens의 연구와 함께 프랑스의 마르크스주의 인류학으로부터 많은 아이디어를 얻는다. 이들은 과정주의가 행위를 강조했던 것을 비판하고, 중재된 사회 및 정치 행동을 강조하면서 행위자가 소속된 구체적인 문화 환경, 신념, 목적 등에 깊은 관심을 가질 것을 요구한다. 또한 고고학이 과거에 대한 권위 있는 지식의 원천이라는 주장까지 비판하면서 모든 종류의 권위에 문제를 제기하고 저항하기를 촉구한다. 이로써 권위적인 지식은 이데올로기적 종속의 도구이며, 급진개혁적 지성인들이 나서서 그로부터 일반 대중을 해방시켜야 한다는 프랑크푸르트학파의 가르침을 따르고 있다. 그런 권력은 계급사회만의 것이 아니라 모든 사회의 특성이라고 주장한다. 물론 불평등의 성질이 사회마다 다를 수 있음은 인정한다(Ucko 1989a: xii). 그리하여 마르크스와 엥겔스가 강하게 반대했던 불평등의 보편성에 대한 믿음을 고양시키고 있는 것이다.

섕스와 틸리는 때로 고고학적 발견물로 자료에 대한 잘못된 해석이 수정될 수도 있음을 제한적이지만 인정하고 있다(Shanks and Tilley 1987a: 114-115; 1989; *Lampeter Archaeological Workshop* 1997). 하지만 섕스, 틸리, 우코는 다른 학문의 강한 상대주자들과 마찬가지로 고고학자 역시 하나의 해석이 옳다거나 그르다고 말할 경험적 근거를 전혀 가지고 있지 않다고 주장한다. 학자들은 자신의 믿음에 눈이 멀어 고고학적 발견물이 그 증거를 해석하는 데 거의 영향을 미치지 않는다고 생각한다고 지적했다. 그렇게 되면 특정 고고학 이론을 반박할 길은 오직 그것이 비논리적임을 밝히는 것밖에는 없다(Miller and Tilley 1984b: 151; Shanks and Tilley 1987b: 195; Tilley 1990b: 338-340; Ucko 1989b: xix-xx). 강한 상대주의자들의 목적은 전문가의 지적인 주장이 실제로는 비전문가들의 의견 표출과 비슷한 것이며, 더 나아가 의도적인 거짓과 신화를 만드는 과정이라고 한다. 이들은 철학자 파울 파이어아벤트(Paul Feyerabend 1975)와 과학사회학자 배리 반스(Barry Barnes 1974, 1977)가 했던 과학 및 비과학적 지식 사이의 구분을 허무는 노력에 주목했다. 이로써 고고학 발견물을 설명하는 데 고고학자들이 특별한 자격을 갖추었다고 스스로 주장하는 것은 사회의 주도적인 집단의 이익을 위해 과거를 통제하려는 시도로 낙인찍힌다. 호더가 이미 했듯이 어떤 개인이나 집단은 고고 자료를 사용하여 스스로 원하는 방식대로 과거를 만들어 낼 수 있으며, 논리적으로 일관된 해석이라면 어떤 것이라도 그 유효성에 의문을 제기할 사실 근거는 없다고 생각된다. 이 입장은 고고학을 민주화시키고 엘리트주의적 허영과 "모든 닫힌 사고 체계"를 일소한다고 믿는 지지자들로부터 환영을 받았다(Held 1980: 150; Hodder 1984b; Shanks and Tilley 1987b: 195; Tilley 1990b: 338; Ucko 1989b: xiv-xxi).

탈과정고고학자들은 물질은 상징적으로 "확실히 다의적"이라고 주장한다. 상이한 사람들에게 서로 다른 의미를 가지며, 아마도 같은 사람에게도 시간이 다르다면 다른 의미를 지닌다는 것이다(Shanks and Tilley 1987b: 115-117; B. Olsen 1990: 195; Shanks 1996: 121). 이 입장은 "사물에는 원래의 의미가 있으며, 일련의 분석으로 그 의미가 재창조된다"는 점까지도 부인한다(Tilley 1990b: 338). 이러한 조건에서 오늘날 유물이 가지는 의미는 단지 고고학자 같은 사람들이 그것에 부여한 것에 지나지 않게 된다. 이러한 메시지가 과거 그 유물에 부여되었던 의미와 유사한지 아니면 상이한지를 판단할 길은 없다. 만약 다르다고 하더라도 어느 것이 더 합당한 것인지를 판단할 방법도 없다. 이런 근거에서 생스와 틸리는 "여러 대안적인 과거들을 선택할 방법은 본질적으로 (연구자의) 정치적 토대 말고는 없다"고 했던 것이다(Shanks and Tilley 1987b: 195).

생스와 틸리는 개인들이 스스로 자신의 조건을 변화시킬 가능성은 전무하다는 과정고고학자들의 결정론적 주장에 맞서는 수단으로 에이전시 개념의 중요성을 강조한다. 이들은 개인들이 선택했던 결정에 더 많은 주의를 기울여 사회에서의 안정성과 변화를 고려해야 한다고 주장한다. 적응력이나 사회체계에 의해 인간의 행동이 통제된다고 보지 않으며, 반대로 인간의 의도적인 행동으로 보아야 한다는 것이다.

이러한 접근으로 탈과정고고학자들은 어떤 것이 분명하게 논쟁적인 이슈인지에 대해 다양하고도 상호 모순되기도 한 수많은 이론에 직면한다. 계급 충돌과 합리적인 이기심이 변화를 일으키는 주된 요인이며, 이것이 작은 규모의 사회들에서 일어나는 변화를 설명해 준다는 마르크스의 가정을 확대시키고 조정하고자 하는 고고학자들도 있다. 살린스(Sahlins 1976a: 12)는 이에 반대하여 유용성의 개념과 이기심이 사회적으로 구성된다고 주장한 바 있다. 앤서니 기든스(Giddens 1984)의 구조화이론을 받아들이는 사람들도 있는데, 마르크스주의와 마찬가지로 사회구조와 에이전시 사이에 되풀이되는 관계를 상정하면서도 이기심을 마르크스의 생각보다도 문화에 깊이 배태되어 있는 것으로, 에이전시를 계급이나 이익 집단이 아닌 개인 자신에게 봉사하는 것으로 보았다. 매튜 존슨(Mathew Johnson 1989) 등은 에이전시 개념이 관심을 받긴 했지만 말뿐이었고, 그것을 진지하게 다룬 고고학자는 거의 없었다고 비평했다. 최근에는 마틴 바이어스(Martin Byers 1999, 2004)가 의도성에 집중함으로써 고고 자료의 인지적 이해가 진전될 수 있을 것이라 제안했다. 여기에서 의도성이란 인간과 세계 사이의 상호작용을 지배하는 인과적 경계면으로 생각된다. 바이어스는 심리학자 존 설(John Searle 1983)의 생각을 추종하여 의도성은 반드시 믿음, 필요와 욕망, 의지, 지각이라는 네 가지 의식 상태의 측면에서 분석되어야 한다고 주장한다.

후기구조주의의 발달은 인간행위를 형성하고 제한하는 구조와 힘에 주목하는 에이전시에 대한 관심과 역행했다. 개인은 이제 어떤 단일한 근저의 구조가 아니라 복수의 파편적인 구조들에 의해 둘러싸인 존재로 생각했다(Bapty and Yates 1990). 루이알튀세는 오래전부터 선재先在하는 사회 조건들을 인간의 자유를 제한하는 주 요인으로 간주하여 왔다. 피에르 부르디외(Pierre Bourdieu 1977)의 실천이론 역시 개인들이 현존하는 행위 유형, 믿음, 제도적 자원을 이용하여 스스로의 목적을 이루기 위해 사회를 어떻게 재형성하는지를 분석했다. 아비튀스habitus 개념은, 미셸 푸코(Michel Foucault 1970, 1972)의 에피스테메epistemes 개념과 마찬가지로, 학습되면서도 무의식적으로 실행되는 행위 형태들이 자유로운 행위자로서 행동할 수 있는 개인의 능력을 제한하고 있음을 강조한다. 줄리언 토머스(Julian Thomas 2000: 149-150) 같은 몇몇 탈과정고고학자들은 개인 에이전시는 유용한 개념이라는 생각을 단호하게 부인 하는데, 이 경우 문화결정론의 입장을 받아들이는 듯하다. 개인의 개념은 단지 몇몇 사회들, 특히 현대 자본주의 사회들에나 존재한다고 주장하는 연구자들은 개인이 하는 역할에 대해 의문을 제기하기도 한다(Shennan 2002: 212). 개인주의와 개인이 서로 연결되는 개념이라고 말하는 사람들도 있다(Meskell 2002). 또한 개인들이 어느 정도나 지배 이데올로기의 통제를 받는지, 그렇지 않다면 압제받는 집단들이 저항하는 반대 이데올로기를 창조하는지에 대해서도 논쟁이 있었다(Gramsci 1992). 대부분의 경우 사회 행동에 관심을 가진 탈과정고고학자들은 다른 사회과학자들이 제시하는 많은 상충하는 이론들에 대한 소비자나 옹호자의 기능만을 했다. 이들이 체계적으로 고고 자료를 사용하여 관련 이론을 평가하고 통합 발전시켰다는 증거는 거의 없다.

고고학 해석을 정치적 관습으로 환원시키는 샌스와 틸리는 주로 북아메리카의 온건한 상대주의자들로부터 강한 반대에 부딪쳤다. 온건 상대주의자들은 객관성에 관한 주요 문제들이 모든 고고학 해석에 존재하며, 그 누구도 해석적 편견으로부터 자유롭지 못하다는 데 동의한다. 그러면서도 고고학 증거는 고고학자의 의지와는 무관하게 축적되기 때문에 증거가 쌓이면 고고학자의 상상력이 제한되고 잘못된 해석이 나오지 못할 것이라는 철학자 앨리슨 와일리의 의견에 동의한다. 다만 고고학자들의 예상과 기대는 어떤 고고 유적들이 인정되고 발굴될 것인지에 영향을 미치며, 어떤 유물들이 확인되고 어떻게 분류될 것인지, 고고 자료가 어떻게 해석될 것인지에 영향을 미친다. 그렇지만 결국 잘못된 해석은 비판을 받게 되고 흔히 반대되는 새로운 자료가 발견됨으로써 거짓임이 입증되기도 한다. 동일한 자료에 상이한 해석을 지지하는 고고학자들 사이의 논박과 해석적 유행의 변화 등이 그런 과정이라 할 수 있다(Trigger 1980b, 1989a: 407-411; Leone 1982; Wylie 1982, 1992, 1996, 2000). 고고 자료에 대한 주관적인 정치적 해석이 자비롭고 사회적으로 책임 있는 목적에서 사용될 것이라는 보증은 없다. 반대로 고고학사를 되돌아보면 증거가 불충분한 해석이 흔히 불건전한 정치적 의도를 지지하는 데 쓰이기도 함을 알 수 있다(Kohl and Fawcett 1995). 오늘날 대부분 탈과정고고학자들은 고고 증거의 축적이 자의적 해석을 억제한다는 사실을 인정한다(M. Johnson 1999). 그렇지만 이 가운데 많은 이는 탈과정고고학자가 아닌 연구자들, 그리고 선사시대 사람들이 가졌던 믿음이라는 것을 체계적으로 검증하려는 시도를 비판하고 상대화하고자 한다(S. Jones 1997: 139-144; Gosden 1999; M. Johnson 1999; Hodder 2001b; A. Jones 2002; Hodder and Hutson 2003).

　　탈과정고고학자들은 대서사grand narratives를 거부하고 다의성과 소수의 해석을 옹호했다. 객관성이 이상적인 가치라는 생각을 지지하지 않음으로써 과거에 대해서 복수의 작은 서사(이야기)들을 만들어 내는 것을 강조한다(Joyce 2002). 이런 장르의 사례로는 재닛 스펙터(Janet Spector 1993)가 19세기 와페튼 다코타Wahpeton Dakota 마을에서 장식된 뚜르개가 어떻게 분실되었는지를 사변적으로 논의한 글, 루스 트링햄(Ruth Tringham 1991)이 유고슬라비아 신석기시대 오포보Opovo 유적에서 의도적으로 집을 불사르는 데 한 여성이 참여하는 것을 상상했던 것, 이안 호더(Hodder 1999: 137-145)가 5000년 전 오스트리아의 아이스맨의 죽음을 둘러싼 사건에 대해 주장한 것 등을 들 수 있다. 호더는 이런 종류의 접근을 "해석고고학interpretive archaeology"이라는 이름으로 부르면서 다의성을 받아들이며, 주로 내적인 그럴듯함이라는 범주로 만족을 찾는 해석학적인 방법으로 특징지을 수 있다고 서술했다(Hodder 1991c; Hodder et al. 1995). 상당한 양의 역사 또는 민족지 정보가 이용 가능한 경우일지라도 이야기적인 요소를 높이기 위해서는 세밀한 부분을 짜내는 것이 바람직하다는 것이다.

　　서사적 접근은 데이비드 클라크(David Clarke 1968)가 1950년대 영국의 선사학자들의 관행이었으며 무책임한 형태라고 평가했던 이야기 방식이기도 하다. 클라크는 그런 방식에 반대하여 고고 자료로부터 인간행위를 추론하는 엄밀한 방법을 찾기 위한 캠페인을 벌였다. 서사적 접근은 흔히 역사지학historiography의 기본 원칙도 무시한다. 다시 말해 동일한 자료로부터 상이한 해석이 나올 경우 이것들이 서로 보완적인지를 판단하고, 더 포괄적이고 설득력 있고 이론적으로 흥미로운 전체로 종합하기도 하며, 만약 서로 모순되는 해석일 경우 새로운 자료를 찾아 분석하여 각 해석이 어느 정도로 옳은 것인지를 판단하는 역사지학의 방법을 따르지 않은 것이다. 필립 콜(Philip Kohl 1993: 15)은 특정한 질문의 대답에 필요한 정보가 없을 경우 이야기를 만들어 내기보다는 문제를 인정하고 다른 질문들에 대답을 찾아야 한다고 주장한다. 고고학 발견에 관해 의도적으로 증거가 불충분하고 흔히 이데올로기적인 사색들을 끌어들여 대중적인 이야기를 만드는 경우 종족적 이슈에 부딪칠 수도 있다. 마지막으로 과연 대중들이 고고학자들로부터 환상적인 이야기들을 듣고 싶어 하는지에 대해서도 논란이 있다. 브릿 솔리(Brit Solli 1996: 225)는 대중은 전문 조사연구에 근거한 정보를 듣고 싶어 한다고 했다.

　　탈과정고고학 해석의 세 번째 물결은 크리스토퍼 틸리(Tilley 1994)가 도입한 것으로 직관적 고고학, 구성주의 고고학, 또는 인문주의(인문학적) 고고학 등 다양한 용어로 불린다. 인문학적 고고학은 생물학적인 토대를 가지면서도 경험으로 덧씌워진 인간을 보는 접근이라고 정의되었다. 다만 줄리언 토머스(Julian Thomas 2000: 147-148) 같은 이는 개인에 대해 관심을 가진다는 점을 거부하기도 한다. 이런 움직임의 지도자로는 존 바렛(John Barrett 1994), 크리스토퍼 고스든(Christopher Gosden 1994), 줄리언 토머스(Thomas 1996), 코넬리우스 홀토프(Cornelius Holtorf 2002)를 들 수 있다. 인문주의 접근은 영국, 미국 등지의 많은 고고학자들의 연구에 영향을 미쳤다(Tilley 1994; Ashmore and Knapp 1999). 인문학적 고고학은 현상학에 바탕을 두고 있는데, 이는 독일 철학자 에드문트 후설(Edmund Husserl, 1859~1938)과 마르틴 하이데거(Martin Heidegger, 1889~1976)가 발전시킨 철학의 한 분야이다. 현상학은 관찰자와 관찰 대상의 구분을 거부한다는 점에서 대부분의 서양 관념철학과는 다르다. 현상학의 제창자들은 인간을 실제 세계에서 객체를 움직이는 주체로 보는 것이 아니라 그 세계와 상호 보답적으로 관련된 사물로 본다. 후설과 하이데거 모두 철학 자체만으로도 인간행위를 이해하는 데 충분하다고 믿었으며, 따라서 이들은 심리학이나 다른 사회과학과의 접촉을 피했고 사회과학의 발달에 별다른 정보를 가지지 못했다. 또한 하이데거는 아주 어려운 문체로 글을 썼으며 어떤 부분은 사실 이해가 불가능하다고 말해지기도 한다(Bunge 1996: 295). 인문학적 고고학자들은 인간 사고와 행위는 직관적이든 의식적이든 언제나 사물과 관련되어 있는데, 사고와 행위가 자연세계의 일부이든, 아니면 인간이 만들어 내는 것이든 상관없다고 생각하고 있는 듯하다. 고스든(Gosden 1999: 120)에 따르면 이는 객체를 사회적 에이전트로 만든다. 인간행위는 유물, 건물 및 자연환경을 포괄하는 사회적으로 규정된 처신을 통해 학습된다. 과거 인간에 의해 어떻게 그 환경이 지각되고 사용되는지를 이해함으로써 그들을 움직였던 일반적 믿음, 느낌이나 태도를 알 수 있게 된다는 것이다.

　　초기 인문학적 고고학의 많은 연구는 선사시대 경관이 과거 사람들에게 어떠한 의미를 가졌는지를 궁구했다. 이 접근은 흔히 경관고고학이라 불렸으며, 취락(주거)고고학의 탈과정고고학적인 지향의 대안으로 생각했다(Bender 1993; Bradley 1993, 1998, 2000; Tilley 1994; Sherratt 1996; Ashmore and Knapp 1999; J. Thomas 2001; Ashmore 2002, 2004). 경관고고학의 많은 관심사는 선사시대 유럽 집자리와 무덤의 상징을 지리적인 배경과 관련하여 연구한 호더(Hodder 1984a)의 사례로부터 발전된 것으로 보인다. 이런 연구의 가장 큰 약점은 이미 고고학자들이 구체적인 사회들에 대해 추론했던 생태 및 사회정치적 행위에 대한 자세한 정보를 적절하게 이용하지 못하고 있다는 점이다. 사회정치 행위와 관련하여 적어도 두 가지 예외로 들 수 있는 사례연구로는 최근 브래들리가 사람과 공간 사이를 사회적으로 조직된 관계로 연구한 것, 그리고 애덤 스미스(Adam Smith 2003)가 초기 복합사회의 경관을 재구성하여 시간과 공간상에서 정치적 권위의 형성을 비非하이데거적으로 고찰한 것을 들 수 있다. 최근에는 많은 지역에서 오래전의 기념물이나 자연 지형을 인간이 변형시키는 양상 역시 수천 년 동안 경관의 일부였다는 지적도 있다. 기억의 고고학은 사람들이 어떻게 인류역사 동안 이전 시대의 유존물을 이해해 왔는지를 고찰하는 새로운 고고학의 분야로 발달했다(Alcock 2002; Bradley 2002; Van Dyke and Alcock 2003; H. Williams 2003).

선사시대 사람의 몸이 어떻게 이해되고 조작되는지에 대한 고고학적 관심은 처음에는 인간행위의 문화적 훈련에 대한 푸코의 관심에서 촉발되었다(Shanks and Tilley 1982). 경관고고학의 발달로 건축물의 배치와 같은 공간적 통제가 개인의 문화적 훈련에 큰 역할을 했다고 생각되고 있다. 몸의 고고학의 목적은 과거 인간이 어떻게 자신들의 몸을 통해서 특정 문화적 배경에서 세계를 경험했는지에 대한 질문을 던진다(Kus 1992; Treherne 1995; Meskell 1996, 1999; Rautman 2000; Hamilakis et al. 2002; Fraser 2004; Joyce 2004). 호더와 헛슨은 고고학을 통해 인간이 그런 배경에서 "반半의식적으로 몸과 조화를 이루고 있는 상황"에 대해 많은 지식을 얻으리라고 보았다(Hodder and Hutson 2003: 169). 다른 저술에서는 이것이 바로 아비튀스라고 확인하기도 한다(Hodder and Hutson 2003: 94-95).

지금까지 가장 야심찬 인문학적 고고학 연구의 사례로는 미조구치 카쓰오(Mizoguchi 2002)가 일본 조몬시대에서 고훈시대에 걸쳐 자기정체성self-identity 개념이 어떻게 사회조직의 변화 및 만들어진 환경과 관련되어 있는지를 고찰한 것을 들 수 있다. 미조구치는 조몬시대로부터 시작하여 일본인의 정체성이 단조롭고 불변의 성격을 지녔다는 본질론적 생각에 논박을 꾀하고 있는 듯하다. 그런데 통찰의 주된 원천은 특정 유적의 물질문화에서 보이는 단기간의 변화에 대한 아주 세밀한 연구로 이루어진 직접역사적 접근인 것으로 보인다. 이런 종류의 자료를 생산하는 일은 일본 문화사고고학의 전문적인 영역이다.

하이데거 철학에 근거한 탈과정고고학자들은 관조 행위를 통해 경관이 상징적으로 그리고 미학적으로 오래전부터 그곳에 살고 있던 사람들에게 어떠한 의미를 지녔는지를 느낄 수 있다고 생각한다(Fraser 1998). 현대의 고등교육을 받은 서양 고고학자가 과거를 관조적이고 직관적으로 이해할 수 있다는 생각은 문화적 다양성은 인간성의 공통 특성이면서 인간의 신체적 필요는 공통적이라는 현상학적 믿음을 비추어 주고 있다. 이 생각은 적어도 지난 두 세기 동안 대부분 독일 관념철학에서 암시적이었던 듯하다. 인류학자들은 문화적 차이가 너무도 커서 그런 절차로는 자민족중심주의를 극복하여 믿을 만한 결과를 생산할 것 같지 않음을 경험적으로 논증해 왔다. 이는 탈과정고고학자들이 물질문화에 내재하고 있는 많은 인지적 다의성을 고려할 때 특히 그러하다. 많은 탈과정고고학자들은 그런 해석이 유효하다는 것을 논증할 수는 없다는 데 동의하면서도, 오히려 이 불가능성 때문에 사변적 접근이 정당성을 갖는다고 주장한다. 사변적 접근이야말로 가능한 가장 나은 선택이며 그것 없이는 선사고고학이 현재에 전혀 아무런 의의도 가지지 못한다는 것이다(Bender et al. 1997). 다른 고고학자들은 그런 행위를 무책임하다고 본다. 나아가 스티븐 셰넌(Stephen Shennan 2002: 210)은 그런 해석이 생태적 실체를 무시하는 경향이 있고, 흔히 아주 도식적인 사회진화적 일반화를 받아들이는 것 못지않은 잘못된 결과를 초래한다고 지적했다. 그러나 탈과정고고학자들은 일반으로 진화적 접근을 거부하고 있음은 물론이다.

물질문화의 의미

　　탈과정고고학자들은 오랫동안 특정 시기와 지역, 집단의 민족지 자료와 역사 자료를 이용해 순수한 선사시대 연구와 고고학 지식을 보완하고자 애써 왔다. 1980년대에는 물질문화란 하나의 텍스트로서 고고학자들이 궁극적으로 어떻게 읽어야 하는지를 학습해야 할 것이라 생각되기도 했다(Hodder 1988, 1991d: 126-128; Shanks and Tilley 1987b: 95-117, 1989: 4-5; Tilley 1990b). 그럼에도 이제 물질문화는 문헌기록보다 개념적으로 구체적이지 않고 더 다의성이 큼을 인식하면서 그런 식의 기대는 부적절함이 드러났다(Hodder and Hutson 2003: 167-169). 갤러이(Alain Gallay 1986: 198-200, 281)는 과거 생각들에 대한 우리의 추론과 실제 사이의 관계를 논증할 순수한 고고학적인 방법은 없다고 주장했다.

　　역사고고학의 상황과는 달리 동시기의 문헌 자료를 이용할 수 없는 선사고고학자들은 민족지 자료나 직접역사적 접근을 사용하여 상징 의미를 추론하고자 했다. 조지 해멀(George Hamell 1983)은 유럽인 접촉 초기부터 이로쿼이, 알곤키안, 시우 신화에서 발견되는 종교적 믿음들에서 규칙성을 찾아 자연 크리스탈, 운모, 바다 조개, 구리 및 아케익시대 말에서 역사시대까지 약 6000년 이상 북아메리카 동부의 원주민 매장유적의 맥락에서 삶과 관계된 유물을 설명했다. 스캇 오트맨(Scott Ortman 2000)은 미국 서남부의 메사 베르데Mesa Verde 지역의 토기 다자인 연구에서 그레이트푸에블로Great Pueblo기(서기 1060~1280) 동안 옷과 바구니와 함께 꼰무늬 모양의 토기 디자인이 생산되었다는 설득력 있는 증거를 제시했다. 비슷한 디자인은 의례구조물 키바kiva를 장식하는 데도 쓰였는데, 키바를 몇몇 현대 푸에블로 집단은 땅 그릇earth bowl과 하늘 바구니sky basket로 만들어진 우주를 상징하는 것으로 믿고 있다. 오트맨은 선사시대에 특정 디자인이 한 세대에서 다른 세대로 전수되면서 지역 공동체가 신성하다고 여기는 우주론적 믿음과 일치하는 행위를 하도록 하는 문화적 압력이 강화되었으리라 상상했다. 알렉산더 본 거너Alexander von Gerner와 피터 티민스Peter Timmins는 믿음의 물적 표현은 시간의 흐름에 따라 등락을 거듭하여 고고학적 유존물에서 빈도의 변화로 나타난다고 논증한 바 있다(Gerner and Timmins 1987).

이런 연구들은 직접역사적 접근으로 몇몇 선사시대 문화의 상징들에 대해 흥미롭고도 그럴듯한 결론을 이끌어내고 있다. 하지만 그 결과는 역사고고학에서만큼 자세하거나 확실하지는 않다. 유럽 구석기시대 예술에 대한 맥락적 분석 역시 르루아구랑의 연구가 보여주듯이, 확실한 상동이나 상사의 증거가 없는 상황에서 원래의 의미를 설득력 있게 해석한다는 것은 지난한 일이다. 이러한 차이 때문에 역사고고학은 물질문화와 의미의 관계를 수립하고자 하는 이론의 토대를 검증하는 데 중요한 역할을 할 것으로 기대된다. 몇몇 선사고고학자들은 그런 역사학적 연구 그 자체가 목적을 이루기 위한 수단이라고 주장하기도 한다. 단지 비교(범)문화적 규칙성을 통해서 선사시대 사회의 물질문화에 부여된 구체적인 의미를 찾는 방법이라는 것이다. 지금까지 이런 접근은 성공하지 못했다. 다만 문화적 특이성이 광범위하다는 증거는 그런 비교문화적 일반화가 양적으로도 적으며 아주 일반적인 수준에 머물고 있음을 시사한다. 루이스-윌리엄스와 도슨(Lewis-Williams and Dowson 1988)이 마약과도 같은 성분에 의한 혼수상태에서 동굴벽화를 그렸을 가능성을 논했지만, 그런 표현이 가진 원래의 의미에 대해서 확실하게 전해 주는 것은 거의 없다. 직접역사적 접근으로는 고찰할 수 없는 사회의 물질문화에 의미를 부여하는 것은, 만약 가능하다고 한다면, 비교문화적 일반화의 발달에 달려 있을 것이다. 따라서 탈과정고고학적 방법론이 아닌 인지과정고고학적 접근에 달려 있는 것이다. 이는 탈과정고고학의 가장 생산적인 영역은 여전히 역사고고학에 머물 것임을 시사한다.

탈과정고고학자들은 과정고고학자들과 마찬가지로 인류학 이론의 소비자이다. 하지만 이들은 유물론, 적응주의, 기능주의적인 측면이 아니라 문화적이고 관념론적인 측면에서 이론을 끌어왔다. 과정고고학자들과 마찬가지로 이들은 많은 상호 모순적인 이론들을 받아들였다. 하지만 과정고고학자들과는 달리 스스로 이론적인 다양성을 잘 인지하고 있었으며, 이를 반기기까지 했다.

탈과정고고학자들은 상대주의와 주관성을 받아들인다. 그러면서 문화진화와 대서사, 실증과학적 방법론, 생태결정론, 적응 체계로서의 문화, 비교분석의 가치 등을 거부한다. 또한 물질문화는 사회적 실체를 단순하게 반영하기도 하지만 그것을 왜곡시키고 전도시키기도 한다는 호더의 논증을 받아들인다. 탈과정주의자들은 일반으로 인간행위가 주로 경제적 요인에 의해 결정된다는 생각을 거부하면서도, 인간행위가 고전적 마르크스주의가 개념화했듯이, 자기이익에 바탕을 두고 목적론적으로 결정되는지, 아니면 문화적 고려에 의해 결정되는지에 대해서는 의견이 통일되어 있지 않다. 또한 인간행위를 중재하는 요인으로 문화에 크게 관심을 가지면서도, 과연 문화가 지역, 개별 사회, 젠더, 계급, 직업적 구분 또는 개별 인간의 수준에서 효과적으로 연구될 수 있는 것인지에 대해서도 의견이 나뉘어 있다. 개인은 아주 다양한 문화적 범주가 교차하는 단위이기도 하다. 탈과정고고학자들은 모든 유물은 의미를 가졌으며, 상징적 영역에서 기의와 기표 사이의 관계는 흔히 임의적이라는 데 동의하지만, 의미가 어떻게 고고학적 발견에 부여될 수 있는지에 대해서는 의견을 같이 하지 않는다. 또한 고고학자의 해석이 과거 유물이 가졌던 의미와 별개의 것인지 아니면 어떤 알려지지 않은 관계가 그 의미에 배태되어 있는 것인지에 대해서도 의견이 일치되어 있지 않다. 마지막으로 탈과정고고학자들은 어떻게 문화가 작용하고 변화가 이루어지는지에 대한 많은 상이하고도 경쟁적인 사회인류학 이론을 받아들인다.

또한 과정고고학과 탈과정고고학이 관련된 양상에도 여전히 지역적 차이가 있다. 영국에서는 많은 고고학자들이 이 두 접근을 상호 배타적인 것으로 생각하고 있으며, 어떤 하나의 성공은 결국 다른 하나의 소멸을 의미하는 것으로 생각한다. 그러나 미국 고고학자들 대부분은 둘을 보완적인 것으로 본다. 이들은 과정적 접근은 생계유형과 경제 행위를 설명하는 데 유용하며 탈과정고고학의 접근은 종교적 믿음을 설명하는 데 더 적절하다고 본다. 그렇지만 이 같은 선택성은 어떤 구체적인 조건에서 어느 접근을 적용할 것인지를 주목하지 않았기 때문에 순진한 것이다. 인류학자로서 훈련을 받은 대부분의 미국 선사고고학자들은 탈과정고고학으로 관념론적 문화사고고학의 문화에 대한 관심이 부활했다고 생각한다. 사실 이 같은 문화에 대한 관심은 신고고학이 등장하며 뒤로 밀려났었던 것이다. 다만, 빈포드가 양식을 생태적으로 설명할 수 없는 고고학적 유존물의 양상을 설명해 주는 것이라고 언급했던 것은 사실이다. 하지만 최근 문화는 모든 인간행위를 중재하는 인지적 과정으로 생각되고 있다.

7. 대륙 유럽의 대안들

과정고고학과 탈과정고고학은 영국과 미국을 넘어서까지 확산되었다. 스칸디나비아와 네덜란드에서는 이 두 접근을 각각 일관된 체계를 가진 것으로 이해했으며, 그 장점들에 관한 논쟁에서 지역 고고학자들이 중요한 역할을 하기도 했다. 칼악셀 모버그(Carl-Axel Moberg, 1915~1987)의 이론적 입장은 루이스 빈포드의 생각에, 그리고 스틱 벨린더Stig Welinder의 입장은 데이비드 클라크에 많은 영향을 받았다(Hegardt 2001: 1234-1235). 대부분 유럽 지역에서 과정고고학은 광범위하게 문화사적 접근에 기울어 있던 고고학자들에게 생태 적응에 대한 연구와 자료의 과학적인 분석에 더 관심을 가지도록 유도했다. 또한 일시적이나마 구석기시대 고고학에 관심이 높아지는 계기가 되기도 했다(Zvelebil 1996: 151). 탈과정고고학의 영향은 이보다는 산발적이었다. 유럽 고고학자들에게 탈과정고고학은 상징적 의미라는 측면에서 물질문화 연구를 하도록 자극했다(Chapman 2003: 15-17). 이와 대조로 르루아구랑의 독특한 학설은 영어 사용권 고고학자들에게는 대체로 간과되었던 것이 사실이다. 그러나 어쨌든 과정고고학과 탈과정고고학의 발달에 여러 방식으로 영향을 미쳤는데, 특히 작업 연쇄chaîne opératoire의 개념과 구조주의적 접근의 적용이 그러하다.

　　유럽 대륙에서는 고고학이 강한 역사학적 지향을 지녔기 때문에 역사철학, 인문지리와 함께 경제, 사회 및 지성사의 이론적 발달을 인식하고 있었다. 이런 분야들은 20세기 내내 긴밀한 관련을 맺으며 공진화했다. 이러한 같은 학문 간 접촉과 마르크스주의의 다양한 학파들, 아날학파, 게오르크 헤겔, 안토니오 그람시, 루드비히 비트겐슈타인, 베네데토 크로체Benedetto Croce, 클로드 레비스트로스, 조르주 두메질 Georges Dumézil, 미르치아 엘리아데Mircea Eliade 등 많은 학자의 저술을 통해 역사 이론이 고고학에 들어왔다. 이 가운데 몇몇 이론은 유럽 고고학을 통해 주류 과정고고학 및 탈과정고고학에 적용되기도 했다(Bintliff 1991; Knapp 1992). 그런데 유럽 어디에서도 인문학과 사회과학에서 들여온 이론이 영국에서만큼 집중적으로 논의된 곳은 없었다. 영국에서는 과정고고학과 탈과정고고학이 맹렬하게 경쟁하고 입장들 간에도 이론적인 영역을 두고 경쟁함으로써 고고학자들은 관련 이론을 자연스럽게 습득했던 것이다. 스웨덴 고고학자 마츠 말머(Mats Malmer, 1921~2007)는 아주 혁신적인 이론적 작업을 통해 과정고고학이 스칸디나비아에 수용되는 방식에 영향을 미쳤다. 하지만 그 자체로 하나의 학파를 발전시키고 필요한 추종자를 끌어모으는 데는 실패했다(Myhre 1991: 166-167; Sørensen 1999).

유럽의 문화사고고학은 사회과학적 지향을 가지고 있으며, 주관주의적이고 이론적으로 다중적인 성향을 가지고 있지만, 여전히 특수주의적이고, 역사학적이며, (계량적이라기보다는) 질적이며, 유물 지향적인 성격도 유지되었다. 또한 그 주 관심은 여전히 유럽 및 국가의 역사와 선사시대에 대한 지식을 생산하는 것이었다(Hodder 1991a). 독일어권 나라의 고고학자들은 여전히 눈에 띄게 문화사고고학의 전통에 충실한 경향이 있지만, 몇 가지 과정고고학과 탈과정고고학의 이론적 발견을 독자적으로 따라하기도 했다(Härke 2000c). 하지만 이러한 발견은 과정고고학이나 탈과정고고학의 이론적 맥락 안에서 고려되지는 않았으며, 결국 독일 고고학에 체계적인 영향을 미치지는 못했다.

르루아구랑의 연구를 차치하고 제2차 세계대전 이후 대륙의 유럽 고고학에서 가장 일관되고 영향력이 컸던 이론적 발달로는 장클로드 가르댕(Jean-Claude Gardin 1980, 2004)의 논리주의logicism를 들 수 있다. 1950년대 이후 가르댕의 관심은 고증 기법과 고고학 논리의 연구에 모아졌다. 가르댕은 고고학을 고대 사람들의 역사와 생활양식에 대한 지식을 주는 물적 자료에 관한 연구의 집약체라고 정의한다(Gardin 1980: 5). 이론적 연구의 대부분은 연구 목적의 확정, 자료 수집, 자료 서술, 자료 분류, 자료 해석, 해석의 입증을 포함한 논리적 작업 연쇄의 각 단계에서 연구에 과학적인 엄밀함을 더하기 위하여 수행되어야 하는 분석적 작업들에 대한 것이다. 가르댕의 입장은 각 단계의 고고학적 논법 연구에 전문가 체제를 활용함으로써 논리주의가 다른 모든 고고학적 접근의 장점과 실제적 이점을 평가할 수 있는 수단으로서 중심적인 지위를 확립할 수 있다는 것이다.

논리적 일관성은 분명 튼튼한 고고학적 논법의 본질적 특성인데, 가르댕의 연구 이전에는 마땅한 주목을 받지 못했다. 1960년대와 1980년대 사이에 그의 연구는 영어권 고고학자들에게 상당한 주목을 끌었다(Gardin 1965, 1967, 1980, 1992). 그럼에도 결국 논리주의는 프랑스를 벗어나서는 중심적인 역할을 하는 데 실패하고 말았다. 인식론적으로 탈과정고고학의 발달 이전에도 가르댕은 자신의 합리주의적 지향을 실증주의와 동일시했다. 또한 통일된 과학을 받아들이고 인문주의적이고 해석학적인 접근을 거부했다(Gallay 1989). 하지만 논리주의가 지속적인 호응을 받지 못한 주된 원인은 존재론적인 내용이 없었기 때문이기도 하다. 비록 고고학 논법의 절차를 정식화하는 것은 유용한 일이라 하더라도, 그 자체로는 고고 자료의 이해를 이끌어 내지 못한다. 그러기 위해서는 고고학적 유존물이 어떻게 형성되었으며, 어떠한 양상으로 전개되었는지를 밝혀야 한다. 가르댕의 희망에도 불구하고 논리주의는 그 자체로 이론적 유의성보다는 연구 작업에 머무르고 말았다. 유럽의 역사학적인 고고학의 맥락에서만 주된 참고 자료로서 역할을 했던 것이다.

8. 인류학 이론과 고고학

1990년대가 되면 과정고고학과 탈과정고고학은 모두 인류학 이론에 대해 더 많은 학습을 한다. 과정고고학은 1960년대 미국에서 유행했던 신진화론적 인류학으로부터 자라났으며, 탈과정고고학은 그보다 수십 년 뒤 인류학에서의 문화 현상에 대한 관심의 증가의 결과로서 발달했다. 과정고고학자들과 탈과정고고학자들은 모두 각자의 인류학 이론에 대한 지식을 적용하여 사회나 문화가 과거에 어떻게 기능하고 변화해 왔는지를 설명하고자 했다. 따라서 모두 초기 기능과정고고학의 연속선상에 있다고 할 수 있다. 과정고고학과 탈과정고고학이 이론적 스펙트럼에서 서로 대척점에 서있다는 주장도 있다. 하지만 각각은 모순되는 이론과 방법론을 받아들이기도 하면서 두 입장 사이의 구분은 덜 분명해져 갔다. 각 접근 내부에서도 고고학자들은 지속적으로 새로운 이론을 주로 인류학으로부터 받아들였지만, 대부분은 그 잠재성과 한계가 완전하게 고찰되기 이전에 폐기되고 말았다(Chippindale 1993).

이런 과정에서 가장 중요한 성취로는 몇몇 고고학자들이 인류학 이론을 물질문화 연구에 조정하여 적용시키고자 노력함으로써 고고학에만 해당하는 상위 고고학 이론이 어떤 것이며, 이론을 어떻게 사용할 것인지에 대한 인식이 점차 늘어 갔다는 점을 들 수 있다. 이는 많은 인류학 개념은 사실 고고학 조사연구에 부적합하다는 마빈 해리스(Marvin Harris 1968b: 359-360)가 했던 경고의 중요성을 다시 한 번 생각하게 한다. 이런 인식은 다시 고고학자들로 하여금 고고학이 사회문화인류학과 얼마나 다른 학문인지를 깨닫게 했던 것이다.

과거 쉬퍼(Schiffer 1976: 193)는 고고 자료의 해석에 유용한 이론을 체계적으로 결합시켜야 한다는 주장을 했다. 그렇지만 인간행위에 영향을 미치는 요인들이 복잡함을 인식하면서 쉬퍼가 말한 절차는 과정고고학자들의 기대와는 달리 그리 유용하지 않았다. 역설적으로 고고학자들에게 유용이란 면에서 가장 성공적인 "법칙"의 사례는, "물질문화는 사회 전략에 적극적 역할을 하며, 때문에 사회적 실체를 반영하기도 하지만 그것을 전도시키고 왜곡시키기도 한다"는 호더의 논증이었다.

인류학 이론은 많은 방식으로 수정되어 고고 자료로부터 인간행위를 추론하는 데 쓰였다. 빈포드(Binford 1977, 1978)의 중범위이론은 호더(Hodder 1987b)의 구조주의 및 맥락적 분석, 직접역사적 접근(Trigger 1995), 해석학적 접근(Y. Sherratt 2006)이나 와일리의 "시침질tacking" 개념(Wylie 1989a, 1993)과는 아주 다른 이론적 토대를 가지고 있다. 그렇지만 이런 접근들이 어떻게 상호 모순적이고, 아니면 보완적인지를 판단하려는 시도는 별로 이루어지지 못했다. 그리고 일반적으로 대부분 형태의 신념, 행위, 문화변화를 설명하는 것은 고고학만의 이론을 필요로 한다고 생각했다.

인류학 이론이 어떻게 적용되는지와 상관없이 대부분 고고학자들은 인류학 이론을 주어진 것으로서 다루는 경향이 있다. 심지어 그 가운데 많은 것이 서로 모순되는 때에도 그러하다. 고고학자들은 일반적으로 고고 자료를 사용하여 이론을 평가하려 하지 않는다. 오히려 고고학자들은 자신이 호감을 가졌던 생각을 완강하게 방어하면서도 그렇지 않은 것은 무시했다. 많은 고고학자들은 고고학자만이 연구할 수 있는 장기간의 변화에 관한 수많은 이슈들이 있음을 인지하고 있으며, 고고학만이 다른 모든 사회과학에서 얻은 지식이 어떻게 발달했는지 하는 맥락을 연구할 수 있음을 알고 있다. 하지만 고고학은 여전히 인류학 이론의 소비자에 머물러 있다. 또한 이론적 논쟁에서 지금까지 이루어진 것의 대부분은 수사, 정치 이슈, 자기정당화에 초점이 맞추어져 있었음도 분명해지고 있다. 이런 문헌들의 대부분은 이제 예전의 것이 되었고, 이제 대체로 유의하지 않은 것 같다.

여기에서 차일드가 언급했던 두 가지 제안을 넘어서 1990년대 고고학에서 인류학 이론에 대한 이해가 얼마나 진전되었는지를 살펴보자. 차일드는, 첫째, 사람들이 적응하는 세계는 진정으로 존재하는 것이 아니라 사람들이 그러하리라고 상상하는 것이며, 둘째, 세계에 대한 모든 이해는, 사람들과 그들의 관념이 존속되기 위해서는, 반드시 세계가 진정으로 어떤지와도 상당한 정도로 일치해야 한다고 말했다. 만약 연구자들이 차일드의 후기 이론적 저술들에 더 많은 주의를 기울였다면, 고고학 이론은 더 빠르게 발달했을지도 모른다. 그리고 과정고고학과 탈과정고고학 사이에 지루하고도 비생산적인 논쟁들도 피할 수 있었을지 모른다. 그럼에도 내가 그런 빠른 발달이 가능하리라 믿는 것은 아니다. 정열적이고 극적인 논쟁은 사회과학의 이론적 발달에 필수적인 것처럼 보인다(Trigger 2003d). 더구나 차일드의 후기 저술들은 그토록 명료함에도 불구하고, 그의 생각 대부분은 아직도 발전되지 못하고 있다. 오히려 고고학자들이 차일드의 기본 개념을 이해하기 더 어렵게 된 것이 현실이다. 고고학자들은 경쟁 없는 자유방임적인 환경이 아니라 대립적이고 경쟁적인 상태에서 인류학의 개념을 더 자세하고도 포괄적으로 습득하는 듯하다. 이런 과정의 결과, 미국과 영국의 고고학자들은 집합적으로 인류학 이론에 대해 과거 어느 시기보다 더 확실한 이해를 했던 것이다. 그렇지만, 호더의 진정으로 훌륭한 이론적 발견을 제외하고, 아직 고고학자들은 스스로 인류학 이론을 비판적으로 평가하여 학문의 요구에 이바지할 새로운 이론을 만들어 낼 수 있는 능력을 보여주지 못하고 있다.

9장 실용적 종합

나일스 보어Niles Bohr는 가장 근본적인 진실이란 너무도 심오하여 그와 반대의 것 또한 참이라고 말했다.

LEO KLEJN, *Metaarchaeology* (2001a), pp. 55

"우리는 중간 지대를 찾아야 한다"는 식의 진부한 결론으로 끝나는 논문은 지양해야 한다.

MATTHEW JOHNSON, *Archaeological Theory* (1999), p. 187

오늘날 고고학자들은 고고 자료에 대한 해석에서 과거의 연구자들 못지않게 사회 환경의 영향을 받고 있다. 고고학 해석은 의식적이든 무의식적이든 (이것을 구분하기란 불가능한 경우가 많다) 현재의 관심을 반영한다. 해석은 국제화, 미국의 헤게모니, 국제 테러리즘, 유행병, 채무 부담, 환경오염, 정부 역할의 변화, 가족의 분화와 같은 수많은 이슈와 관련되어 있다. 마르크스주의, 신보수주의, 민족주의 같은 이데올로기에 대한 현재의 이해 또한 과거의 해석을 덧칠하고 있다. 다른 모든 것과 마찬가지로 이러한 편향은 현대사회에서 더욱 다양하고 복잡해지며 개별화했고, 그전보다 훨씬 더 빨리 변모하고 있다. 이와는 대조로 고고학사를 돌이켜보면, 고고 자료가 양적으로 증가하면서 오적용이 드러나고 고고학 증거를 잘못 해석한 것에 대한 비판도 커졌음을 알 수 있다. 물론 특정한 고고학 해석의 "객관성"에 대한 그 어떤 확실함도 존재할 수 없다고는 하지만, 이제 고고학 발견물을 고고학자의 구미에 맞게 재단할 기회는 점점 줄어들고 있는 것으로 보인다.

또한 1990년 이후 선사고고학과 역사고고학 모두 이론적 시각에서 지속적 분화가 있었다. 결과적으로 고고학 이론은 그 이전보다 훨씬 사회문화인류학이나 다른 사회과학 이론과 비슷해졌다. 한편으로 고고학은 물질문화라는 매개를 통해 과거를 이해하는 데 더욱 매달리고 있기도 하다. 물론 이론적 논쟁은 흔히 파벌적, 분파적, 배타적이며, 고고학 이론가들은 스스로 유리되어 소통 없는 담론에 빠져 있다는 격정도 있다(Hodder 1999: 12, 2001b: 10-11; R. Chapman 2003: 14).

자기만족적인 많은 양상의 이론적 논박에 대해서도 많은 비판이 있었다. 수전 쿠스(Susan Kus 2000: 169)는 "우리 학문에서는 '교조가 되고자 하는 이단' 이론에 너무도 많은 관심을 가진다. '게임의 성격'상 우리는 우리가 편안한 문체라고 느끼는 것보다 훨씬 더 강한 비판과 주장에 이끌리고 있다"고 진단한 바 있다. 로버트 켈리(Robert Kelly 2000: 78)는 고고학자들이 "생각을 진지하게 검증하기보다는 논쟁이나 허풍, 쇼맨십에 큰 관심을 보인다"고 더 강하게 비판하고 있다. 사회문화인류학이 그러하듯이 학문으로서 고고학이 분해되고 있다는 두려움도 있는데, 물론 이런 걱정은 한편으로 과장된 듯하다. 그런데 이와는 반대로 관용이 증진되고 있으며, 통합을 위한 새로운 노력이 있다는 신호도 있다. 이제 어떤 한 이론이 다룰 수 없다는 이유로 특정한 주제를 연구 과제로 인정하지 않는 일은 지양하고 있는 것이다.

1. 경쟁하는 접근들

과정고고학과 탈과정고고학의 다툼은 계속되고 있다(A. Smith 2003; Yoffee 2005). 이 두 진영의 이론에 천착하고 있는 사람들은 흔히 생산적 담론에 참여하기보다는 서로를 무시한다. 생태학적 설명으로 대부분 또는 모든 고고학적 유존물을 설명할 수 있다는 믿음은 최근 들어 크게 약해졌다. 그리하여 오히려 이는 생태학적 가능주의의 부활을 재촉했다. 또한 이러한 발달을 통해 행위고고학이 등장하여, 과정고고학의 중요한 양상으로 자리 잡고 있다. 동시에 많은 과정고고학자들은 변화에 대해서 명백히 관념론적인 설명을 포괄하고 있다. 자크 코뱅(Jaques Cauvin 2000)은 농경의 기원에 대한 연구에서, 그레고리 포셀(Gregory Possehl 2002)은 인더스문명 연구에서, 그리고 마틴 바이어스(Martin Byers 2004)는 호프웰 의례구조에 대한 재해석에서 문화와 문화변화를 이루었던 주된 힘이 관념이었음을 확인하고 있다. 에이전시라는 개념을 강조하여 문화결정론을 포용하려는 과정고고학자와 탈과정고고학자도 있다. 과정고고학자와 탈과정고고학자 사이의 논쟁은 이미 끝이 났고, 다른 선택 사항들로 관심이 옮겨가고 있다는 생각도 더욱 늘고 있다(Hegmon 2003; Kristiansen 2004a).

다원고고학

1990년대 초부터 로버트 더넬Robert Dunnell(1942-2010)과 그의 두 세대에 걸친 학생들은 이론적으로 유물론적 측면에 서서 다원고고학, 곧 진화고고학을 과정고고학의 대안으로서 발전시켰다. 이 접근은 기능과 적응적 속성을 결합시켜 선택selection을 인간행위에서 적응적인 양상에서의 변화를 만드는 주된 요인으로 여긴다. 그렇기에 명확히 무엇이 어떻게 기능하는지에 관심을 가진다는 면에서 기능주의적이다.[1] 또한 다원고고학은 생물 진화이론의 개념을 이용하여 고고학적 유존물에서 나타나는 물질문화의 변화를 설명하려 한다(Teltser 1995; O'Brien 1996b; Barton and Clark 1997; O'Brien and Lyman 2000; T. Hunt et al. 2001; Hurt and Rakita 2001; Hart and Terrell 2002; G. A. Clark 2003). 지금까지 다원고고학의 주된 성취는 스펜서식의 단선진화적 가정과 신진화론에서 나타나는 목적론적인 발달과는 상이한 진화적 개념들을 개발하여 고고학에 적용했다는 것이다.

다원고고학은 과정고고학과 탈과정고고학 못지않게 상호관련된 입장들의 융합체이다. 선택은 개별 인간들의 생식적 성공을 결정함으로써 물질문화에 작용한다고 주장하는 연구자도 있다(Dunnell 1970, 1980a). 이보다는 덜 생물학적으로 경도된 다원고고학자들은 선택을 주로 관념이나 유물에 작용하는 것으로 보고 이런 형태의 선택에서는 개별 인간의 의도적 선별choice 역시 중요한 역할을 한다고 생각한다(Leonard and Jones 1987: 214; O'Brien and Holland 1990; Leonard 2001). 후자의 입장은 혁신과 문화선택이 전적으로 독자적인 과정은 아니라고 여기며, 이는 돌연변이와 선택이 생물진화에서 하는 역할과 마찬가지라고 한다(Boone and Smith 1998: S148-S149; Cowgill 2000: 52). 더구나 문화선택은 자연선택보다 훨씬 더 빠른 변화를 몰고 온다(Neff 2000, Roscoe

---

1) 실제 생물진화에서는 적응, 곧 선택과 무관한 부동(drift)이 중요하며, 다원진화고고학에서도 일찍부터 양식적 속성을 부동과 같은 맥락에서 이해하고 변화 양태를 모델링하는 방법을 개발해 왔다. 따라서 '선택'과 '기능'에 집중했다는 평가, 그리고 다른 문헌에서 쓰이는 '선택주의(selectionist)'라는 표현은 엄밀히 말하면 잘못이다.(옮긴이)

2002). 문화선택이란 개념을 옹호하는 사람들은 문화적으로 전수된 특질(밈memes이라 불린다)에 대한 선택은 유전자 못지않게 다윈진화적이라 본다. 각 형태의 선택은 정보가 전달되는 구체적 사례가 되며, 다양한 과정에 영향을 받아 충분한 시간이 흐른 뒤 전승되는 특질들에서 변형이 일어난다고 한다(Shennan 2002: 264).

인간이 상이한 선택적 상황에서 가능한 결과를 예상하고 의도적 선별을 할 인지능력을 가지고 있음은 의심의 여지가 없다. 그럼에도 사람은 전지전능하지 않으며 행동이란 정보를 충분히 가지고 있는 상황에서도 기대했던 결과대로 되지 않는 경우가 많다. 때로 잘못된 선별choice 탓에 개인이 죽거나 집단 전체가 몰사할 수도 있다. 오래전 고든 차일드(Gordon Childe 1928: 46)는 수렵채집 집단이 살고 있는 지역이 사막으로 변하는 상황이 왔을 경우, 집단은 이동하지 않거나 생계 서식지를 옮기지 않는다면 몰락할 것이라는 생각을 개진한 바 있다. 가난이나 인구압으로 자연재해를 입기 쉬운 지역에 정착한 사람들에게 재앙이 닥칠 수도 있다. 나치즘을 지원했던 수백만의 독일인은 나치의 공세적인 정책이 독일에 부와 번영을 가져다줄 것이라는 말에 현혹되었지만, 그런 결정으로 인해 목숨까지 잃어야 했다. 또한 미국에서는 보수적인 사람들이 자유주의자들보다 아이를 더 많이 낳고 이 아이들 중 많은 수가 보수적 성향과 부모의 가치를 존중하기 때문에 보수적 사고방식이 더 늘고 있다는 주장도 있다. 이러한 양상은 아마도 도덕적으로 적절한 성행위와 관련된 종교적 신념의 (의도하지 않은) 결과일 것이다. 마지막으로 많은 사람들은 담배를 피웠기 때문에 죽기도 하는데, 심지어 건강에 커다란 위협이 된다는 점을 알고 있더라도 그런 행동을 한다.

이런 것들이 모두 인간행위에는 자연선택이 작용하는 사례가 될 것이다. 하지만 자연선택 개념은 문화변화를 설명하는 데 한계도 지니고 있다. 예컨대 자연선택만으로는 최근 들어 스노모빌을 사용하기 시작한 이누이트족의 행위를 설명하기는 힘들다. 마찬가지로 담배를 피우는 사람들의 수를 판단할 수 없다. 대가족을 이루려는 욕망은 우연히도 보수주의자가 된 사람들이 고유하게 가지고 있는 특징이 아니듯이, 젊은이들이 반드시 나이 든 세대의 관습에 따른다는 것 역시 고유한 생물학적 특징이라 할 수 없다. 나치의 정책 역시 여기에 반대하는 수백만의 사람들을 죽음으로 몰았는데, 이는 전체적으로 선택이 무작위적으로 작용했음을 시사한다.

중요한 것은 죽음은 사람의 잘못된 계산의 결과는 아니라는 사실이다. 사람은 경험을 통해 자기들이 하는 것이 잘못된 것임을 인지하여 행위를 바꾼다고 하는 것이 더 합당하다. 많은 역기능적 행위 패턴은 그런 식으로 인지되며, 사람들에게 해가 되기 이전에 폐기되는 것이다(Boyd and Richerson 1985). 소규모 수렵채집사회의 토지와 자원을 주변의 강한 국가들이 전유함으로써 결국 소규모 사회들이 더 이상 존속하지 못하게 된 경우도 있다. 하지만 한 사회의 개인이 모두 똑같은 운명에만 처했던 것은 아니다. 생물학적 선택과 문화적 선택 모두 작용을 하지만, 인간의 모든 행위는 문화적으로 매개되어 있다는 사실이 더 중요하다. 생물학적 선택과 문화 선택 모두 포함한 다윈진화고고학은 인간행위를 설명하는 이론으로서 의미 있는 것이다. 그렇지만 지금까지 이루어진 주장들에도 불구하고 행위나 생각들 및 그와 결부된 물질문화에 대한 완전한 설명을 주고 있지는 못하다. 그렇기에 고고학적 유존물을 설명하는 데 필요한 유일한 과학적 접근이라고 할 수는 없다(G. A. Clark 2003: 53; O'Brien 2005).

흔히 말하듯이 다윈고고학자들이 인간행위의 물적 유존체를 "확장된 표현형"으로 다룬다는 것도 그리 분명하지 않다. 물질문화를 창조하는 능력은 거의 확실히 생물학적 토대가 있다(Mithen 1996). 그러나 구체적 내용은 벌이나 비버의 상황과는 다르다. 인간은 다른 동물과는 비교할 수 없는 인지적 융통성과 함께 경험과 관찰, 그리고 언어를 이용한 교육 능력을 지니고 있다. 다윈주의에 따르면, 이러한 특성들의 결합은 적응적 패턴이라 할 수 있지만, 이것은 아주 이례적이며, 결과를 예측하기는 너무도 어렵다.

또 다른 접근법으로는 진화(행동)생태학이 있는데, 다윈고고학이나 과정고고학과 밀접한 관계가 있다. 행동생태학은 진화생물학의 개념들을 사용하여 구체적인 행위들이 사회 집단에서 개인들의 생존과 생식적 성공에서 했던 역할을 고찰한다. 이런 종류의 연구들은 이용된 식량의 종류(식단폭, diet breadth)와 공유sharing, 지위 같은 사회 행위의 진화적 적응력을 찾는 데 초점을 맞추고 있다. 예를 들어 고고학자들은 유물이 제작되고 사용되는 방식과 구체적으로 어떤 것이 식생활에 이용되는지 하는 것 사이에 연결고리를 찾으려 한다. 여기에서 이용되는 비용과 효과 분석, 곧 최적수렵 모델optimal foraging model은 동등한 조건이라면 행위는 자연선택에 따라 특정한 적응적인 문제에 대한 최적의 해결책에 가깝게 진화했을 것임을 가정한다. 그런 다음 설명은 예상되는 것과 실제 이용되었던 전략 사이의 차이를 해명하는 일이 된다. 진화행동생태학은 지금까지 주로 수렵채집사회나 소규모 원예농경사회의 연구에 적용되어 왔다(Broughton and O'Connell 1999; Bamforth 2002; Shennan 2002).

일반적인 예상과는 달리 문화사고고학 역시 몇 가지 방향을 보이며 발달해 왔다. 1990년대 소련의 통제력이 무너진 뒤 처음에는 동유럽에서, 나중에는 옛 소련 지역에서 전통 문화사고고학이 광범위하게 부활했다(Dolukhanov 1995: 337-379). 공산주의 통제가 무너진 뒤 마르크스주의 고고학은 일반적으로 일소된 것처럼 보인다. 물론 동독과 폴란드의 몇몇 고고학자들은 마르크스주의 접근을 선택적으로 유지하고 있었다. 이 같은 동독 고고학자들의 움직임은 독일의 통일에 뒤이은 서독의 학문적 권위의 확산으로 좌절을 맞게 되었다(Härke 2000b: 12; Jacobs 2000; Barford 2004). 미국 고고학자 중에는 과거 소련의 고고학자들에게 과정고고학에 관심을 가지도록 권유했던 사람들도 있었다. 그러나 이러한 노력은 소련 고고학자들이 과정고고학은 소련 고고학과 너무도 닮았다는 판단을 함으로써 성공하지 못했다(Kohl 1993: 18). 이로써 소련 몰락 이후 과거 소련의 진영이었던 거의 모든 지역에서 문화사고고학을 선호하는 경향이 다시 일었다.

동유럽에서는 제2차 세계대전 이후 문화사고고학이 광범위했지만, 소련에서는 1928년 이전에 일상적으로 이루어졌을 뿐이다. 이후 1930년대 말에는 나치가 고고 자료를 사용하여 슬라브족의 명예와 문화적 성취를 훼손한 것에 맞서기 위해 상당 부분 문화사고고학의 양상이 재도입되기도 했다(Klejn 1974). 이런 접근은 고고학을 다른 사회과학들로부터 고립시키고 비교적 정치적으로 안전하게 고고학을 하는 방식이었다. 그렇기 때문에 제2차 세계대전 이후의 소련 고고학자들 역시 여전히 문화사적 형태의 분석에 초점을 맞추는 것을 선호했다. 다만 정치적으로 필요할 때면 당시 소련의 권위자들이 관심을 가질 만한 문제들을 적절하게 언급하는 식으로 마르크스주의적 겉치레가 추가되었을 뿐이다. 소련의 몰락 이후 레오 클레인(Leo Klejn 2001a: 6)은, 비록 학생시절에는 마르크스주의를 받아들였지만, 결코 마르크스주의 고고학자가 되지는 못했다고 고백한 바 있다. 문화사고고학은 비교적 수월하게 이해할 수 있는 접근이었으며, 그것의 부활은 1990년대 독일 연구재단 및 독일과 동유럽 및 러시아 고고학자들의 합동 연구프로젝트로 시작되었다.

고고학자들은 소련의 몰락을 재촉했던 민족주의적인 파고에도 가담했다. 몰락 이후 독일 고고학에서 1945년 이후 일소되었던 종족적이고 인종주의적인 공상과 다시 결부되기도 했다(Klejn 1991, 1994a; Ligi 1993; Chenykh 1995; Kohl and Tsetskhladze 1995; Shnirelman 1995, 1999; T. Kaiser 1995). 이런 식의 접근에 관심을 가졌던 고고학자들은

1945년 이후 독일 문화사고고학과 서구의 탈과정고고학이 논했던 종족성이란 개념에 대한 비판을 몰랐거나 무시했다고 할 수 있다. 그 결과, 수많은 잔혹한 민족주의적이고 경쟁적인 고고학 접근들이 부활하고 재창조되었다. 다만 폴란드나 체코공화국 같은 나라의 고고학은 이런 상황에 해당되지 않는다. 이 지역의 고고학자들은 서구와 더 많은 접촉을 하여 문화사와는 상이한 고고학 접근에 익숙해 있었다. 러시아에서는 문화사고고학이 부활하면서 고고 자료에서 행위를 추론하려는 소련 고고학자들의 성취가 대체로 무시되었다. 이 같은 후행적인 흐름에서 눈에 띄는 예외로 들 수 있는 사람은 클레인(Klejn 2001a)이다. 클레인은 지속적으로 고고학 증거를 통해서 인간행위 및 인류역사에 대한 이해를 도모하는 포괄적인 이론을 만들어 내고자 했다. 다만 이 같은 일을 시작하기 위해서는 스스로를 마르크스주의자인 것처럼 행세해야 했다.

다윈진화고고학은 기능function적인 양상의 물질문화와 대비되는 양식style적인 양상을 설명하기 위하여 몇 가지 문화사고고학의 접근을 부활시키고 발달시켰다. 더넬(Dunnell 1978)은 양식과 기능은 시간상 변화의 패턴을 통해서 서로 구분될 수 있으며, 양식은 단일빈도곡선을 그리며 점진적으로 변화한다고 주장했다. 그렇지만 몇몇 다윈고고학자들은 이제 양식적이고 기능적인 변화 모두가 그런 형태를 그리며 변화함을 인정하고 있다(O'Brien and Leonard 2001). 한편 스티븐 셰넌과 윌킨슨(Shennan and Wilkinson 2001)은 양식이 선택과 관련하여 중립적이라(선택의 영향을 받지 않는다)는 생각(Dunnell 1978)은 실제 빈도분포에 잘 드러나지 않을 수도 있다고 했다. 그렇지만 이러한 문제에도 불구하고, 과정고고학자들이 단호하게 거부했던 문화사고고학의 분석적 개념을 이렇듯 다윈진화고고학자들은 다시 활용하고 있다. 물론 물질문화의 형태 변화에 대한 더욱 세부적인 이해가 과정고고학자와 탈과정고고학자들이 제기했던 많은 문제를 더욱 효과적으로 다루는 데 아주 중요함은 두말할 나위가 없다.

마지막으로 고고학자들은 과정고고학과 결부되어 있는 단선진화론을 광범위하게 거부했다. 이로써 지역 및 세계적인 수준에서 인류의 과거에 대해 문화사적인 논의를 새로이 할 길이 열렸다. 문화사고고학의 방법들은 선사시대의 구체적인 문화나 사회의 계통발생적 변화를 추적하는 데 긴요하다. 실제 변화와 안정의 패턴을 확인하는 데도 필요하며, 인류사회 발달의 진화적인 패턴화와 관련된 문제를 논하는 데 중요한 역할을 한다(Kehoe 1998; Trigger 1998a). 이러한 새로운 형태의 문화사고고학에서 변화에 대한 내적인 설명은 전파와 이주 못지않게 중요한 것으로 여겨진다.

고고학자들의 많은 관심을 끌고 있는 또 다른 주제는 뇌와 뇌분비체계를 포함하여 어떻게 인간생물학이 인간행위에 영향을 미치는지를 고찰하는 것이다. 이런 관심은 때로 "인지고고학"이라 불리기도 하며, 분명히 렌프루의 인지과정적 접근과 중복되는 부분이 있다. 그렇지만 인지적인 요인과 함께 감정과 동인 등 인간행위에 영향을 미치는 비인지적인 요인까지를 고려하기 때문에 아마도 이러한 연구의 영역을 생물고고학biological archaeology이라 이르는 것이 나을 것이다. 인지적 수준에서 이러한 접근은 19세기 단선진화고고학자들이 "심적동일성psychic unity"—당시 연구자들은 이것을 설명되어야 할 어떤 것이 아니라 그 자체가 하나의 설명인 듯이 잘못 취급했던 용어이다—때문이라 여겼던 비교(범)문화적 균일성cross-cultural uniformity에 대해 이야기한다. 신념이나 가치에서 범문화적 유사성이라는 것은 신진화론 인류학자와 과정고고학자들—그런 사례들을 범문화적 유사성의 범위를 확장하는 데 사용하기도 했다—이 상정했던 정도의 것이지 않았을까 생각된다. 이러한 잘못은 아마도 1945년 이후 인간행위에 대해 생물학적인 설명을 인류학자들이 일반적으로 거부했을 뿐 아니라 생태학적 설명에 경도되어 있었던 탓이었을 것이다. 에드먼드 리치(Edmund Leach 1973: 763-764)는 인간의 인지와 의도성이 "'일(습관, *praxis*)'에 임하는 인간의 독특한 능력"을 만들어 낸다고 하면서 과정고고학자들의 주의를 환기시켰다. 르루아구랑(Leroi-Gourhan 1993)은 『몸짓과 말*Le geste et la parole*』에서 그러한 능력에 대해서 상당히 자세히 논의했다. 머릴리 새먼(Merilee Salmon 1982: 132)은 소규모 사회는 평등한 사회구조를 가지는 규칙성이 있다는 단순한 사례로서, 사회인류학자 앤서니 포지(Anthony Forge 1972)의 주장, 곧 80개 이상의 밀접한 개인적 유대를 인지적으로 다루기 불가능해지기 때문에 사회의 규모가 커지면서 사회조직이 분화되고 더 분명히 정의된 의사결정 구조가 발달하게 된다는 주장을 인용한다. 롤랜드 플레처(Roland Fletcher 1977, 1995)는 오래전부터 인간의 마음은 주어진 환경에서 상당한 균일성을 보여주는 근접 능력을 가지고 있다고 주장해 왔다. 또한 구조주의는 인간의 마음이 어떻게 움직이는지에 대해서 복합적이면서도 전적으로 불확정적인 사색에 토대를 두고 있다.

오늘날 많은 고고학자들은 인간의 이성적 사고 능력을 인간의 기본적인 생물학적 필요 및 문화적으로 전수된 지식 및 신념과 결합시켜 인간행위를 설명하기에는 불충분하다고 생각한다. 인간은 예술품을 생산하고 감상하며 종교적 신념을 가지고 있는 보편적인 성향이 있다(Boyer 1994, 1996; Mithen 1996). 호미니드는 수백만 년 동안 생물체로서의 필요한 사항과 함께 행위적 및 개념적 적응, 그리고 복합적 형태의 인지와 상징적으로 매개된 분석을 할 능력을 진화시켜 왔다. 최근 연구에 따르면 복수형을 만들거나 시제를 바꾸는 능력 같은 특정한 문법적 능력은 유전자와 연관된 것이라고 한다(Gopnik 1997). 그리하여 이마누엘 칸트 같은 철학자들이 시간과 공간 같은 개념은 인간의 뇌 속에 고정되어 있다고 가정한 것이 옳을 수도 있는 것이다. 이를 통해 초기 여우원숭이와 비슷하게 생긴 영장류가 나뭇가지를 뛰어다니는 생활에 적응했을 것으로 보인다. 마이든(Mithen 1996)은 호미니드 진화의 역사에서 사회력, 기술 및 자연 관찰 등의 영역(모듈)이 각각 별개로 발달했으며, 현생인류(호모 사피엔스)에 와서야 그 영역들이 상호 유기적 관련을 맺게 되었다는 가설을 세운 바 있다. 이런 성격들이 서로 어울려 인간화의 방향으로 진화했을 것이며, 종교 사상의 대부분 또는 전부의 뿌리가 되었을 수도 있다. 마찬가지로 모든 복합사회에서 광범위하게 보이는 위계적 구조는 단순히 정보를 처리하고 사회를 통제하는 데 필요한 기능적 수준을 넘어서는 것 같다(Trigger 2003a). 오히려 이런 구조는 사회력과 더불어 일반적으로 아프리카의 고등영장류에서 관찰되는 사회적 경쟁을 반영하고 있는 것 같다(Conroy 1990). 물론 생태적 측면에서 일반적 호혜가 이루어지고 있는 소규모 수렵채집사회들에서는 대체로 농담, 놀림이나 마력의 두려움 등으로 명백한 위계적 행동을 억제한다. 하지만 이 같이 자연적 위계화의 경향을 통제하는 문화적 기제들은 사회의 규모가 커지고 복잡해지면서 효력을 잃는다(Lee 1990; Trigger 1990). 큰 규모의 사회들에서도 그런 호혜적 행위가 소규모 사회에서처럼 똑같이 효과적으로 만드는 장치가 진화하지는 않았던 것이다.

초기 문명에서 보이는 종교 신앙에도 상당한 범(비교)문화적 규칙성이 깔려 있다는 증거도 있다. 서로 아무런 접촉도 없이 멀리 떨어져 있던 여러 초기 문명에서는 공통적으로 신이 우주에 생명을 주었고 인간에 자양분을 주어 유지시켰을 뿐만 아니라, 만약 인간이 이러한 신들에게 희생으로 보답하지 않는다면 신성은 사라지고 우주는 혼돈에 빠질 것이라는 믿음이 광범위했다. 물론 농경민이 대부분의 신의 양식을 생산했다. 하지만, 상위층, 특히 왕은 이 같은 자양을 다시 영적인 영역으로 전환시킨다. 그럼으로써 스스로 우주의 질서를 유지하는 데 중요한 역할을 했다고 주장한다. 이런 식으로 신성을 보는 시각은 소규모 사회의 민족지 사례와는 크게 다르다. 소규모 사회들에서는 주로 의례를 통해 샤먼이, 그리고 때로는 어느 누구라도 (자애로운 부모로서, 또는 제사의 대상인 조상으로서) 영적인 힘에 접근할 수 있다(Bird-David 1990; Ingold 1996). 나는 초기 문명에서 서로 독립적으로 진화한 신앙들은 아마도 인간세계에서 우주의 영역으로의 공여 관계가 형이상학적으로 투영된 것임을 시사한 바 있다. 이런 식으로 우주의 질서는 농경민의 생산성과 상위계층의 행정 및 의례적 기능 모두에 기초를 두었다. 이로써 아직 초보적인 통제의 메커니즘만을 가진 초기 문명에서도 지배자와 피지배자 사이의 정치적 균형을 유지하는 데 도움이 되는 영적인 개념이 무엇이었는지를 판별할 수 있다(Trigger 2003a: 472-494). 그렇다 하더라도 역사적으로 관련이 없는 많은 초기 문명에서 이렇듯 똑같은 방식으로 기본적인 합리화가 이루어졌음은 놀랄 만한 일이다. 이렇듯 인간 집단들이 동일한 방식으로 사회관계를 상징적으로 해석한다는 것은 사회가 복합적이 되면서 혈연으로는 모든 사회관계들을 이해하는 데 쓰이는 비유들을 더 이상 담아낼 수 없게 되자 새로운 비유를 모두 종교적인 영역에서 끌어온다는 마셜 살린스(Marshall Sahlins 1976a: 211-212)의 제안과도 상통한다.

이와 대조로 나는 생물학적으로 인간은 자손의 수를 최대화하도록 되어 있다는 진화생물학의 주장을 지지할 직접 증거를 찾지 못하고 있다. 수많은 문화적 요인이 재생산 행위에 영향을 미치고 자식의 수를 제한한다는 것이 많은 사회의 특성으로 알려져 있다(Trigger 2003a: 310-311). 만약 자손의 수를 최대화하는 것이 우리 영장류 조상들의 생물학적인 성향이었다면, 그런 경향은 호미니드 진화 과정에서 소거되었다고 보아야 할 것이다.

인간행위의 어떤 양상에 대해서도 그 생물학적인 토대에 관해 알려진 바가 거의 없다. 이 주제에 대해 출간되고 있는 생태학자, 심리학자, 신경과학자의 글은 대부분 별다른 증거가 뒷받침되지 못한 사변적인 것들이다. 또한 인류학에 대해서는 거의 지식을 가지고 있지 않은 연구자들이 쓴 것이기도 하다(Donald 1991; Gazzaniga 1992, 1998; Butterworth 1999; Low 2000; Pinker 2002; Dennett 2003). 사회과학, 특히 경제학은 인간행위의 타고난 양상에 대해서 근거 없는 공상을 하지 않는다고 말할 수는 없다. 그렇지만 최근 들어 인류학자들은 1945년 이전 사회과학을 오염시켰던 인종주의를 혐오하고, 1970년대 이후 새로이 문화인류학에 유행한 급진적 상대주의 때문에 그러한 주제를 일반적으로 회피하여 왔다(Sahlins 1976b). 극단적인 탈과정고고학자들은 원칙적으로 범(비교)문화적 일반화를 인지하는 것이나 그것을 찾는 것 모두에 반대한다. 인류학자들도 만약 생물학적 해석에 찬성한다면 인간행위에 대한 연구자들의 생각을 모두 합리화시켜 버릴 것이라는 두려움을 나타냈는데, 이는 타당한 것이기도 하다(S. Jones 1997: 65-67). 학사적으로도 보수 성향의 사회과학자들이 인간행위에 대한 생물학적 이해를 선호했다. 이와 대조로 자유주의적이거나 급진적인 연구자들은 생물학적 토대의 의미를 최소화함으로써 사회 및 정치적 변화가 더 빠르고 수월하게 일어나기를 바랐다. 연구자 사이에 서로 밀접한 유대관계를 발전시키지 못하여 신경과학자, 심리학자, 사회과학자들은 모두 사회생물학이나 인종주의자들의 근거 없는 잘못된 주장에만 경도된 것이 사실이다. 그러나 앞으로 사회과학자, 심리학자, 생물학자, 신경과학자들이 공동 연구를 진척시킨다면 고고학자는 이 분야의 새로운 지식을 적용하여 과거를 이해할 수 있게 될 것이다. 고고학의 입장에서는 이러한 접근을 통해 더 많은 범문화적 일반화를 토대로 고고학적 발견을 과거 인간행위와 신념의 증거로 해석할 여지가 있는 것이다.

러시튼(J. P. Rushton 1995) 같은 신인종주의자의 주장에도 불구하고, 자연선택의 결과로 획득된 행위는 사회생물학자들이 생각했듯이 빠르게 인간의 유전(전승)적 원칙 속에 스며든다(E. Wilson 1975). 인간의 행위적 경향은 일반적으로 전체 사람 종이 공통으로 지니고 있는 것으로 보인다(Carrithers 1992). 이는 자연선택은 유전적 측면에서 인간행위 유형에 아주 느리게 스며들 것임을 시사한다. 나아가 대규모 사회 및 정치적 실체들을 운영하고 있고, 장기적인 계획을 세우며 급격히 일어나는 변화(이 모든 것은 최근 수천 년 동안 인간의 삶과 문화의 특징이다)에 대한 문제들과 구체적으로 관련된 생물학적 적응은 거의 찾을 수 없다(Boyd and Richerson 1985).

최근 들어서는 미국과 영국에서 고든 차일드, 로버트 맥 애덤스, 콜린 렌프루, 켄트 플래너리, 헨리 라이트 등이 1950년대와 1960년대에 개척했던 사회적인 접근으로 선사 사회를 이해하고자 하는 연구자는 별로 없다. 흔히 "사회고고학social archaeology"이라 불리는 것은 이제 대부분 탈과정주의와 밀접하게 연관된 문화고고학cultural archaeology의 한 형태가 되었다(Meskell and Preucel 2004). 여기에 대한 분명한 예외로는 최근의 모니카 스미스(Monica L. Smith 2003)과 노먼 요피(Norman Yoffee 2003)의 연구를 들 수 있다. 그런데 로버트 채프먼Robert Chapman, 필립 콜Philip Kohl, 랜들 맥과이어Randall McGuire, 토머스 패터슨Thomas Patterson 등 마르크스주의 고고학자들이 사회고고학을 유지하고자 하는 진지한 노력을 하고 있다. 경제생활을 비롯한 많은 양상의 인간행위를 형성시키는 사회 및 정치조직의 중요한 기능적 역할을 고려하면(Trigger 2003a: 264-275), 고고학은 결국 사회적 접근과 유리되어서는 안된다. 나아가 머지않아 사회고고학은 다시 한 번 고고학에서 큰 역할을 할 것이다.

인간이 어떻게 물질적 요인과 상호작용하여 사회적 삶을 재형성시키는지를 연구하는 것은 여전히 남아메리카의 마르크스주의 사회고고학의 중요한 목적이다. 이들은 고고학을 사회적으로 유의하면서도 정치적으로 활발한 학문으로 만들고자 한다(Lorenzo et al. 1976; Baté 1998: 98-99; R. Chapman 2003). 남아메리카의 사회고고학자들은 고든 차일드나 페루의 고고학자 에밀리오 초이(Emilio Choy 1960) 및 호세 마리아테기José Mariátegui, 쿠바의 고고학자 에르네스토 타비오Ernesto Tabío와 에스트렐라 레이(Estrella Rey 1966) 등의 저작에 많은 영향을 받았다. 페루의 유력한 고고학자 루이스 룸브레라스(Luis Lumbreras 1974), 베네수엘라의 고고학자 마리오 사노하Mario Sanoja와 이라이다 바르가스Iraida Vargas(Sanoja and Vargas 1978), 칠레의 고고학자 루이스 바테(Luis Baté 1977, 1978)도 이러한 운동에 함께했다. 그렇지만 이 같은 접근이 어떤 통일된 이론을 생산했던 것은 아니다. 일반적으로 마르크스주의는 상위이론에 머물러 있었으며, 고고학 조사연구를 행하는 적절한 방법론을 고안하는 데는 별다른 진전이 없었다. 심지어 룸브레라스의 연구조차도 "본질적으로 세련된 문화사주의적인 해석"이라는 평가를 받기도 했다(Politis 2003: 251). 마르크스주의고고학은 어떤 남아메리카의 나라에서도 중심이 되지 못하고 있으며, 늘 문화사고고학, 과정고고학 또는 절충적인 접근에 종속되어 있었던 것이다(Politis and Alberti 1999; Funari 1999b, 2001; Politis 2003; Politis and Perez Gollán 2004).

스페인에서는 바르셀로나를 근거로 하는 일군의 고고학자들이 유물론적 마르크스주의의 시각으로 지역의 생산 및 소비체계, 선사시대의 사회적 불평등과 계급의 발달을 추적하는 고고학 기법을 개발했다. 이들은 이러한 종류의 연구는 지리적으로 더 큰 규모의 선사시대 정치 체계를 이해하는 데 필요하다고 주장한다(González Marcén and Risch 1990; Ruiz and Nocete 1990; Vásquez Varela and Risch 1991). 또한 계급 구분이 존재했는지, 그렇지 않았는지를 추론하기 위해서는 한 사회에서 생산자와 비생산자의 존재와 같이 고고학적 유존물에 분명한 자취를 남기는 선사시대의 행위적 양상을 연구할 필요가 있다는 점 역시 강조한다. 이런 종류의 기본적인 정보는 성채, 기념물 건축, 의례 중심지 등과 같은 다른 양상의 고고학적 유존물을 이해하는 데도 필요하다(R. Chapman 2003: 23-26). 이는 이탈리아의 정통 마르크스주의 고고학자 마우리치오 토시(Maurizio Tosi 1984)의 생각과도 비슷한데, 토시는 고고학적 유존물에서 제작 과정에 대한 연구에 많은 시간을 쏟았다.

2. 이론적 수렴

고고학자들 가운데는 고고학의 이론적 분지가 하나의 학문으로서의 신뢰성을 위협한다는 근거를 들어 반대하는 사람도 있다(P. J. Watson 1986). 하지만 특히 미국에서는 다양한 이론적 접근이 얼마나 상호 보완적인지에 대해서, 그리고 포괄적이고 유용한 혼합 이론을 만들어 내기 위해서 상호 대화가 활발하게 이루어지고 있다. 지난 십여 년 동안 미국의 많은 고고학자들은 과정고고학과 탈과정고고학이 단순히 상호 경쟁하는 이론이 아니라 각각 행위와 문화를 다루는 상호보완적인 접근이라고 주장했다(Duke 1991, 1995; Preucel 1991; Wylie 1993, 2000; VanPool and VanPool 1999, 2003). 특히 행위고고학자들은 상이한 접근들 사이에 "다리를 놓는" 일에 적극적이다(Skibo et al. 1995; Schiffer 1996, 2000b: Skibo and Feinman 1999). 덧붙여 미셸 헤그먼(Michelle Hegmon 2003)은 스스로 "과정-플러스processual-plus"고고학이라 부르는 여러 연관된 입장들을 논한 바 있다. 티모시 포키탯(Timothy Pauketat 2003)은 "역사과정historical processual고고학"이라 이름 붙인 이론적 조합에 대해서 상세히 설명하기도 한다.

이런 식의 흐름에도 불구하고 몇몇 다윈진화고고학자들은 자신들의 입장이 헤게모니적 지위를 가지고 있다고 생각하고 있는 듯하다(Lyman and O'Brien 1998; O'Brien, Lyman and Leonard 1998). 하지만 이들마저도 문화사고고학에서 가장 유효하고도 오래 지속되는 개념을 포괄하려 애쓰고 있다(Lyman, O'Brien and Dunnell 1997a; O'Brien and Lyman 2000). 최근에는 상이한 신조를 가진 고고학자들의 주장을 포용하는 데 적극적인 다윈고고학자들도 있다(O'Brien 2005; O'Brien, Lyman, and Schiffer 2005). 때로는 어떤 하나의 이론적 입장이 다른 것을 흔들어 파괴시킬지도 모른다는 두려움 때문에 상이한 접근을 받아들이기도 한다. 그렇지만 많은 고고학자들은 분명 현존하는 입장들을 융화시킴으로써 상호 이득을 추구하고 있다(Preucel 1991; VanPool and VanPool 1999,

2003; Schiffer 2000a; Kristiansen 2004a). 이런 연구들은 최근 유행하고 있는 순진한 절충주의를 넘어 고고학을 진전시키는 데 도움을 준다. 생물학적인 양상에 기초하여 인간행위와 고고학적 유존물을 설명하는 데 관심이 증가하는 것과 아울러 이러한 융화를 위한 움직임은 이전 시기의 분파주의를 넘어 이론적으로 세련되어 가고 있음을 시사한다.

흔히 간결성이야말로 과학 이론을 구축하는 데 바람직한 것이라고 말한다. 하지만 이론적으로 경제적인 것은 설명 대상의 다양성과 복합성을 무시할 경우 스스로 무너지고 만다. 인간행위의 물질적 산물을 이해하기 위해서는 문화, 사회, 심리학 및 생물학적 성격을 포괄하는 창발적이면서도 체계적으로 관련된 특성을 고려해야만 한다(Bunge 2003). 최근 연구들은 모든 문화가 독특하다는 탈과정주의적인 주장은 맞는 말이지만, 인간의 행위와 신념의 몇몇 특성은 문화적으로 상이하면서도 한편으로는 범문화적 균일성까지도 보여주고 있음을 인정한다. 범문화적 차이와 규칙성 모두를 설명하는 문화사 및 생태학적 설명도 가능할 것이다. 이에 덧붙여 다양한 종류의 범문화적 규칙성을 다루고 있는 생물학적, 기능적 및 다윈진화이론의 설명들 역시 나름의 역할이 있을 것이다(D. Brown 1988; Trigger 2003a). 고고학의 궁극 목적은 보편적인 것뿐만 아니라 개별 설명까지도 포괄하여, 우주의 가지성knowability에 토대를 두고 물질성materiality, 체계성systemicity, 법칙성lawfulness, 신념이라는 개념에 뿌리내린 과학적 방법으로 고고학적 유존물에서의 상사성과 상이성을 설명하는 것이어야 한다(Bunge 2003: 282).

역사고고학과
고전고고학

20세기 말에 들어와 고고학에서 가장 놀랄 만한 발달로는 선사고고학과 다른 많은 형태의 역사고고학, 곧 문헌기록을 토대로 한 고고학 사이의 차별이 점차 약해졌음을 들 수 있다. 18세기 이후 고전고고학과 선사고고학은 상이한 양상으로 발달하여 서로 다른 목적을 추구하고 상이한 방법을 이용했으며, 보통 대학에서도 다른 학과나 학부에 소속되어 왔다. 고전고고학자들은 문헌기록과 엘리트문화에 여전히 깊은 관심을 가지고 있는 반면 선사고고학자들은 1960년대까지도 생태학적 접근에 크게 경도되어 있었다. 더구나 고전학, 이집트학, 아시리아학 같은 인문학적 학문 내에서 고고학자들의 전통적인 역할은 그리 창조적이거나 만족스러운 것은 아니었다. 연구자들은 문헌기록이나 예술 작품을 고대문명의 중요한 사상에 밀접히 접촉할 수 있게 해 주는 길이라고 믿었다. 그리하여 고고학은 과거 사회에서 평범한 사람들이 어떻게 살았는지와 같은 별로 중요하지 않게 보이는 것들에 관한 자료를 다루거나, 흔히 금석학자나 미술사가들이 연구할 문헌기록이나 예술품을 복원하는 일을 담당한다고 여겨질 뿐이었다. 20세기 초 역사고고학은 중세, 식민시대, 산업혁명기의 고고학을 개척했다(J. Harrinton 1955; Barley 1977; Schyler 1978, 2001; Gerrard 2003; Orser 1996, 2004: 28-55; Linebugh 2005). 그런데 이 같은 새로운 전문 분야는 예전의 역사고고학보다는 선사고고학과 더 밀접한 관련을 가졌다. 이는 이 분야에 종사하는 많은 고고학자들이 스스로 폭넓은 해석적 역할을 추구했기 때문이라 하겠다.

최근 들어 모든 형식의 역사고고학은 문헌자료에 적절하게 기록되지 못한 많은 중요한 생활 양상을 밝힐 수 있다는 점이 인식되고 있다(Andrén 1998). 고고 자료를 사용하여 문헌사로 알려진 인간행위와 문화변화에 대한 지식을 보완, 수정하며, 문헌자료에 입각한 정보를 폭넓은 사회적 맥락 속에 위치시키는 역할을 한다. 나아가 초기 사회들에서 식자층의 역할을 이해하는 연구까지 이루어지고 있다. 이 같은 변화를 통해 고전학, 이집트학, 아시리아학에서 고고학자들의 역할이 점차 확장되고 지위가 향상되었다. 이로써 고전고고학자들과 선사고고학 사이의 장벽은 크게 낮아졌던 것이다.

고든 차일드, 크리스토퍼 혹스, 스튜어드 피곳 등 영국의 많은 문화사고고학자들은 선사고고학과 역사고고학 모두에 관심을 가지고 유럽의 역사에 중요한 부분으로 여겼다. 민족주의적인 시각에서 과거를 연구하는 유럽의 다른 지역 및 세계의 고고학자들도 비슷한 시각을 가지고 있다. 제임스 디츠(Deetz 1968: 121) 같은 고고학자들은 역사고고학이 인간행위와 물질문화 사이의 관계에 대한 이론(궁극적으로는 선사시대 자료를 해석하는 데 도움을 줄 것이라 여겼다)을 검증하는 데 적당하다고 보았다. 이와 대조로 물질문화와 민족지 자료 사이의 범문화적 상응과 일반화를 토대로 고고 자료를 해석하려 했던 과정고고학자들은 과학으로서 고고학의 지위를 강조하였고, 이로써 문헌 자료에 대한 이용이 제한적이었다.

최근 식민시대와 산업혁명기를 연구하는 많은 역사고고학자들은 선사고고학자와 역사가들에 비해 제한적이고 부차적인 역할만을 하고 있다는 인식에서 벗어나고자 애쓰고 있다. 이들 역사고고학자는 유럽중심주의, 자본주의, 세계식민지화, 근대화를 떠받치고 있는 역사적 과정을 연구하기도 한다. 역사고고학은 물질문화에 대한 연구를 통해 역사가가 일상적으로 관조하는 범위를 넘어서는 과정을 이해하는 데 기여할 여지가 많은 것이다(Little 1994; Orser 1996; Funari et al. 1999; Funari 1999b; Majewski 2003; T. Murray 2004a). 최근 크리스토퍼 고스든(Gosden 2004)은 식민주의에 대한 고고학적 연구를 최초의 문명에까지 확장시켰다(Trigger 1976도 참조). 이러한 연구는 비교연구와 같이 대부분의 탈과정고고학자들이 기피하는 일반적 문제를 다루고 있다. 이로써 과거 진화고고학자들과 결부된 이슈가 다시 부각되는 것처럼 보이기도 하지만, 이제 단선진화적인 것이 아니라 역사적 조건에 따른 시각을 토대로 현실적인 접근을 하고 있다.

고전고고학자들 가운데는 19세기 말에서 20세기 초에 형성된 전통적 방식에서 탈피하려는 사람들도 있다. 하지만 이러한 노력은 그리 큰 영향을 미치고 있지 못하다. 20세기 동안 고전고고학은 자료를 복원하는 수준에 머물렀으며, 반면 선사고고학은 대학에서 인류학의 한 분야로 인식되기도 했지만 사실상 독자적인 내용을 가진 학문 분야가 되었다. 마이클 섕스(Shanks 1996: 98-99)는 아메리카고고학연구소Archaeological Institute of America의 1985년 연례회의가 본질적으로 50여 년 전에 언급된 주제와 똑같은 것을 다루고 있다고 보았다. 제2차 세계대전 이후 장기 발굴에 대한 지원금이 줄어들면서 고전고고학의 활동을 지배했던 권위주의적 구조는 흔들리게 되었다. 동시에 고전학적 연구를 통해 고대 그리스와 로마 문화가 인간이 창조한 가장 훌륭한 문화가 아니라 여러 고대 문화들 가운데 흥미로운 두 가지에 불과하다는 인식이 자리 잡으면서, 그 전통적인 문화적 중요성은 쇠락하고 만다(Renfrew 1980; Gibbon 1985; Dyson 1993; Snodgrass 1985; Wiseman 1980a, 1980b, 1983).

이렇듯 고전고고학자들 가운데는 새로운 접근을 시도하는 사람들도 생겨났으며, 특히 스스로의 연구를 선사고고학자들의 성취와 비교하기도 했다. 결과적으로 고전고고학이 그동안 협소하게 문화적 양상에만 치중했음과 고대 그리스와 이탈리아의 일상생활과 관련된 이슈들을 연구함에 있어 얼마나 선사고고학에 뒤떨어져 있는지를 더 분명히 인식하게 되었다. 이러한 인식을 통해 취락유형에 대한 지표조사와 시골 지역에서의 소규모 발굴이 늘어나고, 교역과 기술에 대한 연구를 더 강조하게 되었다. 이 같은 연구를 통해 고전고고학의 미술품 및 건축물에 경도되어 있는 전통적인 경향을 보완했던 것이다. 최초의 본격적인 야외 지표조사는 1950년대 말과 1960년대 초에 메세니아Messenia에서 윌리엄 맥도널드(William McDonald b. 1913)가 이끄는 미네소타대학의 고전고고학자들이 했다. 비록 부분적으로 칼 블리전(Carl Blegen,

1887~1971)의 연구에 영향을 받기는 했지만(McDonald 1966), 미네소타대학의 지표조사와 존 포시(John Fossey 1988)를 비롯한 다른 고고학자들이 그리스에서 수행한 조사는 고든 윌리가 개척한 취락유형 연구에 크게 영향을 입은 것이다.

앤서니 스노드그래스(Anthony Snodgrass 1987)는 이 같은 새로운 경향에 많은 영향을 미쳤다. 그는 그리스의 선고전시대의 무기와 갑주에 대해 박사학위 논문을 쓰면서 고전고고학의 세련된 미술품에 대한 엄밀한 분석을 넘어서 기능적인 유물의 범주까지 포괄했던 것이다(Snodgrass 1964). 또한 콜린 렌프루(Renfrew 1972)의 영향을 받아 그리스의 도시국가의 등장을 인구 증가 때문으로 보았는데, 인구 증가를 집약 농경과 도시화의 주 동인이었다고 생각했다(Snodgrass 1980). 그리고 고전고고학자들이 역사 및 미술사적인 성격의 기존 연구 형태를 신고고학과 관련이 있는 생태 및 취락유형 연구로 보완할 것을 주문한 바 있다. 또한 고고학은 전통적으로 문헌기록 연구와 결부되어 온 역사 사건이나 개인 성향 같은 것을 탐구의 대상으로 삼을 수는 없음을 주지시켰다. 섕스(Shanks 1996: 132-135)는 고전고고학의 전통적인 강점을 선사고고학으로부터 끌어온 요소들과 결합시키고자 한 스노드그래스의 노력을 부드러운 과정고고학의 한 형태라고 표현했다. 반면 이안 모리스(Ian Morris 1994b: 39)는 "새로운 고전고고학"이라는 이름을 붙였다. 제임스 와이즈맨James Wiseman과 스티븐 다이슨Stephen Dyson은 스노드그래스의 노력을 크게 지지한 바 있다. 와이즈맨은 보스턴대학에서 고고학과를 창설하여 고전고고학과 선사고고학을 공동으로 연구하게 하는 데 주도적인 역할을 하기도 했으며, 학과는 지금도 커가고 있다.

이안 모리스(Morris b. 1960, 1987)는 탈과정고고학적 접근을 고전고고학에 도입했다. 모리스는 고전시대의 무덤들이 지위의 차별에 대한 상징적 부정을 반영하고 있다고 해석했다. 무덤은 노예와 다른 비시민 거주자들의 수의 증가에 맞서 귀족과 선거권을 가진 평민을 통합하기 위한 의도를 비추어 준다는 것이다. 또한 유물들을 당시 사회와 대등한 것으로 다룸으로써 자신의 연구를 물질문화를 통하여 고대 사람들의 생활을 연구하는 문화사의 한 형식으로 본다(Morris 2000). 그리고 문헌기록에는 그리스의 사회사 및 경제사에 대한 증거가 제한되어 있기 때문에 물질문화의 연구는 고대 그리스 역사에 포괄되어야 한다고 주장한다. 따라서 이 같은 몇몇 고전고고학자들은 수십 년 동안 지중해 연안에서 고고학과 역사학 사이의 간극뿐만 아니라 고전고고학과 선사고고학 사이의 간격을 좁혀 왔다고 할 수 있다(Sauer 2004). 그럼에도 대부분의 고전고고학자들은 이러한 혁신에 관심을 두지 않고 여전히 과거에 자신들이 하던 방식대로 자료를 분석하고 있는 것 같다.

한편 이집트학을 하는 고고학자들은 숫자도 적고 학문적으로 더욱 고립되어 있기 때문에 스스로 선사고고학자들과의 장벽을 허무는 데 훨씬 소극적인 것 같다. 1960년대 이집트학자들은 기꺼이 지리학자 칼 부처(Karl Butzer 1976)가 고대 이집트의 수리 농경의 성격을 이해하기 위한 야외 조사를 수행하도록 협조하면서도 자신들의 연구는 금석학 자료에 한정했다. 그동안 고대 이집트 취락에 대한 연구는 크게 늘어났다. 가장 주목할 만한 것으로는 히에라콘폴리스Hierakonpolis에서 마이클 호프맨Michael Hoffman과 바버라 애덤스Barbara Adams, 아비도스Abydos에서 데이비드 오코너David O'Connor, 아마르나Amarna에서 배리 켐프Barry Kemp, 텔엘다바Tell el Daba'a에서 맨프리드 비택Manfred Bietak의 연구 등을 들 수 있다. 이러한 연구프로젝트들은 부분적으로 이집트학자들이 고대 이집트 사람들의 생활에 대해 오랫동안 관심을 가졌음을 비추어 주는 것이 사실이다. 하지만 연구는 아주 느리고도 부분적으로만 이루어졌을 뿐이며, 최근까지도 체계적인 지역단위의 취락유형에 대한 지표조사는 못하고 있다. 다만 오코너와 그의 학생 몇몇만이 인류학을 공부한 고고학자들의 연구에 큰 관심을 표명했을 뿐이다. 이 때문에 과정고고학의 영향은 간접적이고 제한적이라 하겠다(Weeks 1979). 이집트학자들 사이에선 오히려 탈과정고고학적 접근이 더 큰 매력을 끌었다. 이는 이집트학을 연구하는 고고학자들과 미술사가들이 이집트의 예술품과 건출물에서 많은 문화적 의미를 읽고자 하기 때문이다. 이러한 사례에서 보듯이 탈과정주의적 접근은 이집트학자들에게 새롭고 더 체계적인 방식으로 과거의 관심사를 추구할 수 있게 해 준다(Lustig 1997). 그러나 이렇게 진전이 있음에도 이집트학에서 고고학자와 금석학자 사이의 관계가 크게 바뀌지는 않았다.

마야문명은 문자 체계를 가지고 있었지만, 1980년대 이전에는 제대로 해독되지 못했다. 그렇기에 마야의 문화는 선사 문화인 것처럼 연구되었다. 고고학자들은 먼저 문화사적인 접근을, 나중에는 과정주의적인 접근을 적용하여 마야의 미술, 나중에는 건축물, 생계, 취락유형, 교역 그리고 사회적 불평등을 연구했다(Sabloff 1990). 마야 서체를 더 완전하게 해독하게 된 뒤 금석학자들은, 고전학, 이집트학, 아시리아학에서의 사례와 같이, 자신들의 지성적인 우위를 주장하기 시작했다(Coe 1992). 이들은 현존하는 비교적 적은 기록만으로 마야문화를 발달시킨 믿음들에 대한 통찰을 얻을 수 있다고 주장했다. 몇몇은 이러한 믿음이 마야문명의 몰락 이후에도 존속되었으며, 현재 멕시코와 과테말라의 마야 사람들에게 나타나는 소농민 신앙과 상통함을 말하기도 했다(Wilk 1985; Freidel et al. 1993). 실제 발굴을 하는 고고학자들은 마야 전체 인구의 아주 일부인 글을 사용하는 엘리트의 기록은 보통 사람들의 일상생활을 보여주는 고고학 증거를 토대로 재구성된 마야 사회와 비교해 의미가 크게 떨어진다고 본다. 그래서 마야 고고학자들은 두 가지 접근의 상대적인 중요성에 대한 맹렬한 논쟁에 휩쓸리게 되었다. 조이스 마커스(Joyce Marcus 1992)는 다른 초기 문명에서 궁중 문서들이 사건을 의도적으로 잘못 표현하고 있는 경우가 많으며, 그런 기록을 이해하기 위해서는 서로, 그리고 다른 형태의 증거들과 주의 깊게 비교해야 함을 설득력 있게 논의하고 있다(Marcus 2003). 마야 고고학은 미국 선사고고학의 맥락에서 발달했기 때문에 이러한 상이한 접근이 가지는 우월성에 대한 논란은 선사고고학과 역사고고학 사이의 다툼이라기보다는 과정고고학과 탈과정고고학 사이의 영역 싸움 정도로 간주되는 경향이 있다.

고고학에서 고대 이스라엘에 대한 연구만큼 문헌기록의 역할이 주도적이거나 문제가 많은 분야도 없다. 고대 이스라엘에 대해 히브리 성경은 수많은 내적 모순과 문화적 오기誤記를 담고 있음에도 오랫동안 인정되었으며, 많은 보수적 유대인과 기독교인은 여전히 절대적인 역사적 원천으로 받아들이고 있다. 또한 오랫동안 고고학의 주된 작업이란 성경의 기록을 확인하고 예증하는 것으로 여겨졌다. 이로써 고고학적 유존물을 해석하는 데 엄청난 문제들이 생기게 되었다. 최근 들어서야 고고학적 유존물을 역사의 원천으로서 성경의 유용성을 평가하고 성경의 기원을 검토하는 데 사용하는 모험을 하는 고고학자들이 늘어나고 있다. 이러한 비판은 기원전 9세기 이전 성서 기록의 역사성에 의문을 제기하고 있다. 그때가 되면 성서의 기록은 다른 이웃하는 지역의 문헌기록을 통해 확인할 수 있을 것이다(Finkelstein and Silberman 2001; T. Davis 2004).

역사고고학의 만성적인 문제 가운데 하나는 고고 자료란 문헌기록이 채워 주지 못하는 간격만을 메우는 데 쓰일 뿐이라는 인식이다. 이보다 더 나쁜 것은 흔히 고고학적 유존물으로부터 특정한 정보를 추론하기 위해 필요한 세부 분석을 수행하기보다는 쉽게 문헌기록에 의지하고 만다는 것이다. 가령 기록자료에 근거하여 어떤 특정한 사회가 모거사회라고 생각되고 있다면, 고고 자료를 통해 어느 정도나 이러한 주장을 확인할 수 있는지에 대한 검토를 제대로 하지 않는 것이다. 이렇게 해서는 역사 및 고고 자료를 독자적으로 적절하게 연구하여 어떤 한 자료를 통해 얻어진 지식을 다른 것을 통해 비교할 수 없게 된다(Graves and Erkelens 1991; Alisson 2001, 2003). 어떻게 그리고 누가 이러한 작업을 수행해야 하는지에 대해서는 많은 의견 불일치가 있다(Sauer 2004). 심지어 북아메리카 인디언 종족인 웬다트Wendat족에 대해 만약 17세기 초 이 집단에 대한 민족지 자료가 기록되지 않았다면, 오히려 선사시대의 웬다트에 대해 더 많은 사실들이 알려졌을지도 모른다고 불만을 토로하기도 했다(Ramsden 1996). 비록 관련 자료를 의도적으로 무시하는 고고학자는 없겠지만, 램스든의 지적은 흔히 역사고고학 및 문헌기록의 도움을 받는 고고학에서 고고 자료가 잘못 사용되어 온 사례들을 보아 온 사람들도 공감하고 있다. 이안 모리스(Ian Morris 1994b: 45)는 문헌기록이 풍부할수록 고고 자료는 덜 중요해질 것이라는 일반의 생각과는 달리 더 자세한 역사적 이해를 얻기 위한 복합적인 비교 연구의 토대로서 그 중요성이 더 커진다고 지적한다.

최근에는 이러한 문제를 해결하는 데 진전이 이루어졌다. 탈과정고고학자들은 언어적(역사, 민족지) 형태로 얻어지는 정보는 물질문화의 구체적인 상징 의미(특히 동일한 집단이 고고 자료와 문헌 자료를 남긴 경우)를 아는 데 아주 중요한 역할을 할 수 있음을 깨달았다. 이것이야말로 왜 역사고고학이 한편으로 상징주의와 신념, 다른 한편으로는 물질문화 사이의 관계를 연구하는 데 그토록 유용한지를 증명해 준다(Leone and Potter 1988; Cannon 1989; McGuire and Paynter 1991; Gilchrist 1994; Shakel 1996). 고고학자들은 식민시대 북아메리카에서 집과 정원 구조의 변화, 가구 양식의 변화를 당대의 많은 저작에 기록되어 있는 계급, 젠더, 기호, 개인적 가치의 변동 등과 성공적으로 관련을 지은 바 있다(Glassie 1975; Deetz 1977; Isaac 1982; Leone 1984; Yentsch 1991). 매튜 존슨(Matthew Johnson 1996)은 근대 초 영국에서 가옥의 변화가 개성 및 가정생활의 변화와 어떻게 반복적으로 관련되어 있는지를 잘 보여주었다. 프랑수아 리사라그(François Lissarrague 1990)는 고대 그리스의 심포시온(symposion, 함께 술을 마시며 토의한다는 뜻[옮긴이]), 곧 귀족들의 주연 잔치의 의미를 술병에 대한 그리스 문헌기록과 이미지에 대한 연구들을 결합시켜 이해하고자 했다. 마찬가지로 스튜어트 스미스(Stuart T. Smith 2003)는 고고 및 문헌 자료를 이용하여 고대 이집트 누비아에서의 종족적 상호작용을 연구하기도 했다. 이런 사례들에서 고고학 및 문헌 자료는 상승적으로 결합되어 어떤 하나만으로는 얻기 힘든 의미를 찾는 것이다. 이런 종류의 연구가 갈수록 늘어남으로써 물질문화와 신념 사이의 일반적 관계에 대해 새로운 지식을 얻게 될 것을 기대한다. 그럼에도 역사고고학은 여전히 가능한 자료를 최적으로 이용하는 방법론을 개발하기에는 앞으로도 갈 길이 멀다(Graves and Erkelens 1991; Kirch and Sahlins 1992).

이러한 수렴적인 흐름에도 불구하고 고고학자들 사이에는 고고학 연구의 궁극 목표가 학문의 기본 자료인 물질문화를 이해하는 것인지, 아니면 물질문화를 이용하여 과거 인간행위와 인류역사를 궁구하는 것인지에 대해 여전히 의견이 나뉘어 있다. 호고주의적 전통에서 고고학이 성장한 것은 유물 자체에 대한 연구보다는 인간행위에 대한 정보의 원천으로서 유물에 관심을 가지게 되었던 것과 연관되어 있다. 그렇지만 사람이 아닌 유물이 여전히 문화사고고학의 중심에 있었으며, 고고학자는 유물의 분류와 그 시공상 분포를 추적하는 일에 크게 매달렸다. 다만 문화사고고학은 종족 집단을 확인하는 데도 관심을 가졌으며, 전파와 이주의 측면에서 문화변화를 설명하고자 했던 것은 두말할 나위가 없다(Shennan 2002: 266). 이안 모리스(Morris 1994b: 45)는 문화사고고학의 한 변형으로서 고전고고학은 물질문화 그 자체에 대한 연구를 목적으로 하는 경향을 너무 오랫동안 유지하고 있다고 주장한 바 있다. 그는 진정한 역사(학적)고전고고학을 만들기 위해서는 물질문화는 수단이 되어야 한다고 주장한다. 그래야지만 고고학자들이 과거 행위자의 관점에 접근할 수 있다는 것이다. 이집트 고고학자들은 과정고고학자인지 아닌지를 불문하고 일반적으로 행위적 접근을 채택하고 있다. 그런데 콜링우드와 같은 관념론자와 후일의 탈과정고고학자들 대부분은 신념, 사고, 관습을 이해하는 일이 고고학 연구의 궁극적 목적이 되어야 한다고 주장했다.

이와 대조로 데이비드 클라크(David Clarke 1968)와 마이클 쉬퍼(Michael Schiffer 1976: 4) 같은 생태학적 접근에 덜 경도된 몇몇 과정고고학자들은 학문의 목적이 구체적인 대상을 이해하는 것이라면 고고학의 목적은 물질문화를 이해하는 것이어야 한다고 주장한다. 클라크와 쉬퍼는 모두 사회인류학과 인지인류학을 보완해 주는 새로운 물질문화 과학의 핵심으로 고고학을 상정하고 있다. 쉬퍼와 같은 행위고고학자들은 물질문화를 고고학뿐만 아니라 민족지적으로도 연구할 수 있다고 본다(Rathje 1974; Reid et al. 1974). 민족지고고학자로서 학문을 시작한 몇몇 클라크의 학생들은 물질문화에 대한 연구를 인류학의 유망한 분야로서 개척하기도 했다(D. Miller 1985; Chilton 1999). 하지만 루이스 빈포드(Lewis Binford 1981: 28)는 고고학의 궁극 목적은 인간행위와 물질문화 사이의 관계를 연구하는 것이 아니라고 주장한다. "고고학적 유존물에는 이러한 주제와 관련하여 전혀 아무런 직접적 정보도 담겨 있지 않기 때문"이라는 것이다. 로버트 더넬(Robert Dunnell 1980a)은 더 근본주의적으로, 학문이 물질문화라는 "확장된 표현형"에 작용하는 과정을 이해하고자 하는 이상 고고 자료로부터 인간행위를 추론할 수도, 추론할 필요도 없다고 본다. 많은 다윈고고학자들에게 영향을 미치고 있는 이러한 입장은 더넬이 여전히 문화사고고학의 여러 핵심적 아이디어에 천착하고 있음을 잘 보여준다(Peregrine 2000).

이 같은 고고학의 목적에 대한 대조되는 관점은 우선하는 연구에는 차이가 있지만, 사실 그리 상호 배타적이지는 않다. 더넬의 관점과는 대조로 고고학적 유존물이나 현대 물질문화를 인간의 믿음이나 행위를 고려하지 않고서 이해할 수 있는 길은 없다. 만약 고고학자들이 인간행위에 대해 더 많은 것을 얻고자 한다면, 반드시 물질문화로부터 그러한 행위를 추론하는 길을 찾아야 한다. 고고학의 궁극 목표를 어디에 두고 있든지 연구에는 반드시 사회과학적인 요소를 포괄해야 하며, 고고학이 이론적으로 사회과학에 연결되기 위해서는 인간 행동에 대한 연구를 기초로 삼아야 하는 것이다. 마지막으로 가르댕(Gardin 1980: 27)은 과거 생활양식의 결과물로서 고고학적 유존물을 설명하기 위하여 "행위의 법칙"에 의지한다고 해서 이러한 법칙들이 고고학의 일부가 되는 것은 아니라고 한다. 그러나 이러한 주장은 물질문화는 사회과학의 맥락 안에 있다는 중요한 역할을 간과하고 있다.

생계유형, 취락유형의 고고학 유존물과 유물을 연구하는 것이야말로 인류역사의 전체 과정을 연구하는 단 하나의 길이라는 데 많은 연구자들은 의견을 같이 한다. 이것은 오직 과거를 되짚어 보는 고고학에서만 가능한, 장기간의 사회문화 과정을 연구하는 유일한 방법이다. 따라서 고고학은 사회문화인류학과 다른 사회과학의 성과를 이해하고 서로 관련지을 수 있는 일반 틀을 제공하고 있다. 그렇기 때문에 그동안 기대 이하의 성과만을 올렸지만, 고고학은 이제 사회과학에 중요한 기여를 할 수 있음이 인정되고 있는 것이다. 고고학자들은 이러한 원동력을 유지하기 위해서 과거 인간행위에 대한 연구력을 지속적으로 개발해야 한다.

세계의 많은 지역의 고고학자들은 (많은 상이한 이론적 입장에서 시작했지만) 과거로부터 살아남은 물적 잔재부터 가능하면 엄밀하고 설득력 있는 방식으로 인간행위와 아이디어를 추론하는 이론을 개발하는 것이 중요하다는 점을 인정한다(Malmer 1963;

Binford 1977; Klejn 2001a). 인간행위를 추론하고 설명하는 것은 많은 고고학자들이 믿고 있듯이 그렇게 따로 떨어져 있는 일이 아니다. 다만 추론과 설명 모두 인간행위에 대한 동일한 이론적 가정에 의존하고 있다. 그렇기에 고고학적 유존물으로부터 인간행위와 신념을 추론하는 엄밀한 기법의 개발을 통해서만이 고고학을 포함한 사회과학의 관심사인 인간행위, 역사 그리고 문화변화를 설명하는 문제를 논할 수 있다는 점을 점점 더 깊이 깨닫고 있다. 인간행위에 영향을 미치는 요인이 복합적임을 인식하면서 많은 고고학자들은 인간행위를 추론하는 데 필요한 지식을 얻는 일이 1960년대 과정고고학자들이 낙관했던 것만큼 빠르고 수월한 작업은 아님을 알게 되었다. 그러한 이론을 만들어 내는 일은 이제 고고학의 주요한 작업이 되었으며 앞으로도 무한한 관심을 요하는 것으로 생각되고 있다.

3. 중범위적 이론

오늘날 과거 인간의 행위와 믿음은 고고학자들에 의해 "발견되"거나 "복원되"는 것이 아니라, "구성되"고 "추론되"거나 다양한 확률로 "추측되"는 것임이 대체로 인정되고 있다. 과거에 대한 고고학자들의 생각에서 분명하게 그렇게 추론할 수 있다. 용어상으로는 고고 자료로부터 행위나 신념을 추론하는 데 쓰이는 모든 접근을 중범위이론이라 부르는 것이 편리하다. 그렇지만 빈포드가 이미 이 용어를 사용하여 특정한 추론 방법을 적시한 바 있다. 따라서 나는 빈포드의 용어와 혼란을 피하기 위해 인간행위와 믿음에 접근하는 모든 접근들을 중범위적middle-ranging 이론이라 부를 것이다. 중범위적 이론의 주요 형태는 다음과 같다.

(1) 중범위이론Middle-range theory
원래, 빈포드(Binford 1962)는 만약 어떤 특정한 형식의 유물이나 속성이 모든 사례의 민족지 문화에서 특수한 형태의 행위, 신념과 언제나 상응하기만 한다면, 동일한 종류의 유물이나 속성이 발견되는 모든 고고학 문화에서도 그러한 행위나 신념이 있었다고 생각할 수 있다고 제안했다. 후일 빈포드(Binford 1978)는 만약 특정한 물적 속성들의 결합이 현존하는 사회에서 어떤 특정한 유형의 행위와 상응함이 밝혀진다면, 동일한 물적 특질이 고고학적 유존물에서 발견될 경우 고고학 문화에서도 비슷한 행위가 있었다고 볼 수 있다고 말했다. 그러나 빈포드가 원래 기대했던 바와는 달리 이 접근법은 물질문화와 인간행위 사이의 관계가, 예컨대 플린트를 떼어 내어 석기를 만드는 것이나 청동을 주조하는 것처럼 불변하는 물리 및 생물학적 법칙으로 매개되어 있거나, 에너지 소비나 노동이 주도적인 역할을 하는, 생태학적이거나 경제적인 행위의 경우에 가장 잘 들어맞는다. 사회적 맥락이 고고학 해석에 근본적인 것이라고 믿고 있으며, 근본주의적 고고학자임을 자임하는 딘 사이타(Dean Saitta 1992)조차도 그러한 맥락(시공간을 막론하고 적용 가능한 내재적 성격들immanent properties[옮긴이]) 안에서 중범위이론을 사용할 것을 옹호하고 있다.

(2) 행위적 상응-Behavioral correlations

행위적 해석은 민족지 증거를 근거로, 두 가지 형태의 행위 사이의 상응, 혹은 행위와 신념 사이의 범(비교)문화적 상응을 찾고자 한다. 많은 사례에서 이는 인간행위와 관련된 일반 법칙에 근거한 해석과 동일하다. 예를 들면, 관련 문헌 증거가 남아 있는 초기 문명에서 물적 재화를 신에게 제물로 바치는 이유가 제물공여를 통해 신성과 우주의 질서가 유지된다고 믿기 때문이라는 주장이 가능하다면(Trigger 2003a: 473-494), 관련 문헌 증거가 발견되지 않은 다른 초기 문명에서도 논리적으로 그런 식의 제물공여가 있었으리라고 가정할 수 있다는 것이다. 이 같은 주장은 적어도 부분적으로는 초기 문명에서 종교적 제물공여에 대한 고고학 증거를 찾아봄으로써 검증할 수 있다. 기록이 남아 있는 초기 문명에서는 상이한 의례에서 그리고 상이한 배경에서 서로 다른 물적 자료가 이용되었다. 따라서 어떤 한 문명에서 그 같은 제물공여가 지니는 정확한 성격이나 배경을 고고학자가 예측한다는 것은 쉬운 일이 아니다. 다만, 제물공여의 고고학 증거를 확인하거나 심지어 그런 제물공여가 어떠한 형태로 이루어졌는지를 복원하는 것은 가능할 것이다.

이런 종류의 연구에서는 심리학 및 생물학적 원인을 통해 범문화적 균일성을 논할 수도 있다. 하지만 각각의 사례에서 일반화는 구체적인 고고학 증거를 통해 검증되어야 하는 가설로 다루어져야 한다. 이런 접근에서 중대한 문제 하나는, 위에 인용한 사례에 적용되기도 하는데, 부적절하게 검증된 일반화를 적용하는 경우가 있다는 것이다. 예를 들면 시베리아 수렵채집민의 샤머니즘과 연관된 우주론적 표상들의 보편성에 대한 엘리아데(Mircea Eliade 1954)의 생각은 파편적인 자료에 대한 해석에 입각한 것으로서 범문화적 균일성의 정도를 과장하고 있다. 따라서 행위적 일반화를 정식화시키고 이것을 특정한 고고학적 상황에 적용하는 일은 엄밀하게 이루어져야 한다.

(3) 역사적 해석Historical interpretation

역사적 해석의 측면에서 고고학적 발견물은 동일한 시간, 공간, 사회집단과 관련된 역사, 민족지, 혹은 다른 종류의 문헌기록을 바탕으로 검토할 수 있다. 역사학적 해석은 아이디어, 인간행위 또는 구체적 사건을 다룬다. 이안 모리스(Morris 1994b: 45-46)는 물질문화란 다가성多價性과 모호성을 가지고 있기 때문에, 고고학자는 문헌기록과 구비전승을 통해서만 과거의 가장 단순하고 일반적인 생각에 접근할 수 있다고 주장한다. 우리는 이미 문헌 자료와 고고 자료를 서로 교차시켜 과거에 대해 최대한 많은 정보를 얻어내야 하는 당면 과제를 논한 바 있다. 비록 문자를 가지고 있거나 방문자의 기록이 남아 있는 소수의 문화에 국한되지만, 이런 접근으로 고고학자에게 물질문화가 초기 사회의 구성원들에게 정확하게 어떤 의미를 지녔는지, 그리고 그 의미가 그들의 행위에 어떠한 영향을 미쳤는지에 대해서 자세하고도 정확한 이해를 얻을 수 있다. 또한 이런 종류의 이해는 고고학자들이 의미가 어떻게 물질문화와 관련되어 있는지를 파악하는 데 도움을 준다. 따라서 역사적 접근은 물질문화의 의미와 행위적 중요성에 대한 일반적인 이해를 얻는 데 아주 중요하다.

(4) 직접역사적 접근Direct historical approach

직접역사적 접근은 현존하는 문화에 대한 역사적 또는 민족지적 정보를 이용하여 더 이른 시기의 역사기록이 없는 단계의 동일한, 또는 역사적으로 밀접한 문화의 고고학 발견물을 해석하는 방법이다. 역사적 해석과 마찬가지로 이것도 상동적homological(공통의 기원으로부터 파생한[옮긴이]) 방법이다. 이 방법을 적용하는 경우 만약 의미와 형태가 서로 독립적으로 변화한다면 문제가 발생한다. 동일한 상징이나 표상은 시간이 흐르면서 새로운 의미를 얻기도 하며, 새롭고 아무런 관련도 없는 형태에서도 동일한 의미가 표현될 수도 있다(Goodenough 1953~1968). 한편, 고대 이집트와 같이 몇몇 문화에서는 의미가 수천 년 동안 별다른 변화 없이 지속되었다는 역사적 증거도 있다. 직접역사적 접근은 역사 이전의 시기에 근본적인 문화변화가 있었는지를 파악하는 데 쓰일 수도 있다. 만약 직접역사적 접근으로 오래전 문화들이 몇몇 역사적으로 입증된 문화와 관련되었음이 드러나지 않는다면, 과거 상이한 문화들에 문화적으로 특별한 의미를 부여하기는 어려울 것이다. 바시 안다(Bassy Andah 1995)는 아프리카의 고고 유물은 그 아프리카적인 의미(지역의 민족지로부터 끌어온)에 근거하여 해석해야 한다고 주장했다. 다만, 아주 오래전의 발견물을 어떻게 상동에 근거하여 확인할 수 있는지를 명시하지 못하고 말았다. 장기지속의 역사에서 물질문화에 대한 주의 깊은 문화사적 기록을 바탕으로 상사相似와 상동相同을 구분할 수도 있을 것이다. 물질문화에서 보이는 장기간의 연속성이 신념에서의 연속성을 추론하는 토대가 되기 위해서는 더 많은 연구가 필요하다. 일반적으로 물적 현시가 더욱 복잡해질수록 적어도 일반적 의미에서 연속성이 있을 가능성은 더 커질 것이다(Hamell 1983).

(5) 경험적 접근Empirical approach

경험적 접근방법은 고대의 무게와 측량(도량형), 또는 화폐가치 체계를 풀어내 도량형이나 건물의 크기 및 통화通貨 등에서 순서적 차이를 찾는 연구에 적용되었다(Renfrew 1982b: 16-19). 오래전부터 이 접근법은 엄격한 수학적 범주에 의거하여 표준화된 유물에 이용되어 왔다. 또한 최근에는 일반적으로 중범위이론을 사용하는 인지과정고고학자들이 사용하여 왔다.

(6) 구조주의적 접근Structuralist approach

구조주의적 접근법은 선사 문화들과 결부된 사고의 유형을 복원하고자 한다. 이는 문화를 떠받치는 "깊은 구조"에 있는 이항대립이 모든 의사소통 기호의 근저를 이룬다는 레비스트로스의 가정에 토대를 둔 것이다. 이를 통해 고고학적 유존물에서 물질문화의 유형화를 추구했다. 하지만, 근저에 깔린 가정은 증명되지 않은 채로 남아 있으며, 고고학적 유존물에서의 상징적 변이를 설득력 있게 이항대립에 연결시킬 방법도 없다(Anthony 1995: 84-86). 이보다 더 일반적인 측면에서 크리스토퍼 홀파이크(Christopher Hallpike 1986: 288-371)와 존 홀(John Hall 1986: 33-110)은 산업사회 이전의 문명에서 독특하면서도 잘 변화하지 않는 핵심 원칙들, 곧 생계 양식과 직접적으로 관련되어 있지 않은 행위, 신념, 습관의 유형화는 역사적 연관이 있는 사회들에서 수천 년 동안 사회 조직, 지식, 가치 등을 형성하는 데 중요한 역할을 했다고 보았다. 홀파이크는 이러한 패턴이 생물 진화의 무작위 변이나 창시 효과founder effect와 유사한 역사적으로 우연한 사건의 결과에 기인한다고 주장한다. 마지막으로, 물질문화의 양식적 유사성을 그 근저에서 비유가 투영된 것이라 하여 의미를 찾는 고고학자들도 있다(Tilley 1999; Ortman 2000). 이러한 접근은 모두 개별 사회의 물질문화의 양상을 형성하는 신념에 대해서 더 깊은 통찰을 준다고 하지만, 이것을 증명하는 일은 직접역사적 접근에 달려 있다.

(7) 직관적 접근Intuitive approach

직관적 접근은 모든 인간은 비슷한 일반적 인지체계와 감각 능력을 가지고 있기 때문에 고고학 유존물과 그 자연 배경을 토대로 과거 선사시대 사람들의 경험을 일반적이나마 이해할 수 있다고 가정한다. 다만, 이 현상학적 가정에는 문제가 많다. 갤러이(Alain Gallay 1986: 198-200)는 과거에 대한 현대의 관념과 선사시대의 실제 관념 사이의 등치 관계를 밝힐 방법은 전혀 없다고 주장한 바 있다. 그러한 사고가 검증될 방법은 행위적 상응이나 (더 가능성이 크지만) 직접역사적 접근밖에는 없다. 행위적 해석이 사람과 공간 사이의 관계에 대한 일반화의 형태를 띤다면 중범위이론과 같은 수단으로 밝혀질 수도 있을 것이다.

위의 방법들 가운데 처음 다섯 개는 고고 자료로부터 행위와 믿음을 추론하는 기법이다. 모두 나름대로 기여를 하고는 있지만 어느 것도 하나만으로는 모든 작업에 충분하지 않다. 그래서 각각이 튼튼한 존재론적 근거를 가지면서도 공동으로 어울려야 강력한 기법이 될 수 있다. 처음 두 접근법은 물리학, 생물학 및 심리학적 상수에 근거를 둔 상사적 해석을 준다. 그리고 신경학적 측면에 토대를 두고 인간의 마음이 하는 작용뿐만 아니라 생태학 및 경제적인 요인까지도 다룰 수 있다. 경험적 접근은 수학적 상수에 근거하고 있으며, 역사 및 직접역사적 접근은 문화이론에 의거한다. 이와 대조로 엄밀한 의미에서 구조주의는 어떻게 인간의 마음이 작용하고 있는지에 대한, 증명되지 않았으며 아마도 잘못된, 이론에 바탕을 두고 있다. 반면, 직관적 접근은 문헌학자들이 하듯이 해석학을 포함하는 그 어떤 알려진 과학적 방법도 사용하지 않는다.

이 밖에도 맥락적 접근contextual approach을 덧붙일 수 있는데, 이는 단일 고고학 유적이나 문화와 관련된 복수의 자료에 대한 독립적인 연구 결과물을 종합함으로써 고고 자료의 행위 또는 문화적 유의성을 신빙성 있게 파악하는 방법이다. 데이비드 에드워즈(David Edwards 2003)는 어떻게 음식, 조리 방법, 식기류 자료가 고대 누비아에서 음식의 사용과 의미에 관한 지식을 전해 주는지를 보여주고 있다. 이미 논의한 바와 같이, 한 사회의 주거 자료와는 달리 무덤이 단일하고도 단순할 경우, 이는 무덤이 일상생활에 실현되지 않았던 평등사회의 이상을 어느 정도 반영하고 있을 가능성이 있다. 의식하지 않았지만, 고고학자는 아주 오랫동안 맥락적 접근을 사용하여 왔다. 마야의 생계, 가구 구조, 수공업 생산, 정치 조직에 대한 고고학 정보가 쌓이고 마야 중심지의 도시적인 성격이 밝혀지면서, 의례 중심지에는 성직자만이 거주했으며, 일반인은 의식을 거행할 때나 방문했다는 관점은 사라졌다(M. Becker 1979). 이렇듯 특정한 문화나 지역을 연구하는 고고학자는 일반적인 지식을 바탕으로 증거를 맥락적으로 이해해 왔다. 이 사실은 문외한에게는 직관적이며 비과학적으로 보이겠지만, 고고학자가 어떻게 고고학적 발견물로부터 의미를 정확하게 파악해 내고 있는지를 설명해 준다.

맥락적 접근은 나아가 과거에 대한 다학문적인 연구를 통해 보완되고 있다. 과거 이러한 연구는 초기 과정고고학이 지녔던 방법론적 순수성과 배타성 때문에 아무런 학문적 이유도 없이 뒤로 밀렸다. 예를 들어 사람 뼈 증거를 생물인류학자들이 분석할 경우 선사시대 음식에 대한 연구를 보완할 수 있으며(Cohen and Armelagos 1984), 이를 통해 족외혼 같은 사항에 대해 유물 연구보다도 더 많은 것을 밝힐 수 있음을 깨달게 되었다. 그렇지만 오랫동안 역사언어학, 생물인류학, 구비전승, 역사민족지, 역사기록 등에 대한 연구와 고고학 연구를 체계적으로 비교하고 종합하는 데에는 그리 높은 관심을 기울이지 못했다. 다만, 제시 제닝스(Jesse Jennings 1979)는 선사시대 폴리네시아에 대한 다학문적 연구를 출간했으며, 조이스 마커스(Joyce Marcus 1983b)가 마야에 대한 유사한 연구를 낸 것은 사실이다. 그리고 이 같은 비교와 종합에 대한 관심이 최근 다시 한 번 고조되고 있다(Shennan 2002: 267-268; T. Ferguson 2003: 142). 물론 각 분야는 앞으로 그 자체적인 근거 자료에 대해 더 확실한 연구 결과물을 낼 것이다. 하지만 만약 각 분야의 해석들이 일치한다면, 각각의 독립적인 결론들이 옳을 가능성은 더욱 커진다. 만약 일치하지 않는다면, 각 분야의 전문가들은 누가 잘못되었는지를 결정해야 하는 상황에 직면할 것이다. 다양한 접근에서 얻은 지식이 결합된다면,

어떤 한 방법으로 얻는 지식보다 과거에 대해 더욱 완성된 이해를 할 수 있을 것이다. 다학문적 접근은 종족, 언어, 문화를 독립적인 변수로 다룸으로써 각 범주들 가운데 어떤 하나에서 변화가 생길 경우 다른 것에서 유사한 변화가 있을 것이라는 가정을 토대로 과거 학문적인 실수와 잘못된 이해를 바로잡도록 해 준다(F. Boas 1940; Sapir 1921: 121-235; Trigger 1968a: 7-13).

덧붙여 복수의 작업가설을 세우는 데에도 다시 관심이 일고 있다(Chamberlin 1890). 이것은 1960년대에는 과정고고학자들이 단일한 상위이론에 근거한 연역적 방법을 옹호하면서 무시했던 방법이다. 이제 고고학자들은 이 방법을 근거로 이용 가능한 자료와 일치하는 대안 해석들을 제시하고 있다. 그리고 대안들 각각을 확증하거나 반증하는 검증을 구체적으로 실시하거나, 특정한 해석을 지지하거나 반증할 더 많은 증거를 찾기도 한다. 물론 이 방법도 다른 모든 것과 마찬가지로 한계를 가지고 있다. 하지만 각 개별 고고학자의 상상력 풍부한 사고, 사실 지식, 이론적 정교화를 통하여 연역 및 귀납적인 접근과 콜링우드가 말하는 문제제기 방법의 많은 장점을 결합시킨다. 시간이 흐르면서 새로운 대안들이 추가될 것이고, 어떤 한 문제가 확실하게 풀리면 이 방법으로 새로운 문제를 검토할 수도 있을 것이다.

1960년대에 유행했던 고고 자료로부터 행위와 문화를 추론하는 단순한 연역적 방법은 이제 다양하고 중복적인 전략에 자리를 내주고 말았다. 이로써 앨리슨 와일리(Alison Wylie 1989a, 1993)가 아주 본질적인 것이라 했던 "접합tacking"이 가능해진 것이다. 접합을 통해 일련의 독립적 증거를 사용하여 이론을 검증하고 한 이론에 입각해서 만들어진 자료를 이용해 다른 이론의 제안을 검증한다. 이 같은 아주 융통성 있는 접근으로 인간행위와 문화변화를 형성시킨 복합적 요인을 더욱 현실적으로 인지할 수 있다.

과거를 더 객관적으로 이해하기 위한 아주 중요한 방법으로 다의성multivocality을 생각할 수 있다. 다의성이란 개념으로 인간 사회의 작용에 대한 많은 상이한 이해, 과거에 대한 서로 다른 관심들, 그리고 고고학 조사연구 프로젝트를 기획하고 수행하면서 고고학적 유존물을 연구하는 상이한 관점을 포괄할 수 있다. 그 목적은 고고학적 유존물에 대한 최대한 많은 수의 대안 설명들을 고려하는 것이다. 만약 연구에 따라 상호보완적인 발견이 이루어질 경우 더욱 풍부한 맥락적인 관점을 도모하는 데 도움이 될 것이다. 그렇지 않고 모순되는 발견이 이루어진다면, 그 차이를 해결하기 위해 고고학자들은 더 많은 일을 해야 하는 상황에 직면할 것이다. 그렇기에 다의성은 복수의 작업가설법과도 밀접하게 연관되어 있다. 이안 호더(Ian Hodder 1999)는 최근 차탈회위크Çatalhöyük 유적 발굴에서 독립적인 여러 연구 프로젝트를 결합하여 연구자들 사이의 아이디어와 정보의 교류를 극대화시키고자 했다.

앨리슨 와일리(Alison Wylie 1992)는 다의성이야말로 편견을 극복하는 길이자 고고학의 대중을 더 넓히는 데 도움이 되는 중요한 수단이라고 본다. 이런 사례로는 연구계획과 실행 단계에서 이익집단의 참여를 독려하는 역사고고학 프로젝트가 늘고 있음을 들 수 있다. 이러한 프로젝트로는 뉴욕 시의 5개 지점 조사5-Points Project, 뉴욕시 아프리카인 매장지 조사, 콜로라도 주 루드로우 학살Ludlow Massacre 조사, 아나폴리스Annapolis 조사에서 미국 흑인을 참여시킨 것 등을 들 수 있다(McGuire and Reckner 2002, 2003; Ruppel et al. 2003; Walker 2003; Leone 2005). 복수의 작업가설 방법과 마찬가지로 다의성은 단일한 상위이론에 입각한 가설을 바탕으로 고고학 조사를 해야 한다는 과정고고학의 기본 생각을 부정한다.

2000년 이후 영어권 고고학에서는 과거 우월적인 지위를 놓고 경쟁하던 과정고고학과 탈과정고고학 진영 사이의 이분법적 흐름은 사라진다. 또한 유물론적 접근과 관념론적 접근 역시 수많은 대안적인 입장을 내놓기도 했다. 대부분의 입장들은 모두 고고 자료로부터 인간행위와 믿음을 추론하는 데 유용한 아이디어를 주었다. 이런 모든 접근들은 존재론적으로 유물론적이며, 인식론적으로 관념론이라는 커다란 이론적 우산 아래에 묶일 수 있다. 인류의 진화적 기원을 믿는 사람에게는 그것이 아닌 다른 시각은 가능하지 않다. 또한 많은 기술적이고 생태학적이며 경제적인 특성들을 추론하는 데 상사(유추)에 입각한 방법이 귀중함이 밝혀지기도 했다. 이 접근은 역사 및 선사 시대 문화에 모두 적용 가능하다. 인간의 생물학적인 경향에 근거한 행위적 상응 역시 사회 및 의례 행위, 그리고 이와 관련된 일반적 믿음의 형태를 추론하는 데 도움을 주는 상사analogy가 되기도 한다. 이와 대조로 문화적으로 결정되는 신념을 추론하는 일은 상동homology에 달려 있는데, 때문에 흔히 역사시대의 문화나, 계통발생적으로 그리고 시간적으로 역사시대 문화와 밀접하게 관련된 선사시대 문화에 적용되고 있다.

고고학자들은 고고 자료로부터 문화적으로 결정되는 믿음과 행위를 추론하는 것은 제한된 상황에서나 가능하다는 어려움을 인정하게 되었다. 지난 150년 동안 고고학은 종족성이란 정말 순수하게 주관적인 성격을 지닌 것임을 서서히 알게 되었다. 그럼에 따라 종족성은 관련된 역사 또는 민족지 자료가 없을 경우 다루기 어려운 문제가 되는 것이다(S. Jones 1997). 마찬가지로 젠더 역시 순전히 문화적으로 만들어진 것임을 이해하는 한, 젠더 연구는 비슷한 한계를 가진다. 이를 통해 최근까지 고고학 해석을 크게 왜곡시켜 온 남성 중심적 편견을 바로잡아 왔다. 대부분 선사 고고학자들은 형질인류학자와 같이 생물학적인 성별을 연구하거나 흔히 매장의 맥락에서 물질문화를 연구하는 것이 사실이다. 하지만 이제 극단 상대주의자들은 젠더뿐만 아니라 성性과 관련된 것도 문화적으로 만들어진 것임을 논증하려 애쓰고 있다(Gosden 1999: 147-151). 만약 젠더 행위가 많은 점에서 생물학적 근거를 가진 것임을 논증할 수 있다면, 선사 고고학자들의 추론은 더 수월할 것이다. 그럼에도 인간의 젠더 행위에 대한 생물학적 이해가 아직 충분하지 않다는 점을 고려할 때, 모든 것이 일단 문화적 요인에 따라 결정되는 행위인 것처럼 다루는 것이 더 책임 있는 방식인 듯하다. 예를 들어 수렵채집 문화에서 나타나는 바위그림과 샤머니즘이 관련되어 있다는 주장(Lewis-Williams 2002)이 일반적인 해석으로 받아들여지기 전에 더욱 많은 실제 자료가 필요한 듯하다(Price 2001; Whiteley and Keyser 2003). 마지막으로, 비록 역사 자료로 구비전승 역시 100여 년 동안 정확하게 전수됨이 밝혀지기도 했지만(Treaty 7 Elders et al. 1996), 구비전승되는 것 가운데는 사회 및 정치적 이유에서 짧은 시기에도 변하는 것도 있다(Vasina 1985; R. Mason 2000; Whiteley 2002). 에코호크(Roger Echo-Hawk 2000)와 델로리아(Vine Deloria 1995)는 원주민의 구비전승의 사실성을 무비판적으로 받아들이자는 지나친 요구를 했다. 그러한 전승이 신뢰할 만한 역사적 정보의 원천으로서 받아들여지기 위해서는 다른 독립적인 확증이 필요한 것이다.

물론 추가적인 행위 일반화를 통해 고고 자료로부터 일반적인 믿음이나 위례행위에 대한 추론이 용이해질 수도 있을 것이다. 하지만 혹스의 위계는 현재 어떠한 역사 및 민족지 자료를 이용할 수 없는 선사시대 사회들에 대한 추론이 갖는 한계를 올바로 지적하고 있는 듯하다. 그러한 한계는 미래에 고고학에서 가장 중요한 분과는 아마도 역사고고학과 선사고고학 사이가 될 것임을 시사하고 있는지도 모른다. 역사시대 문화와, 정도는 덜하지만 어떤 형태든지 간접적인 문헌 정보라도 이용할 수 있는 문화는 행위적으로 그리고 문화적으로 특수한 믿음을 근거로 연구할 수도 있지만, 선사시대 사회는 행위적인 시각으로부터 연구할 수밖에 없다. 과정고고학과 탈과정고고학 사이의 차이와는 달리 선사 문화와 역사시대 문화 연구의 차이는 이론적이라기보다는 실질적인 것이다. 따라서 강한 분파적 긴장 같은 것이 일어나지는 않는다. 어쨌든 역사고고학은 그 관심사가 탈과정고고학이 추구하는 영역과 잘 부합하는 반면 전적으로 선사시대를 연구하는 고고학은 과정고고학자의 현재적 관심사와 밀접하게 부합되는 영역인 것은 사실이다.

그럼에도 많은 탈과정고고학자들은 선사시대 물질자료를 연구함에 자료에서 오는 한계가 있다는 생각을 거부한다. 그래서 선사시대 문화와 결부된 습관이나 믿음을 추론하려는 시도를 계속했는데, 대체로 (증거가 부족하여) 사변적이거나 직관에 머물고 말았다. 제시되는 가설을 나중에 검증할 수 있게 될 것이라는 식으로, 한술 더 떠서 현재로서는 그 어떤 것도 신빙성 있는 논증이 어렵다는 식으로 정당화하고 있는 것이다. 그런데 이 같은 해석을 통해서 온갖 편견과 개인적 편향이 고고학에 들어오고 있다. 이로써 드러나지 않지만 대안적인 과정을 무시하기도 한다. 이렇듯 입증되지 않은 사색과도 같은 생각이 고고학 해석을 아주 주관적이고 무책임한 "옛날이야기" 상태로 되돌리려는 위협이 있는 것이다. 1960년대 루이스 빈포드와 데이비드 클라크는 나름대로 그러한 상태에 있는 고고학을 구하고자 애썼다. 나는 과거에 대한 과학적 이해를 증진시키는 데 가설 수립의 중요성을 부인하지 않는다. 다만 이런 방법이 유용해지기 위해서는 반드시 제안을 검증하려는 진지한 노력이 뒤따라야 함을 주장한다. 여기에서 마빈 해리스(Marvin Harris 1968b)의 충고, 곧 고고학자들은 자료가 허용하며, 대답할 수 있는 문제에 더 매달려야 한다는 말을 되새길 필요가 있다. 고고학자들은 고고학 기초자료에 어울리는 이론과 분석법을 만들어 내야 한다.

현실적으로는 많은 종류의 고고학이 있으며, 각각은 독특한 전통을 가지고 있다. 전문 고고학자들은 많은 공통 관행을 지니고 있음에도 불구하고, 각 종류의 고고학은 상이한 자료를 연구하고, 서로 다른 문제를 제기하며, 서로 다른 분석법을 사용하고, 연구하는 대상에 대해 상이한 자세로 임하는 상이한 고고학자의 네트워크로 이루어져 있다(Shennan 2002: 14; G.A. Clark 2003). 전기 및 중기 구석기 고고학(오랜 선사시대)은 후기 구석기, 그리고 더 최근의 수렵채집민 고고학, 신석기 고고학이나 초기 문명사회의 고고학과는 다른 방식으로 연구되고 있다. 마찬가지로 중세, 식민, 산업 고고학의 관행 역시 서로 다르다. 이러한 특이성은 상이한 지역에서 이 같은 연구 전통을 추구하는 고고학자들의 연구에서도 나타난다. 초기 문명도 여러 방식으로 연구되고 해석되는 경향이 있다. 일반으로 이용 가능한 자료의 종류에서 나타나는 차이들은 이미 살펴본 역사시대 및 선사시대 고고학의 차이와도 상응한다. 또한 개별 연구 집단들의 문화를 반영하는 차이는 더 특이한 경향이 있다. 특히 후자는 개별 연구자와 사회적 맥락이 바뀌면서 더 예측 불가능한 방식으로 변하는 것 같다.

4. 상위이론

가르댕(Gardin 1980: 27) 같은 이는 상위이론이 고고학의 일부라고 생각하지 않는다. 귀납적인 접근에 의존하고 있는 많은 고고학자들은 상위이론 없이도 연구할 수 있다고 믿고 있다(Courbin 1988). 하지만 상위이론을 무시할 경우, 고고학자들은 부지불식간에 자신들이 살고 있는 사회에서 오는 여과되지 않은 믿음에 영향을 받아 고고 자료를 해석할 위험이 있다. 19세기 말과 20세기 초에 문화사고고학이 인종주의적 편견에 끌려다녔던 것은 이론적인 정교함이 (많아서가 아니라) 너무 적어서 생긴 결과였다. 사회과학에서 이루어지고 있는 이론적 논쟁을 외면하고 있는 고고학자들은 자신이 속한 사회나 사회 집단의 편향에 따라 움직이고 있으며, 이것은 모든 수준의 고고학적 증거의 해석에 영향을 미친다.

관념론자들은 대체로 문화는 나름대로 독특하며 그 자체로 이해되어야 한다고 생각하는 경향이 있다. 이에 반해 문화는 상당한 정도로 물적인 제약이나 심적동일성에 의해 형성된다고 믿는 사람들은 범문화적 일반화를 찾고자 한다. 초기 문명들 사이의 유사성과 차이에 대한 나의 연구에 따르면, 비록 각 초기 문명은 모두 전체성 totality이란 측면에서는 서로 독특하고 문화마다 서로 상이한 양상도 있지만, 범(비교) 문화적인 일반화를 통해서 이해할 수 있는 양상도 존재함을 부인할 수 없다(Trigger 2003a).

고생물학자들은 오래전부터 독특함 자체는 무질서를 뜻하지 않으며 그 과정이 이해 불가능하다고 여기지 않는다. 1852년 카를 마르크스는 인간은 제도, 믿음, 가치, 그리고 과거로부터 전승된 행위의 맥락 안에서 자신들의 역사를 스스로 만들어 간다고 말했다. 그렇게 인류역사에서 변화가 어떻게 일어나는지를 이해하는 데 큰 기여를 했던 것이다(Marx and Engels 1962, vol. I: 247). 이렇듯 마르크스는 문화 전통이 역사적으로 중요함을 주장했다. 다만 그 전통의 근저에는 범문화적으로 의미 있는 경제적 이익 추구라는 더 중요한 요인이 있다고 했다. 이후 사회과학자들은 문화 유산이 쉽게 변화될 수 있는지, 아니면 완고하게 지속되는 것인지에 대해 논쟁해 왔다. 피에르 부르디외(Pierre Bourdieu 1977)는 말로 표현되지 않은 흔히 무의식적 형태의 학습된 행위(아비튀스)가 상당한 정도로 변화를 억누르고 있다는 데 주목한 바 있다.

또한 사회 및 문화 변화를 일으키는 요인에 대해서도 많은 논의가 있었다. 경제적 조건, 기능적 한계, 사회 내외의 경쟁으로 생기는 선택, 인간성의 생물학적 토대와 함께 이기주의 등이 거론된 바 있다. 또한 어느 정도의 변화가 개인이나 이익집단이 내리는 결정의 결과로 일어나는지, 또는 생태계나 사회 그 자체에 존재하는 인간의 힘을 넘어선 요인의 탓인지에 대해서도 논쟁이 있다. 마리오 번지(Mario Bunge 1979)는 방법론적 개체주의(methodological individualism)이나 총체적 접근에 비해 체계론적 접근이 가지는 이점을 아주 잘 논의한 바 있다. 고고학자들이 상황 변화에 따라 개별 인간의 행위를 연구할 수 있다고 말하더라도, 사실 그렇게 할 수는 없기 때문에, 이들 행위자의 이익이 생태적 요인이나 기능적 제약, 이익의 상충, 그리고 의식적이고도 무의식적으로 작용하는 문화 전통에 따라 제한되고 통제되고 있음을 인식할 것이다. 규칙을 적절히 바꾸고 변화시키는 개인들의 행위는 예측 가능하지 않다. 개인이나 집단이 어느 정도나 상황을 예상하고 다음 일을 판단하는지를 파악하는 것도 지난한 일이다. 그렇기 때문에 인간사에서 사건들이란 설명할 수 있을 뿐이지 어느 정도 확실성을 가지고 예측할 수는 없다.

지금까지는 고고학자나 다른 사회과학자들의 연구를 인도하는 상위이론으로서 모든 이에게 일반적으로 받아들여지고 있는 것은 없다. 오히려 극단적 유물론과 극단적 관념론을 오가는 광범위한 이론적 스펙트럼을 보여주고 있다. 유물론은 다양한 형태의 기술, 생태, 경제 및 선택주의적 설명을, 이에 반해 관념론은 다양한 역사, 구조 및 문화적 입장들을 낳은 바 있다. 개별 상위이론은 유행이라는 부침을 겪으면서도, 그 어떤 것도 다른 경쟁하는 이론을 몰아낼 수 없었으며, 완전하게 사라진 것도 없다. 현재 인간행위에 대한 인종주의적인 설명은 과거 60여 년 동안 낡은 것으로 치부되었음에도 부활을 꾀하고 있다(Rushton 1995). 사회 환경과 지성적인 유행이 변하면서 이론적 선호 역시 유물론, 혹은 관념론적 스펙트럼의 양단을 오가기도 한다. 마르크스주의는 과거 문화적 인식을 가진 유물론적 이론이었으나 최근 들어서는 갈수록 관념론적 입장으로 이동하고 있다(Godelier 1986; McGuire 1992, 1993; Trigger 1993).

과연 이론의 차이를 해소하고 조화롭게 통합하여 새로운 일반적 틀을 만들어 냄으로써 이론 과잉의 문제를 극복할 수 있는지에 대해서는 고고학자들과 여타 사회과학자들이 의견을 달리한다. 이제는 단일한 원인을 제시하는 설명으로는 인간행위나 물질문화에서 관찰되는 유사성과 차이를 설명할 수 없다는 데 광범위한 의견 일치가 있다. 몇몇 대중에게 인기 있는 권위자를 제외하고는(J. Diamond 1997), 생태, 경제, 기술 결정론은 갈수록 시대에 뒤떨어진 것이 되고 있다. 칼 비트포겔(Karl Wittfogel 1957)의 관개 가설이나 에스터 보서럽(Ester Boserup 1965)의 농경집약설 같은 검증 가능한 중위이론들은 수많은 사례에서 증거에 부합되지 않음이 논증된 바 있다(Spooner 1972). 많은 상이한 요인들이 인간행위에 영향을 미친다는 사실을 고려할 때 행위를 설명하는 데 필요한 이론의 구조 역시 복잡할 수밖에 없다. 또한 적절한 일반이론이 되기 위해서는 범문화적 규칙성과 함께 독특한 문화적 변이까지도 설명해야 할 것이다(van der Leeuw and McGlade 1997). 이는 문화진화론자들이 범문화적 유사성을 설명하면서 문화적 차이를 등한시했던 경향, 또는 문화인류학자들이 상동을 설명하면서도 상사를 무시했던 흐름과는 다른 것이다.

탈과정고고학자들은 통합된 상위이론 체계를 만들어 내기 불가능할 정도로 내부적으로 대조된 의견들을 제시하고 있다(Hodder 2003b). 이들은 문화인류학자와 보아스학파 인류학자와도 같이 문화상대주의를 신봉하여, 범문화적 규칙성이란 존재하지 않으며 각 문화는 인간의 창의성의 독특한 산물이라고 생각한다. 또한 행위를 결정하는 변수의 성격과 중요성은 각 문화마다 매우 다르다고 믿는다. 크게 보면 문화변화란 우연과 각 문화마다 독특한 과정들의 결과로 생긴다는 것이다. 그런데 애초부터 이런 관점은 문제가 많았다. 초기의 보아스학파 연구자들조차도 문화는 생존하는 데 충분한 정도의 인구를 유지하기 위한 최소한의 문화적 필수요소를 제공한다고 했던 것이다(Aberle et al. 1950). 상대주의자들은 그 필수요소라는 것도 문화마다 어떻게 제공되는지가 다르다고 했다(Sahlins 1976a).

이안 호더는 통일된 체계로서 고고학 또는 사회과학 이론을 만들어 낼 수 있다는 데 의문을 제기한 바 있다(Ian Hodder 2001b). 대신 그러한 이론을 토머스 쿤의 패러다임과도 같이 흔히 상호 이해 불가한 담론들의 결합체로 보아야 한다고 제안한다. 인간행위에 대해서는 불확정적인 설명밖에는 할 수 없다는 상대주의적, 문화적 지향의 접근을 취하고 있는 것이다. 그럼에도 이 같은 입장은 중요한 범문화적 규칙성을 무시하고 있다. 규칙성 가운데는 경제, 사회 및 정치 제도에 미치는 기능적 제약도 포함되어 있으며, 수렴하는 문화선택의 결과로 일어나는 것도 있다. 인류역사에는 상대주의적 입장에서는 받아들이기 힘든 단선적 경향도 나타난다. 이는 더 크고 복합적인 사회가 이웃하는 더 작고 약한 사회들의 자원을 충당하고 있음에서도 알 수 있다(Trigger 1998a). 세계에 널리 분포하고 있는 사회문화체계에서 보이는 수많은 상사의 사례는 기능적이고 선택적인 요인들이 인간행위를 형성시키는 데 중요한 역할을 했음을 시사한다(D. Brown 1988; Trigger 2003a). 로즈메리 조이스(Rosemary Joyce 2002: 76)는 어쩔 수 없이 제한적이고 상황적인 관점을 취할 수밖에 없기 때문에 인간행위와 사회문화체계를 형성시킨 힘에 대한 객관적인 이해를 얻을 수 없을 것이라고 주장한다. 이 관점은 문화에 대한 비교 학문으로서 인류학의 역할을 부정하는 것이다. 또한 과학의 기본적인 연구 원칙, 곧 세계는 반증의 사례가 논증되기 전까지 인지 가능하다는 가정도 부인한다. 과학은 진실을 알 수 있다고 주장하지 않지만, 과학자들은 항상 진실을 알아내기 위해 애써 왔다. 탈과정주의자들은 코끼리를 연구하는 눈 먼 사람에게 그 동물은 너무 커서 결코 별다른 지식을 얻지 못할 것이라고 말하거나, 또는 조사에 들어가기 전에 정말로 코끼리가 거기에 있는지부터 확인하라고 말하는 방관자와 같다. 이는 글자 그대로 손에 쥘 수 있는 것을 연구한다는 우리의 주 작업으로부터 이탈하는 일인 것이다.

세 번째 입장은 인간행위에 대해서 포괄 이론을 세우는 작업이야말로 추구할 가치가 있는 일이라고 보는 것이다. 그러한 이론을 만들어 내는 데 기여할 많은 작업이 이미 이루어졌다. 특히 기존 이론들을 교조주의적인 틀에서 해방시킨다면 그 토대를 마련할 수 있다. 비교 연구를 통해서 공시적이고 통시적인 맥락 모두에서 구체적인 설명들의 적절성을 체계적으로 평가하는 전략을 쓸 수도 있다(Trigger 2003a). 최근까지도 제한된 사례 연구나 단편적인 증거를 통한 임시방편적 설명으로 이론의 중요성을 판단하는 경향이 강했다. 만약 고고학자들이 포괄 이론을 세우고자 한다면, 반드시 생태 및 사회정치적 영역뿐만 아니라 신념체계까지 관련된 범문화적 규칙성과 특이성을 설명해야 한다. 고고학자들은 반드시 인간의 생물학적인 토대, 문화체계의 창발성, 인간 의지와는 별개로 생존을 위해 필요한 것, 그리고 이런 모든 요인이 상호작용하는 복잡한 방식들을 논의해야 한다. 명백히 창발주의적인 접근emergentist approach만이 이런 일을 맡을 수 있다(Bunge 2003).

인간행위에 대한 포괄 이론은 고고학자들이 이론적인 의견 불일치를 인정하고, 함께 협의하며, 해결해 나아갈 수 있는 공통의 틀이 될 수 있을 것이다. 물론 그렇게 노력한다고 해서 완전한 의견 일치를 이끌어 낼 가능성은 별로 없다. 하지만 그렇게 함으로써 직접적인 이론적 논박보다는 갈라진 관점들이 합리적으로 화해하는 데 더욱 강력하고 효과 있는 동력을 얻을 수 있을 것이다. 광범위하게 인정되는 이론을 만들어 내는 데 부분적인 성공이라도 거둔다면 구체적인 문제들에 다가설 참고자료 선택은 더 쉬워질 것이다(Binford 2001). 이를 통해 같은 문제를 논의하면서 그동안 마치 아무것도 이루어진 것이 없었던 것처럼 되풀이하여 논의해야만 하는 불편함을 덜 수도 있다. 수레바퀴를 반복해서 발명하는 일은 쓸모없는 일인 것이다(Trigger 2003d).

상이한 제안들의 상대적 가치를 평가하기 위해서는 구체적인 이론적 제안이 고고학 증거에 얼마나 부합하는지를 판단해야 한다. 일반 이론의 틀을 구축하기 위해서는 어떤 맥락에서 특정한 종류의 이론이 유용한지를 확인할 필요가 있다. 고고학자들은 어떤 조건에서 학습된 행동이 개별 혁신을 압도하는지, 혁신들이 어떻게 사회에 자리 잡고 또 사라지는지를 알아야 한다. 어떤 요인이 기능적으로 그럴듯하고, 가능하며, 아니면 불가능한 것인가? 어떠한 상황에서 자연선택을 통해 특정한 행위적 특질이나 사회문화체계가 존속되고, 그런 선택 과정이 일반적 문화발달의 유형에 미치는 영향은 무엇인가? 어떤 종류의 행위들이 타고난 동인이나 사고유형을 비추어주고, 그런 동인과 유형들이 문화 및 사회적 요인들에 어느 정도나 영향을 받는가? 어느 정도나 장기지속의 과정(페르낭 브로델[Fernand Braudel 1972]의 제안)을 단기 과정과 분리하여 이해할 수 있는 것인가? 아니면 진화생물학자들이 믿고 있듯이 그러한 궤적들은 결국 단기 변화를 일으키는 것과 동일한 과정의 결과물인가?

형식 이론의 틀을 만들어 내지 않고서도 고고학자들은 일반적으로 고고학과 인류학 이론에서 있었던 다양한 흐름을 평가할 수 있다. 고고학자들이 행위는 관념에 의해 결정된다거나, 관념이란 단지 행위의 수동적 촉매제라고 교조주의적으로 생각하는 것은 비생산적인 듯하다. 대부분의 고고학자들은 생물진화의 결과 모든 인간행위는 개념적으로 (그리고 문화적으로도) 매개되어 있다는 데 동의한다. 우리가 이미 주목했듯이, 차일드(Childe 1949, 1956b)는 인간이 적응하는 세계는 진정으로 존재하고 있는 세계라기보다는 특정 인간 집단이 상상하고 있는 세계라는 생각을 받아들인 바 있다. 그럼에도 불구하고 유물론자로서 차일드는 모든 세계관이 존속되기 위해서는 세계가 실제로 존재하는 바와 상당한 정도로 일치해야 한다고 믿었다. 그렇기에 고고학자와 다른 사회과학자들은 다음의 두 가지 도전에 직면하고 있다. 하나는 사람들이 어떻게 실제 세계에 적응하느냐 하는 것이고, 다른 하나는 어떻게 그러한 세계를 인식 또는 이해하느냐 하는 것이다. 이 두 문제는 각각 행위와 지각에 초점을 맞추고 있는 것이다. 고고학자들은 이 문제를 맞아 두 가지 인류학이 주는 근본 사명을 이야기한다. 하나는 모든 민족의 지성과 합리성을 밝히는 것이고, 다른 하나는 그 문화적 창의성과 다양성을 세상에 알리는 일이다.

에너지 흐름, 최소 노력, 최적수렵 개념을 고고 자료에 적용하고 있는 진화생태고고학자들은 선사 수렵채집민은 환경에 대한 깊은 지식을 가졌으며 거의 최적의 방법으로 환경을 이용하는 전략을 개발했다고 논한다. 퀘벡 북부의 크리Cree족은 전통적으로 카리부순록 사냥을 선호하는데, 이로부터 사냥하는 데 필요한 에너지의 거의 25배에 이르는 칼로리를 얻는다. 카리부순록이나 다른 사냥감을 이용할 수 없을 경우 다음 대안의 사냥감 또한 잘 알고 있다. 이들은 선사시대에 덫으로 여우만을 사냥해서는 생존할 수 없었을 것임도 잘 알고 있었는데, 여우 덫사냥은 실제 사냥에 필요한 에너지보다 얻는 칼로리가 적다(Feit 1978; A. Tanner 1979). 이런 종류의 합리성을 논증하는 것은 중요하다. 이로부터 환경을 분석하고 특정 선사시대 족속들이 고도로 효과적으로 이용한 방식을 확인할 수 있는 것이다. 풍부한 환경에서는 생계의 많은 유형들이 동일하게 잘 기능하는 경우가 많은데, 이때는 문화적 선호가 어떤 전략을 채택하는지에 큰 영향을 미친다.

하지만 이처럼 수렵채집민의 생계유형이 효과적이라고 해서 그 사회가 환경을 이해하는 방식이 서구 문화생태학자들이 사용하는 것과 동일한 개념에 근거하고 있다는 것은 아니다. 수렵채집민은 칼로리로 측정되는 에너지의 소비와 획득이라는 측면에서 자신들의 생계 행위를 계산하지는 않는다. 전통사회에서도 환경의 영향, 그리고 인간이 환경에 미치는 영향은 신념체계에 내재되어 있는 사례가 많다. 우리는 민족지 자료를 통해서 크리족은 동물들이 사람과 같이 이성을 가진 존재이면서도 각 종은 상이한 성질을 지녔다고 믿고 있음을 알고 있다. 크리족은 사람은 동물을 죽일 수 없고, 다만 어떤 사냥꾼이 동물의 영혼과 적절한 관계를 수립했을 때, 동물이 스스로를 희생하여 사람을 돕는다고 생각한다. 이 때문에 현재 우리가 자연세계라고 간주하고 있는 것과 크리족의 관계는 단순히 환경에 대한 지식이나 사냥 기술, 칼로리

계산으로는 나타낼 수 없는 것이다. 그 관계는 개별 사냥꾼이 동물의 영혼과 맺는 관계에 근거하고 있다.

로버트 보이드와 피터 리처슨(Boyd and Richerson 1985)은 이런 종류의 지식이 문화 전통이란 형태로 장기간 전수되어 개별적인 계산보다는 개인 및 집합적 필요에 더 잘 이바지함을 밝힌 바 있다. 때로 변화하는 조건에 반응하는 데 개별적 계산들이 필요하기도 하지만, 임시적인 경향이 있으며 흔히 깊고 철저한 사고가 결여되어 있다. 시간이 흐르면서 많은 수의 개별 생각들이 반복 사용됨으로써 더 효율적인 속성들이 선택되고 증진되는 경향이 있으며, 혁신이란 개인적 목적뿐만 아니라 집합적 목적에도 부합하는 경향이 있다. 크리족이 종교적인 개념이나 의례의 형태로 가지고 있는 생태학적 지식의 전수 또한 결국 집단의 생존 가능성을 더 높여 주는 것으로 이해된다. 전통적 지식은 반드시 타일러가 주장했듯이 과거로부터 내려오는 고풍스런 역기능적dysfunctional 신념들의 집합체라고 할 수는 없다. 크리족에게는 생존에 필수 불가결한 정보를 담고 보존하는 수단이 되는 것이다. 크리족이 가진 환경에 대한 지식, 그리고 환경에서 어떻게 살아가야 하는지에 대한 지식은 1970년대 크리족을 연구했던 서구 문화생태학자들의 지식보다 훨씬 자세하고 정확했다. 과정고고학과 탈과정고고학 사이의 논쟁의 많은 부분은, 초기 과정고고학자들이 스스로 주장했듯이, 행태(행위)주의자behaviorists로서, 고고학 증거를 사용하여 논의했던 것은 생계 활동이란 측면에서 선사시대 사람들이 어떻게 합리적으로 행동하는지에 대한 것(어떤 구체적인 개념이 그 사람들의 행위를 인도했는지가 아니라)이었음을 인정했다면, 피할 수 있는 것들이었다.

최근 들어 몇몇 탈과정고고학자들은 고고학 증거만으로 과거의 믿음을 재구성할 수 있다는 주장에서 후퇴했다. 대신 경향성, 습관, 의도, 그리고 학습되었지만 흔히 무의식적인 다른 경향들이 고고학적 유존물의 유형화를 설명하는 데 유용함을 강조한다(Gosden 1994). 이들은 이 같은 심리적인 상태는 인간행위를 결정하는 데 분명한 믿음들보다도 더 중요한 요인일 수 있으며, 고고 자료로부터 더 수월하게 직관적으로 추론할 수 있다고 주장한다. 하지만 이러한 해석은 아직 고고학자들의 머릿속 사색에 머물러 있으며, 그러한 사색은 다시 물질문화를 유형화시키는 데 영향을 미치고 있는 것 같다.

크리족 사냥꾼에 대한 인류학자들의 기록은 사냥꾼을 사냥감에 연결시켜 주는 구체적인 관념에 대한 자세한 정보를 준다. 이 관념은 현대 산업사회의 사회과학자가 상상할 수 있는 것과는 다른 것이다. 크리족 사냥꾼들이 가졌던 믿음은 크리족의 생계행위와 문화적인 양상을 연결시켜 이해하는 토대이다. 사실 고고학자가 이러한 믿음을 고고 자료만으로 복원한다는 것은 마치 물질문화만을 증거로 삼아 선사시대 집단의 언어의 단어와 문법을 복원하는 일처럼 불가능하다. 이는 아마도 니콜라이 마르Nikolay Marr를 제외한 그 어떤 고고학자나 언어학자도 가능하다고 여기지 않았던 일일 것이다. 심지어 모든 수렵채집 사회에서 사냥 행위가 종교적 믿음에 의해 매개된다는 경험적 일반화가 존재한다고 할지라도, 그러한 믿음들이 가지는 문화마다의 독특한 내용을 복원해 낼 수는 없다.

　　그런데 역사고고학자들은 크리족이 가졌던 믿음에 대한 민족지 지식을 구비하고 있다면, 특정 동물 종을 다루었던 특수한 행위와 관련된 고고학적 증거를 토대로 그 믿음의 일단을 추정할 수 있다. 이런 식으로 구체적인 관습의 시간성을 추론하고 크리족 사냥꾼의 전통적 신념체계의 일부 또는 전부가 어디에서 기원했는지에 대한 고고학 증거를 찾을 수도 있을 것이다. 또한 고고학자들은 생태 연구를 통하여 크리족 사냥 관습에서 나타나는 지속성과 변화를 추적할 수도 있다. 이로써 어떻게 환경 변화에, 그리고 유럽과의 모피교역의 발달에 영향을 받았는지, 아니면 받지 않았는지를 주제로 연구할 수 있을 것이다. 이렇게 고고학자들은 역사기록의 맥락을 통해 연구함으로써 크리족 사냥과 관련된 고고 자료의 유형들이 어떻게 문화 관념의 영향을 받았는지를 궁구할 수 있다. 다만 관련 기록 자료가 없는 상황이라면 크리족 행위 연구가 제한적일 수밖에 없다. 얼마나 환경에 대한 정확한 지식을 가지고 행동했는지, 그리고 그 환경을 어떻게 이용했는지를 셈하는 데 한계가 있을 것이다. 이 사례를 보면는 자세한 문헌정보를 이용할 수 있는 경우와 그렇지 않은 경우에 고고학자들이 할 수 있는 일은 아주 다를 것임을 알 수 있다. 이런 차이는 이론적 발달과는 상관없이 앞으로도 계속될 것 같다. 그렇기에 나는 역사고고학과 선사고고학 사이의 차이는 고고학에서 가장 중요한 구분으로 오래 지속될 것이라고 생각한다.

　　앞으로 고고학자들이 심도 있는 행위 일반화를 만들어 내고, 그것을 구체적인 사회와 관련된 자료를 이해하는 데 적용한다면, 선사시대 집단의 사회적 양상뿐만 아니라 문화적 양상까지도 논의할 수 있다. 그럼에도, 범문화적 규칙성과 특수성의 성격에 대해 현재 축적되어 있는 사실에 비추어 생각할 때, 그 같은 연구는 제한적일 것으로 보인다. 과거에 대한 지식을 확장하기 위하여 노력을 다하는 것은 고고학자의 책임이지만, 고고학의 이론적 의제에서 가장 중요한 것 가운데 하나는 어떤 이론적 영역에서 고고학이 사회과학에 중요한 기여를 할 수 있을지, 그리고 어떤 문제에서 그럴 수 없는지를 현실적으로 고려하는 일이다. 고고학은 분명 인류역사의 전 범위를 연구하고 다른 사회과학 학문을 통할하는 일반 역사적 뼈대를 제공하는 데 독특한 역할을 할 수 있다. 물질문화 연구는 다양한 범주의 인간행위를 이해하는 데 큰 기여를 한다. 또한 언어기록이 남아 있는 경우에도 인간의 믿음과 습관이 물질문화와 어떻게 연관되어 있는지를 이해하는 데 기여한다. 앞으로 고고학자들이 성취할 수 있는 것과 불가능한 것에 대해 적절한 판단을 내린다면, 고고학 이론을 개발하여 궁극적으로 비생산적이고 가치가 떨어지는 접근에 쏟는 노력을 줄일 수 있을 것이다.

10장 고고학의 의의

고고학에서 어떤 좋은 생각을 검증한다는 것은, 어디에 기인했든지, 그것이 없었다면 고고학자들이 간과하거나 과소평가했을 것을 고고 자료에서 관찰할 수 있게 해 주는지를 찾는 일이다.

JOHN E. TERRELL, "Archaeological Inference and Ethnographic Analogies"(2003), p. 74

나는 이 결론 장에서 고고학이 직면하고 있는 일반 이론적인 도전을 살펴보고, 미래에 고고학자들이 어떻게 이 문제에 더 효과적으로 대응할 것인지를 고려해 볼 것이다. 또한 사회과학 안에서, 그리고 현대사회에서 고고학이 할 수 있는 특별한 역할을 간단하게 논의할 것이다.

1. 상대주의의 도전

고고학은 복잡한 현상을 다루면서도 실험적인 학문은 아니다. 그렇기에 진실이라 받아들여지는 것은 사실 고고학자들이 개인적으로 그리고 집합적으로 가장 온당하다고 생각하는 것에 불과하다는 비판에 직면할 수밖에 없다. 고고학자들은 견고한 상응관계를 세우고, 논리적 불일치를 해소함으로써 기존의 해석이 새로운 자료에도 부합됨을 논증할 수 있다. 지금까지 학사적인 조망을 통해서 볼 때, 자료가 늘어나고 그 자료를 연구하는 기법이 확장됨에 따라 주관성이 상당히 퇴색된 것은 사실이다. 그렇다고 할지라도 고고학 해석은 여전히 실재를 지각하는 사회적, 개인적, 학문적인 방식에 미묘하게 영향을 받아 흔히 광범위한 대안 설명이 존재한다는 사실을 인지하지 못하도록 한다. 많은 경우 충분한 자료가 쌓이고 연구 대상 변수들 사이에 강한 상응관계를 찾는다고 할지라도 이 같은 편견을 물리치기는 쉽지 않다.

고고학이 설명 대상으로 하는 문제는 복잡하다. 이 사실을 인식하면서 고고학자들은 자신들의 경험이 어떻게, 그리고 얼마나 과거의 해석에 영향을 미치는지 하는 문제에도 많은 관심을 가지게 되었다. 루이스 빈포드 같은 실증주의자들조차도 오래 전부터 사회 환경이 고고학자의 연구 문제에 영향을 미침을 인정한 바 있다. 더 상대주의적인 시각에 기울어 있는 연구자들은 고고학자들이 사회 환경 속에서 연구 과제를 선택하고 선입견에 따라 어떤 특정한 대답 쪽에 쏠려 있음을 지적한다. 세계적으로 고고학 증거의 해석이 사회, 경제 및 정치적 고려에 많은 영향을 받았던 사례를 제시하는 것은 그리 어려운 일이 아니다. 이러한 해석은 의식 또는 무의식적으로 고고학 조사연구를 지원하는 사람들의 정치 및 경제적 이익에 (그들과 결부된 이념적 태도를 강화시키거나 방어함으로써) 부합하고 있는 것이다. 고고학 해석은 젠더적 편견, 종족적 이유, 조사연구와 출판의 정치적 통제, 연구자들 사이의 세대 및 개인적인 이익충돌, 그리고 카리스마를 가진 고고학자의 개인적 성향으로 덧칠되어 있다. 또한 물리, 생물과학, 그리고 이보다 더 크게 사회과학에서 제시하는 분석모델의 영향도 받고 있다.

그러한 영향은 대부분 해석에서 분명하게 드러나지는 않는다. 하지만 고고학자들은 구체적인 역사적 상황 아래에서 과거의 그림을 구성함으로써 자신들이 선호하는 사회의 이익을 증진시키거나 방어하는 역할을 하기도 한다. 근본주의적 교의들도 국가적 통일성을 드높이고 식민적인 공세를 정당화하는 데 이용될 수 있다. 강한 종교적 믿음 때문에 기술진보가 더딘 사례도 있으며, 한편으로는 그것이 문화발전을 가져온 주된 요인일 수도 있다. 여기에서 고고학자가 어떤 선택을 하는지는 현 사회의 구체적인 관심사와 함께 어떻게 개별 고고학자들이 그 관심사를 이해하고 상호 연관되어 있는지에 따라 다를 것이다. 이것이 고고학적 실제에서의 차이를 야기하는 주 요인이며, 그 양상은 사회 조건의 변화에 반응하여 바뀌기도 한다.

최악의 경우 이런 식의 생각이 발전하면 연구할 과거조차도 없다고 확대 해석될 수도 있다. 이는 우리가 해석하는 것은 단지 "현재에 존재하는 과거의 흔적들"일 뿐이라는 분명한 실증주의적인 측면에서도 그러하며, 역사를 사람이 그 마음속에 과거를 되살리는 학문이라고 정의한 콜링우드의 맥락에서도 그러하다. 고고학자나 역사가가 과거를 있는 그대로 입증할 만하게 재구성할 수 있는 길은 없다는 것이다. 그렇지만 겔너(Ernst Gellner 1985: 134)는 대부분의 고고학자들이 "과거는 언젠가 한 번은 현재였으며, 실제로 존재했다"고 믿고 있음을 지적한다. 가장 극단적인 상대주의자들을 제외하고, 모든 연구자는 과거 사람들이 행했던 것은 실제로 있었던 일이며, 그런 실재가 고고 자료를 만들어 내는 데 중요한 역할을 했음을 확신한다. 그러므로 과거는 고고학자들이 제공하는 재구성이나 설명과는 독자적인 그 자체의 실체를 지닌다. 더구나 고고 자료는 우리 자신의 믿음과는 별개의 힘에 의해 형성된 과거의 생산물이기 때문에 그 증거는 적어도 잠재적으로는 고고학자의 상상력을 제한할 수 있다. 그만큼 과거에 대한 연구는 소설을 쓰는 일과는 목적과 방법이 다른 것이다. 그 목적 가운데 가장 중요한 것 가운데 하나는 과거의 잊힌 것에 대한 지식을 회복시키는 것이어야 한다. 그럼에도 불구하고 아주 중대한 문제들이 여전히 대답되지 않은 채 남아 있다. 다시 말해 가치 판단이 해석을 덧칠하고 있는 경향을 고려할 때, 고고학자들은 어느 정도나 과거에 대한 객관적 지식을 획득할 수 있는가? 그리고 과거에 대해 알고 있다고 믿는 것이 얼마나 정확한지 어느 정도의 확신을 가질 수 있는가?

최근 들어 많은 고고학자들은 과거 어느 시점보다 순진한 실증주의에서 벗어나 상대주의를 더 폭넓게 받아들이고 있다. 와일리(Wylie 1985b: 73)는 "심지어 가장 직접적인 관찰 경험조차도 관찰자에 의해 적극적으로 구조화하며, 특정한 이론 및 '패러다임'에 따른 해석 아래에서만 …… 증거로서 유의함을 얻는다"고 지적한다. 과거 인간행위는, 그것을 설명하기 이전에, 이론의 영향을 받은, 그리고 적어도 부분적으로는 주관적인 형식분류 과정의 결과물로서 자료의 지위를 획득한 유존물로부터 추론되어야 한다. 그렇기에 물적 자료를 분류할 때, 그리고 더 나아가 인간행위를 해석할 때 모두 고고학자들은 여전히 랑케학파의 교훈을 따르는 역사가들이 제시한 객관적 사실과는 사뭇 다른 그 어떤 것을 다루게 되는 것이다(Patrik 1985). 역사가들은 과거에 대해서 비교적 객관적이고 안정된 사실 자료(이것 자체는 객관적이며 새로운 기록이 추가되면서 점점 확장된다)와 아주 주관적이어서 역사가들마다 근본적으로 다를 수 있는 해석을 구분한다. 그러므로 고고학자들이 마주친 문제는 극단 상대주의의 입장을 받아들여야 하는 것인지, 아니면 상대주의를 어느 정도 억제하는 것이 가능한지 하는 것이다.

이 문제에 더 깊은 통찰을 얻고자 하는 욕심이 바로 고고학사에 대한 관심이 증가하고 있는 주된 요인이다.

2. 고고학의 발달

고고학적 이해의 발달은 1장에서 서술했듯이 결코 단일한 유형으로 환원하여 말할 수 없다. 최근 많은 유전적 모델들은 어떤 한 모델로는 포괄할 수 없는 복합적 양상들을 표현하고 있다. 이러한 모델들은 고고학 사상의 발달을 이해하는 데 보완적인 통찰을 주고 있다.

극단 상대주의자들의 생각과는 반대로 고고학적 이해는 상당한 정도의 방향성을 보여주며 발달했음도 알 수 있다. 물론 이는 고든 윌리와 제르미 새블로프의『미국고고학사A History of American Archaeology』(1974)에 나타난 바와 같은 단선적인 발전을 말하는 것은 아니다. 고고학 발견들은 인류의 기원과 발전에 대한 우리의 이해를 돌이킬 수 없을 만큼 바꾸어 놓았다. 적어도 과학적인 규범에 따른 추론을 받아들이는 사람들은 그렇게 생각할 것이다. 19세기 이전만 하더라도 인류 발전에 대한 진화적 틀이 창조론과 퇴보론적 관점들, 그리고 다양한 순환론적 사변과 함께 설파되었다. 제시된 각 시나리오들은 인류사에 대한 가능한 서술일 수도 있다. 다만, 연구자들이 각 학설 가운데 어느 것이 인류의 기원과 문화 발전을 그럴듯하게 설명하여 주는지를 판단할 과학적 증거가 없었다. 고고 자료는 인간이 고등 영장류 무리로부터, 아마도 아프리카에서, 진화했다는 튼튼한 자료를 제시해 주고 있다. 물론 초기 호미니드의 형태 변이와 현대인의 직접 조상이 누구인지에 대해서는 상당 정도의 의견 불일치가 있기도 하다. 그럼에도 인류사 동안 사람과 호미니드 조상들은 야생 식물과 동물을 먹으며 생활했음은 분명하다. 또한 다른 포식자가 남긴 고기를 주워 먹는 약취(스카벤징)와 소형동물 사냥이 대형동물 사냥에 선행하는 것 같다.

전기 구석기시대에 호미니드는 열대지방에서 그보다는 추운 온대기후 지방으로 확산했으며, 중기와 후기 구석기시대가 되면 인류 집단들은 주빙하 조건에서 생활하는 데에도 적응한다. 40,000년 전 이전의 인간 집단들은 좁은 바닷길을 가로질러 오스트레일리아-뉴기니로, 그리고 적어도 11,000년 전에는 베링해협에서 티에라 델푸에고Tierra del Fuego까지 신대륙 전역에 확산한다. 그리고 마지막 빙하기 말이면, 세계 곳곳의 풍부한 자연환경 속에 더 밀도 높고 경우에 따라서 정주적인 식량 채집 집단이 등장한다. 집약적인 식량 채집은 점점 식량 생산으로 보완되었는데, 이것이 점차 구대륙과 신대륙의 많은 지방에서 주된 식량원으로 자리 잡는다. 하지만 19세기 캐나다 서부 해안의 사회와 같이 정주채집사회들은 인구적으로, 그리고 사회 및 정치 조직이란 측면에서 대형동물을 사냥하는 수렵채집민보다는 정주 농경 부족사회와 더 많은 특징을 공유하고 있기도 하다(Testart 1982; Price and Brown 1985). 이 같은 관찰은 구대륙의 "중석기"시대 사회들과 아메리카대륙의 "아케익"시대 사회들에 관한 증거를 해석하는 새로운 근거가 되기도 하는데, 과거 이 시대는 변칙적이라 여겨져 이해하기 힘든 것이었다. 식물 재배와 동물 사육이 발생했던 세계의 주요 지역들 사이에 역사적인 연결 관계가 있다는 증거는 없다. 여러 지역 안에서도 연속성의 고고학 증거가 꾸준히 늘어나고 있다. 순화domestication는 많은 곳에서 독자적으로 발생했던 과정이었던 것이다. 이 같은 설명을 초기 문명에 대해서도 할 수 있다. 문명이란 몇몇 농경 부족사회들이 위계화한 계급사회로 전환되고, 소수 엘리트집단이 잉여 부를 통제함으로써 기념물건축물을 세우고 지위 상징을 나타내는 예술품을 만들어 내는 과정에서 진화했던 것이다.

또한 모든 사회들이 이런 연쇄를 거쳐 진화하는 것은 아님도 분명하다. 현대까지도 수렵채집의 상태에 머물러 있는 집단도 있다. 반면 18세기 북아메리카 대평원 지역에서와 같이 새로운 기술이 발달하면서 수렵과 채집의 생산성이 향상될 때, 또는 환경변화나 생산력이 좋은 토지의 소실로 농경의 생산성이 떨어질 때 농경을 버리고 대형동물 사냥으로 되돌아가는 사회도 있었다. 문화들이 복합화가 진행되면서 이웃하는 다양한 크기와 상이한 경제를 지닌 사회들 사이의 관계가 더 일반적이 되는 경향도 보인다. 특정한 생태적 조건에서 더 복합적인 사회는 이웃하는 덜 복합적인 사회들을 압도하거나 흡수하는 경우도 있었다. 하지만 유목사회, 또는 수렵채집사회들이 지속되어 현대까지도 자치를 유지하는 상황도 있다. 이러한 선택적 과정은 더 복합적인 사회들이 어떻게 점차 단순한 사회들을 대체하여 세계의 큰 지역을 차지하게 되었는지, 그리고 과연 유목사회와 수렵채집사회들은 농경이 부적합한 지역에서만 생존하게 되었는지를 설명하여 준다. 더 복합적인 사회들이 적어도 어느 정도는 약하고 덜 복합적인 사회들을 압도하게 되는 힘을 가졌던 것이다. 이는 수렵채집에서 정주생활로, 그리고 문명으로 전이하는 것이 인류역사의 주도적인 유형임을 설명하여 주기도 한다.

선사시대 세계의 여러 지역에서 문화적으로 안정된 시기와 변화의 시기를 확인하고, 그 성격을 이해하기 위해서는 아직 많은 연구가 필요하다. 다만 위에 개괄한 인류문화에 대한 일반적 그림은 수많은 고고학자들이 수집하고 분석한 엄청난 양의 증거를 바탕으로 구성한 것이다. 물론 그렇다고 해서 미래의 고고학자들이 집약적 채집사회 농경사회나 초기 문명, 또는 세계의 다양한 지역들 사이의 문화적 연관에 관해 더 이상 새로운 사실을 찾지 못할 것이라는 말은 아니다. 한 세기 동안 고고학 발견에 근거한 선사시대에 대한 일반적 그림은 뒤집힌 것이 아니라 세련되어 왔음을 지적하고 싶을 뿐이다. 다만 그러한 변화 과정에 대해서 자세하면서도 일반적인 설명이 자리 잡았다고 말하기는 어렵다. 현재의 고고학 책들에 제시되어 있는 선사시대에 대한 개괄은 19세기, 또는 심지어 18세기의 사색적인 진화적 재구성과 크게 다르지 않다고 생각하는 사람이 있을지도 모른다. 그렇지만 개별 문화나 구체적인 변화의 연쇄에 대한 자세한 정황 증거에 근거하고 있다는 점에서 과거의 것과는 확실히 차이가 있다. 그러한 새로운 증거 자료를 통해 특정한 발달 과정과 선사시대의 일반 유형에 대한 기존의 지식은 더 다듬어지는 것이다. 이렇듯 고고학 지식은 축적되면서 발전하여 왔다. 이는 기존 생각과 모순되는 새로운 고고학 증거가 발견되면서 과거에 대한 잘못된 해석이 고쳐지기도 함을 뜻한다. 또한 인간행위에 대한 새로운 이론을 접함으로써 고고 자료의 의미에 신선한 통찰을 얻고, 고고 자료로부터 인간의 행위와 믿음을 추론하는 더 믿을 만한 수단을 발달시킬 수 있다.

이 책에서는 이와는 다른 접근법으로 고고학 이론의 역사를 추적했다. 나는 상이한 질문들을 다루고 있는 다양한 이론적 시각이 공존하면서도 여러 시공간에서 이론적 시각의 중요성이 차별적으로 존속하고 변화한 것으로 본다. 이 접근법은 고고학 분석과 관련된 여러 시각의 경험적 내용을 검토하고, 어떻게 그 시각이, 그리고 시각들 사이의 관계가 시간의 흐름에 따라 변하여 왔는지를 연구하는 데 가장 적절하다.

응집된 형태로 나타난 첫 번째 시각은 역사고고학, 곧 고전고고학이었다. 이는 애당초 18세기 유럽에서 고전고고학으로서 발달했으며, 현재까지도 인지할 수 있는 형태로 지속되고 있다. 역사고고학은 고대문명의 금석학, 미술, 건축물에 초점을 맞추어 현존 문헌기록을 토대로 엘리트 문화에 관한 지식을 다루는 것을 주 목적으로 한다. 이 같은 접근은 유럽 인문주의에 크게 영향을 받았는데, 특히 철학자 요한 헤르

더 Johann Herder의 영향을 받았다. 반면 선사고고학은 스칸디나비아에서 19세기 초에 등장하여 거의 처음부터 문화의 진화(진화고고학), 특정 지역의 문화와 역사(문화사고고학), 과거 사람들의 삶의 방식(기능과정고고학)이라는 세 가지 상호 보완적인 관심사를 보여주었다. 진화고고학은 1860년에서 1880년까지 구석기고고학으로서 발달했으며, 문화사고고학은 1880년에서 1960년까지 크게 번영했다. 기능과정고고학은 20세기가 시작하면서 관심이 일기 시작하여, 1960년 이후 고고학의 이론적 작업을 주도하게 되었다. 과정고고학은 행위적 과정을 중시했으며, 나중에 탈과정고고학은 문화를 강조한 접근을 추구했다.

기능과정고고학은 문화사고고학을 밀어내고 성장했다. 일반적으로 이 같은 변화는 고고학적 유존물을 인간행위의 측면에서 설명하려는 움직임이 문화 편년 작업을 대체했다는 식으로 단선적인 과정으로 생각되고 있다. 이런 식의 단선적인 시나리오는 과정고고학과 탈과정고고학의 요소들을 채택하면서 일어났던 변화에도 적용되고 있는 것 같다. 그러나 기능과정고고학을 추구하면서도 고고학적 유존물을 더욱 짧은 시간대로 세분할 필요성이 커졌다. 문화 편년을 더욱 세부적으로 다듬어야 할 필요를 느꼈던 것이다. 이 같이 진전되면 문화사고고학과 기능과정고고학 사이의 구분은 깨지는 듯하다. 마찬가지로 역사적 변화와 진화적 변화 사이를 인위적으로 나누는 것을 배격하면 다윈진화고고학과 문화사고고학 사이의 구분 또한 무뎌진다. 그 자리에 역사고고학과 선사고고학 사이의 새로운 프로그램상의 구분이 등장하고 있는 듯하다. 이 차이는 문헌기록, 구비전승, 문화적 상동을 이용할 수 있는 경우(역사고고학)와 그렇지 않은 경우(선사고고학) 고고학 증거의 해석에서 발생하는 차이에 토대를 둔 것이다. 다만 그 이전에 고고학을 함에 있어 다양한 접근들이 먼저 독립적으로 다듬어져야 할 것이다.

이론적 시각에 근거한 접근은 이론적 개념들이 특정 국가나 지방의 고고학 조사와 연구의 발달에 어떠한 기여를 했는지를 궁구함으로써 보완될 수 있다. 이러한 연구에는 많은 특수한 변이가 있음이 분명하다. 그렇지만 인간행위와 인류역사에 대해 아주 광범위한 정보를 얻기 위해서는 폭넓은 주제들을 포괄하여 여러 지역의 고고학을 고찰해야 한다. 오늘날까지도 여전히 상이한 지역에서, 그리고 심지어 상이한 시기를 전공하는 고고학자들은 대체로 상이한 종류의 자료를 취하여 연구하고 있다. 분석의 양태도 아주 다채로워 가치, 정치적 지향, 학문적 충실도에서 많은 다양성이 있음을 알 수 있다. 고고학 연구가 발전되면서 하위일반화와 중위이론을 교조주의적으로 보는 것은 비생산적임이 분명해지고 있다. 물론 고고학자들은 자료의 궁극적인 용도에 대해서 의견을 달리하고 있지만 말이다. 결과적으로 교조주의적 이데올로기의 통제가 없을 경우, 고고학자들은 (경제적인 부분이 뒷받침된다고 한다면) 포괄적인 분석적 관심을 취할 것이다.

이는 인간행위를 추론하는 포괄적인 방법이 궁극적으로 모든 지역의 고고학 조사연구의 (현실은 아닐지라도) 이상理想이 될 것임을 시사한다. 그 목적을 실현시키는 가장 주된 요인은 다른 고고학자들의 연구에 대한 정보다. 이는 대체로 경쟁에 의해 촉발된다. 그러한 파급에 반대하면 고립될 뿐이다. 관습적인 행위나 민족적 자긍심 등에 의해 지역적 고고학 조사연구의 전통이 유지될 수도 있다. 19세기 말 스미스소니언연구소의 인류학자와 고고학자들이 데이븐포트 아카데미Davenport Academy에 반대하는 캠페인을 벌였던 것이 바로 이러한 종류의 지역적 관습의 사례이다. 데이비드 클라크(Clarke 1973) 역시 이런 지역적 관습을 밀어내고 국제적인 "과학적" 고고학 만들기를 제창했다. 일반적인 동의를 받는 고고학 연구의 기준이 등장한 것은 단지 몇 명의 선각자가 새로운 생각을 학문에 심는 것보다는 고고학자들 사이에 장기간의, 그리고 중층의 상호작용의 결과인 듯하다.

이론적 접근은 순환적인 경향도 보여주고 있다. 1930년대 영국과 미국 고고학에서는 문화사 접근을 선호하면서 사라졌던 문화진화에 대한 관심이 다시 일기도 했다. 스튜어트 피곳(Stuart Pigott 1950)은 18세기까지 거슬러 올라가 더 장기간에 걸쳐 합리주의적 접근과 낭만주의적 접근이 교체되었음을 주목한 바 있다. 진화고고학은 합리주의를 표현한 것이고, 문화사고고학은 낭만주의를 표현한 것이다. 최근에 들어서야 고고학자들은 이 두 접근법이 실제로 상호 모순적인지, 아니면 보완적인지 하는 측면을 고려하기 시작했다.

로라 네이더(Laura Nader 2001)는 이론적 지향에서의 변화는 흔히 집합적인 망각을 동반했다고 했다. 그 결과 유용한 개념들도 폐기되었으며, 나중에 다시 발견되기도 했다고 한다. 경쟁하는 접근들은 상호 고립될 경우 진보를 가져온다기보다는 더 진전되지 못하는 경향이 있다. 다윈고고학자들이 최근 문화사고고학의 이론을 고찰하여 다시 적용하고 유용한 문화사고고학의 개념을 진화이론의 맥락에서 수용하는 것은 바로 그 같은 망각에 맞서는 체계적인 종합화의 한 사례라 할 것이다. 다양한 분석법이 발달한 것도 이 같은 순환론적 경향을 상쇄하는 것 같다. 분석법의 영향은 런던왕립학회Royal Society of London가 주도한 베이컨주의적 접근이 18세기 영국에서 호고주의적 관습을 증진시킨 일이 대표적인 사례이다.

미셸 푸코가 말하는 계기적인 에피스테메가 고고학 이론과 실천에 미친 외부적인 압력은, 지성적 지향 전반에 큰 변동이 있었다 해도, 고고 자료를 해석하는 지역 전통에 의해 그 효과가 크게 누그러진다(Trigger 1978b; Chippindale 1983). 어떻게 구체적인 고고학 개념들과 이해가 발달하여 왔는지를 비판적으로 연구함으로써 그러한 믿음들이 자연스럽고 당연하다는 생각에서 벗어날 수 있다(Moro Abadia and Gonzalez Morales 2003). 마지막으로 쿤의 패러다임 개념은 스스로 통약불가능성(incomensurability, 경쟁하는 이론이나 패러다임이 서로 양립할 수 없다는 시각[옮긴이])을 주장하기 때문에 부적절한 듯이 보인다. 비록 어떤 해석적 학파에 귀속되어 있는 고고학자들이 경쟁하는 접근에 대해 별다른 흥미도 없고 깊은 이해도 하지 못하고 있다고 해도 상대 연구자의 기본적인 생각을 이해하지 못하는 경우는 거의 없는 것이다.

3. 고고학과 다른 사회과학의 관계

고고학이 다른 사회과학들과 어떠한 관련을 맺으면서 인간행위를 설명할 것인지에 대해서도 상당한 의견 차이가 있었다. 고전고고학자들과 이집트학자나 아시리아학자들은 대부분 스스로를 인문학자라 생각하는 반면, 선사고고학자들은 역사학이나 인류학과 밀접한 관련을 맺어 왔다. 일반적으로 유럽에서는 그 관계가 범문화적 규칙성에 대한 진화적 관심이 높았던 시기에는 인류학과 밀접했으며, 이후 문화(문화사)에 관심이 컸던 시기에는 역사학과 가까웠다. 북아메리카 선사고고학의 진화 및 문화적 접근에 대한 관심은 인류학이란 맥락 안에서 변모하여 왔다.

유럽에서 선사고고학은 독립 학과를 이루거나 사학과에 소속되는 경향이 있다. 반면 북아메리카에서는 흔히 인류학과에 속해 있다. 불행히도 고고학자들은 대부분 인류학과 교수진 가운데 비주류에 머물고 있으며 고고학 학생의 기술적인 훈련은 일반 인류학 이론에 대한 훈련에 비해 경시되는 경향이 있다. 호더와 헛슨은 최근 고고학이 고고 자료를 설명하는 데 이롭다면 다른 어떤 학문과도 자유로이 관련을 맺을 수 있다고 한 바 있다(Hodder and Hutson 2003: 242-246). 그런 식으로 고고학자들은 고고 자료로부터 행위와 아이디어를 추론하는 데 필요한 물질문화의 이론을 만들어 낼수 있다는 것이다.

그렇지만 어떠한 학과에 속해서 연구를 하든지 개별 고고학자들은 고고학 발견물을 해석하는 데 필요한 모든 지식을 통달할 수는 없다. 그래서 사회과학뿐만 아니라 심리학과 신경과학과도 관련을 맺어야 하며, 물리과학이나 생물과학과도 기술적인 관련을 유지해야 함은 물론이다. 일반으로 고고학은 상위이론에 대한 관심에서다른 어떤 사회과학보다도 인류학과 공통되는 경우가 많다. 다양한 이유 가운데서도 인류학자들은 정치학자나 경제학자, 사회학자와는 달리 어떤 특정한 인간행위만을 전문으로 연구하지는 않는다. 인류학자들은 여전히 비산업사회의 모든 양상을 지속적으로 고찰하고 있다. 그 연구에는 문화진화로부터 고도로 탈근대post-modern적인문화 연구에 이르기까지 많은 시각이 동원되는 것이다. 최근 역사고고학에서는 인간의 인지와 행위에 관심이 더욱 증가하고 있다. 고고학과 인류학은 물질문화 연구에초점을 두면서도 거기에 국한되지 않고 많은 공동의 이론적이고 실제적인 관심사를발전시키고 있다.

고고학이 어떠한 학제적 조건에 있다 하더라도 인류학과 고고학 사이의 밀접한관계는 중범위이론과 상위이론을 갖추는 데 근본적인 것이다. 1920년대 이후 미국에서는 인류학과 밀접한 유대관계를 맺은 결과, 선사고고학의 이론적 생산성이 지속적으로 유지되었다. 영국에서 탈과정고고학의 발달에는 프랑스 마르크스주의 인류학이 중요한 역할을 했다. 그리고 다른 어떤 유럽의 대학보다 고고학과 인류학이 밀접하게 관련을 맺고 있는 케임브리지대학은 많은 고고학자들을 배출하여 큰 기여를 했다. 이 점은 고고학과 인류학이 밀접하게 연관되어 있지 않은 지역들에서는 상위이론의 생산성이 더디고 산발적인 것과 대비된다.

고고학은 그 자체로 장기간의 변화에 대한 정보의 원천이며, 포괄적인 역사적인틀을 구성하여 사회문화인류학 및 여타 사회과학의 성과를 정리할 수 있는 유일한학문이다. 그러나 다시 한 번 말하자면, 인류학과 고고학의 관심사는 다른 사회과학보다 더 밀접하게 연관되어 있는 것이 사실이다. 그렇기에 인류학과 효과적인 연구관계를 구축한 고고학자들은 다른 학문과 관계를 생각하는 것보다는 인류학과 관계를 더 고취시키는 것을 선호할 것이다(Trigger 1989c).

4. 주관성에 맞서

수년 동안 고고학 해석은 방사성탄소나 포타슘-아르곤 동위원소 비율 측정을 통한 연대측정법, 동식물 유체를 정확하게 동정하는 기법, 미량원소 분석 등 물리 및 생물과학에서 개발된 기법을 토대로 진보해 왔다(미량원소 분석을 토대로 해석을 하는 것의 한계와 복잡함에 대해서는 Gill 1987 참조). 또한 컴퓨터가 도입되면서 예전에 상상하기 힘들었던 많은 양의 고고 자료를 분석할 수 있게 되었다. 이 같은 혁신으로 많은 자료를 대상으로 패턴을 찾아 가설을 세우고 검증하는 고고학자의 능력은 크게 향상되었다. 그러한 기법의 발달은 물리과학과 생물과학의 발전에 힘입은 바 크다. 또한 고고학자의 연구목표, 자원, 지식, 개인 성향 등도 특정 기법의 채택에 영향을 미치고 있다. 그러나 새롭고 의미 있는 기법들은 충분한 시간이 흐른 뒤에는 세계의 많은 지역에서 이용될 것이다. 마찬가지로 고고 자료의 수집과 분류는 고고학자들이 어떠한 관심을 가지고 있느냐에 따라 영향을 받는 것이 사실이다. 하지만 시간이 흐르면 고고학적 유존물에 나타나는 형태 변이의 범위와 의미를 이해하는 데 진전이 있을 것임은 물론이다.

또한 고고학 증거의 증가도 해석 과정에서 연구자가 과거에 대해 상상할 수 있는 범위에 제한을 주는 것이 사실이다. 혁신적인 연구자 중에는 자신이 등장하기 이전 고고학을 원시적이고 비과학적인 상태에 머물러 있었다고 주장하는 사람들도 있다. 하지만 고고학자들은 오래전부터 고고 자료에 대한 기존의 해석에 의문을 던질 필요가 있음을 인식하고 있었다. 고고학자들은 과거에 대해 더 객관적인 이해를 얻기 위하여 새로운 증거를 이용하기도 했으며, 적어도 18세기부터는 고고 자료가 갖는 행위적 유의성과 관련한 제안을 검증할 장치를 고안하고자 애써 왔다. 이런 종류의 입증 절차가 시도되고 있는 한 고고학자들은 과학적인 연구에 종사하고 있다고 할 수 있다.

이미 살펴본 바와 같이 고고 자료에 대한 지속적인 수집과 분석을 통해 인간행위를 비롯한 역사의 형성뿐만 아니라 선사시대에 대해서도 훨씬 나은 이해를 도모할 수 있게 되었다. 이로써 고고학자들은 과학적으로 받아들일 근거가 없는 대중들의 믿음에서 벗어나 학문적 확신을 가지고 선사시대에 대한 자신들의 해석을 발전시킨다(J. White 1974). 어쨌든 과거에 대한 절제 있는 고고학적 설명이 많은 대중의 기대를 충족시켜 주지 못하고 있다는 사실은 고고학의 성취가 이데올로기적인 중요성을 가지고 있음을 증언해 준다. 학문적 측면에서 이해할 수 있는 내적 과정의 결과로 더 진전된 문화가 발달했다는 생각에 대한 지속적이고도 광범위한 저항도 있다. 몽상가들은 오래전부터 문명의 기원을 아틀란티스나 무처럼 잃어버린 대륙에서 미스터리로 가득한 상태에서 찾고자 했다. 20세기 초 극단전파론자들은 농경과 문명을 이집트나 메소포타미아에서 역사적 우연의 결과로 진화하여 다른 지역에 전파되었다고 보았다. 1945년 이후 핵무기의 공포 아래 선진국 대중의 불안감은 커지고 교육받은 중간계급 가운데는 외계에서 온 존재가 인류의 발전을 인도하여 궁극적인 카타스트로피로부터 인간, 또는 적어도 그 남은 일부만이라도 구원할 것이라고 믿는 사람도 있다 (J. Cole 1980; Feder 1984, 1990; Eve and Harrold 1986). 이렇듯 구원주의자들은 아틀란티스와 고대 이집트를 역사적 복원에 끌어들이며 자신들의 주장을 지지할 혹성 간 접촉의 증거를 고고학에서 찾고자 하지만, 지금껏 헛수고를 하고 있다.

18세기 고고학적 유존물에 대한 지식이 거의 전무할 때 견고한 호고주의적 조사연구를 수행했던 윌리엄 스터클리William Stukeley 같은 학자도 드루이드교와의 관련을 말했다. 이런 생각은 현재 우리가 퇴보론 학파의 터무니없고도 실체가 없는 환상이라 치부하고 있는 것이다. 1920년대가 되면 인류역사에서 극단전파론의 관점은, 비록 명망 있는 민족학자나 형질인류학자들이 제시한 것이기는 하지만, 고고학적 유존물과 부합하지 않아 대부분 폐기되었다. 극단전파론은 서유럽의 거석기념물과 같은 제한된 고고학 현상을 설명하는 데에만 영향을 미쳤을 뿐이다.

외계 구원론은 반종교적인 함의를 담고 있으며 아마추어적인 취미에 머물러 있다. 그렇지 않다는 주장에도 불구하고, 이는 몇 가지 고립된 고고학 발견에 대한 임시적인 설명에 불과하며, 고고학적 유존물에 대한 충분한 대안 해석이 되지 못한다(von Daniken 1969, 1971). 반스나 파이어벤트 같은 극단 상대주의자들은 전문 고고학자들의 관점이나 외계 구원론이 모두 문화적인 대안에 불과하며, 과학철학자와 과학사가들은 그것의 옳고 그름이나 과학적인 지위를 판단할 아무런 근거도 가지고 있지 않다고 할지도 모른다. 고고학자가 외계인이 인류의 발달 과정에 어떤 영향을 주었을 가능성을 배제하는 것은 마치 생물학자가 지구상 어느 곳엔가 보라색 유니콘이 존재할 가능성을 배제할 수 있는 것과 같다. 현재 우리가 가진 문화변화에 대한 과학적인 이해가 서투르고 불확실하다고 해도, 고고학적 유존물에서 관찰할 수 있는 개별적인 특성과 전체를 설명하고 있다. 그런데 외계구원론은 몇몇 고립된 현상에 대해서 공상에 불과한 불확정적인 주장만을 되풀이하면서 명맥을 유지할 뿐이다. 그렇기에 과학과 외계구원론이 동등한 지위를 갖는다고 주장하는 것은 확실히 어리석은 일이다.

고고학자들은 고고 자료가 증가함에 따라 더 나은 해석을 추구해 왔다(Gallay 1986: 288-295). 20세기 전반, 고고학 발굴로 북아메리카 인디언은 문화변화를 일으킬 능력이 없다는 인종주의적 관점이 쇠락하고, 고고학자들은 전파를 통해 고고학적 유존물에서 나타나는 변화의 증거를 설명했다. 그렇지만 전파라는 기제에 의존하는 것은 인디언의 창조성이 결여되어 있다는 믿음이 그대로 존속되었음을 의미한다. 이후 신고고학의 등장으로 더 세밀한 고고학 조사연구가 수행되었으며, 고고학 문화에서 내적인 전환이 더 분명히 부각되었다. 더불어 고고학자들은 내부 요인을 강조하면서 변화를 설명했으며, 이로써 북아메리카 원주민은 유럽인보다 창의성이 떨어진다는 생각은 일소되었다. 이러한 변화가 일어난 데에는 원주민들에 대한 대중의 인식이 누그러진 영향도 무시할 수 없지만, 고고학적 지식이 축적되었다는 것이 주된 요인이었던 것이다(Trigger 1980b).

아마추어들은 아메리카의 선사시대를 리비아, 카르타고, 스칸디나비아, 아프리카 흑인, 아시아에서 온 사람들이 남긴 것이라고 설명했다. 이는 결국 고의는 아닐지라도 문화변화의 주된 요인을 다른 곳에서 찾음으로써 아메리카 원주민들의 명예를 떨어뜨리는 일이다(Fell 1976, 1982; Vastokas and Vastokas 1973). 이런 아마추어적인 설명은 전적으로 오래전에 전문 고고학자들이 부적절하다고 판단했던 극단전파론적 규범에 의존하고 있다. 고고학자들은 전파의 중요성을 부인하지 않는다. 또한 인류역사에는 몇몇 유목민과 농경민이 수렵채집민으로 돌아간 사례도 있음을 부인하지 않는다. 그렇지만 이러한 사건들은 현재 넓은 맥락에서, 곧 생태적 적응뿐만 아니라 내부적 문화변화와 같은 다른 과정들도 고려되고 있다. 동시에 고고학적 유존물이 갈수록 축적되면서 변덕스럽고도 불균형적인 설명이 설 자리는 사라지고 있다.

이러한 진전에도 불구하고 고고학은 그것이 수행되는 사회적 환경의 영향으로부터 벗어날 수는 없다. 주관적 요인은 분명 고고 자료의 해석에 여전히 영향을 미치고 있다. 그런 요인은, 열성적인 실증주의자들이 주장하듯이, 단지 엄밀한 과학적 방법을 적용하면 사라지는 눈에 보이는 오염 정도가 아니다. 고고학자들은 국가적이고 민족주의적인 여타 이데올로기적인 의제를 부추기는 해석을 생산하고 있다. 동시에 환경 보호, 신보수주의적 경제 정책, 호전적인 테러리즘 등 새로운 정치적 이슈도 고고학자의 마음속에 새겨져 고고학자 자신의 현대사회에 대한 이해와 고고학 발견에 대한 이해에도 영향을 미친다. 고고학자가 과거 어느 시기보다 현재 더 객관적이라고 믿을 근거는 아무것도 없다.

흔히 편견은 무의식적인 것이지만, 때로 그렇지 않은 경우도 있다. 고고학적 유존물에 대해서 깊고도 오래된 이해가 편견에서 비롯된 경우도 있다. 물론 이는 아주 드물기는 하지만, 고고학적 발견물이 고의로 선전의 목적으로 오용될 때 일어난다. 고고 자료를 정치적 목적에서 고의로 조작—예컨대 1992년 힌두교 난동자들이 인도 아요디아Ayodhya의 유적 바브리 모스크Babri Mosque를 파괴하고 인명 손실까지 있었던 사건 같은 것(J. Shaw 2000; Ratnagar 2004)—하는 부도덕한 일에 연루된 고고학자의 자격을 박탈해야 한다. 만약 공공의 불안을 야기하고 개인에게 해를 끼쳤을 경우 국가적이고 국제적인 수준에서 중범죄로 분류해야 할 것이다. 이와 대조로 고고학 증거를 활용하여 환영받지 못하는 사회 비주류 집단이 자신들의 과거를 더 객관적이고도 완전하게 이해하는 데 도움을 주는 일은 칭찬을 받을 일이다.

최근 고고학자들은 민족주의(내셔널리즘), 식민주의 및 젠더적 편견이 고고 자료의 해석에 끼치는 영향을 더욱더 크게 느끼고 있다. 많은 연구자들은 그러한 영향을 일소하고자 애쓰고 있다. 그렇지만 동시에 국가나 주정부 등 사회의 다양한 부분이 고고학자에게 새로운 요구와 한계를 지우고 있다. 많은 나라에서 고고학 조사는 관광 사업의 목적으로 지원이 되고 있으며, 고고학자들은 정부 정책이나 더 많은 관광객을 끌어들여 경제적 이익을 도모하려는 여행 전문가들이 정한 방침에 따라 유적을 발굴하고 복원해야 한다(Silberman 1995: 258-261). 문화재 보존발굴 전문가들은 어떤 유적을 파고 파지 말아야 하는지, 어떤 종류의 자료를 수집해야 하는지, 발견물을 어떻게 연구하고 보고해야 하는지에 대한 지침을 준다(Shennan 2002: 9-10). 몇몇 지역에서 원주민들은 선사시대 고고학 조사를 통제하고 고고학 지표조사와 발굴 허가권을 주는 권한을 지속적으로 확보해 가고 있다. 흔히 원주민은 자신들의 과거에 대한 현재의 믿음을 고고학적으로 확증하거나 땅을 되찾기 위한 목적에서 조사를 지원하고자 한다. 그런데 지역민이 자신들의 과거에 대한 연구에 중요한 역할을 하는 것은 바람직하지만, 어떤 집단이든지 경제 또는 정치적 통제를 이용하여 고고학자들의 조사 연구의 결론을 유도하려 할 경우 커다란 문제가 발생하게 된다. 고고학자들은 가능한 모든 집단들에 손을 뻗침과 동시에 개인적이고 전문가적인 청렴성을 위협한다면 그 누구에게라도 저항해야 한다.

세계적으로 고대 유물을 도굴하고 불법적으로 거래하는 일이 특히 늘어나고 있는 가운데, 원주민 집단 스스로 자신들의 문화유산을 지키고 보호할 권한을 가질 필요도 있다(Brodie et al. 2001; Kristiansen 2004b). 그런 권한을 위임하는 일과 함께 반드시 원주민을 훈련시켜 완전한 자격을 갖춘 전문 고고학자로 만드는 일과 가난한 원주민 집단에게 문화유산을 보존시킬 때 드는 경제적 비용을 지원하는 일도 뒤따라야 한다. 오직 이런 식으로만 식민주의의 마지막 흔적을 고고학에서 일소할 수 있다. 문화유산은 그것을 만든 사람들의 후손과 함께 문화적 다양성과 창의성을 인정하는 모든 사람들의 공동 소유임을 합법적으로 인식해야 한다. 그러한 문화유산을 경제적으로 이용한다든지, 훼손하거나 고의로 파괴하는 것은 불법이 되어야 하며, 어디에서든지 인류 전체를 대표하여 그 후손들이 보호자 역할을 해야 한다. 비록 이렇듯 계몽주의의 보편주의적 생각들을 말하는 것에 어떤 집단이든지 자신들의 문화유산을 마음대로 할 자유를 가지고 있다고 주장하는 상대주의자들은 동의하지 않겠지만, 이는 인류 전체가 어쩔 수 없이 상호연관되어 가는 현 세계의 현실을 비추어주는 것이다(A. Hall 2003).

공개적인 사회 및 정치적 압력이 없다 하더라도, 충분한 자료가 없고 적절한 해석 방법이 없는 상황이라면, 언제나 고고학자에게는 성급하게 결론을 내리려는 유혹이 있기 마련이다. 비록 행위의 설명이라는 가장 높은 수준에서 가장 과감한 비약을 하지만, 이런 유혹은 모든 단계의 고고학 조사연구에서 발생한다. 흔히 많은 고고학자들은 고고학 발견물로부터 원대한 결론을 끌어내려 애쓴다. 심지어 적절한 연결적 주장도 없이 인간행위에 대한 제대로 검증되지 않은 설명들을 동원하면서도 구체적인 행위를 추론하기까지 한다. 특히 해석이 상식이나 고찰자의 믿음과 일치할 경우 고고학자들은 스스로의 작업이 부적절함을 알아차리지 못할 수도 있다. 과거 이런 식의 방종이 용인되었는데, 이는 대체로 너무 적은 수의 연구자가 여러 힘든 문제들을 다뤘기 때문에 벌어진 현상이었다. 자료를 수집하고 넓은 그림을 그려 과거를 복원함에 선구적인 노력을 하다 보니 튼튼한 고고학 조사연구에 필요한 절차들은 간과되고 말았던 것이다.

마지막으로 상위이론은 고고학 해석에 그 자체로 좋지 않은 영향을 미치기도 한다. 그런 이론은 어느 정도 언어와도 닮았다. 어떤 생각이든지 그 어떤 언어로도 표현할 수 있다고 생각되지만, 특정 개념이 담고 있는 의미는 구문과 어휘의 내용에 따라, 또 언어에 따라 크게 변화할 수 있다는 어려움이 있다. 더구나 전달된 어떤 메시지는 관습적인 이해와 확립된 규범을 조금만 벗어나도 그것이 가진 지성과 타당성을 잃을 것인데, 말하는 자가 아무리 새로운 생각을 에둘러서 자세한 설명으로 전달한다고 할지라도 그러하다. 똑같이 특정한 형태의 인간행위에 대한 만족할 만한 설명을 생각해 내는 것은 사실 채택하는 일반이론에 따라서 많이 달라진다. 그렇기에 고고학자를 포함한 사회과학자들은 특정 일반이론을 사용하여 인간행위를 설명하면서 문제들이 발생할 경우 다른 대안적인 이론과 비교하여 효과적이지 않다고 판단을 내려 폐기할 수도 있는 것이다. 이런 식으로 증거 자료의 축적이 일반이론들에 비해 선택적인 영향을 크게 미칠 수 있다. 이와 대조로 주관적인 요인 때문에 몇몇 사회과학자들은 특정한 상위이론이 비효율적임이 입증된 뒤에도 지속적으로 거기에 천착하기도 한다. 이 경우 이론은 흔히 새로운 조건에 적응할 수 있도록 임시방편적으로 수정되거나 보완되기도 한다. 상위이론이 완전하게 폐기되는 경우는 극히 드물다.

최근 고고학자들은 눈에 보이지 않는 편견과 부적절한 조사연구 계획을 물리치기 위하여 다양한 방식으로 노력해 왔다. 고고학 조사연구에 이론이 어떻게 영향을 미치는지를 더욱 깊이 깨닫게 되면서 고찰되지 않은 선험적 해석을 줄이려 애쓴다. 비록 그런 노력이 언제나 성공적인 것은 아닐지라도, 어떤 믿음이 특정한 방식으로 해석에 영향을 미친다는 점을 안다는 것만으로도 그런 개념들이 자료를 왜곡할 가능성을 줄일 수 있다. 고고학사를 공부하는 것은 고고학자들이 과거에 의지했던 이론을 찾고, 그 이론을 이용하여 고고 자료를 해석할 때 일어났던 일을 아는 작업이다. 이로써 그런 개념에 내재되어 있는 편견을 더 잘 알게 될 뿐만 아니라 바퀴처럼 되풀이되어 나타날 가능성도 줄일 수 있게 된다.

연구 과정에서 편견을 배제하는 다른 기법도 사용되고 있다. 될 수 있는 한 많은 견지에서 문제를 제기하고 이론을 제시하는 것은 고고학자들이 어떤 특정한 이슈를 연구하면서 고찰할 수 있는 시각의 범위를 넓혀 주는 방법이 된다. 적절한 분석법으로 자료를 독자적으로 분류함으로써 각 접근들이 내리는 결론의 그럴듯함을 높여 주는 것으로서 적절한 방법이다. 이런 식으로 과거를 연구하는 데 쓰이는 기초자료는 형질인류학, 언어학 및 다른 비고고학적인 접근까지 확장되는 것이다. 동시에 맥락적 접근도 체계적으로 적용되고 있다. 비록 고고학자나 고고학 이론 모두 편견으로부터 자유롭다고 할 수는 없지만, 이러한 접근들을 사용하여 고고 자료의 행위 및 문화적 유의성에 대한 통찰을 얻을 수 있으며, 그 통찰은 새로운 증거의 등장과 새로운 이론 시각의 개발에도 지속될 수 있을 것이다.

이런 진전을 통해서 적어도 부분적으로는 사회가 어떻게 진화했는지에 대해 현대 고고학자들이 가지고 있는 관점이 고대 수메르인이 믿었던 신이 내린 세계의 질서나 200여 년 전 유럽사회에 광범위했던 창조론적 관점과 다른지를 설명해 준다. 진화고고학은 진실에 대한 가치중립적인 추구로부터 발전한 것이 아니라 지질학 및 생물학 증거와 더 이상 어울리지 않는 종교적인 믿음에 대한 근본적인 반대를 통해 발달한 것이다. 아무리 주관적으로 해석한다손 치더라도 고고학이 이룩한 성취는 우리 인류역사의 일반적인 과정, 우리와 자연의 관계, 그리고 인간성에 대한 우리의 사고를 과학적 방법 전체를 폐기하기 전에는 돌이킬 수 없을 만큼 바꾸어 놓았다. 고고학은 그 자체로 사회 및 경제 변화의 산물이지만, 고고학이 우리에게 과거에 대해 알려 준 것은 현재의 사회적 관심을 과거에 환상적으로 투영시킨 것 이상이다. 고고학은 사회로부터 격리되어 있지도, 그리고 사회를 단순하게 반영만 하는 것도 아니며 인간성에 대한 이성적인 대화를 이끄는 역할을 하는데, 고고학적 실천과 그것이 지닌 사회적 맥락 사이의 관계를 더 잘 이해할 때 그 역할을 더 수월하게 할 수 있다. 고고학은 우리가 가진 시공간적인 참고의 틀을 확장하는 데 일조함으로써 "인류의 사고의 범위와 질"을 돌이킬 수 없을 만큼 바꾸어 놓았다는 주장도 있다(C. Becker 1938:25).

그렇지만 이 같은 관점을 확립하기 위한 싸움은 아직 끝나지 않았다. 미국 인구의 다수를 차지하고 있는 종교적 근본주의자들은 여전히 창조론을 지지하고 있다. 고고학적 지식은 종교적 환상보다 인류역사에 대한 더 정확한 관점이라 믿는 고고학자들은 고고학 및 창조론적 관점이 과거에 대해서 동등하게 유효한 해석을 제공하고 있다는 극단 상대주의자들의 선언을 받아들일 수 없다. 고고학자는 공격적이면서 격세유전적으로 되풀이되는 독소와도 같은 몽상으로부터 과거에 대한 연구를 구해야 하는 도전에 직면해 있는 것이다.

고고학은 과거에 어떠한 일이 벌어졌는지에 대해 많은 통찰을 준다. 그리하여 사회변화를 이해하는 데도 효과적인 토대를 바꾸어 놓았다. 나아가 시간이 흐른 뒤 미래에 어떠한 발달이 이루어질지를 효과적으로 알려 주기도 한다. 단순히 사회 계획가들에게 전문 기술 지식을 주는 것이 아니라 시민들이 공공 정책에 관하여 더 많은 정보를 지니고 선택하도록 돕는 역할을 할 것이다. 갈수록 더 강력한 기술이 개발되면서 더 위험해지고, 인간이 시행착오에 의존하기에는 너무 빨리 변화하는 세상에, 고고학이 주는 지식은 인간의 생존에 중요한 역할을 할 수 있다. 만약 고고학이 그 목적에 부응하고자 한다면, 고고학자는 반드시 과거와 인간행위를, 스스로 그리고 다른 사람들이 나름의 이유에서 원하는 방식이 아닌, 있는 그대로 보기 위해 고군분투해야 할 것이다.

참고문헌을 위한 글

1. 고고학사 연구

1980년대부터 고고학사를 다룬 책과 논문들이 많이 나왔다. 그 결과 독자들에게 그런 문헌을 자세하게 소개하는 것은 더 이상 힘들게 되었다. 단지 관련성 있는 문헌들로 일반적 경향만을 표현할 수 있을 뿐이다. 학문의 역사를 고려할 때 아마도 지금까지 존재했던 고고학자 가운데 90% 이상이 현재 살아 있다는 사실을 상기할 필요가 있을 것이다.

고고학사에 대한 연구가 증가한다는 것은 학파와 연구 집단들 사이에 자금지원에 대한 경쟁이 커지고 있는 결과일 수도 있다(Croissant 2000: 205). 이보다 더 일반적인 설명은 문화적 선호 없이 인간행위를 설명할 수 있다는 믿음이 쇠락한 결과로 고고학사가 고고학적 행위의 중심적 역할을 하게 되었다는 것이다. 학사적 접근은 이미 많은 고고학자들이 잘 알고 있는 시각에서 중요한 인식론적 이슈들을 고찰하는데 근간이 되기도 한다. 그런 연구의 동기가 무엇이든 학문의 역사는 고고학 지식을 평가하는 데 중요한 역할을 하게 되었으며, 고고학사는 이제 고고학의 중요한 가지 또는 분과가 된 것이다(J. Reid 1991).

고고학사와 관련된 이론과 방법의 문제들에 대한 관심이 커지면서 1987년 5월 남일리노이대학Southern Illinois University에서 학회가 열리기도 했다. 발표문들은 학회를 조직한 앤드루 크리스튼슨Andrew Christenson에 의해 *Tracing Archaeology's Past*(1989a)라는 제목으로 출간되었으며, 이는 고고학사를 어떻게 연구할 것인지를 고찰한 첫 저술이라 할 것이다. 같은 해 미국고고학회Society for American Archaeology도 고고학사를 다루는 위원회를 설치했다. 위원회의 목적은 고고학사와 관계된 오래된 현장 노트들, 필름, 사진, 편지, 구비전승들을 확인하고 보존하며 이용할 수 있도록 하는 것이었다. 그 다음 해 고고학사에 대한 일련의 심포지엄이 만들어져 미국고고학회와 미국인류학회가 해마다 돌아가면서 개최하게 되었다. 이 심포지엄에서 발표된 글들은 Reyman(1992), Kehoe and Emmerichs(1999), Browman and Williams(2002), Fowler and Wilcox(2003)에 간행되어 있다. 1991년 더글러스 기븐스Douglas Givens는 *Bulletin of the History of Archaeology*를 만들었는데 이는 고고학사에 관한 첫 정기간행물이다. 두 개의 백과사전도 간행되었는데, 하나는 고전고고학의 역사에 대한 것(De Grummond 1996)이고 다른 하나는 고고학사 일반에 대한 것(Murray 1991a, 2001a)이다. 고고학사를 상술하고 분석하며 비판하는 논문들(Trigger 1985a, 1994a; Givens 1992b; Murray 1999b)과 그런 연구들을 이론화하는 것(Croissant 2000)도 출간되었다. 고고학사를 다룬 전도유망한 도서 시리즈가 Nathan Schlanger와 Alain Schnapp(2005~)에 의해 시작되기도 했다.

고고학사는 여러 목적에 따라 쓰인다. 독자들에게 흥미를 주기도 하고, 중요한 고고학자와 발견물, 연구 프로젝트를 기념하기도 하며, 학생을 훈련시키기도, 간과된 자료에 대해 주의를 환기시키기도, 특정 프로그램이나 사상을 정당화시키기도 하고, 편견을 드러내기도, 경쟁하는 고고학자의 연구 또는 결론을 헐뜯기도, 고고학의 목적에 대한 회고를 하기도, 고고학을 더 객관적으로 만들고자 노력하기도 한다.

대부분의 고고학사는 고고학자들이 쓴 것이다. 이 가운데 몇몇은 과거를 회상하는 선임 고고학자들에 의해 쓰이기도 했지만, 최근에는 고고학의 역사를 연구하는 데 많은 시간을 할애하는 고고학자들의 수가 늘어나고 있다. 이는 대부분 고고학자들이 기록학적 연구법을 포함한 학사적 방법에 스스로를 훈련시키는 일환으로 이루어지고 있다. 이러한 학사들 가운데는 학사적 방법에 대한 지식이 결여되어 있음을 보여주기도 한다. 이런 순진함으로 고고학자들은 고고학의 역사를 지나치게 현재적으로 그리고 편협하게 바라본다. 그럼에도 D. K. Grayson(1983), D. J. Meltzer(1983), M. Bowden(1991)과 같은 많은 고고학자들은 높은 연구 수준을 보여주고 있다.

그동안 단지 소수의 역사가 및 과학사가들만이 고고학사 연구에 관심을 가졌다. 여기에는 C. M. Hinsley(1981, 1985), S. Mendyk(1989), R. T. Ridley(1992), A. B. Ferguson(1993), S. L. Marchand(1996), B. Kuklick(1996) 등이 포함된다. 비록 이들 역사가 가운데는 고고학사에 눈에 띄는 업적을 내는 경우도 있었지만, 고고학사를 연구하는 고고학자들과의 관계는 여전히 제대로 확립되어 있지 않다. 이는 고고학자들과 고고학을 연구하는 과학철학자들 사이에 발전된 밀접한 유대와는 전적으로 다른 것이다. 몇몇 과학사가들은 자신들만이 고고학사를 쓸 자격을 갖추고 있다고 믿는 듯하다(Croissant 2000: 203).

그렇지만, 고고학계 내의 "내부자들"은 지나치게 현재성을 강조하고 자기정당화하며 고고학사의 일관성과 단일성, 단선성을 강조한다. 반면 "외부자들"은 맥락성과 주관적인 성격들을 더 잘 이해할 수 있음이 사실이라 할지라도, 고고학자들은 경험으로 역사가들보다 어떻게 고고학을 하는지를 더 잘 안다. 그 어떤 과학적 학문의 역사를 쓰는 것은 두 가지 독자적인 분야를 잘 알아야 하는 일이다. 한편으로는 연구 대상 학문에 대해 실제적 지식이 있어야 하며, 다른 한편으로는 고고학이 성장한 토대인 서양 문화의 역사에 대한 깊은 이해와 더불어 학문의 형성에 대한 사상과 더불어 학사적 방법론에 대한 지식이 필요하다. 개별 학자들 가운데 두 학문에 대해 공평한 이해를 가진 경우는 드물다. 고고학사를 연구하고 있는 전문 역사가, 과학사가, 고고학자들이 협력하면 많은 것을 얻을 수 있을 것이며, 고고학자나 역사가 모두 이 작업을 독점할 수는 없다. 이들이 그렇게 협력을 하지 않고 있음에도 불구하고 고고학의 발달을 이해하는 일이 더욱 다양화되고 더 논쟁적이 되었다는 점에서 고고학사 연구는 최근 들어 많이 성숙했다고 할 수 있다.

몇몇 초기의 고고학사는 교과서적인 목적에서 쓰였다. 스미스소니언연구소의 첫 사무관이었던 물리학자 조셉 헨리Joseph Henry는 쓸데없는 공상만 하는 고고학을 일소하고 사실적인 연구를 진흥시키고자 했다. 그는 미국호고가협회American Antiquarian Society의 사서였던 새뮤얼 헤이븐Samuel Haven에게 아메리카 선사시대에 대한 이전의 연구들을 고찰하고 부적절한 것들을 찾아내도록 위탁하여, *Archaeology of the United States*(1856)이라는 책으로 내게 했다. 헨리는 *Annual Report of the Smithsonian Institution*에서 최근의 고고학 발전들을 간행했는데, 이 책은 북아메리카 전역에 배포되었다. 이런 글 가운데 가장 영향력 있던 것으로는 스위스의 지질학자이자 고고학자인 아돌프 몰롯(Adolf Morlot 1861)이 쓴 "General views on archaeology"를 들 수 있다. 이 논문은 이전 50여 년 동안 이루어진 유럽의 선사시대 연구의 주요한 발전들을 요약한 것으로 북아메리카에서 고고학 조사를 하는 데 더 과학적인 접근을 하도록 고무시켰다.

하지만 이후의 고고학사들은 대부분 매우 극적인 고고학 발견들이 누구에 의해서, 그리고 어떠한 상황에서 이루어졌는지를 다루는 발견의 연대기였다. 이런 작업 가운데 (피상적인 것임에도 불구하고) 가장 유명하고 오래 읽힌 것은 세람(C. W. Ceram, Kurt Marek의 필명)이 쓴 *Gods, Graves and Scholars*(1951, 우리말로는 『낭만적인 고고학 산책』이라 하여 번역됨)이다. 세튼 로이드Seton Lloyd의 *Foundations in the Dust*(1947, 재판은 1981)는 메소포타미아 고고학에 대해 더 풍부한 상황적 설명을 하고 있으며, Geoffrey Bibby(1956)와 Michael Hoffman(1979)은 유럽과 이집트의 선사시대에 대한 고고학 연구의 역사에 대해서 그런 연구들이 과거에 관해 어떠한 사실들을 밝혀내었는지를 쓰고 있다. 브라이언 페이건Brian Fagan이 쓴 베스트셀러 *The Rape of the Nile*(1975)은 이런 장르가 지속적으로 대중성을 띠고 있다는 증거이다. 최근에 나온 비전문가가 쓴 고고학사 일반에 대한 글로는 W. H. Stiebing Jr.(1993)와 Paul Bahn(1996)을 들 수 있다. 대중적인 고고학사들에서는 고든 차일드Gordon Childe나 그레이엄 클라크Grahame Clark 같은 아주 훌륭한 고고 자료를 발굴했으면서도 고고 자료를 어떻게 해석해야 하는지에 커다란 공헌을 했던 고고학자들에 대한 연구는 별로 다루어지지 않는다.

독일 고고학자들은 오랫동안 자신들이 연구하는 모든 주제와 유적에 관련된 연구의 역사를 고증하는 데 많은 관심을 기울여 왔다. 이들은 연구의 연속성을 보증하는 데 중요하기 때문에, 그리고 해석이 특정 주제와 관련된 모든 작업들을 고려해야 한다고 믿기 때문에 이러한 작업을 한다. 그렇기에 이전 연구에 대한 연대기가 자신들의 연구의 신뢰성을 세우는 데 아주 중요하다. 동시에 최근까지도 지성 및 사회사적인 관점에서 고고학사를 분석하는 일은 회피했다.

근대적인 고고학사에 대한 분석적 연구는 1930년 말에 영국에서 시작되었다. 이는 전문 고고학자들 간에 세대에 따른 차이가 있다는 사실을 점점 인식하게 되었기 때문인데, 젊은 세대 고고학자들은 고고학에 일어나고 있는 변화를 이해하고자 했던 것이다. 이러한 초기의 고고학 지성사는 크리스토퍼 허시Christopher Hussey의 *The*

Picturesque(1927)와 케네스 클라크Kenneth Clark의 *The Gothic Revival*(1928)의 출간에 큰 영향을 받았는데, 문학과 예술 양식의 변화를 더 넓은 사상의 역사 변동과 연결시키고 있다. 스탠리 카슨Stanley Casson은 스스로 유럽의 발견의 시대로부터 야기된 지성적 자유의 산물이라 여긴 제국주의적 진화인류학과 고고학(당시 이미 사라져 가고 있었다)을 정당화하기 위하여 *The Discovery of Man*(1939)을 썼다. 이 책이 끼친 영향은 고고학사가 지성사적으로 고찰 가능하며 가치 있는 일이라는 점을 알려 주었다는 것이다. 동시기에 발간된 선사시고고학의 초기 발달에 대한 간략한 기술로는 P. Shorr(1935), H. J. E. Peake(1940), V. G. Childe(1953)를 들 수 있다.

수십 년 동안 글린 대니얼Glyn Daniel의 연구는 고고학사에 대한 일반적 고찰을 대표하는 저술이었다. 그가 쓴 *The Three Ages*(1943)는 이후에 나온 *A Hundred Years of Archaeology*(1950; 재판은 1975)로 절정을 맞았는데, 영국과 서유럽에서 고고학의 발달을 추적한 책이다. 비록 대니얼은 고고학이 점진적이고도 우연하게 변화했다고 주장했지만, 그가 다룬 전반적인 주제는 제국주의 진화고고학의 발달과 이후 이것이 문화사고고학에 의해 대체되는 과정이었다. 대니얼은 이것을 분명히 유물유적에만 경도된 호고주의로부터 고고학을 분리해 낸 중요한 것이라고 평가했다. 그의 후일의 저술은 주로 서유럽의 고고학을 다루었는데, Daniel(1967)과 Daniel(1981a)을 들 수 있다.

제2차 세계대전 도중 소련에서 망명한 그리 눈에 띄지 않았던 지방 고고학자 미하일 밀러Mikhail Miller는 1956년 냉전시대 러시아와 소련의 고고학에 대한 논쟁적인 글을 발표했다. 그리고 1964년 프랑스 고고학자 라멩앙프레르Annett Laming-Emperaire는 *Origines de l'archéologie préhistorique en France*를 출간하여 프랑스에서 중세로부터 19세기까지 선사고고학의 역사를 추적했다. 이 책은 강의와 연구 구조, 전문 연구자들, 잡지들이 어떻게 프랑스 고고학의 발달을 반영하고 있고, 또 그것을 이루어 냈는지를 주의 깊게 고찰했다는 점에서 두드러진다고 할 수 있다.

글린 대니얼은 활발하게 지역 및 국가적 고고학사 저술을 독려했다. *A History of American Archaeology*(Gordon Willey and Jeremy Sabloff 1974, 재판은 1980, 삼판은 1993), *A History of Scandinavian Archaeology*(Ole Klindt-Jensen 1975), *A History of Mexican Archaeology*(Ignacio Bernal 1980)는 모두 대니얼의 세계고고학 시리즈물로 출간된 것들이다. 윌리와 새블로프의 책은 과정고고학에 대해 학사적 정당성을 주면

서 이론적 단점을 비판하기도 했다. 클린트젠센과 베르날은 대니얼의 선례를 따라 서유럽의 지성적 흐름과 각 나라에서 일어난 고고학의 발달에 유사성이 있음을 밝히고 있다.

미국에서는 고고학사에 대한 분석적 연구가 Walter Taylor(1948)의 연구로 재개 되었는데, 이는 이전 세대 미국 고고학자들의 작업에서 나타나는 이론적인 부적절함 과 방법론적인 잘못들을 비판한 것으로 당시에는 그리 환영을 받지는 못했다. 이후 더글러스 슈워츠Douglas Schwartz의 *Conceptions of Kentucky Prehistory*(1967), 제 임스 피팅James Fitting이 편집한 북아메리카의 여러 지역들에서 이루어진 고고학의 발달, 그리고 간단한 글로는 S. Gorenstein(1977)을 들 수 있다. 이런 연구들은 윌리 와 새블로프의 학사와 함께 고고학사를 일련의 시기들로 나누었는데, 각 시기가 나 름의 특징을 가지며 이전과 이후 시기들과는 고고학이 이루어지는 방식에서 분명한 차이를 보인다고 했다(Schuyler 1971). 때로 이러한 변화는 쿤Kuhn의 패러다임 변동을 보여주는 사례로도 간주되기도 했다(Sterud 1973).

이렇듯 세계적으로 고고학사 연구가 이루어진 것은 고고학사에 대한 국제회의가 열리는 계기가 되었다. 국제선원사학연합International Union of Prehistoric and Protohis- toric Sciences의 후원 아래 1978년 덴마크의 아르후스Aarhus에서 국제학술회의가 열렸 으며(Daniel 1981b), *World Archaeology*에도 "Regional traditions of archaeological research"라는 제목 아래 일련의 글들이 실리고, 글린 대니얼 기념논문집으로도 글 들이 출간되었다(J. D. Evans et al. 1981: 11-70). 1980년대 초 이후 많은 지역의 고고학 발달을 다룬 많은 글들과 논문 모음집들이 멕시코(Vásquez León 1996, 2003), 라틴 아 메리카(Politis and Alberti 1999), 미국(Patterson 1995; Kehoe 1998), 미국의 많은 지방들(P. J. Watson 1990; J. Johnson 1994; O'Brien 1996a; Janetski 1997b; Fowler 2000; Rolingson 2001; Snead 2001; Tushingham et al. 2002), 캐나다(Smith and Mitchell 1998), 오스트레일리아(Hor- ton 1991), 사하라사막 이남의 아프리카(Robertshaw 1990), 서아시아(중동, Silberman 1982, 1989; Meskell 1998), 인도(Chakrabarti 1988, 1997, 2003), 중부 유럽(Sklenář 1983), 덴마크 (Fishcer and Kristiansen 2002), 이탈리아(Guidi 1988: 고고학사 일반이면서 이탈리아 고고학에 특 별한 섹션이 할애되어 있다)에 관해서 출간되었다. 이브 그랜아이데리치(Eve Gran-Aymerich 1998)는 프랑스뿐만 아니라 세계의 다른 지역, 특히 북아프리카와 서아시아의 프랑스 고고학자들의 연구들을 연대기로 서술했다. 앨리스 키호(Alice Kehoe 1998)의 미국 고

고학사에 대한 연구는 불손하면서도 보아스학파의 문화사고고학을 강고하게 방어한 것으로 주목을 끈다.

1980년대 말부터 소련의 해체와 유럽연합의 성장으로 종족성과 민족주의의 증가하면서 유럽과 세계의 다른 지역에서 종족성과 민족주의가 장기적으로 고고학에 끼친 영향을 다룬 일련의 집합적 연구들이 나오게 되었다. 출간된 것으로는 Kohl and Fawcett(1995), Díaz-Andreu and Champion(1996a), Graves-Brown et al.(1996), Crooke(2000)의 책을 들 수 있다. 덧붙여 지역 고고학자들을 다룬 논문 모음집은 가령 Cleere(1993)와 같이 학술지 *Antiquity*에 정기적으로 나오고 있다. 이런 연구 가운데 많은 것은 사회, 정치, 경제, 종족적 요인들이 고고학 연구에 어떠한 영향을 미치는지에 대해서 다루고 있다.

최근 들어서 스페인 고고학자들은 스페인의 고고학사에 많은 관심을 보이고 있는데, 간략한 논의와 참고문헌은 M. Díaz-Andreu(2003)를 보기 바란다. 몇몇 독일의 고고학자들도 독일의 고고학사, 특히 국가사회주의와 결부되어 있었던 고고학자들의 국가주의적 경향을 비판적으로 고찰하는 데 관심을 갖게 되었다(Härke 2000a; Leube and Hegewisch 2002).

1980년대 말에는 고고학사 일반에 대해서 세 가지 저술들이 나왔다. 내가 쓴 *A History of Archaeological Thought*(Trigger 1989a) 첫 판은 세계적인 시각에서 고고학 이론의 발달을 추적했다. 물론 이 가운데에서도 유럽, 미국, 소련의 고고학이 강조되기는 했다. 나는 고고학 사상이 발달한 사회 및 지성적 맥락에 주의했으며 사고와 조건이 확산되어 스며들고 세련되는 과정에도 관심을 가졌다. 또한 주된 발달은 계기적인 단계들이나 지역적 전통보다는 이론적인 움직임을 통해서 개념화되었다. *Archaeology Yesterday and Today*(Jaroslav Malina and Adenek Vassíček 1990)는 다른 과학과 인문학의 성장과 관련하여 고고학의 발달을 개념화하고 있다. 저자들은 학문의 역사를 일반적으로 고려하지 않고서는 고고학사를 할 수 없다고 주장했다. *The Discovery of the Past*(Alain Schnapp 1997, 프랑스어 원본은 1993)는 초기부터 19세기까지 물적 유존물에 대한 관심을 상세하게 기록했다.

고고학과 그 사회, 정치, 경제적 맥락에 대한 관심은 탈과정고고학의 발달과 1986년 세계고고학회의World Archaeological Congress의 설립(Ucko 1987)으로 가속화되었다. 그 결과 과거에 대한 "헤게모니적"인 해석들에서 편견들을 드러내고 억눌려 있는 집단들이 자신들의 문화유산을 주장하게 되었다(Lewonthal 1985; Cleere 1989; Gath-ercole and Lowenthal 1989; Layton 1989a, 1989b; Stone and MacKenzie 1990; Bond and Gillam 1994; Schmidt and Patterson 1995; Tunbridge and Ashworth 1996; Bender 1998; Watkins 2003). 이러한 노력으로 고고학적 담론을 형성하는 데 사회 및 문화적 요인들이 주도적인 역할을 했음이 밝혀졌다(예를 들면 Hodder 1991a; Ucko 1995a). 그러나 아직 고고학사 일반에 대한 저술이 나온 것은 아닌데, 이는 아마도 탈과정고고학자들이 "대서사"적인 서술에 반감을 가지고 있기 때문일 것이다. 이러한 접근에 영감을 받은 가장 야심찬 연구로는 피터 우코Peter Ucko의 "Encounters with ancient Egypt"를 들 수 있는데, 이는 고대 이집트에 대한 연구와 다양한 사회, 경제, 정치적 맥락들 사이의 상호 보답적인 관계들에 대해서 질적으로 다양한 글들이 포함된 여덟 권짜리 책이다. 그 가운데 R. Matthews and C. Roemer(2003), J. Tait(2003), D. Jeffreys(2003), P. J. Ucko and T. Champion(2003)을 포함해 적어도 네 권은 직접적으로 고고학사와 관련된다.

가장 최근에는 다윈고고학자들이 미국의 문화사고고학을 자신들의 일반이론에 포괄하고자 하면서 20세기 미국 선사고고학의 역사를 다룬 많은 책과 논문들을 출간했다. 비록 이러한 연구들은 다른 모든 고고학사들과 마찬가지로 특정한 지성적 영역들을 다루고 있지만, 미국 고고학의 발달을 이해하는 데 아주 중요한 공헌을 했다. 이 연구자들이 출간한 학사 일반에 대한 저술로는 M. J. O'Brien의 *Paradigms of the Past: The Story of Missouri Archaeology*(1996a), R. L. Lyman, M. J. O'Brien, R. C. Dunnell의 *The Rise and Fall of Culture History*(1997a), M. J. O'Brien, R. L. Lyman, M. B. Schiffer의 *Archaeology as a Process*(2005)를 들 수 있다. 이들 고고학자가 쓴 마찬가지로 중요한 연구와 전기들은 나중에 다시 논하겠다.

선사고고학과 다른 분야들도 그 분야 나름의 학사를 간행했다. 이런 연구들은 일반적으로 특정한 고고학 분과의 제도적 구조의 변화를 정의하고, 시간이 흐름에 따라 다른 분과들과 어떻게 달라졌는지를 파악하며, 현재 직면하고 있는 문제들을 논의하고자 한다. 고전고고학에 대한 최근의 일반 연구에는 A. M. Snodgrass(1987), M. Shanks (1996), S. L. Dyson(1998) 등이 포함된다. 이집트학적인 고고학은 J. Wilson(1964), D. M. Reid(2002)가 조망한 바 있으며, 성서고고학은 P. R. S. Moo-rey(1991)와 W. G. Dever(2003)가 연구했다. 마야 고고학의 역사는 J. A. Sabloff(1990)와 C. W. Golden and G. Borgstede(2004)에 의해 고찰되었으며, M. D. Coe(1992)

는 마야 문자의 해독이 미친 영향을 논했다. A. Andrén(1998)은 세계적인 시각에서 역사고고학을 회고한 바 있다. 중세고고학의 발달은 Gerrard(2003)이 논했다. 식민고고학과 산업고고학의 발달은 아직 논문으로만 나와 있는데, Murray(2001a)가 고찰한 바 있다. 이런 분야들과 관련된 이론과 방법을 다룬 책에서도 학사적인 조망이 이루어지기도 한다. 항공사진(Deuel 1973), 편년(R. Taylor 1987; O'Brien and Lyman 1999a; Nash 1999, 2000a; Truncer 2003), 해양고고학(J. Taylor 1966), 구제고고학(Baldwin 1999) 등과 같이 고고학적 방법을 다룬 학사들도 있다. 비록 초기의 학사들은 새로운 분석법의 발달을 추적하고 있지만, 내시S. E. Nash의 *It's About Time*(2000a)과 같이 최근의 학사들은 고고학자들의 가치와 열망에 다른 학문에서 기원한 기법들이 수용되고 사용되는 방식에 더 주목하고 있다.

특정 고고학 프로젝트, 논쟁, 전통들을 고찰하는 학사적 연구도 늘어나고 있다. 고고학사의 이해를 넓힌 주요 연구들 대부분은 이런 종류들이다. 해당 연구로는 켄드릭(T. Kendrick 1950)이 잉글랜드 튜더왕조 시기 호고주의의 발달을 중세 사상에 대한 르네상스 사상의 승리로 해석한 것, 로버트 실버버그(Robert Silverberg 1968)가 19세기 마운드빌더족이란 개념이 아메리카 원주민에 대한 편견을 비추어 주고 또 어떻게 그것을 강화시켰는지를 연구한 것을 들 수 있다. 치펀데일(C. Chippindale 1983)은 스톤헨지에 대한 해석의 변화를 고찰했고, 그레이슨(D. Grayson 1983)은 유럽에서 인류의 기원에 대한 주요 논쟁들을 분명하게 다루었으며, 멜처(D. Meltzer 1983)는 신대륙의 최초의 인간 거주민들에 대한 19세기의 분석들을 상세히 서술했다. 그라스룬트(B. Gräslund 1987)는 초기 스칸디나비아 고고학의 발달에서 형식학이 했던 역할을 연구했으며, 젠킨(I. Jenkin 1992)은 1800년에서 1939년까지 영국박물관의 수집 및 전시 정책의 변화 이유를 고찰했으며, 리들리(R. T. Ridley 1992)는 나폴레옹의 로마 점령기에 프랑스인들의 발굴과 관련된 방법론적 혁신을 연구했고, 마르찬트(S. L. Marchand 1996)는 1750년에서 1970년까지 독일 고고학에 그리스애호주의가 미친 영향을 상세히 고찰했다. 이 밖에도 엘 하지(N. Abu El-Haj 2001)는 고고학이 어떻게 정치적으로 경관들을 변화시킬 수 있는지를 고증했으며, 패터슨(T. C. Patterson 2003)은 20세기 동안 미국에서 이루어진 고고학해석에 마르크주의의 영향을 연구했다.

전기들도 개인 고고학자들이 했던 역할들을 집중적으로 조명했다. 이런 전기들은 더 일반적인 고고학사와 대부분 동일한 목적에서 쓰였는데, 학문의 역사를 이해하는 데 중요하다. 비록 고고학자의 전기는 흔히 사회생활, 개인의 접촉, 주들의 발견 등을 연대기적으로 서술하고 있지만(J. Hawkes 1982; Winstone 1990), 고고학자들의 연구의 맥락을 고찰한 것들은 고고학사에 중요한 지식을 주고 있다(I. Graham 2002). 이런 연구 대부분은 학문의 역사를 이해하는 데 중요한 기록 자료들을 이용할 수 있도록 만들었다. 중요한 전기들로는 피고트(S. Piggott 1950; 재판은 1985)가 윌리엄 스터클리William Stuckely에 대해서, 우드버리(R. Woodbury 1973)와 기븐스(D. Givens 1992a)가 앨프리드 키더Alfred Kidder에 대해서, 헌터(M. Hunter 1975)가 존 오브리John Aubrey에 대해서, 파슬로프C. C. Parslow가 칼 베버Karl Weber에 대해서(이 연구는 18세기 고전고고학을 이해하는 데에도 많은 기여를 했다), 오브라이언과 라이맨(M. J. O'Brien and R. L. Lyman 1998)이 제임스 포드James Ford에 대해서, 그루너트(H. Grünert 2002)가 구스타프 코시나Gustav Kossinna에 대해서, 그리고 라이맨과 오브라이언(Lyman and O'Brien 2003)이 맥컨W. C. McKern과 중서부분류체계Midwestern Taxonomic Method에 대해서 쓴 책을 들수 있다. 이보다는 덜 알려진 것으로는 역사가 제랄드 킬란(Gerald Killan 1983)이 19세기의 캐나다 고고학자 데이비드 보일David Boyle에 대해 통찰력 있게 쓴 전기를 들 수있다. 적어도 고든 차일드Gordon Childe의 삶과 업적에 대해서는 수많은 논문과 더불어 다섯 권의 책(McNairn 1980; Trigger 1980a; S. Green 1981; Gathercole et al. 1995; Lech and Stepniowski 1999)이 나왔는데, 이 고고학자의 식지 않는 매력을 잘 보여준다. 페미니즘에 대해서 관심이 커진 것은 클라센(C. Classen 1994), 디아즈안드류M. Díaz-Andreu와 쇠렌센(M. L. S. Sørensen 1998), 화이트 등(N. M. White et al. 1999) 등이 편집한 여성고고학자들의 생애에 대한 글들뿐만 아니라 알스브룩(M. Allesbrook 1992)의 해리엇 보이드 호이스Harriet Boyd Hawes 전기와 솔로몬(Char Solomon 2002)의 타티아나 프로스쿠리아코프Tatiana Proskouriakoff 전기, 그리고 다이슨(S. L. Dyson 2004)의 유제니 스트롱Eugénie Strong에 대한 전기, 그리고 A. Kehoe and M. B. Emmerichs(1999)의 일부에 반영되어 있다. 채프먼(Chapman 1998)은 김부타스M. Gimbutas의 삶의 경험이 과거에 대한 자신의 이해에 어떠한 영향을 미쳤는지를 고려하고 있다. 고든 윌리(Gordon Willey 1988)는 그가 알고 있는 이미 고인이 된 고고학자들에 대한 일련의 짧은 전기를 출간했으며, 머리의 책(T. Murray 1999a)에는 58명의 뛰어난 고고학자들의 전기가 실려 있는데, 이 가운데 살아 있는 사람은 몇 명 되지 않는다.

자서전도 고고학사에 기여하는 것이라기보다는 학사를 연구하는 원천이 되는 경향이 있다. 맥니시(R. S. MacNeish 1978)가 자신의 삶을 기록한 것에는 미국 고고학의 발달에 대한 많은 관찰들을 담고 있다. 윌리(G. Willey 1974a), 대니얼과 치핀데일(G. Daniel and C. Chippindale 1989), 사우스(S. South 1998)의 책에는 다양한 고고학자들이 쓴 자서전적인 에세이들이 들어 있다. 이런 에세이들은 순수하게 자서전적인 것 말고도 고고학의 발달에 대해 많은 귀중한 관찰들을 담고 있다.

그동안 연구자들은 고고학 기관들의 역사에 대해서는 그리 많이 주목하지 못했다. 국가 기관들에 대해서는 요한 에반스(Johan Evans 1956), 벨(A. S. Bell 1981), 힌슬리 (C. M. Hinsley Jr 1981)가 연구했는데, 후자는 1910년 이전의 스미스소니언연구소에 대한 권위 있는 인류학적 연구이다. 스웨덴의 룬트에 있는 역사박물관의 역사에 대해서는 Berta Stjernaquist(2005)가 있다. 수전 알렌(Susan Allen 2002)은 미국의 고고학연구소의 역사를 기록했다. 19세기 잉글랜드에서 아마추어 고고학 협회들의 역할에 대해서는 S. Pigott(1976), K. Hudson(1981), P. Levine(1986) 등이 고찰한 바 있다. 맥쿠식(M. McKusick 1970, 1991)은 미국에서 스미스소니언연구소와 지역 아마추어 학문 협회들이 19세기에 이루어진 몇몇 발견들의 진실성을 둘러싸고 벌인 충돌들을 추적한 바 있다. 파게트(P. Fagette 1996)와 리옹(E. Lyon 1996)은 1930년대 미국 고고학의 현실에서 정부의 재정지원이 미친 영향을 고찰했다. 쿠클릭(B. Kuklick 1996)과 볼터(M. Balter 2005)는 특정 고고학 연구 프로젝트의 역사를 연구하기도 했다. Balter(2005)와 O'Brien, Lyman, and Schiffer(2005)는 네트워크적인 접근을 채택하여 협력하고 경쟁하는 개인들과 기관들을 고찰했다.

고고학사를 다루고 있는 중요한 논문들의 선집도 학생들에게는 아주 귀중하다. 잘 알려진 편찬물로는 H. Hawkes(1963), 신대륙의 것으로는 Deuel(1967)을 들 수 있다. R. F. Heizer(1959)는 원래 외국어로 출간된 것을 번역한 것을 포함하여 아직도 방법론적으로 중요한 논문들을 재발간했다. 주요 해석적 이슈들을 다룬 논문집들로는 Heizer(1962a), G. Daniel(1967)을 들 수 있다. C. S. Larsen(1985)은 북아메리카의 "구석기시대" 유존물에 대한 주장들에 대해 19세기에 쓰인 논문들을 담고 있으며, B. Trigger(1986a)는 동시기 북아메리카의 해안지역의 패총들을 다룬 글들을 모았다. Lyman, O'Brien and Dunnell(1997b)은 미국의 문화사고고학자들이 출간한 주요한 이론적 논문들을 재발간했다. A. Fischer and K. Kristiansen(2002)은 덴마크 고고학사와 관련된 많은 논문들을 영어로 번역했다.

마지막으로 전문고고학자들의 해석과는 다른 해석을 주는 "대안 고고학"이나 "환상 고고학"에 대한 많은 연구들도 있었다. 이런 연구들은 대부분 학사적인 경향을 띠는데, R. Wauchope(1962), J. P. White(1974), C. Cazeau and S. Scott(1979), J. A. Sabloff(1982), K. L. Feder(1984, 1990), W. H. Stiebing Jr.(1984), S. Williams(1991)가 있다.

학문의 역사를 연구하는 데 내부자적인 접근과 외부자적인 접근에 대한 일반적 논의에는 Basalla(1968), Morrell(1981), Lelas(1985), Tamarkin(1986), Shapin(1992) 등이 있다.

나는 현재주의적인 관점으로 고고학사를 설명하는 것에 반대한다. 과거의 발달은 반드시 그것이 일어난 맥락과 관련하여 이해해야 하지 현재 우리가 믿고 있는 것을 통해 판단해서는 안 되는 것이다. 하지만 나는 고고학사 연구자들이 완전히 현재 상태의 고고학을 잊거나 현재에 대한 지식이 역사가들의 전략적 지침의 역할도 하지 않는다고 믿는 것은 아니다. 이 책과 같이 요약된 학사를 다룬 책에서 고고학 연구나 수많은 막다른 길(데드엔드)에서 건설적인 경쟁적 경향의 사례들을 논의하는 것은 불가능하다. 이는 고고학의 발달이 단선적이라는 인상을 줄 수도 있다. 그렇지만 나는 몇몇 중요한 데드엔드를 주목하고, 고고학이 구체적인 상황 속에서 어떻게 발달하여 왔는지를 고려하며, 세계의 다양한 지역에서 이루어진 고고학의 다양한 발달들을 고찰함으로써 이런 인상을 지우려 했다. 물론 나는 고고학을 돌이킬 수 없도록 바꾸고 학문의 단선적 발달 경향으로도 보일 수 있는 이론적이고 방법론적 혁신에도 주목했다. 나는 고고학이 인간행위와 역사에 대해 많은 다양한 질문들에 대해서 적절한 이론과 수단을 발달시키기만 한다면 대답할 수 있다고 확신한다. 하지만 그러한 이론들을 만들어 내는 일은 커다란 퍼즐을 짜 맞추는 것과 닮았다. 조각들을 맞출 수 있는 수천 개의 상이한 방법들이 있겠지만, 결국 전반적으로는 동일한 그림이 반드시 등장할 것이다. 결과적으로 고고학사는 방향성을 띠게 될 것이다. 물론 단선성을 띠지는 않더라도 말이다.

2. 고전고고학과 문헌고고학

호고주의적 연구의 기원에 대해 가장 포괄적인 연구는 Schnapp(1997)이다. 과거에 대한 개념화의 오래된 진화적 연쇄에 대해서는 Childe(1956b)를 참조할 수 있다.

고대 이집트와 메소포타미아의 역사에 대해서는 Van Seters(1983), Redford (1986), Baines(1989), Jonker(1995), Tait(2003), 그리고 더 일반적으로는 Butter-field(1981)를 들 수 있다. 고전, 중세 그리고 초기 근대의 과거에 대한 시각은 더 인류학적인 관점에서 Casson(1939), Hodgen(1964), Slotkin(1965)가 논의했다. 고전적인 시각들은 Wace(1949), Shrimpton(1992), Antonaccio(1995), Alcock, Cherry, and Elsner(2001), Alcock(2002), Boardman(2002), Press(2003)에서 자세하게 다루어졌다. 중세의 역사에 대한 시각은 Sandford(1944)가 논의했으며 중세 서유럽에서 고대 기념물들에 대한 시각은 Peacock(1979), Greenhalgh(1989)가 논의했다. Toulmin and Goodfield(1966), Rossi(1985)는 성서의 편년에 대한 초기의 도전들, 그리고 중세 이후 역사 철학의 변화에 대해서 고찰하고 있다.

고전고고학의 역사에 대해서 가장 포괄적인 지침서는 *An Encyclopedia of the History of Classical Archaeology*로 드 그루몽(De Grumond 1996)이 편집했다. Lowenthal(1985)는 고전고대에 대한 근대의 관점의 변화를 논의했다. MacKendrick (1960)은 이탈리아에서 근대 고고학을 살폈으며, Stoneman(1987)은 그리스에서의 초기 발달에 대해 서술했다. Weiss(1969), Jacks(1993), Barkan(1999)은 이탈리아 르네상스의 고전고대에 대한 발견을 추적했고, Rowe(1965)는 인류학과 관련된 르네상스를 논의했다. Parslow(1995), Ridley(1992), Bigamini(2004)는 19세기 초까지 이탈리아의 고전시대 유적들에서 이루어진 발굴의 발달을 계기적인 단계로 나누어 고찰했다. 18세기에 이루어진 고고학과 관련된 유물 수집, 발굴, 그 밖의 종족적 이슈들에 대한 관점으로는 Ramage(1990, 1992)를 참조할 수 있다. Marchand(1996)는 18세기 말에서 20세기 중반까지 독일의 고전고고학에 대한 훌륭한 연구를 제공하고 있다. 이 책은 고고학사가 어떻게 쓰여야 하는지에 대한 모델이 되기도 한다. Gran-Aymerich(1998)은 프랑스의 고전고고학의 발달을 추적했으며, Dyson(1989, 1998)은 미국에서 고전고고학의 발달을 고찰했다. Morris(1994a)와 Shanks(1996)는 고전고고학의 발달을 국제적인 시각에서 본다. Bruford(1975), Jenkyns(1980), F. Turner(1981)는 19세기의 고대 그리스를 대하는 태도를 연구했다. M. Bernal(1987)은 19세기부터 시작된 그리스 문화의 자생적인 성격에 대한 강조를 (너무도 일방향적으로) 논의했다. Bodnar(1960)는 앙코나의 키리아쿠스Cyriacus of Ancona의 전기를 썼으며, Leppmann(1970)은 빙켈만의 전기를, Allesbrook (1992)은 호이스Hawes의 전기, Dyson(2004)는 스트롱의 전기를 썼다. R. Chamberlin (1983), Jenkins(1992), Yalouri(2001)는 고전시대 유산에 대한 유럽인들의 태도를 논의했다. 고전고고학을 지중해 지방의 원사를 연구하는 데까지 확장시킨 역사에 대해서는 McDonald and Thomas(1990)를 참조하면 된다.

　　이집트학과 아시리아학의 학사는 많은 대중서적에 연대기로 제시되어 있다. Daniel(1975: 401-403)에서는 수많은 과거의 업적들을 선택적으로 제공하고 있다. 고대 이집트의 고고학사 일반에 대해 많은 정보를 제공하고 있는 연구로는 Greener(1966)와 Fagan(1975)을 들 수 있다. 19세기 동안 이루어진 고고학 활동 가운데 가장 눈에 띄면서 그런 연구들에 대한 영혼을 담고 있는 논의는 아멜리아 에드워드 Amelia Edward의 *Egypt and its Monuments: Pharaohs, Fellahs and Explorers*(1891)이다. Wortham(1971)은 1549년에서 1906년까지 고대 이집트에 대한 영국의 연구를 논했다. J. Wilson(1964)과 N. Thomas(1995, 1996)는 이집트에서 미국의 고고학 조사의 역사를 개괄했다. 고대 이집트에 대한 그리스인과 로마인의 관점은 Matthews and Roemer(2003)에서 고찰했다. 중세 아랍인들의 관심은 El Daly(2004)가 논했고, 초기 근대 유럽인들의 관점은 Yates(1964), Wortham(1971), Irwin(1980), Curl(1982), Iversen(1993), Rossi(1985)가 분석했다. 고대 이집트에 대한 더 최근의 대중적인 관련들은 Carrott(1978)과 Jeffries(2003)와 MacDonald and Rice(2003)에 있는 논문들이 고찰했다. Mitchell(1988)은 이집트에서 유럽인들의 식민주의를 논했다. 이집트학에 끼친 식민주의의 영향은 J. Thompson (1992), D. Reid(1997, 2002), Ridely(1998), Wood(1998), Mayes(2003)에 분석되어 있다. 페트리의 생애는 Drower(1985)에 연대기로 제시되어 있으며, 프랑크포트Frankfort의 공헌은 Wengrow(1999)가 평가한 바 있다. Lloyd(1947, 1981)는 아시리아학의 역사를 연대기로 제시했으며, M. Larsen(1996)은 1840년대와 1850년대 아시리아학의 발달을 고찰했고, B. Kuklick(1996)은 1880년에서 1930년까지 이라크에서 이루어진 미국의 고고학 조사를 고찰했다.

　　G. Wang(1985)은 전통적인 중국 역사학에 대해 짧지만 아주 유용한 요약을 주고 있다. Rudolf(1962~1963), Chêng(1963: 1-7), Li(1977: 3-13), Chang(1981), Schnapp(1997: 74-79)은 중국에서, 그리고 Hoffman(1974), Ikawa-Smith(1982, 2001), Bleed(1986)는 일본에서 호고주의적 연구의 발달을 추적하고 있다. 동아시아에서 시간의 개념에 대한 정보는 Vinsrygg(1986)과 G. Barnes(1990a)를 참조할 수 있다.

3. 호고주의와 고고학

알프스 이북 유럽에서 호고주의적 연구의 발달은 부분적으로 Daniel(1950), Laming-Emperaire(1964), Klindt-Jensen(1975), Sklenář(1983), Shnapp(1997)에서 일반적인 학사가 개괄되어 있으며, 미국에서 이루어진 연구에 대해서는 Willey and Sabloff(1993)과 Browman and Williams(2002)를 참조하면 된다. 영국에서 초기 호고주의의 발달을 고찰한 연구는 많다. 이 가운데 가장 잘 종합된 것으로는 Piggott(1989: Moir 1958도 참조)를 들 수 있다. 독자들은 팀 머리Tim Murray가 앞으로 나올 포괄적인 연구인 *A History of Prehistoric Archaeology in England*에서 이 주제에 대해 다루고 있음을 기대해야 할 것이다. 중세 말에서 근대 초의 역사학에 대해서는 Walters(1934), Kendrick(1950), L. Fox(1956)가 논했다. L. Clark(1961), Lynch and Lynch(1968), Marsden(1974, 1984), Piggott(1976, 1978), Schnapp(1997)은 1800년 이전 선사고고학에 대한 과학적 접근의 발달을 개괄하여 준다. 오브리의 고고학 관련 글들은 Fowles(1980, 1982)에서 재간행되었으며, 스터클리의 스톤헨지에 대한 글은 Burl and Mortimer(2005)가 재발간했다. Laming-Emperaire(1964)와 Laurent(1999)는 프랑스에서 호고주의와 선사고고학의 발달을 개괄하고 있다.

선사시대 석기를 인간이 제작한 것이라 인지한 일과 1800년 이전 삼시대 학설이 선사시대 연구에 했던 역할에 대해서는 Heizer(1962b), Daniel(1963a, 1976), Rodden (1981), Goodrum(2002)에서 다루었다. 호고주의의 발달을 밝히는 데 특히나 귀중한 전기적 연구로는 스터클리에 대해서는 Piggott(1950, 1985), 오브리에 대해서는 Hunter(1975), 윌리엄 커닝턴William Cunnington에 대해서는 R. H. Cunnington(1975), 그리고 17세기 많은 잉글랜드의 호고가들에 대해서는 G. Parry(1995)를 참조할 수 있다. Sweet(2004)는 18세기 영국의 호고가들을 고찰하고 있다. 스터클리의 생애에 대한 피고트의 해석을 비판적으로 고찰한 것은 Ucko et al.(1991)에서 볼 수 있다. 이러한 연구들에서는 크로포드(Crawford 1932)가 산업의 발달로 야기된 발견물의 증가로 호고주의적인 연구가 발달했다고 기계적으로 설명한 것을 지지하지 않고 있다. 비록 그러한 발달은 후일 부셰 드 페르트의 작업에 도움을 주었지만 말이다. Pomian(1990)은 1500년에서 1800년 사이에 고대유물 수집에 대한 연구를 하고 있다.

원주민들, 특히 신대륙의 원주민들에 대한 초기 유럽인들의 태도에 대해서는 수많은 연구들 가운데 Fairchild(1928), G. Boas(1948), H. Jones(1964), Huddle-ston(1967), Chiappelli(1976), MacCormack(1995)을 참조할 수 있다. 스페인인의 관점은 Hanke(1959), Keen(1971), Pagden(1982)이 논했고, 영국과 프랑스인의 관점은 Pearce(1965), Jaenen(1976), Berkhofer(1978), Vaughan(1979, 1982), Sheehan(1980), Kupperman(1980)이 개괄했다. 이런 관점들은 부분적으로 호고주의가 신대륙에서 느리게 발달한 사정을 설명해 준다.

계몽주의에 대한 연구는 Hampson(1982), Beiser(1992), Im Hof(1994)를 읽으면 된다. 스코틀랜드의 계몽주의는 Bryson(1945), Schneider(1967)가 논했으며, Her-man(2001)이 쓴 대중적이지만 유용한 학사에도 나와 있다. Vyverberg(1989)는 비판적이지만 너무 일방적인 계몽사상의 분석을 주고 있다. L. Furst(1969), Beiser(1992), Dumont(1994)는 18세기 낭만주의의 배경을 논했고, Bernard(1965, 2003)와 Zam-mito(2002)는 독일 철학자 요한 헤르더의 사상을 논했다. Tully(1989)는 1789년에서 1989년 사이의 진보에 대한 사고를 추적하고 있다.

4. 선사고고학의 시작

스칸디나비아에서 이루어진 초기 선사고고학의 발달에 대한 일반적 이해는, 특히 영문을 읽는 독자들에게는 피터 롤리콘위Peter Rowley-Conwy의 연구로 크게 변화했다. 그는 이 장의 앞부분을 다시 쓰는 데 중요한 역할을 했다. 그의 고찰 전체가 가까운 미래에 출간되기를 기대한다. Gräslund(1974, 영문 요약은 1976; 1987)는 스칸디나비아에서 선사시대 편년의 발달을 상세하게 고찰하고 있다. 초기 스칸디나비아 고고학의 발달에 대해서는 Morlot(1861, Trigger 1986a에서 재간행), Bibby(1956), Klindt-Jensen(1975, 1976), Kristiansen(1985), Fischer and Kristiansen(2002)을 참조하면 된다. 비록 선사고고학의 발달에 크리스티안 톰센Christian Thomsen의 역할에 대해서는 많은 저술들이 있지만, 대부분은 삼시대 개념의 적용을 지나치게 강조하고 방법론적인 혁신에 대해서는 적절하게 논의하지 못하고 있다(예를 들면 Kindt-Jensen 1975: 49-57). 톰센의 업적에 대한 전문적인 연구에는 Heizer(1962b), Daniel(1976), Gräslund(1981), Rodden(1981), Rowley-Conwy(1984), Paddaya(1993)가 있다. 스벤 닐손Sven Nilsson 역시 Hegardt(1999)가 논의한 바 있다. 수렵채집민 개념의 기원에 대해서는 Plunciennik(2002)가 논의하고 있다. 선사시대라는 개념을 형용사와 명사로 최초의 사용한 사례에 대해서는 Clermont and Smith(1990)와 Welinder(1991)가 고찰했다. Rowely-Conwy(1996)는 중석기시대 개념의 발달에 대해 고찰하고 있다. Weiss(1969)와 McKay(1976)는 고전古錢학과 고고학의 관련을 논하고 있다. 스코틀랜드에서 선사고고학의 발달에 대해서는 A. Bell(1981), Trigger (1992), Kehoe(1998), Hulse(1999)를 참조할 수 있다. Morlot(1861), Childe(1955), Kaeser(2001, 2004a, 2004b)는 스위스에서 이루어진 비슷한 발전들을 개괄하여 준다. 19세기 동안 진보에 대한 생각과 진보를 통해 과거를 이해하는 방식에 대해서는 Burrow(1966), Bowler(1989), Sanderson(1990)이 개괄했으며, 허버트 스펜서Herbert Spencer의 사회학적 연구들에 대해서는 Peel(1971)이 논의했다. 도슨J. W. Dawson에 대해서 더 많은 것을 알기 위해서는 Sheets-Pyenson(1996)을 보면 된다.

구석기고고학의 등장에 필수적인 배경이 되었던 동일과정반복설의 지질학 발달은 Zittel(1901), Geikie(1905), Gillispie(1951), Chorley et al.(1964), Davies(1969), Schneer(1969), Porter(1977)에 연대기로 서술되어 있다. 진화생물에서 이루어진 비슷한 발달은 Irvine(1955), Wendt(1955), Barnett(1958), Eiseley(1958), Haber(1959), J. Greene(1959)에 개괄되어 있다.

Groenen(1994)은 프랑스에서 이루어진 발달을 중심으로 하여 구석기고고학에 대한 상세하고도 분석적인 역사를 쓰고 있다. 인류의 기원에 대해 과학적 이해가 자리 잡은 배경에 대해서는 Gruber(1965)와 Grayson(1983)이 훌륭하게 연구했다. 그레이슨의 명확한 연구는 수많은 일차 및 이차적인 참고가 될 만할 것이다. 구석기고고학의 발달 이전에 잉글랜드에서 이루어진 선사시대 연구에 대해서는 Levine(1986), Van Riper(1993), M. Morse(1999), T. Murrary(2001b)가 개괄했다. Laming-Emperaire(1964), Van Riper(1993), Chazan(1995), Gran-Aymerich(1998)도 프랑스와 잉글랜드에서의 구석기고고학의 발달에 대해 분석한 바 있다. Sackett(1981, 1991, 2000)은 더 늦은 시기의 연구사, 특히 모르티에의 영향을 고찰했다. Warren and Rose(1994)는 펜젤리의 발굴법을 논의하고 있다. 그레이슨은 프랑스의 연구를 따라 구석기고고학의 발달을 선사고고학의 시작과 동일시했으며, 스칸디나비아 고고학이 주로 원사시대(중동에서 서기전 약 3000년 문자가 처음으로 발달하면서 다른 지역에서도 시작되었다고 정의된다)에 치중한다는 근거에서 그 영향을 배제했다. 이렇듯 용어상의 차이가 있지만, 그레이슨과 나의 입장 사이에는 밀접한 유사성이 있다.

　미국에서 선사고고학의 발달은 Willey and Sabloff(1993: 21-64)가 기록한 바 있다. 마운드빌더를 둘러싼 논쟁은 Silverberg(1968)가 훌륭하게 고찰했고, 스콰이어Squire와 데이비스Davis의 작업은 Welch(1998)가 평가한 바 있다. 19세기 미국의 인류학에 대해서는 Bieder(1986)가 논의했다. 스콰이어의 고고학 작업은 Tax(1975)가, 그리고 조셉 헨리Joseph Henry의 영향은 Washburn(1967)이 논의했다. 미국의 패총 발굴은 Christenson (1985)와 Trigger(1986a)가 논의한 바 있다. R. Evans(2004)는 미국의 문화유산의 일부로서 멕시코 선사시대를 전유하는 것에 대해서 고찰하고 있다. 이와 중동의 고대문명을 유럽 학자들이 전유하고 있는 것 사이에는 흥미로운 유사성이 있다. 마야에 대한 초기의 연구에 대해서는 Brunhouse(1973)가 개괄하고 있다. Desmond and Messenger(1988)는 19세기 두 마야 호고가들의 생애를 상세히 고찰하고 있다.

　과거의 물적 유존물에 대한 연구에서 아마추어와 전문고고학자를 구분하기 위해서 호고가와 고고학자라는 용어를 사용하는 것은 대체로 (아마도 우연하게) 1833년 과학자라는 용어를 처음 사용한 것과 일치한다. Schnapp(2002)은 호고가와 고고학자 사이의 유사성과 차이를 논하고 있다.

5. 제국주의와 진화고고학

최근 들어 존 러복의 고고학적이고 민족학적인 저술들에 대해서는 별로 간행된 것이 없다. 이렇듯 연구가 부족한 것은 러복이 고고학에 다윈주의 사상을 고취시키는 데 중요한 역할을 했다는 점에서 어울리지 않는다. 러복에 대한 표준적인 전기로는 여전히 Hutchinson(1914)과 Duff(1924)를 들 수 있다. 팀 머리(Tim Murray 1989)는 고대 기념물들을 보존하는 데 러복의 역할에 대해서 논의한 바 있다.

　다원발생론자와 단일발생론자 사이의 논쟁에 대해서는 Stocking(1973)은 영국적인 맥락에서, Stanton(1960)은 미국적인 맥락에서 논의했다. 인종주의적 사고에 미친 다윈진화론의 영향과 "원시" 인간 집단의 진화적 지위에 관한 다윈과 월리스 사이의 의견불일치에 대해서는 Eiseley(1958)가 고찰한 바 있다. Street(1975)는 1858년에서 1920년 사이 아프리카인에 대한 영국 대중의 고정관념을 제시하고 있으며, Nederveen Pieterse (1992)는 서양의 대중문화에서 아프리카와 아프리카인의 이미지를 분석하고 있다.

미국의 19세기 선사고고학은 이 장에 포괄시켰는데, 그 이유는 미국 인류학 전체가 주로 유로아메리칸 취락이 극적으로 팽창하자 북아메리카 중부와 서부에서 원주민들을 마주 대하게 되면서 형성되었기 때문이다. M. Harris(1968a), Stocking(1968, 1982), S. J. Gould(1981), Stepan(1982), Bieder(1986) 등은 식민지 배경에서 고고학적 행위를 이해하는 일과 관련된 19세기의 인종주의적 행위에 대한 일반적 논의들을 준다. 북아메리카 인디언과 관련된 생물인류학과 인종주의적 관점의 발달에 대해서는 Glass et al.(1959), Glacken(1967), Horsman(1975, 1981)이 연구한 바 있다. Conn(1998)은 1876년에서 1926년까지 미국에서 박물관의 역할을 고찰하기도 했다. Willey and Sabloff(1993: 38-64)는 19세기 중반과 후반 북아메리카 고고학의 발달을 추적했으며, Silverberg(1968)는 마운드빌더 신화의 쇠락을 연대기로 적고 있다. Patterson(1991)은 미국의 전문 고고학 이전의 성격을 고려하고 있다. Hinsley(1981)는 고고학을 포함한 아메리카 원주민 연구들의 전문화에서 스미스소니언연구소의 역할을 고찰했다. 그는 피바디 고고민족학박물관Peabody Museum of Archaeology and Ethnology에서 고고학의 발달에 영향을 끼친 사회 요인을 고찰했는데, Appel(1992)도 마찬가지 연구를 했다. McKusick(1970, 1991)은 미국에서 아마추어 고고학자와 전문 고고학자 사이의 선사고고학 해석을 둘러싼 경쟁을 사례 연구로 제시했으며, Meltzer(1983)는 19세기 "초기인류" 논쟁을 둘러싸고 미국 연방정부에 고용된 고고학자들이 했던 활달한 역할을 분석했다. Kehoe(1998)는 19세기 미국고고학에서 대니얼 윌슨Daniel wilson의 연구의 중요성을 논의한다. Trigger(1980b, 1985b, 1986d)는 이 시기 인종주의의 역할을 고찰했다. Rowe(1954)와 Mensel(1977)은 막스 울Max Uhle의 다양한 기여에 대해서 논의하고 있다.

오스트레일리아 고고학의 역사에 대해서는 Horton(1991), Moser(1995a), T. Murray(2001c)에, 그리고 더 넓은 인류학적 맥락에서는 Griffiths(1996)에 기록되어 있다. 그 양상에 대해서는 McCarthy(1959), Megaw(1966), Mulvaney(1969, 1981), R. Jones(1979), Murray and White(1981), McBryde(1986)가 더 간략하게 다룬 바 있다. 20세기 중반 이후의 발달에 대해서는 Gathercole et al.(1995)에 수록된 논문들과 Bonyhady and Griffiths(1996)가 고고학과 오스트레일리아 정치의 관계를 강

조하면서 고찰한 바 있다. 뉴질랜드 고고학의 발달에 대해서 가장 유용한 자료로는 Sorrenson(1977), Davidson(1979), Gathercole(1981), Sutton(1985), H. Allen(2001)이 있다. 개더콜은 뉴질랜드 인류학 뉴스레터에서 다른 많은 초기 연구들에 대한 참고 문헌들을 제공하고 있다. 세계의 고립된 지역들에서 수렵채집민 고고학과 관련된 학사적 이슈들은 Gamble(1992), Bowler (1992), T. Murray(1992), R. Jones(1992), Mazel(1992), Borrero(1992)에 논의되어 있다.

아프리카 고고학의 역사에 대한 가장 포괄적인 연구로는 Robertshaw(1990)를 들 수 있다. Fagan(1981)과 Posnansky(1982)는 각각 사하라 이남의 고고학의 역사에 대한 간략한 개괄을 하고 있으며, M. Hall(1984), Schrire et al.(1986), T. Shaw(1991), Schlanger(2002, 2003)는 남아프리카의 선사고고학의 발달을 논의하고 있다. Chanaiwa(1973), Garlake(1973, 1983), H. Kuklick(1991b)은 그레이트 짐바브웨를 비롯한 중남부 아프리카의 돌 유지들을 둘러싼 고고학적 고찰들과 이런 유적을 두고 벌어진 오랜 논쟁들을 연대기로 논의하고 있다. 이집트와 그 밖의 아프리카 지역들 사이의 문화 접촉을 다룬 작업들에는 O'Connor(1993), Trigger(1994b), Celenko(1996), O'Connor and Reid(2003)가 있다. MacGaffey(1966)는 아프리카 민족학 연구에서 인종주의적인 고정관념이 미친 영향을 고증했다. M. Bernal(1987, 2001)은 아프리카와 세계 역사에서 고대 이집트 문명이 했던 역할에 관련된 논쟁들을 비판적으로 검토했다. 이와 대안적인 관점으로는 Lefkowitz and Rogerts(1996)가 있다. 아프리카의 고고학 조사에 대한 비판으로는 Ki-Zerbo(1981), Andah(1985, 1995), Schrire(1995), N. Shepherd(2002b), 그리고 Schmidt and McIntosh(1996)의 논문들이 있다.

세계의 많은 지역의 식민 및 탈식민고고학과 관련된 논평은 D. Miller(1980) 및 Ucko(1995a), Schmidt and Patterson(1995)에 있는 논문들에서 찾을 수 있다.

6. 문화사고고학

문화사고고학은 현재 고고학자와 고고학사 연구자들에게 많은 관심을 받고 있다. 여기에는 단지 문화사고고학에서 몇 가지 양상들을 간추려 자신들의 접근에 포괄시키고자 하는 다윈고고학자들뿐만 아니라 과정고고학자들이 대체했다고 하는 것이 무엇인지에 대해 호기심을 가지고 있는 탈과정고고학자들을 비롯한 다른 고고학자들도 포함된다. 이러한 호기심은 과정고고학의 헤게모니적 주장들을 최종적으로 거부하게 되면서 자극을 받은 것으로 보인다.

라첼F. Ratzel에 대한 논의들은 Wanklyn(1961), J. D. Hunter(1983), W. D. Smith(1991: 140-161), Zimmerman(2001: 202-205)을 보면 된다. H. Kuklick(1991a)은 영국 인류학에서 전파가 했던 역할을 고찰하고 있다. M. Harris(1968a: 373-392)와 Trigger(1978a: 54-74)는 인류학과 고고학에서 전파론의 발달을 논하고 있으며, W. Adams et al.(1978)은 문화변화를 설명하는 데 이주와 전파라는 개념들이 각각 어떻게 사용되었는지를 추적하고 있다. Daniel(1963a: 104-127)은 극단전파론을, Rouse(1958, 1986), Härke(1998), Burmeister(2000)는 이주에 대한 고고학적 분석을 논하고 있다. Elkin and Mackintosh(1974)는 엘리엇 스미스Grafton Elliot Smith의 생애에 대한 연구를 편집한 바 있다.

몬텔리우스는 학사적으로 중요한 인물임에도 적절한 전기가 간행되지 못했다. 물론 그의 탄생 150주년을 기념하여 학술회의가 열리기는 했지만 말이다(Åström 1995). Gräslund(1974, 1976, 1987)는 몬텔리우스의 가정, 방법, 유럽 선사학에 대한 공헌 등을 가장 자세하게 분석했으며, Kindt-Jensen(1975: 84-93)은 스칸디나비아의 맥락에서 몬텔리우스의 작업을 논하고 있다. Renfrew(1973a)는 몬텔리우스의 전파론적 가정들을 비판하고 있다.

Kroeber and Kluckhohn(1952)은 고고학 문화의 개념의 기원과 역사를 고증하고 있다. 비록 고고학 문화의 개념의 발달에 대한 자세한 연구는 없지만, Meinander(1981), Díaz-Andreu(1996a)는 고고학 문화란 개념의 기원에 대해서 알려진 사실들을 잘 정리해 주고 있다. Trigger(1978a: 75-95)는 유럽과 미국에서 이 개념의 발달을 비교하고 있다. 나는 피터 롤리콘위가 나의 요청을 받아들여 스칸디나비아 고고학자들이 "문화"라는 용어를 초기에 어떻게 사용했는지를 고찰한 것에 대해 감사한다.

민족주의에 대한 최근의 논의들은 Gellner(1983), Hobsbawm(1990), B. Anderson(1991)에서 찾을 수 있다. Weber(1976)는 프랑스에서 국가적 통일성이 어떻게 고양되고 있는지를 고찰하고 있으며, Dumont(1994)은 집합적 정체성에 대한 프랑스와 독일의 사고를 비교하고 있다. Kohl(1998)은 민족주의와 고고학의 관계를 논의하고 있다. 민족성과 인종주의의 생각들 사이의 연결에 대한 고찰은 E. Barkan(1992)에서 볼 수 있다.

불행히도 고고학의 발달에 대한 코시나의 중요한 기여에 대한 자세한 평가는 영어로 출간된 적이 없다. Grünert(2002)의 방대한 참고문헌은 코시나의 삶과 생애에 대해 중요하면서도 지금까지 알려지지 않았던 정보를 주고 있지만, 그의 사고의 발달을 이해하는 데 필요한 출간물을 상세히 요약하고 있지는 않다. Schwerin von Krosigk(1982)는 킬Kiel의 Christian-Albrechts 대학에 최근까지도 보관되어 있었던 코시나의 논문을 중심으로 그의 이론과 방법에 대해 자세히 논의하고 있다. Klejn(1974)는 코시나의 관점을 요약하고 적절하게 평가하여 준다. 이런 연구들은 모두 독일어로 쓰여 있다. 코시나의 작업을 영어로 가장 잘 논의한 것은 Klejn(1999a)이라 할 수 있다. 고고학에서 Virchow의 작업에 대해서는 Ottaway(1973)를 보기 바라며, 피르호브Virchow와 그를 따르는 사람들이 작업했던 독일 고고학과 인류학의 맥락에 대해서는 Fetten(2000), Zimmerman(2001)을 읽으면 된다. Kohn(1960)은 독일 민족주의를 논의하고 있으며, Poliakov(1974)는 더 넓은 유럽적 맥락에서 논의해 준다. 토머스 헉슬리(Thomas Huxley 1896: 271-328)의 에세이 "The Aryan question and prehistoric man"은 19세기 말 연구사들이 이렇게 유럽 선사시대를 보았는지에 대해 귀중한 통찰을 주고 있다.

고든 차일드의 고고학적 사고에 대한 일반적인 개설은 Trigger(1980a)에서 볼 수 있으며, 나중에 나온 글에서 수정되고 추가되었다(Trigger 1984b, 1986c). 문화사고고학에 대한 차일드의 구체적인 공헌은 Trigger(1980a: 32-55)에 나와 있다. S. Green(1981)은 차일드의 가족 배경, 삶, 생애를 연대기로 제공하고 있으며, McNairn(1980)과 Patterson and Orser(2004)는 그의 저술들을 간추려 재발간하고 논평을 달았다. Gathercole et al.(1995)은 오스테리일리아에서 차일드의 정치 활동을 고찰했다. 차일드의 연구에 대한 전문적인 논의와 평가는 Piggott(1958), Ravetz(1959), J. Allen(1967, 1981), Gathercole(1971, 1976, 1982), Grahame Clark(1976), Trigger(1982b), Tringham(1983), Veit(1984), Ridgway(1985), Sherratt(1989), K. Greene(1999), Bakker(2001)에서 볼 수 있다. 고고 문화의 개념에 대한 차일드의 이해에 대한 논의에 대해서는 Barford(2002: 177-178)와 Lech(2002: 212-217)를 비교해야 한다. 고고학에서 차일드의 중요한 공헌에 대해서는 1992년 고고학연구소Institute of Archaeology에서 발표된 일련의 논문에 나와 있다(D. Harris 1994). 유럽 선사시대에 대한 차일드의 문화사고고학적 접근의 구체적인 양상들을 이해하기 위해서는 Myres(1911)를 잘 아는 것이 중요하다.

1990년대 이후 문화사고고학의 방식을 민족주의와 정체성의 이슈들과 연결시키는 학사적인 연구들에 큰 관심이 있었다(Kane 2003). 이런 연구 가운데는 물질문화 연구의 분석법을 응용함으로써 민족주의 운동에서 고고학의 역할을 집중적으로 고찰한 것도 있다. 유럽 전역에서 고고학의 민족주의적 전통을 다룬 논문들을 모은 것으로는 Díaz-Andreu and Champion(1996a), Graves-Brown et al.(1996), Galaty and Watkinson(2004)가 있으며, 1960년대 이후 유럽에 대한 것으로는 Hodder(1991a)가 있다. 동일한 주제로 동유럽을 다룬 것으로는 Cleere(1993)을, 남유럽과 중동에 대해서는 Meskell(1998)이 있다. Ucko(1995a)와 Kohl and Fawcett(1995)에는 더욱 광범위한 범위의 논문들이 수록되어 있다. 후자는 민족주의 고고학의 정치적이고 학문적인 약점들을 비판하기도 한다. 문화사고고학의 지역적인 변형들에 대한 훌륭한 설명은 T. Murray(2001a)에 있는 많은 나라들에 대한 개괄에서 얻을 수 있다.

최근 독일 고고학사를 연구하는 데 관심이 커지고 있다. 논문들을 수록한 책으로는 Härke(2000a)와 Steuer(2001)가 있으며, 더불어 Leube and Hegewisch(2002)는 특히 나치 통치기 동안의 고고학을 다루고 있다. 중요한 개별 논문으로는 Klejn(1991, 1995, 2000b), McCann(1989), Veit(1989), Arnold(1990), Härke(1991, 1995, 2000b), Kossack(1992), Arnold and Hassann(1995), Wiwjorra(1996), Junker(1998), Hassmann(2000), Wolfram(2000), Maischberger(2002), Eickhoff(2005), Halle(2005)가 있다.

프랑스에서 문화사고고학의 전개는 Gran-Aymerich(1998)에 연대기로 제시되어 있으며, 프랑스 국가의 정체성과의 관련성에 대해서는 Audouze and Leroi-Gourhan (1981), Dieteler(1994, 1998), M. Heffernan(1994), Chazan(1995), Fluery-Ilett(1996), Laurent(1999), Legendre(1999), Demoule(1999)에서 다루어졌다. Guidi(1987)는 이탈리아 고고학사를 영어로 간략하게 개괄하여 준다. 네덜란드 고고학의 중요한 발달 양상들에 대해서는 Bazelmans et al.(1997)과 Bakker(2001)에서 논의했으며, 스페인 고고학의 역사는 Mora and Díaz-Andreu(1997)에 수록된 논문들에서 개괄했다. 폴란드 고고학의 역사에 대해서는 Lech(1999)를 참조하면 된다. Binétruy(1994)는 드셀레트Joseph Dechélette의 전기를 출간한 바 있으며, Brodrick(1963), Skrotzky(1964), Strauss(1992), C. Cohen(1999)은 앙리 브뢰이Henry Breuil에 대해 논의하고 있다. 도로시 개로드Dorothy Garrod에 대한 정보는 G. Clark(1999), P. J. Smith et al.(1997), P. J.

Smith(2000)에서 얻을 수 있다. 캐튼 톰슨Caton Thompson의 생애에 대한 가장 자세한 설명은 자신의 자서전이다(Caton Thompson 1983).

동아시아의 고고학사는 Malone and Kaner(1999)가 출간한 일련의 논문에서 고찰되어 있다. 중국 고고학은 R. Pearson(1977), Li(1977), K. C. Chang(1981, 2002), W. Watson(1981), Olsen(1987), An(1989), Chen(1989), Falkenhausen(1993, 1995, 1999), T. Wang(1997), Liu and Chen(2001)이 논의한 바 있으며, Evasdottir(2004)는 중국 고고학자들이 어떻게 조사를 수행하는지를 흥미롭게 설명하고 있다. 일본 고고학에 대해서는 Ikawa-Smith(1982, 1995), Tanaka(1984), Bleed(1986, 1989), Fawcett(1986, 1995), Habu(1989, 2004), G. Barnes(1990b), Habu and Fawcett(1999), Mizoguchi(2002, 2004)에서 다루었으며, 남아시아의 고고학에 대해서는 Chakrabarti(1981, 1982, 1988, 1997, 2001, 2003), Thapar(1984), Hassan(1995), Coningham and Lewer(2000), Ratnagar(2004), and Singh(2004)에서 쓰고 있으며, 서아시아(중동)의 고고학은 Masry(1981), D. M. Reid(1985, 1997, 2002), Bahrani(1998), Hassan(1998), Wood(1998), Abdi(2001), Bernbeck and Pollock(2004), Bernhardsoon(2005), Erciyas(2005)가 다루었다. 이스라엘 고고학에 대한 문헌들은 아주 많으며 증가하고 있는데, 이 중 몇몇은 아주 논쟁적이다. 대표적인 것으로는 Bar-Yosef and Mazar(1982), Paine(1983, 1994), Handury-Tenison(1986), Shay(1989), Silberman(1989, 1993), Moorey(1991), Ben-Yehuda(1995, 2002), Silberman and Small(1997), Abu El-Haj(2001), Dever(2001a, 2001b, 2003), Finkelstein and Silberman(2001), Hallote and Joffe(2002), Kletter(2006)가 있다. 팔레스타인의 식민지 고고학에 대해서는 Silberman(1982, 1991)과 T. Davis(2004)를 참조할 수 있다.

사하라사막 이남의 아프리카에서 식민시기 말부터 식민 이후의 시기까지의 고고학사에 대해서는 Fagan(1981), Posnansky(1982). M. Hall(1984), Nzewunwa(1984), Schrire(1995), Schlanger(2002, 2003), N. Shepherd(2002a, 2002b)에서 고찰했다. Robertshaw(1990)는 식민지에서 민족주의 고고학으로 이해하는 것을 다룬 많은 훌륭한 논문을 수록하고 있다. 이 시기의 사하라 이남 아프리카의 고고학과 아프리카 역사학 연구의 관련성에 대해서는 D. McCall(1964), Ki-Zerbo(1981), Ehret and Posnansky (1982), Andah(1995)에서 다루었다.

남아메리카 나라들에서의 고고학은 Politis and Alberti(1999)에 개괄되어 있으며, Burger(1989), Funari(1997), Politis(2003), Politis and Pérez-Gollán(2004)도 참조할 수 있다. 문화사고고학의 시기 멕시코 고고학의 역사에 대해서는 I. Bernal(1980, 1983), Lorenzo(1981, 1984), Cabrero(1993), Vázquez León(1996; 재판은 2003)에서 고찰하고 있다. 마야 고고학은 Brunhouse(1975), Hammond(1983), Marcus(1983b, 2003), Black(1990), Sabloff(1990)가 개괄하고 있고, 브라질 고고학은 Barreto(1998), Goes Neves(1998), Funari(1999a, 2001)이 다루었다.

　　문화사고고학의 맥락에서 고고학 방법의 발달을 다룬 중요한 논저들은 Heizer(1959)에서 재간행했는데, 층서법과 관련된 글은 222~343쪽에 실려 있으며, 순서배열과 관련된 것(페트리와 크로버의 혁신적 연구들을 포함하여)은 376~448쪽에 실려 있다. 슐리만의 생애는 Calder and Cobet(1990), Herrmann(1990), Turner(1990)가 다루었다. 피트리버스의 발굴법의 발달에 대한 공헌은 Bowden(1991)이, 휠러의 공헌에 대해서는 J. Hawkes(1982), 케넌Kenyon의 역할은 Moorey(1979)가 논의했다. 피트리버스에 대해 더 많은 정보는 M. Thompson(1977), R. Bradley(1983), W. R. Chapman(1984, 1985, 1989)에서 얻을 수 있다. 독일에서 발굴법의 발달은 Kossack(1992)에서 논의했으며, 그런 기법들이 영국으로의 확산된 것은 C. Evans(1989)가 다루었다. 미국에서 이루어진 비슷한 발달에 대해서는 Fagette(1996)와 Lyon(1996)을 참조하기 바란다.

　　Adams and Adams(1991)와 W. Adams(2001)는 고고학에서 형식분류의 발달에 대한 일반적인 논의를 주고 있다. 비록 유럽에서 유물과 문화 분류체계의 발달에 대해서는 Gräslund(1987)를 제외하고는 구체적인 내용들이 출간되지 못했지만, 나는 이를 미국 고고학에 대해 이 주제들과 관련된 방대한 일차 및 이차 문헌들을 폭넓게 개괄함으로써 요약할 수 있었다. 최근 다윈고고학자들은 미국에서 20세기 초 문화사고고학자들의 분석적 기여들에 대한 아주 훌륭하고 깊이 있는 연구들을 출간하고 있다. 이 가운데 가장 일반적이면서도 중요한 저술은 라이맨, 오브라이언, 더넬(Lyman, O'Brien and Dunnell 1997a)의 *The Rise and Fall of Culture History*와 더불어 출간된 문화사고고학자들이 쓴 주요 방법론적이고 이론적인 논문들을 모은 것이다(1997b). 또 아주 중요한 것으로는 제임스 포드James A. Ford에 대한 분석적인 전기(O'Brien and Lyman 1998)와 중서부분류체계Midwestern Taxonomic Method에 대한 결정적 연구를 들 수 있다(Lyman and O'Brien 2003). 이 연구자들의 또 다른 저술로는 O'Brien(1996a)

의 미주리 고고학의 역사에 대한 것과 층위 발굴의 발달을 다룬 논문들(Lyman and O'Brien 2001), 직접역사적 접근을 다룬 글(Lyman and O'Brien 2001)을 들 수 있다. 이 연구자들 말고도 Browman and Givens (1996)는 미국에서 초기 층위 발굴에 대해 논의했으며, Kehoe(1990)와 Fisher(1997) 역시 중서부분류체계에 대해 논평을 했고, Woodbury(1973)와 Givens(1992a)도 키더에 대한 전기를 출간했으며, Pinsky(1992a, 1992b)는 문화사고고학의 방식과 보아스학파 인류학 사이의 관계를 고찰한 바 있다.

콜링우드의 생애와 사상에 대한 가장 일반적인 개괄은 바로 자서전이다(Collingwood 1939). 철학적인 견지에서 콜링우드를 연구한 것으로는 W. M. Johnson(1967)과 Mink (1969)를 들 수 있다. C. Evans(1998)는 혹스의 추론의 "사다리"에 대한 통찰력 있는 분석을 준다.

7. 초기 기능과정고고학

초기 기능과정고고학을 다룬 학사적 글은 기대할 수 있는 것보다 적은 연구만이 나와 있다. 이는 많은 과정고고학자들과 이를 비판하여 온 탈과정고고학자들이 자신들의 사고의 초기적 양상들을 인정하기를 꺼려하는 사정을 비추어 주고 있는 듯하다.

스칸디나비아, 중유럽, 잉글랜드에서 초기 환경적 접근의 발달에 대해서는 Morlot (1861), Daniel(1975: 302-308), Bibby(1956), G. Wright(1971), Klindt-Jensen(1975), Goudie (1976), Moberg(1981), Kristiansen(2002)에 논의되어 있다. Deuel(1973)은 고고학에서 항공사진이 환경 조사에 끼쳤던 영향을 논의하고 있다. Spate(1968)는 환경 가능주의를 다루고 있다.

M. Harris(1968a: 464-567)는 초기 사회인류학의 발달을 추적하고 있다. H. Kuklick(1991a)는 영국에서 문화사인류학이 사회인류학으로 대체되는 과정을 고찰하고 있다. 사회인류학의 발달에 대한 몇몇 중요한 에세이들은 Stocking(1984)에서 읽을 수 있다. 뒤르켕에 대한 정보는 Alpert(1939), Duvignaud(1965), T. Parsons(1968)이 주고 있다.

차일드가 기능과정고고학에 했던 공헌들은 이전 섹션에 그의 생애와 저술들에 대한 연구들에서 찾을 수 있다. H. Orenstein(1954)은 차일드의 진화적 이론화를, K. Greene(1999)는 그의 "혁명"이란 개념의 사용에 대해서, 그리고 L. Klejn(1994b)는 차일드와 소련 고고학자들의 관계를 다루었다.

소련 고고학사를 연구하는 데는 특별히 어려운 점이 있다. 공산당이 정권을 잡고 있을 때 소련에서 출간된 모든 것들은 정치적 검열의 대상이었으며, 한편으로 특히 냉전시대 서구권에서 출간된 저술들은 때로 극히 논쟁적이며 흔히 잘못된 자료에 입각한 것이기도 하다. 소련의 몰락 이후 소련 고고학사에 대한 반성적인 연구들이 나오기 시작했으며, 몇몇은 주의 깊은 기록학적 조사에 바탕을 둔 것이기도 하다. 하지만 소련 시기 동안의 고고학의 역사에 대해서는 아직도 많은 연구가 필요하다. 나는 러시아어를 읽지 못하기 때문에 소련 고고학사에 대한 Gening(1982)의 글을 그리 효과적으로 이용할 수 없었다. Klejn(1993a)의 소련 고고학에 대한 주요 연구는 스페인어(Klejn 1993b)와 독일어(1997)로 번역되었다. 레오 클레인Leo Klejn은 내게 독일어판이 스페인어와 러시아판보다 더 많은 정보를 담고 있다고 말했다. 이 책에는 소련 고고학자들에 관련된 많은 전기적인 자료들도 담겨 있다.

영어로 된 초기 러시아와 소련 고고학의 역사에 대한 가장 자세한 연구는 여전히 M. Miller(1956)이다. 하지만 이 연구는 아직도 냉전시대 망명 고고학자가 쓴 아주 비판적인 글이며, 현대 러시아 고고학사 연구가들에게 별로 평가받지 못하고 있다. 그렇기에 이 글을 사용할 때는 아주 주의해야 하며, 그 자료를 바탕으로 한 글(예를 들면 Trigger 1984c)들도 마찬가지이다. 러시아와 소련 고고학의 발달을 분기로 나누어 서술한 사례는 Miller(1956), Gening(1982), Soffer(1985), Dolitsky(1985), Klejn(1993a, 2001b)를 들 수 있다.

1928년부터 마르크스주의가 정통이 되기 이전의 소련의 고고학에 대한 이해는 프라토노바Nadezhda Platonova의 기록학적 연구에 의해 크게 변모했다. 이 연구로 이 시기에 대한 후일의 서술들이 왜곡되어 있음이 드러났는데, 특히 1929년부터 라프도니카스의 "구시대 고고학"에 대한 공식적인 탄핵에서 그런 서술들이 시작되었다. 1920년대와 1930년대 소련에서 이루어진 학문 연구와 문화 정책에 대한 다양한 서구 세계의 연구들은 소련 고고학이 만들어진 맥락을 이해하는 데 도움이 되는데, G. Fischer(1967), L. Graham(1967), S. Cohen(1973), S. Fitzpatrick(1974), Shapiro(1982), T. O'Connor(1983)를 들 수 있다.

Gening(1982)은 1920년대 중반부터 1930년대 중반까지 소련 고고학사에 대해 관습적이지만 포괄적인 논의를 제공하고 있으며, 당시 소련 고고학의 주요 인물들에 대한 간략한 전기도 포함하고 있다. 1930년대와 1940년대 소련에서의 고고학은 영어로 Golomshtok(1933), Tallgren(1936), Grahame Clark(1936), Field and Prostov(1937), Artsikhovskii and Brussov(1958), Avdiyev(1945), 그리고 고든 차일드Gordon Childe의 일련의 논문들(1940b, 1942b, 1942c, 1942d, 1942e, 1943, 1945b, 1952)에서 논의되었다. 전후 소련 고고학 저술에 대한 번역으로는 Mongait의 *Archaeology in the U.S.S.R.*이 소련(1959)와 영국(1961)에서 나왔으며, M. Thompson(1967)의 노브고로드라는 중세 유적 발굴에 대한 논문들, S. Semenov(1964)의 사용흔 분석에 대한 연구, 그리고 시베리아의 고고학 연구를 종합한 것으로는 Rudenko(1961, 1970), Michael(1962, 1964), Okladnikov(1965, 1970), Chernetsov and Moszynska(1974)를 들 수 있다. *Great Soviet Encyclopedia*에도 특히 Artsikhovsky(1973)가 고고학에 관해 쓴 글이 실려 있어 유용한 정보를 얻을 수 있다. 이 시기에 이루어진 연구를 개괄한 것으로는 Field and Price(1949), Combier (1959), Chard(1961, 1963, 1969), Dbetz(1961), Frumkin(1962), Boriskovsky(1965), Klejn (1966)을 들 수 있다. 비판적인 문헌에는 M. Thompson(1965)과 Klejn(1969, 1970)이 있다. 몽가이트Mongait의 악명 높은 "The Crisis in Bourgeois Archaeology"라는 글은 M. Miller(1956b: 147-152)에 번역되어 있다. 소련 고고학자들과의 접촉을 포함하여 탈그렌의 고고학 작업을 개괄한 것으로는 Kokkonen(1985)이 있다.

스탈린 이후 시기 소련 고고학을 고찰한 것으로는 Klejn(1973a, 1973b, 1977), Levitt(1979), Ronov and Davis(1979), R. Davis(1983), Tringham(1983), Soffer(1983, 1985), Dolitsky(1985), Kolpakov and Vishnyatsky(1990)를 들 수 있다. Bulkin et al.(1982)은 1970년대 말의 소련 고고학사를 간략하게 서술하고 있다. 스탈린 이후 시기 소련 고고학을 다룬 것으로 영어로 번역된 것에는 Dolukhanov(1979), Klejn(1982)과 청동기시대 중앙아시아에 대한 논문들을 모은 책(Kohl 1981a)을 들 수 있다. 소련 고고학자들의 논문들을 번역한 것은 정기적으로 미국 저널인 *Soviet Anthropology and Archaeology*에 나왔다.

사회과학에 마르크스주의 개념들을 적용한 연구들의 변화에 대해서는 Danilova(1971)와 Gellner(1980)의 Petrova-Averkieva 및 그리고 다른 사람들의 글에서 다루어졌다. 소련 학자들의 "원시" 사회에 대한 관점은 Howe(1976, 1980)와 Bloch(1985)가 분석했다. 소련 고고학자들의 문화의 개념에 대한 논의는 Bulkin et al.(1982), Klejn(1982), R. Davis(1983)에서 다루어졌다.

소련의 붕괴 이후 소련 고고학사를 다루었던 영어로 된 글로는 Dolukhanov(1995), Shrirelman(1995, 1996, 2001), Chernykh(1995), Kohl and Tsetskhladze(1995), Klejn(2001b)이 있으며, 후자는 러시아와 소련 고고학에 대한 간략한 역사의 일부이기도 하다.

B. Fagan(2001)은 그레이엄 클라크Grahame Clark의 지성적인 전기를 대중서 한 권으로 출간했는데, 클라크의 중요한 저술들에 대한 훌륭한 요약을 담고 있다. Rowley-Conwy(1999)는 클라크의 생애에 대한 통찰력 있는 분석을 제공하고 있으며, P. J. Smith(1997)는 클라크의 초기 연구와 출간물에 대한 귀중한 설명, 그리고 선사학회의 수립에 했던 역할에 대한 논의를 담고 있다(Smith 1999). 클라크는 간략한 자서전도 낸 바 있으며(Clark 1974), 자신이 스타카Star Carr유적에서 했던 작업에 대한 비판도 쓴 바 있다(Clark 1972). 또한 자신의 삶과 연구를 케임브리지대학의 맥락에서 다루기도 했고 경제 문제에 대한 주요 논문들을 재발간하기도 했다(Clark 1989a, 1989b). Sieveking(1976)과 R. Chapman(1979)은 데이비드 클라크David Clarke를 비롯한 자신의 학생들에게 끼친 클라크의 영향을 논의했다. 에릭 힉스Eric Higgs의 연구에 대해서는 Bailey(1999)를 참조하면 된다.

Willey and Sabloff(1993)와 Dunnell(1986)은 1930년대 중반 이후 미국 고고학에서 기능주의적 접근의 발달에 대해서 상세한 연대기를 제공하고 있다. 하지만 이들은 W. Taylor(1948: 73-80)와 Trigger(1978c)가 했듯이 이런 접근을 19세기 말에서 20세기 초까지 거슬러 올라가서 설명하지는 않고 있다. J. Bennett(1943)과 W. Taylor(1948)는 1940년대 기능주의적 접근의 성장에 대한 설명을 주고 있다. 월터 데일러Walter Taylor에 대해서는 최근 Reyman(1999)의 흥미로운 묘사 말고는 별로 쓰인 것이 없다. M. Harris(1968a: 393-463)는 보아스학파 인류학의 문화와 인성 접근법을 설명하고 평가하고 있다. 미국 고고학에서 생태적 접근의 발달에 대해서는 Braidwood(1974)와 MacNeish(1974, 1978)가 자서전적으로 서술하고 있으며, 초기 취락고고학의 발달은 Trigger(1967), Willey(1974b)에 고증되어 있다. Trigger(1984d)는 이러한 접근이 신고고학과 어떠한 관련이 있는지와 더불어 초기에 가졌던 약점들까지도 고려하고 있다. Billman and Feinman(1999)은 50년의 시각으로 취락고고학을 평가하고 있다.

방사성탄소연대측정법의 기원과 고고학에의 적용에 대해서는 Libby(1955), Renfrew(1973a), R. E. Taylor(1985, 1987), Bowman(1990), R. E. Taylor et al.(1992), Marlowe(1999)에서 다루고 있다.

8. 과정고고학과 탈과정고고학

이 책의 초판이 발간된 이후 시간이 흐르고 또 고고학에서 최근에 이루어진 발달로 더 폭넓은 시각을 갖게 되면서 과정고고학의 역사에 대해 더 맥락화한 이해를 할 수 있게 되었다. 최근 15년 사이에 미국 과정고고학의 역사에 대해 가장 귀중한 연구서는 오브라이언, 라이맨, 쉬퍼의 *Archaeology as a Process*(O'Brien, Lyman and Schiffer 2005)로서 데이비드 헐(David Hull 1988)의 *Science as a Process*에 영향을 받은 책이다. *Archaeology as a Process*는 연구자들의 인성, 결연 및 경쟁 관계를 알지 못하고서는 학문의 역사를 이해할 수 없다는 원칙에 바탕을 두고 있다. 따라서 이 책은 과정고고학에 대해서 풍부하고도 자세한 설명을 담고 있다. 과정고고학과 탈과정고고학을 논의한 미국 고고학사 일반으로는 Patterson(1995), Kehoe(1998), 그리고 Willey and Sabloff(1993)의 미국고고학사 제3판을 들 수 있다. 마찬가지로 중요한 연구로는 Patterson(2003)의 신고고학 이전과 이후 미국 고고학에 끼친 마르크스주의의 영향에 대한 연구인데, 이 연구는 R. McGuire(1992)와 Kolakowski(1978a, 1978b, 1978c)의 마르크스 사상에 대한 비판적인 개괄과 함께 읽으면 좋을 것이다. 이러한 미국 고고학사들은 나 자신의 지성사와는 대안적인 시각으로 서술하고 있다. 이런 연구 말고는 과정고고학과 탈과정고고학의 역사를 다룬 연구는 비판적인 것 이상을 넘어서는 것이 별로 없다.

　M. Harris(1968a: 634-687)는 신진화론의 발달을 논의하고 있다. 1970년대와 1980년대 신진화론적 접근의 가치에 대해 의문을 제기한 인류학적 연구로는 Fried(1975), Sahlins(1976), Wolf(1982)를 들 수 있으며, 사회문화적 발달에 대한 더 미묘한 관점에 대해서는 Walterstein(1974)을 읽을 수 있다.

　Gamble(1999)은 빈포드의 삶과 저술을 개괄한다. P. Sabloff(1988)와 D. Van Reybrouck(2001)이 수행한 인터뷰에서도 빈포드에 대한 중요한 보완적인 정보를 얻을 수 있다. 빈포드의 초기 지성적 성향에 대해 완전히 다른 시각이 Preston(1995: 81)과 Kehoe(1998: 118-121)에 제시되어 있다. Binford(1972: 1-14)는 문화사고고학의 접근, 특히 1950년대 미시건대학에서 그리핀J. B. Griffin이란 개인을 통해 접했던 중서부 분류체계에 대한 반발을 자세하게 적고 있다. 빈포드의 초기 저술들은 Binford(1972)에 재수록되어 있다. 1950년대 젊은 고고학자들이 문화사고고학에 대해 환멸을 가지게 된 것은 Trigger(1984d: 368-369)가 주목했다. 비록 누가 먼저 "신고고학"이라는 용어를 사용했는지에 대해서는 의견이 통일되어 있지 않지만, 이는 Caldwell(1959)의 "The New American Archaeology"라는 논문에서 시작된 것으로 보인다. 신고고학이라는 용어는 그 이전에도 문화사고고학에 적용되기도 했었다(Wissler 1917). 디츠J. Deetz는 때로 신고고학을 독자적으로 개척한 사람으로 생각되기도 한다(Willey and Sabloff 1980: 209). 신고고학이 미국 역사고고학으로까지 확산된 것은 South(1977a, 1977b)가 정리했다.

초기 신고고학의 사례 연구로서 중요한 글들은 S. Binford and L. Binford(1968), Leone(1972), Clarke(1972a), Redman(1973), Renfrew(1973b)에서 찾을 수 있다. 신고고학을 처음으로 교재와 같이 다룬 책은 P. J. Watson et al.(1971; 재판은 1984)인데, 비록 신고고학이 미국 고고학에 미친 영향은 이미 Hole and Heizer(1969)의 영향력 있는 일반 고고학 교재에서도 드러나지만 말이다. 새로운 과학적 기법들의 사용에 대해서 광범위하게 읽히고 있는 책은 David Wilson(1975)이다.

데이비드 클라크David Clarke의 생애는 Fletcher(1999)가 평가했다. 클라크의 주요 저술은 Clarke(1968, 1979)에서 얻을 수 있다. 그의 공헌은 그의 학생들과 동료들에 의해 Clark(1979)에 개괄되어 평가받고 있다. 더 최근에는 Antiquity에 출간된 일련의 논문들에서도 클라크를 재평가하고 있다(Malone and Stoddart 1998). 렌프루의 초기 저술들은 Renfrew(1979, 1984)에 재수록되어 있다.

신고고학에 대해 가장 비판적인 성향을 가진 글로는 프랑스의 고전고고학자 Courbin(1988)의 연구를 들 수 있는데, 그는 랑케학파의 방식으로 고고학을 고고 자료를 복원하는 것과 동등하게 다루었다. 그의 책은 적어도 한 훌륭한 문화사고고학자의 이론적으로 세련되지 않았으며 협소함을 성공적으로 기록했다. 간략하지만 똑같이 논쟁적으로 문화사고고학을 방어하고 있는 사례로는 J. Hawkes(1968), A. Hogarth(1972), Daniel(1975: 370-374)을 들 수 있다. 이런 모든 논쟁들은 유럽인들에 의한 것이다. 미국에서 이러한 저술들을 찾아볼 수 없다는 점이 눈에 띈다. 선임 고고학자들의 동참은 거의 찾아볼 수 없었지만, P. Martin(1971)은 예외라 할 것이다. 과정고고학의 일반적 프로그램에 대한 비판적인 평가로는 Bayard(1969), R. Watson(1972), Sabloff et al.(1973), Dumond(1977), Trigger(1978a: 2-18), P. Larson(1979), Gándara(1980, 1981), Gibbon(1984)이 있다. 빈포드가 연역적 접근에 의존했던 것에 대한 비판으로는 C. Morgan(1973, 1978), Read and LeBlanc(1978), M. Salmon (1982), Kelley and Hanen(1988), Gibbon (1989), Wylie(1989b, 2002)가 있다. 미국 과정고고학의 반역사성은 기술적인 근거에서 Sabloff and Willey(1967)가, 철학적이고 전략적인 근거에서는 Trigger([1970] 1978a: 19-36; [1973] 1978a: 37-52)가 논의했다. 비록 고고학 연구에 더 만족할 만한 인식론적 토대를 준다는 철학적 현실론이 있지만(Bhaskar 1978; Harré 1970, 1972; Harré and Madden 1975; Gibbon 1989), Binford(1986, 1987a)는 여전히 실증주의를 열정적으로 옹호하고 있다.

민족지고고학과 관련된 중요한 연구로는 Kleindienst and Watson(1956), Jochim (1976), Yellen(1977), Binford(1978), R. Gould(1978a, 1980), Tringham(1978), Kramer(1979, 1982), P. J. Watson(1984), Hodder(1982b), Tooker(1982), Hayden and Cannon(1984), Kent(1984, 1987)가 있다. Pinsky(1992a)는 과정고고학자들의 민족지 자료 사용에 대해 자세하게 연구했다. Ingersoll et al.(1977), Coles(1979), Hayden(1979)은 실험고고학을 논의하고 있다.

통계학의 사용 및 과정고고학의 다른 수학적 분석들에 대해서는 Hodson et al. (1971), Steiger(1971), Doran and Hodson(1975), Hodder and Orton(1976), D. Thomas(1976, 1978), Cowgill(1977), Hodder(1978b), Sabloff(1981)을 보면 된다. 일반체계이론에 대한 논의는 Wiener(1961), Buckley(1968), Bertalanffy(1969), F. Emery(1969), Laszlo(1972a, 1972b, 1972c)가 제공하고 있다. Saunders(1980)는 카타스트로피이론에 대한 일반적인 개괄을 해 준다. 고고 자료의 독특한 성질과 그러한 자료를 어떻게 사회과학에 유용하게 만들 것인지에 대한 논의로는 Clarke(1973), Schiffer(1976), Binford(1977, 1981, 1983a, 1983b, 1984), Bulkin et al.(1982)이 있다.

1970년대와 1980년대 전반과 중반까지 미국 고고학에서의 이론적 경향을 가장 포괄적으로 개괄하고 있는 책은 Meltzer et al.(1986)인데, 특히 이 책에 있는 Dunnell, Jennings, Knudson, Leone, P. J. Watson의 글이 그러하며, Lamberg-Karlowsky(1989) 역시 읽을 만하다. 다른 개괄로는 Willey and Sabloff(1980: 248-264), Dunnell(1979, 1980b, 1981, 1982a, 1983, 1984, 1985), Khol(1981b, 1984), Wylie(1982, 1985a,

1985c), Gibbon (1984), Trigger(1984e), Yengoyan(1985), Patterson(1986b), Leone et al.(1987), Earle and Preucel(1987)이 있다. Gibbon(1984), Trigger(1984c), Gallay(1986)는 진화론과 문화생태학의 영향의 쇠퇴를 맞아 고고학의 경향을 논의하고 있다. Flannery(1982)는 스스로 신고고학의 많은 방법론적인 관심과 거리를 두고 있다. Renfrew(1980), Wiseman(1980a, 1980b)은 과정주의의 결과 일어난 인문학적 접근과 사회과학적 접근 사이의 관계의 변화를 논의하고 있다.

탈과정고고학을 가장 상세하게 개괄하여 주는 것은 Hodder and Hutson(2003)인데, 이것은 Hodder(1986, 1991d)의 새로운 판이다. 이 복합적인 주제를 이해하는 데는 많은 대안적인 접근들이 가능하다(예를 들면 Patterson 1990). 과정고고학자들과 탈과정고고학자들 사이의 논쟁들, 그리고 탈과정고고학자들 사이의 논쟁들은 과정고고학과 탈과정고고학의 생각들이 보완적인지 아니면 상호 배타적인지, 그리고 어느 정도나 탈과정고고학이 단일한 학파의 사조를 대표하고 있는지에 모아져 있다(R. Chapman 2003: 13-15). 탈과정고고학에 대한 초기의 정의로는 Hodder(1985), Leone(1986), Earle and Preucel(1995), Patterson(1989), Watson and Fotiadis(1990), Preucel(1995)이 있다. 비록 탈과정고고학자들은 자신들의 입장이 다양함을 강조하지만, 지향에서 모두 관념론자들이며 이들의 상이성은 유물론적 고고학자들 사이에서 발견되는 상이성보다 크지 않다.

탈과정고고학의 발달을 알려주는 주요한 연구로는 Hodder(1982c, 1986, 1992, 2001, 2003a), Miller and Tilley(1984), Shanks and Tilley(1987a, 1987b), Tilley(1990a, 1993), Hodder et al.(1995), Karlsson(1998), J. Thomas(1996)가 있다. Brück(2005)은 고고학자들의 현상학적 접근의 사용을 개괄해 준다. 과정고고학과 탈과정고고학의 대립을 고찰한 것으로는 Preucel(1991), Yoffee and Sherratt(1993), Preucel and Hodder(1996)에 있는 논문들에서 찾을 수 있다. Balter(2005)는 호더의 생애와 연구에 대해 상세한 설명을 하고 있다. Bintliff(1993)는 인지과정고고학이 과정고고학과 탈과정고고학의 접근에 대한 이상적인 "실용적 통합"이라고 주장하면서 탈과정고고학의 사망을 전했지만 결국은 섣부른 부고가 되고 말았다. 식견 있는 영국의 고고학자들은 여러 번에 걸쳐 고고학자들은 인류학에 대해서 더 많은 것을 배워야 한다고 했는데, Orme(1981), Hodder(1982a), C. Gosden(1999)을 비교해 보면 좋을 것이다.

Bintliff(1984)는 탈과정주의의 맥락에서 A. Evans의 미노스의 벽화 복원에

20세기 초반의 미학적 개념들이 어떠한 영향을 미쳤는지에 대한 흥미로운 연구를 했다. Joyce(2002)는 고고학 해석에서 이야기narrative의 역할을 논의하고 있다. Mithen(2003)은 고고학적 발견들을 대중화하기 위하여 소설적인 것을 포함한 이야기 화술을 신뢰할 수 있는 방식으로 사용한 사례가 된다. Ferris(1999)는 이와 비슷하게 소설적 시나리오를 사용하여 동일한 고고학 증거를 대안적으로 해석하는 것이 중요함을 예증하고 있다.

1960년대에서 1990년대까지 유럽 고고학에서 이루어진 이론적 발달을 개괄하기 위해서는 Hodder(1991a)를 읽으면 좋다. 남아메리카에서 과정고고학과 탈과정고고학의 영향에 대해서는 Politis and Alberti(1999)가, 인도에서의 영향은 Paddayya(1983, 1990), S. Singh(1985), Boivin and Fuller(2002), Fuller and Boivin(2002), Chakrabarti(2003)가 논의했다.

9. 실용적 종합

1990년대 이후 고고학의 발달을 다룬 학사적 연구는 거의 나오지 못하고 있다. 논쟁적인 문헌들은 9장에서 제시했다.

Hegmon(2003)은 현재 북아메리카 고고학의 상태에 대해서 비판적으로 고찰하고 있다. 다만 비록 자신이 요구하고 있는 현재의 접근들에 대한 종합이 어떻게 이루어질 수 있는지에 대해서는 더 깊이 고려하지 못했다. Peregrine(2000)은 과정고고학에서 일어난 일들을 흥미롭게 논의하고 있다. Schiffer(2000a)와 다른 많은 미국의 고고학자들은 논박들을 대체하기 위한 이론적 종합이 필요함을 강조했다. 유럽에서는 Kristiansen(2004a)이 고고학자들이 현재 사용하고 있는 광범위한 상위이론들의 함축 의미를 고려하고 인식론적으로 불합치하는 접근들, 특히 생물학적 설명과 문화적 설명을 이분화하려는 접근들을 비판적으로 종합할 것을 요구하고 있다. Politis(2003)는 남아메리카에서 중요한 이론적 발달들을 개괄하고 있으며, R. Chapman(2003)은 스페인에서 최근의 마르크스 고고학에 대한 귀중한 설명들을 주고 있다. Hodder(1999)와 Hodder and Hutson(2003)은 현재의 탈과정고고학의 상태에 대해 고찰을 하고 있다. Balter(2005)의 호더의 생애를 다룬 전기와 차탈회위크Çatalhöyük 유적에서 이루어지는 연구에 대한 설명은 최근의 탈과정고고학의 발달들을 평가하고 있다.

수많은 논문 모음집들이 현대의 고고학 이론들을 고증하고 있는데, 이 가운데에서 Holtorf and Karlsson(2000), Schiffer(2000a), Hodder(2001), Biehl et al.(2002), VanPool and VanPool(2003), Bintliff(2004), Meskell and Preucel(2004) 등이 읽을 만하다.

특히 다양한 현재의 고고학 이론의 발전을 이해하는 데 유용한 개별 저자들의 저술로는 Hodder(1999, 2003a), A. Jones(2002), Shennan(2002), Renfrew and Bahn(2004), J. Thomas(2004) 등이 있다. Kristiansen and Larsson(2005)은 청동기시대 유럽에 대한 연구에서 문화 전파에 대한 새로운 접근뿐만 아니라 과정고고학과 탈과정고고학, 또는 사회 및 문화적 접근들 사이의 이분법을 뛰어넘는 가장 광범위하고 경험적인 연구에 바탕을 둔 시도를 하고 있다. 이들은 자신들의 접근을 "새로운 문화사고고학"의 시작을 알리는 것이라 보고 있다. 나는 이들의 구체적인 주장을 평가할 만큼 전문적인 지식을 갖지 못하고 있지만, 이 연구는 분명 더 총체적인 이론적 접근의 사례이며 점점 고고학에서 대중화되고 있는 것이다.

참고문헌

Abbott, C. C. 1881. *Primitive Industry*. Salem, MA, G. A. Bates.

Abdi, K. 2001. Nationalism, politics, and the development of archaeology in Iran. *American Journal of Archaeology* 105: 51-76.

Abercromby, J. 1902. The oldest Bronze-Age ceramic type in Britain: its probable origin in Central Europe. *Journal of the Royal Anthropological Institute* 32: 373-97.

1912. *A Study of the Bronze Age Pottery of Great Britain and Ireland and its Associated Grave-Goods*. 2 vols., Oxford, Oxford University Press.

Aberle, D. F., A. K. Cohen, A. K. Davis, M.-J. Levy Jr, and F. X. Sutton. 1950.The functional prerequisites of a society. *Ethics* 60: 100-1.

Abramowicz, A. 1981. Sponte nascitur ollae... In G. Daniel, 1981b, pp. 146-9.

Abu El-Haj, N. 2001. *Facts on the Ground: Archaeological Practice and Territorial Self-fashioning in Israeli Society*. Chicago, IL, University of Chicago Press.

Adams, R. McC. 1965. *Land Behind Baghdad*. Chicago, IL, University of Chicago Press.

1966. *The Evolution of Urban Society: Early Mesopotamia and Prehispanic Mexico*. Chicago, IL, Aldine.

1974. Anthropological perspectives on ancient trade. *Current Anthropology* 15: 239-58.

1981. *Heartland of Cities*. Chicago, IL, University of Chicago Press.

Adams, R. McC. and H. J. Nissen. 1972. *The Uruk Countryside*. Chicago, IL, University of Chicago Press.

Adams, W. Y. 2001. Classification. In T. Murray 2001a, pp. 336-53.

Adams, W. Y. and E. W. Adams. 1991. *Archaeological Typology and Practical Reality: A Dialectical Approach to Artifact Classification and Sorting*. Cambridge, Cambridge University Press.

Adams, W. Y., D. P. Van Gerven, and R. S. Levy. 1978. The retreat from migrationism. *Annual Review of Anthropology* 7: 483-532.

Alcock, S. E. 2002. *Archaeologies of the Greek Past: Landscape, Monuments, and Memories*. Cambridge, Cambridge University Press.

Alcock, S. E., J. F. Cherry, and J. Elsner. 2001. eds. *Pausanias: Travel and Memory in Roman Greece*. Oxford, Oxford University Press.

Alden, J. R. 1982. Trade and politics in proto-Elamite Iran. *Current Anthropology* 23: 613-40.

Alexander, J. and A. Mohammed. 1982. Frontier theory and the Neolithic period in Nubia. In *Nubian Studies*, ed. by J. M. Plumley pp. 34-40. Warminster, UK, Aris and Phillips.

Allen, H. 2001. New Zealand: prehistoric archaeology. In T. Murray, 2001a, pp. 938-50.

Allen, J. 1967. Aspects of Vere Gordon Childe. *Labour History* 12: 52-9.

1981. Perspectives of a sentimental journey: V. Gordon Childe in Australia 1917-1921. *Australian Archaeology* 12: 1-11.

Allen, J. P. 1999. A monument of Khaemwaset honoring Imhotep. In *Gold of Praise: Studies on Ancient Egypt in Honor of Edward F. Wente*, ed. by E. Teeter and J. A. Larson, pp. 1-10. Chicago, IL, Oriental Institute.

Allen, S. H. 2002. *Excavating Our Past: Perspectives on the History of the Archaeological Institute of America*. Boston, MA, Archaeological Institute of America.

Allesbrook, M. 1992. *Born to Rebel: The Life of Harriet Boyd Hawes*. Oxford, Oxbow.

Allison, P. M. 2001. Using the material and written sources: turn of the millennium approaches to Roman domestic space. *American Journal of Archaeology* 105: 181-208.

2003. *Pompeian Households: An Analysis of the Material Culture*. Los Angeles, CA, UCLA, Costen Institute of Archaeology.

Alpert, H. 1939. *Emile Durkheim and his Sociology*. New York, Columbia University Press.

Alters, B. J. and C. E. Nelson. 2002. Perspective: teaching evolution in higher education. *Evolution* 56: 1891-1901.

An, Z. 1989. Chinese archaeology: past and present. *Archaeological Review from Cambridge* 8(1): 12-18.

Andah, B. W. 1985. *No Past! No Present! No Future! Anthropological Education and African*

Revolution. (inaugural lecture). Ibadan, Department of Archaeology and Anthropology, University of Ibadan.

——— 1995. European encumbrances to the development of relevant theory in African archaeology. In P. J. Ucko, 1995a, pp. 96-109.

Anderson, B. 1991. *Imagined Communities: Reflections on the Origin and Spread of Nationalism*. London, Verso.

Andersson, J. G. 1934. *Children of the Yellow Earth*. London, Kegan Paul.

Andrén, A. 1998. *Between Artifacts and Texts: Historical Archaeology in Global Perspective*. New York, Plenum.

Andresen, J. M., B. F. Byrd, M. D. Elson, R. H. McGuire, R. M. Mendoza, E. Staski, and J. P. White. 1981. The deer hunters: Star Carr reconsidered. *World Archaeology* 13: 31-46.

Andriolo, K. R. 1979. Kulturkreislehre and the Austrian mind. *Man* 14: 133-44.

Anthony, D. W. 1990. Migration in archeology: the baby and the bathwater. *American Anthropologist* 92: 895-914.

——— 1995. Nazi and ecofeminist prehistories: ideology and empiricism in IndoEuropean archaeology. In P. L. Kohl and C. Fawcett, pp. 82-96.

Antonaccio, C. M. 1995. *An Archaeology of Ancestors: Tomb Cult and Hero Cult in Early Greece*. Lanham, MD, Rowman and Littlefield.

Appel, T. A. 1992. A scientific career in the age of character: Jeffries Wyman and natural history at Harvard. In *Science at Harvard University: Historical Perspectives*, ed. by C. A. Elliott and M. W. Rossiter, pp. 96-120. Bethlehem, PA, Lehigh University Press.

Arkell, A. J. 1961. *A History of the Sudan from the Earliest Times to 1821*. 2nd edn. London, Athlone Press.

Arnold, B. 1990. The past as propaganda: totalitarian archaeology in Nazi Germany. *Antiquity* 64: 464-78.

Arnold, B. and H. Hassmann. 1995. Archaeology in Nazi Germany: the legacy of the Faustian bargain. In P. L. Kohl and C. Fawcett, pp. 70-81.

Artsikhovsky, A. V. 1973. Archaeology. *Great Soviet Encyclopedia* 2: 245-50. New York, Macmillan.

Artsikhovskii, A. V. and A. Y. Brussov. 1958. On the task of the journal "Soviet Archaeology." *American Antiquity* 23: 349-52.

Ascher, R. 1961. Analogy in archaeological interpretation. *Southwestern Journal of Anthropology* 16: 317-25.

Ashmore, W. 2002. Decisions and dispositions: socializing spatial archaeology. *American Anthropologist* 104: 1172-83.

——— 2004. Social archaeologies of landscape. In L. Meskell and R. W. Preucel, pp. 255-71.

Ashmore, W. and B. Knapp. 1999. eds. *Archaeologies of Landscape: Contemporary Perspectives*. Oxford, Blackwell.

Åström, P. 1995. *Oscar Montelius, 150 Years*. Stockholm, Alquist and Wiksell.

Atwater, C. 1820. Description of the antiquities discovered in the State of Ohio and other western states. *Archaeologia Americana: Transactions and Collections of the American Antiquarian Society* 1: 105-267.

Audouze, F. and A. Leroi-Gourhan. 1981. France: a continental insularity. *World Archaeology* 13: 170-89.

Audouze, F. and N. Schlanger. 2004. eds. *Autour de l'homme: Contexte et actualité d'André Leroi-Gourhan*. Antibes, Editions APDCA.

Avdiyev, V. 1945. Achievements of Soviet archaeology. *American Journal of Archaeology* 49: 221-5.

Aveni, A. F. 1981. Archaeoastronomy. *Advances in Archaeological Method and Theory* 4: 1-77.

Bachofen, J. J. 1861. *Das Mutterrecht*. Stuttgart, Krais und Hoffman.

Bahn, P. G. 1978. The "unacceptable face" of the Western European Upper Palaeolithic. *Antiquity* 52: 183-92.

——— 1996. ed. *The Cambridge Illustrated History of Archaeology*. Cambridge, Cambridge University Press.

Bahrani, Z. 1998. Conjuring Mesopotamia: imaginative geography and a world past. In Meskell, pp. 159-74.

Bailey, G. 1999. Eric Higgs 1908-1976. In T. Murray 1999a, pp. 531-65.

Baines, J. 1989. Ancient Egyptian concepts and uses of the past. In *Who Needs the Past?* ed. by R. Layton, pp. 131-49. London, Unwin Hyman.

Baker, F. and J. Thomas. 1990. eds. *Writing the Past in the Present*. Lampeter, UK, St. David's University College.

Bakker, J. A. 2001. Childe, Van Giffen, and Dutch archaeology until 1970. In *Patina: Essays Presented to Jay Jordan Butler*, ed. by W. H. Metz, B. L. van Beek, and H. Steegstra, Groningen, Metz et al., pp. 49-74.

Baldwin, G. C. 1996. *Race Against Time: The Story of Salvage Archaeology*. New York, Putnam.

Balfour, M. D. 1979. *Stonehenge and Its Mysteries*. New York, Scribner.

Balter, M. 2005. *The Goddess and the Bull; Çatalhöyük: An Archaeological Journey to the Dawn of Civilization*. New York, Free Press.

Bamforth, D. B. 2002. Evidence and metaphor in evolutionary archaeology. *American Antiquity* 67: 435-52.

Bapty, I. and T. Yates. 1990. eds. *Archaeology After Structuralism: PostStructuralism and the Practice of Archaeology*. London, Routledge.

Barford, P. M. 2002. Reflections on J. Lech's vision

of the history of "Polish" archaeology. *Archaeologia Polona* 40: 171-84.

2004. Polish archaeology and Marxism: just a passing phase? In L. Vishnyatsky et al., pp. 182-97.

Barkan, E. 1992. *The Retreat of Scientific Racism: Changing Concepts of Race in Britain and the United States between the World Wars*. Cambridge, Cambridge University Press.

Barkan, L. 1999. *Unearthing the Past: Archaeology and Aesthetics in the Making of Renaissance Culture*. New Haven, CT, Yale University Press.

Barker, G. 1999. ed. *Companion Encyclopedia of Archaeology*. 2 vols. London, Routledge.

Barley, M. W. 1977. ed. *European Towns: Their Archaeology and Early History*. New York, Academic Press.

Barnard, F. M. 1965. *Herder's Social and Political Thought: From Enlightenment to Nationalism*. Oxford, Oxford University Press.

2003. *Herder on Nationality, Humanity, and History*. Montreal, McGill-Queen's University Press.

Barnes, A. S. 1939. The differences between natural and human flaking on prehistoric flint implements. *American Anthropologist* 41: 99-112.

Barnes, B. 1974. *Scientific Knowledge and Sociological Theory*. London, Routledge and Kegan Paul.

1977. *Interests and the Growth of Knowledge*. London, Routledge and Kegan Paul.

Barnes, G. L. 1990a. The "idea of prehistory" in Japan. *Antiquity* 64: 929-40.

1990b. The origins of bureaucratic archaeology in Japan. *Journal of the Hong Kong Archaeological Society* 12: 183-96.

1993. *China, Korea, and Japan: The Rise of Civilization in East Asia*. London, Thames and Hudson.

Barnett, S. A. 1958. ed. *A Century of Darwin*. Cambridge, MA, Harvard University Press.

Barreto, C. 1998. Brazilian archaeology from a Brazilian perspective. *Antiquity* 72: 573-81.

Barrett, J. 1994. *Fragments from Antiquity: An Archaeology of Social Life in Britain, 2900-1200 B. C.* Oxford, Blackwell.

Barth, F. 1969. ed. *Ethnic Groups and Boundaries: The Social Organization of Culture Difference*. Boston, MA, Little, Brown.

Barton, C. M. and G. A. Clark. 1997. eds. *Rediscovering Darwin: Evolutionary Theory and Archeological Explanation*. Washington, DC, Archeological Papers of the American Anthropological Association 7.

Bar-Yosef, O. and A. Mazar. 1982. Israeli archaeology. *World Archaeology* 13: 310-25.

Basalla, G. 1968. ed. *The Rise of Modern Science; External or Internal Factors?* Lexington, MA, Heath.

Baté, L. F. 1977. *Arqueología y materialismo histórico*. México, DF, Ediciones de Cultura Popular.

1978. *Sociedad, formación económicosocial y cultura*. México, DF, Ediciones de Cultura Popular.

1998. *El proceso de investigación en arqueología*. Barcelona, Editorial Crítica.

Bauer, H. H. 1992. *Scientific Literacy and the Myth of the Scientific Method*. Urbana, University of Illinois Press.

Bayard, D. T. 1969. Science, theory, and reality in the "New Archaeology." *American Antiquity* 34: 376-84.

Bazelmans, J., J. Kolen, and H. T. Waterbolk. 1997. On the natural history of the peasant landscape: an archaeological dialogue with Tjalling Waterbolk. *Archaeological Dialogues* 4: 71-101.

Beard, M. 2001. "Pausanias in petticoats," or *The Blue Jane*. In S. E. Alcock, J. F. Cherry, and J. Elsner, pp. 224-39.

Beardsley, R. K., P. Holder, A. D. Krieger, B. J. Meggers, J. B. Rinaldo, and P. Kutsche. 1956. Functional and evolutionary implications of community patterning. Menasha, WI, Society for American Archaeology, *Memoir* 11: 129-57.

Beauchamp, W. M. 1900. *Aboriginal Occupation of New York*. Albany, Bulletin of the New York State Museum, 7 (32).

Becker, C. L. 1938. What is historiography? *American Historical Review* 44: 20-8.

Becker, M. J. 1979. Priests, peasants, and ceremonial centers: the intellectual history of a model. In *Maya Archaeology and Ethnohistory*, ed. by N. Hammond and G. R. Willey, pp. 3-20. Austin, University of Texas Press.

Beiser, F. C. 1992. *Enlightenment, Revolution, and Romanticism: The Genesis of Modern German Political Thought, 1790-1800*. Cambridge, MA, Harvard University Press.

Bell, A. S. 1981. ed. *The Scottish Antiquarian Tradition*. Edinburgh, John Donald.

Bell, J. A. 1994. Interpretation and testability in theories about prehistoric thinking. In A. C. Renfrew and E. B. W. Zubrow, pp. 15-21.

Bellhouse, D. R. and W. D. Finlayson. 1979. An empirical study of probability sampling designs. *Canadian Journal of Archaeology* 3: 105-23.

Bellwood, P. and A. C. Renfrew. 2003. eds. *Examining the Farming/Language Dispersal Hypothesis*. Cambridge, McDonald Institute for Archaeological Research, Monograph.

Bender, B. 1993. ed. *Landscape: Politics and Perspectives*. Oxford, Berg.

1998. *Stonehenge: Making Space*. Oxford, Berg.

Bender, B., S. Hamilton, and C. Tilley. 1997. Le-skernick: stone worlds; alternative narratives; nested landscapes. *Proceedings of the Prehistoric Society* 63: 147-78.

Benedict, R. 1934. *Patterns of Culture*. Boston, Houghton Mifflin.

Benjamin, W. 1969. *Illuminations*. New York, Schocken.

Bennett, J. W. 1943. Recent developments in the functional interpretation of archaeological data. *American Antiquity* 9: 208-19.

    1944. Middle American influences on cultures of the southeastern United States. *Acta Americana* 2: 25-50.

Bennett, W. C. 1945. Interpretations of Andean archaeology. *Transactions of the New York Academy of Sciences*, series 2, vol. 7: 95-9.

Bent, J. T. 1892. *The Ruined Cities of Mashonaland*. London, Longmans, Green.

Benvenisti, M. 2000. *Sacred Landscape: The Buried History of the Holy Land Since 1948*. Berkeley, University of California Press.

Ben-Yehuda, N. 1995. *The Masada Myth: Collective Memory and Mythmaking in Israel*. Madison, University of Wisconsin Press.

    2002. *Sacrificing Truth: Archaeology and the Myth of Masada*. Amherst, NY, Humanity Books.

Berkhofer, R. F. Jr. 1978. *The White Man's Indian: Images of the American Indian from Columbus to the Present*. New York, Knopf.

Berlinski, D. 1976. *On Systems Analysis*. Cambridge, MA, M.I.T. Press.

Bernal, I. 1980. *A History of Mexican Archaeology*. London, Thames and Hudson.

    1983. The effect of settlement pattern studies on the archaeology of Central Mexico. In *Prehistoric Settlement Patterns: Essays in Honor of Gordon R. Willey*, ed. by E. Z. Vogt and R. M. Leventhal, pp. 389-98. Albuquerque, University of New Mexico Press.

Bernal, M. 1987. *Black Athena: The Afroasiatic Roots of Classical Civilization,* vol. 1, *The Fabrication of Ancient Greece, 1785-1985*. London, Free Association Books.

    2001. *Black Athena Writes Back: Martin Bernal Responds to his Critics*. Durham, NC, Duke University Press.

Bernbeck, R. and S. Pollock. 2004. The political economy of archaeological practice and the production of heritage in the Middle East. In L. Meskell and R. W. Preucel, pp. 335-52.

Bernhardsson, M. T. 2005. *Reclaiming a Plundered Past: Archaeology and Nation Building in Modern Iraq*. Austin, University of Texas Press.

Bertalanffy, L. von. 1969. *General System Theory*. New York, Braziller.

Best, E. 1916. Maori and Maruiwi. *Transactions of the New Zealand Institute* 48: 435-47.

Bhaskar, R. 1978. *A Realist Theory of Science*. 2nd edn. Atlantic Highlands, NJ, Humanities Press.

Bibby, G. 1956. *The Testimony of the Spade*. New York, Knopf.

Bieder, R. E. 1975. Albert Gallatin and the survival of Enlightenment thought in nineteenth-century American anthropology. In *Toward a Science of Man: Essays in the History of Anthropology*, ed. by T. H. H. Thoresen, pp. 91-8. The Hague, Mouton.

    1986. *Science Encounters the Indian, 1820-1880: The Early Years of American Ethnology*. Norman, University of Oklahoma Press.

Biehl, P. F., A. Gramsch, and A. Marciniak. 2002. eds. *Archäologien Europas: Geschichte, Methoden und Theorien/Archaeologies of Europe: History, Methods and Theories*. Münster, Waxmann.

Bietak, M. 1979. The present state of Egyptian archaeology. *Journal of Egyptian Archaeology* 65: 156-60.

Bignamini, I. 2004. ed. *Archives and Excavations: Essays on the History of Archaeological Excavations in Rome and Southern Italy from the Renaissance to the Nineteenth Century*. Archaeological Monographs of the British School at Rome 14. London, British School at Rome.

Billman, B. R. and G. M. Feinman. 1999. eds. *Settlement Pattern Studies in the Americas: Fifty Years since Viru*. Washington, DC, Smithsonian Institution Press.

Binétruy, M.-S. 1994. Itinéraires de Joseph Déchelette. Lyon, LUGD.

Binford, L. R. 1962. Archaeology as anthropology. *American Antiquity* 28: 217-25.

    1965. Archaeological systematics and the study of culture process. *American Antiquity* 31: 203-10.

    1967a. Smudge pits and hide smoking: the use of analogy in archaeological reasoning. *American Antiquity* 32: 1-12.

    1967b. Comment. *Current Anthropology* 8: 234-5.

    1968a. Some comments on historical versus processual archaeology. *Southwestern Journal of Anthropology* 24: 267-75.

    1968b. Archeological perspectives. In S. R. and L. R. Binford, pp. 5-32.

    1971. Mortuary practices: their study and their potential. In J. A. Brown, pp. 6-29.

    1972. *An Archaeological Perspective*. New York, Seminar Press.

    1977. ed. *For Theory Building in Archaeology*. New York, Academic Press.

    1978. *Nunamiut Ethnoarchaeology*. New York, Academic Press.

    1980. Willow smoke and dogs' tails: hunter-gatherer settlement systems and archaeological site formation. *American Antiquity* 45: 4-20.

1981. *Bones: Ancient Men and Modern Myths*. New York, Academic Press.

1983a. *Working at Archaeology*. New York, Academic Press.

1983b. *In Pursuit of the Past*. London, Thames and Hudson.

1984. *Faunal Remains from Klasies River Mouth*. New York, Academic Press.

1986. In pursuit of the future. In D. J. Meltzer et al., pp. 459-79.

1987a. Data, relativism and archaeological science. *Man* 22: 391-404.

1987b. Research ambiguity: frames of reference and site structure. In S. Kent, pp. 449-512.

2001. *Constructing Frames of Reference: An Analytical Method for Archaeological Theory Building Using Ethnographic and Environmental Data Sets*. Berkeley, University of California Press.

Binford, L. R. and S. R. Binford. 1966. A preliminary analysis of functional variability in the Mousterian of the Levallois facies. *American Anthropologist* 68 (2, 2): 238-95.

Binford, L. R. and J. A. Sabloff. 1982. Paradigms, systematics, and archaeology. *Journal of Anthropological Research* 38: 137-53.

Binford, L. R. and N. M. Stone. 1986. Zhoukoudian: a closer look. *Current Anthropology* 27: 453-75.

Binford, S. R. and L. R. Binford. 1968. eds. *New Perspectives in Archeology*. Chicago, IL, Aldine.

Bintliff, J. L. 1984. Structuralism and myth in Minoan studies. *Antiquity* 58: 33-8.

1991. ed. *The Annales School and Archaeology*. Leicester, UK, Leicester University Press.

1993. Why Indiana Jones is smarter than the post-processualists. *Norwegian Archaeological Review* 26: 91-100.

2004. ed. *A Companion to Archaeology*. Oxford, Blackwell.

Bird, A. 2000. *Thomas Kuhn*. Princeton, NJ, Princeton University Press.

Bird-David, N. 1990. The giving environment: another perspective on the economic system of gatherer-hunters. *Current Anthropology* 31: 189-96.

Bisson, M. S. 2000. Nineteenth century tools for twenty-first century archaeology? Why the Middle Paleolithic typology of Franç ois Bordes must be replaced. *Journal of Archaeological Method and Theory* 7: 1-48.

Black, J. L. 1986. *G.-F. Müller and the Imperial Russian Academy*. Montreal, McGill-Queen's University Press.

Black, S. L. 1990. The Carnegie Uaxactun Project and the development of Maya archaeology.

Ancient Mesoamerica 1: 257-76.

Blakeslee, D. J. 1987. John Rowzée Peyton and the myth of the Mound Builders. *American Antiquity* 52: 784-92.

Blanton, R. E. 1978. *Monte Albán: Settlement Patterns at the Ancient Zapotec Capital*. New York, Academic Press.

Blanton, R. E., S. A. Kowalewski, G. Feinman, and J. Appel. 1981. *Ancient Mesoamerica: A Comparison of Change in Three Regions*. Cambridge, Cambridge University Press.

Bleed, P. 1986. Almost archaeology: early archaeological interest in Japan. In *Windows on the Japanese Past: Studies in Archaeology and Prehistory*, ed. by R. Pearson, G. L. Barnes, and K. L. Hutterer, pp. 57-67. Ann Arbor, MI, Center for Japanese Studies, University of Michigan.

1989. Foreign archaeologists in Japan: strategies for exploitation. *Archaeological Review from Cambridge* 8(1): 19-26.

Bloch, M. 1985. *Marxism and Anthropology*. Oxford, Oxford University Press.

Boardman, J. 2002. *The Archaeology of Nostalgia: How the Greeks Re-created their Mythical Past*. London, Thames and Hudson.

Boas, F. 1887. Museums of ethnology and their classification. *Science* 9: 587-9. 1940. *Race, Language and Culture*. New York, Macmillan.

Boas, F. et al. 1909. eds. *Putnam Anniversary Volume: Anthropological Essays Presented to Frederic W. Putnam in Honor of his 70th Birthday*. New York, Stechert.

Boas, G. 1948. *Essays on Primitivism and Related Ideas in the Middle Ages*. Baltimore, MD, Johns Hopkins Press.

Bodnar, E. W. 1960. *Cyriacus of Ancona and Athens*. Bruxelles, Latomus.

Böhner, K. 1981. Ludwig Lindenschmit and the Three Age system. In G. Daniel, 1981b, pp. 120-6.

Boivin, N. and D. Q. Fuller. 2002. Looking for post-processual theory in South Asian archaeology. In S. Settar and R. Korisettar, pp. 191-215.

Bond, G. C. and A. Gillam. 1994. eds. *Social Construction of the Past: Representation as Power*. London, Routledge.

Bonyhady, T. and T. Griffiths. 1996. eds. *Prehistory to Politics: John Mulvaney, The Humanities and the Public Intellectual*. Melbourne, Melbourne University Press.

Boone, J. L. and E. A. Smith. 1998. Is it evolution yet? A critique of evolutionary archaeology. *Current Anthropology* 39: S141-S173.

Bordes, F. H. 1953. Essai de classification des industries "moustériennes." *Bulletin de la Société Préhistorique Française* 50: 457-66.

1972. *A Tale of Two Caves*. New York, Harper and Row.

Boriskovsky, P. J. 1965. A propos des récents progrès des études paléolithiques en U.R.S.S. *L'Anthropologie* 69: 5-30.

Borrero, L. A. 1992. Pristine archaeologists and the settlement of southern South America. *Antiquity* 66: 768-70.

Boserup, E. 1965. *The Conditions of Agricultural Growth*. London, Allen and Unwin.

Boule, M. 1905. L'origine des éoliths. *L'Anthropologie* 16: 257-67.

Bourdieu, P. 1977. *Outline of a Theory of Practice*. Cambridge, Cambridge University Press.

1980. *Questions de sociologie*. Paris, Les Editions de Minuit.

Bowden, M. 1991. *Pitt Rivers: The Life and Archaeological Work of Lieutenant-General Augustus Henry Lane Fox Pitt Rivers*. Cambridge, Cambridge University Press.

Bowler, P. J. 1989. *The Invention of Progress: The Victorians and the Past*. Oxford, Blackwell.

1992. From "savage" to "primitive": Victorian evolutionism and the interpretation of marginalized peoples. *Antiquity* 66: 721-9.

Bowman, S. 1990. *Radiocarbon Dating*. Berkeley, University of California Press.

Boyd, R. and P. J. Richerson. 1985. *Culture and the Evolutionary Process*. Chicago, IL, University of Chicago Press.

Boyer, P. 1994. *The Naturalness of Religious Ideas: A Cognitive Theory of Religion*. Berkeley, University of California Press.

1996. What makes anthropomorphism natural: intuitive ontology and cultural representations. *Journal of the Royal Anthropological Institute* 2: 83-97.

Boyle, D. 1904. Who made the effigy stone pipes. *Archaeological Report for Ontario, 1903*, pp. 27-35, 48-56.

Bradley, J. W. 1987. *Evolution of the Onondaga Iroquois: Accommodating Change, 1500-1655*. Syracuse, NY, Syracuse University Press.

Bradley, R. 1983. Archaeology, evolution and the public good: the intellectual development of General Pitt Rivers. *Archaeological Journal* 140: 1-9.

1984. *The Social Foundations of Prehistoric Britain*. London, Longman.

1993. *Altering the Earth: The Origins of Monuments in Continental Europe*. Edinburgh, Society of Antiquaries of Scotland, Monograph Series 8.

1998. *The Significance of Monuments: On the Shaping of Human Experience in Neolithic and Bronze Age Europe*. London, Routledge.

2000. *An Archaeology of Natural Places*. London, Routledge.

2002. *The Past in Prehistoric Societies*. London, Routledge.

2003. The translation of time. In R. M. Van Dyke

and S. E. Alcock, pp. 221-7.

Braidwood, R. J. 1974. The Iraq Jarmo Project. In G. R. Willey, 1974a, pp. 59-83.

1981. Archaeological retrospect 2. *Antiquity* 55: 19-26.

Braithwaite, M. 1984. Ritual and prestige in the prehistory of Wessex c. 2,2001, 400 BC: a new dimension to the archaeological evidence. In D. Miller and C. Tilley, pp. 93-110.

Brasser, T. J. C. 1971. Group identification along a moving frontier. *Verhandlungen des XXXVIII Internationalen Amerikanistenkongresses* (Munich) 2: 261-5.

Braudel, F. 1972. *The Mediterranean and the Mediterranean World in the Age of Philip II*. 2 vols. London, Fontana.

Braun, D. P. 1983. Pots as tools. In J. A. Moore and A. S. Keene, pp. 107-34.

Bray, T. L. and T. W. Killion. 1994. eds. *Reckoning With the Dead: The Larsen Bay Repatriation and the Smithsonian Institution*. Washington, DC, Smithsonian Institution Press.

Breasted, J. H. 1912. *Development of Religion and Thought in Ancient Egypt*. New York, Scribner.

Brodie, N., J. Doole, and C. Renfrew. 2001. eds. *Trade in Illicit Antiquities: The Destruction of the World's Archaeological Heritage*. Cambridge, McDonald Institute for Archaeological Research.

Brodrick, A. H. 1963. *Father of Prehistory: The Abbé Henri Breuil, His Life and Times*. New York, Morrow.

Bronowski, J. 1971. Symposium on technology and social criticism: Introduction technology and culture in evolution. *Philosophy of the Social Sciences* 1: 195-206.

Bronson, B. 1972. Farm labor and the evolution of food production. In B. Spooner, pp. 190-218.

Brose, D. S. 1973. The northeastern United States. In J. E. Fitting, pp. 84-115.

Brothwell, D. R. and E. S. Higgs. 1963. eds. *Science in Archaeology*. London, Thames and Hudson.

Broughton, J. M. and J. F. O'Connell. 1999. On evolutionary ecology, selectionist archaeology, and behavioral archaeology. *American Antiquity* 64: 153-65.

Browman, D. L. 2002. The Peabody Museum, Frederic W. Putnam, and the rise of US anthropology, 1866-1903. *American Anthropologist* 104: 508-19.

Browman, D. L. and D. R. Givens. 1996. Stratigraphic excavation: the first "new archaeology". *American Anthropologist* 98: 80-95.

Browman, D. L. and S. Williams. 2002. eds. *New Perspectives on the Origins of Americanist Archaeology*. Tuscaloosa, University of Alabama Press.

Brown, D. E. 1988. *Hierarchy, History, and Human Nature*. Tucson, University of Arizona Press.

Brown, I. W. 1993. William Bartram and the direct historical approach. In *Archaeology of Eastern North America: Papers in Honor of Stephen Williams*, pp. 277-82. Jackson, Mississippi Department of Archives and History, Archaeological Report 25.

Brown, J. A. 1971. ed. *Approaches to the Social Dimensions of Mortuary Practices*. Washington, DC, Society for American Archaeology, Memoir no. 25.

Brown, J. A. and S. Struever. 1973. The organization of archaeological research: an Illinois example. In C. L. Redman, pp. 261-80.

Brown, K. S. 1994. Seeing stars: character and identity in the landscapes of modern Macedonia. *Antiquity* 68: 784-96.

Brown, S. 2001. Iran. In T. Murray, 2001a, pp. 674-82.

Brück, J. 2005. Experiencing the past? The development of a phenomenological archaeology in British prehistory. *Archaeological Dialogues* 12: 45-72.

Bruford, W. H. 1975. *The German Tradition of Self-Cultivation*. Cambridge, Cambridge University Press.

Brunhouse, R. L. 1973. *In Search of the Maya: The First Archaeologists*. Albuquerque, University of New Mexico Press.

1975. *Sylvanus G. Morley and the World of the Ancient Mayas*. Norman: University of Oklahoma Press.

Bruwer, A. J. 1965. *Zimbabwe, Rhodesia's Ancient Greatness*. Johannesburg, Keartland.

Bryson, G. 1945. *Man and Society: The Scottish Inquiry of the Eighteenth Century*. Princeton, NJ, Princeton University Press.

Buckley, W. F. 1968. ed. *Modern Systems Research for the Behavioral Scientist: A Sourcebook*. Chicago, IL, Aldine.

Bulkin, V. A., L. S. Klejn, and G. S. Lebedev. 1982. Attainments and problems of Soviet archaeology. *World Archaeology* 13: 272-95.

Bulleid, A. H. and H. St. George Gray. 1911, 1917. *The Glastonbury Lake Village: A Full Description of the Excavations and the Relics Discovered, 1892-1907*. 2 vols. Glastonbury, UK, Glastonbury Antiquarian Society.

Bunge, M. 1979. *A World of Systems*. Dordrecht, D. Reidel.

1996. *Finding Philosophy in Social Science*. New Haven, CT, Yale University Press.

1997. Mechanism and explanation. *Philosophy of the Social Sciences* 27: 41065.

2003. *Emergence and Convergence: Qualitative Novelty and the Unity of Knowledge*. Toronto, University of Toronto Press.

Burger, R. L. 1989. An overview of Peruvian archaeology (1976-1986). *Annual Review of Anthropology* 18: 37-69.

Burkitt, M. C. 1921. *Prehistory: A Study of Early Cultures in Europe and the Mediterranean Basin*. Cambridge, Cambridge University Press.

1928. *South Africa's Past in Stone and Paint*. Cambridge, Cambridge University Press.

Burl, A. and N. Mortimer. 2005. eds. *Stukeley's "Stonehenge": An Unpublished Manuscript, 1721-1724*. New Haven, CT, Yale University Press.

Burling, R. 1962. Maximization theories and the study of economic anthropology. *American Anthropologist* 64: 802-21.

Burmeister, S. 2000. Archaeology and migration. *Current Anthropology* 41: 539-67.

Burrow, J. W. 1966. *Evolution and Society: A Study in Victorian Social Theory*. Cambridge, Cambridge University Press.

Butterfield, H. 1981. *The Origins of History*. New York, Basic Books.

Butterworth, B. 1999. *What Counts: How Every Brain is Hardwired for Math*. New York, Free Press.

Butzer, K. W. 1976. *Early Hydraulic Civilization in Egypt*. Chicago, IL, University of Chicago Press.

Byers, A. M. 1999. Intentionality, symbolic pragmatics, and material culture: revisiting Binford's view of the Old Copper Complex. *American Antiquity* 64: 265-87.

2004. *The Ohio Hopewell Episode: Paradigm Lost and Paradigm Gained*. Akron, OH, The University of Akron Press.

Byrne, D. 1993. The Past of Others: Archaeological Heritage Management in Thailand and Australia. Ph.D. diss., Canberra, Department of Anthropology, Australian National University.

Cabrero, G., M. T. 1993. ed. *II Coloquio Pedro Bosh-Gimpera*. México, DF, Universidad Nacional Autónoma de México, Instituto de Investigaciones Anthropológicas.

Calder, W. M. and J. Cobet. 1990. *Heinrich Schliemann nach Hundert Jahren*. Frankfurt, Klostermann.

Caldwell, J. R. 1958. *Trend and Tradition in the Prehistory of the Eastern United States*. Menasha, WI, American Anthropological Association, Memoir no. 88.

1959. The new American archeology. *Science* 129: 303-7.

1964. Interaction spheres in prehistory. In *Hopewellian Studies*, ed. by J. R. Caldwell and R. L. Hall, pp. 133-43. Springfield, Illinois State Museum Scientific Papers no. 12.

Cancian, F. 1966. Maximization as norm, strategy, and theory: a comment on programmatic statements in economic anthropology. *American Anthropologist* 68: 465-70.

Cannon, A. 1989. The historical dimension in mortuary expressions of status and sentiment. *Current Anthropology* 30: 437-58.

Cannon, G. 1990. *The Life and Mind of Oriental Jones: Sir William Jones, the Father of Modern Linguistics*. Cambridge, Cambridge University Press.

Carr, E. H. 1967. *What is History?* New York, Vintage.

Carrasco, D. 1982. *Quetzalcoatl and the Irony of Empire*. Chicago, IL, University of Chicago Press.

Carrithers, M. 1992. *Why Humans Have Cultures: Explaining Anthropology and Social Diversity*. Oxford, Oxford University Press.

Carrott, R. G. 1978. *The Egyptian Revival: Its Sources, Monuments, and Meaning, 1808-1858*. Berkeley, University of California Press.

Carson, R. L. 1962. *Silent Spring*. Boston, Houghton Mifflin.

Casson, S. 1921. The Dorian invasions reviewed in the light of new evidence. *Antiquarian Journal* 1: 198-224.

 1939. *The Discovery of Man*. London, Hamish Hamilton.

Caton Thompson, G. 1931. *The Zimbabwe Culture*. Oxford, Oxford University Press.

 1983. *Mixed Memoirs*. Gateshead, UK, Paradigm Press.

Cauvin, J. 2000. *The Birth of the Gods and the Origins of Agriculture*. Cambridge, Cambridge University Press.

Cazeau, C. and S. Scott. 1979. *Explaining the Unknown: Great Mysteries Reexamined*. New York, Da Capo Press.

Celenko, T. 1996. *Egypt in Africa*. Indianapolis, IN, Indianapolis Museum of Art.

Ceram, C. W. 1951. *Gods, Graves, and Scholars: The Study of Archaeology*. New York, Knopf.

Césaire, A. 1955. *Discourse on Colonialism*. New York, Monthly Review Press.

Chakrabarti, D. K. 1981. Indian archaeology: the first phase, 1784-1861. In G. Daniel, 1981b, pp. 169-85.

 1982. The development of archaeology in the Indian subcontinent. *World Archaeology* 13: 326-44.

 1988. *A History of Indian Archaeology: From the Beginning to 1947*. New Delhi, Munshiram Manoharlal.

 1997. *Colonial Indology: Sociopolitics of the Ancient Indian Past*. New Delhi, Munshiram Manoharlal.

 2001. South Asia. In T. Murray, 2001a, pp. 1183-94.

 2003. *Archaeology in the Third World: A History of Indian Archaeology since 1947*. New Delhi,

D. K. Printworld.

Chamberlin, R. 1983. *Loot! The Heritage of Plunder*. London, Thames and Hudson.

Chamberlin, T. C. 1890. The method of multiple working hypotheses. *Science* 15(366): 92-6. Reprinted in *Science* 148(1965): 745-59.

Chambers, R. 1844. *Vestiges of the Natural History of Creation*. London, John Churchill.

Champion, T. 1991. Theoretical archaeology in Britain. In I. Hodder, 1991a, pp. 129-60.

 1996. Three nations or one? Britain and the national use of the past. In M. Díaz-Andreu and T. Champion, 1996a, pp. 119-45.

Chanaiwa, D. 1973. *The Zimbabwe Controversy: A Case of Colonial Historiography*. Syracuse, NY, Syracuse University, Program of East African Studies.

Chang, K. C. 1963. *The Archaeology of Ancient China*. New Haven, CT, Yale University Press.

 1981. Archaeology and Chinese historiography. *World Archaeology* 13: 156-69.

 1986. *The Archaeology of Ancient China*. 4th ed. New Haven, CT, Yale University Press.

 2002. Reflections on Chinese archaeology in the second half of the twentieth century. *Journal of East Asian Archaeology* 3: 5-13.

Chapman, J. 1998. The impact of modern invasions and migrations on archaeological explanation: a biographical sketch of Marija Gimbutas. In M. Díaz-Andreu and M. L. S. Sørensen, pp. 295-314.

Chapman, R. 1979. "Analytical Archaeology" and after Introduction. In D. L. Clarke, pp. 109-43.

 2003. *Archaeologies of Complexity*. London, Routledge.

Chapman, W. R. 1984. Pitt Rivers and his collection, 1874-1883: the chronicle of a gift horse. In *The General's Gift A Celebration of the Pitt Rivers Museum Centenary*, ed. by B. A. L. Cranstone and S. Seidenberg. Journal of the Anthropological Society of Oxford, Occasional Paper 3: 6-25.

 1985. Arranging ethnology: A. H. L. F. Pitt Rivers and the typological tradition. G. W. Stocking, Jr, pp. 15-48.

 1989. The organizational context in the history of archaeology: Pitt Rivers and other British archaeologists in the 1860s. *Antiquaries Journal* 69: 23-42.

Chard, C. S. 1961. New developments in Siberian archaeology. *Asian Perspectives* 5: 118-26.

 1963. Soviet scholarship on the prehistory of Asiatic Russia. *Slavic Review* 22: 538-46.

 1969. Archaeology in the Soviet Union. *Science* 163: 774-9.

Chazan, M. 1995. Concepts of time and the development of Palaeolithic chronology. *American Anthropologist* 97: 457-67.

Chen, C. 1989. Chinese archaeology and the

West. *Archaeological Review from Cambridge* 8(1): 27-35.

Chêng, T.-K. 1963. *Archaeology in China*, vol. 3, *Chou China*. Cambridge, Heffer.

Chernetsov, V. N. and W. Moszyńska. 1974. *Prehistory of Western Siberia*. Montreal, McGill-Queen's University Press.

Chernykh, E. N. 1995. Postscript: Russian archaeology after the collapse of the USSR infrastructural crisis and the resurgence of old and new nationalisms. In P. L. Kohl and C. Fawcett, pp. 139-48.

Chiappelli, F. 1976. *First Images of America: The Impact of the New World on the Old*. Berkeley and Los Angeles, University of California Press.

Childe, V. G. 1925a. *The Dawn of European Civilization*. London, Kegan Paul.

1925b. National art in the Stone Age. *Nature* 116: 195-7.

1926. *The Aryans: A Study of Indo-European Origins*. London, Kegan Paul.

1928. *The Most Ancient East: The Oriental Prelude to European Prehistory*. London, Kegan Paul.

1929. *The Danube in Prehistory*. Oxford, Oxford University Press.

1930. *The Bronze Age*. Cambridge, Cambridge University Press.

1931. *Skara Brae: A Pictish Village in Orkney*. London, Kegan Paul.

1932. Chronology of prehistoric Europe: a review. *Antiquity* 6: 206-12.

1933a. Is prehistory practical? *Antiquity* 7: 410-18.

1933b. Races, peoples and cultures in prehistoric Europe. *History* 18: 193-203.

1934. *New Light on the Most Ancient East: The Oriental Prelude to European Prehistory*. London, Kegan Paul.

1935a. *The Prehistory of Scotland*. London, Kegan Paul.

1935b. Changing methods and aims in prehistory. *Proceedings of the Prehistoric Society* 1: 1-15.

1936. *Man Makes Himself*. London, Watts (pages cited from 4th edn, 1965).

1939. *The Dawn of European Civilization*. 3rd edn. London, Kegan Paul.

1940a. *Prehistoric Communities of the British Isles*. London, Chambers.

1940b. Archaeology in the U.S.S.R. *Nature* 145: 110-11.

1942a. *What Happened in History*. Harmondsworth, UK, Penguin (pages cited from 1st American edn, 1946).

1942b. Prehistory in the U.S.S.R. I. Palaeolithic and Mesolithic, A: Caucasus and Crimea. *Man* 42: 98-100.

1942c. Prehistory in the U.S.S.R. I. Palaeolithic and Mesolithic, B.: The Russian Plain. *Man* 42: 100-3.

1942d. Prehistory in the U.S.S.R. II. The Copper Age in South Russia. *Man* 42: 130-6.

1942e. The significance of Soviet archaeology. *Labour Monthly* 24: 341-3.

1942f. The chambered cairns of Rousay. *Antiquaries Journal* 22: 139-42.

1943. Archaeology in the U.S.S.R. The forest zone. *Man* 43: 4-9.

1944a. *Progress and Archaeology*. London, Watts.

1944b. The future of archaeology. *Man* 44: 18-19.

1945a. Directional changes in funerary practices during 50,000 years. *Man* 45: 13-19.

1945b. Archaeology and anthropology [in the USSR]. *Nature* 156: 224-5.

1946a. *Scotland before the Scots*. London, Methuen.

1946b. Archaeology and anthropology. *Southwestern Journal of Anthropology* 2: 243-51.

1947. *History*. London, Cobbett.

1949. *Social Worlds of Knowledge*. London, Oxford University Press.

1950a. *Prehistoric Migrations in Europe*. Oslo, Aschehaug.

1950b. Cave man's buildings. *Antiquity* 24: 4-11.

1951. *Social Evolution*. New York, Schuman.

1952. Archaeological organization in the USSR. *Anglo-Soviet Journal* 13(3): 23-6.

1953. The constitution of archaeology as a science. In *Science, Medicine and History*, ed. by E. A. Underwood, pp. 3-15. Oxford, Oxford University Press.

1954. Prehistory. In *The European Inheritance*, ed. by E. Barker, G. Clark, and P. Vaucher, pp. 3-155. Oxford, Oxford University Press.

1955. The significance of lake dwellings in the history of prehistory. *Sibrium* 2(2): 87-91.

1956a. *Piecing Together the Past: The Interpretation of Archaeological Data*. London, Routledge & Kegan Paul.

1956b. *Society and Knowledge: The Growth of Human Traditions*. New York, Harper.

1958a. *The Prehistory of European Society*. Harmondsworth, UK, Penguin.

1958b. Retrospect. *Antiquity* 32: 69-74.

1958c. Valediction. *Bulletin of the Institute of Archaeology*. University of London 1: 1-8.

Childe, V. G. and M. C. Burkitt. 1932. A chronological table of prehistory. *Antiquity* 6: 185-205.

Chilton, E. S. 1999. ed. *Material Meanings: Critical Approaches to the Interpretation of Material Culture*. Salt Lake City, University of Utah Press.

Chinchilla Mazariegos, O. 1998. Archaeology and

nationalism in Guatemala at the time of independence. *Antiquity* 72: 376-86.

Chippindale, C. 1983. *Stonehenge Complete*. London, Thames and Hudson.

1993. Ambition, deference, discrepancy, consumption: the intellectual background to a post-processual archaeology. In N. Yoffee and A. Sherratt, pp. 27-36.

Chorley, R. J., A. J. Dunn, and R. P. Beckinsale. 1964. *The History of the Study of Landforms or the Development of Geomorphology,* vol.1, *Geomorphology before Davis*. London, Methuen.

Chorley, R. J. and P. Haggett. 1967. eds. *Models in Geography*. London, Methuen.

Choy, M. 1960. Le Revolución Neolítica en los orígenes de la civilización Americana. In R. Matos Mendieta, *Antiguo Peru, espacio y tiempo,* pp. 149-97. Lima, Librería Juan Mejía Baca.

Chrisomalis, S. and B. G. Trigger. 2004. Reconstructing prehistoric ethnicity: problems and possibilities. In *A Passion for the Past: Papers in Honour of James F. Pendergast,* ed. by J. V. Wright and J.-L. Pilon, pp. 419-33. Gatineau, Quebec, Canadian Museum of Civilization, Mercury Series, Archaeological Paper 164.

Christenson, A. L. 1985. The identification and study of Indian shell middens in eastern North America: 1643-1861. *North American Archaeologist* 6: 227-44.

1989a. ed. *Tracing Archaeology's Past: The Historiography of Archaeology*. Carbondale, Southern Illinois University Press.

1989b. The past is still alive: the immediacy problem and writing the history of archaeology. In A. L. Christenson, 1989a, pp. 162-68.

Claassen, C. 1994. ed. *Women in Archaeology*. Philadelphia, University of Pennsylvania Press.

Clark, G. A. 2003. American archaeology's uncertain future. In S. D. Gillespie and D. L. Nichols, 2003, pp. 51-67.

Clark, J. G. D. (Grahame). 1932. *The Mesolithic Age in Britain*. Cambridge, Cambridge University Press.

1936. Russian archaeology: the other side of the picture. *Proceedings of the Prehistoric Society* 2: 248-9.

1939. *Archaeology and Society*. London, Methuen.

1940. *Prehistoric England*. London, Batsford.

1942. Bees in antiquity. *Antiquity* 16: 208-15.

1945. Man and nature in prehistory, with special reference to Neolithic settlement in northern Europe. *Conference on the Problems and Prospects of European Archaeology*, pp. 20-28. London, Institute of Archaeology, Occasional Paper 6.

1952. *Prehistoric Europe: The Economic Basis*. London, Methuen.

1953. The economic approach to prehistory: Albert Reckitt Archaeological Lecture, 1953. *Proceedings of the British Academy* 39: 215-38.

1954. *Excavations at Star Carr*. Cambridge, Cambridge University Press.

1957. *Archaeology and Society*. 3rd edn. London, Methuen.

1961. *World Prehistory: An Outline*. Cambridge, Cambridge University Press.

1966. The invasion hypothesis in British archaeology. *Antiquity* 40: 172-89.

1969. *World Prehistory: A New Outline*. Cambridge, Cambridge University Press.

1972. *Star Carr: A Case Study in Bioarchaeology*. Reading, MA, AddisonWesley Modular Publications, McCaleb Module no. 10.

1974. Prehistory Europe: the economic basis. In Willey, 1974a, pp. 31-57.

1975. *The Earlier Stone Age Settlement of Scandinavia*. Cambridge, Cambridge University Press.

1976. Prehistory since Childe. *Bulletin of the Institute of Archaeology, University of London* 13: 1-21.

1977. *World Prehistory in New Perspective*. Cambridge, Cambridge University Press.

1989a. *Prehistory at Cambridge and Beyond*. Cambridge, Cambridge University Press.

1989b. *Economic Prehistory: Papers on Archaeology*. Cambridge, Cambridge University Press.

1999. Dorothy Garrod 1892-1968. In T. Murray, 1999a, pp. 401-12.

Clark, K. M. 1928. *The Gothic Revival: An Essay in the History of Taste*. London, Constable. 3rd edn. 1962. London, Murray.

Clark, L. K. 1961. *Pioneers of Prehistory in England*. London, Sheed and Ward.

Clarke, D. L. 1968. *Analytical Archaeology*. London, Methuen.

1970. *Beaker Pottery of Great Britain and Ireland*. 2 vols. Cambridge, Cambridge University Press.

1972a. ed. *Models in Archaeology*. London, Methuen.

1972b. A provisional model of an Iron Age society and its settlement system. In D. L. Clarke, 1972a, pp. 801-69.

1973. Archaeology: the loss of innocence. *Antiquity* 47: 6-18.

1977a. ed. *Spatial Archaeology*. London, Academic Press.

1977b. Spatial information in archaeology. In D. L. Clarke, 1977a, pp. 1-32.

1979. *Analytical Archaeologist*. New York, Academic Press.

Cleere, H. 1984. ed. *Approaches to Archaeological Heritage*. Cambridge, Cambridge University Press.

1989. ed. *Archaeological Heritage Management in the Modern World*. London, Unwin Hyman.

1993. ed. Central European archaeology in transition. *Antiquity* 67: 121-56.

Clermont, N. and P. E. L. Smith. 1990. Prehistoric, prehistory, prehisto-rian... who invented the terms? Antiquity 64: 97-102.

Clifford, J. 1988. *The Predicament of Culture: Twentieth-Century Ethnography, Literature, and Art*. Cambridge, MA, Harvard University Press.

Coe, M. D. 1992. *Breaking the Maya Code*. London, Thames and Hudson.

Cohen, C. 1999. Abbé Henri Breuil 1877-1961. In T. Murray, 1999a, pp. 301-12.

Cohen, M. N. 1977. *The Food Crisis in Prehistory*. New Haven, CT, Yale University Press.

Cohen, M. N. and G. J. Armelagos. 1984. eds. *Paleopathology at the Origins of Agriculture*. New York, Academic Press.

Cohen, S. F. 1973. *Bukharin and the Bolshevik Revolution: A Political Biography*. New York, Knopf.

Cole, F.-C. and T. Deuel. 1937. *Rediscovering Illinois*. Chicago, IL, University of Chicago Press.

Cole, J. R. 1980. Cult archaeology and unscientific method and theory. *Advances in Archaeological Method and Theory* 3: 1-33.

Coles, J. 1979. *Experimental Archaeology*. London, Academic Press.

Coles, J., A. Goodall, and A. Minnitt. 1992. *Arthur Bulleid and the Glastonbury Lake Village, 1892-1992*. Taunton, UK, Somerset Levels Project, Somerset County Council Museums Service.

Collingwood, R. G. 1930. *The Archaeology of Roman Britain*. London, Methuen.

1939. *An Autobiography*. Oxford, Oxford University Press.

1946. *The Idea of History*. Oxford, Oxford University Press.

Collis, J. 1996. Celts and politics. In P. Graves-Brown et al., pp. 167-78.

Colton, H. S. 1932. *A Survey of Prehistoric Sites in the Region of Flagstaff, Arizona*. Washington, DC, Smithsonian Institution, Bureau of American Ethnology, Bulletin 104.

Colton, H. S. and L. L. Hargrave. 1937. *Handbook of Northern Arizona Pottery Wares*. Flagstaff, Museum of Northern Arizona, Bulletin no. 11.

Combier, J. 1959. Recherches sur l'âge de la Pierre en U.R.S.S. *L'Anthropologie* 63: 160-74.

Coningham, R. and N. Lewer. 2000. eds. Archaeology and identity in South Asia: interpretations and consequences. *Antiquity* 74: 664-712.

Conkey, M. W. and J. D. Spector. 1984. Archaeology and the study of gender. *Advances in Archaeological Method and Theory* 7: 1-38.

Conkey, M. W. and R. Tringham. 1995. Archaeology and the goddess: exploring the contours of feminist archaeology. In *Feminisms in the Academy*, ed. by D. C. Stanton and A. J. Stewart, pp. 199-247. Ann Arbor, University of Michigan Press.

Conn, S. 1998. *Museums and American Intellectual Life, 1876-1926*. Chicago, IL, University of Chicago Press.

Conroy, G. C. 1990. *Primate Evolution*. New York, Norton.

Cook, S. 1966. The obsolete "anti-market" mentality: a critique of the substantive approach to economic anthropology. *American Anthropologist* 68: 323-45.

Cooney, G. 1995. Theory and practice in Irish archaeology. In P. J. Ucko, 1995a, pp. 263-77.

1996. Building the future on the past: archaeology and the construction of national identity in Ireland. In M. Díaz-Andreu and T. Champion, 1996a, pp. 146-63.

Corbey, R. and W. Roebroeks. 2001. eds. *Studying Human Origins: Disciplinary History and Epistemology*. Amsterdam, University of Amsterdam Press.

Cordell, L. S. and F. Plog. 1979. Escaping the confines of normative thought: a reevaluation of Puebloan prehistory. *American Antiquity* 44: 405-29.

Costopoulos, A. 2002. Playful agents, inexorable process: elements of a coherent theory of iteration in anthropological simulation. *Archeologia e Calcolatori* 13: 259-65.

Coudart, A. 1999. André Leroi-Gourhan 1911-1986. In T. Murray, 1999a, pp. 653-64.

Courbin, P. 1988. *What is Archaeology? An Essay on the Nature of Archaeological Research*. Chicago, IL, University of Chicago Press.

Cowgill, G. L. 1975. On causes and consequences of ancient and modern population changes. *American Anthropologist* 77: 505-25.

1977. The trouble with significance tests and what we can do about it. *American Antiquity* 42: 350-68.

2000. "Rationality" and contexts in agency theory. In M.-A. Dobres and J. E. Robb, pp. 51-60.

Coye, N. 1997. *La préhistoire en parole et en acte: Méthodes et enjeux de la pratique archéologique (1830-1950)*. Paris, L'Harmattan.

Crawford, O. G. S. 1912. The distribution of Early Bronze Age settlements in Britain. *Geographical Journal* 40: 299-303.

1921. *Man and his Past*. London, Oxford University Press.

1923. Air survey and archaeology. *Geographical Journal* 61: 342-60.

1932. The dialectical process in the history of science. *Sociological Review* 24: 165-73.

Crawford, O. G. S. and A. Keiller. 1928. *Wessex from the Air*. Oxford, Oxford University Press.

Creel, H. G. 1937. *The Birth of China: A Study of*

the Formative Period of Chinese Civilization. New York, Raynal and Hitchcock.

Croissant, J. L. 2000. Narrating archaeology: a historiography and notes toward a sociology of archaeological knowledge. In S. E. Nash, 2000a, pp. 186-206.

Cronin, C. 1962. An analysis of pottery design elements indicating possible relationships between three decorated types. *Fieldiana Anthropology* 53: 105-14.

Crooke, E. M. 2000. *Politics, Archaeology, and the Creation of a National Museum in Ireland: An Expression of National Life*. Dublin, Irish Academic Press.

Crumley, C. L. 1976. Toward a locational definition of state systems of settlement. *American Anthropologist* 78: 59-73.

Culbert, T. P. 1973. ed. *The Classic Maya Collapse*. Albuquerque, University of New Mexico Press.

Cunliffe, B. 1974. *Iron Age Communities in Britain*. London, Routledge and Kegan Paul.

Cunnington, R. H. 1975. *From Antiquary to Archaeologist*. Princes Risborough, UK, Shire Publications.

Curl, J. S. 1982. *The Egyptian Revival: An Introductory Study of a Recurring Theme in the History of Taste*. London, George Allen and Unwin.

Cushing, F. H. 1886. A study of Pueblo pottery as illustrative of Zuñi culture growth. Washington, DC, *Bureau of American Ethnology, Annual Report* 4: 467-521.

d'Agostino, B. 1991. The Italian perspective on theoretical archaeology. In I. Hodder, 1991a, pp. 52-64.

Dall, W. H. 1877. On succession in the shell-heaps of the Aleutian Islands. Washington, DC, *United States Geological and Geographic Survey, Contributions to North American Ethnology* 1: 41-91.

Dalton, G. 1961. Economic theory and primitive society. *American Anthropologist* 63: 1-25.

Daniel, G. E. 1943. *The Three Ages: An Essay on Archaeological Method*. Cambridge, Cambridge University Press.

1950. *A Hundred Years of Archaeology*. London, Duckworth.

1958. Editorial. *Antiquity* 32: 65-8.

1963a. *The Idea of Prehistory*. Cleveland, OH, World.

1963b. The personality of Wales. In *Culture and Environment: Essays in Honour of Sir Cyril Fox*, ed. by I. Ll. Foster and L. Alcock, pp. 7-23. London, Routledge and Kegan Paul.

1967. *The Origins and Growth of Archaeology*. Harmondsworth, UK, Penguin.

1975. *A Hundred and Fifty Years of Archaeology*. 2nd edn. London, Duckworth.

1976. Stone, bronze and iron. In J. V. S. Megaw,

pp. 35-42.

1981a. *A Short History of Archaeology*. London, Thames and Hudson.

1981b. ed. *Towards a History of Archaeology*. London, Thames and Hudson.

Daniel, G. E. and C. Chippindale. 1989. eds. *The Pastmasters: Eleven Modern Pioneers of Archaeology*. London, Thames and Hudson.

Daniel, G. E. and C. Renfrew. 1988. *The Idea of Prehistory*. 2nd edn. Edinburgh, Edinburgh University Press.

Daniels, S. G. H. 1972. Research design models. In D. Clarke, 1972a, pp. 201-29.

Danilova, L. V. 1971. Controversial problems of the theory of precapitalist societies. *Soviet Anthropology and Archeology* 9: 269-328.

Dark, K. R. 1995. *Theoretical Archaeology*. Ithaca, NY, Cornell University Press.

Darnton, R. 1984. *The Great Cat Massacre and Other Episodes in French Cultural History*. New York, Basic Books.

Davidson, J. M. 1979. New Zealand. In J. D. Jennings, pp. 222-48.

Davies, G. L. 1969. *The Earth in Decay: A History of British Geomorphology, 1578-1878*. New York, American Elsevier.

Davis, R. S. 1983. Theoretical issues in contemporary Soviet Paleolithic archaeology. *Annual Review of Anthropology* 12: 403-28.

Davis, T. W. 2004. *Shifting Sands: The Rise and Fall of Biblical Archaeology*. Oxford, Oxford University Press.

Dawkins, W. B. 1874. *Cave Hunting: Researches on the Evidence of Caves Respecting the Early Inhabitants of Europe*. London, Macmillan.

Dawson, J. W. 1888. *Fossil Men and their Modern Representatives*. 3rd edn. London, Hodder and Stoughton(1st edn 1880, Montreal, Dawson Brothers).

1901. *Fifty Years of Work in Canada, Scientific and Educational*. London, Ballantyne, Hanson.

Debetz, G. F. 1961. The social life of early Paleolithic man as seen through the work of the Soviet anthropologists. In *Social Life of Early Man*, ed. by S. L. Washburn, pp. 137-49. Chicago, IL, Aldine.

Deetz, J. J. F. 1965. *The Dynamics of Stylistic Change in Arikara Ceramics*. Urbana, University of Illinois Press.

1968. Late man in North America: archeology of European Americans. In B. J. Meggers, pp. 121-30.

1977. *In Small Things Forgotten*. Garden City, NY, Anchor.

De Grummond, N. T. 1996. ed. *An Encyclopedia of the History of Classical Archaeology*. 2 vols. London, Fitzroy Dearborn.

De Laet, S. J. 1957. *Archaeology and its Problems*.

New York, Macmillan.

Delâge, D. 1985. *Le pays renversé: Amérindiens et européens en Amérique du nord-est 1600-1664.* Montreal, Boréal Express.

Deloria, V., Jr. 1995. *Red Earth, White Lies: The Foremost American Indian Activist Exposes the Myth of Scientific Fact, and the Truth of his People's Oral Tradition.* New York, Scribner.

Demoule, J.-P. 1999. Ethnicity, culture and identity: French archaeologists and historians. *Antiquity* 73: 190-98.

Denbow, J. R. 1984. Prehistoric herders and foragers of the Kalahari: the evidence for 1500 years of interaction. In C. Schrire, pp. 175-93.

Dennell, R. 1990. Progressive gradualism, imperialism and academic fashion: Lower Paleolithic archaeology in the 20th century. *Antiquity* 64: 549-58.

Dennett, D. C. 2003. *Freedom Evolves.* New York, Viking.

Desmond, A. J. 1982. *Archetypes and Ancestors: Palaeontology in Victorian London 1850-1875.* London, Blond and Briggs.

1989. *The Politics of Evolution: Morphology, Medicine, and Reform in Radical London.* Chicago, IL, University of Chicago Press.

Desmond, A. J. and J. Moore. 1992. *Darwin.* Harmondsworth, UK, Penguin Books.

Desmond, L. G. and P. M. Messenger. 1988. *A Dream of Maya: Augustus and Alice LePlongeon in Nineteenth-Century Yucatan.* Albuquerque: University of New Mexico Press.

Deuel, L. 1967. *Conquistadors Without Swords: Archaeologists in the Americas.* New York, St. Martin's Press.

1973. *Flights into Yesterday: The Story of Aerial Archaeology.* Harmondsworth, UK, Penguin.

Dever, W. G. 2001a. Syro-Palestinian and biblical archaeology. In T. Murray, 2001a, pp. 1244-53.

2001b. Israel. In T. Murray, 2001a, pp. 715-21.

2003. *Who Were the Early Israelites and Where Did They Come From?* Grand Rapids, MI, William B. Eerdmans.

Devon, Earl of. 1873. Inaugural address to the annual meeting held at Exeter, 1873. *Archaeological Journal* 30: 205-10.

Diamond, J. M. 1997. *Guns, Germs, and Steel: The Fates of Human Societies.* New York, Norton.

Diamond, S. 1974. *In Search of the Primitive: A Critique of Civilization.* New Brunswick, NJ, Transaction Books.

Díaz-Andreu, M. 1993. Theory and ideology in archaeology: Spanish archaeology under the Franco régime. *Antiquity* 67: 74-82.

1996a. Constructing identities through culture: the past in the forging of Europe. In P. Graves-Brown et al., pp. 48-61.

1996b. Islamic archaeology and the origin of the Spanish nation. In M. Díaz-Andreu and T.

Champion, pp. 68-89.

1997. Nationalism, ethnicity and archaeology the archaeological study of Iberians through the looking glass. *Journal of Mediterranean Studies* 7: 155-68.

2003. Review of F. Garcia et al., *58 anys i 7 dies: Correspondència de Pere Bosch Gimpera a Lluís Pericot (1919-1974). Bulletin of the History of Archaeology* 13(2): 15-17.

2004. Britain and the other: the archaeology of imperialism. In *History, Nationhood and the Question of Britain,* ed. by H. Brocklehurst and R. Phillips, pp. 227-41. New York, Palgrave Macmillan.

Díaz-Andreu, M. and T. Champion. 1996a. eds. *Nationalism and Archaeology in Europe.* London, UCL Press.

1996b. Nationalism and archaeology in Europe: an introduction. In M. Díaz-Andreu and T. Champion, 1996a, pp. 1-23.

Díaz-Andreu, M. and M. L. S. Sørensen. 1998. eds. *Excavating Women: A History of Women in European Archaeology.* London, Routledge.

Diehl, R. A. 1983. *Tula: The Toltec Capital of Ancient Mexico.* London, Thames and Hudson.

Dietler, M. 1994. "Our ancestors the Gauls": archaeology, ethnic nationalism, and the manipulation of ethnic identity in modern Europe. *American Anthropologist* 96: 584-605.

1998. A tale of three sites: the monumentalization of Celtic oppida and the politics of collective memory and identity. *World Archaeology* 30: 72-89.

Diop, C. A. 1974. *The African Origin of Civilization: Myth or Reality.* Westport, CT, Lawrence Hill.

Dixon, R. B. 1913. Some aspects of North American archeology. *American Anthropologist* 15: 549-77.

1928. *The Building of Cultures.* New York, Scribner's.

Dobres, M.-A. and J. E. Robb. 2000. eds. *Agency in Archaeology.* New York, Routledge.

Dodson, A. 1988. Egypt's first antiquarians? *Antiquity* 62: 513-7.

Dolitsky, A. B. 1985. Siberian Paleolithic archaeology: approaches and analytic methods. *Current Anthropology* 26: 361-78.

Dolukhanov, P. M. 1979. *Ecology and Economy in Neolithic Eastern Europe.* London, Duckworth.

1995. Archaeology in Russia and its impact on archaeological theory. In P. J. Ucko, 1995a, pp. 327-42.

Dommasnes, L. H. 1992. Two decades of women in prehistory and in archaeology in Norway: a review. *Norwegian Archaeological Review* 25: 1-14.

Donald, M. 1991. *Origins of the Modern Mind: Three Stages in the Evolution of Culture and*

Cognition. Cambridge, MA, Harvard University Press.

Dongoske, K. E., M. Aldenderfer, and K. Doehner. 2000. *Working Together: Native Americans and Archaeologists*. Washington, DC, Society for American Archaeology.

Donnan, C. B. 1976. *Moche Art and Iconography*. Los Angeles, CA, UCLA, Latin American Center Publications.

Doran, J. E. and F. R. Hodson. 1975. *Mathematics and Computers in Archaeology*. Edinburgh, Edinburgh University Press.

Dragadze, T. 1980. The place of "ethnos" theory in Soviet anthropology. In E. Gellner, pp. 161-70.

Dray, W. 1957. *Laws and Explanation in History*. Oxford, Oxford University Press.

Drower, M. S. 1985. *Flinders Petrie: A Life in Archaeology*. London, Gollancz.

Duff, A. G. 1924. *The Life-Work of Lord Avebury (Sir John Lubbock) 1834-1913*. London, Watts.

Duff, R. S. 1950. *The Moa-Hunter Period of Maori Culture*. Wellington, Government Printer.

Duke, P. 1991. *Points in Time: Structure and Event in a Late Northern Plains Hunting Society*. Niwot, University Press of Colorado.

1995. Working through theoretical tensions in contemporary archaeology: a practical attempt from southwestern Colorado. *Journal of Archaeological Method and Theory* 2: 201-29.

Dumond, D. E. 1977. Science in archaeology: the saints go marching in. *American Antiquity* 42: 330-49.

Dumont, L. 1994. *German Ideology: From France to Germany and Back*. Chicago, IL, University of Chicago Press.

Dunnell, R. C. 1970. Seriation method and its evaluation. *American Antiquity* 35: 305-19.

1971. *Systematics in Prehistory*. New York, Free Press.

1978. Style and function: a fundamental dichotomy. *American Antiquity* 43: 192-202.

1979. Trends in current Americanist archaeology. *American Journal of Archaeology* 83: 437-49.

1980a. Evolutionary theory and archaeology. *Advances in Archaeological Method and Theory* 3: 35-99.

1980b. Americanist archaeology: the 1979 contribution. *American Journal of Archaeology* 84: 463-78.

1981. Americanist archaeology: the 1980 literature. *American Journal of Archaeology* 85: 429-45.

1982a. Americanist archaeological literature: 1981. *American Journal of Archaeology* 86: 509-29.

1982b. Science, social science, and common sense: the agonizing dilemma of modern archaeology. *Journal of Anthropological Research* 38: 1-25.

1983. A review of the Americanist archaeological literature for 1982. *American Journal of Archaeology* 87: 521-44.

1984. The Americanist literature for 1983: a year of contrasts and challenges. *American Journal of Archaeology* 88: 489-513.

1985. Americanist archaeology in 1984. *American Journal of Archaeology* 89: 585-611.

1986. Five decades of American archaeology. In D. J. Meltzer et al., pp. 23-49.

2001. United States of America, prehistoric archaeology. In T. Murray, 2001a, pp. 1289-1307.

Durkheim, E. 1893. *De la division du travail social*. Paris, Alcan.

1895. *Les Règles de la méthode sociologique*. Paris, Alcan.

1897. *Le Suicide*. Paris, Alcan.

1912. *Les Formes élémentaires de la vie religieuse*. Paris, Alcan.

Duvignaud, J. 1965. *Durkheim: sa vie, son oeuvre*. Paris, Presses Universitaires de France.

Dymond, D. P. 1974. *Archaeology and History: A Plea for Reconciliation*. London, Thames and Hudson.

Dyson, S. L. 1989. The role of ideology and institutions in shaping classical archaeology in the nineteenth and twentieth centuries. In A. L. Christenson, 1989a, pp. 127-35.

1993. From new to new age archaeology: archaeological theory and classical archaeology: a 1990's perspective. *American Journal of Archaeology* 97: 195-206.

1998. *Ancient Marbles to American Shores: Classical Archaeology in the United States*. Philadelphia, University of Pennsylvania Press.

2004. *Eugénie Sellers Strong: Portrait of an Archaeologist*. London, Duckworth.

Earl, G. W. 1863. On the shell-mounds of Province Wellesley, in the Malay Peninsula. *Transactions of the Ethnological Society of London* 2: 119-29.

Earle, T. K. and R. W. Preucel. 1987. Processual archaeology and the radical critique. *Current Anthropology* 28: 501-38.

Echo-Hawk, R. C. 2000. Ancient history in the New World: integrating oral traditions and the archaeological record in deep time. *American Antiquity* 65: 267-90.

Edwards, A. A. B. 1891. *Egypt and its Monuments: Pharaohs, Fellahs and Explorers*. New York, Harper.

Edwards, D. N. 2003. Ancient Egypt in the Sudanese Middle Nile: a case of mistaken identity. In D. O'Connor and A. Reid, pp. 137-50.

Edwards, I. E. S. 1985. *The Pyramids of Egypt*. Revised edn. Harmondsworth, UK, Penguin.

Eggan, F. R. 1966. *The American Indian*. London,

Weidenfeld and Nicolson.

Eggers, H. J. 1950. Das problem der ethnischen Deuten in der Frühgeschichte. In *Ur- und Frühgeschichte als historische Wissenschaft (Festschrift E. Wahle)*, ed. by H. Kirchner, pp. 49-59. Heidelberg, Winter Universitätsverlag.

Ehret, C. and M. Posnansky. 1982. eds. *The Archaeological and Linguis tic Reconstruction of African History*. Berkeley, University of California Press.

Ehrlich, P. R. 1968. *The Population Bomb*. New York, Ballantine.

Eickhoff, M. 2005. German archaeology and National Socialism: some historiographical remarks. *Archaeological Dialogues* 12: 73-90.

Eiseley, L. C. 1958. *Darwin's Century: Evolution and the Man Who Discovered It*. Garden City, NY, Doubleday.

Eisenstadt, S. N. 1986. ed. *Origins and Diversity of Axial Age Civilizations*. Albany, State University of New York Press.

Ekholm, K. and J. Friedman. 1979. "Capital" imperialism and exploitation in ancient world systems. In *Power and Propaganda: A Symposium on Ancient Empires*, ed. by M. T. Larsen, pp. 41-58. Copenhagen, Akademisk Forlag.

El Daly, O. 2004. *Egyptology: The Missing Millennium, Ancient Egypt in Medieval Arabic Writings*. London, UCL Press.

Eldredge, N. 1982. La macroévolution. *La Recherche* 13 (133): 616-26.

Eliade, M. 1954. *The Myth of the•Eternal Return*. New York, Pantheon Books.

Elisseeff, D. 1986. *China: Treasures and Splendors*. Paris, Les Editions Arthaud.

Elkin, A. P. and N. W. G. Macintosh. 1974. eds. *Grafton Elliot Smith: The Man and his Work*. Sydney, Sydney University Press.

Ellegård, A. 1981. Stone Age science in Britain? *Current Anthropology* 22: 99-125.

Elliot Smith, G. see G. E. Smith.

Embree, L. 1992. ed. *Metaarchaeology: Reflections by Archaeologists and Philosophers*. Dordrecht, Kluwer.

Emery, F. E. 1969. ed. *Systems Thinking*. New York, Penguin.

Emery, W. B. 1961. *Archaic Egypt*. Harmondsworth, UK, Penguin.

Engelstad, E. 1991. Feminist theory and post-processual archaeology. In D. Walde and N. Willows, pp. 116-120.

Erciyas, D. B. 2005. Ethnic identity and archaeology in the Black Sea region of Turkey. *Antiquity* 79: 179-90.

Erman, A. 1894. *Life in Ancient Egypt*. London, Macmillan.

Evans, A. J. 1890. On a late-Celticurn-field at Aylesford, Kent. *Archaeologia* 52: 315-88.

1896. The "Eastern Question" in anthropology. *Proceedings of the British Association for the Advancement of Science, 1896*, 906-22.

Evans, C. 1989. Archaeology and modern times: Bersu's Woodbury 1938 and 1939. *Antiquity* 63: 436-50.

1995. Archaeology against the state: roots of internationalism. In P. J. Ucko, 1995a, pp. 312-26.

1998. Historicism, chronology and straw men: situating Hawkes' "ladder of inference." *Antiquity* 72: 398-404.

1999. Christopher Hawkes 1905-1992. In T. Murray, 1999a, pp. 461-79.

Evans, Joan. 1956. *A History of the Society of Antiquaries*. London, The Society of Antiquaries.

Evans, John. 1864. *The Coins of the Ancient Britons*. London, B. Quaritch.

1872. *The Ancient Stone Implements, Weapons, and Ornaments, of Great Britain*. London, Longmans, Green.

1881. *The Ancient Bronze Implements, Weapons, and Ornaments, of Great Britain and Ireland*. London, Longmans, Green.

Evans, J. D., B. Cunliffe, and C. Renfrew. 1981. eds. *Antiquity and Man: Essays in Honour of Glyn Daniel*. London, Thames and Hudson.

Evans, R. T. 2004. *Romancing the Maya: Mexican Antiquity in the American Imagination, 1820-1915*. Austin, University of Texas Press.

Evans-Pritchard, E. E. 1940. *The Nuer*. Oxford, Oxford University Press.

1949. *The Sanusi of Cyrenaica*. Oxford, Oxford University Press.

1962. Anthropology and history. In *Essays in Social Anthropology*, by E. E. Evans-Pritchard, pp. 46-65. London, Faber.

Evasdottir, E. E. S. 2004. *Obedient Autonomy: Chinese Intellectuals and the Achievement of Orderly Life*. Vancouver, BC, UBC Press.

Eve, R. A. and F. B. Harrold. 1986. Creationism, cult archaeology, and other pseudoscientific beliefs. *Youth and Society* 17: 396-421.

Fabião, C. 1996. Archaeology and nationalism: the Portuguese case. In M. Díaz-Andreu and T. Champion, 1996a, pp. 90-107.

Fagan, B. M. 1975. *The Rape of the Nile: Tomb Robbers, Tourists, and Archaeologists in Egypt*. New York, Charles Scribner's.

1981. Two hundred and four years of African archaeology. In J. D. Evans et al., pp. 42-51.

2001. *Grahame Clark: An Intellectual Life of an Archaeologist*. Boulder, CO, Westview Press.

Fagette, P. 1996. *Digging for Dollars: American Archaeology and the New Deal*. Albuquerque, University of New Mexico Press.

Fairbanks, C. H. 1942. The taxonomic position of Stalling's Island, Georgia. *American Antiquity* 7: 223-31.

Fairchild, H. N. 1928. *The Noble Savage: A Study*

in Romantic Naturalism. New York, Columbia University Press.

Falkenhausen, L. von. 1993. On the historio-graphical orientation of Chinese archaeology. *Antiquity* 67: 839-49.

1995. The regionalist paradigm in Chinese archaeology. In P. L. Kohl and C. Fawcett, pp. 198-217.

1999. Su Bingqi 1909-1997. In T. Murray, 1999a, pp. 591-9.

Fawcett, C. 1986. The politics of assimilation in Japanese archaeology. *Archaeological Review from Cambridge* 5(1): 43-57.

1995. Nationalism and postwar Japanese archaeology. In P. L. Kohl and Fawcett, 232-46.

Feder, K. L. 1984. Irrationality and popular archaeology. *American Antiquity* 49: 525-41.

1990. *Frauds, Myths, and Mysteries: Science and Pseudoscience in Archaeology.* Mountain View, CA, Mayfield Publishing.

Fedigan, L. M. 1986. The changing role of women in models of human evolution. *Annual Review of Anthropology* 15: 25-66.

Feit, H. 1978. Waswanipi Realities and Adaptations: Resource Management and Cognitive Structure. PhD dissertation, Montreal, McGill University.

Fell, B. 1976. *America B.C.: Ancient Settlers in the New World.* New York, Quadrangle.

1982. *Bronze Age America.* Boston, MA, Little, Brown.

Ferguson, A. B. 1993. *Utter Antiquity: Perceptions of Prehistory in Renaissance England.* Durham, NC, Duke University Press.

Ferguson, T. J. 2003. Anthropological archaeology conducted by tribes: traditional cultural properties and cultural affiliation. In S. D. Gillespie and L. Nichols, pp. 137-44.

Ferris, N. 1999. Telling tales: interpretive trends in southern Ontario Late Woodland archaeology. *Ontario Archaeology* 68: 1-62.

Fetten, F. G. 2000. Archaeology and anthropology in Germany before 1945. In H. Härke, 2000a, pp. 140-79.

Fewkes, J. W. 1896. The prehistoric culture of Tusayan. *American Anthropologist* 9: 151-73.

Feyerabend, P. K. 1975. *Against Method: Outline of an Anarchistic Theory of Knowledge.* London, NLB.

Field, H. and K. Price. 1949. Recent archaeological discoveries in the Soviet Union. *Southwestern Journal of Anthropology* 5: 17-27.

Field, H. and E. Prostov. 1937. Archaeology in the Soviet Union. *American Anthropologist* 39: 457-90.

Finkelstein, I. and N. A. Silberman. 2001. *The Bible Unearthed: Archaeology's New Vision of Ancient Israel and the Origin of its Sacred Texts.* New York, Free Press.

Finley, M. I. 1975. *The Use and Abuse of History.* London, Chatto and Windus.

Fischer, A. and K. Kristiansen. 2002. eds. *The Neolithisation of Denmark: 150 Years of Debate.* Sheffield, UK, J. R. Collis.

Fischer, G. 1967. ed. *Science and Ideology in Soviet Society.* New York, Atherton Press.

Fischer, U. 1987. Zur Ratio der prähistorischen Archäologie. *Germania* 65: 175-95.

Fish, S. K. and S. A. Kowalewski. 1990. eds. *The Archaeology of Regions: A Case for Full-Coverage Survey.* Washington, DC, Smithsonian Institution Press.

Fisher, A. K. 1997. Origins of the Midwestern Taxonomic Method. *MidContinental Journal of Archaeology* 22: 117-22.

Fitting, J. E. 1973. ed. *The Development of North American Archaeology.* Garden City, NY, Anchor Books.

Fitzpatrick, A. P. 1996. "Celtic" Iron Age Europe: the theoretical basis. In P. Graves-Brown et al., 1996, pp. 238-55.

Fitzpatrick, S. 1974. Cultural revolution in Russia 1928-32. *Journal of Contemporary History* 9: 33-51.

Flannery, K. V. 1965. The ecology of early food production in Mesopotamia. *Science* 147: 1247-55.

1966. The postglacial "readaptation" as viewed from Mesoamerica. *American Antiquity* 31: 800-5.

1967. Culture history v. culture process: a debate in American archaeology. *Scientific American* 217(2): 119-22.

1968. Archeological systems theory and early Mesoamerica. In B. J. Meggers, pp. 67-87.

1972. The cultural evolution of civilizations. *Annual Review of Ecology and Systematics* 3: 399-426.

1973. Archaeology with a capital S. In C. L. Redman, pp. 47-53.

1976. ed. *The Early Mesoamerican Village.* New York, Academic Press.

1982. The golden Marshalltown: a parable for the archaeology of the 1980s. *American Anthropologist* 84: 265-78.

1983. Archaeology and ethnology in the context of divergent evolution. In K. V. Flannery and J. Marcus, pp. 361-2.

1986. A visit to the master. In *Guilá Naquitz: Archaic Foraging and Early Agriculture in Oaxaca, Mexico,* ed. by Kent Flannery, pp. 511-19. Orlando, FL, Academic Press.

Flannery, K. V. and J. Marcus. 1983. eds. *The Cloud People: Divergent Evolution of the Zapotec and Mixtec Civilizations.* New York, Academic Press.

1993. Cognitive archaeology. *Cambridge Archaeological Journal* 3: 260-70.

Fleck, L. 1979. *Genesis and Development of a Scientific Fact*. Chicago, IL, University of Chicago Press.

Fletcher, R. 1977. Settlement studies (micro and semi-micro). In D. L. Clarke, 1977a, pp. 47-162.

　1995. *The Limits of Settlement Growth: A Theoretical Outline*. Cambridge, Cambridge University Press.

　1999. David Clarke 1938-1976. In T. Murray, 1999a, pp. 855-68.

Fleure, H. J. and W. E. Whitehouse. 1916. Early distribution and valleyward movement of population in south Britain. *Archaeologia Cambrensis* 16: 101-40.

Fleury-Ilett, B. 1996. The identity of France: archetypes in Iron Age studies. In P. Graves-Brown et al., pp. 196-208.

Flood, J. 1983. *Archaeology of the Dreamtime*. Sydney, Collins.

Ford, J. A. 1936. *Analysis of Indian Village Site Collections from Louisiana and Mississippi*. New Orleans, Louisiana State Geological Survey, Department of Conservation, Anthropological Study no. 2.

　1938. A chronological method applicable to the Southeast. *American Antiquity* 3: 260-4.

Ford, J. A. and G. R. Willey. 1941. An interpretation of the prehistory of the eastern United States. *American Anthropologist* 43: 325-63.

Ford, R. I. 1973. Archeology serving humanity. In C. L. Redman, pp. 83-93.

Forge, A. 1972. Normative factors in the settlement size of Neolithic cultivators (New Guinea). In *Man, Settlement and Urbanism*, ed. by P. J. Ucko, R. Tringham and G. W. Dimbleby, pp. 363-76. London, Duckworth.

Fossey, J. M. 1988. *Topography and Population of Ancient Boiotia*. Chicago, IL, Ares.

Foucault, M. 1970. *The Order of Things: An Archaeology of the Human Sciences*. London, Tavistock.

　1972. *The Archaeology of Knowledge*. New York, Pantheon.

Fowler, D. D. 1987. Uses of the past: archaeology in the service of the state. *American Antiquity* 52: 229-48.

　2000. *A Laboratory for Anthropology: Science and Romanticism in the American Southwest, 1846-1930*. Albuquerque, University of New Mexico Press.

Fowler, D. D. and D. R. Wilcox. 2003. eds. *Philadelphia and the Development of Americanist Archaeology*. Tuscaloosa: University of Alabama Press.

Fowles, J. 1980, 1982. ed. *John Aubrey's Monumenta Britannica*, annotated by R. Legg. Sherborne, UK, Dorset Publishing Company.

Fox, C. 1923. *The Archaeology of the Cambridge Region*. Cambridge, Cambridge University Press.

　1932. *The Personality of Britain*. Cardiff, UK, National Museum of Wales.

Fox, E. 2001. *Sacred Geography: A Tale of Murder and Archaeology in the Holy Land*. New York, Henry Holt.

Fox, L. 1956. ed. *English Historical Scholarship in the Sixteenth and Seventeenth Centuries*. London, Oxford University Press.

Francis, D. and T. Morantz. 1983. *Partners in Furs: A History of the Fur Trade in Eastern James Bay, 1600-1870*. Montreal, McGill-Queen's University Press.

Frankfort, H. 1948. *Kingship and the Gods: A Study of Ancient Near Eastern Religion as the Integration of Society and Nature*. Chicago, IL, University of Chicago Press.

Fraser, S. M. 1998. The public forum and the space between: the materiality of social strategy in the Irish Neolithic. *Proceedings of the Prehistoric Society* 64: 203-24.

　2004. Metaphorical journeys: landscape, monuments, and the body in a Scottish Neolithic. *Proceedings of the Prehistoric Society* 70: 129-51.

Freidel, D. A., L. Schele, and J. Parker. 1993. *Maya Cosmos: Three Thousand Years on the Shaman's Path*. New York, William Morrow.

Frick, W. 1934. The teaching of history and prehistory in Germany. *Nature* 133: 298-9.

Fried, M. H. 1967. *The Evolution of Political Society*. New York, Random House.

　1975. *The Notion of Tribe*. Menlo Park, CA, Cummings.

Friedman, J. and M. J. Rowlands. 1978a. eds. *The Evolution of Social Systems*. London, Duckworth.

Friedman, J. and M. J. Rowlands. 1978b. Notes towards an epigenetic model of the evolution of "civilization." In J. Friedman and M. J. Rowlands, 1978a, pp. 201-76.

Fritz, J. M. 1973. Relevance, archeology, and subsistence theory. In C. L. Redman, pp. 59-82.

Frumkin, G. 1962. Archaeology in Soviet Central Asia and its ideological background. *Central Asian Review* 10: 334-42.

Fuller, D. Q. and N. Boivin. 2002. Beyond description and diffusion: a history of processual theory in the archaeology of South Asia. In S. Settar and R. Korisettar, pp. 159-90.

Fuller, P. 1980. *Beyond the Crisis in Art*. London, Writers and Readers.

Funari, P. 1997. Archaeology, history, and historical archaeology in South America. *International Journal of Historical Archaeology* 1: 189-206.

　1999a. Brazilian archaeology: a reappraisal. In G. G. Politis and B. Alberti, pp. 17-37.

1999b. Historical archaeology from a world perspective. In P. Funari, M. Hall, and S. Jones, pp. 37-66.

2001. Brazil. In T. Murray, 2001a, pp. 180-93.

Funari, P., M. Hall, and S. Jones. 1999. eds. *Historical Archaeology: Back from the Edge*. London, Routledge.

Furst, L. 1969. *Romanticism in Historical Perspective*. Oxford, Oxford University Press.

Galaty, M. L. and C. Watkinson. 2004. eds. *Archaeology Under Dictatorship*. New York, Kluwer.

Gallay, A. 1986. *L'Archéologie demain*. Paris, Belfond.

1989. Logicism: a French view of archaeological theory founded in computational perspective. *Antiquity* 63: 27-39.

Gamble, C. 1992. Archaeology, history and the uttermost ends of the earth Tasmania, Tierra del Fuego and the Cape. *Antiquity* 66: 712-20.

1999. Lewis Binford b. 1929. In T. Murray, 1999a, pp. 811-34.

Gamio, M. 1916. *Forjando Patria (Pro Nacionalismo)*. México, DF, Porrúa Hermanos.

Gándara, M. 1980. La vieja "Nueva Arqueología" (primera parte). *Boletín de Antropología Americana* 2: 7-45.

1981. La vieja "Nueva Arqueología" (segunda parte). *Boletín de Antropología Americana* 3: 7-70.

Gardin, J.-C. 1965. On a possible interpretation of componential analysis in archeology. *American Anthropologist* 67(5), pt. 2: 9-22.

1967. Methods for the descriptive analysis of archaeological materials. *American Antiquity* 32: 13-30.

1980. *Archaeological Constructs: An Aspect of Theoretical Archaeology*. Cambridge, Cambridge University Press.

1992. Semiotic trends in archaeology. In J.-C. Gardin and C. S. Peebles, pp. 87-104.

2004. Current progress in theoretical archaeology. In L. Vishnyatsky et al., pp. 87-99.

Gardin, J.-C. and C. S. Peebles. 1992. eds. *Representations in Archaeology*. Bloomington, Indiana University Press.

Garlake, P. S. 1973. *Great Zimbabwe*. London, Thames and Hudson.

1983. Prehistory and ideology in Zimbabwe. In *Past and Present in Zimbabwe*, ed. by J. D. Y. Peet and T. Ranger, pp. 1-19. Manchester, UK, Manchester University Press.

1984. Ken Mufuka and Great Zimbabwe. *Antiquity* 58: 121-3.

Gathercole, P. 1971. "Patterns in prehistory": an examination of the later thinking of V. Gordon Childe. *World Archaeology* 3: 225-32.

1976. Childe the "outsider." *RAIN* 17: 5-6.

1981. New Zealand prehistory before 1950. In Glyn Daniel, 1981b, pp. 159-68.

1982. Gordon Childe: man or myth? *Antiquity* 56: 195-8.

1984. A consideration of ideology. In M. Spriggs, 1984a, pp. 149-54.

Gathercole, P., T. H. Irving and G. Melleuish. 1995. eds. *Childe and Australia: Archaeology, Politics, and Ideas*. St. Lucia, University of Queensland Press.

Gathercole, P. and D. Lowenthal. 1989. eds. *The Politics of the Past*. London, Unwin Hyman.

Gayre, R. 1972. *The Origin of Zimbabwean Civilisation*. Salisbury, Southern Rhodesia, Galaxie Press.

Gazzaniga, M. S. 1992. *Nature's Mind: The Biological Roots of Thinking, Emotions, Sexuality, Language, and Intelligence*. New York, Basic Books.

1998. *The Mind's Past*. Berkeley, University of California Press.

Geary, P. 1986. Sacred commodities: the circulation of medieval relics. In *The Social Life of Things: Commodities in Cultural Perspective*, ed. by A. Appadurai, pp. 169-91. Cambridge, Cambridge University Press.

Geertz, C. 1965. The impact of the concept of culture on the concept of man. In *New Views of the Nature of Man*, ed. by J. R. Platt, pp. 93-118. Chicago, IL, University of Chicago Press.

1973. *The Interpretation of Cultures: Selected Essays*. New York, Basic Books.

Geikie, A. 1905. *The Founders of Geology*. 2nd edn. London, Macmillan.

Gellner, E. 1980. ed. *Soviet and Western Anthropology*. London, Duckworth.

1983. *Nations and Nationalism*. Ithaca, NY, Cornell University Press.

1985. *Relativism and the Social Sciences*. Cambridge, Cambridge University Press.

Gening, V. F. 1982. *Ocherki po Istorii Sovetskoy Arkheologii*. Kiev, Naukova Dumka.

Geras, N. 1983. *Marx and Human Nature: Refutation of a Legend*. London, Verso.

Gero, J. M. 1983. Gender bias in archaeology: a cross-cultural perspective. In J. M. Gero, D. M. Lacy and M. L. Blakey, pp. 51-7.

Gero, J. M. and M. W. Conkey. 1991. eds. *Engendering Archaeology: Women and Prehistory*. Oxford, Blackwell.

Gero, J. M., D. M. Lacy, and M. L. Blakey. 1983. eds. *The Socio-Politics of Archaeology*. Amherst, University of Massachusetts, Department of Anthropology, Research Report no. 23.

Gerrard, C. 2003. *Medieval Archaeology: Understanding Traditions and Contemporary Approaches*. London, Routledge.

Gibbon, G. E. 1984. *Anthropological Archaeology*. New York, Columbia University Press.

1985. Classical and anthropological archaeology:

a coming rapprochement? In *Contributions to Aegean Archaeology*, ed. by N. C. Wilkie and W. D. E. Coulson, pp. 283-94. Minneapolis, University of Minnesota Press.

1989. *Explanation in Archaeology*. Oxford, Blackwell.

Giddens, A. 1984. *The Constitution of Society: Outline of the Theory of Structuration*. Berkeley, University of California Press.

Gilchrist, R. 1994. *Gender and Material Culture: The Archaeology of Religious Women*. London, Routledge.

1999. *Gender and Archaeology: Contesting the Past*. London, Routledge.

Gill, D. W. J. 1987. Metru.Menece: an Etruscan painted inscription on a mid 5th-century BC red-figure cup from Populonia. *Antiquity* 61: 82-7.

Gillespie, S. D. and D. L. Nichols. 2003. eds. *Archaeology is Anthropology*. Washington, DC, Archeological Papers of the American Anthropological Association 13.

Gillispie, C. C. 1951. *Genesis and Geology: A Study in the Relations of Scientific Thought, Natural Theology, and Social Opinion in Great Britain, 1790-1850*. Cambridge, MA, Harvard University Press.

Gilman, A. 1976. Bronze Age dynamics in southeast Spain. *Dialectical Anthropology* 1: 307-19.

1981. The development of social stratification in Bronze Age Europe. *Current Anthropology* 22: 1-23.

Gimbutas, M. 1982. *The Goddesses and Gods of Old Europe, 6500-3500 BC: Myths and Cult Images*. London, Thames and Hudson.

Givens, D. R. 1992a. *Alfred Vincent Kidder and the Development of Americanist Archaeology*. Albuquerque, University of New Mexico Press.

1992b. The role of biography in writing the history of archaeology. In J. E. Reyman, pp. 51-66.

Gjessing, G. 1968. The social responsibility of the social scientist. *Current Anthropology* 9: 397-402.

Glacken, C. J. 1967. *Traces on the Rhodian Shore: Nature and Culture in Western Thought from Ancient Times to the End of the Eighteenth Century*. Berkeley and Los Angeles, University of California Press.

Gladwin, W. and H. S. Gladwin. 1930. A *Method for the Designation of Southwestern Pottery Types*. Globe, AZ, Medallion Papers no. 7.

1934. A *Method for Designation of Cultures and their Variations*. Globe, AZ, Medallion Papers no. 15.

Glass, H. B., O. Temkin, and W. L. Straus Jr. 1959. eds. *Forerunners of Darwin, 1745-1859*. Baltimore, MD, Johns Hopkins University Press.

Glassie, H. H. 1975. *Folk Housing in Middle Virginia: A Structural Analysis of Historic Artifacts*. Knoxville, University of Tennessee Press.

Gledhill, J. 1984. The transformation of Asiatic formations: the case of late prehispanic Mesoamerica. In M. Spriggs, 1984a, pp. 135-48.

Gobineau, J.-A., comte de. 1853-5. *Essai sur l'inégalité des races humaines*. 4 vols. Paris, Didot.

Godelier, M. 1986. *The Mental and the Material: Thought, Economy and Society*. London, Verso.

Godwin, H. 1933. British Maglemose harpoon sites. *Antiquity* 7: 36-48.

Goes Neves, E. 1998. Twenty years of Amazonian archaeology in Brazil (1977-1997). *Antiquity* 72: 625-32.

Goffman, E. 1963. *Behavior in Public Places: Notes on the Social Organization of Gatherings*. New York, Free Press.

Golden, C. W. and G. Borgstede. 2004. eds. *Continuities and Changes in Maya Archaeology: Perspectives at the Millennium*. London, Routledge.

Golomshtok, E. 1933. Anthropological activities in Soviet Russia. *American Anthropologist* 35: 301-27.

Gomaà, F. 1973. *Chaemwese, Sohn Ramses' II und Hoherpriester von Memphis*. Wiesbaden, Harrassowitz.

González Marcén, P. and R. Risch. 1990. Archaeology and historical materialism: outsider's reflections on theoretical discussions in British archaeology. In F. Baker and J. Thomas, pp. 94-104.

Goodenough, E. R. 1953-68. *Jewish Symbols in the Greco-Roman Period*. 13 vols. New York, Pantheon Books.

Goodrum, M. R. 2002. The meaning of ceraunia: archaeology, natural history and the interpretation of prehistoric stone artefacts in the eighteenth century. *British Journal of the History of Science* 35: 255-69.

Goodwin, A. J. H. and C. Van Riet Lowe. 1929. *The Stone Age Cultures of South Africa*. Cape Town, Annals of the South African Museum no. 27.

Gopal, L. 1985. Foreword. In Trigger 1985c, pp. i-vi.

Gopnik, M. 1997. ed. *The Inheritance and Innateness of Grammars*. Oxford, Oxford University Press.

Gordon, R. J. 1992. *The Bushman Myth: The Making of a Namibian Underclass*. Boulder, CO, Westview Press.

Gorenstein, S. 1977. History of American archaeology. In *Perspectives on Anthropology, 1976*, ed. by A. F. C. Wallace, pp. 86-115. Washington, DC, American Anthropological Association, Special Publication 10.

Gorodzov, V. A. 1933. The typological method in archaeology. *American Anthropologist* 35: 95-102.

Gosden, C. 1994. *Social Being and Time*. Oxford, Blackwell.

1999. *Anthropology and Archaeology: A Changing Relationship*. London, Routledge.

2004. *Archaeology and Colonialism: Cultural Contact from 5000 BC to the Present*. Cambridge, Cambridge University Press.

Goudie, A. 1976. Geography and prehistory. *Journal of Historical Geography* 2: 197-205.

Gould, R. A. 1978a. ed. *Explorations in Ethnoarchaeology*. Albuquerque, University of New Mexico Press.

1978b. Beyond analogy in ethnoarchaeology. In R. A. Gould, 1978a, pp. 249-93.

1980. *Living Archaeology*. Cambridge, Cambridge University Press.

Gould, R. A. and M. B. Schiffer. 1981. eds. *Modern Material Culture: The Archaeology of Us*. New York, Academic Press.

Gould, S. J. 1980. *The Panda's Thumb: More Reflections in Natural History*. New York, Norton.

1981. *The Mismeasure of Man*. New York, Norton.

Gould, S. J. and N. Eldredge. 1977. Punctuated equilibria: the tempo and mode of evolution reconsidered. *Paleobiology* 3: 115-51.

1993. Punctuated equilibrium comes of age. *Nature* 366: 223-7.

Gradmann, R. 1906. Beziehung zwischen Pflanzengeographie und Siedlungsgeschichte. *Geographische Zeitschrift* 12: 305-25.

Graham, I. 2002. *Alfred Maudslay and the Maya: A Biography*. Norman, University of Oklahoma Press.

Graham, L. R. 1967. *The Soviet Academy of Sciences and the Communist Party, 1927-1932*. Princeton, NJ, Princeton University Press.

Graham-Campbell, J. and D. Kidd. 1980. *The Vikings*. London, British Museum Publications.

Gramsci, A. 1992. *Prison Notebooks*. New York, Columbia University Press.

Gran-Aymerich, E. 1998. *Naissance de l'archéologie moderne, 1798-1945*. Paris, CNRS Editions.

Grant, G. 1965. *Lament for a Nation: The Defeat of Canadian Nationalism*. Toronto, McClelland and Stewart.

Grant, M. 1916. *The Passing of the Great Race; or, The Racial Basis of European History*. New York, Scribner's.

Gräslund, B. 1974. *Relativ Datering: Om Kronologisk Metod i Nordisk Arkeologi*. Uppsala, TOR no. 16.

1976. Relative chronology: dating methods in Scandinavian archaeology. *Norwegian Archaeological Review* 9: 69-126.

1981. The background to C. J. Thomsen's Three-Age system. In G. Daniel, 1981b, pp. 45-50.

1987. *The Birth of Prehistoric Chronology*. Cambridge, Cambridge University Press.

Graves, M. W. and C. Erkelens. 1991. Who's in control? Method and theory in Hawaiian archaeology. *Asian Perspectives* 30: 1-17.

Graves-Brown, P., S. Jones, and C. Gamble. 1996. eds. *Cultural Identity and Archaeology: The Construction of European Communities*. London, Routledge.

Grayson, D. K. 1983. *The Establishment of Human Antiquity*. New York, Academic Press.

1986. Eoliths, archaeological ambiguity, and the generation of "middle range" research. In D. J. Meltzer et al., pp. 77-133.

Green, S. 1981. *Prehistorian: A Biography of V. Gordon Childe*. Bradford-onAvon, UK, Moonraker Press.

Greene, J. C. 1959. *The Death of Adam*. Ames, Iowa State University Press.

Greene, K. 1999. V. Gordon Childe and the vocabulary of revolutionary change. *Antiquity* 73: 97-109.

Greener, L. 1966. *The Discovery of Egypt*. London, Cassell.

Greenhalgh, M. 1989. *The Survival of Roman Antiquities in the Middle Ages*. London, Duckworth.

Griffin, J. B. 1980. The Mesoamerican-southeastern U.S. connection. *Early Man* 2(3): 12-18.

Griffiths, T. 1996. *Hunters and Collectors: The Antiquarian Imagination in Australia*. Cambridge, Cambridge University Press.

Groenen, M. 1994. *Pour une histoire de la préhistoire: le Paléolithique*. Grenoble, J. Millon.

Gruber, J. W. 1965. Brixham Cave and the antiquity of man. In *Context and Meaning in Cultural Anthropology*, ed. by M. E. Spiro, pp. 373-402. New York, Free Press.

Grünert, H. 2002. Gustaf Kossinna (1858-1931), Vom Germanisten zum Prähistoriker: Ein Wissenschaftler im Kaiserreich und in der Weimarer Republik. Rahden / Westfalen, Leidorf.

Guest, E. 1883. *Origines Celticae (a Fragment)*, ed. by W. Stubbs and C. Deedes. London, Macmillan.

Guidi, A. 1987. The development of prehistoric archaeology in Italy: a short review. *Acta Archaeologica* 58: 237-47.

1988. *Storia della Paletnologia*. Rome, Editori Laterza.

1996. Nationalism without a nation: the Italian case. In M. Díaz-Andreu and T. Champion, 1996a, pp. 108-18.

Gutting, G. 1989. *Michel Foucault's Archaeology of Scientific Reason*. Cambridge, Cambridge University Press.

Haber, F. C. 1959. *The Age of the World: Moses to*

Darwin. Baltimore, MD, Johns Hopkins University Press.

Habermas, J. 1971. *Knowledge and Human Interests*. Boston, MA, Beacon Press.

1975. *Legitimation Crisis*. Boston, MA, Beacon Press.

Habu, J. 1989. Contemporary Japanese archaeology and society. *Archaeological Review from Cambridge* 8(1): 36-45.

2004. *Ancient Jomon of Japan*. Cambridge, Cambridge University Press.

Habu, J. and C. Fawcett. 1999. Jomon archaeology and the representation of Japanese origins. *Antiquity* 73: 587-93.

Hall, A. J. 2003. *The American Empire and the Fourth World*. Montreal, McGill-Queen's University Press.

Hall, J. 1986. *Powers and Liberties: The Causes and Consequences of the Rise of the West*. Harmondsworth, UK, Penguin.

Hall, M. 1984. The burden of tribalism: the social context of southern African Iron Age studies. *American Antiquity* 49: 455-67.

Hall, R. N. 1909. *Prehistoric Rhodesia*. London, Unwin.

Hall, R. N. and W. G. Neal. 1902. *The Ancient Ruins of Rhodesia*. London, Methuen.

Halle, U. 2005. Archaeology in the Third Reich, academic scholarship and the rise of the "lunatic fringe." *Archaeological Dialogues* 12: 91-102.

Hallote, R. S. and A. H. Joffe. 2002. The politics of Israeli archaeology: between "nationalism" and "science" in the age of the second republic. *Israel Studies* 7(3): 84-116.

Hallowell, A. I. 1960. The beginnings of anthropology in America. In *Selected Papers from the American Anthropologist 1880-1920*, ed. by F. de Laguna, pp. 1-90. Evanston, IL, Row, Peterson and Company.

Hallpike, C. R. 1979. *The Foundations of Primitive Thought*. Oxford, Oxford University Press.

1986. *The Principles of Social Evolution*. Oxford, Oxford University Press.

Hamann, B. 2002. The social life of pre-sunrise things: indigenous Mesoamerican archaeology. *Current Anthropology* 43: 351-82.

Hamell, G. 1983. Trading in metaphors: the magic of beads. In *Proceedings of the 1982 Glass Trade Bead Conference*, ed. by C. F. Hayes, III, pp. 5-28. Rochester, NY, Rochester Museum and Science Center, Research Records no. 16.

Hamilakis, Y., M. Pluciennik, and S. Tarlow. 2002. eds. *Thinking through the Body: Archaeologies of Corporeality*. New York, Plenum.

Hammond, N. 1983. Lords of the jungle: a prosopography of Maya archaeology. In *Civilization in the Ancient Americas*, ed. by R. M. Leventhal and A. L. Kolata, pp. 3-32. Albuquerque, University of New Mexico Press.

Hampson, N. 1982. *The Enlightenment*. Harmondsworth, UK, Penguin.

Hanbury-Tenison, J. 1986. Hegel in prehistory. *Antiquity* 60: 108-14.

Handsman, R. G. 1981. Early capitalism and the Center Village of Canaan, Connecticut: a study of transformations and separations. *Artifacts* 9(3): 1-22.

Hanen, M. and J. Kelley. 1992. Gender and archaeological knowledge. In L. Embree, pp. 195-225.

Hanke, L. 1959. *Aristotle and the American Indians*. Chicago, IL, Regnery.

Harding, R. 2003. Archaeology and religious landscapes in India: a case study. *Bulletin of the History of Archaeology* 13(2): 4-8.

Härke, H. 1991. All quiet on the Western Front? Paradigms, methods and approaches in West German archaeology. In Ian Hodder, 1991a, pp. 187-222.

1995. "The Hun is a methodical chap": reflections on the German tradition of preand proto-history. In P. J. Ucko, 1995a, pp. 46-60.

1998. Archaeologists and migrations: a problem of attitude. *Current Anthropology* 39: 19-45.

2000a. ed. *Archaeology, Ideology and Society: The German Experience*. Frankfurt am Main, Peter Lang.

2000b. The German experience. In H. Härke, 2000a, pp. 12-39.

2000c. Social analysis of mortuary evidence in German protohistoric archaeology. *Journal of Anthropological Archaeology* 19: 369-84.

Harré, R. 1970. *The Principles of Scientific Thinking*. Chicago, IL, University of Chicago Press.

1972. *The Philosophies of Science: An Introductory Survey*. Oxford, Oxford University Press.

Harré, R. and E. H. Madden. 1975. *Causal Powers: A Theory of Natural Necessity*. Oxford, Blackwell.

Harrington, J. C. 1955. Archeology as an auxiliary science to American history. *American Anthropologist* 57: 1121-1130.

Harrington, M. R. 1924. *An Ancient Village Site of the Shinnecock Indians*. New York, Anthropological Papers of the American Museum of Natural History, no. 22, pt. 5.

Harris, D. R. 1994. ed. *The Archaeology of V. Gordon Childe: Contemporary Perspectives*. London, UCL Press.

Harris, M. 1968a. *The Rise of Anthropological Theory*. New York, Crowell.

1968b. Comments. In S. R. and L. R. Binford, 1968, pp. 359-61.

1974. *Cows, Pigs, Wars and Witches*. New York, Random House.

1977. *Cannibals and Kings: The Origins of Cultures*. New York, Random House.

1979. *Cultural Materialism: The Struggle for a Science of Culture*. New York, Random House.

1981. *America Now: The Anthropology of a Changing Culture*. New York, Simon and Schuster.

Harrison, R. J. 1980. *The Beaker Folk: Copper Age Archaeology in Western Europe*. London, Thames and Hudson.

Hart, J. P. and J. E. Terrell. 2002. eds. *Darwin and Archaeology: A Handbook of Key Concepts*. Westport, CT, Bergin and Garvey.

Harvey, D. 1989. *The Condition of Postmodernity*. Oxford, Blackwell.

Hassan, F. A. 1995. The World Archaeological Congress in India: politicizing the past. *Antiquity* 69: 874-7.

1998. Memorabilia: archaeological materiality and national identity in Egypt. In L. Meskell, pp. 200-16.

Hassmann, H. 2000. Archaeology in the "Third Reich." In H. Härke, 2000a, pp. 65-139.

Haven, S. 1856. *Archaeology of the United States*. Washington, DC, Smithsonian Contributions to Knowledge, no. 8(2).

1864. Report of the librarian. *Proceedings of the American Antiquarian Society*, April 1864: 30-52.

Haverfield, F. J. 1912. *The Romanization of Roman Britain*. 2nd edn. Oxford, Oxford University Press.

Hawkes, C. F. 1954. Archeological theory and method: some suggestions from the Old World. *American Anthropologist* 56: 155-68.

Hawkes, J. 1963. ed. *The World of the Past*. 2 vols. New York, Knopf.

1968. The proper study of mankind. *Antiquity* 42: 255-62.

1982. *Mortimer Wheeler: Adventurer in Archaeology*. London, Weidenfeld and Nicolson.

Hayden, B. 1979. ed. *Lithic Use-Wear Analysis*. New York, Academic Press.

Hayden, B. and A. Cannon. 1984. *The Structure of Material Systems: Ethnoar-chaeology in the Maya Highlands*. Washington, DC, Society for American Archaeology, Paper no. 3.

Heffernan, M. J. 1994. A state scholarship: the political geography of French international science during the nineteenth century. *Transactions of the Institute of British Geographers* 19: 21-45.

Heffernan, T. F. 1988. *Wood Quay: The Clash over Dublin's Viking Past*. Austin, University of Texas Press.

Hegardt, J. 1999. Sven Nilsson. In T. Murray, 1999a, pp. 65-78.

2001. Sweden. In T. Murray, 2001a, pp. 1224-36.

Hegmon, M. 2003. Setting theoretical egos aside: issues and theory in North American archaeology. *American Antiquity* 68: 213-43.

Heizer, R. F. 1959. ed. *The Archaeologist at Work: A Source Book in Archaeological Method and Interpretation*. New York, Harper and Row.

1962a. ed. *Man's Discovery of his Past: Literary Landmarks in Archaeology*. Englewood Cliffs, NJ, Prentice-Hall.

1962b. The background of Thomsen's Three-Age system. *Technology and Culture* 3: 259-66.

Held, D. 1980. *Introduction to Critical Theory: Horkheimer to Habermas*. Berkeley, University of California Press.

Hellmich, M. 1923. *Die Besiedlung Schlesiens in vor- und frühgeschichtlicher Zeit*. Breslau, Preuss und Jünger.

Hempel, C. G. 1942. The function of general laws in history. *The Journal of Philosophy* 39: 35-48.

1962. Deductive-nomological vs. statistical explanation. In *Scientific Explanation, Space, and Time*, ed. by H. Feigl and G. Maxwell, pp. 98-169. Minneapolis, University of Minnesota Press.

1965. *Aspects of Scientific Explanation*. New York, Free Press.

1966. *Philosophy of Natural Science*. Englewood Cliffs, NJ, Prentice-Hall.

Hempel, C. G. and P. Oppenheim. 1948. Studies in the logic of explanation. *Philosophy of Science* 15: 135-75.

Herman, A. 2001. *How the Scots Invented the Modern World*. New York, Crown.

Herold, J. C. 1962. *Bonaparte in Egypt*. New York, Harper and Row.

Herrmann, J. 1990. *Heinrich Schliemann: Wegbereiter einer neuen Wissenschaft*. Berlin, Akademie-Verlag.

Herzfeld, M. 1992. Metapatterns: archaeology and the uses of evidential scarcity. In J.-C. Gardin and C. S. Peebles, pp. 66-86.

Hewett, E. L. 1906. *Antiquities of the Jemez Plateau, New Mexico*. Washington, DC, Bureau of American Ethnology, Bulletin no. 32.

Hides, S. 1996. The genealogy of material culture and cultural identity. In P. Graves-Brown et al., 1996, pp. 25-47.

Higgs, E. S. 1968. Archaeology – where now? *Mankind* 6: 617-20.

1972. ed. *Papers in Economic Prehistory*. Cambridge, Cambridge University Press.

1975. ed. *Palaeoeconomy*. Cambridge, Cambridge University Press.

Hill, J. N. 1968. Broken K Pueblo: patterns of form and function. In S. R. and L. R. Binford, pp. 103-42.

1970. *Broken K Pueblo: Prehistoric Social Organization in the American Southwest*. Tucson, University of Arizona Press.

Hinsley, C. M., Jr. 1981. *Savages and Scientists: The Smithsonian Institution and the Develop-*

ment of American Anthropology 1846-1910. Washington, DC, Smithsonian Institution Press.

1985. From shell-heaps to stelae: early anthropology at the Peabody Museum. In G. W. Stocking, Jr, pp. 49-74.

1999. Frederic Ward Putnam. In T. Murray, 1999a, pp. 141-54.

Hobsbawm, E. J. 1964. ed. *Karl Marx, Pre-Capitalist Economic Formations.* London, Lawrence and Wishart.

1990. *Nations and Nationalism since 1780: Programme, Myth, Reality.* Cambridge, Cambridge University Press.

Hodder, I. 1978a. ed. *The Spatial Organisation of Culture.* London, Duckworth.

1978b. ed. *Simulation Studies in Archaeology.* Cambridge, Cambridge University Press.

1982a. *The Present Past: An Introduction to Anthropology for Archaeologists.* London, Batsford.

1982b. *Symbols in Action: Ethnoarchaeological Studies of Material Culture.* Cambridge, Cambridge University Press.

1982c. ed. *Symbolic and Structural Archaeology.* Cambridge, Cambridge University Press.

1984a. Burials, houses, women and men in the European Neolithic. In D. Miller and C. Tilley, 1984a, pp. 51-68.

1984b. Archaeology in 1984. *Antiquity* 58: 25-32.

1985. Postprocessual archaeology. *Advances in Archaeological Method and Theory* 8: 1-26.

1986. *Reading the Past: Current Approaches to Interpretation in Archaeology.* Cambridge, Cambridge University Press.

1987a. ed. *Archaeology as Long-term History.* Cambridge, Cambridge University Press.

1987b. *The Archaeology of Contextual Meanings.* Cambridge, Cambridge University Press.

1988. Material culture texts and social change: a theoretical discussion and some archaeological examples. *Proceedings of the Prehistoric Society* 54: 67-75.

1990. *The Domestication of Europe: Structure and Contingency in Neolithic Societies.* Oxford, Blackwell.

1991a. ed. *Archaeological Theory in Europe: The Last Three Decades.* London, Routledge.

1991b. Preface. In I. Hodder, 1991a, pp. vii-xi.

1991c. Interpretive archaeology and its role. *American Antiquity* 56: 7-18.

1991d. *Reading the Past: Current Approaches to Interpretation in Archaeology.* 2nd ed. Cambridge, Cambridge University Press.

1992. ed. *Theory and Practice in Archaeology.* London, Routledge.

1999. *The Archaeological Process: An Introduction.* Oxford, Blackwell.

2001a. ed. *Archaeological Theory Today.* Cambridge, UK, Polity Press.

2001b. Introduction: a review of contemporary theoretical debates in archaeology. In I. Hodder, 2001a, pp. 1-13.

2003a. *Archaeology Beyond Dialogue.* Salt Lake City, University of Utah Press.

2003b. Archaeology as a discontinuous domain. In T. L. VanPool and C. S. VanPool, pp. 5-9.

Hodder, I. et al. 1995. eds. *Interpreting Archaeology: Finding Meaning in the Past.* London, Routledge.

Hodder, I. and M. Hassall. 1971. The non-random spacing of Romano-British walled towns. *Man* 6: 391-407.

Hodder, I. and S. Hutson. 2003. *Reading the Past: Current Approaches to Interpretation in Archaeology.* Cambridge, Cambridge University Press.

Hodder, I. and C. Orton. 1976. *Spatial Analysis in Archaeology.* Cambridge, Cambridge University Press.

Hodgen, M. T. 1964. *Early Anthropology in the Sixteenth and Seventeenth Centuries.* Philadelphia, University of Pennsylvania Press.

Hodson, F. R., D. G. Kendall, and P. Tăutu. 1971. eds. *Mathematics in the Archaeological and Historical Sciences.* Edinburgh, Edinburgh University Press.

Hoebel, E. A. 1949. *Man in the Primitive World.* New York, McGraw-Hill.

Hoffman, M. A. 1974. The rise of antiquarianism in Japan and Western Europe. *Arctic Anthropology* 11, supplement: 182-8.

1979. *Egypt before the Pharaohs: The Prehistoric Foundations of Egyptian Civilization.* New York, Knopf.

Hogarth, A. C. 1972. Common sense in archaeology. *Antiquity* 46: 301-4.

Hogarth, D. G. 1899. ed. *Authority and Archaeology, Sacred and Profane.* London, John Murray.

Hole, F. and R. F. Heizer. 1969. *An Introduction to Prehistoric Archaeology.* 2nd edn. New York, Holt, Rinehart and Winston.

Holmes, T. R. 1907. *Ancient Britain and the Invasions of Julius Caesar.* Oxford, Oxford University Press.

Holmes, W. H. 1903. Aboriginal pottery of the eastern United States. Washington, DC, *Bureau of American Ethnology, Annual Report* 20: 1237.

1914. Areas of American culture characterization tentatively outlined as an aid in the study of the antiquities. *American Anthropologist* 16: 413-46.

Holtorf, C. 2002. Notes on the life history of a pot sherd. *Journal of Material Culture* 7: 49-71.

Holtorf, C. and H. Karlsson. 2000. eds *Philosophy*

and Archaeological Practice: Perspectives for the 21st Century. Göteborg, Bricoleur Press.

Hood, D. 1964. *Davidson Black: A Biography*. Toronto, University of Toronto Press.

Hooton, E. A. 1938. *Apes, Men, and Morons*. London, Allen and Unwin.

Horsman, R. 1975. Scientific racism and the American Indian in the midnineteenth century. *American Quarterly* 27: 152-68.

1981. *Race and Manifest Destiny: The Origins of American Racial Anglo-Saxonism*. Cambridge, MA, Harvard University Press.

Horton, D. 1991. *Recovering the Tracks: The Story of Australian Archaeology*. Canberra, Aboriginal Studies Press.

Howe, J. E. 1976. Pre-agricultural society in Soviet theory and method. *Arctic Anthropology* 13: 84-115.

1980. The Soviet Theories of Primitive History: Forty Years of Speculation on the Origins and Evolution of People and Society. PhD thesis, Seattle, University of Washington.

Huddleston, L. E. 1967. *Origins of the American Indians: European Concepts, 1492-1729*. Austin, University of Texas Press.

Hudson, K. 1981. *A Social History of Archaeology: The British Experience*. London, Macmillan.

Hull, D. L. 1988. *Science as a Process: An Evolutionary Account of the Social and Conceptual Development of Science*. Chicago, IL, University of Chicago Press.

Hulse, E. 1999. ed. *Thinking with Both Hands: Sir Daniel Wilson in the Old World and The New*. Toronto, University of Toronto Press.

Hunt, L. 1989. Introduction: history, culture, and text. In *The New Cultural History: Essays*, ed. by L. Hunt, pp. 1-22. Berkeley, University of California Press.

Hunt, T. L., C. P. Lipo, and S. L. Sterling. 2001. eds. *Posing Questions for a Scientific Archaeology*. Westport, CT, Bergin and Garvey.

Hunter, J. 1983. *Perspective on Ratzel's Political Geography*. Lanham, MD, University Press of America.

Hunter, M. 1975. *John Aubrey and the Realm of Learning*. London, Duckworth.

Huntington, R. and P. Metcalf. 1979. *Celebrations of Death*. Cambridge, Cambridge University Press.

Hurt, T. D. and G. F. M. Rakita. 2001. eds. *Style and Function: Conceptual Issues in Evolutionary Archaeology*. Westport, CT, Bergin and Garvey.

Hussey, C. 1927. *The Picturesque: Studies in a Point of View*. New York, Putnam's.

Hutchinson, H. G. 1914. *Life of Sir John Lubbock, Lord Avebury*. 2 vols. London, Macmillan.

Huxley, T. H. 1896. *Man's Place in Nature and Other Anthropological Essays*. New York, Appleton.

Iggers, G. G. and J. M. Powell. 1990. eds. *Leopold von Ranke and the Shaping of the Historical Discipline*. Syracuse, NY, Syracuse University Press.

Ihering, H. von. 1895. A civilisacão prehistorica do Brasil meridional. São Paulo, *Revista do Museu Paulista* 1: 34-159.

Ikawa-Smith, F. 1982. Co-traditions in Japanese archaeology. *World Archaeology* 13: 296-309.

1995. The Jomon, the Ainu, and the Okinawans: the changing politics of ethic identity in Japanese archeology. In *Communicating with Japan: An Interdisciplinary Anthology*, ed. by D. J. Dicks, pp. 43-56. Montreal, Concordia University.

2001. Japan. In T. Murray, 2001a, pp. 734-44.

Im Hoff, U. 1994. *The Enlightenment*. Oxford, Blackwell.

Ingersoll, D., J. Yellen, and W. Macdonald. 1977. eds. *Experimental Archaeology*. New York, Columbia University Press.

Ingold, T. 1996. Hunting and gathering as ways of perceiving the environment. In *Redefining Nature: Ecology, Culture and Domestication*, ed. by R. Ellen and K. Fukui, pp. 117-55. Oxford, Berg.

Irvine, W. 1955. *Apes, Angels, and Victorians*. New York, McGraw-Hill.

Irwin, J. T. 1980. *American Hieroglyphs: The Symbol of the Egyptian Hieroglyphs in the American Renaissance*. New Haven, CT, Yale University Press.

Isaac, R. 1982. *The Transformation of Virginia, 1740-1790*. Chapel Hill, University of North Carolina Press.

Isaacs, J. 1980. ed. *Australian Dreaming: 40,000 Years of Aboriginal History*. Sydney, Lansdowne Press.

Iversen, E. 1993. *The Myth of Egypt and its Hieroglyphs in European Tradition*. Princeton, NJ, Princeton University Press.

Jacks, P. 1993. *The Antiquarian and the Myth of Antiquity: The Origins of Rome in Renaissance Thought*. Cambridge, Cambridge University Press.

Jacob-Friesen, K. H. 1928. *Grundfragen der Urgeschichtsforschung: Stand und Kritik der Forschung über Rassen, Völker und Kulturen in urgeschichtlicher Zeit*. Hannover, Helwing.

Jacobs, J. 2000. German unification and East German archaeology. In H. Härke, 2000a, pp. 339-52.

Jacobson, J. 1979. Recent developments in South Asian prehistory and protohistory. *Annual Review of Anthropology* 8: 467-502.

Jaenen, C. 1976. *Friend and Foe: Aspects of French-Amerindian Cultural Contact in the Sixteenth and Seventeenth Centuries*. Toronto,

McClelland and Stewart.

Jahnkuhn, H. 1977. *Einführung in die Siedlungs-sarchäologie*. Berlin, de Gruyter.

Jairazbhoy, R. A. 1974, 1976. *The Old World Origins of American Civilization*. 2 vols. Totawa, NJ, Rowman and Littlefield.

Janetski, J. C. 1997a. Fremont hunting and resource intensification in the eastern Great Basin. *Journal of Archaeological Science* 24: 1075-88.

 1997b. 150 years of Utah archaeology. *Utah Historical Quarterly* 65: 10133.

Jarman, M. R., G. N. Bailey, and H. N. Jarman. 1982. eds. *Early European Agriculture: Its Foundations and Development*. Cambridge, Cambridge University Press.

Jaspers, K. 1953. *The Origin and Goal of History*. New Haven, CT, Yale University Press.

Jeffreys, D. 2003. ed. *Views of Ancient Egypt since Napoleon Bonaparte: Imperialism, Colonialism and Modern Appropriations*. London, UCL Press.

Jencks, C. 1986. *What is Postmodernism?* New York, St. Martin's Press.

Jenkins, I. 1992. *Archaeologists and Aesthetes in the Sculpture Galleries of the British Museum, 1800-1939*. London, British Museum Press.

Jenkyns, R. 1980. *The Victorians and Ancient Greece*. Cambridge, MA, Harvard University Press.

Jenness, D. 1932. Fifty years of archaeology in Canada. *Royal Society of Canada, Fifty Years Retrospect, Anniversary Volume, 1882-1932*, pp. 71-6. Toronto, Ryerson Press.

Jennings, J. D. 1979. ed. *The Prehistory of Polynesia*. Cambridge, MA, Harvard University Press.

Jochim, M. A. 1976. *Hunter-Gatherer Subsistence and Settlement: A Predictive Model*. New York, Academic Press.

Johnson, G. A. 1978. Information sources and the development of decisionmaking organizations. In *Social Archeology*, ed. by C. L. Redman et al., pp. 87-112. New York, Academic Press.

 1981. Monitoring complex system integration and boundary phenomena with settlement size data. In *Archaeological Approaches to the Study of Complexity*, ed. by S. E. van der Leeuw, pp. 143-88. Amsterdam, Van Giffen Institute.

Johnson, J. K. 1993. ed. *The Development of Southeastern Archaeology*. Tuscaloosa, University of Alabama Press.

Johnson, L. L. 1978. A history of flint-knapping experimentation, 1838-1976. *Current Anthropology* 19: 337-72.

Johnson, M. H. 1989. Conceptions of agency in archaeological interpretation. *Journal of Anthropological Archaeology* 8: 189-211.

 1996. *An Archaeology of Capitalism*. Oxford, Blackwell.

 1999. *Archaeological Theory: An Introduction*. Oxford, Blackwell.

Johnson, S. 1970. *Johnson's Journey to the Western Islands of Scotland*, ed. by R. W. Chapman. Oxford, Oxford University Press.

Johnston, W. M. 1967. *The Formative Years of R. G. Collingwood*. The Hague, Martinus Nijhoff.

Jones, A. 2002. *Archaeological Theory and Scientific Practice*. Cambridge, Cambridge University Press.

Jones, H. M. 1964. *O Strange New World: American Culture, The Formative Years*. New York, Viking Press.

Jones, R. 1979. The fifth continent: problems concerning the human colonization of Australia. *Annual Review of Anthropology* 8: 445-66.

 1992. Philosophical time travellers. *Antiquity* 66: 744-57.

Jones, S. 1997. *The Archaeology of Ethnicity: Constructing Identities in the Past and Present*. London, Routledge.

Jonker, G. 1995. *The Topography of Remembrance: The Dead, Tradition and Collective Memory in Mesopotamia*. Leiden, Brill.

Joyce, R. A. 2002. *The Languages of Archaeology: Dialogue, Narrative, and Writing*. Oxford, Blackwell.

 2003. Concrete memories: fragments of the past in the Classic Maya present (500-1000 AD). In R. M. Van Dyke and S. E. Alcock, pp. 104-25.

 2004. Embodied subjectivity: gender, femininity, masculinity, sexuality. In L. Meskell and R. W. Preucel, pp. 82-95.

Junker, K. 1998. Research under dictatorship: the German Archaeological Institute 1929-1945. *Antiquity* 72: 282-92.

Kaeser, M.-A. 2001. Switzerland. In T. Murray, 2001a, pp. 1236-44.

 2002. On the international roots of prehistory. *Antiquity* 76: 170-77.

 2004a. *L'Univers du préhistorien: science, foi et politique dans l'oeuvre et la vie d'Edouard Desor, 1811-1882*. Paris: L'Harmattan.

 2004b. *Les Lacustres: archéologie et mythe national*. Lausanne, Presses Polytechniques et Universitaires Romandes.

Kaiser, T. 1995. Archaeology and ideology in southeast Europe. In P. L. Kohl and C. Fawcett, pp. 99-119.

Kaiser, W. 1957. Zur inneren Chronologie der Naqadakultur. *Archaeologia Geographica* 6: 69-77.

Kane, S. 2003. ed. *The Politics of Archaeology and Identity in a Global Context*. Boston, MA, Archaeological Institute of America.

Karlsson, H. 1998. *Re-thinking Archaeology*. Gotarc Series B, 8. Göteborg, Göteborg University, Department of Archaeology.

Keen, B. 1971. *The Aztec Image in Western Thought*. New Brunswick, NJ, Rutgers University Press.

Kehoe, A. B. 1990. The monumental Midwestern Taxonomic Method. In *The Woodland Tradition in the Western Great Lakes*, ed. by G. Gibbon, pp. 31-36. Minneapolis, University of Minnesota Publications in Anthropology 4.

1998. *The Land of Prehistory: A Critical History of American Archaeology*. New York, Routledge.

Kehoe, A. B. and M. B. Emmerichs. 1999. eds. *Assembling the Past: Studies in the Professionalization of Archaeology*. Albuquerque, University of New Mexico Press.

Kelley, J. H. and M. P. Hanen. 1988. *Archaeology and the Methodology of Science*. Albuquerque, University of New Mexico Press.

Kelly, R. L. 1995. *The Foraging Spectrum: Diversity in Hunter-Gatherer Lifeways*. Washington, DC, Smithsonian Institution Press.

2000. Elements of a behavioral ecological paradigm for the study of prehistoric hunter-gatherers. In M. B. Schiffer, 2000a, pp. 63-78.

Kendall, D. G. 1969. Some problems and methods in statistical archaeology. *World Archaeology* 1: 68-76.

1971. Seriation from abundance matrices. In F. R. Hodson, D. G. Kendall, and P. Tăutu, pp. 215-52.

Kendrick, T. D. 1950. *British Antiquity*. London, Methuen.

Kent, S. 1984. *Analyzing Activity Areas: An Ethnoarchaeological Study of the Use of Space*. Albuquerque: University of New Mexico Press.

1987. ed. *Method and Theory for Activity Area Research: An Ethnoarchaeological Approach*. New York, Columbia University Press.

Keur, D. L. 1941. *Big Bead Mesa*. Menasha, WI, Society for American Archaeology, Memoir 1.

Kidder, A. V. 1924. *An Introduction to the Study of Southwestern Archaeology*. New Haven, CT, Papers of the Southwestern Expedition, Phillips Academy, no. 1.

1935. *Year Book*, no. 34. Washington, DC, Carnegie Foundation.

1962. *An Introduction to the Study of Southwestern Archaeology, with an Introduction, "Southwestern Archaeology Today," by Irving Rouse*. New Haven, CT, Yale University Press.

Killan, G. 1983. *David Boyle: From Artisan to Archaeologist*. Toronto, University of Toronto Press.

Kingsley, M. H. 1897. *Travels in West Africa: Congo Français, Corisco and Cameroons*. London, Macmillan.

Kirch, P. V. and M. D. Sahlins. 1992. *Anahulu: The Anthropology of History in the Kingdom of Hawaii*. 2 vols. Chicago, IL, University of Chicago Press.

Ki-Zerbo, J. 1981. ed. *General History of Africa, vol. I, Methodology and African Prehistory*. Berkeley and Los Angeles, University of California Press.

Klein, R. G. 1966. Chellean and Acheulean on the territory of the Soviet Union: a critical review of the evidence as presented in the literature. *American Anthropologist* 68(2), pt. 2: 1-45.

Kleindienst, M. R. and P. J. Watson. 1956. "Action archaeology": the archaeological inventory of a living community. *Anthropology Tomorrow* 5: 75-8.

Klejn, L. S. 1969. Characteristic methods in the current critique of Marxism in archeology. *Soviet Anthropology and Archeology* 7(4): 41-53.

1970. Archaeology in Britain: a Marxist view. *Antiquity* 44: 296-303.

1973a. Marxism, the systemic approach, and archaeology. In Renfrew 1973b, pp. 691-710.

1973b. On major aspects of the interrelationship of archaeology and ethnology. *Current Anthropology* 14: 311-20.

1974. Kossinna im Abstand von vierzig Jahren. *Jahresschrift für mitteldeutsche Vorgeschichte* 58: 7-55.

1977. A panorama of theoretical archaeology. *Current Anthropology* 18: 142.

1982. *Archaeological Typology*. Oxford, BAR, International Series, no. 153.

1990. Theoretical archaeology in the making: a survey of books published in the West in 1974-1979. *Fennoscandia Archaeologica* 7: 3-15.

1991. A Russian lesson for theoretical archaeology: a reply. *Fennoscandia Archaeologica* 8: 67-71.

1993a. *Fenomen Sovetskoy Arkheologii*. St. Petersburg, Farn.

1993b. *La Arqueología Soviética: Historia y Teoría de una Escuela Desconocida*. Barcelona, Editoria Crítica.

1994a. Overcoming national romanticism in archaeology. *Fennoscandia Archaeologica* 11: 87-8.

1994b. Childe and Soviet archaeology: a romance. In D. R. Harris, pp. 75-99.

1997. *Das Phänomen der sowjetischen Archäologie*. Frankfurt am Main, Peter Lang.

1999a. Gustaf Kossinna 1858-1931. In T. Murray, 1999a, pp. 233-46.

1999b. Vasiliy Alekeyevich Gorodcov. In T. Murray, 1999a, pp. 247-62.

2001a. Metaarchaeology. *Acta Archaeologica* 27: 1-149.

2001b. Russia. In T. Murray, 2001a, pp. 1127-45.

Klemm, G. F. 1843-52. *Allgemeine Cultur-Geschichte der Menschheit*. 10 vols. Leipzig, Teubner.

1854-1855. *Allgemeine Kulturwissenschaft.* Leipzig, J. A. Romberg.

Kletter, R. 2006. *Just Past? The Making of Israeli Archaeology.* London, Equinox.

Klindt-Jensen, O. 1975. *A History of Scandinavian Archaeology.* London, Thames and Hudson.

1976. The influence of ethnography on early Scandinavian archaeology. In J. V. S. Megaw, pp. 43-8.

Kluckhohn, C. 1940. The conceptual structure in Middle American studies. In *The Maya and their Neighbors,* ed. by C. L. Hay et al., pp. 41-51. New York, Appleton-Century.

Knapp, A. B. 1988. Ideology, archaeology and polity. *Man* 23: 133-63.

1992. ed. *Archaeology, Annales, and Ethnohistory.* Cambridge, Cambridge University Press.

Knorr-Cetina, K. D. 1981. *The Manufacture of Knowledge: An Essay on the Constructivist and Contextual Nature of Science.* Oxford, Pergamon.

Koepping, K.-P. 1983. *Adolf Bastian and the Psychic Unity of Mankind: The Foundations of Anthropology in Nineteenth Century Germany.* St. Lucia, University of Queensland Press.

Kohl, P. L. 1975. The archaeology of trade. *Dialectical Anthropology* 1: 43-50.

1978. The balance of trade in southwestern Asia in the mid-third millennium B.C. *Current Anthropology* 19: 463-92.

1979. The "world economy" of West Asia in the third millennium B.C. In *South Asian Archaeology 1977,* ed. by M. Taddei, vol. 1, pp. 55-85. Naples, Istituto Universitario Orientale, Seminario di Studi Asiatici.

1981a. ed. *The Bronze Age Civilization of Central Asia: Recent Soviet Discoveries.* Armonk, NY, Sharpe.

1981b. Materialist approaches in prehistory. *Annual Review of Anthropology* 10: 89-118.

1984. Force, history and the evolutionist paradigm. In M. Spriggs, 1984a, pp. 127-34.

1987. The ancient economy, transferable technologies, and the Bronze Age world system: a view from the northwestern frontier of the ancient Near East. In *Centre and Periphery in the Ancient World,* ed. by M. J. Rowlands and M. T. Larsen, pp. 13-24. Cambridge, Cambridge University Press.

1993. Limits to a post-processual archaeology (or, the dangers of a new scholasticism). In N. Yoffee and A. Sherratt, pp. 13-19.

1998. Nationalism and archaeology: on the construction of nations and the reconstructions of the remote past. *Annual Review of Anthropology* 27: 223-46.

Kohl, P. L. and C. Fawcett. 1995. eds. *Nationalism, Politics, and the Practice of Archaeology.* Cambridge, Cambridge University Press.

Kohl, P. L. and J. A. Pérez Gollán. 2002. Religion, politics, and prehistory: reassessing the lingering legacy of Oswald Menghin. *Current Anthropology* 43: 561-610.

Kohl, P. L. and G. R. Tsetskhladze. 1995. Nationalism, politics, and the practice of archaeology in the Caucasus. In P. L. Kohl and C. Fawcett, pp. 149-74.

Kohn, H. 1960. *The Mind of Germany.* New York, Scribner's.

Kokkonen, J. 1985. Aarne Michaël Tallgren and Eurasia Septentrionalis Antiqua. *Fennoscandia Archaeologica* 2: 3-10.

Kolakowski, L. 1976. *La Philosophie positiviste.* Paris, Denoël.

1978a. *Main Currents of Marxism,* vol. 1, *The Founders.* Oxford, Oxford University Press.

1978b. *Main Currents of Marxism,* vol. 2, *The Golden Age.* Oxford, Oxford University Press.

1978c. *Main Currents of Marxism,* vol. 3, *The Breakdown.* Oxford, Oxford University Press.

Kolpakov, E. M. and L. B. Vishnyatsky. 1990. Current theoretical discussion in Soviet archaeology: an essay. *Fennoscandia Archaeologica* 7: 17-25.

Kossack, G. 1992. Prehistoric archaeology in Germany: its history and current situation. *Norwegian Archaeological Review* 25: 73-109.

Kossinna, G. 1911. *Die Herkunft der Germanen.* Leipzig, Kabitzsch.

1926-1927. *Ursprung und Verbreitung der Germanen in Vor- und Frühgeschichtlicher Zeit.* 2 vols. Berlin, Lichterfelde.

Kosso, P. 2001. *Knowing the Past: Philosophical Issues of History and Archaeology.* Amherst, NY, Humanity Books.

Kotsakis, K. 1991. The powerful past: theoretical trends in Greek archaeology. In I. Hodder, 1991a, pp. 65-90.

Kramer, C. 1979. ed. *Ethnoarchaeology: Implications of Ethnography for Archaeology.* New York, Columbia University Press.

1982. *Village Ethnoarchaeology: Rural Iran in Archaeological Perspective.* New York, Academic Press.

Kristiansen, K. 1981. A social history of Danish archaeology (1805-1975). In G. Daniel, 1981b, pp. 20-44.

1984. Ideology and material culture: an archaeological perspective. In M. Spriggs, 1984a, pp. 72-100.

1985. A short history of Danish archaeology: an analytical perspective. In *Archaeological Formation Processes,* ed. by K. Kristiansen, pp. 12-34. Copenhagen, Nationalmusset.

1993. "The strength of the past and its great might"; an essay on the use of the past. *Journal of European Archaeology* 1: 3-32.

1996. European origins "civilisation" and "barbarism." In P. Graves-Brown et al., 1996, pp. 138-44.

2002. The birth of ecological archaeology in Denmark: history and research environments 1850-2000. In A. Fischer and K. Kristiansen, pp. 11-31.

2004a. Genes versus agents: a discussion of the widening theoretical gap in archaeology (with comments). *Archaeological Dialogues* 11: 77-132.

2004b. Who owns the past? reflections on roles and responsibilities. In L. Vishnyatsky et al., pp. 79-86.

Kristiansen, K. and T. B. Larsson. 2005. *The Rise of Bronze Age Society: Travels, Transmissions and Transformations*. Cambridge, Cambridge University Press.

Kroeber, A. L. 1909. The archaeology of California. In F. Boas et al., pp. 1-42.

1916. Zuñi potsherds. New York, *Anthropological Papers of the American Museum of Natural History* 18(1): 7-37.

1952. *The Nature of Culture*. Chicago, IL, University of Chicago Press.

1953. ed. *Anthropology Today*. Chicago, IL, University of Chicago Press.

Kroeber, A. L. and C. Kluckhohn. 1952. *Culture – A Critical Review of Concepts and Definitions*. Cambridge, MA, Harvard University, Papers of the Peabody Museum of American Archaeology and Ethnology no. 47.

Kroker, A. 1984. *Technology and the Canadian Mind: Innis/McLuhan/ Grant*. Montreal, New World Perspectives.

Kruglov, A. P. and G. V. Podgayetsky. 1935. *Rodovoe Obshchestvo Stepei Vostochnoi Evropy*. Leningrad, Izvestiia GAIMK no. 119.

Kubler, G. 1962. *The Shape of Time: Remarks on the History of Things*. New Haven, CT, Yale University Press.

Kuhn, T. S. 1962. *The Structure of Scientific Revolutions*. Chicago, IL, University of Chicago Press.

1970. *The Structure of Scientific Revolutions*. 2nd edn. Chicago, IL, University of Chicago Press.

1977. *The Essential Tension: Selected Studies in Scientific Tradition and Change*. Chicago, IL, University of Chicago Press.

Kuklick, B. 1996. *Puritans in Babylon: The Ancient Near East and American Intellectual Life, 1880-1930*. Princeton, NJ, Princeton University Press.

Kuklick, H. 1991a. *The Savage Within: The Social History of British Anthropology, 1885-1945*. Cambridge, Cambridge University Press.

1991b. Contested monuments: the politics of archaeology in southern Africa. In *Colonial Situations: Essays on the Contextualization of Ethnographic Knowledge* (*History of Anthropology* 7), ed. by G. W. Stocking Jr, pp. 135-69. Madison, University of Wisconsin Press.

Kupperman, K. O. 1980. *Settling with the Indians: The Meeting of English and Indian Cultures in America, 1580-1640*. Totowa, NJ, Rowman and Littlefield.

Kus, S. 1984. The spirit and its burden: archaeology and symbolic activity. In M. Spriggs, 1984a, pp. 101-7.

1992. Toward an archaeology of body and soul. In J.-C. Gardin and C. S. Peebles, pp. 168-77.

2000. Ideas are like burgeoning grains on a young rice stalk: some ideas on theory in anthropological archaeology. In M. B. Schiffer, 2000a, pp. 156-72.

Kushner, G. 1970. A consideration of some processual designs for archaeology as anthropology. *American Antiquity* 35: 125-32.

Lacovara, P. 1981. The Hearst excavations at Deir-el-Ballas: the eighteenth dynasty town. In *Studies in Ancient Egypt, the Aegean, and the Sudan*, ed. by W. K. Simpson and W. M. Davis, pp. 120-4. Boston, MA, Museum of Fine Arts.

Lakoff, G. 1987. *Women, Fire, and Dangerous Things: What Categories Reveal about the Mind*. Chicago, IL, University of Chicago Press.

Lakoff, G. and M. Johnson. 1980. *Metaphors We Live By*. Chicago, IL, University of Chicago Press.

Lal, M. 1984. *Settlement History and Rise of Civilization in Ganga-Yamuna Doab*. Delhi, B. R. Publishing.

Lamberg-Karlovsky, C. C. 1975. Third millennium modes of exchange and modes of production. In J. A. Sabloff and C. C. Lamberg-Karlovsky, pp. 341-68.

1981. Afterword. In Kohl, 1981a, pp. 386-97.

1985. The Near Eastern "breakout" and the Mesopotamian social contract. *Symbols*, spring issue, 8-11, 23-4.

1989. ed. *Archaeological Thought in America*. Cambridge, Cambridge University Press.

Laming-Emperaire, A. 1962. *La signification de l'art rupestre paléolithique*. Paris, Picard.

1964. *Origines de l'archéologie préhistorique en France, des superstitions médiévales à la découverte de l'homme fossile*. Paris, Picard.

Lampeter Archaeological Workshop. 1997. Relativism, objectivity and the politics of the past. *Archaeological Dialogues* 4: 164-84.

Landau, M. 1991. *Narratives of Human Evolution*. New Haven, CT, Yale University Press.

Laplace, G. 1964. Essai de typologie systématique. *Annali dell' Universita di Ferrara* 15: 1-85.

Larsen, C. S. 1985. ed. *The Antiquity and Origin of Native North Americans*. New York, Garland.

Larsen, M. T. 1996. *The Conquest of Assyria: Excavations in an Antique Land, 1840-60.* London, Routledge.

Larson, P. A., Jr. 1979. Archaeology and science: surviving the preparadigmatic crisis. *Current Anthropology* 20: 230-1.

Laszlo, E. 1972a. *Introduction to Systems Philosophy.* New York, Gordon and Breach.

1972b. ed. *The Relevance of General Systems Theory.* New York, Braziller.

1972c. *The Systems View of the World.* New York, Braziller.

Latham, R. G. and A. W. Franks. 1856. eds. *Horae Ferales; or Studies in the Archaeology of the Northern Nations, by the late John M. Kemble.* London, Lovell, Reeve.

Latour, B. and S. Woolgar. 1979. *Laboratory Life: The Social Construction of Scientific Facts.* Beverly Hills, CA, Sage.

Laudan, L. 1990. *Science and Relativism: Some Key Controversies in the Philosophy of Science.* Chicago, IL, University of Chicago Press.

Laufer, B. 1913. Remarks. *American Anthropologist* 15: 573-7.

Laurent, O. 1999. The origins of French archaeology. *Antiquity* 73: 176-83.

Layton, R. 1989a. ed. *Conflict in the Archaeology of Living Traditions.* London, Unwin Hyman.

1989b. ed. *Who Needs the Past? Indigenous Values and Archaeology.* London, Unwin Hyman.

Leach, E. R. 1970. *Lévi-Strauss.* London, Fontana/Collins.

1973. Concluding address. In C. Renfrew, 1973b, pp. 761-71.

Leakey, L. S. B. 1931. *The Stone Age Cultures of Kenya Colony.* Cambridge, Cambridge University Press.

Leakey, M. 1984. *Disclosing the Past.* New York, Doubleday.

Lech, J. 1999. *Between Captivity and Freedom: Polish Archaeology in the 20th Century.* Warsaw, Arwil.

2002. On Polish archaeology in the 20th century: remarks and polemic. *Archaeologia Polona* 40: 185-252.

Lech, J. and F. M. Stepniowski. eds. 1999. *V. Gordon Childe i Archaeologia w XX wieku.* Warsaw, Wydawnictwo Naukowe PWM.

Lee, R. B. 1990. Primitive communism and the origin of social inequality. In S. Upham, pp. 225-46.

Lee, R. B. and I. DeVore. 1968. eds. *Man the Hunter.* Chicago, IL, Aldine.

Leeds, E. T. 1913. *The Archaeology of Anglo-Saxon Settlements.* Oxford, Clarendon Press.

Lefkowitz, M. R. and G. M. Rogers. 1996. eds. *Black Athena Revisited.* Chapel Hill, University of North Carolina Press.

Legendre, J.-P. 1999. Archaeology and ideological propaganda in annexed Alsace (1940-1944). *Antiquity* 73: 184-90.

Lelas, S. 1985. Typology of internal and external factors in the development of knowledge. *Ratio* 27: 67-81.

Leonard, R. D. 2001. Evolutionary archaeology. In I. Hodder, 2001a, pp. 65-97.

Leonard, R. D. and G. T. Jones. 1987. Elements of an inclusive evolutionary model for archaeology. *Journal of Anthropological Archaeology* 6: 199-219.

Leone, M. P. 1972. ed. *Contemporary Archaeology.* Carbondale, Southern Illinois University Press.

1981. Archaeology's relationship to the present and the past. In R. Gould and M. Schiffer, pp. 5-14.

1982. Some opinions about recovering mind. *American Antiquity* 47: 742-60.

1984. Interpreting ideology in historical archaeology: using the rules of perspective in the William Paca Garden in Annapolis, Maryland. In D. Miller and C. Tilley, 1984a, pp. 25-35.

1986. Symbolic, structural, and critical archaeology. In D. J. Meltzer et al., pp. 415-38.

2005. *The Archaeology of Liberty in an American Capital: Excavations in Annapolis.* Berkeley, University of California Press.

Leone, M. P. and P. B. Potter, Jr. 1988. eds. *The Recovery of Meaning: Historical Archaeology in the Eastern United States.* Washington, DC, Smithsonian Institution Press.

Leone, M. P., P. B. Potter Jr and P. A. Shackel. 1987. Toward a critical archaeology. *Current Anthropology* 28: 283-302.

Leppmann, W. 1970. *Winckelmann.* New York, Knopf.

Lepsius, C. R. 1880. *Nubische Grammatik, mit einer Einleitung über die Völker und Sprachen Afrikas.* Berlin, Hertz.

Leroi-Gourhan, A. 1964. *Les religions de la préhistoire.* Paris, Presses Universitaires de France.

1993. *Gesture and Speech.* Boston, MA, M.I.T. Press.

Leube, A. and M. Hegewisch. 2002. eds. *Prähistorie und Nationalsozialismus: die mittelund osteuropäische Ur- und Frühgeschictsforschung in den Jahren 1933-1945.* Heidelberg, Synchron.

Levi, P. 1979. *Pausanias: Guide to Greece.* 2 vols. Harmondsworth, UK, Penguin.

Levine, P. 1986. *The Amateur and the Professional: Antiquarians, Histori ans and Archaeologists in Victorian England, 1838-1886.* Cambridge, Cambridge University Press.

Levitt, J. 1979. A review of experimental traceological research in the USSR. In B. Hayden, pp. 27-38.

Lewis, T. M. N. and M. Kneberg. 1941. *The Prehis-*

tory of the Chickamauga Basin in Tennessee. Knoxville, Tennessee Anthropology Papers, no. 1.

Lewis-Williams, J. D. 2002. *The Mind in the Cave: Consciousness and the Origins of Art*. London, Thames and Hudson.

Lewis-Williams, J. D. and T. A. Dowson. 1988. The signs of all times: entoptic phenomena in Upper Palaeolithic art. *Current Anthropology* 29: 201-45.

Li, Chi. 1977. *Anyang*. Seattle, University of Washington Press.

Libby, W. F. 1955. *Radiocarbon Dating*. 2nd edn. Chicago, IL, University of Chicago Press.

Ligi, P. 1993. National romanticism in archaeology: the paradigm of Slavonic colonization in north-west Russia. *Fennoscandia Archaeologica* 10: 31-9.

Lillios, K. T. 1995. Nationalism and Copper Age research in Portugal during the Salazar regime (1932-1974). In P. L. Kohl and C. Fawcett, pp. 57-69.

Linebaugh, D. W. 2005. *The Man Who Found Thoreau: Roland W. Robbins and the Rise of Historical Archaeology in America*. Durham, University of New Hampshire Press.

Linton, R. 1944. North American cooking pots. *American Antiquity* 9: 369-80.

Lissarrague, F. 1990. *Aesthetics of the Greek Banquet: Images of Wine and Ritual*. Princeton, NJ, Princeton University Press.

Little, B. J. 1994. People with history: an update on historical archaeology in the United States. *Journal of Archaeological Method and Theory* 1: 5-40.

Liu, L. and X. Chen. 2001. China. In T. Murray, 2001a, pp. 315-33.

Lloyd, S. H. 1947. *Foundations in the Dust: A Story of Mesopotamian Exploration*. Oxford, Oxford University Press (2nd edn, London, Thames and Hudson, 1981).

Locke, J. [1690] 1952. *The Second Treatise of Government*, ed. by Thomas P. Peardon. New York, Liberal Arts Press.

Longacre, W. A. 1968. Some aspects of prehistoric society in east-central Arizona. In S. R. and L. R. Binford, pp. 89-102.

1970. *Archaeology as Anthropology: A Case Study*. Tucson, University of Arizona Press.

Longacre, W. A. and J. M. Skibo. 1994. eds. *Kalinga Ethnoarchaeology: Expanding Archaeological Method and Theory*. Washington, DC, Smithsonian Institution Press.

Loprieno, A. 2003. Views of the past in Egypt during the first millennium BC. In J. Tait, 2003, pp. 139-54.

Lord, B. 1974. *The History of Painting in Canada: Toward a People's Art*. Toronto, NC Press.

Lorenzo, J. L. 1981. Archaeology south of the Rio Grande. *World Archaeology* 13: 190-208.

1984. Mexico. In H. Cleere, pp. 89-100.

Lorenzo, J. L., A. P. Elias, and J. G. Barcena. 1976. *Hacia una Arqueología Social: Reunión de Teotihuacán*. México, DF, Instituto Nacional de Antropología e Historia.

Low, B. S. 2000. *Why Sex Matters: A Darwinian Look at Human Behavior*. Princeton, NJ, Princeton University Press.

Lowenthal, D. 1985. *The Past is a Foreign Country*. Cambridge, Cambridge University Press.

Lowther, G. R. 1962. Epistemology and archaeological theory. *Current Anthropology* 3: 495-509.

Lubbock, John [Lord Avebury]. 1865. *Pre-historic Times, as Illustrated by Ancient Remains, and the Manners and Customs of Modern Savages*. London, Williams and Norgate.

1869. *Pre-historic Times*. 2nd edn. London, Williams and Norgate.

1870. *The Origin of Civilisation and the Primitive Condition of Man*. London, Longmans, Green.

Lucas, A. 1926. *Ancient Egyptian Materials*. London, Arnold.

Lumbreras, L. 1974. *La Arqueología como Ciencia Social*. Lima, Ediciones Histar.

Lustig, J. 1997. ed. *Anthropology and Egyptology: A Developing Dialogue*. Sheffield, UK, Sheffield Academic Press.

Lyell, C. 1863. *The Geological Evidences of the Antiquity of Man, with Remarks on Theories of the Origin of Species by Variation*. London, Murray.

Lyman, R. L. and M. J. O'Brien. 1998. The goals of evolutionary archaeology: history and explanation. *Current Anthropology* 39: 615-52.

1999. Americanist stratigraphic excavation and the measurement of culture change. *Journal of Archaeological Method and Theory* 6: 55-108.

2001. The direct historical approach, analogical reasoning, and theory in Americanist archaeology. *Journal of Archaeological Method and Theory* 8: 303-42.

2003. *W. C. McKern and the Midwestern Taxonomic Method*. Tuscaloosa, University of Alabama Press.

Lyman, R. L., M. J. O'Brien, and R. C. Dunnell. 1997a. *The Rise and Fall of Culture History*. New York, Plenum.

1997b. eds. *Americanist Culture History: Fundamentals of Time, Space, and Form*. New York, Plenum.

Lynch, B. D. and T. F. Lynch. 1968. The beginnings of a scientific approach to prehistoric archaeology in 17th and 18th century Britain. *Southwestern Journal of Anthropology* 24: 33-65.

Lynott, M. J. and A. Wylie. 1995. eds. *Ethics in American Archaeology: Challenges for the 1990s*. Washington, DC, Society for American Archaeology.

Lyon, E. A. 1996. *A New Deal for Southeastern Archaeology*. Tuscaloosa, University of Alabama Press.

Lyotard, J.-F. 1984. *The Postmodern Condition: A Report on Knowledge*. Minneapolis, University of Minnesota Press.

McBryde, I. 1985. ed. *Who Owns the Past?* Melbourne, Oxford University Press.

1986. Australia's once and future archaeology. *Archaeology in Oceania* 21: 13-28.

McCall, D. F. 1964. *Africa in Time-Perspective*. Boston, MA, Boston University Press.

McCann, W. J. 1989. "Volk und Germanentum": the presentation of the past in Nazi Germany. In P. Gathercole and D. Lowenthal, pp. 74-88.

McCarthy, F. D. 1959. Methods and scope of Australian archaeology. *Mankind* 5: 297-316.

McDonald, W. A. 1966. Some suggestions on directions and a modest proposal. *Hesperia* 35: 413-18.

McDonald, W. A. and C. G. Thomas. 1990. *Progress into the Past: The Rediscovey of Mycenaean Civilization*. 2nd ed. Bloomington, Indiana University Press.

McGregor, J. C. 1941. *Southwestern Archaeology*. New York, Wiley.

McGuire, J. D. 1899. Pipes and smoking customs of the American aborigines, based on material in the U.S. National Museum. Washington, DC, *United States National Museum, Annual Report, 1897*, pt. 1: 351-645.

McGuire, R. H. 1983. Breaking down cultural complexity: inequality and heterogeneity. *Advances in Archaeological Method and Theory* 6: 91-142.

1992a. *A Marxist Archaeology*. San Diego, CA, Academic Press.

1992b. Archaeology and the First Americans. *American Anthropologist* 94: 816-36.

1993. Archaeology and Marxism. *Archaeological Method and Theory* 5: 101-57.

2004. Contested pasts: archaeology and Native Americans. In L. Meskell and R. W. Preucel, pp. 374-95.

McGuire, R. H. and R. Paynter. 1991. eds. *The Archaeology of Inequality*. Oxford, Blackwell.

McGuire, R. H. and P. Reckner. 2002. The unromantic West: labor, capital and struggle. *Historical Archaeology* 36: 44-58.

2003. Building a working-class archaeology: the Colorado Coal Field War project. *Industrial Archaeology Review* 25: 83-95.

McIntosh, R. J. 2001. Africa, francophone. In T. Murray, 2001a, pp. 21-35.

McKay, A. G. 1976. Archaeology and the creative imagination. In *Symposium on New Perspectives in Canadian Archaeology*, ed. by A. G. McKay, pp. 227-34. Ottawa, Royal Society of Canada, Symposium 15.

McKern, W. C. 1937. An hypothesis for the Asiatic origin of the Woodland culture pattern. *American Antiquity* 3: 138-43.

1939. The Midwestern Taxonomic Method as an aid to archaeological culture study. *American Antiquity* 4: 301-13.

McKusick, M. 1970. *The Davenport Conspiracy*. Iowa City, University of Iowa.

1991. *The Davenport Conspiracy Revisited*. Ames, Iowa State University Press.

McLennan, J. F. 1865. *Primitive Marriage*. Edinburgh, Adam and Charles Black.

McNairn, B. 1980. *Method and Theory of V. Gordon Childe*. Edinburgh, Edinburgh University Press.

McNeill, W. H. 1986. *Mythistory and Other Essays*. Chicago, IL, University of Chicago Press.

McNitt, F. 1990. *Richard Wetherill-Anasazi: Pioneer Explorer of Southwestern Ruins*. Albuquerque, University of New Mexico Press.

MacCormack, C. P. and M. Strathern. 1980. eds. *Nature, Culture and Gender*. Cambridge, Cambridge University Press.

MacCormack, S. 1995. Limits of understanding: perceptions of Greco-Roman and Amerindian paganism in early modern Europe. In *America in European Consciousness 1493-1750*, ed. by K. O. Kupperman, pp. 79-129. Chapel Hill, University of North Carolina Press.

1991. *Religion in the Andes: Vision and Imagination in Early Colonial Peru*. Princeton, NJ, Princeton University Press.

MacDonald, S. and M. Rice. 2003. eds. *Consuming Ancient Egypt*. London, UCL Press.

MacGaffey, W. 1966. Concepts of race in the historiography of northeast Africa. *Journal of African History* 7: 1-17.

MacKendrick, P. 1960. *The Mute Stones Speak: The Story of Archaeology in Italy*. New York, St. Martin's Press.

MacNeish, R. S. 1952. *Iroquois Pottery Types: A Technique for the Study of Iroquois Prehistory*. Ottawa, National Museum of Canada, Bulletin no. 124.

1974. Reflections on my search for the beginnings of agriculture in Mexico. In G. R. Willey, 1974a, pp. 205-34.

1978. *The Science of Archaeology?* North Scituate, MA, Duxbury Press.

1992. *The Origins of Agriculture and Settled Life*. Norman, University of Oklahoma Press.

MacWhite, E. 1956. On the interpretation of archeological evidence in historical and sociological terms. *American Anthropologist* 58: 3-25.

Maischberger, M. 2002. German archaeology during the Third Reich, 193345: a case study based on archival evidence. *Antiquity* 76: 209-18.

Majewski, T. 2003. Historical archaeology and disciplinary exegesis. In S. D. Gillespie and D. L. Nichols, pp. 77-84.

Makkay, J. 1991. Gordon Childe (1892-1957) and Hungary: a centenary tribute. *The New Hungarian Quarterly* 32: 107-14.

Malina, J. and Z. Vašíček. 1990. *Archaeology Yesterday and Today: The Development of Archaeology in the Sciences and Humanities*. Cambridge, Cambridge University Press.

Malinowski, B. 1922. *Argonauts of the Western Pacific*. New York, E. P. Dutton.

1945. *The Dynamics of Culture Change: An Inquiry into Race Relations in Africa*. New Haven, CT, Yale University Press.

Mallows, W. 1985. *The Mystery of the Great Zimbabwe*. London, Robert Hale.

Malmer, M. P. 1963. Metodproblem inom järnålderns Konsthistoria (with English summary). Lund, Acta Archaeologica Lundensia, series altera, 3.

Malone, C. and S. Kaner. 1999. eds. Heritage and archaeology in the Far East. *Antiquity* 73: 585-629.

Malone, C. and S. Stoddart. 1998. eds. David Clarke's "Archaeology: the loss of innocence" (1973) 25 years after. *Antiquity* 72: 676-702.

Malthus, T. 1798. *An Essay on the Principle of Population*. London, J. Johnson.

Marchak, M. P. 1991. *The Integrated Circus: The New Right and the Restructuring of Global Markets*. Montreal, McGill-Queen's University Press.

Marchand, S. L. 1996. *Down from Olympus: Archaeology and Philhellenism in Germany, 1750-1970*. Princeton, NJ, Princeton University Press.

Marcus, J. 1983a. A synthesis of the cultural evolution of the Zapotec and Mixtec. In K. V. Flannery and J. Marcus, pp. 355-60.

1983b. Lowland Maya archaeology at the crossroads. *American Antiquity* 48: 454-88.

1992. *Mesoamerican Writing Systems: Propaganda, Myth, and History in Four Ancient Civilizations*. Princeton, NJ, Princeton University Press.

2003. Recent advances in Maya archaeology. *Journal of Archaeological Research* 11: 71-148.

Marcuse, H. 1964. *One Dimensional Man*. London, Routledge and Kegan Paul.

Mariátegui, J. C. 1952. *Siete ensayos de interpretación de la realidad Peruana*. Lima, Biblioteca Amauta.

Marlowe, G. 1999. Year one: radiocarbon dating and American archaeology, 1947-1948. *American Antiquity* 64: 9-32.

Marsden, B. M. 1974. *The Early Barrow-Diggers*. Park Ridge, UK, Noyes Press.

1984. *Pioneers of Prehistory: Leaders and Landmarks in English Archaeology (1500-1900)*. Ormskirk, UK, Hesketh.

Marshall, Y. 2002. ed. Community archaeology. *World Archaeology* 34, 2.

Martin, P. S. 1971. The revolution in archaeology. *American Antiquity* 36: 1-8.

Martin, P. S., C. Lloyd, and A. Spoehr. 1938. Archaeological work in the Ackmen-Lowry area, southwestern Colorado, 1937. Chicago, IL, *Field Museum of Natural History, Anthropological Series* 23: 217-304.

Martin, P. S. and F. Plog. 1973. *The Archaeology of Arizona*. Garden City, NY, Natural History Press.

Martin, P. S., G. I. Quimby, and D. Collier. 1947. *Indians Before Columbus*. Chicago, IL, University of Chicago Press.

Martin, P. S. and J. Rinaldo. 1939. Modified Basket Maker sites, AckmenLowry area, southwestern Colorado, 1938. Chicago, IL, *Field Museum of Natural History, Anthropological Series* 23: 305-499.

Marvin, U. B. 1973. *Continental Drift: The Evolution of a Concept*. Washington, DC, Smithsonian Institution Press.

Marx, K. 1906. *Capital: A Critique of Political Economy*. New York, The Modern Library, Random House.

Marx, K. and F. Engels. 1962. *Selected Works in Two Volumes*. Moscow, Foreign Languages Publishing House.

1964. *On Religion*. New York, Schocken.

Mason, O. T. 1895. *The Origins of Invention*. New York, Scribner.

1896. Influence of environment upon human industries or arts. Washington, DC, *Annual Report of the Smithsonian Institution for 1895*: 639-65.

Mason, R. J. 2000. Archaeology and Native American oral traditions. *American Antiquity* 65: 239-66.

Masry, A. H. 1981. Traditions of archaeological research in the Near East. *World Archaeology* 13: 222-39.

Masterman, M. 1970. The nature of a paradigm. In *Criticism and the Growth of Knowledge*, ed. by I. Lakatos and A. Musgrave, pp. 59-89. Cambridge, Cambridge University Press.

Matos Moctezuma, E. 1984. The templo mayor of Tenochtitlan: economics and ideology. In *Ritual Human Sacrifice in Mesoamerica*, ed. by E. H. Boone, pp. 133-64. Washington, DC, Dumbarton Oaks.

Matthews, R. and C. Roemer, 2003. eds. *Ancient Perspectives on Egypt*. London, UCL Press.

Mayes, S. 2003. *The Great Belzoni: The Circus Strongman Who Discovered Egypt's Ancient Treasures*. New York, Tauris Parke.

Mazel, A. D. 1992. Changing fortunes: 150 years of San hunter-gatherer history in the Natal Drakensberg, South Africa. *Antiquity* 66: 758-67.

Meacham, W. 1977. Continuity and local evolution in the Neolithic of South China: a non-nuclear approach. *Current Anthropology* 18: 419-40.

Meeks, D. and C. Favard-Meeks. 1996. *Daily Life of the Egyptian Gods*. Ithaca, NY, Cornell University Press.

Megaw, J. V. S. 1966. Australian archaeology: how far have we progressed? *Mankind* 6: 306-12.

1976. ed. *To Illustrate the Monuments: Essays on Archaeology Presented to Stuart Piggott*. London, Thames and Hudson.

Megaw, R. and J. V. S. Megaw. 1989. *Celtic Art: From Its Beginnings to the Book of Kells*. London, Thames and Hudson.

Meggers, B. J. 1955. The coming of age of American archeology. In *New Interpretations of Aboriginal American Culture History*, ed. by M. T. Newman, pp. 116-29. Washington, DC, Anthropological Society of Washington.

1960. The law of cultural evolution as a practical research tool. In *Essays in the Science of Culture*, ed. by G. E. Dole and R. L. Carneiro, pp. 302-16. New York, Crowell.

1968. ed. *Anthropological Archeology in the Americas*. Washington, DC, Anthropological Society of Washington.

Meillassoux, C. 1981. *Maidens, Meal and Money: Capitalism and the Domestic Economy*. Cambridge, Cambridge University Press.

Meinander, C. F. 1981. The concept of culture in European archaeological literature. In G. Daniel, 1981b, pp. 100-11.

Meltzer, D. J. 1979. Paradigms and the nature of change in American archaeology. *American Antiquity* 44: 644-57.

1983. The antiquity of man and the development of American archaeology. *Advances in Archaeological Method and Theory* 6: 1-51.

1999. William Henry Holmes 1846-1933. In T. Murray, 1999a, pp. 175-91.

Meltzer, D. J., D. D. Fowler, and J. A. Sabloff. 1986. eds. *American Archaeology Past and Future: A Celebration of the Society for American Archaeology 1935-1985*. Washington, DC, Smithsonian Institution Press.

Mendyk, S. A. E. 1989. *"Speculum Britanniae": Regional Study, Antiquarianism, and Science in Britain to 1700*. Toronto, University of Toronto Press.

Menzel, D. 1977. *The Archaeology of Ancient Peru and the Work of Max Uhle*. Berkeley, University of California, R. H. Lowie Museum of Anthropology.

Meskell, L. M. 1996. The somatisation of archaeology: discourses, institutions, corporeality. *Norwegian Archaeological Review* 29: 1-16.

1998. ed. *Archaeology Under Fire: Nationalism, Politics and Heritage in the Eastern Mediterranean and Middle East*. London, Routledge.

1999. *Archaeologies of Social Life: Age, Sex, Class et cetera in Ancient Egypt*. Oxford, Blackwell.

2002. The intersections of identity and politics in archaeology. *Annual Review of Anthropology* 31: 279-301.

Meskell, L. and R. W. Preucel. 2004. eds. *A Companion to Social Archaeology*. Oxford, Blackwell.

Meyer, E. 1884-1902. *Geschichte des Alterthums*. 5 vols. Stuttgart, J. G. Cotta.

Michael, H. N. 1962. ed. *Studies in Siberian Ethnogenesis*. Toronto, University of Toronto Press.

1964. *The Archaeology and Geomorphology of Northern Asia: Selected Works*. Toronto, University of Toronto Press.

Miller, D. 1980. Archaeology and development. *Current Anthropology* 21: 709-26.

1984. Modernism and suburbia as material ideology. In D. Miller and C. Tilley, pp. 37-49.

1985. *Artefacts as Categories: A Study of Ceramic Variability in Central India*. Cambridge, Cambridge University Press.

Miller, D., M. Rowlands, and C. Tilley. 1989a. eds. *Domination and Resistance*. London, Unwin Hyman.

1989b. Introduction. In D. Miller, M. Rowlands, and C. Tilley, 1989a, pp. 1-26.

Miller, D. and C. Tilley. 1984a. eds. *Ideology, Power and Prehistory*. Cambridge, Cambridge University Press.

1984b. Ideology, power and long-term social change. In D. Miller and C. Tilley, 1984a, pp. 147-52.

Miller, M. O. 1956. *Archaeology in the U.S.S.R.* London, Atlantic Press.

Millon, R., R. B. Drewitt, and G. L. Cowgill. 1973. *Urbanization at Teotihuacán, Mexico*, vol. 1, *The Teotihuacán Map*. Austin, University of Texas Press.

Mills, W. C. 1902. Excavations of the Adena Mound. *Ohio Archaeological and Historical Quarterly* 10: 452-79.

Mink, L. O. 1969. *Mind, History, and Dialectic: The Philosophy of R. G. Collingwood*. Bloomington, Indiana University Press.

Mitchell, T. 1988. *Colonising Egypt*. New York, Cambridge University Press.

Mithen, S. J. 1990. *Thoughtful Foragers: A Study of Prehistoric Decision Making*. Cambridge, Cambridge University Press.

1993. Simulating mammoth hunting and extinction: implications for the Late Pleistocene of the Central Russian Plain. In *Hunting and Animal Exploitation in the Later Palaeolithic and Mesolithic of Eurasia*, ed. by G. L. Peterkin, H. Bricker, and P. Mellars, pp. 163-78. Tucson, AZ, Archeological Papers of the American Anthropological Association 4.

1996. *The Prehistory of the Mind: A Search for the Origins of Art, Religion and Science*. London, Thames and Hudson.

2003. *After the Ice: A Global Human History, 20,000-5000 BC*. London, Weidenfeld and Nicolson.

Mizoguchi, K. 2002. *An Archaeological History of Japan, 30,000 B.C. to A.D. 700*. Philadelphia, University of Pennsylvania Press.

2004. Identity, modernity, and archaeology: the case of Japan. In L. Meskell and R. W. Preucel, pp. 396-414.

Moberg, C.-A. 1976. *Introduction à l'archéologie*. Paris, Maspero.

1981. From artefacts to timetables to maps (to mankind?): regional traditions in archaeological research in Scandinavia. *World Archaeology* 13: 209-21.

Moir, E. 1958. The English Antiquaries. *History Today* 8: 781-92.

Molino, J. 1992. Archaeology and symbol systems. In J.-C. Gardin and C. S. Peebles, pp. 15-29.

Momigliano, A. 1966. Ancient history and the antiquarian. In *Studies in Historiography* by A. Momigliano, pp. 1-39. London, Weidenfeld and Nicolson.

Mongait, A. L. 1959. *Archaeology in the U.S.S.R*. Moscow, Foreign Languages Publishing House.

1961. *Archaeology in the USSR*. trans. by M. W. Thompson. Harmondsworth, UK, Penguin.

Monks, G. G. 1981. Seasonality studies. *Advances in Archaeological Method and Theory* 4: 177-240.

Montané, J. C. 1980. *Marxismo y Arqueología*. México, Ediciones de Cultura Popular.

Montelius, O. 1885. *Om tidsbestämning inom bronsåldern med särskildt afseende på Skandinavien*. Stockholm, Vitterhets Historie och Antikvitets Akademien, Handlingar 30, ny, följd, 10.

1899. *Der Orient und Europa*. Stockholm, Königl. Akademie der schönen Wissenschaften, Geschichte und Alterthumskunde.

1903. *Die typologische Methode: Die älteren Kulturperioden im Orient und in Europa*, vol. 1. Stockholm, Selbstverlag.

Moore, C. B. 1892. Certain shell heaps of the St. John's River, Florida, hitherto unexplored. *American Naturalist* 26: 912-22.

Moore, J. A. and A. S. Keene. 1983. *Archaeological Hammers and Theories*. New York, Academic Press.

Moorehead, W. K. 1909. A study of primitive culture in Ohio. In F. Boas et al., pp. 137-50.

1910. *The Stone Age in North America*. 2 vols. Boston, MA, Houghton Mifflin.

Moorey, P. R. S. 1979. Kathleen Kenyon and Palestinian archaeology. *Palestine Exploration Quarterly* (January-June): 3-10.

1991. *A Century of Biblical Archaeology*. Cambridge, UK, Lutterworth Press.

Mora, G. and M. Díaz-Andreu. 1997. eds. *La Cristalización del Pasado: Génesis y Desarrollo del Marco Institucional de la Arqueología en España*. Málaga, Servicio de Publicationes de la Universidad de Málaga.

Moret, A. and G. Davy. 1926. *From Tribe to Empire: Social Organization among Primitives and in the Ancient East*. London, Kegan Paul.

Morgan, C. G. 1973. Archaeology and explanation. *World Archaeology* 4: 259-76.

1978. Comment on D. W. Read and S. A. LeBlanc, "Descriptive statements, covering laws, and theories in archaeology." *Current Anthropology* 19: 325-6.

Morgan, L. H. 1877. *Ancient Society*. New York, Holt.

1881. *Houses and House-life of the American Aborigines*. Washington, DC, Contribution to North American Ethnology 4, U.S. Geological and Geographical Survey of the Rocky Mountain Region.

Morlot, A. 1861. General views on archaeology. Washington, DC, *Annual Report of the Smithsonian Institution for 1860*: 284-343.

Moro Abadía, O. 2002. Towards a definition of time in archaeology: French prehistoric archaeology (1850-1900). *Papers from the Institute of Archaeology* 13: 51-63.

Moro Abadía, O. and M. R. González Morales. 2003. L'art bourgeois de la fin du XIXe siècle face à l'art mobilier Paléolithique. *L'anthropologie* 107: 455-70.

2004. Towards a genealogy of the concept of "paleolithic mobiliary art." *Journal of Anthropological Research* 60: 321-39.

Morrell, J. B. 1981. "Externalism" and "Internalism." In *Dictionary of the History of Science*, ed. by W. F. Bynum, E. J. Browne, and R. Porter, pp. 145-46, 211. London, Macmillan.

Morris, I. 1987. *Burial and Ancient Society: The Rise of the Greek City-State*. Cambridge, Cambridge University Press.

1994a. ed. *Classical Greece: Ancient Histories and Modern Archaeologies*. Cambridge, Cambridge University Press.

1994b. Archaeologies of Greece. In I. Morris, 1994a, pp. 8-47.

2000. *Archaeology as Cultural History*. Oxford,

Blackwell.

Morse, E. S. 1879. Traces of an early race in Japan. *Popular Science Monthly* 14: 257-66.

Morse, M. A. 1999. Craniology and the adoption of the Three-Age System in Britain. *Proceedings of the Prehistoric Society* 65: 1-16.

Mortillet, G. de. 1883. *Le préhistorique: antiquité de l'homme*. Paris, C. Reinwald.

1897. *Formation de la nation française*. Paris, Alcan.

Morton, S. G. 1839. *Crania Americana*. Philadelphia, PA, Dobson.

1844. *Crania Aegyptiaca*. Philadelphia, PA, Penington.

Moser, S. 1992. The visual language of archaeology: a case study of the Neanderthals. *Antiquity* 66: 831-44.

1995a. *Archaeology and its Disciplinary Culture: The Professionalization of Australian Prehistoric Archaeology*. PhD dissertation, Sydney, University of Sydney.

1995b. The "aboriginalization" of Australian archaeology: the contribution of the Australian Institute of Aboriginal Studies to the indigenous transformation of the discipline. In P. J. Ucko, 1995a, pp. 150-77.

Much, M. 1907. *Die Trugspiegelung orientalischer Kultur in den vorgeschichtlichen Zeitaltern nord- und mittel-Europas*. Jena, Costenoble.

Mufuka, K. 1983. *Dzimbahwe Life and Politics in the Golden Age, 1100-1500 AD*. Harare, Harare Publishing House.

Mulvaney, D. J. 1969. *The Prehistory of Australia*. London, Thames and Hudson.

1981. Gum leaves on the Golden Bough: Australia's Palaeolithic survivals discovered. In J. D. Evans et al. pp. 52-64.

Mulvaney, D. J. and J. P. White. 1987. eds. *Australians to 1788*. Broadway, NSW, Fairfax, Syme and Weldon.

Murdock, G. P. 1949. *Social Structure*. New York, Macmillan.

Murdock, G. P., C. S. Ford, A. E. Hudson, R. Kennedy, L. W. Simmons, and J. H. Whiting. 1938. *Outline of Cultural Materials*. New Haven, CT, Yale University, Institute of Human Relations.

Murray, P. 1980. Discard location: the ethnographic data. *American Antiquity* 45: 490-502.

Murray, T. 1989. The history, philosophy and sociology of archaeology: the case of the Ancient Monuments Protection Act (1882). In *Critical Traditions in Contemporary Archaeology: Essays in the Philosophy, History, and Socio-Politics of Archaeology*, ed. by V. Pinsky and A. Wylie, pp. 55-67. Cambridge, Cambridge University Press.

1992. Tasmania and the constitution of "the dawn of humanity." *Antiquity* 66: 730-43.

1999a. ed. *Encyclopedia of Archaeology: The Great Archaeologists*. 2 vols. Santa Barbara, CA, ABC-CLIO.

1999b. Epilogue: the art of archaeological biography. In T. Murray, 1999a, pp. 869-83.

2001a. ed. *Encyclopedia of Archaeology: History and Discoveries*. 3 vols. Santa Barbara, CA, ABC-CLIO.

2001b. Britain, prehistoric archaeology. In T. Murray, 2001a, pp. 199-217.

2001c. Australia, prehistoric. In T. Murray, 2001a, pp. 121-27.

2004a. ed. *The Archaeology of Contact in Settler Societies*. Cambridge, Cambridge University Press.

2004b. Archbishop Ussher and archaeological time. In L. Vishnyatsky et al., pp. 204-15.

Murray, T. and J. P. White. 1981. Cambridge in the bush? Archaeology in Australia and New Guinea. *World Archaeology* 13: 255-63.

Myhre, B. 1991. Theory in Scandinavian archaeology since 1960: a view from Norway. In I. Hodder, 1991a, pp. 161-86.

Myres, J. L. 1911. *The Dawn of History*. London, Williams and Norgate.

1923a. Primitive man, in geological time. In *Cambridge Ancient History*, vol. 1, ed. by J. B. Bury, S. A. Cook, and F. E. Adcock, pp. 1-56. Cambridge, Cambridge University Press.

1923b. Neolithic and Bronze Age cultures. Ibid., pp. 57-111.

Nader, L. 2001. Anthropology! distinguished lecture - 2000. *American Anthropologist* 103: 609-20.

Nagel, E. 1961. *The Structure of Science: Problems in the Logic of Scientific Explanation*. New York, Harcourt, Brace and World.

Nash, S. E. 1999. *Time, Trees, and Prehistory: Tree-Ring Dating and the Development of North American Archaeology, 1914-1950*. Salt Lake City, University of Utah Press.

2000a. ed. *It's About Time: A History of Archaeological Dating in North America*. Salt Lake City, University of Utah Press.

2000b. Just a matter of time? North American archaeological dating in the twenty-first century. In Nash, 2000a, pp. 208-10.

Nederveen Pieterse, J. 1992. *White on Black: Images of Africa and Blacks in Western Popular Culture*. New Haven, CT, Yale University Press.

Neff, H. 2000. On evolutionary ecology and evolutionary archaeology: some common ground? *Current Anthropology* 41: 427-29.

Nelson, M. C., S. M. Nelson, and A. Wylie. 1994. eds. *Equity Issues for Women in Archeology*. Washington, DC, Archeological Papers of the American Anthropological Association 5.

Nelson, N. C. 1916. Chronology of the Tano ruins, New Mexico. *American Anthropologist* 18:

159-80.

Nelson, S. M. 1997. *Gender in Archaeology: Analyzing Power and Prestige*. Walnut Creek, CA, AltaMira.

Nicholas, G. P. and T. D. Andrews. 1997. eds. *At a Crossroads: Archaeology and First Peoples in Canada*. Burnaby, BC, Simon Fraser University, Archaeology Press, Publication 24.

Nicholson, H. B. 1976. ed. *Origins of Religious Art and Iconography in Preclassic Mesoamerica*. Los Angeles, UCLA, Latin American Center Publications.

Nilsson, S. 1868. *The Primitive Inhabitants of Scandinavia*. 3rd edn, trans. by J. Lubbock. London, Longmans, Green.

Noble, D. F. 1977. *America by Design: Science, Technology, and the Rise of Corporate Capitalism*. New York, Knopf.

Nott, J. C. and G. R. Gliddon. 1854. *Types of Mankind*. Philadelphia, PA, Lippincott, Grambo.

Nzewunwa, N. 1984. Nigeria. In H. Cleere, pp. 101-8.

O'Brien, M. J. 1996a. *Paradigms of the Past: The Story of Missouri Archaeology*. Columbia, University of Missouri Press.

1996b. ed. *Evolutionary Archaeology: Theory and Application*. Salt Lake City, University of Utah Press.

2005. Evolutionism and North America's archaeological record. *World Archaeology* 37: 26-45.

O'Brien, M. J. and T. D. Holland. 1990. Variation, selection, and the archaeological record. *Archaeological Method and Theory* 2: 31-79.

O'Brien, M. J. and R. D. Leonard. 2001. Style and function: an introduction. In T. D. Hurt and G. Rakita, pp. 1-23.

O'Brien, M. J. and R. L. Lyman. 1998. *James A. Ford and the Growth of Americanist Archaeology*. Columbia, University of Missouri Press.

1999a. *Seriation, Stratigraphy, and Index Fossils: The Backbone of Archaeological Dating*. New York, Kluwer Academic/Plenum.

1999b. The Bureau of American Ethnology and its legacy to southeastern archaeology. *Journal of the Southwest* 41: 407-40.

2000. eds. *Applying Evolutionary Archaeology: A Systematic Approach*. New York, Plenum.

O'Brien, M. J., R. L. Lyman, and R. D. Leonard. 1998. Basic incompatibilities between evolutionary and behavioral archaeology. *American Antiquity* 63: 485-98.

O'Brien, M. J., R. L. Lyman, and M. B. Schiffer. 2005. *Archaeology as a Process: Processualism and Its Progeny*. Salt Lake City, University of Utah Press.

O'Connor, D. 1993. *Ancient Nubia: Egypt's Rival in Africa*. Philadelphia, University of Pennsylvania, The University Museum.

O'Connor, D. and A. Reid. 2003. eds. *Ancient Egypt in Africa*. London, UCL Press.

O'Connor, T. E. 1983. *The Politics of Soviet Culture, Anatolii Lunacharskii*. Ann Arbor, MI, University Microfilms International Research Press.

Odell, G. H. 2001. Research problems R us. *American Antiquity* 66: 679-85.

Odum, E. P. 1953. *Fundamentals of Ecology*. Philadelphia, PA, Saunders.

Okladnikov, A. P. 1965. *The Soviet Far East in Antiquity*. Toronto, University of Toronto Press.

1970. *Yakutia Before Its Incorporation into the Russian State*. Montreal, McGill-Queen's University Press.

O'Laverty, J. 1857. Relative antiquity of stone and bronze weapons. *Ulster Journal of Archaeology* 5: 122-7.

Oldfield, E. 1852. Introductory address. *Archaeological Journal* 9: 1-6.

Oliveira, V. and S. O. Jorge. 1995. Theoretical underpinnings of Portuguese archaeology in the twentieth century. In P. J. Ucko, 1995a, pp. 251-62.

Olsen, B. 1990. Roland Barthes: from sign to text. In Tilley, 1990a, pp. 163-205.

Olsen, J. W. 1987. The practice of archaeology in China today. *Antiquity* 61: 282-90.

Orenstein, H. 1954. The evolutionary theory of V. Gordon Childe. *Southwestern Journal of Anthropology* 10: 200-14.

Orme, B. 1973. Archaeology and ethnology. In Renfrew, 1973b, pp. 481-92.

1981. *Anthropology for Archaeologists: An Introduction*. London, Duckworth.

Orser, C. E., Jr. 1996. *A Historical Archaeology of the Modern World*. New York, Plenum.

2004. *Historical Archaeology*. 2nd ed. Upper Saddle River, NJ, Pearson Prentice Hall.

Ortman, S. G. 2000. Conceptual metaphor in the archaeological record: methods and an example from the American Southwest. *American Antiquity* 65: 613-45.

Orton, C. 1980. *Mathematics in Archaeology*. London, Collins.

O'Shea, J. M. 1984. *Mortuary Variability: An Archaeological Investigation*. New York, Academic Press.

Osgood, C. B. 1951. Culture: its empirical and non-empirical character. *Southwestern Journal of Anthropology* 7: 202-14.

Ottaway, J. H. 1973. Rudolf Virchow: an appreciation. *Antiquity* 47: 101-8.

Owen, A. L. 1962. *The Famous Druids: A Survey of Three Centuries of English Literature on the Druids*. Oxford, Oxford University Press.

Paddayya, K. 1980. On the threshold: a review article on the latest developments in method and theory in archaeology. *Bulletin of the Deccan College Research Institute* 39: 117-34.

1982. Ecological archaeology and the ecology of archaeology: the archaeologist's viewpoint. *Bulletin of the Deccan College Research Institute* 41: 130-50.

1983. Myths about the New Archaeology. *Saeculum* 34: 70-104.

1986. The epistemology of archaeology: a postscript to the New Archaeology. *Bulletin of the Deccan College Postgraduate and Research Institute* 45: 89-115.

1990. *The New Archaeology and Aftermath: A View from Outside the Anglo-Saxon World*. Pune, Ravish.

1993. C. J. Thomsen and the Three Age system. *Man and Environment* 18: 129-40.

Pagden, A. 1982. *The Fall of Natural Man*. Cambridge, Cambridge University Press.

Paine, R. 1983. Israel and totemic time? *Royal Anthropological Institute News* 59: 19-22.

1994. Masada: a history of a memory. *History and Anthropology* 6: 371-409.

Pande, G. C. 1985. *An Approach to Indian Culture and Civilization*. Varanasi, Banaras Hindu University, Monograph of the Department of Ancient Indian History, Culture and Archaeology no. 15.

Panofsky, E. 1960. *Renaissance and Renascences in Western Art*. Stockholm, Almquist and Wiksell.

Parker, A. C. 1907. *Excavations in an Erie Indian Village and Burial Site at Ripley, Chautauqua County, New York*. Albany, New York State Museum, Bulletin no. 117.

1916. The origin of the Iroquois as suggested by their archeology. *American Anthropologist* 18: 479-507.

1920. *The Archaeological History of New York*. Albany, New York State Museum, Bulletins nos. 235-8.

Parker Pearson, M. 1982. Mortuary practices, society and ideology: an ethnoarchaeological study. In I. Hodder, 1982c, pp. 99-113.

1984. Social change, ideology and the archaeological record. In M. Spriggs, 1984a, pp. 59-71.

1999. *The Archaeology of Death and Burial*. Stroud, UK, Sutton Publishing.

Parry, G. 1995. *The Trophies of Time: English Antiquarians of the Seventeenth Century*. Oxford, Oxford University Press.

1999. John Aubrey 1626-1697. In T. Murray, 1999a, pp. 15-37.

Parslow, C. C. 1995. *Rediscovering Antiquity: Karl Weber and the Excavation of Herculaneum, Pompeii, and Stabiae*. Cambridge, Cambridge University Press.

Parsons, T. 1968. Durkheim, Emile. In D. L. Sills, vol. 4, pp. 311-20.

Patrik, L. E. 1985. Is there an archaeological record? *Advances in Archaeological Method and Theory* 8: 27-62.

Patterson, T. C. 1983. The historical development of a coastal Andean social formation in central Peru: 6000 to 500 B.C. In *Investigations of the Andean Past*, ed. by D. Sandweiss, pp. 21-37. Ithaca, NY, Cornell University, Latin American Studies Program.

1986a. The last sixty years: toward a social history of Americanist archeology in the United States. *American Anthropologist* 88: 7-26.

1986b. Some postwar theoretical trends in U.S. archeology. *Culture* 6: 43-54.

1989. History and the post-processual archaeologies. *Man* 24: 555-66.

1990. Some theoretical tensions within and between the processual and postprocessual archaeologies. *Journal of Anthropological Archaeology* 9: 189-200.

1991. Who did archaeology in the United States before there were archaeologists and why? Preprofessional archaeologies of the nineteenth century. In R. W. Preucel, pp. 242-50.

1994. Social archaeology in Latin America: an appreciation. *American Antiquity* 59: 531-7.

1995. *Toward a Social History of Archaeology in the United States*. Fort Worth, TX, Harcourt Brace.

1997. *Inventing Western Civilization*. New York, Monthly Review Press.

1999. The political economy of archaeology in the United States. *Annual Review of Anthropology* 28: 155-74.

2003. *Marx's Ghost: Conversations with Archaeologists*. Oxford, Berg.

Patterson, T. C. and C. E. Orser Jr. 2004. eds. *Foundations of Social Archaeology: Selected Writings of V. Gordon Childe*. Walnut Creek, CA, AltaMira Press.

Pauketat, T. R. 2003. Materiality and the immaterial in historical-processual archaeology. In T. L. and C. S. VanPool, pp. 41-53.

Peace, W. J. 1988. Vere Gordon Childe and American anthropology. *Journal of Anthropological Research* 44: 417-33.

1993. Leslie White and evolutionary theory. *Dialectical Anthropology* 18: 123-51.

Peacock, D. P. S. 1997. Charlemagne's black stones: the re-use of Roman columns in early medieval Europe. *Antiquity* 71: 709-15.

Peake, H. J. E. 1922. *The Bronze Age and the Celtic World*. London, Benn.

1940. The study of prehistoric times. *Journal of the Royal Anthropological Institute* 70: 103-46.

Peake, H. J. E. and H. J. Fleure. 1927. *The Corridors of Time*, vol. 3, *Peasants and Potters*. Oxford, Oxford University Press.

Pearce, R. H. 1965. *Savagism and Civilization: A Study of the Indian and the American Mind*. Baltimore, MD, Johns Hopkins University

Press.

Pearson, R. J. 1977. The social aims of Chinese archaeology. *Antiquity* 51: 8-10.

Peel, J. D. 1971. *Herbert Spencer: The Evolution of a Sociologist*. London, Heinemann Educational.

Peregrine, P. 2000. A tale of two archaeologies. *Ethnohistory* 47: 249-56.

Perry, W. J. 1923. *The Children of the Sun*. London, Methuen.

1924. *The Growth of Civilization*. London, Methuen.

Petrie, W. M. F. 1901. *Diospolis Parva*. London, Egypt Exploration Fund.

1911. *The Revolutions of Civilisation*. London, Harper.

1939. *The Making of Egypt*. London, Sheldon.

Petrova-Averkieva, Yu. 1980. Historicism in Soviet ethnographic science. In E. Gellner, pp. 19-27.

Phillips, P. 1955. American archaeology and general anthropological theory. *Southwestern Journal of Anthropology* 11: 246-50.

Phillips, P. and G. R. Willey. 1953. Method and theory in American archeology: an operational basis for culture-historical integration. *American Anthropologist* 55: 615-33.

Piggott, S. 1935. Stukeley, Avebury and the druids. *Antiquity* 9: 22-32.

1950. *William Stukeley: An Eighteenth-Century Antiquary*. Oxford, Oxford University Press.

1958. Vere Gordon Childe, 1892-1957. *Proceedings of the British Academy* 44: 305-12.

1959. *Approach to Archaeology*. Cambridge, MA, Harvard University Press.

1968. *The Druids*. London, Thames and Hudson.

1976. *Ruins in a Landscape: Essays in Antiquarianism*. Edinburgh, Edinburgh University Press.

1978. *Antiquity Depicted: Aspects of Archaeological Illustration*. London, Thames and Hudson.

1983. *The Earliest Wheeled Transport: From the Atlantic Coast to the Caspian Sea*. London, Thames and Hudson.

1985. *William Stukeley: An Eighteenth-Century Antiquary*, rev. edn. London, Thames and Hudson.

1989. *Ancient Britons and the Antiquarian Imagination: Ideas from the Renaissance to the Regency*. London, Thames and Hudson.

Pinker, S. 2002. *The Blank Slate: The Modern Denial of Human Nature*. New York, Viking Press.

Pinsky, V. 1992a. Anthropology and the New Archaeology: A Critical Study of Disciplinary Change in American Archaeology. PhD dissertation, Department of Archaeology, Cambridge University.

1992b. Archaeology, politics, and boundary formation: the Boas censure (1919) and the development of American archaeology during the interwar years. In J. E. Reyman, pp. 161-89.

Pitt-Rivers, A. H. L.-F. 1906. *The Evolution of Culture and Other Essays*. Oxford, Oxford University Press.

Plog, F. 1982. Can the centuries-long experience of the Hohokam ... be ignored? *Early Man* 4(4): 24-5.

Plog, S. 1980. *Stylistic Variation in Prehistoric Ceramics: Design Analysis in the American Southwest*. Cambridge, Cambridge University Press.

Pluciennik, M. 2002. The invention of hunter-gatherers in seventeenth-century Europe. *Archaeological Dialogues* 9: 98-151.

Polanyi, K. 1944. *The Great Transformation*. New York, Farrar and Rinehart.

1966. *Dahomey and the Slave Trade: An Analysis of an Archaic Economy*. Seattle, University of Washington Press.

Polanyi, K., C. M. Arensberg, and H. W. Pearson. 1957. *Trade and Market in the Early Empires*. Glencoe, IL, Free Press.

Poliakov, L. 1974. *The Aryan Myth: A History of Racist and Nationalist Ideas in Europe*. New York, Basic Books.

Politis, G. G. 2003. The theoretical landscape and the methodological development of archaeology in Latin America. *American Antiquity* 68: 245-72.

Politis, G. G. and B. Alberti. 1999. eds. *Archaeology in Latin America*. London, Routledge.

Politis, G. G. and J. A. Pérez Gollán. 2004. Latin American archaeology: from colonialism to globalization. In L. Meskell and R. W. Preucel, 2004, pp. 353-73.

Pomian, K. 1990. *Collectors and Curiosities: Paris and Venice 1500-1800*. London, Polity Press.

Popper, K. R. 1959. *The Logic of Scientific Discovery*. London, Hutchinson.

Porter, R. 1977. *The Making of Geology: Earth Science in Britain 1660-1815*. Cambridge, Cambridge University Press.

Posnansky, M. 1976. Archaeology as a university discipline – Ghana, 1967-71. *Proceedings of the Panafrican Congress of Prehistory*, pp. 329-31.

1982. African archaeology comes of age. *World Archaeology* 13: 345-58.

Possehl, G. L. 2002. *The Indus Civilization: A Contemporary Perspective*. Walnut Creek, CA, AltaMira Press.

Prescott, W. H. 1843. *History of the Conquest of Mexico*. New York, Harper.

1847. *History of the Conquest of Peru*. New York, Harper and Brothers.

Press, G. A. 2003. *The Development of the Idea of History in Antiquity*. Montreal, McGill-Queen's

University Press.

Preston, D. 1995. The mystery of Sandia Cave. *The New Yorker*, June 12, pp. 66-83.

Preucel, R. W. 1991. ed. *Processual and Post-processual Archaeologies: Multiple Ways of Knowing the Past*. Carbondale, Southern Illinois University at Carbondale, Center for Archaeological Investigations, Occasional Paper 10.

  1995. The postprocessual condition. *Journal of Archaeological Research* 3:147-75.

Preucel, R. W. and M. S. Chesson. 1994. Blue corn girls: a herstory of three early women archaeologists at Tecolote, New Mexico. In C. Claassen, pp. 67-84.

Preucel, R. W. and I. Hodder. 1996. eds. *Contemporary Archaeology in Theory: A Reader*. Oxford, Blackwell.

Price, B. J. 1977. Shifts in production and organization: a cluster-interaction model. *Current Anthropology* 18: 209-33.

Price, D. 1993. *Threatening Anthropology: McCarthyism and the FBI's Surveillance of Activist Anthropologists*. Durham, NC, Duke University Press.

Price, N. S. 2001. ed. *The Archaeology of Shamanism*. London, Routledge.

Price, T. D. and J. A. Brown. 1985. eds. *Prehistoric Hunter-Gatherers: The Emergence of Cultural Complexity*. New York, Academic Press.

Prichard, J. C. 1813. *Researches into the Physical History of Man*. London, John and Arthur Arch.

Priest, J. 1833. *American Antiquities, and Discoveries in the West*. Albany, NY, Hoffman and White.

Pumpelly, R. 1908. ed. *Explorations in Turkestan*. 2 vols. Washington, DC, Carnegie Institution.

Puodžiūnas, G. and A. Girininkas. 1996. Nationalism doubly oppressed: archaeology and nationalism in Lithuania. In M. Díaz-Andreu and T. Champion, 1996a, pp. 243-55.

Raab, L. M. and A. C. Goodyear. 1984. Middle-range theory in archaeology: a critical review of origins and applications. *American Antiquity* 49: 255-68.

Radcliffe-Brown, A. R. 1922. *The Andaman Islanders*. Cambridge, Cambridge University Press.

Raglan, F. R. R. S. 1939. *How Came Civilization?* London, Methuen.

Ramage, N. 1990. Sir William Hamilton as collector, exporter, and dealer: the acquisition and dispersal of his collections. *American Journal of Archaeology* 94: 469-80.

  1992. Goods, graves, and scholars: 18th-century archaeologists in Britain and Italy. *American Journal of Archaeology* 96: 653-61.

Ramsden, P. G. 1977. *A Refinement of Some Aspects of Huron Ceramic Analysis*. Ottawa, Archaeological Survey of Canada, Mercury Series no. 63.

  1996. The current state of Huron archaeology. *Northeast Archaeology* 51: 101-12.

Randall-MacIver, D. 1906. *Mediaeval Rhodesia*. London, Macmillan.

Randall-MacIver, D. and C. L. Woolley. 1909. *Areika*. Philadelphia, University of Pennsylvania, University Museum.

Ranov, V. A. and R. S. Davis. 1979. Toward a new outline of the Soviet Central Asian Paleolithic. *Current Anthropology* 20: 249-70.

Rappaport, R. A. 1968. *Pigs for the Ancestors: Ritual in the Ecology of a New Guinea People*. New Haven, CT, Yale University Press.

Rathje, W. L. 1974. The Garbage Project: a new way of looking at the problems of archaeology. *Archaeology* 27: 236-41.

  1975. The last tango in Mayapán: a tentative trajectory of productiondistribution systems. In J. A. Sabloff and C. C. Lamberg-Karlovsky, pp. 409-48.

Ratnagar, S. 2004. Archaeology at the heart of a political confrontation: the case of Ayodhya. *Current Anthropology* 45: 239-59.

Ratzel, F. 1882-1891. *Anthropogeographie*. Stuttgart, Engelhorn.

  1896-1898. *The History of Mankind*. trans. by A. J. Butler. 3 vols. London, Macmillan.

Rautman, A. E. 2000. ed. *Reading the Body: Representations and Remains in the Archaeological Record*. Philadelphia, University of Pennsylvania Press.

Ravetz, A. 1959. Notes on the work of V. Gordon Childe. *The New Reasoner* 10: 55-66.

Read, D. W. and S. A. LeBlanc. 1978. Descriptive statements, covering laws, and theories in archaeology. *Current Anthropology* 19: 307-35.

Redfield, R. 1953. *The Primitive World and Its Transformations*. Ithaca, NY, Cornell University Press.

Redford, D. B. 1986. *Pharaonic King-Lists, Annals and Day Books: A Contribution to the Study of the Egyptian Sense of History*. Mississauga, ON, Benben Publications.

Redman, C. L. 1973. ed. *Research and Theory in Current Archeology*. New York, Wiley.

  1986. *Qsar es-Seghir: An Archaeological View of Medieval Life*. New York, Academic Press.

  1991. In defense of the seventies – the adolescence of New Archeology. *American Anthropologist* 93: 295-307.

Redman, C. L. et al. 1978. eds. *Social Archeology: Beyond Subsistence and Dating*. New York, Academic Press.

Reid, A. 2003. Ancient Egypt and the source of the Nile. In D. O'Connor and A. Reid, pp. 55-76.

Reid, D. M. 1985. Indigenous Egyptology: the decolonization of a profession. *Journal of the American Oriental Society* 105: 233-46.

1997. Nationalizing the Pharaonic past: Egyptology, imperialism, and Egyptian nationalism, 1922-1952. In *Rethinking Nationalism in the Arab Middle East*, ed. by J. Jankowski and I. Gershoni, pp. 35-69. New York, Columbia University Press.

2002. *Whose Pharaohs? Archaeology, Museums, and Egyptian National Identity from Napoleon to World War I.* Berkeley, University of California Press.

Reid, J. J. 1991. On the history of archaeology and archaeologists. *American Antiquity* 56: 195-6.

Reid, J. J., W. L. Rathje, and M. B. Schiffer. 1974. Expanding archaeology. *American Antiquity* 39: 125-6.

Reinach, S. 1893. *Le Mirage oriental.* Paris, G. Masson.

1903. L'Art et la magie: à propos des peintures et des gravures de l'âge du renne. *L'Anthropologie* 14: 257-66.

Reisner, G. A. 1910. *The Archaeological Survey of Nubia, Report for 1907-1908.* 2 vols. Cairo, National Printing Department.

1923a. *Excavations at Kerma, I-III.* Boston, MA, Harvard African Studies 5.

1923b. *Excavations at Kerma, IV-V.* Boston, MA, Harvard African Studies 6.

Renfrew, A. C. 1972. *The Emergence of Civilisation: The Cyclades and the Aegean in the Third Millennium B.C.* London, Methuen.

1973a. *Before Civilization: The Radiocarbon Revolution and Prehistoric Europe.* London, Cape.

1973b. ed. *The Explanation of Culture Change: Models in Prehistory.* London, Duckworth.

1973c. Wessex as a social question. *Antiquity* 47: 221-5.

1973d. *Social Archaeology* (inaugural lecture). Southampton, The University.

1975. Trade as action at a distance: questions of integration and communication. In J. A. Sabloff and C. C. Lamberg-Karlovsky, pp. 3-59.

1978a. Trajectory discontinuity and morphogenesis. *American Antiquity* 43: 203-22.

1978b. Space, time and polity. In J. Friedman and M. J. Rowlands, 1978a, pp. 89-112.

1979. *Problems in European Prehistory.* Cambridge, Cambridge University Press.

1980. The great tradition versus the great divide: archaeology as anthropology? *American Journal of Archaeology* 84: 287-98.

1982a. Explanation revisited. In *Theory and Explanation in Archaeology*, ed. by A. C. Renfrew, M. J. Rowlands, and B. A. Segraves, pp. 5-23. New York, Academic Press.

1982b. *Towards an Archaeology of Mind* (inau-

gural lecture). Cambridge, Cambridge University Press.

1984. *Approaches to Social Archaeology.* Edinburgh, Edinburgh University Press.

1988. *Archaeology and Language: The Puzzle of Indo-European Origins.* New York, Cambridge University Press.

1992. Archaeology, genetics and linguistic diversity. *Man* 27: 445-78.

Renfrew, A. C. and P. Bahn. 2004. *Archaeology: Theories, Methods and Practice.* 4th edn. London, Thames and Hudson.

Renfrew, A. C. and J. F. Cherry. 1986. eds. *Peer Polity Interaction and Socio-Political Change.* Cambridge, Cambridge University Press.

Renfrew, A. C. and K. L. Cooke. 1979. eds. *Transformations: Mathematical Approaches to Culture Change.* New York, Academic Press.

Renfrew, A. C., J. E. Dixon and J. R. Cann. 1968. Further analysis of Near Eastern obsidians. *Proceedings of the Prehistoric Society* 34: 319-31.

Renfrew, A. C. and C. Scarre. 1998. eds. *Cognition and Material Culture: The Archaeology of Symbolic Storage.* Cambridge, McDonald Institute for Archaeological Research.

Renfrew, A. C. and S. Shennan. 1982. eds. *Ranking, Resource and Exchange: Aspects of the Archaeology of Early European Society.* Cambridge, Cambridge University Press.

Renfrew, A. C. and E. B. W. Zubrow. 1994. eds. *The Ancient Mind: Elements of Cognitive Archaeology.* Cambridge, Cambridge University Press.

Reyman, J. E. 1992. ed. *Rediscovering our Past: Essays on the History of American Archaeology.* Aldershot, UK, Avebury.

1999. Walter W. Taylor 1913-1997. In T. Murray, 1999a, pp. 681-700.

Ribes, R. 1966. Pièces de la période archaïque trouvées vers 1700 dans la region de Bécancour. *Cahiers d'archéologie québecoise* 2(1): 22-34.

Ridgway, D. 1985. V. Gordon Childe a venticinque anni dalla morte. In *Studi di Paletnologia in Onore di Salvatore M. Puglisi*, ed. by M. Liverani, A. Palmieri, and R. Peroni, pp. 3-11. Rome, Università di Roma.

Ridley, R. T. 1992. *The Eagle and the Spade: Archaeology in Rome during the Napoleonic Era, 1809-1814.* Cambridge, Cambridge University Press.

1998. *Napoleon's Proconsul in Egypt: The Life and Times of Bernardino Drovetti.* London, Rubicon.

Rindos, D. 1984. *The Origins of Agriculture: An Evolutionary Perspective.* New York, Academic Press.

1989. Undirected variation and the Darwinian

explanation of culture change. *Archaeological Method and Theory* 1: 1-45.

Ritchie, W. A. 1944. *The Pre-Iroquoian Occupations of New York State*. Rochester, NY, Rochester Museum of Arts and Sciences Memoir no. 1.

1965. *The Archaeology of New York State*. Garden City, NY, Natural History Press.

Ritchie, W. A. and R. E. Funk. 1973. *Aboriginal Settlement Patterns in the Northeast*. Albany, New York State Museum and Science Service, Memoir no. 20.

Rivers, W. H. R. 1914. *The History of Melanesian Society*. Cambridge, Cambridge University Press.

Robb, J. E. 1998. The archaeology of symbols. *Annual Review of Anthropology* 27: 329-46.

Roberts, C. 1996. *The Logic of Historical Explanation*. University Park, Pennsylvania State University Press.

Robertshaw, P. T. 1990. ed. *A History of African Archaeology*. London, James Currey.

Rodden, J. 1981. The development of the Three Age System: archaeology's first paradigm. In G. Daniel, 1981b, pp. 51-68.

Rolingson, M. A. 2001. ed. *Historical Perspectives on Midsouth Archeology*. Fayetteville, Arkansas Archeological Survey.

Roscoe, P. 2002. Culture. In J. P. Hart and J. E. Terrell, pp. 107-24.

Rose, M. A. 1991. *The Post-Modern and the Post-Industrial: A Critical Analysis*. Cambridge, Cambridge University Press.

Rosenau, P. M. 1992. *Post-Modernism and the Social Sciences: Insights, Inroads, and Intrusions*. Princeton, NJ, Princeton University Press.

Rossi, P. 1985. *The Dark Abyss of Time: The History of the Earth and the History of Nations from Hooke to Vico*. Chicago, IL, University of Chicago Press.

Rouse, I. B. 1939. *Prehistory in Haiti: A Study in Method*. New Haven, CT, Yale University Publications in Anthropology no. 21.

1953. The strategy of culture history. In A. L. Kroeber, pp. 57-76.

1958. The inference of migrations from anthropological evidence. In *Migrations in New World Culture History*, ed. by R. H. Thompson, pp. 63-8. Tucson, University of Arizona, Social Science Bulletin no. 27.

1965. The place of "peoples" in prehistoric research. *Journal of the Royal Anthropological Institute* 95: 1-15.

1972. *Introduction to Prehistory*. New York, McGraw-Hill.

1986. *Migrations in Prehistory: Inferring Population Movement from Cultural Remains*. New Haven, CT, Yale University Press.

Rowe, J. H. 1954. *Max Uhle, 1856-1944: A Memoir of the Father of Peruvian Archaeology*. Berkeley, University of California Press.

1965. The renaissance foundations of anthropology. *American Anthropologist* 67: 1-20.

Rowlands, M. J. 1984a. Objectivity and subjectivity in archaeology. In M. Spriggs, 1984a, pp. 108-13.

1984b. Conceptualizing the European Bronze and Early Iron Ages. In *European Social Evolution: Archaeological Perspectives*, ed. by J. Bintliff, pp. 147-56. Bradford, UK, University of Bradford.

Rowley-Conwy, P. 1984. C. J. Thomsen and the Three Age system: a contemporary document. *Antiquity* 58: 129-31.

1996. Why didn't Westropp's "Mesolithic" catch on in 1872? *Antiquity* 70: 940-44.

1999. Sir Grahame Clark 1907-1995. In T. Murray, 1999a, pp. 507-29.

Rudenko, S. I. 1961. *The Ancient Culture of the Bering Sea and the Eskimo Problem*. Toronto, University of Toronto Press.

1970. *Frozen Tombs of Siberia: The Pazyryk Burials of Iron Age Horsemen*. Berkeley, University of California Press.

Rudolph, R. C. 1962-1963. Preliminary notes on Sung archaeology. *Journal of Asian Studies* 22: 169-77.

Ruiz, A. and F. Nocete. 1990. The dialectic of the past and the present in the construction of a scientific archaeology. In F. Baker and J. Thomas, pp. 105-11.

Ruiz, A., A. Sanchez, and J. P. Bellon. 2002. The history of Iberian archaeology: one archaeology for two Spains. *Antiquity* 76: 184-90.

Ruiz Zapatero, G. 1996. Celts and Iberians: ideological manipulations in Spanish archaeology. In P. Graves-Brown et al., pp. 179-95.

Ruppel, T., J. Neuwirth, M. P. Leone, and G.-M. Fry. 2003. Hidden in view: African spiritual spaces in North American landscapes. *Antiquity* 77: 321-35.

Rushton, J. P. 1995. *Race, Evolution, and Behavior: A Life History Perspective*. New Brunswick, NJ, Transaction Publishers.

Sabloff, J. A. 1981. ed. *Simulations in Archaeology*. Albuquerque, University of New Mexico Press.

1982. ed. *Archaeology: Myth and Reality: Readings from Scientific American*. San Francisco, CA, W. H. Freeman.

1990. *The New Archaeology and the Ancient Maya*. New York, Scientific American Library.

Sabloff, J. A., T. W. Beale, and A. M. Kurland Jr. 1973. Recent developments in archaeology. *Annals of the American Academy of Political and Social Science* 408: 103-18.

Sabloff, J. A. and C. C. Lamberg-Karlovsky. 1975.

eds. *Ancient Civilization and Trade*. Albuquerque, University of New Mexico Press.

Sabloff, J. A. and G. R. Willey. 1967. The collapse of Maya civilization in the southern lowlands: a consideration of history and process. *Southwestern Journal of Anthropology* 23: 311-36.

Sabloff, P. L. W. 1998. *Conversations with Lew Binford*. Norman, University of Oklahoma Press.

Sackett, J. R. 1981. From de Mortillet to Bordes: a century of French Palaeolithic research. In G. Daniel, 1981b, pp. 85-99.

1991. Straight archaeology French style: the phylogenetic paradigm in historic perspective. In *Perspectives on the Past: Theoretical Biases in Mediterranean Hunter-Gatherer Research*, ed. by G. A. Clark, pp. 109-39. Philadelphia, University of Pennsylvania Press.

2000. Human antiquity and the Old Stone Age: the nineteenth cen tury background to paleoanthropology. *Evolutionary Anthropology* 9(1): 37-49.

Sahlins, M. D. 1958. *Social Stratification in Polynesia*. Seattle, University of Washington Press.

1968. *Tribesmen*. Englewood Cliffs, NJ, Prentice-Hall.

1972. *Stone Age Economics*. Chicago, IL, Aldine.

1976a. *Culture and Practical Reason*. Chicago, IL, University of Chicago Press.

1976b. *The Use and Abuse of Biology: An Anthropological Critique of Sociobiology*. Ann Arbor, University of Michigan Press.

Sahlins, M. D. and E. R. Service. 1960. eds. *Evolution and Culture*. Ann Arbor, University of Michigan Press.

Said, E. W. 1978. *Orientalism*. New York, Pantheon.

Saitta, D. J. 1983. The poverty of philosophy in archaeology. In J. A. Moore and A. S. Keene, pp. 299-304.

1992. Radical archaeology and middle-range methodology. *Antiquity* 66: 886-97.

Salmon, M. H. 1982. *Philosophy and Archaeology*. New York, Academic Press.

Salmon, M. H. and W. C. Salmon. 1979. Alternative models of scientific explanation. *American Anthropologist* 81: 61-74.

Salmon, W. C. 1967. *The Foundations of Scientific Inference*. Pittsburgh, PA, University of Pittsburgh Press.

1984. *Scientific Explanation and the Causal Structure of the World*. Princeton, NJ, Princeton University Press.

1992. Explanation in archaeology: an update. In L. Embree, pp. 243-53.

Salmon, W. C., R. C. Jeffrey, and J. Greeno. 1971. *Statistical Explanation and Statistical Relevance*. Pittsburgh, PA, Pittsburgh University Press.

Salzman, P. C. 2000. *Black Tents of Baluchistan*. Washington, DC, Smithsonian Institution Press.

Sanders, W. T., J. R. Parsons, and R. S. Santley. 1979. *The Basin of Mexico: Ecological Processes in the Evolution of a Civilization*. New York, Academic Press.

Sanders, W. T. and B. J. Price. 1968. *Mesoamerica: The Evolution of a Civilization*. New York, Random House.

Sanderson, S. K. 1990. *Social Evolutionism: A Critical History*. Oxford, Blackwell.

Sanford, E. M. 1944. The study of ancient history in the middle ages. *Journal of the History of Ideas* 5: 21-43.

Sanoja, M. and I. Vargas. 1978. *Antiguas formaciones y modos de producción Venezolanos*. Caracas, Monte Avila Editores.

Sapir, E. 1916. *Time Perspective in Aboriginal American Culture: A Study in Method*. Ottawa, Geological Survey of Canada, Memoir 90.

1921. *Language: An Introduction to the Study of Speech*. New York, Harcourt, Brace.

Sartre, J.-P. 1971-1972. *L'idiot de la famille: Gustave Flaubert de 1821-1857*. 3 vols. Paris, Gallimard.

Sauer, E. W. 2004. ed. *Archaeology and Ancient History: Breaking Down the Boundaries*. London, Routledge.

Saunders, P. T. 1980. *An Introduction to Catastrophe Theory*. Cambridge, Cambridge University Press.

Saxe, A. A. 1970. Social Dimensions of Mortuary Practices. PhD dissertation, Department of Anthropology, University of Michigan.

Scham, S. A. 2001. The archaeology of the disenfranchised. *Journal of Archaeological Method and Theory* 8: 183-213.

Schiffer, M. B. 1972. Archaeological context and systemic context. *American Antiquity* 37: 156-65.

1976. *Behavioral Archeology*. New York, Academic Press.

1978-1985. ed. *Advances in Archaeological Method and Theory*, vols. 1-8. New York, Academic Press.

1995. *Behavioral Archaeology: First Principles*. Salt Lake City, University of Utah Press.

1996. Some relationships between behavioral and evolutionary archaeologies. *American Antiquity* 61: 643-62.

2000a. ed. *Social Theory in Archaeology*. Salt Lake City, University of Utah Press.

2000b. Social theory in archaeology: building bridges. In M. B. Schiffer, 2000a, pp. 1-13.

Schlanger, N. 2002. Making the past for South Africa's future: the prehistory of Field-Marshal Smuts (1920s-1940s). *Antiquity* 76: 200-9.

2003. The Burkitt affair revisited: colonial implications and identity politics in early South African prehistoric research. *Archaeological Dialogues* 10: 5-55.

Schlanger, N. and A. Schnapp. 2005-. eds. *Histories of Archaeology* (series). Oxford, Berghahn Books.

Schliz, A. 1906. Der schnurkeramische Kulturkreis und seine Stellung zu der anderen neolithischen Kulturformen in Sudwestdeutschland. *Zeitschrift für Ethnologie* 38: 312-45.

Schmidt, P. R. and R. J. McIntosh. 1996. eds. *Plundering Africa's Past*. Bloomington, Indiana University Press.

Schmidt, P. R. and T. C. Patterson. 1995. eds. *Making Alternative Histories: The Practice of Archaeology and History in Non-Western Settings*. Santa Fe, NM, School of American Research Press.

Schnapp, A. 1993. La Conquête du passé: aux origines de l'archéologie. Paris, Editions Carré.

1997. *The Discovery of the Past: The Origins of Archaeology*. London, British Museum Press.

2002. Between antiquarians and archaeologists continuities and ruptures. *Antiquity* 76: 134-40.

Schnapp, A. and K. Kristiansen. 1999. Discovering the past. In G. Barker, pp. 3-47.

Schneer, C. J. 1969. ed. *Toward a History of Geology*. Cambridge, MA, M.I.T. Press.

Schneider, L. 1967. ed. *The Scottish Moralists on Human Nature and Society*. Chicago, IL, University of Chicago Press.

Schofield, J. F. 1948. *Primitive Pottery: An Introduction to South African Ceramics, Prehistoric and Protohistoric*. Cape Town, South African Archaeological Society, Handbook Series no. 3.

Schrire, C. 1980. An inquiry into the evolutionary status and apparent identity of San hunter-gatherers. *Human Ecology* 8: 9-32.

1984. ed. *Past and Present in Hunter Gatherer Studies*. New York, Academic Press.

1995. *Digging through Darkness: Chronicles of an Archaeologist*. Charlottesville, University Press of Virginia.

Schrire, C., J. Deacon, M. Hall, and D. Lewis-Williams. 1986. Burkitt's milestone. *Antiquity* 60: 123-31.

Schuyler, R. L. 1971. The history of American archaeology: an examination of procedure. *American Antiquity* 36: 383-409.

1978. ed. *Historical Archaeology: A Guide to Substantive and Theoretical Contributions*. New York, Baywood Publishers.

2001. Historical archaeology. In T. Murray, 2001a, pp. 623-30.

Schwartz, D. W. 1967. *Conceptions of Kentucky Prehistory: A Case Study in the History of Archeology*. Lexington, University of Kentucky Press.

1981. The foundations of northern Rio Grande archaeology. *Archaeological Society of New Mexico, Anthropological Papers* 6: 251-73.

Schwerin von Krosigk, H. 1982. *Gustav Kossinna: Der Nachlass Versuch einer Analyse*. Neumünster, Karl Wachholtz.

Scott, J. 2003. *The Pleasures of Antiquity: British Collectors of Greece and Rome*. New Haven, CT, Yale University Press.

Searle, J. R. 1983. *Intentionality: An Essay in the Philosophy of Mind*. Cambridge, Cambridge University Press.

Seligman, C. G. 1930. *Races of Africa*. London, Butterworth.

Semenov, S. A. 1964. *Prehistoric Technology*. London, Cory, Adams and Mackay.

Semenov, Yu. I. 1980. The theory of socio-economic formations and world history. In E. Gellner, pp. 29-58.

Service, E. R. 1962. *Primitive Social Organization*. New York, Random House.

1975. *Origins of the State and Civilization*. New York, Norton.

Settar, S. and R. Korisettar. 2002. eds. *Archaeology and Historiography: History, Theory and Method* (*Indian Archaeology in Retrospect*, vol. 4). New Delhi, Manohar.

Shackel, P. A. 1996. *Culture Change and the New Technology: An Archaeology of the Early American Industrial Era*. New York, Plenum.

Shanks, M. 1996. *Classical Archaeology of Greece: Experiences of the Discipline*. London, Routledge.

Shanks, M. and C. Tilley. 1982. Ideology, symbolic power and ritual communication: a reinterpretation of Neolithic mortuary practices. In I. Hodder, 1982c, pp. 129-54.

1987a. *Re-Constructing Archaeology: Theory and Practice*. Cambridge, Cambridge University Press. 2nd edn. 1993.

1987b. *Social Theory and Archaeology*. Cambridge, UK, Polity Press.

1989. Archaeology into the 1990s. *Norwegian Archaeological Review* 22: 1-54.

Shapin, S. 1992. Disciplining and bounding: the history and sociology of science as seen through the externalism-internalism debate. *History of Science* 30: 333-69.

Shapiro, J. 1982. *A History of the Communist Academy, 1918-1936*. Ann Arbor, MI, University Microfilms International.

Shaw, J. 2000. Ayodhya's sacred landscape: ritual memory, politics and archaeological "fact." *Antiquity* 74: 693-700.

Shaw, T. 1991. Goodwin's graft, Burkitt's craft. *Antiquity* 65: 579-80.

Shay, T. 1989. Israeli archaeology ideology and practice. *Antiquity* 63: 768-72.

Sheehan, B. W. 1980. *Savagism and Civility: Indians and Englishmen in Colonial Virginia.* New York, Cambridge University Press.

Sheehy, J. 1980. *The Rediscovery of Ireland's Past: The Celtic Revival, 1830-1930.* London, Thames and Hudson.

Sheets-Pyenson, S. 1996. *John William Dawson: Faith, Hope, and Science.* Montreal, McGill-Queen's University Press.

Shennan, S. J. 1989a. ed. *Archaeological Approaches to Cultural Identity.* London, Unwin Hyman.

1989b. Introduction. In S. J. Shennan 1989a, pp. 1-32.

2002. *Genes, Memes and Human History: Darwinian Archaeology and Culture History.* London, Thames and Hudson.

Shennan, S. J. and J. R. Wilkinson. 2001. Ceramic style change and neutral evolution: a case study from Neolithic Europe. *American Antiquity* 66: 577-93.

Shepherd, L. 1993. *Lifting the Veil: The Feminine Face of Science.* Boston, MA, Shambhala.

Shepherd, N. 2002a. Disciplining archaeology: the invention of South African prehistory, 1923-1953. *Kronos* 28: 127-45.

2002b. The politics of archaeology in Africa. *Annual Review of Anthropology* 31: 189-209.

Sherratt, A. G. 1979. Problems in European prehistory. In D. L. Clarke, pp. 193-206.

1989. V. Gordon Childe: archaeology and intellectual history. *Past and Present* 125: 151-85.

1993. The relativity of theory. In N. Yoffee and A. Sherratt, pp. 119-30.

1996. "Settlement patterns" or "landscape studies"? reconciling reason and romance. *Archaeological Dialogues* 3: 140-59.

Sherratt, Y. 2006. *Continental Philosophy of Social Science: Hermeneutics, Genealogy, and Critical Theory, from Greece to the Twenty-First Century.* Cambridge, Cambridge University Press.

Shetrone, H. C. 1920. The culture problem in Ohio archaeology. *American Anthropologist* 22: 144-72.

Shnirelman, V. A. 1995. From internationalism to nationalism: forgotten pages of Soviet archaeology in the 1930s and 1940s. In P. L. Kohl and C. Fawcett, pp. 120-38.

1996. The faces of nationalist archaeology in Russia. In M. Díaz-Andreu and T. Champion, 1996a, pp. 218-42.

1999. Passions about Arkaim: Russian nationalism, the Aryans, and the politics of archaeology. *Inner Asia* 1: 267-82.

2001. *The Value of the Past: Myths, Identity and Politics in Transcaucasia.* Osaka, National Museum of Ethnology, Senri Ethnological Studies 57.

Shorr, P. 1935. The genesis of prehistorical research. *Isis* 23: 425-43.

Shrimpton, G. S. 1992. *History and Memory in Ancient Greece.* Montreal, McGill-Queen's University Press.

Sielmann, B. 1971. Zur Interpretationsmöglichkeit ökologischer Befunde im Neolithikum Mitteleuropas. *Germania* 49: 231-38.

Sieveking, G. 1976. Progress in economic and social archaeology. In *Problems in Economic and Social Archaeology,* ed. by G. Sieveking, I. H. Longworth, and K. E. Wilson, pp. xv-xxvi. London, Duckworth.

Silberman, N. A. 1982. *Digging for God and Country.* New York, Knopf.

1989. *Between Past and Present: Archaeology, Ideology, and Nationalism in the Modern Middle East.* New York, Henry Holt.

1991. Desolation and restoration: the impact of a biblical concept on Near Eastern archaeology. *Biblical Archaeologist,* June, 76-87.

1993. *A Prophet from Amongst You: The Life of Yigael Yadin.* Reading, MA, Addison-Wesley.

1995. Promised lands and chosen peoples: the politics and poetics of archaeological narrative. In P. L. Kohl and C. Fawcett, pp. 249-62.

Silberman, N. A. and D. Small. 1997. eds. *The Archaeology of Israel: Constructing the Past, Interpreting the Present.* Sheffield, UK, Sheffield Academic Press.

Sills, D. L. 1968. ed. *International Encyclopedia of the Social Sciences.* 19 vols. New York, Macmillan.

Silverberg, R. 1968. *Mound Builders of Ancient America.* Greenwich, CT, New York Graphic Society.

Singh, S. 1985. *Models, Paradigms and the New Archaeology.* Varanasi, Banaras Hindu University, Department of Ancient Indian History, Culture and Archaeology.

Singh, U. 2004. *The Discovery of Ancient India: Early Archaeologists and the Beginnings of Archaeology.* Delhi, Permanent Black.

Skibo, J. M. and G. M. Feinman. 1999. eds. *Pottery and People: A Dynamic Interaction.* Salt Lake City, University of Utah Press.

Skibo, J. M., W. H. Walker, and A. E. Nielsen. 1995. eds. *Expanding Archaeology.* Salt Lake City, University of Utah Press.

Skinner, H. D. 1921. Culture areas in New Zealand. *Journal of the Polynesian Society* 30: 71-8.

Sklenář, K. 1983. *Archaeology in Central Europe: The First 500 Years.* Leicester, UK, Leicester University Press.

Skrotzky, N. 1964. *L'abbé Breuil.* Paris, Editions Seghers.

Slapšak, B. and P. Novaković. 1996. Is there national archaeology without nationalism?

Archaeological tradition in Slovenia. In M. Díaz-Andreu and T. Champion, 1996a, pp. 256-93.

Slobodin, R. 1978. *W. H. R. Rivers*. New York, Columbia University Press.

Slotkin, J. S. 1965. ed. *Readings in Early Anthropology*. New York, Viking Fund Publications in Anthropology no. 40.

Smith, A. T. 2003. *The Political Landscape: Constellations of Authority in Early Complex Polities*. Berkeley, University of California Press.

Smith, B. D. 1978. ed. *Mississippian Settlement Patterns*. New York, Academic Press.

Smith, G. E. 1911. *The Ancient Egyptians and their Influence upon the Civilization of Europe*. New York, Harper.

1915. *The Migrations of Early Culture*. London, Longmans.

1928. *In the Beginning: The Origin of Civilization*. London, G. Howe.

1933. *The Diffusion of Culture*. London, Watts.

Smith, H. I. 1910. *The Prehistoric Ethnology of a Kentucky Site*. New York, Anthropological Papers of the American Museum of Natural History no. 6, pt. 2.

Smith, M. A. 1955. The limits of inference. *Archaeological Newsletter* 6: 3-7.

Smith, M. L. 2003. ed. *The Social Construction of Ancient Cities*. Washington, DC, Smithsonian Institution Press.

Smith, P. E. L. and T. C. Young Jr. 1972. The evolution of early agriculture and culture in Greater Mesopotamia: a trial model. In B. Spooner, pp. 1-59.

Smith, P. J. 1997. Grahame Clark's new archaeology: the Fenland Research Committee and Cambridge prehistory in the 1930s. *Antiquity* 71: 11-30.

1999. "The coup": how did the Prehistoric Society of East Anglia become the Prehistoric Society? *Proceedings of the Prehistoric Society* 65: 465-70.

2000. Dorothy Garrod, first woman Professor at Cambridge. *Antiquity* 74: 131-6.

Smith, P. J., J. Callander, P. G. Bahn, and G. Pincon. 1997. Dorothy Garrod in words and pictures. *Antiquity* 71: 288-99.

Smith, P. J. and D. Mitchell. 1998. eds. *Bringing Back the Past: Historical Perspectives on Canadian Archaeology*. Ottawa, Canadian Museum of Civilization, Archaeological Survey of Canada, Mercury Series, 158.

Smith, S. P. 1913, 1915. *The Lore of the Whare Wananga*. Wellington, The Polynesian Society.

Smith, S. T. 2003. *Wretched Kush: Ethnic Identities and Boundaries in Egypt's Nubian Empire*. London, Routledge.

Smith, W. D. 1991. *Politics and the Sciences of Culture in Germany, 1840-1920*. New York, Oxford University Press.

Smolla, G. 1964. Analogien und Polaritäten. In *Studien aus Alteuropa (Tackenberg-Festschrift)*, ed. by R. von Uslar and K. J. Narr, vol. 1, pp. 30-35. Cologne, Böhlau.

Snead, J. E. 2001. *Ruins and Rivals: The Making of Southwest Archaeology*. Tucson, University of Arizona Press.

Snodgrass, A. M. 1964. *Early Greek Armour and Weapons*. Edinburgh, Edinburgh University Press.

1980. *Archaic Greece: The Age of Experiment*. London, Dent.

1985. The New Archaeology and the classical archaeologist. *American Journal of Archaeology* 89: 31-7.

1987. *An Archaeology of Greece: The Present State and Future Scope of a Discipline*. Berkeley, University of California Press.

Snow, D. R. 2002. Individuals. In J. P. Hart and J. E. Terrell, pp. 161-81.

Soffer, O. 1983. Politics of the Paleolithic in the USSR: a case of paradigms lost. In J. M. Gero, D. M. Lacy, and M. L. Blakey, pp. 91-105.

1985. *The Upper Paleolithic of the Central Russian Plain*. New York, Academic Press.

Sollas, W. J. 1911. *Ancient Hunters and their Modern Representatives*. London, Macmillan. 2nd edn 1924.

Solli, B. 1996. Narratives of Veøy: on the poetics and scientifics of archaeology. In P. Graves-Brown et al., pp. 209-27.

Solomon, C. 2002. *Tatiana Proskouriakoff: Interpreting the Ancient Maya*. Norman, University of Oklahoma Press.

Sørensen, M. L. S. 1996. The fall of a nation, the birth of a subject: the national use of archaeology in nineteenth-century Denmark. In M. Díaz-Andreu and T. Champion, 1996a, pp. 24-47.

1999. Mats P. Malmer b. 1921. In T. Murray, 1999a, pp. 775-89.

Sorrenson, M. P. K. 1977. The whence of the Maori: some nineteenth century exercises in scientific method. *Journal of the Polynesian Society* 86: 449-78.

South, S. A. 1977a. *Method and Theory in Historical Archaeology*. New York, Academic Press.

1977b. ed. *Research Strategies in Historical Archaeology*. New York, Academic Press.

1998. *Pioneers in Historical Archaeology: Breaking New Ground*. New York, Plenum.

Spate, O. H. K. 1968. Environmentalism. In D. L. Sills, vol. 5, pp. 93-7.

Spaulding, A. C. 1946. Northeastern archaeology and general trends in the northern forest zone. In *Man in Northeastern North America*, ed. by F. Johnson, pp. 143-67. Andover, MA, Robert S. Peabody Foundation for Archaeology, Papers no. 3.

1953. Statistical techniques for the discovery of artifact types. *American Antiquity* 18: 305-13.

1960. The dimensions of archaeology. In *Essays in the Science of Culture in Honor of Leslie A. White*, ed. by G. E. Dole and R. L. Carneiro, pp. 437-56. New York, Crowell.

1968. Explanation in archeology. In S. R. Binford and L. R. Binford, pp. 33-9.

Spector, J. 1993. *What this Awl Means: Feminist Archaeology at a Wahpeton Dakota Village*. St. Paul, Minnesota Historical Society Press.

Speer, A. 1970. *Inside the Third Reich: Memoirs by Albert Speer*. New York, Macmillan.

Spencer, W. B. 1901. *Guide to the Australian Ethnographical Collection in the National Museum of Victoria*. Melbourne, Government Printer.

Spencer, W. B. and F. J. Gillen. 1899. *The Native Tribes of Central Australia*. London, Macmillan.

Spier, L. 1917. *An Outline for a Chronology of Zuñi Ruins*. New York, Anthropological Papers of the American Museum of Natural History no. 18, pt. 3.

Spinden, H. J. 1928. *Ancient Civilizations of Mexico and Central America*. New York, American Museum of Natural History Handbook Series no. 3.

Spooner, B. 1972. ed. *Population Growth: Anthropological Implications*. Cambridge, MA, M.I.T. Press.

Spriggs, M. 1984a. ed. *Marxist Perspectives in Archaeology*. Cambridge, Cambridge University Press.

1984b. Another way of telling: Marxist perspectives in archaeology. In M. Spriggs, 1984a, pp. 1-9.

Squier, E. G. and E. H. Davis. 1848. *Ancient Monuments of the Missis sippi Valley*. Washington, DC, Smithsonian Contributions to Knowledge no. 1.

Stanton, W. 1960. *The Leopard's Spots: Scientific Attitudes toward Race in America, 1815-59*. Chicago, IL, University of Chicago Press.

Steiger, W. L. 1971. Analytical archaeology? *Mankind* 8: 67-70.

Stepan, N. 1982. *The Idea of Race in Science: Great Britain 1800-1900*. Hamden, CT, Archon Books.

Sterud, E. L. 1973. A paradigmatic view of prehistory. In A. C. Renfrew, 1973b, pp. 3-17.

Steuer, H. 2001. ed. *Eine hervorragend nationale Wissenschaft: Deutsche Prähistoriker zwischen 1900 und 1995*. Ergänzungbände zum Reallexikon der Germanischen Altertumskunde 29. Berlin, W. de Gruyter.

Stevenson, D. 1988. *Origins of Freemasonry*. Cambridge, Cambridge University Press.

Steward, J. H. 1937a. *Ancient Caves of the Great Salt Lake Region*. Washington, DC, Bureau of American Ethnology, Bulletin no. 116.

1937b. Ecological aspects of southwestern society. *Anthropos* 32: 87-104.

1953. Evolution and process. In A. L. Kroeber, pp. 313-26.

1955. *Theory of Culture Change*. Urbana, University of Illinois Press.

1968. Cultural ecology. In D. L. Sills, 4: 337-44.

Steward, J. H. and F. M. Setzler. 1938. Function and configuration in archaeology. *American Antiquity* 4: 4-10.

Stiebing, W. H., Jr. 1984. *Ancient Astronauts, Cosmic Collisions and other Popular Theories about Man's Past*. Buffalo, NY, Prometheus Books.

1993. *Uncovering the Past: A History of Archaeology*. Buffalo, NY, Prometheus Books.

Stjernquist, B. 2005. *The Historical Museum and Archaeological Research at Lund University 1805-2005*. Lund, Papers of the Historical Museum, University of Lund, 1.

Stocking, G. W., Jr. 1968. *Race, Culture, and Evolution: Essays in the History of Anthropology*. New York, Free Press.

1973. From chronology to ethnology: James Cowles Prichard and British anthropology 1800-1850. In J. C. Prichard, *Researches into the Physical History of Man*, ed. by G. W. Stocking Jr, pp. ix-cx. Chicago, IL, University of Chicago Press.

1982. *Race, Culture, and Evolution: Essays in the History of Anthropology*. 2nd edn. Chicago, IL, University of Chicago Press.

1984. ed. *Functionalism Historicized: Essays on British Social Anthropology (History of Anthropology 2)*. Madison, University of Wisconsin Press.

1985. ed. *Objects and Others: Essays on Museums and Material Culture (History of Anthropology 3)*. Madison, University of Wisconsin Press.

1987. *Victorian Anthropology*. New York, Free Press.

Stoczkowski, Wiktor. 2002. *Explaining Human Origins: Myth, Imagination and Conjecture*. Cambridge, Cambridge University Press.

Stone, P. and R. MacKenzie. 1990. *The Excluded Past: Archaeology in Education*. London, Unwin Hyman.

Stoneman, R. 1987. *Land of Lost Gods: The Search for Classical Greece*. Norman, University of Oklahoma Press.

Stow, G. W. and G. M. Theal. 1905. *The Native Races of South Africa*. London, Sonnenschein.

Strauss, L. G. 1992. L'abbé Henri Breuil: archaeologist. *Bulletin of the History of Archaeology* 2(1): 5-9.

Street, B. V. 1975. *The Savage in Literature: Representations of "Primitive" Society in English Fiction, 1858-1920*. London, Routledge and Kegan Paul.

Stringer, C. and C. Gamble. 1993. *In Search of the Neanderthals: Solving the Puzzle of Human Origins*. London, Thames and Hudson.

Strong, W. D. 1935. *An Introduction to Nebraska Archeology*. Washington, DC, Smithsonian Miscellaneous Collections no. 93 (10).

——— 1936. Anthropological theory and archaeological fact. In *Essays in Anthropology Presented to A. L. Kroeber*, ed. by R. H. Lowie, pp. 359-70. Berkeley, University of California Press.

——— 1951. Cultural resemblances in nuclear America: parallelisms or diffusion? In *The Civilizations of Ancient America: Selected Papers of the IXIXth International Congress of Americanists*, ed. by Sol Tax, pp. 271-9. Chicago, IL, University of Chicago Press.

Struever, S. 1968. Problems, methods and organization: a disparity in the growth of archeology. In B. J. Meggers, pp. 131-51.

Sumner, W. M. 1990. Full-coverage regional archaeological survey in the Near East: an example from Iran. In S. K. Fish and S. A. Kowalewski, pp. 87-115.

Sutton, D. G. 1985. The whence of the Moriori. *New Zealand Journal of History* 19: 3-13.

Swartz, B. K., Jr. 1967. A logical sequence of archaeological objectives. *American Antiquity* 32: 487-97.

Swayze, N. 1960. *The Man Hunters*. Toronto, Clarke, Irwin.

Sweet, R. 2004. *Antiquaries: The Discovery of the Past in Eighteenth-Century Britain*. London, Palgrave Macmillan.

Swidler, N., K. E. Dongoske, R. Anyon, and A. S. Downer. 1997. eds. *Native Americans and Archaeologists: Stepping Stones to Common Ground*. Walnut Creek, CA, AltaMira Press.

Tabío, E. and E. Rey. 1966. *Prehistoria de Cuba*. La Habana, Academia de Ciencias de Cuba.

Tainter, J. A. 1988. *The Collapse of Complex Societies*. Cambridge, Cambridge University Press.

Tait, J. 2003. ed. *"Never Had the Like Occurred": Egypt's View of its Past*. London, UCL Press.

Tallgren, A. M. 1936. Archaeological studies in Soviet Russia. *Eurasia Septentrionalis Antiqua* 10: 129-70.

——— 1937. The method of prehistoric archaeology. *Antiquity* 11: 152-61.

Tamarkin, B. 1986. Naturalized philosophy of science, history of science and the internal/external debate. *Proceedings of the Biennial Meeting of the Philosophy of Science Association*, 1986(1): 258-68.

Tanaka, M. 1984. Japan. In H. Cleere, pp. 82-8.

Tanner, A. 1979. *Bringing Home Animals: Religious Ideology and Mode of Production of the Mistassini Cree Hunters*. St. John's, Memorial University of Newfoundland, Institute of Social and Economic Research, Social and Economic Studies 23.

Tanner, N. M. 1981. *On Becoming Human*. Cambridge, Cambridge University Press.

Tansley, A. G. 1935. The use and abuse of vegetation concepts and terms. *Ecology* 16: 284-307.

Tardits, C. 1981. ed. *Contribution de la recherche ethnologique à l'histoire des civilisations du Cameroun*. 2 vols. Paris, Editions du CNRS.

Tax, T. G. 1975. E. George Squier and the mounds, 1845-1850. In *Toward a Science of Man: Essays in the History of Anthropology*, ed. by T. H. H. Thoresen, pp. 99-124. The Hague, Mouton.

Taylor, J. 1966. ed. *Marine Archaeology: Developments during Sixty Years in the Mediterranean*. New York, Crowell.

Taylor, R. E. 1985. The beginnings of radiocarbon dating in *American Antiquity*: a historical perspective. *American Antiquity* 50: 309-25.

——— 1987. *Radiocarbon Dating: An Archaeological Perspective*. San Diego, CA, Academic Press.

Taylor, R. E., A. Long, and R. S. Kra. 1992. eds. *Radiocarbon After Four Decades: An Interdisciplinary Perspective*. New York, Springer.

Taylor, W. W. 1948. *A Study of Archeology*. Menasha, WI, American Anthropological Association Memoir 69. (Pages cited from the 1967 reprint, Carbondale, Southern Illinois University Press.)

——— 1972. Old wine and new skins: a contemporary parable. In M. P. Leone, pp. 28-33.

Teltser, P. A. 1995. ed. *Evolutionary Archaeology: Methodological Issues*. Tucson, University of Arizona Press.

Terrell, J. E. 2003. Archaeological inference and ethnographic analogies: rethinking the "Lapita cultural complex." In S. D. Gillespie and D. L. Nichols, 2003, pp. 69-76.

Testart, A. 1982. *Les chasseurs-cueilleurs ou l'origine des inégalités*. Paris, Société d'Ethnographie, Mémoire no. 26.

Teviotdale, D. 1932. The material culture of the moa-hunters in Murihiku. *Journal of the Polynesian Society* 41: 81-120.

Textor, R. B. 1967. *A Cross-Cultural Summary*. New Haven, CT, HRAF Press.

Thapar, B. K. 1984. India. In H. Cleere, pp. 63-72.

Thom, R. 1975. *Structural Stability and Morphogenesis*. Reading, MA, Benjamin.

Thomas, C. 1894. *Report on the Mound Explorations of the Bureau of Ethnology*. Washington, DC, Bureau of American Ethnology, Annual Report, 12: 37-42.

——— 1898. *Introduction to the Study of North American Archaeology*. Cincinnati, OH, Clarke.

Thomas, D. H. 1972. A computer simulation model of Great Basin Shoshonean subsistence and settlement patterns. In D. L. Clarke, 1972a, pp. 671-704.

1974. An archaeological perspective on Shoshonean bands. *American Anthropologist* 76: 11-23.

1976. *Figuring Anthropology: First Principles of Probability and Statistics*. New York, Holt, Rinehart and Winston.

1978. The awful truth about statistics in archaeology. *American Antiquity* 43: 231-44.

2000. *Skull Wars: Kennewick Man, Archaeology, and the Battle for Native American Identity*. New York, Basic Books.

Thomas, J. 1996. *Time, Culture, and Identity: An Interpretative Archaeology*. New York, Routledge.

2000. Reconfiguring the social, reconfiguring the material. In M. B. Schiffer, 2000a, pp. 143-55.

2001. Archaeologies of place and landscape. In I. Hodder, 2001a, pp. 165-86.

2004. *Archaeology and Modernity*. London, Routledge.

Thomas, N. 1995. ed. *The American Discovery of Ancient Egypt*. Los Angeles, CA, Los Angeles County Museum of Art.

1996. ed. *The American Discovery of Ancient Egypt: Essays*. Los Angeles, CA, Los Angeles County Museum of Art.

Thompson, J. 1992. *Sir Gardner Wilkinson and his Circle*. Austin, University of Texas Press.

Thompson, M. W. 1965. Marxism and culture. *Antiquity* 39: 108-16.

1967. *Novgorod the Great*. London, Evelyn, Adams and Mackay.

1977. *General Pitt-Rivers: Evolution and Archaeology in the Nineteenth Century*. Bradford-on-Avon, UK, Moonraker Press.

Thomson, D. F. 1939. The seasonal factor in human culture. *Proceedings of the Prehistoric Society* 5: 209-21.

Thomson, G. 1949. Review of V. G. Childe, *History. The Modern Quarterly* N. S. 4: 266-9.

Thruston, G. P. 1890. *The Antiquities of Tennessee*. Cincinnati, OH, Clarke.

Thwaites, R. G. 1896-1901. *The Jesuit Relations and Allied Documents*. 73 vols. Cleveland, OH, Burrows Brothers.

Tilley, C. Y. 1984. Ideology and the legitimation of power in the Middle Neolithic of southern Sweden. In D. Miller and C. Tilley, 1984a, pp. 111-46.

1990a. ed. *Reading Material Culture: Structuralism, Hermeneutics and PostStructuralism*. Oxford, Blackwell.

1990b. Michel Foucault: towards an archaeology of archaeology. In C. Tilley, 1990a, pp. 281-

347.

1993. ed. *Interpretative Archaeology*. Oxford, Berg.

1994. *A Phenomenology of Landscape: Places, Paths and Monuments*. Oxford, Berg.

1999. *Metaphor and Material Culture*. Oxford, Blackwell.

Toffler, A. 1970. *Future Shock*. New York, Random House.

Tooker, E. 1982. ed. *Ethnography by Archaeologists*. Washington, DC, The American Ethnological Society.

Tosi, M. 1984. The notion of craft specialization and its representation in the archaeological record of early states in the Turanian Basin. In M. Spriggs, 1984a, pp. 22-52.

Toulmin, S. E. 1970. Does the distinction between normal and revolutionary science hold water? In *Criticism and the Growth of Knowledge*, ed. by I. Lakatos and A. Musgrave, pp. 39-47. Cambridge, Cambridge University Press.

Toulmin, S. E. and J. Goodfield. 1966. *The Discovery of Time*. New York, Harper and Row.

Treaty 7 Elders and Tribal Council with W. Hildebrant, S. Carter, and D. First Rider. 1996. *The True Spirit and Original Intent of Treaty* 7. Montreal, McGill-Queen's University Press.

Treherne, P. 1995. The warrior's beauty: the masculine body and self-identity in Bronze-Age Europe. *Journal of European Archaeology* 3: 105-44.

Trevelyan, G. M. 1952. *Illustrated English Social History*, vol. 4, *The Nineteenth Century*. London, Longmans, Green.

"Trevelyan." 1857. Letters on Irish antiquities by a Cornish man. *Ulster Journal of Archaeology* 5: 150-2, 185-7, 336-42.

Trevor-Roper, H. R. 1966. *The Rise of Christian Europe*. 2nd edn. London, Thames and Hudson.

Trigger, B. G. 1965. *History and Settlement in Lower Nubia*. New Haven, CT, Yale University Publications in Anthropology no. 69.

1966. Sir John William Dawson: a faithful anthropologist. *Anthropologica* 8: 351-9.

1967. Settlement Archaeology its goals and promise. *American Antiquity* 32: 149-60.

1968a. *Beyond History: The Methods of Prehistory*. New York, Holt, Rinehart and Winston.

1968b. The determinants of settlement patterns. In *Settlement Archaeology*, ed. by K. C. Chang, pp. 53-78. Palo Alto, CA, National Press.

1968c. Major concepts of archaeology in historical perspective. *Man* 3: 52741.

1969. The personality of the Sudan. In *East African History*, ed. by D. F. McCall, N. R. Bennett, and J. Butler, pp. 74-106. New York, Praeger.

1976. *Nubia under the Pharaohs*. London, Thames and Hudson.

1978a. *Time and Traditions: Essays in Archaeological Interpretation*. Edinburgh, Edinburgh University Press.

1978b. The strategy of Iroquoian prehistory. In *Archaeological Essays in Honor of Irving B. Rouse*, ed. by R. C. Dunnell and E. S. Hall Jr, pp. 275-310. The Hague, Mouton.

1978c. William J. Wintemberg: Iroquoian archaeologist. In *Essays in Northeastern Anthropology in Memory of Marian E. White*, ed. by W. E. Engelbrecht and D. K. Grayson, pp. 5-21. Rindge, Occasional Publications in Northeastern Anthropology no. 5.

1980a. *Gordon Childe: Revolutions in Archaeology*. London, Thames and Hudson.

1980b. Archaeology and the image of the American Indian. *American Antiquity* 45: 662-76.

1981a. Anglo-American archaeology. *World Archaeology* 13: 138-55.

1981b. Archaeology and the ethnographic present. *Anthropologica* 23: 3-17.

1982a. Archaeological analysis and concepts of causality. *Culture* 2(2): 31-42.

1982b. If Childe were alive today. *University of London, Bulletin of the Institute of Archaeology* 19: 1-20.

1984a. Alternative archaeologies: nationalist, colonialist, imperialist. *Man* 19: 355-70.

1984b. Childe and Soviet archaeology. *Australian Archaeology* 18: 1-16.

1984c. Marxism and archaeology. In *On Marxian Perspectives in Anthropology*, ed. by J. Maquet and N. Daniels, pp. 59-97. Malibu, CA, Undena.

1984d. History and Settlement in Lower Nubia in the perspective of fifteen years. In *Meroitistische Forschungen 1980*, ed. by F. Hintze. *Meroitica* 7: 367-80.

1984e. Archaeology at the crossroads: what's new? *Annual Review of Anthropology* 13: 275-300.

1985a. Writing the history of archaeology: a survey of trends. In G. W. Stocking Jr, pp. 218-35.

1985b. The past as power: anthropology and the North American Indian. In I. McBryde, pp. 11-40.

1985c. *Archaeology as Historical Science*. Varanasi, Banaras Hindu University, Department of Ancient Indian History, Culture and Archaeology, Monograph no. 14.

1986a. ed. *Native Shell Mounds of North America: Early Studies*. New York, Garland.

1986b. Prehistoric archaeology and American society. In D. J. Meltzer et al., pp. 187-215.

1986c. The role of technology in V. Gordon Childe's archaeology. *Norwegian Archaeological Review* 19: 1-14.

1989a. *A History of Archaeological Thought*. Cambridge, Cambridge University Press.

1989b. Hyperrelativism, responsibility, and the social sciences. *Canadian Review of Sociology and Anthropology* 26: 776-97.

1989c. Archaeology and anthropology: current and future relations. *Canadian Journal of Archaeology* 13: 1-11.

1990. Maintaining economic equality in opposition to complexity: an Iroquoian case study. In S. Upham, pp. 119-45.

1992. Daniel Wilson and the Scottish Enlightenment. *Proceedings of the Society of Antiquaries of Scotland* 122: 55-75.

1993. Marxism in contemporary Western archaeology. *Archaeological Method and Theory* 5: 159-200.

1994a. The coming of age of the history of archaeology. *Journal of Archaeological Research* 2: 113-36.

1994b. Paradigms in Sudanese archaeology. *International Journal of African Historical Studies* 27: 323-45.

1995. Expanding middle-range theory. *Antiquity* 69: 449-58.

1998a. *Sociocultural Evolution: Calculation and Contingency*. Oxford, Blackwell.

1998b. Archaeology and epistemology: dialoguing across the Darwinian chasm. *American Journal of Archaeology* 102: 1-34.

2003a. *Understanding Early Civilizations: A Comparative Study*. Cambridge, Cambridge University Press.

2003b. *Artifacts and Ideas: Essays in Archaeology*. New Brunswich, NJ, Transaction Publishers.

2003c. All people are [not] good. *Anthropologica* 45(1): 39-44.

2003d. *Archaeological Theory: The Big Picture*. Grace Elizabeth Shallit Memorial Lecture Series. Provo, UT, Department of Anthropology, Brigham Young University.

Trigger, B. G. and I. Glover. 1981-82. eds. Regional Traditions of Archaeological Research, I, II. *World Archaeology* 13(2); 13(3).

Tringham, R. 1978. Experimentation, ethnoarchaeology, and the leapfrogs in archaeological methodology. In R. A. Gould, 1978a, pp. 169-99.

1983. V. Gordon Childe 25 years after: his relevance for the archaeology of the eighties. *Journal of Field Archaeology* 10: 85-100.

1991. Households with faces: the challenge of gender in prehistoric architectural remains. In J. Gero and M. Conkey, pp. 93-131.

Trinkaus, E. and P. Shipman. 1993. *The Neanderthals: Changing the Image of Mankind*. New York, Knopf.

Truncer, J. 2003. ed. *Picking the Lock of Time: Developing Chronology in American Archaeology*. Gainesville, University Press of Florida.

Tully, J. 1989. Progress and skepticism 1789-1989. Ottawa, *Transactions of the Royal Society of Canada* 5: 22-33.

Tunbridge, J. E. and G. J. Ashworth. 1996. *Dissonant Heritage: The Management of the Past as a Resource in Conflict*. Chichester, UK, Wiley.

Turner, D. 1990. Heinrich Schliemann: the man behind the masks. *Archaeology* 43(6): 36-42.

Turner, F. M. 1981. *The Greek Heritage in Victorian Britain*. New Haven, CT, Yale University Press.

Turner, V. 1967. *The Forest of Symbols: Aspects of Ndembu Ritual*. Ithaca, NY, Cornell University Press.

1975. *Revelation and Divination in Ndembu Ritual*. Ithaca, NY, Cornell University Press.

Tushingham, S., J. Hill, and C. H. McNutt. 2002. *Histories of Southeastern Archaeology*. Tuscaloosa, University of Alabama Press.

Tylor, E. B. 1865. *Researches into the Early History of Mankind and the Development of Civilization*. London, John Murray.

1871. *Primitive Culture*. London, John Murray.

Ucko, P. J. 1983. Australian academic archaeology: aboriginal transformation of its aims and practices. *Australian Archaeology* 16: 11-26.

1987. *Academic Freedom and Apartheid: The Story of the World Archaeological Congress*. London, Duckworth.

1989a. Foreward. In D. Miller, M. Rowlands, and C. Tilley, 1989a, pp. ix-xiv.

1989b. Foreward. In P. Gathercole and D. Lowenthal, 1990, pp. ix-xxi.

1995a. ed. *Theory in Archaeology: A World Perspective*. London, Routledge.

1995b. Introduction: archaeological interpretation in a world context. In P. J. Ucko, 1995a, pp. 1-27.

Ucko, P. J. and T. Champion. 2003. eds. *The Wisdom of Egypt: Changing Visions through the Ages*. London, UCL Press.

Ucko, P. J., M. Hunter, A. J. Clark, and A. David. 1991. *Avebury Reconsidered: From the 1660s to the 1990s*. London, Unwin Hyman.

Ucko, P. J. and A. Rosenfeld. 1967. *Palaeolithic Cave Art*. London, Weidenfeld and Nicolson.

Uhle, M. 1907. The Emeryville shellmound. Berkeley, *University of California Publications in American Archaeology and Ethnology* 7: 1-107.

Upham, S. 1990. ed. *The Evolution of Political Systems: Sociopolitics in Small-Scale Sedentary Societies*. Cambridge, Cambridge University Press.

van der Leeuw, S. and J. McGlade. 1997. eds. *Time, Process and Structural Transformation in Archaeology*. London, Routledge.

Van Dyke, R. M. and S. E. Alcock. 2003. eds. *Archaeologies of Memory*. Oxford, Blackwell.

VanPool, C. S. and T. L. VanPool. 1999. The scientific nature of postprocessualism. *American Antiquity* 64: 33-53.

VanPool, T. L. and C. S. VanPool. 2003. eds. *Essential Tensions in Archaeological Method and Theory*. Salt Lake City, University of Utah Press.

Van Reybrouck, D. 2001. Howling wolf: the archaeology of Lewis Binford. *Archaeological Dialogues* 8: 70-85.

Van Riper, A. B. 1993. *Men Among the Mammoths: Victorian Science and the Discovery of Human Prehistory*. Chicago, IL, University of Chicago Press.

Van Sertima, I. 1977. *They Came Before Columbus: The African Presence in Ancient America*. New York, Random House.

Van Seters, J. 1983. *In Search of History: Historiography in the Ancient World and the Origins of Biblical History*. New Haven, CT, Yale University Press.

Vansina, J. 1985. *Oral Tradition as History*. Madison, University of Wisconsin Press.

Vastokas, J. M. and R. K. Vastokas. 1973. *Sacred Art of the Algonkians: A Study of the Peterborough Petroglyphs*. Peterborough, ON, Mansard Press.

Vaughan, A. T. 1979. *New England Frontier: Puritans and Indians, 1620-1675*. 2nd edn. New York, Norton.

1982. From white man to red skin: changing Anglo-American perceptions of the American Indian. *American Historical Review* 87: 917-53.

Vázquez León, L. 1996. *El Leviatán Arqueológico: Antropología de una Tradición Científica en México*. Leiden, Research School CNWS. 2nd edn. Mexico, DF, CIESAS, 2003.

Vázquez Varela, J. M. and R. Risch. 1991. Theory in Spanish archaeology since 1960. In I. Hodder, 1991a, pp. 25-51.

Veit, U. 1984. Gustaf Kossinna und V. Gordon Childe: Ansätze zu einer theoretischen Grundlegung der Vorgeschichte. *Saeculum* 35: 326-64.

1989. Ethnic concepts in German prehistory: a case study on the relationship between cultural identity and archaeological objectivity. In S. J. Shennan, 1989a, pp. 35-56.

2001. German prehistoric archaeology. In T. Murray, 2001a, pp. 576-85.

Vidal de la Blache, P. 1952. *Principles of Human Geography*. London, Constable.

Vinsrygg, S. 1986. Time in archaeological thought: China and the West. In *Time, Science, and Society in China and the West (Study of Time, 6)*, ed. by J. T. Fraser, N. Lawrence and F. C. Haber, pp. 225-40. Amherst, University of Massachusetts Press.

Vishnyatsky, L. B., A. A. Kovalev, and O. A. Scheglova. 2004. eds. *The Archaeologist: Detective and Thinker*. St. Petersburg, St. Petersburg University Press.

Vishnyatsky, L. B. et al. 1992. Review of B. Trigger, *A History of Archaeological Thought*. *Rossyskaya Arkheologiya* 3: 251-62.

Vita-Finzi, C. and E. S. Higgs. 1970. Prehistoric economy in the Mount Carmel area of Palestine: site catchment analysis. *Proceedings of the Prehistoric Society* 36: 1-37.

von Daniken, E. 1969. *Chariots of the Gods?* New York, Putnam's.

 1971. *Gods from Outer Space*. New York, Putnam's.

von Gernet, A. D. 1985. *Analysis of Intrasite Artifact Spatial Distributions: The Draper Site Smoking Pipes*. London, ON, Museum of Indian Archaeology Research Report no. 16.

 1993. The construction of prehistoric ideation: exploring the universalityidiosyncrasy continuum. *Cambridge Archaeological Journal* 3: 67-81.

von Gernet, A. and P. Timmins. 1987. Pipes and parakeets: constructing meaning in an Early Iroquoian context. In I. Hodder, 1987a, pp. 31-42.

von Haast, J. 1871. Moas and moa hunters. *Transactions of the New Zealand Institute* 4: 66-107.

 1874. Researches and excavations carried out in and near the Moa-bone Point Cave, Sumner Road in the year 1874. *Transactions of the New Zealand Institute* 7: 54-85.

Vyverberg, H. 1989. *Human Nature, Cultural Diversity and the French Enlightenment*. Oxford, Oxford University Press.

Wace, A. J. B. 1949. The Greeks and Romans as archaeologists. *Société royale d'archéologie d'Alexandrie, Bulletin* 38: 21-35.

Wahle, E. 1915. Urwald und offenes Land in ihrer Bedeutung für die Kulturentwicklung. *Archiv für Anthropologie* N.S. 13: 404-13.

 1921. Die Besiedelung Südwestdeutschlands in vorrömischer Zeit nach ihren natürlichen Grundlagen. *Bericht der Römisch-germanischen Kommission* 12. Frankfurt, Baer.

 1941. *Zur ethnischen Deutung frühgeschichtlicher Kulturprovinzen: Grenzen der frühgeschichtlichen Erkenntnis 1*. Heidelberg, Sitzungsberichte der Heidelberger Akademie der Wissenschaften, Philologisch-historische Klasse, Jahrgang 1940/41, 2 Abhandlung.

Walde, D. and N. Willows. 1991. eds. *The Archaeology of Gender*. Calgary, Archaeological Association of the University of Calgary.

Walker, M. 2003. The Ludlow Massacre: labor struggle and historical memory in southern Colorado. *Historical Archaeology* 37: 66-80.

Walker, S. T. 1883. The aborigines of Florida.

Washington, DC, *Annual Report of the Smithsonian Institution for 1881*: 677-80.

Wallace, A. F. C. 1950. A possible technique for recognizing psychological characteristics of the ancient Maya from an analysis of their art. *The American Imago* 7: 239-58.

 1999. *Jefferson and the Indians: The Tragic Fate of the First Americans*. Cambridge, MA, Harvard University Press.

Wallerstein, I. 1974. *The Modern World-System*, vol. 1. New York, Academic Press.

Walters, H. B. 1934. *The English Antiquaries of the Sixteenth, Seventeenth and Eighteenth Centuries*. London, Walters.

Wang, Gungwu. 1985. Loving the ancient in China. In I. McBryde, pp. 175-95.

Wang, Tao. 1997. Establishing the Chinese archaeological school: Su Bingqi and contemporary Chinese archaeology. *Antiquity* 71: 31-6.

Wanklyn, H. G. 1961. *Friedrich Ratzel: A Biographical Memoir and Bibliography*. Cambridge, Cambridge University Press.

Waring, A. J., Jr and P. Holder. 1945. A prehistoric ceremonial complex in the southeastern United States. *American Anthropologist* 47: 1-34.

Warren, C. N. and S. Rose. 1994. William Pengelly's Techniques of Archaeological Excavation. Torquay, UK, Torquay Natural History Society, Publication 5.

Warren, S. H. 1905. On the origin of "eolithic" flints by natural causes, especially by the foundering of drifts. *Journal of the Royal Anthropological Institute* 35: 337-64.

Washburn, W. E. 1967. Joseph Henry's conception of the purpose of the Smithsonian Institution. In *A Cabinet of Curiosities*, ed. by W. M. Whitehill, pp. 106-66. Charlottesville, University Press of Virginia.

Watkins, J. E. 2000. *Indigenous Archaeology: American Indian Values and Scientific Practice*. Walnut Creek, CA, AltaMira Press.

 2003. Beyond the margin: American Indians, First Nations, and archaeology in North America. *American Antiquity* 68: 273-85.

Watson, J. B. 1925. *Behaviorism*. New York, Norton.

Watson, P. J. 1979. *Archaeological Ethnography in Western Iran*. Viking Fund Publications in Anthropology no. 57. Tucson, University of Arizona Press.

 1986. Archaeological interpretation, 1985. In J. Meltzer et al., pp. 439-57.

 1990. Trend and tradition in southeastern archaeology. *Southeastern Archaeology* 9(1): 43-54.

Watson, P. J. and M. Fotiadis. 1990. The razor's edge: symbolic-structuralist archeology and the expansion of archeological inference. *American Anthropologist* 92: 613-29.

Watson, P. J., S. A. LeBlanc, and C. L. Redman. 1971. *Explanation in Archeology: An Explicitly Scientific Approach*. New York, Columbia University Press.

1984. *Archeological Explanation: The Scientific Method in Archeology*. New York, Columbia University Press.

Watson, R. A. 1972. The "New Archaeology" of the 1960s. *Antiquity* 46: 210-15.

Watson, W. 1981. The progress of archaeology in China. In J. D. Evans et al., pp. 65-70.

Wauchope, R. 1962. *Lost Tribes and Sunken Continents: Myth and Method in the Study of American Indians*. Chicago, IL, University of Chicago Press.

1965. Alfred Vincent Kidder, 1885-1963. *American Antiquity* 31: 149-71.

Webb, W. S. and W. D. Funkhouser. 1928. *Ancient Life in Kentucky*. Frankfort, Kentucky Geological Survey.

Weber, E. J. 1976. *Peasants into Frenchmen: The Modernization of Rural France, 1870-1914*. Stanford, CA, Stanford University Press.

Wedel, W. R. 1938. *The Direct-Historical Approach in Pawnee Archeology*. Washington, DC, Smithsonian Miscellaneous Collections no. 97(7).

1941. *Environment and Native Subsistence Economies in the Central Great Plains*. Washington, DC, Smithsonian Miscellaneous Collections no. 101(3).

Weeks, K. 1979. ed. *Egyptology and the Social Sciences: Five Studies*. Cairo, American University in Cairo Press.

Weiss, R. 1969. *The Renaissance Discovery of Classical Antiquity*. Oxford, Blackwell.

Welch, P. D. 1998. *Ancient Monuments of the Mississippi Valley* by E. G. Squier and E. H. Davis: the first classic of US archaeology. *Antiquity* 72: 921-7.

Welinder, S. 1991. The word förhistorisk, "prehistoric," in Swedish. *Antiquity* 65: 295-6.

Wells, P. S. 1984. *Farms, Villages, and Cities: Commerce and Urban Origins in Late Prehistoric Europe*. Ithaca, NY, Cornell University Press.

Wendt, H. 1955. *In Search of Adam*. Boston, MA, Houghton Mifflin.

Wengrow, D. 1999. The intellectual adventures of Henri Frankfort: a missing chapter in the history of archaeological thought. *American Journal of Archaeology* 103: 597-613.

2003. Landscapes of knowledge, idioms of power: the African foundations of ancient Egyptian civilization reconsidered. In D. O'Connor and A. Reid, pp. 121-35.

Wenke, R. J. 1981. Explaining the evolution of cultural complexity: a review. *Advances in Archaeological Method and Theory* 4: 79-127.

Whallon, R., Jr. 1968. Investigations of late prehistoric social organization in New York State. In S. R. and L. R. Binford, pp. 223-44.

1982. Comments on "explanation." In A. C. Renfrew and S. Shennan, pp. 155-8.

Wheeler, R. E. M. 1954. *Archaeology from the Earth*. Oxford, Oxford University Press.

White, J. P. 1974. *The Past is Human*. Sydney, Angus and Robertson.

White, J. P. and J. F. O'Connell. 1982. *A Prehistory of Australia, New Guinea and Sahul*. Sydney, Academic Press.

White, L. A. 1945. "Diffusion vs. evolution": an anti-evolutionist fallacy. *American Anthropologist* 47: 339-56.

1949. *The Science of Culture*. New York, Farrar, Straus.

1959. *The Evolution of Culture*. New York, McGraw-Hill.

1975. *The Concept of Cultural Systems*. New York, Columbia University Press.

White, N. M., L. P. Sullivan, and R. A. Marrinan. 1999. eds. *Grit-Tempered: Early Women Archaeologists in the Southeastern United States*. Gainesville, University Press of Florida.

White, R. 1993. Introduction. In A. Leroi-Gourhan, pp. xiii-xxii.

Whiteley, P. M. 2002. Archaeology and oral tradition: the scientific importance of dialogue. *American Antiquity* 60: 405-15.

Whitley, D. S. and J. D. Keyser. 2003. Faith in the past: debating an archaeology of religion. *Antiquity* 77: 385-93.

Wiener, N. 1961. *Cybernetics*. 2nd edn. Cambridge, MA, M.I.T. Press.

Wilcox, D. R. and W. B. Masse. 1981. eds. *The Protohistoric Period in the North American Southwest, AD 1450-1700*. Tempe, Arizona State University, Anthropological Research Paper no. 24.

Wilcox, D. J. 1987. *The Measure of Times Past: Pre-Newtonian Chronologies and the Rhetoric of Relative Time*. Chicago, IL, University of Chicago Press.

Wilk, R. R. 1985. The ancient Maya and the political present. *Journal of Anthropological Research* 41: 307-26.

Wilkinson, J. G. 1837. *Manners and Customs of the Ancient Egyptians*. 6 vols. London, John Murray.

Willett, F. 1967. *Ife in the History of West African Sculpture*. London, Thames and Hudson.

Willey, G. R. 1948. A functional analysis of "horizon styles" in Peruvian archaeology. In *A Reappraisal of Peruvian Archaeology*, ed. by W. C. Bennett, pp. 8-15. Menasha, WI, Society for American Archaeology Memoir 4.

1953. *Prehistoric Settlement Patterns in the Virú Valley, Peru*. Washington, DC, Bureau of American Ethnology, Bulletin no. 155.

1956. ed. *Prehistoric Settlement Patterns in the New World*. New York, Viking Fund Publications in Anthropology no. 23.

1966. *An Introduction to American Archaeology*, vol. 1, *North and Middle America*. Englewood Cliffs, NJ, Prentice-Hall.

1971. *An Introduction to American Archaeology*, vol. 2, *South America*. Englewood Cliffs, NJ, Prentice-Hall.

1974a. ed. *Archaeological Researches in Retrospect*. Cambridge, MA, Winthrop.

1974b. The Virú Valley settlement pattern study. In G. R. Willey, 1974a, pp. 147-76.

1985. Ancient Chinese-New World and Near Eastern ideological traditions: some observations. *Symbols*, spring issue, 14-17, 22-3.

1988. *Portraits in American Archaeology: Remembrances of Some Distinguished Americanists*. Albuquerque, University of New Mexico Press.

Willey, G. R., W. R. Bullard Jr, J. B. Glass, and J. C. Gifford. 1965. *Prehistoric Maya Settlements in the Belize Valley*. Cambridge, MA, Papers of the Peabody Museum of Archaeology and Ethnology no. 54.

Willey, G. R. and P. Phillips. 1955. Method and theory in American archeology, II: historical-developmental interpretation. *American Anthropologist* 57: 723-819.

1958. *Method and Theory in American Archaeology*. Chicago, IL, University of Chicago Press.

Willey, G. R. and J. A. Sabloff. 1974. *A History of American Archaeology*. London, Thames and Hudson.

1980. *A History of American Archaeology*. 2nd edn. San Francisco, CA, Freeman.

1993. *A History of American Archaeology*. 3rd edn. New York, Freeman.

Williams, H. 2003. ed. *Archaeologies of Remembrance: Death and Memory in Past Societies*. New York, Kluwer Academic.

Williams, S. 1991. *Fantastic Archaeology: The Wild Side of North American Prehistory*. Philadelphia, University of Pennsylvania Press.

Wilmsen, E. N. and J. R. Denbow. 1990. Paradigmatic history of San-speaking peoples and current attempts at revision. *Current Anthropology* 31: 489-525.

Wilson, D. 1851. *The Archaeology and Prehistoric Annals of Scotland*. Edinburgh, Sutherland and Knox.

1862. *Prehistoric Man: Researches into the Origin of Civilisation in the Old and the New World*. London, Macmillan.

1876. *Prehistoric Man*. 3rd edn. London, Macmillan.

Wilson, D. 1975. *Atoms of Time Past*. London, Allen Lane.

Wilson, D. M. 1976. ed. *The Archaeology of Anglo-Saxon England*. London, Methuen.

Wilson, E. O. 1975. *Sociobiology: The New Synthesis*. Cambridge, MA, Harvard University Press.

Wilson, J. A. 1964. *Signs and Wonders upon Pharaoh*. Chicago, IL, University of Chicago Press.

Winstone, H. V. F. 1990. *Woolley of Ur: The Life of Sir Leonard Woolley*. London, Secker and Warburg.

Wiseman, J. 1980a. Archaeology in the future: an evolving discipline. *American Journal of Archaeology* 84: 279-85.

1980b. Archaeology as archaeology. *Journal of Field Archaeology* 7: 149-51.

1983. Conflicts in archaeology: education and practice. *Journal of Field Archaeology* 10: 1-9.

Wissler, C. 1914. Material cultures of the North American Indians. *American Anthropologist* 16: 447-505.

1917. The new archaeology. *American Museum Journal* 17: 100-1.

Wittfogel, K. A. 1957. *Oriental Despotism: A Comparative Study of Total Power*. New Haven, CT, Yale University Press.

Wiwjorra, I. 1996. German archaeology and its relation to nationalism and racism. In M. Díaz-Andreu and T. Champion, 1996a, pp. 164-88.

Wobst, H. M. 1974. Boundary conditions for Paleolithic social systems: a simulation approach. *American Antiquity* 39: 147-78.

1978. The archaeo-ethnology of hunter-gatherers or the tyranny of the ethnographic record in archaeology. *American Antiquity* 43: 303-9.

Wolf, E. R. 1982. *Europe and the People without History*. Berkeley, University of California Press.

Wolfram, S. 2000. "Vorsprung durch Technik" or "Kossinna Syndrome"? Archaeological theory and social context in post-war West Germany. In H. Härke 2000a, pp. 180-201.

Wood, E. M. 2000. Capitalism or enlightenment? *History of Political Thought* 21: 405-26.

Wood, M. 1998. The use of the Pharaonic past in modern Egyptian nationalism. *Journal of the American Research Center in Egypt* 35: 179-96.

Woodbury, R. B. 1973. *Alfred V. Kidder*. New York, Columbia University Press.

Woodman, P. C. 1995. Who possesses Tara? Politics in archaeology in Ireland. In P. J. Ucko 1995a, pp. 278-97.

Woolley, C. L. 1950. *Ur of the Chaldees*. Harmondsworth, UK, Penguin (1st edn 1929).

Worsaae, J. J. A. 1849. *The Primeval Antiquities of Denmark*, trans. By W. J. Thoms. London, Parker.

Wortham, J. D. 1971. *British Egyptology, 1549-1906*. Newton Abbott, UK, David and Charles.

Wotzka, H. P. 1997. Massstabsprobleme bei der ethnischen Deutung neolithischer "Kulturen."

Das Altertum 43: 163-76.

Wright, G. A. 1971. Origins of food production in southwestern Asia: a survey of ideas. *Current Anthropology* 12: 447-77.

Wright, R. P. 1996. ed. *Gender and Archaeology*. Philadelphia, University of Pennsylvania Press.

Wylie, M. A. 1982. Epistemological issues raised by a structuralist archaeology. In I. Hodder, 1982c, pp. 39-46.

1985a. The reaction against analogy. *Advances in Archaeological Method and Theory* 8: 63-111.

1985b. Facts of the record and facts of the past: Mandelbaum on the anatomy of history "proper." *International Studies in Philosophy* 17: 71-85.

1985c. Putting Shakertown back together: critical theory in archaeology. *Journal of Anthropological Archaeology* 4: 133-47.

1989a. Archaeological cables and tacking: the implications of practice for Bernstein's "Options beyond objectivism and rationalism." *Philosophy of the Social Sciences* 19: 1-18.

1989b. The interpretive dilemma. In *Critical Traditions in Contemporary Archaeology*, ed. by V. Pinsky and A. Wylie, pp. 18-27. Cambridge, Cambridge University Press.

1992. The interplay of evidential constraints and political interests: recent archaeological research on gender. *American Antiquity* 57: 15-35.

1993. A proliferation of new archaeologies: "Beyond objectivism and relativism." In N. Yoffee and A. Sherratt, pp. 20-26.

1996. The constitution of archaeological evidence: gender politics and science. In *The Disunity of Science: Boundaries, Contexts, and Power*, ed. by P. Galison and D. J. Stump, pp. 311-43. Stanford, CA, Stanford University Press.

1997. The engendering of archaeology: refiguring feminist science studies. *Osiris* 12: 80-99.

2000. Questions of evidence, legitimacy, and the (dis)unity of science. *American Antiquity* 65: 227-37.

2002. *Thinking from Things: Essays in the Philosophy of Archaeology*. Berkeley, University of California Press.

Wyman, J. 1875. *Fresh-Water Shell Mounds of the St. John's River, Florida*. Salem, MA, Memoirs of the Peabody Academy of Science no. 4.

Yalouri, E. 2001. *The Acropolis: Global Fame, Local Claim*. Oxford, Berg.

Yates, F. A. 1964. *Giordano Bruno and the Hermetic Tradition*. Chicago, IL, University of Chicago Press.

Yellen, J. E. 1977. *Archaeological Approaches to the Present: Models for Reconstructing the Past*. New York, Academic Press.

Yellowhorn, E. C. 2002. Awakening Internalist Archaeology in the Aboriginal World. PhD dissertation, Montreal, Department of Anthropology, McGill University.

Yelton, J. K. 1989. A comment on John Rowzée Peyton and the Mound Builders: the elevation of a nineteenth-century fraud to a twentieth-century myth. *American Antiquity* 54: 161-5.

Yengoyan, A. A. 1985. Digging for symbols: the archaeology of everyday material culture. *Proceedings of the Prehistoric Society* 51: 329-34.

Yentsch, A. 1991. The symbolic division of pottery: sex-related attributes of English and Anglo-American household pots. In R. H. McGuire and R. Paynter, 1991, pp. 192-230.

Yoffee, N. 1999. Robert McCormick Adams b. 1926. In T. Murray, 1999a, pp. 791-810.

2005. *Myths of the Archaic State: Evolution of the Earliest Cities, States, and Civilizations*. Cambridge, Cambridge University Press.

Yoffee, N. and G. L. Cowgill. 1988. eds. *The Collapse of Ancient States and Civilizations*. Tucson, University of Arizona Press.

Yoffee, N. and A. Sherratt. 1993. eds. *Archaeological Theory: Who Sets the Agenda?* Cambridge, Cambridge University Press.

Zammito, J. H. 2002. *Kant, Herder, and the Birth of Anthropology*. Chicago, IL, University of Chicago Press.

Ziadeh, G. 1995. Ethno-history and "reverse chronology" at Ti'innik, a Palestinian village. *Antiquity* 69: 999-1008.

Zimmerman, A. 2001. *Anthropology and Antihumanism in Imperial Germany*. Chicago, IL, University of Chicago Press.

Zittel, K. A. von. 1901. *History of Geology and Palaeontology to the End of the Nineteenth Century*. London, Scott.

Zvelebil, M. 1996. Farmers our ancestors and the identity of Europe. In P. Graves-Brown et al., pp. 145-66.

옮긴이 풀어쓰기

고고학사의 전개와 브루스 트리거

이 책은 2006년에 나온 브루스 트리거의 *A History of Archaeological Thought* (Cambridge University Press) 제2판을 우리말로 옮긴 것이다. 원저의 초판은 1989년에 간행되었으며, 『고고학사: 사상과 이론』(학연문화사)이라 하여 1997년 옮긴이가 번역, 출간한 바 있다. 재판은 이전 초판과는 많은 면에서 다르다. 물론 한 저자의 책이니 기본적인 틀은 유사하지만, 목차에서 드러나듯이 체제도 바뀌었고, 거의 모든 부분에서 내용이 추가되었다. 그리하여 진정한 의미에서 새로운 책이라 할 만하다.

저자는 고고학 이론과 학사 연구에서 독보적인 영역을 구축하고 있는 사람이다. 트리거는 1937년 캐나다 온타리오 주에서 태어났으며, 토론토대학을 졸업하고, 1964년 예일대학교에서 박사학위를 받았다. 잠시 미국 대학에 직을 가진 적은 있으나, 곧 캐나다로 돌아와 몬트리올의 맥길대학교 인류학과 교수로서 오랫동안 봉직했다. 주로 고고학사와 이론, 북아메리카 원주민 역사, 그리고 초기 문명 연구 등에 대해서 많은 저술을 남겼다. 2003년 모교인 토론토대학에서 명예박사학위를 받았으며, 이 책의 원저서가 출간되고 몇 달 뒤인 2006년 12월 작고했다. 2003년에 출간한 *Understanding Early Civilizations: A Comparative Study*(Cambridge University Press)라는 저서에서는 초기 문명을 비교분석하여 사회변동의 원인과 과정을 논의했다. 그 이후에는 이 책의 원저를 쓰는 데 전념했다고 한다. 자신의 홈페이지에서도 초기 문명에 대한 연구 이후에는 고고학사의 재판을 쓰는 데 헌신할 것이라고 밝히고 있었다. 숙연함을 느끼지 않을 수 없다. 작고하기 전에는 제자와 동료들이 트리거의 이론적인 영향력에 대한 글들을 모아 *The Archaeology of Bruce Trigger: Theoretical Empiricism*(R. F. Williamson & M. S. Bisson 편, McGill-Queen's University Press, 2006)이라는 책을 내기도 했다. 트리거 역시 이 책의 마지막 장에 "회고retrospection"라는 글을 쓰기도 했다. 전언에 따르면 트리거는 2006년 생애 마지막 해를 가장 행복한 시절로 회고했다고 한다.

브루스 트리거가 학계에 가장 크게 영향을 미친 것은 역시 고고학사 연구일 것이다. 초판이 출간되고부터 전 세계의 연구자들로부터 호평과 찬사를 받았으며, 학부와 대학원 교재로도 널리 쓰였다. 또한 학사 연구를 독립된 고고학의 분과로 발전시켰다는 평을 받았다. 그러나 시간이 흐르면서 초판에서 다루지 못한 부분이 커져 가면서, 새로운 판이 필요해졌다. 그런데 출간된 재판은 단순히 미진한 부분을 보완한 것이라기보다는 거의 새로운 저술이라 할 만큼 크게 변모한 것이다.

이 책이 다루고 있는 내용과 영역은 방대하다. 공간적으로는 서유럽과 북아메리카뿐만 아니라 북유럽, 러시아, 아프리카, 라틴아메리카 그리고 아시아까지 전 세계 고고학의 역사와 현재의 다양한 모습을 논의하고 있다. 시간적으로도 고대와 중세의 고고학적인 관심과 행위에서 시작하여 근대 학문으로서 고고학의 성립과 발전, 20세기 말의 경향, 그리고 2000년대 이후 최신 흐름까지 망라하고 있다. 특히 초판이 출간된 이후 최근 이루어진 고고학사의 전개 과정과 성과들을 균형 잡힌 시각에서 논의하고 있다. 독자들은 이 책을 읽음으로써 고고학 이론과 방법론의 역사와 함께 최근의 경향까지 섭렵할 수 있을 것이다.

고고학사 서술의 관점

사실 이 책의 진정한 가치는 서술 방식과 내용의 깊이에서 찾을 수 있다. 트리거의 관점은 독특하면서도 정통에 가깝다. 트리거는 고고학에서 의미 있는 작업과 연구에 대해 시공을 넘나들며 진지하게 논의하고 있다. 기존의 고고학사를 다룬 저술이 대부분 유명한 고고학자의 활동이나 유적의 조사를 시간대별로 서술하는 것에 머물고 있음에 반해, 이 책은 시간의 흐름을 고려하면서도 주제별 서술의 모델을 제시하고 있다. 다시 말하여 시간대별 서술에 치중한 연구서들이 단순히 과거의 생각이나 접근이 사라지고 새로운 접근이 그것들을 대체했다는 단선적 발전을 강조하고 있는 반면, 트리거는 고고 자료를 분석하고 해석하는 접근 방식을 설정하고 그것들이 시간의 흐름에 따라 어떻게 상호 경쟁하며 변모했는지를 살피고 있는 것이다. 다양한 이론적 입장들이 각기 다른 종류의 학문적 관심사를 발전시키면서 변화하여 왔는지에 초점을 맞추고 있는 것이다. 저자는 사회정치적인 환경 속에 고고학이란 학문의 진화를 맥락화시키면서도 학문 내부에서 지속적으로 일어난 지식의 축적 과정을 간과하지 않는다. 이것이 바로 트리거가 고고학 이론의 역사를 서술하면서 사용한 기본적인 사고의 틀이다.

트리거 자신은 모든 지역에서 일어났던 사건을 열거하는 것은 불가능하며 바람직하지도 않다고 본다. 대신 주요한 해석 및 이론적인 흐름을 제시하고 대체로 시간의 흐름에 따라 변모했던 모습을 개괄하고 있다. 그 모습은 시간의 흐름에 따라 부침하면서 시공간적으로 서로 중복되기도 하고 대립적 양상이 분명하게 드러나기도 그렇지 않을 수도 있다. 트리거의 고고학사 서술 관점을 이해하기 위해서는 "나는 주제별 접근을 통해 고고학 해석 방식의 변화를 학사적으로 연구함으로써 시간적인 순서나 지리적으로 명확하게 나눠지지 않으면서도 고고학을 변모시켜 온 혁신의 흐름을 살펴보고자 한다"는 말을 되새길 필요가 있다.

트리거가 제시하고 있는 고고학을 하는 방식, 또는 입장은 각각 이 책의 독립된 장을 구성한다. 다시 말하여 고전고고학과 문헌고고학, 호고주의고고학, 제국주의와 식민고고학, 문화사고고학, 기능주의고고학, 과정고고학, 탈과정고고학, 그리고 최근의 통합과 종합을 위한 노력 등이다. 이 가운데 전반부, 곧 고전고고학, 호고주의, 제국주의에 바탕을 둔 고고학은 현재 학문 내에서 설자리를 잃었다. 그렇기에 현대 고고학은 문화사고고학Culture history, 과정고고학Processual archaeology, 탈과정고고학Postprocessual archaeology을 중심으로, 그 안에서 내적 분화와 함께 다양한 접근이 등장하고 상호 경쟁하면서 성장하여 왔다고 할 수 있다. 이러한 접근들은 고정 불변하는 것이 아니라 시간의 흐름에 따라 부침하고, 다윈진화고고학과 행위고고학 등 내부적으로도 다양한 비판과 분파를 형성했다. 특히 2000년대 이후와 같이 상이한 상위이론의 시각을 가로질러 통합된 조망이 이루어지기도 한다.

트리거가 고고학사를 서술하는 시각의 근저에는 사회사상사적인 틀이 있다. 예를 들어 유럽에서 고고학이 학문으로 자리 잡은 배경으로서 중간계급의 성장을 가장 큰 요인으로 들고 있다. 새로이 등장한 상인과 전문직 종사자인 중간계급이 고고학을 후원함으로써 학문의 전문가 집단이 성장하게 되었다고 본다. 유럽과 그 밖의 세계에서 민족주의적인 시각과 문화사고고학이 결합되는 양상 역시 사회정치적 맥락과 떼어놓고서는 이해할 수 없다. 미국에서 신진화론의 성장과 과정고고학의 발전은 세계 초강대국으로서 미국의 등장을 통하여 살필 수 있다. 그렇다면 탈과정고고학의 시각은 이 같은 헤게모니에 저항하는 접근으로 성장했다고 보는 것이 가장 자연스러울 것이다.

굳이 상위이론으로 말하면 트리거는 마르크스주의적인 접근을 일관하고 있다. 물론 고전 마르크스주의에 입각하여 경제 하부구조를 사회의 내용과 변화를 이해하는 데 가장 중심으로 두고 있는 것은 아니다. 오히려 사회 내부의 역학관계를 중시하면서, 유물론을 견지하면서도 관념론의 장점까지도 포괄함으로써 경직된 사고를 경계한다. 이 같은 시각으로 학문으로서 고고학의 성립과 발전, 이론적 시각의 경쟁을 사회조건의 변화에 맥락화시켜 논의하고 있는 것이다. 이렇듯 트리거의 논의는 포괄적이면서도 균형을 잃지 않는다. 이 책이 연구자 모두를 만족시킬 수는 없겠지만, 고고학 이론가 대부분은 이 책의 권위를 인정한다. 브루스 트리거와 같은 연구자가 있었고, 학문의 역사와 이론을 이토록 진지하고도 깊이 있게 서술했다는 사실은 고고학을 하는 대부분 사람들에게는 큰 행운이라 할 것이다.

고고학사의 성립

고고학이 학문으로 성립되기 전에도 과거 유물에 대한 관심과 고고학적인 행위가 늘 있었다. 과거에 대한 관심은 인간의 보편 성향이기 때문이다. 그러나 이 같은 행위를 학문적 관심이었다고 말할 수는 없다. 우리에게는 유감일 수도 있겠지만, 학문으로서 고고학은 유럽과 북아메리카에서 시작되었다.

트리거의 시각에 고고학은 다른 많은 학문과 마찬가지로 서양 근대사회의 산물이다. 특히 학문으로서 독자적인 방법론은 바로 체계적 발굴이라는 수단으로 자료를 수집하고, 문헌에 도움을 받지 않고 고고 자료, 곧 과거 유적과 유물을 관찰하고 분석함으로써 연대를 추정(편년)하는 것이었다. 유럽과 북아메리카에서 발달한 유물 형식 분류와 순서배열법을 통한 편년, 층위 발굴과 해석의 발달이야말로 고고학을 학문으로 성립시킨 가장 근본적인 방법론이다. 이것을 토대로 선사고고학은 고전고고학이나 이집트학 등 문헌을 바탕으로 하는 문헌고고학을 벗어나 독자적인 학문으로서 자리를 잡는다. 멀리 호고주의적인 전통에서 연원을 찾을 수는 있지만, 이제는 층서법이나 형식학 등을 통해 고고 자료에 적절한 상대연대추정법이라는 방법론으로 무장한 새로운 학문이 시작된 것이다.

이런 맥락에서 트리거는 19세기 서유럽에서 이루어진 인류의 기원에 대한 논쟁과 고고학의 역할, 그리고 구석기고고학의 성립과 발전을 논의하며, 북아메리카 인디언에 대한 시각의 조정과 선사고고학의 등장을 살피고 있다. 특히 스칸디나비아 선사고고학의 동향을 주목하고 강조한다. 그에 따르면 19세기 초의 스칸디나비아 고고학자들은 현대 고고학의 거의 모든 관심사를 맹아적이나마 가지고 있었다. 물론 그 이후 고고학은 학문적인 영역에서 팽창을 거듭하고 방법론도 심화되었지만, 이때 이루어진 학문의 목적이나 방향이 그 토대가 되었다는 것이다. 서유럽의 선사고고학은 구석기 시대 연구를 필두로 주로 진화적 경향에 머물렀지만, 스칸디나비아의 고고학자들은 문화진화, 형식학적 편년뿐만 아니라 기능주의적인 경향까지 포괄했다고 한다.

이 책을 읽으면 저절로 서양의 중세, 근대사, 특히 사상사를 읽는 것과 같은 느낌이 든다. 거꾸로 이야기하면 서양의 근대사와 사상사의 전개를 알지 못하고서는 책의 내용을 이해하기 힘들기도 하다. 특히 19세기 이후 유럽과 북아메리카에서 만연된 사회진화론에 대한 트리거의 비판은 신랄하다. 문화진화 또는 사회진화는 인류문화를 단선적인 도식에 집어넣었으며, 결국 유럽의 식민화의 사상적 토대가 되었다. 사회진화론과 인종주의적 시각은 서양 근대사에서 광범위했다. 이로부터 유럽인들은 우월한 사회가 열등한 사회를 대체하는 것이 자연진화의 법칙이라고 보았으며, 이것이 사회진화론(또는 사회다윈주의)이다.[1] 아프리카, 오스트레일리아 및 북아메리카에서 이루어진 초기의 고고학적인 연구(거의 전적으로 유럽에서 온 백인의 연구였다)는 이같은 지적인 흐름에 영향을 받은 것이다. 트리거는 좀 더 극단적으로 식민지 배경 아래 고고학을 비롯한 과거에 대한 연구는 원주민을 착취하고 조상 대대로 이어 온 땅을 빼앗는 고도로 이데올로기적인 활동을 했다고 비판적으로 평가했다. 그러나 고고학이 학문으로 성장하고, 자료가 축적되면서 그처럼 잘못된 이해와 해석은 더 이상 학계에서 받아들여지지 않게 되었다.

문화사고고학의 성립과 발전

브루스 트리거는 원저에서 100쪽이 넘는 분량을 할애하면서 문화사고고학을 다루었다. 논의는 학문으로서 고고학의 성립과 직결된 상대편년법의 발달로부터 시작하여 유럽과 북아메리카, 그리고 아시아의 각 지역에서 이루어진 문화사 편년 및 민족주의적인 시각의 고고학 연구까지 포괄하고 있다.

고고학에서 문화사 패러다임의 중심에 있는 것은 "고고학 문화"라는 개념이다. 물론 유럽과 북아메리카에서 연구 전통이 독자적으로 발달하여 약간의 차이가 있는 것은 사실이지만, 대체로 "문화"를 비교적 작은 지리적 영역을 가지며 짧은 지속 시간을 가지는 유사한 물질문화를 가리키는 개념으로 사용했다.[2] 고고학자들은 이 문화 개념을 통해 편년을 수립하여 지역의 문화사를 종합하고, 특정 지역에 거주했던

---

1) 다윈의 생물진화는 사실 많은 면에서 다르지만, 사회다윈주의Social Darwinism라는 용어에서도 드러나듯이 학계에서는 그의 권위를 이용했고 이 같은 작업에 오용된 것은 사실이다. 1970년대 이후에야 과정고고학이 분화하면서 다위니즘이 분명하게 문화 현상의 진화에 적용되기 시작한 것이다.

2) 물론 아슐리안과 같은 구석기시대의 경우 비슷한 물질문화의 범위가 지나치게 크기 때문에 흔히 "공작industry"이라는 용어가 대신 쓰이기도 했다.

부족이나 민족을 복원하고자 했다. 그리하여 유물 중심의 문화사 편년, 전파와 이주를 통한 문화변화의 설명 등 문화사고고학의 다양한 특징들이 자리를 잡았다.

고고학자들은 층위 발굴, 형식 편년과 순서배열법 등을 발달시켜 문화사를 확립했다. 이는 지금도 고고학 방법론의 핵심임은 두말할 나위가 없다. 많은 문화사고고학자들은 특정 지역의 고고학 문화는 과거와 현재 그 지역에 거주했던 종족을 의미하는 것으로 받아들인다. 문화사고고학의 틀 안에서 문화변화의 주된 요인은 전파와 이주였다. 문화변화를 이웃 문화로부터 영향을 받았거나 과거 종족의 이주와 같은 사건으로 설명했던 것이다. 나아가 고고학은 19세기 말부터 20세기 초까지 민족(국민)주의의 성장과 더불어 특정 민족이나 국가의 잃어버린 과거를 찾아 연대감을 고취시키는 역할을 하게 된다. 이제 문화사고고학 패러다임은 유럽을 넘어 전 세계 각지의 고고학자들이 지향하는 바가 되었다. 특히 작고 가난하며 식민 지배의 경험을 가진 나라에서 이 같은 민족주의적 성향이 두드러진다.

문화사고고학의 접근법은 지금도 지속되고 있다. 그 방법론은 이후 등장한 과정고고학의 과학성에 대한 요구로 위기를 맞기도 했지만, 여전히 고고학의 중심에 있다. 그렇기에 트리거의 평가와도 같이, 과거의 시각과 접근이 새로운 방법론의 등장으로 사라졌다는 식의 단순한 이해는 잘못이다. 이는 종족성에 의지하는 관점, 전파론이나 이주론에 입각한 설명이 설득력이 있기 때문은 아니다. 오히려 문화사고고학이 고고학적 유존물에 나타나는 물질문화의 계보를 추적하는 강력한 방법론을 가지고 있기 때문이라고 보는 것이 합당하다. 물질문화의 시공간적 다양성을 확립하고, 역사적인 관련성을 찾는 일이야말로 문화사적 접근뿐만 아니라 19세기 말 이후 고고학의 중심 주제인 것이다. 이는 20세기 말 이후 특히 다윈진화고고학자들이 앞장서 문화사고고학을 재평가하려 한 움직임과도 일맥상통한다. 역사적인 관련을 찾는 일은 문화변화 연구에 필수적이며, 이는 고고학을 포함한 모든 역사과학에 공통되는 것이다.

트리거의 문화사고고학에 대한 논의에서 한국의 고고학은 빠져 있다. 특히 중국이나 일본에 대해서는 중세에서 근대까지 고고학의 시작과 성장에 대해 상당한 논의가 있었던 것을 생각하면 아쉬운 일이 아닐 수 없다. 일본고고학의 제국주의적 속성에 대해서는 전혀 언급이 없는 점도 굳이 지적하자면 문제라 하겠다. 영국, 독일, 프랑스 등의 이집트와 메소포타미아 유물 탈취 역시 큰 틀에서 논의하는 것으로 소략했다. 이러한 제국주의적 속성이 얼마나 19세기 말, 20세기 전반 고고학을 황폐화시켰는지 냉혹한 평가가 있어야 할 것이다.

브루스 트리거는 고든 차일드에 대한 연구서를 출간할 만큼 차일드 전문가다. 차일드에 대한 서술은 초판보다 분량 면에서는 조금 누그러졌다. 하지만 차일드의 업적에 대한 긍정적 평가는 여전하여, 차일드 후기의 마르크스주의에 대한 고민이 후일의 탈과정고고학이나 과정고고학의 방향과 일치하는 면이 있다고 주장하기도 한다. 이렇듯 차일드는 20세기 전·중반을 살았지만, 20세기 말의 고민까지도 포괄했던 선각자로 그려진다. 트리거는 과거 차일드의 고민을 제대로 이해하지 못한 것이 나중에 찾아온 혼란의 원인 가운데 하나라고 생각하는 듯하다. 차일드와 트리거는 많은 면에서 닮았다. 둘 모두 초기 문명의 진화에 관심을 가진 마르크스주의자이자 비판적인 지식인이었다. 또한 차일드는 오스트레일리아 출신으로 영국에서 공부하고 활동하고 고향으로 돌아와 사망했으며, 트리거 역시 캐나다에서 태어나 미국으로 유학해 학위를 받은 다음 다시 캐나다로 돌아와 연구 생애를 살았던 것이다.

20세기 중·후반 고고학의 변모

트리거는 기능과정고고학이란 표제 아래 20세기 전반과 중반 고고학에서 이루어진 새로운 접근을 개괄하고 있다. 이전 초판에서는 기능주의라 불렸지만, 이번에는 기능과정고고학이라 하여 이후 과정고고학의 전조를 알렸다는 점을 부각시켰다. 영국에서 기능주의적 경향의 뿌리는 사회인류학에 있다. 그레이엄 클라크 같은 몇몇 학자들이 유물의 형식분류와 편년에 치우친 경향을 비판하며 과거 사회와 경제에 대해 연구했던 것이다. 19세기 전반 고고학의 성립 초기부터 스칸디나비아 고고학을 높이 평가하는 트리거는 영국의 기능과정고고학자들이 북유럽에서 이루어진 과거 환경에 대한 선구적 분석과 연구에도 영향을 받았다고 했다.

미국에서도 이와 유사한 흐름이 나타났는데, 아마도 취락고고학이란 이름으로 대별할 수 있다. "과정"주의란 용어도 이때부터 쓰였다. 취락고고학자들은 문화사고고학이 지나치게 유물 편년에 경도되어 있던 경향에서 탈피하여 과거 사회를 환경과 생태적 배경의 맥락에서 연구했다. 기능주의 고고학에 대한 논의는 마르크스주의에 입각하여 고고학 연구를 진척시켰던 과거 소련의 고고학도 포함하고 있다. 사실 초판에서 소련 고고학에 대한 논의는 한 장을 차지할 정도로 지나친 측면이 있었는데, 재판에서는 분량이 크게 줄었다. 다만 고고학사에서 의미 있는 역할을 했다는 평가는 여전하다. 트리거는 기능주의적이고 과정적인 접근은 문화사고고학이 지나치게 종족성에 치우쳐 있던 문제를 타개했다고 보았다. 이는 행위에 대한 관심이 증가했던 20세기 중반 사회과학의 일반적인 흐름과도 연관되어 있었으며, 결국 고고학에 큰 변화를 몰고 왔다.

고고학에서 가장 분명하게 과거의 연구 성향을 비판하고 대안 프로그램을 제시한 것은 두말할 나위 없이 1960년대 미국 신고고학(과정고고학)이다. 과거의 접근 방식에 대해 이처럼 공개적이고도 논쟁적으로 문제제기를 했으며, 그것이 폭넓게 수용된 적은 없었다. 과정주의의 등장과 이와 동반된 학문적 논쟁에 대해서는 다양한 시각에서 논의되어 왔지만, 트리거는 특히 미국의 사회정치적인 헤게모니의 성장과 관련하여 서술하고 있다. 국제사회에서 미국의 경제 및 정치력의 증가와 더불어 신진화론이 부흥하고, 여기에 과학기술을 우월시하는 사회적인 흐름에서 과정고고학이 등장하고 발전했다는 것이다. 이렇듯 과정고고학이 미국의 국제적인 지배이데올로기에 순응하는 측면을 가지고 있음을 밝히고 있다. 전통 문화사고고학은 비과학적이고 귀납적이며, 권위적인 것이라 치부된 반면, 과학적 방법과 객관성을 중시하는 것이 바로 그 같은 과정고고학의 성향을 단적으로 보여준다고 생각된다. 여기에서 신고고학이 막 닻을 올릴 때 미국에서 고고학을 공부하고 박사학위를 받았지만 캐나다로 돌아와 비판적 지식인으로서의 생애를 산 트리거의 관점이 잘 드러난다.

과정고고학의 등장과 확산은 단순히 새롭고 강력한 접근법의 도입만으로 이해할 수 없다. 20세기 중반 미국에서 급격히 증가한 문화재 발굴조사로 고고학 전문가에 대한 수요가 높아지고, 이에 따라 젊은 고고학자들의 수가 크게 늘어난 것 역시 중요한 요인이다. 특히 미국과학재단이 주된 고고학 조사의 재원 지원처가 되면서 이른바 연역적인 가설검증에 입각한 연구계획서 작성이 중요한 연구자로서의 자질로 떠올랐던 점도 고려해야 한다. 선행 연구와 차별성을 명확히 하여 연구 과제를 설정하고 가설을 세워 자료를 수집하고 연역적으로 검증함으로써 과거 인간행위의 법칙을 추구한다는 과정고고학의 접근은 분명 설득력 있는 대안이었다. 이렇듯 과정고고학은 야외조사와 재정지원을 포함한 당시 여러 고고학 이슈에 적절한 대답을 주었던 것이다.

그럼에도 과정고고학 내부, 그리고 학문 주변에서 법칙지향성, 실증주의적 경향에 대한 비판 역시 꾸준히 제기되었다. 그리하여 1970년대와 1980년대 과정고고학 내부에서 새로운 대안 접근들이 나타난다. 대체로 유물론적이며 실증주의적인 경향을 유지했지만, 다양한 모습으로 분지하고 발전했던 것이다. 유적의 형성과정을 강조하는 행위고고학이 성립하고, 인지과정고고학이 등장하여 기존에 과정고고학에서 다루지 못했던 인지적 측면을 다뤘다. 그리고 다윈진화고고학자들은 인간의 모든 행위와 그 산물을 다윈이 제시하고 이후 더 발전된 생물진화의 원칙과 개념을 적용하여 이해하고자 했다. 다만 다위니즘의 원칙을 유지하면서도 구체적인 개념을 문화현상에 응용하기에 합당하도록 재조정하고 있다. 나아가 문화 편년이나 계보를 추구하는 문화사고고학의 방법론을 다윈 이론의 토대 위에 재정립시키고 있다.

트리거는 기본적으로 미국 과정고고학의 실증주의적 경향에 비판적이다. 그렇기에 탈과정주의자들이 제기한 여러 비판에 동조적인 입장을 취하고 있다고 할 수 있겠다. 트리거에 따르면, 과정고고학의 객관성에 대한 주장과는 반대로 고고학은 지난 200여 년의 역사 동안 단 한 번도 사회정치적 조건에서 완전히 벗어나 고고학 나름의 이론과 방법론을 세운 적이 없었다. 초기 과정주의자들은 시공간성을 초월한 인간행위의 법칙 추구에 집착했지만, 이는 현실과는 너무도 다른 이상에 불과한 것이다. 주지하듯이 탈과정주의는 미국 주도의 과정고고학에 대한 비판으로서 주로 영국에서 많은 지지자를 모았으며, 미국으로까지 확산되었다. 탈과정고고학자들은 인간의 행위, 나아가 물질문화가 과거 체계의 수동적인 반영에 불과하다는 생각을 받아들일 수 없다. 왜냐하면 물질문화는 사회의 다양한 개인과 집단 사이의 관계를 정립하는 데 적극적인 역할을 하기 때문이다. 트리거는 인간행위와 물질문화 사이의 법칙을 추구하는 과정주의를 비판하고, 물질문화는 사회적 실체를 반영하기도 하지만, 왜곡시키기도 전도시키기도 한다는 호더의 논증을 높이 평가한다.[3] 몇몇 탈과정주의자들은 여기에서 더 나아가 물질문화의 의미는 지역과 역사, 계급, 젠더 등 관찰자가 처한 사회 조건에 따라 다양한 해석으로 나타날 수 있다고 본다. 그런데 트리거는 극단 상대주의와 주관성을 옹호하는 시각에 대해서는 아주 비판적이다. 고고학사를 조망해 보면 자료가 등장하여 쌓이고, 연구방법과 분석법으로 새로운 사실이 알려지면서 지식은 축적되었고, 과거의 편견이 잘못임이 드러났음을 인정해야 한다는 것이다.

현대 고고학의 다양한 모습

최근 현대 고고학의 흐름은 상위이론에 대한 격렬한 논쟁은 수그러든 반면 이론적 입장을 불문하고 다양한 시각의 장점을 포괄하는 접근이 많아지고 있다. 2000년 이후 영어권, 특히 미국 고고학에서는 과정고고학과 탈과정고고학을 양분하기보다는

---

3) 호더는 거꾸로 *The Archaeology of Bruce Trigger*(2006)에 기고한 글에서 자신의 탈과정고고학적 시각의 성립에 트리거가 큰 영향을 미쳤음을 인정하고 있다.

여러 접근이나 시각을 가로질러 특정 고고학 주제에 유용한 방법론을 찾는 경향이 두드러진다. 유물론적 입장과 관념론적 접근 역시 상호 교류하며 여러 대안 모델과 설명이 나오고 있다.

트리거는 실용적 종합이란 장의 제목이 말해 주듯이 이론적 분지보다는 실용성을 토대로 과거 멀게 떨어져 있던 접근들이 통합되고 있음을 강조한다. 이제 과정주의와 탈과정주의는 인지나 상징, 젠더와 같은 주제를 포괄하여 다루고 있다. 다윈진화고고학 역시 기존의 문화사 접근의 분석 단위를 이론적 틀 안에 통합하고 접목하고 있다. 역사고고학과 고전고고학 역시 선사고고학과의 차별만을 강조하던 경향에서 탈피하여 최근 많은 변화가 일어나 그 장벽이 낮아졌다. 그러나 트리거는 현실적으로 역사고고학과 선사고고학의 차이는 앞으로도 무시할 수 없을 것이라 보기도 한다. 왜냐하면 이론적 입장의 차이가 해소되는 것과는 달리 선사시대 문화와 역사시대 문화의 차이는 실질적이라는 것이다. 전자에 대해서는 문헌 자료가 없고 민족지 자료 등이 갖는 한계 때문에 과정주의의 입장에 잘 부합할 수 있는 반면, 후자는 탈과정주의적 시각에 잘 들어맞을 것이라고 보는 것이다.

9장과 10장을 읽다 보면 공서고금을 넘나드는 트리거의 광범위한 식견에 탄복하지 않을 수 없다. 아울러 노학자가 현재 학문을 이끌고 있는 세대에게 진지한 조언을 하고 있음도 느끼게 된다. 그대로 기본적으로 과정고고학의 실증주의와 객관성에 대한 주장에 비판적이다. 특히 문화진화론에 입각하여 범문화적 규칙성만을 설명 대상으로 삼고 문화별 전통과 특성의 차이를 무시했던 경향을 배격한다. 하지만, 고고학의 모든 지식이 사회정치 조건의 산물이며 그 어떤 고고학자도 자신이 처한 조건을 떠나 고고학적 지식을 추구할 수 없다는 극단상대주의hyperrelativism는 트리거가 가장 경계하는 시각이다. 이 책의 마지막 절이 "주관성에 맞서"임을 되새길 필요가 있다. 여기에서 기본적으로 유물론적 관점을 유지하기 위하여 노력하는 저자의 모습을 볼 수 있다. 트리거는 학사를 조망해 보면 고고 자료가 쌓이고 그에 따른 지식이 축적되면서 지나치게 주관적이고, 자민족중심적이며 편향된 학설은 설자리를 잃어왔음을 강조한다. 그렇기에 앞으로도 자료가 증가하고 새로운 지식이 쌓이면서 더 균형 잡힌 지식을 얻을 것이라 믿는다. 나아가 탈과정주의의 주장과는 달리 범문화적 규칙성이 어느 정도는 존재하는 것이 사실이고, 그것이 고고학의 유의한 연구 대상임을 인정하기도 한다. 이 같은 시각은 트리거의 초기 문명에 대한 비교 연구에서도 잘 드러난다. 결국 전 세계의 과거 사회문화체계에서 나타나는 수많은 유사한 사례를 볼 때 기능적이고 선택적인 요인들이 큰 역할을 했음을 인정하지 않을 수 없다는 것이다. 트리거는 이렇듯 균형 잡힌 시각을 강조하여 의미 있는 고고학 연구를 독려하고 있지만, 고고학자들이 그 같은 시각을 견지하기란 참으로 어려운 일이다.

트리거는 문화적 공통성을 고려하면서도 역사의 중요성을 강조한다. 특히 현재의 시각을 이해하기 위해서는 그 같은 문화 및 사고방식의 역사를 연구하지 않을 수 없다고 본다. 현재의 이론적 다양성을 엿보기 위해서는 학사적 관점이 필수적이다. 다만 고고학이 역사학의 한 분과에 머무른다면 이론적 논의가 위축될 것이라며 주의를 주고 있으며, 오히려 학사적으로 조망하면 인류학과 긴밀했던 시절에 이론적인 논의의 효율성과 생산성이 높았음을 지적한다.

고고학 이론과 방법의 역사

고고학이란 학문은 발굴이라는 방법을 우선하기 때문에 새롭고도 놀라운 발굴로 기존의 학설이 쉽게 무너졌을 것이며, 앞으로도 그러할 것이라 생각하는 사람도 있다. 고고학은 자료 수집과 해석에서 아주 귀납적 경험 학문일 뿐이라고 여기는 것이다. 그런데 학사를 되돌아보면 새로운 자료의 발굴은 고고학을 하는 방식의 변화에 그리 중요한 역할을 하지 못했음을 알 수 있다. 오히려 사회 조건의 변화와 자료를 보고 설명하고 해석하는 시각, 곧 이론의 변화야말로 고고학의 모습을 변모시킨 가장 큰 요인이었다.

이는 고고학이란 학문의 기본 성격으로도 확인할 수 있다. 고고학의 연구 대상인 물질문화는 말을 하지 않는다. 답답하리만큼 우리가 찾는 대답을 그냥 주지 않는다. 문헌 역시 물질문화의 이해에 정확한 언급을 주지 않는다. 이 책에서 지적했듯이 고고학은 문헌의 도움을 받는 데서 벗어나 독자적 방법론을 개발함으로써 학문으로서 틀을 닦았다. 이렇듯 말하지 않는 자료에 질문을 던지는 것도 고고학자이고 대답도 고고학자가 찾는다. 그렇기 때문에 어떠한 질문을 던질 것인지, 어떠한 대답을 추구할 것인지, 곧 시각과 이론, 방법론이 학문의 중요한 부분일 수밖에 없는 것이다. 이론과 방법은 19세기 전반 학문으로서 성립할 때부터 고고학의 고유한 속성이 되었다. 그렇기에 고고학에는 늘 이론과 방법에 대한 갈망이 있다. 그리고 현재의 고고학 이론과 방법을 알기 위해서는 학사적 조망이 필요하다.

균형 잡힌 학사적 시각을 얻기 위해서는 관련 원전을 읽어야 한다. 여러 시각에서 저술된 많은 문헌을 접하고 직접 논저를 읽고 이해해야 지나치게 단순한 시각에서 탈피하여 나름의 학사적 조망을 할 수 있다. 예컨대 1960년대 신고고학(과정고고학) 초창기의 논저들에는 과거 사회의 다양한 모습에 대한 관심을 호소하고 있는데, 이는 후일 탈과정고고학자들이 다시 과정고고학을 비판하면서 제기한 문제이기도 했다. 문화사고고학 역시 전통고고학이라 하여 많은 비판을 받았지만, 주요한 연구 작업, 곧 물질문화의 시공간성을 확립하는 것은 여전히 고고학의 기본 임무다. 특정 고고학자 역시 다양한 면모를 가지고 있기도 한데, 트리거도 지적했듯이, 데이비드 클라크는 영국에서 신고고학을 발전시킨 연구자 정도로 알려져 있지만, 그의 논저를 정독해 보면 이는 지나치게 단순한 생각임을 알 수 있다. 체계이론과 같은 당시로서는 새로운 시각을 도입하면서도 문화사고고학의 분석 작업과 해석을 더욱 강력한 방법론 위에 정립시키려 노력했던 것이다. 트리거의 고고학사는 이처럼 종합적이면서도 균형을 잃지 않은 학사적 시각을 얻는 데 많은 도움이 될 것이다.

브루스 트리거는 고고학 관련 구체적인 사항들을 적시하면서도, 이론과 사상, 그리고 고고학을 넘어 주변 학문의 동향, 더 나아가 서양 근대 지성사를 통관하며 학사를 서술하고 있다. 앞서 지적했듯이, 특정 고고학 조사나 연구, 그리고 논문과 저술에 대해서 자세한 사항들을 나열하는 것은 트리거의 주된 서술 방식이 아니다. 그렇기 때문에 이 책의 각 장은 하나의 연구 논문과도 같다고 할 수 있다. 독자들은 고고학 이론의 역사에 대해 친절하고 수월한 안내를 위해 다른 저술을 참고할 수도 있을 것이다. 옮긴이는 기존에 출간된 고고학사 관련 저술들에 더하여, 오브라이언, 라이맨, 쉬퍼가 쓴 *Archaeology as a Process: Processualism and its Progeny*(2005, University of Utah Press)를 추천하고 싶다. 이 책은 특히 미국의 과정고고학을 중심으로 학계의 분위기와 특정 연구에 대한 다양한 평가를 비교적 알기 쉽고도 재미있게 서술하고 있다. 최근에 출간된 여러 번역서도 학사적이고 이론적인 시각을 얻는 데 좋은 참고가 될 것이다.

끝으로 현재의 고고학을 이해하기 위해서는 학사를 공부하지 않으면 안 된다는 말은 한국 고고학에서도 필요한 것 같다. 지난 100여 년 동안 어떠한 고고학 작업이 이루어졌는지에 대한 사실 고증도 이루어져야 할 것이지만, 브루스 트리거의 연구와 같이 단순히 사실 확인을 넘어 그 같은 작업이 이루어진 사회정치적 맥락에 대한 연구가 필요하다.

옮긴이의 말

두꺼운 번역서를 내면서 저자의 뜻을 담아내면서도 이해하기 쉬운 우리말로 옮긴다는 것은 정말로 힘든 일임을 다시 고백하지 않을 수 없다. 우선 이 책은 시간과 지역, 그리고 학문의 경계까지 넘나들어 세계적인 고고학사 저술을 목적으로 했기 때문에 옮긴이는 수도 없이 낯선 지명과 인명을 마주했다. 될 수 있는 대로 적절한 우리말을 찾으려 애썼지만, 경우에 따라서는 부적절한 표현도 있을 것이라 생각하며 먼저 읽는 이의 양해를 구한다.

　　최근 좋은 책들이 우리말로 번역되고 있다. 더 없이 반가운 일이다. 이런 책들은 고고학이란 학문의 성격을 이해하는 데 많은 도움을 줄 것이다. 특히 고고학의 현재의 모습을 이해하기 위해서는 학사를 읽지 않으면 안 된다. 브루스 트리거의 책이야말로 고고학사 연구의 백미이다. 원저는 본래 하나의 연구서라 할 만큼 내용이 깊다. 어느 정도 고고학의 식견과 배경지식이 없다면 쉽게 이해하기 힘들다. 서술 체계에 있어서도, 예컨대 문화사고고학을 다룬 6장이나 과정고고학과 탈과정고고학을 논한 8장은 영문 원서만 100쪽이 넘어 수월하게 읽어 넘어가지지 않는다. 장 아래에 절이 있지만, 경우에 따라서는 절 역시 지나치게 길다. 이런 상황에서 옮긴이는 경우에 따라 임의로 소절을 나누기도 했으며, 역주를 달기도 했다. 원저에 누가 되지 않을까 염려되지만, 독자들의 이해를 도울 것이라고 생각했음을 이해 바란다. 브루스 트리거는 아주 폭넓은 지식을 가지고 있는데다 한 극단에 치우치지 않고 논의에 균형을 잡으려 애썼다. 비유적이고 반어적인 표현을 적절하게 옮기는 일, 경우에 따라서는 저자의 깊은 속뜻이나 완곡한 어법 등을 우리말로 잡아내는 일이 수월하지 않았지만 나름대로 최선을 다했다.

　　이 책은 1980년대 말에 나온 초판과는 크게 다른 내용을 담고 있다. 번역 과정에서도 초판 번역을 이용하지 않았으며, '옮긴이 풀어쓰기'를 포함하여 완전히 새로운 작업을 해야 했다. 개인적인 일이지만 초판을 번역한 옮긴이로서는 2006년 재판이 출간되면서 많은 부담을 느꼈다. 그러나 이미 지적했듯이, 『고고학사』는 학문으로서 고고학의 시작으로부터 현재의 다양한 모습까지 심도 있게 논의한 책이고, 누군가는 반드시 우리말로 번역해야 할 명저이다. 이 책의 우리말 번역서는 고고학 전문가와 학생들은 물론 관심을 가진 일반 대중이 고고학의 어제와 오늘의 모습을 이해하는 데 큰 도움이 될 것이라 믿는다. 특히 초판에서는 다루어지지 않았던 1990년대 이후 고고학이 겪었던 변화를 이해하는 데 좋은 지침을 준다.

이 책을 번역하는 데 영남문화재연구원으로부터 지원을 받았으며, 특히 이희준 선생님의 격려와 조언에 큰 도움을 얻었다. 경희대학교 김장석 교수와 홍은경, 노범준, 민경인, 박태진 등이 번역문 일부를 읽고 교정을 도와주었다. 마지막까지 원고를 가다듬어 준 사회평론에도 감사한다. 그리고 늘 곁에 있어 준 아내와 가족은 옮긴이에게 힘이 되었다.

가독성을 높이면서도 실수를 줄이고자 했지만, 원고를 볼 때마다 고쳐야 할 데가 눈에 띄었다. 지금이라도 다시 읽으면 실수들이 또 나올 것이다. 그렇다고 계속 붙잡고 있을 수도 없어 마무리를 짓지만, 못내 남는 아쉬움은 어쩔 수 없다. 이 책은 원고를 넘기기가 그렇게도 힘이 들었다. 나름의 욕심과 책임에서 이 번역서를 내어 놓는다.

2010년 2월
성춘택

찾아보기

다윈Charles Darwin 47, 113, 152, 175, 178, 412

다윈(진화)고고학 412, 413, 465, 467, 475, 530

다윈진화이론 45, 48, 476

다의성 491

단선진화 192, 211, 212, 215, 218, 225, 252, 335, 376, 419, 469

단선진화론 158, 171, 182

단속평형설 398, 420

단원발생론 122

대니얼Glyn Daniel 26, 27, 113, 114, 122, 159, 242, 299, 527

더넬Robert Dunnell 29, 40, 184, 413, 465, 469, 484

데카르트René Descartes 108, 115

도브로프스키J. Dobrovsky 127

도슨John William Dawson 162

동일과정설uniformitarianism 151, 152, 162

뒤르켕Emile Durkheim 313, 314

드루이드 116, 119, 215, 516

드보어Irven DeVore 397

디츠James Deetz 389, 477

ㄹ

라르테Edouard Lartet 148, 154, 157

라마르크Jean-Baptiste Lamarck 151

라우즈Irving B. Rouse 285, 293, 400

라이맨R. Lee Lyman 31, 184

라이스너George Reisner 82, 206, 276

라이엘Charles Lyell 150, 151, 152

라첼Friedrich Ratzel 219, 233, 275

라프도니카스V. I. Ravdonikas 321, 322, 325

라피토Joseph-François Lafitau 119

래드클리프브라운E. R. Radcliffe-Brown 312~314, 342, 352

러복John Lubbock 153, 154, 176~178, 180, 181, 215

레너드 울리Leonard Woolley 19

레비스트로Claude Lévi-Strauss 443, 444, 446

레온Mark Leone 412

레이어드Austen Layard 19, 83

렌프루Colin Renfrew 258, 398, 409, 417, 418, 470, 479

렙시우스Karl Lepsius 81, 205

로제타스톤Rosetta Stone 81

로크John Locke 124

롱에이커William Longacre 389, 391

루사티안Lusatian문화 100, 250

루소Jean-Jaques Rousseau 120, 179

루크레티우스 113~115, 131, 137

룽산龍山문화 263

르네상스 67~74, 89, 95, 97, 108

르루아구랑André Leroi-Gourhan 444

리Richard Lee 397

리골로Marchel-Jérôme Rigollot 150, 152

리비Willard F. Libby 367

리지李濟 88, 263

리치Edmund Leach 470

리키Louis and Mary Leakey 207, 208

린도스David Rindos 413

릴랜드John Leland 96

ㅁ

마르쿠제Herbert Marcuse 33

마르크스Karl Marx 35, 313, 322, 323, 324, 325, 338, 427, 495

마르크스주의 45, 48, 261, 263~265, 314, 315, 320~323, 325, 327, 328, 332, 335, 336, 338, 339, 341, 376, 378, 383, 401, 426, 427, 429, 468, 473, 474

마야문명 221, 480

마오리족 196, 197

마운드빌더 163, 165~167, 182, 185, 189, 200, 204, 275

마이든Steven Mithen 471

마이클 쉬퍼Michael Schiffer 18

마커스Joyce Marcus 481, 490